Conheça o Saraiva Conecta

Uma plataforma que apoia o leitor em sua jornada de estudos e de atualização.

Estude *online* com conteúdos complementares ao livro e que ampliam a sua compreensão dos temas abordados nesta obra.

Tudo isso com a **qualidade Saraiva Educação** que você já conhece!

Veja como acessar

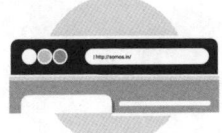

No seu computador
Acesse o *link*
https://somos.in/MDPC9

No seu celular ou tablet
Abra a câmera do seu celular ou aplicativo específico e aponte para o QR Code disponível no livro.

Faça seu cadastro

1. Clique em **"Novo por aqui? Criar conta"**.

2. Preencha as informações – insira um *e-mail* que você costuma usar, ok?

3. Crie sua senha e clique no botão **"CRIAR CONTA"**.

Pronto! Agora é só aproveitar o conteúdo desta obra!*

Qualquer dúvida, entre em contato pelo *e-mail* **suportedigital@saraivaconecta.com.br**

Confira o material do professor **Cassio Scarpinella Bueno** para você:

https://somos.in/MDPC9

* Sempre que quiser, acesse todos os conteúdos exclusivos pelo *link* ou pelo *QR Code* indicados. O seu acesso tem validade de 24 meses.

Cassio Scarpinella Bueno é Advogado formado pela Faculdade de Direito da Pontifícia Universidade Católica de São Paulo (PUC-SP), instituição na qual obteve os títulos de Mestre (1996), Doutor (1998) e Livre-docente (2005) em Direito Processual Civil, todos com a nota máxima, e onde exerce as funções de Professor doutor de Direito Processual Civil nos cursos de Graduação, Especialização, Mestrado e Doutorado. Também é Professor de Processo Tributário no curso de Mestrado na mesma Faculdade. Foi *Visiting Scholar* da Columbia University (Nova York) no ano acadêmico de 2000/2001.

É Presidente do Instituto Brasileiro de Direito Processual (IBDP), no triênio 2022-2024, e membro do Instituto Iberoamericano de Direito Processual (IIDP) e da Associação Internacional de Direito Processual (IAPL).

Foi um dos quatro integrantes da Comissão Revisora do Anteprojeto do novo Código de Processo Civil no Senado Federal e participou dos Encontros de Trabalho de Juristas sobre o mesmo Projeto no âmbito da Câmara dos Deputados.

É autor de 23 livros, dentre os quais se destacam, além do presente *Manual*, os seguintes, todos publicados pela Saraiva Jur: (1) *Curso sistematizado de direito processual civil* (em 3 volumes) e (2) *Manual do Poder Público em Juízo* (1ª edição em 2022).

Escreveu mais de cem livros em coautoria, sendo sua a coordenação dos *Comentários ao Código de Processo Civil* em quatro volumes da Saraiva Jur (2017), e mais de cem artigos científicos, alguns publicados em revistas estrangeiras.

Desenvolve intensa atividade acadêmica em todo o território nacional, como palestrante e conferencista, e tem participado ativamente dos mais variados encontros de processualistas, inclusive no exterior.

CASSIO **SCARPINELLA** BUENO

Manual de Direito PROCESSUAL CIVIL

9ª edição
Atualizada, revisada e ampliada
2023

Av. Paulista, 901, Edifício CYK, 4º andar
Bela Vista – São Paulo – SP – CEP 01310-100

SAC sac.sets@saraivaeducacao.com.br

DADOS INTERNACIONAIS DE CATALOGAÇÃO NA PUBLICAÇÃO (CIP)
VAGNER RODOLFO DA SILVA – CRB-8/9410

B928m Bueno, Cassio Scarpinella
Manual de direito processual civil: Cassio Scarpinella Bueno. – 9. ed. – São Paulo: SaraivaJur, 2023.

1.040 p.

ISBN: 978-65-5362-516-7 (Impresso)

1. Direito. 2. Direito processual civil. I. Título.

2022-3844

CDD 341.46
CDU 347.9

Índices para catálogo sistemático:
1. Direito processual civil 341.46
2. Direito processual civil 347.9

Diretoria executiva	Flávia Alves Bravin
Diretoria editorial	Ana Paula Santos Matos
Gerência de produção e projetos	Fernando Penteado
Gerência editorial	Thais Cassoli Reato Cézar
Novos projetos	Aline Darcy Flôr de Souza
	Dalila Costa de Oliveira
Edição	Jeferson Costa da Silva (coord.)
	Deborah Caetano de Freitas Viadana
Design e produção	Daniele Debora de Souza (coord.)
	Flávio Teixeira Quarazemin
	Camilla Felix Cianelli Chaves
	Claudirene de Moura Santos Silva
	Deborah Mattos
	Lais Soriano
	Tiago Dela Rosa
Planejamento e projetos	Cintia Aparecida dos Santos
	Daniela Maria Chaves Carvalho
	Emily Larissa Ferreira da Silva
	Kelli Priscila Pinto
Diagramação	LGB Publicações
Revisão	Lígia Alves
Capa	Lais Soriano
Produção gráfica	Marli Rampim
	Sergio Luiz Pereira Lopes
Impressão e acabamento	Geográfica editora

Data de fechamento da edição: 10-1-2023

Dúvidas? Acesse www.saraivaeducacao.com.br

Nenhuma parte desta publicação poderá ser reproduzida por qualquer meio ou forma sem a prévia autorização da Saraiva Educação. A violação dos direitos autorais é crime estabelecido na Lei n. 9.610/98 e punido pelo art. 184 do Código Penal.

| CÓD. OBRA | 12021 | CL | 608154 | CAE | 819915 |

Numa linda manhã de sol, fomos nós três passear na praia; fomos plantar sementes para, juntos, colhermos os nossos sonhos. Ouvindo a música do mar e do vento e sob a luz do sol, pensamos no nome dele, que já estava conosco, tão protegido e tão aconchegado, dentro *dela*. Tenho certeza de que ele sabe, desde aquele dia, que foi a sua irmazinha quem o escolheu. E foi por isso, por nada mais, que seu primeiro sorriso foi para *ela*.

Dedico este *Manual* a *ele*, o *nosso* querido Mateus. Seu nome, diferentemente do que dizem sobre nomes, significa tanto e de maneira tão profunda, tão nossa, o nosso ser. A nós três, só nos resta agradecer, e muito, e sempre...

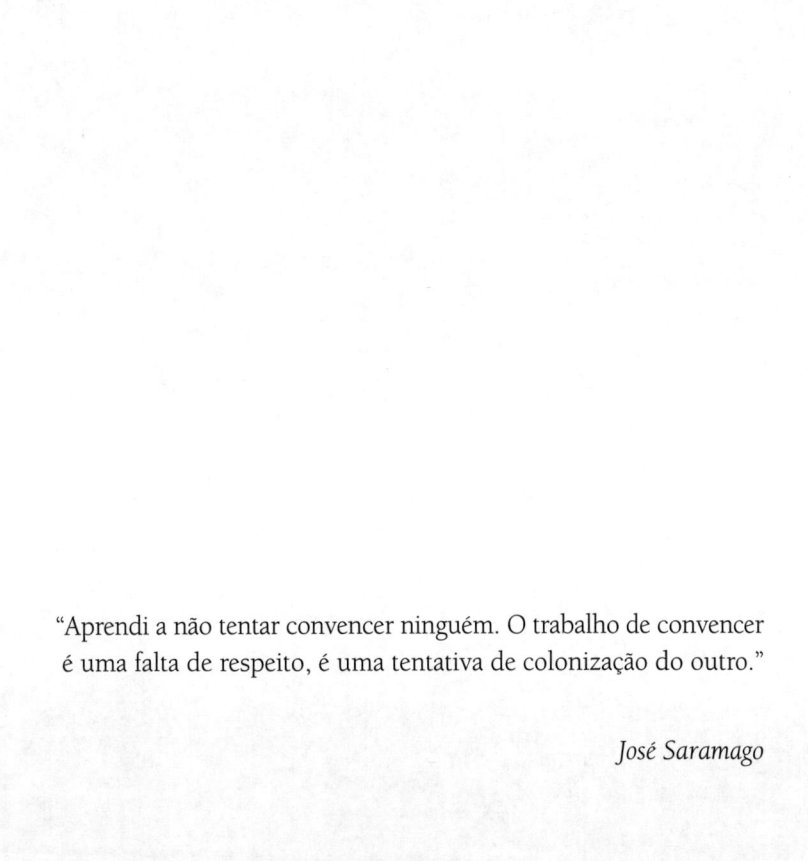

"Aprendi a não tentar convencer ninguém. O trabalho de convencer é uma falta de respeito, é uma tentativa de colonização do outro."

José Saramago

Abreviaturas e Siglas

ADCT – Ato das Disposições Constitucionais Transitórias (da Constituição Federal)
ADI – ação direta de inconstitucionalidade
AR – ação rescisória
art. – artigo
CADE – Conselho Administrativo de Defesa Econômica
CC – Código Civil (Lei n. 10.406, de 10 de janeiro de 2002)
CCom – Código Comercial (Lei n. 556, de 25 de junho de 1850)
CF – Constituição Federal
CF de 1988 – Constituição Federal de 1988
CLT – Consolidação das Leis do Trabalho (Decreto-Lei n. 5.452, de 1o de maio de 1943)
CNMP – Conselho Nacional do Ministério Público
CNJ – Conselho Nacional de Justiça
CNPJ – Cadastro Nacional de Pessoas Jurídicas
coord. – coordenador(es)
CP – Código Penal (Decreto-Lei n. 2.848, de 7 de dezembro de 1940)
CPC – Código de Processo Civil
CPC de 1939 – Código de Processo Civil de 1939 (Decreto-Lei n. 1.608, de 18 de setembro de 1939)
CPC de 1973 – Código de Processo Civil de 1973 (Lei n. 5.869, de 11 de janeiro de 1973)
CPC de 2015 – Código de Processo Civil de 2015 (Lei n. 13.105, de 16 de março de 2015)
CPF – Cadastro de Pessoas Físicas
CPP – Código de Processo Penal (Decreto-Lei n. 3.689, de 3 de outubro de 1941)
CPTEC – Cadastro Eletrônico de Peritos e Órgãos Técnicos ou Científicos
CTN – Código Tributário Nacional (Lei n. 5.172, de 25 de outubro de 1966)
CVM – Comissão de Valores Mobiliários
DJe – Diário da Justiça Eletrônico
DJEN – Diário da Justiça Eletrônico Nacional
EC – Emenda Constitucional
ED – embargos de declaração
IAC – incidente de assunção de competência

IRDR – incidente de resolução de demandas repetitivas
INPI – Instituto Nacional da Propriedade Industrial
j. – julgado
LC – Lei Complementar
LINDB – Lei de Introdução às Normas do Direito Brasileiro (Decreto-lei n. 4.657, de 4 de setembro de 1942)
LRP – Lei dos Registros Públicos (Lei n. 6.015, de 31 de dezembro de 1973)
m.v. – maioria de votos
Min. – Ministro(a)
n. – número
ns. – números
OAB – Ordem dos Advogados do Brasil
OE – Órgão Especial
org. – organizador(es)
par. – parágrafo
PUCSP – Pontifícia Universidade Católica de São Paulo
Rcl – Reclamação
RE – recurso extraordinário
REsp – recurso especial
RG – repercussão geral
RI – regimento interno
RISTF – regimento interno do Supremo Tribunal Federal
RISTJ – regimento interno do Superior Tribunal de Justiça
RO – recurso ordinário
ss. – seguintes
STF – Supremo Tribunal Federal
STJ – Superior Tribunal de Justiça
SV – súmula vinculante
TJ – Tribunal de Justiça dos Estados e/ou do Distrito Federal e Territórios
TJs – Tribunais de Justiça dos Estados e/ou do Distrito Federal e Territórios
TRF – Tribunal Regional Federal
TRFs – Tribunais Regionais Federais
un. – unânime
USP – Universidade de São Paulo
v. – ver
vol. – volume

Prólogo

A elaboração de um *Manual de direito processual civil* deveu-se fundamentalmente a quatro fatores.

O primeiro relaciona-se às constantes solicitações de alunos, não só os da graduação, para que eu escrevesse algo mais condensado do que meu *Curso sistematizado de direito processual civil*, preservando, contudo, as mesmas ideias e premissas teóricas que lá, com o vagar que sete volumes me permitem, desenvolvo. Que, em suma, escrevesse algo que se parecesse mais com a experiência que eles têm em sala de aula quando exponho aquelas ideias do que com a leitura do texto respectivo.

O segundo foi um pedido de meus editores e das pessoas que, indispensáveis ao processo editorial, sempre me deram todo o suporte necessário para que meus livros-solo, como os chamo, viessem a público nos últimos dezessete anos. Desde quando concluí o *Curso sistematizado*, o Dr. Antonio Luiz Toledo Pinto, então à frente do Editorial Jurídico da Saraiva, e, logo após, o Dr. Luiz Roberto Curia, Diretor do Editorial Direito & Concursos, e, mais recentemente, a Thaís de Camargo Rodrigues e o Daniel Pavani Naveira, também do mesmo Editorial, e, desde sempre, o Luiz Lopes Carneiro Facchini, responsável pelas vendas universitárias, sempre sugeriram que eu, a exemplo de outros autores da casa, tivesse também um *Manual* para ofertar ao leitor interessado outra forma, mais breve, de conhecer e estudar o direito processual civil.

O terceiro foi o CPC de 2015. Nesse caso, o desafio de escrever um Manual foi, antes de tudo, uma maneira de eu próprio estudar mais detidamente o novo Código, preparando-me para as inúmeras aulas, de todos os níveis e em todos os lugares em que venho tendo o privilégio de ministrar. É como se escrever este *Manual* fosse um modo de aprender a pensar e refletir sobre aquele Código. Como sempre, estudei simulando aulas, escrevendo, ditando e meditando a respeito do objeto de estudo. Isso aprendi desde muito cedo com minha mãe, então servi-me desta metodologia.

O quarto e último fator também relaciona-se ao CPC de 2015. Em um sentido mais retrospectivo que o anterior, este *Manual* quer refletir toda a experiência que, desde os primeiros movimentos em direção ao que hoje é a Lei n. 13.105/2015, acumulei. E não foi pouca: tive o privilégio de participar da Comissão Técnica de apoio à elaboração do relatório-geral no Senado Federal no 2º semestre de 2010, ao lado do saudoso Ministro Athos Gusmão Carneiro, do Desembargador e Professor Dorival Renato Pavan e do Professor Luiz Henrique Volpe Camargo, sob a batuta do Senador Valter Pereira, do Mato Grosso do Sul; elaborei, ao lado de outros três Diretores do Instituto Brasileiro de Direito

Processual, a Professora Ada Pellegrini Grinover, o Professor Carlos Alberto Carmona e o Professor Paulo Henrique dos Santos Lucon, um Substitutivo ao Projeto aprovado no Senado, relatando-o (ao qual, aliás, tanto deve a versão final do CPC de 2015); e participei de inúmeras reuniões de trabalho e discussões ao longo dos trabalhos na Câmara dos Deputados, a convite do Relator-Geral do Projeto naquela casa, Deputado Federal Paulo Teixeira, de São Paulo.

Mas não só. Nos últimos anos, ministrei incontáveis aulas na Faculdade de Direito da PUCSP, tendo especificamente como objeto os Projetos do Senado e da Câmara e, mais recentemente, o próprio texto aprovado do novo Código (uma das disciplinas optativas ofertadas aos 9º e 10º semestres mais concorridas entre os alunos); ofertei, ao lado da Professora Teresa Arruda Alvim Wambier, uma disciplina no Doutorado querendo investigar o "direito jurisprudencial" do CPC de 2015, tudo sem prejuízo das centenas de oportunidades que, em todo o Brasil, tive para tratar, discutir, analisar e criticar os Projetos, participando dos mais variados eventos, congressos e fóruns de discussão.

Sobre os Projetos, aliás, não posso deixar de mencionar, ainda para ilustrar este quarto fator, o livro que escrevi sobre eles, comparando o do Senado com o da Câmara – iniciativa que viabiliza, aliás, uma discussão séria sobre os limites do processo legislativo e a versão final do CPC de 2015, pouquíssimo comum, embora indispensável –, e, com o Código já promulgado, o lançamento do meu *Novo Código de Processo Civil anotado*, que recebeu generosíssima acolhida do público leitor.

A síntese desses quatro fatores é o que o prezado leitor tem em suas mãos.

Neste *Manual* quero expor o direito processual civil tendo como pano de fundo principalmente, mas não só, o CPC de 2015. E expô-lo da forma mais direta, simples e fidedigna possível. Um volume só, bem direto, para que todos nós possamos compreender, com a leitura rápida de uma escrita a mais didática possível, o direito processual civil extraído do e no CPC de 2015. Quase uma boa conversa sobre o direito processual civil, tendo o CPC de 2015 como referência obrigatória.

Não apenas e exclusivamente sobre o CPC de 2015, é evidente que não. Há elementos alheios ao Código (e a qualquer outra lei ordinária) que devem ser levados em conta pelo processualista civil, mesmo quando a proposta é a exposição de maneira simples de sua matéria. É o próprio art. 1º do CPC de 2015 que o evidencia, ao remeter seu intérprete à necessidade de o processo civil ser "ordenado, disciplinado e interpretado, conforme os valores fundamentais estabelecidos na Constituição da República Federativa do Brasil". E é, muito antes dele ou da ideia de um novo Código, como o que foi promulgado pela Lei n. 13.105, de 16 de março de 2015, o que levei quase duas centenas de páginas para expor desde a 1ª edição do volume 1 do meu *Curso sistematizado de direito processual civil*. Trata-se, digo de vez, sem prejuízo do que vou me ocupar a respeito ao longo da exposição neste *Manual*, do "modelo constitucional de direito processual civil". Não só de sua constatação, mas – e em idêntica importância – de sua aplicação, de sua colocação em prática.

Nesse sentido, este *Manual*, em larga escala, parte de onde o meu *Curso sistematizado* chegou, em suas sucessivas e constantes edições e reedições desde quando seus primeiros volumes foram lançados, em 2007. Ele quer não só fixar uma nova forma de pensar o direito processual civil, mas também – e em idêntica medida – ampliar, demonstrar e testar essa nova forma de pensar. Aliás, além do acolhimento expresso pelo art. 1º do CPC de 2015, do já mencionado "modelo constitucional", não me parece desnecessário constatar que, em largas linhas, ele observa a mesma sequência e distribuição de matérias que lancei nos diversos volumes do meu *Curso sistematizado*, enfatizando, é assim que penso, a necessidade de *cumprimento* ou da *execução* do direito aplicável à espécie, isto é, prestando a tutela jurisdicional devida. Uma postura que bem se harmoniza com o que denomino *neoconcretismo*.

Assim, em termos bem diretos, mas não menos exatos, este Manual quer explicar o direito processual civil e o CPC de 2015 a partir das premissas teóricas que apresento, em caráter verdadeiramente introdutório, no Capítulo 1. Tudo para viabilizar ao prezado leitor, por meio de sua leitura e reflexão sobre suas lições, ideias e propostas – há um expresso convite que formulo no fim daquele Capítulo para tanto –, conhecer o CPC de 2015 e entendê-lo para bem aplicar o direito processual civil. Bem aplicá-lo, permito-me frisar, porque o bom processualista supera ou pelo menos cria condição de *superar* os problemas processuais (não os cria), e isso, de forma assumida e aberta, para viabilizar a escorreita prestação da tutela jurisdicional, razão de ser de tudo aquilo que estudamos.

****

Este *Manual* é escrito em primeira pessoa, tanto quanto este Prólogo. A escolha está subliminarmente justificada nos fatores que me levaram à sua elaboração: ele retrata basicamente minha experiência como professor em sala de aula. Principalmente, mas não só, nas aulas que ministro, em todos os níveis do ensino superior, com muito orgulho, há mais de vinte anos na Faculdade de Direito da PUCSP.

Também entendo que o uso da primeira pessoa permite a construção de um verdadeiro diálogo com o leitor, sempre prezado, e que, assim espero, torne a leitura tão atrativa quanto prazerosa é a escrita.

A exposição ao longo deste *Manual* é a mais linear possível. A sucessão de Capítulos observa, conscientemente, a ordem escolhida pelo CPC de 2015, à exceção do primeiro, vocacionado à apresentação das considerações propedêuticas, e que quer fornecer ao prezado leitor elementos para desenvolver uma visão crítica e própria do direito processual civil como um todo e do CPC de 2015 em particular, levando em conta, inclusive, e nem poderia ser diferente, variadas questões relativas ao processo legislativo que culminaram na promulgação da Lei n. 13.105, de 16 de março de 2015. Sempre, contudo, ofertando ao leitor, diante das incontáveis perplexidades do novo CPC, as alternativas e as opções que se apresentam como as mais adequadas.

Após a apresentação de toda a matéria, que culmina no epílogo, trago um breve vocabulário de direito processual civil, que quer auxiliar o prezado leitor a inteirar-se da terminologia técnica da disciplina, um verdadeiro dialeto, o "processualês", inserido no não menos sofisticado "juridiquês".

Ao final, a bibliografia quer apresentar diversas alternativas de leitura e de pesquisa ao prezado leitor para, querendo, aprofundar e prosseguir nos seus estudos.

Assim como ocorreu e ainda ocorre com o meu *Curso sistematizado de direito processual civil*, críticas e sugestões são sempre muito bem-vindas. Incentivos e elogios também. Elas e eles, ao menos para mim, mostram que o caminho, ainda quando certo, pode ser sempre aprimorado; se errado, corrigido. O prezado leitor pode me escrever, para estes fins, valendo-se do e-mail cassio@scarpinellabueno.com.br.

É o que basta para não desvirtuar a função de um prólogo.

Uma boa leitura, prezado leitor, na esperança de que este *Manual* possa comunicar-se suficientemente bem e, com isso, realizar seu papel, estabelecendo uma verdadeira ponte entre aquele que o escreve e quem o lê: uma ponte que quer fornecer elementos para a compreensão do direito processual civil em um contexto normativo e valorativo expressamente reconhecido e direcionado ao atingimento de sua finalidade. Qual? A concretização do direito material pelo processo e no processo.

Nota à 9ª edição

É sempre muito gratificante redigir as palavras que introduzem as novas edições de meus trabalhos.

Como de costume, a 9ª edição, de 2023, do meu *Manual de direito processual civil* chega ao mercado editorial com as novidades normativas que impactaram a exposição do direito processual civil e do Código de Processo Civil a que ele, desde o início, se propõe. Dentre elas e sem prejuízo dos atos normativos do CNJ que são mencionados ao longo do trabalho, destaco as seguintes:

- Emenda Constitucional n. 114, de 16 de dezembro de 2021, que "Altera a Constituição Federal e o Ato das Disposições Constitucionais Transitórias para estabelecer o novo regime de pagamentos de precatórios, modificar normas relativas ao Novo Regime Fiscal e autorizar o parcelamento de débitos previdenciários dos Municípios; e dá outras providências".
- Emenda Constitucional n. 115, de 10 de fevereiro de 2022, que "Altera a Constituição Federal para incluir a proteção de dados pessoais entre os direitos e garantias fundamentais e para fixar a competência privativa da União para legislar sobre proteção e tratamento de dados pessoais".
- Emenda Constitucional n. 122, de 17 de maio de 2022, que "Altera a Constituição Federal para elevar para setenta anos a idade máxima para a escolha e nomeação de membros do Supremo Tribunal Federal, do Superior Tribunal de Justiça, dos Tribunais Regionais Federais, do Tribunal Superior do Trabalho, dos Tribunais Regionais do Trabalho, do Tribunal de Contas da União e dos Ministros civis do Superior Tribunal Militar".
- Emenda Constitucional n. 125, de 14 de julho de 2022, que "Altera o art. 105 da Constituição Federal para instituir no recurso especial o requisito da relevância das questões de direito federal infraconstitucional".
- Emenda Constitucional n. 126, de 21 de dezembro de 2022, que "Altera a Constituição Federal, para dispor sobre as emendas individuais ao projeto de lei orçamentária, e o Ato das Disposições Constitucionais Transitórias para excluir despesas dos limites previstos no art. 107; define regras para a transição da Presidência da República aplicáveis à Lei Orçamentária de 2023; e dá outras providências".
- Lei n. 14.334, de 10 de maio de 2022, que "Dispõe sobre a impenhorabilidade de bens de hospitais filantrópicos e Santas Casas de Misericórdia".
- Lei n. 14.341, de 18 de maio de 2022, que: "Dispõe sobre a Associação de Representação de Municípios; e altera a Lei n. 13.105, de 16 de março de 2015 (Código de Processo Civil)".

- Lei n. 14.365, de 2 de junho de 2022, que: "Altera as Leis n. 8.906, de 4 de julho de 1994 (Estatuto da Advocacia), e 13.105, de 16 de março de 2015 (Código de Processo Civil), e o Decreto-Lei n. 3.689, de 3 de outubro de 1941 (Código de Processo Penal), para incluir disposições sobre a atividade privativa de advogado, a fiscalização, a competência, as prerrogativas, as sociedades de advogados, o advogado associado, os honorários advocatícios, os limites de impedimentos ao exercício da advocacia e a suspensão de prazo no processo penal".
- Lei n. 14.382, de 27 de junho de 2022, que "Dispõe sobre o Sistema Eletrônico dos Registros Públicos (Serp); altera as Leis n. 4.591, de 16 de dezembro de 1964, 6.015, de 31 de dezembro de 1973 (Lei de Registros Públicos), 6.766, de 19 de dezembro de 1979, 8.935, de 18 de novembro de 1994, 10.406, de 10 de janeiro de 2002 (Código Civil), 11.977, de 7 de julho de 2009, 13.097, de 19 de janeiro de 2015, e 13.465, de 11 de julho de 2017; e revoga a Lei n. 9.042, de 9 de maio de 1995, e dispositivos das Leis n. 4.864, de 29 de novembro de 1965, 8.212, de 24 de julho de 1991, 12.441, de 11 de julho de 2011, 12.810, de 15 de maio de 2013, e 14.195, de 26 de agosto de 2021".
- Lei n. 14.508, de 27 de dezembro de 2022, que "Altera o art. 6º da Lei n. 8.906, de 4 de julho de 1994, que 'Dispõe sobre o Estatuto da Advocacia e a Ordem dos Advogados do Brasil (OAB)', para estabelecer normas sobre a posição topográfica dos advogados durante audiências de instrução e julgamento".

As leituras complementares indicadas no final de cada capítulo e divididas em "monografias e livros", "capítulos de livros" e "artigos", uma característica do *Manual* desde sua 1ª edição, estão também devidamente atualizadas e ampliadas. Como já tive oportunidade de destacar mais de uma vez, a iniciativa quer fornecer ao(à) estudante, professor(a) ou profissional a indicação de múltiplas fontes de pesquisa separadas pelos temas respectivos para aprofundar o seu conhecimento de acordo com suas necessidades.

Concluo a nota com os indispensáveis agradecimentos:

Em primeiro lugar, após 8 edições sob a coordenação do Daniel Pavani Naveira — a quem sempre serei grato —, esta nova edição teve a direção da Deborah Caetano de Freitas Viadana, em cujo nome agradeço a todos da equipe do mais que centenário selo Saraiva.

À acadêmica Letícia Tajara Fleury pela coleta da bibliografia complementar, revisão e conferência dos arquivos originais.

E, por último, meu muitíssimo obrigado, como sempre, ao público leitor, professores e professoras, estudiosos e estudiosas, profissionais e estudantes por adotarem e confiarem no meu *Manual* como guia para a compreensão do direito processual civil e para a sua devida aplicação prática.

Fiquem à vontade para dirigir qualquer comentário, crítica e/ou sugestão ao e-mail contato@scarpinellabueno.com.br.

Cassio Scarpinella Bueno

Nota à 8ª edição

É sempre uma renovada alegria redigir a nota introdutória de uma nova edição do meu *Manual de direito processual civil*, que vem sendo extremamente bem acolhido pelo público leitor desde seu lançamento, no limiar da vigência do CPC, e que, desde então, ano após ano, vem justificando sua revisão, aprimoramento, atualização e consequente ampliação.

Para a edição de 2022, revisei, ampliei e atualizei o texto como um todo, levando em conta, principalmente, mas não apenas, as seguintes modificações legislativas.

(i) Lei n. 14.133, de 1º de abril de 2021, a nova lei de licitações e contratos administrativos, que acrescentou o novo inciso IV ao art. 1.048 do CPC, que determina a prioridade de tramitação dos procedimentos judiciais "em que se discuta a aplicação do disposto nas normas gerais de licitação e contratação a que se refere o inciso XXVII do *caput* do art. 22 da Constituição Federal".

(ii) Lei n. 14.226, de 20 de outubro de 2021, que "Dispõe sobre a criação do Tribunal Regional Federal da 6ª Região e altera a Lei n. 11.798, de 29 de outubro de 2008, para modificar a composição do Conselho da Justiça Federal".

(iii) Lei n. 14.195, de 26 de agosto de 2021, que alterou, no que aqui importa destacar, os arts. 77, 231, 238, 246, 247, 397 e 921 do CPC;

(iv) Lei n. 14.253, de 30 de novembro de 2021, que "Dispõe sobre a transformação de cargos vagos de juiz federal substituto no quadro permanente da Justiça Federal em cargos de Desembargador dos Tribunais Regionais Federais; e altera as Leis n. 9.967, de 10 de maio de 2000, e 9.968, de 10 de maio de 2000".

Tenho para mim que as inovações processuais da Lei n. 14.195/2021 – que não se exaurem nas destacadas alterações do CPC – são irremediavelmente inconstitucionais do ponto de vista *formal*. Exemplo perfeito, aliás, para ilustrar um dos grupos do modelo constitucional do direito processual civil, o das "normas de concretização do direito processual civil" (v. n. 2.5 do Capítulo 1). Isto, fundamentalmente, porque se trata de lei que tem origem em medida provisória, que não só não cuidava como também não podia cuidar, sem ofensa ao art. 62, § 1º, I, *b*, da CF, daquelas matérias de cunho inequivocamente de ordem processual civil. Um verdadeiro atropelo, destarte, no devido processo legislativo.

De qualquer sorte, sem prejuízo de reiterar esse entendimento ao longo da exposição, analiso as referidas modificações nos seus devidos contextos normativos e sistemáticos para ofertar ao leitor e à leitora a mais adequada compreensão do direito processual civil brasileiro.

Também atualizei o texto levando em consideração as alterações introduzidas pela Emenda Constitucional n. 109, de 15 de março de 2021, e pela Emenda Constitucional n. 113, de 8 de dezembro de 2021, com relação à sistemática do cumprimento de sentença/execução contra o Poder Público.

Tive a preocupação de atualizar e ampliar a bibliografia indicada ao final de cada capítulo. Trata-se de iniciativa que tem se mostrado – inclusive para mim, confesso – muito útil no exercício das minhas atividades docentes e profissionais, pela facilidade de ter a indicação de múltiplas fontes de pesquisa complementar, plenamente acessíveis, já separadas pelos temas respectivos.

A 8ª edição é enriquecida também por disponibilizar ao adquirente do livro físico um QRCode, que permitirá acesso a vídeos e textos meus com o objetivo de manter a obra atualizada, sempre em harmonia com as novidades, normativas e jurisprudenciais, que, inevitavelmente, surgem ao longo do ano.

Para fechar essa breve nota, os devidos e invariavelmente indispensáveis agradecimentos.

Ao Dr. Rodrigo Fernandes Lobo da Silva, analista da Justiça Federal, agradeço, uma vez mais, pelo envio de importante sugestão, incorporada no n. 2.1.5 do Capítulo 11, sobre a necessidade de o curador especial ser previamente intimado para se manifestar acerca do pedido de desistência formulado pelo autor, para dar a devida aplicação ao disposto no art. 485, § 4º, do CPC.

À graduanda Ana Rafaela Oliveira, por ter indicado um erro de digitação no texto, devidamente corrigido.

À advogada Fabiana Torre de Santiago Collucci pelo auxílio na conferência dos arquivos finais.

À equipe editorial, coordenada por Daniel Pavani Naveira, que tem se dedicado, como sempre, à preparação dos originais, com a preocupação de entregar um livro com a mais que centenária qualidade do selo Saraiva.

E, por fim, mas não menos importante, ao público leitor, professores e professoras, alunos e alunas, e profissionais do foro, que se valem do direito processual civil para exercer seus misteres, agradeço imensamente pela constante e generosa acolhida desse *Manual*. A vocês, meu especial muitíssimo obrigado.

Comentários, sugestões, críticas e anotações são sempre muito bem-vindos. Para tanto, meu e-mail é o de sempre: cassio@scarpinellabueno.com.br.

Cassio Scarpinella Bueno

Nota à 7ª edição

O ano de 2020 foi tão atípico para todos nós nos mais variados aspectos que, no mesmo momento em que acabamos de vivê-lo, não há necessidade de maiores considerações a seu respeito, a não ser o desejo, confessado, de que tudo possa melhorar.

Durante os tempos de isolamento forçado, manter a rotina do estudo e das aulas se mostrou essencial. Até como forma de alegrar dias tristes, verdadeiramente sombrios, de um incerto amanhã. Encontrei conforto nas palavras de Paulo Freire: "A alegria não chega apenas no encontro do achado, mas faz parte do processo da busca. E ensinar e aprender não pode dar-se fora da procura, fora da alegria".

Por isso, no período de exercício do magistério não presencial, pela necessidade de afastamento das salas de aula, dos pequenos e dos grandes auditórios, dos eventos, dos mais intimistas aos mais grandiosos, desde meados de março de 2020, pus-me a revisar e a aperfeiçoar os resumos do *Manual* porque é com base neles que me acostumei a lecionar na graduação, na especialização, no mestrado, no doutorado e nas centenas de palestras que anualmente venho proferindo Brasil e mundo afora.

A 7ª edição deste *Manual* contempla tais aprimoramentos e, em alguns casos, verdadeira reformulação dos quadros-resumo das edições anteriores. Em algumas situações, entendi que era importante ir além de um mero resumo do próprio Capítulo, estabelecendo um diálogo mais intenso dos temas tratados em cada qual e outros versados alhures. A iniciativa, acredito, serve para ampliar horizontes e a compreensão do tema como um todo, ainda que na origem estejam as pequenas partes que o compõem.

Ao longo de 2020 não houve nenhuma lei ou emenda constitucional que alterasse diretamente o Código de Processo Civil. O que houve de mais próximo dessa realidade foram os arts. 15 e 16 da Lei n. 14.010, de 10 de junho de 2020, que estabelece o "Regime Jurídico Emergencial e Transitório das relações jurídicas de Direito Privado" no período da pandemia do coronavírus. Aqueles artigos, ainda que indiretamente, estabelecem regras (que querem ser transitórias) para o cumprimento da prisão civil por dívidas alimentares e para os inventários e partilhas.

A observação não deixa de ser paradoxal em um ano em que a quantidade de atos normativos das variadas espécies acabaram tratando de tantos e tão variados temas importantes, justamente por causa da pandemia, a começar pelo Decreto legislativo n. 6, de 20 de março de 2020, que "reconhece, para os fins do art. 65 da Lei Complementar n. 101, de 4 de maio de 2000, a ocorrência do estado de calamidade pública, nos termos da solicitação do Presidente da República encaminhada por meio da Mensagem n. 93, de 18 de março de 2020".

Apesar de tal constatação, o verdadeiro paradoxo é perceber que a prática do foro foi alterada por completo em função da necessidade do distanciamento social e da transferência das atividades físicas para o ambiente virtual. E isso, repito, sem nenhuma lei que disciplinasse o assunto; apenas atos, os mais diversos, de todos os Tribunais e do Conselho Nacional da Justiça, infralegais tratando desta (obrigatória e inevitável) migração de ambientes para viabilizar o prosseguimento das atividades forenses enquanto não se mostra seguro voltar ao dia a dia *presencial* do foro.

A questão é saber se o que veio por força da pandemia será permanente e em que extensão. Saber se o "novo normal" do processo incorporará tais avanços tecnológicos é questão que este *Manual*, neste momento, não se ocupa em responder. Qualquer resposta é prematura. Estamos em momento de transição, esperamos todos que para melhor.

O que é certo, e este *Manual* não está disposto a abrir mão de tal percepção, é que quaisquer alterações de paradigma, por mais relevantes (e urgentes) que sejam precisam ser feitas de acordo com o "modelo constitucional do direito processual civil", inclusive na perspectiva das "normas de concretização de direito processual civil". Assim, além de se garantir em *substância* as conquistas do devido processo *constitucional*, a *forma* das novas (e necessárias) regulamentações também deve observar o que, da Constituição, deve ser observado. Sim, porque a fórmula do devido processo *constitucional* em si mesma considerada constrange qualquer regulamentação a ela inferior (inclusive na perspectiva *legal*) tanto em forma como em conteúdo.

Neste compasso de espera, a opção foi a de destacar alguns destes atos infralegais, mormente os do Conselho Nacional de Justiça para ilustrar certos pontos de vista ao longo da exposição, mormente no que diz respeito à realização de atos processuais que, até então, vinham sendo realizados nos fóruns e nos Tribunais, e que passaram a (precisar) ser realizados em ambiente virtual, ainda que preferencialmente de modo síncrono. Mais que isso é não só precipitação no tempo, mas também – e o principal – dar a entender que as inovações até aqui implementadas são bem-vindas, apenas porque necessárias, dando de ombros à forma e à substância que decorrem do modelo constitucional.

Além de tais acréscimos, o texto do *Manual* está atualizado para as seguintes inovações legislativas: Lei n. 13.964, de 24 de dezembro de 2019, que "aperfeiçoa a legislação penal e processual penal"; Lei n. 13.994, de 24 de abril de 2020, que "altera a Lei n. 9.099, de 26 de setembro de 1995, para possibilitar a conciliação não presencial no âmbito dos Juizados Especiais Cíveis"; a já mencionada Lei n. 14.010, de 10 de junho de 2020, que "dispõe sobre o Regime Jurídico Emergencial e Transitório das relações jurídicas de Direito Privado (RJET) no período da pandemia do coronavírus (Covid-19)", Lei n. 14.057, de 11 de setembro de 2020, que "disciplina o acordo com credores para pagamento com desconto de precatórios federais e o acordo terminativo de litígio contra a Fazenda Pública e dispõe sobre a destinação dos recursos deles oriundos para o combate à Covid-19, durante a vigência do estado de calamidade pública reconhecido pelo Decreto Legislativo

n. 6, de 20 de março de 2020; e altera a Lei n. 7.689, de 15 de dezembro de 1988, e a Lei n. 8.212, de 24 de julho de 1991".

Também as indicações bibliográficas estão devidamente atualizadas, permitindo a quem aceitar o convite que motivou a elaboração do *Manual* – de tê-lo como ponto de *partida* dos estudos de direito processual civil, não de *chegada* – possa ir além estudando mais e consequentemente tendo melhores condições de pensar por si não apenas o Código de Processo Civil, mas mais do que ele, e necessariamente, o direito processual civil como um todo. Afinal, "ler fornece ao espírito materiais para o conhecimento, mas só o pensar faz nosso o que lemos" (John Locke).

Por fim, como já é praxe nas notas às novas edições do *Manual*, os agradecimentos: ao advogado Renato Pessoa Martorelli, pelas novas pesquisas bibliográficas e pelo auxílio no manuseio dos arquivos originais, também ao Professor Carlos Carmello, ao advogado Rodrigo Gouveia da Cunha, ao analista da Justiça Federal Rodrigo Fernandes Lobo da Silva e aos acadêmicos de direito Kelly Caetano e Matheus Guimarães Pitto, que enviaram gentilíssimos e-mails com sugestões de aperfeiçoamento do texto que agora chega, mais uma vez, ao mercado editorial. Também ao Daniel Pavani Naveira, da Saraiva, e, em especial, aos estudantes e estudiosos do direito processual civil que acolheram e continuam acolhendo este Manual para guiar suas reflexões sobre o direito processual civil, meu muito obrigado.

O meu e-mail, cassio@scarpinellabueno.com.br, continua à disposição para críticas e sugestões.

Cassio Scarpinella Bueno

Nota à 6ª edição

É com a alegria de sempre que redijo a nota que antecede a 6ª edição do meu *Manual de direito processual civil*, que chega ao estudante e ao estudioso do direito processual civil em 2020.

O livro, felizmente, tem sido muito bem aceito pelos leitores de todo o Brasil. Posso atestá-lo não só em função das inúmeras aulas e palestras que proferi de norte a sul e de leste a oeste ao longo de 2019 – e nelas sempre há uma fila de interessados e de interessadas com o livro em mãos, para um autógrafo e uma foto –, mas também pelo que informou o Portal "Jota" em 15 de março de 2019 (https://www.jota.info/paywall?redirect_to=//www.jota.info/carreira/livros-juridicos-mais-vendidos-2018-2-15032019): trata-se de um dos livros jurídicos mais vendidos no Brasil no ano de 2018. Motivo de muita felicidade e, correlatamente, de enorme responsabilidade.

Com o texto revisto e ampliado, inclusive para estabelecer um diálogo mais intenso com os três volumes de meu *Curso sistematizado de direito processual civil*, que também recebem novas edições em 2020, a 6ª edição do *Manual* conta com as seguintes atualizações normativas:

- Emenda Constitucional n. 103, de 12 de novembro de 2019, que "Altera o sistema de previdência social e estabelece regras de transição e disposições transitórias".
- Lei n. 13.793, de 3-1-2019, que "Altera as Leis n. 8.906, de 4 de julho de 1994, 11.419, de 19 de dezembro de 2006, e 13.105, de 16 de março de 2015 (Código de Processo Civil), para assegurar a advogados o exame e a obtenção de cópias de atos e documentos de processos e de procedimentos eletrônicos".
- Lei n. 13.869, de 5-9-2019, que "Dispõe sobre os crimes de abuso de autoridade; altera a Lei n. 7.960, de 21 de dezembro de 1989, a Lei n. 9.296, de 24 de julho de 1996, a Lei n. 8.069, de 13 de julho de 1990, e a Lei n. 8.906, de 4 de julho de 1994; e revoga a Lei n. 4.898, de 9 de dezembro de 1965, e dispositivos do Decreto-Lei n. 2.848, de 7 de dezembro de 1940 (Código Penal)".
- Lei n. 13.874, de 20-9-2019, que "Institui a Declaração de Direitos de Liberdade Econômica; estabelece garantias de livre mercado; altera as Leis n. 10.406, de 10 de janeiro de 2002 (Código Civil), 6.404, de 15 de dezembro de 1976, 11.598, de 3 de dezembro de 2007, 12.682, de 9 de julho de 2012, 6.015, de 31 de dezembro de 1973, 10.522, de 19 de julho de 2002, 8.934, de 18 de novembro 1994, o Decreto-lei n. 9.760, de 5 de setembro de 1946 e a Consolidação das Leis do Trabalho, aprovada pelo Decreto-lei n. 5.452, de 1º de maio de 1943; revoga a Lei Delegada

n. 4, de 26 de setembro de 1962, a Lei n. 11.887, de 24 de dezembro de 2008, e dispositivos do Decreto-lei n. 73, de 21 de novembro de 1966; e dá outras providências", seja no que ela dialoga com o "incidente de desconsideração da personalidade jurídica" disciplinado pelos arts. 133 a 137 do CPC, seja no que ela traz de novo com relação à disciplina dos negócios processuais do art. 190 do mesmo Código.

- Lei n. 13.876, de 20-9-2019, que "Dispõe sobre honorários periciais em ações em que o Instituto Nacional do Seguro Social (INSS) figure como parte e altera a Consolidação das Leis do Trabalho (CLT), aprovada pelo Decreto-lei n. 5.452, de 1º de maio de 1943, a Lei n. 5.010, de 30 de maio de 1966, e a Lei n. 8.213, de 24 de julho de 1991", que traz alteração ao art. 15 da Lei n. 5.010/1966, a "Lei da Justiça Federal".

- Lei n. 13.894, de 29-10-2019 que "Altera a Lei n. 11.340, de 7 de agosto de 2006 (Lei Maria da Penha), para prever a competência dos Juizados de Violência Doméstica e Familiar contra a Mulher para a ação de divórcio, separação, anulação de casamento ou dissolução de união estável nos casos de violência e para tornar obrigatória a informação às vítimas acerca da possibilidade de os serviços de assistência judiciária ajuizarem as ações mencionadas; e altera a Lei n. 13.105, de 16 de março de 2015 (Código de Processo Civil), para prever a competência do foro do domicílio da vítima de violência doméstica e familiar para a ação de divórcio, separação judicial, anulação de casamento e reconhecimento da união estável a ser dissolvida, para determinar a intervenção obrigatória do Ministério Público nas ações de família em que figure como parte vítima de violência doméstica e familiar, e para estabelecer a prioridade de tramitação dos procedimentos judiciais em que figure como parte vítima de violência doméstica e familiar".

Quero deixar registrado meus agradecimentos públicos ao Daniel Brajal Veiga, ao Mario Henrique de Barros Dorna e à Denise Knap Ribeiro pelas indicações de correções que foram incorporadas. Também à advogada Fabiana Torre de Santiago Collucci e ao advogado Renato Pessoa Martorelli, pela preparação e revisão dos originais.

À equipe da Saraiva, meus agradecimentos de sempre, na pessoa do Daniel Pavani Naveira que vem encabeçando de maneira exemplar a equipe editorial de meus trabalhos junto a uma das mais prestigiadas casas editoriais do Brasil ano após ano.

Críticas e sugestões continuam a ser muito bem-vindas. Para tanto, o e-mail cassio@scarpinellabueno.com.br está à disposição de todos os interessados.

Cassio Scarpinella Bueno

Nota à 5ª edição

O ano de 2018, a exemplo dos anteriores, mostrou a consolidação do meu *Manual de direito processual civil*. Felizmente, mais de uma tiragem foi necessária para atender o interesse de todos que quiseram ler o que, da forma mais didática e direta que me foi possível, venho tratando sobre o direito processual civil na perspectiva do Código de Processo Civil na visão neoconcretista. Desde logo, portanto, e uma vez mais, meu muito obrigado ao prezado leitor, pela sua confiança.

Aquele ano também foi marcado pela publicação da 9ª edição do volume 1 do meu *Curso sistematizado de direito processual civil*. Como escrevi na Nota introdutória respectiva, trata-se do "irmão mais velho" do *Manual* e, nesta qualidade, quem é irmão mais novo bem o sabe, é difícil não saber o que o mais velho pensa disto ou daquilo. Mas, felizmente, como a vida mostra, nem sempre é o irmão mais velho a ensinar sempre e a todo o tempo; o mais novo terá, em algum momento, reunido conhecimento suficiente (e coragem) para também dizer o que pensa. E afortunados são os pais e as mães que têm o privilégio de assistir a este aprendizado e esta troca de informações entre irmãos e irmãs, entre seus filhos e suas filhas, e aprender, diariamente, com eles e com elas.

Em termos de conteúdo, além da devida revisão do texto, invariavelmente preocupado em deixar a exposição mais clara possível, e corrigir, aqui e ali, algum erro de digitação ou de remissão que me tenha passado nas edições anteriores[1], introduzi alguns desdobramentos, procedi a vários aprofundamentos e estabeleci, em momentos fundamentais, o necessário diálogo com o *Curso*. Deixei que os irmãos conversassem entre si.

O ponto nodal a este respeito se dá logo no Capítulo 1, ao ensejo do modelo constitucional do direito processual civil, e a apresentação do (novo) 5º grupo, as normas de concretização do direito processual civil. O curioso disto, confesso-lhe, prezado leitor, é que aquele *destaque* na matéria, ao ensejo do próprio modelo constitucional, só se fez clara quando da reelaboração do vol. 1 do *Curso*. E como tudo o que está agora escrito no 5º grupo do modelo constitucional, já estava discutido no *Manual*, ainda que em lugares diversos, vejo-me obrigado a destacar o quanto foi (e está sendo) gratificante estabelecer a troca de informações entre estes dois trabalhos meus, cada um com sua proposta e sua metodologia, com o seu próprio jeito de ser, os dois irmãos, o mais velho e o mais novo.

Também fiz os comentários cabíveis à Emenda Constitucional n. 99, de 14 de dezembro de 2017, que dá nova redação aos arts. 102, 103 e 105 do ADCT relativos ao regime

---

[1] Meu muito obrigado, no particular, ao Dr. Thiago Cunha Bahia e ao Dr. Christian Barros Pinto que escreveram para mim, atendendo ao pedido que, desde a 1ª edição, lancei na nota introdutória respectiva.

especial para pagamentos devidos pelo Poder Público, à Lei n. 13.655, de 25 de abril de 2018, que acrescenta na LINDB "disposições sobre segurança jurídica e eficiência na criação e na aplicação do direito público" e à Lei n. 13.728, de 31 de outubro de 2018, que acrescentou o art. 12-A na Lei dos Juizados Especiais Cíveis, com a devida contextualização em alguns pontos fundamentais da análise do CPC.

Todas as alterações de conteúdo resultaram em acréscimos e modificações nos quadros-resumo, que encerram cada um dos Capítulos.

Também a bibliografia indicada ao fim dos Capítulos, novidade introduzida na 4ª edição, foi bastante ampliada, para que o prezado leitor tenha à sua disposição as indicações do que de mais recente existe na doutrina brasileira a respeito de cada um dos temas versados ao longo do *Manual*. Quanto ao ponto, meus agradecimentos ao acadêmico de direito Renato Pessoa Martorelli, que me auxiliou na separação e na classificação deste importante material bibliográfico.

A nota introdutória não estaria completa sem o necessário agradecimento ao Daniel Pavani Naveira, meu editor na Saraiva. Mais uma vez, Daniel, meu muito obrigado, por todo o seu empenho na produção de meus trabalhos, desde quando me mostrou o projeto de capa desta 5ª edição e o retorno, aprimorado, às cores da 1ª edição, que me fazem lembrar de como é belo cada novo amanhecer.

Que essa 5ª edição continue a ser a escolha certa e segura do prezado leitor para as suas *primeiras linhas de direito processual civil* e que possa descobrir com este *Manual* e com o diálogo incessante que ele propõe o quanto é importante o estudo *neoconcretista* do direito processual civil para a transformação desejada da nossa realidade desde o modelo constitucional.

Cassio Scarpinella Bueno
Novembro de 2018

Nota à 4ª edição

Mais um ano, o de 2017, se passou, e, com ele, mais uma edição e respectivas tiragens do meu *Manual de direito processual civil*. Constatar que se trata de obra que veio para ocupar espaço de destaque na bibliografia do direito processual civil nacional não é pouca coisa e também não o é para muitos. Assim, minha primeira palavra, que se confunde com o sentimento do instante em que redijo esta apresentação, é de gratidão, tão enorme quanto sincera. Sem o "prezado leitor", com quem venho dialogando desde a 1ª edição, isso não seria possível. Obrigado, meu prezado leitor, pela escolha deste *Manual* e por confiar que suas ideias e sua forma de exposição sejam um caminho adequado para a compreensão do direito processual civil pela perspectiva do Código de Processo Civil.

Para a nova edição entendi que era o caso de proceder a uma revisão do texto, sempre para aprimorá-lo e deixar meus pontos de vista os mais claros possíveis, tanto quanto o desenvolvimento da respectiva linha argumentativa. Sempre e invariavelmente – e nem poderia ser diferente – preocupado com o caráter didático da obra, como o prezado leitor notará, em diversas passagens, mas também em diversos dos "resumos" que fecham cada um dos capítulos. Também para eliminar alguns equívocos formais e de digitação que acabaram subsistindo, pelo que agradeço, agora de público, a três pessoas que efetuaram cuidadosas e verdadeiramente admiráveis leituras das edições anteriores do *Manual* e que, indo além das considerações elogiosas, às quais também renovo meus cumprimentos, muito gentilmente apontaram incorreções aqui e acolá para contribuir com o aperfeiçoamento do trabalho. São eles: Dr. Daniel Brajal Veiga, Dr. Mário Henrique Dorna e Dr. Victor Bensabath. De igual modo e para a mesma finalidade, a intervenção de Claudia de Carvalho Guarnieri foi tão importante quanto oportuna.

Além disso, reformulei e aprofundei o exame de diversos temas. Assim, para fins ilustrativos, no que diz respeito ao alcance das hipóteses de cabimento do agravo de instrumento (para ampliar as possibilidades interpretativas do art. 1.015 não só mas também à luz do verbo "versar" empregado pelo *caput* daquele dispositivo e aqui, incontáveis discussões com o Professor Welder Queiroz dos Santos, da Universidade Federal do Mato Grosso, e meu orientando na PUC-SP, foram fundamentais); para tratar da atuação da Defensoria Pública na qualidade de *custos vulnerabilis*, a partir de inspiradora troca de e-mails com o Professor da Universidade Federal do Amazonas e Defensor Público daquele Estado, Maurilio Casas Maia; sobre a necessária compreensão das técnicas previstas nos arts. 926 a 928 – para além do exame crítico que merecem – como verdadeiros indexadores jurisprudenciais e a respeito da indispensável participação do *amicus curiae* nos processos que resultem na fixação daqueles mesmos indexadores.

Esta 4ª edição vem enriquecida, ao final de cada capítulo, com indicações de leituras complementares, sem prejuízo das atualizações e das complementações que entendi necessárias na bibliografia final. Com a iniciativa, e para reforçar não só o caráter didático do trabalho, mas também sua proposta reflexiva, quem pretender aprimorar e desenvolver seu pensamento crítico sobre o CPC de 2015, encontrará, capítulo a capítulo, repertório mais que suficiente para tanto. Para sua elaboração, contei com o imprescindível e exemplar auxílio da Dra. Fabiana Torre de Santiago Collucci, que me ajudou a identificar, separar e classificar este importante material bibliográfico. A ela, meus sinceros e públicos agradecimentos.

Quanto às novidades legislativas, fiz os comentários cabíveis à Lei n. 13.465, de 11 de julho de 2017, que, entre outras providências, cria o direito de laje e seus reflexos processuais (incisos X e XI do art. 799 do CPC) e à Lei n. 13.466, de 12 de julho de 2017, que cria preferência especial dos idosos com mais de 80 anos sobre os demais idosos com 60 anos ou mais, estabelecida desde o Estatuto do Idoso, art. 71 da Lei n. 10.741/2003, e reforçada pelo art. 1.048 do CPC.

Uma última palavra, de agradecimento, dirijo ao Daniel Pavani Naveira, meu editor na Saraiva, que vem se superando, edição após edição, na coordenação dos trabalhos editoriais. Mais uma vez, Daniel, meu sempre muito obrigado.

Que esta 4ª edição, a exemplo das que lhe antecederam, continue a propagar a compreensão adequada do CPC de 2015 e, com isso, crie condições para que o processo desempenhe o seu devido papel, de concretização do direito material, sempre e invariavelmente desde seu modelo constitucional – e como poderia ser diferente? – tão mais fundamental no momento em que vivemos do Estado brasileiro.

Cassio Scarpinella Bueno
Dezembro de 2017

Nota à 3ª edição

É com enorme satisfação – sempre é, e como poderia ser diferente? – que redijo a nota à 3ª edição deste *Manual*.

Sua acolhida generosíssima pelo prezado leitor tem surpreendido a mim desde o primeiro instante. Foram 2 tiragens da 1ª edição e 3 tiragens da 2ª edição. No particular, só tenho que agradecer – e muito – a todos aqueles que vêm compartilhando da proposta de interpretação do direito processual civil a partir do novo Código de Processo Civil que venho fazendo nesta sede.

Na preparação desta 3ª edição reli todo o texto, não só para corrigir algumas imprecisões, mas para desenvolver, aprimorar e aprofundar diversas ideias e pontos de vista constantes das duas edições anteriores. Até mesmo alterei, ao desenvolver esta tarefa, meu posicionamento com relação ao objeto e ao alcance da "ação" a que se refere o § 2º do art. 304, para "rever, reformar ou invalidar" a tutela antecipada estabilizada (v. n. 6.5.1 do Capítulo 6).

Também entendi que era o caso de ampliar os resumos que fecham cada um dos Capítulos para que sua adoção como verdadeira síntese das ideias desenvolvidas em cada qual seja a mais útil possível para os estudantes e os professores que se valem deste *Manual* em sala de aula.

Ampliei bastante a bibliografia, indicando uma série de trabalhos escritos sob a égide do CPC de 2015. A iniciativa quer, como venho assinalando desde a 1ª edição, viabilizar que o prezado leitor aprofunde seus estudos e sua capacidade crítica de compreensão do direito processual civil mediante a leitura e a reflexão de outros autores.

Dentre as obras lá indicadas, tomo a liberdade de destacar o meu *Novo Código de Processo Civil anotado*, contemporâneo do *Manual*, e que também alcança, neste ano de 2017, a sua 3ª edição. Nele, além das anotações, artigo por artigo, colaciono os diversos enunciados interpretativos que vêm sendo produzidos por diferentes iniciativas acerca do novo Código, além das Súmulas e dos julgamentos repetitivos do STF, do STJ e das Súmulas do TJSP que dialogam com os mais variados dispositivos do CPC de 2015. Trata-se de repertório que, em outra perspectiva, ilustra suficientemente bem as múltiplas aplicações do que, aqui, exponho em *prosa*.

Também entendi necessário atualizar o texto com uma série de normas jurídicas que foram incorporadas ao ordenamento jurídico desde o lançamento da 2ª edição. São elas:

- A EC n. 92/2016, que "altera os arts. 92 e 111-A da Constituição Federal, para explicitar o Tribunal Superior do Trabalho como órgão do Poder Judiciário, alterar

os requisitos para o provimento dos cargos de Ministros daquele Tribunal e modificar-lhe a competência".
- A EC n. 94/2016, que "altera o art. 100 da Constituição Federal, para dispor sobre o regime de pagamento de débitos públicos decorrentes de condenações judiciais; e acrescenta dispositivos ao Ato das Disposições Constitucionais Transitórias, para instituir regime especial de pagamento para os casos em mora".
- A Lei n. 13.327, de 29 de julho de 2016, que "altera a remuneração de servidores públicos; estabelece opção por novas regras de incorporação de gratificação de desempenho a aposentadorias e pensões; altera os requisitos de acesso a cargos públicos; reestrutura cargos e carreiras; dispõe sobre honorários advocatícios de sucumbência das causas em que forem parte a União, suas autarquias e fundações; e dá outras providências" e que, no que interessa para cá, regulamenta, no plano federal, o § 19 do art. 85.
- A Lei n. 13.245, de 12 de janeiro de 2016, que "altera o art. 7º da Lei n. 8.906, de 4 de julho de 1994 (Estatuto da Ordem dos Advogados do Brasil)".
- A Lei n. 13.300, de 23 de junho de 2016, que "disciplina o processo e o julgamento dos mandados de injunção individual e coletivo e dá outras providências".
- A Lei n. 13.363, de 25 de novembro de 2016, que "altera a Lei n. 8.906, de 4 de julho de 1994, e a Lei n. 13.105, de 16 de março de 2015 (Código de Processo Civil), para estipular direitos e garantias para a advogada gestante, lactante, adotante ou que der à luz e para o advogado que se tornar pai".
- A Emenda Regimental n. 24, de 28 de setembro de 2016, do STJ, que "altera, inclui e revoga dispositivos do Regimento Interno para adequá-lo à Lei n. 13.105, de 16 de março de 2015, novo Código de Processo Civil".
- As Resoluções do CNJ sobre o CPC de 2015, a saber:
  - Resolução n. 232, de 13 de julho de 2016, que "fixa os valores dos honorários a serem pagos aos peritos, no âmbito da Justiça de primeiro e segundo graus, nos termos do disposto no art. 95, § 3º, II, do Código de Processo Civil – Lei n. 13.105/2015".
  - Resolução n. 233, de 13 de julho de 2016, que "dispõe sobre a criação de cadastro de profissionais e órgãos técnicos ou científicos no âmbito da Justiça de primeiro e segundo graus".
  - Resolução n. 234, de 13 de julho de 2016, que "institui o Diário de Justiça Eletrônico Nacional (DJEN), a Plataforma de Comunicações Processuais (Domicílio Eletrônico) e a Plataforma de Editais do Poder Judiciário, para os efeitos da Lei 13.105, de 16 de março de 2015 e dá outras providências".
  - Resolução n. 235, de 13 de julho de 2016, que "dispõe sobre a padronização de procedimentos administrativos decorrentes de julgamentos de repercussão geral, de casos repetitivos e de incidente de assunção de competência previstos na Lei 13.105, de 16 de março de 2015 (Código de Processo Civil), no Superior Tribunal de Justiça, no Tribunal Superior Eleitoral, no Tribunal Superior do Trabalho, no Superior Tribunal Militar, nos Tribunais Regionais Federais, nos Tribunais Regionais

do Trabalho e nos Tribunais de Justiça dos Estados e do Distrito Federal, e dá outras providências".

- Resolução n. 236, de 13 de julho de 2016, que "regulamenta, no âmbito do Poder Judiciário, procedimentos relativos à alienação judicial por meio eletrônico, na forma preconizada pelo art. 882, § 1º, do novo Código de Processo Civil".
- Resolução n. 244, de 12 de setembro de 2016, que "dispõe sobre a regulamentação do expediente forense no período natalino e da suspensão dos prazos processuais, e dá outras providências".

Meus sinceros agradecimentos a todos aqueles que, de alguma forma, contribuíram para o aprimoramento deste trabalho. Em especial ao Daniel Brajal Veiga, à Letícia Zuccolo Paschoal da Costa Daniel, ao Ricardo Collucci e ao João Carlos Magalhães. Também a todos os prezados leitores que, aceitando o convite formulado nas edições anteriores, enviaram-me mensagens levantando questionamentos ou fazendo observações a respeito do texto. Meu e-mail, para tanto, continua o mesmo: cassio@scarpinellabueno.com.br.

Também quero dirigir (mais) um agradecimento público à Editora Saraiva, hoje pertencente ao Grupo Somos Educação, em especial aos meus editores Thaís de Camargo Rodrigues e Daniel Pavani Naveira, por todo o apoio, pelo incentivo e dedicação exemplar a todos os meus trabalhos.

Com o início de vigência do CPC de 2015 – e saber o dia exato em que isso se deu é uma de incontáveis discussões que seu *texto* sugere –, buscar nortes seguros para a sua interpretação e correlata aplicação é providência imperativa e inadiável. É para isso que este *Manual*, desde sua concepção, foi pensado e escrito. Que esta 3ª edição o ajude a se consolidar como um repertório de ideias importantes para a adequada reflexão e, pois, para a adequada compreensão do direito processual civil e do novo Código.

Cassio Scarpinella Bueno
Dezembro de 2016

Nota prévia à 2ª edição

Fazendo coro ao que escrevo no preâmbulo da 2ª edição do meu *Novo Código de Processo Civil anotado*, a 2ª edição deste *Manual de direito processual civil,* em volume único, justifica-se depois de uma generosíssima acolhida do público leitor, de professores e de alunos dos mais diversos locais do Brasil.

A 2ª edição vem revista, atualizada e ampliada, inclusive com os acréscimos e desenvolvimentos que se justificaram em razão de leis que entraram em vigor após o fechamento da 1ª edição. São elas: Lei n. 13.129, de 26 de maio de 2015 (que altera, parcialmente, a lei de arbitragem); Lei n. 13.140, de 26 de junho de 2015 (que trata da mediação); Lei n. 13.146, de 6 de julho de 2015 (que institui o Estatuto da Pessoa com Deficiência) e Lei n. 13.151, de 28 de julho de 2015 (que modifica, em parte, o regime de fundações no Código Civil).

Mas não só.

O advento da Lei n. 13.256/2016, que alterou diversos dispositivos do CPC de 2015 ainda durante sua *vacatio legis*, justificou a reelaboração de várias passagens deste trabalho, considerando as profundas (e nem sempre sistemáticas, muito pelo contrário, aliás) modificações que aquele diploma legislativo trouxe, sobretudo, mas não só, para o recurso especial e para o recurso extraordinário.

Considerando o caráter eminentemente didático do trabalho, entendi oportuno introduzir, nesta 2ª edição, quadros-resumo ao término de cada um dos Capítulos. Eles correspondem, com as modificações que se fizeram necessárias, ao material de apoio que me acompanhou nas muitas dezenas de oportunidades que tive para expor o novo CPC de norte a sul, de oeste a leste do Brasil ao longo de 2015 e, até mesmo, no exterior. Da mesma forma que eles me foram (e me são e, tenho certeza, ainda serão) utilíssimos no apaixonante mister de apresentar (e problematizar e sistematizar) o CPC de 2015 para todos os interessados que tive o privilégio de encontrar em todas aquelas diversíssimas e enriquecedoras oportunidades, tenho certeza de que eles serão muito bem recebidos pelo público leitor, pelos estudiosos e pelos estudantes em geral para compreender mais adequadamente a nova sistemática processual.

A forma de escrita da 1ª edição, enaltecendo o diálogo constante com o prezado leitor, está preservada e, assim espero, aperfeiçoada em diversos trechos. Tudo para pensar, criticamente, o CPC de 2015, longe da passividade e da acriticidade que tanto caracteriza a doutrina que quer ter caráter didático. Aquelas características, estou absolutamente convencido disto, são atributos totalmente diversos e que, nos seus devidos lugares – este é um deles – precisam ser combinados para que o (bom) conteúdo chegue (da forma mais acessível possível) ao leitor.

Este *Manual* quer, portanto, não só *descrever*, mas, também, propor uma visão (neoconcretista) de todo o fenômeno processual civil. Como escrevi alhures, o que precisamos é *construir* o CPC de 2015 *problematizando-o*, *testando-o*, *pensando-o*, sempre de forma crítica. Nada de frases de efeito e de soluções apriorísticas que enganam pela simplicidade e são perigosas porque convidam a não refletir, a não pensar...

Isto escrito, passo aos agradecimentos.

Em primeiro lugar, aos meus caríssimos amigos e "assistentes" (*litisconsorciais*, como sempre afirmo) Daniel Brajal Veiga e Ricardo Collucci, que vêm me acompanhando nos últimos anos à frente das minhas turmas de direito processual civil da PUCSP, como parte das exigências dos créditos de Pós-graduação, meu sincero agradecimento pela atenção, pelos comentários e pela oportunidade de convivência acadêmica.

Em segundo lugar, às minhas alunas e aos meus alunos da PUCSP que tanto me honram e me honraram, ainda mais em 2015, quando me elegeram seu paraninfo. A elas e a eles agradeço sensibilizado na pessoa da Laís Neme Cury Augusto Rezende, brilhante aluna e minha auxiliar de ensino durante boa parte de seu curso de bacharelado. A todas as alunas e a todos os alunos, meu muito obrigado; elas e eles, que, tenho certeza, sabem *pensar* o direito (muito além do direito processual civil, aliás), *construindo-o*, não o repetindo. Dentre os alunos que se formaram em 2015, agradeço também nominalmente ao João Carlos Magalhães, meu auxiliar de ensino ao longo de 2015, que me ajudou na conferência das provas durante a produção editorial dos originais deste *Manual*.

Em terceiro lugar, a todos aqueles que, direta ou indiretamente, em sala de aula ou fora dela, por e-mail ou pelas redes sociais contribuíram para o resultado final, que agora vem a público. Em especial, aos queridos amigos e Professores André Pagani de Sousa, Elias Marques de Medeiros Neto, Fabiano Carvalho, Fernando da Fonseca Gajardoni, Franco Junior, Heitor Vitor Mendonça Sica, Julio Muller, Leonardo de Faria Beraldo, Luciano Vianna Araújo, Marcelo Bonício, Maria Carolina Beraldo, Maurício Cunha, Olavo de Oliveira Neto, Rodrigo Barioni, Stella Economides Maciel, Vitor Moreira da Fonseca, Welder Queiroz dos Santos e William Santos Ferreira, deixo registrado, perante o prezado público leitor, meu muito obrigado pelas conversas, críticas, opiniões, sugestões e questionamentos sobre o trabalho.

Por fim, mas não menos importante, aos meus Editores da Saraiva, em especial à Thaís de Camargo Rodrigues e ao Daniel Pavani Naveira, pelo tratamento exemplar e cuidadoso com este trabalho desde o primeiro momento.

Que essa 2ª edição, revista, atualizada e ampliada, possa ter a receptividade da primeira e que ela desempenhe papel idêntico ao do que fez quando de seu lançamento: auxiliar o estudante e o estudioso do direito processual civil a compreender a instigante disciplina do direito processual civil, levando em consideração o CPC de 2015 como um todo sistemático construído a partir da visão neoconcretista do direito processual civil e do modelo constitucional do direito processual civil.

Cassio Scarpinella Bueno
Fevereiro de 2016

Sumário

Abreviaturas e Siglas IX
Prólogo XI
Nota à 9ª edição XV
Nota à 8ª edição XVII
Nota à 7ª edição XIX
Nota à 6ª edição XXII
Nota à 5ª edição XXIV
Nota à 4ª edição XXVI
Nota à 3ª edição XXVIII
Nota prévia à 2ª edição XXXI

Capítulo 1
Considerações Propedêuticas 1

1. O objeto do direito processual civil ou o que estuda o direito processual civil? .. 1
2. O modelo constitucional do direito processual civil 3
    2.1 Princípios constitucionais do direito processual civil 6
        2.1.1 Acesso à justiça 6
        2.1.2 Devido processo legal (devido processo constitucional) 7
        2.1.3 Contraditório (cooperação) 9
        2.1.4 Ampla defesa 10
        2.1.5 Juiz natural 10
        2.1.6 Imparcialidade 11
        2.1.7 Duplo grau de jurisdição 11
        2.1.8 Colegialidade nos Tribunais 12
        2.1.9 Reserva do Plenário para declarar a inconstitucionalidade de lei ou ato normativo 13
        2.1.10 Isonomia 13
        2.1.11 Publicidade 14
        2.1.12 Motivação 15
        2.1.13 Vedação das provas ilícitas ou obtidas por meios ilícitos 15

2.1.14	Assistência jurídica integral e gratuita	16
2.1.15	Duração razoável do processo (eficiência processual)	16
2.1.16	Efetividade do processo (efetividade do direito pelo e no processo)	17
2.1.17	Princípios-síntese	18
2.2	Organização judiciária	18
2.3	Funções essenciais à Justiça	21
2.3.1	Magistratura	22
2.3.2	Ministério Público	22
2.3.3	Advocacia	24
2.3.4	Defensoria Pública	26
2.4	Procedimentos jurisdicionais constitucionalmente diferenciados	27
2.5	Normas de concretização do direito processual civil	28
2.6	Reflexão	30
3.	Institutos fundamentais do direito processual civil	32
3.1	Jurisdição	34
3.2	Ação	35
3.3	Processo	39
3.4	Defesa	42
4.	O neoconcretismo	44
4.1	Tutela jurisdicional	47
4.1.1	Cognição jurisdicional	48
5.	Convite	49
Resumo do Capítulo 1		50
Leituras Complementares (Capítulo 1)		56

Capítulo 2
Normas Processuais Civis 61

1.	Para começar	61
2.	Normas fundamentais do processo civil	61
2.1	O modelo constitucional do direito processual civil	62
2.2	O princípio da inércia da jurisdição	64
2.3	Acesso à justiça e meios alternativos de solução de conflitos	65
2.4	Princípio da eficiência processual	66

2.5	A boa-fé objetiva..	67
2.6	Princípio da cooperação (modelo cooperativo de processo)	69
2.7	Princípio da isonomia (paridade de armas)	71
2.8	Hermenêutica do direito processual civil...	72
2.9	Princípio do contraditório..	73
2.10	Ainda e mais o contraditório: vedação das decisões-surpresa	74
2.11	Princípios da publicidade e da fundamentação	75
2.12	Ordem cronológica de conclusão	76

3. Aplicação das normas processuais 78
Resumo do Capítulo 2 82
Leituras Complementares (Capítulo 2) 86

Capítulo 3
Função Jurisdicional 96

1. Para começar... 96
2. Jurisdição.. 96
3. Ação.. 98
    3.1 Legitimação extraordinária... 102
    3.2 Ainda sobre o interesse de agir... 102
4. Limites da jurisdição nacional 103
5. Cooperação internacional.. 105
    5.1 Disposições gerais... 106
    5.2 Auxílio direto.. 106
    5.3 Carta rogatória 108
    5.4 Disposições comuns.. 109
6. Competência... 110
    6.1 Disposições gerais... 110
    6.2 Modificação da competência... 116
    6.3 Incompetência 118
7. Cooperação nacional... 120
Resumo do Capítulo 3 122
Leituras Complementares (Capítulo 3) 125

Capítulo 4
Sujeitos do Processo.. 129

1.	Para começar...	129
2.	Partes e procuradores...	129
	2.1 Capacidade de estar em juízo e capacidade processual (legitimação processual)...	130
	2.2 Deveres...	134
	2.3 Responsabilidade das partes por dano processual...............	136
	2.4 Despesas, honorários advocatícios e multas.........................	137
	2.5 Gratuidade da Justiça..	147
	2.6 Dos procuradores (advocacia privada).................................	150
	2.7 Sucessão das partes e dos procuradores..............................	152
3.	Litisconsórcio...	153
	3.1 Regime do litisconsórcio...	157
4.	Intervenção de terceiros..	159
	4.1 Assistência...	161
	4.1.1 Assistência simples e assistência litisconsorcial........	162
	4.1.2 Atuação do assistente..	163
	4.1.3 Justiça da decisão (eficácia da intervenção)..............	164
	4.2 Denunciação da lide...	165
	4.2.1 Posição do denunciado..	167
	4.2.2 Julgamento da denunciação e verbas de sucumbência...........	170
	4.3 Chamamento ao processo..	171
	4.3.1 Sentença de procedência...	171
	4.4 Incidente de desconsideração da personalidade jurídica....	172
	4.5 *Amicus curiae*..	175
5.	Juiz e auxiliares da Justiça...	179
	5.1 Deveres-poderes e responsabilidade do juiz........................	179
	5.2 Impedimento e suspeição..	185
	5.3 Auxiliares da Justiça..	188
	5.3.1 Escrivão, chefe de secretaria e oficial de justiça.......	188
	5.3.2 Perito...	190
	5.3.3 Depositário e administrador.......................................	190
	5.3.4 Intérprete e tradutor..	191
	5.3.5 Conciliadores e mediadores judiciais........................	191

6.	Ministério Público	195
7.	Advocacia pública	198
8.	Defensoria Pública	199

Resumo do Capítulo 4 202
Leituras Complementares (Capítulo 4) 213

Capítulo 5
Atos Processuais 225

1.	Para começar	225
2.	Forma, tempo e lugar dos atos processuais	225
3.	Forma dos atos processuais	225
	3.1 Prática eletrônica de atos processuais	227
	3.2 Atos das partes	229
	3.3 Pronunciamentos do juiz	230
	3.4 Atos do escrivão ou do chefe de secretaria	232
	3.5 Negócios processuais	233
	3.6 Calendário processual	238
4.	Tempo dos atos processuais	240
5.	Lugar dos atos processuais	241
6.	Prazos	241
	6.1 Contagem e fluência	243
	6.2 Verificação e penalidades	247
7.	Comunicação dos atos processuais	248
	7.1 Citação	249
	7.1.1 Modalidades de citação	251
	7.2 Cartas	257
	7.3 Intimações	259
8.	Nulidades	260
9.	Distribuição e registro	265
10.	Valor da causa	267

Resumo do Capítulo 5 269
Leituras Complementares (Capítulo 5) 274

Capítulo 6
Tutela Provisória 280

1. Para começar.. 280
2. Nomenclatura empregada 280
3. Tutela provisória e suas espécies... 281
4. Disposições gerais 284
   4.1 Competência.. 285
   4.2 Dever de motivação 285
   4.3 Duração da tutela provisória 286
   4.4 Dever-poder geral de asseguramento (cautela) e de satisfação (antecipação).. 287
   4.5 Tutela provisória requerida em caráter incidental 288
   4.6 Recorribilidade das interlocutórias relativas a tutela provisória........... 289
5. Tutela de urgência 289
   5.1 Pressupostos 289
   5.2 Caução.. 290
   5.3 Concessão liminar ou mediante audiência de justificação................... 290
   5.4 Quando houver irreversibilidade 291
   5.5 Efetivação da tutela provisória de urgência de natureza cautelar......... 291
   5.6 Responsabilidade pela prestação da tutela de urgência 292
6. Tutela antecipada requerida em caráter antecedente 293
   6.1 Petição inicial.. 294
   6.2 Se concedida a tutela antecipada antecedente................. 295
   6.3 Se não concedida a tutela antecipada antecedente.......... 297
   6.4 Se não houver aditamento da petição inicial 297
   6.5 Estabilização da tutela provisória 298
      6.5.1 Dinâmica da estabilização....................................... 300
7. Tutela cautelar requerida em caráter antecedente.................... 302
   7.1 Citação do réu e suas atitudes 303
   7.2 Apresentação do pedido principal.................................... 304
   7.3 Duração 305
   7.4 Indeferimento da tutela cautelar e pedido principal 306
8. Tutela da evidência... 306
9. Restrições à tutela provisória 311
Resumo do Capítulo 6 316
Leituras Complementares (Capítulo 6)... 319

Capítulo 7
Formação, Suspensão e Extinção do Processo...... 328

1. Para começar...... 328
2. Formação do processo...... 328
3. Suspensão do processo...... 331
    - 3.1 Morte ou perda da capacidade processual de qualquer das partes, de seu representante legal ou de seu procurador...... 332
    - 3.2 Convenção das partes 333
    - 3.3 Arguição de impedimento ou suspeição...... 333
    - 3.4 Admissão de incidente de resolução de demandas repetitivas...... 334
    - 3.5 Relações externas com a decisão de mérito...... 334
        - 3.5.1 Relação entre processos civil e penal...... 335
    - 3.6 Força maior...... 335
    - 3.7 Tribunal marítimo...... 336
    - 3.8 Outros casos previstos no CPC...... 337
    - 3.9 Parto ou concessão de adoção...... 337
    - 3.10 Advogado que se tornar pai...... 339
4. Extinção do processo...... 340
    - 4.1 Extinção do processo e prévio saneamento...... 342

Resumo do Capítulo 7...... 343
Leituras Complementares (Capítulo 7)...... 345

Capítulo 8
Fase Postulatória...... 346

1. Para começar...... 346
2. Petição inicial...... 347
    - 2.1 O juízo a que é dirigida...... 347
    - 2.2 Qualificação das partes...... 347
    - 2.3 O fato e os fundamentos jurídicos do pedido...... 348
    - 2.4 O pedido com as suas especificações...... 348
    - 2.5 O valor da causa...... 350
    - 2.6 As provas com que o autor pretende demonstrar a verdade dos fatos alegados...... 351
    - 2.7 A opção do autor pela realização ou não de audiência de conciliação ou de mediação...... 352

- **2.8** Outras exigências 352
- **3.** Juízo de admissibilidade da petição inicial 353
  - **3.1** Juízo de admissibilidade positivo 354
  - **3.2** Juízo de admissibilidade neutro 354
  - **3.3** Juízo de admissibilidade negativo 355
    - **3.3.1** Indeferimento da petição inicial 355
    - **3.3.2** Improcedência liminar do pedido 358
- **4.** Audiência de conciliação ou de mediação 359
  - **4.1** Não realização 362
  - **4.2** Dinâmica 364
- **5.** Contestação, reconvenção, revelia e outros comportamentos do réu 365
  - **5.1** Contestação 366
    - **5.1.1** Prazo 367
    - **5.1.2** Preliminares 368
      - **5.1.2.1** Inexistência ou nulidade da citação 369
      - **5.1.2.2** Incompetência absoluta e relativa 369
      - **5.1.2.3** Incorreção do valor da causa 371
      - **5.1.2.4** Inépcia da petição inicial 371
      - **5.1.2.5** Perempção 372
      - **5.1.2.6** Litispendência e coisa julgada 372
      - **5.1.2.7** Conexão 373
      - **5.1.2.8** Incapacidade da parte, defeito de representação ou falta de autorização 373
      - **5.1.2.9** Convenção de arbitragem 374
      - **5.1.2.10** Ausência de legitimidade ou de interesse processual ... 375
      - **5.1.2.11** Falta de caução ou de outra prestação que a lei exige como preliminar 376
      - **5.1.2.12** Indevida concessão do benefício de gratuidade de justiça 376
    - **5.1.3** Defesas de mérito 377
  - **5.2** Reconvenção 379
  - **5.3** Revelia 380
  - **5.4** Outros comportamentos do réu 380
- **Resumo do Capítulo 8** 382
- **Leituras Complementares (Capítulo 8)** 386

Capítulo 9
Fase Ordinatória 390

1. Para começar 390
2. Providências preliminares 391
3. Julgamento conforme o estado do processo 392
   - 3.1 Extinção do processo 392
     - 3.1.1 Extinção sem resolução de mérito 393
     - 3.1.2 Extinção com resolução de mérito 393
     - 3.1.3 Extinção parcial 394
   - 3.2 Julgamento antecipado do mérito 395
   - 3.3 Julgamento antecipado parcial do mérito 397
   - 3.4 Saneamento e organização do processo 401
     - 3.4.1 Esclarecimentos e ajustes na decisão de saneamento e organização 402
     - 3.4.2 Delimitação consensual das questões de fato e de direito 403
     - 3.4.3 Audiência de saneamento (saneamento cooperativo) 404
     - 3.4.4 Prova testemunhal 405
     - 3.4.5 Prova pericial 406

Resumo do Capítulo 9 407
Leituras Complementares (Capítulo 9) 409

Capítulo 10
Fase Instrutória 412

1. Para começar 412
2. Audiência de instrução e julgamento 412
   - 2.1 Abertura e adiamento da audiência 414
   - 2.2 Instrução e debates 415
   - 2.3 Julgamento 417
3. Direito probatório 418
   - 3.1 Disposições gerais 419
   - 3.2 Princípios 419
   - 3.3 Ônus da prova 421
   - 3.4 Objeto da prova 423
   - 3.5 Dinâmica da prova 423

4.	Produção antecipada da prova	424
5.	Ata notarial	427
6.	Depoimento pessoal	428
	6.1 Produção do depoimento	428
7.	Confissão	429
	7.1 Espécies e regime jurídico	430
8.	Exibição de documento ou coisa	431
	8.1 Exibição requerida em face da parte contrária	432
	8.2 Exibição requerida em face de terceiro	434
	8.3 Exibição determinada de ofício	435
9.	Prova documental	435
	9.1 Força probante dos documentos	435
	9.2 Arguição de falsidade	438
	9.3 Produção da prova documental	439
10.	Documentos eletrônicos	440
11.	Prova testemunhal	441
	11.1 Admissibilidade e valor da prova testemunhal	441
	11.2 Produção da prova testemunhal	443
12.	Prova pericial	445
	12.1 Perito, assistentes técnicos e atos preparatórios da perícia	446
	12.2 Produção da prova pericial	448
	12.3 Avaliação da perícia	449
	12.4 Perícia consensual	449
13.	Inspeção judicial	450
Resumo do Capítulo 10		**452**
Leituras Complementares (Capítulo 10)		**456**

Capítulo 11
Fase Decisória **465**

1.	Para começar	465
2.	Sentença	466
	2.1 Sentenças terminativas	467
	2.1.1 Indeferimento da petição inicial	467
	2.1.2 Paralisação e abandono do processo	467

		2.1.3	Ausência de pressupostos processuais de existência ou de validade. Presença de pressupostos processuais negativos	468
		2.1.4	Irregularidade no exercício do direito de ação	468
		2.1.5	Desistência	469
		2.1.6	Intransmissibilidade do direito	470
		2.1.7	Outros casos	470
		2.1.8	Atuação oficiosa do juiz	471
		2.1.9	Peculiaridade recursal	472
		2.1.10	Repropositura da demanda	473
	2.2	Sentenças definitivas		473
		2.2.1	Acolhimento ou rejeição do pedido	473
		2.2.2	Decadência ou prescrição	474
		2.2.3	Homologação de atos dispositivos ou autocompositivos	475
		2.2.4	Possibilidade de julgamento de mérito	475
	2.3	Elementos da sentença. Dever de fundamentação		476
	2.4	Vinculação da sentença ao(s) pedido(s)		478
	2.5	Fatos novos		479
	2.6	Princípio da invariabilidade da sentença		479
3.	Hipoteca judiciária			480
4.	Remessa necessária			481
5.	Julgamento das ações relativas às prestações de fazer, de não fazer e de entregar coisa			483
	5.1	Prestações de fazer ou não fazer		483
	5.2	Prestações de entrega de coisa		484
	5.3	Conversão em perdas e danos		484
6.	Sentença e emissão de declaração de vontade			485
7.	Coisa julgada			485
	7.1	Coisa julgada formal e coisa julgada material. Coisa julgada com eficácia interna e com eficácia externa		487
	7.2	Limites objetivos		489
		7.2.1	Coisa julgada e questões prejudiciais. A insubsistência da "ação declaratória incidental"	490
	7.3	Limites subjetivos		492
	7.4	Limites temporais		493

7.5 Preclusão 494
Resumo do Capítulo 11 496
Leituras Complementares (Capítulo 11) 499

Capítulo 12
Liquidação.. 508

1. Para começar... 508
2. Liquidação parcial.. 511
3. Limites cognitivos da liquidação 511
4. Liquidação por arbitramento.................................... 511
5. Liquidação pelo procedimento comum 513
6. Quando se tratar de cálculos aritméticos................... 513
7. Liquidação provisória... 514

Resumo do Capítulo 12 515
Leituras Complementares (Capítulo 12) 517

Capítulo 13
Cumprimento de Sentença.. 518

1. Para começar... 518
2. Disposições gerais 521
    2.1 Iniciativa do exequente. Intimação da parte contrária 521
    2.2 Títulos executivos judiciais 524
        2.2.1 Decisão que reconhece exigibilidade obrigacional.............. 525
        2.2.2 Decisão homologatória de autocomposição judicial 525
        2.2.3 Decisão homologatória de autocomposição extrajudicial 526
        2.2.4 Formal e certidão de partilha.. 526
        2.2.5 Crédito de auxiliar da Justiça....................................... 527
        2.2.6 Sentença penal condenatória transitada em julgado.............. 527
        2.2.7 Sentença arbitral.. 528
        2.2.8 Sentença e decisão interlocutória estrangeiras 528
        2.2.9 Citação para início da etapa de cumprimento 529
    2.3 Competência... 529
    2.4 Protesto da decisão transitada em julgado. Negativação do executado. 530
3. Cumprimento provisório.. 531
    3.1 Conceito e espécies.. 532

3.2 Regime do cumprimento provisório 533

    3.2.1 Impugnação 534

    3.2.2 Incidência de multa no caso de não pagamento 535

    3.2.3 Honorários de advogado... 535

    3.2.4 Retorno ao estado anterior.. 536

    3.2.5 Execução provisória e título executivo extrajudicial................. 537

3.3 Dispensa da caução 538

    3.3.1 Manutenção da caução 539

    3.3.2 Prestação da caução.. 540

3.4 Documentação para o cumprimento provisório 540

    3.4.1 Momento de formulação do requerimento............................. 542

3.5 Outras modalidades obrigacionais 542

4. Cumprimento definitivo da sentença que reconheça a exigibilidade de obrigação de pagar quantia certa 542

4.1 Fluência do prazo para pagamento 545

4.2 O requerimento para início da etapa de cumprimento. Demonstrativo discriminado e atualizado do crédito 546

4.3 Impugnação... 548

    4.3.1 Matérias arguíveis na impugnação 548

        4.3.1.1 Falta ou nulidade da citação 548

        4.3.1.2 Ilegitimidade de parte.. 549

        4.3.1.3 Inexequibilidade do título ou inexigibilidade da obrigação... 549

        4.3.1.4 Penhora incorreta ou avaliação errônea 551

        4.3.1.5 Excesso de execução ou cumulação indevida de execuções.. 551

        4.3.1.6 Incompetência absoluta ou relativa do juízo da execução.. 552

        4.3.1.7 Causas modificativas ou extintivas da obrigação....... 552

    4.3.2 Suspeição e impedimento.. 553

    4.3.3 Efeito suspensivo... 553

    4.3.4 Procedimento da impugnação 555

    4.3.5 Manifestações do executado após a impugnação. Exceções e objeções de pré-executividade 556

4.4 Iniciativa do réu... 557

4.5	Atipicidade dos meios executivos	557
5.	Cumprimento da sentença que reconheça a exigibilidade de obrigação de prestar alimentos	558
5.1	Outras técnicas executivas	560
5.2	Tipos de alimentos tutelados	561
5.3	Constituição de capital	562
6.	Cumprimento da sentença que reconheça a exigibilidade de obrigação de pagar quantia certa pela Fazenda Pública	563
6.1	Impugnação	565
6.1.1	Efeito suspensivo	566
6.2	Pagamento por precatório ou requisição de pequeno valor	568
7.	Cumprimento da sentença que reconheça a exigibilidade de obrigação de fazer, de não fazer ou de entregar coisa	569
7.1	Cumprimento da sentença em se tratando de obrigações de fazer ou de não fazer	570
7.1.1	Tutela específica e resultado prático equivalente	570
7.1.2	Técnicas executivas	571
7.1.2.1	Especialmente a multa	573
7.2	Cumprimento da sentença que reconheça a exigibilidade de obrigação de entregar coisa	576

Resumo do Capítulo 13 .... **579**
Leituras Complementares (Capítulo 13) **584**

Capítulo 14
Procedimentos Especiais **589**

1.	Para começar	589
1.1	Um tema com variações	590
1.2	Primeira visão dos procedimentos especiais	592
1.3	A nomenclatura empregada	593
2.	Ação de consignação em pagamento	594
3.	Ação de exigir contas	595
4.	Ações possessórias	597
5.	Ação de divisão e de demarcação de terras particulares	600
6.	Ação de dissolução parcial de sociedade	603
7.	Inventário e partilha	605

8.	Embargos de terceiro	610
9.	Oposição	613
10.	Habilitação	614
11.	Ações de família	614
12.	Ação monitória	616
13.	Homologação do penhor legal	619
14.	Regulação de avaria grossa	620
15.	Restauração de autos	620
16.	Jurisdição voluntária	621
	16.1 Disposições gerais	623
	16.2 Notificação e interpelação	624
	16.3 Alienação judicial	624
	16.4 Divórcio e separação consensuais, a extinção consensual de união estável e a alteração do regime de bens do matrimônio	625
	16.5 Testamentos e codicilos	627
	16.6 Herança jacente	627
	16.7 Bens dos ausentes	628
	16.8 Coisas vagas	628
	16.9 Interdição	629
	16.10 Disposições comuns à tutela e à curatela	632
	16.11 Organização e fiscalização das fundações	633
	16.12 Ratificação dos protestos marítimos e dos processos testemunháveis formados a bordo	634

Resumo do Capítulo 14 636
Leituras Complementares (Capítulo 14) 641

Capítulo 15
Processo de Execução 647

1.	Para começar	647
2.	Disposições gerais da execução	648
	2.1 Partes	650
	2.2 Competência	653
	2.3 Título executivo	653
	2.3.1 Letra de câmbio, nota promissória, duplicata, debênture e cheque	655

	2.3.2	Escritura pública ou outro documento público assinado pelo devedor	655
	2.3.3	Documento particular assinado pelo devedor e por duas testemunhas	655
	2.3.4	Instrumento de transação referendado pelo Ministério Público, pela Defensoria Pública, pela Advocacia Pública, pelos advogados dos transatores ou por conciliador ou mediador credenciado por tribunal	655
	2.3.5	Contrato garantido por hipoteca, penhor, anticrese ou outro direito real de garantia e aquele garantido por caução	656
	2.3.6	Contrato de seguro de vida em caso de morte	656
	2.3.7	Crédito decorrente de foro e laudêmio	657
	2.3.8	Crédito de aluguel de imóvel e encargos acessórios	657
	2.3.9	Certidão de dívida ativa da Fazenda Pública da União, dos Estados, do Distrito Federal e dos Municípios, correspondente aos créditos inscritos na forma da lei	658
	2.3.10	Crédito referente às contribuições ordinárias ou extraordinárias de condomínio edilício	658
	2.3.11	Certidão expedida por serventia notarial ou de registro relativa a valores de emolumentos e demais despesas devidas pelos atos por ela praticados, fixados nas tabelas estabelecidas em lei	658
	2.3.12	Demais títulos aos quais a lei atribuir força executiva	659
	2.3.13	Títulos executivos extrajudiciais estrangeiros	660
	2.3.14	Título executivo e "processo de conhecimento"	660
2.4		Responsabilidade patrimonial	661
2.5		Fraude à execução	662
3.		Diversas espécies de execução	664
3.1		Petição inicial	665
3.2		Execução para entrega de coisa	668
	3.2.1	Coisa certa	668
	3.2.2	Coisa incerta	670
3.3		Execução das obrigações de fazer ou de não fazer	671
	3.3.1	Obrigações de fazer	671
	3.3.2	Obrigações de não fazer	672
3.4		Execução por quantia certa	673
	3.4.1	Citação e arresto	674

3.4.2 Certidão comprobatória da admissão da execução 675
3.4.3 Penhora, depósito e avaliação 677
    3.4.3.1 Documentação da penhora, registro e depósito 678
    3.4.3.2 Lugar da realização da penhora 680
    3.4.3.3 Modificações da penhora 681
    3.4.3.4 Modalidades de penhora 682
        3.4.3.4.1 Penhora de dinheiro em depósito ou em aplicação financeira 682
        3.4.3.4.2 Penhora de créditos 683
        3.4.3.4.3 Penhora de quotas ou ações de sociedades personificadas 684
        3.4.3.4.4 Penhora de empresa, de outros estabelecimentos e de semoventes 685
        3.4.3.4.5 Penhora de percentual de faturamento de empresa 686
        3.4.3.4.6 Penhora de frutos e rendimentos de coisa móvel ou imóvel 687
    3.4.3.5 Avaliação 688
3.4.4 Expropriação 690
    3.4.4.1 Adjudicação 690
    3.4.4.2 Alienação 692
        3.4.4.2.1 Alienação por iniciativa particular 692
        3.4.4.2.2 Alienação em leilão judicial 692
3.4.5 Satisfação do crédito 700
    3.4.5.1 Levantamento pelo exequente 701
    3.4.5.2 Concurso singular de credores 702
3.4.6 Execução contra a Fazenda Pública 703
3.4.7 Execução de alimentos 706

4. Embargos à execução 708
  4.1 Prazo 709
  4.2 Fundamentos 709
  4.3 Rejeição liminar 711
  4.4 Efeito suspensivo 711
  4.5 Procedimento e julgamento 713
  4.6 Moratória 714

5. Suspensão e extinção do processo de execução 715

5.1	Suspensão	715
5.2	Extinção	717

Resumo do Capítulo 15 719
Leituras Complementares (Capítulo 15) 726

Capítulo 16
Processos nos Tribunais 734

1.	Para começar		734
2.	Disposições gerais		735
	2.1	Direito jurisprudencial	742
	2.2	Julgamento de casos repetitivos	750
3.	Ordem dos processos nos Tribunais		751
	3.1	Deveres-poderes do relator	752
	3.2	Preparativos para o julgamento	754
	3.3	Sustentação oral	755
	3.4	Dinâmica e documentação dos julgamentos	756
	3.5	Prolongamento do julgamento nos casos de julgamento por maioria	758
4.	Incidente de assunção de competência		761
	4.1	Pressupostos e finalidade	761
	4.2	Competência	762
	4.3	Legitimidade e instauração	762
	4.4	Julgamento e suas consequências	762
	4.5	Revisão da tese	764
	4.6	Recursos	764
5.	Incidente de arguição de inconstitucionalidade		764
	5.1	Dispensa	765
	5.2	Instrução	765
	5.3	Julgamento e consequências	766
6.	Conflito de competência		767
	6.1	Instauração e legitimidade	767
	6.2	Contraditório e instrução	768
	6.3	Atitudes do relator	768
	6.4	Julgamento colegiado e consequências	768
7.	Homologação de decisão estrangeira e *exequatur*		769

7.1	Abrangência	769
7.2	Homologação de medidas de urgência	770
7.3	Elementos para a homologação	771
7.4	Procedimento	772
7.5	Cumprimento	773

8. Ação rescisória 773

- **8.1** Hipóteses de cabimento 774
  - **8.1.1** A "ação anulatória" 777
- **8.2** Legitimidade 778
- **8.3** Petição inicial 779
- **8.4** Tutela provisória 781
- **8.5** Procedimento 781
- **8.6** Julgamento 782
- **8.7** Prazo 782

9. Incidente de resolução de demandas repetitivas 784

- **9.1** Feição e pressupostos de admissibilidade 785
- **9.2** Legitimados 786
- **9.3** Ofício ou petição de instauração 787
- **9.4** Admissibilidade 788
- **9.5** Atitudes do relator 789
  - **9.5.1** Suspensão dos processos 790
    - **9.5.1.1** Especialmente a suspensão requerida ao STJ ou ao STF 791
  - **9.5.2** Instrução 793
- **9.6** Julgamento 794
  - **9.6.1** Abrangência 795
  - **9.6.2** Consequências 797
  - **9.6.3** Divulgação 798
  - **9.6.4** Prazo 799
- **9.7** Revisão da tese 800
- **9.8** Recurso extraordinário e recurso especial 801

10. Reclamação 804

- **10.1** Natureza jurídica 804
- **10.2** Hipóteses de cabimento 805

10.3	Competência, legitimidade e petição inicial	808
10.4	Atitudes do relator e procedimento	808
10.5	Julgamento e suas consequências	809

Resumo do Capítulo 16 810
Leituras Complementares (Capítulo 16) 821

Capítulo 17
Recursos 844

1.	Para começar	844
2.	Elementos de uma teoria geral dos recursos	844
	2.1 Definição	844
	2.2 Classificação	845
	2.3 Princípios	846
	2.4 Juízo de admissibilidade e juízo de mérito	850
	2.5 Efeitos	851
3.	Disposições gerais	852
	3.1 Cabimento	852
	3.2 Eficácia imediata e efeito suspensivo	854
	3.3 Legitimidade	856
	3.4 Recurso adesivo	856
	3.5 Atos dispositivos relativos ao recurso	857
	3.6 Tempestividade	858
	3.7 Recurso de litisconsorte	859
	3.8 Preparo	860
	3.9 Efeito substitutivo	861
	3.10 Baixa de autos	862
4.	Apelação	862
	4.1 Petição de interposição	863
	4.1.1 Questões novas	865
	4.2 Efeito suspensivo	865
	4.2.1 Atribuição *ope judicis* do efeito suspensivo	866
	4.3 Efeito devolutivo e translativo	867
	4.4 No Tribunal	870
5.	Agravo de instrumento	870

5.1	Petição de interposição	874
	5.1.1 Formação do instrumento	875
5.2	Apresentação na primeira instância	876
5.3	No Tribunal	877
6.	Agravo interno	878
6.1	Petição de interposição	878
6.2	Julgamento	879
7.	Embargos de declaração	880
7.1	Prazo	881
7.2	Processamento	882
7.3	Efeito suspensivo	883
7.4	Julgamento	883
7.5	Efeito modificativo	885
7.6	Multa	885
7.7	Embargos de declaração e prequestionamento	886
8.	Recurso ordinário	888
8.1	Aplicação da disciplina da apelação e do agravo de instrumento	889
9.	Recurso extraordinário e recurso especial	892
9.1	Petição de interposição	896
9.2	Efeito suspensivo	897
9.3	Demonstração da repercussão geral	898
9.4	Contrarrazões	901
9.5	Interposição simultânea	903
9.6	Reenvio	904
9.7	Julgamento	905
9.8	Recursos extraordinário e especial repetitivos	906
	9.8.1 Identificação da ocorrência de recursos múltiplos e sua seleção	907
	9.8.2 Suspensão dos processos determinada pelo TJ ou TRF	908
	9.8.3 Decisão de afetação	909
	9.8.4 Suspensão dos processos determinada pelos Tribunais Superiores	910
	9.8.4.1 Suspensão no caso do incidente de resolução de demanda repetitiva	912
	9.8.5 Preparação para julgamento	912

9.8.6	Julgamento e consequências	914
	9.8.6.1 No STF e no STJ	914
	9.8.6.2 Nos TJs, nos TRFs e na primeira instância	914
9.8.7	Manutenção do acórdão recorrido	918
9.8.8	Julgamento de outras questões perante o tribunal de origem	918
10.	Agravo em recurso especial e em recurso extraordinário	919
11.	Embargos de divergência	921
11.1	Demonstração da divergência	923
11.2	Processamento	924

Resumo do Capítulo 17 925
Leituras Complementares (Capítulo 17) 936

Epílogo 950
Vocabulário de Direito Processual Civil 952
Bibliografia 970
Sites 984

Capítulo 1

Considerações Propedêuticas

1. O OBJETO DO DIREITO PROCESSUAL CIVIL OU O QUE ESTUDA O DIREITO PROCESSUAL CIVIL?

As primeiras perguntas a serem respondidas por um *Manual de direito processual civil* são saber para que serve o direito processual civil, o que ele é, o que ele estuda, qual é o seu objetivo, qual é a sua utilidade; enfim, questões como estas e outras a elas correlatas.

O direito processual civil é o ramo do direito que se volta a estudar a forma de o Poder Judiciário (Estado-juiz) exercer a sua atividade-fim, isto é, prestar a tutela jurisdicional a partir do conflito de interesse (potencial ou já existente) que exista entre duas ou mais pessoas. Como é vedado que as pessoas envolvidas nesse conflito imponham umas às outras dada solução, elas devem dirigir-se ao Judiciário para tanto. Esse caminho de ida (ao Judiciário), de permanência (no Judiciário) e de chegada (pelo Judiciário) à solução do conflito e sua concretização prática – impositiva se for o caso – é o que ocupa o estudante e o estudioso do direito processual civil.

Trata-se, por isso, de ramo do direito público, porque se volta, em primeiro plano, ao estudo da própria atuação do Estado (o exercício de sua *função* jurisdicional). E esta análise merece ser feita tanto na perspectiva *organizacional*, ou seja, da estrutura do Poder Judiciário no Brasil, como na perspectiva *funcional*, isto é, como ele deve atuar para atingir aquela finalidade.

Ainda é correto dizer que o direito processual civil vai um pouco mais longe. Ele também abrange o estudo de *outros* meios de resolução de conflitos, que não aqueles que envolvem a atuação (típica) do Poder Judiciário. São os chamados "meios alternativos de solução de conflitos", que buscam a solução de conflitos pela aplicação do direito à espécie por outros meios, que não a prestação da tutela jurisdicional pelo Estado-juiz com todas as suas tradicionais características, a principal delas e, para os fins para cá pertinentes, a *coercitividade*, isto é, a *imposição* do resultado para uma das partes. Nesse contexto, temas como a conciliação, a mediação e a arbitragem merecem também ser estudados no âmbito do direito processual civil. Como os especialistas desses meios "alternativos" buscam identificar meios mais ou menos apropriados para solução dos diversos conflitos, variando as técnicas consoante a vicissitude do conflito, ou, até mesmo, combinando-as, parece ser mais correto tratar deles como meios *adequados* para solução de conflitos.

O CPC de 2015, a propósito, é expresso ao estatuir nos três parágrafos de seu art. 3º, respectivamente, que "é permitida a arbitragem na forma da lei", que "o Estado promoverá, sempre que possível, a solução consensual de conflitos" e que "a conciliação, a mediação e outros métodos de solução consensual de conflitos deverão ser estimulados por juízes, advogados, defensores públicos e membros do Ministério Público, inclusive no curso do processo judicial". O CPC de 2015 vai além ao trazer – e esta é uma importante novidade quando comparado com o CPC de 1973 – disciplina extensa sobre a conciliação e a mediação, modificando profundamente, e por causa delas, a estrutura do procedimento comum.

Não obstante estas considerações sobre a importância e a relevância que os meios alternativos (entenda-se: *adequados*) de solução de conflito têm assumido, *inclusive no âmbito do CPC de 2015*, não é errado ter presente que a maior parte daquele Código e, consequentemente, de um trabalho que quer explicar o direito processual civil – e este é o objetivo deste *Manual*, prezado leitor – dedica-se ao estudo "tradicional" da prestação da tutela jurisdicional pela *imposição* do direito aplicável à espécie pelo Estado-juiz. Não é por outra razão que o art. 4º do CPC de 2015 prescreve que "As partes têm o direito de obter em prazo razoável a solução integral do mérito, incluída a atividade satisfativa".

O dispositivo merece ser entendido na atualidade: foi-se o tempo em que o direito processual civil podia se dedicar mais – quiçá, exclusivamente – ao *conhecimento* do direito aplicável ao caso pelo magistrado. Tão importante quanto *conhecer* o direito a ser aplicado ao caso é *criar condições concretas de aplicá-lo* ou, para empregar a nomenclatura do CPC de 2015, de *cumprir* a decisão, *satisfazendo* o direito tal qual conhecido e isso ainda que contra a vontade das partes.

Essa combinação de *conhecer* e *cumprir*, no sentido de *satisfazer*, é que justifica o precitado art. 4º do CPC de 2015 – "juris-*dição*" e "juris-*satisfação*" (v. n. 3.1, *infra*) – e, superiormente, a própria noção de *acesso à Justiça* prevista no inciso XXXV do art. 5º da CF. Também é a razão de o CPC de 2015 valer-se da expressão "processo de conhecimento e do cumprimento de sentença" (Livro I da Parte Especial) no lugar do consagradíssimo, preservada pelo CPC de 1973 mesmo depois das profundas Reformas pelas quais passou nos seus últimos vinte anos de existência (e já sob a égide da Constituição de 1988), "processo de conhecimento", que, não por acaso, em função das convicções e das ideologias sobre o direito processual civil da época, ocupava praticamente a metade dos artigos do CPC de 1973, isto é, todo o seu Livro I.

Sim, prezado leitor, foi-se o tempo em que o estudo do direito processual civil poderia se limitar ou, quando menos, concentrar seus maiores esforços e tempo no chamado "processo de conhecimento", isto é, na análise dos atos processuais produzidos desde a petição inicial até o proferimento da sentença, quiçá com alguma indagação sobre os recursos cabíveis das decisões proferidas naquele interregno, com especial destaque ao recurso interponível da própria sentença, a apelação, o "recurso por excelência".

Hoje – e o CPC de 2015 só confirma essa tendência *doutrinária* –, tão importante quanto o estudo daqueles atos e do *procedimento* que os une é o estudo dos atos relativos ao *cumprimento* do que foi decidido em busca da satisfação do direito, tal qual reconhecido. Também é fundamental estudar os atos que visam assegurar o resultado útil do que vier a ser ou foi decidido, na perspectiva, até mesmo, de antecipar o instante em que a satisfação do direito será alcançada. Já não é de hoje que o "processo de sentença" (o "processo de conhecimento") não pode mais ser o foco da atenção, consciente ou inconsciente, do estudo do direito processual civil. Sentença *não é* (e, bem entendido, nunca foi) sinônimo de satisfação do direito. Os efeitos colaterais dessa compreensão limitada e anacrônica são terríveis e em nada, absolutamente nada, contribuem para um mais efetivo acesso à Justiça no sentido amplo que coloco em relevo.

Tanto mais pertinente é o que acabei de evidenciar, porque há diversas situações – e o direito brasileiro é especialmente repleto delas – em que o *conhecimento* do direito aplicável à espécie *independe* de prévia atuação do magistrado. São os chamados títulos executivos *extrajudiciais*, documentos que, de acordo com a lei, têm eficácia similar ao conhecimento judicial do direito, só que são elaborados entre as próprias partes, no plano material. Não significa que o juiz não possa rever o que consta do título até mesmo reconhecendo o contrário, que a dívida nele retratada já está paga, por exemplo. O que ocorre, nesses casos, é que o foco da atuação jurisdicional, dada a *pressuposição* do direito suficientemente reconhecido no título executivo extrajudicial, dá-se mais com a *satisfação* daquele direito do que com o seu reconhecimento. É o que o CPC de 2015 chama de "processo de *execução*", cuja disciplina encontra-se no Livro II da Parte Especial.

Não é por razão diversa, aliás, que o CPC de 2015 inova inclusive na distribuição das matérias quando comparado com o CPC de 1973. O trato do cumprimento de sentença e do processo de execução *antes* dos recursos e, de forma mais ampla, da ordem dos processos nos Tribunais é demonstração inequívoca do alcance que o art. 4º merece ter.

2. O MODELO CONSTITUCIONAL DO DIREITO PROCESSUAL CIVIL

Sendo o direito processual civil um ramo do direito público, porque, em última análise, voltado ao estudo da atividade-fim do Poder Judiciário, o exercício da *função* jurisdicional, evidencia-se a indispensabilidade de seu estudo dar-se a partir da CF. É ela – e não as leis – que molda o "ser" (ou melhor, o *dever-ser*) do Estado brasileiro.

A afirmação revela muito sobre o *método* a ser empregado para o estudo do direito processual civil. Estudar direito processual civil a partir da CF é, antes de tudo, extrair tudo o que ela contém sobre o direito processual civil. Todas as normas constitucionais de direito processual civil que *criam* o *modelo* de organização *e de* atuação do Estado-juiz. Criam no sentido de impor *o* modelo – não apenas um, qualquer um, mas *o modelo* – a ser necessariamente observado pelo intérprete e pelo aplicador do direito processual civil. Trata-se, destarte, de uma imposição constitucional. As normas constitucionais, todas elas, devem ser acatadas inclusive no que diz respeito à estruturação do Estado-juiz e da forma de sua atuação para o atingimento de suas finalidades, o que, aliás, é eloquentemente designado, não por acaso pelo inciso LIV do art. 5º da própria CF, como *devido processo legal*. Se o *texto* constitucional tivesse substituído o adjetivo *legal* por *constitucional*, pouco mais seria necessário acrescentar.

Observar "o modelo constitucional do direito processual civil", destarte, não é uma escolha teórica ou filosófica. Não é uma corrente de pensamento que dependa da adesão deste ou daquele autor, desta ou daquela doutrinadora. Como toda boa norma constitucional, sua observância é impositiva, sob pena de inconstitucionalidade.

Neste sentido, por mais paradoxal que possa parecer, é inequivocamente inócuo o art. 1º do CPC de 2015, quando prescreve que: "O processo civil será ordenado, disciplinado e interpretado conforme os valores e as normas fundamentais estabelecidos pela Constituição da República Federativa do Brasil, observando-se as disposições deste Código". Inócuo porque, em estreita harmonia com o que vim de escrever, não há escolha entre o direito processual civil ser ou não *ordenado, disciplinado* e *interpretado* de acordo com a Constituição. Ele será – sempre compreendido como "deverá-ser", no sentido *prescritivo* da expressão – *ordenado, disciplinado* e *interpretado* de acordo com a Constituição, queiramos ou não. É esta uma das formas de ver o que Konrad Hesse chama de "força normativa da Constituição".

Apesar da observação relativa à inocuidade daquela previsão legislativa – repito, ela decorre *diretamente da Constituição*, sendo despicienda sua repetição pela lei infraconstitucional –, é irrecusável que o art. 1º do CPC de 2015 é pertinente para fins didáticos, para que, a todo tempo, lembremo-nos, todos, estudantes, estudiosos e aplicadores do direito processual civil (e, evidentemente, do próprio Código), que ele deve ser interpretado, antes de tudo, a partir da própria CF; que ele só pode vincular seus destinatários na exata medida em que tenha observado e observe o "modelo constitucional". O prezado leitor perceberá, em diversas passagens deste *Manual*, que é o próprio CPC de 2015 que, com alguma frequência, se esquece e se afasta do "modelo constitucional". "Havendo conflito entre norma constitucional e norma legal, mesmo que do CPC, o que deve prevalecer?", perguntará o prezado leitor. A resposta é a busca pela possível compatibilização entre ambas. Sendo alcançada esta compatibilização, aplica-se a lei devidamente *conformada* ao "modelo constitucional", verdadeiro processo de "filtragem constitucional". Se não, *deve* prevalecer a CF sobre a disposição infraconstitucional, que é, irremediavelmente, *inconstitucional*.

Feitas essas considerações prévias, é hora de apresentar o "modelo constitucional do direito processual civil brasileiro". A iniciativa quer extrair da CF todas as normas (regras e princípios, porque ambos têm inegável caráter normativo) que ela traz com relação ao direito processual civil. Como são variadíssimas estas normas, entendo que é bastante útil apresentá-las, para fins didáticos, divididas em cinco grupos: os "princípios constitucionais do direito processual civil", a "organização judiciária", as "funções essenciais à Justiça"; os "procedimentos jurisdicionais constitucionalmente diferenciados" e as "normas de concretização do direito processual civil".

Mais do que enumerar os "princípios constitucionais do direito processual civil", impõe analisar, desde a doutrina do direito constitucional – a chamada "nova hermenêutica" –, seu adequado método de utilização, levando em conta, notadamente, o § 1º do art. 5º da CF.

O outro grupo componente do "modelo constitucional do direito processual civil" é o relativo à estrutura e à organização do Poder Judiciário brasileiro, federal e estadual. Toda ela está na CF, e não pode ser desconhecida por nenhuma lei.

O terceiro grupo a compor o "modelo constitucional do direito processual civil" é o das funções essenciais à Justiça. É a CF quem as descreve e as disciplina de maneira mais ou menos exaustiva: o que é a magistratura, como ela se estrutura e quem é e o que faz o magistrado; o que é o Ministério Público, como ele se estrutura e o que fazem os seus membros; o que é a advocacia, pública ou privada, e o que fazem os seus membros; por fim, mas não menos importante, o que é a Defensoria Pública, como ela se estrutura e o que fazem os seus membros. Todas essas interrogações são extraídas da CF e é a partir dela que suas respostas merecem ser perseguidas.

De outra parte, a CF disciplina – por vezes, até com minudência típica de uma lei – a forma pela qual o Judiciário deve ser provocado para resolver as mais variadas questões. Desse quarto grupo do "modelo constitucional do direito processual civil" fazem parte os "procedimentos jurisdicionais constitucionalmente diferenciados". É o que se dá com a "tutela jurisdicional das liberdades públicas" (mandado de segurança, *habeas corpus* etc.), com o controle de constitucionalidade (concentrado e difuso), com as súmulas vinculantes do STF, com a reclamação e com a própria execução contra a Fazenda Pública.

O quinto e último grupo, que ganha destaque a partir da 5a edição deste *Manual*, é intitulado "normas de concretização do direito processual civil". Nele estão compreendidas as normas que moldam, desde a Constituição Federal, o modo de produção normativa relativa ao direito processual civil, compreendendo, em última análise, o que do *devido processo legislativo* diz respeito ao estudo do direito processual civil.

Convido-o, prezado leitor, a visitar a CF para visualizar as normas de cada um desses grupos. Por ora, é bastante a sua notícia e a sua adequada contextualização. A necessária aplicação de cada uma delas para *conformar* as leis infraconstitucionais em geral – e principalmente o próprio CPC de 2015 – àquele modelo é tarefa à qual me volto ao longo de todo este *Manual*.

2.1 Princípios constitucionais do direito processual civil

O primeiro grupo que exponho acerca do modelo constitucional são os "princípios constitucionais do direito processual civil". Eles se ocupam especificamente com a conformação do próprio *processo*, assim entendido o método de exercício da função jurisdicional. São eles que fornecem as diretrizes mínimas, embora fundamentais, de como deve se dar o próprio comportamento do Estado-juiz. Eles prescrevem, destarte, o "modo de ser" (mais precisamente, de "dever-ser") do processo na perspectiva constitucional.

Se não houvesse lei processual civil nenhuma, o *mínimo essencial* a ser observado na construção de tais leis e, mais genericamente, de um Código de Processo Civil, qualquer que fosse ele, em terras brasileiras ao menos, deveria ser extraído diretamente da CF. A afirmação é tanto mais pertinente por causa de uma peculiaridade do nosso direito: o § 1º do art. 5º da CF dispensa a necessidade de qualquer lei para que todos os direitos e garantias, explícitos ou implícitos, nele previstos – e a maioria dos princípios aqui referidos é extraída daquele dispositivo – sejam observados.

Os princípios que reputo essenciais para a compreensão desse *mínimo indispensável* do direito processual civil são os seguintes.

2.1.1 Acesso à justiça

O primeiro dos princípios constitucionais do processo civil que deve ser exposto é o usualmente chamado de "acesso à justiça" e tem como sinônimos "acesso à ordem jurídica justa", "inafastabilidade da jurisdição" ou "inafastabilidade do controle jurisdicional".

Ele quer significar o grau de *abertura* imposto pela CF para o direito processual civil. Grau de abertura no sentido de ser amplamente desejável, no plano constitucional, o acesso ao Poder Judiciário. É o que se lê, com todas as letras, do inciso XXXV do art. 5º da CF: "A lei não excluirá da apreciação do Poder Judiciário lesão ou ameaça a direito".

A compreensão de que nenhuma lei excluirá *ameaça* ou *lesão* a direito da apreciação do Poder Judiciário deve ser entendida no sentido de que qualquer forma de "pretensão", isto é, "afirmação de direito" pode ser levada ao Poder Judiciário para solução. Uma vez provocado, o Estado-juiz tem o *dever* de fornecer àquele que bateu às suas portas uma resposta, mesmo que seja negativa, no sentido de que não há direito nenhum a ser tutelado ou, bem menos do que isso, uma resposta que diga ao interessado que não há condições mínimas de saber se existe, ou não, direito a ser tutelado, isto é, que não há condições mínimas de exercício da própria função jurisdicional, o que poderá ocorrer por diversas razões, inclusive por faltar o mínimo indispensável para o que a própria CF exige como *devido processo* legal.

O inciso XXXV do art. 5º da CF é expresso quanto a qualquer *ameaça* ou *lesão* a direito não poder ser afastada do Poder Judiciário. O dispositivo impõe, por isso mesmo, que o direito processual civil estruture-se, desde a CF, em duas grandes frentes. Uma voltada à reparação de lesões ocorridas no passado, uma proposta *retrospectiva* da função jurisdicional, e outra, voltada para o futuro, uma visão *prospectiva* do processo, destinada a evitar a consumação de quaisquer lesões a direito, é dizer, a emissão de uma forma de tutela jurisdicional que *imunize* quaisquer ameaças independentemente de elas converterem-se em lesões. Independentemente, até mesmo, de elas gerarem quaisquer danos. Basta, quando a ameaça é o foro das preocupações da atuação jurisdicional, que haja uma situação antijurídica.

Se a CF impõe que a lei não retire do Poder Judiciário a apreciação de qualquer ameaça ou lesão a direito, não há como negar que qualquer lei – e, com maior vigor ainda, qualquer ato infralegal – que pretenda subtrair da apreciação do Poder Judiciário ameaça ou lesão a direito é irremediavelmente inconstitucional. Como o exercício do direito de ação consagrado neste dispositivo impõe a manifestação do Estado-juiz e como esta atuação tem que ser adequada (devida) para outorgar a tutela jurisdicional tal qual requerida, não há como admitir que a lei possa pretender *minimizar* o *processo* e as técnicas processuais adotadas ou adotáveis por ele para exercício escorreito da função jurisdicional, sob pena de, indiretamente, minimizar a amplitude do inciso XXXV do art. 5º da CF e, por isso mesmo, ser irremediavelmente inconstitucional.

O dispositivo também permite interpretação no sentido de que o acesso ao Estado-juiz nele assegurado não impede, muito pelo contrário, que o Estado, inclusive o Judiciário, busque e, mais que isso, incentive a busca de *outros* mecanismos de solução de conflitos, ainda que não jurisdicionais. Uma coisa é negar, o que é absolutamente correto, que nenhuma lesão ou ameaça a direito possa ser afastada do Poder Judiciário. Outra, absolutamente incorreta, é entender que somente o Judiciário e o exercício da função jurisdicional podem resolver conflitos, como se fosse esta uma competência exclusiva sua. É incorreta essa compreensão totalizante do Poder Judiciário e, por isso mesmo, que o estudo dos chamados meios *alternativos* (no sentido de *não jurisdicionais* e *não estatais*) é tão importante, inclusive para a formação do estudante e do estudioso do direito processual civil como quis frisar, não por acaso, desde o n. 1, *supra*.

Assim, evitar o acesso à justiça é correto no sentido de buscar (e, até mesmo, incentivar, como faz o CPC de 2015) a solução de conflitos por outros métodos. Nunca, no entanto, no sentido de afastar, impedindo ou obstaculizando, o acesso à solução jurisdicional estatal quando malogradas aquelas tentativas ou, simplesmente, porque os interessados por ela não se interessam.

2.1.2 Devido processo legal (devido processo constitucional)

Se o princípio do "acesso à justiça" representa, fundamentalmente, a ideia de que o Judiciário está aberto, desde o plano constitucional, a quaisquer situações de "ameaças ou lesões a direito", o princípio do "devido processo legal" volta-se, basicamente, a indicar as condições mínimas em que o desenvolvimento do *processo*, isto é, o método de atuação do Estado-juiz para lidar com a afirmação de uma situação de ameaça ou lesão a direito, deve se dar.

Ele é expresso no inciso LIV do art. 5º da CF: "ninguém será privado da liberdade ou de seus bens sem o devido processo legal".

Trata-se de conformar o método de manifestação de atuação do Estado-juiz a um padrão de adequação aos valores que a própria CF impõe à atuação do Estado e em conformidade com aquilo que, dadas as características do Estado brasileiro, esperam aqueles que se dirigem ao Poder Judiciário obter dele como resposta. É um princípio, destarte, de *conformação* da atuação do Estado a um especial (e preconcebido) modelo de agir.

O processo deve ser devido porque, em um Estado Democrático de Direito, não basta que o Estado atue de qualquer forma, mas deve atuar de acordo com regras pre-estabelecidas e que assegurem, amplamente, que os interessados na solução da questão levada ao Judiciário exerçam todas as possibilidades de ataque e de defesa que lhe pareçam necessárias, isto é, de *participação*. O princípio do devido processo legal, nesse contexto, deve ser entendido como o princípio regente da atuação do Estado-juiz, desde o momento em que ele é provocado até o instante em que o mesmo Estado-juiz, reconhecendo o direito lesionado ou ameaçado, crie condições concretas de sua reparação ou imunização correspondente.

Pelas razões apresentadas no parágrafo anterior, o princípio do devido processo legal é considerado por boa parte da doutrina como um "princípio-síntese" ou "princípio de encerramento" de todos os valores ou concepções do que se entende como um processo justo e adequado, isto é, como representativo suficiente de todos os demais indicados pela própria CF e, em geral, desenvolvidos pela doutrina e pela jurisprudência. Optou a Constituição brasileira, no entanto, por distinguir expressamente diversos componentes do devido processo legal, pelo que é fundamental seu exame mais detalhado. Trata-se de uma explícita opção *política* do direito brasileiro quanto à previsão *expressa* de uma série de princípios do processo civil, ainda que eles possam, em cada caso concreto, ter incidência conjunta. A CF, ao indicar, *expressamente*, qual é o conteúdo *mínimo* do "devido processo legal" que ela própria garante explicitamente, não permite que qualquer intérprete ou aplicador do direito reduza o seu alcance e sua amplitude sem que isso incida em flagrante (e direta) inconstitucionalidade.

Por esta razão, aliás, aliada à correta compreensão da importância do "modelo constitucional" para o estudo do direito processual civil, não há como deixar de reconhecer que o chamado "devido processo legal" é, antes de tudo, um "devido processo *constitucional*", expressão que enfatiza que a pauta de reflexão sobre o direito, em um modelo de Estado como o brasileiro, tem que partir da Constituição, e não da lei. Destarte, é a expressão que este *Manual* passa a empregar daqui em diante.

2.1.3 Contraditório (cooperação)

O princípio do contraditório vem expresso no inciso LV do art. 5º da CF: "aos litigantes, em processo judicial ou administrativo, e aos acusados em geral são assegurados o contraditório e ampla defesa, com os meios e recursos a ela inerentes". O núcleo essencial do princípio do contraditório compõe-se, de acordo com a doutrina tradicional, de um binômio: "ciência e resistência" ou "informação e reação". O primeiro desses elementos é sempre *indispensável*; o segundo, *eventual* ou *possível*.

É desejável, contudo, ir além, até para distinguir o contraditório da ampla defesa. Contraditório deve ser entendido como possibilidade de *participação* e *colaboração* ou *cooperação* ampla de todos os sujeitos processuais ao longo de todo o processo. E mais: esta *participação*, colaboração ou cooperação devem ser compreendidas na perspectiva de as partes e eventuais terceiros intervenientes conseguirem *influenciar* a decisão do juiz. Quando menos, que tenham *condições reais, efetivas,* de *influenciar* os diversos atos e decisões a serem proferidas pelo magistrado ao longo do processo. Contraditório é realização concreta, *também em juízo*, das opções políticas do legislador brasileiro sobre o modelo de Estado adotado pela Constituição brasileira. Contraditório é a forma pela qual se efetivam os princípios democráticos da República brasileira, que viabiliza ampla participação no exercício das funções estatais. É esta a razão, aliás, pela qual é correto entender que o próprio magistrado está sujeito ao contraditório, na ampla acepção que destaquei acima, o que o CPC de 2015 captura adequadamente como se verifica em vários de seus dispositivos, em especial nos arts. 9º e 10, que vedam o proferimento de decisões pelo magistrado sem que antes as partes sejam ouvidas, mesmo naqueles casos em que cabe ao magistrado pronunciar-se de ofício, isto é, independentemente da provação de qualquer outro sujeito processual.

O modelo de processo estabelecido pelo CPC de 2015, bem compreendido e em plena harmonia com o "modelo constitucional", é inequivocamente de um "processo cooperativo" em que todos os sujeitos processuais (as partes, eventuais terceiros intervenientes, os auxiliares da justiça e o próprio magistrado) *cooperem* ou *colaborem* entre si com vistas a uma finalidade comum: a prestação da tutela jurisdicional.

A compreensão de que todos os sujeitos processuais, cada qual nas especificidades decorrentes de seu mister institucional (advogados, dentro da ética e do ordenamento jurídico, defenderão os interesses que lhe são confiados por seus clientes; membros do Ministério Público, observando os mesmos quadrantes, atuarão em prol de interesses que justificam sua intervenção no processo civil), são *meio essencial* para viabilizar a prestação da tutela jurisdicional para quem, na perspectiva do direito material, merecê-la (que é, em última análise, o *fim* do processo) é essencial para realizar concretamente o comando estampado no art. 6º do CPC de 2015, que, insisto, já é o que merecia ser extraído desde a concepção do contraditório como cooperação no contexto constitucional.

2.1.4 Ampla defesa

O mesmo inciso LV do art. 5º da CF, que faz expressa referência ao princípio do contraditório, lista, também como princípio constitucional, o da ampla defesa com os recursos a ela inerentes.

Não há razão para deixar de entender a ampla defesa, mais ainda após o que acabei de acentuar a respeito do princípio do contraditório, como a garantia de todo e qualquer *réu* (nomenclatura mais utilizada para o processo civil) ter condições *efetivas*, isto é, *concretas*, de responder às imputações que lhe são dirigidas antes que seus efeitos decorrentes possam ser sentidos.

Os "recursos a ela inerentes", a que se refere o inciso LV do art. 5º da CF, devem ser entendidos como a criação de mecanismos, de formas, de *técnicas processuais*, para que a ampla defesa seja exercitada a contento. Não são "recursos" em sentido técnico, em sentido processual, como mecanismos de revisão ou de controle de decisões judiciais. A própria concepção de um "direito fundamental à prova" pode e deve ser entendida como uma forma de bem realizar o comando constitucional aqui destacado, isto é, como *meio* de se exercer amplamente a defesa.

2.1.5 Juiz natural

O "princípio do juiz natural" – por vezes também chamado de "princípio da vedação dos tribunais de exceção" – encontra fundamento expresso em dois dispositivos da CF, nos incisos XXXVII e LIII, ambos do art. 5º, os quais, respectivamente, prescrevem que: "não haverá juízo ou tribunal de exceção" e "ninguém será processado nem sentenciado senão pela autoridade competente".

O sentido tradicional do princípio, que ainda é aquele que a CF quer revelar, significa que a autoridade judiciária que julgará um determinado caso deverá preexistir ao fato a ser julgado. É vedado criar, a partir de um específico fato concreto, um órgão judiciário que tenha competência para julgá-lo. A diretriz que se quer proteger com esta proibição é a de garantir, da melhor forma possível, a *imparcialidade* do *órgão judiciário*.

O "princípio do juiz natural" diz respeito, assim, à identificação do *juízo*, isto é, do *órgão jurisdicional constitucionalmente* competente. É fundamental, destarte, compreender em que condições a CF cria e aceita determinados órgãos jurisdicionais para julgar determinados assuntos, determinadas pessoas e assim por diante. Será "juiz natural" aquele que a Constituição indicar como competente ou, quando menos, quando ela, a CF, permitir que o seja.

O "princípio do juiz natural", em suma, depende, sempre e em qualquer caso, da identificação do órgão jurisdicional que, de acordo com o modelo constitucional do direito processual civil, detém ou não competência (fixada em abstrato, antes do fato conflituoso) para realizar o julgamento.

O que a lei processual civil, por seu turno, cria, concretizando o "modelo constitucional do processo civil", são condições, em cada caso, de distribuir adequada e racionalmente a carga dos trabalhos judiciários entre os diversos órgãos que compõem a estrutura judiciária, regulando a *competência* de cada órgão jurisdicional.

2.1.6 Imparcialidade

O "princípio da imparcialidade" não tem previsão expressa na CF. A doutrina, contudo, não hesita em entendê-lo como decorrência do "princípio do juiz natural" ou, mais corretamente, como fator que o complementa. O que há na CF, de maneira expressa, de mais próximo ao "princípio da imparcialidade" são as prerrogativas que o art. 95 reconhece ao magistrado, forma garantística de viabilizar a ele o exercício pleno de suas funções processuais, ao lado das vedações arroladas no parágrafo único do dispositivo.

Não basta, apenas, que o *órgão judiciário* preexista ao fato a ser julgado. Isso, por si só, pode não garantir a realização concreta de todos os valores idealizados por aquele princípio. Também a *pessoa natural* que ocupa o cargo de magistrado no órgão competente para julgamento deve ser imparcial. Imparcialidade, nesse contexto, significa acentuar que o magistrado (o *juiz*, propriamente dito, e não o juízo, que é indicativo do *órgão jurisdicional*) seja indiferente em relação ao litígio. Seja, no sentido comum da palavra, um *terceiro*, totalmente estranho, totalmente indiferente à sorte do julgamento e ao destino de todos aqueles que, direta ou indiretamente, estejam envolvidos nele.

2.1.7 Duplo grau de jurisdição

De todos os princípios constitucionais do direito processual, o mais difícil de ser identificado é o do "duplo grau de jurisdição". Isso, basicamente, porque não há consenso na doutrina sobre sua extensão e significado, o que é agravado porque a CF não se refere a ele expressamente. Realmente não há, em nenhum dispositivo da CF, a menção a um "duplo grau de jurisdição". O que existe, para o direito processual *penal*, é o art. 8º, n. 2, letra *h*, do Pacto de São José da Costa Rica (Convenção Interamericana dos Direitos Humanos de 1969), que, aprovado pelo Decreto Legislativo n. 27/1992 e promulgado pelo Decreto n. 678/1992, tem, de acordo com o STF, *status* de norma supralegal, porque anterior ao § 3º do art. 5º da CF, acrescentado pela EC n. 45/2004 (HC 94.013/SP). Não há, contudo, para o âmbito do processo *civil*, qualquer previsão similar.

O que há, a esse respeito, na CF, é a previsão – e esta é expressa – de que em algumas situações o STF e o STJ atuarão como órgãos de segundo grau de jurisdição ao julgarem os "recursos ordinários" previstos no art. 102, II, e no art. 105, II, da CF, respectivamente.

Mesmo sem enunciação expressa, cabe compreender o "duplo grau de jurisdição" como o modelo que garante a revisibilidade ampla das decisões judiciais por magistrados preferencialmente diferentes e localizados em nível hierárquico diverso. Por "revisibilidade ampla" deve ser entendida a oportunidade de tudo aquilo que levou o órgão *a quo* a proferir uma decisão e ser contrastado pelo magistrado *ad quem*, inclusive o que se relaciona com o aspecto probatório.

Nesse sentido, a previsão constitucional dos TRFs e dos TJs, estes, também previstos e regulamentados pelas respectivas Constituições Estaduais, desempenham suficientemente aquele papel, quando julgam o recurso de apelação interponível das sentenças, que permite a ampla revisibilidade que acabei de destacar.

Bem entendida a questão e diferentemente do que cheguei a sustentar nas edições anteriores ao CPC de 2015 de meu *Curso sistematizado*, é legítimo ao legislador infraconstitucional deixar de prever a recorribilidade generalizada de *quaisquer* decisões proferidas pelo magistrado da primeira instância. Assim, a redução (em verdade, *limitação*) dos recursos daquelas decisões (chamado de "agravo de instrumento") decorrente do art. 1.015 do CPC de 2015 *não contrasta* com o princípio aqui examinado. A *opção política* feita pelo CPC de 2015 é, no particular, harmônica com o "modelo constitucional", porque o recurso das demais decisões interlocutórias é feito em conjunto com a apresentação de outro recurso, o de apelação ou, ainda, quando se estabelece o contraditório a ele, na apresentação das respectivas contrarrazões (art. 1.009, §§ 1º e 2º).

Se em determinado caso concreto a opção do CPC de 2015 em restringir a recorribilidade das interlocutórias da primeira instância, submetendo-as *imediatamente* ao Tribunal respectivo, violar algum direito do jurisdicionado, o princípio do duplo grau deverá *preponderar* e, nesse sentido, dar fundamento ao cabimento de um sucedâneo recursal que possa, naquele específico caso, suprir a deficiência do sistema recursal. O mais comum, nesses casos, é o uso do mandado de segurança contra ato judicial.

O entendimento que acabou sendo dado pela Corte Especial do STJ ao rol do art. 1.015 do CPC, de que a taxatividade das hipóteses nele previstas aceita *mitigação* consoante se mostre necessária a revisão imediata da decisão interlocutória perante o Tribunal recursal por agravo de instrumento diante da inocuidade do reexame apenas em sede de apelo (Tema 988 dos recursos especiais repetitivos), não deixa de atender suficientemente bem a preocupação externada no último parágrafo, embora com fundamentação diversa.

2.1.8 Colegialidade nos Tribunais

Por "princípio da colegialidade" deve ser entendido que a manifestação dos Tribunais brasileiros deve ser *colegiada* no sentido de não poder ser realizada por um só de seus membros isoladamente ou, como se costuma falar, *monocraticamente*. É como se dissesse que o "juiz natural dos Tribunais" é o órgão colegiado, e não um de seus membros individualmente considerados.

Decisão colegiada não deve ser entendida, contudo, como a decisão tomada necessariamente e em qualquer caso pela totalidade dos integrantes do Tribunal ao mesmo tempo. É perfeitamente legítimo e até mesmo desejável que os Tribunais, sobretudo os que tenham vários integrantes, organizem-se internamente, buscando maior racionalização de trabalhos. É por isso que todos os Tribunais brasileiros, nos termos dos seus respectivos regimentos internos (art. 96, I, *a*, da CF), subdividem-se em diversos grupos menores, entre eles, as chamadas "Turmas" (nomenclatura mais comum no STF, no STJ e nos TRFs) ou "Câmaras" (nomenclatura mais comum nos TJs) para viabilizar esta maior racionalidade na distribuição do trabalho e, consequentemente, no desempenho de sua atividade judicante.

A escorreita compreensão de tal princípio não significa que a lei não possa, como vem sendo feito desde as reformas implementadas nos anos 1990 no CPC de 1973, estabelecer situações em que a atuação *monocrática* no âmbito dos Tribunais é tolerável ou, até mesmo, desejável em função da preponderância de *outros* princípios, tal o da *eficiência*. É o que, no CPC de 2015, está disciplinado principalmente em seu art. 932. Em tais casos, o que deve haver é a plena possibilidade de reexame das decisões monocráticas pelo órgão colegiado competente (o "juiz natural dos Tribunais") o que é suficientemente bem realizado pela previsão do recurso de agravo interno previsto pelo art. 1.021 do CPC.

2.1.9 Reserva do Plenário para declarar a inconstitucionalidade de lei ou ato normativo

Uma manifestação inequívoca do "princípio da colegialidade" é a reserva de plenário para declarar a inconstitucionalidade de lei ou ato normativo. Em rigor, mais que um princípio, trata-se de uma *regra de competência* estabelecida pelo art. 97 da CF, segundo o qual: "Somente pelo voto da maioria absoluta de seus membros ou dos membros do respectivo órgão especial poderão os tribunais declarar a inconstitucionalidade de lei ou ato normativo do Poder Público".

De acordo com o dispositivo, só o Tribunal Pleno ou, onde existir, o "órgão especial" – e desde que haja delegação para tanto, dada pelo próprio Pleno (art. 93, XI, da CF) – é que declara a *inconstitucionalidade* de lei, manifestação clara, portanto, do que é chamado de controle *difuso* ou *incidental* da constitucionalidade. Se é verdade que, no direito brasileiro, todo e qualquer órgão jurisdicional *deve* exercer aquele controle, também o é que, quando a constitucionalidade é discutida no âmbito dos Tribunais, quaisquer que sejam eles, é o Plenário ou, a depender de expressa previsão do Regimento Interno, o seu Órgão Especial que tem competência para tanto.

2.1.10 Isonomia

O princípio da isonomia ou da igualdade é basilar na organização do Estado brasileiro. São expressos sobre ele o *caput* e o inciso I do art. 5º, assim como, tendo em conta o Estado-administração, o art. 37, *caput*, e, com os olhos voltados à função tributária do Estado, o art. 150, II, todos da CF.

A isonomia ou igualdade deve ser entendida no sentido de que o Estado-juiz (o magistrado que o representa) deve tratar de forma igualitária os litigantes. Seja dando-lhes igualdade de condições de manifestação ao longo do processo, seja criando condições para que essa igualdade seja efetivamente exercitada.

É tradicional descrever o princípio da isonomia com o nome, bastante eloquente, "paridade ou igualdade de armas". Esta forma de tratar do princípio evidencia bem a necessidade de oferecimento de iguais oportunidades aos litigantes ao longo do processo. Não há como conceber, nessas condições, instrumentos processuais não uniformes, não iguais, não equivalentes para as partes.

O princípio, contudo, vai além, para atingir também situações em que existe real desigualdade, uma desigualdade pressuposta pelos litigantes. Nesses casos, é legítimo que a lei crie mecanismos para igualar a situação, colocando em pé de igualdade ambos os litigantes. O que releva, em tais casos, é que o tratamento desigual seja suficientemente justificável, isto é, que ele seja devido e adequado para *equilibrar*, perante o Estado, situação de desequilíbrio estranho ao processo ou, quando menos, que surge no próprio plano do processo. É o que deriva da costumeira e correta lição de que o tratamento desigual se justifica na medida exata da desigualdade combatida.

2.1.11 Publicidade

O princípio da publicidade vem expresso no inciso LX do art. 5º da CF: "a lei só poderá restringir a publicidade dos atos processuais quando a defesa da intimidade ou o interesse social o exigirem". Ele também consta dos incisos IX e X do art. 93 da CF, ambos com a redação que lhes deu a EC n. 45/2004, respectivamente: "todos os julgamentos dos órgãos do Poder Judiciário serão públicos, e fundamentadas todas as decisões, sob pena de nulidade, podendo a lei limitar a presença, em determinados atos, às próprias partes e a seus advogados, ou somente a estes, em casos nos quais a preservação do direito à intimidade do interessado no sigilo não prejudique o interesse público à informação" e "as decisões administrativas dos tribunais serão motivadas e em sessão pública, sendo as disciplinares tomadas pelo voto da maioria absoluta de seus membros". Trata-se, inequivocamente, de uma garantia política do exercício da função jurisdicional, forte na concepção de exercício de controle sobre ela, típica, portanto, da concepção clássica de Estado de Direito.

A publicidade, tal qual exigida constitucionalmente, tem sentido duplo. A primeira acepção é a de que o direito brasileiro não admite julgamentos "secretos". Assim, todo o atuar do Estado-juiz é público no sentido de ser possível o acesso imediato a ele. A segunda é no sentido de que todas as decisões, para serem entendidas como tais, devem ser publicadas, isto é, tornadas públicas, acessíveis a todos em geral. Tudo o que caracteriza o "processo" – e "processo", sempre é bom lembrar, é o próprio método de atuação do Estado – é público e, como tal, tem que estar disponível para quem quer que seja.

O inciso IX do art. 93 da CF admite expressas restrições ao princípio da publicidade. Assim, nos casos de "preservação do direito à intimidade do interessado", desde que não haja prejuízo ao "interesse público à informação" – direito que decorre do modelo de Estado adotado pelo Brasil –, a prática do ato processual pode ser limitada às próprias partes e a seus advogados ou somente a estes.

2.1.12 Motivação

O princípio da motivação, também chamado de princípio da *fundamentação*, tem previsão expressa nos mesmos incisos IX e X do art. 93 da CF, os quais expressam o princípio da publicidade. Essa peculiaridade, contudo, não é suficiente para tratar os dois princípios como se eles fossem um só, embora possa ser traçada alguma relação entre ambos.

O princípio da motivação expressa a *necessidade* de toda e qualquer decisão judicial ser explicada, fundamentada e justificada pelo magistrado que a proferiu, levando em conta o direito aplicável e as vicissitudes do caso concreto. Com isso, o princípio assegura não só a transparência da atividade judiciária, mas também viabiliza que se exercite o adequado controle de todas e quaisquer decisões jurisdicionais. Justamente porque o direito reclama, para sua aplicação, interpretação, e reconhecendo que a interpretação da regra jurídica exige, para sua correção, a consideração (consciente) de valores, é fundamental que se verifique a razão de o magistrado ter decidido de uma forma ou de outra sempre levando em conta as peculiaridades do caso concreto. Não é despropositado, muito pelo contrário, referir-se ao princípio da motivação como uma forma de o magistrado "prestar contas do exercício de sua função jurisdicional" ao jurisdicionado, aos demais juízes, a todos os participantes do processo e, mais amplamente – e como consequência inafastável –, a toda a sociedade.

2.1.13 Vedação das provas ilícitas ou obtidas por meios ilícitos

O "princípio da vedação das provas ilícitas" é expresso no inciso LVI do art. 5º da CF. De acordo com o dispositivo, "são inadmissíveis, no processo, as provas obtidas por meios ilícitos". O que o princípio quer proteger, acima de tudo, é a intimidade das pessoas nos termos amplos do inciso X do mesmo art. 5º.

O referido inciso LVI permite a distinção entre "provas ilícitas" e entre provas *obtidas* por meios ilícitos. Prova ilícita é aquela que, em si mesma considerada, fere o ordenamento jurídico. Assim, por exemplo, a tortura, expressamente proibida pelo inciso III do art. 5º da CF. Prova obtida por meios ilícitos é aquela que, como meio de prova, é admitida ou tolerada pelo sistema, mas cuja forma de obtenção, de constituição, de formação, fere o ordenamento jurídico. Bem ilustra a situação o desrespeito ao sigilo de correspondência ou a oitiva de conversas telefônicas não autorizada nos termos da lei (art. 5º, XII, da CF).

2.1.14 Assistência jurídica integral e gratuita

Trata-se de princípio expressamente previsto no inciso LXXIV do art. 5º da CF: "O Estado prestará assistência jurídica integral e gratuita aos que comprovarem insuficiência de recursos" e que permite reduzir, se não eliminar, obstáculos financeiros que privariam o economicamente hipossuficiente de adequado acesso à Justiça.

O princípio vai além, contudo, do acesso à justiça no sentido "jurisdicional" do termo, ao estabelecer como obrigação do Estado não só assistência *judiciária* integral e gratuita, mas, muito mais do que isto, assistência *jurídica* integral e gratuita. Isto quer significar, portanto, que também "fora" do plano do processo, o Estado tem o dever de atuar em prol da conscientização jurídica da sociedade como um todo, levando em conta também os hipossuficientes, orientando-os com relação aos seus direitos. Este é, com efeito, um passo decisivo para o desenvolvimento e o fortalecimento do sentimento de cidadania de um povo. É fundamental que se saiba que se têm direitos até como pressuposto lógico e indispensável para pretender exercê-los, se for o caso, inclusive jurisdicionalmente.

Do ponto de vista jurisdicional, o que quer o inciso LXXIV do art. 5º da CF é evitar que o *custo* inerente à prestação da atividade jurisdicional seja óbice para aqueles que não tenham condições de suportá-lo. Não se trata de tornar a prestação da atividade jurisdicional gratuita. Não é isso o que a CF estabelece. Trata-se, bem diferentemente, de evitar que a responsabilidade por esses custos obstaculize o exercício *jurisdicional* de direitos. É como se dissesse de forma bem direta, determinar que o próprio Estado assuma, para todos os fins, os custos inerentes ao exercício da função jurisdicional, de modo a permitir àquele que não teria condições de suportá-los atuar processualmente.

A própria CF estabelece diretrizes seguras para a implementação concreta da diretriz constante do dispositivo em exame. Assim, por exemplo, o inciso LXXVII do art. 5º determina que "são gratuitas as ações de *habeas corpus* e *habeas data*, e, na forma da lei, os atos necessários ao exercício da cidadania". Ainda no plano da CF, importa destacar as "Defensorias Públicas" criadas pelo art. 134 como instituições especificamente voltadas à "orientação jurídica e à defesa, em todos os graus, dos necessitados, na forma do art. 5º, LXXIV".

2.1.15 Duração razoável do processo (eficiência processual)

O inciso LXXVIII do art. 5º da CF, introduzido pela EC n. 45/2004, dispõe que "a todos, no âmbito judicial e administrativo, são assegurados a razoável duração do processo e os meios que garantam a celeridade de sua tramitação".

Trata-se da consagração expressa do princípio da razoável duração do processo no modelo constitucional brasileiro *e também* dos meios que garantam a celeridade de tramitação do processo.

A razoável duração do processo deve ser compreendida invariavelmente levando em conta as especificidades de cada caso concreto. Não há como exigir que casos complexos tenham o mesmo tempo de duração que processos pouco ou nada complexos. O que é dado ao processualista idealizar, em abstrato, são as *técnicas*, as mais variadas e nos mais diversificados planos, para buscar um julgamento mais célere, assunto ao qual se volta a segunda parte do dispositivo em exame.

Não há, de qualquer sorte, como querer compreender o inciso LXXVIII do art. 5º da CF como sinônimo de *celeridade*. O que deve ser relevado nele, a despeito do *texto constitucional*, é verificar como "economizar" a atividade jurisdicional no sentido da *redução* desta atividade, *redução* do número de atos processuais, quiçá, até, da propositura de outras demandas, resolvendo-se o maior número de conflitos de interesses de uma só vez. O que o princípio quer, destarte, é que a atividade jurisdicional e os métodos empregados por ela sejam *racionalizados*, *otimizados*, tornados mais *eficientes* (o que, aliás, vai ao encontro da organização de toda atividade estatal, consoante se extrai do *caput* do art. 37 da CF e do "princípio da eficiência" lá previsto expressamente), sem prejuízo, evidentemente, do atingimento de seus objetivos mais amplos. Por isso mesmo, não há por que recusar referir-se a essa faceta do dispositivo constitucional em exame como "princípio da *eficiência* da atividade jurisdicional". Até porque eventual celeridade não pode comprometer outras garantias do processo – contraditório, ampla defesa, publicidade e motivação, apenas para citar algumas bem marcantes – e que demandam, por suas próprias características, *tempo* necessário para concretizarem-se. Tampouco pode comprometer a organização judiciária também imposta desde o modelo constitucional.

2.1.16 Efetividade do processo (efetividade do direito pelo e no processo)

O princípio da efetividade do processo, por vezes denominado de efetividade da jurisdição, também encontra seu fundamento na locução contida no inciso XXXV do art. 5º da CF de que a lei não excluirá nenhuma *lesão* ou *ameaça* a direito da apreciação do Poder Judiciário.

Sua noção nuclear repousa em verificar que, uma vez obtido o reconhecimento do direito indicado como ameaçado ou lesionado, seus resultados devem ser *efetivos*, isto é, *concretos*, *palpáveis*, *sensíveis* no plano *exterior* do processo, isto é, "fora" do processo.

O princípio da efetividade do processo, neste sentido – e diferentemente dos demais –, volta-se mais especificamente aos *resultados* da tutela jurisdicional no plano material, exterior ao processo. É inócuo falar em um "*processo* justo" ou em um "*processo* devido", dando-se a *falsa* impressão de que aqueles atributos tendem a se esgotar com a tão só observância da correção do *meio* de produzir a decisão jurisdicional apta a veicular a tutela jurisdicional. O "justo" e o "devido", com efeito, vão além do *reconhecimento* jurisdicional do direito.

É essa a razão pela qual me parece mais adequado propor, para substituir a tradicional expressão "efetividade do processo", outra, que coloque ênfase onde ela deve ser posta: efetividade *do direito pelo e no* processo. Não se trata, enfatizo, de entender "efetivo" o processo em si mesmo considerado. A efetividade do processo mede-se pela sua capacidade de tornar reais (concretizados) os direitos controvertidos, ameaçados ou lesionados. É o que, na perspectiva do próprio modelo constitucional, é suficientemente alcançado pelo inciso LXXVIII do art. 5º que rotulo, no número anterior, de *eficiência processual*. Na exata medida em que a autotutela é vedada e que a sua contrapartida é a tutela jurisdicional, é irrecusável a conclusão de que a tutela daqueles direitos depende do processo. Sem processo não há direito efetivo. A efetividade, destarte, é do direito, e não do processo.

2.1.17 Princípios-síntese

Escrevi, a propósito do princípio do devido processo *constitucional*, ser frequente a afirmação de que se trata de um princípio que sintetiza o modo de ser (sempre no sentido de "dever-ser") do processo.

Reputo importante e extremamente didático completar essa observação, trazendo à tona, também como "princípios-síntese", outros dois, o acesso à justiça e a efetividade do direito pelo e no processo.

Bem compreendidos esses três princípios, é correto afirmar que eles garantem suficientemente o *ingresso* no Poder Judiciário com a formulação de pedido de tutela jurisdicional apto a proteger lesões ou ameaças a direito, o *desenvolvimento do atuar* do Estado--juiz de maneira escorreita com a (indispensável) observância de todas as garantias constitucionais também por aquele em face de quem o pedido é formulado e, por fim, a *obtenção dos resultados* desejados, devidamente concretizados, no plano material.

2.2 Organização judiciária

O segundo grupo componente do "modelo constitucional do direito processual civil" é o relativo à estrutura e à organização do Poder Judiciário brasileiro, federal e estadual.

Todo ele está na CF, que condiciona o modo de organização do Poder Judiciário, desde a indicação de quais são os órgãos que o compõem (art. 92 da CF, com o acréscimo do inciso II-A feito pela EC n. 92/2016). As Justiças dos Estados, por seu turno, devem corresponder ao largo modelo imposto pela CF a ser refletido, portanto, em suas respectivas Constituições, no que são suficientemente claros o *caput* e o § 1º do art. 125 da CF. A organização judiciária do Distrito Federal e dos Territórios é estabelecida, a partir do modelo constitucional, por lei de competência privativa da União Federal, nos termos do inciso XVII do art. 22 da CF. Trata-se da Lei n. 11.697/2008, com suas sucessivas modificações.

A organização judiciária convida ao estudo do Poder Judiciário não só do ponto de vista *estático*, ou seja, na perspectiva de sua estruturação (quais os órgãos do Poder Judiciário brasileiro), mas também ao seu estudo *dinâmico*, isto é, de seu funcionamento (o que cada um dos órgãos do Poder Judiciário brasileiro faz, isto é, qual é a sua *função*).

Para o estudo do direito processual civil importa fazer as seguintes considerações acerca da organização judiciária:

O STF é o órgão de cúpula do Poder Judiciário brasileiro, composto por 11 Ministros nomeados pelo Presidente da República, com observância dos requisitos do *caput* do art. 101 da CF, na redação da EC n. 122/2022, depois de aprovada a escolha pela maioria absoluta do Senado Federal, de acordo com o parágrafo único do art. 101 da CF. Sua missão precípua é o estabelecimento dos padrões interpretativos da CF em todo o território nacional (art. 102, *caput*). Para tanto, exerce ampla competência que, de acordo com os incisos do art. 102 da CF, pode ser classificada em: (i) *originária* (julgamento das chamadas "ações diretas de inconstitucionalidade", destinadas à verificação da constitucionalidade ou inconstitucionalidade de uma lei, por exemplo); (ii) *ordinária* (julgamento de recursos apresentados em mandados de segurança impetrados originariamente no STJ, por exemplo); e (iii) *extraordinária* (quando julga os chamados "recursos extraordinários", que buscam contrastar as decisões dos demais órgãos jurisdicionais brasileiros sobre a interpretação do direito constitucional em todo o território nacional).

As decisões proferidas pelo STF no controle concentrado de constitucionalidade, isto é, no julgamento das ações diretas de inconstitucionalidade, e ações declaratórias de constitucionalidade (art. 102, § 2º, da CF) e, bem assim, as súmulas, compreendidas como a síntese de sua jurisprudência, que expedir de acordo com o procedimento do art. 103-A da CF, têm efeitos vinculantes.

O STJ, atualmente composto por trinta e três Ministros, o mínimo de sua capacidade de acordo com o *caput* do art. 104 da CF, nomeados pelo Presidente da República depois de aprovada a escolha pela maioria absoluta do Senado Federal, observados os requisitos do parágrafo único do mesmo dispositivo constitucional, alterado pela EC n. 122/2022, exerce também ampla competência, que, de acordo com o art. 105 da CF, pode ser dividida em: (i) *originária* (julgamento de mandado de segurança impetrado contra ato de Ministro de Estado, por exemplo); (ii) *ordinária* (julgamento de recursos apresentados dos mandados de segurança julgados pelos TJs ou TRFs, por exemplo); e (iii) *especial* (julgamento dos chamados "recursos especiais", que buscam contrastar as decisões dos demais Tribunais brasileiros sobre a interpretação das leis e demais atos normativos federais em todo o território nacional).

Junto ao STJ funcionam também o Conselho da Justiça Federal e a Escola Nacional de Formação e Aperfeiçoamento de Magistrados (art. 105, parágrafo único, da CF), órgãos que não têm competência jurisdicional.

Sem função jurisdicional, mas com importante atuação de coordenação do Poder Judiciário no âmbito nacional, existe o Conselho Nacional de Justiça (CNJ), que exerce a competência atribuída pelo art. 103-B da CF.

A República brasileira é federativa no sentido de que, além da União, os Estados-membros, os Municípios e o Distrito Federal exercem competência *legislativa*, isto é, têm aptidão de editar leis de acordo com a divisão feita pelos arts. 22, 24 e 30 da CF. Há um importante reflexo disso no âmbito do Poder Judiciário: todos os litígios em que a União Federal e a maior parte das pessoas administrativas federais (suas autarquias, agências reguladoras e empresas públicas) estejam envolvidas devem ser julgados e cumpridos por uma Justiça mantida pela própria União, a chamada Justiça Federal. Ao lado dela, para apreciar os demais litígios, inclusive os que envolvem os Municípios, há a Justiça Estadual, mantida pelos próprios Estados-membros, cuja competência é exercida também pela Justiça do Distrito Federal.

A primeira instância da Justiça Federal é composta por juízes federais que julgam as questões arroladas no art. 109 da CF, ressalvada a possibilidade de lei expressamente reconhecer que causas de competência da Justiça Federal em que forem parte instituição de previdência social e segurado sejam processadas e julgadas na Justiça Estadual quando a comarca do domicílio do segurado não for sede de vara federal (art. 109, § 3º, da CF, na redação dada pela EC n. 103/2019). A este respeito, cabe destacar a Lei n. 13.876/2019, que dando nova redação ao inciso III do art. 15 da Lei n. 5.010/1966, dispõe competir à Justiça dos Estados processar e julgar "as causas em que forem parte instituição de previdência social e segurado e que se referirem a benefícios de natureza pecuniária, quando a Comarca de domicílio do segurado estiver localizada a mais de 70 km (setenta quilômetros) de Município sede de Vara Federal". A atual redação do § 3º do art. 109 da CF, dada pela referida EC n. 103/2019, restringe a possibilidade admitida pelo texto anterior, de que a lei pudesse prever a competência da Justiça Estadual para *outras* hipóteses, além dos conflitos entre segurado e entidade de assistência social. Todas as disposições então existentes, inclusive as dos arts. 237, parágrafo único, e 381, § 4º, do CPC perderam, com a referida Emenda, seu fundamento de validade.

A segunda instância da Justiça Federal é composta de seis Tribunais Regionais Federais (TRFs), integrados por Desembargadores Federais, nomeados de acordo com as exigências do art. 107 da CF, na redação dada pela EC n. 122/2022, sediados em Brasília, Rio de Janeiro, São Paulo, Porto Alegre, Recife e Belo Horizonte, cuja competência é aquela do art. 108 da CF, e, do ponto de vista territorial, compreende a divisão do País em *regiões*, cujas sedes são as seis capitais que acabei de assinalar. A EC n. 73/2013 chegou a ampliar o número de TRFs para nove, mas sua vigência foi suspensa em razão de cautelar concedida na ADI 5017 pelo STF. A Lei n. 14.226/2021, de discutível constitucionalidade formal, já que a criação dos cinco TRFs originais se deu pelo art. 27, § 6º, do ADCT da CF de 1988, em consonância com a previsão do art. 92, III, da CF, é que criou um novo Tribunal Regional Federal, da 6ª Região, com sede em Belo Horizonte e jurisdição no Estado de Minas Gerais. A Lei n. 14.253/2021, por sua vez, ampliou o número de Desembargadores Federais de cada Tribunal Regional Federal.

A primeira instância das Justiças Estaduais e do Distrito Federal é formada por juízes de direito. Na sua segunda instância estão os Tribunais de Justiça, integrados por Desembargadores, sediados nas capitais do Estado e do Distrito Federal, que têm competência sobre as respectivas áreas territoriais e cuja competência está estabelecida nas respectivas Constituições dos Estados e, no caso específico do Distrito Federal, na Lei n. 11.697/2008, editada com fundamento de validade no art. 22, XVII, da CF.

Ainda sobre a organização judiciária, entendo importante destacar que diversos outros dispositivos constitucionais veiculam normas a seu respeito.

É o que se dá com o inciso XI do art. 93 da CF, que permite a criação, nos Tribunais com mais de vinte e cinco julgadores, do órgão especial para exercício de atividades administrativas e jurisdicionais delegadas pela totalidade dos membros do Tribunal; com o art. 94 da CF, que reserva um quinto dos TJs e dos TRFs para serem integrados por membros do Ministério Público e da advocacia, o chamado "quinto constitucional"; com o art. 96 da CF, que indica competências administrativas a serem exercidas pelos Tribunais, dentre as quais merece destaque a da alínea *a* de seu inciso I, a respeito da elaboração de seus regimentos internos "com observância das normas de processo e das garantias processuais das partes, dispondo sobre a competência e o funcionamento dos respectivos órgãos jurisdicionais e administrativos"; e, por fim, com o inciso I do art. 98, que impõe à União, Distrito Federal e Estados a criação de "juizados especiais, providos por juízes togados, ou togados e leigos, competentes para a conciliação, o julgamento e a execução de causas cíveis de menor complexidade e infrações penais de menor potencial ofensivo, mediante os procedimentos oral e sumariíssimo, permitidos, nas hipóteses previstas em lei, a transação e o julgamento de recursos por turmas de juízes de primeiro grau", previsão reiterada, no plano federal, pelo § 1º do mesmo dispositivo constitucional. As Leis federais n. 9.099/1995, 10.259/2001 e 12.153/2009 disciplinam, infraconstitucionalmente, os Juizados Especiais Cíveis e Criminais, os Federais e os da Fazenda Pública Estaduais, Distrital e Municipais, respectivamente.

2.3 Funções essenciais à Justiça

O terceiro grupo que compõe o "modelo constitucional do direito processual civil" é o das funções essenciais à Justiça.

É a CF quem as descreve e as disciplina, de maneira mais ou menos exaustiva: o que é a magistratura, quem é e o que faz o magistrado; o que é o Ministério Público, como ele se estrutura e o que fazem os seus membros; o que é a advocacia, pública ou privada, e o que fazem os seus membros e o que é a Defensoria Pública, qual é a sua finalidade, como ela se estrutura e o que fazem os seus membros. Todas essas questões são resolvidas pela CF e é a partir dela que temas não menos polêmicos e importantes para aquelas instituições devem ser enfrentados.

2.3.1 Magistratura

O "magistrado" é a pessoa natural que, aprovada em concurso público (art. 93, I, da CF), compõe a magistratura, uma das funções essenciais à administração da Justiça. A circunstância de a magistratura não estar regulada no Capítulo que a CF reserva às funções essenciais à administração da Justiça, mas junto ao Poder Judiciário, é de todo indiferente para essa sua caracterização, dada a necessária paridade e harmonia que deve existir entre cada uma daquelas funções.

Para escorreito desempenho da magistratura, em toda a sua plenitude, a CF, consagrando conquistas históricas do Estado constitucionais, reconhece, nos três incisos de seu art. 95, as seguintes *prerrogativas* aos magistrados: (i) a *vitaliciedade* (impossibilidade de o cargo de magistrado ser perdido, a não ser nos casos expressamente admitidos pela CF e, mesmo assim, depois de a falta ser apurada em processo administrativo ou jurisdicional, garantida a ampla defesa); (ii) a *inamovibilidade* (impossibilidade de o magistrado ser retirado do local onde exerce sua jurisdição, salvo se ele requerer ou concordar, ressalvados os casos de interesse público, na forma do inciso VIII do art. 93 da CF, na redação que lhe deu a EC n. 103/2019); e (iii) a *irredutibilidade de subsídios* (inviabilidade de os valores recebidos pelos magistrados a título de contraprestação por seus serviços serem minorados).

Mas não é o suficiente, desde o plano constitucional, para assegurar a *imparcialidade*. O parágrafo único do art. 95 da CF estabelece algumas restrições ao exercício de outras funções pelos magistrados com o mesmo propósito.

De acordo com o art. 93 da CF, será expedida lei complementar, de iniciativa do STF, que disporá sobre o Estatuto da Magistratura, cujas diretrizes, em termos de garantias, prerrogativas e deveres, estabelece. Enquanto aquele diploma legislativo não é editado, continua em vigor a LC n. 35/1979, a lei orgânica da magistratura.

2.3.2 Ministério Público

O Ministério Público, de acordo com o art. 127, *caput*, da CF, "é instituição permanente, essencial à função jurisdicional do Estado, incumbindo-lhe a defesa da ordem jurídica, do regime democrático e dos interesses sociais e individuais indisponíveis".

Para viabilização de seus objetivos funcionais, o § 1º daquele dispositivo prescreve como princípios institucionais do Ministério Público "a *unidade*, a *indivisibilidade* e a *independência funcional*". Os dois primeiros destes princípios devem ser entendidos no sentido de que o Ministério Público é considerado uma só instituição, embora aceite, até como forma de racionalizar suas tarefas e melhor atingir suas finalidades institucionais, divisões internas, verdadeiras partições de competência. A "independência funcional", por seu turno, quer significar que a atuação do Ministério Público e de cada um de seus membros não se vincula a qualquer outro órgão ou a políticas da União e dos Estados.

O art. 128, fazendo alusão à "unidade" e à "indivisibilidade" do art. 127, *caput*, distingue, para fins de atribuição de competência, diferentes órgãos do Ministério Público. O Ministério Público da União, chefiado pelo Procurador-Geral da República, compreende, para o que diz respeito a este *Manual*, o Ministério Público Federal, que atua nos Tribunais Superiores, nos TRFs e na justiça federal de primeira instância, e o Ministério Público do Distrito Federal e Territórios, que atua perante a justiça do Distrito Federal (art. 128, I, da CF). Cada um dos Estados-membros tem o seu Ministério Público, o "Ministério Público dos Estados", de acordo com a nomenclatura empregada pelo inciso II do art. 128 da CF, chefiados por um Procurador-Geral de Justiça.

O § 5º do art. 128 dá as diretrizes básicas das leis que regulam a organização, as atribuições e o estatuto do Ministério Público da União e dos Estados. No plano federal, é a LC n. 75/1993 que dispõe sobre a organização, as atribuições e o estatuto do Ministério Público da União, aí incluindo o Ministério Público do Distrito Federal e dos Territórios. A Lei n. 8.625/1993, por sua vez, institui a Lei Orgânica Nacional do Ministério Público e dispõe sobre normas gerais para a organização do Ministério Público dos Estados.

As funções *institucionais* do Ministério Público estão previstas no art. 129 da CF. As que dizem respeito ao direito processual civil são as seguintes: (i) zelar pelo efetivo respeito dos Poderes Públicos e dos serviços de relevância pública aos direitos assegurados na Constituição, promovendo as medidas necessárias a sua garantia; (ii) promover o inquérito civil e a ação civil pública, para a proteção do patrimônio público e social, do meio ambiente e de outros interesses difusos e coletivos; (iii) promover a ação de inconstitucionalidade ou representação para fins de intervenção da União e dos Estados, nos casos previstos pela Constituição; (iv) defender judicialmente os direitos e interesses das populações indígenas e (v) exercer outras funções que lhe forem conferidas, desde que compatíveis com sua finalidade, sendo-lhe vedadas a representação judicial e a consultoria jurídica de entidades públicas, que devem ser representadas em juízo por seus próprios advogados. É desse arsenal de competências que deriva sua função como parte ou como *custos iuris* (fiscal da ordem jurídica), disciplinada, no que interessa para cá, pelo CPC de 2015, tema ao qual me volto no n. 6 do Capítulo 4.

Os membros do Ministério Público, como exige o § 2º do art. 127, devem ser aprovados em concurso público.

O inciso I do § 5º do art. 128 da CF reserva aos membros do Ministério Público as *garantias* da vitaliciedade, da inamovibilidade e da irredutibilidade de subsídios. O inciso II do mesmo dispositivo constitucional, por sua vez, estabelece aos membros do Ministério Público *vedações*, semelhantes àquelas previstas aos magistrados.

Os integrantes do Ministério Público recebem nomes diferenciados consoante o cargo e a função que ocupam. No Ministério Público estadual, os membros que atuam perante a primeira instância são chamados de "promotores de justiça". Na segunda instância, isto é, perante os Tribunais de Justiça dos Estados, os integrantes do Ministério Público são os "Procuradores de Justiça". Já no Ministério Público Federal os integrantes que atuam junto aos Tribunais Superiores são os "Subprocuradores Regionais da República"; os que atuam nos Tribunais Regionais Federais são os "Procuradores Regionais da República"; e os que atuam perante a primeira instância, ou seja, perante a justiça federal, são os "Procuradores da República".

O art. 130-A da CF, introduzido pela EC n. 45/2004, criou o Conselho Nacional do Ministério Público (CNMP). Trata-se de órgão vocacionado a exercer o controle da atuação administrativa e financeira do Ministério Público e do cumprimento dos deveres funcionais de seus membros.

2.3.3 Advocacia

A advocacia é função essencial à Justiça, nos termos do art. 133 da CF. A diretriz vem repetida no plano infraconstitucional, no art. 2º da Lei n. 8.906/1994, que dispõe sobre o Estatuto da Advocacia e da Ordem dos Advogados do Brasil: "O advogado é indispensável à administração da justiça", e esclarecida nos seus dois primeiros parágrafos: "No seu ministério privado, o advogado presta serviço público e exerce função social" e "No processo judicial, o advogado contribui, na postulação de decisão favorável ao seu constituinte, ao convencimento do julgador, e seus atos constituem múnus público".

Advogado é o profissional que exerce a advocacia, atividade privativa daquelas pessoas regularmente inscritas na Ordem dos Advogados do Brasil.

A Lei n. 8.906/1994, com vistas a criar condições mínimas de assegurar ao advogado o exercício de sua atividade, estabeleceu uma série de *prerrogativas* em seu art. 7º, ampliadas pela Lei n. 13.245/2016. Tais prerrogativas, a exemplo daquelas reconhecidas desde a CF para magistrados e membros do Ministério Público e, no plano infraconstitucional, também aos defensores públicos, são *instrumentais* e vinculadas, finalisticamente, ao exercício da profissão. Não são, por isto mesmo, *privilégios* para um tipo de profissional em detrimento de outros. Elas se justificam quando o "ser" advogado é analisado no seu devido contexto, que é o que se irradia desde o art. 133 da CF. As *prerrogativas* servem para viabilizar que o advogado (público ou privado) possa exercer seu múnus público sem receio de violações ou ameaças à sua incolumidade pessoal e profissional; ao seu domicílio; ou ao seu local de trabalho e instrumentos necessários para desenvolvimento de sua própria profissão. A Lei n. 13.363/2016, por sua vez, acrescentou um art. 7º-A ao Estatuto da Advocacia, estabelecendo direitos à advogada gestante, lactante, adotante ou que der à luz.

Embora não haja nenhuma diferença ontológica entre o advogado público e a chamada "advocacia pública" quando comparados à advocacia privada, importa destacá-los porque os arts. 131 e 132 da CF asseguram expressamente sua existência e organização no âmbito da União Federal e dos Estados.

O art. 131 da CF criou para a União Federal uma entidade própria, voltada especificamente para a representação judicial de seus interesses em juízo e fora dele, a Advocacia-Geral da União. A Advocacia-Geral da União tem como chefe o Advogado-Geral da União, de livre nomeação pelo Presidente da República, dentre cidadãos maiores de trinta e cinco anos, de notável saber jurídico e reputação ilibada. O ingresso na carreira far-se-á mediante concurso público de provas e títulos. Ela é regulamentada pela LC n. 73/1993, que institui a Lei Orgânica da Advocacia-Geral da União, e pela Lei n. 9.028/1995, que dispõe sobre as atribuições institucionais da Advocacia-Geral da União.

No plano dos Estados e do Distrito Federal, o art. 132 da CF refere-se também à existência de "Procuradores dos Estados e do Distrito Federal" e à sua organização em carreira pública na qual o ingresso dependerá de concurso público de provas e títulos. Estas Procuradorias desempenham, no plano dos Estados e do Distrito Federal, o mesmo papel desempenhado pela Advocacia-Geral da União no plano federal: elas exercem "a representação judicial e a consultoria jurídica das respectivas unidades federadas".

É importante esclarecer que, a despeito do nome, as "procuradorias dos Estados" são verdadeiras *advocacias dos Estados*. Os *procuradores* dos Estados são, na verdade, advogados dos Estados, advogados públicos que representam, em juízo e fora dele, os Estados e eventuais entidades componentes da Administração Pública estadual.

A CF silenciou a respeito da organização da advocacia pública municipal. Prevalece, neste caso, o que cada Município, de acordo com suas próprias leis orgânicas ou leis locais (art. 30, I, da CF), decidir ser mais conveniente e oportuno para a sua própria realidade.

Ainda sobre a advocacia, entendo importante destacar, com base no art. 44 da Lei n. 8.906/1994, que a Ordem dos Advogados do Brasil é "serviço público, dotado de personalidade jurídica e forma federativa". Ela não mantém com os Poderes Públicos nenhum vínculo funcional ou hierárquico. O órgão máximo da instituição é o Conselho Federal, que tem sede na capital federal. Os Conselhos Seccionais, que têm personalidade jurídica própria e independente da do Conselho Federal, exercem suas atribuições nos territórios de cada um dos Estados-membros e do Distrito Federal.

Entendo que é insuficiente pensar na OAB como um "órgão de classe" ou um "órgão de representação e disciplina da profissão de advogado". A atuação da OAB vai muito além, graças ao alcance do art. 133 da CF e de sua lei de regência expedida em ampla consonância com aquele dispositivo constitucional. É ler o inciso I do art. 44 da Lei n. 8.906/1994, que dispõe sobre as finalidades da Ordem dos Advogados do Brasil, para constatar ser seu mister defender a Constituição, a ordem jurídica do Estado democrático de direito, os direitos humanos, a justiça social, e pugnar pela boa aplicação das leis, pela rápida administração da justiça e pelo aperfeiçoamento da cultura e das instituições jurídicas.

É por isso, como venho sustentando desde meu *Amicus curiae* no processo civil brasileiro: um terceiro enigmático, que a posição de destaque reconhecida pelo modelo constitucional ao advogado e, por extensão, à OAB, confere a este órgão posição em tudo assimilável à tradicionalmente exercida pelo Ministério Público na qualidade de fiscal da ordem jurídica. O que era considerado "exclusivo" ou "típico" do Ministério Público deixa de sê-lo no sentido de ser impositiva a ampliação e a diversidade daquele mister. Mercê da pluralidade política e ideológica ínsita a um Estado Democrático, como é o brasileiro, aquela mesma função passa a ser desempenhável *também* por outras instituições, entre as quais a OAB.

2.3.4 Defensoria Pública

Rente ao que escrevo no n. 2.1.14, *supra*, a respeito do incentivo que a CF empresta para o hipossuficiente para tutelar-se *juridicamente*, seu art. 134 criou – inovando, no particular, em relação às Constituições anteriores – as Defensorias Públicas. Estes órgãos devem ser entendidos como a "instituição permanente, essencial à função jurisdicional do Estado, incumbindo-lhe, como expressão e instrumento do regime democrático, fundamentalmente, a orientação jurídica, a promoção dos direitos humanos e a defesa, em todos os graus, judicial e extrajudicial, dos direitos individuais e coletivos, de forma integral e gratuita, aos necessitados, na forma do inciso LXXIV do art. 5º desta Constituição Federal".

Trata-se de passo fundamental que foi dado pela CF em prol da construção e aperfeiçoamento de um mais sólido Estado Democrático de Direito. O art. 134 da CF teve o grande mérito de *impor* a necessária *institucionalização* daquela função, permitindo uma maior racionalização na atividade de *conscientização* e de *tutela jurídica* da população carente.

Correto, diante desse quadro, admitir ampla participação da Defensoria Pública nos processos jurisdicionais, individuais e coletivos, reconhecendo-lhe como missão institucional também a de atuar como *custos vulnerabilis* para promover a tutela jurisdicional adequada dos interesses que lhe são confiados, desde o modelo constitucional, similarmente à atuação do Ministério Público na qualidade de *custos iuris* ou, como pertinentemente prefere o CPC de 2015, fiscal da ordem jurídica.

A LC n. 80/1994, editada por força do § 1º do art. 134 da CF, trata da organização da Defensoria Pública da União, do Distrito Federal e Territórios, além de prescrever as normas gerais para sua organização nos Estados.

A autonomia funcional, administrativa e orçamentária da Defensoria Pública de todos os níveis federados é plena, assegurada pelos §§ 2º e 3º do art. 134 da CF.

O § 4º do art. 134 da CF, fruto da EC n. 80/2014, traz os seguintes princípios institucionais da Defensoria Pública, a exemplo do Ministério Público: (i) unidade; (ii) indivisibilidade; e (iii) independência funcional, além de determinar a aplicação, no que couber, do disposto no art. 93 e no inciso II do art. 96 da CF.

O defensor público é o membro da Defensoria Pública que atua como "órgão de execução", isto é, de realização concreta das funções institucionais da Defensoria Pública. É quem atua como verdadeiro *advogado* daquele que não tem condições econômicas de pagar por um. É importante, contudo, distinguir: o defensor público, embora seja advogado, não pode exercer a "advocacia", nem pública, nem privada, pois está impedido de exercê-la. O seu múnus de defensor público absorve integralmente a sua atuação profissional de advogado. Não é por razão diversa, aliás, que a EC n. 80/2014 teve o cuidado de, pertinentemente, criar seções próprias, uma para a advocacia e outra para a Defensoria Pública, no Capítulo dedicado às funções essenciais à Justiça.

A Defensoria Pública é organizada em cargos de carreira, e o acesso a eles depende de aprovação em concurso público de provas e títulos.

Para realização de seus misteres institucionais, a LC n. 80/1994 reserva aos defensores públicos, de todos os níveis federados, *garantias*, *prerrogativas*, *deveres*, *vedações* e *impedimentos* similares aos que são reconhecidos aos magistrados e aos membros do Ministério Público. Aqui também a função destas regras é instrumental. Elas não pretendem estabelecer *privilégios* a determinados agentes do Estado, mas, bem diferentemente, a criação de condições ótimas para que eles atinjam as finalidades inerentes ao exercício de seu cargo, que justificam a própria existência da instituição que integram.

2.4 Procedimentos jurisdicionais constitucionalmente diferenciados

Denomino o quarto e último grupo a ser apresentado na exposição relativa ao "modelo constitucional do direito processual civil" de "procedimentos jurisdicionais constitucionalmente diferenciados".

São aqueles casos em que a própria CF disciplina – por vezes, até com minudência típica de uma lei – a forma pela qual o Judiciário deve ser provocado para resolver as mais variadas questões. É a própria CF *especializando* procedimentos, tanto quanto se dá no plano da lei e do próprio CPC de 2015, a partir dos mais variados critérios e razões históricas, políticas e sociais.

É o que se verifica, por exemplo, com a "tutela jurisdicional das liberdades públicas" (mandado de segurança individual e coletivo [art. 5º, LXIX e LXX, da CF], mandado de injunção [art. 5º, LXXI], *habeas data* [art. 5º, LXXII, da CF], ação popular [art. 5º, LXXIII, da CF] etc.); com o controle de constitucionalidade (concentrado [art. 103 da CF] e difuso [art. 97 da CF]), com as súmulas vinculantes do STF (art. 103-A da CF), com a reclamação (art. 102, I, *l*; art. 105, I, *f*; e art. 103-A, § 3º, da CF) e com a execução contra a Fazenda Pública (art. 100 da CF, com as suas sucessivas modificações, sendo as mais recentes as introduzidas pelas ECs n. 109/2021 e 113/2021).

O tema ganha interesse para este *Manual* naqueles casos em que o próprio CPC de 2015 dialoga com aqueles diversos procedimentos diferenciados. É o que se dá, apenas a título de ilustração, quando ele disciplina o cumprimento de sentença e o processo de execução contra a Fazenda Pública, quando disciplina os recursos ordinários interponíveis em sede de mandado de segurança ou, ainda, quando trata, embora indiretamente, das súmulas vinculantes do STF, inclusive na perspectiva do cabimento da reclamação como mecanismo apto a viabilizar a sua observância em cada caso concreto.

Em todas essas hipóteses, destaco que não há como o legislador infraconstitucional desviar-se das escolhas feitas pela CF, cabendo a ele, no máximo, procedimentalizá-las ou aperfeiçoá-las. Nunca, contudo, contradizê-las ou minimizá-las. É o que se verifica, a título de exemplo, com a Lei n. 13.300/2016, que passou a disciplinar o mandado de injunção após vinte e oito anos de vigência da CF. Trata-se de diploma legislativo que, além de não minimizar o alcance da previsão constitucional daquele procedimento jurisdicional constitucionalmente diferenciado, explicita determinadas conquistas doutrinárias e jurisprudenciais do instituto, tal qual a viabilidade de o mandado de injunção ser impetrado *coletivamente* (arts. 12 e 13), o significado concreto da concessão do pedido (art. 8º), da eficácia, inclusive temporal, do quanto decidido naquela sede (arts. 9º a 11), além da necessária aplicação subsidiária e supletiva das regras do CPC e do mandado de segurança (art. 14).

2.5 Normas de concretização do direito processual civil

O quinto e último grupo componente do modelo constitucional do direito processual civil diz respeito às normas de *concretização* do direito processual civil. É um grupo cujo elo agregador é a identificação (e o devido exame) das normas que, na perspectiva da Constituição Federal, têm como objetivo regulamentar o próprio direito processual civil.

O que distingue este grupo dos demais é a *qualidade* de suas normas. Aqui, elas se voltam *indiretamente* ao plano do próprio processo e ao seu modo de *dever-ser*. Sua ocupação dá-se com as normas jurídicas que, na perspectiva constitucional, são as esperadas para tratar do direito processual civil como um todo, inclusive do próprio processo. Este quinto grupo tem como vocação estudar os *meios* de atingir o que os demais impõem para o *modo de ser* (de *dever-ser*) do processo. São normas que, nessa perspectiva, têm como objetivo disciplinar a produção de outras normas.

Os demais grupos voltam-se diretamente ao modo de *dever-ser* do plano processual e de cada um de seus institutos, impondo os limites e as características que eles devem ostentar, sob pena de atritar com o modelo constitucional, ocupando-se *diretamente* com o plano do próprio processo. Os componentes dos quatro primeiros grupos têm como objetivo regular o *conteúdo* das normas processuais civis; os do quinto grupo, que ocupa este número, têm como finalidade disciplinar os meios de produção daquelas normas.

A descrição de um quinto grupo componente do modelo constitucional do direito processual civil é novidade trazida à tona pela 5ª edição do *Manual*, seguindo os passos dados desde a 9ª edição do vol. 1 do meu *Curso sistematizado*. Não que os temas aqui indicados não fossem tratados anteriormente, porque o eram, inclusive quando da apresentação do *neoconcretismo*. Trazer a exposição daquela temática, contudo, para o âmbito do modelo constitucional, destacando-a, acabou por se mostrar a solução mais coerente e mais didática com o que, nessa perspectiva, sempre sustentei, levando em conta, inclusive, um sem número de questões postas pela própria gênese do CPC de 2015 na sua perspectiva formal, isto é, levando em conta a sua produção legislativa, ou seja, o seu *processo* legislativo.

Com efeito, o indispensável *atuar processual* de um modelo de Estado como o brasileiro, um Estado Constitucional, pressupõe a existência de regras rígidas, inclusive quanto à produção legislativa. Há uma série de regras relativas ao (devido) processo legislativo estabelecidas na própria Constituição Federal (arts. 59 a 69), inclusive no que tange à competência de cada um dos entes federados para tratar de determinados assuntos (principalmente os arts. 22, 24 e 30 da CF), que não podem deixar de ser observadas, sob pena de comprometer, ainda que na perspectiva *formal*, a constitucionalidade das leis e, de forma mais ampla, dos atos normativos. É o que, em diversas passagens do *Manual*, vem à tona com relação à afronta ao art. 65 da CF e ao princípio da *bicameralidade lá instituído*, bem como, na expressa vedação de medidas provisórias criarem regras processuais (art. 62, § 1º, *b*, da CF), o que deve ser compreendido de modo amplo para albergar também a interdição de que projetos de conversão de medidas provisórias em lei veiculem regras de natureza processual, como se deu, por exemplo, com a Lei n. 14.195/2021.

De outra parte, cabe colocar em destaque, também aqui, o papel normativo que regimentos internos dos Tribunais, inclusive do STF, podem desempenhar, bem como as resoluções do CNJ. Nenhum daqueles atos, à míngua de autorização constitucional, pode querer *criar* regras processuais, sendo-lhe vedadas, na perspectiva aqui evidenciada, estabelecer quaisquer novidades no cenário processual ou procedimental. É indiferente, para tanto, justamente porque agressivo ao modelo constitucional, que o CPC de 2015, por vezes, estabeleça diferentemente.

É no contexto deste quinto grupo do modelo constitucional do direito processual civil, ademais, que merece ser evidenciada também a distinção que a CF de 1988 faz pioneiramente entre a competência *privativa* da União Federal para legislar sobre *processo* (art. 22, I, da CF) e a competência *concorrente* dela, dos Estados e do Distrito Federal para legislar sobre *procedimentos* em matéria processual (art. 24, XI, da CF).

Sem prejuízo do que escrevo sobre a distinção entre processo e procedimento no n. 3.3, *infra*, é mister ter presente que, ao menos para o direito brasileiro, ela não é meramente teórica, apresentando peculiaridades e complexidades inimagináveis em outros lugares, justamente em função daquela dicotomia estabelecida pela própria CF.

A competência legislativa reconhecida aos Estados-membros e ao Distrito Federal pelo art. 24 da CF é *concorrente*, isto é, ela pode ser exercitada em conjunto com a União Federal e deverá levar em conta as diretrizes dos quatro parágrafos daquele dispositivo. De acordo com o § 1o do art. 24 nos casos de competência *concorrente*, a União Federal tem competência limitada à criação das chamadas "normas gerais", o que, de qualquer sorte, não elimina a competência de os Estados-membros e do Distrito Federal as suplementarem (art. 24, § 2o). Enquanto não houver as "normas gerais" federais, a competência legislativa estadual e distrital é plena (art. 24, § 3º), embora a superveniência da legislação federal imponha-se como obrigatória naquilo que for incompatível com a disciplina estadual e distrital, que perde sua eficácia (art. 24, § 4º).

Se procedimento é, como se costuma afirmar – e corretamente –, a manifestação exterior do processo no sentido de organização e ordenação de cada um de seus atos, não é preciso sequer discutir o que podem significar as tais "normas gerais" para perceber o quanto o CPC de 2015 avançou na matéria em detrimento da competência estadual e da distrital.

Não só quando tratou de temas clássicos, como se dá com relação aos *procedimentos* especiais e ao próprio *procedimento* comum. Ora, se são *procedimentos*, o que faz a lei federal ao regulá-los *exaustivamente*? Diante das inequívocas (e exaustivas) escolhas feitas pelo CPC de 2015, qual seria o espaço de sobra a ser ocupado pelos legisladores estaduais e o distrital?

Mas não só. O legislador federal também desconsiderou aquela importante repartição de competência quando quis inovar e preferiu reconhecer, como se pode extrair do art. 190, que os particulares rearranjem o *procedimento*, sem se preocupar, previamente, com a viabilidade de uma lei federal poder chegar a tanto, como se não houvesse o inciso XI do art. 24 da CF nem sequer seus parágrafos a sugerir o contrário.

2.6 Reflexão

A variedade e a gravidade de temas extraíveis da CF que compõem o modelo constitucional do direito processual civil revelam sua eloquência e suas múltiplas possibilidades de aplicação, em muitos casos, friso, *independentemente* de qualquer regulamentação infraconstitucional. Sim, prezado leitor, poderíamos ficar dezenas, centenas de páginas, até, discutindo cada um destes grupos em si mesmos considerados, cada um dos elementos que os integram, a inter-relação existente entre todos eles e assim por diante, mesmo sem mencionar o CPC de 2015.

Contudo, mesmo para quem, como o prezado leitor, que começa a estudar, agora e com este *Manual*, o direito processual civil, é importante colocar em relevo que o estudo do modelo constitucional do direito processual civil não tende a se encerrar (ou a se conformar) com a localização e catalogação das normas constitucionais sobre o direito processual civil em um dos grupos propostos.

Menos ainda que seja suficiente afirmar que cada um dos grupos descritos encontra, em alguma medida, espelhamento no CPC de 2015, como o prezado leitor poderá verificar, por exemplo, com boa parte de seus primeiros onze artigos (a começar, e principalmente, pelo art. 1º) em relação aos princípios constitucionais; com diversos dos artigos destinados à competência (arts. 42 a 53), inclusive a recursal ordinária, extraordinária e especial do STF e do STJ (arts. 1.027 a 1.041); com as funções essenciais à justiça no Livro III da Parte Geral, em especial seus arts. 103 a 107 (com relação ao advogado), arts. 139 a 143 (com relação ao magistrado), arts. 176 a 181 (com relação ao Ministério Público), arts. 182 a 184 (com relação à advocacia pública) e arts. 185 a 187 (com relação à Defensoria Pública); e, por fim, quando o CPC de 2015 disciplina, na forma como acabei de indicar no número anterior, com maior ou menor intensidade alguns dos procedimentos jurisdicionais constitucionalmente diferenciados.

Muito mais do que estas tarefas, é a necessidade de, uma vez identificado o *status* constitucional dos mais variados temas, bem aplicá-los a partir do seu *habitat* típico, ao menos no direito brasileiro, a CF. Trata-se de construir – a bem da verdade, *reconstruir* – o pensamento do direito processual civil daquela ótica, contrastando a legislação processual civil, a começar pelo próprio CPC de 2015, a todo tempo com o "modelo constitucional", verificando se e em que medida o "modelo" foi ou não alcançado satisfatoriamente. Trata-se, vale a ênfase, de apontar a necessidade de uma alteração *qualitativa* e *consciente* na *interpretação* e na *aplicação* da legislação processual civil que não pode se desviar daquele "modelo". Nada que, para os mais céticos, não seja suficientemente querido (em absoluta consonância com o modelo constitucional) pelo próprio art. 1º do CPC de 2015.

É fundamental ter consciência de que a interpretação do CPC de 2015 não tem início nem se esgota nele mesmo. O que é comezinho em outros ramos do direito – e o direito tributário e o direito administrativo são exemplos muito marcantes disto – deve ser adotado pelo processualista civil. O *constitucionalismo* do processo deve ter o condão de alterar o seu modo de pensamento, o seu modo de compreensão. Trata-se, para parafrasear Mauro Cappelletti, um dos maiores pensadores do direito processual civil do último quarto do século XX, com relação ao "acesso à Justiça", de eleger *conscientemente* a *Constituição* como "programa de reforma e como método de pensamento do direito processual civil".

O estudo do direito processual civil na perspectiva do seu "modelo constitucional", faço questão de enfatizar isto, não se resume a saber os temas que a CF trata sobre direito processual civil, mas, muito mais do que isto, aplicar *diretamente* as diretrizes constitucionais com vistas à obtenção de fruições concretas de direito material resultantes da atuação do Estado-juiz pelo e no exercício de sua função jurisdicional. O CPC de 2015 deve se adequar, necessariamente, ao atingimento daqueles fins; nunca o contrário.

De forma magistral, Italo Andolina e Giuseppe Vignera ensinam que, "a partir da nova perspectiva pós-constitucional, o problema do processo não se limita apenas ao seu 'ser', é dizer, à sua concreta organização de acordo com as leis processuais, mas também ao seu 'dever-ser', ou seja, à conformidade de sua disciplina positiva com as previsões constitucionais" (*Il modello costituzionale del processo civile italiano*, p. 11).

Sempre será o caso, portanto, de confrontar o *ser* do processo – a começar pelo CPC de 2015 – com o *dever-ser* constitucional. Não há como evitar isto e, insisto, é o próprio art. 1º do CPC de 2015 que o reconhece, e expressamente.

Tudo para que, como há mais de cinquenta anos já doutrinava José Frederico Marques, primeiro Professor Titular de Direito Processual Civil da Faculdade de Direito da PUC-SP, com base naquele que talvez tenha sido o grande identificador da importância da perspectiva constitucional do estudo do direito processual, o uruguaio Eduardo Couture, o processo seja compreendido não como "simples tarefa de rotina forense", destinado a fornecer soluções administrativas para os problemas, que não são poucos, da prática do foro, mas como "instrumento direto de realização da justiça" (*Ensaio sobre a jurisdição voluntária*, p. 12).

3. INSTITUTOS FUNDAMENTAIS DO DIREITO PROCESSUAL CIVIL

A evolução científica do direito processual civil pode ser compreendida em três estágios diversos.

O primeiro deles caracteriza-se pela não distinção do que hoje chamamos de direito processual civil daquilo que chamamos de direito civil ou, mais amplamente, do direito material. É o que, com os olhos de hoje voltados para o passado, é usualmente denominado de "imanentismo". A palavra quer significar que o que chamamos hoje de direito processual civil era *imanente*, isto é, era *parte integrante* do próprio direito material.

O estágio seguinte na evolução histórica do estudo científico do direito processual civil foi distinguir o plano processual do material. Estava lançada a pedra fundamental das escolas usualmente identificadas como "autonomistas", querendo designar com isto a *autonomia*, ou seja, a *separação*, a *distinção* entre os planos do direito material e do direito processual.

Foi a época de ouro da ciência do direito processual civil – e o período compreende meados do século XIX às últimas décadas do século XX –, na qual seus grandes temas e institutos, inclusive aqueles com os quais me ocupo nos números seguintes, desenvolveram-se, justamente por terem condições plenas de ganhar contornos científicos próprios. Por isso é comum também a referência a esta fase como *científica* do estudo do direito processual civil.

O que, sempre com os olhos de hoje – e a perspectiva histórica dos dias de hoje será também relativa na perspectiva futura (e que os processualistas de amanhã moderem as críticas que vão nos dirigir) –, é fácil constatar que os autonomistas acabaram por levar às últimas consequências a distinção entre os planos material e processual. Tanto que, é esta a conclusão a que *hoje* podemos chegar, acabaram perdendo a razão de ser do direito processual civil, assumindo que o estudo do direito processual civil era voltado para si mesmo e para a construção científica e "pura" de seus próprios institutos. A prática forense, então, era relegada a outro plano, não científico, indigno, até, de ser estudado.

O que paulatinamente ocorreu é que os extremos e os exageros dos autonomistas acabaram por conduzir o direito processual civil e, consequentemente, também o seu estudioso, o processualista, a um estado de isolação.

É essa a razão pela qual em um terceiro estágio evolutivo, das últimas décadas do século XX para cá, passa-se a defender a necessária reaproximação dos planos material e processual.

Nesta fase, conserva-se a distinção ontológica entre um e outro plano, mas admite-se e incentiva-se – este é o seu ponto fundamental – um verdadeiro *diálogo* entre os dois planos. É o que, em terras brasileiras, Cândido Rangel Dinamarco em sua *Instrumentalidade do processo* e o que José Roberto dos Santos Bedaque em seu *Direito e processo* propõem de maneira exemplar. São obras que, para mim, prezado leitor, fizeram toda a diferença para compreender não só a *razão de ser* do direito processual civil como um todo, mas também seus *limites* e sua vocação de *servir* ao direito material; de distinguir, assim prefiro, o *meio* (o direito processual civil como um todo e o processo em específico) do *fim* (a concretização do direito material).

O estágio anunciado no parágrafo anterior e que poderia apresentar, houvesse espaço para tanto, uma lista de outros autores nacionais de idêntica estatura e estrangeiros para pregar aquelas ideias e a *necessidade* de sua aplicação, é sólido o suficiente para dispensar maiores comentários, inclusive em perspectiva histórica. Permita-me perguntar, prezado leitor, para demonstrar este ponto de vista: é possível deixar de discernir o contrato de aluguel do "processo" voltado a discutir aquele mesmo contrato em juízo e no qual, diante do não pagamento do aluguel, pede-se a sua rescisão e o despejo do inquilino? Se a resposta é negativa, e ela será, porque o contrato de aluguel não tem nenhuma relação com o processo pelo qual se quer vê-lo devidamente cumprido, e o prezado leitor, mesmo antes de seu ingresso na Faculdade de Direito, já o sabia, não vejo motivo para insistir na demonstração.

É nesse contexto, menos histórico, e necessariamente atual, que os institutos fundamentais do direito processual civil merecem ser tratados. Não nego que o desenvolvimento de cada um deles, a *jurisdição*, a *ação*, o *processo* e a *defesa*, tenha sido forjado ao longo da evolução científica do direito processual civil, influenciando-a decisivamente. Na doutrina brasileira é frequentíssimo encontrar alusões detalhadíssimas àqueles institutos e largas e bem escritas páginas a seu respeito, de seus primórdios aos dias atuais, dando ênfase mais que suficiente a esta perspectiva de estudo.

Até mesmo por isso, o que me parece bastar para este *Manual* é identificar o que há de relevante em cada um daqueles institutos fundamentais, contextualizando-os no modelo constitucional do direito processual civil. Esta contextualização – que, na verdade, é muito mais um convite à *revisitação* – tem o condão de revelar a *saturação* daqueles institutos quando analisados e estudados da sua perspectiva tradicional.

Saturados que estão, é natural que se apresente algo de novo que possa explicar o direito processual civil na atualidade levando em conta, e nem poderia ser diferente, o seu modelo constitucional. É o que, após a exposição que ocupa os números seguintes, dedicados, cada qual, a um dos precitados institutos fundamentais, ouso propor no n. 4, *infra*, sob o rótulo de *neoconcretismo*.

3.1 Jurisdição

A jurisdição, primeiro instituto fundamental do direito processual civil, deve ser compreendida como a parcela de poder exercitada pelo Estado-juiz, o Poder Judiciário, a sua função *típica*.

A primeira tarefa que se põe em relação ao seu estudo é distingui-la das demais funções típicas do Estado. É responder a seguinte questão: o que o ato jurisdicional contém que o distingue suficientemente do ato administrativo e do ato legislativo?

A resposta que me parece mais adequada é a apresentação de alguns elementos, verdadeiras características do ato jurisdicional que, somados, distinguem-no dos demais atos estatais e, também por isso, dos atos praticados pelos particulares.

Estes elementos que caracterizam o ato jurisdicional distinguindo-o dos atos administrativos e dos atos legislativos são os seguintes: (i) *substitutividade* (a decisão do Estado-juiz substitui a vontade dos litigantes); (ii) *imperatividade* (a decisão do Estado-juiz é obrigatória aos litigantes); (iii) *imutabilidade* (a decisão do Estado-juiz, preenchidas determinadas circunstâncias, não pode mais ser modificada nem mesmo pelo Judiciário: é a chamada "coisa julgada material"); (iv) *inafastabilidade* (o controle jurisdicional não pode ser evitado ou minimizado, o que decorre do princípio do acesso à justiça); (v) *indelegabilidade* (o exercício da função jurisdicional é privativo dos integrantes do Poder Judiciário, não podendo ser delegado a nenhum outro órgão); e (vi) *inércia* (o exercício da função jurisdicional deve ser provocado pelos interessados até como forma de garantir a imparcialidade do julgador).

Será ato jurisdicional aquele que, praticado pelo Estado-juiz, ostentar estas seis características ou, quando menos, puder ostentá-las. Afirmo-o porque determinadas decisões jurisdicionais podem não ficar sujeitas à *imutabilidade* e, nem por isso, justamente pelas demais características e pela aptidão, ao menos em tese, de ter se sujeitado àquela característica, deixarão de ser um ato jurisdicional típico.

De outra parte, não consigo concordar, com o devido respeito a variados especialistas e estudiosos do tema, que a arbitragem tenha caráter jurisdicional. Principalmente porque ela que não possui nem tem aptidão de possuir a *imperatividade* inerente àquela outra classe, o que não significa dizer que não seja possível à lei *equipará-la* a um ato jurisdicional, como, inequivocamente, faz o inciso VII do art. 515 do CPC de 2015, seguindo, no particular, o caminho já traçado pela sua lei de regência, a Lei n. 9.307/1996. Não há nisso violação à *indelegabilidade* no sentido que merece ser dado ao inciso XXXV do art. 5º da CF de admitir (e até mesmo incentivar) *outros* mecanismos de solução de conflitos, ainda que não jurisdicionais.

Sobre a jurisdição é bastante frequente a doutrina indicar algumas classificações a ela relativas. As mais comuns são as seguintes: (i) jurisdição *contenciosa* e jurisdição *voluntária* (que se distinguem pela existência ou inexistência de conflito a ser resolvido pelo Poder Judiciário, respectivamente); (ii) jurisdição *comum* e jurisdição *especial* (que se distinguem consoante a matéria a ser apreciada pelo órgão jurisdicional, eis que a chamada jurisdição especial abrange a solução dos litígios trabalhistas, eleitorais e militares); (iii) jurisdição *civil* e jurisdição *penal* (que distingue, dentre os casos de jurisdição comum, a matéria penal, cujo exercício se dá de acordo com as regras do direito processual penal e as demais, cujo exercício reclama a incidência das normas processuais civis, ainda que subsidiariamente); e (iv) jurisdição *inferior* e jurisdição *superior* (no sentido de que há órgãos jurisdicionais com competência para reexaminar as decisões proferidas por outros órgãos jurisdicionais).

Muito das classificações ou distinções acima apontadas conduz, a bem da verdade, ao estudo da *competência*, que nada mais é do que o estudo da jurisdição repartida entre os diversos órgãos que integram o Poder Judiciário nacional, tanto na perspectiva federal, aí incluídos o STF e o STJ, como na perspectiva estadual. É assunto ao qual me volto no n. 6 do Capítulo 3.

Sem prejuízo dessas questões, importa, em total harmonia com o que já escrevi no n. 1, *supra*, sublinhar ser incorreto associar a função jurisdicional com o papel de o Poder Judiciário "dizer o direito", como se o magistrado se limitasse, sempre e invariavelmente, a *revelar* o direito preexistente ao caso concreto. A concepção do "juiz como boca da lei" não resiste às atuais escolas hermenêuticas, acolhidas pelo CPC de 2015, como fazem prova segura diversos de seus dispositivos, como demonstro em variadas passagens deste *Manual*. Ademais, para além do "dizer o direito", cabe ao Estado-juiz *concretizá-lo* no sentido de realizá-lo concretamente, no que é suficientemente claro o art. 4º do CPC de 2015. Para além de uma "juris-*dição*", é mister enaltecer a "juris-*satisfação*", dualidade que Celso Neves, já na década de 1970, propunha de maneira primorosa.

3.2 Ação

Com relação ao segundo instituto fundamental do direito processual civil, a ação, a despeito de sua importância histórica, inclusive na evolução científica de seu pensamento, entendo, como escrevo no n. 3, *supra*, que é suficiente contextualizá-la na perspectiva do Estado Constitucional.

Nesse contexto, a ação só pode ser compreendida como o direito subjetivo público ou, mais que isso, o direito fundamental de pedir tutela jurisdicional ao Estado-juiz, rompendo a inércia do Poder Judiciário, e de atuar, ao longo do processo, para a obtenção daquele fim.

A ação é, assim, um direito exercitável contra o Estado, uma verdadeira contrapartida da vedação de se fazer "justiça pelas próprias mãos". É o Estado que, historicamente, chama, para si, o *dever* (e a correlata responsabilidade) de distribuir justiça, criando os mecanismos e as técnicas que garantam seu atingimento.

O conceito que apresento para a ação tem uma virtude essencial. Ele, acolhendo tudo de importante que foi produzido ao longo da evolução científica do direito processual civil, distingue, com nitidez, a ação do direito material. Alguém, afirmando-se credor, pede em juízo tutela jurisdicional em face de outrem, tido como devedor. O magistrado entende que não há crédito nenhum e julga *improcedente* o pedido formulado pelo autor. Houve exercício do direito de ação? Sim. Há direito material daquele que afirmou credor subjacente ao processo? Não. As perguntas só querem demonstrar o acerto do que escrevi no n. 3, *supra*: não há mais, no atual estágio do pensamento do direito processual civil, como confundir o direito material com a "ação".

Contudo, é necessário ir além, não sendo suficiente afirmar e refirmar esta distinção. Ela tem que ser *aplicada*. Não há como, por isto mesmo, querer distinguir uma "ação" da outra na perspectiva das peculiaridades do direito material. Simplesmente não existe esta possibilidade porque a "ação" não guarda nenhuma relação com o direito material afirmado no processo.

Daí é que peço ao prezado leitor que evite *nominar* as ações pelo direito material cuja tutela jurisdicional pelo seu exercício o autor pleiteia ao Poder Judiciário. Não cometa o mesmo equívoco que o CPC de 2015 continua a fazer ao nominar as *ações* pelos mais variados nomes, como se pode verificar do Título III do Livro I de sua Parte Especial, dedicado aos procedimentos especiais. Ao tema, volto no n. 1.3 do Capítulo 14, a propósito do estudo daquela parte do CPC de 2015.

É usual a doutrina classificar as ações como: de *conhecimento*, de *execução* e *cautelar*, assim entendidas as ações que se voltam, respectivamente, ao reconhecimento de um direito, à satisfação de um direito já suficientemente reconhecido e ao asseguramento de um resultado útil no plano processual.

As ações de *conhecimento*, por sua vez, subdividem-se, em consonância com a voz corrente em doutrina, em *declaratórias* (aquelas que se limitam a pedir o reconhecimento do direito aplicável à espécie), *constitutivas* (aquelas que visam à criação de situações jurídicas novas ou à extinção ou à modificação de situações jurídicas preexistentes) e *condenatórias* (aquelas em que, além do reconhecimento do direito, pretende-se a criação de condições concretas para a efetivação do direito). Há, ainda, em menor grau, quem distinga, das condenatórias, as "ações executivas *lato sensu*" e as "mandamentais" que com ela têm em comum a característica de viabilizar a efetivação do direito, mas que dela se distinguem pelas formas e os meios dessa efetivação.

Cada uma dessas ações – é esta a voz corrente – deve ser exercida em um distinto processo, respectivamente, o processo de conhecimento (para as ações de conhecimento), o processo de execução (para as ações de execução) e o processo cautelar (para as ações cautelares). A proposta, como um todo, encontrava supedâneo expresso na divisão em que se desenvolviam os Livros I, II e III do CPC de 1973.

Não obstante ser aquela a lição corriqueira, parece-me – e já me parecia muito antes do advento do CPC de 2015 – ser absolutamente necessária a reconstrução teórica daquelas figuras. Não por algum deleite intelectual, evidentemente que não, mas para ajustá-las às profundas modificações que, mormente depois de 1994, foram *transformando* aquele Código. Com o CPC de 2015, a necessidade é tanto mais evidente. O prezado leitor *não encontrará* nele um "processo de conhecimento" nem um "processo cautelar", tampouco uma "ação de conhecimento" e uma "ação cautelar" para nele encaixar. E mesmo o "processo de execução", que ocupa o Livro II da sua Parte Especial, precisa ser entendido em contexto diverso daquele que historicamente desenvolveu-se o estudo do direito processual civil.

Sem prejuízo do que, a este respeito, escrevo no n. 3.3, *infra*, importa destacar desde logo que a concepção que aqui defendo sobre a ação é arredia a quaisquer classificações ou tipificações. A ação, como direito de requerer ao Estado-juiz tutela jurisdicional, não aceita qualquer variação.

Embora a ação não se confunda com o direito material que, lesionado ou ameaçado, justifica a atuação do Poder Judiciário, a doutrina brasileira, em sua larga maioria, rente ao sistema adotado expressamente pelo CPC de 1973, sempre se referiu às chamadas "condições da ação".

Tais condições deviam ser compreendidas no contexto do necessário diálogo entre os planos processual e material, que já evidenciei no n. 3, *supra*. É como se dissesse que, para alguém pedir tutela jurisdicional, precisava descrever, ao magistrado, uma *hipotética* situação que, se confirmada, após o "devido processo", significaria, na perspectiva que aqui interessa, da ação, a efetiva prestação da tutela jurisdicional. Tratava-se, bem entendidos aqueles institutos, de uma forma de viabilizar que o magistrado visualizasse de antemão se havia um mínimo de seriedade e de procedibilidade na pretensão a ele apresentada, até mesmo para evitar desperdício de atividade jurisdicional, o que violaria o princípio da eficiência processual do inciso LXXVIII do art. 5º da CF: um verdadeiro filtro, destarte, a permitir que o magistrado distinga o que apresenta probabilidade de concessão de tutela jurisdicional do que, de antemão, é dado afirmar que não apresenta.

Eram três as condições da ação adotadas pelo CPC de 1973: (i) *legitimidade das partes* (segundo a qual o autor e o réu, isto é, aquele que pede e em face daquele que se pede a tutela jurisdicional, devem corresponder àqueles que, no plano material, têm seus direitos ameaçados ou lesionados); (ii) *interesse de agir* (segundo a qual aquele que pede tutela jurisdicional deve mostrar a *necessidade* da atuação do Poder Judiciário para lhe outorgar uma determinada *utilidade*, verdadeira contrapartida à vedação da autotutela); e (iii) *possibilidade jurídica do pedido* (segundo a qual o pedido a ser formulado, pelo autor, isto é, o que ele pretende do Poder Judiciário, não pode ser vedado pelo ordenamento jurídico).

O CPC de 2015 aboliu, a um só tempo, a nomenclatura "condições da ação" e a "possibilidade jurídica do pedido" como um dos pontos sobre os quais deverá o magistrado se debruçar para viabilizar quem, autor ou réu, é merecedor de tutela jurisdicional.

Curioso é que o CPC de 2015, ao preservar a legitimidade e o interesse (art. 17), manteve incólume o funcionamento daquelas categorias, no que é suficientemente claro o disposto no inciso VI do art. 485, isto é: quando o magistrado verificar que não há interesse e/ou nem legitimidade – e se, por qualquer razão, não for possível o saneamento do vício e/ou o seu esclarecimento –, ele *não* poderá proferir decisão relativa ao reconhecimento de quem faz jus à tutela jurisdicional ou, no jargão preservado pelo próprio CPC de 2015, de *mérito*. Muito pelo contrário, ele deve proferir decisão obstativa daquela finalidade, a chamada sentença *terminativa*, que não aprecia o mérito. É correto entender, portanto, que a extinção da categoria das condições da ação é mais nominal do que, é isto que realmente importa, *substancial*. É o que basta para continuar a estudar aquelas categorias, ainda que, para tanto, convenha rotulá-las diferentemente, identificando o papel que desempenham, que é o de assegurar o *mínimo indispensável para o exercício do direito de ação*.

Com relação à extinção da possibilidade jurídica do pedido como categoria autônoma, lamento, particularmente, a opção do CPC de 2015. É típico exemplo de involução, porque o CPC de 2015 não soube (na verdade, não quis) aproveitar o desenvolvimento que a maior parte da doutrina brasileira alcançou acerca daquela categoria, indo muito além do que Liebman, seu formulador original, conseguiu. Deixamos nos levar pela lição repetida *acriticamente* um sem-número de vezes de que o próprio Liebman alterou seu posicionamento quando seu único exemplo, o do divórcio, foi constitucionalmente autorizado na Itália. Uma pena.

Ainda dentro do estudo da "ação", importa dar destaque aos chamados "elementos da ação", que viabilizam a comparação entre duas ou mais ações para verificar se há simultaneidade de mais de duas iguais ou, quando menos, similares, o que gera consequências importantes, inclusive no plano do processo.

Os elementos da ação são os seguintes: (i) *partes* (o autor, que pede a tutela jurisdicional, e o réu, em face de quem tal tutela é pedida); (ii) *pedido* (que corresponde ao bem da vida pretendido pelo autor, geralmente denominado de pedido *mediato*, e à providência jurisdicional apta a outorgá-lo, usualmente chamado de pedido *imediato*); e (iii) *causa de pedir* (que corresponde às razões de fato e de direito que embasam o pedido, usualmente denominadas, respectivamente, de causa de pedir *remota* e causa de pedir *próxima*).

Mais que elementos da ação, prezado leitor, vale a pena rotular esta categoria de elementos da *demanda* ou, como prefiro, da *postulação*, o que permite visualizar, a contento, quais os elementos que, concretamente, são empregados pelo autor (e pelo próprio réu) no exercício de seu direito de ação em face do Estado-juiz ao longo de todo o processo.

3.3 Processo

Há diversas correntes que, desde o alvorecer do estudo científico do direito processual civil, buscam explicar o *processo*. Com relação ao tema, transparece também, como escrevo no n. 3, *supra*, o caminhar junto da evolução científica do direito processual com a discussão sobre qual é a natureza jurídica do processo.

A mais conhecida e mais difundida de todas, inclusive entre nós, brasileiros, é a desenvolvida por Oskar von Bülow, de que o processo é relação jurídica de direito *público* e *trilateral*, envolvendo o magistrado, o autor e o réu. Como toda relação jurídica, ainda que pública, há diversos elos entre seus participantes (o magistrado, o autor e o réu) geralmente identificados pelas noções de *ônus*, *deveres*, *direitos*, *faculdades*, *obrigações* e *sujeições*.

Particularmente, entendo que a proposta de Bülow é absolutamente genial porque foi ele o primeiro a verificar, com clareza, algo que é essencial ao "processo" (e, em verdade, a todo o direito processual civil), que é o seu caráter *público*. Ver o processo como relação trilateral (porque se refere *também* ao magistrado, agente estatal), e não relação bilateral como se dá com um contrato ou uma obrigação tributária que se limita a unir duas partes (o contratante e o contratado; o fisco e o contribuinte, respectivamente), é o que distingue, com nitidez, o processo das demais relações jurídicas.

Contudo, sempre me pareceu e ainda me parece que se basear na noção de relação jurídica, ainda que diferenciada, pode querer emprestar ao processo (e, invariavelmente, a todo o direito processual civil) ares de privatismo incompatíveis com o modelo constitucional. Pode, quando menos, sugerir algo que, na perspectiva histórica, já foi bem equacionado e que, para evitar desnecessárias confusões, merece ser reanalisada em perspectiva contemporânea.

É esta a razão pela qual prefiro entender o processo como método de atuação do Estado; algo inerente, é isto que cabe enfatizar, à atuação do próprio Estado como um todo, no exercício de quaisquer de suas funções. O Estado age processualmente porque o ato a ser praticado por ele não *lhe* diz respeito, mas sim a outros sujeitos (o autor e o réu, na aproximação mais simples possível do direito processual civil). Trata-se, assim, de verdadeiro (e inderrogável na perspectiva constitucional) método de *atuação* do Estado como um todo e, para o que interessa ao estudo do direito processual civil, para o Estado-juiz.

O processo, assim, merece ser compreendido, na perspectiva do modelo constitucional do direito processual civil, como o método de exercício da função jurisdicional pelo Estado-juiz. Qualquer afirmação sobre *como* o exercício da função jurisdicional deve se dar é ir além do conceito, é querer descrever como aquele exercício *deve* se dar. A iniciativa é correta, não nego, e largas passagens deste *Manual* são dedicadas a isto, quando se voltam ao exame do *procedimento*. No entanto, para entender o que é o processo, na perspectiva do Estado constitucional brasileiro, é suficiente esta compreensão.

Assim como se dá com relação à "ação", é comuníssima a afirmação da doutrina de que há, ao menos tendo como pano de fundo o CPC de 1973, três tipos de processo: o de conhecimento, o de execução e o cautelar. O traço distintivo entre eles repousaria na sua finalidade: o processo de conhecimento destina-se ao *reconhecimento* do direito aplicável à espécie; o processo de execução à sua concretização palpável; e o processo cautelar ao asseguramento útil dos resultados a serem alcançados naqueles outros processos.

A mesmíssima consideração crítica que exponho no n. 3.2, *supra*, aplica-se aqui: não apenas pelo advento do CPC de 2015, mas muito antes dele, já se fazia necessária a reformulação teórica para abandonar aquela classificação. Processo, compreendido como método de atuação do Estado Constitucional, para exercer, como aqui interessa, a função jurisdicional, não aceita quaisquer classificações. Ele, a despeito do que veicula ao Estado-juiz, continua sendo só o meio pelo qual a comunicação institucional entre as partes e eventuais interessados e o magistrado se dá.

O que merece ser destacado, por causa da evolução legislativa brasileira, é que o processo deve ser compreendido de forma *sincrética,* no sentido de que ele não aceita distinções. Há um só processo, em que são visíveis, com maior ou com menor nitidez, fases ou etapas, sucessivas ou concomitantes, em que atividades ora *cognitivas,* ora *satisfativas,* com maior ou menor intensidade, são praticadas pelo magistrado, sempre com a preocupação maior de prestar tutela jurisdicional àquela parte que, na perspectiva de direito material, faz jus a ela.

Essa concepção, contudo, não inibe que possam existir – e eles existem e, mesmo com o CPC de 2015, continuam a existir – determinados pressupostos relativos à existência e à validade do processo, assim como outros pressupostos que não devem estar presentes, sob pena de comprometer a higidez do desenvolvimento do processo. São, respectivamente, os chamados pressupostos processuais de *existência*, de *validade* e os negativos.

A ausência de algum componente das duas primeiras classes e a presença de algum dos que compõem a terceira inibem que o magistrado reconheça a quem a tutela jurisdicional deve ser prestada, isto é, que profira sentença de *mérito*. Como o processo, desde a perspectiva constitucional, tem que ser *devido*, é inviável que o magistrado aja daquela forma, comprometendo a higidez de sua própria atuação. É esta, também aqui, a razão de ser já mencionada sentença *terminativa* (art. 485, IV, V e VII).

O que é possível (e desejável, inclusive na perspectiva da eficiência processual) – e o CPC de 2015 traz importantes normas nesse sentido (como, por exemplo, os arts. 139, IX, e 317) – é que o magistrado, na medida das possibilidades de cada caso concreto, busque suprir o vício que compromete a higidez de seu atuar. Fazendo-o, viabilizam-se, ao menos nessa perspectiva, o julgamento de mérito e, consequentemente, a prestação da tutela jurisdicional.

São pressupostos de *existência* do processo: (i) provocação inicial (como a jurisdição é inerte, ela precisa ser provocada para ser exercida); (ii) jurisdição (para existir juridicamente processo, é necessário que algum órgão *jurisdicional* seja provocado); (iii) citação (por imposição do princípio constitucional do contraditório, o réu deve ser citado para participar do processo, viabilizando, assim, sua existência com relação *trilateral*, entre magistrado, autor e réu).

São pressupostos de *validade* do processo: (i) aptidão da provocação inicial (a provocação inaugural, que rompe a inércia da jurisdição, chamada de petição inicial, deve atender aos requisitos mínimos exigidos pela lei processual civil, até para viabilizar o exercício pleno da defesa); (ii) competência do juízo (importa verificar se o órgão jurisdicional perante o qual se pretende ver prestada a tutela jurisdicional tem competência absoluta para atuar no caso concreto); (iii) imparcialidade do juiz (além da competência do *órgão* jurisdicional, importa verificar se o magistrado [a pessoa do próprio julgador] não tem nenhum interesse na resolução do litígio, isto é, que não seja *impedido* ou *suspeito*; (iv) capacidade de ser parte e capacidade de estar em juízo (trata-se do que, em geral, é chamado de "legitimação processual", dizendo respeito à regularidade da atuação das partes em juízo); (v) capacidade postulatória (necessidade da assistência técnica de um profissional do direito, função desempenhada pelos membros do Ministério Público, da advocacia pública ou privada e da Defensoria Pública); e (vi) citação válida (a citação deve observar as exigências mínimas feitas pela lei).

Os pressupostos *negativos*, por sua vez, são os seguintes: (i) *litispendência* (trata-se da concomitância de duas "ações" idênticas, repelida pelo sistema); (ii) *coisa julgada* (trata-se da sucessão de duas "ações" idênticas, uma já definitivamente julgada, cuja decisão é imutável); (iii) *perempção* (trata-se de inviabilidade de provocar a jurisdição pela quarta vez, depois de já ter havido três provocações anteriores repelidas pela falta da prática de atos de responsabilidade do autor); (iv) *convenção de arbitragem* (a existência de um acordo neste sentido entre as partes inibe a atuação do Estado-juiz em prol do juízo arbitral); (v) *falta de caução ou outra prestação exigida pela lei* (por vezes, a lei exige que uma das partes faça depósito ou tome providência que viabilize seu ingresso em juízo e a sua falta acarreta a inviabilidade de desenvolvimento do processo).

Por fim, uma ressalva importante, que assume relevância única no direito brasileiro, como evidencia, a propósito do modelo constitucional do direito processual civil, o n. 2.5, *supra*: não há como confundir *processo* com *procedimento*.

Procedimento é o lado extrínseco, palpável, sensível e constatável objetivamente, pelo qual se desenvolve o processo ao longo do tempo. É a forma específica de manifestação, de organização, de estruturação do próprio processo, dos diversos atos e fatos relevantes para o processo (e, por isso, atos e fatos processuais) ao longo do tempo, desde seu início (que se dá com a petição inicial), até o seu término, quando reconhecidamente concretizada a tutela jurisdicional (a sentença a que se refere o art. 925) ou, anormalmente, nos casos do art. 485.

Não se trata da *documentação* do processo ou dos atos processuais, que são os *autos*, sendo indiferente que eles sejam físicos (em papel) ou eletrônicos, mas da específica maneira pela qual os atos e fatos processuais se relacionam entre si para que a tutela jurisdicional seja concretizada desde quando rompida a inércia da jurisdição.

Neste contexto, é a noção de *procedimento*, e não a de processo, que assegura a correção do usualíssimo entendimento de que os atos processuais são concatenados entre si para a prática de outros atos deles dependentes para a correção do ato subsequente, o que assume importantes consequências no plano das nulidades processuais.

É importante ter consciência de que os sujeitos do processo, assim entendidos o juiz, as partes e eventuais intervenientes que atuam, pelas mais variadas razões, ao longo do processo, ocupam, sucessivamente, diferentes posições jurídicas: eles têm diferentes *deveres*, *poderes* e *obrigações*. Eles podem exercer diferentes *direitos* e *faculdades*. Da adequada ou inadequada postura que assumam, decorrem, para eles próprios, certos *ônus* ou *sujeições*. Tal constatação é irrecusável à luz da compreensão do próprio exercício do direito de ação, nos termos propostos pelo n. 3, *supra*.

Ocorre, contudo, que cada uma dessas posições jurídicas varia consoante os diversos procedimentos, observação que convida ao entendimento de que elas ocorrem no plano do *procedimento*, e não, como faz a doutrina tradicional, no plano do próprio *processo*. É o exame de cada uma daquelas posições jurídicas e de toda sua complexidade e progressividade, desde o instante em que se rompe a inércia da jurisdição, com a apresentação da petição inicial, até quando a tutela jurisdicional é concretizada (durante todo o espaço de tempo em que a *ação* é exercitada, portanto), que ocupa fundamentalmente o estudo dos diversos *procedimentos*.

3.4 Defesa

É mais recente a inserção da defesa como um dos institutos fundamentais do direito processual civil pela doutrina em geral. A iniciativa, contudo, é mais que justificável diante do modelo constitucional do direito processual civil. Ao lado da garantia constitucional do exercício do direito de ação prevista no inciso XXXV do art. 5º da CF, há, na própria CF, a expressa garantia constitucional do contraditório e da ampla defesa no inciso LIV do mesmo art. 5º.

Se o contraditório e mais propriamente, a (ampla) *defesa* do réu é a contrapartida do direito de ação do autor, a defesa só pode ser entendida como o direito subjetivo público de o réu pedir, ao Estado-juiz, tutela jurisdicional, entendida a expressão no *mesmo* sentido que venho empregando: pedido de *proteção* a um direito lesionado ou ameaçado que se afirma possuir mediante o exercício da função jurisdicional. A escorreita aplicação da *isonomia*, também ela princípio integrante do modelo constitucional, seria bastante para alcançar conclusão idêntica.

É por esta razão que se mostra correto o entendimento de que a rejeição do pedido formulado pelo autor enseja a prestação de tutela jurisdicional para o réu. O Estado-juiz, ao declarar que o direito lesionado ou ameaçado não pertence ao autor, que o comportamento do réu (ou a ausência dele) não viola nem ameaça o ordenamento jurídico, ao contrário do que *afirma* o autor em sua petição inicial, reconhece, para todos os fins, a correção da posição ocupada pelo réu.

Este *reconhecimento* judicial da postura do réu – é bastante frequente referir-se a ela como uma declaração de que o autor não tem o direito que afirmava ter em face do réu – gera efeitos relevantes para o plano do processo e, mais do que isto, para o plano material também. Por se tratar de decisão que analisa o mérito, isto é, que examina a juridicidade do conflito supostamente existente pelas partes de acordo com a perspectiva do autor, a decisão tende a transitar, como se costuma afirmar, *materialmente* em julgado. Transitando em julgado, ela passa a ostentar *imutabilidade* e, por aqueles fundamentos, aquela mesma situação material já não poderá mais ser rediscutida entre aquelas partes e perante quaisquer órgãos jurisdicionais. Neste sentido, o réu protegeu-se suficiente e adequadamente com o exercício da função jurisdicional. Por isto ele recebe *tutela jurisdicional*.

A hipótese pode ser mais bem entendida como se o magistrado atendesse um pedido do próprio réu de acolher a sua defesa, afastando a pretensão do autor. E, para tanto, faz-se suficiente o *processo* que, mercê do exercício do direito de ação exteriorizado na petição inicial, já teve início, com o rompimento da inércia da jurisdição. É por isto, aliás, ser bastante frequente o entendimento de que o réu não *age* em juízo (quem *age* é o autor); o réu, apenas, *reage*.

Aceitando a compreensão ampla que proponho, no n. 3.2, *supra*, para a ação, isto é, não só como direito de provocar a atuação do Estado-juiz, mas também o direito de *agir* ao longo do processo, isto é, *agir* enquanto o próprio Estado-juiz *age*, objeção fácil de colocar ao que acabei de escrever é que a *defesa*, tal qual apresentada até aqui, mostrar-se-ia desnecessária, ao menos como instituto fundamental próprio e diverso da *ação*. É como se ela, a *defesa*, fosse *absorvida* por aquela proposta de exposição mais ampla. Rigorosamente, prezado leitor, não nego a correção da crítica. É importante, contudo, o *destaque* da *defesa* como instituto fundamental do direito processual civil para que se tenha consciência de que ao *agir* do autor (compreendido no sentido tradicional) deve corresponder um *reagir* do réu (compreendido na forma aqui proposta). Até, insisto, como decorrência inexorável da isonomia constitucional que deve presidir a relação do Estado-juiz com os litigantes.

Diferentemente do que se dá com a *ação*, entretanto, não há, na doutrina em geral, maior desenvolvimento da *defesa* na perspectiva propedêutica, verdadeiramente geral, que anima a elaboração deste Capítulo. Ir além, por isso, seria adiantar temas e assuntos que, pela proposta metodológica assumida por este *Manual*, me ocupem alhures.

4. O NEOCONCRETISMO

Como quis evidenciar desde o início do n. 3, *infra*, há um severo condicionamento histórico na discussão sobre os institutos fundamentais do direito processual civil. Nada há de errado nisso e, tampouco, entendo que seria possível ou desejável não tratar dos temas nas perspectivas com que me ocupei nos números anteriores.

Todavia, parece-me importante ir um pouco além, justamente para demonstrar que é plenamente viável diversificar a forma de compreender aqueles institutos fundamentais, máxime quando – e justamente por causa dos tais condicionamentos históricos – há muito pouco para acrescentar de *novo* na discussão da jurisdição, da ação, do processo e da defesa em si mesmos considerados. Ademais, os riscos de os (re)eleger como vetores metodológicos do estudo do direito processual civil são enormes justamente para evitar cair no que a doutrina mais recente, brasileira e estrangeira, tanto critica com relação aos pensadores do passado.

Por essa razão é que me parece fundamental deslocar da jurisdição a temática da *tutela jurisdicional* que, associada a elementos que, tradicionalmente, são estudados na perspectiva da ação (e da própria defesa) permitem compreender – e sem prejuízo de tudo o que escrevi a respeito de cada um daqueles institutos – determinados (e novos) fenômenos do direito processual civil com maior clareza, buscando conservar o grau de evolução científico da disciplina. Nunca, faço questão de frisar, por mero capricho intelectual. Mas, bem diferentemente, por uma necessidade que decorre do próprio sistema processual civil considerado como um todo e sempre, invariavelmente sempre, em função da consciente adoção do modelo constitucional do direito processual civil.

É o que, no volume 1 do meu *Curso sistematizado*, já chamava (e continuo a chamar), para homenagear um dos mais importantes processualistas civis italianos, de importância máxima também para o desenvolvimento do estudo do direito processual civil no Brasil, Giuseppe Chiovenda, de *neoconcretismo*.

"Neo" porque é novo. "Concretismo" por causa da escola de pensamento a que Chiovenda é geralmente vinculado, talvez seu representante mais difundido, no sentido de que, para ele, não havia sentido falar de *ação* como mera possibilidade de agir, independentemente do resultado (o que caracteriza, dentre os autonomistas, os *abstracionistas*), mas, sim, e apenas, quando o pedido do autor fosse acolhido.

Não pretendo, prezado leitor, sustentar que aquela concepção é a correta, definitivamente não. Nada de retrocessos científicos. Com certeza, a ação não se confunde com o direito material, nem mesmo na perspectiva Chiovendiana. Tanto que, de antemão, para deixar clara a proposta, emprego o prefixo *neo*.

O que me parece absolutamente correto, bem diferentemente, é formular a mesma consideração levando em conta o estudo da *tutela jurisdicional*, isto é, da proteção a ser prestada pelo Estado-juiz. Esta proteção (a tutela) será prestada a quem tem razão, seja o autor, que provoca a atuação do Estado-juiz, rompendo a sua inércia, seja o réu. Pode até acontecer de a proteção a ser reconhecida pelo réu não ser a ideal, e que ele, por isso mesmo, pode pretender mais do que a tutela correspondente à rejeição do autor. E há instrumentos jurídicos para tanto, o mais amplo deles, a reconvenção. De qualquer sorte, tutela jurisdicional existe em favor do réu sempre que o pedido do autor for rejeitado, no sentido de o direito material ser seu, não do autor.

Nesse contexto, a máxima Chiovendiana de que "o processo deve dar, quanto for possível praticamente, a quem tenha um direito, tudo aquilo e exatamente aquilo que ele tenha direito de conseguir" (*Instituições de direito processual civil*, vol. I, p. 46) ganha todo seu sentido e amplitude sem necessidade de desconsiderar invencíveis sincretismos metodológicos. Repito: não me parece que só tenha "ação" o autor que vê o seu direito reconhecido. Entendo, bem diferentemente, que é merecedor de *tutela jurisdicional* o autor *ou* o réu que tem, na perspectiva do direito material, direito ou, mais sinteticamente: só tem "tutela jurisdicional" quem tem direito seu reconhecido. A diferença é enorme. Por isso, insisto, *neo*concretismo.

O que é (e deve ser) *concreto* é a *tutela jurisdicional*. Tutela jurisdicional a ser prestada a quem tem direito e que necessita da atuação do Estado-juiz para satisfazê-lo. Tutela jurisdicional para além do reconhecimento de quem faz jus a ela, mas de sua efetiva prestação, de sua *concretização*, portanto. E o processo, lembrado no trecho transcrito acima, é, só pode ser, o método de exercício da função jurisdicional para atingimento daquela finalidade. E a ação, no *neo*concretismo, é, só pode ser, o direito (não *potestativo*, mas *fundamental*, afinal estamos no século XXI), que rompe a inércia da jurisdição, viabiliza o início do processo com vistas à prestação da tutela jurisdicional, independentemente do direito material a partir do qual se pede (postula-se) a tutela jurisdicional.

Assim, o *neoconcretismo* entende e defende que não tem sentido estudar o direito processual civil se não na perspectiva de viabilizar a *concreta* prestação da *tutela jurisdicional* a quem faz jus a ela na perspectiva do plano material. Já não se trata, assim, de confundir ou, quando menos, sobrepor os planos material e processual, vinculando a compreensão de institutos processuais à existência de um direito cuja existência não infirma o plano do processo. Bem diferentemente, trata-se de aceitar, conscientemente, que o direito processual civil não *cria* o direito material; que ele o concretiza na medida em que seja reconhecido pelo magistrado – e há variadas formas para tanto – ou, ainda, quando reconhecido pelas próprias partes, como se dá nos "títulos executivos extrajudiciais". E que, assim, todos os institutos do direito processual civil só têm sentido na *dinâmica* da prestação da tutela jurisdicional, justificando sua razão de ser nela.

Entender, pensar e aplicar o direito processual civil na perspectiva *neoconcretista* é compreender *processo* como método de atuação do Estado-juiz para prestar tutela jurisdicional a quem, no plano material, faz jus a ela. Direito que é reconhecido suficiente pelo próprio Estado-juiz ou, até mesmo, por ato estranho e anterior ao processo pouco importa, mas *o* direito aplicável ao caso concreto. É entender que tão importante quanto o reconhecimento do direito aplicável ao caso é torná-lo realidade, mesmo contra ou a despeito da vontade de seu destinatário. É, portanto, *concretizá-lo*. Trata-se de eleger, sempre conscientemente, que a *tutela jurisdicional* é o polo metodológico do direito processual civil na atualidade. Que os demais institutos chamados de "fundamentais" – jurisdição, ação, processo e defesa – o são mais em perspectiva histórica do que atual. Eles são *fundamentais* para o amadurecimento e o desenvolvimento do direito processual civil tal qual ele merece ser entendido nos dias de hoje, inclusive no e por causa do modelo constitucional. Mas é possível, e desejável, alterar o foco.

Ser neoconcretista é saber discernir os planos do direito processual civil (o "plano processual") e do direito material (o "plano material") dentro das suas peculiaridades evidentes; não, contudo, de isolar o direito processual civil e contrapô-lo ao direito material. É, portanto, entender o direito processual civil como *instrumento* do direito material; como *meio,* não como *fim. Meio* de prestar tutela jurisdicional a quem tem, na perspectiva do direito material, direito devida e suficientemente reconhecido. Prestar tutela jurisdicional sempre na compreensão de que tanto quanto saber quem tem o direito (na perspectiva ideal) é satisfazer, efetivando, *concretizando* este mesmo direito (na perspectiva prática). É transformar em "ser" o que, na perspectiva do reconhecimento do direito, é "dever-ser".

Todo o cuidado é pouco com o entusiasmo que estas palavras podem causar. Embora o *neoconcretismo* coloque, conscientemente, a tutela jurisdicional como centro das atenções do direito processual civil ou, como prefiro, eleja-a como elo metodológico fundamental do direito processual civil da atualidade, isto não autoriza – nem quer autorizar – que o *neoconcretista* preocupe-se mais com a *efetivação* do direito do que com seu *reconhecimento*. Não há espaço, no modelo constitucional do direito processual civil, para compreender que o *fim* (a prestação da tutela jurisdicional) justifica os *meios*. Não, definitivamente não. E a explicação vem do próprio modelo de Estado, o Estado Constitucional, *criado* pela CF de 1988.

Assim, até para evitar erros do passado (sempre, insisto, tão fáceis de ser detectados na perspectiva do presente) todo o exagero é vedado. Prestar tutela jurisdicional, concretizando o direito sim, mas sempre, invariavelmente, de acordo com o devido processo constitucional, expressão suficientemente eloquente que *sintetiza* o que, na perspectiva da atuação do Estado-juiz, para reconhecer *e* para satisfazer o direito é absolutamente indispensável, bem ao estilo do que quero sublinhar no n. 2.1.17, *supra*.

4.1 Tutela jurisdicional

Sem prejuízo do que acabei de escrever e, até mesmo, por causa das considerações que abrem o número anterior, cumpre destacar que a tutela jurisdicional nada mais é do que a própria razão de ser da jurisdição ou, como prefiro, a jurisdição estudada em perspectiva *dinâmica*, isto é, de seu concreto e escorreito funcionamento.

Aceita esta proposta, prezado leitor, importa ir além da identificação do ato jurisdicional típico em detrimento dos demais atos estatais (e dos particulares) e da classificação da jurisdição que acaba se resumindo ao que, com sinceridade, é estudado suficientemente na perspectiva da *competência*. É o caso de ir além do estudo da jurisdição em sua perspectiva *estática*.

A tutela jurisdicional, segundo penso, merece ser classificada de diferentes perspectivas, cada uma delas buscando explicar, justificar e viabilizar uma mais devida compreensão de institutos e de técnicas mais recentemente incorporados ao direito processual civil, inclusive, e nem poderia ser diferente, pelo CPC de 2015.

Levando em conta a ocorrência ou não de dano, é possível distinguir a "tutela jurisdicional *preventiva*", voltada a imunizar situações de *ameaça*, da "tutela jurisdicional *repressiva*", predestinada a reparar lesões já ocorridas. A distinção tem fundamento expresso no inciso XXXV do art. 5º da CF.

Tendo presente o momento de sua prestação, distingo a "tutela jurisdicional *antecipada*" da "tutela jurisdicional *ulterior*". A tutela *antecipada*, nessa perspectiva, é aquela em que o magistrado, diante de alguns pressupostos autorizados na lei (*ope judicis*, portanto), autoriza a prestação da jurisdicional. A tutela *ulterior* é aquela em que a própria lei (*ope legis*) prevê o momento em que a tutela jurisdicional pode ser prestada.

Considerando a necessidade de sua confirmação, cabe distinguir a "tutela jurisdicional *provisória*", que é aquela em que a decisão que presta tutela jurisdicional precisa ser confirmada por outra decisão – ainda que, de acordo com o CPC de 2015, ela possa, diante de alguns pressupostos específicos, estabilizar-se (art. 304, § 6º) –, da "tutela jurisdicional *final* ou *definitiva*", que é aquela que prescinde de tal confirmação.

Outro critério classificatório diz respeito ao *modo* em que a tutela jurisdicional se relaciona com o plano material. Nesta perspectiva, cabe distinguir a tutela *satisfativa* da tutela *conservativa*. O tema, diferentemente do que insinua o CPC de 2015 que se refere a ele apenas no contexto da tutela provisória (arts. 294 a 311), é mais amplo, a merecer, justamente por isto, sua menção nesta sede. A tutela *conservativa* deve ser compreendida como as técnicas destinadas a salvaguardar ou assegurar o direito; a tutela *satisfativa*, como as técnicas predestinadas à satisfação imediata do direito. A diferença toma como referência a aptidão, ou não, de a tutela jurisdicional *satisfazer* imediatamente o direito, o que ocorre em se tratando de tutela *satisfativa* (antecipada, de acordo com o CPC de 2015) e não ocorre em se tratando de tutela *conservativa* (cautelar, de acordo com o CPC de 2015).

Não se deixe levar, prezado leitor, pelo nome empregado pelo CPC de 2015 para descrever a tutela que aqui nomino de *satisfativa* (tutela antecipada). Ela, por depender da atuação judicial (é concedida necessariamente *ope judicis*), é *antecipada* na mesmíssima perspectiva a que anteriormente me referi. É questão que, com mais vagar, retomo no n. 2 do Capítulo 6, ao ensejo de tratar do Livro V da Parte Geral do CPC de 2015 e das diversas ressalvas a serem feitas com relação àquele trecho do CPC de 2015, a começar pela sua nomenclatura e também na perspectiva de sua *inconstitucionalidade formal*.

Na perspectiva da *eficácia*, isto é, considerando a propensão de produção de seus efeitos, a tutela jurisdicional deve ser distinguida em "tutela jurisdicional *não executiva*" da "tutela jurisdicional *executiva*". Naquela, o reconhecimento do direito coincide com a satisfação pretendida; nesta, a despeito do reconhecimento do direito – que sequer precisa ser estatal –, faz-se necessária a atuação jurisdicional *também* para sua satisfação.

Este último critério classificatório, prezado leitor, proponho-o para substituir a usual classificação de "ações", de "processo" ou de "sentenças" em três ou cinco classes diferentes, sempre a variar consoante o doutrinador que as sustenta, a "declaratória", a "constitutiva", a "condenatória", a "executiva *lato sensu*" e a "mandamental", como já referi no n. 3.2, *supra*.

O abandono da classificação tradicional que aqui adoto, seguindo a proposta do volume 1 do meu *Curso sistematizado*, faz-se ainda mais importante porque, bem compreendido o inciso IV do art. 139, é correto entender que o CPC de 2015 aceita a existência de mecanismos *atípicos* de prestação da tutela jurisdicional *executiva* no direito brasileiro, inclusive quando a obrigação a ser concretizada jurisdicionalmente for pecuniária.

4.1.1 Cognição jurisdicional

A tutela jurisdicional, quando estudada na sua perspectiva dinâmica, também enseja a referência à chamada "cognição jurisdicional", que deve ser entendida como a quantidade e a qualidade de informações a serem apreciadas pelo magistrado para, exercendo a função jurisdicional, decidir.

Com relação ao tema, a obra de referência é a de Kazuo Watanabe, que distingue a cognição no plano *horizontal* (amplitude ou extensão do conhecimento) da cognição no plano *vertical* (profundidade do conhecimento).

A cognição *horizontal*, por sua vez, aceita divisão em cognição *parcial* (em que o sistema veda que o magistrado aprecie determinadas questões) e *plena* (em que não há essa limitação).

A cognição *vertical*, por seu turno, pode ser classificada em cognição *sumária* (em que o magistrado está autorizado com base na verossimilhança, na plausibilidade ou na probabilidade) e cognição *exauriente* (em que o magistrado só pode decidir com base em certeza).

5. CONVITE

Feitas todas as considerações que ocupam este Capítulo, voltado a fornecer as considerações que reputo básicas, preparatórias e indispensáveis à compreensão do direito processual civil – por isso, *propedêuticas* –, permito-me fazer um convite: deixe-me levá-lo, prezado leitor, para dentro do CPC de 2015 e verificar de que maneira ele é, ou não, coerente com o seu art. 1º e, pois, com o "modelo constitucional" e de que maneira os institutos fundamentais, na perspectiva clássica ou na neoconcretista, como queira, são por ele tratados; de que modo, em suma, ele se desincumbe de concretizar o acesso à justiça, o devido processo constitucional e a efetividade do direito pelo processo, os princípios-síntese de que tratei no n. 2.1.17, *supra*.

Não que o objetivo pretendido por este *Manual* seja este e tão somente este, o de *confrontar* o CPC de 2015 com as considerações que aqui formulo. O convite é para ir além, para *conhecer* e *aprender* o CPC de 2015 como um todo, no contexto normativo adequado para tanto, e para aplicar, demonstrar e testar as possibilidades e a dinâmica dos institutos fundamentais do direito processual civil. É um convite para que o prezado leitor possa *apreender* o CPC de 2015 criticamente, refletidamente, como sói ocorrer com uma exposição que quer ser preocupada com a *formação*, não só com a *informação*. Quero que o prezado leitor aprenda a *pensar* o direito processual civil, indo além da minha aptidão, se é que cabe a mim afirmá-la, de *ensinar* o direito processual civil.

Espero encontrá-lo, prezado leitor, ao final, do outro lado da ponte, após a travessia. Uma boa jornada. Que ela seja proveitosa.

Resumo do Capítulo 1

MODELO CONSTITUCIONAL DO DIREITO PROCESSUAL CIVIL

- Uma (mera) proposta metodológica (?)
- Reconstrução dogmática do processo a partir do modelo de Estado
- Referência interpretativa
- Sistema coerente/funcional como *resultado* da pesquisa
- Parafraseando Cappelletti: "O *modelo constitucional do direito processual civil* como *programa de reforma* e como *método de pensamento* do Direito Processual Civil vigente"
- "A partir da nova perspectiva pós-constitucional, o problema do processo não se limita apenas ao seu '*ser*', é dizer à sua *concreta organização de acordo com as leis processuais, mas também ao seu 'dever-ser'*, ou seja à *conformidade de sua disciplina positiva com as previsões constitucionais*" (Andolina e Vignera)

PRINCÍPIOS CONSTITUCIONAIS DO DIREITO PROCESSUAL CIVIL

- Acesso à justiça (art. 5º, XXXV, da CF)
- Devido processo legal (devido processo constitucional) (art. 5º, LIV, da CF)
- Contraditório (cooperação) (art. 5º, LV, da CF)
- Ampla defesa (art. 5º, LV, da CF)
- Juiz natural (art. 5º, XXXVII e LIII, da CF)
- Imparcialidade (art. 95 da CF)
- Duplo grau de jurisdição (princípio *implícito*)
- Colegialidade nos Tribunais (art. 96, I, *a*, da CF)
- Reserva do Plenário para declaração de inconstitucionalidade de lei ou ato normativo (art. 97 da CF)
- Isonomia (art. 5º, *caput*, e inciso I, da CF)
- Publicidade (arts. 5º, LX, e 93, IX e X, da CF)
- Motivação (art. 93, IX e X, da CF)
- Vedação das provas ilícitas ou obtidas por meios ilícitos (art. 5º, X, XII e LVI, da CF)
- Assistência jurídica integral e gratuita (art. 5º, LXXIV, da CF)
- Duração razoável do processo (eficiência processual) (art. 5º, LXXVIII, da CF)

- Efetividade do processo (efetividade do direito pelo e no processo) (art. 5º, XXXV, da CF)
- "Princípios-síntese": acesso à justiça; devido processo constitucional e efetividade do direito pelo e no processo
  - Significado e alcance

ORGANIZAÇÃO JUDICIÁRIA

- Arts. 92 e 125 da CF
  - Organização judiciária do Distrito Federal e Territórios (art. 22, XVII, da CF; Lei n. 11.697/2008)
- Supremo Tribunal Federal (arts. 101 a 103 da CF)
  - Suas competências
- Superior Tribunal de Justiça (arts. 104 e 105 da CF)
  - Suas competências
- Conselho Nacional de Justiça (art. 103-B da CF)
- Justiça Federal
  - Tribunais Regionais Federais (art. 108)
    - A EC 73/2013 (ADI 5017)
    - O TRF6 e a Lei n. 14.226/2021
  - Juízos federais (art. 109)
    - Nova redação dada ao § 3º do art. 109 pela EC n. 103/2019
- Justiças dos Estados e do Distrito Federal
  - Tribunais de Justiça (art. 125)
  - Juízos estaduais (art. 125)
  - As Constituições dos Estados e a Lei n. 11.697/2008
- Outras normas
  - Art. 93, IX (órgão especial)
  - Art. 94 ("quinto constitucional")
  - Art. 96 (competências administrativas dos Tribunais e seus Regimentos Internos)
  - Art. 98, I (Juizados Especiais)

FUNÇÕES ESSENCIAIS À JUSTIÇA

- Magistratura (arts. 93 a 95 da CF)
- Ministério Público (arts. 127 a 130 da CF)
  - Parte ou *custos iuris* (fiscal da ordem jurídica)
  - Conselho Nacional do Ministério Público (art. 130-A da CF)

- Advocacia (art. 133 da CF)
  - Advocacia pública (arts. 131 e 132 da CF)
  - Advocacia privada
  - OAB e a Lei n. 8.906/1994
  - Mais um fiscal da ordem jurídica
- Defensoria Pública (art. 134 da CF)
  - *Custos vulnerabilis*

PROCEDIMENTOS JURISDICIONAIS CONSTITUCIONALMENTE DIFERENCIADOS

- Especialização de *procedimentos* pela própria CF
- Tutela jurisdicional das liberdades públicas
  - Mandado de segurança (art. 5º, LXIX e LXX, da CF)
  - Mandado de injunção (art. 5º, LXXI, da CF)
  - *Habeas data* (art. 5º, LXXII, da CF)
  - Ação popular (art. 5º, LXXIII, da CF)
- Controle de constitucionalidade
  - Concentrado (arts. 102, § 2º, e 103 da CF)
  - Difuso (art. 97 da CF)
- Súmulas vinculantes do STF (art. 103-A da CF)
  - Reclamação (art. 103-A, § 3º, da CF)
- Execução contra a Fazenda Pública (art. 100 da CF)

NORMAS DE CONCRETIZAÇÃO DO DIREITO PROCESSUAL CIVIL

- O atuar processual do Estado: o *devido processo legislativo*
- Competência privativa da União para as normas de processo (art. 22, I, da CF)
- Competência concorrentes da União, dos Estados e do Distrito Federal para as normas de procedimento (art. 24, XI, da CF)
- Regimentos Internos dos Tribunais
- O CNJ tem competência para editar normas de direito processual civil (?)

INSTITUTOS FUNDAMENTAIS DO DIREITO PROCESSUAL CIVIL: JURISDIÇÃO

- Características
  - Substitutividade
  - Imperatividade
  - Imutabilidade
  - Inafastabilidade
  - Indelegabilidade

- Inércia
  - Classificações (crítica)
  - Contenciosa x voluntária
  - Comum x especial
  - Civil x penal
  - Inferior x superior

INSTITUTOS FUNDAMENTAIS DO DIREITO PROCESSUAL CIVIL: AÇÃO

- Compreensão da ação na atualidade
  - Nomenclatura
  - Classificações
- Relações com o plano material ("condições da ação"): mínimo indispensável para o exercício do direito de ação
  - Legitimidade das partes
  - Interesse de agir
  - A possibilidade jurídica do pedido do CPC de 1973
- Elementos
  - Partes
  - Pedido
  - Causa de pedir

INSTITUTOS FUNDAMENTAIS DO DIREITO PROCESSUAL CIVIL: PROCESSO

- Compreensão do processo na atualidade
  - O sincretismo
  - Nomenclatura
  - Classificações
- Pressupostos processuais de existência
  - Provocação inicial
  - Jurisdição
  - Citação
- Pressupostos processuais de validade
  - Aptidão da provocação inicial
  - Competência do juízo
  - Imparcialidade do juiz
  - Capacidade de ser parte e capacidade de estar em juízo (legitimação processual)
  - Capacidade postulatória
  - Citação válida

- Pressupostos processuais negativos
  - Litispendência
  - Coisa julgada
  - Perempção
  - Convenção de arbitragem
  - Falta de caução ou outra prestação
- Processo × procedimento

INSTITUTOS FUNDAMENTAIS DO DIREITO PROCESSUAL CIVIL: DEFESA

- Contraposição à ação
- Para além do contraditório
- Compreensão da defesa na atualidade
  - A tutela jurisdicional em favor do réu

NEOCONCRETISMO

- Compreensão prévia
- Da jurisdição à tutela jurisdicional
- Da ação e defesa à tutela jurisdicional
  - Necessárias (e conscientes) relações do plano processual com o plano material
- A máxima Chiovendiana e sua compreensão atual

TUTELA JURISDICIONAL

- Classificada pela perspectiva de dano
  - Tutela preventiva
  - Tutela repressiva
- Classificada pelo momento de prestação
  - Tutela antecipada
  - Tutela ulterior
- Classificada pela necessidade de confirmação
  - Tutela provisória
  - Tutela definitiva
- Classificada pelo modo de relação com o plano material
  - Tutela satisfativa
  - Tutela conservativa
- Classificada pela eficácia (proposta)
  - Tutela não executiva
  - Tutela executiva

COGNIÇÃO JURISDICIONAL

- Compreensão prévia
- Plano horizontal (amplitude do conhecimento)
  - Cognição parcial
  - Cognição plena
- Plano vertical (profundidade do conhecimento)
  - Cognição sumária
  - Cognição exauriente

Leituras Complementares (Capítulo 1)

Monografias e livros

ABREU, Rafael Sirangelo. *Igualdade e processo*: posições processuais equilibradas e unidade do direito. São Paulo: Revista dos Tribunais, 2015.

BEDAQUE, José Roberto dos Santos; CINTRA, Lia Carolina Batista; EID, Elie Pierre (coords.). *Garantismo Processual*: garantias constitucionais aplicadas ao processo. Brasília, DF: Gazeta Jurídica, 2016.

BONICIO, Marcelo José Magalhães. *Princípios do processo no novo Código de Processo Civil*. São Paulo: Saraiva, 2016.

CABRAL, Antonio do Passo. *Juiz natural e eficiência processual*. São Paulo: Revista dos Tribunais, 2021.

CAMBI, Eduardo. *Neoconstitucionalismo e neoprocessualismo*: direitos fundamentais, políticas públicas e protagonismo judiciário. São Paulo: Almedina, 2016.

DANTAS, Rodrigo D'Orio. *A imparcialidade no divã*. São Paulo: Revista dos Tribunais, 2021.

DIDIER JR., Fredie; FERNANDEZ, Leandro. *O Conselho Nacional de Justiça e o direito processual*. Salvador: JusPodivm, 2022.

FREITAS, Helena. *Eficiência da jurisdição*. Belo Horizonte: D'Plácido, 2019.

GAIO JÚNIOR, Antônio Pereira. *Processo civil, direitos fundamentais processuais e desenvolvimento*: flexos e reflexos de uma relação. Londrina: Thoth, 2021.

GRINOVER, Ada Pellegrini. *Ensaio sobre a processualidade*: fundamentos para uma nova teoria geral do processo. Brasília, DF: Gazeta Jurídica, 2016.

JOBIM, Marco Félix. *Cultura, escolas e fases metodológicas do processo*. 2. ed. Porto Alegre: Livraria do Advogado, 2014.

LUCCA, Rodrigo Ramina de. *O dever de motivação das decisões judiciais*. Salvador: JusPodivm, 2015.

MOTTA, Otávio Verdi. *Justificação da decisão judicial*: a elaboração da motivação e a formação de precedente. São Paulo: Revista dos Tribunais, 2015.

NERY JUNIOR, Nelson. *Princípios do processo na Constituição Federal*. 12. ed. São Paulo: Revista dos Tribunais, 2016.

OSNA, Gustavo. *Processo civil, cultura e proporcionalidade*: análise crítica da teoria processual. São Paulo: Revista dos Tribunais, 2017.

SCARPINELLA BUENO, Cassio. *Curso sistematizado de direito processual civil*, vol. 1: teoria geral do direito processual civil e parte geral do Código de Processo Civil. 13. ed. São Paulo: Saraiva, 2023.

SCHMITZ, Leonard Ziesemer. *Fundamentação das decisões judiciais*: a crise na construção de respostas no processo civil. São Paulo: Revista dos Tribunais, 2015.

Capítulos de livros

SCARPINELLA BUENO, Cassio. Comentários ao Art. 1º. In. SCARPINELLA BUENO, Cassio (coord.). *Comentários ao Código de Processo Civil*. São Paulo: Saraiva, 2017. vol. 1.

Artigos

ALMEIDA, Luciana Robles de. Princípios formativos do processo: das *substantialia* às normas fundamentais processuais. *Revista de Processo*, vol. 329. São Paulo: Revista dos Tribunais, jul. 2022.

_____. Qual a origem do conceito de processo? *Revista de Processo*, vol. 325. São Paulo: Revista dos Tribunais, mar. 2022.

ALVIM, J. E. Carreira. Conversão da Medida Provisória n. 1.040/2021 na Lei n. 14.195/2021 e os jabutis postos pelo Congresso Nacional no Código de Processo Civil. *Revista Brasileira de Direito Processual*, vol. 116. Belo Horizonte: Fórum, out./dez. 2021.

ARRUDA ALVIM NETTO, José Manoel de. Processo e Constituição – Parte I. *Revista de Processo*, vol. 281. São Paulo: Revista dos Tribunais, jul. 2018.

_____. Processo e Constituição – Parte II. *Revista de Processo*, vol. 282. São Paulo: Revista dos Tribunais, ago. 2018.

_____. Processo e Constituição – Parte III. *Revista de Processo*, vol. 283. São Paulo: Revista dos Tribunais, set. 2018.

ASSIS, Carlos Augusto de. Técnicas aceleratórias e devido processo legal. *Revista Brasileira de Direito Processual*, vol. 95. Belo Horizonte: Fórum, jul./set. 2016.

AURELLI, Arlete Inês. Institutos fundamentais do processo civil: jurisdição, ação e processo. *Revista Brasileira de Direito Processual*, vol. 89. Belo Horizonte: Fórum, jan./mar. 2015.

BARRACCO, Roberto de Palma. Contribuição ao estudo da jurisdição constitucional. *Revista de Processo*, vol. 264. São Paulo: Revista dos Tribunais, fev. 2017.

BEM, Camila de Castro Barbosa Bissoli do; CAMPISTA, Fábio Farias; HILL, Flávia Pereira. A duração razoável do processo e os parâmetros jurisprudenciais dos tribunais de direitos humanos. *Revista Brasileira de Direito Processual*, vol. 99. Belo Horizonte: Fórum, jul./set. 2017.

BRAGA, Paula Sarno; BARREIROS, Lorena Miranda Santos. Validade, sentido e alcance de normas processuais federais à luz da competência dos Estados para legislar sobre processo: uma análise das Adin's 5.492, 5.534 e 5.737. *Revista de Processo*, vol. 328. São Paulo: Revista dos Tribunais, jun. 2022.

CAMBI, Eduardo; NEVES, Aline Regina das. Sistema interamericano de proteção dos direitos humanos e duração razoável do processo. *Revista de Processo*, vol. 276. São Paulo: Revista dos Tribunais, fev. 2018.

COTA, Samuel Paiva; BAHIA, Alexandre Gustavo Melo Franco de Moraes. O modelo constitucional de processo e suas benesses: a reconstrução da teoria dos precedentes no direito brasileiro vs. a compreensão equivocada do seu uso no Brasil. *Revista de Processo*, vol. 260. São Paulo: Revista dos Tribunais, out. 2016.

CRUZ, Clenderson Rodrigues da. Elementos para uma teoria processual da ampla defesa. *Revista Brasileira de Direito Processual*, vol. 115. Belo Horizonte: Fórum, jul./set. 2021.

DIAS, Ronaldo Brêtas de Carvalho. Novo Código de Processo Civil e processo constitucional. *Revista Brasileira de Direito Processual*, vol. 92. Belo Horizonte: Fórum, out./dez. 2016.

FERREIRA NETO, Arthur Maria. Arquitetura racional do processo civil no Estado constitucional. *Revista Brasileira de Direito Processual*, vol. 90. Belo Horizonte: Fórum, abr./jun. 2015.

FICANHA, Gresiéli Taíse. A organização judiciária brasileira: entre modelos estrangeiros e particularidades. *Revista de Processo*, vol. 258. São Paulo: Revista dos Tribunais, ago. 2016.

GAGNO, Luciano Picoli. O Novo CPC e o modelo constitucional de processo. *Revista Dialética de Direito Processual*, vol. 148. São Paulo: Dialética, jul. 2015.

_____. O poder diretivo do juiz e o modelo constitucional de processo. *Revista de Processo*, vol. 248. São Paulo: Revista dos Tribunais, out. 2015.

GRINOVER, Ada Pellegrini. O Judiciário como órgão de controle político. *Revista de Processo*, vol. 249. São Paulo: Revista dos Tribunais, nov. 2015.

HILL, Flavia Pereira; PAUMGARTTEN, Michele Pedrosa; SIQUEIRA, Tatiana Paula Cruz e. Os limites da jurisdição nacional no Código de Processo Civil e a densificação do acesso à justiça. *Revista de Processo*, vol. 262. São Paulo: Revista dos Tribunais, dez. 2016.

KIM, Richard Pae; BENASSI, Maria Cristina Kunzue dos Santos. O direito fundamental ao "processo justo" e seu conteúdo jurídico. *Revista de Processo*, vol. 279. São Paulo: Revista dos Tribunais, maio 2018.

JOBIM, Marco Félix; TESSARI, Cláudio; PAGLIOLI, Ana Carolina Ballesteiros. O princípio do juiz natural, o processo de integração europeu e a proibição da discriminação em razão da nacionalidade. *Revista de Processo*, vol. 323. São Paulo: Revista dos Tribunais, jan. 2022.

LEAL JÚNIOR, João Carlos. Neoconstitucionalismo e o acesso à justiça no Estado brasileiro contemporâneo. *Revista de Processo*, vol. 265. São Paulo: Revista dos Tribunais, mar. 2017.

LESSA NETO, João Luiz. Sobre os conceitos de "ação" e a afirmação do direito processual. *Revista de Processo*, vol. 321. São Paulo: Revista dos Tribunais, nov. 2021.

LOPES, João Batista. Garantia constitucional da razoável duração do processo e direito à indenização por dano marginal decorrente da lentidão da justiça. *Revista de Processo*, vol. 313. São Paulo: Revista dos Tribunais, mar. 2021.

_____. Modelo constitucional de processo e lentidão da justiça. *Revista de Processo*, vol. 295. São Paulo: Revista dos Tribunais, set. 2019.

LOPES, João Batista; LOPES, Maria Elizabeth de Castro. Modelo constitucional de processo, direito de defesa e paridade de armas. *Revista de Processo*, vol. 331. São Paulo: Revista dos Tribunais, set. 2022.

LORDELO, João Paulo; TEIXEIRA, Rosa Carolina Pontes. Devido processo legal: uma história e uma proposta. *Revista de Processo*, vol. 333. São Paulo: Revista dos Tribunais, nov. 2022.

LUCON, Paulo Henrique dos Santos; SCARPINELLA BUENO, Cassio; ARSUFFI, Arthur Ferrari. Parecer do IBDP acerca da inconstitucionalidade da Lei federal 14.195/2021 apresentado na ADI 7.005. *Revista de Processo*, vol. 327. São Paulo: Revista dos Tribunais, maio 2022.

MALACHINI, Edson Ribas. Ação de direito material: uma evidência invisível? *Revista de Processo*, vol. 328. São Paulo: Revista dos Tribunais, jun. 2022.

MARTINS, Marcelo Guerra; UELSE, Hugo Barroso; BRITO, Gabriel Oliveira. Inteligência artificial no processo civil brasileiro: eficiência e celeridade à luz do devido processo legal. *Revista de Processo*, vol. 320. São Paulo: Revista dos Tribunais, out. 2021.

MENDES, Aluisio Gonçalves de Castro; SILVA, Larissa Clare Pochmann da. Os impactos do novo CPC na razoável duração do processo. *Revista de Processo*, vol. 241. São Paulo: Revista dos Tribunais, mar. 2015.

NASCIMENTO, Felipe Costa Laurindo do. Ação como garantia constitucional. *Revista Brasileira de Direito Processual*, vol. 114. Belo Horizonte: Fórum, abr./jun. 2021.

OAKLEY, Hugo Botto. Limites ou alcances do devido processo conforme a Constituição desde a ótica da iniciativa probatória e a sentença. *Revista Brasileira de Direito Processual*, vol. 90. Belo Horizonte: Fórum, abr./jun. 2015.

PEIXOTO, Ravi. Aspectos processuais do devido procedimento na elaboração normativa. *Revista de Processo*, vol. 285. São Paulo: Revista dos Tribunais, nov. 2018.

PEREIRA, Marcos Antonio; CÔRTES, Osmar Mendes Paixão. A inconstitucionalidade de leis brasileiras: entre causas e efeitos – Por que o legislador brasileiro cria tantas leis inconstitucionais? *Revista de Processo*, vol. 313. São Paulo: Revista dos Tribunais, mar. 2021.

RAATZ, Igor. Processo, liberdade e direitos fundamentais. *Revista de Processo*, vol. 288. São Paulo: Revista dos Tribunais, fev. 2019.

RAATZ, Igor; ANCHIETA, Natasha. Uma 'teoria do processo' sem processo? A breve história de uma ciência processual servil à jurisdição. *Revista Brasileira de Direito Processual*, vol. 103. Belo Horizonte: Fórum, jul./set. 2018.

REICHELT, Luis Alberto. Reflexões sobre o conteúdo do direito fundamental ao acesso à justiça no âmbito cível em perspectiva contemporânea. *Revista de Processo*, vol. 296. São Paulo: Revista dos Tribunais, out. 2019.

_____. Sobre a fundamentalidade material do direito ao processo justo em perspectiva cível na realidade brasileira: reflexões sobre uma dinâmica de consolidação histórico cultural. *Revista de Processo*, vol. 282. São Paulo: Revista dos Tribunais, ago. 2018.

RODRIGUES, Marco Antonio dos Santos; PORTO, José Roberto Sotero de Mello. Princípio da eficiência processual e o direito à boa jurisdição. *Revista de Processo*, vol. 275. São Paulo: Revista dos Tribunais, jan. 2018.

SALDANHA, Alexandre Henrique Tavares; MEDEIROS, Pablo Diego Veras. Processo judicial eletrônico e inclusão digital para acesso à justiça na sociedade da informação. *Revista de Processo*, vol. 277. São Paulo: Revista dos Tribunais, mar. 2018.

SCARPINELLA BUENO, Cassio. (In)Devido processo legislativo e o novo Código de Processo Civil. *Revista do Advogado*, n. 126. São Paulo: Associação dos Advogados de São Paulo, mar. 2015.

_____. Uma primeira visão do Código de Processo Civil de 2015. In: SCARPINELLA BUENO, Cassio (org.); Instituto Brasileiro de Direito Processual. *PRODIREITO: Direito Processual Civil*: programa de atualização em direito: ciclo 1. Porto Alegre: Artmed Panamericana, 2015. (Sistema de Educação Continuada a Distância, vol. 1.)

SILVA, Ticiano Alves e. O devido processo convencional: levando a sério os direitos humanos processuais. *Revista de Processo*, vol. 259. São Paulo: Revista dos Tribunais, set. 2016.

SOARES, Marcos José Porto; ZANARDI, Glazieli. Distinção entre processo e procedimento. *Revista de Processo*, vol. 246. São Paulo: Revista dos Tribunais, ago. 2015.

SOUSA, José Augusto Garcia de. A tríade constitucional da tempestividade do processo (em sentido amplo). *Revista de Processo*, vol. 280. São Paulo: Revista dos Tribunais, jun. 2018.

STRECK, Lenio; PEDRON, Flávio Quinaud. O que ainda podemos aprender com a literatura sobre os princípios jurídicos e suas condições de aplicação. *Revista de Processo*, vol. 258. São Paulo: Revista dos Tribunais, ago. 2016.

THEODORO JR., Humberto. Visão principiológica e sistemática do Código de Processo Civil de 2015. *Revista de Processo*, vol. 285. São Paulo: Revista dos Tribunais, nov. 2018.

TOVAR, Leonardo Zehuri; MOREIRA, Nelson Camatta. Fundamentação constitucionalmente adequada: o maximalismo, o minimalismo e o contributo do NCPC/15. *Revista Brasileira de Direito Processual*, vol. 98. Belo Horizonte: Fórum, abr./jun. 2017.

VAUGHN, Gustavo Fávero. A jurisprudência defensiva no STJ à luz dos princípios do acesso à justiça e da celeridade processual. *Revista de Processo*, vol. 254. São Paulo: Revista dos Tribunais, abr. 2016.

Capítulo 2

Normas Processuais Civis

1. PARA COMEÇAR

O Livro I da Parte Geral do CPC de 2015 é intitulado "Das normas processuais civis" e seu Título único é dividido em dois Capítulos.

O primeiro deles, que vai do art. 1º ao art. 12, é chamado "Das normas fundamentais do processo civil".

O segundo, "Da aplicação das normas processuais", ocupa o art. 13 ao art. 15.

2. NORMAS FUNDAMENTAIS DO PROCESSO CIVIL

O Capítulo I do Título Único do Livro I da Parte Geral do CPC de 2015 trata, em seus doze artigos, das normas fundamentais do processo civil. São as normas que querem ser fundantes não só do próprio Código, mas também de todo o direito processual civil.

À exceção do art. 12, os demais dispositivos encontram assento expresso, às vezes com o emprego do mesmo texto, no "modelo constitucional do direito processual civil" e, nesse sentido, seriam todos desnecessários, a começar pelo principal deles, o art. 1º.

O caráter didático de cada um daqueles onze artigos, contudo, é inegável e merece, por isso mesmo, ser enaltecido e bem compreendido para viabilizar uma interpretação e uma aplicação do CPC de 2015 – e, repito, de todo o direito processual civil –, mais harmônico com os valores do Estado constitucional brasileiro.

Em "disciplinas codificadas", como é o direito processual civil, há uma forte (e natural) tendência de entender que o Código compreende tudo o que merece atenção, mais ainda nos cursos de graduação. Todo o cuidado é pouco para a demonstração contrária, prezado leitor. Foi-se o tempo (se é que ele realmente existiu) em que o Código de Processo Civil poderia ser confundido com o próprio direito processual civil, no máximo acompanhado de suas leis extravagantes, mas igualmente processuais. O *constitucionalismo* aliado ao pensamento contemporâneo do direito processual civil (v. n. 2 e 4 do Capítulo 1, respectivamente) – se é que cabe discernir mesmo uma coisa da outra – convidam a ir além. O CPC de 2015, em seus onze primeiros dispositivos, acolhe – e o faz expressamente – essa forma de pensar, *normatizando-a*.

O fato é que o CPC de 2015 é repleto de aplicações explícitas dos princípios constitucionais. Não fosse suficiente o alcance de o disposto no seu art. 1º sobre "o processo civil ser ordenado, disciplinado e interpretado conforme os valores e as normas fundamentais estabelecidas na Constituição", os seus primeiros onze dispositivos são, todos eles, vocacionados a expressar princípios constitucionais e, por isso mesmo, estão alocados em Capítulo que porta a pomposa nomenclatura de "Das normas fundamentais do processo civil".

São, sem dúvida, normas fundamentais. Não são, contudo, as únicas. É por isso mesmo que, em inúmeras outras passagens, o CPC de 2015 volta a tratar de forma inequívoca, expressa – e repetitiva até mesmo –, de outros tantos princípios constitucionais. Se é certo que, em rigor, justamente como decorrência da força normativa da Constituição, nem poderia ser diferente, o didatismo assumido pelo CPC de 2015 nesse particular é digno de nota. Que, ao menos em função dele, tratar de "modelo constitucional do direito processual civil" ou, mais especificamente, de seus princípios, seja algo que, ainda hoje, acarrete calorosas discussões. Por ora, cabe indicar o alcance que merecem ter aqueles primeiros dispositivos do CPC de 2015. Os demais são tratados nos seus respectivos lugares ao longo deste *Manual*.

Ainda há espaço para ir um pouco mais longe. Para além do mundo normativo, cabe enaltecer o lado verdadeiramente *didático* dos primeiros onze artigos do CPC de 2015 que permitem – e permitirão – uma compreensão mais ampla não só da nova codificação, mas também, insisto, do próprio direito processual civil como um todo. Mesmo aos menos avisados, entre eles os que não se interessaram por ler o Capítulo 1 ou estas muito breves palavras, o que não é seu caso, prezado leitor, o conteúdo dos arts. 1º ao 11 do CPC de 2015 serão significativos da necessidade de pensar o Código e o direito processual civil de maneira mais ampla, a partir da Constituição e do modelo que ela *impõe* a eles, não limitado, portanto, às amarras textuais e às escolhas que o legislador *infraconstitucional* tenha feito. Este, aliás, é um dos diversos paradoxos do CPC de 2015: enaltecer, como enaltece, o "modelo constitucional do direito processual civil" desde seu art. 1º e descumpri-lo, com maior ou menor frequência, inclusive na etapa final de seu processo legislativo. É assunto que, nos limites deste *Manual*, vem à tona periodicamente, ao longo de seu desenvolvimento.

A exposição seguinte quer dar o destaque suficiente a cada uma das normas fundamentais eleitas pelo próprio CPC de 2015.

2.1 O modelo constitucional do direito processual civil

O art. 1º do CPC de 2015 deriva do Anteprojeto elaborado pela Comissão de Juristas presidida pelo Ministro Luiz Fux e que havia sido repetida no Projeto do Senado Federal. O Projeto da Câmara havia subtraído a previsão, colocando, em seu lugar, a previsão de que "o processo civil será ordenado e disciplinado conforme as normas deste Código".

Tratava-se de verdadeiro retrocesso que dava a falsa impressão de que "as normas deste Código" são bastantes para ordenar e disciplinar o processo civil, internando, no Código, o problema que quis evidenciar no número anterior.

Felizmente, prevaleceu a versão original, até porque o contraste de qualquer lei com a Constituição é tarefa insuprimível no ordenamento jurídico nacional da atualidade. Trata-se de consequência inarredável do controle de constitucionalidade que, na sua modalidade *incidental*, pode e deve ser feito por qualquer magistrado em qualquer instância, observado, no âmbito dos tribunais, o art. 97 da CF.

O dispositivo alberga expressamente a necessidade de o CPC ser "ordenado, disciplinado e interpretado" com observância do "modelo constitucional" ou, como nele está escrito, "conforme os valores e as normas fundamentais estabelecidos na Constituição da República Federativa do Brasil". É certo que, em rigor, a norma é desnecessária em função, justamente, da "força normativa da Constituição". Trata-se, de qualquer sorte, de iniciativa importante para fins didáticos, quiçá educacionais e que, por isso mesmo, deve ser muito bem recebida pela comunidade do direito processual civil como um todo. Até porque, não fosse por ele, diversos outros dispositivos distribuídos no Capítulo I do CPC de 2015 preveem expressamente a incidência do "modelo constitucional", notadamente dos princípios constitucionais ao longo do processo, o que deve ser compreendido como ênfase da importância de a perspectiva constitucional influenciar na compreensão da interpretação e da aplicação das normas processuais civis.

É desnecessário repetir, aqui, o que já escrevi a propósito do "modelo constitucional do direito processual civil" no n. 2 do Capítulo 1. O que cabe evidenciar nessa sede é a *necessidade* da adoção da perspectiva metodológica que, em última análise, acaba decorrendo do art. 1º do CPC de 2015 (apesar de, friso, ela ser desnecessária, porque decorre diretamente da própria Constituição).

O estudo do direito processual civil nessa perspectiva, contudo, não se limita a pesquisar os temas dos quais a Constituição trata sobre direito processual civil. Muito mais do que isso, trata-se de aplicar *diretamente* as diretrizes constitucionais com vistas à obtenção das fruições públicas resultantes da atuação do Estado, inclusive no exercício de sua função jurisdicional, o Estado-juiz. A lei, nesse sentido, deve-se adequar, necessariamente, ao atingimento daqueles fins; não o contrário. E o CPC de 2015 não está imune a esse contraste nem a essa crítica, não obstante e justamente por força do seu art. 1º.

Para o atingimento desse fim, rente à reflexão que proponho no n. 2.6 do Capítulo 1, entendo pertinente destacar a existência de três direções a seguir.

A primeira diz respeito à discussão do próprio processo legislativo que deu origem ao CPC de 2015. Há, com efeito, indagações importantes – e frequentemente desprezadas ou esquecidas (ou desconhecidas) – sobre a tramitação dos projetos de lei que deram origem ao novo Código. Para além de questões meramente teóricas sobre os limites da revisão e da modificação dos projetos nos termos do art. 65 da CF, as consequências dessa temática rendem ensejo a complexos problemas interpretativos e práticos.

A segunda, embora relacionada com o processo legislativo, ostenta perspectiva diversa. Ela traz à tona a discussão sobre os limites legislativos de leis *federais*, editadas pela União Federal (como é o caso do CPC de 2015), seja em direção à identificação da competência normativa para os Estados-membros, para o Distrito Federal e para suas respectivas organizações judiciárias, seja, também, na perspectiva mais ampla da iniciativa legislativa para a edição de determinadas normas.

A terceira direção, que é a mais ampla e variada e, não deixo de reconhecer, a mais difundida das três, diz respeito à análise das escolhas feitas pelo CPC de 2015 sobre os mais diversos assuntos, buscando saber se a criatividade do legislador foi além dos limites a ele impostos pela Constituição Federal.

Essas três direções, verdadeiras – e inevitáveis – pautas de reflexão crítica do CPC de 2015, não são excludentes, mas verdadeiramente *complementares*, e estão presentes em todas as discussões travadas ao longo deste *Manual*, com maior ou menor intensidade, consoante o tema abordado. Todas elas querem concretizar o modelo constitucional do direito processual civil e seus cinco grupos, como expõe o Capítulo 1.

2.2 O princípio da inércia da jurisdição

O art. 2º, ao estabelecer que "o processo começa por iniciativa da parte e se desenvolve por impulso oficial, salvo as exceções previstas em lei", agasalha, em primeiro lugar, o princípio da inércia da jurisdição. Como visto no n. 2.1.6 do Capítulo 1, essa *necessária* inércia jurisdicional tem a função de garantir a imparcialidade do juízo, impondo ao interessado na prestação da tutela jurisdicional que requeira o que entender devido sempre ao Estado-juiz. A própria concepção da ação como direito subjetivo público que envolve *também* o direito de romper a inércia da jurisdição está adequadamente resguardado, no plano infraconstitucional, pelo art. 2º.

Na perspectiva infraconstitucional, o mesmo art. 2º dá ensejo à construção do consagrado "princípio dispositivo" ou da "inércia jurisdicional", basilar ao direito processual civil, amalgamando em um só dispositivo o que no CPC de 1973 vinha veiculado em seus arts. 2º e 262.

Aquele princípio deve ser compreendido no sentido de que tudo aquilo que, na perspectiva do direito material, depender de iniciativa do interessado deve também, na perspectiva do direito processual civil, depender dela. Trata-se de princípio, pois, que pressupõe a adequada compreensão do *necessário* diálogo entre os planos do direito *material* e do direito *processual*.

As "exceções previstas em lei" são os casos em que o ordenamento impõe a predominância do "princípio *inquisitório*", isto é, em que a atuação oficiosa do magistrado é admitida (em rigor, é *imposta*). Tal atuação, contudo, não significa – e não pode querer significar – dispensa ou eliminação de *prévio* contraditório, exigência esta que, na perspectiva do CPC de 2015, é enfatizada pelos arts. 9º e 10, reiterando, no particular, o que, superiormente, decorre *diretamente* do art. 5º, LIV, da CF.

2.3 Acesso à justiça e meios alternativos de solução de conflitos

O *caput* do art. 3º ("Não se excluirá da apreciação jurisdicional ameaça ou lesão a direito") traz à mente o art. 5º, XXXV, da CF. Trata-se do princípio do "acesso à Justiça" ou da "inafastabilidade da jurisdição", na perspectiva que ora interessa.

As exceções feitas pelos parágrafos – da arbitragem e dos "meios alternativos (ou consensuais) de solução de conflitos" – são plenamente compatíveis com o referido princípio e devem ser – como, felizmente, o são – incentivadas pelas leis processuais civis e, de maneira absolutamente incisiva e reveladora, também pelo CPC de 2015. Prova segura da afirmação está na obrigatoriedade, como regra, de *audiência de conciliação ou de mediação* como um dos primeiros atos a serem praticados no procedimento comum (art. 334, *caput* e § 4º, I).

Importante regra a este respeito está no art. 26 da LINDB, incluído pela Lei n. 13.655/2018, cujo *caput* dispõe que: para eliminar irregularidade, incerteza jurídica ou situação contenciosa na aplicação do direito público, inclusive no caso de expedição de licença, a autoridade administrativa poderá, após oitiva do órgão jurídico e, quando for o caso, após realização de consulta pública, e presentes razões de relevante interesse geral, celebrar compromisso com os interessados, observada a legislação aplicável, o qual só produzirá efeitos a partir de sua publicação oficial.

O incentivo aos meios alternativos de solução de conflitos não quer significar e não pode querer ser entendido, contudo, como se a prestação da tutela jurisdicional pelo Estado-juiz, no exercício de sua função típica, seja uma "justiça" de segunda classe ou antiquada, representativa, necessariamente, de formas e ritos formais que remontam ao passado do direito processual civil, quiçá às suas origens. Que ela pode ser residual, no sentido de que os interessados buscaram, de todas as maneiras, uma composição consensual e não a conseguiram, devendo, por isso, reportar-se ao Poder Judiciário, é uma constatação que não pode ser negada. A mentalidade, entretanto, não pode ser a de uma derrota apriorística, fadados os interessados a se perderem nos escaninhos judiciais. Decisivamente não é isso o desejado pelo CPC de 2015 e antes dele pelas novas (e renovadas) formas de pensar o direito processual civil.

Assim, importa ter presente, na boa aplicação do art. 3º – e de tudo o que, para atingimento da finalidade dos seus parágrafos, é trazido pelo próprio CPC de 2015 –, que a *mentalidade* do cultor do direito processual civil dos dias de hoje – tanto daquele que o estuda como daquele que o pratica – *deve ser* diversa daquela que, em tempos passados, caracterizava o processualista. O próprio *processo*, nessas condições, porta elementos não convencionais ou *alternativos* de solução de conflitos. Não só na perspectiva do direito processual normatizado – como faz prova suficiente o próprio CPC de 2015 –, mas também na forma de ele ser pensado, interpretado, sistematizado e aplicado.

A afirmação do parágrafo anterior não permite que seja esquecida a circunstância de diversas leis extravagantes trazerem – e cada vez mais frequentemente – disciplina específica acerca de meios alternativos de resolução de conflitos, inclusive não jurisdicionais. É o caso de destacar, para ilustrar o assunto, a Lei n. 13.140/2015, que traz importantes novidades para o tema da mediação, inclusive a *extrajudicial* (v., em especial, seus arts. 21 a 23), e sobre a autocomposição de conflitos no âmbito da administração pública (v., em especial, seus arts. 32 a 40). Trata-se de verdadeiro marco legislativo, que se harmoniza por completo com os parágrafos do art. 3º do CPC de 2015. Aquele diploma legal merece ser interpretado e aplicado buscando sua compatibilização com o CPC de 2015 – até como forma de dar máximo rendimento ao seu art. 3º –, na forma como proponho, ao longo deste *Manual*.

Também a arbitragem, fruto de disciplina específica pela Lei n. 9.307/1996, foi reforçada – e em estreita harmonia com a ideia de serem aprimorados os meios não jurisdicionais de solução de conflitos – pela Lei n. 13.129/2015, que alargou seu campo de abrangência inclusive para tornar arbitráveis os conflitos envolvendo a administração pública direta e indireta.

2.4 Princípio da eficiência processual

O art. 4º reproduz, no plano infraconstitucional, o "princípio da eficiência processual" constante do art. 5º, LXXVIII, da CF, incluído pela EC n. 45/2004, do qual já tratei no n. 2.1.15 do Capítulo 1.

Aqui, cabe enfatizar, em caráter de absoluta essencialidade, a compreensão de que o precitado dispositivo constitucional não busca um processo *rápido* no sentido de que somente o *tempo* (o menor) de sua duração, independentemente de quaisquer outros fatores, é relevante. A questão merece ser tratada, muito mais, em tons de *otimização* da prestação da tutela jurisdicional e, portanto, de *eficiência*, vale dizer, da obtenção do maior número de resultados com o menor número possível de atos processuais. Não há como descurar, contudo, do "modelo constitucional" e do *tempo* que ele, como forma de viabilizar *também* as garantias ao réu, consome.

Chama a atenção, na letra do art. 4º, a expressa inclusão, *pertinente*, da "atividade *satisfativa*" ao lado (e sem prejuízo) da "solução integral do mérito". É o reconhecimento expresso, pelo CPC de 2015, da compreensão que venho defendendo desde as primeiras edições de meu *Curso sistematizado* e que é uma das bandeiras do *neoconcretismo* quanto a não poder a ênfase recair apenas na etapa cognitiva do processo (v. n. 4 do Capítulo 1). Ela deve incidir e com idêntica intensidade *também* na etapa *satisfativa*, o chamado "cumprimento de sentença". Até porque, não há como perder isto de vista, pode ocorrer de a etapa cognitiva do processo ser totalmente desnecessária quando se tratar de execuções fundadas em títulos executivos *extrajudiciais*. Cabe ao executado, em tais hipóteses, se esse for o caso, requerer o contrário, isto é, o reconhecimento de que o direito subjacente ao título executivo *não existe*.

Importa frisar, portanto, que o art. 4º permite, por si só, a compreensão de que a atividade jurisdicional pode não se esgotar com o reconhecimento (declaração) dos direitos, indo além, no caminho de sua *concretização*.

Por isso mesmo, o art. 4º também tem sua função didática ao permitir compreender mais adequadamente o "processo *sincrético*", indubitavelmente albergado pelo CPC de 2015, assim compreendido o processo que se divide em *fases* (ou *etapas*) sem solução de continuidade, nas quais se distribuem "*atividades* cognitivas" (de conhecimento) e "*atividades* satisfativas" (de cumprimento ou de execução) de diversa ordem, mas sempre com a finalidade principal de verificar para quem a tutela jurisdicional deve ser prestada *e também* criar condições de sua efetiva prestação, isto é, a satisfação do direito tal qual reconhecido existente pelo Estado-juiz.

2.5 A boa-fé objetiva

O art. 5º impõe a todos os que participarem do processo – todos os *sujeitos processuais*, portanto – o *dever* de comportar-se de acordo com a boa-fé. Trata-se de boa-fé *objetivamente* considerada e, por isso, vai além dos deveres de probidade de que trata o art. 77 e, de resto, não se confunde com nem se restringe às diversas situações em que a ausência de boa-fé *subjetiva* é reprimida pelo CPC de 2015.

A doutrina ensina que a boa-fé *objetiva* é verdadeira cláusula geral – e é tratada como tal pelo art. 5º –, que encerra uma série de comportamentos desejados ou esperados dos agentes em geral e aqui, no plano do processo, de todos os sujeitos processuais que, em última análise, conduzem à proteção da confiança legítima.

Nesse amplo contexto, as aplicações da boa-fé objetiva são as mais variadas. Ela pode ser empregada como vetor hermenêutico, ela pode ser fonte de criação de deveres e, por isso mesmo, como modalidade de regulamentação do exercício de direitos. Há espaço para refletir um pouco sobre estas três facetas.

De acordo com a primeira faceta, a boa-fé objetiva é elemento que deve ser levado em conta necessariamente na interpretação dos atos jurídicos em geral e inclusive – e nem poderia ser diferente – dos atos processuais. Há dois momentos em que o próprio CPC de 2015 faz uso (expresso) desta vertente. O primeiro está no § 2º do art. 322 sobre a interpretação do pedido formulado pelo autor quando ingressa em juízo: "A interpretação do pedido considerará o conjunto da postulação e observará o princípio da boa-fé". Similarmente, o § 3º do art. 489, ao ensejo da interpretação das decisões judiciais – que, em rigor, são a resposta ao pedido do autor – é expresso no sentido de que "a decisão judicial deve ser interpretada a partir da conjugação de todos os seus elementos e em conformidade com o princípio da boa-fé".

A segunda faceta da boa-fé objetiva acima destacada relaciona-se a outros princípios como o da lealdade processual. Trata-se, nesse contexto, de entendê-la como meio que enaltece o necessário cumprimento dos *deveres* processuais que garantam o atingimento daqueles valores, vedando quaisquer abusos processuais. Aqui também o CPC de 2015 é expresso, em diversas de suas passagens, a este respeito, sancionando, inclusive, o comportamento violador dos deveres processuais. É destacar, para fins ilustrativos, os parágrafos do já mencionado art. 77 em resposta à inobservância dos deveres indicados em seu *caput* e o parágrafo único do art. 774, que sanciona os atos atentatórios à dignidade da justiça no âmbito do cumprimento de sentença e da execução. A concessão de tutela provisória com fundamento no *abuso* do direito de defesa (art. 311, I) é também importante exemplo de *concretização* da boa-fé objetiva.

É nesse sentido também que a doutrina processual tem procurado transportar manifestações da boa-fé objetiva no campo do direito privado para justificar o que acima chamei de regulamentação no exercício de direitos. São as situações que vedam o comportamento contraditório, assim compreendida a prática de ato (posterior) apto a frustrar a legítima expectativa de preservação da coerência de outro ato (anterior) por determinado sujeito (*venire contra factum proprium*) e suas variantes, como a *supressio* (tornar impossível a prática de um ato porque a omissão em praticá-lo é capaz de gerar confiança legítima em outro sujeito), a *surrectio* (o direito decorrente da *surrectio* em virtude do ato que a gerou) e o *tu quoque* (prática de ato que, ao romper a legítima confiança entre os sujeitos, introduz novo elemento prejudicial na relação jurídica).

Não há espaço para duvidar da importância da compreensão da boa-fé objetiva nos amplos moldes que acabei de anunciar e de sua função, em boa hora tornada expressa pelo art. 5º.

Não obstante, importa constatar que o referido art. 5º não deve permitir o transporte, puro e simples, de formulações típicas do direito privado para o campo processual, em que, quando considerado em si mesmo, predomina o direito público. Uma coisa é entender (corretamente) que os sujeitos do processo, todos eles, devam se comportar de acordo com *standards* de boa-fé objetiva, de lealdade e de eticidade, até por causa (se não em função) dos princípios do devido processo *constitucional* e da cooperação (art. 6º). Na perspectiva do magistrado, até mesmo a *moralidade* que deve permear toda a atuação estatal (art. 37, *caput*, da CF) merece ser levada em conta para tanto, para fundamentar o *dever* de atuar de boa-fé, com lealdade e com a eticidade desejadas e hipertrofiadas. Outra situação, bem diferente, é querer reinterpretar (reinventar, talvez) o direito processual civil com base naquela concepção.

É esta a razão pela qual, particularmente, não entendo que a boa-fé enunciada, com todas as letras no art. 5º, possa querer se sobrepor a institutos processuais seculares e que são plenamente dominados pela doutrina, pela jurisprudência e pela prática do foro e, não fosse suficiente, que continuam a receber disciplina expressa pela nova codificação. Assim, não há espaço para falar, por exemplo, em *supressio* nos casos em que o que ocorreu foi a perda, pura e simples, de um prazo processual (uma *preclusão*, portanto). Não vejo necessidade de querer sofisticar o discurso em tais casos, quiçá na busca de *novidades*, em que novidade não há.

Importa, isto sim, que o art. 5º conduza o intérprete a caminhos *diversos*, *não tipificados* pelo direito processual civil, nem mesmo pelo CPC de 2015. É a prática do novo Código que demonstrará até aonde o art. 5º conseguirá chegar, para além do casuísmo criado expressamente por ele próprio, cujos dispositivos não *merecem* mas *devem* ser interpretados sob sua luz.

Um exemplo é suficiente para mostrar a abrangência da afirmação. Ao ensejo do saneamento e organização do processo (art. 357, II), pedido de prova formulado pelo réu é deferido. Semanas depois, contudo, o caso é sentenciando por magistrado diverso, que assumiu o processo, entendendo que o caso comportava julgamento antecipado do mérito (art. 355). A doutrina em geral, tanto quanto a jurisprudência, rotulam a hipótese como de cerceamento de defesa. Contudo, é isto que quero destacar, o cerceamento é a *consequência*. A sua *causa* é, bem pensada, violação ao art. 5º do CPC de 2015, justamente pela legítima expectativa de direito gerada em prol do réu quando do deferimento da prova. Para quem nega a existência de preclusões para o juiz, a hipótese mostra-se ainda mais pertinente.

2.6 Princípio da cooperação (modelo cooperativo de processo)

O art. 6º trata do "princípio da *cooperação*", querendo estabelecer um modelo de processo cooperativo – nitidamente inspirado no modelo constitucional – vocacionado à prestação efetiva da tutela jurisdicional, com ampla participação de todos os sujeitos processuais, do início ao fim da atividade jurisdicional.

Mesmo antes do CPC de 2015, já era possível (e desejável) extrair a *cooperação* dos princípios constitucionais do contraditório, do devido processo *constitucional* e da eficiência processual, enfatizando o elemento de ampla *participação* no processo (o devido na perspectiva *constitucional*) com vistas a *contribuir* não só para seu desenvolvimento, mas também para o proferimento das decisões e a satisfação do direito tal qual reconhecido.

A iniciativa do CPC de 2015 de *explicitar* aquele conteúdo, como faz em seu art. 6º, é inequivocamente pertinente e desempenha bastante bem o papel que quis destacar no n. 2, *supra*.

É comum (e absolutamente pertinente) entre nós a difusão da doutrina de Miguel Teixeira de Sousa, Professor Catedrático da Faculdade de Direito da Universidade de Lisboa, que ensina que a cooperação toma como base determinados deveres a serem observados, *inclusive* pelo magistrado. Estes deveres são o de *esclarecimento* (no sentido de o juiz solicitar às partes explicações sobre o alcance de suas postulações e manifestações), de *consulta* (no sentido de o juiz colher manifestação das partes preparatória de sua própria manifestação ou decisão), de *prevenção* (no sentido de as partes serem alertadas do uso inadequado do processo e a inviabilidade de julgamento de mérito) e de *auxílio* (no sentido de incentivar as partes a superar dificuldades relativas ao cumprimento adequado de seus direitos, faculdades, ônus ou deveres processuais).

O CPC de 2015 apresenta inúmeras *aplicações concretas* do princípio da cooperação naquelas quatro facetas, permitindo, com segurança, atestar que ele *já* implementou verdadeiro modelo de processo cooperativo. Assim, por exemplo, quando o magistrado *antes* de indeferir a inicial indica precisamente o que, no seu entender, macula aquele ato processual e deve ser corrigido sob pena de indeferimento (art. 321) – dever de *esclarecimento*; quando o juiz determina a prévia oitiva das partes para só depois decidir (art. 9º), ainda que se trate de matéria que ele *deva* apreciar de ofício (art. 10) – dever de *consulta*; quando o magistrado busca suprir a ausência de pressupostos processuais e, mais amplamente, de outros vícios que podem comprometer a prestação da tutela jurisdicional (arts. 139, IX, e 317), inclusive no âmbito recursal (art. 932, parágrafo único) – dever de *prevenção*; e no que diz respeito à modificação do ônus da prova diante dos pressupostos do art. 373, §§ 1º e 2º – dever de *auxílio*.

Observação importante que merece ser feita é que a cooperação prevista no dispositivo em comento deve ser praticada por *todos* os sujeitos do processo. Não se trata, portanto, de envolvimento apenas entre as partes (autor e réu) e de seus procuradores, aí compreendidos também os membros da advocacia pública e da defensoria pública, mas também de eventuais terceiros intervenientes (em qualquer uma das diversas modalidades de intervenção de terceiros), do próprio magistrado, de auxiliares da Justiça e, evidentemente, do próprio Ministério Público quando atuar na qualidade de fiscal da ordem jurídica.

O prezado leitor perguntará se os advogados do autor e do réu devem cooperar entre si. A melhor resposta é a positiva, no sentido de que eles não podem criar empecilhos um para o outro e também devem manter, perante seus próprios clientes, deveres de sigilo e de probidade profissional, que impedirão determinadas condutas em relação ao advogado ou à parte contrária. Isso não significa dizer, contudo, que a eles não se aplica a cooperação.

Manifestações seguras do princípio da cooperação nessa perspectiva estão no dever de declinar o endereço para onde as intimações deverão ser encaminhadas, atualizando-o ao longo do processo (art. 77, V); realizando constante atualização de seus dados cadastrais perante os órgãos do Poder Judiciário (art. 77, VII, incluído pela Lei n. 14.195/2021); na viabilidade genérica de realização de "negócios processuais" (art. 190); na possibilidade de os advogados efetivarem intimações ao longo do processo (art. 269, § 1º); na identificação consensual das questões de fato e de direito pelas partes e sujeito à homologação judicial (art. 357, § 2º), e na escolha em comum, pelas partes, do perito para realização da chamada "perícia consensual" (art. 471), apenas para citar alguns dos diversos exemplos.

Esse "modelo de processo cooperativo", máxime quando compreendido também à luz de outros elementos trazidos pelo CPC de 2015 (cabe destacar, aqui, os arts. 4º e 5º), convida a todos a terem presente a concepção do processo como método de solução (estatal) de conflitos – como "comunidade de trabalho", como sustentam alguns com base na doutrina alemã – em que os seus sujeitos, cônscios de suas funções institucionais, agem com boa-fé e em regime de cooperação entre si para viabilizar a efetiva prestação da tutela jurisdicional a quem dela for merecedor; um processo, destarte, que seja, a um só tempo, devido e eficiente.

A afirmação do parágrafo anterior não merece ser compreendida fora de seu contexto como se o art. 6º revolucionasse o direito processual civil. Ela, bem entendida, já merecia ser feita – e já o era por parcela da doutrina, inclusive nas edições anteriores ao CPC de 2015 do volume 1 do meu *Curso sistematizado* – a partir do "modelo constitucional do direito processual civil". Assim, a exemplo do que escrevi a respeito do art. 5º, a carga de real *novidade* no art. 6º é menor do que se pode supor. E não há nisto nada de errado.

O desafio do dispositivo, destarte, tanto quanto escrevi a propósito do art. 5º, é o de permitir ao intérprete e ao aplicador do direito processual civil ir além dos casos em que o próprio CPC de 2015 já se ocupou de solucionar questões ou de impor deveres na perspectiva da cooperação.

Trata-se, apenas para dar um exemplo, de entender que o conteúdo das comunicações de citação precisa ir além dos requisitos exigidos pelo § 4º do art. 246 (fruto da Lei n. 14.195/2021) e pelo art. 250, indicando, consoante o caso, com clareza e com as explicações necessárias, onde se localiza a OAB ou a Defensoria Pública para permitir que o réu, desejando, possa entrar em contato com quem tenha capacidade postulatória para representá-lo em juízo. Nas hipóteses em que a citação for feita por oficial de justiça, é irrecusável que o oficial explique ao réu, justamente por causa da cooperação, o significado dela e a indispensabilidade de procurar auxílio técnico, levando em conta o prazo relativo aos atos processuais (comparecimento em audiência de conciliação ou de mediação ou apresentação de contestação).

2.7 Princípio da isonomia (paridade de armas)

O art. 7º, ao estatuir ser "... assegurada às partes paridade de tratamento em relação ao exercício de direitos e faculdades processuais, aos meios de defesa, aos ônus, aos deveres e à aplicação de sanções processuais, competindo ao juiz zelar pelo efetivo contraditório", assegura, em primazia, o "princípio da *isonomia*", sem deixar de evidenciar, desde logo – e sem prejuízo do que dispõem os seus arts. 9º e 10 –, a importância do princípio do *contra-*

ditório. Em rigor, nada além do que o modelo constitucional do direito processual civil não traga suficientemente no *caput* e nos incisos I e LV do art. 5º da CF.

A mescla daqueles dois princípios constitucionais, que acabou sendo realizada pelo dispositivo em comento, convida à difusão de expressões menos comuns entre nós, mas não menos certas e inequivocamente didáticas, para descrever o conteúdo do art. 7º, qual seja, "paridade de armas" e "bilateralidade da audiência". *Paridade* no sentido de serem viabilizadas, pelo magistrado, *iguais chances* aos sujeitos do processo ao longo de todo o processo. *Bilateralidade* no sentido de que o magistrado deve ouvir em igualdade de oportunidade os sujeitos do processo durante todo o processo.

A isonomia, friso, deve ser sempre entendida no seu devido contexto. As justificadas razões de desigualdade no plano material e/ou no plano processual devem estar espelhadas, mitigando o rigor *textual* da palavra. Para empregar lição bastante comum, a isonomia jurídica é tratar os desiguais desigualmente na exata medida de sua desigualdade.

2.8 Hermenêutica do direito processual civil

O art. 8º busca *aprimorar* e *atualizar*, para as escolas hermenêuticas atualmente em voga – sobretudo as de índole constitucional –, os arts. 4º e 5º da Lei de Introdução às Normas do Direito Brasileiro.

Para tanto, estabelece as diretrizes que devem guiar o magistrado na interpretação – e, consequentemente, na *aplicação* – do ordenamento jurídico em cada caso concreto que lhe é submetido para análise e decisão.

São elas: o atendimento aos fins sociais e às exigências do bem comum resguardando e promovendo a dignidade da pessoa humana (que dialogam, em última análise, com os princípios fundantes do Estado brasileiro, expressados pelo art. 3º da CF). Para atingimento daquela finalidade, o magistrado observará a proporcionalidade, a razoabilidade, a legalidade, a publicidade e a eficiência (que permitirão a escorreita *concreção* da norma jurídica à luz do caso concreto, o que é bastante para afastar, em plena harmonia com o art. 140, o *non liquet*).

O § 2º do art. 489, ao ensejo de disciplinar a fundamentação da sentença (e, metonimicamente, todas e quaisquer decisões judiciais), volta ao tema, estabelecendo que, "no caso de colisão entre normas, o juiz deve justificar o objeto e os critérios gerais da ponderação efetuada, enunciando as razões que autorizam a interferência na norma afastada e as premissas fáticas que fundamentam a conclusão". As modificações introduzidas pela Lei n. 13.655/2018 na LINDB desenvolvem o tema buscando estabelecer parâmetros objetivos a serem observados na *motivação* das decisões judiciais em geral, como evidencia o seu art. 20: "Nas esferas administrativa, controladora e judicial, não se decidirá com base em valores jurídicos abstratos sem que sejam consideradas as consequências práticas da decisão. Parágrafo único. A motivação demonstrará a necessidade e a adequação da medida imposta ou da invalidação de ato, contrato, ajuste, processo ou norma administrativa, inclusive em face das possíveis alternativas".

O precitado § 2º do art. 489 revela, com transparência, o que é tão claro (e comum) nas escolas hermenêuticas da atualidade, e que é incentivado pelo próprio art. 8º: o interpretar o *texto* normativo é, antes de tudo, um ato de vontade *e* um ato criativo. É mister, por isso mesmo, que o magistrado indique as razões pelas quais chegou a uma e não a outra conclusão, revelando por que a partir do *texto* normativo alcançou a *norma* concretamente aplicada. Assim, o magistrado deverá, invariavelmente, justificar a sua interpretação na aplicação do direito. Interpretação esta que, longe os tempos em que o "juiz era boca da lei", deverá levar em consideração os valores dispersos pelo ordenamento jurídico (que não necessariamente coincidirão com os pessoais do magistrado) aplicáveis ao caso concreto e às suas especificidades.

Importa acentuar, a despeito do silêncio do art. 8º, que cabe ao magistrado, sempre e invariavelmente, também contrastar a constitucionalidade das leis, formal e substancialmente, para atender o disposto no art. 1º, o que, no âmbito dos Tribunais, por imposição do art. 97 da CF, deve ser observado no procedimento regulado pelos arts. 948 a 951 do CPC de 2015.

2.9 Princípio do contraditório

O art. 9º ocupa-se com os princípios constitucionais do contraditório e da ampla defesa (art. 5º, LV, da CF).

Enfatizando o que decorre diretamente do "modelo constitucional do direito processual civil", *todas as decisões* devem ser proferidas apenas depois de ser franqueado o *prévio* contraditório a seus destinatários. É enfático o *caput* do dispositivo: "não se proferirá decisão contra uma das partes sem que ela seja previamente ouvida".

O objetivo do dispositivo é viabilizar a prévia *participação* dos destinatários da decisão. Participação no sentido de os destinatários terem condições efetivas de *influir* ou de *influenciar* o conteúdo da decisão a ser proferida. A iniciativa redunda, como se vê do art. 10, na expressa vedação das chamadas "decisões-surpresa".

As exceções previstas no parágrafo único do art. 9º representam hipóteses de prestação de tutelas jurisdicionais que, por sua própria natureza, seriam frustradas pelo *tempo* necessário ao estabelecimento do *prévio* contraditório ou se mostram aprioristicamente desnecessárias pela evidência do direito afirmado (e comprovado) pelo autor.

A primeira hipótese, prevista no inciso I do parágrafo único do art. 9º, reside nos casos de concessão de tutela provisória *fundada em urgência*.

A segunda, é o que se lê do inciso II do parágrafo único do mesmo art. 9º, relaciona-se à concessão da tutela provisória fundada em *evidência* nos casos em que o autor comprovar suas alegações documentalmente e em que sua pretensão fundamentar-se em julgamento de recursos repetitivos ou súmula vinculante, ou, ainda, quando se tratar de pedido reipersecutório fundado em prova documental do contrato de depósito. A previsão encontra eco no parágrafo único no art. 311.

A mesma noção de *evidência* explica também a exceção prevista no inciso III do parágrafo único do art. 9º, que autoriza a expedição do mandado de pagamento, de entrega de coisa ou para execução de obrigação de fazer ou não fazer contra o réu na chamada "ação monitória".

Nas hipóteses do parágrafo único do art. 9º, é importante frisar, o que ocorre é mero *postergamento* do contraditório, diante da escolha feita (validamente) pelo legislador sobre a preponderância *momentânea* de outro princípio, no caso, o da efetividade do processo ou, como proponho no n. 2.1.16 do Capítulo 1, efetividade do direito material pelo processo. Não se trata – e nem poderia, sob pena de atrito não só com o referido dispositivo, mas, superiormente, com o "modelo constitucional" e o alcance do inciso XXXV do art. 5º da CF – de *eliminação* do contraditório.

2.10 Ainda e mais o contraditório: vedação das decisões-surpresa

O art. 10, aplicando (e desenvolvendo) o que se pode extrair do art. 9º, quer evitar o proferimento das chamadas "decisões-surpresa", isto é, aquelas decisões proferidas pelo magistrado sem que tenha permitido *previamente* às partes a *oportunidade* de influenciar sua decisão e, mais do que isso, sem permitir a elas que tivessem conhecimento de que decisão como aquela poderia vir a ser proferida.

A vedação, novidade textual do CPC de 2015, é expressa: "O juiz não pode decidir, em grau algum de jurisdição, com base em fundamento a respeito do qual não se tenha dado às partes oportunidade de se manifestar, ainda que se trate de matéria sobre a qual deva decidir de ofício".

Ressalva importante contida na norma está em que o prévio contraditório deve ser observado mesmo quando se tratar de "matéria sobre a qual deva decidir de ofício". Assim, importa conciliar o *dever* do magistrado de apreciar determinadas questões ao longo de todo o processo, independentemente de provocação (v.g.: questões relativas à higidez do desenvolvimento do direito de ação ou do desenvolvimento do processo e, até mesmo, questões de ordem material), e o *dever* de as partes serem ouvidas *previamente* sobre a resolução de tais questões. O objetivo é viabilizar que as partes possam manifestar-se sobre o que, superado o contraditório, pode vir a se tornar decisão que as afete de alguma maneira, eliminando, com isso, qualquer pecha de surpresa no desenvolvimento do processo. Nesse contexto, aliás, a relação do art. 10 com a boa-fé objetiva do art. 5º é inconteste.

A norma exige que as *partes* sejam ouvidas previamente. O prezado leitor perguntará se é possível interpretar a palavra mais amplamente para se referir aos terceiros, assim entendido também o Ministério Público quando atuar na qualidade de fiscal da ordem jurídica. A resposta só pode ser *positiva* porque, a insistência nunca será demasiada, o contraditório deriva diretamente do "modelo constitucional do direito processual civil", sendo mera expressão redacional sua a contida no dispositivo anotado.

Cabe destacar, por fim, que a palavra "fundamento" que se lê do dispositivo não deve ser entendida como sinônimo de "causa de pedir". O art. 10 não está a autorizar que a causa de pedir seja *alterada* pelo magistrado desde que as partes sejam previamente ouvidas. À hipótese, prevalecem o regime e os limites temporais do art. 329, de forma mais ampla, do princípio da vinculação do juiz ao pedido, extraível desde o art. 2º e estampado no art. 141 do CPC de 2015. Por isso mesmo, importa compreender "fundamento" como sinônimo de "argumento", de "razões" ou de "motivos" que se mostrem, respeitados os limites objetivos do processo (pedido e causa de pedir), aptos para justificar a decisão a ser tomada pelo magistrado, em um e em outro sentido. É sobre esse *argumento* (ou sobre essas razões) que as partes devem ser ouvidas. Após sua discussão específica, segue-se a decisão.

2.11 Princípios da publicidade e da fundamentação

O art. 11, que encontra fundamento bastante no inciso IX do art. 93 da CF, refere-se ao "princípio da publicidade" e ao "princípio da motivação".

De acordo com o *caput* do dispositivo, "todos os julgamentos dos órgãos do Poder Judiciário serão públicos, e fundamentadas todas as decisões, sob pena de nulidade".

A publicidade deve ser entendida menos em termos de televisionamento de julgamentos, como se vê na TV Justiça, por exemplo (embora esse elemento seja importante e já faça parte, conquistada, do "modelo constitucional do direito processual civil"), e mais no sentido de os atos judiciais de maneira geral (inclusive os autos ou o arquivo eletrônico em que se desenvolvem) serem acessíveis a todos, inclusive como forma de viabilizar o indispensável controle dos destinatários da função jurisdicional pelos que a exercem.

A fundamentação, por sua vez, refere-se à necessidade de o magistrado explicar suficientemente nas decisões que profere as razões de seu convencimento. Inovação importante trazida pelo CPC de 2015 acerca da questão está naquilo que o art. 11 *não enuncia*. Refiro-me, em especial, ao § 1º do art. 489 que, embora de forma indireta (e pela negativa), indica em que situações as decisões judiciais *não estão suficientemente motivadas*.

A exceção veiculada no parágrafo único do art. 11 sobre o segredo de justiça ("nos casos de segredo de justiça, pode ser autorizada a presença somente das partes, de seus advogados, de defensores públicos ou do Ministério Público") harmoniza-se com o referido dispositivo constitucional, sendo certo, todavia, que, de acordo com a própria previsão constitucional, o sigilo não pode prejudicar "o interesse público à informação". Cabe ao magistrado, consoante as peculiaridades de cada caso concreto, conjugar aqueles dois valores opostos (intimidade e interesse público à informação) para bem concretizar a norma constitucional e a codificada, objeto também do art. 189, ao qual volto no n. 3 do Capítulo 5.

2.12 Ordem cronológica de conclusão

A última "norma fundamental do processo civil", na visão do CPC de 2015, é a ordem cronológica para o proferimento de sentenças e/ou acórdãos, prevista no art. 12, a ser atendida "preferencialmente" pelos magistrados, como quer a nova redação que o dispositivo ganhou durante a *vacatio legis* com a Lei n. 13.256/2016.

Há um certo exagero do legislador com relação ao ponto. A não ser pela *localização* do dispositivo, nada há nele que possa ser equiparado ao objeto dos artigos anteriores, do 1º a 11, eles sim verdadeiras *normas fundamentais*, até porque, em última análise, derivadas *diretamente* do "modelo constitucional do direito processual civil". Tivesse o art. 12 sido inserido entre as atribuições do magistrado – a exemplo do que faz o art. 153 com relação à função a ser exercida pelo escrivão ou chefe de secretaria em harmonia com o aqui analisado (v. n. 5.3.1 do Capítulo 4) – e o alcance da *regra* seria rigorosamente o mesmo.

Que a afirmação anterior seja entendida, prezado leitor, no seu devido contexto. O art. 12, mesmo com a flexibilização derivada do termo "preferencial" nele incluído, deve ser compreendido como regra de organização do gabinete dos magistrados e bem-intencionada, não o nego, com vistas a criar maior *publicidade* – se se quiser *transparência* – no gerenciamento dos processos prontos para proferir sentença ou acórdão, até como forma de tornar mais *eficiente* a prestação jurisdicional e assegurar a *isonomia* entre os litigantes a partir da eleição de critérios adequados para tanto. A lembrança, proposital, de outras normas fundamentais do direito processual civil, espalhadas entre os primeiros onze artigos do Código, contudo, não tem o condão de modificar a substância do art. 12. Há um espaço abismal entre aquelas duas realidades jurídicas.

Aliás, é o caráter *inegavelmente* gerencial e burocrático, verdadeiramente *administrativo*, do art. 12 que coloca em xeque sua constitucionalidade. É possível à União Federal legislar sobre o assunto com fundamento no inciso I do art. 22 da CF? A matéria não seria mais afeita à regulação a ser efetuada pelos próprios Tribunais, com fundamento na alínea "b" do inciso I do art. 96 e, até mesmo, no *caput* do art. 99 da CF? Para os fins perseguidos por este *Manual*, são suficientes os pontos de interrogação, a insinuar uma primeira resposta negativa seguida de duas respostas afirmativas.

A despeito dessas considerações – coerentemente ao que anunciei desde o Prólogo –, é aqui o local apropriado para tratar do art. 12.

O dispositivo, como acabei de acentuar, quer criar condições *objetivas* de controlar a ordem dos processos nos gabinetes judiciais. Para tanto, na sua versão original, os magistrados *deviam*, necessariamente, proferir sentenças (na primeira instância) ou acórdãos (nos Tribunais) com observância da ordem cronológica da conclusão, disponibilizada a lista respectiva, para fins de ciência e controle, ao público em geral no próprio cartório ou secretaria judicial, e também na rede mundial de computadores (§ 1º). A Lei n. 13.256/2016, como já escrevi, flexibilizou a regra: os magistrados devem *preferencialmente* atender à ordem de conclusão para proferir sentenças ou acórdãos. O acréscimo é bastante para enfraquecer a rigidez do comando original da regra, quiçá torná-la inócua, verdadeiramente sem sentido, ao menos na perspectiva de sua concepção original.

É correto afirmar, diante da redação que entrou em vigor com o CPC de 2015, que a ordem estabelecida pelo art. 12 para que os magistrados em geral profiram decisões ou acórdãos não é rígida, mas apenas *indicativa*. É esta a interpretação que o "preferencialmente" inserido no *caput* do dispositivo merece receber. O que, a despeito da nova redação do *caput*, continua a ser obrigatório é a disponibilização, para consulta pública, em cartório e na rede mundial de computadores da "lista de processos aptos a julgamento" (art. 12, § 1º).

O § 2º continua a indicar uma série de exceções para a ordem preferencial do *caput*, quais sejam: sentenças proferidas em audiência, homologatórias de acordo ou de improcedência liminar do pedido (inciso I); julgamento de processos em bloco para aplicação de tese jurídica firmada em julgamento de casos repetitivos (inciso II); julgamento de recursos repetitivos ou de incidente de resolução de demandas repetitivas (inciso III); decisões proferidas com base nos arts. 485 (sentenças sem resolução de mérito) e 932 (hipóteses de proferimento de decisão monocrática no âmbito dos Tribunais) (inciso IV); julgamento de embargos de declaração (inciso V); julgamento de agravo interno (inciso VI); preferências legais (como se dá, por exemplo, com o *habeas corpus*, quando há réu preso [arts. 980; 1.035, § 9º; 1.037, § 4º; art. 1.038, § 2º], com o art. 1.048 [cujo inciso I merece ser interpretado em conjunto com a prioridade especial estabelecida em favor dos idosos com mais de 80 anos criada pelo art. 4º da Lei n. 13.466/2017 diante dos idosos com 60 anos ou mais; cujo inciso III foi incluído pela Lei n. 13.894/2019, dando preferência aos processos em que figure como parte (autora ou ré) a vítima de violência doméstica e familiar, nos termos da Lei n. 11.340/2006, a "Lei Maria da Penha", e que tem o inciso IV introduzido pela Lei n. 14.133/2021, para dar preferência aos processos "em que se discuta a aplicação do disposto nas normas gerais de licitação e contratação a que se refere o inciso XXVII do *caput* do art. 22 da CF"] e com o mandado de segurança [art. 20 da Lei n. 12.016/2009]) e metas determinadas pelo CNJ (inciso VII); processos criminais, nos órgãos jurisdicionais que tenham competência penal (inciso VIII); e, por fim, a causa que exija urgência no julgamento, desde que reconhecida por decisão fundamentada (inciso IX).

Os §§ 3º a 5º querem evitar eventuais burlas à cronologia decorrente do *caput, não* obstante o caráter meramente *indicativo* da regra. Os dispositivos devem dialogar necessariamente com o já mencionado art. 153, também "flexibilizado" pela mesma Lei n. 13.256/2016. Seja pela observância de outras preferências legais ilustradas suficientemente acima a partir da elaboração da lista a que se refere o § 1º do art. 12, seja pela vedação de que o requerimento formulado pela parte possa provocar alteração na ordem cronológica, a não ser que acarrete a reabertura da instrução ou a realização de diligência.

O § 6º, por fim, quer criar condições para que os casos indicados em seus incisos – sentença ou acórdão anulado, salvo se houver necessidade de diligência ou reabertura da fase instrutória (inciso I) e quando for o caso de aplicação do paradigma decorrente de recurso extraordinário e/ou especial repetitivo (inciso II) – sejam julgados o mais rapidamente possível. Na primeira hipótese, de anulação da sentença ou do acórdão, a iniciativa quer evitar a sensação de "tempo perdido", que poderia ser experimentada com a nulidade da decisão anterior. Na segunda, a opção é claramente política, harmônica ao que quer o CPC de 2015 quanto a transformar as decisões proferidas pelos Tribunais Superiores – o art. 1.040 trata dos recursos extraordinários e especiais *repetitivos* – em verdadeiros "indexadores jurisprudenciais". É razão bastante, aliás, para interpretar o dispositivo amplamente para nele albergar as demais hipóteses referidas no art. 927, como proponho, não obstante algumas críticas, no n. 2 do Capítulo 16.

Para garantir o cumprimento do art. 12, há expressa previsão para que o escrivão ou chefe de secretaria observe, também de maneira preferencial, a ordem cronológica de recebimento para publicação e efetivação dos pronunciamentos judiciais, elaborando e mantendo lista para consulta pública (art. 153, que também ganhou nova redação com a Lei n. 13.256/2016).

De outra parte, e com o mesmo intuito, o § 5º do art. 1.046, situado no Livro Complementar do CPC de 2015, impõe que a primeira lista de processos para julgamento em ordem cronológica, ainda que "preferencial", observará a antiguidade da distribuição entre os já conclusos na data de sua entrada em vigor.

E, perguntará o prezado leitor, o que ocorrerá se a ordem estabelecida pelo art. 12 for descumprida? Nada há no CPC de 2015, nem na sua versão original, nem na versão que entrou em vigor com a Lei n. 13.256/2016, que autorize o entendimento de que a decisão proferida fora de ordem seja, só por isso, *inválida*, isto é, que ela contenha algum vício. A flexibilização introduzida por aquela lei no *caput* do art. 12 vem, inequivocamente, para confirmar ser este entendimento o mais adequado. Se assim é, a questão parece importar apenas ao âmbito administrativo: as corregedorias locais e o CNJ, cientes do ocorrido, poderão apurar o fato e, estabelecido o devido processo *administrativo*, aplicar as sanções e penalidades cabíveis. Todos aqueles que se sentirem preteridos pelo julgamento fora de ordem terão, aliás, legitimidade para a provocação daqueles órgãos.

3. APLICAÇÃO DAS NORMAS PROCESSUAIS

O art. 13, que abre o Capítulo II do Título Único do Livro I da Parte Geral do CPC de 2015, dispõe que a jurisdição civil será regida pelas normas processuais brasileiras, ressalvadas as disposições específicas previstas em tratados, convenções ou acordos internacionais de que o Brasil seja parte.

O art. 14 estabelece a irretroatividade da norma processual e a sua aplicabilidade imediata aos processos em curso. Também impõe o respeito aos atos processuais praticados e as situações jurídicas consolidadas sob a vigência da norma revogada, o que traz à mente o disposto no inciso XXXVI do art. 5º da CF e a proteção ao direito adquirido e ao ato jurídico perfeito lá determinada.

A primeira parte do art. 14 agasalha expressamente o princípio do *tempus regit actum*, que deve ser entendido como a incidência *imediata* das novas leis no processo em curso, com a preservação dos atos processuais já praticados. A regra é harmônica com o *caput* do art. 1.046, que estabelece expressamente a aplicação imediata do CPC de 2015 aos processos em curso com a sua entrada em vigor (art. 1.045), com a expressa revogação do CPC de 1973.

O Livro Complementar do CPC de 2015 enumera, contudo, uma série de exceções, que merecem ser destacadas aqui:

O § 1º do art. 1.046 preserva em vigor a disciplina do CPC de 1973 atinente ao procedimento sumário e aos procedimentos especiais revogados pelo CPC de 2015 aos processos em curso e não sentenciados até o início da vigência do novo Código. Também as disposições especiais de procedimentos regulados por outras leis permanecem em vigor, com a aplicação supletiva do CPC de 2015 (art. 1.046, § 2º).

Os processos mencionados no art. 1.218 do CPC de 1973 – que mantém em vigor algumas hipóteses ainda reguladas pelo CPC de 1939 – que não tenham, ainda, recebido nova disciplina legislativa passam a ser regidos pelo CPC de 2015, observando-se, quanto ao procedimento, o comum (art. 1.046, § 3º).

As remissões a disposições do CPC de 1973, existentes em outras leis, passam a referir-se a seus correspondentes no CPC de 2015 (art. 1.046, § 4º).

O art. 1.047 contém importantíssima regra de direito intertemporal, que tem como objetivo isolar os atos processuais relativos ao direito probatório tendo em vista as profundas alterações que, sobre o tema, traz o CPC de 2015. De acordo com o dispositivo, as novidades relativas ao direito probatório oferecidas pelo CPC de 2015 só se aplicam às provas que tenham sido requeridas (pelas partes e por eventuais intervenientes) ou determinadas de ofício (isto é, pelo próprio magistrado) a partir da data de início de sua vigência.

O art. 1.049 consagra as amplas subsidiariedade e supletividade do procedimento comum. O parágrafo único vai além, determinando a observância do procedimento comum também nos casos em que a lei extravagante faz alusão ao procedimento sumário, que não foi preservado pelo CPC de 2015, ressalvadas as especificidades da própria lei. Interessante notar, com relação ao parágrafo único, que ele não reproduz, para os casos em que o procedimento sumário é exigido pela lei extravagante anterior ao CPC de 2015, a regra do § 1º do art. 1.046.

O art. 1.052 mantém em vigor as disposições do CPC de 1973 sobre a execução contra devedor insolvente (arts. 748 a 786-A) até que lei específica venha tratar do assunto, perdendo a chance de resolver os diversos problemas daquele procedimento com proposta constante do Projeto do Senado Federal elaborada pelo saudoso Ministro Athos Gusmão Carneiro, substituindo toda a complexa disciplina daquela modalidade de execução pela distribuição proporcional do valor arrecadado em relação aos credores.

O art. 1.053 preserva a substância do ato em detrimento de erro de forma em período de transição de um sistema (em papel) para outro (eletrônico) ao determinar que os atos processuais praticados por meio eletrônico até a transição definitiva para certificação digital ficam convalidados, ainda que não tenham observado os requisitos mínimos estabelecidos pelo CPC de 2015, desde que tenham atingido sua finalidade e não tenha havido prejuízo à defesa de qualquer das partes.

O art. 1.054 se ocupa especificamente com as questões de direito intertemporal derivadas da extinção da "ação declaratória incidental" (art. 503, § 1º) e da formação da coisa julgada sobre as questões prejudiciais (v. n. 7.2.1 do Capítulo 11). A opção do CPC de 2015 é clara: a nova sistemática só se aplica aos processos iniciados após sua entrada em vigor, preservando, para os anteriores, a disciplina dos arts. 5º, 325 e 470 do CPC de 1973, a exigir, no que interessa destacar aqui, a iniciativa expressa do réu ou do autor para que a questão prejudicial também seja alcançada pela chamada coisa julgada material.

O art. 1.056 estabelece como início da prescrição intercorrente (art. 921, § 4º, que ganhou nova redação com a Lei n. 14.195/2021, mas preservando o mesmo sentido), que pode justificar a extinção da execução (art. 924, V), a data do início de vigência do CPC de 2015, inclusive para as execuções em curso.

O art. 1.057, de discutível constitucionalidade formal por extrapolar os limites dos Projetos do Senado e da Câmara, restringe às decisões transitadas em julgado *após* a entrada em vigor do CPC de 2015 a incidência dos §§ 14 e 15 do art. 525 e dos §§ 7º e 8º do art. 535. Para as decisões transitadas em julgado antes do advento da nova codificação, fica preservado o disposto no § 1º do art. 475-L e no parágrafo único do art. 741 do CPC de 1973.

O art. 1.063 preserva, até o advento de lei que discipline diferentemente, a competência dos Juizados Especiais Cíveis para julgamento (exclusivo) das causas referidas pelo art. 275, II, do CPC de 1973, considerando a extinção, pelo CPC de 2015, do procedimento sumário.

O art. 1.070 amplia o prazo do agravo interposto contra decisões monocráticas no âmbito dos Tribunais, indistintamente, de estarem previstos em leis extravagantes ou nos regimentos internos dos tribunais, para os mesmos quinze dias (úteis, por força do *caput* do art. 219) previstos no § 5º do art. 1.003 do CPC de 2015. O STJ vem entendendo, contudo, que a preservação do art. 39 da Lei n. 8.038/1990 – já que não revogado expressamente pelo inciso IV do art. 1.072 – deve ser interpretada no sentido de que, no âmbito dos processos penais em trâmite naquele Tribunal, o prazo daquele agravo ainda é o de cinco dias.

Com relação à segunda parte do art. 14, não há espaço para duvidar de que, também no plano processual, os atos processuais (porque praticados no âmbito e para o processo) e os fatos processuais (porque influentes ao processo) devem ser apanhados pelo inciso XXXVI do art. 5º da CF e a proteção lá prevista que, em última análise, enaltece o princípio da segurança jurídica. É o que a doutrina chama, em geral, de "princípio do isolamento dos atos processuais" a ser analisado, caso a caso, para verificar em que medida a nova lei processual (inclusive o próprio CPC de 2015) pode incidir, por força da primeira parte do dispositivo e do *caput* do art. 1.046.

O art. 15, ao encerrar o Capítulo II do Título Único da Parte Geral do CPC de 2015, quer acentuar o caráter *supletivo* (no sentido de complementar aquelas normas, suprindo suas lacunas) e o *subsidiário* (no sentido de auxiliar e de contribuir na compreensão daquelas outras normas) da nova codificação aos demais *processos* jurisdicionais – o dispositivo faz referência expressa ao processo *trabalhista* e ao processo *eleitoral* – e ao processo *administrativo*.

A medida exata em que essa aplicação se dará naqueles campos – e, inclusive, no processo *penal*, a despeito do silêncio do art. 15 – é questão que extrapola os limites deste *Manual*, até porque seus verdadeiros conhecedores são os cultores daquelas outras áreas do processo. São eles que terão condições plenas de saber em que medida o CPC de 2015 tem o condão de interferir naqueles outros campos, confrontando e contrastando a legislação específica preexistente.

Idêntica reflexão merece ser feita sobre o alcance e o impacto do CPC de 2015 para os Juizados Especiais e suas leis de regência, as Leis n. 9.099/1995, 10.259/2001 e 12.153/2009 (v. n. 2.2 do Capítulo 1). Ainda que o Livro Complementar do CPC de 2015 traga algumas (muito poucas) regras expressas (arts. 1.062 a 1.066), a falta de referência àquele sistema pelo art. 15 não é óbice, muito pelo contrário, para a discussão sobre os limites da aplicação do novo Código, supletiva e subsidiariamente, aos Juizados. A respeito do tema, cabe destacar a Lei n. 13.728/2018 que, introduzindo um art. 12-A na Lei n. 9.099/1995, expressamente dispôs acerca da contagem em dias úteis dos prazos fixados pelo magistrado ou pela lei para a prática de atos processuais no âmbito dos Juizados Especiais, inclusive a interposição de recursos.

Resumo do Capítulo 2

MODELO CONSTITUCIONAL
(ART. 1º)

- Princípios constitucionais do direito processual civil
- Organização judiciária
- Funções essenciais à Administração da Justiça
- Procedimentos jurisdicionais constitucionalmente diferenciados
- Normas de concretização do direito processual civil
- Aplicações e alcance do modelo proposto
    - Inconstitucionalidades derivadas do processo legislativo
    - Inconstitucionalidades por vício de iniciativa/extrapolação de competência
    - Inconstitucionalidades substanciais

INÉRCIA DA JURISDIÇÃO
(ART. 2º)

- Imparcialidade
- Vinculação do juiz ao pedido
- Princípio *dispositivo* x princípio *inquisitório*
- O *tempero* da "cooperação"

MEIOS ALTERNATIVOS
(ART. 3º)

- Inafastabilidade: alcance
- Meios alternativos de solução de conflitos
    - Meios *ADEQUADOS*
- Conciliação
- Mediação
    - A Lei n. 13.140/2015
- Arbitragem
    - A Lei n. 13.129/2015

EFICIÊNCIA PROCESSUAL
(ART. 4º)

- Art. 5º, LXXVIII, da CF
- Celeridade x eficiência
    - Otimização da prestação jurisdicional
- Atividade *cognitiva*
- Atividade *executiva* (satisfativa)
- Um (novo) conceito de tutela jurisdicional

BOA-FÉ OBJETIVA
(ART. 5º)

- Alcance
- Vetor hermenêutico
  - Art. 322, § 2º (petição inicial)
  - Art. 489, § 3º (sentença/decisões jurisdicionais)
- Criação de deveres
  - Litigância de má-fé
  - Atos atentatórios à dignidade da justiça
- *Venire contra factum proprium*
  - *Supressio, surrectio, tu quoque*
- Transporte para o plano processual
  - Lealdade e eticidade

COOPERAÇÃO
(ART. 6º)

- Um novo *modelo* de processo (?)
- Deveres de
  - Esclarecimento
    - Art. 321 (indeferimento da inicial)
  - Consulta
    - Prévio contraditório (arts. 9º e 10)
  - Prevenção
    - Dever-poder geral de saneamento (art. 139, IX)
  - Auxílio
    - Modificação do ônus da prova (art. 373, §§ 1º e 2º)
- Cooperação entre as partes/advogados (?)

ISONOMIA
(ART. 7º)

- Igualdade entre iguais
- Igualdade substancial
- Relação com o contraditório
  - Paridade de armas
  - Bilateralidade da audiência

HERMENÊUTICA
(ART. 8º)

- "Atualização" dos arts. 4º e 5º da LINDB
- Crise do legalismo
- Impacto no dever de fundamentação (art. 489, § 2º)
- *Amicus curiae*

CONTRADITÓRIO
(ART. 9º)

- Ênfase da necessidade do contraditório prévio
- Exceções
  - Tutela provisória de urgência
  - Tutela da evidência (art. 311, II e III)
  - Expedição do mandado monitório
  - Rol exaustivo (?)
- Mera *postergação* do contraditório

CONTRADITÓRIO
(ART. 10)

- Vedação das decisões-surpresa
- Necessidade de prévia influência
- O que é "fundamento" para os fins do art. 10?
- Questões de ofício

PUBLICIDADE E FUNDAMENTAÇÃO
(ART. 11)

- Publicidade
  - Exceções (segredo de justiça)
- Fundamentação
  - Art. 489, §§ 1º e 2º
  - Os argumentos pró e contra (art. 984, § 2º, e os revogados § 2º do art. 1.029, e § 5º do art. 1.043, e a nova redação do § 3º do art. 1.038, dada pela Lei n. 13.256/2016)

ORDEM CRONOLÓGICA (ART. 12)
■ Norma fundamental (?)
▪ Constitucionalidade do dispositivo (art. 96, I, *b*, da CF) (?)
■ Ordem cronológica para sentenças e acórdãos
▪ A Lei n. 13.256/2016 e o advérbio "preferencialmente"
■ Lista para controle
■ Exceções
■ Relação com o art. 153
■ A primeira lista (art. 1.046, § 5º)

APLICAÇÃO DAS NORMAS PROCESSUAIS
■ Art. 13: aplicação das normas processuais civis brasileiras, ressalvados os tratados, convenções ou acordos internacionais
■ Art. 14: irretroatividade da norma processual e aplicação imediata
▪ Aplicação imediata do CPC de 2015 desde sua entrada em vigor (arts. 1.045 e 1.046, *caput*)
▪ As exceções do Livro Complementar
■ Art. 15 e a aplicabilidade supletiva e subsidiária do CPC de 2015 aos processos *trabalhista*, *eleitoral* e *administrativo*
▪ No processo penal
▪ Nos Juizados Especiais

Leituras Complementares (Capítulo 2)

Monografias e livros

BARREIROS, Lorena Miranda Santos. *Fundamentos constitucionais do princípio da cooperação processual*. Salvador: JusPodivm, 2013.

CAIS, Fernando Fontoura. *Comentários ao Código de Processo Civil*, vol. XXI: disposições finais e transitórias. São Paulo: Saraiva, 2017.

CASTRO, Aldo Aranha de. *Acesso à justiça e meios adequados de solução de conflito*: a efetividade dos CEJUSCS nas demandas processuais e pré-processuais. Londrina: Thoth, 2022.

DALL'OLIO, Gustavo. *Cooperação no processo civil*. São Paulo: Revista dos Tribunais, 2022.

DELFINO, Lúcio. Código de Processo Civil comentado, vol. 1: arts. 1º a 69. Belo Horizonte: Fórum, 2020.

DINAMARCO, Cândido Rangel. *Comentários ao Código de Processo Civil*, vol. I: das normas processuais civis e da função jurisdicional. São Paulo: Saraiva, 2018.

DIDIER JR., Fredie (coord. geral); DIDIER JR., Fredie; NUNES, Dierle; FREIRE, Alexandre (coord.). *Normas fundamentais*. Salvador: JusPodivm, 2016.

DIDIER JR., Fredie. (coord. geral); YARSHELL, Flávio Luiz; PESSOA, Fabio Guidi Tabosa (coords.). *Direito intertemporal*. Salvador: JusPodivm, 2016.

DIDIER JR., Fredie. (coord. geral); ZANETI JR., Hermes; CABRAL, Trícia Navarro Xavier (coords.). *Justiça multiportas*: mediação, conciliação, arbitragem e outros meios de solução adequada de conflitos. 2. ed. Salvador: JusPodivm, 2018.

HALE, Durval; PINHO, Humberto Dalla Bernardina de; CABRAL, Trícia Navarro Xavier (org.). *O marco legal da mediação no Brasil*: comentários à Lei n. 13.140, de 26 de junho de 2015. São Paulo: GEN/Atlas, 2016.

LANES, Júlio Cesar Goulart. *Fato e direito no processo civil cooperativo*. São Paulo: Revista dos Tribunais, 2014.

MARANHÃO, Clayton. *Comentários ao Código de Processo Civil*, vol. XVII: artigos 1.045 ao 1.072. São Paulo: Revista dos Tribunais, 2016.

MARINONI, Luiz Guilherme; MITIDIERO, Daniel. *Comentários ao Código de Processo Civil*, vol. I: artigos 1º ao 69. São Paulo: Revista dos Tribunais, 2016.

MITIDIERO, Daniel. *Colaboração no processo civil*: pressupostos sociais, lógicos e éticos. 3. ed. São Paulo: Revista dos Tribunais, 2015.

NERY, Maria Carolina. *Arbitragem e poder judiciário*: propostas para um diálogo. São Paulo: Revista dos Tribunais, 2020.

NUNES, Dierle; LUCON, Paulo Henrique dos Santos; WOLKART, Érik Navarro (coord.). *Inteligência artificial e direito processual*: os impactos da virada tecnológica no direito processual. Salvador: JusPodivm, 2020.

SANTOS, Welder Queiroz dos. *Contraditório e decisão surpresa*. São Paulo: GEN/Forense, 2017.

SCARPINELLA BUENO, Cassio. *Curso sistematizado de direito processual civil*, vol. 1: teoria geral do direito processual civil e parte geral do Código de Processo Civil. 13. ed. São Paulo: Saraiva, 2023.

TERCEIRO NETO, João Otávio. *Interpretação dos atos processuais*. Rio de Janeiro: Forense, 2019.

TUNALA, Larissa Gaspar. *Comportamento processual contraditório*: a proibição de *venire contra factum proprium* no direito processual civil brasileiro. Salvador: JusPodivm, 2015.

Capítulos de livros

ABBOUD, Georges. Comentários ao art. 8º. In: SCARPINELLA BUENO, Cassio (coord.). *Comentários ao Código de Processo Civil*. São Paulo: Saraiva, 2017. vol. 1.

CAHALI, Francisco José; CAHALI, Claudia Elisabete Schwerz. Comentários ao art. 3º. In: SCARPINELLA BUENO, Cassio (coord.). *Comentários ao Código de Processo Civil*. São Paulo: Saraiva, 2017. vol. 1.

CAMARGO, Luiz Henrique Volpe. Comentários ao art. 12. In: SCARPINELLA BUENO, Cassio (coord.). *Comentários ao Código de Processo Civil*. São Paulo: Saraiva, 2017. vol. 1.

DEMERCIAN, Pedro Henrique; MALULY, Jorge Assaf. Comentários ao art. 15. In: SCARPINELLA BUENO, Cassio (coord.). *Comentários ao Código de Processo Civil*. São Paulo: Saraiva, 2017. vol. 1.

DIDIER JR., Fredie. Comentários aos arts. 1.045 a 1.061 e 1.067 a 1.070. In: SCARPINELLA BUENO, Cassio (coord.). *Comentários ao Código de Processo Civil*. São Paulo: Saraiva, 2017. vol. 4.

DOMIT, Otávio Augusto dal Molin. Comentários ao art. 2º. In: SCARPINELLA BUENO, Cassio (coord.). *Comentários ao Código de Processo Civil*. São Paulo: Saraiva, 2017. vol. 1.

FÔNSECA, Vitor. Comentários ao art. 4º. In: SCARPINELLA BUENO, Cassio (coord.). *Comentários ao Código de Processo Civil*. São Paulo: Saraiva, 2017. vol. 1.

MALLET, Estevão. Comentários ao art. 15. In: SCARPINELLA BUENO, Cassio (coord.). *Comentários ao Código de Processo Civil*. São Paulo: Saraiva, 2017. vol. 1.

PESSOA, Fabio Guidi Tabosa. Comentários aos arts. 13 e 14. In: SCARPINELLA BUENO, Cassio (coord.). *Comentários ao Código de Processo Civil*. São Paulo: Saraiva, 2017. vol. 1.

_____. Comentários ao art. 15. In: SCARPINELLA BUENO, Cassio (coord.). *Comentários ao Código de Processo Civil*. São Paulo: Saraiva, 2017. vol. 1.

PIRES, Luis Manuel Fonseca. Comentários ao art. 15. In: SCARPINELLA BUENO, Cassio (coord.). *Comentários ao Código de Processo Civil.* São Paulo: Saraiva, 2017. vol. 1.

RIBEIRO, Darci Guimarães. Comentários aos arts. 5º ao 7º. In: SCARPINELLA BUENO, Cassio (coord.). *Comentários ao Código de Processo Civil.* São Paulo: Saraiva, 2017. vol. 1.

RODRIGUES, MARCELO Abelha. Comentários ao art. 15. In: SCARPINELLA BUENO, Cassio (coord.). *Comentários ao Código de Processo Civil.* São Paulo: Saraiva, 2017. vol. 1.

SANTOS, Welder Queiroz dos. Comentários aos arts. 9º ao 11. In: SCARPINELLA BUENO, Cassio (coord.). *Comentários ao Código de Processo Civil.* São Paulo: Saraiva, 2017. vol. 1.

SCARPINELLA BUENO, Cassio. Comentários ao art. 1º. In: SCARPINELLA BUENO, Cassio (coord.). *Comentários ao Código de Processo Civil.* São Paulo: Saraiva, 2017. vol. 1.

Artigos

ABBOUD, Georges. Democracia e forbearance: reflexões acerca das regras implícitas no jogo democrático. Revista de Processo, vol. 299. São Paulo: Revista dos Tribunais, jan. 2020.

ABBOUD, Georges; LUNELLI, Guilherme. Ativismo judicial e instrumentalidade do processo: diálogos entre discricionariedade e democracia. *Revista de Processo*, vol. 242. São Paulo: Revista dos Tribunais, abr. 2015.

ABREU, Rafael Sirangelo de. Customização processual compartilhada: o sistema de adaptabilidade do novo CPC. *Revista de Processo*, vol. 257. São Paulo: Revista dos Tribunais, jul. 2016.

ALVES, Danilo Scramin; MEDEIROS NETO, Elias Marques de. Uma análise da vedação a decisões surpresa no Brasil em comparação com os sistemas jurídicos europeus. Revista de Processo, vol. 304. São Paulo: Revista dos Tribunais, jun. 2020.

ALVIM, Arruda; GUEDES, Clarissa Diniz. Princípio do contraditório, cooperação e direito probatório. Revista de Processo, vol. 304. São Paulo: Revista dos Tribunais, jun. 2020.

ASSIS, Carolina Azevedo. A justiça multiportas e os meios adequados de solução de controvérsias: além do óbvio. *Revista de Processo*, vol. 297. São Paulo: Revista dos Tribunais, nov. 2019.

AURELLI, Arlete Inês. A cooperação como alternativa ao antagonismo garantismo processual/ativismo judicial. *Revista Brasileira de Direito Processual*, vol. 90. Belo Horizonte: Fórum, abr./jun. 2015.

_____. Normas fundamentais no Código de Processo Civil brasileiro. *Revista de Processo*, vol. 271. São Paulo: Revista dos Tribunais, set. 2017.

AURELLI, Arlete Inês. ANDRIOTTI, Rommel. Princípio da cooperação no Código de Processo Civil de 2015. *Revista de Processo*, vol. 322. São Paulo: Revista dos Tribunais, dez. 2021.

BARBOSA, Rafael Vinheiro Monteiro; LIMA, Fábio Lindoso e. A contradição externa e o *venire contra factum proprium* do juízo. *Revista de Processo*, vol. 245. São Paulo: Revista dos Tribunais, jul. 2015.

CABRAL, Antonio do Passo. Pré-eficácia das normas e a aplicação do Código de Processo Civil de 2015 ainda no período de *vacatio legis*. *Revista de Processo*, vol. 246. São Paulo: Revista dos Tribunais, ago. 2015.

CABRAL, Trícia Navarro Xavier; CARVALHO, Frederico Ivens Miná Arruda de. Notas sobre o dever de auxílio judicial às partes no Código de Processo Civil de 2015. *Revista de Processo*, vol. 316. São Paulo: Revista dos Tribunais, jun. 2021.

CÂMARA, Alexandre Freitas. A influência do novo CPC sobre o microssistema dos Juizados Especiais: primeiras reflexões. In: Instituto Brasileiro de Direito Processual; SCARPINELLA BUENO, Cassio (org.). *PRODIREITO: Direito Processual Civil*: Programa de Atualização em Direito: Ciclo 1. Porto Alegre: Artmed Panamericana, 2015 (Sistema de Educação Continuada a Distância, vol. 2).

CÂMARA, Alexandre Freitas; MARÇAL, Felipe Barreto. Repensando os dogmas da publicidade e do sigilo na deliberação na justiça brasileira. *Revista de Processo*, vol. 299. São Paulo: Revista dos Tribunais, jan. 2020.

CAMBI, Eduardo; HAAS, Adriane; SCHMITZ, Nicole. Normas fundamentais no novo Código de Processo Civil. *Revista de Processo*, vol. 290. São Paulo: Revista dos Tribunais, abr. 2019.

CARMONA, Carlos Alberto. Meios alternativos de solução de conflitos e o novo CPC. In: Instituto Brasileiro de Direito Processual; SCARPINELLA BUENO, Cassio (org.). *PRODIREITO: Direito Processual Civil*: Programa de Atualização em Direito: Ciclo 1. Porto Alegre: Artmed Panamericana, 2016 (Sistema de Educação Continuada a Distância, vol. 3).

CARPI, Frederico. La metamorfose del monopolio statale sulla giurisdizione. *Revista de Processo*, vol. 257. São Paulo: Revista dos Tribunais, jul. 2016.

CARVALHO, Luciana Benassi Gomes. O "princípio" da identidade física do juiz e a garantia arquifundamental da imparcialidade. *Revista Brasileira de Direito Processual*, vol. 107. Belo Horizonte: Fórum, jul./set. 2019.

CHAVES, Guilherme Veiga; MARTINS, Renato Castro Teixeira. A política judiciária de autocomposição nas demandas: alguns apontamentos sobre as mediações ocorridas no STJ e no STF. *Revista de Processo*, vol. 328. São Paulo: Revista dos Tribunais, jun. 2022.

COLLUCCI, Ricardo. Interpretação normativa: o caso da "revisão" final do texto do novo Código de Processo Civil. *Revista de Processo*, vol. 260, São Paulo: Revista dos Tribunais, out. 2016.

COUTO, Mônica Bonetti; DEZEM, Renata Mota Maciel. Desjudicialização, Judiciário e acesso à Justiça, crise e perspectivas. *Revista Brasileira de Direito Processual*, vol. 99. Belo Horizonte: Fórum, jul./set. 2017.

CRUZ, Clenderson Rodrigues da. Elementos sobre uma teoria processual da ampla defesa. *Revista Brasileira de Direito Processual*, vol. 115. Belo Horizonte: Fórum, jul./set. 2021.

DANTAS, Bruno; SANTOS, Caio Victor Ribeiro dos. O contraditório como direito de efetiva participação na construção da decisão judicial. *Revista de Processo*, vol. 310. São Paulo: Revista dos Tribunais, out. 2020.

DELFINO, Lúcio. Cooperação processual: inconstitucionalidades e excessos argumentativos – Trafegando na contramão da doutrina. *Revista Brasileira de Direito Processual*, vol. 93. Belo Horizonte: Fórum, jan./mar. 2016.

DELFINO, Lúcio. Cooperativismo processual e o germe do autoritarismo. *Revista Brasileira de Direito Processual*, vol. 116. Belo Horizonte: Fórum, out./dez. 2021.

DIAS, Rodrigo Rodrigues. Mediadores e conciliadores judiciais: sobre a capacitação e a conduta ética. *Revista de Processo*, vol. 281. São Paulo: Revista dos Tribunais, jul. 2018.

DIAS, Ronaldo Brêtas de Carvalho. Que é cooperação processual? *Revista Brasileira de Direito Processual*, vol. 98. Belo Horizonte: Fórum, abr./jun. 2017.

DONNINI, Rogério. *Bona fides*: do direito material ao processual. *Revista de Processo*, vol. 251. São Paulo: Revista dos Tribunais, jan. 2016.

FAVERO, Gustavo Henrichs. Lineamentos do contraditório participativo. *Revista de Processo*, vol. 294. São Paulo: Revista dos Tribunais, ago. 2019.

FREITAS, Juarez; JOBIM, Marco Félix. Resolução alternativa de disputas: cláusula inovadora do CPC. *Revista Brasileira de Direito Processual*, vol. 91. Belo Horizonte: Fórum, jul./set. 2015.

GAIO JÚNIOR, Antônio Pereira. ODR como meio propício à solução de conflitos de consumo: contornos procedimentais e limitações satisfativas. *Revista de Processo*, vol. 328. São Paulo: Revista dos Tribunais, jun. 2022.

GIDI, Antonio; ZANETI JR., Hermes. O processo civil brasileiro na 'era da austeridade'? Efetividade, celeridade e segurança jurídica: pequenas causas, causas não contestadas e outras matérias de simplificação das decisões judiciais e dos procedimentos. *Revista de Processo*, vol. 294. São Paulo: Revista dos Tribunais, ago. 2019.

GRINOVER, Ada Pellegrini. Os métodos consensuais de solução de conflitos no novo CPC. In: Instituto Brasileiro de Direito Processual; SCARPINELLA BUENO, Cassio (org.). *PRODIREITO: Direito Processual Civil*: Programa de Atualização em Direito: Ciclo 1. Porto Alegre: Artmed Panamericana, 2015 (Sistema de Educação Continuada a Distância, vol. 1).

HOTOTIAN, Andrea. Revisitando o instituto da mediação e da conciliação: análise sob a nova ordem processual e social. *Revista de Processo*, vol. 330. São Paulo: Revista dos Tribunais, ago. 2022.

JOBIM, Marco Félix; CARVALHO, Fabrício de Farias. Primazia do julgamento do mérito: o formalismo-valorativo e o processo cooperativo no sistema recursal do Código de Processo Civil de 2015. Revista de Processo, vol. 298. São Paulo: Revista dos Tribunais, dez. 2019.

KOCHEM, Ronaldo. Introdução às raízes históricas do princípio da cooperação (*kooperantionsmaxime*). *Revista de Processo*, vol. 251. São Paulo: Revista dos Tribunais, jan. 2016.

LEAL, Rosemiro Pereira. O paradoxo do direito de influir e de não surpresa na trama decisória do CPC brasileiro. *Revista Brasileira de Direito Processual*, vol. 117. Belo Horizonte: Fórum, jan./mar. 2022.

LIMA, Thadeu Augimeri de Goes. *Iura novit curia* no processo civil brasileiro: dos primórdios ao novo CPC. *Revista de Processo*, vol. 251. São Paulo: Revista dos Tribunais, jan. 2016.

LISBOA, Celso Anicet. Mediação e conciliação no Código de Processo Civil. Revista de Processo, vol. 301. São Paulo: Revista dos Tribunais, mar. 2020.

LOPES, João Batista. Reflexões sobre a pretendida discricionariedade judicial. *Revista de Processo*, vol. 274. São Paulo: Revista dos Tribunais, dez. 2017.

LUCON, Paulo Henrique dos Santos. Il principio del contraddittorio e il dovere di motivazione nel C.P.C brasiliano del 2015. *Revista de Processo*, vol. 278. São Paulo: Revista dos Tribunais, abr. 2018.

MACÊDO, Lucas Buril. Boa-fé no processo civil – parte 1. *Revista de Processo*, vol. 330. São Paulo: Revista dos Tribunais, ago. 2022.

_____. Boa-fé no processo civil – parte 2. *Revista de Processo*, vol. 331. São Paulo: Revista dos Tribunais, set. 2022.

MACIEL JUNIOR, João Bosco. O contraditório no processo estatal e nas relações entre particulares. *Revista de Processo*, vol. 254. São Paulo: Revista dos Tribunais, abr. 2016.

MARCATO, Ana Cândida Menezes; TARTUCE, Fernanda. Mediação no direito empresarial: possibilidades interessantes em conflitos securitários. *Revista de Processo*, vol. 279. São Paulo: Revista dos Tribunais, maio 2018.

MARTINS, Marcelo Guerra; PEREIRA, José Luiz Parra; MACHADO, Ronny Max. A mitigação do princípio da publicidade e a Resolução 121/2010 do CNJ na sociedade da informação. *Revista de Processo*, vol. 281. São Paulo: Revista dos Tribunais, jul. 2018.

MEDEIROS NETO, Elias Marques de; PINTO, Caroline Pastri. Notas sobre o princípio da cooperação. *Revista de Processo*, vol. 296. São Paulo: Revista dos Tribunais, out. 2019.

MEIRA, Danilo Christiano Antunes; RODRIGUES, Horácio Wanderlei. Colisão e ponderação de normas na elaboração do novo Código de Processo Civil. *Revista de Processo*, vol. 246. São Paulo: Revista dos Tribunais, ago. 2015.

MELO, Bricio Luis da Anunciação; DIAS, Clara Angélica Gonçalves Cavalcanti. A Administração Judiciária gerencial como meio de atingir a duração razoável do processo. *Revista Brasileira de Direito Processual*, vol. 102. Belo Horizonte: Fórum, abr./jun. 2018.

MILMAN, Isabel. Formalismo processual e adequação: flexibilidade, cooperação e o novo Código de Processo Civil. Revista de Processo, vol. 298. São Paulo: Revista dos Tribunais, dez. 2019.

MOLLICA, Rogerio. A garantia a um processo sem armadilhas e o novo Código de Processo Civil. *Revista Brasileira de Direito Processual*, vol. 90. Belo Horizonte: Fórum, abr./jun. 2015.

NALINI, José Renato; LAGRASTA, Valeria Ferioli. Pretensão resistida ou a morte da pretensão? *Revista de Processo*, vol. 328. São Paulo: Revista dos Tribunais, jun. 2022.

NOGUEIRA, Gustavo Santana; NOGUEIRA, Suzane de Almeida Pimentel. O sistema de múltiplas portas e o acesso à justiça no Brasil: perspectivas a partir do novo Código de Processo Civil. *Revista de Processo*, vol. 276. São Paulo: Revista dos Tribunais, fev. 2018.

NOLASCO, Rita Dias. O poder público em juízo no novo CPC. In: Instituto Brasileiro de Direito Processual; SCARPINELLA BUENO, Cassio (org.). *PRODIREITO: Direito Processual Civil*: Programa de Atualização em Direito: Ciclo 1. Porto Alegre: Artmed Panamericana, 2016 (Sistema de Educação Continuada a Distância, vol. 4).

NUNES, Gustavo Henrique Schneider. Processo civil democrático, contraditório e novo Código de Processo Civil. *Revista de Processo*, vol. 252. São Paulo: Revista dos Tribunais, fev. 2016.

OLIVEIRA, Lucas Soares de. Contraditório. Revista de Processo, vol. 301. São Paulo: Revista dos Tribunais, mar. 2020.

OLIVEIRA, Thiago Sales de. A disciplina do princípio do contraditório no novo Código de Processo Civil: elucidações a partir dos postulados da teoria neoinstitucionalista do direito processual. *Revista Brasileira de Direito Processual*, vol. 97. Belo Horizonte: Fórum, jan./mar. 2017.

ORTEGA, Ana Clara da Silva; MEDEIROS NETO, Elias Marques de. A figura do juiz-gestor como mecanismo para a concretização do princípio da eficiência. *Revista de Processo*, vol. 325. São Paulo: Revista dos Tribunais, mar. 2022.

PEIXOTO, Ravi. Os caminhos de descaminhos do princípio do contraditório: a evolução histórica e a situação atual. *Revista de Processo*, vol. 294. São Paulo: Revista dos Tribunais, ago. 2019.

PEREIRA, Mateus Costa. A paridade de armas sob a óptica do garantismo processual. *Revista Brasileira de Direito Processual*, vol. 98. Belo Horizonte: Fórum, abr./jun. 2017.

PIMENTA, Paulo Roberto Lyrio. Algumas inconstitucionalidades do novo Código de Processo Civil. *Revista Dialética de Direito Processual*, vol. 150. São Paulo: Dialética, set. 2015.

PINHO, Humberto Dalla Bernardina de; STANCATI, Maria Martins Silva. A Ressignificação do princípio do acesso à Justiça à luz do art. 3º do CPC/2015. *Revista de Processo*, vol. 254. São Paulo: Revista dos Tribunais, abr. 2016.

PINTER, Rafael Wobeto. A boa-fé no processo civil e o abuso dos direitos processuais. *Revista de Processo*, vol. 253. São Paulo: Revista dos Tribunais, mar. 2016.

RAATZ, Igor. *Active case management*, cooperação e eficiência: uma nova fase do protagonismo judicial brasileiro? *Revista Brasileira de Direito Processual*, vol. 105. Belo Horizonte: Fórum, jan./mar. 2019.

RAMOS, Glauco Gumerato. O *deslegitimante* ativismo judicial do juiz constitucional. *Revista Brasileira de Direito Processual*, vol. 100. Belo Horizonte: Fórum, out./dez. 2017.

RAMOS, José Luís Bonifácio. Princípio da cooperação: entre a mistificação e o declínio. *Revista Brasileira de Direito Processual*, vol. 118. Belo Horizonte: Fórum, abr./jun. 2022.

REICHELT, Luis Alberto. A boa-fé no direito processual civil: dimensão conceitual e leitura crítica à luz dos direitos fundamentais processuais. *Revista Brasileira de Direito Processual*, vol. 115. Belo Horizonte: Fórum, jul./set. 2021.

_____. Inteligência artificial e direitos fundamentais processuais no âmbito cível: uma primeira aproximação. *Revista de Processo*, vol. 312. São Paulo: Revista dos Tribunais, fev. 2021.

_____. Reflexões sobre inteligência artificial aplicada ao direito processual civil: o desafio da transparência dos algoritmos sob a ótica dos direitos fundamentais processuais. *Revista de Processo*, vol. 315. São Paulo: Revista dos Tribunais, maio 2021.

RODOVALHO, Thiago; REIS, Bruno. O modelo cooperativo – uma nova estrutura processual: parte I. *Revista de Processo*, vol. 310. São Paulo: Revista dos Tribunais, dez. 2020.

_____. O modelo cooperativo – uma nova estrutura processual: parte II (o princípio da cooperação em concreto). *Revista de Processo*, vol. 311. São Paulo: Revista dos Tribunais, jan. 2021.

ROSSONI, Igor Bimkowski; TRANI, Luiza. Por que (não) interromper um litígio? Os (des)incentivos para a manutenção de demandas no Código de Processo Civil. *Revista de Processo*, vol. 333. São Paulo: Revista dos Tribunais, nov. 2022.

RUTANO, Leandro José; PUGLIESE, William Soares. Considerações sobre a norma de ponderação do Código de Processo Civil de 2015. *Revista de Processo*, vol. 268. São Paulo: Revista dos Tribunais, jun. 2017.

SALES, Lilia Maia de Morais; LIMA, Daniel Hamilton Fernandes de; MONTE, Eriverton Resende. Mediação de conflitos (autonomia privada) e a indenização punitiva (Estado): a necessidade de um novo olhar para o desfecho adequado do conflito extrapatrimonial. *Revista Brasileira de Direito Processual*, vol. 101. Belo Horizonte: Fórum, jan./mar. 2018.

SALES, Rubismara Rodrigues de; IOCOHAMA, Celso Hiroshi. Breves considerações sobre o contraditório no incidente de desconsideração da personalidade jurídica. Revista de Processo, vol. 306. São Paulo: Revista dos Tribunais, ago. 2020.

SALIM, Clara Araujo; SIQUEIRA, Julio Pinheiro Faro Homem de. Justiça multiportas: uma análise de mediação no novo Código de Processo Civil brasileiro. *Revista de Processo*, vol. 299. São Paulo: Revista dos Tribunais, jan. 2020.

SANTIAGO, Nestor Eduardo Araruna; COUTINHO, Jair Pereira. Reconfigurações do processo à luz do constitucionalismo contemporâneo: a boa-fé objetiva como condição funcional do modelo processual do Estado Democrático de Direito e sua incidência sobre o novo Código de Processo Civil. *Revista de Processo*, vol. 254. São Paulo: Revista dos Tribunais, abr. 2016.

SANTIAGO, Nestor Eduardo Araruna; PONTE, Marcelo Dias; ANDRADE, Mariana Dionísio de. Cooperação processual, duração razoável do processo e taxa de congestionamento: uma solução (possível) para o Poder Judiciário. *Revista de Processo*, vol. 278. São Paulo: Revista dos Tribunais, abr. 2018.

SENNA, João Marcos de Almeida. A virtualização da oralidade. *Revista de Processo*, vol. 312. São Paulo: Revista dos Tribunais, fev. 2021.

SILVEIRA, Daniel Gonsalves da. Direito ao contraditório, dever de fundamentação e direito à publicidade no novo Código de Processo Civil brasileiro. *Revista de Processo*, vol. 248. São Paulo: Revista dos Tribunais, out. 2015.

SOARES, Carlos Henrique; ALVES, Lucélia de Sena. Audiência telepresencial e devido processo constitucional. *Revista Brasileira de Direito Processual*, vol. 113. Belo Horizonte: Fórum, jan./mar. 2021.

SOUZA, André Pagani de. A importância do princípio da cooperação para a construção da transação na conciliação judicial: uma leitura do direito português e do direito brasileiro (parte I). *Revista de Processo*, vol. 294. São Paulo: Revista dos Tribunais, ago. 2019.

_____. A importância do princípio da cooperação para a construção da transação na conciliação judicial: uma leitura do direito português e do direito brasileiro (parte II). *Revista de Processo*, vol. 295. São Paulo: Revista dos Tribunais, set. 2019.

SOUZA, Artur César de. Celeridade processual e a máxima da razoabilidade no novo CPC (aspectos positivos e negativos do art. 4º do novo CPC). *Revista de Processo*, vol. 216. São Paulo: Revista dos Tribunais, ago. 2015.

SOUZA, Victor Roberto Corrêa. O princípio da proteção da confiança e o novo Código de Processo Civil brasileiro. *Revista de Processo*, vol. 264. São Paulo: Revista dos Tribunais, fev. 2017.

SPEGIORIN, Daniel Luis; CHUEIRI, Miriam Fecchio; WRUBEL, Virgínia Telles Schiavo. O novo prisma dialético e o *iura novit curia*: o que mudou com o CPC/15? *Revista de Processo*, vol. 300. São Paulo: Revista dos Tribunais, fev. 2020.

STRECK, Lenio Luiz; DELFINO, Lúcio; DALLA BARBA, Rafael Giorgio; LOPES, Ziel Ferreira. O "bom litigante" – Riscos da moralização do processo pelo dever de cooperação do novo CPC. *Revista Brasileira de Direito Processual*, vol. 90. Belo Horizonte: Fórum, abr./jun. 2015.

STRECK, Lenio Luiz; DELFINO, Lúcio; LOPES, Ziel Ferreira. O processo judicial visto pela crítica hermenêutica do Direito. *Revista Brasileira de Direito Processual*, vol. 100. Belo Horizonte: Fórum, out./dez. 2017.

TESSARI, Cláudio. As contradições entre os enunciados da Escola Nacional de Formação e Aperfeiçoamento de Magistrados (ENFAM) e os princípios do contraditório e da não surpresa previstos no novo CPC. *Revista de Processo*, vol. 279. São Paulo: Revista dos Tribunais, maio 2018.

TUCCI, José Rogério Cruz e. Contra o processo autoritário. *Revista de Processo*, vol. 242. São Paulo: Revista dos Tribunais, abr. 2015.

VANELI, Victor Hugo Pavoni. Evolução do contraditório à luz da cooperação no Código de Processo Civil de 2015. *Revista de Processo*, vol. 320. São Paulo: Revista dos Tribunais, out. 2021.

VIEIRA, Isabelle Almeida; JOBIM, Marco Félix. Exposição de Motivos do Código de Processo Civil de 2015: breve apanhado histórico dos motivos que determinaram a edição dos códigos de processo civil brasileiros. *Revista de Processo*, vol. 327. São Paulo: Revista dos Tribunais, maio 2022.

ZANFERDINI, Flávia de Almeida Montingelli; SUAID, Ricardo Adelino. Acesso à justiça pelo sistema multiportas e convenções processuais no Código de Processo Civil de 2015. Revista de Processo, vol. 304. São Paulo: Revista dos Tribunais, jun. 2020.

Capítulo 3

Função Jurisdicional

1. PARA COMEÇAR

O Livro II da Parte Geral do CPC de 2015 é intitulado "Da função jurisdicional". Seus três Títulos disciplinam, respectivamente, a "jurisdição e a ação" (arts. 16 a 20); os "limites da jurisdição nacional e a cooperação internacional" (arts. 21 a 41) – dividido em dois Capítulos, "Dos limites da jurisdição nacional" e "Da cooperação internacional" – e a "competência interna" (arts. 42 a 69), Título também dividido em dois Capítulos, "Da competência" e "Da cooperação nacional".

O CPC de 2015 poderia ter dedicado Livros diversos ao tratamento da "ação", distinguindo-a da "jurisdição" e da "competência", considerando a diversidade dos assuntos, inclusive na perspectiva teórica, a despeito de ambos relacionarem-se, quanto a isso não há do que duvidar, da "função jurisdicional". Mas, convenhamos, prezado leitor, é muito pouco para justificar seu tratamento conjunto. Até porque, com a ressalva de algum meio não estatal de resolução de conflitos mencionado pelo CPC de 2015 (como ocorre com a arbitragem e com algumas hipóteses de atuação cartorária), todos os demais temas do direito processual civil são diretamente relacionados à função jurisdicional.

É o que basta, contudo, para a crítica à alocação da matéria feita pelo CPC de 2015. Sendo fiel ao proclamado de início, cabe a este *Manual* dedicar-se àqueles assuntos no mesmo contexto eleito pela nova codificação.

2. JURISDIÇÃO

O Título I do Livro II da Parte Geral do CPC de 2015 reúne em seus cinco artigos a "jurisdição" e a "ação". Deles, apenas o primeiro refere-se à "jurisdição", objeto deste número. Os demais concernem a temas relativos à "ação" e, por isso, são analisados no número seguinte.

A jurisdição, como analisada pelo n. 3.1 do Capítulo 1, deve ser compreendida no sentido de exercício da *função jurisdicional*, função *típica* (fim) do Poder Judiciário, que a caracteriza como tal. O exercício da função jurisdicional, pelo Estado-juiz, é vocacionado à resolução de controvérsias intersubjetivas sempre que outros meios não estatais ou não jurisdicionais para aquele mesmo fim não atuarem a contento, não forem possíveis, ou, ainda, quando os interessados assim entendam ser necessário, independentemente de qualquer outra providência.

De outra parte, as características da jurisdição lá assinaladas, longe de quererem desenhar uma função estatal antiquada e desnecessária, têm como objetivo confessado o de readequar e *reafirmar* a jurisdição como um *método*, jurisdicional, de solução de conflitos. Ela pode não ter o sabor da novidade de outros métodos, os chamados alternativos (ou, mais propriamente, adequados), mas nem por isso, ela é desnecessária ou dispensável. As novidades relativas aos meios adequados de solução de conflito – tão incentivados, inclusive, mas não só, pelos parágrafos do art. 3º do CPC de 2015 –, definitivamente não vieram para substituir o velho (o exercício da função jurisdicional para aquele mesmo fim), mas para atuar ao lado dele, em ampla consonância com as complexidades e as vicissitudes da sociedade atual.

Por mais paradoxal que possa parecer, contudo, o art. 16 do CPC de 2015 não guarda nenhuma relação com essas observações. O dispositivo, a bem da verdade, é menos amplo e, em rigor, despiciendo. Ao prescrever que "A jurisdição civil é exercida pelos juízes e pelos tribunais em todo o território nacional, conforme as disposições deste Código", ele insinua muito mais as questões relativas à *competência* e, portanto, a distribuição de tarefas por toda a organização judiciária nacional do que da jurisdição, propriamente dita.

E mais do que isso: ao prescrever que o exercício da jurisdição (leia-se: *competência*) dá-se "conforme as disposições deste Código", passa a errada impressão de que o tema relativo à competência é esgotado no Código de Processo Civil. O tema tem assento constitucional expresso. E não só na Constituição *Federal,* mas também nas Constituições dos *Estados*. Não há como, em termos bem diretos, identificar o órgão jurisdicional competente senão após extrair da Constituição Federal e, consoante o caso, das Constituições dos Estados as informações relativas à organização judiciária e à competência dos diversos órgãos jurisdicionais.

É só depois de realizada essa tarefa que o CPC passa a disciplinar a competência. Mesmo assim, contudo, as disposições do Código precisam ser interpretadas e aplicadas em conjunto com outras leis, federais e estaduais, que dispõem sobre a organização judiciária. São essas leis – e não o CPC – que dirão, por exemplo, quantas subseções judiciárias existem em uma seção judiciária e quais são seus limites territoriais ou em quantas comarcas é dividido um Estado. Até mesmo a divisão interna de uma mesma subseção judiciária ou comarca, a criar órgãos jurisdicionais diversos para determinadas especialidades. Tudo isso interfere, decisivamente, na identificação do órgão jurisdicional.

Destarte, todo o cuidado é pouco com o art. 16 do CPC de 2015. Além de não tratar de jurisdição, sua prescrição é insuficiente. E pensar, prezado leitor, que o dispositivo é cópia quase literal do art. 1º do CPC de 1973. Viva, portanto, o art. 1º do CPC de 2015.

3. AÇÃO

Ação, como proponho no n. 3.2 do Capítulo 1, merece ser entendida como o direito (subjetivo público ou, mais recentemente, fundamental) de romper a inércia jurisdicional e atuar ao longo do processo em busca da tutela jurisdicional.

Também escrevi naquele momento deste *Manual* que, a despeito de o CPC de 2015 não empregar a tradicional nomenclatura "condições da ação", não é errado, ao menos na perspectiva doutrinária, entender que a lei, a despeito do fundamento constitucional da ação, pode estabelecer certas (e justificadíssimas) exigências para sua constituição e seu regular exercício.

O paradoxal é que o CPC de 2015, a despeito de abolir a referida expressão, continua a *condicionar* a ação. É certo que o faz com uma "condição" a menos – o CPC de 2015 aboliu a chamada "possibilidade jurídica do pedido" (por que ela seria, ontologicamente, questão de mérito, esquecendo-se que os dois outros referenciais também só são compreensíveis à luz das afirmações que desde a petição inicial se faz acerca do mérito) –, mas nas outras duas que manteve o faz com identidade absoluta ao regime do CPC de 1973. Subtraiu-se o nome, isso é inegável, porém não se subtraiu o regime jurídico identificado por aquele mesmo nome. Avanço científico? Na minha opinião, repito, paradoxo, mero paradoxo, mais um entre os diversos dispersos por todo o CPC de 2015.

É o art. 17 que mantém vivas as restantes "condições da ação". De acordo com o dispositivo, "para postular em juízo é necessário ter interesse e legitimidade". Estão aí preservados, portanto, o "interesse de agir" (ou "interesse processual") e a "legitimidade para agir" (ou "legitimidade para causa").

Não nego os avanços textuais do referido art. 17, quando comparado com o seu par do CPC de 1973, o art. 3º. Ele evita, diferentemente do art. 3º do CPC de 1973, o emprego da palavra "ação", adotando, em seu lugar, a expressão "para postular em juízo", o que é indicativo, como aceita com tranquilidade a doutrina (e qual a razão trazida pelo CPC de 2015 para deixar de aceitar?), do exercício do *direito* de ação.

Postular, contudo, não pode ser compreendido apenas do ponto de vista do autor, aquele que rompe a inércia da jurisdição para pedir tutela jurisdicional. Também o réu *postula* em juízo. E o faz mesmo quando se limita a *resistir* à pretensão autoral sem reconvir. Os terceiros, ao pretenderem intervir no processo, também *postulam*. É essa a razão pela qual entendo importante adotar, em diversas passagens deste *Manual*, a palavra *postulação* querendo descrever com ela o exercício de direito de ação *ao longo do processo*, que não se confunde com a *ação* em si mesma considerada nem com a *petição inicial* (demanda) e, menos ainda, confina-se ao autor.

Nesse sentido, o texto do art. 17 no CPC de 2015 é amplo o suficiente para albergar todos aqueles que, como autores, como réus ou como terceiros, *agem* em juízo. Agem porque postulam. Justamente por isso é mais adequado que o art. 3º do CPC de 1973, que dava a (falsa) impressão de que seu comando dirigia-se somente ao autor e ao réu. E com a vantagem de evitar interessantíssima e complexa discussão acadêmica consistente em saber se e em que medida o réu exerce *direito de ação*, mesmo quando não reconvém (art. 343).

É correto sustentar, outrossim, que a nova fórmula redacional quer evitar o emprego da consagradíssima expressão "condições da ação", o que se confirma também, mas não só, pela redação do inciso VI do art. 485, segundo o qual "o juiz não resolverá o mérito quando: (...) verificar ausência de legitimidade ou de interesse processual", que difere do inciso VI do art. 267 do CPC de 1973, que adotava a referida expressão. Não há como negar o acerto da iniciativa. O que se põe, doravante, é saber o que há (ou o que não há) entre o plano material e o julgamento de mérito, sobretudo nos casos em que ele seja no sentido de *rejeitar* o pedido do autor, mesmo sendo reconhecido seu interesse e a legitimidade das partes. O tema, prezado leitor, continua a ser atual: é o próprio art. 17 do CPC de 2015 quem insiste nele.

Particularmente, entendo que nada há de errado na adoção da conhecida expressão idiomática tão *significativa* para a cultura e para a doutrina do direito processual civil brasileiro, qual seja, "condições da ação". Não nego, de todo modo, que boa parte da doutrina brasileira vem se impressionando bastante com a fórmula redacional adotada pelo art. 17 e sustentando a abolição da categoria das condições da ação, propondo, na linha de outros ordenamentos jurídicos, que o interesse e a legitimidade sejam tratados ao lado dos *pressupostos processuais* como *pressupostos de admissibilidade do julgamento de mérito*, genericamente considerados.

A observação é correta. O interesse de agir e a legitimidade para agir são temas que devem ser analisados pelo magistrado *antes* do julgamento de mérito. Tanto que, sem esta ou sem aquele, é vedado ao magistrado emitir pronunciamento de mérito. O inciso VI do art. 485 do CPC de 2015, repito, é (continua a ser) expresso quanto ao tema e o faz evitando tratar do assunto que está disciplinado nos incisos imediatamente anteriores a ele, que albergam as hipóteses do que a doutrina brasileira em geral sempre identificou (ainda que sem unanimidade) como "pressupostos processuais".

No entanto, mesmo no ambiente do CPC de 2015, parece ser absolutamente adequado entender que os fundamentos e o substrato do "interesse de agir" e da "legitimidade para a causa" não guardam nenhuma relação com o *processo*, nem com sua constituição nem com o seu desenvolvimento. Muito pelo contrário, ambos os institutos só se justificam, no campo do mérito, na perspectiva da *afirmação* de direito feita por aquele que *postula em juízo*. Por isto, como destaquei na mesma oportunidade, é correto aglutinar aquelas duas categorias, o interesse e a legitimidade, sob o rótulo de "mínimo indispensável para o exercício do direito de ação".

O "interesse de agir" é a *necessidade* de se postular em juízo em busca de uma determinada *utilidade*. Este binômio "necessidade" e "utilidade" é o que caracteriza o instituto. E onde ele é colhido? No plano material, a partir da *afirmação* de direito feita por aquele que postula em juízo. OPT precisa (*necessidade*) cobrar dívida (*utilidade*), já vencida e não paga por TAD, a despeito de todas as promessas naquele sentido. Ato administrativo inviabiliza a promoção na carreira do servidor público e ele, querendo a promoção (*utilidade*) tem *necessidade* de questionar o ato perante o Poder Judiciário porque, é correto acrescentar, eventuais tentativas administrativas não resultaram em nada.

E se a dívida já tivesse sido paga? E se não havia direito a promoção nenhuma? As perguntas, prezado leitor, são pertinentes. Suas respostas, contudo, não interferem na compreensão do "interesse de agir" como tal, que toma como base a *afirmação* do direito feita por quem postula em juízo. Diferentemente, as respostas serão decisivas no julgamento do mérito: se a dívida já está paga, o pedido é improcedente. Também o é quando se constatar a inexistência do direito à promoção pretendida pelo servidor público.

A "legitimidade para agir", por sua vez, é a tradução processual dos polos subjetivos da relação controvertida. Todo aquele que *afirmadamente* está naquela relação tem legitimidade para agir. É o que boa doutrina chama de "situação legitimante". Se tomar a iniciativa de ingressar em juízo, formulando pedido de tutela jurisdicional, será autor; caso não tome a iniciativa, em face dele, sendo formulado o pedido de tutela jurisdicional, será réu. A legitimidade de eventuais terceiros para "postular em juízo" não é diversa. Também ela é aferida da relação de direito material e seus eventuais pontos de atrito ou de contato com outras relações. Há, portanto, ao menos afirmadamente, uma situação legitimante para dar supedâneo à intervenção do terceiro.

Nos exemplos anteriores, legitimados ativos são quem se afirmam credor e o servidor público (autores, no plano processual). Legitimados passivos são quem se afirmam devedor e a administração pública (réus, no plano processual). Saber se o direito *afirmado* pertence mesmo ao credor ou ao devedor no primeiro exemplo ou ao servidor público ou à administração pública no segundo já é questão que extrapola os limites da legitimidade para causa. Já é questão relativa ao mérito.

Como o prezado leitor terá percebido, nada do que acabei de escrever relaciona-se à constituição e/ou ao desenvolvimento do processo. A análise do *agir* em juízo – Há necessidade de advogado para o credor? Se ele for menor, precisa ser representado ou assistido? Quem representa, no processo, a administração pública? –, esta sim é questão pertinente ao processo, que rende ensejo à análise do que a doutrina brasileira consagrou, ao lado das "condições da ação", como "pressupostos processuais". São, portanto, realidades inconfundíveis, porque referentes a planos diversos, mesmo no CPC de 2015. Por isto, são mínimos indispensáveis (porque exigidos legitimamente pela lei) para o exercício do direito de *ação*.

Que a ausência de uma ou de outro ensejarão decisões nos moldes do art. 485 (embora com fundamento em incisos diversos), não há dúvida. Mas é possível sanear a falta de legitimidade para a causa como pretende o CPC de 2015 em diversos dispositivos com relação aos pressupostos processuais e a vícios de outra ordem (arts. 139, IX, e 317, por exemplo)? A resposta correta é que com relação ao interesse de agir e à legitimidade para a causa, o que se dá não se relaciona propriamente com saneamento. O que pode ocorrer é alteração no plano material a modificar o substrato fático relativo àqueles institutos. É a dívida que vence, é a alteração de lei que rege o regime jurídico do servidor público e assim por diante. Os *fatos* anteriores não são viciados. Eles são diferentes e, por isso, incapazes, em si mesmos considerados, de viabilizar o julgamento de mérito. Nada, absolutamente nada, parecido com ausência de pressupostos processuais (ou a presença de pressupostos *negativos*) ou com qualquer outro vício que afete o *devido* processo. O problema, naquelas duas hipóteses, não está no *processo*. É mister discernir estas hipóteses na interpretação do § 1º do art. 486, que as generaliza indevidamente.

O tangenciamento entre o interesse processual e a legitimidade para agir e o plano material – o "mérito" para empregar a palavra usualmente aceita, inclusive pelo CPC de 2015 – é inerente àquelas figuras (tanto quanto a possibilidade jurídica). O curioso é que o art. 17, ao preservar o interesse e a legitimidade, nada trouxe de novo em relação à questão, simplesmente porque aqueles elementos repousam na afirmação de direito feita ao longo do processo – o direito de ação não só exercido mas *exercitado* ao longo do processo, desde a petição inicial –, até o momento em que o magistrado decide a quem o direito afirmado pertence e quem deve, por isso mesmo, ser tutelado jurisdicionalmente.

Lamento, por tudo isto, que o CPC de 2015, com o afã de inovar, tenha pretendido colocar por terra décadas de estudo científico no direito brasileiro a respeito da "ação" e das suas "condições". O ideal seria levá-las às suas últimas consequências, inclusive como técnicas de maior *eficiência* do processo, em atenção ao art. 5º, LXXVIII, da CF, e, em última análise ao "modelo constitucional do direito processual civil". O silêncio do Código a esse respeito, contudo, não impede de a doutrina e a jurisprudência fazê-lo. É o que pretende, observados seus limites, este *Manual*.

Sim, porque a circunstância de o *direito* de ação ser, ainda, "condicionado" (embora limitadamente à demonstração do *interesse* e da *legitimidade nos termos do art. 17*) não atrita também com aquele modelo. Importa, no particular, compreender as condições criadas pelo legislador não como óbices ou como obstáculos para o exercício daquele direito, que deriva diretamente do art. 5º, XXXV, da CF. Mas, bem diferentemente, como elementos seguros da necessidade de pontos de contato entre os planos material e processual que dão à iniciativa daquele que postula em juízo (expressão adotada pelo dispositivo anotado) seriedade mínima, representativa, em última análise, da *boa-fé objetiva* que deve presidir a atuação de todos os sujeitos processuais, como preceitua o art. 5º do CPC de 2015. Nada há de novo em relação a isso – é o que já pregavam os ensinamentos de Degenkolb e Plósz há mais de cem anos que, quiçá, estão a merecer mais aprofundamento (inclusive por causa do precitado art. 5º) –, aliás, a não ser, insista-se, na supressão da expressão "condições da ação" e no abandono da "possibilidade jurídica do pedido". Inovações, destarte, meramente *textuais*, que nada contribuíram e não contribuem para a discussão *substancial* do assunto. Uma pena.

3.1 Legitimação extraordinária

O art. 18 trata da "legitimação extraordinária", comumente considerada sinônimo de "substituição processual". Refere-se à possibilidade de o ordenamento jurídico admitir que alguém, em nome próprio, pleiteie alheio em juízo. Sim, prezado leitor, sempre na perspectiva de um direito *afirmado* existente.

O *caput* do dispositivo mantém a tradicional regra quanto a ser excepcional a "legitimação extraordinária" porque sempre dependente de autorização normativa. No particular, o CPC de 2015 substituiu a menção a "lei" do art. 6º do CPC de 1973 por "ordenamento jurídico". Coerente, não há por que deixar de observar, com o art. 8º, com o art. 140 e, até mesmo, com o novo nome dado, em português, à atuação do Ministério Público como *custos legis*, não mais "fiscal da *lei*", mas "fiscal da *ordem jurídica*" (art. 178).

O parágrafo único do art. 18 prevê que, havendo substituição processual, o substituído poderá intervir no processo na qualidade de assistente litisconsorcial. A previsão é, em certa medida, irrealista, porque ela não trata de como e se necessariamente o magistrado deve dar ciência, ao substituído, do atuar do substituto. Ela apenas se preocupa com a consequência, não com a causa.

No silêncio do CPC de 2015 – o Projeto do Senado, saiba, prezado leitor, tinha regra expressa nesse sentido – é correto o entendimento de que, com fundamento no art. 6º e no modelo de "processo cooperativo" lá implementado, cabe ao magistrado de ofício (ou por provocação das partes ou de outros intervenientes) dar ciência ao substituído para, querendo, intervir no processo. Trata-se, nesse sentido, de verdadeiro *dever-poder* do magistrado. No contexto dos embargos de terceiro, não é diversa a razão de ser do parágrafo único do art. 675.

A medida é de rigor até porque o "verdadeiro" legitimado para a causa *não é*, nestes casos, quem age em juízo; é o que não age. Entender que o legitimado ordinário (substituído) não tenha o direito de saber que há alguém postulando por direito dele e, querendo, passar a agir em juízo é solução que parece atritar com o próprio inciso XXXV do art. 5º da CF.

Havendo a intervenção do substituído, contudo, deve prevalecer a escolha feita pelo CPC de 2015: ele atuará ao lado do substituto na qualidade de assistente litisconsorcial, aplicando-se, no particular, as considerações que exponho no n. 4.1.2 do Capítulo 4.

3.2 Ainda sobre o interesse de agir

Sobre o interesse de agir ocupam-se, ainda, os arts. 19 e 20.

O art. 19 trata da chamada "ação declaratória", assim entendido o pedido de tutela jurisdicional que se resume a obter certeza do Estado-juiz, certeza essa consistente na existência, inexistência ou modo de ser de uma relação jurídica (inciso I) ou, ainda, no reconhecimento de autenticidade ou de falsidade de documento (inciso II).

Tal qual o art. 4º do CPC de 1973, o art. 19, abandonando a técnica do art. 17, refere-se a *interesse* do autor, o que é correto na compreensão de representar a *necessidade* e a *utilidade* da e na intervenção do Estado-juiz para solucionar lesão ou ameaça a direito. Por causa da eliminação da "possibilidade jurídica do pedido", não há mais espaço para duvidar de que a temática merece ser enfrentada na perspectiva do *interesse de agir* do autor; e não sobre os pedidos voltados àquelas situações serem possíveis ou impossíveis juridicamente. Afirmar existente ou inexistente que se quer declarar como tal ou, ainda, autêntico ou falso um documento é questão relativa ao *mérito* cujo enfrentamento pressupõe, insisto na ideia, a existência do interesse de agir.

O art. 19, outrossim, acabou por acolher expressamente o entendimento de que cabe a "ação declaratória" para definir o "modo de ser de uma relação jurídica", diretriz que encontra eco na Súmula 181 do STJ: "É admissível ação declaratória, visando a obter certeza quanto a exata interpretação de cláusula contratual".

O art. 20, por sua vez, admite a "ação declaratória" ainda que tenha ocorrido a violação ao direito. É possível, assim, pedir tutela jurisdicional "meramente declaratória" quando a hipótese, em rigor – porque de lesão se trata (na perspectiva da *afirmação* do autor) –, já autorizaria a tutela jurisdicional "condenatória", querendo compelir ao réu a fazer, não fazer, entregar algo diverso de dinheiro ou a pagar.

O tema, em rigor, é polêmico na perspectiva histórica e despreocupado com a necessária e indispensável revisitação dos institutos fundamentais do direito processual civil à luz do "modelo constitucional do direito processual civil": diante do art. 5º, XXXV, da CF é inimaginável que a lei pudesse querer excluir lesão ou ameaça da apreciação jurisdicional, mesmo na hipótese pressuposta pelo dispositivo em questão. De qualquer sorte, preso à tradição e predisposto a evitar discussões que certamente aflorariam no silêncio, o art. 20 justifica-se.

4. LIMITES DA JURISDIÇÃO NACIONAL

O Título II do Livro II da Parte Geral do CPC de 2015 trata dos "limites da jurisdição nacional e da cooperação internacional", dividindo cada um dos assuntos em seus dois Capítulos. Aqui cabe tratar do primeiro deles.

O art. 21 indica os casos em que o Poder Judiciário brasileiro tem *jurisdição (no sentido adequado da palavra)* para o processo. Por isso, é correta a nomenclatura dada ao capítulo, "Dos limites da *jurisdição nacional*", a ser exercida ao lado da cooperação internacional, objeto de nova e interessantíssima disciplina constante dos arts. 26 a 41.

Esses casos são os seguintes: quando o réu, qualquer que seja a sua nacionalidade, estiver domiciliado no Brasil (considerada domiciliada no Brasil a pessoa jurídica estrangeira que aqui tiver agência, filial ou sucursal, como preceitua o parágrafo único); quando no Brasil tiver de ser cumprida a obrigação; ou, ainda, quando o fundamento seja fato ocorrido ou ato praticado no Brasil.

Em todas essas situações, a lei brasileira não nega (e nem teria como negar) a existência de processos perante órgãos jurisdicionais estrangeiros envolvendo as mesmas partes, com o mesmo pedido e mesma causa de pedir. A *litispendência* e/ou a *coisa julgada*, nesses casos, pressupõem a homologação da decisão estrangeira para surtir no Brasil seus efeitos, disciplina que é dada pelos arts. 960 a 965 (art. 24).

O art. 22 complementa a prescrição do art. 21. Também aqui, o objeto da norma é indicar hipóteses em que a autoridade judiciária brasileira pode exercer sua jurisdição ou, como quer o dispositivo, tem competência.

Cabe, com base naquele dispositivo, ao Estado-juiz brasileiro processar e julgar ações de alimentos quando o credor tiver domicílio ou residência no Brasil ou quando o réu mantiver vínculos no Brasil, tais como posse ou propriedade de bens, recebimento de renda ou obtenção de benefícios econômicos (inciso I). Também será competente para julgar ações decorrentes de relações de consumo, quando o consumidor tiver domicílio ou residência no Brasil (inciso II).

Por fim, o inciso III do art. 22 reconhece a jurisdição da autoridade judiciária brasileira quando as partes, expressa ou tacitamente, submeterem-se à jurisdição nacional, previsão que é nova e merece destaque diante da sempre crescente globalização. Trata-se de verdadeira cláusula de eleição de foro com opção pelo Judiciário nacional, hipótese em que será necessário discernir até que ponto o ajuste entre as partes – mesmo que celebrado sob as vestes de "negócio processual" (art. 190) – pode querer definir o juízo competente, levando em conta, inclusive, o Judiciário brasileiro. É correto, por isso mesmo, entender que a liberdade contratual prevista no dispositivo encontra óbice no art. 23 e que seu questionamento pode se dar, inclusive de ofício pelo magistrado, nos moldes dos §§ 3º e 4º do art. 63.

O art. 23 trata dos casos em que o direito brasileiro afirma-se competente com caráter de *exclusividade* para o processamento e julgamento das causas. Eventual decisão estrangeira entre as mesmas partes, com a mesma causa de pedir e o mesmo pedido não é idônea para ser homologada (art. 964, *caput*) e, por isso, não terá aptidão de produzir seus efeitos, não podendo ser cumprida, em território brasileiro.

A primeira referência é às ações relativas a imóveis situados no Brasil (inciso I). O inciso II inclui, em matéria de sucessão hereditária, a confirmação de testamento particular (novidade em relação ao CPC de 1973), além (e coerentemente com o inciso I) do inventário e da partilha de bens situados no Brasil, ainda que o autor da herança seja de nacionalidade estrangeira ou tenha domicílio fora do território nacional. O inciso III, por seu turno, reserva expressamente a competência exclusiva da autoridade judiciária brasileira para, em divórcio, separação judicial ou dissolução de união estável, realizar a partilha de bens situados no Brasil, ainda que o titular seja de nacionalidade estrangeira ou tenha domicílio fora do território nacional. A previsão merece ser harmonizada com o entendimento jurisprudencial formado sob a vigência do CPC de 1973 de que não ofende o ordenamento brasileiro a possibilidade de as partes *acordarem* entre si sobre o destino dos imóveis situados no Brasil, ainda que perante o juízo estrangeiro. O que era – e continua a ser – vedado é que o juízo estrangeiro *determine* a partilha dos bens imóveis situados no Brasil ou disponha sobre ela.

O art. 24 apresenta a disciplina que deve ser dada à concomitância de postulações idênticas perante o Judiciário brasileiro e o estrangeiro (litispendência). Segundo ele, não há impedimento para que a autoridade judiciária brasileira processe e julgue o caso, a despeito da identidade com o processo no exterior. Tampouco para as causas conexas. A única exceção, constante do *caput* do dispositivo, é a existência de tratados internacionais e acordos bilaterais em vigor no Brasil que enunciem diferentemente.

O parágrafo único do art. 24, ao confirmar a regra do *caput*, permite a homologação da sentença estrangeira, a despeito de seu similar nacional. Trata-se de solução que deve limitar-se, contudo, aos casos em que o direito brasileiro admite (ou reconhece) concorrência de jurisdições. Ela se refere, portanto, às situações albergadas pelos arts. 21 e 22, e não às do art. 23.

Do mesmo modo que o art. 22, III, permite às partes, consensualmente, optar pela sua *submissão* à jurisdição brasileira, o art. 25 possibilita a elas ajustar a sua *exclusão*. Para tanto, deverá haver cláusula específica de eleição de foro em contrato internacional e a questão deverá ser arguida pelo réu em contestação. Caso não o faça, competente será, ao menos concorrentemente, também a justiça brasileira.

Quando se tratar de hipóteses em que a jurisdição brasileira for exclusiva (art. 23), afasta-se a possibilidade da eleição de foro no estrangeiro (art. 25, § 1º).

A remissão ao art. 63, feita pelo § 2º do art. 25, permite que as regras relativas à eleição de foro sejam aplicadas à hipótese. Assim, a eleição de foro só produz efeito quando constar de instrumento escrito e aludir expressamente a determinado negócio jurídico. Cabe acrescentar diante do *caput* do dispositivo que se deve tratar de contrato internacional. O foro contratual obriga os herdeiros e sucessores das partes. Antes da citação, a cláusula de eleição de foro pode ser reputada ineficaz de ofício pelo juízo, se abusiva, determinando a remessa dos autos ao juízo do foro de domicílio do réu. Cabe ao réu, citado, alegar a abusividade da cláusula de eleição de foro na contestação. Se não o fizer, perderá o direito de suscitar a questão (preclusão).

5. COOPERAÇÃO INTERNACIONAL

O CPC de 2015 inova ao tratar da "cooperação internacional", dedicando todo um Capítulo ao tema, que vem dividido em quatro seções.

Por "cooperação internacional" deve ser entendido o conjunto de técnicas que permitem a dois Estados colaborar entre si em prol do cumprimento fora de seus territórios com a prática de medidas jurisdicionais requeridas por um deles.

5.1 Disposições gerais

O art. 26 estabelece que a cooperação internacional será regida por Tratado de que o Brasil faça parte – e, não havendo Tratado, com base em reciprocidade manifestada por via diplomática (§ 1º), salvo no caso de homologação de sentença estrangeira (§ 2º) –, observando os princípios enumerados em seus incisos: respeito às garantias do devido processo legal no Estado requerente; igualdade de tratamento entre nacionais e estrangeiros, residentes ou não no Brasil, em relação ao acesso à justiça e à tramitação dos processos, assegurando assistência judiciária aos necessitados; publicidade processual, exceto nas hipóteses de sigilo previstas na legislação brasileira ou na do Estado requerente; existência de autoridade central para a recepção e transmissão dos pedidos de cooperação e espontaneidade na transmissão de informações a autoridades estrangeiras.

De acordo com o § 3º, nenhum ato praticado no âmbito da cooperação internacional pode contrariar ou produzir resultados incompatíveis com as normas fundamentais que regem o Estado brasileiro.

O Ministério da Justiça exercerá as funções de autoridade central (art. 26, IV) na ausência de designação específica, consoante se extrai do § 4º do art. 26.

O art. 27 trata dos possíveis objetos da cooperação jurídica internacional: citação, intimação e notificação judicial e extrajudicial; colheita de provas e obtenção de informações; homologação e cumprimento de decisão; concessão de medida judicial de urgência; assistência jurídica internacional e qualquer outra medida judicial ou extrajudicial não proibida pela lei brasileira.

Das diversas formas pelas quais a cooperação jurídica internacional pode se dar no âmbito cível – e, com isso, fica excluída qualquer consideração sobre a extradição –, o CPC de 2015 vai além do de 1973 e, sem prejuízo de trazer novas regras relativas às "cartas rogatórias" (art. 36) e à "homologação de sentença estrangeira" (arts. 960 a 965), temas aos quais me volto no n. 7 do Capítulo 16, inova ao disciplinar expressamente também o auxílio direto (arts. 28 a 35).

5.2 Auxílio direto

O auxílio direto é técnica de cooperação internacional que torna dispensável a expedição de carta rogatória para viabilizar não só a comunicação, mas também a tomada de providências solicitadas entre Estados. O art. 28 refere-se ao seu cabimento "quando a medida não decorrer diretamente de decisão de autoridade jurisdicional estrangeira a ser submetida a juízo de delibação no Brasil". Esse "juízo de delibação" é próprio das cartas rogatórias.

Existe acesa controvérsia sobre a constitucionalidade do auxílio direto no direito brasileiro. Isso porque o art. 105, I, *i*, da CF prescreve competir ao STJ "processar e julgar, originariamente: (...) a homologação de sentenças estrangeiras e a concessão de *exequatur* às cartas rogatórias". Seria possível, diante da previsão constitucional, que algum ato normativo, mesmo que multinacional, dispusesse diferentemente, *dispensando* a intervenção daquele Tribunal para admitir que atos originários de Estado estrangeiro pudessem surtir efeitos, os mais diversos, em território nacional? Os defensores da constitucionalidade do auxílio direto sustentam que a previsão acima transcrita, fruto da EC n. 45/2004, é ampla o suficiente para albergar a hipótese. Diferentemente da previsão anterior (art. 102, I, *h*, da CF), que definia, para tanto, a competência do STF, a atual refere-se a "de", e não a "das" sentenças estrangeiras, o que seria bastante para reconhecer espaço para o estabelecimento de *outras* formas de cooperação internacional, que dispensam a necessária e prévia intervenção daquele Tribunal e, consequentemente, a carta rogatória.

Essa interpretação, não nego, tem a simpatia do próprio STJ. Não só por força do parágrafo único do art. 7º da Resolução n. 9/2005, que disciplinou originalmente a nova competência que lhe foi reconhecida pela referida EC, mas também pelo § 2º do atual art. 216-O do seu Regimento Interno, que passou a tratar do assunto, e que tem a seguinte redação: "Os pedidos de cooperação jurídica internacional que tiverem por objeto atos que não ensejem juízo deliberatório do Superior Tribunal de Justiça, ainda que denominados carta rogatória, serão encaminhados ou devolvidos ao Ministério da Justiça para as providências necessárias ao cumprimento *por auxílio direto*".

Aquela previsão regimental, tanto quanto o ato normativo a ela anterior, embora revogado, são, inequivocamente, elementos importantes para o reconhecimento do fundamento de validade constitucional da cooperação internacional, o que tem o apoio da doutrina especializada no assunto. Nessa perspectiva, não há por que colocar em dúvida a plena constitucionalidade do art. 28 do CPC de 2015 e da circunstância de ele albergar, generalizando, esse importante mecanismo de cooperação internacional no direito positivo brasileiro.

O art. 29 prescreve que o auxílio direto deve ser solicitado pelo órgão estrangeiro interessado à autoridade central – não, portanto, ao Estado-juiz que, no caso brasileiro, seria o STJ (art. 105, I, *i*, da CF) –, cabendo ao requerente assegurar a autenticidade e a clareza do pedido.

A previsão é complementada pelo art. 31, segundo o qual a autoridade central brasileira (que, de acordo com o art. 32, é a competente para o auxílio) comunicar-se-á diretamente com suas congêneres e, se necessário, com outros órgãos estrangeiros responsáveis pela tramitação e pela execução de pedidos de cooperação enviados e recebidos pelo Estado brasileiro, respeitadas disposições específicas constantes de tratado.

O art. 30 diz respeito especificamente aos possíveis objetos do auxílio direto: obtenção e prestação de informações sobre o ordenamento jurídico e sobre processos administrativos ou jurisdicionais findos ou em curso; colheita de provas, salvo se a medida for adotada em processo em curso no estrangeiro de competência exclusiva de autoridade judiciária brasileira e qualquer outra medida judicial ou extrajudicial não proibida pela lei brasileira.

A previsão do inciso III, ao se referir a "qualquer outra medida judicial ou extrajudicial não proibida pela lei brasileira", assumia feição restritiva diante do art. 35 do CPC de 2015, que impunha a carta rogatória ao "pedido de cooperação entre órgão jurisdicional brasileiro e órgão jurisdicional estrangeiro para prática de ato de citação, intimação, notificação judicial, colheita de provas, obtenção de informações e cumprimento de decisão interlocutória, sempre que o ato estrangeiro constituir decisão a ser executada no Brasil". Com o veto presidencial daquele dispositivo, não subsiste razão para deixar de entender que o auxílio direto será pertinente também naqueles casos. É o caso de ressalvar, apenas, o cumprimento de decisões interlocutórias estrangeiras concessivas de medida de urgência, hipótese em que prevalece o disposto no § 1º do art. 962, sem prejuízo, de qualquer sorte, do disposto no § 4º daquele mesmo dispositivo e no § 1º do art. 960.

Quando Estado estrangeiro formular pedido de auxílio direto ao brasileiro (auxílio direto *passivo*), caberá à Advocacia-Geral da União (que é quem representa, em juízo, o Ministério da Justiça; art. 26, § 4º) e, se for o caso, ao Ministério Público, quando for ele a autoridade central, requerer em juízo a medida solicitada (art. 33).

O art. 34, complementando a regra do art. 33, indica o juízo competente para apreciar, se for o caso de intervenção jurisdicional, o auxílio direto. A indicação da competência da Justiça Federal, para tanto, é expressamente prevista no dispositivo.

Importa, de qualquer sorte, questionar a constitucionalidade daquela regra, já que não há, no art. 109 da CF, previsão similar, limitando-se seu inciso X a estatuir a competência da Justiça Federal para "os crimes de ingresso ou permanência irregular de estrangeiro, a execução de carta rogatória, após o *exequatur*, e de sentença estrangeira, após a homologação, as causas referentes à nacionalidade, inclusive a respectiva opção, e à naturalização".

É importante que o intérprete extraia da previsão constitucional mais seu sentido (a *regra* nela contida) do que a sua literalidade (seu *texto*) sugere. Como o auxílio direto é verdadeira opção, em termos de cooperação internacional, à execução de carta rogatória e de sentença estrangeira, é coerente que, nos casos em que a prévia homologação do STJ não se faz necessária, seja reconhecido como competente o juízo federal com base naquele mesmo inciso. Para quem discordar desse entendimento, a consequência inexorável é a *inconstitucionalidade* da previsão e, consequentemente, a identificação do juízo competente de acordo com as regras usuais.

5.3 Carta rogatória

Carta rogatória é o meio de comunicação entre órgãos jurisdicionais de países (jurisdições) estrangeiros.

O *caput* do art. 36 refere-se ao caráter contencioso que o procedimento da carta rogatória assume no âmbito do STJ, que tem competência para sua homologação (art. 105,

I, *i*, da CF; arts. 960 a 965 do CPC de 2015 e arts. 216-O a 216-X do RISTJ), devendo assegurar às partes as garantias do devido processo *constitucional*. O § 1º limita a defesa à discussão quanto ao atendimento dos requisitos para que o pronunciamento judicial estrangeiro surta seus efeitos no Brasil. O § 2º veda a revisão do mérito do pronunciamento judicial estrangeiro pela autoridade judiciária brasileira.

Ambos os parágrafos preservam, destarte, a característica da atuação do STJ nesta matéria, limitada à análise do *juízo de delibação* do ato a ser praticado e/ou efetivado em território brasileiro, isto é, sendo vedado o reexame do *mérito* do pronunciamento jurisdicional estrangeiro pelo Judiciário brasileiro, mas observando, sempre, os limites da ordem pública brasileira, como exige expressamente o art. 39.

O art. 35, que também disciplinava a carta rogatória, foi vetado quando da promulgação do CPC de 2015. As consequências de seu veto – ampliar o campo de atuação do "auxílio direto" – é tema que discuto no n. 5.2, *supra*.

5.4 Disposições comuns

A última Seção do Capítulo dedicado à "cooperação internacional" traz as "disposições comuns" aplicadas "às seções anteriores".

O art. 37 prescreve que o pedido de cooperação jurídica internacional originária de autoridade brasileira – *ativo*, portanto – deverá ser encaminhado à autoridade central (que, à falta de designação específica, é o Ministério da Justiça consoante o § 4º do art. 26), que o enviará ao Estado estrangeiro (requerido) para os devidos fins.

O art. 38, complementando o art. 37, exige que o pedido de cooperação internacional ativo e os documentos respectivos sejam acompanhados de tradução para a língua oficial do Estado requerido.

O art. 39 impõe a recusa dos pedidos de cooperação internacional formulados por Estado estrangeiro às autoridades brasileiras (*passivos*) quando ocorrer manifesta ofensa à ordem jurídica. Trata-se de norma clássica do direito internacional preservada pelo CPC de 2015 e generalizada a todos os mecanismos de cooperação jurídica internacional.

O art. 40 prescreve que a cooperação jurídica internacional para *execução* de decisão estrangeira será realizada por intermédio de carta rogatória ou de "ação de homologação de sentença estrangeira", observando-se o disposto no art. 960 e, cabe completar, também o disposto nos arts. 961 a 965. A exigência feita pelo art. 40, aceita a distinção que proponho no n. 5.2, *supra*, tem fundamento na alínea *i* do inciso I do art. 105 da CF.

O art. 41, por fim, considera autênticos os documentos dos pedidos de cooperação jurídica internacional enviados ao Estado brasileiro por intermédio da autoridade central ou por via diplomática, caso em que é dispensada ajuramentação, autenticação ou qualquer procedimento de legalização. A previsão não impede a aplicação pelo Brasil do princípio da reciprocidade de tratamento, quando necessária (parágrafo único).

A razão de ser da regra é a de facilitar e agilizar o processamento de todas as formas de cooperação jurídica internacional, razão última de ser dos avanços que essa área do direito vem passando mais recentemente. É prova segura do acerto da afirmação a circunstância de o CPC de 2015 voltar-se mais detidamente ao tema, disciplinando expressamente o auxílio direto.

6. COMPETÊNCIA

O Título III do Livro II da Parte Geral do CPC de 2015 é intitulado "Da competência interna" e é dividido em dois Capítulos. No primeiro, sua disciplina volta-se não apenas à *identificação* do órgão jurisdicional *brasileiro* competente, mas também às *modificações* da competência e ao *reconhecimento da incompetência*. No segundo, sem similar no CPC de 1973, a disciplina trata da "cooperação *nacional*", que espelha, com as devidas adaptações, a "cooperação *internacional*" cuja disciplina também é fruto de profunda inovação trazida pelo CPC de 2015.

6.1 Disposições gerais

As "disposições gerais", que abrem a disciplina da "competência interna", querem fornecer os elementos necessários para a identificação do órgão jurisdicional brasileiro. Pressupõem, portanto, que não se esteja diante de uma situação que imponha ou que permita a atuação jurisdicional estrangeira, assunto que ocupa os arts. 21 a 25 do CPC de 2015.

Não é o bastante, contudo. Como já escrevi a propósito do supérfluo art. 16 no n. 2, *supra*, a identificação do órgão jurisdicional é tarefa mais complexa que, excluída a competência de algum país estrangeiro, deve levar em conta, em primeiro lugar, a CF. É nela que está regulada (taxativamente) a competência, inclusive *originária* do STF (art. 102), do STJ (art. 105), dos Tribunais Regionais Federais (art. 108) e da Justiça Federal (art. 109). A própria competência dos Tribunais de Justiça deve, por paralelismo, satisfação ao modelo constitucional *federal* (art. 125), dependendo, de qualquer sorte, da verificação das escolhas concretamente feitas por cada um dos Estados-membros na organização de sua própria Justiça, a Justiça Estadual. A competência da justiça do Distrito Federal, de sua parte, deriva de legislação federal, diante da especialíssima previsão do art. 22, XVII, da CF.

Mesmo quando esgotado o assunto na perspectiva constitucional (federal e estaduais), põe-se o problema de saber se a causa é de competência dos Juizados Especiais. Se o for, nao será o CPC a definir a sua competência, e sim o microssistema daqueles Juizados, a saber, as Leis n. 9.099/1995, 10.259/2001 e 12.153/2009. A competência dos Juizados Especiais, aliás, tem tudo para se avolumar com o CPC de 2015, que extinguiu o procedimento comum *sumário*, e que, em termos práticos (embora questionáveis no ambiente teórico), dividia aquelas causas entre duas estruturas judiciárias, a dos Juizados e a convencional, que é sobre a qual versa o CPC de 2015 e este *Manual*. O art. 1.063 do CPC de 2015 é claro nesse sentido ao preservar a competência dos Juizados para o processamento e julgamento das causas previstas no inciso II do art. 275 do CPC de 1973 – que trata das diversas hipóteses que justificavam, pela matéria, o procedimento comum sumário – "até a edição de lei específica".

Excluída a competência dos Juizados, o caso passa a ser disciplinado pelo CPC. Mesmo assim, contudo, leis de organização judiciária, federais e/ou estaduais, devem ser levadas em conta para verificar qual é o órgão jurisdicional existente na localidade indicada pelo CPC que tem competência para determinada causa.

Nesse sentido – e com fórmula muito mais bem acabada do que a do referido art. 16 –, o art. 44 do CPC de 2015 dispõe que: "Obedecidos os limites estabelecidos pela Constituição Federal, a competência é determinada pelas normas previstas neste Código ou em legislação especial, pelas normas de organização judiciária e, ainda, no que couber, pelas constituições dos Estados". E nem poderia ser diferente na República *Federativa* do Brasil.

Conclusão importante a ser apresentada é a de que a disciplina da competência do CPC de 2015 (e já era assim com o de 1973) é verdadeiramente residual. Ela é ampla, ela é complexa, ela é difícil de ser compreendida (e não desanime, prezado leitor, porque tudo se resume a uma questão de vivência prática no foro), mas residual. Ela pode simplesmente não vir a ser aplicada nos casos em que a competência originária é de algum Tribunal (porque a disciplina esgota-se com o exame da CF ou das Constituições dos Estados) ou da própria Justiça Federal de primeira instância, cuja competência também decorre diretamente da CF.

Antes da análise dos dispositivos do CPC de 2015 relativos ao tema, é importante distinguir entre "competência *absoluta*" e "competência *relativa*", tema que assume ainda maior relevância nos casos em que há *modificação* da competência, objeto do número seguinte.

A distinção principal entre aqueles dois critérios é a presença, ou não, do interesse público que justifica a sua fixação. Disso decorrem seus respectivos regimes jurídicos.

A competência *absoluta* é passível de apreciação de ofício, isto é, sem provocação das partes, pelo que ela pode ser questionada a qualquer tempo (art. 64, § 1º) e, por isso mesmo, não há preclusão quanto à ausência de sua alegação, porque ela não se "prorroga" em nenhum caso, isto é, ela não pode ser *modificada* (v. n. 6.2, *infra*), nem mesmo por vontade das partes (arts. 54 e 62). A decisão de mérito proferida por juizo absolutamente incompetente é passível de ação rescisória (art. 966, II), razão pela qual é correto entendê-la como "pressuposto de *validade* do processo".

A competência *relativa*, por seu turno, não pode ser considerada pressuposto de *validade* do processo. Ela está sujeita a modificações (art. 54), inclusive pela vontade das partes pela chamada cláusula contratual de "eleição de foro" (art. 63) ou pela inércia do réu em argui-la a tempo em preliminar de contestação (art. 64, *caput*). Ela não é passível de declaração de ofício. Seu reconhecimento depende, por isso mesmo, de manifestação de vontade do réu, vedada a sua apreciação de ofício (art. 337, § 5º). Sua não observância *não* autoriza a rescisão da decisão após seu trânsito em julgado.

O CPC de 2015 aboliu duas outras distinções com relação à competência absoluta e à competência relativa. Diferentemente do que o CPC de 1973 exigia, do ponto de vista formal, a arguição da incompetência (da falta de competência, portanto) absoluta *ou* relativa deve ser feita em preliminar de contestação (art. 337, II). Não subsiste, no CPC de 2015, a chamada *exceção* de incompetência, que, no Código anterior, era o veículo (formal) próprio para a arguição da incompetência *relativa*.

O segundo traço distintivo que não foi preservado pelo CPC de 2015 está na compreensão da incompetência absoluta como fator inexorável de nulidade das decisões. Doravante, as decisões proferidas em qualquer caso, inclusive pelo juízo absolutamente incompetente, podem ser mantidas nos termos do § 4º do art. 64, assunto ao qual me volto no n. 6.3, *infra*.

Importa destacar, ainda a título introdutório, que por mais grave que seja o vício relativo à competência, qualquer órgão jurisdicional é sempre competente para apreciar a sua própria competência ou a falta dela, determinando a prática de atos processuais derivados de sua decisão.

Feitas essas indispensáveis ressalvas, cabe examinar a disciplina reservada pelo CPC de 2015 ao tema.

O art. 42, que abre a Seção I do Capítulo I do Título III do Livro II da Parte Geral do CPC de 2015, prescreve competir aos órgãos jurisdicionais processar e decidir as causas cíveis nos limites de sua competência (definida desde a CF, consoante já destacado suficientemente). Ressalva expressamente a possibilidade de as partes instituírem o juízo arbitral "na forma da lei", que ainda é a Lei n. 9.307/1996. Sobre a ressalva, cabe esclarecer que, se o réu deixar de arguir a existência de convenção de arbitragem – o que deve fazer em preliminar de contestação –, o magistrado não poderá fazê-lo (art. 337, § 5º). A hipótese é compreendida pelo § 6º do art. 337 como aceitação da jurisdição estatal e renúncia ao juízo arbitral.

O art. 43 estatui a chamada *perpetuatio jurisdictionis*, isto é, o momento em que se dá a fixação da competência e a impossibilidade de sua alteração posterior, ressalvando a supressão do órgão jurisdicional ou alteração de competência absoluta. O momento em que isso se dá, consoante o dispositivo, é o registro ou a distribuição da petição inicial (art. 284). A previsão, contudo, é *formalmente* inconstitucional porque não corresponde aos textos legislativos aprovados no Senado Federal e na Câmara dos Deputados ao longo do processo legislativo que redundou no CPC de 2015.

O *caput* do art. 45 busca disciplinar, em alguma medida, as hipóteses em que o art. 109 da CF define a competência da Justiça Federal em confronto com os casos em que o processo originariamente tramita perante a Justiça Estadual. As situações em que não deve haver o deslocamento de competência (porque não se trata de competência da Justiça Federal) são as mesmas previstas no art. 109, I, da CF, pelo que, em rigor, são inócuas.

Os parágrafos do art. 45 ocupam-se com a dinâmica do pedido que, ao menos em tese, justifica a competência da Justiça Federal e acabam por espelhar orientação segura da doutrina e da jurisprudência nas soluções por eles dadas. Assim, os autos não serão remetidos à Justiça Federal se houver pedido cuja apreciação seja de competência do juízo perante o qual foi proposta a ação (§ 1º). Nesse caso, prossegue o § 2º, se a cumulação de pedidos não for admitida em razão da incompetência, é vedada a apreciação do mérito do pedido em que exista interesse da União Federal, de suas autarquias ou de suas empresas públicas. O § 3º, ao determinar ao juízo federal que devolva os autos ao juízo estadual quando excluir do processo o ente federal que justificara sua competência sem suscitar conflito de competência, encontra eco nas Súmulas 150 e 224 do STJ.

O *caput* do art. 46 preserva a regra da competência do foro do domicílio do réu quando o direito em conflito for de natureza *obrigacional* ou quando se tratar de direito real sobre bens *móveis*. Os parágrafos apresentam as seguintes variações para a regra, estabelecendo o que é chamado de *concorrência de foros*: tendo o réu mais de um domicílio, é competente qualquer um deles (§ 1º). Sendo incerto ou desconhecido o domicílio do réu, competente será o foro onde ele for encontrado ou o foro de domicílio do autor (§ 2º). Quando o réu não tiver domicílio ou residência no Brasil, é competente o foro de domicílio do autor; se, contudo, o autor também residir fora do Brasil, é competente qualquer foro (§ 3º). Havendo dois ou mais réus com diferentes domicílios, são competentes os foros respectivos, à escolha do autor (§ 4º). O § 5º, por sua vez, trata da competência para a execução fiscal, procedimento especial que se fundamenta em título executivo *extrajudicial* a cargo de pessoas de direito público regida por lei extravagante, a Lei n. 6.830/1980: ela será proposta no foro de domicílio do réu, no de sua residência ou no do lugar onde for encontrado.

Tratando-se de direito real sobre *imóveis*, a competência é estabelecida em função do foro de situação da coisa (art. 47). O § 1º admite, todavia, que o autor opte pelo foro de domicílio do réu ou pelo foro de eleição, se o litígio *não* recair sobre direito de propriedade, vizinhança, servidão, divisão e demarcação de terras e de nunciação de obra nova. O § 2º, querendo eliminar fundadas dúvidas sobre a competência, referindo-se a ações possessórias sobre imóveis, estende a elas a regra do *caput*, evidenciando que a competência é *absoluta*.

Os demais dispositivos limitam-se a estabelecer regras específicas de competência.

Assim, o art. 48 estabelece ser o foro de domicílio do autor da herança no Brasil (o falecido) o competente para o inventário, a partilha, a arrecadação, o cumprimento de disposições de última vontade, a impugnação ou anulação de partilha extrajudicial e para todas as ações em que o espólio for réu, ainda que o óbito tenha ocorrido no estrangeiro. Na hipótese de o falecido não possuir domicílio certo – é o parágrafo único que complementa a previsão do *caput* nos seus três incisos –, é competente o foro de situação dos bens imóveis (inciso I); havendo bens imóveis em foros diferentes, é competente qualquer destes (inciso II); não havendo bens imóveis, é competente o foro do local de qualquer dos bens do espólio (inciso III). A novidade da regra, quando comparada com a do parágrafo único do art. 96 do CPC de 1973 está em que, para o CPC de 2015, na hipótese de haver bens *imóveis* situados em foros diversos, qualquer um deles é competente (inciso II), tanto quanto, na inexistência de bens imóveis, é competente o foro do local de qualquer dos bens do espólio (inciso III). Não prevalece, destarte, a competência do foro do local em que ocorreu o óbito naquelas hipóteses (art. 96, parágrafo único, II, do CPC de 1973).

As ações em que o ausente for réu serão propostas no foro de seu último domicílio, que também é competente para a arrecadação, o inventário, a partilha e o cumprimento de disposições testamentárias (art. 49).

Quando o incapaz for o réu, a ação será proposta no foro do domicílio de seu representante ou assistente (art. 50).

O art. 51 acaba por repetir as hipóteses previstas nos §§ 1º e 2º do art. 109 da CF sobre ser competente o foro de domicílio do réu para as causas em que a União for a autora (*caput*) e sobre a *concorrência* de foros existente quando a União for ré (parágrafo único). Nessa última hipótese, é competente o foro de domicílio do autor, o de ocorrência do ato ou fato que originou o conflito, o de situação da coisa ou, ainda, o Distrito Federal.

O art. 52, em seu *caput* e parágrafo único, replica, com adaptações para os Estados e para o Distrito Federal, a mesma regra que o art. 51 reserva para a União. A regra, que tem tudo para ser polêmica, precisa, mormente no que diz respeito à previsão de seu parágrafo único, ser interpretada levando em conta o "modelo constitucional do direito processual civil", em especial os casos em que a demanda contra Estados será necessariamente ajuizada perante o STF (art. 102, I, "e" e "f", da CF) e a previsão do § 1º do art. 125 da CF, que reserva aos Estados a organização da sua própria Justiça. Ademais, litigar em face de Estado em qualquer comarca brasileira, como autoriza aquele dispositivo ao fazer menção ao "domicílio do autor", pode comprometer, não há como afastar, aprioristicamente, esse receio, o exercício da ampla defesa pelo próprio Estado. Idêntica observação merece ser feita com relação ao Distrito Federal, não obstante caber à União Federal organizar a Justiça daquele ente político, consoante estabelece o inciso XVII do art. 22 da CF.

O art. 53 trata, em seus cinco incisos, dos seguintes casos:

O inciso I define como competente para o divórcio, a separação, a anulação de casamento, o reconhecimento ou a dissolução de união estável o foro de domicílio do guardião de filho incapaz (alínea *a*). Se não houver filho incapaz, a competência será do foro de último domicílio do casal (alínea *b*). Na hipótese de nenhuma das partes lá residir, será competente o foro de domicílio do réu (alínea *c*). Quando se tratar de vítima de violência doméstica e familiar, nos termos da Lei n. 11.340/2006, a "Lei Maria da Penha", competente é o domicílio da própria vítima (alínea *d*, introduzida pela Lei n. 13.894/2019). A hipótese é de foros *subsidiários*, isto é, de observância diante da hipótese especificada por cada uma das alíneas, e não *concorrentes*. O CPC de 2015 aboliu, a propósito, a regra protetiva da mulher, constante do inciso I do art. 100 do CPC de 1973, que atritava, ao menos em tese, sem análise de eventuais peculiaridades do caso concreto, com o disposto no § 5º do art. 226 da CF. A ressalva era importante porque naqueles casos em que *concretamente* a mulher conseguia demonstrar situação de *desigualdade* no plano material, a prerrogativa de foro em seu favor era postura correta a ser adotada em prol da superação do (des)equilíbrio existente entre as partes, razão que justifica a (oportuna) modificação introduzida pela precitada Lei n. 13.894/2019 na alínea *d* do dispositivo em destaque.

O inciso II fixa como competente o domicílio ou residência do alimentando para a ação em que se pedem alimentos.

O inciso III estabelece a competência ao foro do lugar onde está a sede, para a ação em que for ré pessoa jurídica; onde se acha agência ou sucursal, quanto às obrigações que a pessoa jurídica contraiu; onde exerce suas atividades, para a ação em que for ré sociedade ou associação sem personalidade jurídica; onde a obrigação deve ser satisfeita, para a ação em que se lhe exigir o cumprimento; de residência do idoso, para a causa que verse sobre direito previsto no respectivo estatuto (regra que auxilia na implementação da proteção do art. 230 da CF, não obstante nada inovar diante do art. 80 do Estatuto do Idoso, Lei n. 10.741/2003, preservado incólume pela Lei n. 13.466/2017); da sede da serventia notarial ou de registro, para a ação de reparação de dano por ato praticado em razão do ofício.

O inciso IV trata da competência para a reparação de dano e das hipóteses em que o réu for administrador ou gestor de negócios alheios. Em ambas as situações, competente é o foro do lugar do ato ou do fato.

O inciso V define a competência de domicílio do autor ou do local do fato, para a ação de reparação de dano sofrido em razão de delito ou acidente de veículos, inclusive aeronaves.

Estão alocadas na Seção seguinte, sobre modificação da competência, duas outras regras que, não obstante sua localização, merecem ser analisadas no contexto deste número.

De acordo com o art. 60, que deve ser interpretado ao lado do art. 47 se o imóvel se achar situado em mais de um Estado, comarca, seção ou subseção judiciária, a competência territorial do juízo prevento (art. 59) estender-se-á sobre todo o imóvel.

Por fim, o art. 61 estabelece que a ação acessória será proposta no juízo competente para a ação principal.

6.2 Modificação da competência

Uma vez fixada a competência (com observância das regras e das considerações do número anterior), há variados eventos que podem *modificá-la*, desde que se trate de competência *relativa* (art. 54). É o que ocupa a Seção II do Capítulo I do Título III do Livro II da Parte Geral do CPC de 2015.

Há quatro fatores que podem modificar a competência: a conexão, a continência, o foro de eleição e a inércia do réu em alegar a incompetência relativa. É o caso de estudar cada uma dessas figuras no seu contexto codificado.

A *conexão*, consoante o *caput* do art. 55, dá-se quando duas ou mais "ações" (ou mais precisamente, *postulações*) tiverem comuns entre si o pedido (o bem da vida pretendido) *ou* a causa de pedir (os fundamentos fáticos e os jurídicos que justificam o pedido).

Nesse caso, os processos respectivos deverão ser reunidos para julgamento conjunto, salvo se um deles já tiver sido sentenciado (art. 55, § 1º), correta ressalva que tem origem na Súmula 235 do STJ. O juízo competente para o processamento e julgamento conjunto é o *prevento*, assim considerado aquele perante o qual foi registrada (quando há um só órgão jurisdicional competente) *ou* distribuída (quando houver mais de um órgão jurisdicional) em primeiro lugar a petição inicial (arts. 58 e 59).

O CPC de 2015, inovando, foi além, emprestando o mesmo regime jurídico – de reunião dos processos perante o juízo prevento para julgamento conjunto salvo se um deles já tiver sido sentenciado – a outras situações em que, bem analisadas, não há conexão. A reunião justifica-se, de qualquer sorte, para evitar o risco de proferimento de decisões conflitantes, que é (e sempre foi) a razão de ser da reunião de processos determinada pela conexão.

É o que se dá, de acordo com o § 2º do art. 55, com a execução de título extrajudicial e a ação de conhecimento relativa ao mesmo ato jurídico e as execuções fundadas no mesmo título executivo.

O § 3º do art. 55, por sua vez, descartando a necessidade de conexão, determina a reunião para julgamento conjunto dos processos que possam gerar risco de prolação de decisões conflitantes ou contraditórias caso decididos separadamente. O dispositivo certamente terá, dentre tantas outras, intensa aplicação aos casos que têm como ponto de partida uma mesma lesão ou ameaça a direito envolvendo diversos interessados e que, não obstante, precisam ser homogeneamente resolvidos. É o que, no âmbito do processo coletivo, é chamado de direito individual homogêneo e que acaba por atrair, até mesmo, o *dever-poder* do magistrado constante do art. 139, X.

A propósito do § 3º do art. 55, cabe destacar ainda que a distribuição por dependência prevista no inciso III do art. 286 é *formalmente* inconstitucional porque não encontra fundamento no processo legislativo que antecedeu a promulgação do CPC de 2015.

Outro fator de modificação da competência é a *continência*. De acordo com o art. 56, a continência, diferentemente da conexão, pressupõe não só a identidade da causa de pedir, mas também das *partes* de duas ou mais "ações". Ademais, e aqui repousa outro traço distintivo com aquele outro instituto, o *pedido* (o bem da vida pretendido) de uma é mais amplo que o da outra, abrangendo-o.

Havendo continência, a reunião dos processos para julgamento conjunto não é uma constante. De acordo com o art. 57, é necessário distinguir duas situações: se o processo no qual está veiculada a "ação continente" (a que tem o objeto mais amplo) tiver sido ajuizado anteriormente, deverá ser proferida sentença sem resolução de mérito (art. 485, X) no processo no qual está veiculada a "ação contida" (a que tem o objeto menos amplo). Trata-se de solução escorreita porque, bem compreendida, a hipótese é (e sempre foi) de litispendência *parcial*. Se, contudo, o processo que contém a "ação contida" for anterior ao que contém a "ação continente", ambos devem necessariamente ser reunidos para julgamento conjunto perante o juízo prevento (arts. 58 e 59). O advérbio *necessariamente* pressupõe, vale o destaque, competência *relativa* (art. 54).

A terceira forma de alterar a competência – o que também pressupõe, a despeito do silêncio do art. 54, competência *relativa* – é a vontade das partes.

A ressalva sobre o espaço deixado para a eleição de foro decorre também do art. 62 e do *caput* do art. 63. A crítica que esses dois dispositivos merecem é que, em vez de preservar a dicotomia que, desde o início, o CPC de 2015 utilizou para distinguir os casos de competência *absoluta* e *relativa*, adotou critérios que mais se aproximam do CPC de 1973. Assim é que o art. 62 faz menção à competência em razão da matéria, da pessoa ou da função, enquanto o *caput* do art. 63 refere-se à competência em razão do valor e do território. A pressuposição do art. 62 é que aqueles critérios sejam e em qualquer caso significativos de competência *absoluta*. O *caput* do art. 63, por seu turno, quer relacionar os critérios que menciona a hipótese de competência *relativa*. Contudo, a equiparação não é verdadeira porque são diversos os critérios que justificam a adoção de um ou de outro regime, não só no âmbito do CPC, mas também da CF, das Constituições dos Estados e das leis de organização judiciária. Não há como lei federal pressupor ou *obrigar* que aqueles outros corpos normativos observem o mesmo regime a partir daqueles critérios. Na comarca de São Paulo, por exemplo, o valor é decisivo na identificação do foro competente. Ela não é passível de ser derrogada por vontade das partes, a despeito da insinuação em sentido contrário do CPC de 2015 (que, no particular, repete o CPC de 1973). Por isso, basta o que já escrevi: a cláusula de eleição de foro (ou só "foro de eleição") tem espaço quando se tratar de competência *relativa*; não *absoluta*.

De acordo com o § 1º do art. 63, a eleição de foro só produz efeito quando constar de instrumento escrito e aludir expressamente a determinado negócio jurídico. Trata-se de obrigação que vincula os herdeiros e os sucessores das partes (§ 2º). Os §§ 3º e 4º aprimoram a disciplina do CPC de 1973 sobre a abusividade da eleição de foro e as consequências jurídicas de seu reconhecimento judicial. Assim, conforme o § 3º, cabe ao magistrado, antes mesmo da citação, analisar a cláusula para, se abusiva, reputá-la ineficaz. Nesse caso, e ainda de ofício, determinará a remessa dos autos ao juízo do foro de domicílio do réu. A prévia oitiva do autor sobre esse pronunciamento é irrecusável diante dos arts. 9º e 10. Realizada a citação, cabe ao réu, em consonância com o § 4º, alegar, se for o caso, que a cláusula de eleição de foro é abusiva, fazendo-o na própria contestação. Se nada alegar, a questão fica preclusa, o que deve ser compreendido no sentido de também o magistrado (de qualquer grau de jurisdição) nada mais poder decidir a esse respeito.

O quarto e último critério de modificação de competência não é tratado pelo CPC de 2015 na Seção própria, mas na seguinte, dedicada à incompetência. Isso porque ela depende da omissão do réu consistente em *não* alegar a incompetência *relativa* (art. 65, *caput*).

6.3 Incompetência

A "incompetência" a que se refere a Seção III do Capítulo I do Título III do Livro II da Parte Geral do CPC de 2015 disciplina a *forma* de alegação da incompetência. Tanto a "absoluta" como a "relativa". O disposto no *caput* do art. 64, nesse sentido, só desperta maior interesse quando contrastado com o seu par no CPC de 1973, os arts. 112, *caput*, e 304, que estabelecia *formas diversas* para alegação, pelo réu, da incompetência absoluta e da incompetência relativa. Esta deveria ser alegada pela chamada "exceção de incompetência"; aquela, em preliminar de contestação.

O CPC de 2015, em boa hora, eliminou a "exceção de incompetência". Aliás, ele foi além. Eliminou as três "exceções" formais que ainda estavam em vigor com o CPC de 1973, a de incompetência, a de suspeição e a de impedimento, colocando em prática uma das metas anunciadas desde sua Exposição de Motivos a respeito da necessária *desformalização* do processo.

Para o que interessa para cá, o réu alegará a incompetência relativa *e* a absoluta como *preliminar de contestação* (art. 337, II). Não obstante, o § 1º do art. 64 permite que a incompetência absoluta seja alegada em qualquer tempo e grau de jurisdição, sem prejuízo de ela também ser reconhecida de ofício pelo magistrado. Há antinomia com o *caput* e o *momento* de sua alegação pelo réu? A melhor resposta à questão é no sentido de superar eventual incompatibilidade entre as duas regras. Nada de diferente, aliás, do que já se dava no sistema do CPC de 1973. Assim, cabe ao réu arguir a incompetência absoluta desde logo, fazendo-o em preliminar de contestação. Se não o fizer, contudo, poderá argui-la ao longo do processo porque não há preclusão para sua iniciativa. Tanto que é dever do magistrado pronunciar-se sobre a incompetência absoluta de ofício (e sempre após prévio contraditório) em qualquer tempo e grau de jurisdição, o que é confirmado expressamente pelo § 5º do art. 337. Se decisão de mérito for proferida por juízo absolutamente incompetente, ela é passível de ser removida do ordenamento jurídico pela "ação rescisória" (art. 966, II).

E o autor, perguntará o prezado leitor, ele não alega incompetência? A resposta é negativa porque o autor, ao elaborar a petição inicial, indicará o juízo competente (art. 319, I) e, nesse sentido, faz, naquele momento, a escolha que pode, ou não, ser contrastada pelo réu (na forma ora examinada) ou, até mesmo, de ofício pelo magistrado, quando se tratar de incompetência *absoluta* (art. 64, § 1º).

Alegada pelo réu a incompetência – o que atrai, para o caso, a disciplina do art. 340, permitindo ao réu protocolar a petição no foro do domicílio do réu (v. n. 5.1.2.2 do Capítulo 8 com a crítica lá feita sobre o instante procedimental daquela arguição nos casos em que houver designação da audiência de conciliação e mediação) –, o autor será ouvido e decidirá imediatamente o magistrado (art. 64, § 2º). Se a alegação for acolhida, os autos serão enviados ao juízo competente (art. 64, § 3º). Se for rejeitada, o processo terá seguimento com a redesignação da audiência de conciliação ou de mediação, caso a anteriormente designada não tenha podido se realizar por causa da alegação (a despeito de ela não acarretar a suspensão do processo), entendimento que encontra fundamento no § 4º do art. 340.

Questão interessante está em saber se cabe ao réu indicar qual é o juízo que entende competente ou se limitar a arguir a incompetência. A resposta, a despeito do silêncio do CPC de 2015, que não repetiu a exigência expressa no art. 307 do CPC de 1973, é positiva. Trata-se de entendimento que deriva dos princípios agasalhados nos arts. 5º e 6º.

Outra indagação importante, esta com base no § 4º do art. 64 do CPC de 2015, é saber se a conservação dos efeitos de eventual decisão proferida pelo juízo incompetente até outra ser proferida, se o caso, pelo juízo competente, atinge indistintamente os casos de incompetência relativa e absoluta. No CPC de 1973, as decisões proferidas por juízo *absolutamente* incompetente eram consideradas *nulas*. O dispositivo em questão, é certo, nada fala sobre a *validade* ou a *invalidade* da decisão, limitando-se a referir a seus *efeitos*. A despeito disso, é o caso de discernir entre decisões proferidas por juízos relativamente ou absolutamente incompetentes, limitando a incidência do dispositivo para esses últimos casos, a exemplo do que se dava no regime anterior?

A melhor resposta é a negativa. O CPC de 2015, ao que tudo indica, adotou a *translatio iudicii* no sentido de que, mesmo nos casos de incompetência absoluta, a decisão *pode* ser preservada, a depender da compreensão do juízo afinal reconhecido como competente a respeito dela. A iniciativa evita desperdício de atividade jurisdicional, que decorria necessariamente da generalização feita pelo CPC de 1973 e vinha sendo criticada pela doutrina brasileira capitaneada por Leonardo Greco. Assim, do modo como o § 4º do art. 64 está redigido é correto entender que a preservação, ou não, dos atos decisórios também pode se dar no âmbito do reconhecimento da incompetência *absoluta*, já que, em última análise, a manutenção, ou não, das decisões anteriores pressupõe o proferimento de *nova* decisão em um ou em outro sentido. E essa decisão será prolatada por juízo, ao menos no instante em que a pronuncia, competente.

A despeito dessa novidade, o CPC de 2015 preservou como causa de rescindibilidade a circunstância de a decisão ter sido proferida por juízo *absolutamente* incompetente (art. 966, II). A previsão faz avultar em importância a *necessidade* de o juízo reconhecidamente competente proferir *nova* decisão, ainda que no mesmo sentido da que havia sido proferida pelo juízo anterior. Se o fizer, elimina aquele vício, otimizando e racionalizando o processo.

De acordo com o *caput* do art. 65, se o réu não arguir a incompetência como preliminar de contestação, prorroga-se a competência relativa. O parágrafo único do dispositivo reconhece expressamente a legitimidade do Ministério Público para arguir a incompetência relativa nos casos em que atuar. Como é sempre difícil conceber que o Ministério Público seja réu, a previsão tende a se restringir aos casos em que atuar na qualidade de fiscal da ordem jurídica (art. 178).

O art. 66, por sua vez, limita-se a enunciar os casos em que há conflito de competência, positivo (dois ou mais juízos que se afirmam competentes para a mesma causa ou determinam a *reunião* de processos) ou negativo (nenhum juízo, entre os envolvidos, afirmando sua competência para a mesma causa ou determinando a *separação* de processos).

A forma de resolução de tais conflitos ocupa capítulo próprio localizado no Livro dedicado aos "processos nos Tribunais", que são os competentes para julgá-los (arts. 951 a 959). É assunto ao qual este *Manual* se volta no n. 6 do Capítulo 16.

Conforme o parágrafo único do art. 66, o juízo que não acolher a declinação da competência deverá suscitar o conflito, salvo se a atribuir a outro juízo; não lhe cabendo devolver os autos ao mesmo juízo que os remeteu. Trata-se de generalização do que, no âmbito da Justiça Federal, está estampado na Súmula 224 do STJ e que encontra eco no § 3º do art. 45.

7. COOPERAÇÃO NACIONAL

O Título III do Livro II da Parte Geral do CPC de 2015 traz um último Capítulo dedicado à cooperação nacional. Novidade em relação ao CPC de 1973, os arts. 67 e 68 estabelecem o "dever de recíproca cooperação por meio de seus magistrados e servidores" em todas as instâncias e graus de jurisdição, inclusive perante os Tribunais Superiores, para a prática de qualquer ato processual.

O § 3º do art. 69, em complemento, estabelece que o pedido de cooperação judiciária pode ser realizado entre órgãos jurisdicionais de diferentes ramos do Poder Judiciário, o que também é providência louvável e necessária diante das peculiaridades da organização judiciária brasileira.

Trata-se de criar, no âmbito do Judiciário Nacional, condições ótimas de cooperação judicial, a exemplo do que, no contexto internacional, é disciplinado pelos arts. 26 a 41 (v. n. 5, *supra*). Não há por que negar que a iniciativa é meio de concretizar também o modelo de "processo cooperativo", derivado do art. 6º, analisado na perspectiva de relação entre os próprios órgãos do Judiciário e seus personagens.

Os pedidos de cooperação podem envolver a prática de qualquer ato processual, independentemente de forma específica, e devem ser prontamente atendidos (arts. 68 e 69, *caput*).

Segundo os incisos do *caput* do art. 69, o pedido pode ser executado como: auxílio direto; reunião ou apensamento de processos; prestação de informações ou atos concertados entre os juízes cooperantes. É o § 2º daquele mesmo dispositivo que indica o que, dentre outros, podem consistir os atos concertados entre os juízes cooperantes: prática de citação, intimação ou notificação de ato; obtenção e apresentação de provas e a coleta de depoimentos; efetivação de tutela provisória; efetivação de medidas e providências para recuperação e preservação de empresas; facilitação de habilitação de créditos na falência e na recuperação judicial; centralização de processos repetitivos; e o cumprimento (execução) de decisão jurisdicional.

As cartas de ordem, precatória e arbitral deverão observar o regime previsto nos arts. 260 a 268, de acordo com o § 1º do art. 69. Sua expedição, todavia, tende a diminuir diante da abrangência que o CPC de 2015 deu à cooperação nacional e à *desformalização* admitida nesse tipo de comunicação.

Resumo do Capítulo 3

JURISDIÇÃO

- Compreensão à luz do modelo constitucional do direito processual civil
- Compreensão à luz do neoconcretismo
- Relações com a competência (art. 16)
  - Distinções necessárias

AÇÃO

- Compreensão à luz do modelo constitucional do direito processual civil
- Compreensão à luz do neoconcretismo
- O art. 17 e o interesse e a legitimidade
  - Regime jurídico da ação no CPC de 2015
  - O escorreito agir no processo
- Legitimação extraordinária (art. 18)
- Interesse de agir e os arts. 19 e 20

LIMITES DA JURISDIÇÃO NACIONAL

- Arts. 21 e 22 e a *jurisdição* dos órgãos jurisdicionais brasileiros
- Art. 23 e a jurisdição exclusiva dos órgãos jurisdicionais brasileiros
- Art. 24: "Litispendência internacional"
- Art. 25: Eleição de foro estrangeiro (art. 63)

COOPERAÇÃO INTERNACIONAL

- Compreensão prévia
- Fontes normativas
  - Tratado ou reciprocidade (art. 26, § 1º)
- Limites: "incompatibilidade com as normas fundamentais do Estado brasileiro" + violação à ordem pública (arts. 26, § 3º, + 39)
  - A "autoridade central" (art. 26, § 4º: MJ)
- Objetos possíveis (art. 27)
- Auxílio direto (arts. 28 a 34)
- Carta rogatória (art. 36)
  - Execução de decisões: homologação de sentença estrangeira (arts. 40 + 960)

COMPETÊNCIA

- Disposições gerais
- Identificação do órgão jurisdicional brasileiro a partir do modelo constitucional (art. 44)
- Relembrando a "Organização Judiciária" (art. 92, CF)
  - STF (art. 102, CF)
  - STJ (art. 105, CF)
  - TRFs (art. 108, CF)
  - Justiça Federal (art. 109, CF + arts. 45 e 51, CPC)
    - Juizados Especiais Federais (Lei n. 10.259/2001)
  - TJs (art. 125, CF + Constituições Estaduais)
  - 1ª Instância da Justiça Estadual
    - Juizados Especiais Estaduais (Lei n. 9.099/95 + Lei n. 12.153/2009)
- Modificações da EC n. 103/2019
  - Art. 109. (...) § 3º. Lei poderá autorizar que as causas de competência da Justiça Federal em que forem parte instituição de previdência social e segurado possam ser processadas e julgadas na justiça estadual quando a comarca do domicílio do segurado não for sede de vara federal.
  - Lei n. 13.876/2019
  - Nova redação do art. 15, III, Lei n. 5.010/66 (Lei da JF)
- Crítica às classificações tradicionais da competência
  - *Matéria, pessoa, função, valor e território*
- Competência absoluta
  - Impossibilidade de modificação/prorrogação (art. 62)
  - Apreciação oficiosa
  - Questionável a qualquer tempo (art. 64, § 1º)
    - Sem preclusão sobre sua presença/ausência
  - Decisão passível de rescisão (art. 966, II): pressuposto processual de *validade* do processo
- Competência relativa
  - Possibilidade de modificação/prorrogação (arts. 54 e 63)
  - Depende de provocação da parte (art. 337, § 5º)
  - Há prazo para questionamento (art. 65)
    - Passível de preclusão
  - Não gera vício para o processo e nem decisão passível de rescisão
  - *Perpetuatio iurisdictionis* (art. 43)

- O art. 46 e a competência nos casos de direito pessoal ou real sobre coisas *móveis*
- O art. 47 e a competência nos casos de direito real sobre bens *imóveis*
  - Art. 60: imóvel em mais de uma comarca/seção judiciária
- As regras dos arts. 48 a 53 e dos arts. 60 e 61
  - Questionamentos com relação ao art. 52. Viola o "modelo constitucional do direito processual civil"(?)
- Modificação de competência
- Limitação aos casos de competência *relativa*
  - Arts. 54 a 63
  - Conexão (art. 55)
  - Continência (art. 56)
    - Reunião de processos perante o juízo prevento (art. 58)
    - Juízo prevento = registro *ou* distribuição da petição inicial (art. 59)
  - Foro de eleição (art. 63)
  - Inércia do réu em alegar incompetência relativa (art. 337, § 5º)
- Incompetência
  - Momentos e formas de sua alegação
    - Preliminar de contestação (art. 64)
    - Insubsistência da "exceção de incompetência"
- Conflitos de competência (arts. 66 + 951 a 959)
- Efeitos de seu reconhecimento: a *translatio iudicii* (art. 64, § 4º)

COOPERAÇÃO NACIONAL

- Compreensão prévia (arts. 67 a 69)
  - Novidade do CPC de 2015
  - Relação com a cooperação internacional
  - Entre todos os órgãos do Poder Judiciário brasileiro (art. 69, § 3º)
- Objetos possíveis
- Formas de execução
- Cartas de *ordem, precatória* e *arbitral*

Leituras Complementares (Capítulo 3)

Monografias e livros

ATAIDE JR., Vicente de Paula. *Capacidade processual dos animais*: a judicialização do direito animal no Brasil. São Paulo: Revista dos Tribunais, 2022.

CABRAL, Antonio do Passo. *Juiz natural e eficiência processual*. São Paulo: Revista dos Tribunais, 2021.

CAMPOS, Maria Gabriela. *O compartilhamento de competências no processo civil*: um estudo do sistema de competências sob o paradigma da cooperação nacional. Salvador: JusPodivm, 2020.

DELFINO, Lúcio. *Código de Processo Civil comentado*, vol. 1: arts. 1º a 69. Belo Horizonte: Fórum, 2020.

DIDIER JR., Fredie. *Cooperação judiciária nacional*: esboço de uma teoria para o direito brasileiro (arts. 67-69, CPC). 2. ed. Salvador: JusPodivm, 2021.

DIDIER JR, Fredie; CABRAL Antonio do Passo (coord.). *Cooperação judiciária nacional*: coleção grandes temas do CPC, vol. 16. Salvador: JusPodivm, 2021.

DIDIER JR., Fredie (coord. geral); ZANETI JR., Hermes; RODRIGUES, Marco Antonio (coord.). *Cooperação internacional*: coleção grandes temas do novo CPC, vol. 13. Salvador: JusPodivm, 2019.

DINAMARCO, Cândido Rangel. *Comentários ao Código de Processo Civil*, vol. I: das normas processuais civis e da função jurisdicional. São Paulo: Saraiva, 2018.

LUCON, Paulo Henrique dos Santos. *Relação entre demandas*. 2. ed. Brasília: Gazeta Jurídica, 2018.

MARINONI, Luiz Guilherme; MITIDIERO, Daniel. *Comentários ao Código de Processo Civil*, vol. I: artigos 1º ao 69. São Paulo: Revista dos Tribunais, 2016.

SCARPINELLA BUENO, Cassio. *Curso sistematizado de direito processual civil*, vol. 1: teoria geral do direito processual civil e parte geral do Código de Processo Civil. 13. ed. São Paulo: Saraiva, 2023.

Capítulos de livros

CARVALHO, Fabiano. Comentários aos arts. 21 a 25. In: SCARPINELLA BUENO, Cassio (coord.). *Comentários ao Código de Processo Civil*, vol. 1. São Paulo: Saraiva, 2017.

COSTA, Susana Henriques da. Comentários aos arts. 16 a 20. In: SCARPINELLA BUENO, Cassio (coord.). *Comentários ao Código de Processo Civil*, vol. 1. São Paulo: Saraiva, 2017.

FINKELSTEIN, Claudio. Comentários aos arts. 26 ao 41. In: SCARPINELLA BUENO, Cassio (coord.). *Comentários ao Código de Processo Civil*, vol. 1. São Paulo: Saraiva, 2017.

PIZZOL, Patricia Miranda. Comentários aos arts. 42 a 69. In: SCARPINELLA BUENO, Cassio (coord.). *Comentários ao Código de Processo Civil*, vol. 1. São Paulo: Saraiva, 2017.

SCARPINELLA BUENO, Cassio. O art. 52, parágrafo único, do CPC de 2015 e o mandado de segurança em matéria tributária: competência do foro da autoridade impetrada ou do domicílio do impetrante? In: CARVALHO, Paulo de Barros; SOUZA, Priscila de (coord.). XVI Congresso Nacional de Estudos Tributários: Constructivismo Lógico-Semântico e os diálogos entre teoria e prática. São Paulo: Noeses, 2020.

Artigos

AJNHORN, Fernanda. Postular em juízo: do direito comparado ao novo Código de Processo Civil brasileiro. *Revista de Processo*, vol. 329. São Paulo: Revista dos Tribunais, jul. 2022.

ARAÚJO, José Henrique Mouta. Legitimidade extraordinária no CPC/15: ajustes e poderes das partes e do assistente processual. *Revista Brasileira de Direito Processual*, vol. 99. Belo Horizonte: Fórum, jul./set. 2017.

ARENHART, Sérgio Cruz; OSNA, Gustavo. A cooperação nacional como mecanismo de coletivização: algumas questões preliminares. *Revista de Processo*, vol. 310. São Paulo: Revista dos Tribunais, dez. 2020.

AURELLI, Arlete Inês. Análise crítica sobre o cabimento da teoria da asserção no sistema processual do CPC/15 e o possível equívoco do entendimento do STJ. *Revista de Processo*, vol. 330. São Paulo: Revista dos Tribunais, ago. 2022.

BORELLI, André Alia; LIGERO, Gilberto Notário; CANCIAN, Vinícius Marin. As condições da ação no CPC/2015 sob a ótica instrumentalista em busca da eficiência processual. *Revista de Processo*, vol. 282. São Paulo: Revista dos Tribunais, ago. 2018.

CARDOSO, Oscar Valente. A cooperação jurídica internacional no novo Código de Processo Civil. *Revista Dialética de Direito Processual*, vol. 153. São Paulo: Dialética, dez. 2015.

_____. A cooperação judiciária nacional no novo Código de Processo Civil. *Revista Dialética de Direito Processual*, vol. 152. São Paulo: Dialética, novembro de 2015.

CASEIRO NETO, Francisco da Silva. O conteúdo da *extraordinária cognitio* romana, com suas condições da ação e pressupostos. *Revista de Processo*, vol. 254. São Paulo: Revista dos Tribunais, abr. 2016.

COSTA, José Augusto Fontoura; SANTOS, Ramon Alberto dos. Contratos internacionais e a eleição do foro estrangeiro no Novo Código de Processo Civil. *Revista de Processo*, vol. 253. São Paulo: Revista dos Tribunais, mar. 2016.

CUNHA, Leonardo José Carneiro da. A *translatio iudicii* no projeto do novo Código de Processo Civil brasileiro. *Revista de Processo*, vol. 208. São Paulo: Revista dos Tribunais, 2012.

DECOMAIN, Pedro Roberto. Incompetência absoluta e relativa no Novo CPC: breves observações. *Revista Dialética de Direito Processual*, vol. 148. São Paulo: Dialética, jul. 2015.

GAIO JÚNIOR, Antônio Pereira; FREITAS, Edmundo Gouvêa. Os limites da jurisdição nacional e a cooperação internacional no plano do novo Código de Processo Civil brasileiro. *Revista de Processo*, vol. 243. São Paulo: Revista dos Tribunais, maio 2015.

GOUVEIA, Lúcio Grassi de; PEREIRA, Mateus Costa; LUNA, Rafael Alves de. (Im)possibilidade jurídica: pedido (de)mérito: estudo de caso. *Revista Brasileira de Direito Processual*, vol. 102. Belo Horizonte: Fórum, abr./jun. 2018.

GRECO, Leonardo. *Translatio iudicii* e reassunção do processo. *Revista de Processo*, vol. 166. São Paulo: Revista dos Tribunais, 2008.

GRUENBAUM, Daniel. Competência internacional indireta (art. 963, I CPC 2015). *Revista de Processo*, vol. 266. São Paulo: Revista dos Tribunais, abr. 2017.

LAMY, Eduardo de Avelar; JANNIS, André Schmidt. A atemporalidade da teoria da asserção. *Revista de Processo*, vol. 306. São Paulo: Revista dos Tribunais, ago. 2020.

LEONCY, Léo Ferreira; CAVALCANTI, Marcos de Araújo. Federalismo Judiciário brasileiro e a impossibilidade de um Estado-membro submeter-se à competência jurisdicional de outro: uma análise dos arts. 46, § 5º, e 52, *caput* e parágrafo único, do novo Código de Processo Civil. *Revista de Processo*, vol. 267. São Paulo: Revista dos Tribunais, maio 2017.

LIMA, Vinícius G. F. Jallageas de. Repensando as condições da ação: papel do instituto no direito brasileiro e confronto com outros sistemas. *Revista de Processo*, vol. 331. São Paulo: Revista dos Tribunais, set. 2022.

MALACHINI, Edson Ribas. Ação de direito material: uma evidência invisível?. *Revista de Processo*, vol. 328. São Paulo: Revista dos Tribunais, jun. 2022.

MEIRELES, Edilton. Cooperação judiciária nacional. *Revista de Processo*, vol. 249. São Paulo: Revista dos Tribunais, nov. 2015.

_____. Reunião de processos, cooperação e conflito de competência. *Revista de Processo*, vol. 294. São Paulo: Revista dos Tribunais, ago. 2019.

MONACO, Gustavo Ferraz de Campos. Competência internacional (limites à jurisdição nacional) em matéria de ação revisional de prestação alimentícia e partilha de bens. *Revista de Processo*, vol. 266. São Paulo: Revista dos Tribunais, abr. 2017.

NERY, Rodrigo. Reflexões sobre a legitimidade *ad causam* e a legitimidade *ad actum*: a alternância entre filtro meritório e filtro processual a depender da situação legitimante. *Revista de Processo*, vol. 329. São Paulo: Revista dos Tribunais, jul. 2022.

NOGUEIRA, Pedro Henrique. Legitimidade extraordinária e limites subjetivos da coisa julgada. *Revista de Processo*, vol. 325. São Paulo: Revista dos Tribunais, mar. 2022.

_____. O regime jurídico da legitimidade extraordinária no processo civil brasileiro. *Revista de Processo*, vol. 324. São Paulo: Revista dos Tribunais, fev. 2022.

PEIXOTO, Ravi. *O forum non conveniens* e o processo civil brasileiro: limites e possibilidade. *Revista de Processo*, vol. 279. São Paulo: Revista dos Tribunais, maio 2018.

QUEIROZ, Pedro Gomes de. As hipóteses de competência internacional da justiça brasileira expressamente previstas pelo CPC/2015. *Revista de Processo*, vol. 275. São Paulo: Revista dos Tribunais, jan. 2018.

RODRIGUEZ, Rodrigo Carmona Castro; TRIGUEIRO, Victor Guedes. Foro Universal do Distrito Federal: acesso ou manipulação do Poder Judiciário? O *fórum shopping* na Constituição Federal. *Revista Brasileira de Direito Processual*, vol. 118. Belo Horizonte: Fórum, abr./jun. 2022.

SABAGG NETO, Thomé. As definições tradicionais de necessidade e de utilidade analisadas à luz de exemplos concretos que em tese as desafiam. *Revista de Processo*, vol. 333. São Paulo: Revista dos Tribunais, nov. 2022.

SCARPINELLA BUENO, Cassio. Mandado de segurança e a regra de competência do art. 52, parágrafo único, do CPC. Revista de Processo, vol. 305. São Paulo: Revista dos Tribunais, julho 2020.

SEIXAS, Antonio Eduardo Reichmann. Sucessão de bens situados em território nacional e a competência exclusiva do juiz brasileiro: do CPC/73 ao CPC/2015. *Revista de Processo*, vol. 274. São Paulo: Revista dos Tribunais, dez. 2017.

SILVA JÚNIOR, Moacir Ribeiro da. Competência como situação jurídica processual e como conteúdo de relação jurídica processual. *Revista de Processo*, vol. 324. São Paulo: Revista dos Tribunais, fev. 2022.

SOUZA, Luiz Sergio Fernandes de. Exame crítico da regra do artigo 52, parágrafo único, do Código de Processo Civil. Revista de Processo, vol. 304. São Paulo: Revista dos Tribunais, jun. 2020.

SQUADRI, Ana Carolina. O princípio da aderência da jurisdição ao território na era digital. *Revista de Processo*, vol. 323. São Paulo: Revista dos Tribunais, jan./2022.

TALAMINI, Eduardo. A (in)disponibilidade do interesse público: consequências processuais (composições em juízo, prerrogativas processuais, arbitragem, negócios processuais e ação monitória) – versão atualizada para o CPC/2015. *Revista de Processo*, vol. 264. São Paulo: Revista dos Tribunais, fev. 2017.

_____. Legitimidade e interesse nas ações de impugnação de deliberações societárias. *Revista de Processo*, vol. 313. São Paulo: Revista dos Tribunais, mar. 2021.

Capítulo 4

Sujeitos do Processo

1. PARA COMEÇAR

O Livro III da Parte Geral do CPC de 2015 é intitulado "Dos sujeitos processuais". Seus sete Títulos disciplinam os seguintes temas: "partes e procuradores", "litisconsórcio", "intervenção de terceiros", "juiz e os auxiliares da justiça", "Ministério Público", "advocacia pública" e "Defensoria Pública".

"Sujeitos do processo" é expressão ampla que quer compreender todo aquele que participa do processo. Tanto os sujeitos *parciais* (as partes e os terceiros intervenientes) como os *imparciais* (o juiz e os seus auxiliares). Os demais exercentes das funções essenciais à administração da Justiça, advogados privados e públicos, membros do Ministério Público e da Defensoria Pública também são sujeitos do processo nessa perspectiva ampla. É essa a razão pela qual a disciplina a eles reservada pelo CPC de 2015 encontra-se nesse mesmo Livro.

Não há como negar, de qualquer sorte, que há outros sujeitos que, a despeito de participarem do processo, não encontram aqui sua disciplina, mas alhures. É o caso, para dar alguns exemplos, das testemunhas, de eventuais credores do executado e daquele que quer adquirir o bem penhorado (arrematante). Essa constatação, contudo, não infirma a importância e a amplitude da disciplina que, sob aquela nomenclatura, ocupa os arts. 70 a 187.

2. PARTES E PROCURADORES

O Título I ("Das partes e dos procuradores") do Livro III da Parte Geral do CPC de 2015 traz a disciplina normativa relativa às partes e aos seus procuradores, iniciando com a chamada "capacidade de ser parte" e, depois, tratando da capacidade de estar em juízo, também denominada "legitimação processual".

Os deveres e as responsabilidades impostos à atuação processual das partes e de seus procuradores também são regulados, bem como as penalidades derivadas de sua inobservância.

Questões relativas ao patrocínio por advogados privados ("capacidade postulatória") são tratadas, inclusive as relativas aos honorários derivados do processo (honorários sucumbenciais) e, de forma mais ampla, as despesas processuais e sua responsabilidade pelo adiantamento e pagamento ao longo de todo o processo.

Novidade digna de destaque trazida pelo CPC de 2015 está em reservar toda uma Seção à "gratuidade da justiça", providência que se justifica, inclusive, pela expressa revogação de diversos dispositivos da Lei n. 1.060/1950, que até então cuidava (e de forma muito incompleta e defasada) do assunto, determinada pelo inciso III de seu art. 1.072.

A atuação dos advogados privados é objeto de disciplina específica nos arts. 103 a 107.

Encerrando o Título, os arts. 108 a 112 tratam da *sucessão* das partes e de seus procuradores.

É o caso de estudar mais detidamente cada um desses temas, objeto dos números seguintes.

2.1 Capacidade de estar em juízo e capacidade processual (legitimação processual)

O Capítulo I do Título I do Livro III da Parte Especial cuida da "capacidade processual". Sem prejuízo da abordagem do tema na perspectiva da legitimidade *ativa* e *passiva*, isto é, de verificar quem pode pretender assumir a posição de autor e/ou de réu a partir de afirmações de direito, respectivamente – na perspectiva do regular exercício do direito de ação, da legitimidade para agir, portanto –, a disciplina aqui dada pelo CPC volta-se à higidez da atuação da parte (e dos terceiros intervenientes) ao longo do processo como *pressuposto processual*.

Os pressupostos processuais concernentes às partes, segundo doutrina razoavelmente uniforme, referem-se a três categorias distintas e *complementares*: a "capacidade de ser parte"; a "capacidade de estar em juízo"; e a "capacidade postulatória". As duas primeiras dizem respeito especificamente à parte em si mesma considerada. A "capacidade postulatória" relaciona-se a fenômeno diverso, qual seja, a de, para o sistema processual civil, os atos processuais deverem ser praticados por quem possui capacidade de *postulação*: advogados, públicos e privados, defensores públicos e membros do Ministério Público.

"Capacidade de ser parte" corresponde à capacidade de ter direitos e obrigações na ordem civil, como dispõe o art. 1º do CC. Só aquele que, por força da lei civil, pode contrair obrigações (assumir direitos e ter deveres), isto é, ser sujeito de direitos, pode ser considerado titular de uma relação jurídica a ser levada ao Estado-juiz. É o objeto do art. 70.

A "capacidade de estar em juízo", por seu turno, corresponde à capacidade de exercício do direito civil, vale dizer, à verificação sobre em que condições o titular de direitos no plano material pode, validamente, exercê-los. Se é verdade que todo aquele que tem capacidade jurídica ou de gozo, ou seja, capacidade de ser titular de direitos e obrigações, na esfera civil, tem também capacidade de ser parte, isso não significa dizer, no entanto, que o *exercício* desses direitos, no plano processual, não precise, por vezes, ser *integrado* ou *complementado* por um outro agente, do mesmo modo que ocorre no plano material. É disso que trata o art. 71 que, em verdade, importa, para o plano do processo, as formas de integração ou de complementação do plano material, inclusive as novidades trazidas pela Lei n. 13.146/2015, que instituiu o Estatuto da Pessoa com Deficiência. Aquele dispositivo do CPC de 2015, ao estabelecer a necessária representação ou assistência pelos pais, por tutor ou por curador para os incapazes, observando-se as aplicáveis leis materiais, convida também ao exame do que, sobre a tutela e a curatela, dispõem os arts. 759 a 763.

O art. 72 cuida do chamado "curador especial". Trata-se de especiais situações em que um curador (de função exclusivamente *processual*) será convocado para atuar em juízo. Os casos são os seguintes: ao incapaz, se não tiver representante legal ou se os interesses deste colidirem com os daquele, enquanto durar a incapacidade (inciso I do art. 72), e ao réu preso revel, bem como ao réu revel citado por edital ou com hora certa, enquanto não for constituído advogado (inciso II do art. 72).

A função de curador especial, é o que se lê do parágrafo único do art. 72, que a chama de "curatela especial", será exercida pela Defensoria Pública, porque se trata de uma de suas funções institucionais (art. 4º, XVI, da LC n. 80/1994 na redação da LC n. 132/2009). No exercício daquele mister devem ser observadas – e nem poderia ser diferente – as leis de regência daquela instituição (inclusive as estaduais no que diz respeito às Defensorias Públicas mantidas pelos Estados), sem prejuízo das regras que estão estampadas nos arts. 185 a 187.

O art. 73 dispõe sobre a legitimidade dos cônjuges em juízo. Em rigor, não se trata de disciplina relativa à capacidade de ser parte ou de estar em juízo (legitimação processual), mas, mais ampla e genericamente, à *legitimidade para agir* dos cônjuges. De qualquer sorte, a regra relativa à legitimidade *ativa* está no *caput* do art. 73: o cônjuge necessitará do consentimento do outro para postular sobre direito real imobiliário. A mesma regra dispensa expressamente a necessidade de consentimento – e o faz corretamente na perspectiva do plano material – quando os cônjuges forem casados sob o regime de separação absoluta de bens.

A legitimidade *passiva* é disciplinada pelo § 1º do art. 73: (i) ambos os cônjuges serão necessariamente *citados* se a demanda versar sobre direito real imobiliário, a não ser que sejam casados sob o regime de separação absoluta de bens; (ii) se a demanda resultar de fato que diga respeito a ambos os cônjuges ou de ato praticado por eles; (iii) se a demanda fundar-se em dívida contraída por um dos cônjuges a bem da família; e (iv) se a demanda tiver por objeto o reconhecimento, a constituição ou a extinção de ônus sobre imóvel de um ou de ambos os cônjuges. O § 2º do art. 73 exige a participação do cônjuge do autor ou do réu nas possessórias (arts. 554 a 559) somente nas hipóteses de composse ou de ato praticado por ambos.

O mesmo regime jurídico, de participação conjunta dos cônjuges, aplica-se aos casos de *união estável* (art. 73, § 3º), regra absolutamente coerente com o ordenamento jurídico brasileiro. O que é questionável, do ponto de vista do processo legislativo de produção do CPC de 2015, é a exigência de que essa união estável esteja "*comprovada* nos autos", o que só apareceu na versão final do texto, sem correspondência nos Projetos de lei do Senado e da Câmara. Para superar o vício, contudo, é suficiente interpretar o dispositivo no sentido de a união estável ser *comprovável*, isto é, que aquele estado seja passível de comprovação nos autos. E se tratar de união entre pessoas do mesmo sexo ou, ainda, se se tratar de união poliafetiva? São perguntas que podem ser formuladas pertinentemente pelo prezado leitor. A aplicação do *mesmo* regime prescrito no referido § 3º é de rigor. Não há espaço para qualquer discriminação ou exceção nesse sentido, pouco importando o silêncio da lei acerca da questão.

Quando um dos cônjuges (ou companheiros) não concordar com a iniciativa do outro para os fins do art. 73 ou não puder conceder sua anuência, a autorização poderá ser suprida judicialmente. É o que estatui o *caput* do art. 74. O parágrafo único do mesmo art. 74 prescreve que a falta de consentimento necessário e não suprido pelo magistrado é motivo de invalidade do processo. O reconhecimento da nulidade pressupõe, de qualquer sorte, prévia intimação do outro cônjuge (companheiro) para suprir o vício, com a advertência sobre o significado de sua omissão. A invalidade do processo, de qualquer sorte, pressupõe *prejuízo*, a ser constatado (ou não) em cada caso concreto (v. n. 8 do Capítulo 5). É o que basta para mitigar o rigor do *texto* do dispositivo aqui examinado.

O art. 75 trata da representação processual das pessoas e entes nele referidos. Serão representados em juízo, ativa e passivamente: (i) a União, pela Advocacia-Geral da União, diretamente ou mediante órgão vinculado; (ii) os Estados e o Distrito Federal, por seus procuradores; (iii) o Município, por seu prefeito, procurador ou Associação de Representação de Municípios, quando expressamente autorizada (redação alterada pela Lei n. 14.341/2022); (iv) a autarquia e a fundação de direito público, por quem a lei do ente federado designar; (v) a massa falida, pelo administrador judicial; (vi) a herança jacente ou vacante, por seu curador; (vii) o espólio, pelo inventariante, sendo certo que, quando o inventariante for dativo, os sucessores do falecido serão intimados no processo no qual o espólio seja parte (art. 75, § 1º); (viii) a pessoa jurídica, por quem seus respectivos atos constitutivos designarem e se não houver designação, a representação dar-se-á por seus diretores; (ix) a sociedade e associação irregulares e outros entes organizados sem personalidade jurídica, pela pessoa a quem couber a administração de seus bens, caso em que a irregularidade de sua constituição não poderá ser levantada em sua defesa (art. 75, § 2º); (x) a pessoa jurídica estrangeira, pelo gerente, representante ou administrador de sua filial, agência ou sucursal aberta ou instalada no Brasil, hipótese em que o gerente de filial ou agência presume-se autorizado pela pessoa jurídica estrangeira a receber citação para qualquer processo (art. 75, § 3º); e, por fim, (xi) o condomínio, pelo administrador ou síndico.

A respeito do assunto, inova o § 4º do art. 75 ao permitir que os Estados e o Distrito Federal ajustem compromisso recíproco para a prática de ato processual por seus procuradores em favor de outro ente federado. Para além de sustentar a necessidade de edição de leis específicas e de atos administrativos de cada ente federado para a implementação da regra, importa refletir se a previsão do CPC de 2015 não viola, e, se sim, em que medida, o *caput* do art. 132 da CF, que reserva aos Procuradores dos Estados e do Distrito Federal "a representação judicial e a consultoria jurídica *das respectivas unidades federadas*".

A representação judicial do Município pela Associação de Representação de Municípios, prevista no inciso III do art. 75, somente poderá ocorrer em questões de interesse comum dos Municípios associados e dependerá de autorização do respectivo chefe do Poder Executivo municipal, com indicação específica do direito ou da obrigação a ser objeto das medidas judiciais. É o que prescreve o § 5º do art. 75, incluído pela Lei n. 14.341/2022, que "dispõe sobre a Associação de Representação de Municípios". A previsão confirma o acerto da ressalva apontada no parágrafo anterior, na medida em que exige, apropriadamente, a iniciativa do próprio chefe do Executivo municipal para viabilizar a atuação da associação para o fim previsto.

Questão importante diz respeito a eventuais vícios identificados na representação processual. O art. 76 regula a hipótese, criando condições de saneamento dos defeitos para o regular prosseguimento do processo. Caso contrário, o mesmo dispositivo estabelece as consequências aplicáveis.

Assim é que, constatando-se a incapacidade processual ou a irregularidade da representação da parte, o órgão jurisdicional suspenderá o processo e designará prazo razoável para que seja sanado o vício.

Se o vício não for sanado, as consequências variarão consoante se trate de processo em trâmite na instância originária ou nos Tribunais.

No primeiro caso, de "instância originária" – o que pode se dar, inclusive, nos casos em que os Tribunais exerçam competência originária, como acontece, por exemplo, com a ação rescisória ou com mandados de segurança, a depender do *status* da autoridade coatora –, preceitua o § 1º do art. 76 que o processo será extinto se a providência de saneamento couber ao autor. Se couber ao réu, ele será considerado revel. Se couber a terceiro, ele será considerado revel ou excluído do processo, dependendo do polo processual em que se encontre. Esta última previsão pressupõe a distinção entre os casos em que o terceiro interveniente torna-se *parte* daqueles em que ele, não obstante a admissão de sua intervenção no processo, preserva a sua qualidade de terceiro. Mesmo na primeira hipótese, contudo, a revelia propugnada pelo dispositivo só tem sentido se o terceiro intervier no polo *passivo* do processo (como se dá, por exemplo, no chamamento ao processo ou no incidente de desconsideração da personalidade jurídica, e como pode se dar também na denunciação da lide). Para as demais situações, em que o terceiro preserva esta qualidade a despeito de sua intervenção (como ocorre com o assistente ou com o *amicus curiae*), é bastante sua exclusão do processo.

O § 2º do art. 76 ocupa-se com a falta de saneamento do vício da representação quando o processo estiver *em fase recursal* – é este o distintivo – perante qualquer tribunal. Nesses casos, compete ao relator não conhecer do recurso se a providência couber ao recorrente ou, se couber ao recorrido, determinar o desentranhamento das contrarrazões. É inequívoco que a regra tem aplicação para quaisquer Tribunais que atuem, ao longo do processo, em seus respectivos segmentos recursais.

Além disso, cabe frisar que, antes do reconhecimento do vício e decretação das consequências previstas no dispositivo, cabe ao juiz (ou, no âmbito dos Tribunais, ao relator) intimar as partes e/ou os terceiros para que sanem a irregularidade. Trata-se de inarredável conclusão decorrente dos arts. 6º, 9º e 10 e, no âmbito recursal, do parágrafo único do art. 932 e do próprio § 3º do art. 1.029. A ressalva é razão bastante para entender que, com o CPC de 2015, fica superada a orientação contida na Súmula 115 do STJ.

2.2 Deveres

Os deveres das partes e dos procuradores correspondem ao Capítulo II do Título I do Livro III da Parte Especial do CPC de 2015.

É o art. 77 quem traz o rol sobre os deveres das partes, de seus procuradores e de todos aqueles que participarem do processo, além de detalhar também o destino da multa (§ 3º) e as condições a serem observadas para responsabilização pessoal dos procuradores, membros do Ministério Público e da Defensoria Pública (§ 6º).

O rol, contudo, não merece ser entendido de maneira taxativa. Há, com efeito, diversos outros deveres dispersos pelo CPC de 2015 – máxime em tempos de "boa-fé objetiva" (art. 5º) – e pela legislação processual civil extravagante, inclusive (e em especial) as que regem, inclusive na perspectiva ética, as atividades profissionais dos advogados privados e públicos, dos membros do Ministério Público, dos da Defensoria Pública e dos integrantes da própria magistratura.

Os deveres indicados no art. 77 são os seguintes: (i) expor os fatos em juízo conforme a verdade; (ii) não formular pretensão ou apresentar defesa quando cientes de que são destituídas de fundamento; (iii) não produzir provas e não praticar atos inúteis ou desnecessários à declaração ou à defesa do direito; (iv) cumprir com exatidão as decisões jurisdicionais, de natureza provisória ou final, e não criar embaraços à sua efetivação; (v) declinar, no primeiro momento que lhes couber falar nos autos, o endereço residencial ou profissional onde receberão intimações, atualizando essa informação sempre que ocorrer qualquer modificação temporária ou definitiva; (vi) não praticar inovação ilegal no estado de fato de bem ou direito litigioso – previsão que traz à mente a essência do "atentado", uma das "cautelares *nominadas*" do CPC de 1973 –; e, por fim, (vii) "informar e manter atualizados seus dados cadastrais perante os órgãos do Poder Judiciário e, no caso do § 6º do art. 246 deste Código, da Administração Tributária, para recebimento de citações e intimações", inovação trazida pela Lei n.

14.195/2021, de discutível constitucionalidade na perspectiva *formal*, eis que oriunda de projeto de conversão de medida provisória, que nem sequer cuidava do tema (e nem o poderia, diante da vedação do art. 62, § 1º, I, *b*, da CF), em lei. É assunto que ganha importância no contexto da prática daqueles atos processuais (citação e intimação), assunto ao qual me volto no n. 7.1.1 do Capítulo 5.

O magistrado deverá advertir as pessoas referidas pelo *caput* do art. 77 que a conduta prevista no inciso IV (não cumprir adequadamente as decisões jurisdicionais) e no inciso VI (inovação ilegal no estado de fato de bem ou direito litigioso) é punível como ato atentatório à dignidade da justiça (art. 77, § 1º). Quando reconhecida violação ao disposto no inciso VI, o magistrado determinará o restabelecimento do estado anterior, podendo, ainda, proibir a parte de falar nos autos até então (o dispositivo refere-se a isso com a nomenclatura tradicional: "purgação do atentado"), sem prejuízo da aplicação do § 2º (art. 77, § 7º).

O § 2º do art. 77 indica as consequências pela violação dos incisos IV e VI: a configuração de ato atentatório à dignidade da justiça (cuja advertência prévia deve ser feita com base no anterior § 1º), devendo o magistrado, sem prejuízo das sanções criminais, civis e processuais cabíveis, aplicar ao responsável multa de até vinte por cento do valor da causa, de acordo com a gravidade da conduta. Quando o valor da causa for irrisório ou inestimável, a multa pode ser fixada em até dez vezes o valor do salário mínimo (art. 77, § 5º).

Se a multa não for paga no prazo a ser fixado, ela será inscrita como dívida ativa da União ou do Estado após o trânsito em julgado da decisão que a fixou, e sua execução observará o procedimento da execução fiscal, não havendo razão para descartar o emprego dos mesmos autos do processo para tanto, aplicando-se à hipótese o art. 777. Seu destino é um dos fundos a que se refere o art. 97 (art. 77, § 3º).

A multa, consoante preceitua o art. 77, § 4º, independe da fixação das multas previstas no art. 523, § 1º (multa de 10% para pagamento de quantia certa fixada em título executivo judicial) e no art. 536, § 1º (multa visando ao cumprimento das obrigações de fazer e não fazer). A ressalva justifica-se (e se compatibiliza com o ordenamento jurídico) já que aquelas multas têm caráter *coercitivo*; a do art. 77, caráter *sancionatório*.

O § 6º do art. 77 põe fim à interessante questão surgida no CPC de 1973 sobre quem pode ser alcançado pelas repressões necessárias à inobservância dos deveres impostos pelos incisos do *caput* do dispositivo e o faz estabelecendo que os §§ 2º a 5º não se aplicam aos advogados públicos ou privados e aos membros da Defensoria Pública e do Ministério Público. Sua responsabilidade disciplinar deve ser apurada pelo respectivo órgão de classe ou corregedoria, cabendo ao magistrado oficiá-los para tanto.

O § 8º do art. 77, por fim, dispõe que o representante judicial da parte não pode ser compelido a cumprir decisão em lugar da própria parte, o que confirma que a responsabilidade da parte e a de seus procuradores não se confundem e merecem, por isso mesmo, apuração distinta.

Para além das sanções e consequências dos parágrafos do art. 77, o descumprimento dos demais deveres constantes dos seus incisos pode acarretar ao seu responsável a apenação nos termos dos arts. 79 a 81. No que diz respeito à hipótese do inciso VII do art. 77, incluída pela Lei n. 14.195/2021, sua inobservância pode comprometer a viabilidade ou, quando menos, a prática da citação ou da intimação *eletrônica* com as consequências (e eventuais sanções) daí derivadas. É assunto ao qual me volto no n. 7.1.1 do Capítulo 5.

O art. 78 veda o uso de expressões ofensivas pelos diversos sujeitos processuais em suas manifestações por escrito. Quando tais expressões ou condutas forem manifestadas oral ou presencialmente, cabe ao magistrado advertir da vedação, sob pena de cassação da palavra (art. 78, § 1º). O magistrado, de ofício ou a requerimento do ofendido, determinará que as expressões ofensivas sejam riscadas e, mediante requerimento do ofendido, determinará a expedição de certidão com inteiro teor daquelas expressões, disponibilizando-a à parte interessada (art. 78, § 2º).

2.3 Responsabilidade das partes por dano processual

O art. 79 fixa a responsabilidade por perdas e danos daquele que, como autor, réu ou interveniente, litigar de má-fé.

A tipologia da litigância de má-fé é dada pelo art. 80. Os comportamentos repudiados são os seguintes: (i) deduzir pretensão ou defesa contra texto expresso de lei ou fato incontroverso; (ii) alterar a verdade dos fatos; (iii) usar do processo para conseguir objetivo ilegal; (iv) opor resistência injustificada ao andamento do processo; (v) proceder de modo temerário em qualquer incidente ou ato do processo; (vi) provocar incidente manifestamente infundado; e (vii) interpor recurso com intuito manifestamente protelatório.

As consequências aplicáveis ao litigante de má-fé são objeto do art. 81, que aprimora, majorando, as sanções e as penalidades aplicáveis ao litigante de má-fé, quando contrastado com a disciplina reservada ao tema pelo CPC de 1973.

O litigante de má-fé poderá ser condenado como tal, de ofício ou a requerimento, a pagar multa, que deverá ser superior a 1% e inferior a 10% do valor corrigido da causa, a indenizar a parte contrária pelos prejuízos por ela sofridos e a arcar com os honorários advocatícios e com todas as despesas por ela efetuadas.

Sendo dois ou mais os litigantes de má-fé, preceitua o § 1º do art. 81, o magistrado condenará cada um na proporção de seu respectivo interesse na causa ou solidariamente aqueles que se coligaram para lesar a parte contrária.

Sendo o valor da causa irrisório ou inestimável, a multa poderá ser fixada em até dez vezes o valor do salário mínimo (art. 81, § 2º).

O valor da indenização, lê-se no § 3º do art. 81, será fixado pelo magistrado desde logo. Na impossibilidade de quantificá-lo imediatamente, ele será apurado mediante o procedimento da liquidação por arbitramento ou da liquidação pelo procedimento comum (v. n. 4 e 5 do Capítulo 12) nos mesmos autos. Sua *cobrança* também se dará nos mesmos autos do processo, no que é expresso o disposto no art. 777.

2.4 Despesas, honorários advocatícios e multas

A Seção III do Capítulo II do Título I do Livro III da Parte Geral trata das despesas, dos honorários advocatícios e das multas, estendendo-se do art. 82 ao art. 97.

A primeira regra é a de que cabe às partes atender às despesas dos atos que realizarem ou requererem no processo, *antecipando-lhes* o pagamento, desde o início, até a sentença final ou, na etapa de cumprimento da sentença ou na execução, até a plena satisfação do direito reconhecido no título executivo. O *caput* do art. 82 excepciona daquele regime os casos de gratuidade da justiça, que ganha, com o CPC de 2015, disciplina nova em seus arts. 98 a 102.

As despesas devem ser compreendidas amplamente, na forma do art. 84: elas abrangem as custas dos atos do processo, a indenização de viagem, a remuneração do assistente técnico e a diária de testemunha. Elas não se confundem com os honorários advocatícios, que têm disciplina própria no art. 85. A referência ampla (e comuníssima) a "verbas de *sucumbência*" deve ser entendida no sentido de albergar tanto os honorários como as despesas.

A "sentença *final*" referida no *caput* do art. 82 deve ser entendida como a decisão que encerra (por completo) a fase de cognição na primeira instância, sendo indiferente, portanto, o proferimento de eventuais decisões de julgamento *parcial* de mérito, o que pode ocorrer com fundamento no art. 356.

De acordo com o § 1º do art. 82, incumbe ao autor adiantar as despesas relativas a ato determinado de ofício pelo magistrado ou a requerimento do Ministério Público, quando sua intervenção ocorrer como fiscal da ordem jurídica. A ressalva final merece ser interpretada no sentido de ser necessário distinguir os casos em que o Ministério Público age como *parte*, quando se sujeita aos ônus inerentes àquela condição (art. 177), hipótese que reclama a incidência do art. 91, daqueles casos em que age como *fiscal da ordem jurídica* (art. 178).

O § 2º do art. 82 preceitua que a sentença condenará o vencido a pagar ao vencedor as despesas que antecipou. É a sentença, pois, que fixa o responsável pelo pagamento das despesas (sempre compreendidas amplamente, na forma do art. 84) e também dos honorários advocatícios.

O art. 83, de seu turno, corresponde aos arts. 835 a 837 do CPC de 1973, que disciplinavam um dos diversos "procedimentos cautelares específicos", então regulados: a "caução". Insubsistentes (não sem hora) aqueles procedimentos, a regra é tratada no contexto presente.

Trata-se da hipótese de o autor, brasileiro ou estrangeiro, que residir fora do Brasil ou deixar de residir no país ao longo do processo e que não tenha bens imóveis no território nacional, dever caucionar o pagamento das custas e dos honorários de advogado da parte contrária. Como forma de contornar a duvidosa constitucionalidade do dispositivo, é imperioso excluir de sua abrangência os casos que mereçam ser alcançados pela disciplina da gratuidade da justiça dos arts. 98 a 102. Não faz sentido exigir *caução* para garantir o pagamento de despesas e/ou custas processuais que estejam sujeitas a regime diferenciado de incidência.

A caução não é exigível, consoante o § 1º do art. 83, quando houver dispensa prevista em acordo ou tratado internacional de que o Brasil faça parte (inciso I); na execução fundada em título extrajudicial e no cumprimento da sentença (inciso II) e na reconvenção (inciso III).

O § 2º do art. 83, por sua vez, dispõe que, havendo desfalque da caução ao longo do processo, o interessado poderá exigir seu reforço caução, justificando seu pedido com a indicação da depreciação do bem dado em garantia e a importância do reforço que pretende obter.

À falta de um "procedimento diferenciado", ainda que rotulado (erroneamente) de *cautelar*, tal qual se dava no CPC de 1973, todas as discussões relativas à caução prevista no art. 83 deverão ser feitas por petições e requerimentos dirigidos ao juízo competente nos mesmos autos do processo em que sua prestação se justificar, isto é, de maneira *incidental*. Com o estabelecimento do indispensável contraditório, segue-se decisão cuja recorribilidade observará o sistema geral, objeto de análise no Capítulo 17.

O art. 85 traz extensa e detalhada disciplina acerca dos honorários advocatícios – originalmente eram dezenove parágrafos dedicados ao tema que, com a Lei n. 14.365/2022, foram, em parte, modificados e ampliados –, muito mais completa que a do CPC de 1973.

A primeira regra a ser destacada é a que merece ser extraída do *caput* do art. 85. Ao preceituar que "A sentença condenará o vencido a pagar honorários *ao advogado* do vencedor", o CPC de 2015 acaba por indicar expressamente o próprio advogado (e não a parte por ele patrocinada) como destinatário dos honorários *sucumbenciais*, isto é, os honorários devidos no âmbito do processo. Aperfeiçoa, assim, explicitando, o que já decorre do art. 23 da Lei n. 8.906/1994, o Estatuto da OAB.

O § 1º do art. 85 esclarece que os honorários são devidos na reconvenção, no cumprimento de sentença, na execução, resistida ou não, e nos recursos interpostos, cumulativamente. Esta "cumulação" deve ser compreendida com a ressalva constante do § 11, no sentido de que na etapa de conhecimento do processo os honorários *não podem* ultrapassar os limites dos §§ 2º a 6º, ainda que passíveis de majoração em eventual segmento recursal.

Os percentuais dos honorários advocatícios, quando a Fazenda Pública não for parte, é matéria tratada pelo § 2º do art. 85. Eles serão fixados no mínimo de 10 e no máximo de 20% sobre o valor da condenação, do proveito econômico obtido ou, não sendo possível mensurá-lo, sobre o valor atualizado da causa. Para a fixação, devem ser observados os seguintes critérios: (i) o grau de zelo do profissional; (ii) o lugar de prestação do serviço; (iii) a natureza e a importância da causa; e (iv) o trabalho realizado pelo advogado, além do tempo exigido para o seu desenvolvimento.

Novidade importante trazida pelo CPC de 2015 está nos §§ 3º a 7º do art. 85, que tratam dos honorários advocatícios quando a Fazenda Pública for parte, independentemente de ela ser autora ou ré.

O § 3º, abandonando a pífia regra equivalente do CPC de 1973, estabelece que a fixação dos honorários em tais casos deve observar os critérios do § 2º e os limites percentuais nele estabelecidos, que variam consoante o valor da condenação ou do proveito econômico. Assim, (i) os honorários serão fixados no mínimo de 10% e no máximo de 20% sobre o valor da condenação ou do proveito econômico obtido até 200 salários mínimos; (ii) no mínimo de 8% e no máximo de 10% sobre o valor da condenação ou do proveito econômico obtido acima de 200 salários mínimos até 2.000 salários mínimos; (iii) no mínimo de 5% e no máximo de 8% sobre o valor da condenação ou do proveito econômico obtido acima de 2.000 salários mínimos até 20.000 salários mínimos; (iv) no mínimo de 3% e no máximo de 5% sobre o valor da condenação ou do proveito econômico obtido acima de 20.000 salários mínimos até 100.000 salários mínimos; e, por fim, (v) no mínimo de 1% e no máximo de 3% sobre o valor da condenação ou do proveito econômico obtido acima de 100.000 salários mínimos.

O § 4º do art. 85, em continuação, estabelece que os precitados percentuais devem ser aplicados desde logo quando for líquida a sentença, isto é, quando a sentença já indicar o valor devido. Se se tratar de sentença ilíquida, a definição do percentual somente ocorrerá quando o valor for apurado, o que pressupõe o desenvolvimento da "liquidação de sentença" dos arts. 509 a 512. Se não houver condenação ou quando não for possível mensurar o proveito econômico obtido, a fixação dos honorários tomará como base o valor atualizado da causa. O salário mínimo, quando empregado, será o vigente quando da prolação da sentença líquida ou o que estiver em vigor na data da decisão de liquidação.

O § 5º do art. 85 dispõe sobre o cálculo dos honorários, prescrevendo que "quando, conforme o caso, a condenação contra a Fazenda Pública ou o benefício econômico obtido pelo vencedor ou o valor da causa for superior ao valor previsto no inciso I do § 3º, a fixação do percentual de honorários deve observar a faixa inicial e, naquilo que a exceder, a faixa subsequente, e assim sucessivamente". O dispositivo tem tudo para gerar acesas polêmicas acerca do cálculo a ser feito porque, em última análise, impõe a fixação de uma até cinco faixas de honorários a depender do valor envolvido no caso concreto que, após, deverão ser somadas. Os honorários de sucumbência, nesse caso, serão a *soma* de tantas parcelas quantas sejam as "faixas" pelas quais o valor da condenação ou do proveito econômico atravessar.

O § 6º do art. 85 estabelece que os limites e os critérios previstos nos §§ 2º e 3º aplicam-se independentemente de qual seja o conteúdo da decisão, inclusive aos casos de improcedência ou às sentenças sem resolução do mérito. Não há como querer afastar essa mesma regra para os casos em que a Fazenda Pública seja parte (autora ou ré, ainda de acordo com o § 3º), sob pena de violação ao princípio da isonomia.

O § 7º do art. 85, ainda tratando dos honorários advocatícios nos casos que envolvem a Fazenda Pública, dispõe que não serão devidos honorários no cumprimento de sentença contra a Fazenda Pública que enseje expedição de precatório, desde que não tenha sido impugnada. A previsão corresponde ao art. 1º-D da Lei n. 9.494/1997, na interpretação "conforme" que lhe deu o STF no julgamento do RE 420.816/PR, e encontra eco na ressalva feita pela Súmula 345 do STJ. Pergunta pertinente é saber se a regra se aplica também nos casos em que a execução do particular contra a Fazenda Pública pautar-se em título executivo *extrajudicial* (art. 910). Parece mais acertado negar a possibilidade porque, caso contrário, o advogado não receberia nenhuma contrapartida, do ponto de vista do processo, pelo seu trabalho naqueles casos. À hipótese deve ser aplicado, na sua íntegra, o disposto no § 1º do art. 85, quando se refere à "execução, resistida ou não".

O § 8º do art. 85 trata da fixação dos honorários nas causas em que for inestimável ou irrisório o proveito econômico ou, ainda, quando o valor da causa for muito baixo. Em tais situações, o juiz fixará o valor dos honorários por apreciação equitativa, observando os critérios constantes do § 2º. Sobre o dispositivo, fixou as seguintes teses, a partir do julgamento do tema 1076: "i) A fixação dos honorários por apreciação equitativa não é permitida quando os valores da condenação, da causa ou o proveito econômico da demanda forem elevados. É obrigatória nesses casos a observância dos percentuais previstos nos §§ 2º ou 3º do artigo 85 do CPC — a depender da presença da Fazenda Pública na lide —, os quais serão subsequentemente calculados sobre o valor: (a) da condenação; ou (b) do proveito econômico obtido; ou (c) do valor atualizado da causa. ii) Apenas se admite arbitramento de honorários por equidade quando, havendo ou não condenação: (a) o proveito econômico obtido pelo vencedor for inestimável ou irrisório; ou (b) o valor da causa for muito baixo".

O § 6º-A do art. 85, incluído pela Lei n. 14.365/2022, reforça a compreensão da sistemática do CPC, inclusive a regra do § 4º do art. 84, e as situações em que está autorizada a fixação dos honorários por equidade, em harmonia com a tese fixada pelo STJ. De acordo com o dispositivo, é proibida a apreciação equitativa, salvo nas hipóteses expressamente previstas no § 8º, mesmo quando o valor da condenação ou do proveito econômico obtido ou o valor atualizado da causa for líquido ou liquidável. Em tais casos, devem prevalecer os percentuais dos §§ 2º e 3º.

Para guiar a devida aplicação da fixação dos honorários por equidade, cabe ao juiz observar os valores recomendados pelo Conselho Seccional da Ordem dos Advogados do Brasil nas chamadas "tabelas de honorários" ou o limite mínimo de 10% na forma do § 2º do art. 85, aplicando-se o valor mais elevado. É a regra constante do § 8º-A do art. 85, incluído pela Lei n. 14.365/2022.

Tratando-se de indenização por ato ilícito contra pessoa, o percentual de honorários, de acordo com o § 9º do art. 85, incidirá sobre a soma das prestações vencidas com mais doze prestações vincendas.

Havendo perda do objeto, os honorários serão devidos por quem deu causa ao processo (art. 85, § 10). A redação do dispositivo, ao empregar nessa (e só nessa) hipótese a palavra "causa", no sentido de quem deu *origem*, *motivo* ou *razão* ao processo, convida à reflexão sobre se o CPC de 2015 não inovou em relação ao CPC de 1973 no que diz respeito ao princípio vetor da responsabilidade pelas despesas e pelos honorários. Abandonando o da *causalidade*, reservando-o somente para a hipótese aqui referida, passando a ser regido pelo da *sucumbência* como sugere a *letra* do *caput* do art. 85. É tema, prezado leitor, que merece mais detida reflexão, tal qual a que aqui e em outras passagens sugiro.

O § 11 do art. 85 estabelece que eventual majoração dos honorários devida pela existência do segmento recursal – independentemente de o recurso ser julgado monocrática ou colegiadamente – deve respeitar os limites estabelecidos nos §§ 2º e 3º para a fase de conhecimento. Efeito colateral que a regra provavelmente trará é a fixação da verba honorária mais próxima dos percentuais mínimos na primeira instância para que haja "espaço" para eles serem majorados no caso de haver recurso.

Dentre as variadas dúvidas acerca da "sucumbência recursal" estabelecida pelo § 11 do art. 85, cabe destacar, para os fins deste *Manual*, a atinente à viabilidade de o Tribunal, ao julgar o recurso, fixar percentual *aquém* dos 10% referidos no § 2º do art. 85 ou, tratando-se de processo em que seja parte a Fazenda Pública, *aquém* dos pisos percentuais dos cinco incisos do § 3º do mesmo dispositivo. Isso porque o § 11 do art. 85 determina a observância, "conforme o caso", do disposto nos §§ 2º a 6º, local em que repousam os tais limites percentuais mínimos e máximos. O melhor entendimento parece ser no sentido positivo, a despeito do *texto* do referido § 11, até para preservar a *finalidade* da nova regra, que é a de remunerar condignamente o trabalho do advogado desenvolvido em sucessivas fases recursais (apelação, recurso especial e recurso extraordinário, por exemplo).

Outra questão pertinente é saber se o § 11 do art. 85 tem aplicação na remessa necessária que, a despeito de sua maior flexibilização, foi preservada pelo art. 496 do CPC de 2015. A incidência da nova verba honorária deve pressupor exercício de efetiva atividade pelo advogado, ainda que se trate de remessa necessária (embora ela não ostente natureza recursal). Assim, por exemplo, o oferecimento de contrarrazões à remessa necessária (prática, de qualquer sorte, incomum) e a realização de sustentação oral por ocasião de sua análise são fatores que, por si próprios, devem justificar a majoração da verba honorária em sede recursal.

De qualquer sorte, mesmo no âmbito recursal, não deverá chocar ninguém se o limite máximo legal do § 3º do art. 85, nos casos em que o Poder Público for parte, não for atingido justamente porque outros recursos são cabíveis e, nesse sentido, dão ensejo, ao menos em tese, a sucessivas majorações, até os limites destacados. Para um Código que quer(ia) evitar recursos, a escolha legislativa é, inequivocamente, criticável.

Eventual majoração dos honorários na fase recursal, nos termos (e limites) do § 11, não se confunde com a aplicação de eventuais multas e de outras sanções processuais, inclusive as reservadas para o descumprimento dos deveres constantes do art. 77. A cumulação das verbas – lícita porque diversas as razões de sua incidência – é expressamente admitida pelo § 12 do art. 85. Por isso mesmo, a majoração da verba honorária ao longo do segmento recursal não pode ser adotada como mote para sancionar o recorrente. Para esse fim, deve ser aplicado o regime específico, como, por exemplo, a multa prevista no § 2º do art. 77.

O § 13 do art. 85 trata dos honorários – e mais amplamente das verbas de sucumbência – fixados em embargos à execução rejeitados ou julgados improcedentes e em fase de cumprimento de sentença. Os honorários serão acrescidos no valor do débito principal, para todos os efeitos legais. Nesse caso, é correto entender que não se aplica o § 11, incidindo, em sua plenitude, a regra da "cumulação" constante do § 1º, todos do art. 85.

O § 14 do art. 85, na mesma linha do estabelecido pelo art. 23 da Lei n. 8.906/1994 e da jurisprudência dos Tribunais Superiores (assim, *v.g.*, a Súmula vinculante 47 do STF), dispõe que os honorários constituem direito do advogado e têm natureza alimentar, com os mesmos privilégios dos créditos oriundos da legislação do trabalho. Por isso mesmo – e aqui o dispositivo afasta-se (corretamente) da Súmula 306 do STJ, que perde seu substrato normativo – é vedada a sua compensação em caso de sucumbência parcial. É que a sucumbência é experimentada pela parte, e não pelo advogado, não se podendo falar em compensação de créditos que pertencem a credores diversos (arts. 368 e 371 do CC). Trata-se de previsão que enfatiza a compreensão extraída do *caput* do art. 85.

O § 15 do art. 85 autoriza que o advogado requeira que o pagamento dos honorários que lhe caibam seja efetuado em favor da sociedade de advogados que integra na qualidade de sócio. Mesmo nesse caso, o regime do § 14 deve ser observado.

Sendo os honorários fixados em quantia certa, os juros moratórios incidirão a partir da data do trânsito em julgado da decisão (art. 85, § 16).

Mesmo quando o advogado atuar em causa própria (art. 103, parágrafo único), são devidos honorários de advogado. É o que disciplina o § 17 do art. 85. A melhor interpretação é a que entende incidente a regra tanto no caso em que o advogado litigante sagrar-se vencedor quanto no caso de sair perdedor.

Se a decisão deixar de fixar os honorários e tiver transitado em julgado, é possível postular, autonomamente, sua definição e cobrança (art. 85, § 18). Caso a omissão seja averiguada ao longo do processo, ela merece ser sanada pelos recursos cabíveis, a começar pelos embargos de declaração (art. 1.022, II). Fica superada, diante da regra, a orientação contida na Súmula 453 do STJ.

O § 19 do art. 85, ao estabelecer que "os advogados públicos perceberão honorários de sucumbência, nos termos da lei", deve ser compreendido como regra de eficácia contida, dependente, pois, de edição de leis próprias, de cada ente federado (União, Estados, Distrito Federal e Municípios), que o regulamentem, estabelecendo qual o percentual dos honorários sucumbenciais será repassado, e de que maneira, aos advogados públicos respectivos. Entendimento diverso violaria o art. 61, § 1º, II, *a*, da CF, que reserva ao Chefe do Executivo de cada ente a iniciativa de lei que trata da remuneração dos seus respectivos servidores públicos. É correto entender, por isso mesmo e em nome do princípio federativo, que eventual norma *preexistente* ao CPC de 2015 a respeito do tema é por ele recepcionada.

No âmbito federal, cabe destacar, a propósito do § 19 do art. 85, a edição da Lei n. 13.327, de 29 de julho de 2016, cujo art. 29, *caput*, tem a seguinte redação: "Os honorários advocatícios de sucumbência das causas em que forem parte a União, as autarquias e as fundações públicas federais pertencem originariamente aos ocupantes dos cargos de que trata este Capítulo". De acordo com o art. 27 daquela Lei, a regra alcança: o Advogado da União, o Procurador da Fazenda Nacional, o Procurador Federal, o Procurador do Banco Central do Brasil e os quadros suplementares em extinção previstos no art. 46 da Medida Provisória n. 2.229-43/2001. O art. 33, por sua vez, cria o "Conselho Curador dos Honorários Advocatícios (CCHA)", vinculado à Advocacia-Geral da União, que tem como competência precípua, para o que aqui interessa, "editar normas para operacionalizar o crédito e a distribuição dos valores de que trata o art. 30" e "fiscalizar a correta destinação dos honorários advocatícios, conforme o disposto neste Capítulo" (art. 34, I e II, da Lei n. 13.327/2016).

Cumpre anotar que o Plenário do STF, ao julgar a ADI 6.053/DF, que questionava aqueles dispositivos entendeu-os, por maioria, *constitucionais*, sujeitando, contudo, o recebimento mensal dos honorários sucumbenciais pelos advogados públicos somado aos demais subsídios componentes de sua remuneração, ao teto constitucional previsto no inciso IX do art. 37 da CF. O acórdão foi relatado pelo Ministro Alexandre de Moraes.

De acordo com o § 20 do art. 85, incluído pela Lei n. 14.365/2022, as regras dos §§ 2º, 3º, 4º, 5º, 6º, 6º-A, 8º, 8º-A, 9º e 10 do art. 85 devem ser aplicadas também aos honorários fixados por arbitramento judicial, isto é, aqueles que são resultantes de falta de estipulação prévia ou de acordo entre o advogado e a parte por ele representada. A previsão harmoniza-se com o § 2º do art. 20 da Lei n. 8.906/1994, também modificado pela Lei n. 14.365/2022.

Após a extensa disciplina dedicada aos honorários advocatícios, o CPC de 2015 trata casuisticamente de outras questões relativas às despesas, aos próprios honorários e às multas.

Assim é que o *caput* do art. 86 se ocupa com a hipótese de haver o que é comumente chamado "sucumbência recíproca", isto é, quando cada litigante for, em parte, vencedor e vencido. Neste caso, as *despesas* serão proporcionalmente distribuídas entre eles, o que deve ser entendido no sentido de que cada parte pagará parcela das despesas totais, consoante sua responsabilidade na geração respectiva. A compensação dos honorários advocatícios, cabe reiterar o § 14 do art. 85, é expressamente vedada nesta hipótese. Se, a despeito da sucumbência recíproca, ela for mínima, as despesas – e, neste caso, também os honorários – serão de responsabilidade integral do litigante sucumbente (art. 86, parágrafo único). Uma razão a mais para entender que o CPC de 2015 deslocou-se da *causalidade* como critério de responsabilização das verbas sucumbenciais.

Havendo litisconsórcio ativo ou passivo, isto é, pluralidade de autores e/ou de réus, os vencidos respondem proporcionalmente pelas despesas e pelos honorários advocatícios. É o que dispõe o *caput* do art. 87. O § 1º do mesmo artigo exige fundamentação específica para a distribuição proporcional pelo pagamento das verbas em tais condições. Não havendo distribuição, presume-se a solidariedade dos vencidos pelo pagamento das despesas e dos honorários, ou seja, a responsabilidade conjunta de cada qual pelo pagamento total (art. 87, § 2º).

Nos procedimentos de jurisdição voluntária (arts. 719 a 770), as despesas serão adiantadas pelo requerente e rateadas entre todos os interessados (art. 88).

Não havendo litígio nos juízos divisórios (arts. 569 a 598), os interessados pagarão as despesas proporcionalmente a seus quinhões (art. 89).

O art. 90 ocupa-se com a responsabilidade pelo pagamento das despesas e dos honorários na hipótese de haver sentença com fundamento em desistência, reconhecimento jurídico do pedido ou, ainda – no que o CPC de 2015 inova em relação ao CPC de 1973, ao menos do ponto de vista textual –, renúncia. Nesses casos, as despesas e os honorários serão pagos pela parte que desistiu, reconheceu ou renunciou. O § 1º do art. 90 estabelece que o pagamento das despesas seja proporcional à parcela do que se desistiu, do que se reconheceu ou do que se renunciou. São mais dois elementos importantes para, junto do § 10 do art. 85, passar a entender que a *causalidade* como fundamento da responsabilização pelas verbas de sucumbência no CPC de 2015 é a *exceção* e não a *regra*.

Os §§ 2º e 3º do art. 90 se ocupam com a responsabilidade das despesas quando houver transação. De acordo com o § 2º, se as partes nada dispuserem a seu respeito, as despesas serão divididas entre elas igualmente. Se a transação ocorrer antes do proferimento da sentença, é o que preceitua o § 3º, as partes ficam dispensadas do pagamento das custas processuais remanescentes, se houver.

O § 4º do art. 90, por fim, estabelece que, se o réu reconhecer a procedência do pedido e, simultaneamente, cumprir integralmente a prestação reconhecida, os honorários serão reduzidos pela metade. Trata-se de importante (e nova) regra a incentivar, diante do benefício econômico, não só o reconhecimento jurídico do pedido, mas também – e ainda mais importante – que realize o que se espera dele.

O art. 91 dispõe que as despesas dos atos processuais praticados a requerimento da Fazenda Pública, do Ministério Público (quando atua como parte) ou da Defensoria Pública serão pagas ao final pelo vencido. Excepciona, portanto, a regra de *adiantamento* das despesas relativas aos atos processuais constante do art. 82. Buscando resolver dificuldades relativas ao pagamento de perícias e dos honorários periciais quando se tratar de ato requerido por uma daquelas pessoas, o § 1º estabelece que as perícias solicitadas por aqueles entes poderão ser realizadas por entidade pública ou, havendo previsão orçamentária, ter os valores adiantados por aquele que requisitar a prova. Se não houver previsão orçamentária no exercício financeiro para aquele fim, complementa o § 2º, os honorários periciais serão pagos no exercício seguinte ou ao final, pelo vencido, caso o processo se encerre antes do adiantamento a ser feito pelo ente público.

O art. 92 trata da obrigação de o autor, quando houver proferimento da sentença sem resolução de mérito a requerimento do réu, dever pagar ou depositar em cartório as despesas e os honorários a que foi condenado, sob pena de, não o fazendo, não poder demandar novamente. O dispositivo, que merece ser lido ao lado do art. 486, é flagrantemente inconstitucional porque atrita com o inciso XXXV do art. 5º da CF. A cobrança das despesas e dos honorários gerados pelo processo anterior não pode ser óbice para ingressar no Judiciário, ainda que para discutir a mesma afirmação de direito.

Quem der causa ao adiamento ou à repetição do ato processual é responsável pelo pagamento das despesas respectivas (art. 93), mais uma regra para permitir a reflexão sobre o CPC de 2015 ter se afastado do princípio da *causalidade* como vetor da responsabilização genérica pelas verbas de sucumbência.

O art. 94 trata da responsabilidade do assistente pelas despesas processuais: se o assistido for vencido, o assistente será condenado ao pagamento das custas em proporção à atividade que houver exercido no processo. As *custas* referidas no dispositivo devem ser compreendidas no sentido de custeio dos atos processuais, excluídas a indenização de viagem, a remuneração do assistente técnico, a diária de testemunha (art. 84) e excluídos também os honorários de advogado (art. 85, *caput*).

O art. 95 disciplina, de forma muito mais bem acabada, o pagamento dos honorários do perito e dos assistentes técnicos, levando em conta, inclusive, a hipótese de o ato ser praticado em favor do beneficiário da justiça gratuita. A regra, de acordo com o *caput*, é a de que cada parte adiante a remuneração do assistente técnico que houver indicado. A remuneração do perito será adiantada pela parte que houver requerido a perícia, ou será rateada quando a perícia for determinada de ofício ou requerida por ambas as partes. O § 1º permite que o magistrado determine que a parte responsável pelo pagamento dos honorários do perito deposite em juízo o valor correspondente. O valor, que ficará em depósito bancário à ordem do juízo será corrigido monetariamente e será pago de acordo com o § 4º do art. 465, isto é, até 50% no início dos trabalhos e o restante depois de entregue o laudo e prestados todos os esclarecimentos necessários. É o que estabelece o § 2º do art. 95.

De acordo com o § 3º do art. 95, quando se tratar de perícia de responsabilidade de beneficiário de gratuidade da justiça, aquele meio de prova poderá ser custeado com recursos alocados ao orçamento do ente público e realizado por servidor do Poder Judiciário ou por órgão público conveniado. No caso da realização por particular, o valor será fixado conforme tabela do tribunal respectivo ou, em caso de sua omissão, do Conselho Nacional de Justiça (que, para tanto, editou a Resolução n. 232, de 13 de julho de 2016, modificada, posteriormente, pela Resolução n. 236/2020 do CNJ), e pago com recursos alocados ao orçamento da União, do Estado ou do Distrito Federal, consoante o caso. O § 4º do art. 95 complementa a regra ao estabelecer que o magistrado, após o trânsito em julgado da decisão final, estimulará a Fazenda Pública para que efetue a cobrança dos valores devidos.

O § 5º do art. 95, por sua vez, veda a utilização de recursos do fundo de custeio da Defensoria Pública para os fins do § 3º do mesmo dispositivo, isto é, para custear perícia de beneficiário da justiça gratuita.

Embora se trate de tema regulado fora do Código de Processo Civil, cabe destacar que, de acordo com o *caput* do art. 1º da Lei n. 13.876/2019, "O pagamento dos honorários periciais referentes às perícias já realizadas e às que venham a ser realizadas em até 2 (dois) anos após a data de publicação desta Lei, nas ações em que o Instituto Nacional do Seguro Social (INSS) figure como parte e que sejam de competência da Justiça Federal, e que ainda não tenham sido pagos, será garantido pelo Poder Executivo federal ao respectivo tribunal", inclusive quando o processo tramitar perante a Justiça Estadual por força do § 3º do art. 109 da CF (art. 1º, § 1º, da Lei n. 13.876/2019). O § 3º do mesmo dispositivo, por sua vez, estabelece que, "A partir de 2020 e no prazo de até 2 (dois) anos após a data de publicação desta Lei, o Poder Executivo federal garantirá o pagamento dos honorários periciais referentes a 1 (uma) perícia médica por processo judicial", admitindo, o § 4º, em caráter excepcional, "e caso determinado por instâncias superiores do Poder Judiciário", a realização (sob a responsabilidade financeira da União Federal) de uma segunda perícia.

Voltando ao CPC, o art. 96 dispõe que o valor das sanções impostas ao litigante de má-fé reverterá em benefício da parte contrária. Se os apenados forem os serventuários, o valor das sanções respectivas pertencerá ao Estado ou à União, consoante se trate de servidor público estadual ou federal.

O art. 97 autoriza a União e os Estados a criar fundos de modernização do Judiciário para os quais serão revertidos os valores das sanções pecuniárias aplicadas em virtude de processos jurisdicionais (art. 96) sem prejuízo de outras verbas previstas em lei. A locução verbal empregada pelo dispositivo ("serão revertidos") é imperativa e, como tal, enseja a interpretação de que a destinação das verbas é verdadeiro *dever*. Que prevaleça esse entendimento na edição dos atos normativos que se faz necessária para a criação de tais fundos nos diversos entes federados.

2.5 Gratuidade da Justiça

A Seção IV do Capítulo II do Título I do Livro III da Parte Especial do CPC de 2015 inova ao disciplinar detidamente a gratuidade da justiça, revogando, como já escrevi, diversos dispositivos da Lei n. 1.060/50 (art. 1.072, III). A iniciativa harmoniza-se com o inciso LXXIV do art. 5º da CF e com a necessidade de renovar o tratamento legal da matéria, cuja disciplina legislativa específica acabou ficando obsoleta.

Os cinco dispositivos da referida Seção ocupam-se com os casos de concessão do benefício e a sua abrangência (art. 98), com o momento, a forma do requerimento e o contraditório formado a partir dele (arts. 99 e 100), os recursos interponíveis da concessão ou do indeferimento do pedido e respectiva dinâmica (art. 101) e, por fim, a sua cassação (art. 102).

De acordo com o *caput* do art. 98, a pessoa natural ou jurídica, brasileira ou estrangeira, com insuficiência de recursos para pagar as custas, despesas processuais e honorários advocatícios tem direito à gratuidade da justiça.

O § 1º do art. 98 indica o que é abrangido pela gratuidade da justiça: (i) taxas ou custas judiciais; (ii) selos postais; (iii) despesas com publicação na imprensa oficial, que, se realizada, dispensa a publicação em outros meios; (iv) indenização devida à testemunha, que receberá do empregador salário integral, como se estivesse em serviço, no caso de ser empregada; (v) despesas com a realização de exames considerados essenciais como, por exemplo, o de DNA; (vi) honorários do advogado e do perito, e a remuneração do intérprete ou do tradutor nomeado para apresentação de versão em português de documento redigido em língua estrangeira; (vii) custo com a elaboração de memória de cálculo, quando exigida para instauração da execução e também, cabe acrescentar, para o início da fase de cumprimento de sentença; (viii) depósitos previstos em lei para interposição de recurso, para exercer o direito de ação e para a prática de outros atos processuais inerentes ao exercício da ampla defesa e do contraditório; e, por fim, (ix) emolumentos devidos a notários ou registradores em decorrência da prática de registro, averbação ou qualquer outro ato notarial necessário à efetivação de decisão judicial ou à continuidade de processo judicial no qual o benefício tenha sido concedido.

A última previsão, do inciso IX, é complementada pelos §§ 7º e 8º do mesmo art. 98. O § 7º determina a aplicação da sistemática de custeio reservada para a perícia de responsabilidade do beneficiário da gratuidade da justiça (art. 95, §§ 3º a 5º). O § 8º, por seu turno, autoriza o notário ou o registrador que duvidar do preenchimento das condições para a gratuidade requerer ao juízo competente a revogação total ou parcial do benefício ou o parcelamento do pagamento, nos moldes do § 6º, prevendo quinze dias para o beneficiário responder ao requerimento.

O § 2º do art. 98 dispõe que a concessão da gratuidade não afasta a responsabilidade do beneficiário pelas despesas processuais e honorários advocatícios decorrentes de sua sucumbência. O que se dá, nesses casos, é o § 3º a preceituar que, vencido o beneficiário, as obrigações decorrentes de sua sucumbência ficarão sob condição suspensiva de exigibilidade e somente poderão ser executadas se, nos cinco anos subsequentes ao trânsito em julgado da decisão que as certificou, o credor demonstrar que deixou de existir a situação de insuficiência de recursos justificadora da concessão da gratuidade. Após esse prazo, extinguem-se as obrigações do beneficiário.

A gratuidade não é necessariamente integral. Pode ser concedida em relação a específicos atos processuais ou, ainda, significar a redução percentual de despesas processuais que o beneficiário tiver de adiantar no curso do processo (art. 98, § 5º) ou, ainda, seu parcelamento (art. 98, § 6º).

A concessão da gratuidade, por outro lado, não afasta o dever de o beneficiário pagar, ao final, as *multas* processuais que lhe sejam impostas. É o § 4º do art. 98 evidenciando o que *não está* compreendido no *caput* do dispositivo.

O art. 99, *caput*, disciplina o requerimento de gratuidade da justiça. Ele pode ser pedido na petição inicial, na contestação, na petição em que o terceiro pretende seu ingresso no processo ou, ainda, em recurso. Sendo o pedido apresentado após a primeira manifestação do interessado, ele será formulado em petição simples que não suspende o processo (art. 99, § 1º). A iniciativa é coerente com diversos outros dispositivos do CPC de 2015, que extinguem maiores formalidades, apensos, apartados e coisas que tais para as manifestações ao longo do processo. Ademais, a circunstância de o pedido não acarretar suspensão do processo é medida bem-vinda para evitar indesejadas procrastinações.

O pedido somente será indeferido, lê-se do § 2º do art. 99, se houver nos autos elementos que evidenciem a falta dos pressupostos legais para concessão da gratuidade. Mesmo assim, cabe ao magistrado, antes de indeferir o pedido, determinar ao interessado que comprove seu preenchimento.

Quando o pedido for formulado por pessoa natural, presume-se verdadeira a alegação de insuficiência de recursos. Caberá à parte contrária afastar a presunção criada pelo § 3º do art. 99, exercitando o contraditório nos termos do art. 100.

A circunstância de o interessado estar representado por advogado particular não é fator apto, por si só, para inibir a concessão da gratuidade (art. 99, § 4º). Ocorrendo essa hipótese, o recurso que trate exclusivamente sobre valor de honorários de sucumbência fixados em favor do advogado do beneficiário estará sujeito a preparo, a não ser nos casos em que o próprio advogado demonstrar que também tem direito à gratuidade (art. 99, § 5º).

O benefício é pessoal e não se estende ao litisconsorte ou ao sucessor do beneficiário, a não ser que, como exige o § 6º do art. 99, haja pedido e deferimento expressos nesse sentido.

O § 7º do art. 99 resolve questão comuníssima da prática forense sobre a necessidade de o beneficiário formular o pedido de gratuidade em recurso sujeito a preparo (recolhimento de custas prévias para exercer o direito de recorrer). Nesse caso, o recorrente fica dispensado de comprovar o recolhimento imediato do preparo, que é a regra constante do *caput* do art. 1.007. Se o relator indeferir o pedido, fixará prazo para o pagamento. Tal prazo, em harmonia com o § 2º do art. 101, deve ser de cinco dias.

O contraditório acerca da gratuidade da justiça é, de acordo com o art. 100, *postergado*, isto é, ele pressupõe o *deferimento* do pedido.

É essa a razão pela qual a impugnação, de acordo com aquele dispositivo, será feita na contestação, na réplica ou nas contrarrazões recursais. Quando se tratar de pedido feito ao longo do processo ou formulado por terceiro, a impugnação deve ser apresentada (como o pedido originário) por petição simples nos mesmos autos e sem suspensão do processo. O prazo é de quinze dias que, malgrado o silêncio, tem fluência quando da intimação do deferimento da gratuidade à parte ou ao terceiro.

Quando for revogado o benefício, é esta a regra do parágrafo único do art. 100, a parte será responsabilizada pelas despesas que deixou de adiantar. Havendo má-fé, estará sujeita a multa de até dez vezes o valor respectivo, a ser revertida em prol da Fazenda estadual ou federal, podendo ser inscrita em dívida ativa.

A decisão que indeferir o pedido de gratuidade ou que acolher o pedido de sua revogação é recorrível imediatamente, pelo recurso de agravo de instrumento. É o que estatui o art. 101, que ressalva expressamente a hipótese de a questão relativa à gratuidade ser resolvida na sentença, caso em que o recurso cabível é a apelação, disposição que se harmoniza com o § 3º do art. 1.009. O cabimento do agravo de instrumento na hipótese é reiterado pelo inciso V do art. 1.015 (v. n. 5 do Capítulo 17).

O § 1º do art. 101 é inspirado no § 6º do art. 99: o recorrente estará dispensado do recolhimento de custas até decisão do relator sobre a questão, preliminarmente ao julgamento do recurso. O § 2º do art. 101, da mesma forma, determina que o relator ou o órgão colegiado, ao confirmar o indeferimento do pedido ou sua revogação, conceda o prazo de cinco dias para o recolhimento das custas processuais, sob pena de não conhecimento do recurso.

O art. 102, *caput*, disciplina a hipótese de se tornar imutável a decisão de revogação da gratuidade da justiça. Nesse caso, a parte deverá efetuar o recolhimento de todas as despesas de cujo adiantamento foi dispensada, inclusive as relativas a eventual recurso, no prazo fixado pelo juiz, sem prejuízo de aplicação das sanções previstas em lei.

O parágrafo único do dispositivo complementa a regra estabelecendo que, na hipótese de não haver o recolhimento, o processo será extinto sem resolução de mérito, tratando-se do autor. Nos demais casos, não poderá ser deferida a realização de qualquer ato ou diligência requerida pela parte enquanto não efetuado o depósito. A solução parece confrontar o inciso XXXV do art. 5º da CF. A solução mais adequada para o caso (assim como sustento para o art. 92) é cobrar o valor devido e não transformar a dívida em óbice (quiçá intransponível) à prestação da tutela jurisdicional.

2.6 Dos procuradores (advocacia privada)

O Capítulo III do Título I do Livro III da Parte Geral do CPC de 2015 chama "procuradores" o que, em rigor, deveria chamar "advocacia *privada*", em contraposição ao que o Título VI do mesmo Livro (arts. 182 a 184) chama "advocacia *pública*".

Seria mais adequado, aliás, justamente diante do referido Título VI – máxime quando analisados *também* os Títulos IV, V e VII, dedicados ao juiz, ao Ministério Público e à Defensoria Pública, respectivamente – que a "advocacia privada" tivesse recebido um Título próprio, ao lado das demais funções essenciais à Administração da Justiça. Seria providência mais que adequada e justificável diante do alcance do "modelo constitucional do direito processual civil", como exponho no n. 2.3 do Capítulo 1 e que é enfatizado (pertinentemente) desde o art. 1º do CPC de 2015.

É uma pena porque a disciplina da advocacia privada sob o rótulo de *procuradores*, ao lado das partes, acaba por reproduzir a forma e o local de disciplinar a matéria adotada pelo CPC de 1973. É certo que não se poderia pretender que o CPC de 2015, ele próprio, criasse regras próprias e específicas para quaisquer das funções essenciais da Justiça, inclusive para a advocacia, que tem lei de regência própria, a Lei n. 8.906/1994, o chamado "Estatuto da Advocacia e da Ordem dos Advogados do Brasil". Mesmo se preocupando com questões típicas do dia a dia forense, contudo, era importante que o CPC de 2015, rente ao "modelo constitucional", desse o necessário destaque ao que ele próprio preocupou-se em disciplinar. Não é diverso, ademais, o que se dá com relação às demais funções essenciais à administração da justiça no plano do próprio CPC de 2015 nos já referidos Títulos.

A ressalva que acabei de fazer, harmônica com o art. 1º do CPC de 2015 e, mais amplamente, com o próprio "modelo constitucional de direito processual civil", não tem o condão, de qualquer sorte, de interferir na disciplina codificada e na sua importância. Por isso, é o caso de analisá-la desde logo.

A representação em juízo da parte por "advogado regularmente inscrito na Ordem dos Advogados do Brasil", anunciada pelo *caput* do art. 103, precisa ser compreendida no sistema jurídico, inclusive do próprio CPC de 2015. Trata-se, assim, de regra que cede diante da existência de outros fatores que colocam outras funções essenciais à administração da justiça como detentores de capacidade postulatória. Assim é que a parte *não será representada* por advogado *privado* quando se tratar da atuação da *advocacia pública* (embora os advogados públicos sejam inscritos na OAB) ou da *Defensoria Pública* (embora seja majoritário o entendimento de que defensores públicos também precisam, a despeito da sua nomeação como tal, continuar a ser advogados regularmente inscritos na OAB). Também não tem aplicação o *caput* do art. 103 quando se tratar de atuação do *Ministério Público* cujos membros têm, como tais, capacidade postulatória plena para desempenho das finalidades institucionais daquela entidade.

O parágrafo único do art. 103 aceita que a parte atue "em causa própria" quando ela tiver habilitação legal, isto é, quando ela própria for advogada, hipótese em que também é indispensável a observância das exigências feitas pelo art. 106 sobre os meios necessários à realização das intimações ao advogado (que, naquela hipótese, é *também* parte) e, se for o caso, também à sociedade que integra. A ressalva de "atuar em causa própria" aplica-se exclusivamente aos advogados privados e, eventualmente, aos públicos que não ostentem, generalizadamente, vedação ao exercício privado da advocacia.

O advogado privado, estabelece o art. 104, atua mediante a apresentação da chamada "procuração". Trata-se do instrumento do contrato de mandato que o advogado estabelece com a parte, seu cliente (art. 653 do Código Civil).

O próprio art. 104 excepciona a regra quando a atuação justificar-se para evitar preclusão (novidade trazida pelo CPC de 2015), decadência ou prescrição, ou, mais amplamente, para praticar ato considerado urgente. Em tais casos, complementa o § 1º, cabe ao advogado apresentar a procuração em juízo no prazo de quinze dias, prorrogável por outros quinze, quando deferido pelo magistrado. Não há necessidade de caução, isto é, de qualquer garantia para a intervenção autorizada nos termos do dispositivo. Se o advogado não apresentar a procuração, o ato será considerado ineficaz em relação àquele em cujo nome foi praticado (a parte), sendo o advogado responsável por eventuais despesas e perdas e danos (§ 2º).

O art. 105 ocupa-se com a "procuração geral para o foro", geralmente rotulada de "procuração *ad judicia*". Independentemente de ela ser passada por instrumento público ou particular assinado pela parte, inclusive digitalmente (art. 105, § 1º), e sem necessidade de autenticação da assinatura, ela permite ao advogado "praticar todos os atos do processo". As exceções são as indicadas pelo próprio dispositivo: "receber citação, confessar, reconhecer a procedência do pedido, transigir, desistir, renunciar ao direito sobre o qual se funda a ação, receber, dar quitação, firmar compromisso e assinar declaração de hipossuficiência econômica". Para que o advogado desempenhe, em nome da parte, essas tarefas, elas precisam ser especificadas expressamente na própria procuração. A regra também é a de que a procuração outorgada para a fase de conhecimento do processo seja eficaz para todas as demais, inclusive a de cumprimento de sentença (art. 105, § 4º). Ajuste em sentido diverso entre o advogado e a parte precisa constar expressamente da procuração.

Além de eventuais "poderes expressos" ou a ressalva relativa à duração de sua outorga em relação às fases (ou atos) do processo, a procuração deverá conter o nome do advogado, o número de sua inscrição na OAB e o endereço completo (art. 105, § 2º), tanto o físico como o eletrônico. Se se tratar de advogado integrante de sociedade de advogados, a procuração deverá conter também o nome da sociedade com a indicação de seu respectivo registro na OAB, além do endereço completo, físico e eletrônico. A indicação da sociedade de advogados é novidade trazida pelo § 3º do art. 105 e quer viabilizar que a própria sociedade (e não seus membros, individualmente considerados) seja intimada dos atos ao longo do processo (art. 272, § 2º), além do recebimento de honorários advocatícios diretamente (art. 85, § 15).

O art. 107 lista os seguintes direitos ao advogado: (i) examinar, em cartório de fórum e secretaria de tribunal, mesmo sem procuração, autos de qualquer processo, independentemente da fase de tramitação, assegurados a obtenção de cópias e o registro de anotações, salvo havendo segredo de justiça, quando só o advogado constituído terá acesso aos autos; (ii) requerer, como procurador, vista dos autos de qualquer processo, pelo prazo de cinco dias; e (iii) retirar os autos do cartório ou da secretaria, pelo prazo legal, sempre que neles lhe couber falar por determinação do juiz, nos casos previstos em lei.

A documentação da retirada dos autos é feita mediante assinatura em livro ou documento próprio (art. 107, § 1º). Sendo o caso de prazo comum às partes, a retirada dos autos depende da atuação conjunta ou mediante prévio ajuste, por petição nos autos (art. 107, § 2º). Sem prejuízo, independentemente de ajuste e sem prejuízo da fluência do prazo, o advogado tem o direito de retirar os autos para obtenção de cópias pelo prazo de duas a seis horas. É o que a prática forense consagrou com o nome de "carga rápida", que vem *ampliada* pelo § 3º do art. 107. A falta de devolução dos autos no prazo estabelecido pelo § 3º acarretará a perda do exercício daquele direito no mesmo processo, a não ser que o magistrado prorrogue o prazo (art. 107, § 4º), o que, por analogia ao parágrafo único do art. 139, pressupõe pedido formulado *antes* de sua consumação.

A Lei n. 13.793/2019 introduziu um § 5º ao art. 107, evidenciando, em total harmonia com a redação que deu ao inciso XIII e ao novo § 13 do art. 7º da Lei n. 8.906/1994, o Estatuto da Advocacia e da OAB, e aos novos §§ 6º e 7º do art. 11 da Lei n. 11.419/2006, que o acesso aos autos garantido pelo *caput* do dispositivo deve ser observado integralmente mesmo quando se tratar de processo eletrônico.

2.7 Sucessão das partes e dos procuradores

O Capítulo IV do Título I do Livro III da Parte Especial cuida da *sucessão* das partes e dos procuradores. Trata-se da disciplina das hipóteses em que as partes e os procuradores podem ser modificados ou sofrerão alterações ao longo do processo. Importa observar que o objeto deste Capítulo não guarda nenhuma relação com as hipóteses de *substituição* processual, autorizadas nos termos do art. 18.

O art. 108 estabelece a regra de que, durante o processo, a sucessão voluntária, isto é, a modificação por acordo ou por ato negocial das partes, só é admitida nos casos expressos em lei. A regra parece querer mitigar a realização de negócios processuais com essa finalidade, nos termos do art. 190.

Tanto assim que o art. 109 estabelece que a alienação da coisa ou do direito litigioso por ato entre vivos (por acordo ou por ato negocial a título particular) não altera a legitimidade das partes. A intervenção do adquirente ou do cessionário no processo, no lugar do alienante ou do cedente, depende da concordância da parte contrária (art. 109, § 1º). A vedação não impede, contudo, que o adquirente ou o cessionário intervenha no processo, passando a atuar na qualidade de *assistente litisconsorcial* (art. 109, § 2º). E mais: a despeito da preservação da legitimidade inicial das partes, os efeitos das decisões (não só da sentença) a serem proferidas no processo e eventual coisa julgada que venha sobre elas recair alcançarão o adquirente ou o cessionário (art. 109, § 3º). Nem poderia ser diferente já que, ocorrida a alienação ou a cessão (que ocorre no plano *material*) e mantidas as partes originais no processo, dá-se inequívoca situação de legitimação extraordinária. Aquele que se mantém no processo passa a atuar, desde a alienação, em nome próprio, *mas* por direito alheio (justamente aquele que foi alienado).

O art. 110 autoriza a ocorrência da sucessão pelo espólio ou por seus sucessores na hipótese de morte de qualquer das partes. À hipótese são aplicáveis os §§ 1º e 2º do art. 313 e a suspensão do processo para os fins lá previstos. É no § 3º do mesmo art. 313, aliás, que reside a disciplina relativa à morte do procurador.

Os arts. 111 e 112, por fim, ocupam-se com hipóteses totalmente diversas, da revogação do mandato pela parte ou da renúncia ao mandato pelo advogado. No primeiro caso, de acordo com o art. 111, cabe à parte constituir, no mesmo ato em que formaliza a revogação, novo advogado. Se não o fizer, lê-se do parágrafo único do dispositivo, terá incidência o disposto no art. 76, isto é, a suspensão do processo para que a parte nomeie novo advogado com as consequências lá previstas, consoante se trate de autor, réu ou terceiro. No segundo caso, o advogado renunciante deve demonstrar que a parte está ciente de seu ato e que deve constituir novo advogado (art. 112, *caput*), a não ser que a mesma parte seja representada por vários advogados (art. 112, § 2º). Em sendo o único procurador, o advogado renunciante representará a parte nos dez dias seguintes à renúncia, quando necessário para evitar prejuízo (art. 112, § 1º).

3. LITISCONSÓRCIO

O litisconsórcio é disciplinado pelos arts. 113 a 118, correspondentes ao Título II do Livro III da Parte Geral do CPC de 2015.

Litisconsórcio é a existência de mais de uma parte em pelo menos um dos polos do mesmo processo. Mais de um autor, mais de um réu, ou, ainda, mais de um autor ou mais de um réu concomitantemente.

A pluralidade de partes em um mesmo processo quer realizar a eficiência processual prevista no art. 5º, LXXVIII, da CF (replicado no art. 4º do CPC de 2015) e é também forma de viabilizar o atingimento da isonomia, princípio fundante do Estado brasileiro (arts. 3º, IV, e 5º, *caput* e I, da CF). Sim, porque o litígio conjunto favorece a prática de atos processuais tendentes a afetar um maior número de sujeitos com maior eficiência e viabilizar, até mesmo, o proferimento de decisão desejavelmente uniforme (se não igual) para todos os envolvidos. Há casos, como o prezado leitor verá a seguir, em que a decisão *deverá ser igual* para todos os litisconsortes.

Há variadas formas de analisar o fenômeno, sendo bastante conhecidas (e úteis, inclusive para entender a disciplina dedicada ao tema pelo CPC de 2015) algumas classificações sobre o litisconsórcio.

Quanto à *posição* dos litisconsortes, o litisconsórcio pode ser *ativo* (quando há pluralidade de autores); *passivo* (quando há pluralidade de réus); ou *misto* (quando há pluralidade de autores e réus).

Quanto ao *momento* de sua formação, o litisconsórcio pode ser *inicial* (quando formado desde o início do processo, com a petição inicial) ou *ulterior* (quando formado ao longo do processo).

Quanto à *obrigatoriedade* da formação do litisconsórcio, ele pode ser *facultativo* ou *necessário*, a depender da *possibilidade* de sua formação (no sentido de ela ser *autorizada* pela lei) ou da sua formação impositiva (quando ela é imposta pelo ordenamento jurídico ou porque ela deriva das peculiaridades do próprio direito material, da "natureza da relação jurídica controvertida", no que é clara a primeira parte do art. 114), respectivamente.

O próprio CPC de 2015 estabelece diversas hipóteses em que o litisconsórcio é necessário. Assim, por exemplo, no § 1º do art. 73, ao impor o litisconsórcio necessário (e passivo) entre os cônjuges para as hipóteses previstas nos seus quatro incisos, estendendo a obrigatoriedade à união estável *comprovável* nos autos (art. 73, § 3º). Outra situação, para fins ilustrativos, está no § 4º do art. 903, ao tratar do pedido de invalidação da arrematação após a expedição da carta respectiva. Nesse caso, o arrematante será litisconsorte necessário do executado.

A distinção entre litisconsórcio facultativo e necessário rende ensejo ao maior número de discussões e, não por acaso, é o que recebe disciplina mais detalhada do CPC de 2015.

Os incisos do art. 113 referem-se indistintamente a essas duas classificações. A hipótese do inciso I é, em rigor, hipótese de litisconsórcio *necessário* porque, se entre duas ou mais pessoas "houver comunhão de direitos ou de obrigações relativamente à lide" (e "lide" deve ser entendida como sinônimo da relação de direito material subjacente ao processo ou de *mérito*), elas *deverão* litigar em conjunto, a não ser que haja norma que autorize o contrário, nos precisos termos do art. 18, isto é, quando for autorizada a legitimação *extraordinária*.

As hipóteses dos incisos II e III do art. 113 são significativas do litisconsórcio *facultativo*, isto é, de autorização legal para o litígio em conjunto. Os pontos de contato lá referidos ("entre as causas houver conexão pelo pedido ou pela causa de pedir" e "ocorrer afinidade de questões por ponto comum de fato ou de direito") querem realizar a eficiência processual nos termos do art. 5º, LXXVIII, da CF, e do art. 4º do CPC de 2015. Sem eles não haveria razão nenhuma para o litígio conjunto, justamente pela ausência de pontos de contato no plano material que pudessem, de alguma forma, otimizar a atuação do Estado-juiz para resolução de um maior número de litígios a partir de um mesmo ou similar contexto fático e/ou jurídico.

O § 1º do art. 113 – que se refere exclusivamente aos casos de litisconsórcio *facultativo* – impõe a *limitação* do litisconsórcio quando não se confirmar, no caso concreto, a pressuposição de que o litígio conjunto tornará mais eficiente a atuação do Estado-juiz sem prejuízo das garantias inerentes aos litigantes, inclusive a "ampla defesa". É feliz nesse sentido o texto do referido dispositivo ao estabelecer que a limitação deve se dar sempre que o litisconsórcio "... comprometer a rápida solução do litígio ou dificultar a defesa ou o cumprimento da sentença".

A limitação dos litisconsortes facultativos pode se dar na fase de conhecimento (e, nesse sentido ser liminarmente imposta quando do juízo de admissibilidade da petição inicial) ou deixada para ser decidida ao longo do processo, na fase de liquidação ou na fase de cumprimento de sentença do processo. É irrecusável que a limitação justifica-se também quando se tratar de título executivo *extrajudicial* no âmbito do "processo de execução". Ela pode ser imposta de ofício ou mediante o acolhimento de requerimento a ser formulado pelo réu, sempre observado o contraditório prévio.

Cumpre notar que o requerimento para os fins do § 1º do art. 113 *interrompe* o prazo para manifestação ou resposta do réu, que voltará a fluir da intimação da decisão que o acolher ou a rejeitar. A decisão que *rejeitar* o pedido é contrastável imediatamente pelo recurso de agravo de instrumento (art. 1.015, VIII). Mas também o é a decisão que o acolher, diante da hipótese de incidência daquele dispositivo: em ambas as situações, a decisão (interlocutória) *versou* sobre o pedido de limitação do litisconsórcio (v. n. 5 do Capítulo 17). De resto, é também correto sustentar o cabimento do agravo de instrumento diante do inciso VII do art. 1.015: acolhido o pedido de limitação, haverá *exclusão* de litisconsorte, a atrair a regência daquela outra hipótese codificada.

Quanto às *possíveis soluções* a serem reconhecidas aos litisconsortes, o litisconsórcio pode ser *simples* ou *unitário*. Será *simples* quando, ao menos em tese, embora isso não seja desejável, for possível que cada litisconsorte receba uma solução diversa da do outro no plano do processo. Será *unitário* quando a solução for igual (ou uniforme, como se lê do art. 116) a todos os litisconsortes. O que acaba se mostrando decisivo para discernir essas duas classes é a constatação de haver uma ou mais de uma situação de direito material subjacente ao processo. Quando a situação for uma só, embora relativa a diversos sujeitos (vários contratantes de um mesmo contrato em relação a um só contratado, por exemplo), a hipótese será de litisconsórcio *unitário*. Quando cada litisconsorte for sujeito de sua própria situação de direito material (e, para ilustrar, basta alterar o exemplo anterior para a hipótese de vários contratantes pretenderem discutir seu próprio contrato em face do mesmo contratado em um mesmo processo), a hipótese será de litisconsórcio *simples*.

Há, ainda, um critério classificatório menos comum na doutrina tradicional mas não menos importante e atual, inclusive no âmbito do CPC de 2015. Trata-se de levar em conta as possíveis combinações entre as cumulações de pedidos e a formação do litisconsórcio. Nesse viés, o litisconsórcio pode ser *sucessivo*, *alternativo* ou *eventual*, consoante a cumulação de pedidos relacione-se com cada uma daquelas classes (v. n. 2.4 do Capítulo 8).

É possível (e frequentíssimo) que esses diversos critérios classificatórios combinem-se entre si, ensejando, por exemplo, litisconsórcios ativos, iniciais, facultativos, simples e sucessivos ou litisconsórcios passivos, ulteriores, necessários, unitários e eventuais.

É mais corriqueiro, de qualquer sorte, que o litisconsórcio *necessário* seja também *unitário* e que o litisconsórcio *facultativo* seja também *simples* justamente pela unidade da relação de direito material no primeiro caso e a pluralidade no segundo. Embora excepcionalmente, contudo, há casos em que o litisconsórcio *necessário* será *simples* (como se dá, por exemplo, na "ação popular", na "ação de improbidade administrativa" ou quando o pedido de tutela jurisdicional for de usucapião) e em que o litisconsórcio *facultativo* será *unitário*, que é o que ocorre sempre que houver a possibilidade de atuação de um legitimado extraordinário ou substituto processual em juízo ao lado do substituído.

O art. 115 combina dois critérios classificatórios, o relativo à obrigatoriedade do litisconsórcio (facultativo ou necessário) e o relativo ao resultado do processo (simples ou unitário), tendo presente, para mitigá-la, a regra constante da segunda parte do art. 114 de que, nos casos de litisconsórcio *necessário*, a eficácia da sentença depende da citação de todos os que devam ser litisconsortes.

Se, a despeito da obrigatoriedade, todos os litisconsortes *necessários* não tiverem integrado o processo (no sentido de não terem sido citados), a decisão de mérito será *nula* quando o litisconsórcio for também *unitário* (art. 115, I). A decisão de mérito será, contudo, *ineficaz* com relação aos litisconsortes não citados quando se tratar de litisconsórcio necessário e *simples* (art. 115, II).

Para obviar tais situações, o parágrafo único dispõe que, "Nos casos de litisconsórcio passivo necessário, o juiz determinará ao autor que requeira a citação de todos que devam ser litisconsortes, dentro do prazo que assinar, sob pena de extinção do processo". A intervenção litisconsorcial, em tais casos, é exemplo seguro de litisconsórcio *ulterior*, isto é, formado ao longo do processo.

E o que dizer acerca do litisconsórcio *ativo* necessário? O CPC de 2015 não se refere a ele de maneira expressa, embora não seja errado entender aplicável à hipótese o regime do próprio art. 115. É que "citação" não é, coerentemente com o que se lê do *caput* do art. 238, apenas convocação do *réu* ou do *executado*, mas também do *interessado* "para integrar a relação processual" (isto é, o *processo*). É irrecusável que o litisconsorte faltante, mesmo quando no polo *ativo,* mereça ser tratado como *interessado* para aquela finalidade.

Seria, contudo, constitucional a figura? Alguém pode ser *obrigado* a litigar? Supondo que alguma relação de direito material imponha o litígio conjunto, as respostas devem ser no sentido de que não há qualquer agressão ao "modelo constitucional" justamente porque não se trata de obrigar alguém a litigar. Menos que isso, é bastante dar ciência ao "interessado" para que, querendo, atue no processo.

O CPC de 2015 também não se refere expressamente à intervenção litisconsorcial. Não no sentido do parágrafo único do art. 115 (por vezes denominada, não sem impropriedade na perspectiva do direito processual civil italiano, pela doutrina brasileira de *iussu iudicis*), que trata do litisconsórcio necessário, mas na perspectiva do litisconsórcio *facultativo*. A figura não deve ser descartada aprioristicamente, cabendo ao magistrado, diante das peculiaridades do caso concreto, admiti-la ou não. Não se trata – é esta a crítica usual – de viabilizar ao litisconsorte "escolher" o órgão jurisdicional perante o qual litigará. Trata-se, mais do que isso, de concretizar outros princípios processuais, inclusive o da isonomia e o da eficiência em um mesmo processo.

Tanto assim que o inciso II do art. 286, embora timidamente refira-se ao assunto, mesmo que para fim diverso, determine a distribuição por dependência da petição inicial ao juízo prevento.

O § 2º do art. 339 também merece ser compreendido no contexto do litisconsórcio facultativo e *ulterior* ao tratar da hipótese de o autor, diante da alegação de ilegitimidade passiva arguida pelo réu em preliminar de contestação (art. 337, IX), pretender, no prazo de quinze dias, prosseguir com o processo em face do réu *e também* em face do terceiro (que o deixará de ser, para se tornar parte) indicado por ele.

No mesmo contexto, cabe lembrar do § 3º do art. 343, que admite que a reconvenção seja dirigida ao autor e ao terceiro, formando-se um litisconsórcio ulterior *passivo* no processo entre eles, como no § 4º do mesmo dispositivo, que admite que ela, a reconvenção, seja formulada pelo réu em litisconsórcio (ulterior e ativo) com terceiro.

Fora do CPC de 2015, o destaque vai para o § 2º do art. 10 da Lei n. 12.016/2009, que *nega* generalizadamente a intervenção após a concessão de liminar em mandado de segurança.

3.1 Regime do litisconsórcio

Sobre o regime jurídico aplicável aos litisconsortes, cabe dar destaque aos arts. 117 e 118 do CPC de 2015.

O art. 117 consagra o que a doutrina usualmente chama de "princípio da autonomia dos litisconsortes": "Os litisconsortes serão considerados, em suas relações com a parte adversa, como litigantes distintos".

A ressalva feita pelo dispositivo quando se tratar de litisconsórcio *unitário* – "exceto no litisconsórcio unitário, caso em que os atos e as omissões de um não prejudicarão os outros, mas os poderão beneficiar" – é coerente com o que sempre foi sustentado para aquela espécie litisconsorcial. Nesse caso, justamente pela unidade da relação de direito material subjacente ao processo, não há como conceber dualidade de resultados para os diversos litisconsortes individualmente considerados. A regra, contudo, limita-se a mitigar os impactos *processuais* dos atos e das omissões dos litisconsortes: eles só podem beneficiar, não prejudicar os demais. No plano *material*, é correto o entendimento de que os atos e as omissões tendem a surtir seus efeitos plenos, inclusive, se for o caso, os eventualmente prejudiciais. Tanto assim que os atos e as omissões de um litisconsorte podem *beneficiar* os demais, não prejudicá-los, o que não deixa de ganhar ainda maior relevo, ainda que em perspectiva diversa, diante da opção feita pelo CPC de 2015 sobre a *coisa julgada não* poder *prejudicar terceiros*, como se verifica do art. 506. Se, por qualquer razão, os litisconsortes concordarem com eventuais atos dispositivos praticados por um deles, é irrecusável que seus efeitos, mesmo os prejudiciais, podem alcançar o processo. O entendimento, de qualquer sorte, vai além da previsão literal do art. 117, cuja incidência pressupõe a falta de concordância entre os litisconsortes a justificar a vedação nele imposta.

A regra do art. 117 é harmônica com outras dispersas no CPC de 2015: a do inciso I do art. 345, que afasta a presunção de veracidade dos fatos alegados pelo autor quando pelo menos um dos litisconsortes apresentar contestação; a do *caput* do art. 391, segundo a qual a confissão judicial faz prova contra o confitente mas não prejudica os litisconsortes (trata-se de ato *dispositivo* de direito) e, por fim, a do art. 1.005, pelo qual o recurso interposto por um dos litisconsortes a todos aproveita, salvo se distintos ou opostos os seus interesses sendo que se se tratar de solidariedade passiva o recurso interposto por um dos devedores aproveitará aos outros se as defesas opostas ao credor lhes forem comuns.

Em qualquer caso, contudo, cada litisconsorte – e isto é pertinente para todas as suas espécies – tem o direito de promover o andamento do processo, devendo todos ser intimados dos respectivos atos (art. 118). O *prazo* para qualquer manifestação dos litisconsortes, em qualquer grau de jurisdição, é *dobrado* quando representados por procuradores diversos e, tratando-se de advogados privados, pertencentes a escritórios de advocacia diversos. Isso independentemente de prévio deferimento judicial (art. 229, *caput*).

Cessa a fluência dobrada dos prazos quando, havendo dois réus, somente um apresentar defesa (art. 229, § 1º). A melhor interpretação para a regra é a de que, se o réu que não apresentou defesa manifestar-se ao longo do processo com relação aos atos ulteriores, o prazo passará a ser dobrado. E se o réu apresentou defesa a destempo? Incide o § 1º do art. 229? Parece adequado entender que sim porque se trata de ato *comissivo* a justificar os prazos dobrados, inclusive no que diz respeito a eventuais questionamentos das consequências da intempestividade tal qual reconhecida.

O § 2º do art. 229, querendo eliminar fundada dúvida surgida ainda no CPC de 1973, exclui expressamente a incidência dos prazos dobrados quando se tratar de processo eletrônico.

Há, além das já mencionadas ao longo deste número, diversas outras regras dispersas pelo CPC de 2015 sobre o regime dos litisconsortes. É o caso de indicá-las.

Com relação às verbas de sucumbência, o § 1º do art. 87 estabelece a necessidade de distribuição expressa e proporcional da responsabilidade pelo pagamento das despesas processuais e pelos honorários advocatícios entre os litisconsortes.

O § 6º do art. 99 dispõe que o direito à gratuidade da justiça é pessoal, não se estendendo a litisconsorte, a não ser que haja requerimento e deferimento expressos, o que pressupõe que a situação do próprio litisconsorte justifique a concessão nos termos e para os fins do art. 98 e respectivo § 1º.

O § 6º do art. 334, cuidando das hipóteses em que não será realizada a audiência de conciliação ou de mediação, estabelece que o desinteresse na realização da audiência deve ser manifestado por todos os litisconsortes. Pergunta pertinente é a de se saber se a regra alcança indistintamente as hipóteses de litisconsórcio *simples* e *unitário*, assunto ao qual me volto no n. 4.1 do Capítulo 8.

O § 1º do art. 335 complementa a regra anterior estabelecendo que o termo inicial do prazo para a resposta correrá *individualmente* para cada litisconsorte, contando-o da data de apresentação do respectivo pedido de cancelamento de audiência. Se a hipótese for de desistência do pedido em relação a algum litisconsorte ainda não citado nos casos em que não se admite autocomposição, o prazo para resposta terá início com a intimação da decisão homologatória da desistência (art. 335, § 2º).

Por fim, de acordo com o § 1º do art. 364, a existência de litisconsorte na audiência de instrução e julgamento ampliará para trinta minutos o prazo para suas alegações finais, a serem divididos entre todos os litisconsortes em partes iguais, a não ser que convencionem diversamente. A especificidade da regra afasta a incidência do art. 229, inclusive no que diz respeito a processo eletrônico e ainda que a audiência seja realizada por meios de comunicação eletrônicos, já que seu objetivo é viabilizar tempo mais dilargado para que os litisconsortes analisem o caso de seu próprio ponto de vista.

4. INTERVENÇÃO DE TERCEIROS

O Título III do Livro III da Parte Geral do CPC de 2015 reúne cinco institutos sob o rótulo "intervenção de terceiros", bastante diversos entre si, já que em duas dessas situações o terceiro interveniente continuará a sê-lo para todos os fins do processo (assistência e *amicus curiae*), enquanto nas demais, o terceiro passará a ser *parte* (denunciação da lide, chamamento ao processo e desconsideração da personalidade jurídica).

As razões pelas quais terceiros – sempre entendidos aqueles que não são partes porque não formularam ou em seu desfavor não foi formulado pedido de tutela jurisdicional – podem ou devem intervir no processo são multifacetadas. Elas se relacionam com os *efeitos* das decisões judiciais, que afetam indistintamente as partes e os terceiros e, tendo presente o próprio CPC de 2015, até mesmo a possibilidade de atingimento do terceiro pela chamada *coisa julgada material*, ainda que para seu benefício (art. 506). É justamente a intensidade desses efeitos que justifica a intervenção de terceiros nas mais variadas formas. Quanto mais intenso o grau de influência da decisão sobre a relação material da qual faz parte o terceiro, maior a importância da sua participação (tornando-se, consoante o caso, até mesmo *parte*) e, consequentemente, também maior o plexo de atividades que poderá desenvolver ao longo do processo. A recíproca é verdadeira: quando se tratar de atingimento meramente reflexo ou indireto dos efeitos das decisões judiciais (e, nessa hipótese, nem sequer é cogitável o problema da coisa julgada), mais tênue é a possibilidade de intervenção e também mais modestas as possibilidades de atuação do terceiro interveniente. É correto identificar, doutrinariamente, uma classe de terceiros que, por não serem afetados sequer reflexa ou indiretamente pelas decisões proferidas nos processos alheios, não tem razão nenhuma para intervir. São os terceiros juridicamente desinteressados. Não é a eles que os arts. 119 a 138 voltam sua atenção.

Assim, é pertinente entender que a intervenção de terceiros pressupõe conflito ou confronto de relações jurídicas entre aqueles que são partes e aqueles que, como terceiros, poderão ou deverão intervir. A depender das especificidades de cada situação, analisada sempre na perspectiva do direito material, variam as modalidades interventivas.

Também as intervenções de terceiro são técnicas que querem implementar concretamente o disposto no art. 5º, LXXVIII, da CF e o princípio da eficiência processual nele constante e codificado no art. 4º. Também aqui é correta a noção de que um mesmo processo pode ter o condão de resolver situações de fato mais complexas que a originalmente exposta na petição inicial (ou na contestação ou na reconvenção), envolvendo um maior número de sujeitos, como forma de otimizar a prestação jurisdicional, fomentar a segurança e a previsibilidade jurídicas, além da isonomia e a coerência das decisões.

À guisa de introdução do tema, cabe evidenciar que as decisões interlocutórias que versem sobre a admissão e a inadmissão de intervenção de terceiros estão sujeitas a agravo de instrumento (art. 1.015, IX), o que significa dizer que o prejudicado pela decisão (inclusive o terceiro, se for o caso) pode pleitear, junto ao Tribunal competente, seu *imediato* reexame. Há, uma pena, exceção expressa no *caput* do art. 138 quanto ao *amicus curiae*, que analiso (e critico) no n. 4.5, *infra*.

Por fim, acrescento que as modalidades de intervenção de terceiro catalogadas como tais pelo Título III do Livro III da Parte Geral do CPC de 2015 não são excludentes de outras que se encontram dispersas por todo o Código (e pela legislação processual civil extravagante). É o que se dá com a alegação da ilegitimidade passiva pelo réu (arts. 337, IX, 338 e 339); com a reconvenção que, na sua atual roupagem, admite a intervenção de terceiros em relação à demanda originária (art. 343, §§ 3º e 4º); com a exibição de documento ou coisa formulada em face de terceiro (art. 401); com a viabilidade de a autocomposição judicial envolver terceiro (art. 515, II e § 2º); com a oposição (arts. 682 a 686); com os embargos de terceiro (arts. 674 a 681); com o recurso de terceiro prejudicado (art. 996, parágrafo único); com a ação rescisória proposta por terceiro em relação ao processo originário (art. 967, II) e, até mesmo, com as diversas situações em que terceiros deverão, poderão intervir ou intervirão na fase de cumprimento de sentença e/ou no processo de execução. É o que se verifica, por exemplo, na necessidade de intimação de determinadas pessoas ou determinados credores a depender dos bens a serem penhorados (art. 799, que recebeu o acréscimo dos incisos X e XI por força da Lei n. 13.465/2017), no rol de legitimados para a adjudicação (art. 876, § 5º) ou para a arrematação (art. 890).

Para manter a coerência da proposta metodológica anunciada desde o início, este *Manual* ocupa-se com aquelas figuras em seus devidos contextos normativos. Que o prezado leitor tenha presente, de qualquer sorte, que o substrato jurídico do que aqui escrevo é pertinente ao que, alhures, exponho a respeito delas.

4.1 Assistência

O Capítulo I, que abre o Título III do Livro III da Parte Geral do CPC de 2015 é dedicado à *assistência*. Trata-se de modalidade interventiva de terceiro pela qual um terceiro (*assistente*) atua em prol de uma das partes (*assistido*) para se beneficiar direta ou indiretamente da decisão a ser proferida no processo.

O CPC de 2015 preserva a dicotomia já conhecida pelo CPC de 1973 da assistência *simples* e da assistência *litisconsorcial*. Inova quando reserva para cada uma delas, uma seção específica, precedidas, ambas, de outra, dedicada às disposições comuns.

Prevalece correta a compreensão, de qualquer sorte, de que a intervenção do assistente (simples ou litisconsorcial) não o torna parte do processo. É que ele não formula e nem em face dele é formulado pedido de tutela jurisdicional.

O art. 119 trata do pressuposto fático que autoriza a intervenção do terceiro como assistente (simples ou litisconsorcial). Trata-se de previsão genérica, a mais genérica entre todas as modalidades de intervenção de terceiro, porque, diferentemente das demais, não se preocupa em peculiarizar nenhuma situação de direito material para justificar a intervenção. O ingresso do assistente dá-se desde que o assistente seja "*juridicamente interessado* em que a sentença seja favorável" a uma das partes do processo (o assistido).

O parágrafo único do art. 119 admite a assistência em qualquer procedimento (comum e os especiais) e em todos os graus de jurisdição. A previsão tem que ser compreendida no sentido de que o assistente desenvolve, ao lado do assistido, atividade *cognitiva* em busca de uma *decisão* (não apenas "sentença") favorável a este (e também, com maior ou menor intensidade, a si próprio). Destarte, não faz sentido admitir sua intervenção na etapa de cumprimento de sentença ou na execução fundada em título executivo extrajudicial, a não ser no que diz respeito a eventuais episódios cognitivos como, por exemplo, a impugnação (art. 525, § 1º) ou os embargos à execução (art. 914).

O referido parágrafo único ressalva, ainda, que o assistente recebe o processo "no estado em que se encontre", o que significa dizer que a intervenção do assistente não reabrirá oportunidades, atos, ou fases do processo que já tenham sido ultrapassados ou consumados.

O pedido de intervenção deve ser submetido ao contraditório. Ouvidas as partes (aquele a quem o interveniente quer assistir, o assistido, e a parte oposta), o magistrado o deferirá ou não, consoante verifique a presença do interesse jurídico e que se trata de intervenção justificável diante de atividade cognitiva a ser desenvolvida no âmbito do processo. O incidente não suspende o processo (art. 120, *caput* e parágrafo único).

4.1.1 Assistência simples e assistência litisconsorcial

A distinção entre a "assistência *simples*" (Seção II, arts. 121 e 122) e a "assistência *litisconsorcial*" (Seção III, art. 124) deriva do plano material, reverberando no plano processual. As relações de direito material que justificam uma e outra modalidade são diversas entre si, a dar ensejo àquelas duas classes da assistência.

A posição de direito material, que autoriza a intervenção do assistente simples, é diversa daquela que está exposta em juízo, entre o assistido e seu adversário. Há, em verdade, *duas* relações jurídicas de direito material, embora guardem, entre si, algum ponto de contato. É, aliás, este ponto de contato que justifica o "interesse jurídico", que legitima a intervenção do assistente simples. A tutela jurisdicional a ser recebida pelo assistente simples, em tais condições, é *indireta* ou *reflexa* por depender, justamente, da relação material que já está exposta em juízo e à qual ele não integra.

É o caso, para ilustrar o afirmado, do sublocatário em relação ao pedido de despejo formulado pelo locador em face do locatário. Com a anulação do contrato de locação (o contrato principal), o contrato de sublocação (o contrato acessório) será desfeito. É inegável, destarte, o interesse jurídico indireto a ser defendido pelo assistente em tais situações. Não é por outra razão que o § 2º do art. 59 da Lei n. 8.245/1991, que trata das locações de imóveis urbanos, determina que se dê ciência ao sublocatário do despejo pretendido pelo locador. A lei extravagante, no particular, excepciona o regime codificado da assistência que a trata como intervenção *espontânea*, e não *provocada*.

Nos casos de assistência *litisconsorcial*, há uma só relação de direito material a autorizar a intervenção. O assistente participa dela e só não é autor e/ou réu por força de alguma regra de legitimação *extraordinária*, que o autoriza a não participar obrigatoriamente do processo. Seu direito, contudo, já está sendo *diretamente* discutido em juízo.

Na hipótese de o credor demandar um dos dois devedores solidários, por exemplo, o não demandado (que não é réu no processo) pode, querendo, intervir no processo para atuar ao lado do codevedor. Seu direito já está sendo discutido em juízo mas, por força da solidariedade passiva da obrigação, a legitimidade passiva satisfaz-se apenas com a participação do outro réu.

O prezado leitor poderá indagar, a esta altura da exposição: em tais condições, o assistente litisconsorcial poderia ter sido litisconsorte passivo, não é verdade? A resposta é positiva. Só que, como o litisconsórcio, em tais casos, é *facultativo* (justamente por causa da regra de legitimação extraordinária), sua presença como réu no processo *não é obrigatória* (não se trata de litisconsórcio *necessário*). Em tais condições, precisamente porque o codevedor permaneceu como *terceiro* (e não é litisconsorte), pode intervir, fazendo-o como assistente litisconsorcial. Tão forte a relação de direito material neste caso que a situação rende ensejo a *outra* modalidade de intervenção de terceiro, que depende da iniciativa do réu do processo (um dos devedores solidários), o chamamento ao processo (v. n. 4.3, *infra*).

Importa enfatizar que, em tais situações, a relação jurídica entre o assistente e o assistido é a *mesma* que existe com o adversário do assistido. No exemplo dado, é o contrato que gerou a dívida. Tanto que o art. 124, ao tratar do assistente litisconsorcial, dispõe que: "Considera-se litisconsorte da parte principal o assistente sempre que a sentença influir na relação jurídica entre ele e o adversário do assistido".

4.1.2 Atuação do assistente

O CPC de 2015 reserva três dispositivos para tratar da disciplina relativa à atuação do assistente simples. O já referido art. 124 nada dispõe sobre o papel do assistente litisconsorcial. O silêncio, contudo, não interfere na compreensão do instituto que, de resto, não recebeu do novo Código nenhuma novidade no particular.

A diversidade de situações de direito material que autoriza a distinção entre o assistente simples e o litisconsorcial interfere, é esta a verdade, na possibilidade de atuação de um e de outro.

Coerentemente com a sua relação *indireta* com a relação jurídica deduzida em juízo, o assistente simples é mero coadjuvante do assistido. Ele não tem como ir além e nem querer se equiparar ao assistido no que diz respeito à possibilidade de sua atuação processual porque, insisto, não é dele o direito deduzido em juízo.

A primeira parte do *caput* do art. 121 espelha, com exatidão, este entendimento. A parte final do dispositivo, segundo a qual o assistente "exercerá os mesmos poderes e sujeitar-se-á aos mesmos ônus processuais que o assistido", precisa ser compreendida, como regra no contexto da primeira parte, isto é, de assistente como *auxiliar*. A atuação conjunta de ambos pode, até, coincidir e, neste sentido, é possível afirmar que ambos exercem os "mesmos poderes" e sujeitam-se aos "mesmos ônus processuais": ambos requerem a produção de determinado meio de prova ou ambos recorrem, por exemplo. Quando não houver coincidência, a atuação do assistido é a preponderante, em detrimento a do assistente. Na hipótese de se tratar de disposição de direito *material* (que *não pertence* ao assistente), nada há que o assistente possa fazer, a não ser suportar as consequências, ainda que reflexas, da atuação do assistido. Tanto assim que "a assistência simples não obsta a que a parte principal reconheça a procedência do pedido, desista da ação, renuncie ao direito sobre o que se funda a ação ou transija sobre direitos controvertidos" (art. 122).

No plano do processo, contudo, o parágrafo único do art. 121 acaba prevendo duas exceções. A primeira (que encontra eco no CPC de 1973) trata da hipótese de o assistido ser revel (não ter apresentado contestação). A segunda (novidade trazida pelo CPC de 2015) pressupõe a omissão "de qualquer modo" do assistido. Em ambos os casos, o assistente atuará como *substituto processual* do assistido (o CPC de 1973, tratando da revelia, referia-se ao assistente como "gestor de negócios", figura de direito material) e, nessa qualidade, o CPC de 2015 acabou criando verdadeira ficção legislativa (a substituição processual) que permite a alguém (o assistente), em nome próprio, tutelar direito alheio (do assistido) nos casos em que, *do ponto de vista processual*, houver omissão generalizada (porque não limitada à revelia) do assistido. Assim, por exemplo, se o assistido perder o prazo para a prática de algum ato, é correto entender que o mesmo ato eventualmente praticado pelo assistente será o bastante.

Quando a omissão do assistido ou, mais amplamente, o seu ato dispositivo disser respeito ao plano de direito material, é o caso de entender que prevalece a regra do art. 122 sobre a do parágrafo único do art. 121. Assim, por exemplo, se o assistido *desiste* do recurso que interpôs, o recurso do assistente fica prejudicado.

Com relação à atuação do assistente litisconsorcial, a situação é bastante diversa. O direito material deduzido em juízo entre assistido e seu adversário é o mesmo de que é titular o assistente. É o que basta para entender que a sua atuação processual tem a mesma amplitude da do assistido e, por isso mesmo, o regime jurídico de sua atuação é a do litisconsorte *unitário* (v. n. 3.1, *supra*), o que encontra eco no art. 124.

Ao ensejo do tema, cabe ainda colacionar o art. 94, segundo o qual "se o assistido for vencido, o assistente será condenado ao pagamento das custas em proporção à atividade que houver exercido no processo".

4.1.3 Justiça da decisão (eficácia da intervenção)

O art. 123 veda ao assistente que discuta a "justiça da decisão" proferida no processo em que interveio após seu trânsito em julgado.

Por "justiça da decisão" deve ser entendida a inviabilidade de o assistente, em processo posterior, discutir os fundamentos da decisão tomada no processo em que interveio. Isto porque, é a pressuposição, é na fundamentação da decisão que a razão de ser da intervenção é apreciada. É como se a previsão do art. 123 fosse uma exceção ao disposto nos incisos I e II do art. 504 sobre os limites objetivos da coisa julgada.

A eficácia da intervenção, contudo, não incide em duas hipóteses, previstas nos dois incisos do art. 123. Na primeira, quando a intervenção do assistente tiver sido tardia e, como tal, incapaz de modificar o resultado desfavorável; na segunda, terá que comprovar o desconhecimento de alegações ou de provas não empregadas pelo assistido por dolo ou culpa, que o prejudicaram. É o que a doutrina, comumente, chama de *exceptio male gesti processus*.

Questão interessante trazida pelo CPC de 2015 é sobre se a eficácia da intervenção limita-se aos casos de assistência *simples* ou se ela também alcança o assistente *litisconsorcial*. Pertinente a indagação, porque o art. 123 está inserido na Seção relativa à assistência *simples*, diferentemente do que ocorria no CPC de 1973, em que não havia tal distinção legislativa. A maior parte da doutrina vem defendendo que se trata de fenômeno atrelado exclusivamente à assistência simples, aplaudindo o que seria mero esclarecimento do CPC de 2015. Particularmente, penso que não, porque o instituto, a despeito de sua localização, atrela-se à razão de ser da intervenção assistencial em qualquer de suas modalidades.

E a coisa julgada? Ela atinge o assistente? O melhor entendimento é o de que a coisa julgada, favorável ou desfavorável, atinge o assistente *litisconsorcial*. Isto porque em tais casos, há, por definição, hipótese de legitimação extraordinária a justificar a ocorrência da chamada coisa julgada material. Ainda que aquele que pudesse intervir como assistente litisconsorcial não o faça, ele estará sujeito à coisa julgada, precisamente em função da regra de legitimação extraordinária existente na hipótese.

Com relação ao assistente simples, o melhor entendimento sempre foi no sentido de poupá-lo da coisa julgada por ser ele terceiro, conservando este *status* mesmo após a sua intervenção no processo. O art. 506, contudo, convida à reflexão diversa. Isto por causa da *novidade* trazida naquele dispositivo de que a coisa julgada pode *beneficiar* terceiros, assim, aquela formada no processo em que contendem o assistido e o seu adversário. Não há como em tais casos, de qualquer sorte, admitir que a coisa julgada possa querer *prejudicar* o assistente simples.

4.2 Denunciação da lide

A denunciação da lide é a modalidade de intervenção de terceiros pela qual o autor e/ou o réu (denunciantes) formulam, no mesmo processo, pedido de tutela jurisdicional em face de um terceiro (denunciado), viabilizando, desde logo, o exercício de eventual direito de regresso em face dele na eventualidade de virem (autor e/ou réu) a sucumbir em juízo.

Os casos em que a denunciação da lide justifica-se estão no art. 125: (i) ao alienante imediato, no processo relativo à coisa cujo domínio foi transferido ao denunciante, a fim de que possa exercer os direitos que da evicção lhe resultam; e (ii) àquele que estiver obrigado, por lei ou pelo contrato, a indenizar, em postulação regressiva, o prejuízo de quem for vencido no processo.

Importante modificação introduzida pelo CPC de 2015 é que a denunciação da lide passou a ser *admissível*, não mais *obrigatória*, em todas as hipóteses, inclusive nos casos em que ela se fundamenta no exercício do direito decorrente da *evicção*. É o que se extrai do *caput* do art. 125. Coerentemente, o inciso II do art. 1.072 revogou expressamente o *caput* do art. 456 do CC que impunha a denunciação da lide, sob pena de o evicto (o adquirente do bem) perder seu direito correspondente.

Quando não requerida a denunciação, quando ela for indeferida ou, ainda, nos casos em que ela for vedada (como se dá, por exemplo, com o art. 88 do Código do Consumidor), o direito de regresso será exercido em demanda autônoma. É a ressalva que faz o § 1º do art. 125.

O § 2º do art. 125 trata da chamada "denunciação sucessiva", isto é, a denunciação feita pelo denunciado. O dispositivo limita-a a uma única, a ser feita pelo denunciado em face de seu antecessor imediato na cadeia dominial ou quem seja responsável por indenizá-lo. A necessidade de a denunciação dar-se apenas "ao antecessor imediato na cadeia dominial" (e isto só tem sentido nos casos de evicção) – que harmoniza-se com a já anunciada revogação do *caput* do art. 456 do CC – é um dos tantos retrocessos do CPC de 2015, que não teve sensibilidade de verificar quão sadia era a inovação, trazida pelo Código Civil de 2002, que passou a admitir a denunciação *per saltum*, isto é, a outros integrantes da cadeia dominial, quiçá – e desde logo – ao primeiro alienante a ensejar a discussão sobre a ocorrência da evicção.

A despeito destas inovações, o CPC de 2015 não resolveu a discussão que já existe e que tem tudo para continuar existindo, agora com base no inciso II do art. 125. Que a denunciação, em tais casos, justifica-se toda vez que houver alguma relação jurídica (estabelecida convencionalmente ou imposta pela lei) que *garante* um determinado proveito econômico a alguém, mesmo diante da ocorrência de dano, como ocorre, por exemplo, no contrato de seguro, não há por que duvidar. No entanto, nas hipóteses em que a denunciação da lide, como "ação regressiva" que é, mostrar-se *qualitativamente* mais complexa que a "ação principal", é o caso de admiti-la? É a situação, por exemplo, de alguém pleitear perante um hospital indenização com base em erro médico alegando a responsabilidade *objetiva* daquele estabelecimento. Poderá o hospital denunciar a lide para o médico, o que toma como base necessariamente a responsabilidade *subjetiva*? Idem nos casos em que o Estado como réu (que responde objetivamente perante o particular) pretende denunciar a lide ao funcionário público causador do dano.

À falta de solução expressa pelo CPC de 2015, é entender que, quando não houver compatibilidade entre o objeto de *conhecimento* de um e de outro pedido ou, quando menos, nos casos em que não for possível compatibilizar a instrução processual do principal com a da denunciação, por reclamar cada um deles o conhecimento de fatos diversos, e não necessariamente conciliáveis – e isto só pode ser aferido caso a caso, consoante as alegações de defesa trazidas pelo réu-denunciante –, a denunciação *deve ser indeferida*, inclusive liminarmente, por conspirar contra a sua própria razão de ser. A admissão da intervenção de quaisquer terceiros, inclusive por intermédio da denunciação da lide, tem que ter aptidão de realizar concretamente o princípio da eficiência processual. De qualquer sorte – e, no ponto, o CPC de 2015 passa a ser expresso no § 1º do art. 125 –, a inadmissão da denunciação da lide *não impede* que o interessado (que seria o denunciante) pleiteia quem de direito (que seria o denunciado) a tutela jurisdicional que entender pertinente em outro processo, no que a prática forense consagra com o nome de "ação regressiva autônoma".

O pedido de denunciação da lide poderá ser formulado pelo autor (em sua petição inicial) ou pelo réu (em sua contestação), devendo a citação do denunciado ser realizada no prazo de trinta dias (ou dois meses, quando o denunciado residir em outra comarca, seção ou subseção judiciária ou estiver em local incerto), sob pena de ser considerado ineficaz. É o que dispõe o art. 126 fazendo expressa remissão ao disposto no art. 131.

Preocupação pertinente, prezado leitor, é saber o que deve ser compreendido por "realização" da denunciação e, portanto, o que está considerado no prazo acima destacado. Trata-se de criar condições concretas para a sua realização ou da ocorrência efetiva da citação do denunciado? Os textos empregados pelos arts. 126 e 131 sugerem ser mais correta a segunda alternativa. Assim, não citado o denunciado nos prazos indicados, a denunciação fica sem efeito e o processo prosseguirá. Exceção importante reside no § 3º do art. 240, que merece aplicação também na hipótese aqui analisada. Se a demora na citação for imputável exclusivamente ao serviço judiciário – quando houver greve dos servidores, por exemplo –, não há como querer entender ineficaz a denunciação. Em casos como estes, deverá o magistrado, à luz das circunstâncias concretas, dilargar o prazo para a efetivação da citação.

Ainda a respeito do tema, destaco que o CPC de 2015, diferentemente do de 1973, nada traz sobre a suspensão do processo enquanto é citado o denunciado. A despeito do silêncio, é correto entender que o processo fica suspenso para que a citação seja realizada, sem o que não há sentido em se admitir a denunciação da lide que, em última análise, é forma de viabilizar o cúmulo objetivo em um mesmo processo. Entendimento contrário conspiraria contra o princípio da eficiência processual, que anima todas as intervenções de terceiro.

4.2.1 Posição do denunciado

Tratando de denunciação feita pelo autor, o art. 127 dispõe que "o denunciado poderá assumir a posição de litisconsorte do denunciante e acrescentar novos argumentos à petição inicial, procedendo-se em seguida à citação do réu".

O art. 128, ocupando-se com a denunciação feita pelo réu, assume a ocorrência de hipóteses mais variadas. Assim, se o denunciado contestar o pedido formulado pelo autor, o processo prosseguirá, tendo, na "ação principal" (a postulação originária), em litisconsórcio, denunciante e denunciado. Se o denunciado for revel, o denunciante pode deixar de prosseguir com sua defesa, eventualmente oferecida, e abster-se de recorrer, restringindo sua atuação à ação regressiva, isto é, à própria denunciação. Se o denunciado confessar os fatos alegados pelo autor na postulação principal, o denunciante poderá prosseguir com sua defesa ou, aderindo a tal reconhecimento, pedir apenas a procedência da denunciação. Cabe afirmar, ainda, que o art. 1.072, II, revogou expressamente o parágrafo único do art. 456, que também pretendia regular posturas processuais a serem assumidas pelo denunciado pelo réu nos casos de evicção, cujas consequências sempre foram de difícil percepção.

Interessa constatar que a referência feita no art. 127 e no inciso I do art. 128 a "litisconsorte" é idêntica à efetuada pelos arts. 74 e 75, I, do CPC de 1973. Naquele Código, não obstante, era bastante difundido, inclusive por mim, o entendimento de que o denunciado era *assistente simples* (não litisconsorte) do denunciante. Por quê? Pela inexistência de relação de direito material que justificasse o tratamento daqueles dois sujeitos do processo como litisconsortes. Como as relações eram diversas, o regime jurídico da assistência simples parecia ser o mais apropriado para compreender o fenômeno do ponto de vista processual.

Menos pelo advento do CPC de 2015 (afinal, ele preserva, no ponto, a mesma fórmula textual de seu antecessor), e mais por renovadas reflexões sobre o assunto, passei a entender ser mais correto sustentar que o denunciado é mesmo *litisconsorte* do denunciante. A inexistência de relação de direito material que queira justificar isto é suficientemente suprida pela compreensão de que a lei, no particular, forjou (e continua a forjar) situação de *legitimação extraordinária*, permitindo, destarte, que o denunciado, ao intervir no processo e nele agindo, faça-o, se quiser, ao lado do denunciante, como litisconsorte seu, tutelando direito alheio (do denunciante) em seu próprio nome (do denunciado). É o que já ensinava Moacyr Amaral Santos em seu imorredouro *Primeiras linhas de direito processual civil*.

Este entendimento acaba tornando mais facilmente compreensíveis as escolhas feitas no art. 127 e no inciso I do art. 128 quanto à amplitude da atuação do denunciado no processo, pelo *autor* ou pelo *réu*, respectivamente.

É a chave para admitir, outrossim, a regra do parágrafo único do art. 128 (este sem paralelo no CPC de 1973) ao admitir o cumprimento da sentença "também contra o denunciado, nos limites da condenação deste na ação regressiva". Sem entender que há regra de legitimação extraordinária, não é juridicamente sustentável o cumprimento direto, à falta de título executivo que alcance, ao mesmo tempo, a situação envolvendo o denunciante e seu adversário *e* este com o denunciado.

O "se for o caso" que se lê do mesmo dispositivo deve ser compreendido não só no sentido de o interessado não pretender cumprir a sentença em face do denunciado, e sempre haverá razões para isso, como, também, não ter se formado título executivo contra ele. Basta, para tanto, que o magistrado entenda, como boa parte da doutrina sempre entendeu (e, do ponto de vista textual, tem tudo para continuar a entender), que a posição do denunciado *não é* de litisconsorte, e, sim, de *assistente*. Em tal condição, não haverá título executivo formado contra o denunciado; apenas entre o autor e o réu originário (o denunciante) e entre este e o denunciado, a inviabilizar o "cumprimento *direto*". Também é a situação de o denunciado assumir a posição prevista nos incisos II e III do art. 128, que não o tratam como litisconsorte do denunciante. Não há como em tais casos, mesmo diante da regra do parágrafo único do art. 128, querer imputar ao denunciado o comportamento adotado pelo denunciante de concentrar seus esforços na "ação regressiva", isto é, na própria denunciação.

Mesmo para quem queira *generalizar* o alcance do art. 128, parágrafo único, para todos os incisos do *caput* do art. 128, a observância dos limites da responsabilização do *denunciado* é de rigor e *expressa* no parágrafo único do dispositivo. Destarte, importa ter presente na hipótese de o autor pretender cumprir a sentença em face do denunciado exatamente o que é devido por ele, o que pode *não coincidir* com aquilo que é devido pelo denunciante em face de seu adversário. A Súmula 537 do STJ, editada durante a *vacatio legis* do CPC de 2015, autoriza esta ressalva, ao enunciar que "Em ação de reparação de danos, a seguradora denunciada, se aceitar a denunciação ou contestar o pedido do autor, pode ser condenada, direta e solidariamente junto com o segurado, ao pagamento da indenização devida à vítima, nos limites contratados na apólice".

Sem prejuízo dessas considerações, destaco que os incisos I e II do art. 128 – e aqui, afastando-se do que dispunham os incisos I e II do art. 75 do CPC de 1973 – não regulam, ao menos expressamente, a hipótese de o denunciado recusar a denunciação. O silêncio do CPC de 2015 a respeito, contudo, não pode ser entendido no sentido de ser vedado ao denunciado assumir aquela posição. Ela decorre, antes de tudo, do princípio constitucional da ampla defesa e permeia, associado ao princípio constitucional da eficiência processual, o sistema do próprio Código. É o "princípio da concentração da defesa" constante do art. 336.

A consequência a ser assumida em eventual questionamento da denunciação da lide pelo denunciado é que a sua compreensão como *litisconsorte* do denunciante deve ser afastada, ao menos aprioristicamente. Aquela posição processual somente poderá ser considerada se, a despeito da irresignação, a denunciação for, a final, aceita pelo magistrado. Na hipótese oposta, de rejeição da denunciação, não há como sustentar o litisconsórcio e, mais do que ele, a ocorrência de legitimação extraordinária, apta a justificar, na hipótese de a demanda principal ser julgada em desfavor do denunciante, o cumprimento direto contra o denunciado nos termos do parágrafo único do art. 128.

Se o denunciado, contudo, alegar o descabimento da denunciação e, indo além justamente por força do referido "princípio da concentração da defesa", voltar-se *também* à demanda originária, é irrecusável a incidência, com os cuidados já mencionados, também do parágrafo único do dispositivo.

Outro questionamento sobre a aplicação do parágrafo único do art. 128 reside em saber se a viabilidade da "condenação direta" nele prevista alcança também as hipóteses em que a denunciação da lide é feita pelo *autor*. A despeito da textualidade da regra e de sua localização, não há como, só por isso, recusar sua incidência para aqueles casos. Importa, contudo – e é este o ponto distintivo – que o denunciado assuma a posição de *litisconsorte* do denunciante, o que encontra respaldo no art. 127. Em tal situação, é correto sustentar, sempre com as ressalvas evidenciadas acima sobre o que consta ou não do título executivo, que o denunciado poderá responder diretamente ao adversário do denunciante para pagar a ele as verbas de sucumbência, inclusive honorários advocatícios, derivadas da *improcedência* do pedido formulado pelo autor (denunciante) em face do réu.

4.2.2 Julgamento da denunciação e verbas de sucumbência

A denunciação da lide é verdadeiro caso de cumulação eventual de pedidos. O pedido de regresso formulado em face do denunciado pelo denunciante que ela, a denunciação, representa (e que o CPC de 2015 chama de "ação regressiva") só será apreciado (e julgado) se for necessário, na *eventualidade* de o pedido formulado pelo denunciante em face do réu originário ser rejeitado ou se acolhido o pedido formulado em seu detrimento pelo autor.

É nesse sentido que devem ser compreendidos o *caput* do art. 129 e a primeira parte de seu parágrafo único, segundo os quais: "Se o denunciante for vencido na ação principal, o juiz passará ao julgamento da denunciação da lide" e "Se o denunciante for vencedor, a ação de denunciação não terá o seu pedido examinado", respectivamente. O *interesse processual* na denunciação só se concretiza quando (e se) o denunciante for vencido na demanda originária, seja como autor ou como réu. Caso contrário, a denunciação da lide fica *prejudicada* e, como tal, deve ser extinta com fundamento no art. 485, VI.

Em ambos os casos, põe-se o problema de fixação das verbas de sucumbência. Na primeira hipótese, de a denunciação da lide subsistir, incide a regra extraída do § 2º do art. 82 e do *caput* do art. 85: é o vencido o responsável pelo pagamento das despesas e dos honorários advocatícios. No segundo, de a denunciação da lide ficar prejudicada, é pertinente a lembrança do § 10 do mesmo art. 85, ao menos com relação aos honorários advocatícios. Como quem deu *causa* à denunciação foi o denunciante, é ele que deve suportar aquele custo. Máxime porque, cabe lembrar, no CPC de 2015, a obrigatoriedade da denunciação da lide deixou de existir em qualquer uma das suas hipóteses. É essa a razão de ser da parte final do parágrafo único do art. 129.

4.3 Chamamento ao processo

O chamamento ao processo é a intervenção de terceiros pela qual o réu (chamante) convoca terceiro (chamado), que passará a ser litisconsorte passivo, com o objetivo de ser responsabilizado conjunta e imediatamente em face do autor.

O CPC de 2015 não inovou em relação ao assunto. Uma pena, prezado leitor, porque, no transcorrer dos trabalhos legislativos, o Projeto do Senado chegou a ampliar as hipóteses de cabimento, generalizando-as para quaisquer situações de corresponsabilidade, o que daria maior rendimento à figura – para albergar situações como a da responsabilidade dos pais por atos de seus filhos nos termos do inciso I do art. 932 ou dos parentes pelos alimentos na forma do art. 1.698 do CC –, que acabou ficando confinada a específicas hipóteses de direito material.

Sim porque, de acordo com o art. 130, o chamamento ao processo somente é admitido nos casos de fiança e de solidariedade passiva.

No primeiro caso, o réu que, no plano material, é fiador pode chamar ao processo o *afiançado*, isto é, o devedor principal (art. 130, I). Também é cabível o chamamento ao processo dos demais fiadores quando apenas um ou alguns forem réus (art. 130, II).

No segundo, qualquer um dos devedores solidários que seja réu pode chamar os demais (art. 130, III).

É inegável o caráter facultativo do chamamento ao processo em suas três hipóteses. Assim, se o réu, a despeito de estar diante de uma das hipóteses do art. 130, não chamar o codevedor ao processo, poderá, oportunamente, demandá-lo. De outra parte, nada há que impeça que o devedor intervenha espontaneamente, quando assumirá a posição de assistente litisconsorcial.

O chamamento ao processo é requerido pelo réu em contestação e a citação dos chamados "deve ser promovida no prazo de 30 (trinta) dias, sob pena de ficar sem efeito o chamamento" (art. 131, *caput*), a não ser que o chamado resida "... em outra comarca, seção ou subseção judiciárias, ou em lugar incerto", quando o prazo será de dois meses (art. 131, parágrafo único).

Tem cabimento, aqui, a mesma observação do n. 4.2, *supra*: o prazo de trinta dias (ou de dois meses, consoante o caso) deve ser entendido como o *limite* para a efetiva ocorrência da citação dos chamados, ressalvando-se, apenas, a ocorrência de demora imputável exclusivamente ao serviço judiciário (art. 240, § 3º).

Outrossim, é correto entender, tanto quanto no caso de denunciação da lide, que, a despeito do silêncio do CPC de 2015, o processo fica suspenso enquanto são citados os chamados.

4.3.1 Sentença de procedência

A sentença que acolher o pedido do autor criará título executivo em face de todos os chamados.

É o que decorre não só do art. 132, mas também, senão principalmente, do art. 131 que, inovando em relação ao CPC de 1973, passou a se referir expressamente ao litisconsórcio passivo a ser formado, por causa do chamamento, entre o réu originário (chamante) e os terceiros (chamados).

Em tais condições, fica superada interessante, embora minoritária, corrente doutrinária formada sob a égide daquele Código, que não admitia o cumprimento direto em face dos chamados, mas, apenas, do réu originário (chamante) que, pagando a dívida, poderia cobrar o que entendesse devido dos chamados no mesmo processo, em verdadeira "ação de regresso", similar à denunciação da lide.

Assim, o autor poderá cumprir a sentença diante de qualquer um dos réus (o originário e/ou os chamados) ou em face de todos. Aquele que pagar (ou perante o qual o cumprimento de sentença for frutífero) poderá, no mesmo processo, cobrar o que entender de direito dos demais.

4.4 Incidente de desconsideração da personalidade jurídica

O incidente de desconsideração da personalidade jurídica é novidade trazida pelo CPC de 2015. Não que ao resultado por ele objetivado não fosse possível chegar anteriormente, porque, em última análise, a questão sempre se resumiu à devida aplicação dos princípios constitucionais do contraditório e da ampla defesa no plano do processo. Com a expressa disciplina dada pelos arts. 133 a 137 ao assunto, contudo, é irrecusável a percepção de que a sua observância é de rigor.

O instituto tem como objetivo viabilizar o que a prática forense consagrou com o nome de "redirecionamento da execução", ou, de forma mais precisa, criar condições para que, ao longo do processo (de forma *incidental*, portanto, daí o nome "incidente"), sejam apuradas as razões pelas quais o direito material autoriza a responsabilização de pessoas naturais por atos praticados por pessoas jurídicas, sujeitando, assim, os bens do sócio aos atos executivos, na forma do inciso VII do art. 790. De acordo com o § 4º do art. 795, "para a desconsideração da personalidade jurídica é obrigatória a observância do incidente previsto neste Código".

O CPC de 2015 vai além e admite também o emprego do mesmo incidente para a hipótese de querer responsabilizar pessoa jurídica por atos praticados pelas pessoas naturais que a controlam ou comandam. É o sentido da previsão do § 2º do art. 133, ao se referir à "desconsideração inversa da personalidade jurídica", admitindo, portanto, que pessoa jurídica seja responsabilizada por atos praticados por pessoas naturais de seus quadros sociais.

A pedido da parte ou, sendo o caso de sua atuação, inclusive como fiscal da ordem jurídica, do Ministério Público, será *citado* o sócio ou a pessoa jurídica para que, no prazo de quinze dias, manifeste-se e, se quiser, requeira produção de provas (art. 135) sobre o pedido de desconsideração da personalidade jurídica, que deve ser fundamentado nas hipóteses previstas na lei material (art. 133, § 1º, e art. 134, § 4º), como, por exemplo, na regra genérica do art. 50 do CC (com as importantes modificações implementadas pela Lei n. 13.874/2019, a chamada "Declaração de Direitos de Liberdade Econômica"), no art. 28 do Código do Consumidor, no art. 4º da Lei n. 9.605/1998 em relação ao ressarcimento por danos ao meio ambiente, no art. 34 da Lei n. 12.529/2011 quanto às infrações à ordem econômica ou, ainda, no art. 14 da Lei n. 12.846/2013 em relação à prática de atos ilícitos. Até mesmo a ocorrência de hipóteses como a do art. 2º, § 2º, da CLT ou a dos arts. 134 e 135 do CTN merece ser constatada pelo incidente aqui analisado.

O que o CPC de 2015 exige, destarte, é que as razões de direito material que justificam a responsabilização do sócio pela pessoa jurídica (e vice-versa, no caso da "desconsideração *inversa*") sejam apuradas (e decididas) em amplo e *prévio* contraditório. Típico caso de transporte escorreito das realidades materiais para dentro do processo.

A *citação* exigida pelo art. 135 justifica-se porque, até aquele instante, o sócio ou a pessoa jurídica em caso de desconsideração inversa é *terceiro* em relação ao processo. Se o *tempo* necessário para a concretização da citação puder, de alguma forma, comprometer a efetividade do direito material pelo processo, é viável, sistematicamente, a concessão de tutela provisória fundamentada em *urgência* (art. 300) que signifique, por exemplo, a indisponibilidade de bens do citando – inclusive por meio eletrônico (art. 854) – com vistas à satisfação futura do direito a ser reconhecido naquele incidente.

Aceito o pedido, deferida eventual tutela provisória, e determinada a citação do sócio ou da pessoa jurídica, consoante o caso, o distribuidor deve ser comunicado para que sejam feitas as anotações devidas (art. 134, § 1º). O terceiro passa a ser *parte* do processo. Também haverá, neste caso, suspensão do processo (art. 134, § 3º), razão a mais para, se for o caso, justificar a concessão de tutela provisória fundamentada na *urgência*. A suspensão a que se refere o precitado § 3º do art. 134 não se aplica quando a desconsideração é pedida já com a petição inicial (art. 134, § 2º) e não afeta a prática dos atos relativos à instauração do incidente, tampouco a prática de atos derivados de eventual concessão de tutela provisória (art. 314).

Analisada a manifestação dos citados e produzidas eventuais provas, sempre com observância do contraditório, o magistrado decidirá pela desconsideração ou não, tal qual requerida. Proferirá decisão nesse sentido. Tratando-se de desconsideração incidental, a decisão é *interlocutória* (por força do disposto no § 2º do art. 203) e é agravável de instrumento (art. 1.015, IV), se o incidente transcorrer na primeira instância. Será decisão monocrática (e igualmente interlocutória), proferida pelo(a) relator(a), se o incidente instaurar-se perante o Tribunal (art. 932, VI). Nesta hipótese, o recurso cabível é o agravo interno do art. 1.021. A distinção é expressamente prevista pelo art. 136. Nada há que impeça, de qualquer sorte, que o pedido seja julgado pela sentença quando, por exemplo, for ele formulado com a petição inicial ou, ainda, quando apresentado ainda na fase de conhecimento antes da análise do mérito pelo magistrado. Em tais hipóteses, o recurso cabível, diante do *caput* do art. 1.009, será a apelação.

Desconsiderada a personalidade jurídica, passa a ser legítimo que os atos constritivos alcancem o patrimônio do sócio. Não é outra a razão de ser do precitado *caput* do art. 795, segundo o qual "os bens particulares dos sócios não respondem pelas dívidas da sociedade, senão nos casos previstos em lei", máxime quando interpretado ao lado do também já indicado seu § 4º: "Para a desconsideração da personalidade jurídica é obrigatória a observância do incidente previsto neste Código". Tratando-se de desconsideração inversa, os bens da pessoa jurídica responderão pelas dívidas do sócio, legitimando-se, consequentemente, atos constritivos praticados em seu desfavor. Coerentemente com essa sistemática, o inciso III do § 2º do art. 674 reconhece legitimidade ativa para apresentação de embargos de terceiro por "quem sofre constrição judicial de seus bens por força de desconsideração da personalidade jurídica, de cujo incidente não fez parte" (v. n. 8 do Capítulo 14).

O art. 137, neste contexto, aponta uma das consequências do acolhimento do pedido, a de reconhecer a *ineficácia* da alienação ou da oneração de bens em relação àquele que formulou o pedido. Trata-se, pois, de um caso de fraude à execução (art. 792, V). Coerentemente – e de maneira enérgica, não nego –, a fraude verifica-se a partir da citação da parte cuja personalidade foi desconsiderada (art. 792, § 3º).

Nos casos em que a própria petição inicial indicar os motivos (causa de pedir) para corresponsabilizar sócios (ou, no caso da desconsideração inversa, buscar, desde logo, a responsabilização da própria pessoa jurídica), é desnecessário o incidente. É o que dispõe o já mencionado § 2º do art. 134 (em rigor, desnecessário, tanto quanto à previsão de que, naquele caso, o processo *não* se suspende). A justificativa é a de que, em tais casos, a hipótese é de *litisconsórcio*, ainda que *sucessivo*, *alternativo* ou *eventual*. Não há, em tais casos, *terceiros*, e sim *réus* a serem citados desde logo, porque o pedido já é formulado em face dele, ainda que em caráter *sucessivo*, *alternativo* ou *eventual*. Nada, portanto, que as diversas facetas do litisconsórcio não resolvam suficientemente.

Por sua vez, o art. 134 dispõe que o incidente de desconsideração é cabível em todas as fases do processo de conhecimento, no cumprimento de sentença e na execução fundada em título executivo extrajudicial. A disciplina alcança também os Juizados Especiais, como estabelece o art. 1.062.

O prezado leitor pode se perguntar se a desconsideração ocorrida em um dado processo pode afetar outro, ainda que entre as mesmas partes. A resposta positiva pressupõe que em ambos os processos não só as partes, mas também o pedido e a causa de pedir (da desconsideração), sejam idênticos. Só assim é que haverá a "tríplice identidade", a autorizar a incidência da chamada coisa julgada material. Não há, portanto, como entender que a desconsideração da personalidade jurídica alcance outros processos generalizada ou automaticamente. Até porque o objeto do incidente aqui examinado é o reconhecimento da *ineficácia* da alienação ou da oneração de bens (art. 137), e não, como se poderia supor para alcançar conclusão diversa, de *desconstituição* da personalidade jurídica.

4.5 Amicus curiae

Seguindo os passos da Comissão de Juristas, que propôs a figura em seu Anteprojeto, e os Projetos do Senado e da Câmara, o CPC de 2015 acabou por disciplinar expressamente a intervenção do *amicus curiae* como modalidade diferenciada de intervenção de terceiros.

Trata-se da possibilidade de terceiro intervir no processo por iniciativa própria, por provocação de uma das partes ou, até mesmo, por determinação do magistrado com vistas a fornecer elementos que permitam o proferimento de uma decisão que leve em consideração interesses dispersos na sociedade civil e no próprio Estado. Interesses que, de alguma forma, serão afetados pelo que vier a ser decidido no processo em que se dá a intervenção. Neste sentido, é correto entender o *amicus curiae* como verdadeiro "representante" destes interesses que, não fosse pela sua intervenção, acabariam sendo desconsiderados pela decisão.

Em um Código que aceita a força criativa da interpretação judicial (arts. 8º e 140) e o caráter normativo dos precedentes, tratando uma série de decisões como verdadeiros "indexadores jurisprudenciais" (não obstante a crítica que, entendo, merece ser feita a este respeito; v. n. 2.1 do Capítulo 16), a *prévia* oitiva do *amicus curiae* para viabilizar um maior controle da qualidade e da valoração dos fatos e das normas jurídicas a serem aplicadas é de rigor. O *amicus curiae* é o agente que quer viabilizar isto, *legitimando* e *democratizando* as decisões jurisdicionais.

O *caput* do art. 138 trata dos pressupostos da intervenção. São eles: (i) relevância da matéria; (ii) especificidade do tema objeto da demanda; ou (iii) repercussão social da controvérsia. Embora os pressupostos possam (e tendam) a aparecer conjuntamente, não há óbice para que a intervenção do *amicus curiae* legitime-se a partir da ocorrência de apenas um deles.

A intervenção pode ser determinada de ofício pelo magistrado ou admitida a partir de pedido das partes ou partir do próprio interveniente, isto é, aquele que pretende atuar no processo na qualidade de *amicus curiae*.

Com base no *caput* do art. 138, é pertinente entender que a *solicitação* para intervenção e a *admissão* da intervenção do *amicus curiae* são decisões *irrecorríveis*. Não, contudo, as decisões opostas, isto é, a que se *recusa* a solicitar a intervenção e a que *inadmite* a intervenção. Para estas, é correto sustentar — à falta de previsão em sentido contrário — a incidência da regra genérica do inciso IX do art. 1.015, admitindo, destarte, sua recorribilidade imediata por agravo de instrumento. Se as decisões *negativas* forem proferidas monocraticamente no âmbito dos Tribunais, o recurso cabível será o de agravo interno (art. 1.021).

Para além do *texto* do dispositivo, a possibilidade de contraste da decisão *contrária* à intervenção do *amicus curiae* vai ao encontro do modelo cooperativo do processo, uma vez que viabiliza uma maior discussão – absolutamente necessária – sobre os parâmetros que precisam ser observados com relação à intervenção deste terceiro, e que, reflexamente, redunda em prestação jurisdicional mais eficiente e legítima.

Exige-se do *amicus curiae*, que poderá ser pessoa natural ou jurídica, órgão ou entidade especializada, "representatividade adequada", isto é, que mostre satisfatoriamente a razão de sua intervenção e de que maneira seu "interesse *institucional*" – que é o traço distintivo desta modalidade interventiva, que não se confunde com o "interesse *jurídico*" das demais modalidades interventivas – relaciona-se com o processo.

O "interesse *institucional*" não pode ser confundido (em verdade, reduzido) ao interesse *jurídico* que anima as demais intervenções de terceiro, no que é expresso o *caput* do art. 119 ao tratar da assistência. Fossem realidades coincidentes e, certamente, não haveria necessidade de o CPC de 2015 – e, antes dele, algumas leis esparsas, a jurisprudência e a doutrina – disciplinar expressamente o *amicus curiae*. O "interesse *institucional*", por isso mesmo, deve ser compreendido de forma ampla, a qualificar quem pretende ostentar o *status* de *amicus curiae* em perspectiva metaindividual, apto a realizar interesses que não lhe são próprios nem exclusivos como pessoa ou como entidade, interesses, quiçá, que nem poderiam ser fruídos diretamente pelo *amicus curiae*. São, por definição, interesses que pertencem a grupo (determinado ou indeterminado) de pessoas e que, por isso mesmo, precisam ser considerados no proferimento de específicas decisões; o *amicus curiae*, repito, *representa-os* em juízo como *adequado portador* deles que é. Seja porque se trata de decisões que signifiquem tomadas de decisão valorativas (e os valores a serem adotados para as decisões judiciais são os da sociedade e do Estado, desde a CF, não os pessoais do magistrado), seja porque são decisões que têm aptidão de criar "precedentes", tendentes a *vincular* – é o que o CPC de 2015 inequivocamente quer – outras tantas decisões a serem proferidas posteriormente e a partir dela.

Nesse sentido, o *amicus curiae* merece ser compreendido ao lado e para além da figura que, tradicionalmente, desempenhou e ainda desempenha o Ministério Público no direito processual civil, de fiscal da ordem jurídica. Em um Estado Constitucional e Democrático como o brasileiro, parece demasiado entender que apenas uma instituição – e nisso não vai nenhuma crítica a quem quer que seja – possa querer se desincumbir a contento de atuar *pela* ordem jurídica em juízo. Esta tutela é e deve ser multifacetada, inclusive pela e perante a sociedade civil organizada. Todos aqueles que ostentem a qualidade de *amicus curiae*, destarte, devem ser equiparados a "fiscais da ordem jurídica". Ao lado do Ministério Público, por exemplo, não há como negar que também a OAB é vocacionada ao exercício daquele papel. Não só em razão da magnitude da posição do advogado diante do art. 133 da CF, mas também por força do art. 44, I, de sua lei de regência, a Lei n. 8.906/1994, segundo o qual é finalidade da OAB "defender a Constituição, a ordem jurídica do Estado democrático de direito, os direitos humanos, a justiça social, e pugnar pela boa aplicação das leis, pela rápida administração da justiça e pelo aperfeiçoamento da cultura e das instituições jurídicas". De outra parte, são inequívocos "fiscais da ordem jurídica", ainda que setorialmente – e, portanto, exemplos perfeitos de *amicus curiae* –, determinados órgãos ou entidades como a CVM, o CADE ou o INPI que, não por acaso, remontam a exemplos clássicos e dispersos de *amicus curiae* no direito processual civil brasileiro. A atuação da Defensoria Pública na qualidade de *custos vulnerabilis* não é – e nem deve ser tratada como se fosse – estranha a este mesmo contexto e a esta mesma necessidade. A *pluralização* do debate das teses e dos fatos subjacentes às mais variadas decisões jurisdicionais – mormente quando elas querem servir como verdadeiros "indexadores jurisprudenciais" – é inerente ao *processo* de sua criação.

Mas não só. São predispostos para atuarem como *amicus curiae* todos aqueles que detêm legitimidade para as "ações coletivas", interpretando o rol de maneira ampla para incluir todo aquele que consiga demonstrar a "representatividade adequada" diante da discussão do processo em que se pretende intervir.

A vocação de determinada pessoa ou ente à tutela de determinado interesse que, de alguma forma, interfere na (ou pode ser afetado com a) decisão a ser proferida em dado processo é, destarte, o ponto-chave da compreensão do *amicus curiae*. É, insisto, o "interesse *institucional*" que pode ser titularizado até mesmo – o *caput* do art. 138 é expresso nesse sentido – por pessoas naturais que reúnam uma especial *expertise* sobre determinada questão, tornando a sua opinião relevante para o desate da questão discutida.

A intervenção do *amicus curiae* não acarreta modificação de competência (art. 138, § 1º). A previsão precisa de meditação crítica para verificar se ela não atrita com regras fixadoras de competência absoluta, inclusive, tendo presente a Justiça Federal, com as do inciso I do art. 109 da CF e, até mesmo, as condições impostas pelo § 3º daquele dispositivo constitucional para autorizar excepcionalmente a competência da Justiça Estadual e que foram restringidas pela nova redação que a EC n. 103/2019 deu àquele dispositivo. Prevalece o entendimento de que o *amicus*, por não se tornar parte no processo e por não defender interesse seu – mas sim o "interesse *institucional*" –, não justificaria a alteração de competência mesmo nesses casos. Embora já tenha defendido entendimento contrário, rendo-me, no ponto, à solução dada pelo CPC de 2015.

O *amicus curiae* também não tem legitimidade recursal, a não ser para os embargos de declaração e para a decisão que julgar o "incidente de resolução de demandas repetitivas", com a ressalva, quanto a esta segunda hipótese, que faço no n. 9.8 do Capítulo 16. É o que dispõem os textos dos §§ 1º e 3º do art. 138, respectivamente.

A solução quanto ao descabimento do recurso pelo *amicus curiae*, salvo nos dois casos indicados, restritiva, afina-se com a jurisprudência que, sob o CPC de 1973, acabou predominando, mas com a qual já não concordava. O ideal seria permitir expressamente que o *amicus curiae* recorresse em prol do interesse (o "interesse *institucional*") que justifica a sua intervenção, na medida em que a decisão não o tenha tutelado adequadamente. Até porque, bem entendida a razão de ser da sua intervenção, pode ser que as informações por ele aportadas ao processo não tenham sido devidamente compreendidas pelo magistrado, a justificar a *sucumbência* autorizadora do recurso, a exemplo, aliás, do que se dá no chamado recurso de terceiro prejudicado (art. 996, parágrafo único). O cabimento dos embargos de declaração nos termos do § 1º do art. 138 é medida positiva para esse fim, máxime diante do parágrafo único do art. 1.022 e do § 1º do art. 489, mas não necessariamente será suficiente para dar plenitude à atuação do *amicus curiae* e à razão de ser da incorporação dessa figura ao sistema brasileiro.

Diante disso, a despeito do texto do § 3º do art. 138, entendo imperioso interpretar o dispositivo amplamente e reconhecer legitimidade recursal para o *amicus curiae* diante de qualquer decisão que, de acordo com o sistema do próprio CPC de 2015, receba o *status* de "precedente" ou de "indexador jurisprudencial". Assim, além do incidente de resolução de demanda repetitiva, o *amicus curiae* pode recorrer das decisões que fixam a "tese" no incidente de assunção de competência e no recurso extraordinário e/ou especial repetitivo. E também, com a atenção voltada ao "modelo constitucional do direito processual civil", das decisões relativas à edição, cancelamento ou modificação de Súmulas vinculantes (art. 103-A da CF) e das decisões proferidas em sede de controle concentrado de constitucionalidade (art. 102, § 2º, da CF).

O § 2º do art. 138 é digno de elogios. Segundo o dispositivo, "caberá ao juiz ou ao relator, na decisão que solicitar ou admitir a intervenção, definir os poderes do *amicus curiae*", fixando, portanto, as possibilidades e os limites de *participação* daquele interveniente no processo. A iniciativa tem o condão de evitar discussões sobre o papel que o *amicus curiae* pode ou não assumir. É correto, nesse contexto, autorizar o *amicus curiae* a sustentar oralmente as suas razões na sessão de julgamento, a comparecer e a participar de audiências públicas (momento processual apropriadíssimo para sua manifestação, aliás), a suscitar a necessidade de realização de audiências públicas e a apresentar meios de prova para robustecer suas alegações e/ou as consequências do julgamento que justifica sua intervenção.

Ao ensejo desse dispositivo, cabe acentuar não só a importância, mas, mais do que ela, a *indispensabilidade* da *participação* do *amicus curiae* em todos os *processos* decisórios que resultem nos "indexadores jurisprudenciais" referidos nos arts. 926 a 928. Justamente para, frisando o que escrevi de início, viabilizar que os *interesses* e os *valores* que serão, de uma maneira ou de outra, afetados com o que se vai decidir sejam considerados pelos decisores. A paridade na oitiva de *amici curiae*, de resto, é fundamental. Como na Democracia, a divergência não só é essencial, como também incentivada, importa que as diversas vozes sejam ouvidas, em igualdade de condições. Não poderia ser de outra forma diante do princípio constitucional da isonomia.

Na medida em que o *amicus curiae* limite-se a oferecer manifestação por escrito ou oral em juízo, não há por que entender necessária a sua representação por advogado, máxime quando sua intervenção for *provocada* pelo magistrado. Se ele postular – e o fará quando tomar a iniciativa de intervir, quando recorrer, ainda que observando os limites que lhe são dados pelos textos dos §§ 1º e 3º do art. 138 – ou, ainda, a depender das tarefas que lhe sejam reservadas para os fins do § 2º do art. 138, sua representação por advogado (ou por quem detenha capacidade postulatória) é irrecusável.

Sem prejuízo da capacidade postulatória nos casos indicados, é irrecusável que, sendo o *amicus curiae* pessoa jurídica, precisa ostentar *legitimação processual*, consoante seus atos de constituição, tanto, se for o caso, demonstrar, concretamente, as razões que autorizam ou conduzem a sua intervenção. Assim, por exemplo, quando o estatuto da associação impõe que um certo órgão interno delibere acerca da intervenção e estabelece um determinado quórum para tanto.

5. JUIZ E AUXILIARES DA JUSTIÇA

Entre os sujeitos processuais, há aqueles que devem ser *imparciais*. São os magistrados que atuarão ao longo do processo nas diversas instâncias e graus de jurisdição, e também seus auxiliares da justiça.

A *imparcialidade* imposta desde a Constituição Federal é garantida pelo disposto nos arts. 144 e 145, que indicam diversas situações em que, havendo *impedimento* ou *suspeição*, inviabilizam a participação do magistrado e/ou do auxiliar da justiça, além das demais pessoas referidas no art. 148.

O Título IV do Livro III da Parte Geral do CPC de 2015 ocupa-se com a disciplina do juiz e dos auxiliares da justiça, dividindo a matéria em diversos Capítulos, abaixo analisados.

5.1 Deveres-poderes e responsabilidade do juiz

Em primeiro lugar, prezado leitor, cabe esclarecer que não há como tratar, como quer o CPC de 2015, da temática ora analisada, tendo em vista a nomenclatura empregada pelo Capítulo I do Título IV do Livro III da Parte Geral do CPC de 2015, na perspectiva de "poderes" do juiz.

Em um modelo de Estado como o nosso, Estado Democrático de Direito ou, de forma mais ampla e precisa, Estado Constitucional, o que é chamado de "poder" tem que ser compreendido invariavelmente como "dever-poder". Os magistrados em geral exercem *função* pública. E ao exercerem têm de atingir determinadas finalidades que, por definição, podem não coincidir com suas vontades pessoais. Aliás, qualquer elemento de vontade pessoal que seja constatado em um magistrado ou em quaisquer de seus auxiliares, até mesmo no âmbito do Ministério Público, é fator de inibição de sua atuação, como demonstro no n. 5.2, *infra*, ao cuidar do impedimento e da suspeição. Trata-se, assim, de atingir uma vontade estranha ao agente, uma "vontade *funcional*". Neste sentido, é correto identificar um *dever* a ser atingido pelo magistrado – prestar tutela jurisdicional – e, correlatamente a este dever, de maneira inequivocamente instrumental, constatar que há poderes para tanto, na exata medida em que tais poderes sejam necessários. Por isto, a ênfase deve recair no *dever*, e não no *poder*. Poder só existe como meio diretamente proporcional e exato para atingimento do dever. Fora disto, há abuso de poder e, como tal, nulo de pleno direito. Qualquer abuso atrita com o Estado Constitucional.

Esta forma de tratar a questão é importante até para que as críticas que vêm se avolumando com relação ao CPC de 2015, de que ele daria muitos "poderes" aos magistrados, caiam por terra. Não há "poderes" no CPC de 2015 para ninguém, nem mesmo para os membros da magistratura. O que há, inclusive no art. 139 agora em foco, é um rol de *deveres* a serem atingidos ao longo do processo pelos magistrados. Para o atingimento de tais deveres, pode ser que seja necessário – e na exata medida de sua necessidade – o uso de algum correlato *poder*, para firmar o magistrado como autoridade e, mais amplamente, para lembrar a todos os caráteres da jurisdição, notadamente a sua *imperatividade* e a sua *substitutividade*. O "poder", contudo, jamais poderá caminhar isoladamente, sem que seja mero *meio* para o atingimento de um *fim*, justamente os deveres aqui em exame. Máxime em um Código, como o de 2015, que determina o exercício da jurisdição na perspectiva de um modelo cooperativo de processo entre todos os sujeitos processuais (art. 6º).

Os deveres-poderes que, segundo os dez incisos do art. 139, são verdadeiramente instrumentais para a direção do processo, merecem exame especificado.

O primeiro é o asseguramento às partes da igualdade de tratamento. A previsão quer enaltecer ao magistrado a necessidade do tratamento isonômico entre as partes e, mais amplamente, entre quaisquer sujeitos do processo, harmonizando-se, assim, com o art. 9º.

Cabe ao juiz também velar pela duração razoável do processo, o que traz à mente não só o art. 5º, LXXVIII, da CF, mas também o art. 4º do Código. A duração razoável do processo, convém lembrar, não significa somente proferimento de decisões com rapidez, mas também – e com mesma intensidade de preocupação e comprometimento – sua efetivação no plano fático. Tutela jurisdicional não pode ser entendida apenas como sinônimo de reconhecimento de direitos, mas também – senão principalmente – de sua realização prática.

O inciso III do art. 139 indica outro dever-poder do magistrado: "prevenir ou reprimir qualquer ato contrário à dignidade da justiça e indeferir postulações meramente protelatórias". Trata-se de dispositivo que dialoga com os deveres e as responsabilidades previstas expressamente para as partes e seus procuradores (v. n. 2.2, *supra*).

O inciso IV refere-se a "determinar todas as medidas indutivas, coercitivas, mandamentais ou sub-rogatórias necessárias para assegurar o cumprimento de ordem judicial, inclusive nas ações que tenham por objeto prestação pecuniária". Trata-se de regra que convida à reflexão sobre o CPC de 2015 ter passado a admitir, de maneira expressa, verdadeira regra de *flexibilização* das técnicas *executivas*, permitindo ao magistrado, consoante as peculiaridades de cada caso concreto, modificar o modelo preestabelecido pelo Código, determinando a adoção, sempre de forma fundamentada, dos mecanismos que mostrem mais adequados para a satisfação do direito, levando em conta as peculiaridades do caso concreto. Um verdadeiro "dever-poder geral *executivo*", de *cumprimento*, de *efetivação*, ou, para adotar nomenclatura totalmente harmônica e coerente com o que proponho na perspectiva do "neoconcretismo", um "dever-poder geral de *concretização*".

Aceita essa proposta – que, em última análise, propõe a adoção de um modelo *atípico* de atos executivos, ao lado da tipificação feita pelos arts. 513 a 538, que disciplinam o cumprimento de sentença, e ao longo de todo o Livro II da Parte Especial, voltado ao processo de execução –, será correto ao magistrado *flexibilizar* as regras previstas naqueles dispositivos codificados consoante se verifiquem insuficientes para a efetivação da tutela jurisdicional.

Chama a atenção neste inciso IV do art. 139, ademais, a expressa referência às "ações que tenham por objeto *prestação pecuniária*", que convida o intérprete a abandonar (de vez, e com mais de dez anos de atraso) o modelo "condenação/execução", que, até o advento da Lei n. 11.232/2005, caracterizou o padrão executivo do CPC de 1973 para aquelas prestações e suas consequentes "obrigações de pagar quantia". Até porque, com relação às demais modalidades obrigacionais, de fazer, de não fazer e de entrega de coisa, esta *atipicidade* já é conhecida pelo direito processual civil brasileiro desde o início da década de 1990. Primeiro com o art. 84 da Lei n. 8.078/1990 (Código do Consumidor) e depois, de forma generalizada, pela introdução do art. 461 no CPC de 1973 pela Lei n. 8.952/1994 e, por fim, com o art. 461-A daquele Código, fruto da Lei n. 10.444/2002.

Das múltiplas possibilidades e correlatas dificuldades interpretativas do inciso IV do art. 139, contudo, não segue a genérica tipificação do crime previsto no art. 33 da Lei n. 13.869/2019, a "Lei do Abuso de Autoridade", nos seguintes termos: "Exigir informação ou cumprimento de obrigação, inclusive o dever de fazer ou de não fazer, sem expresso amparo legal", quando o ato for praticado pelas pessoas referidas pelo art. 2º daquele diploma legislativo, dentre elas, o magistrado (inciso IV). Não só porque o art. 139, IV, é o "expresso amparo legal" reclamado por aquela regra, mas também porque o § 2º do art. 1º da Lei n. 13.869/2019 afasta a configuração do abuso de autoridade quando houver "divergência na interpretação de lei ou na avaliação de fatos e provas". Não há razão para confundir a *coerção* ínsita ao exercício da função jurisdicional – na qualidade, invariável, de *dever-poder* – com a conduta tal qual criminalizada pelo referido diploma legal.

"Promover, a qualquer tempo, a autocomposição, preferencialmente com auxílio de conciliadores e mediadores judiciais", é o objeto do inciso V, que dialoga com umas normas fundamentais do CPC de 2015, estampado em seu art. 3º, em especial em seus §§ 2º e 3º. Assim, mesmo fora do padrão do procedimento comum – citar o réu para comparecimento à audiência de conciliação ou de mediação –, cabe ao magistrado promover – orientando as partes e eventuais intervenientes, inclusive, com base na cooperação do art. 6º – sobre a importância (e a pertinência à luz do caso concreto) das técnicas de autocomposição.

O inciso VI do art. 139 é novidade importante. Segundo a regra, é dever-poder do magistrado "dilatar os prazos processuais e alterar a ordem de produção dos meios de prova, adequando-os às necessidades do conflito de modo a conferir maior efetividade à tutela do direito". A norma atesta, a exemplo do inciso IV, a tendência, que já era aplaudida pela doutrina, inclusive pelo v. 1 do meu *Curso sistematizado*, mesmo em suas edições anteriores ao CPC de 2015, de *flexibilização procedimental* a permitir, caso a caso, trato mais adequado ao conflito, levando em conta sua complexidade e suas peculiaridades. Para atingir seus objetivos, é irrecusável o estabelecimento de prévio contraditório entre as partes, consultando-as sobre a necessidade ou a relevância da alteração procedimental. É regra que merece ser lida para além das hipóteses em que o próprio CPC de 2015 já estabelece a viabilidade da modificação e que são discutidas ao longo deste *Manual*. O diálogo entre esta previsão e a do art. 190, com sua cláusula genérica de negócio processual, é, também, irrecusável (v. n. 3.5 do Capítulo 5).

Com relação aos prazos mencionados no dispositivo, importa notar que eles só podem ser *dilatados* (aumentados), nunca reduzidos. E a dilação, lê-se do parágrafo único do art. 139, deve ser determinada *antes* de sua consumação, ou seja, antes do encerramento do prazo. Não vejo como descartar a possibilidade de a dilação ser determinada de ofício, sempre justificada a razão pela qual o magistrado a concede. Trata-se, em última análise, de uma decorrência necessária do modelo cooperativo de processo (art. 6º). A isonomia no cumprimento dos prazos modificados é de rigor, inclusive por força do art. 7º.

Questão pertinente acerca do inciso VI do art. 139 diz respeito a saber se a dilação nele prevista envolve também alteração do *início* do prazo, isto é, de seus *dies a quo*. Penso que não. Eventual dificuldade no cumprimento do prazo deve conduzir o magistrado, ainda que a pedido do interessado (formulado com a ressalva do parágrafo único do art. 139), a *ampliá-lo*, e não alterar o início de sua fluência, o que poderia comprometer a segurança jurídica e acarretar, em termos práticos, notas de retrocesso processual, o que não faz nenhum sentido.

O prezado leitor perguntará se, para os fins do inciso VI do art. 139, a costumeira distinção feita pela doutrina entre prazos *peremptórios* (aqueles que não podem ser alterados nem pelo magistrado nem pelas partes) e *dilatórios* (aqueles que podem ser alterados) faz alguma diferença. É dizer: o magistrado pode aumentar ambos os prazos ou só os primeiros, que, na visão costumeira, são aqueles passíveis de alteração?

Penso que a melhor resposta é que o novo dispositivo aplica-se àquelas duas espécies de prazos, indistintamente. Neste sentido, a regra ora em foco flexibiliza (generalizadamente) a do *caput* do art. 218, propondo, até mesmo, um necessário repensar sobre a distinção anunciada, comum à doutrina do CPC de 1973, entre aquelas duas classes de prazos. A expressa menção, no § 1º do art. 222, a "prazos peremptórios" não interfere nessa conclusão. A uma, porque aquela regra quer coibir a *redução* dos prazos previstos em lei, hipótese oposta à do inciso VI do art. 139. A duas, porque, mesmo naqueles casos, é permitida a redução do prazo desde que as partes estejam de acordo com ela.

Na perspectiva do art. 191 e da viabilidade de as partes e o magistrado fixarem um verdadeiro calendário para os atos processuais, aquele dispositivo acaba também por merecer reflexão mais profunda, tal qual a que proponho no n. 3.6 do Capítulo 5.

O inciso VII do art. 139 ocupa-se com o chamado "poder de polícia" a ser exercitado pelo magistrado em termos administrativos ao longo do processo, fazendo-o nos seguintes termos: "Exercer o poder de polícia, requisitando, quando necessário, força policial, além da segurança interna dos fóruns e tribunais".

Por sua vez, o inciso VIII do art. 139 – "Determinar, a qualquer tempo, o comparecimento pessoal das partes, para inquiri-las sobre os fatos da causa, hipótese em que não incidirá a pena de confesso" – permite ao magistrado a realização do que setores da doutrina (João Batista Lopes, por exemplo) já chamavam de "interrogatório livre". Trata-se do exercício de um dever-poder de cunho probatório, de iniciativa do magistrado. A ressalva quanto à inaplicabilidade da "pena de confesso" é de rigor e justificável, ficando resguardada para os casos em que a solicitação do depoimento partir da parte contrária (art. 385, § 1º). Não teria sentido que o juiz, ao pretender conhecer, pelas próprias partes, do que ocorrido, pudesse querer obter delas o reconhecimento da veracidade dos fatos. Seria comportamento que, com certeza, violaria a boa-fé objetiva (art. 5º).

"Determinar o suprimento de pressupostos processuais e o saneamento de outros vícios processuais" é o dever-poder encartado no inciso IX do art. 139 e que é importante novidade *expressada* pelo CPC de 2015. Bem compreendida, a norma acaba por revelar verdadeiro "dever-poder geral de *saneamento*" a cargo do magistrado para que, diante da ausência de pressupostos processuais e de outros vícios do processo, crie condições efetivas para sua correção, viabilizando, com a iniciativa, o julgamento de mérito. É medida que se afina com a sistemática das nulidades processuais (v. n. 8 do Capítulo 5) e que não reduz a importância de diversos outros dispositivos dispersos pelo CPC de 2015 no mesmo sentido, como, por exemplo, o art. 317, o § 7º do art. 485 e, no âmbito dos recursos, o parágrafo único do art. 932 e (embora *literalmente* menos amplo) o § 3º do art. 1.029. É correto entender que o inciso IX do art. 139 quer viabilizar que o magistrado profira decisão sobre o conflito propriamente dito, uma decisão *substancial*, portanto, que define quem e em que medida faz jus à prestação da tutela jurisdicional, não se limitando a proferir decisão sobre o processo, decisão meramente formal e que, por definição, é obstativa de permitir ao Estado-juiz prestar a tutela jurisdicional a quem tem direito. Postura inegavelmente *neoconcretista*, portanto, e tenho certeza de que o prezado leitor concordará com a afirmação.

A última previsão do art. 139, a de seu inciso X, tem a seguinte redação: "Quando se deparar com diversas demandas individuais repetitivas, [cabe ao magistrado] oficiar o Ministério Público, a Defensoria Pública e, na medida do possível, outros legitimados a que se referem o art. 5º da Lei n. 7.347, de 24 de julho de 1985, e o art. 82 da Lei n. 8.078, de 11 de setembro de 1990, para, se for o caso, promover a propositura da ação coletiva respectiva". A comunicação referida pela norma é medida importante para viabilizar um diálogo mais intenso entre o CPC de 2015 e o sistema de direito processual coletivo, que decorre, não exclusivamente, mas principalmente, dos diplomas legislativos a que ele mesmo faz expressa remissão. A previsão não substitui, infelizmente, o art. 333 e a previsão nele constante de "*conversão* da ação individual em ação coletiva", e que foi, lamentavelmente, vetado, por razões absolutamente insustentáveis, quando da promulgação do novo Código. As "ações coletivas" previstas naquelas leis, aliás, é que deveriam assumir maior protagonismo na prática forense no lugar das técnicas desenvolvidas e criadas pelo CPC de 2015 à guisa de "julgamento de casos repetitivos" (art. 928).

Para além dos deveres-poderes do magistrado do art. 139, o *caput* do art. 140 proíbe expressamente o chamado *non liquet*, isto é, veda ao magistrado deixar de decidir alegando lacuna ou obscuridade no ordenamento jurídico. Cabe a ele colmatar eventual lacuna e superar eventual obscuridade, encontrando (ou, mais propriamente, *criando*) a regra jurídica aplicável ao caso concreto, de acordo com as suas peculiaridades fáticas, sem se preocupar, como fazia seu par no CPC de 1973, o art. 126, com qualquer "ordem" preestabelecida nos mecanismos aptos a afastar a lacuna ou a obscuridade.

O art. 140 merece ser interpretado ao lado do art. 8º e que, em rigor, é até mesmo despiciendo quando bem compreendido aquele outro dispositivo. Sim, prezado leitor, porque é irrecusável o caráter *criativo* da função judicante no atual estágio do direito (e de seus estudos), permitindo ao magistrado, para *decidir*, valer-se *sempre* da "analogia", dos "costumes", dos "princípios gerais do direito" e, em suma, qualquer outra técnica hermenêutica que viabilize a *concreção* do *texto* normativo. A própria função do *amicus curiae*, generalizada pelo art. 138, deve ser lembrada (e enaltecida) a propósito do alcance que o *caput* do art. 140 e o art. 8º têm.

O emprego da *equidade* para viabilizar ou dar fundamento a decisão do magistrado, dispõe o parágrafo único do art. 140, depende de expressa previsão legislativa, tal qual a feita pelo parágrafo único do art. 732, que, embora sem nominá-la, a ela se refere à "decisão que considerar mais conveniente ou oportuna", em contraposição ao que chama de "legalidade estrita". Pergunta sofisticada diante do art. 190 do CPC de 2015 e das convenções processuais por ele admitidas é saber se as partes podem, de comum acordo, estabelecer que o juiz decida por equidade. A resposta parece ser positiva.

O art. 141 fixa os limites *objetivos* e *subjetivos* da atuação do magistrado, impondo-os em consonância com o que lhe for posto pelas partes (em sua petição inicial e/ou em sua reconvenção). É o que, em geral, é chamado de "princípio da vinculação do juiz ao pedido" que, bem entendido, deriva do princípio dispositivo (e, portanto, da *inércia* da jurisdição), no sentido de que cabe às próprias partes estabelecer o que pretendem submeter à decisão do magistrado. Reflexo claro, pois, da autonomia da vontade.

O dispositivo também evidencia que é vedado ao magistrado pronunciar-se sobre questões a cujo respeito a lei exige iniciativa da parte, o que confirma o acerto da compreensão anterior. Mesmo nos casos em que a atuação *oficiosa* do magistrado justifica-se

– é o que se dá, por exemplo, com as questões de ordem pública –, o prévio contraditório a ser estabelecido pelo magistrado é de rigor, no que é claro (e até mesmo repetitivo) o CPC de 2015, como se verifica de seus arts. 9º e 10.

O art. 142 ocupa-se com assunto diverso. De acordo com a regra, o magistrado deverá impedir que autor e réu valham-se do processo para praticar ato simulado (art. 167 do CC) ou obter fim vedado por lei. Para tanto, proferirá decisão que impeça os objetivos das partes, sem prejuízo de aplicar as penalidades relativas à litigância de má-fé. A despeito do silêncio do dispositivo, é irrecusável que cabe ao magistrado também tomar outras providências mediante as autoridades e os entes competentes, a depender da gravidade dos fatos e de quem são seus envolvidos.

O art. 143, por fim, cuida da responsabilidade do magistrado. Sua responsabilidade, que é subjetiva, depende da ocorrência das hipóteses dos incisos I e II do dispositivo, a saber: quando (i), no exercício de suas funções, proceder com dolo ou fraude e quando (ii) recusar, omitir ou retardar, sem justo motivo, providência que deva ordenar de ofício ou a requerimento da parte. A configuração desta segunda hipótese, exige o parágrafo único do dispositivo, depende de a parte requerer ao juiz que determine a providência e o requerimento não for apreciado no prazo de dez dias.

A previsão do art. 143 não afasta – e nem o poderia – as estabelecidas na Lei Orgânica da Magistratura (Lei Complementar n. 35/1979), e, no que diz respeito a seus reflexos criminais, as disposições da Lei n. 13.869/2019, a chamada "Lei do Abuso de Autoridade"; tampouco, a responsabilidade (objetiva) do próprio Estado, tal qual prevista genericamente no § 6º do art. 37 e, mais especificamente, no inciso LXXV do art. 5º, ambos da CF.

5.2 Impedimento e suspeição

Como já mencionei anteriormente, a *imparcialidade* de determinados sujeitos processuais – exigência derivada do modelo constitucional do direito processual civil – é realizada infraconstitucionalmente, pelo que o Capítulo II do Título IV do Livro III do CPC de 2015 chama de "impedimentos e suspeição". São os variados fatos que, ora por razões objetivamente constatáveis (casos de *impedimento*) ou por questões de ordem subjetiva (casos de *suspeição*), é defeso (vedado) ao magistrado – e também às demais pessoas enumeradas no art. 148 – exercer suas funções no processo.

Além de ampliar os casos de impedimento e suspeição, em comparação ao CPC de 1973, o CPC de 2015 alterou profundamente a *forma* de sua alegação, extinguindo as chamadas "exceções de impedimento e de suspeição", que, até então, faziam-se necessárias para tanto. De acordo com o *caput* do art. 146, será bastante que a parte argua o fato em petição apresentada ao próprio magistrado no prazo de quinze dias contados de sua ciência, instruindo-a, se for o caso, com documentos e rol de testemunhas.

Recebendo a petição, pode ser que o magistrado reconheça o impedimento ou a suspeição. Neste caso, determinará a remessa dos autos ao seu substituto legal (art. 146, § 1º, 1ª parte). Se não, fixará a autuação em apartado da petição e apresentará, no prazo de quinze dias, as razões que entender pertinentes, acompanhadas, se for o caso, de documentos e de rol de testemunhas. Com a sua resposta, ordenará a remessa do incidente ao tribunal, que tem competência para julgá-lo (art. 146, § 1º, 2ª parte).

No Tribunal, o incidente será distribuído, cabendo ao relator declarar se o recebe com ou sem efeito suspensivo, o que merece ser compreendido levando em conta também a suspensão do processo ocasionada com a arguição, nos termos do inciso III do art. 313 (art. 146, § 2º). Enquanto o relator não decidir acerca da atribuição, ou não, do efeito suspensivo, eventual tutela de urgência será requerida ao substituto legal do magistrado cuja imparcialidade está em questionamento (art. 146, § 3º), orientação que robustece o entendimento de que o processo está, até então, suspenso por força do precitado inciso III do art. 313.

No julgamento do incidente, o magistrado que a ele resistiu pode ser condenado ao pagamento de custas nos casos de impedimento ou em que for manifesta a suspeição. O § 5º do art. 146 reconhece expressamente a legitimidade recursal do magistrado.

Quando acolhido o incidente, é o substituto legal que passará a conduzir o processo (art. 146, §§ 4º e 5º). Cabe também ao Tribunal fixar o momento a partir do qual o magistrado deveria ter parado de atuar (art. 146, § 6º), decretando, em conformidade, a nulidade dos atos praticados sob a égide dos motivos que levaram ao reconhecimento do impedimento ou da suspeição (art. 146, § 7º).

O prezado leitor terá percebido que os dispositivos examinados nada falam sobre a oitiva da parte contrária ou de eventuais terceiros. Eles podem participar do incidente? A resposta só pode ser positiva, não só na perspectiva constitucional do contraditório, mas também na do modelo de "processo cooperativo" imposto pelo art. 6º.

O impedimento caracteriza-se, de acordo com o art. 144, nos seguintes casos: (i) quando o magistrado atuou no processo como mandatário da parte, oficiou como perito, funcionou como membro do Ministério Público ou prestou depoimento como testemunha; (ii) quando o magistrado atuou no processo em outro grau de jurisdição, tendo proferido decisão; (iii) quando no processo estiver postulando, como defensor público, advogado ou membro do Ministério Público, que for seu cônjuge ou companheiro, ou qualquer parente, consanguíneo ou afim, em linha reta ou colateral, até o terceiro grau, inclusive, com a observância do § 1º, de que o impedimento só se verifica quando o defensor público, o advogado ou o membro do Ministério Público já integrava o processo antes do início da atuação do magistrado e do § 3º, que espraia a hipótese, com as devidas adaptações, a escritórios de advocacia que tenha em seus quadros advogado que individualmente ostente a hipótese, mesmo quando não intervier diretamente no processo; (iv) quando o próprio magistrado for parte no processo, seu cônjuge ou companheiro, ou parente, consanguíneo ou afim, em linha reta ou colateral, até o terceiro grau, inclusive; (v) quando for sócio ou membro de direção ou de administração de pessoa jurídica parte no processo; (vi) quando o magistrado for herdeiro presuntivo, donatário ou empregador de qualquer das partes; (vii) quando figurar como parte do processo instituição de ensino com a qual o magistrado tenha relação de emprego ou decorrente de contrato de prestação de serviços; (viii) quando no processo figurar como parte cliente do escritório de advocacia de seu cônjuge, companheiro ou parente, consanguíneo ou afim, em linha reta ou colateral, até o terceiro grau, inclusive, mesmo que patrocinado por advogado de outro escritório; (ix) quando o magistrado for parte em outro processo em face das mesmas partes ou de seus advogados. Cabe destacar, ainda, ser vedada a criação de fato superveniente para o fim de caracterizar impedimento do magistrado (art. 144, § 2º).

O art. 147 volta a tratar do impedimento regrando situação em que dois ou mais magistrados forem parentes, consanguíneos ou afins, em linha reta ou colateral, até o terceiro grau, inclusive. Nesta hipótese, o primeiro que conhecer do processo impede que o outro nele atue, cabendo ao segundo escusar-se e remeter os autos ao seu substituto legal.

A *suspeição*, de acordo com o art. 145, dá-se nas seguintes situações: (i) quando o magistrado for amigo íntimo ou inimigo de qualquer das partes ou de seus advogados; (ii) quando o magistrado receber presentes de pessoas que tiverem interesse na causa antes ou depois de iniciado o processo, que ele aconselhar alguma das partes acerca do objeto da causa ou que subministrar meios para atender às despesas do litígio; (iii) quando qualquer das partes for credora ou devedora do magistrado, de seu cônjuge ou companheiro ou de parentes destes, em linha reta até o terceiro grau, inclusive; e (iv) quando o magistrado for interessado no julgamento do processo em favor de qualquer das partes. Além destas hipóteses, pode o magistrado declarar-se suspeito por motivo de foro íntimo, sem necessidade de declarar as razões respectivas (art. 145, § 1º).

Não será aceita a alegação de suspeição, lê-se do § 2º do art. 145, quando o motivo que lhe dá fundamento for provocado por quem a alega (hipótese que se harmoniza com a previsão do § 2º do art. 144) e quando a parte que a alega houver praticado ato significativo de aceitação manifesta do arguido.

O art. 148 espraia os motivos de impedimento e de suspeição ao membro do Ministério Público – e é mais correto entender que aquelas vedações alcançam a sua atuação como parte *ou* como fiscal da ordem jurídica porque ela se dá com relação ao *integrante* (à pessoa natural, portanto) do Ministério Público e não com relação à instituição –, aos auxiliares da justiça e aos demais sujeitos imparciais do processo. A arguição da imparcialidade das testemunhas, geralmente chamada de "contradita", tem disciplina própria, como ressalva o § 4º do dispositivo, que se encontra no § 1º do art. 457.

Nos casos do art. 148, a parte interessada deverá arguir o impedimento ou a suspeição, em petição fundamentada e devidamente instruída, na primeira oportunidade em que lhe couber falar nos autos (§ 1º), observando-se, nos Tribunais, o que dispuser o respectivo regimento interno (§ 3º). Determinando o processamento do incidente em separado e sem suspensão do processo, o magistrado colherá a manifestação do arguido no prazo de quinze dias, podendo ser produzida a prova que se faça necessária (§ 2º), seguindo-se a decisão respectiva.

E a parte contrária e eventuais terceiros intervenientes? Pelas mesmas razões que já indiquei, podem eles *participar* do incidente.

5.3 Auxiliares da Justiça

O Capítulo III do Título IV do Livro III da Parte Geral cuida dos chamados *auxiliares da justiça*, que são os sujeitos do processo que atuam ao lado do magistrado (em todos os graus de jurisdição) desempenhando funções-meio, viabilizadoras do exercício do atingimento da função-fim do Poder Judiciário, a prestação da tutela jurisdicional.

Seu rol é enumerado pelo art. 149 da seguinte forma: "São auxiliares da Justiça, além de outros cujas atribuições sejam determinadas pelas normas de organização judiciária, o escrivão, o chefe de secretaria, o oficial de justiça, o perito, o depositário, o administrador, o intérprete, o tradutor, o mediador, o conciliador judicial, o partidor, o distribuidor, o contabilista e o regulador de avarias".

Os números seguintes ocupam-se com o tratamento dado, pelo CPC de 2015, àqueles sujeitos.

5.3.1 Escrivão, chefe de secretaria e oficial de justiça

É correto entender, diante do art. 150, que o escrivão ou o chefe de secretaria e o oficial de justiça são a célula mínima dos ofícios de justiça, que nada mais são dos que os cartórios ou as secretarias que auxiliam, na perspectiva administrativa e burocrática, a atuação dos juízes.

São as normas de organização judiciária (inclusive as estaduais) que dispõem acerca destes ofícios e das específicas atribuições de cada um de seus membros, podendo ir além, evidentemente, do modelo do CPC de 2015. Estas normas devem observar a diretriz do art. 151 de que o número de oficiais de justiça será, no mínimo, igual ao número de juízos (órgãos jurisdicionais) de determinada localidade.

As funções a serem desempenhadas pelo escrivão ou chefe de secretária estão indicadas no art. 152: (i) redação de ofícios, mandados, cartas precatórias; (ii) concretizar as ordens judiciais, realizar citações e intimações; (iii) comparecer a audiências; (iv) preservar os autos (físicos) em seu poder, não permitindo sua saída do cartório (secretaria), senão excepcionalmente; (v) expedir certidões do que lhe for solicitado, resguardando o segredo de justiça; e (vi) praticar atos meramente ordinatórios. Tais atos – que só podem ser, por definição, atos sem conteúdo decisório e de mero impulso processual – podem ser objeto de indicação em ato a ser editado pelo magistrado (art. 152, § 1º, que concretiza a previsão do inciso XIV do art. 93 da CF). No impedimento do escrivão ou chefe de secretaria, o magistrado convocará seu substituto ou, na impossibilidade, nomeará pessoa para a prática do ato (art. 152, § 2º).

O art. 153 é pertinente porque ele dialoga, do ponto de vista da organização judiciária e das funções desempenhadas pelo escrivão ou chefe de secretaria, com o que o CPC de 2015 propõe em seu art. 12 sobre a "ordem cronológica de conclusão" dos processos para os fins que especifica: publicação e efetivação dos pronunciamentos judiciais recebidos. O dispositivo também passou, durante a *vacatio legis*, por nova redação pela Lei n. 13.256/2016 para flexibilizar o comando original, transformando o que era inequivocamente impositivo em meramente *preferencial*, o que atrai, para cá, as mesmas considerações já feitas no n. 2.12 do Capítulo 2. Cabe sublinhar, a propósito, que a "preferência" a ser dada no proferimento de decisões e acórdãos em consonância com o art. 12 deve ser a mesma "preferência" da publicação e da efetivação dos pronunciamentos do art. 153, sob pena de esvaziamento total de ambas as normas.

O § 1º do art. 153 quer dar publicidade à lista a ser preparada (obrigatoriamente, tanto quanto a referida no § 1º do art. 12), considerando também o disposto no § 3º, e, consequentemente, viabilizar o controle acerca da observância, ainda que preferencial, do disposto no *caput*. A previsão, nesse sentido, harmoniza-se com o disposto nos §§ 4º e 5º, que dá legitimidade à parte, nos próprios autos, para reclamar de eventual preterição ao magistrado. O § 2º exclui da regra do art. 153 os atos reputados urgentes reconhecidos como tais pelo magistrado no próprio ato a ser efetivado, sem prejuízo das preferências legais.

As funções a serem exercidas pelo oficial de justiça estão no art. 154. São elas: (i) realizar citações, penhoras e outras diligências, de preferência na presença de duas testemunhas, certificando o ocorrido, com menção ao lugar, dia e hora; (ii) executar as ordens dadas pelo juiz; (iii) entregar o mandado em cartório após seu cumprimento; (iv) auxiliar o juiz na manutenção da ordem; (v) efetuar, se for o caso, avaliações; e (vi) certificar, em mandado, proposta de autocomposição apresentada por qualquer das partes, na ocasião de realização de ato de comunicação que lhe couber. Neste caso, o juiz ordenará a intimação da parte contrária para manifestar-se, no prazo de cinco dias, sem prejuízo do andamento regular do processo, entendendo-se o silêncio como recusa (art. 154, parágrafo único).

O art. 155 trata da responsabilidade civil e regressiva do escrivão ou chefe de secretaria e do oficial de justiça quando, sem justo motivo, se recusarem a cumprir no prazo os atos impostos pela lei ou pelo juiz a que estão subordinados ou quando praticarem ato nulo com dolo ou culpa. Também aqui a responsabilidade (objetiva) do Estado é irrecusável.

5.3.2 Perito

O perito é o auxiliar da justiça que atuará "quando a prova do fato depender de conhecimento técnico ou científico" (art. 156, *caput*), sendo nomeado pelo magistrado para desempenhar aquela função (art. 465, *caput*).

A nomeação do perito deve se dar entre os profissionais legalmente habilitados e os órgãos técnicos ou científicos devidamente inscritos em cadastro mantido pelo tribunal ao qual o juiz estiver vinculado (art. 156, § 1º). Este cadastro deve ser formado após consulta pública e direta a diversas entidades, dentre elas o Ministério Público, a Defensoria Pública e a OAB, que indicarão profissionais ou órgãos técnicos interessados (art. 156, § 2º). Cabe aos Tribunais mantê-los atualizados, realizando avaliações e reavaliações periódicas nos termos do § 3º do art. 156. Nos locais em que não houver inscrito no cadastro – e só nestes casos –, a nomeação será de livre escolha do magistrado, devendo recair, contudo, sobre profissional ou órgão técnico ou científico que detenha, comprovadamente, o conhecimento necessário à realização da perícia (art. 156, § 5º).

O § 2º do art. 157 estabelece, ainda, a necessidade de organização de lista de peritos na vara ou na secretaria, com disponibilização dos documentos exigidos para habilitação à consulta de interessados, para que a nomeação seja distribuída de modo equitativo, observadas a capacidade técnica e a área de conhecimento.

O perito tem o dever de desempenhar sua função no prazo estabelecido pelo magistrado. Pode, contudo, escusar-se do encargo, alegando motivo legítimo (art. 157, *caput*), desde que o faça no prazo de quinze dias contado da intimação relativa à sua nomeação, da suspeição ou do impedimento supervenientes. Se não o fizer no prazo, entende-se que renunciou ao direito de escusar-se do encargo (art. 157, § 1º). De outra parte, cabe ao órgão técnico ou científico nomeado para a perícia, de acordo com o § 4º do art. 156, informar ao juízo o nome e os dados de qualificação técnica dos profissionais que participarão da atividade para viabilizar eventual questionamento sobre sua imparcialidade.

A responsabilidade do perito está regulada no art. 158. Aquele que, por dolo ou culpa, prestar informações inverídicas responderá pelos prejuízos que causar à parte e ficará inabilitado para atuar em outras perícias no prazo de dois a cinco anos, independentemente das demais sanções previstas em lei, devendo o juiz comunicar o fato ao respectivo órgão de classe para adoção das medidas que entender cabíveis.

O cadastro a que se refere o art. 156 foi objeto de regulamentação pela Resolução n. 233, de 13 de julho de 2016, do CNJ, alterada pela Resolução n. 475/2022, também do CNJ, que o chama de "Cadastro Eletrônico de Peritos e Órgãos Técnicos ou Científicos" (CPTEC).

5.3.3 Depositário e administrador

O depositário ou o administrador é o auxiliar da justiça cuja finalidade é guardar e conservar os bens penhorados, arrestados, sequestrados ou arrecadados, a não ser que a lei disponha de outro modo (art. 159).

O trabalho será remunerado em valor a ser fixado pelo magistrado levando em conta a situação dos bens, o tempo do serviço e as dificuldades de sua execução (art. 160, *caput*). O juiz também poderá nomear, a pedido do depositário ou administrador, um ou mais prepostos para auxiliar no desempenho de sua atividade (art. 160, parágrafo único).

A responsabilidade do depositário ou administrador é subjetiva, dependente, pois, de ocorrência de dolo ou culpa. No cômputo da indenização, deve ser levado em conta o valor que legitimamente empregou no exercício do encargo, perdendo, de qualquer sorte, a remuneração arbitrada em seu favor (art. 161, *caput*).

Tratando-se de depositário infiel, isto é, aquele que não devolve os bens que estão sob sua guarda, embora instado a tanto, a responsabilidade civil não afasta a penal e a imposição de sanção por ato atentatório à dignidade da justiça (art. 161, parágrafo único). É vedada, contudo, a prisão *civil* do depositário infiel, a despeito da *literalidade* do inciso LXVII do art. 5º da CF. Trata-se de entendimento, absolutamente pacífico, derivado do Pacto de São José da Costa Rica, do qual o Brasil é signatário, espelhado, inclusive, na Súmula Vinculante 25 do STF e na Súmula 419 do STJ.

5.3.4 Intérprete e tradutor

O intérprete ou tradutor é o auxiliar de justiça que tem como função traduzir documento redigido em língua estrangeira (art. 162, I); verter para o português as declarações das partes e das testemunhas que não conhecem o idioma nacional (art. 162, II); ou, ainda, realizar a interpretação simultânea dos depoimentos das partes e testemunhas com deficiência auditiva que se comuniquem por meio da Língua Brasileira de Sinais, ou equivalente, quando assim for solicitado (art. 162, III).

O art. 163 impede o exercício da função de intérprete ou tradutor por quem não tiver a livre administração de seus bens, quando tiver sido arrolado como testemunha ou atuar como perito no processo ou, ainda, quando estiver inabilitado para o exercício da profissão por sentença penal condenatória, enquanto durarem seus efeitos.

O intérprete ou tradutor, seja ele oficial ou não, é, a exemplo do perito, obrigado a desempenhar seu ofício quando instado a tanto pelo magistrado. Não obstante, tem aplicação o disposto no art. 157 com relação aos casos de escusa e à sua forma de apresentação. Também a responsabilidade prevista no art. 158 para os peritos incide sobre o intérprete ou tradutor, tudo por força do art. 164.

5.3.5 Conciliadores e mediadores judiciais

Desde seu art. 3º, o CPC de 2015 enaltece a importância das soluções alternativas de conflito dando especial destaque, como se lê dos §§ 2º e 3º daquele dispositivo, à conciliação e à mediação. Não é por outra razão que um dos deveres-poderes contidos no art. 139 é o de "promover, a qualquer tempo, a autocomposição, preferencialmente com auxílio de conciliadores e mediadores judiciais" (inciso V).

Coerentemente com aquele intuito, o Capítulo III do Título IV do Livro III da Parte Geral dedica toda uma Seção à disciplina dos conciliadores e mediadores judiciais, no que inova – e muito – em relação ao CPC de 1973, que não conhecia disciplina similar. No regime daquele Código, destaco, iniciativas como esta repousavam em atitudes isoladas dos Tribunais e, mais amplamente, na Resolução n. 125 do CNJ, cujo art. 1º, na redação que lhe deu a Resolução n. 326/2020 do CNJ, estabelece que: "Fica instituída a Política Judiciária Nacional de Tratamento Adequado dos Conflitos de Interesses, tendente a assegurar a todos o direito à solução dos conflitos por meios adequados à sua natureza e peculiaridade. Parágrafo único. Aos órgãos judiciários incumbe, nos termos do art. 334 do Código de Processo Civil de 2015, combinado com o art. 27 da Lei 13.140, de 26 de junho de 2015 (Lei de Mediação), antes da solução adjudicada mediante sentença, oferecer outros mecanismos de soluções de controvérsias, em especial os chamados meios consensuais, como a mediação e a conciliação, bem assim prestar atendimento e orientação ao cidadão".

De acordo com o novel regime, o *caput* do art. 165 impõe a criação de centros judiciários vocacionados à solução consensual de conflitos, orientando e estimulando a autocomposição, estabelecendo as diretrizes básicas e os princípios que devem guiar a atuação de conciliadores e mediadores no atingimento daquele mister. São estes centros os responsáveis pela realização de sessões e audiências de conciliação e mediação e pelo desenvolvimento de programas destinados a auxiliar, orientar e estimular a autocomposição.

A observância das normas pertinentes do CNJ a respeito do tema é de rigor, como se verifica do § 1º do art. 165, merecendo destaque a precitada Resolução n. 125/2010, com suas sucessivas alterações. Também a Lei n. 13.140/2015, a chamada "lei da mediação", deve ser observada, no âmbito da mediação *judicial*, naquilo que ela não confrontar com a disciplina dada pelo CPC de 2015, que prevalece por entrar em vigor depois daquela. O parágrafo único do art. 1º daquele diploma legal, a propósito, refere-se à mediação como "... a atividade técnica exercida por terceiro imparcial sem poder decisório, que, escolhido ou aceito pelas partes, as auxilia e estimula a identificar ou desenvolver soluções consensuais para a controvérsia".

Os §§ 2º e 3º do art. 165 traçam o perfil básico do conciliador e do mediador, respectivamente, apresentando, outrossim, as principais diferenças na atuação de um e de outro e nas técnicas disponíveis para obtenção da autocomposição, em absoluta harmonia com o precitado parágrafo único do art. 1º da Lei n. 13.140/2015. O conciliador atuara preferencialmente nos casos em que não houver vínculo anterior entre as partes; o mediador, nos casos em que existir este vínculo. Ademais, o mediador, consoante o § 1º do art. 4º da Lei n. 13.140/2015, a Lei da Mediação, "conduzirá o procedimento de comunicação entre as partes, buscando o entendimento e o consenso e facilitando a resolução do conflito".

O art. 166 se ocupa com os princípios regentes da conciliação e da mediação: independência, imparcialidade, autonomia da vontade, confidencialidade, oralidade, informalidade e decisão informada. Os parágrafos do dispositivo trazem importantes elementos em relação ao alcance e à configuração do princípio da *confidencialidade* (§§ 1º e 2º), do princípio da *decisão informada* (§ 3º) e do princípio da *autonomia da vontade* (§ 4º). O art. 2º da Lei n. 13.140/2015 robustece, ampliando, os princípios relativos à mediação ao indicar os seguintes: imparcialidade do mediador, isonomia entre as partes, oralidade, informalidade, autonomia da vontade das partes, busca do consenso, confidencialidade e boa-fé. É inequívoca a necessidade (e a possibilidade) de interpretação e aplicação conjunta dos dispositivos, inclusive no que diz respeito à conciliação.

A compreensão da maioria daqueles princípios é dada pelo Código de Ética de Conciliadores e Mediadores Judiciais, Anexo III da precitada Resolução n. 125/2010 do CNJ. Segundo aquele ato normativo (que trata de outros princípios regentes da atuação dos conciliadores e mediadores, que *também* devem ser observados, sem prejuízo dos estabelecidos pelo art. 2º da Lei n. 13.140/2015, para a mediação).

A "independência e autonomia" consistem no "dever de atuar com liberdade, sem sofrer qualquer pressão interna ou externa, sendo permitido recusar, suspender ou interromper a sessão se ausentes as condições necessárias para seu bom desenvolvimento, tampouco havendo dever de redigir acordo ilegal ou inexequível". O § 2º do art. 2º da Lei n. 13.140/2015, a propósito, evidencia que "ninguém será obrigado a permanecer em procedimento de mediação".

A "imparcialidade" é o "dever de agir com ausência de favoritismo, preferência ou preconceito, assegurando que valores e conceitos pessoais não interfiram no resultado do trabalho, compreendendo a realidade dos envolvidos no conflito e jamais aceitando qualquer espécie de favor ou presente".

A "confidencialidade" merece ser entendida como o "dever de manter sigilo sobre todas as informações obtidas na sessão, salvo autorização expressa das partes, violação à ordem pública ou às leis vigentes, não podendo ser testemunha do caso, nem atuar como advogado dos envolvidos, em qualquer hipótese". Ela encontra detalhada disciplina nos arts. 30 e 31 da Lei n. 13.140/2015.

A "decisão informada" consiste no "dever de manter o jurisdicionado plenamente informado quanto aos seus direitos e ao contexto fático no qual está inserido".

A despeito de não ser mencionado no referido Código de Ética, a "oralidade" deve ser compreendida como o predomínio da palavra oral sobre a escrita e a "informalidade" como a ausência de ritos ou formas preestabelecidas para realização da mediação ou da conciliação.

Todos estes princípios, o prezado leitor concordará com a afirmação, são facilmente harmonizáveis com os arts. 4º, 5º e 6º do CPC de 2015.

O art. 167, no *caput* e seus §§ 1º a 4º, em harmonia com os arts. 11 e 12 da Lei n. 13.140/2015, trata dos cadastros, nacionais e locais, de conciliadores e mediadores a serem formados e que devem ser atualizados constantemente pelos tribunais, estabelecendo as condições mínimas para neles se inscrever. As regras harmonizam-se com as regras constantes dos arts. 11 e 12 da Lei n. 13.140/2015. Cabe o destaque do § 6º do art. 167 do CPC de 2015 sobre a possibilidade de o tribunal, mediante concurso público, criar quadro próprio de conciliadores e mediadores.

Há, outrossim, previsão de impedimento para os advogados que também sejam conciliadores ou mediadores judiciais: eles estão *impedidos* de exercer a advocacia nos juízos em que desempenharem aquela função (art. 167, § 5º). Não se trata, pois, de vedação *territorial*; menos que isto, ela é limitada ao órgão jurisdicional em que atue na qualidade de conciliador ou mediador. Quando não houver uma tal vinculação funcional – e, em rigor, ela não deve existir –, não há por que se dar o referido impedimento, máxime porque a Lei n. 13.140/2015, a Lei da Mediação, nada dispõe sobre o assunto, sendo suficientes os já indicados princípios para afastar qualquer dúvida sobre a seriedade e a imparcialidade do mediador a cada caso concreto. Tanto assim que o art. 5º, *caput*, da Lei n. 13.140/2015 determina a aplicação, aos mediadores, das mesmas hipóteses legais de impedimento e suspeição do magistrado.

O art. 168 trata da possibilidade de escolha do conciliador ou do mediador. Como regra, ele será escolhido de comum acordo pelas partes, inclusive fora dos profissionais cadastrados junto ao Tribunal (§ 1º, previsão harmônica com o art. 9º da Lei n. 13.140/2015). Sendo recomendável, a designação será de mais um mediador ou conciliador (§ 3º e art. 15 da Lei n. 13.140/2015). Não existindo acordo quanto à escolha, haverá distribuição entre aqueles cadastrados no âmbito dos tribunais (§ 2º), previsão que se harmoniza com o disposto no art. 25 da Lei n. 13.140/2015.

O art. 169 trata da remuneração dos conciliadores ou mediadores, que será fixada por tabela a ser editada pelos tribunais, observando os parâmetros estabelecidos pelo CNJ, previsão que se harmoniza com o art. 13 da Lei n. 13.140/2015, vedando-a quando houver quadro próprio nos tribunais (neste caso, os conciliadores ou mediadores são servidores públicos e são remunerados como tais). O § 1º do dispositivo trata das condições em que aquela função pode ser desempenhada como trabalho voluntário. O § 2º, por seu turno, refere-se ao percentual de audiências não renumeradas que deverão ser suportadas pelas câmaras privadas de conciliação e mediação, com o fim de atender aos processos em que deferida gratuidade da justiça, como contrapartida de seu credenciamento.

O art. 170 regulamenta a hipótese de haver impedimento do conciliador ou do mediador, impondo a necessidade de redistribuição do processo a outro.

O art. 171 cuida do dever de o conciliador ou mediador comunicar o centro sobre a impossibilidade temporária de exercício da função, cessando, durante aquele período, novas distribuições.

O art. 172 estabelece prazo de um ano como "quarentena" aos conciliadores ou mediadores, contado do término da última audiência em que atuaram, para assessorar, representar ou patrocinar qualquer das partes, regra repetida pelo art. 6º da Lei n. 13.140/2015.

O art. 173 lida com as situações que justificam a exclusão do conciliador ou do mediador do cadastro a que se refere o art. 167, observando, sempre, o prévio (e indispensável, na perspectiva do modelo constitucional) processo administrativo (§ 1º). O § 2º do dispositivo prevê a possibilidade de afastamento temporário das funções por até cento e oitenta dias quando for constatada atuação inadequada do mediador ou conciliador.

O art. 174 quer espraiar para a Administração Pública os benefícios da mediação e da conciliação no âmbito administrativo, determinando que ela crie câmaras de mediação e conciliação. Trata-se de importante norma programática a ser implementada por leis próprias de cada ente federado e que encontra maior desenvolvimento nos arts. 32 a 34 e 43 da Lei n. 13.140/2015, cujos arts. 35 a 40 concretizam-na para a Administração Pública federal. Ainda tratando da arbitragem no âmbito da Administração Pública, cabe destacar a promulgação (durante o período de *vacatio legis* do CPC de 2015) da Lei n. 13.129/2015, que passou a permitir, expressamente, a arbitragem envolvendo pessoas de direito público, tanto da administração pública direta como da indireta, nos termos do § 1º do art. 1º e do § 3º do art. 2º da Lei n. 9.307/1996. É regra que, indiscutivelmente, vai ao encontro das diretrizes da nova codificação, como se verifica do § 1º de seu art. 3º.

O art. 175, o último da Seção destinada a disciplinar os conciliadores e os mediadores judiciais, ressalva a possibilidade de serem empregados outros meios extrajudiciais para resolução de conflitos. É o que os especialistas da matéria chamam de sistema multiportas, no sentido de deverem coexistir variadas soluções para viabilizar, além da conciliação, da medição e da arbitragem, referidas pelo CPC de 2015 desde os §§ 2º e 3º de seu art. 3º, a solução extrajudicial (ou as soluções, a serem empregadas escalonadamente) mais *adequada* possível de acordo com as peculiaridades de cada caso concreto. O art. 41 da Lei n. 13.140/2015, a propósito, dispõe que a Escola Nacional de Mediação e Conciliação, no âmbito do Ministério da Justiça, poderá criar banco de dados sobre boas práticas em mediação, bem como manter relação de mediadores e de instituições de mediação.

O parágrafo único do art. 175 estabelece que os dispositivos pertinentes à conciliação e à mediação judiciais constantes do CPC de 2015 aplicam-se, no que couber, às câmaras privadas de conciliação e mediação. Trata-se da diretriz também assumida pelo art. 42 da Lei n. 13.140/2015 que se refere, expressamente, às mediações comunitárias e escolares e àquelas efetivadas no âmbito das serventias extrajudiciais, respeitadas as suas competências.

6. MINISTÉRIO PÚBLICO

O Ministério Público é uma das funções essenciais à administração da justiça e, como tal, compõe o "modelo constitucional do direito processual civil".

Como exponho no n. 2.3.2 do Capítulo 1, a disciplina do Ministério Público está expressa na Constituição Federal, que estabelece suas diretrizes e princípios institucionais (art. 127); sua organização (art. 128) e suas funções *institucionais* (art. 129).

No plano infraconstitucional federal, é a LC n. 75/1993, que dispõe sobre a organização, as atribuições e o estatuto do Ministério Público da União, aí incluindo o Ministério Público do Distrito Federal e dos Territórios. A Lei n. 8.625/1993, por sua vez, institui a Lei Orgânica Nacional do Ministério Público e dispõe sobre normas gerais para a organização do Ministério Público dos Estados. Este diploma legislativo deve ser entendido, portanto, como verdadeira "norma geral" de observância compulsória para cada Estado-membro regular o seu próprio Ministério Público sem prejuízo das prescrições impostas pela CF e das Constituições dos Estados e correlata legislação estadual.

Neste complexo panorama legislativo, sobrou muito pouco espaço para o CPC de 2015 tratar do assunto. Não obstante, seus arts. 176 a 181 são dedicados exclusivamente ao Ministério Público, acentuando a viabilidade de sua atuação dar-se como *parte* e como *fiscal da ordem jurídica* (*custos iuris*), expressão cunhada pelo CPC de 2015 para substituir a consagradíssima, mas insuficiente, "fiscal da *lei*", que corresponde à latina *custos legis*. Em tempos de constitucionalismo assumido (basta, para confirmar o acerto da afirmação, ler os arts. 1º e 8º), a alteração é mais que justificável.

O art. 176 trata da atuação do Ministério Público "na defesa da ordem jurídica, do regime democrático e dos interesses e direitos sociais e individuais indisponíveis". É a função institucional da essência do próprio Ministério Público e que, em rigor, é expressa de maneira bastante pelo art. 127 da CF.

O art. 177, ocupando-se com a atuação do Ministério Público como parte, prescreve que a instituição "exercerá o direito de ação em conformidade com suas atribuições constitucionais". Também aqui, não se poderia esperar algo diverso, sob pena de agressão ao "modelo constitucional", sendo decisivo, para a devida compreensão do dispositivo, o alcance do art. 129 da CF e as possibilidades de atuação do Ministério Público, inclusive (e sobretudo) no plano do processo coletivo.

Naquele dispositivo constitucional, colhem-se as seguintes funções institucionais do Ministério Público que se relacionam ao direito processual civil: (i) zelar pelo efetivo respeito dos Poderes Públicos e dos serviços de relevância pública aos direitos assegurados nesta Constituição, promovendo as medidas necessárias a sua garantia; (ii) promover o inquérito civil e a ação civil pública, para a proteção do patrimônio público e social, do meio ambiente e de outros interesses difusos e coletivos; (iii) promover a ação de inconstitucionalidade ou representação para fins de intervenção da União e dos Estados nos casos previstos na Constituição; (iv) defender judicialmente os direitos e interesses das populações indígenas; e (v) exercer outras funções que lhe forem conferidas, desde que compatíveis com sua finalidade, sendo-lhe vedada a representação judicial e a consultoria jurídica de entidades públicas, porque é esta a função institucional reservada às advocacias públicas (v. n. 7, *infra*).

A participação do Ministério Público na qualidade de "fiscal da ordem jurídica" é objeto de regulação do art. 178. São os casos em que a *intervenção* do Ministério Público justifica-se não para atuar em favor de uma das partes, mas para fazê-lo de uma forma reconhecidamente desvinculada do interesse individual, subjetivado, trazido ao processo. De uma forma *imparcial* ou, para ser mais preciso, para exercer uma atuação processual que *transcende* o interesse subjetivado, próprio, de cada uma das partes que estão na relação processual perante o Estado-juiz.

Os casos em que esta intervenção é *obrigatória* são os seguintes: (i) interesse público ou social; (ii) interesse de incapaz; (iii) litígios coletivos pela posse de terra rural ou urbana; e (iv) demais casos previstos na CF e/ou nas leis extravagantes, como ocorre, por exemplo, no mandado de segurança e na ação popular.

O parágrafo único do art. 178, sem paralelo no CPC de 1973, dispõe que a circunstância de a Fazenda Pública ser parte do processo não é fator suficiente para a participação do Ministério Público como fiscal da ordem jurídica. A melhor interpretação para o dispositivo é que cabe àquele órgão analisar se, a despeito da atuação da Fazenda Pública, o caso concreto reclama sua intervenção, o que encontrará fundamento bastante no inciso I do mesmo art. 178 e, superiormente, nos incisos I e III do art. 129 da CF, se observada, de qualquer sorte, a vedação do inciso IX daquele mesmo artigo constitucional.

Cabe ao magistrado, em todos estes casos, determinar a intimação do Ministério Público, que terá o prazo de trinta dias para manifestar-se (art. 178, *caput*). Se entender que o caso não reclama sua intervenção, caberá a ele suscitar a questão ao magistrado, que decidirá. A recorribilidade imediata da decisão encontra fundamento suficiente no inciso IX do art. 1.015, já que o Ministério Público é, quando atuante como fiscal da ordem jurídica, verdadeiro *terceiro* em relação ao processo.

A ausência de intimação do Ministério Público para atuar na qualidade de fiscal da ordem jurídica acarreta a nulidade do processo desde então (art. 279, *caput* e § 1º), sendo certo que a ocorrência, ou não, de prejuízo pressupõe intimação do Ministério Público para se manifestar sobre ela (art. 279, § 2º), típica hipótese em que a lei concretiza o princípio do "aproveitamento dos atos processuais".

Se intervier como fiscal da ordem jurídica, o Ministério Público terá vista dos autos depois das partes, sendo intimado de todos os atos do processo (art. 179, I), e poderá produzir provas, requerer as medidas processuais pertinentes e recorrer (art. 179, II).

O prazo para a manifestação do Ministério Público é contado em dobro (art. 180, *caput*), a não ser que a lei estabeleça prazo próprio para a sua manifestação (como se dá, por exemplo, no caso do *caput* do art. 179), consoante a ressalva feita pelo § 2º do art. 180. A fluência do prazo pressupõe sua intimação pessoal por carga, remessa dos autos ou meio eletrônico (art. 180). Cabe acrescentar que o dispositivo, indo além do art. 188

do CPC de 1973, generaliza, para *todas* as manifestações do Ministério Público, o prazo em dobro, que *também* será contado em dias úteis, por força do art. 219.

O § 1º do art. 180, inovando em relação ao CPC de 1973, dispõe que, se o prazo para a manifestação do Ministério Público findar sem a apresentação de sua manifestação, caberá ao magistrado dar andamento regular ao processo, requisitando, para tanto, os autos (se físicos) do processo.

O art. 181 estabelece a responsabilidade civil e regressiva do membro do Ministério Público quando agir com dolo ou fraude no exercício de suas funções. A previsão, em rigor desnecessária diante do que dispõem as leis de regência da instituição, comporta as mesmas observações feitas ao ensejo do art. 143, inclusive no que diz respeito às prescrições de índole penal da Lei n. 13.869/2019, a chamada "Lei do Abuso de Autoridade", como dispõe expressamente o inciso V de seu art. 2º (v. n. 5.1, *supra*).

7. ADVOCACIA PÚBLICA

Outro componente das funções essenciais à administração da justiça, em estreita observância ao "modelo constitucional do direito processual civil", é a advocacia pública.

Não há, em rigor, nenhuma diferença ontológica entre ela e a "advocacia privada", como se verifica do § 1º do art. 3º da Lei n. 8.906/1994 (Estatuto da OAB e da advocacia): "Exercem atividade de advocacia, sujeitando-se ao regime desta lei, além do regime próprio a que se subordinem, os integrantes da Advocacia-Geral da União, da Procuradoria da Fazenda Nacional, da Defensoria Pública e das Procuradorias e Consultorias Jurídicas dos Estados, do Distrito Federal, dos Municípios e das respectivas entidades de administração indireta e fundacional". O que ocorre, contudo, é que a Constituição de 1988 procurou, diferentemente das anteriores, enaltecer a função institucional dos procuradores das pessoas e dos entes públicos, criando, para a União Federal, uma advocacia própria, a chamada "advocacia-geral da União". Antes da Constituição de 1988, acredite, prezado leitor, quem atuava como "advogado" da União Federal em juízo era o Ministério Público Federal. É esta a razão pela qual, com a institucionalização da advocacia da própria União, o inciso IX do art. 129 da CF passou a vedar expressa (e coerentemente) a atuação do Ministério Público como procurador de quaisquer entidades públicas.

Assim, o que quis a Constituição de 1988 foi instituir um marco jurídico no sentido de que as pessoas de direito público precisam ter seus próprios procuradores em juízo. Criou, para tanto, uma advocacia própria para a União Federal (art. 131), impondo a mesma diretriz aos Estados e ao Distrito Federal nos termos de seu art. 132 (embora a existência de uma advocacia dos Estados, comumente chamada de "Procuradoria-Geral do Estado", já era uma realidade anterior à CF de 1988). Didática, neste sentido, a nomenclatura da Seção em que inseridos os arts. 131 e 132 da CF, "Da advocacia pública", que veio, desde a EC n. 19/1998, substituir a antiga, que dava ênfase exclusivamente à advocacia-geral da União.

Os municípios terão sua própria advocacia consoante estabelecerem suas próprias leis, a começar pela Lei Orgânica, nos casos em que ela é obrigatória. As capitais dos Estados e os grandes municípios possuem, em geral, suas próprias procuradorias. Nos casos em que elas inexistirem, a representação judicial do Município (e, se for o caso, de entidades municipais) será feita por advogados contratados, observando-se o que o direito administrativo dispõe para tanto, questão tão delicada quanto polêmica.

No emaranhado de leis federais, estaduais e municipais que regem o assunto, o CPC de 2015 limita-se a trazer para a advocacia pública três dispositivos, os arts. 182 a 184, que ocupam o Título VI do Livro III da Parte Geral.

Em consonância com o art. 182, cabe à Advocacia Pública, na forma da lei, defender e promover os interesses públicos da União, dos Estados, do Distrito Federal e dos Municípios, por meio da representação judicial, em todos os âmbitos federativos, das pessoas jurídicas de direito público que integram a administração direta e indireta. A expressão "na forma da lei" adotada pelo dispositivo conduz ao que acabei de afirmar: são as leis de cada ente político/administrativo que decidem quem pode representá-lo em juízo, dando concretude não só ao dispositivo ora analisado, mas também aos incisos I a IV do art. 75. A orientação é confirmada quanto à previsão do inciso III do art. 75 pelo novo § 5º, incluído no dispositivo pela Lei n. 14.341/2022.

O *caput* do art. 183 concede à União, aos Estados, ao Distrito Federal, aos Municípios, às suas respectivas autarquias e fundações de direito público prazo em dobro para *todas* as suas manifestações processuais. Os prazos não serão contados em dobro quando a lei estabelecer de forma expressa prazo próprio para o ente público (art. 183, § 2º).

A referência a *todas* as manifestações vai muito além do que o CPC de 1973 reservava para a hipótese, já que se limitava a alterar o prazo para apresentação de contestação e para a interposição de recursos (art. 188). Com o CPC de 2015, é correto entender que para qualquer ato processual (a não ser que haja disposição legal estabelecendo prazo específico) o advogado público contará com o prazo em dobro e que, por sua vez, só fluirá nos dias úteis.

O início do prazo para os advogados públicos dos entes mencionados depende de intimação pessoal, o que, consoante esclarece o § 1º do mesmo art. 183, faz-se por carga, remessa ou meio eletrônico.

O art. 184, por fim, trata da responsabilidade civil e regressiva do membro da advocacia pública quando atuar com dolo ou fraude no desempenho de suas funções. É regra idêntica à do art. 181 e, por isso, atrai para cá o que já escrevi no número anterior.

8. DEFENSORIA PÚBLICA

No Título VII, fechando o Livro III da Parte Geral, os arts. 185 a 187 trazem a disciplina da Defensoria Pública, que foi criada pelo art. 134 da CF (modificado, para aprimorar suas finalidades institucionais, pela EC n. 80/2014) e pertencente ao "modelo constitucional do direito processual civil" (v. n. 2.3.4 do Capítulo 1).

A disciplina é, em rigor, despicienda, porque as leis de regência daquela instituição, em especial a LC n. 80/1994, máxime depois das alterações promovidas pela LC n. 132/2009, são bastantes para todos os temas disciplinados pelo CPC de 2015. De qualquer sorte, a iniciativa de alocar a Defensoria Pública ao lado das demais funções essenciais à Administração da Justiça é louvável e didática.

A Defensoria Pública "... é instituição permanente, essencial à função jurisdicional do Estado, incumbindo-lhe, como expressão e instrumento do regime democrático, fundamentalmente, a orientação jurídica, a promoção dos direitos humanos e a defesa, em todos os graus, judicial e extrajudicial, dos direitos individuais e coletivos, de forma integral e gratuita, aos necessitados, na forma do inciso LXXIV do art. 5º desta Constituição Federal". Nada, portanto, que não o diga – e nem poderia ser diverso – o art. 185.

Com base nessa missão institucional, é correto aplaudir e desenvolver o entendimento de que a Defensoria Pública deve atuar, em processos jurisdicionais individuais e coletivos, na qualidade de *custos vulnerabilis* para promover a tutela jurisdicional adequada dos interesses que lhe são confiados, desde o modelo constitucional, similarmente ao que se dá com o Ministério Público quanto ao exercício de sua função de *custos legis*, ou, como pertinentemente prefere o CPC de 2015, fiscal da ordem jurídica.

O art. 186, similarmente aos *capi* do art. 180 para o Ministério Público e do art. 183 para a advocacia pública, estabelece, de forma generalizada, os prazos em dobro para a prática de atos processuais pelos membros da Defensoria Pública. Também aqui o início do prazo pressupõe intimação pessoal mediante carga, vista dos autos ou correio eletrônico (art. 186, § 1º), e a regra cede espaço à existência de prazo específico (art. 186, § 4º).

O que é diverso – e justificável diante do múnus exercido pela Defensoria, que é institucional e não baseada na confiança, como ocorre no âmbito da advocacia privada – é a previsão do § 2º do art. 186: o membro da Defensoria Pública pode requerer que o juiz determine a intimação da parte patrocinada quando o ato processual depender de providência ou informação que somente por ela possa ser realizada ou prestada. Tanto assim que o próprio CPC de 2015 encarrega-se, vez ou outra, de prever a intimação pessoal da parte, e não do membro da Defensoria Pública. Exemplo marcante está no inciso II do § 2º do art. 513, acerca da *ordem* de pagamento no início da etapa de cumprimento da sentença.

O § 3º do art. 186 espraia a contagem dos prazos em dobro para os escritórios de prática jurídica das faculdades de Direito reconhecidas na forma da lei e às entidades que prestam assistência jurídica gratuita em razão de convênios firmados com a Defensoria Pública. Também aqui, dada a função, embora delegada, exercida pelas pessoas mencionadas, a ampliação do prazo é justificável, não havendo espaço para qualquer questionamento na perspectiva da isonomia.

O art. 187 traz à tona a temática da responsabilidade do membro da Defensoria Pública. Também ele é civil e regressivamente responsável quando agir com dolo ou fraude no exercício de suas funções. À espécie aplicam-se as mesmas considerações que faço a propósito do art. 181 (v. n. 6, *supra*).

No âmbito criminal, cabe destacar a Lei n. 13.869/2019, a chamada "Lei do Abuso de Autoridade", que também alcança os membros da Defensoria Pública por força do parágrafo único de seu art. 2º.

Resumo do Capítulo 4

SUJEITOS PROCESSUAIS

- Compreensão prévia
  - Sujeitos do processo
  - Partes x terceiros
  - Exercentes das funções essenciais à Administração da Justiça
- Relembrando o "modelo constitucional": funções essenciais à Administração da Justiça
  - Magistratura
  - Ministério Público
  - Advocacia *Pública*
  - Advocacia *Privada*
  - Defensoria Pública
- No plano infraconstitucional
  - Leis extravagantes federais e *estaduais*
- No CPC: Livro III da Parte Geral do CPC e seus 7 títulos
  - Partes e Procuradores (arts. 70/112)
  - Litisconsórcio (arts. 113/118)
  - Intervenção de terceiros (arts. 119/138)
  - Juiz e auxiliares da Justiça (arts. 139/175)
  - Ministério Público (arts. 176/181)
  - Advocacia Pública (arts. 182/184)
    - Necessidade de identificar disciplina da advocacia privada e verificar como ela se aplica às demais funções postulantes
  - Defensoria Pública (arts. 185/187)

PARTES E PROCURADORES

- Capacidade de estar em juízo e capacidade processual ou legitimação processual (arts. 70 a 76)
  - As inovações do art. 75, III e § 5º, pela Lei n. 14.341/2022
  - Deveres (arts. 77 e 78)
  - Responsabilidade das partes por dano processual (arts. 79 a 81)
  - Despesas, honorários advocatícios e multas (arts. 82 a 97)
  - Gratuidade da Justiça (arts. 98 a 102)
  - Procuradores: a disciplina da advocacia privada (arts. 103 a 107)
  - Sucessão das partes e dos procuradores (arts. 108 a 112)

ESPECIALMENTE OS HONORÁRIOS ADVOCATÍCIOS

- Disciplina do art. 85
- "Princípio da causalidade" (*caput*) (?)
  - Quando houver <u>perda</u> do objeto (§ 10)
- Honorários cumulativos (§ 1º)
- 10 a 20% (§ 2º)
  - Independentemente do conteúdo (§ 6º)
  - Salvo causas em que inestimável ou irrisório o valor (§ 8º)
  - Tema 1076 e § 6º-A (Lei n. 14.365/2022)
  - Tabela de honorários e fixação por equidade de acordo com o § 8º-A (Lei n. 14.365/2022)
- Fazenda Pública (§§ 3º a 5º)
  - No cumprimento sem impugnação (§ 7º)
- Ato ilícito = soma das prestações vencidas + 12 prestações vincendas (§ 9º)
- Honorários "recursais" (§§ 11 e 12)
- Sucumbência em embargos e cumprimento (§ 13)
- Direito do advogado e natureza alimentar (§ 14)
  - Súmula vinculante 47 do STF
  - Vedação da compensação (Súm. 306 do STJ)
- Pagamento em nome da sociedade de advogados (§ 15)
- Juros quando fixados em valor certo (§ 16)
- Advocacia em causa própria (§ 17)
- Ação autônoma para cobrar quando a decisão for omissa (§ 18)
  - Súm. 453 do STJ
- Advogados públicos e honorários sucumbenciais (§ 19)
  - Art. 29 da Lei n. 13.327/2016
- Honorários por arbitramento judicial e os critérios dos §§ 2º, 3º, 4º, 5º, 6º, 6º-A, 8º, 8º-A, 9º e 10 do art. 85 (Lei n. 14.365/2022)

LITISCONSÓRCIO

- Primeiras considerações
  - Distinção entre partes e terceiros
    - Critério distintivo proposto
- Litisconsórcio = pluralidade de partes
- Classificações
  - Quanto à posição: ativo *x* passivo *x* misto
  - Quanto ao momento de formação: inicial *x* ulterior
  - Quanto à obrigatoriedade de formação: necessário *x* facultativo
  - Quanto ao resultado: simples *x* unitário
  - Quanto à *existência de pedidos cumulados*: sucessivo *x* alternativo *x* eventual

- Regime jurídico
- Art. 113: hipóteses de admissão do litisconsórcio
  - Desmembramento (art. 113, §§ 1º e 2º)
  - Forma de implementação
- Art. 114: litisconsórcio *necessário*
  - Também em decorrência da autonomia da vontade (?)
  - Litisconsórcio necessário *ativo* (?)
- Art. 115: ausência de litisconsorte necessário
  - Decisão nula *ou* ineficaz conforme o caso
  - Par. único: necessidade de citação pelo autor: consequências
- Art. 116: litisconsórcio *unitário*
- Arts. 117 e 118: "princípio da autonomia dos litisconsortes"
  - No caso do litisconsórcio *unitário*
- Regime litisconsorcial disperso no CPC
  - Despesas e honorários (art. 87)
  - Benefício da justiça gratuita (art. 99, § 6º)
  - Prazo em dobro se procuradores de escritórios diversos e se o processo for físico (art. 229)
  - Distribuição por dependência (art. 286, II)
  - Correção da ilegitimidade passiva (art. 339, § 2º)
  - Desinteresse na audiência e prazo para contestar (art. 334, § 6º, + 335, §§ 1º e 2º)
  - Reconvenção e litisconsórcio (art. 343, §§ 3º e 4º)
  - Alegações finais em audiência (art. 364, § 1º)
  - Confissão (art. 391)
  - Anulação de arrematação (art. 903, § 4º)
  - Desistência de recurso (art. 998)
  - Recurso de um litisconsorte (art. 1005)
  - Cabimento de AI: exclusão de litisconsorte e rejeição do pedido de limitação do litisconsórcio (art. 1.015, VII e VIII)

INTERVENÇÃO DE TERCEIROS

- Primeiras considerações
- A eficiência processual (art. 5º, LXXVIII, da CF e art. 4º do CPC)
  - Modelo constitucional do direito processual civil
- Plano material e plano processual
  - *Eficácia* das decisões *x* eventual imutabilidade
    - Coisa julgada e *benefício* para terceiros (art. 506)

- Distinção entre as partes e terceiros
  - Critério(s)
  - Critério proposto e adotado
- Interesse(s) jurídico(s)
  - A influência da ideologia e(no) processo
  - Do "interesse *jurídico*" ao "interesse *institucional*"
- Qual é o critério do CPC de 2015 para o tema (?)
- Alocação na Parte Geral
  - Parte Geral, Livro III: Sujeitos do processo
  - Assistência (arts. 119 a 124)
  - Denunciação da lide (arts. 125 a 129)
  - Chamamento ao processo (arts. 130 a 132)
  - Incidente de desconsideração da personalidade jurídica (arts. 133 a 137)
  - *Amicus curiae* (art. 138)
- Qual é o critério empregado pelo CPC?
  - Intervenção por "ação" e intervenção por "inserção"
  - Intervenção *iussu iudicis*
- Outras hipóteses (dispersas no CPC)
  - Oposição (arts. 682 a 686)
  - Antiga nomeação à autoria (arts. 337, IX, 338 e 339)
    - Substituição do réu ou litisconsórcio passivo ulterior
  - Autocomposição judicial com terceiro (art. 515, II e § 2º)
  - Embargos de terceiro (arts. 674 a 681)
    - Legitimidade na desconsideração (art. 674, § 2º, II)
- Exibição de documento ou coisa (art. 401)
- Reconvenção (art. 343, §§ 3º e 4º)
- Recurso de terceiro prejudicado (art. 996)
- Ação rescisória de terceiro prejudicado (art. 967, II)
- No cumprimento de sentença e na execução
- Cabe AI das interlocutórias sobre "admissão ou inadmissão de intervenção de terceiros" (art. 1.015, IX)
  - "incidente de desconsideração da personalidade jurídica" (art. 1.015, IV)
  - "admissão ou inadmissão de intervenção de terceiros (art. 1.015, IX)
- Possibilidade de negócios processuais sobre o tema (art. 190)?
  - Negócios pré-processuais
  - Negócios intraprocessuais

ASSISTÊNCIA

- Assistência: do plano material ao plano processual
  - Reflexos *processuais* das distinções de ordem *material*
  - Ex.: na interdição (art. 752, § 3º)
- Classificação
- Retomando a compreensão de "interesse *jurídico*"
- Compreensão prévia
  - Intervenção "por inserção" e "voluntária"
- Disposições comuns (arts. 119 a 120)
  - Art. 119: possibilidade da intervenção do assistente
    - Inexistência de retroação
  - Art. 120: procedimento para admissão (?)
    - Razões para indeferir intervenção (?)
- Assistência simples (arts. 121 e 122)
  - Art. 121: assistente simples como "auxiliar da parte"
  - Mesmos poderes e ônus da parte (assistido)
  - Substituição processual (art. 121, par. único) se:
    - Revelia
    - "Omisso de qualquer outro modo"
  - Art. 122: procedência do pedido, desistência da ação, renúncia ao direito sobre o qual se funda a ação e transação
- Assistência litisconsorcial (art. 124)
  - Intervenção do substituído em caso de substituição processual (art. 124, par. único)
  - Intervenção do adquirente ou cessionário no caso de alienação do objeto litigioso (art. 109, § 2º)
- Art. 123: "eficácia da intervenção"
  - Compreensão e distinções
  - Hipóteses de exclusão
  - Aplicação somente à assistência *simples* (?)
- Art. 94: custas na proporção de sua atuação

DENUNCIAÇÃO DA LIDE

- Denunciação da lide: do plano *material* ao plano processual
- Compreensão prévia
  - Intervenção "por ação"
  - Denunciação pelo *autor*
  - Denunciação pelo *réu*

- Hipóteses de admissibilidade (art. 125)
  - Da *obrigatoriedade* à *facultatividade* (art. 125, *caput*)
    - Revogação do art. 456 do CC (art. 1.072, II)
  - Na evicção: ao alienante *imediato*
  - Na responsabilidade civil: ao obrigado pelo prejuízo
    - A "constância" do fundamento (causa de pedir)
  - Uma única denunciação sucessiva (art. 125, § 2º)
  - Vedação da denunciação *per saltum* (art. 125, § 2º)
  - Resguardo da "ação autônoma" (art. 125, § 1º)
- Art. 126: citação, procedimento e consequências
- Denunciação pelo autor (art. 127)
  - Postura do denunciado e consequências
  - Denunciado como "litisconsorte"
  - Novos argumentos à inicial
- Denunciação pelo réu (art. 128)
  - Posturas do denunciado e consequências
    - Inciso I: Denunciado contesta
    - Inciso II: Denunciado revel
    - Inciso III: Denunciado confessa
  - A "condenação direta" do parágrafo único do art. 128
    - Se procedente: "cumprimento da sentença também contra o denunciado, nos limites da condenação deste na ação regressiva"
    - Limites e possibilidades da "condenação direta" do denunciado
    - Súmula 537 do STJ
- Art. 129: julgamento
  - Prejudicialidade e sucumbência

CHAMAMENTO AO PROCESSO

- Chamamento ao processo: do plano *material* ao plano *processual*
- Compreensão prévia
  - Intervenção "por inserção"
- Hipóteses de admissibilidade (art. 130)
  - "Corresponsabilidade" (PLS 166/2010)
- Pedido, citação e consequências (art. 131)
  - Há suspensão do processo enquanto são citados os chamados(?)
- Cumprimento direto e "ação regressiva" (art. 132)

DESCONSIDERAÇÃO DA PERSONALIDADE JURÍDICA

- Incidente de desconsideração da personalidade jurídica: do plano *material* ao plano *processual*
- Pedido pela parte ou MP (art. 133, *caput*)
  - Possibilidade de instauração oficiosa (?)
  - As hipóteses são as do direito material (art. 133, § 1º, + art. 134, § 4º)
    - Lei n. 13.874/2019 e o art. 50 do CC
  - Desconsideração "inversa" (art. 133, § 2º)
  - Limites do pedido e da causa de pedir
- Cabível na fase de conhecimento, liquidação, cumprimento e execução fundada em título extrajudicial (art. 134, *caput*)
  - Execução *sem* título (?)
  - Momento da comunicação e suspensão do processo (art. 134, § 1º)
  - Requerimento com a petição inicial (art. 134, § 2º). Verdadeira "dispensa" (?)
  - Suspensão do processo (art. 134, § 3º)
- Procedimento
  - Possibilidade de concessão de tutela provisória (?)
  - Citação para manifestação em 15 dias (art. 135)
  - Procedimento especial (?)
  - Âmbito da defesa
  - Possibilidade de instrução (?)
- Julgamento por interlocutória (art. 136, *caput*)
  - Agravo de instrumento ou interno (art. 136, parágrafo único)
  - E se requerido com a petição inicial (art. 134, § 2º) (?)
  - Hipótese de julgamento por sentença
  - Legitimidade recursal
- Julgamento
- Objeto e eficácia da sentença
  - Alguma interferência na dualidade das pessoas e de seu patrimônio (?)
- Fraude à execução (art. 137 + art. 792, § 3º)
  - Legitimidade para embargos de terceiro (art. 674, § 2º, III)
- Coisa julgada
  - Extensão aos fundamentos (art. 503, §§ 1º e 2º) (?)
  - *Benefício* a terceiros (art. 506) (?)
- Custas e honorários advocatícios (?)
- Relações com os embargos de terceiro (arts. 792, § 4º, + 674, § 2º, III)
  - Prazo decadencial (?)
- Aplicação aos Juizados Especiais (art. 1.062)

AMICUS CURIAE

- *Amicus curiae*: do plano *material* ao plano *processual*
- Origens
  - No direito brasileiro: generalização do instituto pelo art. 138 do CPC/2015 a partir de específicas previsões legislativas
    - Concretização do contraditório
    - A "sociedade" e o *amicus curiae*: a "representatividade adequada"
- Legitimação das decisões por duplo aspecto:
  - Tessitura aberta do *texto* jurídico e necessidade de sua *interpretação* também diante de sua compreensão *social* (e não pessoal do magistrado)
  - Efeitos "vinculantes" (ou similares)
- *Amicus curiae* como sujeito processual apto a desempenhar esse papel
- Quem pode ser *amicus curiae*?
- Interesse institucional
  - Representatividade adequada
  - Especificidade do tema objeto da demanda
  - Repercussão social da controvérsia
  - Um "fiscal *setorizado* da ordem jurídica"
    - Ministério Público (*custos iuris*)
    - Ordem dos Advogados do Brasil
    - Defensoria Pública (*custos vulnerabilis*)
- Formas de intervenção
- Iniciativa da intervenção
  - Representação por procurador(?)
- Regime jurídico
- Dinâmica da intervenção (art. 138, §§ 1º a 3º)
  - Prazo
  - Não altera a competência (art. 138, § 1º)
  - Não tem legitimidade recursal salvo ED e IRDR (art. 138, §§ 1º e 3º)
    - Necessária interpretação ampliativa
    - A relevância da fundamentação (arts. 984, § 2º, e 1.038, § 3º)
    - *Amicus curiae* e legitimidade para recorrer em prol do interesse que justifica a sua intervenção (art. 996, pár. único)
    - Recorribilidade da decisão que defere/indefere a intervenção
  - Fixação judicial do papel do *amicus* (art. 138, § 2º)
- *Amicus curiae* e direito jurisprudencial

- Sua indispensabilidade no *processo* de formação dos "precedentes"
- Necessidade de viabilizar a *participação* na *formação* do direito jurisprudencial (indexadores jurisprudenciais)
- Audiências públicas como *locus* adequado
- Necessário equilíbrio de forças na oitiva de *amici curiae* (equilíbrio informacional)
- *Qualidade* da motivação jurisdicional e *amicus curiae*

JUIZ E AUXILIARES DA JUSTIÇA

- Magistrado
- Compreensão desde o modelo constitucional (arts. 93 e 95 da CF)
- Disciplina infraconstitucional extravagante
- Disciplina do CPC de 2015
  - Os "**deveres**-poderes" do art. 139
    - Significado e alcance
      - *Condução, instrução, saneamento, concretização*
  - Igualdade de tratamento
  - Duração razoável do processo
  - Atos contrários à dignidade da justiça e postulações protelatórias
    - A decisão do art. 142
    - Cumprimento de ordem judicial
      - Tipicidade *x* atipicidade
    - Autocomposição
    - Dilatar prazos processuais (antes do término) e alterar ordem produção de provas
      - Adequação procedimental mitigada
    - "Poder de polícia"
    - Comparecimento pessoal
    - Dever-poder geral de saneamento
    - Incentivar o processo coletivo
      - Veto do art. 333 (conversão da "ação individual" em coletiva)
  - Decisão com base no ordenamento jurídico (art. 140)
  - Vinculação do juiz ao pedido (art. 141)
  - Responsabilidades do juiz
- Impedimento e suspeição (arts. 144 a 147)

- Compreensão prévia (modelo constitucional, inércia e imparcialidade)
  - Hipóteses de *impedimento* (art. 144)
    - Dualidade de magistrados parentes entre si (art. 147)
  - Hipóteses de *suspeição*
  - Prazo para alegação e procedimento
  - Extensão da disciplina
- Auxiliares da justiça (art. 149)
  - Escrivão, chefe de secretaria e oficial de justiça (arts. 150 a 155)
  - Perito (arts. 156 a 158 + 464/480)
  - Depositário e administrador (arts. 159 a 161)
  - Intérprete e tradutor (arts. 162 a 164)
  - Conciliadores e mediadores judiciais (arts. 165 a 175)
    - A Lei n. 13.140/2015 ("Lei da Mediação") e suas relações com o CPC de 2015

MINISTÉRIO PÚBLICO

- Compreensão desde o "modelo constitucional" (arts. 127 a 130 da CF)
- Disciplina infraconstitucional extravagante
- Disciplina no CPC de 2015
- Arts. 176 e 177: atuação do MP no processo civil
  - Art. 178 e a atuação do MP como fiscal da ordem jurídica (*custos iuris*)
  - Fiscal da ordem jurídica e a presença do Estado em juízo
- Art. 179 e regime jurídico
- Art. 180: prazo em dobro e intimação pessoal por carga, remessa dos autos ou meio eletrônico
- Art. 181: responsabilidade do agente do MP

ADVOCACIA PÚBLICA

- Compreensão desde o "modelo constitucional" (arts. 131 e 132 da CF)
- Disciplina infraconstitucional extravagante
- Disciplina no CPC de 2015
- Art. 182: missão institucional
- Art. 183: prazo em dobro e intimação pessoal por carga, remessa dos autos ou meio eletrônico
- Art. 184: responsabilidade do advogado público

ADVOCACIA ("PROCURADORES")

- Compreensão desde o "modelo constitucional" (art. 133 da CF)
  - Disciplina infraconstitucional extravagante
- Disciplina no CPC de 2015
  - Art. 103: representação por advogado e advocacia em causa própria
    - Art. 106: postulação em causa própria
  - Art. 104: necessidade de apresentação de procuração e exceções
  - Art. 105: procuração (x mandato)
    - Art. 111: revogação
    - Art. 112: renúncia
  - Art. 107: direitos de acesso pleno aos autos pelo advogado
    - § 5º incluído pela Lei n. 13.793/2019 (processo eletrônico)

DEFENSORIA PÚBLICA

- Compreensão desde o "modelo constitucional" (arts. 134 e 135 da CF)
- Disciplina infraconstitucional extravagante
- Disciplina no CPC de 2015
- Art. 186: prazo em dobro e intimação pessoal por carga, remessa dos autos ou meio eletrônico
  - Intimação pessoal da parte
  - Escritórios de prática forense de faculdades
- Art. 187: responsabilidade do defensor público
- A atuação da Defensoria Pública na qualidade de *custos vulnerabilis* (fiscal dos vulneráveis): responsabilidades e limites

Leituras Complementares (Capítulo 4)

Monografias e livros

ALMEIDA, Felipe Cunha de. *Poderes do juiz, obrigação alimentar e medidas atípicas à luz da proporcionalidade*: a estrutura normativa do inciso IV, do art. 139, do CPC. Londrina: Thoth, 2021.

ARAÚJO, Fabio Caldas de. *Intervenção de terceiros*. São Paulo: Malheiros, 2015.

AZEVEDO, Júlio Camargo de. *Vulnerabilidade*: critério para a adequação procedimental. Belo Horizonte: CEI, 2021.

BEDAQUE, José Roberto dos Santos. *Comentários ao Código de Processo Civil: da intervenção de terceiros até da defensoria pública*, vol. III (arts. 119 a 187). São Paulo: Saraiva, 2019.

BENEDUZI, Renato. *Comentários ao Código de Processo Civil*, vol. II: artigos 70 ao 187. São Paulo: Revista dos Tribunais, 2016.

BRITTO, Alzemeri Martins Ribeiro de; BARIONI, Rodrigo Otávio (coord.). *Advocacia pública e o novo Código de Processo Civil*, 2016.

CASTRO, Roberta Dias Tarpinian. *O incidente de desconsideração da personalidade jurídica: as diferentes funções de um mesmo mecanismo processual*. São Paulo: Quartier Latin, 2019.

CINTRA, Lia Carolina Batista. *Intervenção de terceiro por ordem do juiz*: a intervenção iussu iudicis no processo civil. São Paulo: Revista dos Tribunais, 2017.

D'ÁVILA, Daniela Peretti. *A atuação da Comissão de Valores Mobiliários como amicus curiae nos processos judiciais que envolvem o mercado de capitais*. São Paulo: Almedina, 2015.

DELFINO, Lúcio. *Código de Processo Civil comentado*, vol. 2 (arts. 70 a 118). Belo Horizonte: Fórum, 2021.

DIDIER JR., Fredie (coord. geral); ARAÚJO, José Henrique Mouta; CUNHA, Leonardo Carneiro da (coords.). *Advocacia Pública*. Salvador: JusPodivm, 2015.

DIDIER JR., Fredie (coord. geral); COÊLHO, Marcus Vinicius Furtado; CAMARGO, Luiz Henrique Volpe (coord.). *Honorários advocatícios* 3. ed. Salvador: JusPodivm, 2019.

DIDIER JR., Fredie (coord. geral); GAJARDONI, Fernando (coord.). *Magistratura*. Salvador: JusPodivm, 2015.

DIDIER JR., Fredie (coord. geral); GODINHO, Robson Renault; COSTA, Susana Henriques da (coord.). *Ministério Público*. Salvador: JusPodivm, 2015.

DIDIER JR., Fredie (coord. geral); SOUSA, José Augusto Garcia (coord.). *Defensoria Pública*. Salvador: JusPodivm, 2015.

DIDIER JR., Fredie (coord. Geral); TALAMINI, Eduardo; MINAMI, Marcos Youji (coord.). Medidas executivas atípicas: coleção grandes temas do novo CPC, vol. 11. 2. ed. Salvador: JusPodivm, 2020.

DIDIER JR., Fredie (coord. Geral); TALAMINI, Eduardo; SICA, Heitor Vitor Mendonça; CINTRA, Lia Carolina Batista; EID, Elie Pierre (coord.). Partes e terceiros no processo civil: coleção grandes temas do novo CPC, vol. 14. Salvador: JusPodivm, 2020.

DIDIER JR., Fredie (coord. geral); TUCCI, José Rogério Cruz e (coord.). *Advocacia*. Salvador: JusPodivm, 2015.

DIDIER JR., Fredie; OLIVEIRA, Rafael Alexandria de. *Benefício da justiça gratuita*. 6. ed. Salvador: JusPodivm, 2016.

EID, Elie Pierre. *Litisconsórcio unitário:* fundamentos, estrutura e regime. São Paulo: Revista dos Tribunais, 2016.

GONÇALVES FILHO, Edilson Santana. *Defensoria pública e a tutela coletiva de direitos*: teoria e prática. 3. ed. Salvador: JusPodivm, 2021.

GONÇALVES FILHO, Edilson Santana; ROCHA, Jorge Bheron; MAIA, Maurílio Casas. *Custos vulnerabilis:* a defensoria pública e o equilíbrio nas relações jurídicas dos vulneráveis. Belo Horizonte: CEI, 2020.

LOPES, Bruno Vasconcelos Carrilho. *Comentários ao Código de Processo Civil*, vol. II: das partes e dos procuradores. 2. ed. São Paulo: Saraiva, 2018.

MAIA, Maurílio Casas (org.). *Defensoria pública, Constituição e ciência política*. Salvador: JusPodivm, 2021.

_____. *Defensoria pública, democracia e processo*. Florianópolis: Empório do Direito, 2017.

MELO, Gustavo de Medeiros. *Ação direta da vítima no seguro de responsabilidade civil*. São Paulo: Editora Contracorrente, 2016.

MELLO, Rogério Licastro Torres de. *Honorários advocatícios*: sucumbenciais e por arbitramento. São Paulo: Revista dos Tribunais, 2019.

MIGLIAVACCA, Carolina Moraes. *Amicus curiae*: melhor aproveitamento a partir das diferentes funções instrutória e representativa. Tese de Doutorado. Porto Alegre: PUCRS, 2019.

OLIVEIRA, Patrícia Elias Cozzolino de. A legitimidade exclusiva da defensoria pública na prestação de assistência jurídica gratuita. São Paulo: Verbatim, 2018.

OLIVEIRA NETO, Olavo de. *O poder geral de coerção*. São Paulo: Revista dos Tribunais, 2019.

ROCHA, Jorge Bheron; MAIA, Maurílio Casas; BARBOSA, Rafael Vinheiro Monteiro (coord.). Autonomia & Defensoria pública: aspectos constitucionais, históricos e processuais. Salvador: JusPodivm, 2018.

RODRIGUES, Daniel Colnago. *Intervenção de terceiros*. 2. ed. São Paulo: Revista dos Tribunais, 2021.

SANTOS, Júlio César Guzzi dos. *A defesa no incidente de desconsideração da personalidade jurídica*. Belo Horizonte: D'Plácido, 2021.

SCARPINELLA BUENO, Cassio. *Curso sistematizado de direito processual civil*, vol. 1: teoria geral do direito processual civil e parte geral do Código de Processo Civil. 13. ed. São Paulo: Saraiva, 2023.

SOUSA, José Augusto Garcia de; PACHECO, Rodrigo Baptista; MAIA, Maurilio Casas (coord.). *Acesso à Justiça, Defensoria Pública e temas afins na era da tecnologia*. Salvador: JusPodivm, 2021.

SULLA, João Antônio Barbieri. *Amicus curiae tridimensional*. Curitiba. Juruá, 2018.

TEMER, Sofia. *Participação no processo civil*: repensando o litisconsórcio, intervenção de terceiros e outras formas de atuação. Salvador: JusPodivm, 2020.

VIEIRA, Christian Garcia. *Desconsideração da personalidade jurídica no novo CPC*: natureza, procedimentos, temas polêmicos. Salvador: JusPodivm, 2016.

Capítulos de livros

ARAÚJO, Luciano Vianna. Comentários aos arts. 108 ao 112. In: SCARPINELLA BUENO, Cassio (coord.). *Comentários ao Código de Processo Civil*, vol. 1. São Paulo: Saraiva, 2017.

CAMARGO, Luiz Henrique Volpe. Comentários aos arts. 98 ao 102. In: SCARPINELLA BUENO, Cassio (coord.). *Comentários ao Código de Processo Civil*, vol. 1. São Paulo: Saraiva, 2017.

CIANCI, Mirna; QUARTIERI, Rita de Cassia Conte. Comentários aos arts. 182 ao 184. In: SCARPINELLA BUENO, Cassio (coord.). *Comentários ao Código de Processo Civil*, vol. 1. São Paulo: Saraiva, 2017.

CINTRA, Lia Carolina Batista. Comentários os arts. 113 ao 118. In: SCARPINELLA BUENO, Cassio (coord.). *Comentários ao Código de Processo Civil*, vol. 1. São Paulo: Saraiva, 2017.

CRAMER, Ronaldo. Comentários aos arts. 82 a 97 e 103 a 107. In: SCARPINELLA BUENO, Cassio (coord.). *Comentários ao Código de Processo Civil*, vol. 1. São Paulo: Saraiva, 2017.

GRINOVER, Ada Pellegrini. Comentários aos arts. 165 a 175. In: SCARPINELLA BUENO, Cassio (coord.). *Comentários ao Código de Processo Civil*, vol. 1. São Paulo: Saraiva, 2017.

LEONEL, Ricardo de Barros. Comentários aos arts. 176 ao 181. In: SCARPINELLA BUENO, Cassio (coord.). *Comentários ao Código de Processo Civil*, vol. 1. São Paulo: Saraiva, 2017.

OLIVEIRA NETO, Olavo de. Comentários aos arts. 139 ao 148. In: SCARPINELLA BUENO, Cassio (coord.). *Comentários ao Código de Processo Civil*, vol. 1. São Paulo: Saraiva, 2017.

OLIVEIRA NETO, Olavo de; SANTOS, Renato dos. Comentários aos arts. 149 a 164. In: SCARPINELLA BUENO, Cassio (coord.). *Comentários ao Código de Processo Civil*, vol. 1. São Paulo: Saraiva, 2017.

OLIVEIRA, Patrícia Elias Cozzolino de. Comentários aos arts. 185 a 187. In: SCARPINELLA BUENO, Cassio (coord.). *Comentários ao Código de Processo Civil*, vol. 1. São Paulo: Saraiva, 2017.

SALLES, Carlos Alberto. Comentários aos arts. 70 a 81. In: SCARPINELLA BUENO, Cassio (coord.). *Comentários ao Código de Processo Civil*, vol. 1. São Paulo: Saraiva, 2017.

SCARPINELLA BUENO, Cassio. *Amicus curiae* como interlocutor hermenêutico. In. PIOVESAN, Flávia; SALDANHA, Jânia Maria Lopes (coord.). *Diálogos jurisdicionais e direitos humanos*. Brasília: Gazeta Jurídica, 2016.

_____. Aspectos gerais da intervenção de terceiros no CPC de 2015: homenagem ao professor Cândido Rangel Dinamarco. In: DINAMARCO, Cândido da Silva; CARMONA, Carlos Alberto; YARSHELL, Flávio Luiz; BEDAQUE, José Roberto dos Santos; TUCCI, José Rogério Cruz e; DINAMARCO, Pedro da Silva (coord.). *Estudos em homenagem ao Professor Cândido Rangel Dinamarco*. São Paulo: Malheiros/JusPodivm, 2022.

_____. Aspectos gerais da intervenção de terceiros no novo Código de Processo Civil. In: LUCON, Paulo Henrique dos Santos; APRIGLIANO, Ricardo de Carvalho; SILVA, João Paulo Hecker da; VASCONCELOS, Ronaldo; ORTHMANN, André (coord.). *Processo em jornadas*. Salvador: JusPodivm, 2016.

_____. Comentários aos arts. 119 a 138. In: SCARPINELLA BUENO, Cassio (coord.). *Comentários ao Código de Processo Civil*, vol. 1. São Paulo: Saraiva, 2017.

_____. Incidente de desconsideração da personalidade jurídica: uma homenagem à Professora Thereza Alvim. In: AURELLI, Arlete Inês; ALVIM, Arruda; ALVIM, Eduardo Arruda; CUNHA, Igor Martins da; GUILHERME, Luiz Fernando do Vale de Almeida; COSTA, Marcos da; ALVIM, Teresa Arruda; CARVALHO, Vinicius Bellato Ribeiro de. *Estudos em homenagem à Professora Thereza Alvim: controvérsias do direito processual civil: 5 anos do CPC de 2015*. São Paulo: Revista dos Tribunais, 2020.

_____. Impressões sobre o incidente de desconsideração da personalidade jurídica no CPC de 2015. In: OLIVEIRA, Marco Aurélio Bellizze; RODRIGUES, Marco Antonio; CABRAL, Thiago Dias Delfino (coord.). *Processo civil empresarial*. Salvador: JusPodivm, 2022.

_____. Intervenção de terceiros e *amicus curiae* no novo CPC. In: MENDES, Aluísio Gonçalves de Castro (org.). *O novo Código de Processo Civil: Programas de estudos avançados em homenagem ao Ministro Arnaldo Esteves Lima*. Rio de Janeiro: EMARF, 2016.

_____. Honorários advocatícios: resistências à aplicação do art. 85 do CPC de 2015. In: DIDIER JR., Fredie (coord. geral); COÊLHO, Marcus Vinicius Furtado; CAMARGO, Luiz Henrique Volpe (coord.). *Honorários advocatícios*: coleção grandes temas do novo CPC, vol. 2. 3. ed. Salvador: JusPodivm, 2019.

_____. Honorários advocatícios e Poder Público em juízo: ensaio sobre o CPC de 2015. In: RODRIGUES, Marco Antonio; SCARPINELLA BUENO, Cassio (coord.). *Fazenda Pública em juízo e o novo CPC*. Salvador: JusPodivm, 2016.

_____. O incidente de desconsideração da personalidade jurídica para além da desconsideração: uma homenagem ao Professor Fábio Ulhoa Coelho. In: FRAZÃO, Ana; CASTRO, Rodrigo R. Monteiro de; CAMPINHO, Sergio (coord.). *Estudos em homenagem ao Professor Fábio Ulhoa Coelho ao ensejo de seus 40 anos de magistério*. São Paulo: Quartier Latin, 2022.

_____. Os honorários advocatícios em face da Fazenda Pública no CPC de 2015 e suas implicações em matéria tributária. In: CARVALHO, Paulo de Barros. SOUZA, Priscila de (coord.) *XII Congresso Nacional de Estudos Tributários*. São Paulo: Noeses, 2015.

Artigos

ALVES, Tatiana Machado. Primeiras questões sobre o *amicus curiae* no novo Código de Processo Civil. *Revista de Processo*, vol. 256. São Paulo: Revista dos Tribunais, jun. 2016.

ARAÚJO, Luciano Vianna. Ilegitimidade passiva e alteração subjetiva no Código de Processo Civil de 2015. *Revista de Processo*, vol. 265. São Paulo: Revista dos Tribunais, mar. 2017.

ARMONI, Renato. Diálogos entre a fase neoconcretista do direito processual civil e a regra matriz do poder geral de coerção. *Revista de Processo*, vol. 318. São Paulo: Revista dos Tribunais, ago. 2021.

AVENA, Luana Dias; JESUS, Priscilla Silva de. As possíveis interpretações do § 5º do art. 99 do CPC/2015 e as consequências decorrentes de sua aplicação. *Revista de Processo*, vol. 322. São Paulo: Revista dos Tribunais, dez. 2021.

BAGGIO, Andreza Cristina; LENHART, Willian Padoan. Sobre a instrumentalidade da desconsideração da personalidade jurídica no novo Código de Processo Civil. *Revista Brasileira de Direito Processual*, vol. 95. Belo Horizonte: Fórum, jul./set. 2016.

BARBOSA, Luiz Roberto Peroba; MASCITTO, Andréa. O custo das disputas judiciais tributárias para a Fazenda Pública. *Revista de Processo*, vol. 276. São Paulo: Revista dos Tribunais, fev. 2018.

BARBOSA, Rafael Vinheiro Monteiro. Defensoria pública: principais aspectos. In: Instituto Brasileiro de Direito Processual; SCARPINELLA BUENO, Cassio (org.). *PRODIREITO: Direito Processual Civil*: Programa de Atualização em Direito: Ciclo 2. Porto Alegre: Artmed Panamericana, 2016 (Sistema de Educação Continuada a Distância, vol. 2).

BARBUGIANI, Fernando Augusto Sormani; BELLINETTI, Luiz Fernando. A legitimidade democrática do Ministério Público brasileiro para a tutela de interesses coletivos. *Revista de Processo*, vol. 277. São Paulo: Revista dos Tribunais, mar. 2018.

BARROS, Marcus Aurélio de Freitas. Notas sobre o Ministério Público à luz do CPC/2015 na era da recodificação. *Revista de Processo*, vol. 332. São Paulo: Revista dos Tribunais, out. 2022.

BENEDUZI, Renato Resende. Desconsideração da personalidade jurídica e arbitragem. *Revista de Processo*, vol. 290. São Paulo: Revista dos Tribunais, abr. 2019.

BERALDO, Maria Carolina Silveira. A atuação do Ministério Público no novo CPC. In: Instituto Brasileiro de Direito Processual; SCARPINELLA BUENO, Cassio (org.). *PRODIREITO: Direito Processual Civil*: Programa de Atualização em Direito: Ciclo 2. Porto Alegre: Artmed Panamericana, 2016 (Sistema de Educação Continuada a Distância, vol. 2).

BONDIOLI. Luis Guilherme Aidar. Recorribilidade das decisões em matéria de intervenção de terceiros. *Revista de Processo*, vol. 283. São Paulo: Revista dos Tribunais, set. 2018.

BONIZZI, Marcelo José Magalhães. Evicção e denunciação da lide no novo CPC brasileiro. *Revista de Processo*, vol. 258. São Paulo: Revista dos Tribunais, ago. 2016.

BRASILINO, Fábio Ricardo Rodrigues. Arbitramento dos honorários sucumbenciais em caso de procedência parcial: uma análise a partir de julgados do Superior Tribunal de Justiça e do Supremo Tribunal Federal. *Revista de Processo*, vol. 306. São Paulo: Revista dos Tribunais, ago. 2020.

BRITO, Thiago Carlos de Souza; LOPES, Caroline. Não mencione a litigância de má-fé: análise empírica da responsabilidade por dano processual no Tribunal de Justiça do Estado do Rio Grande do Sul. *Revista de Processo*, vol. 333. São Paulo: Revista dos Tribunais, nov. 2022.

CAMARGO, Luiz Henrique Volpe. Honorários advocatícios em decisões parciais de mérito e em decisões parciais sem mérito. *Revista de Processo*, vol. 283. São Paulo: Revista dos Tribunais, set. 2018.

CARPES, Artur Thompsen. O Superior Tribunal de Justiça e a razoabilidade no reexame do juízo de admissibilidade da denunciação de lide. *Revista de Processo*, vol. 250. São Paulo: Revista dos Tribunais, dez. 2015.

CHIARLONI, Sergio. Relação entre as partes, os juízes e os defensores. *Revista de Processo*, vol. 251. São Paulo: Revista dos Tribunais, jan. 2016.

CÔRTES, Osmar Mendes Paixão. Falta e nulidade de citação de litisconsorte passivo necessário: consequências da existência ou não da relação processual. *Revista de Processo*, vol. 299. São Paulo: Revista dos Tribunais, jan. 2020.

CUNHA, Guilherme Antunes da; SCALABRIN, Felipe. Requisitos para desconsideração da personalidade jurídica: a estrutura escalonada dos pressupostos exigidos pelo Código de Defesa do Consumidor, pelo Código Tributário Nacional e pelo Código Civil. *Revista de Processo*, vol. 329. São Paulo: Revista dos Tribunais, jul. 2022.

CUNHA, Leonardo Carneiro da; TERCEIRO NETO, João Otávio. A fixação de honorários de sucumbência por equidade nos casos de "valor excessivo": uma análise da jurisprudência do Superior Tribunal de Justiça. *Revista de Processo*, vol. 311. São Paulo: Revista dos Tribunais, jan. 2021.

DANIEL, Letícia Zuccolo Paschoal da Costa. Limites subjetivos da decisão do incidente de desconsideração da personalidade jurídica. *Revista de Processo*, vol. 290. São Paulo: Revista dos Tribunais, abril 2019.

DECOMAIN, Pedro Roberto. O Ministério Público e o novo CPC: algumas considerações. *Revista Dialética de Direito Processual*, vol. 149. São Paulo: Dialética, ago. 2015.

DELFINO, Lúcio. Arbitramento judicial da verba honorária sucumbencial e critério de equidade: o eterno retorno! *Revista Brasileira de Direito Processual*, vol. 115. Belo Horizonte: Fórum, jul./set. 2021.

_____. O repagamento de despesas processuais por atos adiados ou repetidos: duas questões. *Revista Brasileira de Direito Processual*, vol. 117. Belo Horizonte: Fórum, jan./mar. 2022.

DIAS, Handel Martins; MOTTA, Francisco José Borges. Empoderamento do Ministério Público na atuação como fiscal da ordem jurídica diante da consolidação do contraditório dinâmico no Código de Processo Civil de 2015. *Revista de Processo*, vol. 327. São Paulo: Revista dos Tribunais, maio 2022.

FENOLL, Jordi Nieva. La actuación de oficio del juez nacional europeo. *Revista de Processo*, vol. 279. São Paulo: Revista dos Tribunais, maio 2018.

FONSECA, Antonio Cezar Lima da. O Ministério Público na ações de família. *Revista de Processo*, vol. 260. São Paulo: Revista dos Tribunais, out. 2016.

GAMA, Guilherme Calmon Nogueira da. Incidente de desconsideração da personalidade jurídica. *Revista de Processo*, vol. 262. São Paulo: Revista dos Tribunais, dez. 2016.

GONÇALVES, Fattyma Blum; MEDEIROS NETO, Elias Marques de. Incidente de desconsideração da personalidade jurídica e sua aplicabilidade durante os cinco anos de vigência do Código de Processo Civil de 2015 perante o Superior Tribunal de Justiça e o Tribunal de Justiça do Estado do Paraná. *Revista Brasileira de Direito Processual*, vol. 118. Belo Horizonte: Fórum, abr./jun. 2022.

GONZALEZ, Gabriel Araújo. Solidariedade passiva: o direito potestativo do(s) credor(es) e dos devedores à formação do litisconsórcio passivo. *Revista de Processo*, vol. 254. São Paulo: Revista dos Tribunais, abr. 2016.

GOUVEIA FILHO, Roberto P. Campos. Uma crítica analítica à ideia de relação processual entre as partes. *Revista Brasileira de Direito Processual*, vol. 93. Belo Horizonte: Fórum, jan./mar. 2016.

GUEDES, Cintia Regina. A evolução da figura do *amicus curiae*, seu potencial de participação nas demandas repetitivas e a necessidade de observância da paridade de armas. *Revista de Processo*, vol. 294. São Paulo: Revista dos Tribunais, ago. 2019.

HADDAD, Emmanuel Gustavo; HOFFMANN JÚNIOR, Lírio; CAMARGO, Daniel Marques de. Os honorários advocatícios de sucumbência: evolução ou retrocesso à luz do Código de Processo Civil de 2015 e da práxis?. *Revista de Processo*, vol. 331. São Paulo: Revista dos Tribunais, set. 2022.

HADDAD NETO, Orlando. Justiça gratuita e advocacia *pro bono*: aspectos constitucionais. *Revista de Processo*, vol. 276. São Paulo: Revista dos Tribunais, fev. 2018.

HILL, Flávia Pereira. Muito prazer, *amicus curiae*: desvendando o enigma desse terceiro interveniente. *Revista Brasileira de Direito Processual*, vol. 111. Belo Horizonte: Fórum, jul./set. 2020.

LEAL, Rosemiro Pereira. Fundamentos democráticos da imparcialidade judicial no direito brasileiro. *Revista Brasileira de Direito Processual*, vol. 93. Belo Horizonte: Fórum, jan./mar. 2016.

LEONEL, Ricardo de Barros. Ministério Público e despesas processuais no novo Código de Processo civil. *Revista de Processo*, vol. 249. São Paulo: Revista dos Tribunais, nov. 2015.

LUCON, Paulo Henrique dos Santos. Honorários de advogado no novo Código de Processo Civil. In: Instituto Brasileiro de Direito Processual; SCARPINELLA BUENO, Cassio (org.). *PRODIREITO: Direito Processual Civil*: Programa de Atualização em Direito: Ciclo 1. Porto Alegre: Artmed Panamericana, 2015 (Sistema de Educação Continuada a Distância, vol. 2).

MACHADO, Lorruane Matuszewski; VITA, Jonathan Barros. Desconsideração da personalidade jurídica e as alterações do novo Código de Processo Civil: uma análise à luz da função social da empresa. *Revista de Processo*, vol. 266. São Paulo: Revista dos Tribunais, abr. 2017.

MAGALHÃES JR., Alexandre Alberto de Azevedo. A intervenção do *amicus curiae* e a modulação de efeitos no controle concentrado de constitucionalidade. *Revista de Processo*, vol. 294. São Paulo: Revista dos Tribunais, ago. 2019.

MAIA, Maurilio Casas. Defensoria Pública no novo Código de Processo Civil (NCPC): primeira análise. *Revista de Processo*, vol. 265. São Paulo: Revista dos Tribunais, mar. 2017.

MARCONDES, Gustavo Viegas. O incidente de desconsideração da personalidade jurídica para fins de responsabilidade: uma visão dualista da *disregard doctrine*. *Revista de Processo*, vol. 252. São Paulo: Revista dos Tribunais, fev. 2016.

MARIANO JUNIOR, Raul; ZACHARIAS, Rodrigo. Da participação do Ministério Público Federal como fiscal da lei em processos individuais relativos ao benefício assistencial de prestação continuada nos Juizados Especiais Federais. *Revista Brasileira de Direito Processual*, vol. 116. Belo Horizonte: Fórum, out./dez. 2021.

MELO, Gustavo de Medeiros. Ação direta da vítima contra a seguradora no seguro de responsabilidade civil. *Revista de Processo*, vol. 243. São Paulo: Revista dos Tribunais, maio 2015.

MENDES, Anderson Cortez; TOKASHIKI, André Shinji; KÜHL, Emílio Frederico Perilo. Os honorários advocatícios sucumbenciais e o novo Código de Processo Civil. *Revista de Processo*, vol. 258. São Paulo: Revista dos Tribunais, ago. 2016.

MINAMI, Marcos Youji; NOGUEIRA, Natália Viana; MOREIRA, Orquídea Sampaio. Uma análise das decisões dos tribunais brasileiros acerca da atipicidade dos meios executivos á luz do art. 139, IV, do CPC/2015. *Revista de Processo*, vol. 281. São Paulo: Revista dos Tribunais, jul. 2018.

MINATTI, Alexandre. A aplicabilidade do incidente de desconsideração da personalidade jurídica no redirecionamento da execução fiscal (art. 135, III, do CTN). Análise crítica da jurisprudência do Superior Tribunal de Justiça. *Revista de Processo*, vol. 316. São Paulo: Revista dos Tribunais, jun. 2021.

MÔNACO, Fernanda Martins. Legitimidade para pleitear honorários sucumbenciais. *Revista de Processo*, vol. 309. São Paulo: Revista dos Tribunais, nov. 2020.

MOREIRA, Carlos Roberto Barbosa. Recurso especial: litisconsórcio facultativo e honorários recursais. *Revista de Processo*, vol. 323. São Paulo: Revista dos Tribunais, jan. 2022.

MOREIRA, Egon Bockmann; FERRARO, Marcella Pereira. Pluralidade de interesse e participação de terceiros no processo (da assistência simples à coletivização, passando pelo *amicus*: notas a partir e para além do novo Código de Processo Civil). *Revista de Processo*, vol. 251. São Paulo: Revista dos Tribunais, jan. 2016.

NOGUEIRA, Pedro Henrique. Primeiras reflexões sobre a legitimidade processual no Código de Processo Civil Brasileiro. *Revista de Processo*, vol. 305. São Paulo: Revista dos Tribunais, julho 2020.

NUNES FILHO, Heleno Ribeiro P. A desconsideração de ofício da personalidade jurídica à luz do incidente processual trazido pelo novo Código de Processo Civil brasileiro. *Revista de Processo*, vol. 258. São Paulo: Revista dos Tribunais, ago. 2016.

OLIVEIRA, Lucas Soares de. O litisconsórcio no Código de Processo Civil de 2015. *Revista de Processo*, vol. 313. São Paulo: Revista dos Tribunais, mar. 2021.

OLIVEIRA, Rodrigo D'Orio Dantas de. Princípio da probidade processual e as sanções no novo Código de Processo Civil. In: Instituto Brasileiro de Direito Processual; SCARPINELLA BUENO, Cassio (org.). *PRODIREITO: Direito Processual Civil*: Programa de Atualização em Direito: Ciclo 3. Porto Alegre: Artmed Panamericana, 2017 (Sistema de Educação Continuada a Distância, vol. 2).

ONODERA, Marcus Vinicius Kiyoshi. Atuação do magistrado no Novo Código de Processo Civil. In: Instituto Brasileiro de Direito Processual; SCARPINELLA BUENO, Cassio. (Org.). *PRODIREITO: Direito Processual Civil*: Programa de Atualização em Direito: Ciclo 2. Porto Alegre: Artmed Panamericana, 2017 (Sistema de Educação Continuada a Distância, vol. 4).

PAIVA, Anderson Rocha. *Amicus Curiae*: da legislação esparsa ao regramento genérico do novo Código de Processo Civil. *Revista de Processo*, vol. 261. São Paulo: Revista dos Tribunais, nov. 2016.

PEIXOTO, Ravi. O tratamento processual dos litisconsortes: do litisconsórcio *ad processum* ao litisconsórcio *ad actum*. *Revista de Processo*, vol. 283. São Paulo: Revista dos Tribunais, set. 2018.

PINHO, Américo Andrade; CHIQUEZI, Adler. A execução de honorários sucumbenciais em face da Fazenda Pública no novo Código de Processo Civil. *Revista Dialética de Direito Processual*, vol. 153. São Paulo: Dialética, dez. 2015.

PUGLIESE, William Soares; OLIVEIRA, Vinicius Souza de. Medidas executivas atípicas: análise dos critérios de aplicação nas obrigações pecuniárias. *Revista de Processo*, vol. 327. São Paulo: Revista dos Tribunais, maio 2022.

REZENDE, Elcio Nacur; CARNEIRO, Bruno Alvim Horta. A desconsideração da personalidade jurídica após a Lei da Liberdade Econômica: uma efetiva evolução? *Revista Brasileira de Direito Processual*, vol. 117. Belo Horizonte: Fórum, jan./mar. 2022.

QUEIROZ, Pedro Gomes de. O poder do juiz de produzir prova de ofício. Revista de Processo, vol. 304. São Paulo: Revista dos Tribunais, jun. 2020.

QUINTAS, Fábio Lima. A inconstitucionalidade da regra de impedimento prevista no art. 144 inciso VIII, do Código de Processo Civil. *Revista de Processo*, vol. 301. São Paulo: Revista dos Tribunais, mar. 2020.

RAATZ, Igor; ANCHIETA, Natascha. Da capacidade de invenção dos juristas brasileiros e o fenômeno da transformação das ações condenatórias em mandamentais: ou o que Pontes de Miranda e Ovídio Baptista da Silva diriam a respeito das leituras (equivocadas) do art. 139, IV, do Código de Processo Civil brasileiro. *Revista de Processo*, vol. 276. São Paulo: Revista dos Tribunais, fev. 2018.

RANGEL, Marco Aurélio Scampini Siqueira. As intervenções de terceiros no novo Código de Processo Civil. *Revista de Processo*, vol. 257. São Paulo: Revista dos Tribunais, jul. 2016.

RESNIK, Judith. Los jueces como diretores del processo. *Revista de Processo*, vol. 268. São Paulo: Revista dos Tribunais, jun. 2017.

RODRIGUES, Daniel Colnago. Ainda e sempre a intervenção anômala dos entes públicos. *Revista de Processo*, vol. 294. São Paulo: Revista dos Tribunais, ago. 2019.

SALES, Rubismara Rodrigues de; IOCOHAMA, Celso Hiroshi. Breves considerações sobre o contraditório no incidente de desconsideração da personalidade jurídica. *Revista de Processo*, vol. 306. São Paulo: Revista dos Tribunais, ago. 2020.

SANTOS, Marina França. Intervenção de terceiro negociada: possibilidade aberta pelo novo Código de Processo Civil. *Revista Brasileira de Direito Processual*, vol. 89. Belo Horizonte: Fórum, jan./mar. 2015.

SCARPARO, Eduardo; CONCEIÇÃO, Marcelo Couto. Complexidade de interesses na estruturação do chamamento ao processo. *Revista de Processo*, vol. 307. São Paulo: Revista dos Tribunais, set. 2020.

SCARPINELLA BUENO, Cassio. Incidente de desconsideração da personalidade jurídica: reflexões à luz do processo tributário. *Revista Brasileira de Direito Processual*, vol. 112. Belo Horizonte: Fórum, out./dez. 2020.

SCHENK, Leonardo Faria; OLIVEIRA, Humberto Santarosa de. O novo Código de processo Civil e o ônus da impugnação especificada para a Defensoria Pública. *Revista Brasileira de Direito Processual*, vol. 97. Belo Horizonte: Fórum, jan./mar. 2017.

SICA, Heitor Vitor Mendonça. Três velhos problemas do processo litisconsorcial à luz do CPC/2015. *Revista de Processo*, vol. 256. São Paulo: Revista dos Tribunais, jun. 2016.

SILVA, Artur Custódio da. Intervenção de terceiros à luz do novo Código de Processo Civil brasileiro: um estudo de seus institutos e das modificações trazidas pela Lei 13.105/2015. *Revista de Processo*, vol. 272. São Paulo: Revista dos Tribunais, out. 2017.

SILVA, Bruno Freire e; MAZZOLA, Marcelo. Litigância de má-fé no novo CPC. Penalidades e questões controvertidas. Responsabilidade do advogado. *Revista de Processo*, vol. 264. São Paulo: Revista dos Tribunais, fev. 2017.

SILVA, Lidson Fausto da; GONÇALVES, Breno Hernandes. Antecipação de honorários periciais no âmbito da atuação judicial do Ministério Público brasileiro. *Revista Brasileira de Direito Processual*, vol. 112. Belo Horizonte: Fórum, out./dez. 2020.

SOUSA, Diego Crevelin de. Imparcialidade e neutralidade: distinção dogmaticamente relevante? *Revista Brasileira de Direito Processual*, vol. 116. Belo Horizonte: Fórum, out./dez. 2021.

SOUZA, André Pagani de. Partes e terceiros no novo Código de Processo Civil. In: Instituto Brasileiro de Direito Processual; SCARPINELLA BUENO, Cassio (org.). *PRODIREITO: Direito Processual Civil*: Programa de Atualização em Direito: Ciclo 1. Porto Alegre: Artmed Panamericana, 2015 (Sistema de Educação Continuada a Distância, vol. 1).

SOUZA, Artur César de. Imparcialidade do juiz – uma leitura constitucional de sua concepção dogmática. *Revista de Processo*, vol. 269. São Paulo: Revista dos Tribunais, jul. 2017.

SOUZA, Gelson Amaro de. Desconsideração da personalidade jurídica no CPC2015. *Revista de Processo*, vol. 255. São Paulo: Revista dos Tribunais, maio 2016.

TAMER, Maurício Antonio. O perfil da desconsideração da personalidade jurídica no Código de Processo Civil de 2015. *Revista de Processo*, vol. 272. São Paulo: Revista dos Tribunais, out. 2017.

TEMER, Sofia. Financiamento de litígios por "terceiros" (ou "third-party" funding): o financiador é um sujeito processual? Notas sobre participação não aparente. *Revista de Processo*, vol. 309. São Paulo: Revista dos Tribunais, nov. 2020.

TESSARI, Cláudio. Os poderes do juiz de adaptação de procedimentos processuais no âmbito do CPC/15 como uma forma de preservar os direitos fundamentais das partes. *Revista de Processo*, vol. 278. São Paulo: Revista dos Tribunais, abr. 2018.

TEIXEIRA, Anderson Vichinkeski; ROCHA, Cristiny Mroczkoski. A reformulação do *amicus curiae* no novo CPC: integração normativa ou derrogação parcial da Lei 9.868/99. *Revista de Processo*, vol. 268. São Paulo: Revista dos Tribunais, jun. 2017.

TEODORO, Viviane Rosolia. A teoria da desconsideração da personalidade jurídica e o novo Código de Processo Civil. *Revista de Processo*, vol. 268. São Paulo: Revista dos Tribunais, jun. 2017.

VEIGA, Daniel Brajal. O "microssistema" dos deveres-poderes do magistrado. *Revista de Processo*, vol. 316. São Paulo: Revista dos Tribunais, jun. 2021.

VENTURI, Elton. A voz e a vez do interesse público em juízo: (re)tomando a sério a intervenção *custos legis* do Ministério Público no novo processo civil brasileiro. *Revista de Processo*, vol. 246. São Paulo: Revista dos Tribunais, ago. 2015.

VIANNA, José Ricardo Alvarez. Apontamentos sobre a litigância de má-fé no CPC/2015. *Revista de Processo*, vol. 280. São Paulo: Revista dos Tribunais, jun. 2018.

XAVIER, José Tadeu Neves. A processualização da desconsideração da personalidade jurídica. *Revista de Processo*, vol. 254. São Paulo: Revista dos Tribunais, abr. 2016.

Capítulo 5

Atos Processuais

1. PARA COMEÇAR

O Livro IV da Parte Geral dedica-se aos "atos processuais", dividindo sua disciplina em cinco Títulos, a saber: "Da forma, do tempo e do lugar dos atos processuais", "da comunicação dos atos processuais"; "das nulidades"; "da distribuição e do registro" e "do valor da causa".

É o caso de estudar mais detidamente cada um deles.

2. FORMA, TEMPO E LUGAR DOS ATOS PROCESSUAIS

O Título I do Livro IV da Parte Geral é dividido em três Capítulos, em que residem as normas relativas à forma (Capítulo I), ao tempo e ao lugar (Capítulo II) e aos prazos (Capítulo 3).

Os Capítulos, por sua vez, são divididos em diversas Seções que, em linhas gerais, correspondem à divisão temática desenvolvida a seguir.

As exceções que o prezado leitor observará à sequência adotada pelo próprio Código justificam-se para fins didáticos e para dar maior ênfase (e, consequentemente, maior importância) a determinados assuntos. É o caso, por exemplo, do que se dá com relação à disciplina relativa aos negócios processuais e ao calendário dos arts. 190 e 191, respectivamente. Aqueles dispositivos representam importante novidade trazida ao ordenamento jurídico pelo CPC de 2015 e têm o condão de gerar impacto importante à compreensão do direito processual civil da atualidade.

3. FORMA DOS ATOS PROCESSUAIS

Atos processuais devem ser compreendidos como todo o ato jurídico que tem significado para o, e no, processo, influenciando, por isso mesmo, a atuação do Estado-juiz ao longo de todo o procedimento.

Atos praticados "fora" do processo (fora do plano processual) e antes dele têm o condão de acarretar consequência a ele. É o que se dá, por exemplo, com a eleição de foro (art. 63) ou com a "convenção de arbitragem" (art. 3º da Lei n. 9.307/1996) e, de forma generalizada, com o art. 190, nas hipóteses em que o negócio processual seja entabulado *antes* do processo.

Ao lado dos *atos* processuais, inexiste razão para não entender serem relevantes para o processo também os *fatos* processuais. Adotando a clássica distinção entre atos e fatos jurídicos, o *fato* é um acontecimento que não depende da vontade humana, que não exterioriza, de alguma forma, um comportamento ou uma omissão de uma pessoa. O fato processual, portanto, é o fato jurídico que interessa ao processo. É o que se dá, por exemplo, com a morte da parte (caso em que o processo será suspenso para os fins de habilitação de herdeiros, art. 313, I); com a morte do advogado da parte (caso em que o processo será suspenso até que novo advogado assuma o patrocínio da causa, art. 313, I) e com a deflagração de greve de servidores da Justiça durante o transcurso de um prazo processual (que muito provavelmente levará à suspensão ou, quando menos, à prorrogação dos atos processuais, art. 221, *caput*).

O CPC de 2015 trata da forma dos atos processuais a partir de elementos comuns, distinguindo-os quando sua prática for eletrônica e a depender de quem os pratica, se as partes, o magistrado, o escrivão ou quem lhe faça as vezes.

Em termos gerais, os atos processuais não dependem de forma determinada, o que só ocorre nos casos em que a lei for expressa em sentido contrário. Mesmo nestes casos, ainda é o art. 188 que assim estabelece, os atos serão considerados válidos ainda que, realizados de modo diverso, atinjam a sua finalidade. Trata-se do "princípio da liberdade das formas", inerente aos atos processuais, e responsável como guia das reflexões sobre as nulidades dos atos processuais (v. n. 8, *infra*).

A publicidade dos atos processuais é assegurada expressamente pelo art. 189, que concretiza adequadamente o "princípio da publicidade" (art. 93, IX, da CF e art. 11 do CPC de 2015), ao prescrever o sigilo apenas (i) quando exigir o interesse público ou social; (ii) quando o processo disser respeito a casamento, separação de corpos, divórcio, separação, união estável, filiação, alimentos e guarda de crianças ou adolescentes; (iii) quando no processo houver dados ou informações protegidos pelo direito constitucional à intimidade e, ainda, (iv) quando se relacionarem à arbitragem, inclusive no que diz respeito ao cumprimento da carta arbitral, desde que a confidencialidade seja comprovada ao órgão jurisdicional.

Nos casos de sigilo, a consulta aos autos e o pedido de certidões de seus atos são restritos às partes e aos seus procuradores (art. 189, § 1º). Eventual acesso de terceiro depende da demonstração do interesse jurídico e será limitado à obtenção de certidão da parte dispositiva da sentença, de inventário e partilha resultante de divórcio ou separação (art. 189, § 2º).

O uso da língua portuguesa é obrigatório em todos os atos e termos do processo. Eventual documento em língua estrangeira deverá ser acompanhado de tradução decorrente da via diplomática ou da autoridade central ou, ainda, elaborado por tradutor juramentado (art. 192).

3.1 Prática eletrônica de atos processuais

O CPC de 2015 é tímido no que diz respeito à prática eletrônica dos atos processuais. Não há como duvidar, aliás, que ele poderia ter ido muito além neste específico tema, deixando de regular o processo em papel e suas práticas e costumes tão enraizados na cultura e na prática do foro. Poderia, até mesmo, ir além da disciplina ainda hoje constante da Lei n. 11.419/2006, que, além de não alterada, foi preservada pelo próprio CPC de 2015. Tampouco a Lei n. 14.195/2021, que, dentre outras modificações, instituiu, como regra, a citação por meio eletrônico, alterou, ainda que implicitamente, a disciplina estabelecida pela Lei n. 11.419/2006.

De qualquer sorte, esta falta de criatividade do CPC de 2015 não infirma a necessidade de serem estudadas as regras específicas que ele traz a respeito – e o faz em Seção própria – e as demais que, sobre o assunto, trata de maneira dispersa.

Assim é que o art. 193 admite que os atos processuais sejam praticados total ou parcialmente de maneira digital de forma a viabilizar que sua produção, comunicação, armazenamento e validação se deem por meio eletrônico "na forma da lei", que é, justamente, a precitada Lei n. 11.419/2006. Por força da inclusão, pela EC n. 115/2022, do inciso LXXIX no art. 5º da CF, importa sublinhar que o direito à proteção de dados pessoais, inclusive nos meios digitais, é direito fundamental, competindo privativamente à União Federal "organizar e fiscalizar a proteção e o tratamento de dados pessoais, nos termos da lei" (art. 21, XXVI, da CF, também incluído pela EC n. 115/2022).

O parágrafo único do art. 193 espraia o seu comando, no que for cabível, aos atos notariais e de registro.

Os sistemas de automação processual deverão respeitar a publicidade dos atos, o acesso e a participação das partes e de seus procuradores, inclusive nas audiências e sessões de julgamento, observadas as garantias da *disponibilidade, independência da plataforma computacional, acessibilidade* e a *interoperabilidade* dos sistemas, serviços, dados e informações que o Poder Judiciário administre no exercício de suas funções (art. 194).

Para o atingimento daquelas garantias – inerentes ao chamado "processo eletrônico"–, o art. 195 estabelece que "o registro de ato processual eletrônico deverá ser feito em padrões abertos, que atenderão aos requisitos de autenticidade, integridade, temporalidade, não repúdio, conservação e, nos casos que tramitem em segredo de justiça, confidencialidade, observada a infraestrutura de chaves públicas unificada nacionalmente, nos termos da lei", que, na falta de outra norma àquele respeito, é a Medida Provisória n. 2.200-2/2001, preservada em vigor pelo art. 2º da EC n. 32/2001. O tema é objeto de regulamentação, no âmbito do CNJ, pela Resolução n. 185/2013 daquele órgão, com sucessivas modificações. A precitada Resolução instituiu o "Sistema Processo Judicial

Eletrônico – PJe como sistema de informações e prática de atos processuais e estabelece os parâmetros para sua implementação e funcionamento".

A interoperabilidade dos sistemas, serviços, dados e informações referidos no art. 194 deverá ser facilitada pelo Conselho Nacional de Justiça e pelos próprios Tribunais, ainda que supletivamente, que regulamentarão a prática e a comunicação oficial de atos processuais por meio eletrônico, devendo velar pela compatibilidade dos sistemas, disciplinando a incorporação progressiva de novos avanços tecnológicos e editando, para esse fim, os atos que forem necessários. É o que dispõe o art. 196, exigindo, como pudesse ser diverso, que sejam "respeitadas as normas fundamentais deste Código".

O CNJ, originalmente, editou, com fundamento no precitado art. 196, no art. 246, § 1º (na sua redação original, antes de sua alteração pela Lei n. 14.195/2021), e no art. 205, § 3º, a Resolução n. 234, de 13 de julho de 2016, que "institui o Diário de Justiça Eletrônico Nacional (DJEN), a Plataforma de Comunicações Processuais (Domicílio Eletrônico) e a Plataforma de Editais do Poder Judiciário, para os efeitos da Lei 13.105, de 16 de março de 2015 e dá outras providências". Posteriormente, o CNJ editou a Resolução n. 455/2022, que "Institui o Portal de Serviços do Poder Judiciário (PSPJ), na Plataforma Digital do Poder Judiciário (PDPJ-Br) para usuários externos".

Todos os Tribunais devem ter (e já têm) páginas na internet para a divulgação das informações constantes de seu sistema de automação. A divulgação terá presunção de veracidade e confiabilidade (art. 197, *caput*). Eventual falha técnica no sistema ou erro ou omissão do responsável pelo lançamento das informações pode, consoante o caso, justificar *justa causa* para a renovação ou prática do ato processual nos termos do § 1º do art. 223 (art. 197, parágrafo único).

O *caput* do art. 198, querendo concretizar o princípio do acesso à justiça, inclusive na perspectiva do hipossuficiente economicamente, impõe às unidades do Poder Judiciário que mantenham gratuitamente à disposição dos interessados equipamentos necessários não só à *prática* de atos processuais, mas também à *consulta* e ao *acesso* ao sistema e aos documentos dele constantes. Sem isto, a abolição do "processo em papel" em prol do "processo eletrônico" significará, pura e simplesmente, inviabilizar àqueles que não tenham condições para tanto o acesso aos autos, fazendo ruir todas as garantias processuais.

É correto entender compreendidos na previsão os meios para a consecução do depoimento pessoal, oitiva e acareação de testemunhas por videoconferência (arts. 385, § 3º; 453, § 1º; e 461, § 2º) e também para a realização de sustentações orais nos moldes do § 4º do art. 937, concretizando, com isso, a previsão ampla do § 3º do art. 236 (v. n. 7, *infra*).

O parágrafo único do art. 198, antevendo a possível realidade estrutural subjacente à aplicação da regra Brasil afora, admite a prática de atos por meio não eletrônico nos casos em que os equipamentos não forem disponibilizados.

Estabelecendo importante política de inclusão, o art. 199 determina ao Judiciário que assegure às pessoas com deficiência acessibilidade aos seus sítios na rede mundial de computadores, ao meio eletrônico de prática de atos judiciais, à comunicação eletrônica dos atos processuais e à assinatura eletrônica. Que assim seja.

Em função da pandemia do coronavírus, a prática de atos processuais de maneira eletrônica, inclusive audiências e sessões de julgamento, acabou sendo generalizada, sendo ampla sua regulamentação por atos editados pelo CNJ — em especial Resoluções como as de n. 317, 318, 322 (alterada pela Resolução n. 379/2021), 329 (alterada pela Resolução n. 357/2020) e 339, todas de 2020 — e pelos próprios Tribunais.

3.2 Atos das partes

Os três dispositivos da Seção III do Capítulo I do Título I do Livro IV da Parte Especial não devem ser entendidos como se todos os atos das partes esgotassem-se na sua disciplina. Na verdade, os atos praticados pelas partes vão muito além das regras aí inseridas e, por isso mesmo, são examinadas ao longo deste *Manual*. É o que ocorre, por exemplo, quando se estuda a petição inicial, a contestação, a petição que inaugura a etapa de cumprimento de sentença ou a elaboração de um determinado recurso.

Para cá, importa destacar que os atos das partes que veicularem declarações unilaterais ou bilaterais de vontade produzem imediatamente a constituição, modificação ou extinção de direitos processuais (art. 200, *caput*), isto é, independem da concordância ou da homologação prévia pelo magistrado. Exceção reside no parágrafo único do dispositivo: a "desistência da ação", isto é, a vontade de o autor deixar de pretender, ao menos momentaneamente, que o Estado-juiz tutele o direito que afirma ter em face do réu, só produzirá efeito depois da homologação judicial e, considerando o instante em que aquele ato dispositivo é praticado, ela dependerá da prévia concordância do réu (art. 485, § 4º), sendo vedada após o proferimento da sentença (art. 485, § 5º).

O art. 201 assegura às partes o direito de exigir recibo de petições, arrazoados, papéis e documentos que entregarem em cartório. É o que a prática do foro consagra, por metonímia, com o nome de protocolo. Sim, prezado leitor, é um típico caso de metonímia – os mais antigos falarão em sinédoque –, em que a finalidade do ato (a entrega formal do ato processual perante o servidor judiciário competente) acabou por denominar ele próprio.

O art. 202, por sua vez, veda que cotas marginais ou interlineares sejam lançadas nos autos. O correto é que as manifestações das partes, de todas elas, sejam feitas por petições. Havendo-as, a despeito de proibição, o magistrado determinará que elas sejam riscadas, impondo multa a seu responsável no valor correspondente à metade do salário mínimo.

Para além dessa disciplina, cabe dar destaque nessa sede ao § 4º do art. 966. Trata-se de dispositivo muito mal alocado no CPC de 2015 – que, no particular, seguiu os passos do CPC de 1973 –, embora seja enorme o seu interesse para a disciplina dos atos das *partes* no processo. Por ele, "os atos de disposição de direitos, praticados pelas partes ou por outros participantes do processo e homologados pelo juízo, bem como os atos homologatórios praticados no curso da execução, estão sujeitos à anulação, nos termos da lei".

Trata-se de regra que permite questionar a validade do ato das partes na perspectiva do direito material, mesmo quando seus efeitos sejam projetados para serem produzidos no plano do processo e que, nessa perspectiva, devem dialogar com a previsão genérica do *caput* do art. 200.

3.3 Pronunciamentos do juiz

O magistrado profere, ao longo do processo, diversos *pronunciamentos*. Alguns têm conteúdo decisório, são as decisões; outros, os despachos, não têm conteúdo decisório, residindo sua finalidade precípua no mero impulso processual ou no exercício de algum dever-poder que lhe compete. É este o sentido do *caput* do art. 203, ao estabelecer que "os pronunciamentos do juiz consistirão em sentenças, decisões interlocutórias e despachos".

Os dois primeiros parágrafos do art. 203 querem distinguir os pronunciamentos com conteúdo decisório praticados pelo juiz da primeira instância: as sentenças das decisões interlocutórias, ou melhor, definir o que são as sentenças, para, no § 2º, estabelecer que quaisquer outras decisões são interlocutórias.

Sentença é o ato do juiz que, com fundamento nos arts. 485 e 487, põe fim à etapa de conhecimento ("fase cognitiva") do procedimento comum e também a que "extingue a execução". Que se trata de conceito que se baseia, ao mesmo tempo, no *conteúdo* (ter fundamento nos arts. 485 ou 487) *e* na *finalidade* do ato (pôr fim à etapa cognitiva do procedimento comum ou à execução), não duvido. A iniciativa do CPC de 2015 foi a de evitar as críticas – corretas, aliás – dirigidas ao § 1º do art. 162 do CPC de 1973, que se baseava no conteúdo da sentença, e não na sua finalidade, o que acabou sendo evidenciado pela maioria da doutrina.

Ocorre, contudo, que a previsão do precitado § 1º do art. 203 é insuficiente. Mesmo que o § 1º do art. 203 excepcione de seu alcance "as disposições expressas dos procedimentos especiais", era mister que fosse informado de que se trata de ato passível de ser praticado pelos órgãos jurisdicionais de primeira instância (só eles proferem sentenças).

Mas não só. É também indispensável que se entenda a locução final não só com relação à extinção do *processo* de execução, isto é, a execução fundada em título executivo *extrajudicial*, mas também no tocante à etapa de cumprimento de sentença. Ocorre que, para estes casos, o "fundamento" respectivo não reside nos arts. 485 e 487, e sim no art. 924, que trata dos possíveis conteúdos da *sentença* que será necessariamente proferida para os fins do art. 925. Pode até acontecer de a fase de cumprimento de sentença ser extinta diante do acolhimento da impugnação a ser apresentada pelo executado com fundamento no art. 525, tema ao qual me volto no n. 4.3.4 do Capítulo 13. Não há como deixar de levar em conta estas informações para saber quais decisões proferidas na primeira instância devem ser rotuladas de sentença.

Se a decisão não se amoldar ao que o § 1º do art. 203 exige para se ter uma sentença – e não deixe de lado, prezado leitor, os complementos que evidenciei no parágrafo anterior –, a hipótese é de decisão interlocutória. É o que estabelece com admirável precisão, mas que nada significa, o § 2º do art. 203.

O prezado leitor, sobretudo aquele que agora começa seus caminhos pelo direito processual civil – e que passa a se perguntar, diante de discussões como esta, se estes caminhos serão cada vez mais tortuosos ou sinuosos –, perguntará por que tanto debate em torno do assunto. A resposta está no passado, na Lei n. 11.232/2005, que, querendo, pertinentemente, desvencilhar a noção de sentença da de *extinção* do processo, não encontrou fórmula adequada, ao menos do ponto de vista redacional. Não me parece que o CPC de 2015 tenha conseguido solucionar a questão, menos ainda no § 1º do seu art. 203. Tanto assim que em diversas outras passagens o CPC de 2015 acaba se referindo não mais à extinção do processo, mas ao proferimento de sentença sem ou com resolução de mérito (arts. 485 e 487, por exemplo), com isto querendo significar que o processo não será necessariamente extinto com aqueles atos. Porque pode haver recurso da sentença ou, ainda, pode ocorrer o início de uma nova etapa no (mesmo) processo, a de cumprimento de sentença.

De qualquer sorte, não obstante eventuais dificuldades que o tema coloca, a distinção entre sentenças e decisões interlocutórias é absolutamente fundamental para o CPC de 2015 (e de forma mais ampla para a legislação processual civil extravagante). É que, a depender da natureza do ato judicial, o recurso cabível é um (a apelação para as sentenças) e outro (o agravo de instrumento para algumas interlocutórias). Como o CPC de 2015 indica quais as interlocutórias imediatamente recorríveis pelo agravo de instrumento (art. 1.015), o problema, nesta perspectiva, tende, em alguma medida, a ser *minorado*. Isso não significa dizer, contudo, que a distinção entre cada um daqueles atos decisórios não seja relevante e que não coloque, ainda, desafios para o intérprete, com importantes reflexos na pesquisa sobre o recurso cabível (v. n. 2.3 do Capítulo 17).

O § 3º do art. 203 também define os despachos por exclusão, entendendo-os como os demais pronunciamentos, e que, portanto, só podem ser os que não têm conteúdo decisório, independentemente de eles serem praticados de ofício ou em resposta a algum requerimento.

Tratando-se de meros atos de impulso processual, chamados de "atos ordinatórios" pelo § 4º do art. 203, que os exemplifica como a juntada e a vista obrigatória dos autos, é o servidor que os praticará de ofício, isto é, independentemente de qualquer determinação, cabendo, nem poderia ser diferente, sua revisão pelo magistrado quando for necessário. O que distingue tais atos dos despachos é a pessoa que os pratica.

Acórdão, por sua vez, é o nome dado às decisões colegiadas no âmbito dos Tribunais (art. 204). É indiferente qual seja seu conteúdo ou a sua finalidade, o que, em rigor, coloca em xeque a utilidade (teórica e prática) da distinção que os §§ 1º e 2º do art. 203 querem estabelecer para eles e para a identificação do recurso deles cabível.

Não se tratando de ato colegiado, os membros do Tribunal, quando individualmente se pronunciarem, proferirão *decisões*, às quais a prática consagrou o emprego do adjetivo "monocráticas" para identificar que se trata de decisões proferidas isoladamente, e não pelo colegiado. Para elas também é indiferente seu conteúdo ou sua finalidade para fins recursais. A elas o CPC de 2015 refere-se em diversos artigos, mas, principalmente, em seu art. 932 e, com relação ao recurso cabível, no art. 1.021.

O art. 205 impõe exigências formais para os despachos, as decisões (inclusive as monocráticas proferidas no âmbito dos Tribunais), as sentenças e os acórdãos. Eles serão redigidos, datados e assinados, inclusive eletronicamente (§ 2º), pelos magistrados. Quando forem proferidos oralmente, o servidor os documentará, cabendo aos magistrados sua revisão e assinatura (§ 1º). Por força do princípio da publicidade, o § 3º do mesmo dispositivo exige que os despachos, as decisões interlocutórias, o dispositivo (parte final das sentenças) e a ementa dos acórdãos (a suma do caso julgado e a decisão tomada) sejam publicados no *Diário da Justiça*, órgão oficial de divulgação dos atos processuais, e que são unificados no Diário da Justiça Eletrônico Nacional (DJEN), criado originalmente pela Resolução n. 234/2016 do CNJ e regulamentado posteriormente pela Resolução n. 455/2022.

3.4 Atos do escrivão ou do chefe de secretaria

Os arts. 206 a 211 tratam dos atos a serem praticados pelo escrivão ou pelo chefe de secretaria.

O art. 206 indica os elementos a serem observados na *autuação* da petição inicial, isto, na abertura dos cadernos processuais, em que os atos respectivos serão documentados, e nos volumes que forem se formando.

Todas as folhas serão numeradas e rubricadas (art. 207, *caput*), sendo facultado à parte, ao procurador, ao membro do Ministério Público, ao defensor público e aos auxiliares da justiça rubricar as folhas correspondentes aos atos que praticarem (art. 207, parágrafo único).

Os termos de juntada, vista, conclusão e outros semelhantes constarão de notas datadas e rubricadas pelo escrivão ou pelo chefe de secretaria (art. 208). É certo, outrossim, que não são admitidos nos atos e termos processuais espaços em branco, salvo os que forem inutilizados, assim como entrelinhas, emendas ou rasuras, exceto quando expressamente ressalvadas (art. 211).

Os atos e os termos do processo serão assinados pelas pessoas que neles intervierem; quando estas não puderem ou não quiserem firmá-los, o escrivão ou o chefe de secretaria certificará a ocorrência (art. 209, *caput*). Tratando-se de processo total ou parcialmente documentado em autos eletrônicos, os atos processuais praticados na presença do juiz poderão ser produzidos e armazenados de modo integralmente digital em arquivo eletrônico inviolável, na forma da lei, mediante registro em termo, que será assinado digitalmente pelo juiz e pelo escrivão ou chefe de secretaria, bem como pelos advogados das partes (§ 1º). Eventuais contradições na transcrição devem ser levantadas oralmente no momento de realização do ato, sob pena de preclusão, devendo o juiz decidir de plano, e ordenar o registro da alegação e da decisão no termo (§ 2º).

O art. 210 permite o uso de outros métodos de documentação dos atos processuais, desde que idôneos, tais como a taquigrafia, estenotipia. Não se trata, aqui, de incentivar o emprego de técnicas que, em rigor, são muito bem substituídas pelas novas tecnologias, mas de a lei *federal* prever que nem sempre as novas tecnologias estarão disponíveis indistintamente em todo e qualquer órgão judiciário em território nacional.

3.5 Negócios processuais

Dentre a disciplina dos "atos em geral" reside o art. 190, importante novidade trazida pelo CPC de 2015 que merece ser destacada, a justificar a criação de um número próprio para examinar mais de perto a regra por ele anunciada.

O dispositivo admite que as partes realizem verdadeiros acordos de procedimento para otimizar e racionalizar a atividade jurisdicional nos seguintes termos: "versando o processo sobre direitos que admitam autocomposição, é lícito às partes plenamente capazes estipular mudanças no procedimento para ajustá-lo às especificidades da causa e convencionar sobre os seus ônus, poderes, faculdades e deveres processuais, antes ou durante o processo".

A regra está a autorizar que partes capazes – o que exclui de sua incidência, portanto, qualquer espécie de incapacidade em função da especialidade da regra – ajustem alterações no procedimento (ajustando-o às especificidades da causa), além de poderem convencionar sobre os seus ônus, poderes, faculdades e deveres processuais.

O *caput* do art. 190 admite que os acordos sejam feitos *antes* do processo (em cláusula de contrato, por exemplo, como sempre ocorreu com o chamado foro de eleição, clássico exemplo de negócio processual *típico*) ou durante sua tramitação (razão pela qual é importante entender que o incentivo à autocomposição feito desde os §§ 2º e 3º do art. 3º deve se voltar *também* ao próprio processo, e não só ao direito material controvertido). Trata-se, portanto, da possibilidade de as partes estabelecerem entre si negócios processuais *atípicos*, para além daqueles já previstos e estabelecidos pelo CPC e pela legislação processual civil extravagante, que são os negócios processuais *típicos*.

Em qualquer caso, contudo, importa que o processo (futuro ou presente) diga respeito a "direitos que admitam *autocomposição*", conceito mais amplo (e mais preciso) que o mais tradicional, de direitos patrimoniais disponíveis. Sim, porque há aspectos de direitos indisponíveis que admitem alguma forma de autocomposição.

Trata-se, nessa perspectiva, de regra inequivocamente voltada às *partes* e que, bem entendida, deveria estar alocada ao lado dos demais atos das partes, indo além das disposições que ocupam os arts. 200 a 202.

Cabe a ênfase: as *partes* podem celebrar negócios processuais. É o que basta para excluir de seu campo os *terceiros* a não ser que eles, embora mantenham tal *status* em relação ao processo, participem *pessoalmente* da celebração. Assim, uma coisa é as *partes* ajustarem entre si que não denunciarão a lide a quem de direito; outra é as partes quererem impedir a intervenção de um assistente ou de um *amicus curiae* em seu processo. Qualquer cláusula das partes (como ocorre em qualquer contrato) não tem eficácia em relação a terceiros.

Ao magistrado cabe, de ofício ou a requerimento, controlar a validade destas convenções, os negócios processuais, recusando-lhes aplicação somente nos casos de nulidade, de inserção abusiva em contrato de adesão ou em que alguma parte se encontre em manifesta situação de vulnerabilidade (art. 190, parágrafo único). É o que basta para afastar o entendimento de que as partes têm a primeira e/ou a última palavra do que pode ser objeto de negociação para os fins do *caput* do dispositivo.

Que as partes capazes podem realizar acordos pelas mais diversas formas em relação ao direito controvertido que admite autocomposição, não há por que duvidar. A novidade do *caput* do art. 190 é o *objeto* destes acordos. Segundo o dispositivo, eles podem dizer respeito a mudanças no procedimento (ajustando-o às especificidades da causa) *e* convencionar sobre os seus ônus, poderes, faculdades e deveres processuais.

A dificuldade reside menos em listar exemplos de negociação processual (negócios *atípicos*) e mais em saber os *limites* destes negócios processuais, máxime quando, de acordo com o "modelo constitucional do direito processual civil", as regras relativas ao *procedimento* são de competência dos Estados, consoante o absolutamente ignorado, inclusive pelo próprio CPC de 2015 como um todo e pelo dispositivo agora em foco, inciso XI do art. 24 da CF (v. n. 2.5 do Capítulo 1).

Para tanto, é mister ter presente o disposto no parágrafo único do art. 190, que permite ao magistrado, controlando sua validade, negar aplicação aos negócios processuais em três hipóteses: quando entendê-los inválidos; quando inseridos de forma abusiva em contrato de adesão; ou, ainda, quando alguma parte se encontrar em manifesta situação de vulnerabilidade.

A primeira situação, de invalidade, relaciona-se com o que merece ser chamado de ordem pública processual ou, para quem preferir, de normas *cogentes*. Tudo aquilo que estiver fora do alcance negocial das partes com relação ao plano do processo não pode ser objeto de negócio processual. Uma coisa, enfatizo, é atestar a plena capacidade negocial das partes diante de um direito (material) que aceita autocomposição. Outra, bem diferente, é querer comunicar esta liberdade para o modo de atuação do Estado-juiz, isto é, para o plano do processo, inclusive na perspectiva da organização de seus próprios atos, ou seja, do *procedimento*. As tais normas de ordem pública ou cogentes o são a ponto de não se poder querer desprezá-las, desconsiderá-las, esquecê-las, ainda que se queira. É esta a sua característica.

Mesmo no campo do direito civil, ninguém pode colocar em dúvida óbice similar para todo e qualquer negócio jurídico. Tanto assim que, de acordo com o art. 104 do Código Civil, a validade do negócio jurídico requer, além de agente capaz e forma prescrita ou não defesa em lei, "objeto *lícito*, possível, determinado ou determinável". É esta "licitude" de "objeto" que diz respeito ao ponto aqui versado.

Confesso, prezado leitor, que ainda não me convenci sobre a possibilidade de um alcance muito amplo e generalizado do art. 190. Muito pelo contrário. As escolhas feitas pelo legislador nos mais diversos campos do direito processual civil não podem ser alteradas pelas partes a seu próprio alvedrio. A liberdade delas com relação ao procedimento, aos seus próprios ônus, poderes, faculdades, deveres processuais fica restrita àqueles casos em que o ato processual não é regido por norma cogente. Não se trata de exigir ou deixar de exigir forma específica. Disto se ocupa suficientemente o art. 188. Trata-se, isto sim, de negar validade e aplicação a negócios processuais que queiram alterar o que não é passível de alteração nos precisos termos da primeira parte do parágrafo único do art. 190.

Por mais intenso que seja – e deve ser – o diálogo entre os planos material e o processual, inclusive para criar condições ótimas de resolução do conflito, a liberdade dada às partes para "ajustá-lo às especificidades da causa" referida pelo *caput* do art. 190 encontra limites no modelo de atuação estatal. Até porque muito do que se propaga como sendo casos de negócios processuais atípicos reside, verdadeiramente, na renúncia ou no não exercício de um direito que se funda no próprio direito material e, neste campo, a tendência é de haver mais opções legítimas de disposição de direitos das partes do que no campo processual.

Não se trata, insisto, de hipertrofiar o "processo" em detrimento do "direito" (material), mas de ter (cons)ciência dos limites que existem para o exercício da função jurisdicional – sempre e invariavelmente desde o "modelo constitucional" –, e que o processo, o procedimento e, de forma ampla, a atuação das partes não estão sujeitos a negociações que atritem com o seu núcleo duro, muito bem representado pelas normas de ordem pública ou cogentes. Não pode a lei federal, passando por cima do inciso XI do art. 24 da CF, em verdade desconsiderando-o – e isso é uma tônica do CPC de 2015 –, "delegar" liberdade a determinados sujeitos do processo para estabelecer o *seu* próprio procedimento ou os *seus* próprios ônus, poderes, faculdades e deveres processuais.

Por tal razão, ao menos por ora, não vejo como aceitar convenções processuais sobre: (i) deveres-poderes do magistrado ou sobre deveres regentes da atuação das partes e de seus procuradores; (ii) sobre a força probante dos meios de prova; (iii) sobre os pressupostos de constituição e desenvolvimento válido do processo e/ou do exercício do direito de ação; (iv) sobre as hipóteses (e o regime) da tutela provisória; (v) sobre as formas e técnicas de cumprimento da sentença, inclusive o provisório, e as de execução; (vi) sobre a coisa julgada; (vii) sobre o número de recursos cabíveis ou interponíveis e seu respectivo regime jurídico; ou (viii) sobre as hipóteses de rescindibilidade.

De outro lado, tenho menos dúvidas sobre a possibilidade de as partes aperfeiçoarem, consoante as necessidades de cada caso concreto, as diversas (e amplas) possibilidades *típicas* de negócios processuais, reconhecidas pelo próprio CPC de 2015. Para além da clássica e já citada eleição de foro (art. 63), menciono as seguintes hipóteses: (i) escolha do conciliador, do mediador ou da câmara privada de conciliação ou de mediação (art. 168); (ii) suspensão do processo (art. 313, II, levando em conta, inclusive, o quanto disposto no art. 16 da Lei n. 13.140/2015, a Lei da Mediação, que tem tudo para se sobrepor ao limite temporal previsto no § 4º do art. 313); (iii) escolha do perito (art. 471); ou (iv) escolha do administrador-depositário no caso de penhora de frutos e rendimentos de coisa móvel ou imóvel (art. 869).

No que diz respeito aos *prazos*, não vejo problemas de eles serem *reduzidos*, consoante as necessidades do caso. É o próprio § 1º do art. 222, a propósito, a aceitar que os chamados prazos peremptórios podem ser reduzidos desde que concordem as partes. O *aumento* dos prazos é dever-poder do magistrado (art. 139, VI), o que basta para entender que esta possibilidade está fora do campo de autocomposição das partes. Não há como entender que o pedido de uma parte para dilatar um prazo seja equiparável a um negócio jurídico nos moldes do art. 190. O que pode ocorrer é a fixação de verdadeiro "calendário processual", o que pressupõe, contudo, *prévia* concordância do Estado-juiz e das partes (bem ao estilo do processo cooperativo do art. 6º), que conduz ao art. 191, objeto de exame no número seguinte. É, nesse sentido, hipótese diversa das alcançadas pelo art. 190.

Também não nego a possibilidade de os procuradores concordarem sobre a não realização de sustentação oral no âmbito dos recursos (art. 937). É medida que, longe de violar qualquer prerrogativa profissional, representa bem a disponibilidade consciente (e necessariamente casuística) de um direito para o atingimento de uma maior eficiência processual.

Ambas as listas, prezado leitor, querem ser exemplificativas no sentido de terem como finalidade precípua *ilustrar* os limites e as possibilidades dos negócios processuais a que se refere o *caput* do art. 190.

As duas outras hipóteses em que o magistrado, controlando a validade dos negócios processuais, negará sua aplicação, tal qual prevê o parágrafo único do art. 190, não parecem despertar maiores questionamentos. Para aqueles casos, mesmo supondo que o objeto do negócio processual esteja dentro dos limites que acabei de aventar, a circunstância de eles estarem inseridos em contratos de adesão (inesgotáveis fontes de conflito dada a sua própria natureza, máxime em economias massificadas como a atual) *ou* terem aptidão de gerar situação de desequilíbrio marcante entre as partes envolvidas é fator que, por si só, pode conduzir o magistrado a negar sua aplicação. Aqui e lá é o próprio princípio da isonomia que, depositado nas mãos do magistrado, viabilizará não só a invalidade da cláusula (passível de ser pronunciada, inclusive, de ofício, após o prévio e regular contraditório), mas também a sua ineficácia. É como se a convenção não estivesse escrita. E vivam os deveres-poderes do magistrado!

Mesmo sendo mais restritivo com relação ao campo de incidência do art. 190, menos pelo que se lê do seu *caput* e mais pelo que se lê do seu parágrafo único, que redunda, na existência de limites para a celebração dos negócios processuais, não vejo por que não aplaudir a regra que, mesmo nos seus devidos confins, permitirá, ao lado do incentivo da busca de outros meios de resolução de conflitos além do jurisdicional (art. 3º, § 3º), que as próprias partes, ainda quando se valham do aparato jurisdicional, otimizem os atos de acordo com suas conveniências e interesses. O próprio órgão jurisdicional, nessas circunstâncias, tenderá a ter trabalho reduzido, o que significará, em termos diretos, a possibilidade de dedicar mais de seu tempo e esforços a outros casos que não admitam este tipo de solução.

Chegado ao fim deste número, prezado leitor, tenha ciência de que sei que esta visão do *Manual* pode vir a ser criticada, quiçá tachada de *hiperpublicista*, de *conservadora*, de, até mesmo, *autoritária*. Tudo porque vejo limites no direito de as partes disporem sobre o que *não* é seu, justamente porque o processo não se confunde com o direito material nele discutido e que reclama – e por vezes, justamente no malogro de outras técnicas para solução de conflitos, *impõe* – concretização de tutela jurisdicional. *Diálogo* entre os dois planos, sim; *sobreposição* e/ou *sincretismo*, nunca. Modelo *cooperativo* de processo, sim; *privatista*, não. Como tudo na vida, a virtude está no equilíbrio: *in medio virtus*. Até porque, no âmbito do direito público e do serviço público no qual o direito processual civil está inserido a alocação de recursos, de tempo e de tecnologias é diversa da lógica e da razão existente fora dele.

Não obstante eventuais críticas, a questão resume-se em ser livre para pensar e refletir, de assumir uma (ou outra) ideologia, uma (ou outra) forma de ver todo o fenômeno processual, como método (estatal) de solução de conflitos; de dar maior ou menor ênfase às normas cogentes e ao maior ou ao menor espaço deixado por elas às partes para definirem, elas próprias, ainda que de comum acordo, sobre *como o Estado-juiz* atuará para resolver o seu conflito, o que é sempre bem diferente, preste atenção, prezado leitor, por favor, de as partes acordarem sobre a própria sorte de seu direito material, quiçá deixando de exercer certos direitos ou abrindo mão deles (e, ainda aqui, sempre observados os limites do ordenamento jurídico).

Nada de diferente, portanto, do que dá a tônica a este trabalho, é lê-lo desde a sua epígrafe, convidando o leitor a fazê-lo também. Se um dia encontrar algum argumento valioso, alterarei, justificadamente, e com imenso prazer intelectual, a minha forma de pensar. Até agora, contudo, não o encontrei. E definitivamente bons argumentos não se confundem com rótulos que querem descrever as diferentes formas de analisar os mais variados problemas trazidos à tona pelo CPC.

A Lei n. 13.874/2019, que "institui a Declaração de Direitos de Liberdade Econômica", acrescenta um novo § 12 ao art. 19 da Lei n. 10.522/2002, para admitir que os órgãos do Poder Judiciário e a Procuradoria-Geral da Fazenda Nacional, realizem, de comum acordo, "[...] mutirões para análise do enquadramento de processos ou de recursos nas hipóteses previstas neste artigo e celebrar negócios processuais com fundamento no disposto no art. 190 da Lei n. 13.105, de 16 de março de 2015 (Código de Processo Civil)".

Trata-se, do ponto de vista substancial, de derivação da regra genérica do art. 190 do CPC, já que os negócios processuais, em tais casos, são realizados sem a participação da parte contrária (o particular), ainda quando se limitem a realizar os "mutirões" referidos, que têm como objetivo a localização e o enquadramento de processos para os fins do *caput* do art. 19 da Lei n. 10.522/2002, de permitir que a Fazenda Nacional deixe de contestar, de oferecer contrarrazões, de interpor recursos e de desistir dos já interpostos em determinadas hipóteses, a maior delas quando já houver indexador jurisprudencial em sentido contrário (art. 927 do CPC).

Embora louvável a iniciativa, há de se perquirir por que o desprezo com, ao menos, a prévia oitiva (e, mais que isto, a própria cooperação) da parte contrária na consecução daqueles fins, sobretudo para evitar que se inclua processo ou que exclua processo indevidamente com tal objetivo. É correto entender, por isso mesmo, que os efeitos concretos daqueles negócios só podem ser experimentados na esfera jurídica da parte contrária se, previamente ouvida, ela manifestar sua concordância, sendo indiferente, para tanto, prévia aquiescência judicial.

Do ponto de vista formal, é questionável que a inovação, que deriva da conversão em lei de medida provisória editada em franca violação à proibição do art. 62, § 1º, b, da CF, supere questionamento de sua inconstitucionalidade naquela perspectiva, em total harmonia com o que expõe o n. 6 do Capítulo 3 da Parte I com relação ao quinto grupo do modelo constitucional de direito processual civil.

3.6 Calendário processual

O *caput* do art. 191 autoriza que as partes e o magistrado, de comum acordo, estabeleçam verdadeiro calendário para a prática de atos processuais, quando for o caso. É campo fértil para *reduzir* (art. 222, § 1º) ou *ampliar* prazos, antecipando e generalizando o disposto no inciso VI do art. 139.

Por pressupor acordo entre os sujeitos processuais já indicados, o calendário vincula-os e os prazos nele estabelecidos serão modificados em casos excepcionais, quando devidamente justificados. A regra, estampada no § 1º do art. 191, é decorrência clara do art. 5º e da boa-fé objetiva nele constante.

Com o estabelecimento do calendário, é dispensada, pertinentemente, a realização de intimações para a prática de atos processuais ou para audiências nele previstas (art. 191, § 2º). A razão de ser da regra repousa na desnecessidade de prévia intimação para a prática ou comparecimento em atos processuais que, de antemão, são conhecidos por todos. É um caso claro de aplicação concreta da eficiência processual (art. 4º).

Pergunta sofisticada, prezado leitor, é saber se o calendário pode ser controlado pelo juiz, recusando-o por alguma razão. A resposta é inequivocamente positiva. Também aqui se está no campo do direito público. O que o *caput* do art. 191 quer – e o CPC de 2015, desde o § 3º de seu art. 3º, incentiva – é que sejam buscados meios alternativos de resolução de conflitos, considerando (sempre com a observância dos devidos limites) eventual alteração das normas relativas ao procedimento, aos ônus, poderes, faculdades e deveres processuais (v. n. 3.5, *supra*). Para tanto, é possível – e o art. 191 deixa isto claro – a elaboração de verdadeiro calendário para atos processuais em geral, que afetará, não há por que duvidar, o *procedimento*, sempre compreendido no correto sentido de organização dos atos (e fatos) que dizem respeito ao processo.

Para além do diálogo idealizado pelo *caput* do art. 191 que, evidentemente, *pressupõe* concordância do magistrado (que atua em nome do Estado-juiz, vinculando-o como um todo ao calendário, e não pessoal) quanto aos termos do calendário, não há como negar que o magistrado, justamente por discordar dele, negue aplicação ao ajuste das partes. Nada de diferente, portanto, do que pode se dar com relação aos negócios processuais em geral, como se lê, com toda a clareza, do parágrafo único do art. 190, estando naquele dispositivo referencial amplo o suficiente para justificar esta *decisão* do magistrado.

Aquele dispositivo, aliás, até o último estágio do processo legislativo, era amplo o suficiente para se referir, a um só tempo, aos negócios processuais em geral e ao calendário. É que ambos os institutos, desde seu nascimento no Projeto da Câmara, faziam parte de um só dispositivo legal (o art. 189), que tinha, então, quatro parágrafos. O quarto deles correspondia, justamente, à cláusula de controle ampla, que se referia indistintamente à "validade das convenções previstas neste artigo" que, com a aprovação do CPC de 2015, foi parar no parágrafo único do art. 190. Certamente para dificultar (ou impedir) o entendimento aqui sustentado, da possibilidade de o magistrado recusar validade e eficácia *também* ao calendário processual, caso discorde dele.

E como isso se deu, perguntará o prezado leitor? Esta é uma boa questão. A resposta é que o *desmembramento* daquele art. 189 do Projeto da Câmara – que havia sido aprovado pelo Senado – simplesmente *apareceu* no texto enviado à sanção presidencial no dia 24 de fevereiro de 2015, após mais de dois meses de revisão, o que apelidei de *limbo revisional*. Como assim, insistirá o prezado leitor, isto não tem cabimento, viola o devido processo legislativo, extrapola os limites do art. 65 da CF! E o pior: o Senado Federal, responsável pelo encaminhamento do texto à sanção presidencial, estava em recesso. Como pretender desmembrar em dois o texto que o Plenário daquela Casa havia aprovado como um só? Mais perguntas pertinentes.

As respostas a elas, muito provavelmente, estão guardadas com algum arauto da *liberdade processual* que, deixando de lado os limites constitucionais do *devido processo legislativo*, resolveu aplicá-la, no âmbito do processo legislativo, para *impor* sua própria visão do problema, para o espanto e para a surpresa de todos aqueles que acompanhavam e participavam aberta e francamente daquele mesmo processo. Trata-se de verdadeiro contrassenso, de verdadeiro paradoxo, que faz ruir as normas fundamentais eleitas pelo próprio CPC de 2015. E sou eu a perguntar: é este o tipo de liberdade possível (ou desejável) em um Estado Constitucional? O prezado leitor, bem sei, conhece a resposta.

Assim, não fosse pelo quanto já escrito, justamente porque a cláusula de controle foi modificada de modo indevido, a única forma de superar a inconstitucionalidade formal da modificação que aqui noticio (e lamento) é entendê-la aplicável *também* ao calendário processual. Em suma – e para quem não extrair essa conclusão do *sistema* processual civil –, o parágrafo único do art. 190 aplica-se também, como fator de controle, para o calendário do art. 191, a permitir ao magistrado, diante daqueles pressupostos fáticos, negar sua validade e eficácia.

4. TEMPO DOS ATOS PROCESSUAIS

Os atos processuais devem ser praticados nos dias úteis no período das seis às vinte horas (art. 212, *caput*). Feriados para efeito forense, é o art. 216 quem estabelece, são os sábados, os domingos e os dias, inclusive os estabelecidos por leis estaduais ou municipais, em que não há expediente forense.

Quando a prática do ato tenha se iniciado antes das vinte horas e seu adiamento puder prejudicá-lo ou causar grave dano, é permitida sua conclusão após aquele horário (art. 212, § 1º).

O § 2º do art. 212, por sua vez, dispõe que, independentemente de autorização judicial, as citações, intimações e penhoras poderão realizar-se no período de férias forenses, onde as houver, e nos feriados ou dias úteis fora do horário determinado no artigo, observado o direito de inviolabilidade garantido pelo inciso XI do art. 5º da CF.

Quando se tratar de ato a ser praticado por meio de petição em autos não eletrônicos, o seu protocolo respectivo deverá ser feito de acordo com o horário de funcionamento do fórum ou tribunal estabelecido por suas normas de regência (art. 212, § 3º).

Sendo eletrônicos os autos, prevalecem o disposto no art. 213 (idêntico ao parágrafo único do art. 3º e ao § 1º do art. 10 da Lei n. 11.419/2006, específico para a hipótese) e a possibilidade de sua prática até às vinte e quatro horas do dia do último dia do prazo. Neste caso, de acordo com o parágrafo único do art. 213, prevalece o horário vigente no órgão jurisdicional perante o qual o ato deve ser praticado. Não se esqueça, prezado leitor, dos fusos horários do Brasil.

No período de férias forenses e nos feriados, é vedada, em regra, a prática de atos processuais (art. 214, *caput*). As exceções, constantes dos dois incisos daquele dispositivo, são as referidas no § 2º do art. 212, acima indicadas, e as relacionadas às tutelas provisórias com fundamento em urgência.

Mesmo nos locais onde houver, as férias forenses não inibem a prática dos atos relativos aos procedimentos de jurisdição voluntária e os necessários à conservação de direitos, quando puderem ser prejudicados pelo adiamento, os relativos a alimentos e de nomeação ou remoção de tutor e curador, além de outras causas previstas em lei, como, por exemplo, os processos relativos às locações de imóveis urbanos (art. 58, I, da Lei n. 8.245/1991). É o que determina o art. 215.

5. LUGAR DOS ATOS PROCESSUAIS

A regra é que os atos processuais sejam praticados na sede do juízo (art. 217).

Podem ser realizados, contudo, em lugar diverso em razão de deferência, de interesse da justiça, da natureza do ato ou de obstáculo arguido pelo interessado e acolhido pelo magistrado, tudo, ainda, de acordo com o mesmo dispositivo.

É o que ocorre, apenas para fins ilustrativos, na possibilidade de a oitiva das autoridades a que se refere o art. 454 como testemunhas dar-se no local em que exercem suas funções, quando se tratar de testemunha enferma que justifique o deslocamento do magistrado para sua oitiva (art. 449, parágrafo único) ou quando o magistrado, com fundamento no art. 483, realiza inspeção judicial.

6. PRAZOS

Todos os atos processuais precisam ser praticados nos prazos previstos em lei (art. 218, *caput*). Prazo é o espaço de tempo existente entre dois termos, o inicial e o final, em que o ato processual deve ser praticado sob pena de não poder ser mais produzido. É o que comumente a doutrina identifica como "preclusão temporal", isto é, a perda de um direito pelo seu não exercício em determinado prazo.

Mesmo quando o ato processual é praticado *antes* do início do prazo, ele é considerado tempestivo (art. 218, § 4º), dispositivo que pode parecer supérfluo, mas que foi introduzido pelo CPC de 2015 para combater entendimento em sentido contrário (e equivocado) que conquistou a simpatia de alguns julgados, inclusive do STJ.

Os prazos podem ser contados em horas, dias, semanas, meses e anos. No CPC de 2015, de toda a sorte, são mais comuns os prazos contados em *dias,* que, de acordo com o *caput* do art. 219, só são os *úteis* (v. n. 6.1, *infra*). Não havendo prescrição legal ou judicial em sentido diverso, será de *cinco* dias o prazo para que a parte pratique o ato processual (art. 218, § 3º), sendo certo que, ressalvada a expressa previsão em sentido contrário, as intimações só obrigarão depois do transcurso do prazo de quarenta e oito horas (art. 218, § 2º).

O *caput* do art. 220 estatui que, no período de 20 de dezembro a 20 de janeiro inclusive, ficam suspensos os prazos processuais, não podendo ser realizadas audiências nem sessões de julgamento (art. 220, § 2º). A inovação, tal qual prevista, não atrita com o inciso XII do art. 93 da CF, que determina sejam ininterruptas as atividades judiciárias. É que o § 1º do art. 220 preserva, expressamente, o exercício das funções de todos os sujeitos processuais durante aquele período – resguardadas férias *individuais* de magistrados e servidores e feriados –, o que equivale a dizer que não é autorizado o fechamento de fóruns ou tribunais. O que ocorre, bem diferentemente, é que não há fluência de prazos processuais, nem, como já destaquei, a realização de audiências e sessões de julgamento. A prática de eventuais atos urgentes em tais situações decorre suficientemente do disposto no inciso II do art. 214. Tais distinções foram bem disciplinadas pela Resolução n. 244, de 12 de setembro de 2016, do CNJ, que também busca uniformizar a regra do art. 220 do CPC de 2015 com o recesso estabelecido para a Justiça Federal pelo art. 62, I, da Lei n. 5.010/1966, entre os dias 20 de dezembro e 6 de janeiro de cada ano.

A contagem do prazo pode ser suspensa quando houver obstáculo criado em prejuízo da parte e também nos casos em que o processo fica suspenso (art. 221, *caput*). Neste caso, cessada a razão da suspensão do prazo, ele voltará a fluir por tempo igual ao que faltava para sua complementação, sempre considerado, para fins de contagem, somente os dias úteis. Assim, suspenso um prazo processual de cinco dias no terceiro dia útil de sua contagem, cessada a causa da suspensão, haverá mais dois dias (úteis) para a prática do ato.

Os prazos são suspensos também durante a execução de programa instituído pelo Poder Judiciário para promover a autocomposição, incumbindo aos tribunais especificar, com antecedência, a duração dos trabalhos. A previsão, que está no parágrafo único do art. 221, merece ser entendida de maneira restritiva, isto é, de forma a não afetar os processos que, por qualquer razão, não estejam ou não podem estar sujeitos àqueles programas.

Cabe ao magistrado *prorrogar* os prazos processuais por até dois meses sempre que for difícil o transporte no local em que o ato processual deva ser praticado (art. 222, *caput*). Em caso de calamidade pública, este prazo pode ser superior (art. 222, § 2º). Ao juiz, contudo, é vedado *reduzir* os chamados prazos peremptórios, a não ser que haja anuência das partes (art. 222, § 1º), regra que ganha maior interesse diante do calendário a que diz respeito o art. 191 (v. n. 3.5, *supra*). Esta classe, de prazos peremptórios, merece ser repensada, inclusive diante do disposto no inciso VI do art. 139, como proponho no n. 5.1 do Capítulo 4.

Transcorrido o prazo, extingue-se o direito de praticar ou emendar o ato processual independentemente de qualquer manifestação judicial (art. 223, *caput*). É o que, em geral, é chamado, respectivamente, de "preclusão *temporal*" (expressão que já esclareci no início desse número) e "preclusão *consumativa*", devendo ser entendida como a perda da possibilidade de correção ou de complementação de um ato do processo já praticado. Cabe ao interessado, contudo, justificar por que não praticou o ato, alegando e comprovando ter ocorrido justa causa para tanto, assim considerado o "evento alheio à vontade da parte e que a impediu de praticar o ato por si ou por mandatário" (art. 223, § 1º). Se o magistrado entender ocorrente a justa causa, abrirá novo prazo para a prática do ato (art. 223, § 2º).

6.1 Contagem e fluência

Novidade digna de destaque do CPC de 2015 em relação ao CPC de 1973 é a circunstância de os prazos *processuais*, sejam os legais (prescritos em lei) ou judiciais (prescritos pelo magistrado), estabelecidos em dias só fluírem em dias *úteis* (art. 219). Dias úteis para fins forense são, lembro-o, prezado leitor, aqueles que não se amoldam à previsão do art. 216. Prazos *materiais* não estão sujeitos a esta regra, como evidencia o parágrafo único do art. 219. Assim, por exemplo, os trinta dias de uma notificação para que o devedor adimpla a obrigação serão contados de forma corrida, tanto quanto os sessenta dias para que o contribuinte, querendo, apresente impugnação a auto de infração lavrado contra si. A distinção, contudo, tem despertado controvérsias, tratadas ao longo deste *Manual*.

Nos prazos processuais, a regra é de *exclusão* do primeiro dia (termo inicial) e *inclusão* do último dia (termo final), sempre considerados somente os dias úteis (art. 224, *caput*). Quando o expediente forense for encerrado mais cedo, quando começar mais tarde (o que é novidade do CPC de 2015) ou, ainda, o que também é novo, quando houver indisponibilidade da comunicação eletrônica, os dias de início e/ou de vencimento dos prazos serão automaticamente deslocados para o primeiro dia útil seguinte (art. 224, § 1º). A derradeira hipótese deve ser compreendida amplamente, mesmo quando os autos do processo – e os respectivos atos – não forem eletrônicos, porque pode ocorrer da falta de comunicação dificultar ou impedir a devida prática do ato. É pensar no retardo da divulgação do *Diário da Justiça eletrônico*, que veicula também as intimações relativas aos processos em papel.

Para a contagem do prazo, cabe discernir, com base nos §§ 2º e 3º do art. 224, a *disponibilização* da informação forense no *Diário da Justiça eletrônico* (sobre o que versará o ato processual e quem deve praticá-lo) da sua *publicação*. A contagem do prazo depende da *publicação*, considerado o primeiro dia útil seguinte que se seguir à *disponibilização*. Assim, por exemplo, um prazo de cinco dias, disponibilizado na sexta-feira, considera-se publicado na segunda-feira seguinte (primeiro dia útil seguinte à disponibilização). Em tal condição, o início do prazo é terça-feira, primeiro dia útil seguinte à publicação. O prazo final para prática do ato será na segunda-feira seguinte, da outra semana, quinto dia *útil* que se seguiu ao primeiro dia útil que se seguiu à publicação.

O art. 225 permite que a parte renuncie ao prazo estabelecido exclusivamente em seu favor, desde que o faça expressamente.

O art. 226 estabelece prazos a serem cumpridos pelo magistrado (cinco dias para proferir despachos, dez dias para proferir decisões interlocutórias e trinta dias para proferir sentenças). Havendo justo motivo, estes prazos podem ser excedidos por igual tempo (art. 227). É importante ter em mira que os prazos existem para serem cumpridos por todos os sujeitos do processo. Trata-se, em última análise, de imposição do princípio da eficiência processual, decorrente do art. 5º, LXXVIII, da CF e que é reproduzido no art. 4º do CPC de 2015. Assim, ao mesmo tempo em que cabe reconhecer a possibilidade de motivos que justifiquem a dobra autorizada pelo art. 227, não é o caso de aceitar passivamente qualquer generalização a respeito do assunto e, por isto mesmo, a distinção usualmente (ainda) feita pela nossa doutrina entre "prazos *próprios*" (aqueles sujeitos à extinção nos termos do art. 223, *caput*) e "prazos *impróprios*", aqueles que não impedem seu destinatário de praticá-lo após o transcurso do prazo, tais quais os prazos dirigidos aos magistrados. Não há fundamento constitucional nem legal para esta distinção.

O art. 228 reserva o prazo de um dia para que o escrivão remeta os autos para o juiz. O dispositivo pressupõe autos físicos, porque, tratando-se de autos eletrônicos, não há razão para tanto. O mesmo art. 228 prevê o prazo de cinco dias para o escrivão praticar os atos que estão sob sua responsabilidade. A regra do § 2º sobre autos eletrônicos é pertinentíssima: neles – e diferentemente do que se dá nos autos em papel –, "a juntada de petições ou de manifestações em geral ocorrerá de forma automática, independentemente de ato de serventuário da justiça".

O art. 229 ocupa-se com os prazos na hipótese de os litisconsortes terem advogados diversos *de escritórios de advocacia diferentes*, ressalva que inova em relação ao art. 191 do CPC de 1973. Neste caso, os prazos serão generalizadamente contados em *dobro* independentemente de prévio requerimento. A dobra, contudo, cessará se só houver defesa de um dos litisconsortes (art. 229, § 1º), sendo certo, outrossim, que a previsão não se aplica na hipótese de os autos serem eletrônicos (art. 229, § 2º).

O art. 230 dispõe que o prazo para a parte, para o advogado privado, para a Advocacia Pública, para a Defensoria Pública e para o Ministério Público será contado da citação, da intimação ou da notificação.

A regra merece ser interpretada em conjunto com o art. 231, que estabelece o *início* do prazo após a citação ou a intimação levando em conta uma série de alternativas.

Assim, o *dies a quo* (expressão latina que significa o dia de *início* do prazo) será: (i) a data de juntada aos autos do aviso de recebimento, quando a citação ou a intimação for pelo correio; (ii) a data de juntada aos autos do mandado cumprido, quando a citação ou a intimação for por oficial de justiça, mesmo quando se tratar de citação feita com hora certa (art. 231, § 4º); (iii) a data de ocorrência da citação ou da intimação, quando ela se der por ato do escrivão ou do chefe de secretaria; (iv) o dia útil seguinte ao fim da dilação assinada pelo juiz, quando a citação ou a intimação for por edital; (v) o dia útil seguinte à consulta ao teor da citação ou da intimação ou ao término do prazo para que a consulta se dê, quando a citação ou a intimação for eletrônica; (vi) a data de juntada do comunicado de que trata o art. 232 ou, não havendo esse, a data de juntada da carta aos autos de origem devidamente cumprida, quando a citação ou a intimação se realizar em cumprimento de carta; (vii) a data de publicação, quando a intimação se der pelo *Diário da Justiça* impresso ou eletrônico; (viii) o dia da carga, quando a intimação se der por meio da retirada dos autos, em carga, do cartório ou da secretaria; e, por fim, (ix) o quinto dia útil seguinte à confirmação, na forma prevista na mensagem de citação, do recebimento da citação realizada por meio eletrônico, regra que foi inserida pela Lei n. 14.195/2021, cuja inconstitucionalidade formal é inequívoca porque se trata de projeto de conversão em lei de medida provisória que nem sequer regulava tal assunto e que, em rigor, nem sequer poderia fazê-lo por força da expressa vedação constante do art. 62, § 1º, I, *b*, da CF.

Importa discernir as hipóteses dos incisos V e IX, novidade trazida com a Lei n. 14.195/2021, sempre ressalvado, para fins de exposição, qualquer questionamento acerca de sua inconstitucionalidade *formal*. Como escrevi no n. 3.1, o "processo eletrônico", tal qual disciplinado pela Lei n. 11.419/2006, foi integralmente preservado pelo CPC de 2015. O que acabou por ocorrer desde sua vigência – e de maneira muito intensa a partir da pandemia da Covid-19 – foi a digitalização dos atos processuais em geral e a adoção de meios eletrônicos para a prática e para a comunicação de atos processuais. Nesse sentido, a citação por meio eletrônico a que se refere a Lei n. 14.195/2021 e que, com sua vigência, passou a ser o modo preferencial para a prática daquele ato não se confunde com a prevista naquela lei específica. Trata-se não de um ônus imposto ao réu de *consultar* autos eletrônicos, que é o sistema da Lei n. 11.419/2006, que se harmoniza com a previsão do inciso V do art. 231, mas de o réu *receber* um e-mail enviado pelo órgão jurisdicional que faz as vezes de uma carta de citação que era enviada pelo correio tradicional, sendo, até então, a modalidade preferida do CPC. É da confirmação do recebimento daquele e-mail que terá início o prazo nos termos do inciso IX do art. 231. A Lei n. 14.195/2021, nesse sentido, acabou por substituir a citação feita pelo correio *tradicional* pelo correio *eletrônico*, o que, repito, não se confunde com a lógica da prática daquele ato nos moldes da Lei n. 11.419/2006.

Havendo mais de um réu citado (litisconsórcio *passivo*), o dia de início do prazo para contestar corresponde à última das datas referidas nos incisos I a VI do *caput* do art. 231 (art. 231, § 1º). A despeito de o inciso IX não estar mencionado pelo § 1º do art. 231, é correto entender que a regra lá veiculada alcança-o também. Isto porque a previsão do § 1º do art. 231 fazia todo sentido, antes da alteração promovida pela Lei n. 14.195/2021, considerando que os incisos VII e VIII do *caput* do art. 231 só regulamentavam hipóteses de *intimação* e não de *citação*, enquanto o § 1º sempre se referiu, única e exclusivamente, ao "prazo para contestar", denotativo (embora assistemático) da ocorrência da prévia e indispensável *citação*. E, não custa lembrar, o § 2º do art. 231 dispõe que "havendo mais de um *intimado*, o prazo para cada um é contado individualmente". Digo assistemático porque, ao menos tendo o procedimento comum como referência, a regra é que a citação do réu se dê para o seu comparecimento na audiência de conciliação e de mediação a que se refere o art. 334, *caput*, do CPC e não, propriamente, para *contestar*.

Assim, não obstante a atecnia, a melhor interpretação é a que compreende o evento do inciso IX do art. 231 (citação por meio eletrônico) *também* no contexto do § 1º do art. 231. Isto é, havendo variadas formas de citação (dentre elas, a por meio eletrônico ou, ainda, mais de uma citação por aquela modalidade), o prazo a ser considerado para a manifestação ou comportamento do réu terá início a partir da juntada do *último* comprovante disponibilizado nos autos, aí compreendida, também, a "confirmação de recebimento", prevista no inciso IX do art. 231. Ademais, quando se estiver diante de uma citação (ainda que realizada por meio eletrônico) para comparecimento do réu em audiência de conciliação ou de mediação (que, insisto, é a *regra*, em se tratando procedimento comum), não soa crível que possa, em virtude de uma eventual compreensão diversa, haver tantas sessões para aquele fim quantos sejam os réus, que, por qualquer razão, tenham a deflagração de seus prazos independentemente dos comprovantes de recebimento de citação dos demais. Além da total ausência de racionalidade processual, o desmembramento da audiência de conciliação ou de mediação por tal fundamento teria o condão de esvaziar sua razão de ser.

É correto entender, destarte, que o prazo para contestação é *comum* e contado do último episódio ocorrido nos termos dos precitados incisos (I a VI e IX do *caput* do art. 231). A hipótese, contudo, pressupõe que não seja realizada audiência de conciliação ou de mediação, no que é claro o inciso III do art. 335. Se ocorrer aquele ato, como demonstro no n. 5.1.1 do Capítulo 8, o prazo para contestação fluirá do término da própria audiência ou de sua última sessão (art. 335, I).

Quando houver mais de um intimado, a regra, como já antecipei, é diversa. Neste caso, o prazo para cada um é contado individualmente (art. 231, § 2º).

O § 3º do art. 231, por sua vez, estabelece que quando o ato tiver de ser praticado diretamente pela parte ou por quem, de qualquer forma, participe do processo, sem a intermediação de representante judicial, isto é, advogados privados, públicos, defensores públicos e membros do Ministério Público, o dia do começo do prazo para cumprimento da determinação judicial corresponderá à data em que se der a comunicação. Neste caso, é correto entender que o início do prazo não depende da prévia juntada do comprovante de intimação aos autos, excepcionando, por isso, as regras dos incisos I a VI e IX do *caput* do art. 231. É irrecusável entender que a previsão também excepciona a regra do *caput* do art. 224, pela qual "salvo disposição em contrário" – e o § 3º do art. 231 o é – "os prazos serão contados excluindo o dia do começo e incluindo o dia do vencimento".

Importa destacar, ainda, que o § 3º do art. 231 não guarda necessária relação com a distinção feita pelo parágrafo único do art. 219 entre prazos *processuais* (contados em dias úteis) e prazos *materiais* (contados em dias corridos). É que o prazo pode ser *proces-*

sual mesmo quando a sua prática independa de "intermediação de representante judicial", e só será contado em dias úteis.

O art. 232 dispõe que, nos atos de comunicação por carta precatória, rogatória ou de ordem, a realização da citação ou da intimação será imediatamente informada, por meio eletrônico, pelo juízo deprecado ao juízo deprecante. Friso que, nessas situações, o início do prazo correrá da comunicação feita ao juízo deprecante, no que é clara a primeira parte do inciso VI do art. 231.

6.2 Verificação e penalidades

Os arts. 233 a 235 ocupam-se com a verificação dos prazos e com as penalidades a serem aplicadas quando forem descumpridos.

De acordo com o *caput* do art. 233, compete ao magistrado verificar se o serventuário excedeu, sem motivo legítimo, os prazos estabelecidos em lei, sem prejuízo de às partes, os advogados (públicos ou privados), o Ministério Público e a Defensoria Pública poderem representar ao magistrado para o mesmo fim (art. 233, § 2º). Eventual falta deve ser apurada em processo administrativo (cuja imposição decorre direta e expressamente do art. 5º, LV, da CF), que poderá resultar na aplicação das sanções cabíveis (art. 233, § 1º).

O *caput* do art. 234 ocupa-se com o prazo de devolução dos autos (físicos) quando retirados pelos advogados públicos ou privados, pelo defensor público ou pelo membro do Ministério Público. A regra é que os autos sejam restituídos no prazo em que o ato deve ser praticado. A devolução dos autos no prazo do *caput* pode ser exigida por qualquer interessado (art. 234, § 1º). Se, após intimado, o responsável não devolver os autos no prazo de três dias, ele perderá o direito à vista fora de cartório e incorrerá em multa correspondente à metade do salário mínimo (art. 234, § 2º). Tratando-se de advogado, o magistrado oficiará a seccional competente da OAB para apuração de eventual infração disciplinar e apuração de multa (art. 234, § 3º). O mesmo deve ser observado quando se referir a advogado público, do membro do Ministério Público ou da Defensoria Pública (art. 234, §§ 4º e 5º). Neste caso, a multa é aplicada ao *agente* individualmente considerado, e não à instituição.

O *caput* do art. 235 cuida da possibilidade de qualquer parte (por intermédio de seu procurador), o membro do Ministério Público ou da Defensoria Pública representar ao corregedor do Tribunal ou ao Conselho Nacional de Justiça contra o magistrado que injustificadamente exceder os prazos previstos em lei, regulamento ou regimento interno. Os três parágrafos do dispositivo ocupam-se do procedimento relativo à representação, acentuando a necessidade de o contraditório ser observado (e nem poderia ser diverso) com o próprio magistrado, e das consequências a serem aplicáveis. Na preservação da inércia, os autos serão enviados para o substituto legal do magistrado para a deliberação cabível.

7. COMUNICAÇÃO DOS ATOS PROCESSUAIS

O Título II do Livro IV da Parte Geral cuida da "comunicação dos atos processuais".

Os atos processuais são cumpridos por ordem judicial (art. 236, *caput*), sendo certo que os incisos do art. 237 preveem, consoante o caso, a necessidade de serem expedidas *cartas* para a comunicação dos atos processuais.

A carta será *de ordem* quando o Tribunal determinar, aos juízes a ele vinculados, a prática de ato fora de seus limites territoriais do local de sua sede (art. 237, I, e art. 236, § 2º).

Quando se tratar de comunicação entre órgãos jurisdicionais brasileiros e estrangeiros, será expedida *carta rogatória* (art. 237, II), que deve ser dispensada – e isso é uma novidade do CPC de 2015 – nos casos em que for viável o auxílio direto entre o órgão jurisdicional brasileiro e o estrangeiro (art. 28).

A *carta precatória* será expedida para que órgão jurisdicional brasileiro pratique ou determine o cumprimento, na área de sua competência territorial, de ato relativo a pedido de cooperação judiciária formulado por órgão jurisdicional de competência territorial diversa (art. 237, III, e art. 236, § 1º).

O CPC de 2015 inova ao criar a *carta arbitral*, que é a forma de comunicação a ser estabelecida entre o Poder Judiciário e o juízo arbitral para a prática, a pedido deste, de atos por aquele (art. 237, IV). A Lei n. 13.129/2015 já viabilizara a entrada em vigor do novo instituto ao acrescentar o art. 22-C na Lei n. 9.307/1996 (Lei de Arbitragem), antes mesmo do CPC de 2015.

O parágrafo único do art. 237 também inova quando autoriza que a carta seja expedida a órgão jurisdicional da Justiça Estadual na ausência de órgão jurisdicional da Justiça Federal no local em que o ato deva ser praticado. A regra implementava o comando do § 3º do art. 109 da CF na sua redação original. A redação dada pela EC n. 103/2019 àquele dispositivo constitucional, contudo, restringe a possibilidade de atuação da Justiça Estadual a conflitos entre segurado e entidade de previdência social – e, mesmo assim, respeitada a distância prevista no inciso III do art. 15 da Lei n. 5.010/1966 na redação que lhe deu a Lei n. 13.876/2019 –, o que faz com que a previsão codificada tenha perdido seu fundamento de validade, ao menos fora da hipótese constitucional.

O § 3º do art. 236 também é novidade importante trazida pelo CPC de 2015 e merece ser destacada. O dispositivo admite a prática de atos processuais por meio de videoconferência ou outro recurso tecnológico de transmissão de sons e imagens em tempo real. Em diversos outros artigos, a regra é especificamente mencionada, correlacionando-a à prática de variados atos processuais. É o que se dá com o depoimento pessoal (art. 385, § 3º); com a oitiva de testemunhas e/ou a sua acareação (art. 453, § 1º, e art. 461, § 2º), e a sustentação oral (art. 937, § 4º). Para que a autorização atinja sua plena efetividade, importa entender generalizadamente a regra do § 2º do art. 453, isto é: os órgãos jurisdicionais *devem* manter equipamento que garanta a prática de atos por aqueles meios. É esta, como escrevi no n. 3.1, *supra*, a interpretação mais correta também para o art. 198.

7.1 Citação

A citação é conceituada pelo *caput* do art. 238 como o ato pelo qual o réu, o executado ou, mais amplamente, o interessado é convocado para integrar o *processo*.

É correto entender que a citação é pressuposto de *existência* do processo, embora o *caput* do art. 239 limite-se a se referir a ela como pressuposto de *validade*, excepcionando as hipóteses de indeferimento da petição inicial (art. 330) e de improcedência liminar do pedido (art. 332), dando, adequadamente, preponderância ao princípio da efetividade sobre o da ampla defesa. Naqueles dois casos, a sentença favorável ao réu deverá ser comunicada pelo escrivão ou chefe de secretaria, a despeito de a letra do art. 241 ser restritiva, referindo-se, apenas, à hipótese do trânsito em julgado, que pressupõe o proferimento de decisão de mérito.

Se o réu comparecer para arguir a nulidade ou a falta de citação, o vício fica suprido, fluindo, desde então, o prazo para a apresentação do ato processual pertinente, a saber, a designação da audiência de conciliação ou de mediação ou, se for o caso, a apresentação de contestação, tratando-se de processo voltado à *formação* de título executivo *judicial*, ou a apresentação dos embargos à execução, quando se referir a execução fundada em título executivo *extrajudicial* (art. 239, § 1º). Se for rejeitada a alegação do vício da citação, o réu será considerado revel ou a prática dos atos executivos prosseguirá normalmente, respectivamente às duas hipóteses assinadas (art. 239, § 2º).

O art. 240 indica os efeitos *processuais* e os efeitos *materiais* da citação, ainda quando determinada por juízo incompetente: ela induz litispendência, torna litigiosa a coisa e constitui em mora o devedor, com a pertinente ressalva do disposto nos arts. 397 e 398 do CC, hipóteses em que a mora *não* depende da citação, porque ela *preexiste* ao processo.

A interrupção da prescrição dá-se pelo despacho que ordena a citação, ainda que proferido por juízo incompetente, e retroagirá à data em que a petição inicial foi *protocolada* (art. 240, § 1º), que é, de acordo com o art. 312, a data em que se considera proposta a ação, isto é, em que a postulação externada pelo autor em sua petição inicial torna-se relevante para o mundo do direito. O § 2º do art. 240 ressalva a hipótese de o autor deixar de tomar as providências que lhe cabe para viabilizar a citação no prazo de dez dias. Não obstante, o autor não pode ser prejudicado pela demora imputável exclusivamente ao serviço judiciário para a efetivação da citação (art. 240, § 3º). A retroação do § 1º do art. 240 é aplicável também à decadência e aos demais prazos extintivos previstos em lei (art. 240, § 4º).

A Lei n. 14.195/2021 introduziu um parágrafo único no art. 238, segundo o qual "A citação será efetivada em até 45 (quarenta e cinco) dias a partir da propositura da ação". Não obstante a fundada dúvida acerca de sua inconstitucionalidade *formal*, já que originário de projeto de conversão de medida provisória que nem sequer tratava do assunto (e nem podia fazê-lo, sob pena de violar frontalmente o art. 62, § 1º, I, *b*, da CF), o dispositivo merece ser lido no mesmo contexto dos §§ 2º e 3º do art. 240, isto é, no sentido de que aquele prazo para a efetivação da citação não pode acarretar nenhum prejuízo para o autor que tomar as providências que lhe couberem nos prazos legais ou judiciais estabelecidos para tanto, menos ainda quando seu extrapolamento se der por fatores alheios ao autor, como eventual "demora imputável exclusivamente ao serviço judiciário", ou, ainda, por comportamento (omissivo ou comissivo) do próprio réu.

A confirmar esse entendimento e levando em conta as novidades trazidas ao regime da prescrição *intercorrente* (isto é, aquela que flui e se consuma durante o processo), cabe lembrar do § 4º-A do art. 921, incluído pela mesma Lei n. 14.195/2021, segundo o qual o prazo de prescrição "não corre pelo tempo necessário à citação". Embora a regra se relacione com o chamado "processo de execução", que pressupõe o prévio reconhecimento do direito em título executivo *extrajudicial* (ou, ao menos, nos casos previstos no § 1º do art. 515, em que a etapa de cumprimento de sentença impõe prévia *citação* do executado), a diretriz deve ser aplicada para a etapa de *conhecimento* do processo para que o tempo necessário para a concretização da citação, inegável imposição constitucional, não gere, em alguma medida, prejuízo para o autor, que rompe a inércia da jurisdição na perspectiva do reconhecimento de direito seu e da oportuna concretização da tutela jurisdicional em seu favor.

Há várias disposições genéricas relativas à citação, independentemente da modalidade pela qual ela é realizada, que merecem ser destacadas desde logo. São elas:

A citação, como se lê do *caput* do art. 242, deve ser feita na pessoa do citando (quando se tratar de pessoa natural), na de seu representante legal (quando se tratar de pessoa jurídica) ou, ainda, do procurador. Neste caso, salvo expressa disposição legal em sentido contrário, é de se exigir poderes expressos, inclusive em se tratando de advogado (art. 105, *caput*).

Os parágrafos do art. 242 trazem as seguintes regras específicas para a citação: (i) na ausência do citando, a citação será feita na pessoa de seu mandatário, administrador, preposto ou gerente, quando o litígio originar-se de atos por eles praticados; (ii) o locador que se ausentar do Brasil sem cientificar o locatário de que deixou, na localidade onde estiver situado o imóvel, procurador com poderes para receber citação será citado na pessoa do administrador do imóvel encarregado do recebimento dos aluguéis, que será considerado habilitado para representar o locador em juízo; (iii) a citação da União, dos Estados, do Distrito Federal, dos Municípios e de suas respectivas autarquias e fundações de direito público será realizada perante o órgão de Advocacia Pública responsável por sua representação judicial.

A citação é feita no local em que se encontra o citando (art. 243, *caput*). Tratando-se de militar na ativa, a citação será feita na unidade em que estiver servindo, se não for conhecida sua residência ou nela não for encontrado (art. 243, parágrafo único).

Nas hipóteses do art. 244 não se faz a citação, salvo se a hipótese envolver perecimento de direito. As hipóteses são as seguintes: (i) durante ato ou culto religioso; (ii) ao cônjuge, companheiro ou qualquer parente do morto, consanguíneo ou afim, em linha reta ou na linha colateral em segundo grau, no dia do falecimento e nos sete dias seguintes; (iii) aos noivos nos três primeiros dias seguintes ao casamento; e (iv) ao doente, enquanto seu estado for grave.

Quando se verificar que o citando é mentalmente incapaz ou está impossibilitado de receber a citação, devem ser observadas as regras dos parágrafos do art. 245, que culminará na citação na pessoa do curador nomeado para a defesa do interessado (art. 245, § 5º). A previsão, específica, prevalece mesmo diante do Estatuto da Pessoa com Deficiência, Lei n. 13.146/2015, sendo certo, contudo, que de acordo com o § 1º do art. 79 daquele mesmo Estatuto: "a fim de garantir a atuação da pessoa com deficiência em todo o processo judicial, o poder público deve capacitar os membros e os servidores que atuam no Poder Judiciário, no Ministério Público, na Defensoria Pública, nos órgãos de segurança pública e no sistema penitenciário quanto aos direitos da pessoa com deficiência".

7.1.1 Modalidades de citação

São cinco as modalidades de citação. É o que previam os incisos do *caput* do art. 246 em sua redação original e que, a despeito da alteração promovida pela Lei n. 14.195/2021, continua a ser admitido. São elas: por meio eletrônico, por correio (antes daquela Lei, tida como a modalidade preferencial), por oficial de justiça, pelo escrivão ou chefe de secretaria e por edital.

A despeito da fundada crítica acerca da inconstitucionalidade *formal* da precitada lei, por se tratar, repito, de conversão de medida provisória que nem sequer propunha qualquer alteração no CPC (e nem podia fazê-lo diante da expressa vedação imposta pelo art. 62, § 1º, I, *b*, da CF), é inconteste que, desde sua vigência, que, no particular, coincide com a data de sua publicação no *Diário Oficial*, de 27-8-2021 (art. 58, V, da Lei n. 14.195/2021), a citação por meio eletrônico passou a ser a preferencial.

A citação por meio eletrônico pressupõe que o citando, isto é, o próprio réu, tenha fornecido, a tempo e modo oportunos, seu endereço eletrônico ao banco de dados do Poder Judiciário, conforme regulamento do CNJ (art. 246, *caput*, na redação dada pela Lei n. 14.195/2021). A propósito, cabe lembrar da Resolução n. 455/2022, que trata da chamada "Plataforma Digital do Poder Judiciário – PDPJ-Br", que busca criar condições de funcionalidade para as inovações trazidas pela Lei n. 14.195/2021. A questão, contudo, é que aquela Plataforma ainda não está em operação, o que coloca em xeque a utilização genérica da nova redação do art. 246 do CPC, que acaba ficando restrita àqueles Tribunais que, de alguma forma, já criaram condições propícias para a efetivação de cadastros para os fins que aqui interessam, embora tal iniciativa seja discutível no contexto das normas de concretização do direito processual civil e do próprio teor da Lei n. 14.195/2021.

Quando empregada, a citação por meio eletrônico deverá ser realizada no prazo de até dois dias *úteis* contados da decisão que a determinar, o que corresponde ao proferimento do juízo de admissibilidade *positivo* da petição inicial.

O cadastro é obrigatório para as *empresas* públicas e privadas (art. 246, § 1º, na redação da Lei n. 14.195/2021), para as pessoas da *administração pública direta e indireta* de todos os níveis federados, incluindo suas respectivas advocacias públicas, e também para o Ministério Público e para a Defensoria Pública. Tal obrigatoriedade, no particular, não consiste em nenhuma novidade, considerando a redação original do § 1º do art. 246, interpretado ao lado do § 2º do mesmo art. 246 e dos arts. 1.050 e 1.051, que não sofreram nenhuma alteração pela Lei n. 14.195/2021.

Com efeito, o art. 1.050, previsto no Livro Complementar do CPC, impôs às pessoas de direito público (tanto as da administração direta como as da administração indireta), além do Ministério Público, da Defensoria Pública e da advocacia pública, o dever de se cadastrarem perante a administração do tribunal no qual atuam para viabilizar a observância do disposto no § 2º do art. 246 no prazo de trinta dias da entrada em vigor do CPC de 2015.

Similarmente, o art. 1.051, também localizado no Livro Complementar, reservou o prazo de trinta dias para o cumprimento do § 1º do art. 246 pelas empresas públicas e privadas – excetuadas expressamente as microempresas e as empresas de pequeno porte (parágrafo único do art. 1.051) – a contar da data de inscrição do ato constitutivo da pessoa jurídica, perante o juízo onde tenham sede ou filial. A melhor interpretação para a regra sempre me pareceu é que ela tem como destinatário apenas novas empresas. Para as preexistentes, defendi desde a 1ª edição desse *Manual*, o entendimento de que elas deviam se cadastrar no mesmo prazo de trinta dias a que se refere o art. 1.050, a ser observado por analogia e à falta de outro. Compreensão diversa seria reservar a aplicação do § 1º do art. 246 somente para novas empresas, o que não faz sentido nenhum, menos ainda à luz dos princípios da isonomia e da eficiência processuais.

Novidade trazida pela Lei n. 14.195/2021 nesse panorama é que, com ela, as microempresas e as empresas de pequeno porte passaram a estar também sujeitas ao cadastro, sendo dispensadas apenas se seu endereço eletrônico já constar do sistema integrado da Rede Nacional para a Simplificação do Registro e da Legalização de Empresas e Negócios (Redesim), a ser compartilhado com os órgãos do Poder Judiciário (art. 246, §§ 5º e 6º, incluídos pela Lei n. 14.195/2021). É correto entender, quanto ao tema, que está revogada, embora de modo implícito, a vedação constante do parágrafo único do art. 1.051 do CPC. O assunto é objeto da precitada Resolução n. 455/2022 do CNJ.

Questão pertinentíssima que já se punha quando da entrada em vigor do CPC e que, com a Lei n. 14.195/2021, robustece-se, diz respeito à ausência de cadastro feito por aqueles que, inequivocamente, têm o dever de fazê-lo. Como a citação por meio eletrônico deve ser feita no endereço eletrônico indicado pelo próprio *citando* (réu) nos bancos de dados do Poder Judiciário – e não, portanto, por eventual e-mail indicado pelo autor na petição inicial –, a hipótese só pode ser a de estar autorizada, desde logo, a adoção de outra modalidade para aquela finalidade. A falta de cadastro, quando ele estiver em efetivo funcionamento, contudo, não pode passar incólume, máxime porque se trata de *dever* imposto pelo inciso VII do art. 77, também fruto das modificações trazidas pela Lei n. 14.195/2021. Ela deve impor ao réu que apresente a devida justificativa para tanto e que se rejeitada deve conduzir à aplicação da multa prevista no § 1º-C do art. 246, aplicável à espécie por analogia. Ainda que se descarte a utilização do critério previsto nesse dispositivo, é irrecusável que a hipótese justifica a aplicação das sanções previstas no art. 81.

Importante notar, de qualquer sorte, que não há obrigatoriedade de cadastro para pessoas *naturais* e para pessoas jurídicas de direito *privado* que não tenham natureza jurídica de *empresas*, como se dá, por exemplo, com as fundações e com as associações. Sem o cadastro e sendo inviável a realização da citação por meio eletrônico, a hipótese deve significar a viabilidade, de pronto, da adoção de outras modalidades para a efetivação da citação.

A respeito da inviabilidade da realização da citação por meio eletrônico cabe destacar também o conteúdo do art. 247. O *caput* do dispositivo, que, na sua redação original, excepcionava algumas hipóteses de citação pelo correio (tradicional) e que era, reitero, a regra a ser observada para o sistema processual civil, passou, com a nova redação que lhe foi dada pela Lei n. 14.195/2021, a abranger também a citação por meio eletrônico. Assim, é correto entender que a citação por meio eletrônico *não deve ser realizada* para os seguintes casos: "nas ações de estado, observado o disposto no art. 695, § 3º" (inciso I); "quando o citando for incapaz" (inciso II); e "quando o autor, justificadamente, a requerer de outra forma" (inciso V).

As hipóteses dos incisos III e IV merecem consideração apartada.

De acordo com o inciso III do art. 247, a citação por meio eletrônico é vedada "quando o citando for pessoa de direito público". A regra, contudo, deve ser considerada não escrita, por ser absolutamente antinômica com o que, desde a promulgação do CPC de 2015, já era previsto e expressamente admitido para as pessoas de direito público, e que foi preservado pela Lei n. 14.195/2021. É destacar, uma vez mais, o disposto no § 2º do art. 246 e também do art. 1.050 (nenhum deles, friso, modificado por aquele diploma legislativo).

O inciso IV do art. 247, por seu turno, proíbe a citação por meio eletrônico "quando o citando residir em local não atendido pela entrega domiciliar de correspondência". Aqui também a regra não faz nenhum sentido, ao menos na sua literalidade, quando se tratar de citação por meio eletrônico. Por isso, a única interpretação possível para a regra é a de que aquela modalidade de citação está interditada quando não houver condições efetivas de sua realização, porque, por exemplo, não há e-mail cadastrado pelo próprio réu nos cadastros do Poder Judiciário (a despeito de sua obrigatoriedade) ou, ainda, porque o endereço eletrônico informado não está em devido funcionamento, acarretando a devolução da mensagem eletrônica citatória.

As questões que acabei de levantar acerca dos incisos III e IV do art. 247 revelam o quanto foram açodadas as modificações (formalmente inadequadas, ademais) que o legislador quis implementar no CPC, deixando de fazer as adequadas e pertinentes remissões que justificariam eventual tratamento diferenciado para a citação por meio eletrônico. As interpretações aqui propostas, de qualquer sorte, buscam viabilizar sua adequada aplicação na prática forense, sempre desconsiderando, para fins de argumentação, sua inconstitucionalidade *formal*.

Nos casos em que admitida (art. 246, §§ 1º e 2º), feita a citação por meio eletrônico, cabe ao réu confirmar sua realização no prazo de até três dias úteis contados de seu recebimento. A ausência de tal confirmação autoriza a realização da citação pelo correio, por oficial de justiça, pelo escrivão ou chefe de secretaria (art. 246, § 1º-A, incluído pela Lei n. 14.195/2021). Nesse caso, de o réu não confirmar a tempo o recebimento da citação por meio eletrônico, cabe a ele apresentar justa causa para tanto (art. 246, § 1º-B, incluído pela Lei n. 14.195/2021). O dispositivo exige que o réu o faça "na primeira oportunidade de falar nos autos", o que variará conforme o caso e consoante a indicação constante da própria ordem de citação. Assim, pode ser que a primeira manifestação do réu no processo seja para manifestar sua discordância com a realização da audiência de conciliação ou de mediação (art. 334, § 5º) ou, ainda, o comparecimento naquela audiência (art. 334, *caput*). Pode ocorrer também de o réu ser citado para ofertar contestação independentemente da designação daquele ato (arts. 334, § 4º, e 335, *caput*). Nesse caso, é correto entender que, dentre as *preliminares* de sua contestação (art. 337), terá o ônus de alegar (e provar) a justa causa que autorizou a realização de sua citação por outras modalidades que não a por meio eletrônico.

A ausência de confirmação do recebimento da citação por meio eletrônico no prazo indicado sem justa causa (assim entendida também a rejeição da que eventualmente for apresentada) é considerada ato atentatório à dignidade da justiça, ensejando aplicação de multa de até 5% do valor da causa (art. 246, § 1º-C, incluído pela Lei n. 14.195/2021).

Dada a relevância desse específico tema, o § 4º do art. 246, incluído pela Lei n. 14.195/2021, determina que a citação por meio eletrônico seja acompanhada das orientações para realização da confirmação do recebimento e de código identificador que permitirá a sua identificação na página eletrônica do órgão judicial que determinou a sua realização. Tais diretrizes devem ser observadas sem prejuízo de outras que devem acompanhar a citação, independentemente de sua modalidade, tema que trato no n. 2.6 do Capítulo 2.

Importa, de qualquer sorte, discernir eventual aplicação da multa da circunstância de o réu ser considerado revel. Ainda que seja afastada a justificativa por ele apresentada e aplicada a multa prevista no § 1º-C do art. 246, a hipótese não é (e nem pode ser) de revelia, considerando que, de uma forma ou de outra, o réu compareceu tempestivamente em juízo, mercê da citação que lhe foi encaminhada, ainda que por outra modalidade.

Por fim, não há como desconsiderar as regras sobre a citação estabelecidas pelos arts. 5º, 6º e 9º da Lei n. 11.419/2006, que disciplinou originalmente a informatização do processo judicial, e que foi preservada incólume com o advento do CPC de 2015. A Lei n. 14.195/2021, como já escrevi, não alterou aquela sistemática porque se trata, em última análise, de duas formas diferentes de organização, ainda que eletrônica, dos autos processuais. O que pode ser levado em conta daquele diploma legislativo para a citação por meio eletrônico nos moldes do art. 246, com a redação dada pela Lei n. 14.195/2021, é a compreensão de a íntegra do processo dever estar disponibilizada para o réu quando de sua citação. Também que, quando se tratar (ainda) de processo documentado em autos físicos, a digitalização da petição inicial é indispensável para a realização da citação por meio eletrônico, o que é possível de ser extraído do § 2º do art. 9º daquela Lei.

Se ocorrente a hipótese prevista no § 1º-A do art. 246, incluído pela Lei n. 14.195/2021, ou se a hipótese não comportar a citação por meio eletrônico, a citação deverá ser feita com observância das demais modalidades previstas nos incisos I a IV daquele mesmo dispositivo, quais sejam: correio, oficial de justiça, escrivão ou chefe da secretaria ou por edital. É para disciplinar tais hipóteses que se voltam os arts. 247 a 259, que agora passo a analisar.

Como já adiantei, a citação pelo correio (tradicional) pode ser adotada para qualquer comarca, seção ou subseção judiciária, a não ser nas hipóteses previstas nos incisos do art. 247, que merecem ser recordados: (i) nas ações de estado, sendo que, tratando-se de "ações de família", a citação deve ser feita na pessoa do réu (art. 695, § 3º); (ii) quando o citando for incapaz; (iii) quando o citando for pessoa de direito público; (iv) quando o citando residir em local não atendido pela entrega domiciliar de correspondência; e (v) quando o autor, justificadamente, a requerer de outra forma.

O rol, quando comparado com o do CPC de 1973, revela que o CPC de 2015 acabou por admitir a citação pelo correio *também* nas execuções fundadas em título *extrajudicial*, embora, pelas razões que apresento em algumas passagens do Capítulo 15, esta modalidade citatória possa revelar-se pouco eficiente naquele campo. De resto, as hipóteses dos incisos III e IV do art. 247 continuam a ter ampla aplicação para a citação pelo correio, não se aplicando a elas as considerações que fiz anteriormente para a citação por meio eletrônico, em função da nova redação dada ao *caput* do dispositivo pela Lei n. 14.195/2021.

A citação pelo correio deve observar o disposto no art. 248: o escrivão ou o chefe de secretaria remeterá ao réu cópias da petição inicial e do despacho do juiz e comunicará o prazo para resposta, o endereço do juízo e o respectivo cartório e, tratando-se de citação para a etapa de conhecimento do processo, também os requisitos do art. 250 (art. 248, § 3º). A carta é registrada e o carteiro exigirá do réu que assine o comprovante de recebimento (art. 248, § 1º). Se se tratar de pessoa jurídica, a citação considera-se válida com a entrega da carta à pessoa com poderes de gerência geral ou de administração ou, ainda, a funcionário responsável pelo recebimento de correspondências (art. 248, § 2º). A ressalva final encontra eco, de acordo com o § 4º do mesmo dispositivo, nos condomínios edilícios ou nos loteamentos com controle de acesso. Nestes casos e também de acordo com o precitado § 4º, a citação será considerada válida quando entregue a carta a funcionário da portaria responsável pelo recebimento de correspondência. O funcionário poderá recusar o recebimento, se declarar, por escrito, sob as penas da lei, que o destinatário da correspondência está ausente.

Quando frustrada a citação eletrônica ou pelo correio ou quando exigido pelo próprio Código (no caso dos incisos do art. 247, por exemplo) ou por lei extravagante, ela será feita por intermédio do oficial de justiça (art. 249), que desempenhará uma de suas funções (art. 154, I).

O mandado de citação, a ser cumprido pelo oficial de justiça (art. 251), deve observar o disposto no art. 250, dele constando (i) os nomes do autor e do citando e seus respectivos domicílios ou residências; (ii) a finalidade da citação, com todas as especificações constantes da petição inicial, bem como a menção do prazo para contestar, sob pena de revelia, ou para embargar a execução; (iii) a aplicação de sanção para o caso de descumprimento da ordem, se houver; (iv) se for o caso, a intimação do citando para comparecer, acompanhado de advogado ou de defensor público, à audiência de conciliação ou de mediação, com a menção do dia, da hora e do lugar do comparecimento; (v) a cópia da petição inicial, do despacho ou da decisão que deferir tutela provisória; e (vi) a assinatura do escrivão ou do chefe de secretaria e a declaração de que o subscreve por ordem do juiz. Como escrevo no n. 2.6 do Capítulo 2, é correto ir além da *textualidade* do § 4º do art. 246 e do art. 250 para entender também necessária a criação de meios que concretizem a exigência relativa à presença de advogado ou de defensor público (art. 250, IV).

Se o oficial de justiça suspeitar da ocultação do réu, procederá sua citação "com hora certa", observando o disposto aos arts. 252 a 254. O parágrafo único do art. 252 inova em relação ao CPC de 1973 ao permitir que a citação seja feita ao funcionário da portaria responsável pelo recebimento de correspondência. Ao réu citado por hora certa que não contestar será nomeado curador especial (art. 253, § 4º).

A citação pelo oficial de justiça pode realizar-se, independentemente de carta precatória, nas comarcas (ou seções ou subseções judiciárias) contíguas de fácil comunicação e nas que se situem na mesma *região metropolitana*, termo que merece ser lido também no sentido de *aglomerações urbanas* e *microrregiões*, na forma da Lei n. 13.089/2015, que institui o Estatuto da Metrópole. É o que autoriza o art. 255, que também permite a prática de intimações, notificações, penhoras e quaisquer outros atos executivos.

A citação por edital é autorizada nas hipóteses do art. 256: (i) quando desconhecido ou incerto o citando; (ii) quando ignorado, incerto ou inacessível o lugar em que se encontrar o citando; e (iii) nos casos expressos em lei. Esta última hipótese traz à tona o disposto no art. 259, que exige a publicação de editais quando a pretensão for de usucapião de imóvel, de recuperação ou substituição de título ao portador – previsões que vêm para substituir vetustos procedimentos especiais do CPC de 1973 – ou, ainda, nos casos em que for necessária, por determinação legal, a provocação, para participação no processo, de interessados incertos ou desconhecidos. Nos casos de usucapião de imóvel, cabe lembrar, ainda, do § 3º do art. 246 (não alterado pela Lei n. 14.195/2021), segundo o qual os confinantes serão citados pessoalmente, exceto quando tiver por objeto unidade autônoma de prédio em condomínio, caso em que tal citação é dispensada.

O § 1º do art. 256 considera inacessível para os fins do inciso II do *caput* o país que recusar o cumprimento de carta rogatória. Nos casos de inacessibilidade, sem prejuízo do edital, a notícia da citação será divulgada também pelo rádio se na comarca houver emissora de radiodifusão (§ 2º do art. 256). O réu será considerado em local ignorado ou incerto quando infrutíferas as tentativas de sua localização, inclusive mediante requisição pelo juízo de informações sobre seu endereço nos cadastros de órgãos públicos ou de concessionárias de serviços públicos (§ 3º do art. 256).

Os requisitos da citação por edital estão indicados no art. 257: (i) afirmação do autor – e se o autor falseá-las, responde nos termos do art. 258 – ou a certidão do oficial informando a presença das circunstâncias autorizadoras pelo art. 256; (ii) publicação do edital na rede mundial de computadores, no sítio do respectivo tribunal e na plataforma de editais do Conselho Nacional de Justiça, que deve ser certificada nos autos; (iii) especificação do prazo, fixado entre vinte e sessenta dias, que fluirá da data da publicação única ou, sendo mais de uma, da primeira; e (iv) a advertência dirigida ao réu que, sendo revel, ser-lhe-á nomeado curador especial.

Sem prejuízo da previsão do inciso II do art. 257, o magistrado pode determinar a publicação do edital em jornal local de ampla circulação ou por outros meios, considerando as peculiaridades da comarca, da seção ou da subseção judiciárias (art. 257, parágrafo único).

O escrivão ou chefe de secretaria fará a citação (e também a intimação) quando o citando comparecer ao cartório ou secretaria judicial (art. 246, § 1º-A, III, incluído pela Lei n. 14.195/2021). Trata-se de incumbência daqueles auxiliares da Justiça expressamente prevista no inciso II do art. 152.

7.2 Cartas

As cartas, que ocupam o Capítulo III do Título II do Livro IV da Parte Geral, são os meios de comunicação disponíveis para serem empregados entre magistrados de diversos graus de jurisdição (carta de *ordem*) ou localizados em territórios, isto é, comarcas, seções ou subseções judiciárias diversas (carta *precatória*), entre magistrados de jurisdições diferentes (carta *rogatória*) e, ainda, entre juízes estatais e arbitrais (carta *arbitral*). É o que, com base nos §§ 1º e 2º do art. 236 e no art. 237, já escrevi no n. 7, *supra*.

Todas estas cartas devem conter os requisitos do art. 260: (i) indicação dos juízes de origem e de cumprimento do ato; (ii) inteiro teor da petição, do despacho judicial e do instrumento do mandato conferido ao advogado; (iii) menção do ato processual que lhe constitui o objeto; e (iv) assinatura do juiz.

Cabe ao magistrado, se for o caso, trasladar para a carta outras peças e instruí-la com outros elementos (mapas ou gráficos, por exemplo) sempre que seu exame for objeto da diligência (art. 260, § 1º). Se o objeto da carta for exame pericial sobre documento, este será enviado em original, mantido nos autos sua reprodução fotográfica (art. 260, § 2º). A carta arbitral será instruída com a convenção de arbitragem e com as provas da nomeação do árbitro e de sua aceitação da função (art. 260, § 3º), o que pode, consoante o caso, justificar o sigilo no âmbito do processo jurisdicional (art. 189, IV, e art. 22-C, parágrafo único, da Lei n. 9.307/1996, acrescentado pela Lei n. 13.129/2015).

O prazo para cumprimento das cartas deve ser fixado levando em conta a natureza do ato a ser praticado e a facilidade das comunicações (art. 261, *caput*). As partes, que terão ciência da expedição da carta, acompanharão seu cumprimento perante o juízo a que se destina, cabendo a quem interessar a diligência cooperar para observância do prazo do *caput* (art. 261, §§ 1º a 3º).

As cartas têm caráter itinerante (art. 262), o que significa dizer que elas podem ser encaminhadas ou reencaminhadas a juízo diverso para a qual foram expedidas com vistas à prática do ato. O órgão expedidor deve ser comunicado do ocorrido e intimadas as partes (art. 262, parágrafo único).

A expedição das cartas deve ser, preferencialmente, por meio eletrônico, assinando-a, o magistrado, também eletronicamente (art. 263) e observando, em resumo substancial, os requisitos do art. 260 (e não do art. 250, como erroneamente consta do art. 264).

Se a carta for expedida pelo telefone, observará o disposto no art. 265.

As despesas relativas aos atos serão depositadas no juízo deprecante, isto é, aquele que expede a carta, pela parte interessada (art. 266).

A recusa do cumprimento da carta é possível nos casos do art. 267: (i) quando a carta não estiver revestida dos requisitos legais; (ii) quando faltar ao juízo competência em razão da matéria ou da hierarquia – hipótese em que o juízo deprecado poderá, consoante o caso, enviar a carta ao juízo ou ao tribunal competente (art. 267, parágrafo único), providência que se harmoniza com o caráter itinerante das cartas expresso no art. 263 –; ou (iii) quando o magistrado tiver dúvida acerca de sua autenticidade.

Quando cumprida a carta, ela será devolvida ao juízo deprecante (de origem) no prazo de dez dias, independentemente de traslado, pagas as custas pela parte (art. 268).

7.3 Intimações

Intimação, segundo o art. 269, deve ser compreendida como "o ato pelo qual se dá ciência a alguém dos atos e dos termos do processo", iniciativa que deve ser determinada de ofício pelo magistrado nos processos pendentes, a não ser que haja lei em sentido contrário (art. 271). Sua disciplina está no Capítulo IV do Título II do Livro IV da Parte Geral.

Novidade relevantíssima trazida pelo CPC de 2015 está nos §§ 1º e 2º do art. 269, que autorizam que os advogados promovam intimações uns dos outros, pelo correio, juntando as cópias dos despachos ou decisões respectivas, documentando o ocorrido nos autos. O § 3º do art. 269, por sua vez, indica que é o órgão de representação judicial das pessoas de direito público que deve ser intimado.

O art. 270 é inequívoco quanto a ser a *eletrônica* a forma preferencial para as intimações processuais, inclusive com relação ao Ministério Público, à Defensoria Pública e à Advocacia Pública, razão de ser da remissão feita pelo parágrafo único ao § 1º do art. 246, que, no particular, não sofreu nenhuma alteração pela Lei n. 14.195/2021. A preferência pela intimação por meio eletrônico é reafirmada pelos *capi* dos arts. 272, 273 e 275, que se ocupam com a disciplina da intimação pela publicação dos atos no órgão oficial, pelo escrivão ou chefe de secretaria e pelo oficial de justiça, respectivamente.

Os requisitos de validade das intimações e os efeitos de sua realização constam do art. 272, cujo *caput* reitera a preferência pela forma eletrônica das intimações, deixando em segundo plano a sua realização por publicação no órgão oficial.

De acordo com aquele dispositivo, as intimações devem indicar, de forma clara, o nome completo das partes, dos advogados, o número de sua inscrição na OAB, e, se for requerido, do nome da sociedade de advogados (art. 272, §§ 2º a 4º). O § 1º do mesmo art. 272 permite que os advogados requeiram que, na intimação a eles dirigida, figure apenas o nome da sociedade a que pertençam, desde que devidamente registrada na OAB. Não obstante, sempre que for requerido que a intimação seja feita em nome de algum advogado individualmente considerado, a intimação realizada em nome de outro é considerada nula (art. 272, § 5º). O § 6º do art. 272, novidade trazida pelo CPC de 2015, prescreve que, feita carga dos autos, consideram-se feitas todas as intimações pendentes de publicação, tanto para advogados (privados e públicos) como para membros do Ministério Público e da Defensoria Pública. Ainda a respeito da carga dos autos, cabe ao advogado e à sociedade de advogado requerer o credenciamento para que preposto pratique aquele ato (art. 272, § 7º).

Os §§ 8º e 9º do art. 272 disciplinam a forma e o momento de arguição de nulidade nas intimações. Cabe à parte arguir a nulidade preliminarmente à prática do ato que pratica. Se o vício for reconhecido, o ato será considerado tempestivo. Nos casos em que a prática do ato não é possível pela inviabilidade de acesso prévio aos autos, a parte pode limitar-se a arguir a nulidade da intimação. Neste caso, reconhecido o vício, o prazo será contado da intimação da decisão respectiva.

O art. 273, reiterando a preferência pela intimação por meio eletrônico, e supondo a inexistência de órgão oficial para publicação, disciplina a intimação a ser feita pelo escrivão ou chefe de secretaria de todos os atos do processo aos advogados das partes. A intimação, nestes casos, será pessoal quando tiverem domicílio na sede do juízo – e a pessoalidade aí prevista pode se dar com o comparecimento ao cartório ou secretaria, como autoriza o art. 274, *caput* – ou por carta registrada quando domiciliados fora da sede do juízo.

O *caput* do art. 274, como acabei de acentuar, trata das hipóteses em que a intimação será feita pelo correio ou pessoalmente, quando presentes no cartório ou secretaria. O parágrafo único do dispositivo estatui a presunção de que se consideram válidas as intimações dirigidas ao endereço constante dos autos, ainda que não recebidas pessoalmente pelo interessado, se a modificação temporária ou definitiva não tiver sido devidamente comunicada ao juízo, fluindo os prazos a partir da juntada aos autos do comprovante de entrega da correspondência naquele endereço.

O art. 275, por fim, disciplina a intimação feita pelo oficial de justiça, em caráter inequivocamente residual. A certidão, nestes casos, deve conter: (i) a indicação do lugar e a descrição da pessoa intimada, mencionando, quando possível, o número de seu documento de identidade e o órgão que o expediu; (ii) a declaração de entrega da contrafé; e (iii) a nota de ciente ou a certidão de que o interessado não a apôs no mandado. Se for o caso, completa o § 2º do art. 275, a intimação poderá ser efetuada com hora certa ou por edital. À falta de regras específicas, prevalece, para a hipótese, o disposto nos arts. 253 e 254 e 255 a 259, respectivamente.

8. NULIDADES

Preocupação constante ao longo de todo o CPC de 2015 e, em especial, no Livro IV de sua Parte Geral, dedicado aos "atos processuais", é com a *forma* de tais atos. É o que se verifica, por exemplo, quando o art. 250 regula os requisitos da carta e do mandado de citação; quando o art. 257 se ocupa dos requisitos de um edital de citação, quando o art. 260 regula o que devem conter as cartas de ordem, precatória e rogatória ou, ainda, apenas para fins ilustrativos, quando se trata do modo como as partes serão intimadas (arts. 269 a 275). Não por acaso, o art. 280 dispõe que "As citações e as intimações serão nulas quando feitas sem observância das prescrições legais".

A doutrina e a jurisprudência que se formaram e se consolidaram sob a égide do CPC de 1973, contudo, são assentes no sentido de que a *forma* não pode querer se sobrepor ao *conteúdo* do ato processual quando, ainda que de outro modo, sua finalidade foi atingida. O CPC de 2015 absorve conscientemente esta tendência, deixando-a evidenciada em diversos de seus dispositivos. Não só os que aparecem no Título III do referido Livro IV, dedicado exclusivamente às nulidades processuais, mas também em outros, dispersos por todo o Código, e que, ao ensejo do exame do inciso IX do art. 139 permitiram-me identificar o que, no n. 5.1 do Capítulo 4, chamei de "dever-poder geral de *saneamento*".

É correto entender que a *forma* dos atos processuais deve ser considerada, por isso mesmo, como uma preconcepção do legislador de que a finalidade do ato só poderá ser atingida se ela, a forma, for observada. Desde que a finalidade do ato seja alcançada, contudo, mesmo sem a observância da *forma, e* desde que isto não acarrete qualquer prejuízo para as partes e seus direitos processuais e para o próprio processo, não há razão para declarar o defeito do ato processual, isto é, sua nulidade; nulidade, que merece ser compreendida em sentido amplo, qual seja, como sinônimo de desconformidade ao direito, quer tal desconformidade se localize no plano da *existência* ou no plano da *validade*.

É superada a concepção clássica de que o atingimento das *finalidades* dos atos jurídicos em geral – e os relativos ao direito processual civil em particular – dependia invariavelmente da observância irrestrita da *forma* exigida pela lei. A *forma* no direito processual civil não é, por si só, decisiva. Só há defeito no ato processual na medida em que a não observância da forma puder acarretar algum prejuízo no atingimento das finalidades do ato concretamente praticado ou prestes a sê-lo.

O CPC de 1973 era suficientemente claro a este respeito. O CPC de 2015 repete-o, no particular. Felizmente.

O art. 188, por exemplo – e ele é o artigo que abre o Livro IV –, continua a autorizar a construção do "princípio da liberdade das formas", no sentido de que não há, salvo regra em sentido contrário, forma preestabelecida para a prática dos atos processuais.

Aquele mesmo dispositivo e os arts. 277, 282, *caput* e §§ 1º e 2º, e 283 dão ensejo à formulação do "princípio da instrumentalidade das formas", ou da "finalidade" ou, ainda, "do prejuízo", ao estabelecerem, com segurança, que não há invalidade no plano do processo pelo tão só descumprimento da forma. O que releva mais é verificar se e em que medida a *finalidade* do ato foi ou não alcançada e, por isto mesmo, constatar que o plano da *eficácia* do ato mitiga ou, quando menos, tende a mitigar, de alguma forma, eventuais defeitos derivados do plano da *existência* ou do plano da *validade*.

Todos os defeitos processuais, quer se localizem no plano da *existência* jurídica ou no plano da *validade*, devem ser entendidos como sanáveis. Todos os esforços da doutrina e do magistrado, em cada caso concreto, devem ser praticados no sentido de saneá-los, aproveitando os seus efeitos ou determinando a sua renovação para aproveitamento dos outros atos processuais que lhe são anteriores e que foram devidamente realizados. Até mesmo dos subsequentes que dele dependem em maior ou menor extensão. A *forma* dos atos processuais deve ser compreendida como garantia de que há fins (exteriores e estranhos aos sujeitos do processo) a serem atingidos. Se eles, os fins, forem atingidos, mesmo sem a *forma* previamente estabelecida na lei, não há por que declarar qualquer defeito no plano do processo.

Assim, só se pode cogitar de nulidade em processo civil na exata medida em que do descumprimento da *forma* exigida ou imposta pela lei decorrer algum prejuízo para o processo ou para qualquer uma das partes. Sem o prejuízo, mesmo com a desconformidade do ato, não se deve pronunciar a nulidade, o que significa dizer que a *desconsideração* ou o *saneamento* da nulidade é a *regra*; o não aproveitamento do ato e do que ele representa para o processo, de seus efeitos, portanto, é a *exceção*. A nulidade pode e, mais do que isto, *deve* ser sanada, deve ser emendada quando não houver prejuízo, e, mesmo quando houver, se ele puder ser, de alguma forma, eliminado ou ter seus efeitos mitigados. Em tais casos, não há por que declarar a nulidade do ato processual, mais ainda nos casos em que o reconhecimento da nulidade tende a ser proveitoso à parte contrária a quem eventual julgamento meritório favoreceria, diretriz que reside no § 2º do art. 282 e, de maneira mais ampla, no art. 488, ao qual me volto no n. 2.2.4 do Capítulo 11.

A doutrina tradicional busca classificar as nulidades processuais em duas classes: nulidade "sanável", "relativa" ou "não cominada" é aquela que admite, de alguma forma, sua mitigação, isto é, a repetição do ato viciado ou sua pura e simples desconsideração se não arguida de plano (arts. 276 e 278, *caput*). A nulidade "insanável", "absoluta" ou "cominada", no extremo oposto, é a que não admite a renovação do ato viciado nem que seus efeitos sejam produzidos no processo ou fora dele, e que pode ser reconhecida independentemente de qualquer arguição ou prazo (art. 278, parágrafo único).

Particularmente, e seguindo os passos que trilhei desde o volume 1 do meu *Curso sistematizado*, nas edições anteriores ao CPC de 2015, preservados incólumes nas edições posteriores, entendo que o mais relevante para o tema das nulidades processuais não é tanto a sua classificação em uma variada gama de classes ou espécies – o que justifica os sinônimos acima –, mas verificar em que medida o ato, embora viciado, isto é, praticado em desconformidade com o *tipo legal*, atingiu sua finalidade sem causar prejuízo às partes e ao próprio processo, e, por isto, ele mesmo ou, quando menos, seus efeitos podem e *devem* ser aproveitados. Assim, mais relevante que distinguir as espécies ou subespécies de nulidade é verificar em que condições há possibilidade de saneamento do ato processual e seu aproveitamento, mesmo que praticado em desconformidade com a *forma* prescrita em lei. Tanto assim que questões "clássicas" como a que decorre, por exemplo, do art. 276, que, a exemplo do seu par no CPC de 1973, o art. 243, continua a vedar àquele que deu ensejo à nulidade (*relativa*, de acordo com a doutrina tradicional) *legitimidade* para argui-la, tornam-se verdadeiramente secundárias, até porque enraizadas no plano do direito privado, alheio ao ser *público* do plano processual. O magistrado pode e, a bem da verdade, sempre *deve* de ofício, pronunciar-se sobre as nulidades processuais buscando a sua sanação. O "dever-poder geral de saneamento" previsto no inciso IX do art. 139 do CPC de 2015 não faz – e não autoriza – aquela distinção. Tampouco suas diversas aplicações dispersas pelo Código, inclusive no âmbito das nulidades, como se verifica do já mencionado § 2º do art. 282.

O acerto da adoção deste entendimento, assim como o maior rendimento na sua aplicação, justifica-se também pela especial circunstância de que, no processo (dada a sua necessária conformação *procedimental*), os atos processuais correlacionam-se entre si, dependendo, a regularidade de cada um, da regularidade do que lhe é imediatamente anterior. Assim, para ilustrar, a sentença (arts. 203, § 1º, 485 e 487) depende da correção de todo o procedimento que a antecedeu. Qualquer defeito que ocorra no ato *anterior* afeta o ato *posterior*, contaminando-o. É o que a doutrina usualmente denomina "princípio da causalidade" ou, com outras formulações textuais, "da conservação dos atos processuais", do "isolamento dos atos processuais" ou, ainda, da "concatenação dos atos processuais": um ato processual defeituoso tem o condão de afetar o outro que lhe é posterior e, direta ou indiretamente, dependente. É por isto que, de acordo com os arts. 281, 282 e 283, o magistrado sempre terá de acentuar em que medida os atos defeituosos podem ser aproveitados o quanto os atos a eles posteriores foram, ou não, afetados.

O que, ao fim e ao cabo, a lição que aqui proponho sugere, ao prestigiar o pensamento de que todo defeito processual pode ser sanado, é que se aproveite, ao máximo, os atos processuais praticados, considerando-os como um todo e voltados, todos eles, para sua finalidade maior e última, que é a de viabilizar o Estado-juiz a prestar tutela jurisdicional a quem merecedor dela. Assim, melhor do que *individualizar* todos os atos processuais, exigindo, na sua prática, uma irrestrita observância à forma, é preferível que sua análise seja global no sentido de verificar em que medida a prática dos atos processuais em geral teve, ou não, condições de atingir suas finalidades sem prejuízo, mesmo que em detrimento, em alguma medida, da forma imposta pela lei.

Nesta perspectiva, todas as nulidades processuais, assim compreendidos os atos processuais praticados em desconformidade com as regras formais respectivas, podem ser entendidas como "sanáveis" ou "relativas" ou "não cominadas". É uma questão de verificar, em cada caso concreto, em que medida o aproveitamento do ato (ou, quando menos, de seus efeitos), mesmo que defeituoso, é possível. É este o enorme, riquíssimo e necessariamente *casuístico* campo de incidência do tema "nulidades dos atos processuais". Qualquer ato processual praticado em desconformidade com o tipo legal pode e *deve* ser aproveitado, desde que, sem prejuízo – ou, quando menos, com sua eliminação, mitigação ou, até mesmo, indiferença –, alcance a finalidade imposta pela lei. Até porque, como reconhece a doutrina tradicional, as chamadas "nulidades *relativas*" ficam sujeitas à *preclusão* quando não arguidas a tempo e modo oportunos, o que continua a encontrar eco no *caput* do art. 278. Se assim é, não há espaço para o reconhecimento da invalidade do ato e/ou de seus efeitos, que acabam se convalidando ou, quando menos, se tornando irrelevantes diante do transcurso do tempo.

O melhor entendimento, destarte, é que qualquer defeito nos atos processuais deve ser considerado, em um primeiro momento, como caso de "nulidade sanável", o que, para empregar a sinonímia que anunciei, deve ser compreendido como sinônimo de "nulidade relativa" ou "não cominada". Na medida em que a prática de outros atos processuais ou a ocorrência de determinados atos ou fatos processuais tiverem o condão de revelar que a finalidade daquele primeiro ato foi atingida sem prejuízo ou, quando menos, que eles corrigem ou mitigam eventuais prejuízos, até mesmo, tornam-no indiferente, não há por que falar em nulidade. Nulidade não há mais. Há ato processual praticado, e seus efeitos devem ser observados desde sua origem ou, consoante o caso, desde sua *convalidação*. Trata-se de aplicação clara dos princípios que, por último, nominei.

É importante que o processualista civil valha-se da palavra "convalidação", largamente empregada na doutrina do direito público em geral, mormente entre os administrativistas. A noção de convalidar é a de reconhecer que o ato, tal qual praticado, é defeituoso, não obstante verificar em que medida ele ou, quando menos, seus efeitos ou parte deles podem ser aproveitados. Os resultados da *convalidação* do ato encontram fundamento, em última análise, na ideia de *eficiência* da atuação do Estado que, para o Estado-juiz, é expressa no art. 5º, LXXVIII, da CF, e que se espelha no art. 4º do CPC de 2015.

Pertinente ilustrar a afirmação dos parágrafos anteriores com o disposto no art. 279. O *caput* do dispositivo prescreve ser nulo o processo à falta de intervenção do Ministério Público naqueles casos em que a lei a impõe (art. 178). O § 1º do art. 279, consequentemente, impõe ao magistrado a declaração de nulidade de todos os atos do processo desde o instante em que a intervenção daquele órgão se fazia necessária. Não obstante, o § 2º do art. 279 (que não encontrava similar expresso no CPC de 1973) acentua que "A nulidade só pode ser decretada após a intimação do Ministério Público, que se manifestará sobre a existência ou a inexistência de prejuízo". Trata-se de correta (e específica) aplicação da diretriz genérica do § 2º do art. 282.

Diante do reconhecimento de uma "nulidade sanável", o magistrado tomará as providências necessárias para eliminá-la do processo. Seja determinando a prática de novos atos processuais, seja estabelecendo a renovação de atos processuais anteriormente praticados, seja decidindo a respeito dos efeitos dos atos praticados e sobre a possibilidade de sua convalidação no plano do processo, retificando ou ratificando, com ou sem a necessidade da atuação das partes, os atos que entende viciados.

Na hipótese oposta, todavia, caso não seja, por qualquer razão, possível repetir o ato que, praticado com algum defeito, gerou prejuízos, ou desconsiderar ou mitigar os prejuízos dos atos processuais defeituosos, o caso é de nulidade. O que parecia ser, a partir de uma análise prospectiva, uma nulidade "sanável", "relativa", "não cominada", mostrou-se, afinal, nulidade "insanável" ou, para empregar as nomenclaturas da doutrina tradicional, "absoluta" ou "cominada". A nulidade que não é sanada, que contamina o ato *e* seus efeitos, a ponto de impedir que eles sejam, de alguma forma, aproveitados ou considerados para o processo, é, portanto, resultado de uma análise *retrospectiva* dos atos processuais. É só esta, que não pode ser corrigida, emendada, ratificada ou convalidada, a nulidade que, como tal, tem relevância para o estudioso do direito processual civil. As demais, analisada a questão do prisma que aqui sugiro, são muito mais *aparências* de nulidades. Elas não se *confirmam* como nulidades justamente porque são corrigidas, emendadas, ratificadas, convalidadas, a tempo e modo oportunos. Ou, até mesmo, menos do que isto, como no ato que, praticado, não traz nenhum defeito *substancial*, não obstante o descumprimento da forma. Neste caso, nem sequer sua convalidação é necessária. Basta o reconhecimento judicial, com a análise escorreita das circunstâncias concretas, de que o ato cumpriu suficientemente sua finalidade, no que é claríssimo o § 1º do art. 282.

Sem pretender avançar em assuntos tratados em contexto diverso ao longo deste *Manual*, importa destacar que o *dever* de saneamento de nulidades se dá a todo o tempo e grau de jurisdição desde a apresentação da petição inicial. O que continua a haver no CPC de 2015 é que há momentos *concentrados* de saneamento de nulidades (arts. 317 e 357, I, para o primeiro grau de jurisdição, e art. 932, parágrafo único, para o âmbito recursal, por exemplo). Isso não impede, enfatizo, que, *em qualquer momento*, o magistrado, constatando uma "nulidade", aplique as considerações aqui desenvolvidas com vistas ao seu saneamento. É o que, no contexto dos sujeitos processuais, dispõe o art. 76; com relação à admissibilidade da petição inicial, o art. 321 e, novidade trazida pelo § 7º do art. 485, com a possibilidade generalizada de o magistrado alterar a sentença *terminativa* em juízo de retratação deflagrado pelo apelo do sucumbente.

O regime das nulidades processuais após o término do processo merece, por ora, uma consideração apartada.

Neste caso – e diferentemente do que se dá com relação ao "processo em curso" (durante a "litispendência", como se costuma referir) –, é importante distinguir os planos da existência jurídica e os da validade. Aceitando-se esta distinção, embora ela não encontre unanimidade na doutrina, os casos de *inexistência* jurídica devem ser extirpados do ordenamento jurídico por mero reconhecimento jurisdicional. São as denominadas "ações declaratórias de inexistência de ato processual" ou "ações declaratórias de inexistência de relação jurídica processual", usualmente identificadas (e confundidas) com a expressão latina *querela nullitatis*. Os casos de nulidade, assim entendidas eventuais ofensas ao plano da *validade* do processo e dos atos processuais em geral, desafiam sua retirada do ordenamento jurídico pela chamada "ação rescisória". Sem prejuízo do que trato no n. 8 do Capítulo 16, destaco, aqui, que há nulidades que sobrevivem ao trânsito em julgado, dando ensejo à sua retirada do ordenamento jurídico por aquela especial técnica, observando-se o disposto nos arts. 966 a 975.

9. DISTRIBUIÇÃO E REGISTRO

O Título IV do Livro IV da Parte Geral trata da distribuição e do registro dos processos.

O *registro* exigido pelo art. 284 é o cadastramento do processo nos arquivos de dados do Poder Judiciário.

A *distribuição* é a necessidade de os processos serem compartilhados entre os órgãos jurisdicionais com mesma competência, viabilizando, com isto, equânime carga de trabalho. É esta a razão pela qual a parte final do art. 284 impõe a distribuição "onde houver mais de um juiz". Não havendo, inexiste como repartir a carga de trabalho.

Para assegurar este objetivo, o *caput* do art. 285 estabelece que a distribuição será *alternada* e obedecerá rigorosa *igualdade*. A *aleatoriedade* lá exigida relaciona-se com os princípios da *imparcialidade* e do *juiz natural*, ambos derivados do "modelo constitucional". A indispensável publicação da lista de distribuição no *Diário da Justiça*, imposto pelo parágrafo único do art. 285, é medida impositiva à luz do princípio da publicidade. Quando se tratar de processo que justifica sigilo, serão omitidos os nomes das partes e/ou interessados, hipótese em que, geralmente, são indicadas apenas as iniciais dos respectivos nomes.

A distribuição pode ser realizada *eletronicamente*, mesmo quando os autos forem de papel. A possibilidade de sua fiscalização pela parte, por seu procurador, pelo Ministério Público e pela Defensoria Pública, é expressamente assegurada pelo art. 289.

Pode ocorrer que a existência de prévio processo justifique a distribuição *por dependência* do novo. A medida quer viabilizar que um mesmo magistrado aprecie processos diversos cujos *elementos* possuam algum ponto de contato e, com isto, criar condições para o proferimento de decisões coerentes entre si. Para garantir a igualdade na distribuição nestes casos, será feita a devida *compensação* perante os demais juízes, o que também ocorrerá quando houver erro ou falta de distribuição (art. 288).

As hipóteses em que a distribuição será feita por dependência estão no art. 286: (i) quando houver conexão ou continência entre os elementos do novo processo com os do anterior; e (ii) quando houver reiteração de pedido, ainda que em litisconsórcio ativo ou perante réus diversos, sempre que o processo anterior tiver sido extinto sem resolução de mérito. Mesmo sem a presença de identidade de elementos, a distribuição por dependência, ao juízo prevento, justifica-se (iii) quando houver risco de proferimento de decisões conflitantes nos termos do § 3º do art. 55. Esta derradeira exigência é, contudo, *formalmente* inconstitucional porque introduzida indevidamente no final do processo legislativo que ensejou o CPC de 2015. Deve, portanto, ser considerada como não escrita.

O parágrafo único do art. 286 determina que eventuais alterações subjetivas ou objetivas ocorridas ao longo do processo (como intervenção de terceiro, reconvenção ou outra ampliação objetiva do processo) sejam anotadas pelo distribuidor. O intuito é dar adequada publicidade àqueles acontecimentos que são relevantes, inclusive para a verificação de litispendência, coisa julgada e, até mesmo, para justificar a distribuição por dependência.

O art. 287 trata de exigências relativas à distribuição da petição inicial: ela deve vir acompanhada de procuração (quando for o caso, isto é, quando se tratar de representação por advogado privado, excepcionados os casos de perecimento de direito ou de urgência) e deverá conter os endereços eletrônico e não eletrônico do procurador.

Também o recolhimento das custas e das despesas deve ser demonstrado de plano. A sua falta levará à necessária intimação do procurador para realizá-lo em quinze dias. Na omissão, será cancelada a distribuição (art. 290).

10. VALOR DA CAUSA

Qualquer petição inicial (art. 319, V) e a reconvenção deverão indicar o valor da causa (art. 292, *caput*). Este valor, em geral, corresponde à expressão econômica do direito reclamado pelo autor (ou pelo réu-reconvinte). A exigência prevalece mesmo quando o direito sobre o qual o autor requer que recaia a tutela jurisdicional não tenha expressão econômica imediata (art. 291). Seja quando se tratar de direito que não tem expressão patrimonial, como ocorre com enorme frequência, nas indenizações por dano moral, ou quando não for possível ao autor, desde logo, precisar as consequências do dano ou, mais amplamente, do ilícito, e, consequentemente, sua expressão econômica. Nestes casos, cabe ao autor *estimar* o valor da causa, justificando-o, o que viabilizará adequada manifestação do réu e do próprio magistrado a este respeito (art. 293).

Os incisos do art. 292 indicam, sem exaurir o tema, os seguintes critérios que o autor deve observar para aferição do valor da causa: (i) na cobrança de dívida, a soma monetariamente corrigida do principal, dos juros de mora vencidos e de outras penalidades, se houver, até a data da "propositura da ação"; (ii) quando se tratar de discutir a existência, a validade, o cumprimento, a modificação, a resolução, a resilição ou a rescisão de ato jurídico, o valor do ato ou o de sua parte controvertida; (iii) na cobrança de alimentos, a soma de doze prestações mensais pedidas pelo autor; (iv) na divisão, demarcação e na reivindicação, o valor de avaliação da área ou bem objeto do pedido; (v) o valor pretendido a título de indenização, mesmo quando a hipótese for de dano moral; (vi) o valor correspondente à soma de todos os pedidos quando houver cumulação própria; (vii) quando os pedidos forem alternativos, o valor da causa deve corresponder ao de maior valor; (viii) havendo pedido subsidiário, o valor da causa é o do pedido principal.

Os dois primeiros parágrafos do art. 292 ocupam-se da hipótese em que o pedido diga respeito a prestações vencidas e vincendas. Neste caso, o valor da causa será a soma de todas (§ 1º), sendo certo que o valor das prestações vincendas corresponderá a uma anuidade se a obrigação for por tempo indeterminado ou superior a um ano; se por tempo inferior, a soma compreenderá a todas (§ 2º).

O juiz, desde o juízo de admissibilidade da petição inicial, poderá determinar a correção do valor dado à causa pelo autor (art. 292, § 3º), sem prejuízo de o réu impugná-lo quando da apresentação de sua contestação em preliminar (art. 293 e art. 337, III).

O valor da causa opera como verdadeiro indexador de um sem-número de atos do processo, servindo, inclusive, como base de cálculo para o recolhimento de custas processuais que, muito frequentemente, incidem desde logo, já com apresentação da petição inicial (é sobre elas, aliás, a que se refere o art. 290). Também a fixação de inúmeras multas imponíveis ao longo do processo, inclusive as relativas à litigância de má-fé, tomam como referência o valor da causa, como se verifica, apenas para fins ilustrativos, do § 2º do art. 77 e art. 81. Os honorários sucumbenciais também podem, consoante o caso, ser arbitrados levando em conta o valor da causa (art. 85, § 2º, e art. 338, parágrafo único).

Sobre este último aspecto do valor da causa, é importante que o prezado leitor entenda que eventual dificuldade patrimonial para o autor (e/ou para o réu) de arcar com custas ou outras despesas por causa daquela exigência *não podem* interferir na sua devida fixação. Se a questão se resume a não ter condições de pagar o que, diante do valor da causa, é devido, a solução dada pelo CPC de 2015 é de outra ordem, a começar pela bem modificada e atualizada disciplina dos benefícios da justiça gratuita (v. n. 2.5 do Capítulo 4).

Resumo do Capítulo 5

ATOS PROCESSUAIS

VISÃO GERAL DO TEMA NO CPC

- Livro IV da Parte Geral do CPC
- Título I – Da forma, do tempo e do lugar dos atos processuais
  - Capítulo I: Da forma dos atos processuais
  - Capítulo II: Do tempo e do lugar dos atos processuais
  - Capítulo III: Dos prazos processuais
- Título II – Da comunicação dos atos processuais
  - Capítulo I: Disposições gerais
  - Capítulo II: Da citação
  - Capítulo III: Das cartas
  - Capítulo IV: Das intimações
- Título III – Das nulidades
- Título IV – Da distribuição e do registro
- Título V – Do valor da causa

FORMA PROCESSUAL

- Atos e fatos processuais: compreensão prévia
- Atos em geral (arts. 188 a 192)
  - Negócios processuais (art. 190)
  - Calendário processual (art. 191)
- Atos eletrônicos (arts. 193 a 199)
  - Relação entre os arts. 198 e 236, § 3º
  - Resolução n. 455/2022 do CNJ
  - Lei n. 11.419/2006 e o "processo eletrônico"
- Atos das partes (arts. 200 a 202)
- Pronunciamentos judiciais (arts. 203 a 205)
  - Atos do escrivão e chefe da secretaria (arts. 206 a 211)
  - Delegação por autorização constitucional (art. 93, XIV, CF)

NEGÓCIOS PROCESSUAIS

- **Art. 190.** Versando o processo sobre direitos que admitam **autocomposição**, é lícito às **partes plenamente capazes** estipular mudanças no procedimento para ajustá-lo às especificidades da causa e convencionar sobre os seus ônus, poderes, faculdades e deveres processuais, **antes** ou **durante** o processo.

■ **Parágrafo único.** De ofício ou a requerimento, **o juiz controlará a validade das convenções previstas neste artigo**, recusando-lhes aplicação somente nos casos de nulidade *ou* de inserção abusiva em contrato de adesão *ou* em que alguma parte se encontre em manifesta situação de vulnerabilidade.

NEGÓCIOS TÍPICOS

- Eleição de foro nacional (art. 63, § 1º) e internacional (art. 22, III)
- Escolha do conciliador, mediador ou câmara (art. 168)
- Redução de prazos (art. 222, § 1º)
- Suspensão do processo (art. 313, II)
  - Limite do § 4º do art. 313 **(?)**
  - O art. 16 da Lei n. 13.140/2015
- Realização da audiência de conciliação ou mediação (art. 334, § 4º, I)
- Decisão de saneamento e organização do processo (art. 357, § 2º)
- Escolha do perito (perícia consensual) (art. 471)
- Escolha do administrador-depositário (art. 869)
- Calendarização (art. 191)

NEGÓCIOS ATÍPICOS

- Discussão sobre os limites (objetos) possíveis:
- Formas de autocomposição (art. 3º, §§ 2º e 3º)
- Decidir por equidade (art. 140, par. único + art. 723, par. único)
- Sucessão/substituição processual (arts. 108 e 18)
- Formação de litisconsórcio
- Intervenção de terceiros
- Deveres-poderes do magistrado (art. 139)
- Deveres dos procuradores
- Força probante dos documentos/avaliação da prova
- Pressupostos processuais/desenvolvimento da ação
- Coisa julgada
- Técnicas executivas
- Regime da tutela provisória
- Regime recursal

CALENDÁRIO PROCESSUAL (ART. 191)

- Fixação do calendário de comum acordo
- Caráter vinculante entre partes e juiz
- Prazos não são passíveis de modificação, salvo casos excepcionais devidamente justificados (§ 1º)
- Dispensa de intimação para a prática dos atos previstos no calendário (§ 2º)

TEMPO E LUGAR

- Tempo (arts. 212 a 216)
  - Atividade jurisdicional "ininterrupta" (art. 93, XII, CF)
  - Das 6 às 20 horas nos dias úteis
  - Os limites constitucionais do art. 5º, XI, CF
  - Atos eletrônicos
  - Férias e feriados forenses
- Lugar (art. 217)
  - Comunicação entre juízos diversos
  - Cooperação nacional/internacional
  - Cartas

PRAZOS

- Relação do tema com a prescrição temporal (arts. 218, 223, 233 e 234)
  - Prazos "próprios" e "impróprios" (arts. 226, 227 e 235)
  - Atos praticados antes do termo inicial (art. 218, § 4º)
- Contagem dos prazos *processuais* em dias úteis (art. 219)
- No caso de litisconsórcio (art. 229)
  - Escritórios diversos
  - Processo eletrônico
- Suspensão de prazos de 20 de dezembro a 20 de janeiro (art. 220)
- Contagem de prazos: exclusão do dia de início e inclusão do dia de vencimento (art. 224)
  - Sempre em dias úteis (art. 224, §§ 1º e 3º)
  - Disponibilização *x* Intimação (art. 224, § 2º)
- Dia de início (arts. 230 e 231)
  - Contestação (art. 231, § 1º)
    - O inciso IX do *caput* do art. 231 incluído pela Lei n. 14.195/2021
    - O inciso V e o inciso IX do art. 231: campos de incidência
  - Citação *x* intimação (§§ 1º e 2º)
  - Demais atos processuais (art. 231, § 2º)
  - Ato a ser praticado pela parte (art. 231, § 3º)

COMUNICAÇÃO

- Considerações iniciais
- Citação
  - Prazo para realização (art. 238, parágrafo único, incluído pela Lei n. 14.195/2021)
  - Pressuposto processual de *validade*? (art. 239)
  - Efeitos da citação (art. 240)
  - Interrupção da prescrição pelo despacho que ordena e retroage à propositura (art. 240, § 1º)
  - Art. 312: propositura = protocolo da petição inicial
- Citação por meio eletrônico (art. 246, *caput*, e §§ 1º, 1º-B, 1º-C, 4º e 5º)
  - As modificações da Lei n. 14.195/2021
  - Hipóteses de realização
  - Cadastro (obrigatoriedade)
  - Atitudes do réu
  - Dinâmica
- Demais modalidades de citação (art. 246, § 1º-A)
  - Correio (arts. 247/248)
    - Hipóteses de realização
    - Na execução de título executivo extrajudicial
  - Oficial de justiça (arts. 249/251 e 255)
    - Citação por hora certa (arts. 252/254)
  - Escrivão ou chefe de secretaria (arts. 246, § 1º-A, III, e 152, II)
  - Edital (arts. 256/259)
- Cartas (arts. 237 e 260/268)
  - Ordem
  - Rogatória
  - Precatória
  - Arbitral
- Intimação
  - Intimação entre advogados pelo correio (art. 269, § 1º)
  - Modalidades
    - Por meio eletrônico (art. 270)
    - Por publicação dos atos no órgão oficial (art. 272)
      - Intimação do indicado sob pena de nulidade (art. 272, § 5º)
      - Carga e decisões não publicadas (art. 272, § 6º)
      - Arguição da nulidade (art. 272, §§ 8º e 9º)
    - Por ato do escrivão ou chefe de secretaria e pelo correio (arts. 273/274)
    - Por oficial de justiça (art. 275)
  - Presunção de regularidade no endereço declarado (art. 274, par. único)

NULIDADES
- Forma (formalidade) x formalismo. O atingimento da finalidade do ato processual.
  - Princípio da liberdade das formas (art. 188)
  - Princípio da instrumentalidade das formas/finalidade/prejuízo (arts. 188, 277, 282 e 283)
  - Princípio do aproveitamento dos atos processuais (arts. 281 e 282)
- Nulidade sanável/relativa/não cominada x nulidade insanável/absoluta/cominada
  - Relativização da dicotomia
  - Legitimidade para arguição (art. 276)
  - Atuação oficiosa (art. 139, IX): "dever-poder geral de saneamento"
    - Momentos (mais) propícios para tanto e procedimento
- Nulidade de citações e intimações (art. 280)
- Nulidades e trânsito em julgado

DISTRIBUIÇÃO E REGISTRO
- Registro x distribuição (art. 284)
- Distribuição (art. 285)
  - Imediata (art. 93 XV CF)
  - Anotações quando houver intervenção de terceiro, reconvenção ou ampliação objetiva do processo (art. 503, §§ 1º e 2º)
  - Correção ou compensação da distribuição (art. 288)
  - Fiscalização (art. 289)
  - Cancelamento se não houver pagamento de custas (art. 290)
- Distribuição por dependência (art. 286)
  - Conexão ou continência
  - Reiteração de pedido formulado em processo extinto ainda que em litisconsórcio
  - Quando houver risco de decisões conflitantes mesmo sem conexão (art. 55, § 3º)
- Procuração e petição inicial (art. 287)

VALOR DA CAUSA
- Compreensão prévia (art. 291)
  - Valor da causa como "base de cálculo" de outros atos processuais
- Hipóteses (art. 292)
  - Inclusive nos pedidos relativos ao dano *moral* (inciso V)
  - As "somas" e as especificidades dos §§ 1º e 2º
- Correção de ofício (art. 292, § 4º)
- Impugnação pelo réu como preliminar de contestação (arts. 293 + 337, III)

Leituras Complementares (Capítulo 5)

Monografias e livros

ALMEIDA, Diogo Assumpção Rezende de. *A contratualização do processo – das convenções processuais no processo civil*. São Paulo: LTr, 2015.

ALVIM, Teresa Arruda. *Nulidades do processo e da sentença*. 8. edição. São Paulo: Revista dos Tribunais, 2017.

BARREIROS, Lorena Miranda Santos. *Convenções processuais e poder público*. Salvador: JusPodivm, 2016.

CABRAL, Antonio do Passo. *Convenções processuais*. 2. ed. Salvador: JusPodivm, 2018.

_____. *Nulidades no processo moderno*: contraditório, proteção da confiança e validade *prima facie* dos atos processuais. Rio de Janeiro: Forense, 2016.

COSTA, Marília Siqueira da. *Convenções processuais sobre intervenção de terceiros*. Salvador: JusPodivm, 2018.

CUNHA, Leonardo Carneiro da. *Comentários ao Código de Processo Civil*, vol. III: artigos 188 ao 293. São Paulo: Revista dos Tribunais, 2016.

DIDIER JR., Fredie (coord. geral). CABRAL, Antonio do Passo; NOGUEIRA, Pedro Henrique (coords). *Negócios processuais*, tomo I. 4. ed. Salvador: JusPodivm, 2019.

_____. *Negócios processuais*, tomo II. Salvador: JusPodivm, 2020.

DINAMARCO, Pedro da Silva. *Comentários ao Código de Processo Civil*, vol. IV: da forma, do tempo e do lugar dos atos processuais (arts. 188 a 235). São Paulo: Saraiva, 2020.

FARIA, Guilherme Henrique Lage. *Negócios processuais no modelo constitucional de processo*. Salvador: JusPodivm, 2016.

GODINHO, Robson. *Negócios processuais sobre o ônus da prova no novo Código de Processo Civil*. São Paulo: Revista dos Tribunais, 2015.

LAMY, Eduardo. *Aproveitamento de meios no processo civil*. 2. ed. Salvador: JusPodivm, 2021.

MÜLLER, Julio Guilherme. *Negócios processuais e desjudicialização da produção da prova*: análise econômica e jurídica. São Paulo: Revista dos Tribunais, 2017.

NERY, Carmen Ligia Barreto de Andrade Fernandes. *O negócio jurídico processual como fenômeno da experiência jurídica*: uma proposta de leitura constitucional adequada da autonomia privada em processo civil. Tese de doutorado. São Paulo: Pontifícia Universidade Católica de São Paulo, 2017.

NOGUEIRA, Pedro Henrique. *Negócios jurídicos processuais*. 2 ed. Salvador: JusPodivm, 2016.

RAATZ, Igor. *Autonomia privada e processo* civil: negócios jurídicos processuais, flexibilização procedimental e o direito à participação na construção do caso concreto. Salvador: JusPodivm, 2016.

REDONDO, Bruno Garcia. *Negócios jurídicos processuais atípicos.* Salvador: JusPodivm, 2020.

SCARPINELLA BUENO, Cassio. *Curso sistematizado de direito processual civil*, vol. 1: teoria geral do direito processual civil e parte geral do Código de Processo Civil. 13. ed. São Paulo: Saraiva, 2023.

SICA, Heitor Vitor Mendonça. *Comentários ao Código de Processo Civil*, vol. V: da comunicação dos atos processuais até do valor da causa (arts. 236 a 293). São Paulo: Saraiva, 2019.

SILVA, Paula Costa e. *Perturbações no cumprimento dos negócios processuais.* Salvador: JusPodivm, 2020.

Capítulos de livros

ALVIM, Teresa Arruda. Comentários aos arts. 203 ao 205. In: SCARPINELLA BUENO, Cassio (coord.). *Comentários ao Código de Processo Civil*, vol. 1. São Paulo: Saraiva, 2017.

BEDAQUE, José Roberto dos Santos. Comentários aos arts. 276 ao 283. In: SCARPINELLA BUENO, Cassio (coord.). *Comentários ao Código de Processo Civil*, vol. 1. São Paulo: Saraiva, 2017.

SICA, Heitor Vitor Mendonça. Comentários aos arts. 188 ao 202 e 206 ao 235. In: SCARPINELLA BUENO, Cassio (coord.). *Comentários ao Código de Processo Civil*, vol. 1. São Paulo: Saraiva, 2017.

SILVA, João Paulo Hecker da. Comentários aos arts. 236 ao 275. In: SCARPINELLA BUENO, Cassio (coord.). *Comentários ao Código de Processo Civil*, vol. 1. São Paulo: Saraiva, 2017.

VASCONCELOS, Ronaldo. Comentários aos arts. 284 ao 293. In: SCARPINELLA BUENO, Cassio (coord.). *Comentários ao Código de Processo Civil*, vol. 1. São Paulo: Saraiva, 2017.

Artigos

ALVIM, J. E. Carreira. Conversão da Medida Provisória n. 1.040/2021 na Lei n. 14.195/2021 e os jabutis postos pelo Congresso Nacional no Código de Processo Civil. *Revista Brasileira de Direito Processual*, vol. 116. Belo Horizonte: Fórum, out./dez. 2021.

AMARAL, Rodrigo Augusto; FONTANA, Rafael. A teoria da imprevisão aplicada aos negócios jurídicos processuais. *Revista Brasileira de Direito Processual*, vol. 117. Belo Horizonte: Fórum, jan./mar. 2022.

ARAÚJO, José Aurélio de. Princípio da presença (parte I): a necessária readequação do princípio da oralidade e os meios processuais de comunicação eletrônica. *Revista de Processo*, vol. 319. São Paulo: Revista dos Tribunais, set. 2021.

_____. Princípio da presença (parte II): a tipicidade instrumental dos meios eletrônicos de comunicação dos atos processuais durante o período de isolamento social. *Revista de Processo*, vol. 320. São Paulo: Revista dos Tribunais, out. 2021.

AVELINO, Murilo Teixeira. A posição do magistrado em face dos negócios jurídicos processuais. *Revista de Processo*, vol. 246. São Paulo: Revista dos Tribunais, ago. 2015.

ATAÍDE JÚNIOR, Jaldemiro Rodrigues de. Negócios jurídicos materiais e processuais – Existência, validade e eficácia – Campo-invariável e campos-dependentes: sobre os limites dos negócios jurídicos processuais. *Revista de Processo*, vol. 244. São Paulo: Revista dos Tribunais, jun. 2015.

BONIZZI, Marcelo José Magalhães. Estudo sobre os limites da contratualização do litígio e do processo. *Revista de Processo*, vol. 269. São Paulo: Revista dos Tribunais, jul. 2017.

BOTELHO, Alexandra Carolina; CABANELAS, Ianna Menezes; MACIEL JÚNIOR, Vicente de Paula. Tecnologia e resolução de conflitos em tempos de Covid-19: a realidade do trabalho remoto e seu impacto nos serviços judiciários. *Revista Brasileira de Direito Processual*, vol. 117. Belo Horizonte: Fórum, jan./mar. 2022.

BUFULIN, Augusto Passamani; VILARINHO, Tiago Aguiar. Flexibilização do procedimento a partir do trânsito de técnicas processuais: implementação via adequação judicial ou convenção atípica? *Revista Brasileira de Direito Processual*, vol. 115. Belo Horizonte: Fórum, jul./set. 2021.

CABRAL, Antonio do Passo. Convenções sobre os custos da litigância (I): admissibilidade, objeto e limites. *Revista de Processo*, vol. 276. São Paulo: Revista dos Tribunais, fev. 2018.

_____. Convenções sobre os custos da litigância (II): introdução ao seguro e ao financiamento processuais. *Revista de Processo*, vol. 277. São Paulo: Revista dos Tribunais, mar. 2018.

_____. Teoria das nulidades processuais no direito contemporâneo. *Revista de Processo*, vol. 255. São Paulo: Revista dos Tribunais, maio 2016.

CAMARGO, Daniel Marques de; BAGGIO, Hiago da Silva. As repercussões da imperativa indicação do valor da causa em ações indenizatórias fundadas em dano moral no CPC/2015 à luz dos postulados teóricos do *law & economics*. *Revista de Processo*, vol. 328. São Paulo: Revista dos Tribunais, jun. 2022.

CAMPOS, Eduardo Luiz Cavalcanti. Ato-fato processual: reconhecimento e consequências. *Revista de Processo*, vol. 254. São Paulo: Revista dos Tribunais, abr. 2016.

CARVALHO FILHO, Antônio. Os atos processuais eletrônicos no CPC/2015. *Revista de Processo*, vol. 262. São Paulo: Revista dos Tribunais, dez. 2016.

DIDIER JR., Fredie; CABRAL, Antonio do Passo. Negócios jurídicos processuais atípicos e execução. *Revista de Processo*, vol. 275. São Paulo: Revista dos Tribunais, jan. 2018.

DIDIER JR., Fredie; LIPIAN, Júlia; ARAGÃO, Leandro Santos. Negócios jurídicos processuais em contratos empresariais. *Revista de Processo*, vol. 279. São Paulo: Revista dos Tribunais, maio 2018.

FARIA, Luzardo. A celebração de negócios processuais atípicos pela Fazenda Pública: adequação procedimental à realização do interesse público. Revista de Processo, vol. 306. São Paulo: Revista dos Tribunais, ago. 2020.

FERREIRA, Olavo Augusto Vianna Alves; MONTES NETTO, Carlos Eduardo. Constitucionalidade do art. 189, IV, do Código de Processo Civil. *Revista Brasileira de Direito Processual*, vol. 118. Belo Horizonte: Fórum, abr./jun. 2022.

FLUMINGNAN, Silvano José Gomes. Os negócios jurídicos processuais e a Fazenda Pública. *Revista de Processo*, vol. 280. São Paulo: Revista dos Tribunais, jun. 2018.

GAIO JÚNIOR, Antônio Pereira; GOMES, Júlio César dos Santos; FAIRBANKS, Alexandre de Serpa Pinto. Negócios jurídicos processuais e as bases para a sua consolidação no CPC/ 2015. *Revista de Processo*, vol. 267. São Paulo: Revista dos Tribunais, maio 2017.

GASPARETTI, Marco Vanin. Negócios jurídicos processuais e o poder de julgar: limites objetivos das convenções processuais. *Revista de Processo*, vol. 327. São Paulo: Revista dos Tribunais, maio 2022.

GIANNAKOS, Demétrio Beck da Silva. Análise econômica dos negócios jurídicos processuais. *Revista de Processo*, vol. 278. São Paulo: Revista dos Tribunais, abr. 2018.

GOUVEIA FILHO, Roberto P. Campos; DI SPIRITO, Marco Paulo Denucci. Sobre o negócio jurídico de espraiamento sentencial. *Revista Brasileira de Direito Processual*, vol. 100. Belo Horizonte: Fórum, out./dez. 2017.

HATANAKA, Alex S.; MARSOLA, Rafaela Martins. Negócio jurídico processual na recuperação de crédito. *Revista de Processo*, vol. 300. São Paulo: Revista dos Tribunais, fevereiro 2020.

HATOUM, Nida Saleh; BELLINETTI, Luiz Fernando. Aspectos Relevantes dos negócios jurídicos processuais previstos no art. 190 do CPC/2015. *Revista de Processo*, vol. 260. São Paulo: Revista dos Tribunais, out. 2016.

HERTEL, Daniel Roberto. Citação eletrônica no Código de Processo Civil brasileiro. *Revista de Processo*, vol. 325. São Paulo: Revista dos Tribunais, mar. 2022.

LUCON, Paulo Henrique dos Santos; SCARPINELLA BUENO, Cassio; ARSUFFI, Arthur Ferrari. Parecer do IBDP acerca da inconstitucionalidade da Lei federal 14.195/2021 apresentado na ADI 7.005. *Revista de Processo*, vol. 327. São Paulo: Revista dos Tribunais, maio 2022.

LUZ, Tatiana Tiberio; FRANÇOLIN, Wanessa de Cássia. Impacto da pandemia na tramitação dos processos e na jurisprudência civil brasileira. *Revista de Processo*, vol. 331. São Paulo: Revista dos Tribunais, set. 2022.

MACHADO, Vitor Gonçalves. Sobre a não homologação de acordos por ausência de advogado da parte requerida na relação de direito patrimonial disponível: uma necessária análise sobre o instituto da transação na perspectiva de autêntico negócio jurídico processual. *Revista de Processo*, vol. 246. São Paulo: Revista dos Tribunais, ago. 2015.

MENDES, Aluisio Gonçalves de Castro; LUCON, Paulo Henrique dos Santos; DOTTI, Rogéria Fagundes. A contagem dos prazos em dias úteis e o sistema dos juizados especiais. *Revista de Processo*, vol. 281. São Paulo: Revista dos Tribunais, jul. 2018.

NOGUEIRA, Pedro Henrique. Acordos sobre a legitimidade das partes no direito brasileiro. *Revista de Processo*, vol. 319. São Paulo: Revista dos Tribunais, set. 2021.

OLIVEIRA, Pedro Miranda de; BONEMER, Bruno Angeli. A (in)eficácia do negócio processual de irrecorribilidade de sentença. *Revista de Processo*, vol. 315. São Paulo: Revista dos Tribunais, maio 2021.

OLIVEIRA, Thiago Sales. A nulidade no Código de Processo Civil de 2015: natureza e primeiras considerações ao regime estabelecido. *Revista Brasileira de Direito Processual*, vol. 118. Belo Horizonte: Fórum, abr./jun. 2022.

ONO, Taynara Tiemi. A flexibilização procedimental: uma comparação entre os sistemas jurídicos brasileiro, inglês e português. *Revista de Processo*, vol. 254. São Paulo: Revista dos Tribunais, abr. 2016.

PIMENTEL, Alexandre Freire. Uma proposta taxonômica para um *big data* jurisdicional: o problema do uso da inteligência artificial e a proteção de dados processuais no ambiente da Justiça 4.0. *Revista de Processo*, vol. 330. São Paulo: Revista dos Tribunais, ago. 2022.

PINHO, Humberto Dalla Bernardina de; ALVES, Tatiana Machado. A relevância da negociação com princípios na discussão das cláusulas de convenção processual: aplicação concreta dos postulados da advocacia colaborativa. *Revista de Processo*, vol. 258. São Paulo: Revista dos Tribunais, ago. 2016.

PINTER, Rafael Wobeto. Em busca de uma metodologia para as nulidades processuais. *Revista de Processo*, vol. 333. São Paulo: Revista dos Tribunais, nov. 2022.

POLI, Roberto. La nullitá degli atti processuali: considerazione iniziali e principi sulla forma. *Revista de Processo*, vol. 296. São Paulo: Revista dos Tribunais, out. 2019.

_____. La nullitá degli atti processuali: il profilo funzionale (fine). *Revista de Processo*, vol. 298. São Paulo: Revista dos Tribunais, dez. 2019.

_____. La nullitá degli atti processuali: il profilo strutturale ed il profilo funzionale (inizio). *Revista de Processo*, vol. 297. São Paulo: Revista dos Tribunais, nov. 2019.

_____. La nullitá degli atti processuali: le specie di invalidità degli atti processuali diverse dalla nullità. (conclusioni). *Revista de Processo*, vol. 299. São Paulo: Revista dos Tribunais, jan. 2020.

PRETI, Ricardo Delgado. O impacto do novo Código de Processo Civil nos processos eletrônicos – Mutação infraconstitucional qualitativa da Lei n. 11.419/2016. *Revista Brasileira de Direito Processual*, vol. 99. Belo Horizonte: Fórum, jul./set. 2017.

PUGLIESE, William Soares; PESSOA, Thiago Simões. Os negócios processuais probatórios e suas limitações. *Revista de Processo*, vol. 314. São Paulo: Revista dos Tribunais, abr. 2021.

RAATZ, Igor. Negócios jurídicos processuais e elasticidade procedimental sob o enfoque do modelo democrático-constitucional de processo. *Revista Brasileira de Direito Processual*, vol. 101. Belo Horizonte: Fórum, jan./mar. 2018.

RAVAGNANI, Giovani dos Santos; VAUGHN, Gustavo Favero; GRAVA BRAZIL, Renato Caldeira. Algumas ideias sobre convenções processuais e tecnologia. *Revista de Processo*, vol. 323. São Paulo: Revista dos Tribunais, jan. 2022.

REDONDO, Bruno Garcia. Negócios processuais: necessidade de rompimento radical com o sistema do CPC/1973 para a adequada compreensão da inovação do CPC/2015. *Revista Dialética de Direito Processual*, vol. 149. São Paulo: Dialética, ago. 2015.

SPIRITO, Marco Paulo Denucci di. Controle de formação e controle de conteúdo do negócio jurídico processual – Parte I. *Revista de Processo*, vol. 247. São Paulo: Revista dos Tribunais, set. 2015.

_____. Controle de formação e controle de conteúdo do negócio jurídico processual – Parte II. *Revista de Processo*, vol. 248. São Paulo: Revista dos Tribunais, out. 2015.

_____. Controle de formação e controle de conteúdo do negócio jurídico processual – Parte III. *Revista de Processo*, vol. 249. São Paulo: Revista dos Tribunais, nov. 2015.

TALAMINI, Eduardo; AMARAL, Paulo Osternack. Suspensão de prazos judiciais por força da pandemia. *Revista de Processo*, vol. 306. São Paulo: Revista dos Tribunais, ago. 2020.

TAVARES, João Paulo Lordelo Guimarães. Da admissibilidade dos negócios jurídicos processuais no novo Código de Processo Civil: aspectos teóricos e práticos. *Revista de Processo*, vol. 254. São Paulo: Revista dos Tribunais, abr. 2016.

WAMBIER, Teresa Arruda Alvim. Nulidades processuais no novo CPC. In: Instituto Brasileiro de Direito Processual; SCARPINELLA BUENO, Cassio (org.). *PRODIREITO: Direito Processual Civil*: Programa de Atualização em Direito: Ciclo 1. Porto Alegre: Artmed Panamericana, 2016 (Sistema de Educação Continuada a Distância, vol. 3).

WOLKART, Erik Navarro. Novo Código de Processo Civil x sistema processual civil de nulidades. Xeque-mate? *Revista de Processo*, vol. 250. São Paulo: Revista dos Tribunais, dez. 2015.

ZANETI JR., Hermes; ALVES, Gustavo Silva. Breves notas sobre as alterações do Código de Processo Civil pela Lei 14.195/2021: citação eletrônica, exibição de documento ou coisa e prescrição intercorrente. *Revista de Processo*, vol. 330. São Paulo: Revista dos Tribunais, ago. 2022.

Capítulo 6

Tutela Provisória

1. PARA COMEÇAR

O Livro V da Parte Geral é dedicado ao que foi chamado de "tutela provisória". Ele vem dividido em três Títulos, "disposições gerais", "tutela de urgência" e "tutela da evidência", e ocupa os arts. 294 a 311.

2. NOMENCLATURA EMPREGADA

Antes de tratar especificamente do tema relativo à "tutela provisória", entendo ser essencial destacar alguns pontos relativos ao processo legislativo que resultaram no conteúdo do precitado Título V da Parte Geral.

Dentre as várias modificações propostas pelos Projetos e, antes deles, pelo Anteprojeto elaborado pela Comissão de Juristas, a disciplina reservada, pelo CPC de 2015, ao que o CPC de 1973 chamava de "tutela antecipada" e "processo cautelar" era uma das que mais chamava a atenção. Isso porque a realocação da matéria, lado a lado, e longe da *forma* como estava no CPC de 1973 – e isto era ainda mais evidente quando analisado na perspectiva do "processo cautelar" – mostrava-se bastante radical e, não havia por que negar, extremamente positiva, ao menos naquela perspectiva.

O Projeto do Senado, seguindo os passos do Anteprojeto, propunha, em substituição aos dois mencionados institutos, o da "tutela antecipada" do art. 273 e do art. 461, § 3º, e do "processo cautelar" dos arts. 796 a 889, todos do CPC de 1973, disciplina que intitulou "tutela de urgência e tutela da evidência", veiculada em seus arts. 269 a 286. O Projeto da Câmara propôs, em seu lugar, disciplina denominada "tutela antecipada", que ocupava seus arts. 295 a 313.

Chama a atenção, portanto, mesmo dentro dos limites deste *Manual*, constatar que o CPC de 2015 refere-se ao tema com *nomenclatura* diversa, como se verifica de seus arts. 294 a 311: "tutela *provisória*".

Para o prezado leitor que entender se tratar de mera mudança de nome, quiçá mais adequado para descrever a novel disciplina legislativa, não haverá maiores dificuldades de entender que as modificações ocorridas na última etapa do processo legislativo não esbarram no *devido processo legislativo* (art. 65, parágrafo único, da CF). Diferentemente, para quem compreender que a nova disciplina legal vai além de meras questões terminológicas, o vício no processo legislativo é conclusão irretorquível, a começar pelo nome dado ao instituto.

Ocorre que a demonstração de ter havido extrapolação na última etapa do processo legislativo pressupõe, ao menos em larga escala, que haja (ou que houvesse) alguma certeza sobre a interpretação do que fora projetado pelo Senado e pela Câmara para fornecer parâmetros seguros de comparação entre um e outro Projeto e, consequentemente, para aferir eventual inconstitucionalidade formal.

A conclusão a que chego a respeito do tema neste *Manual* – preservando, ainda aqui, a que alcancei no meu *Novo Código de Processo Civil anotado* – não evidencia maiores problemas quanto ao ponto – diferentemente do que ocorre alhures –, embora lamente, confesso, prezado leitor, a alteração de nome ocorrida na reta final do Projeto do Senado, porque ele está longe de descrever o alcance das normas por ele acobertadas. De qualquer sorte, nomes são nomes e, por definição, não podem querer se sobrepor às realidades, ainda que normativas, que eles descrevem. A doutrina e a jurisprudência precisam ter isso claro ao traçar, criando, o regime jurídico da tutela provisória, independentemente da nomenclatura que, a final, foi escolhida para descrevê-la pelo CPC de 2015.

3. TUTELA PROVISÓRIA E SUAS ESPÉCIES

É correto entender a tutela provisória, tal qual disciplinada pelo CPC de 2015, como o conjunto de técnicas que permite ao magistrado, na presença de determinados pressupostos, que gravitam em torno da presença da "urgência" ou da "evidência", prestar tutela jurisdicional, antecedente ou incidentalmente, com base em decisão instável (por isso, provisória) apta a *assegurar* e/ou *satisfazer*, desde logo, a pretensão do autor, até mesmo de maneira liminar, isto é, sem prévia oitiva do réu.

A enunciação acima quer ser não só fidedigna ao que consta dos arts. 294 a 311 mas também a menos complicada possível. Sim, porque ela "esconde" uma dificuldade enorme que, infelizmente, não foi superada pelo CPC de 2015, que consiste na *necessária* distinção entre quais técnicas são aptas para *assegurar* o direito (e alguns dirão, na linha sugerida pelo próprio Código, aliás, o resultado útil do processo), que o CPC de 2015 ainda chama de *cautelar*, e quais são aptas para *satisfazer*, desde logo, a pretensão do autor, que o CPC de 2015 ainda chama de *antecipada*. Dificuldade esta que conduz a caminhos (bem) diferentes, com consequências e regimes jurídicos (bem) diferentes, quando aquelas tutelas são requeridas *antecedentemente*, como os arts. 303 e 304, e 305 a 310, respectivamente, evidenciam.

Para chegar ao ponto, prezado leitor, convém evidenciar as *classificações* sugeridas pelos precitados dispositivos com relação à tutela provisória e que permitem a visualização de três *espécies*: a fundada em *urgência* ou em *evidência*; a *antecedente* e a *incidente*; e, por fim, a *antecipada* e a *cautelar*.

Quanto ao *fundamento*, a tutela provisória pode ser de *urgência* ou de *evidência* (art. 294, *caput*). A tutela provisória de urgência ocupa a maior parte dos dispositivos, arts. 300 a 310, que corresponde ao Título II do Livro V da Parte Geral. A tutela provisória de evidência restringe-se a um só, o art. 311, equivalente ao Título III.

O parágrafo único do art. 294 apresenta para a tutela provisória de urgência duas espécies: a *antecedente* ou a *incidente* e a *cautelar* e a *antecipada*. Saber se somente a tutela provisória de urgência (com exclusão da evidência, portanto) pode assumir essas outras classificações é questão à qual me volto no n. 8, *infra*, a propósito do exame do art. 311.

A distinção entre *antecedente* e *incidente* leva em conta o *momento* em que requerida a tutela provisória, isto é, em que apresentado o pedido relativo à sua concessão, contrapondo-o ao momento em que é apresentado o que o Código de Processo Civil chama ora de "tutela *final*" ora de "pedido *principal*", bastando, por ora, empregar a nomenclatura do próprio Código. Será *antecedente* a tutela provisória fundamentada em urgência e requerida para dar início ao processo, independentemente da formulação da "tutela final" ou do "pedido principal". Os arts. 303 e 304 (tratando-a como "tutela *antecipada*") e 305 a 310 (tratando-a como "tutela *cautelar*") ocupam-se especificamente com estes casos. Será *incidente* a tutela provisória requerida concomitantemente ou após a formulação do pedido de "tutela final" ou do "pedido principal", cuja disciplina está, na maior parte das vezes, sem levar em conta a dicotomia entre "cautelar" e "antecipada", nas Disposições Gerais e no Título II.

Há, de qualquer sorte, um elemento *artificial* nesta classificação, que reside no "processo", justamente o critério distintivo das duas espécies. O que ocorre, na verdade, é que a tutela antecedente é (ou, quando menos, pode ser) pedida *antes* de ser requerida a tutela que o CPC de 2015 chama ora de "final", ora de "principal". A formulação de seu requerimento é bastante para motivar a formação de *um* processo, o *mesmo* em que, a depender das variantes regradas nos dispositivos que acabei de mencionar, será (ou não) formulado o pedido de "tutela *final*" ou "principal".

Separar com nitidez o que é *cautelar* do que é *antecipada* é tarefa bem mais complexa, quiçá fadada ao insucesso. Tivessem a doutrina e a jurisprudência nacionais sido bem-sucedidas neste particular, aliás, e, talvez, o Anteprojeto, o Projeto do Senado e, mesmo, o Projeto da Câmara, que usava a expressão "tutela antecipada" em sentido genérico, diferentemente do que já era mais comum se reconhecer, não tivessem proposto o abandono daquela dicotomia tal qual subsistente no CPC de 2015.

Não há escolha, diante do CPC de 2015, a não ser buscar a construção de algum critério que possa, com a maior segurança possível, distinguir uma tutela (a cautelar) da outra (a antecipada).

A este propósito, lembro o prezado leitor de que o art. 269 do Projeto do Senado, ao distinguir medidas de natureza *cautelar* de *satisfativa* (antecipada), continha dois parágrafos que, embora não conservados pelo CPC de 2015, mostram-se úteis para aquela finalidade, máxime para que fique claro que o formato dado ao instituto pelo CPC de 2015 é (tem que ser) mais apuro redacional do que alteração substancial, o que, se não fosse, insisto, comprometeria a higidez do processo legislativo (v. n. 2, *supra*). De acordo com o § 1º daquele dispositivo, "são medidas *satisfativas* as que visam a *antecipar* ao autor, no todo ou em parte, os efeitos da tutela pretendida". O § 2º, por seu turno, referia-se às medidas cautelares como "as que visam a afastar riscos e *assegurar* o resultado útil do processo".

Nessa perspectiva, a tônica distintiva, destarte, parece (ainda e pertinentemente) recair na aptidão de a tutela provisória poder *satisfazer ou* apenas *assegurar* (sempre no sentido de *conservar*) o direito (material) do requerente. Satisfazendo-o, é antecipada; assegurando-o, é cautelar. Trata-se, neste sentido, da lição imorredoura de Pontes de Miranda, cultuada e divulgada por Ovídio Baptista da Silva: execução para segurança e segurança para execução, respectivamente, ou, na linguagem do CPC de 2015, "*cumprimento* (de decisões veiculadoras de tutela jurisdicional) para segurança e *segurança* para o cumprimento (de decisões veiculadoras de tutela jurisdicional)".

Assim, para evitar as discussões, riquíssimas e abundantes no CPC de 1973, mas que, em termos de prática de processo, isto é, de realização e proteção efetiva de direitos são de questionável utilidade e, com isto, celebrar o que é novo, indo além da mera nomenclatura, a tutela provisória *cautelar* merece ser compreendida como as técnicas que buscam *assegurar* o resultado útil do processo. A tutela provisória *antecipada*, por sua vez, são as técnicas que permitem *satisfazer*, desde logo, a pretensão do autor.

Mesmo para quem aceitar esta proposta de distinção entre as duas figuras, importa alertar que nem sempre é simples distinguir até aonde vai o "assegurar" e aonde começa o "satisfazer" (e vice-versa). Até porque, a distinção repousa, quando bem compreendida, na *preponderância* ou na *ênfase* de uma característica sobre a outra, não na sua exclusividade, é dizer: assegurar pode também (ou é também) satisfazer, ainda que em menor intensidade; satisfazer pode também (ou é também) assegurar, ainda que em menor intensidade. E mais: a distinção entre "assegurar" e "satisfazer" tem que levar em conta também o direito (ou os direitos) a ser(em) assegurado(s) ou satisfeito(s). A satisfação fica mais evidente quando a tutela jurisdicional incide diretamente em um direito e o asseguramento quando se trata de tutelar um *outro* direito, relacionado àquele, mas, em si mesmo considerado diverso.

Um exemplo pode esclarecer a distinção: QAC formula pedido de tutela provisória consistente em evitar a transmissão da partida final do campeonato de futebol por QNM. A concessão da medida é, inegavelmente, satisfativa. Em outra situação, QAC formula pedido de tutela provisória consistente em evitar que a emissora concorrente, QNM, faça propaganda da transmissão da partida final do campeonato. Neste caso, nada é pedido sobre o direito, que QAC afirma ter, sobre o direito de transmissão da partida final, apenas sobre a propaganda. Nesta perspectiva, mesmo que a tutela seja concedida, ela se limitará a *assegurar* o direito de transmissão, ainda que, para tanto, acabe *satisfazendo* aquele *outro* direito (o de vedar a propaganda, que entende indevida). O que há, nesta segunda hipótese, é uma relação de "causa e efeito" entre aqueles direitos que, na doutrina de Ovídio Baptista da Silva, é pertinentemente chamada de *referibilidade*.

Para quem concordar com a distinção, é correto observar que a tutela *antecipada* acaba por revelar verdadeira coincidência de objetos: o não fazer desejado a *final* (não, por acaso, a palavra usada ao longo do art. 303) é o mesmo não fazer desejado agora (antecipadamente). Na tutela *cautelar* não existe essa coincidência, mas algo diverso, quase que como causa e efeito.

Pode ocorrer, contudo, que o prezado leitor não aceite o critério distintivo que acabei de propor, reputando, inclusive, que entendê-la como "execução para segurança" e "segurança para execução" é jogo de palavras, elegante, até mesmo, mas, ainda assim, mero trocadilho. Neste caso, importa constatar que algumas passagens do CPC de 2015 sugerem esta distinção, como, por exemplo, no § 3º do art. 300 (que trata da tutela *antecipada* na perspectiva da irreversibilidade dos "*efeitos* da decisão"); no *caput* do art. 303 (que se refere, no âmbito da tutela antecipada, ao "direito que se busca *realizar*"); ou nos arts. 301 e 305, *caput* (que tratam da tutela *cautelar* "para *asseguração* do direito").

Se mesmo assim o prezado leitor achar difícil ou artificial a distinção, é importante que não seja eu o culpado; a culpa, permita-me dizer, é do CPC de 2015 que acabou, no retorno do Projeto da Câmara ao Senado Federal, insistindo no tema. Sou apenas alguém que quer interpretá-lo e sistematizá-lo e, aqui, mais do que em outros lugares, fazê-lo levando também em conta os trabalhos legislativos para *salvá-lo* da rota de colisão com o parágrafo único do art. 65 da CF (v. n. 2, *supra*). E, desculpe-me, prezado leitor, a distinção entre o que, para o CPC de 2015, é tutela *antecipada* e o que é tutela *cautelar* é relevante porque há, expressamente, regimes jurídicos diversos para cada uma dessas espécies.

4. DISPOSIÇÕES GERAIS

Além do art. 294 que permite a construção da classificação que expus no n. 3, *supra*, o Título I do Livro V traz uma série de regras que merecem ser entendidas de forma ampla, abrangentes de todas as espécies referidas.

O prezado leitor reparará, a este respeito, que a análise dos números seguintes não obedece a sequência numérica do CPC de 2015. Aqui, diferentemente do que se dá em outros momentos deste *Manual*, optei por dar maior destaque aos temas em si mesmos considerados, colocando-os em ordem mais lógica – se preferir, didática – em detrimento das escolhas feitas pelo legislador.

4.1 Competência

O *caput* do art. 299 disciplina a competência para a formulação do pedido relativo à tutela provisória.

O dispositivo trata da regra de que o juízo (sempre no sentido de órgão jurisdicional) competente, quando se tratar de pedido *incidental*, é o mesmo do da "causa", isto é, do juízo perante o qual tramita o processo em que o pedido é formulado incidentalmente.

Quando o caso for de "tutela provisória *antecedente*", isto é, aquela em que ainda não há *processo em curso*, o juízo competente é o que será competente para "conhecer do pedido principal", ou seja, aquele que tem competência para o processo, ainda que não houvesse pedido de tutela provisória antecedente.

Trata-se de uma forma confusa de afirmar que as regras de competência para a formulação do pedido de tutela provisória *antecedente* são as mesmas genéricas do CPC de 2015 e deverão ser levadas em conta quando da formulação dos pedidos dos arts. 303 e 304 e 305 a 310, consoante a hipótese seja de tutela provisória *antecipada antecedente* ou de tutela provisória *cautelar antecedente*, respectivamente. Até porque, como sustento nos n. 6 e 7, *infra*, naqueles casos, o processo já se inicia com a apresentação da petição inicial respectiva.

O parágrafo único do art. 299, ressalvando disposição em sentido contrário, estatui que a tutela provisória requerida aos Tribunais o será perante o "órgão jurisdicional competente para apreciar o mérito", o que pressupõe a análise dos Regimentos Internos de cada Tribunal, que são os atos normativos que, respeitado o "modelo constitucional", podem dispor a este respeito.

A menção que o dispositivo faz a "ação de competência originária de tribunal" e a "recursos" é, neste sentido, de nenhuma importância. Até porque, mediando o "modelo constitucional" e os Regimentos Internos dos Tribunais, deve ser levado em conta o que o CPC de 2015 dispõe acerca da competência dos Tribunais, como, por exemplo, no § 3º do art. 1.012, § 1º do art. 1.026 e § 5º do art. 1.029, preservado, no que aqui interessa, pela Lei n. 13.256/2016, hipóteses em que ele atribui ao relator a competência para concessão de efeito suspensivo à apelação, aos embargos de declaração e aos recursos extraordinário e especial, respectivamente, e, mais amplamente, no inciso II do art. 932 ao estatuir que cabe ao relator "apreciar o pedido de tutela provisória nos recursos e nos processos de competência originária do tribunal".

4.2 Dever de motivação

A decisão que conceder, negar, modificar ou revogar, a tutela provisória precisa ser fundamentada. É o que o art. 298 exige, ao dispor que o "juiz justificará as razões de seu convencimento de modo claro e preciso".

Trata-se, não há como negar, de dispositivo inócuo porque o *dever* de fundamentação decorre diretamente da CF, não só de seu art. 1º, ao anunciar que o Brasil é uma *República*

– onde não existem poderes, só *deveres*-poderes .... –, mas específica e expressamente no inciso IX do art. 93.

O prezado leitor observará, a este propósito, que são vários os dispositivos do Código que *repetem* normas constitucionais, sendo o art. 298 mais um destes casos. A observação é correta. Para justificar a iniciativa, contudo, é forçoso reconhecer que o CPC de 2015 presume que seu intérprete desconhece o "modelo constitucional do direito processual civil" e, pior, sequer leu, ou, quando menos, levou a sério, seu próprio art. 1º.

De qualquer sorte, a ênfase legislativa é preferível ao oblívio ou ao desprezo que se poderia querer justificar no seu silêncio. Assim, por isso mesmo, é aguardar que os magistrados observem o dever de fundamentação *suficiente* que lhes é imposto pelo precitado art. 298 que, sim, tem que ser lido *também* com o § 1º do art. 489. Nada, portanto, de "diante dos pressupostos, concedo a tutela provisória" ou "ausentes os pressupostos, nego-a". Sempre deverá haver suficiente resposta à pergunta embutida na concessão ou na negação: onde estão os pressupostos aptos a justificar a concessão no primeiro caso e a negativa no segundo? É o magistrado que terá que dizer isto, *suficientemente*, levando em conta, e nem pode ser diferente, as peculiaridades de cada caso concreto.

4.3 Duração da tutela provisória

A despeito de sua provisoriedade, a tutela aqui estudada conserva sua eficácia, isto é, tem aptidão de produzir seus regulares efeitos enquanto o processo se desenvolver e, como dispõe o parágrafo único do art. 296, mesmo quando o processo for suspenso, salvo se houver decisão em sentido contrário. Esta previsão merece ser interpretada em conjunto com a do art. 314, que admite, como regra, a realização de atos urgentes durante a suspensão do processo para evitar a ocorrência de dano irreparável.

Não obstante, e justamente por causa de sua característica, a *provisoriedade*, a tutela aqui estudada pode ser revogada ou modificada "a qualquer tempo". A expressão, extraída do *caput* do art. 296, deve ser compreendida de acordo com o *sistema* do próprio CPC de 2015: a revogação ou modificação da tutela provisória pressupõe *aprofundamento* de cognição e, ainda quando for tomada de ofício pelo magistrado, prévio contraditório (arts. 9º e 10).

Novidade do CPC de 2015, e isto vem desde o Anteprojeto, é a possibilidade de a tutela provisória estabilizar-se. É situação que pode ocorrer na hipótese do art. 304, à qual me volto no n. 6.5, *infra*. Para o momento, destaco que a circunstância lá prevista de a tutela provisória *estabilizar-se* não infirma sua característica principal (de ser *provisória*), muito pelo contrário, confirma-a. Fosse ela "definitiva", não haveria necessidade de nenhuma regra de direito positivo prescrevendo, ainda que em situação especial, sua estabilidade. Seriam suficientes as regras genéricas, inclusive a viabilidade de a decisão respectiva transitar, como se costuma afirmar, materialmente em julgado, o que é *expressamente* afastado pelo § 6º do art. 304.

4.4 Dever-poder geral de asseguramento (cautela) e de satisfação (antecipação)

O *caput* do art. 297 faz as vezes, no plano infraconstitucional, do que, no CPC de 1973, era desempenhado pelo "dever-poder geral de antecipação" (art. 273 daquele Código) e pelo "dever-poder geral de cautela" (art. 798 daquele Código). É nele que reside o acerto de afirmação que fiz no n. 3, *supra*, de que a tutela provisória deve ser compreendida como a *reunião* de técnicas aptas ao asseguramento do direito (ou, para quem quiser, do resultado útil do processo) e/ou, tudo a depender das necessidades do caso concreto, à *satisfação* imediata de um direito.

As "medidas que [o juiz] considerar adequadas para efetivação da tutela provisória" referidas no *caput* do art. 297 devem, por isso mesmo, ser entendidas amplamente para viabilizar que, observado o "modelo constitucional do direito processual civil", o magistrado crie condições efetivas para *assegurar* direitos e/ou *satisfazê-los* de imediato. Com relação às medidas *assecuratórias*, cabe mencionar também o art. 301 e o rol inequivocamente *exemplificativo* de medidas para aquele fim, a despeito da crítica que a seu respeito faço no n. 5.5, *infra*.

O parágrafo único do art. 297 trata da disciplina a ser adotada para *efetivação* da tutela provisória, utilizando o parâmetro operacional do "cumprimento provisório da sentença" dos arts. 520 a 522. Nada de novo, não é o caso de o prezado leitor impressionar-se, diante do que o § 3º do art. 273 do CPC de 1973 já autorizava ao bom intérprete e ao bom aplicador do direito processual civil compreender. Na própria disciplina relativa ao cumprimento provisório da sentença, o art. 519 enfatiza a regra, em perspectiva inversa, ao estabelecer que as técnicas de liquidação e de cumprimento *provisório* das sentenças – leia-se, sempre: *decisões veiculadoras de tutela jurisdicional* – aplicam-se, "no que couber", também aos casos de "tutela provisória".

Uma última observação merece ser feita: o emprego da expressão "dever-poder geral" no lugar do mais comum "poder-geral" deve-se pelas mesmas razões que exponho no n. 5.1 do Capítulo 4. Aqui só quero frisar a ideia da concepção de que o magistrado exerce *função jurisdicional* que, de acordo com o modelo de Estado criado pela Constituição Federal de 1988, merece ser compreendida como a síntese das *finalidades* a serem atingidas ("dever") mediante os meios adequados e próprios para tanto ("*poder*"). Só há, destarte, "poder" enquanto vocacionado ao atingimento de um "dever". É no *dever* (na *finalidade* a ser atingida pelo Estado-juiz) que deve residir a ênfase da expressão empregada ao longo deste *Manual*, reservando o *poder* para a identificação dos *meios* adequados e proporcionais para atingi-la. E vivam Celso Antônio Bandeira de Mello e a escola de direito público que ele fundou na Faculdade de Direito da Pontifícia Universidade Católica de São Paulo!

4.5 Tutela provisória requerida em caráter incidental

A única regra específica do CPC de 2015 sobre a tutela provisória requerida em caráter incidental (durante o processo) está no art. 295. Como se lê daquele dispositivo, "a tutela provisória requerida em caráter incidental independe do pagamento de custas".

A regra é, sem dúvida alguma, harmônica com o que dispõem o § 3º do art. 303 e o *caput* do art. 308, com relação aos aditamentos a serem realizados pelo autor nas hipóteses em que o pedido de tutela provisória antecipada ou cautelar for formulado antecedentemente.

Resta saber se lei *ordinária federal* pode impor à Justiça dos Estados a isenção de custas (que tem natureza tributária). É uma questão multidisciplinar interessante e de efeitos práticos indesmentíveis a ser debatida entre processualistas e tributaristas. Entendo que não. Os Estados não estão inibidos, portanto, de *legislarem* sobre custas judiciais, *inclusive* na hipótese aqui identificada, máxime diante da destinação imposta a tais verbas pelo § 2º do art. 98 da CF. O art. 295 fica, destarte, restrito aos processos que correm perante a Justiça Federal.

Uma coisa é certa, todavia, com relação à tutela provisória requerida incidentalmente: para ela não faz diferença, felizmente, se ela é "antecipada" ou "cautelar", isto é, se sua finalidade é predominantemente *satisfativa* ou se predominantemente *assecuratória*. Inexiste para elas a distinção *procedimental* que, para a hipótese de elas serem formuladas *antecedentemente*, estabelece o CPC de 2015, como se lê de seus arts. 303 e 304 e 305 a 310, respectivamente.

Questão interessante é saber se na apresentação do pedido incidental de tutela provisória deve ser observado, ainda que por analogia, o procedimento reservado pelo CPC às hipóteses em que o pedido é *antecedente*. A resposta é negativa. O correto é entender que diante do pedido, o magistrado deva, como regra, permitir a prévia oitiva da parte contrária antes de decidir. A exceção fica por conta das hipóteses em que o pedido é fundamentado na *urgência*, bem ao estilo do inciso I do parágrafo único do art. 9º. Em tais casos, o contraditório será (legitimamente) *postergado*, devendo ser permitida a manifestação da parte contrária sobre o pedido perante o mesmo juízo em que apresentado e independentemente de sua manifestação também sem sede recursal.

Com relação ao prazo para que a parte contrária se manifeste sobre o pedido de tutela provisória (antes ou depois de sua análise pelo magistrado) o mais correto é entender, diante da ausência de regra específica, que ele pode ser fixado pelo magistrado ou, na negativa, ser o de cinco dias (úteis), por força do art. 218, § 3º. Não faz sentido, justamente pela recusa em aplicar o *procedimento* da tutela provisória requerida em caráter *antecedente* para as hipóteses em que o requerimento for incidental, querer colmatar a lacuna com a dicotomia de prazos de quinze e de cinco dias reservada pelos arts. 303, § 1º, III, e 306 para a tutela provisória de índole *antecipada* e *cautelar*, respectivamente.

No mais, com ou sem o prévio contraditório, concedido ou não o pedido, seguindo-se ou não algum segmento recursal da decisão relativa à tutela provisória, o procedimento a ser observado é aquele que já deveria guiar a prática dos atos processuais independentemente da tutela provisória. A circunstância de ela ser requerida *incidentalmente* – e isso inclui a circunstância de o pedido respectivo ser apresentado já com a petição inicial –, não tem como afetar o procedimento. Trata-se de compreensão que mais se harmoniza não só com a de modelo *sincrético* de processo, mas também com a de a tutela provisória ser mera *técnica* de concretização da tutela provisória, e não uma "nova ação" ou um "novo processo" como, ao tempo do CPC de 1973, era comum se pensar, ao menos com relação às cautelares nele disciplinadas.

4.6 Recorribilidade das interlocutórias relativas a tutela provisória

Embora silente o Livro V da Parte Geral, cabe destacar, com fundamento no inciso I do art. 1.015 que as decisões interlocutórias que *versarem* sobre tutelas provisórias são imediatamente recorríveis por agravo de instrumento quando proferidas pelos órgãos jurisdicionais de primeira instância. O cabimento do agravo de instrumento é inquestionável, destarte, quando se tratar de decisão que *concede* ou que *nega* ou que *posterga a análise* ou que, de alguma forma, trate sobre a tutela provisória. É a melhor interpretação para dar à hipótese do inciso I do art. 1.015 levando em conta, como deve ser levado, o emprego do verbo *versar* no *caput* do dispositivo (v. n. 5 do Capítulo 17). Indiferente para tanto, outrossim, qual seja a espécie de tutela provisória, isto é, se se trata de tutela de *urgência* ou da *evidência*, *antecedente* ou *incidente*, *cautelar* ou *antecipada*. Todas elas, indistintamente, desafiam seu contraste imediato por agravo de instrumento.

No âmbito dos Tribunais, as decisões monocráticas sobre o tema também são recorríveis para o colegiado competente, por intermédio do recurso de agravo interno (art. 1.021). A recorribilidade dos acórdãos não traz peculiaridades a não ser pela inviabilidade de questões fáticas serem reexaminadas em sede de recurso extraordinário ou especial.

5. TUTELA DE URGÊNCIA

O Livro V da Parte Geral reserva um Título próprio para tratar da "tutela de *urgência*", distinguindo-o de outro para tratar da "tutela da *evidência*". Observando a ordem estabelecida pelo próprio CPC de 2015, analiso, em primeiro lugar, a tutela *provisória* fundamentada em *urgência*.

5.1 Pressupostos

A concessão da "tutela de *urgência*" pressupõe: (a) probabilidade do direito; e (b) perigo de dano ou o risco ao resultado útil do processo (art. 300, *caput*). São expressões redacionais do que é amplamente consagrado nas expressões latinas *fumus boni iuris* e *periculum in mora*, respectivamente.

A despeito da conservação da distinção entre "tutela antecipada" e "tutela cautelar" no CPC de 2015, com importantes reflexos *procedimentais*, é correto entender, na perspectiva do dispositivo aqui examinado, que os requisitos de sua concessão foram igualados. Não há, portanto, mais espaço para discutir, como ocorria no CPC de 1973, que os requisitos para a concessão da tutela antecipada ("prova inequívoca da verossimilhança da alegação") seriam, do ponto de vista da cognição jurisdicional, mais profundos que os da tutela cautelar, perspectiva que sempre me pareceu enormemente *artificial*. Nesse sentido, a concessão de ambas as tutelas de urgência reclama, é isto que importa destacar, a *mesma* probabilidade do direito além do *mesmo* perigo de dano ou risco ao resultado útil ao processo.

Sequer sobrevive, para o CPC de 2015, a diferença (artificial) entre o perigo de dano e o risco ao resultado útil do processo sugerida por alguns para distinguir, respectivamente, a tutela antecipada (vocacionada a tutelar o próprio direito material) e a tutela cautelar (vocacionada a tutelar o processo) no contexto do CPC de 1973. Aqueles dois referenciais – denotativos da *necessidade urgente* da intervenção jurisdicional – são empregados *indistintamente* para aquelas duas espécies.

5.2 Caução

O magistrado pode exigir prestação de caução dos danos a serem suportados pela parte contrária (aquela em face de quem a tutela provisória é requerida), ressalvada, expressamente, a situação do hipossuficiente economicamente (art. 300, § 1º). A ressalva é pertinentíssima porque eventuais ônus financeiros não podem se transformar em obstáculo ao acesso à Justiça. A solução dada pelo dispositivo, destarte, é plenamente harmônica com os incisos XXXV e LXXIV do art. 5º da CF.

5.3 Concessão liminar ou mediante audiência de justificação

A "tutela de urgência" pode ser concedida liminarmente, isto é, no início do processo e sem a oitiva prévia da parte contrária, ou após justificação prévia (art. 300, § 2º). A concessão *liminar* é absolutamente harmônica com o "modelo constitucional". É situação bem aceita de *preponderância* do princípio da efetividade do direito material pelo processo sobre os do contraditório e da ampla defesa. Por isso mesmo é correto considerar que a hipótese envolve mera *postergação* (adiamento) do contraditório, não sua eliminação. Concedida a tutela provisória, é mister que o réu seja citado (para o processo) *e intimado* de sua concessão para reagir a ela, inclusive, se assim entender, recorrer dela por agravo de instrumento (art. 1.015, I).

Se o magistrado compreender que o caso concreto, a despeito da alegação de urgência do requerente, aceita o prévio estabelecimento do contraditório, a determinação de citação equivale ao indeferimento da tutela provisória de urgência, sendo importante entender que se trata de *decisão* agravável de instrumento nos moldes do mesmo artigo que acabei de indicar.

A "justificação prévia" referida pela parte final do § 2º do art. 300 merece ser compreendida como a designação de audiência para que o requerente da tutela provisória produza prova (notadamente, embora não necessariamente, a oral) relativa à presença dos requisitos autorizadores. Aqui também, justamente por se tratar de tutela provisória fundamentada em urgência, é legítima a *postergação* da citação do réu, ainda que o caso seja de designação da referida audiência.

5.4 Quando houver irreversibilidade

De acordo com o § 3º do art. 300: "a tutela de urgência, de natureza antecipada, não será concedida quando houver perigo de irreversibilidade dos efeitos da decisão". Trata-se de verdadeiro "pressuposto negativo", que quer inibir a antecipação da tutela no caso do que é comumente chamado de "periculum in mora *inverso*". É necessário superar a interpretação *literal* do dispositivo para contornar o reconhecimento de sua inconstitucionalidade *substancial*: a vedação da concessão da tutela antecipada fundamentada em urgência nos casos de irreversibilidade não deve prevalecer nos casos em que o dano ou o risco que se quer evitar ou minimizar é *qualitativamente* mais importante para o requerente do que para o requerido. É implícito ao sistema – porque decorrente do "modelo constitucional" – o chamado "princípio da *proporcionalidade*" a afastar o rigor *literal* enunciado pelo dispositivo.

Entendimento diverso, ademais, teria o condão de, nesses casos, negar aprioristicamente a concessão da tutela antecipada justamente pelo que ela tem de mais característico, reduzindo-a a uma tutela *cautelar*. Trata-se de conclusão que deve ser descartada sob pena de violar o próprio sistema proposto pelo CPC de 2015 que, ao menos quanto à tutela provisória requerida *incidentalmente*, não faz diferença entre uma e outra espécie.

5.5 Efetivação da tutela provisória de urgência de natureza cautelar

O art. 301 quer *ilustrar* as medidas passíveis de concessão à guisa de tutela provisória urgente e de natureza *cautelar*. É dispositivo que merece ser lido e interpretado em conjunto com o art. 297, sendo difícil entender a razão pela qual o CPC de 2015 separou-os em Títulos diversos.

De acordo com o art. 301, "a tutela de urgência de natureza cautelar pode ser efetivada mediante arresto, sequestro, arrolamento de bens, registro de protesto contra alienação de bem e qualquer outra medida idônea para asseguração do direito".

As medidas nele enunciadas, contudo, só fazem sentido para quem conhece(ia) o CPC de 1973 e compreende(ia), à luz dele, o que é(era) *arresto, sequestro, arrolamento de bens* e *protesto contra alienação de bens*, todas espécies de procedimentos cautelares nominados (típicos) que encontravam sua disciplina no Capítulo II do Livro III daquele Código.

Sem qualquer referencial de direito positivo àquele respeito, porque expressamente revogado pela nova codificação (art. 1.046, *caput*), será muito difícil distinguir arresto do sequestro e do arrolamento de bens, para ficar com três dos quatro exemplos fornecidos pelos dispositivos.

Seria preferível, por isso mesmo, já que a proposta do art. 301 é a de descrever medidas a serem adotadas pelo magistrado para *proteger* direitos (e não para satisfazê-los) – aqui o CPC de 2015 trata da tutela *cautelar* –, que fosse indicada sua *finalidade* e não o *nomen iuris* pelos quais aquelas técnicas eram conhecidas pelo CPC de 1973, a exemplo do que faz o *caput* do art. 297 para o "dever-poder geral de *antecipação*" (v. n. 4.4, *supra*).

Para quem não concordar com esta interpretação ampla do *caput* do art. 297, *supra*, é suficiente que se leia do art. 301 o seu início e o seu fim, com desprezo do que está no meio dele. É simples e genérico o suficiente para o que realmente importa: "a tutela de urgência de natureza cautelar pode ser efetivada mediante (...) qualquer (...) medida idônea para asseguração do direito".

E para o prezado leitor que quer saber o que está por trás dos nomes empregados pelo art. 301, não custa saciar a sua curiosidade, levando em conta o que, nessa perspectiva, sempre foi bem aceito pela doutrina e jurisprudência do CPC de 1973, quanto às *finalidades* daquelas medidas: arresto é(era) medida que quererá salvaguardar o resultado útil do cumprimento de sentença ou do processo de execução em se tratando de obrigações de pagar dinheiro; sequestro tem(tinha) finalidade idêntica só que dizendo respeito a obrigações de entrega de coisa; arrolamento de bens é(era) medida destinada à identificação e à conservação de bens e protesto contra alienação de bens, a comunicação formal de determinada manifestação de vontade, aqui, a alienação patrimonial.

Se, a despeito de todo o esforço argumentativo em direção à desnecessidade daqueles nomes, prevalecerem as *finalidades* supraindicadas, menos mal. Isso não quer dizer, contudo, que a ênfase para o devido alcance do art. 301 não resida na cláusula geral que termina o dispositivo. Em suma: é importante que doutrina e jurisprudência se preocupem menos com a *literalidade* das técnicas enunciadas no art. 301 – afastando-as de qualquer saudosismo de seus pressupostos no âmbito do CPC de 1973 – e mais com a viabilidade de pleno exercício do "dever-poder geral de *cautela*" pelo magistrado com fundamento na parte final do dispositivo, o que, de resto, já está suficientemente garantido nos incisos XXXV e LXXVIII do art. 5º da CF.

5.6 Responsabilidade pela prestação da tutela de urgência

O art. 302 é regra genérica que deve ser observada independentemente de se tratar de tutela concedida incidental ou antecedentemente; cautelar ou antecipadamente (parágrafo único do art. 294).

A regra estatui a responsabilidade do requerente da tutela de urgência, estabelecendo, seu *caput*, àquele que a requereu, o dever de reparar os prejuízos que a efetivação da tutela de urgência causar à parte contrária, sem prejuízo de sua responsabilização por dano processual (arts. 79 a 81), nas hipóteses de seus quatro incisos: (i) quando a sentença lhe for desfavorável; (ii) quando, obtida liminarmente a tutela em caráter antecedente, não fornecer, em cinco dias, os elementos necessários para a citação da parte contrária (fundamental para o pronto estabelecimento do contraditório legitimamente postergado diante da urgência); (iii) quando ocorrer a cessação da eficácia da medida em qualquer hipótese legal (inclusive nos casos do art. 309); e, ainda, (iv) quando o magistrado reconhecer a ocorrência da prescrição ou decadência, o que, a despeito do que sugere a redação empregada no dispositivo, *não depende de pedido* da parte (art. 487, II).

O parágrafo único do art. 302 dispõe que indenização será liquidada (apurada) nos autos em que a medida tiver sido concedida sempre que possível. Se não for – e a prática mostrará muitas razões para tanto –, a postulação respectiva será exercitada em outros autos (físicos ou eletrônicos), o que não significa que não haverá novo "processo" nem outra "ação" para aquela finalidade. Uma vez apurado o valor dos prejuízos, o procedimento a ser observado é o do cumprimento de sentença, definitivo ou provisório, consoante o respectivo título executivo tenha, ou não, transitado em julgado.

6. TUTELA ANTECIPADA REQUERIDA EM CARÁTER ANTECEDENTE

Os arts. 303 e 304 disciplinam o que o CPC de 2015 chama de "procedimento da tutela antecipada requerida em caráter antecedente". São, neste contexto, os dispositivos que se ocupam com o que deve ser observado na hipótese de a tutela provisória antecipada fundamentada em urgência ser requerida *antes* do processo.

Para quem começa a estudar o direito processual civil com este *Manual*, a afirmação do parágrafo anterior não vai além do que o seu texto anuncia, coerentemente, aliás, com as diversas espécies (ou classificações) da tutela provisória, extraíveis do art. 294 (v. n. 3, *supra*).

Para o prezado leitor mais experimentado, que já traçou suas primeiras linhas (e quiçá outras tantas) durante a vigência do CPC de 1973, a mesma afirmação tem significado muito mais complexo, até chocante. Sim, porque até o advento do CPC de 2015, o direito processual civil brasileiro desconhecia uma tutela antecipada *antecedente*, característica exclusiva da tutela cautelar. Aliás, era essa uma das diferenças objetivamente constatáveis entre aquelas duas formas de tutela e que justificava, até mesmo, a distinção feita, desde a teoria geral do processo, entre os "processos de conhecimento", de "execução" e *cautelar*.

Independentemente de como a questão pudesse ou merecesse ser tratada sob a égide daquele Código, é inegável que o CPC de 2015 foi além neste ponto. Doravante, há uma tutela antecipada *antecedente*. As regras a serem observadas para que ela seja requerida ao juízo competente estão no art. 303. A possibilidade de sua estabilização – outra interessantíssima novidade – está no art. 304.

O que o art. 303 faz é criar verdadeiro *procedimento* a ser observado por aquele que formula pedido de tutela provisória antecipada antecedentemente fundamentada em urgência. Um procedimento tão especializado que até poderia estar alocado, no CPC de 2015, dentre os procedimentos especiais do Título III do Livro I da Parte Especial. Tão sofisticado (ao menos do ponto de vista teórico) que ele pode ser entendido como caso de "tutela jurisdicional *diferenciada*", expressão que, a despeito de pomposa, conduz à distinção *procedimental* por vezes eleita pelo legislador para obtenção de tutela jurisdicional levando em conta especificidades do direito material.

A opção do CPC de 2015, contudo, foi de regular este *procedimento* dentro do Título dedicado à "tutela de urgência", em Capítulo próprio, porque a ênfase por ele dada está, justamente, na *prestação* desta *tutela* que é, a um só tempo, *provisória*, *urgente*, *antecipada* e *antecedente*. Sua estabilização é circunstancial e depende de fatores a ela externos, como explico no n. 6.5, *infra*, a propósito do art. 304.

Uma última consideração para fechar essa breve introdução: para além do *procedimento* que decorre do art. 303, há, inequivocamente, um *processo* que tem início com a petição inicial por ele disciplinada, no exato momento em que o autor a apresenta, rompendo a inércia da jurisdição. É inconcebível que o Estado-juiz se manifeste a não ser processualmente (v. n. 3.3 do Capítulo 1).

6.1 Petição inicial

De acordo com o *caput* do art. 303, quando a urgência for contemporânea à "propositura da ação", ou seja, à época do protocolo da petição inicial (art. 312), o autor pode limitar-se a apresentar petição inicial em que requeira a tutela *antecipada* – conquanto deva *indicar* o pedido de "tutela final" (que só pode ser a tutela jurisdicional pretendida sobre o interesse perseguido em juízo, mesmo e independentemente da tutela antecedente) –, e na qual exponha a "lide" (a controvérsia com a parte contrária, que justifica o pedido de tutela), o direito que pretende realizar, além do perigo de dano ou o risco ao resultado útil do processo.

A exigência da contemporaneidade da urgência à "propositura da ação" é o traço marcante desta espécie de tutela antecipada. Não fosse por ela, o caso *não seria* de tutela antecipada *antecedente*, afastada, destarte, a incidência do art. 303 e, consequentemente, a possibilidade de sua estabilização nos termos do art. 304.

A petição inicial elaborada pelo autor, no caso de a tutela antecipada ser requerida antecedentemente, deverá também indicar o valor da causa levando em consideração "o pedido de tutela final" (art. 303, § 4º). A exigência é de infelicidade gritante: como exigir do autor a indicação do valor da causa levando em conta a "tutela final" se o caso é de tamanha urgência a ponto de o *caput* do próprio art. 303 sugerir, até mesmo, o afrouxamento de regras formais mínimas de elaboração da petição inicial? O mais correto, do ponto de vista sistemático, é permitir ao autor que, naquele momento, limite-se a indicar o valor da causa condizente com o pedido da tutela *antecipada*. Se houver necessidade de aditamento da petição inicial (tema ao qual se voltam os n. 6.2 e 6.5, *infra*), aí sim caberá ao autor a indicação escorreita do valor da causa, levando em conta a totalidade de sua pretensão, vale dizer, a "tutela final".

Por fim, cabe ao autor, na petição inicial em que requerer a tutela antecipada em caráter antecedente, manifestar sua vontade de valer-se do "benefício previsto no *caput deste artigo*" (art. 303, § 5º). Este "benefício" merece ser compreendido, a despeito da remissão legislativa, em duas acepções. A primeira diz respeito ao que aqui interessa: para que a petição inicial elaborada com o menor rigor formal tolerado pelo *caput* do art. 303 não seja mal compreendida, comprometendo, quiçá, seu próprio juízo de admissibilidade. A segunda relaciona-se com a possibilidade de a tutela concedida vir a estabilizar-se na hipótese do art. 304. Na exposição que segue, esta dualidade assume relevo, a ponto de tornar inócuo o "benefício" na primeira acepção.

6.2 Se concedida a tutela antecipada antecedente

Se *concedida* a tutela antecipada, o autor deve aditar a petição inicial, complementando a sua argumentação, juntando, se for o caso, novos documentos e *confirmando* o pedido de "tutela final" (meramente *indicado* de início), tudo no prazo de quinze dias, salvo se o magistrado conceder prazo maior (art. 303, § 1º, I). O aditamento será feito nos mesmos autos, vedada a incidência de novas custas (art. 303, § 3º), isenção que merece a mesma censura que no n. 4.5, *supra*, fiz ao art. 295, para os casos que tramitam perante a Justiça Estadual.

Em que consiste esse aditamento? Não há razão nenhuma para entender que a iniciativa do autor tem que se limitar à mera *complementação* da argumentação anterior e à *confirmação* do pedido formulado à guisa de tutela antecipada, a não ser o *texto* restritivo do inciso I do § 1º do art. 303. Nada há que vede – mormente quando o tema é analisado, como deve ser, desde a perspectiva do inciso XXXV do art. 5º da CF – que o autor vá além do que lhe pareceu suficiente quando deu início ao processo e formulou o pedido de tutela provisória antecipada antecedente. Não é correto confundir o acesso à Justiça com a técnica de que o legislador se valeu para concretizá-la e, mais especificamente, para buscar a "estabilização" prevista no art. 304. Assim, quanto ao pedido de tutela antecipada concedido, é correto entender a exigência no sentido de sua *confirmação* e eventual *complementação* argumentativa, até porque aquela iniciativa é indispensável para fins de estabilização, embora sempre a depender das variantes expostas no n. 6.5, *infra*. Disso não decorre, insisto, que o autor não possa formular, no instante procedimental aqui analisado, *novos* pedidos fundados em *novas* causas de pedir e produzir, desde logo, os meios de prova disponíveis para os devidos fins, inclusive para *novos* pedidos de tutela antecipada (incidentais). Aceito esse entendimento, eventual estabilização afetará o pedido de "tutela *antecipada antecedente*", prosseguindo o processo quanto ao(s) outro(s) pedido(s), o(s) de "tutela *final*", para empregar o nome que lhe(s) dá o dispositivo em exame.

Ainda tratando da hipótese de a tutela antecipada ter sido *concedida*, o inciso II do § 1º do art. 303 impõe a citação (para o processo, que teve início com a petição inicial da tutela antecipada antecedente) e a intimação (da concessão desta mesma tutela) do réu para a audiência de conciliação ou de mediação nos termos do art. 334. Não havendo autocomposição, o prazo para contestação observará o disposto no art. 335 (art. 303, § 1º, III). É irrecusável aplicar, para a espécie, o que escrevo no n. 4.1 do Capítulo 8 sobre eventual desinteresse a ser manifestado pelo autor na sua petição inicial na realização daquela audiência (art. 319, VII). Aceito aquele entendimento, o magistrado determinará a citação do réu para, desde logo, ofertar sua contestação (art. 335, III). Nada há que impeça, outrossim, que o próprio réu declare seu desinteresse naquela audiência, iniciativa que deflagrará o prazo para oferta de sua contestação (art. 335, II).

Questão interessante é saber se o inciso III do § 1º do art. 303 viola o parágrafo único do art. 65 da CF, já que o Projeto do Senado não tratava deste tema e o da Câmara limitava-se a estabelecer que o prazo para contestação do réu fluiria depois de emendada a inicial (art. 304, § 1º, II, do Projeto da Câmara). A regra, por isso mesmo, parece inovar indevidamente o processo legislativo. Como a opção feita pela Câmara – que não encontrava similar no Senado – era a de o prazo para contestar fluir a partir da intimação da emenda da inicial, tudo indicava que não haveria audiência de conciliação ou mediação como ato processual nestes casos de tutela antecipada antecedente, a justificar a deflagração do prazo para contestação naqueles termos. Ao estabelecer a realização daquela audiência como regra, acabou-se, na reta final do processo legislativo, criando nova regra, incidindo, assim, em inconstitucionalidade *formal*.

O problema que o reconhecimento da inconstitucionalidade formal põe, contudo, é o que fazer para colmatar a lacuna deixada pela supressão do inciso III do § 1º do art. 303. Isto porque, em rigor, à falta de regra diversa (como a do Projeto da Câmara), só se pode cair na regra geral e, portanto, citar o réu para comparecimento à referida audiência, aplicando-se, a partir de então, a sua respectiva disciplina, inclusive no que tange ao prazo para apresentação da contestação. Nesse sentido, mesmo que reconhecida a inconstitucionalidade formal do dispositivo, a regra daí decorrente será idêntica, por ser a genérica.

Independentemente dos problemas que levantei nos parágrafos anteriores, é certo que o prazo para que o réu interponha agravo de instrumento da decisão concessiva da tutela antecipada fluirá de sua *intimação* (art. 231). É fundamental ter certeza quanto a isto porque o silêncio do réu tem tudo para ser interpretado, com fundamento no *caput* do art. 304, como fator suficiente para *estabilizar* a tutela antecipada. Tão fundamental que o mandado de citação e *intimação* do réu *deve* conter esta consequência de maneira expressa, sob pena de comprometer os princípios do contraditório e da ampla defesa. Trata-se, ademais, de decorrência necessária, no plano infraconstitucional, do disposto nos arts. 5º, 6º, 9º e 10.

6.3 Se não concedida a tutela antecipada antecedente

O § 6º do art. 303 ocupa-se com a hipótese de o magistrado não vislumbrar elementos que autorizem a concessão da tutela antecipada.

Nesse caso, será determinada ao autor a emenda da petição inicial no prazo de até cinco dias (o magistrado é que o fixará, portanto, até o limite de cinco). Como se trata de prazo especial, ele prevalece sobre o genérico de quinze dias previsto no art. 321, embora seja indispensável que o magistrado indique o que deve ser trazido ao processo pelo autor à guisa de emenda da inicial, como exige a parte final daquele dispositivo.

Se a inicial não for emendada, prossegue o mesmo § 6º, a inicial será indeferida e o processo, também aqui, será extinto sem resolução de mérito.

Pergunto-me, prezado leitor, em que consiste a determinação de emenda à inicial regrada pelo dispositivo aqui analisado: trata-se de instigar o autor a trazer, ao conhecimento do magistrado, outros elementos conducentes à concessão da tutela antecipada (antecedente) ou, muito diferentemente, de impor ao autor que deixe o pedido de tutela antecipada (antecedente) de lado e que, desde já, formule o "pedido de tutela final", nos moldes do inciso I do § 1º do art. 303.

Não vejo como recusar aprioristicamente a juridicidade das duas alternativas. Justamente por isso, compreendo que cabe ao magistrado, por força do precitado art. 321, esclarecer em que consiste precisamente a emenda da inicial por ele pretendida, justificando o seu entendimento: trata-se de "reforçar" o pedido de tutela antecipada antecedente, visando, até mesmo, a sua estabilização, nos termos do art. 304 ou, diferentemente, trata-se de deixar de lado aquele pedido antecedente, em prol da tutela "final", hipótese em que, isso é irrecusável, poderá o autor formular *incidentalmente* pedido de tutela antecipada.

6.4 Se não houver aditamento da petição inicial

Se, a despeito da concessão da tutela antecipada, o autor não aditar a petição inicial nos termos e para os fins do § 1º do art. 303, o § 2º do mesmo dispositivo dispõe que o processo será extinto sem resolução de mérito. O que será extinto nestes casos (sempre com as ressalvas do n. 3.1 do Capítulo 9) é o processo que teve início, insisto, com o registro da petição inicial em que o autor requereu a tutela antecipada antecedente.

Com a extinção, a tutela antecipada concedida perde sua eficácia. Trata-se, em rigor, de hipótese que merecia estar prevista expressamente no art. 309, cuja função não se esgota exclusivamente, como sua alocação no CPC de 2015 sugere, em disciplinar a tutela *cautelar* requerida em caráter antecedente. Não é difícil, todavia, para quem o queira, extrair a hipótese do inciso I daquele dispositivo, quando se refere à não apresentação do "pedido principal" – aqui "tutela final" – no prazo legal. Se não, e aqui sem maiores questionamentos, a não ser a localização do art. 309, da parte final de seu inciso III.

As relações que existem entre o § 2º do art. 303 aqui examinado e a estabilização da tutela antecipada, máxime diante da literalidade do *caput* do art. 304, abordo-as no n. 6.5, *infra*.

6.5 Estabilização da tutela provisória

Inovando substancialmente, o CPC de 2015 aceita a *estabilização* da tutela *concedida* nos termos do art. 303, isto é, da tutela provisória de urgência *antecipada* antecedente: a tutela antecipada nos termos do art. 303 torna-se estável se não houver interposição do respectivo recurso (art. 304, *caput*), hipótese em que o processo será extinto (art. 304, § 1º).

A que recurso refere-se o dispositivo? Se se tratar de processo na primeira instância, o recurso cabível é, inequivocamente, o de agravo de instrumento (art. 1.015, I). Se a tutela antecipada antecedente for pleiteada perante algum Tribunal – em casos em que aqueles órgãos jurisdicionais exerçam competência originária –, a decisão muito provavelmente será monocrática. Como tal, contra ela cabe agravo interno (art. 1.021). Na eventualidade de se tratar de acórdão, não custa aventar esta possibilidade, contra ele caberá recurso especial e/ou extraordinário (art. 1.029), consoante o caso.

Contudo, a decisão concessiva da tutela antecipada também é sujeita a embargos de declaração, que, na sistemática do CPC de 2015, é *recurso* (art. 994, IV). A apresentação de embargos de declaração será capaz de evitar a estabilização nos termos do *caput* do art. 304? A melhor resposta, na minha opinião, é a positiva, desde que – e a ressalva, diante do que escrevo mais abaixo, é fundamental – os embargos queiram infirmar a concessão da tutela, isto é, manifestem de alguma forma o inconformismo do réu com relação àquela decisão, e não apenas o intuito de seu esclarecimento, complementação ou integração para fins de adequado cumprimento.

Friso o entendimento do n. 6.2, *supra*, de que a legítima incidência da consequência prevista no art. 304 (a estabilização) pressupõe que o mandado de citação e de intimação expedido ao réu para os fins do inciso II do § 1º do art. 303 contenha *expressamente* a advertência de que a não interposição do recurso significará a estabilização da tutela concedida em seu desfavor.

Dúvida pertinente, prezado leitor, é saber se a estabilização só pode se dar na falta do recurso apropriado para seu reexame. São variadas as possibilidades: e se o réu não recorreu, mas compareceu à audiência de conciliação ou de mediação? E se ele se manifestou nos autos pugnando pela revogação da tutela provisória concedida? E se ele, dando-se por citado e independentemente da referida audiência, até porque manifesta sua discordância com sua realização (art. 335, II), contestar? E se ele apresentou, como acabei de ventilar, embargos de declaração da decisão concessiva indicando vício que tem a aptidão de conduzir o magistrado a retratar-se? Em suma: é possível interpretar ampliativamente o disposto no *caput* do art. 304 para afastar, diante desses acontecimentos, a estabilização da tutela provisória?

A melhor resposta, penso, é a de aceitar interpretação *ampliativa* do texto do *caput* do art. 304. Qualquer manifestação expressa do réu em sentido contrário à tutela provisória antecipada em seu desfavor deve ser compreendida no sentido de inviabilizar a incidência do art. 304. E, a propósito, o rol de questões do parágrafo anterior é mero exercício de adivinhação; ele não quer, evidentemente, suplantar as ocorrências da prática forense, que são muito mais amplas e bem mais diversificadas.

Destarte, desde que o réu, de alguma forma, manifeste-se *contra* a decisão que concedeu a tutela provisória, o processo, que começou na perspectiva de se limitar à petição inicial facilitada pelo *caput* do art. 303 (que é a primeira acepção da palavra "benefício" do § 5º do art. 303, como identifiquei no n. 6.1, *supra*), prosseguirá para que o magistrado, em amplo contraditório, aprofunde sua cognição e profira oportunamente decisão sobre a "tutela final", apta a transitar, como se costuma afirmar, materialmente em julgado. A hipótese, faço questão de esclarecer, não tem o condão de infirmar a tutela antecipada já concedida. Ela, apenas, evita a sua estabilização.

A corroborar o acerto desse entendimento, está o inciso I do § 1º do art. 303 a exigir do autor a emenda da petição inicial quando a tutela provisória for concedida, *independentemente* de saber se o réu recorrerá, deixará de fazê-lo ou assumirá qualquer outro comportamento após suas regulares citação e intimação, como já indiquei no n. 6.4, *supra*. Nesse sentido, o "benefício" do § 5º do art. 303 o atrai para a hipótese da estabilização do art. 304 porque, em última análise, aquele benefício mostra-se inócuo no que diz respeito à elaboração da petição inicial, máxime diante da interpretação ampla que merece ser dada ao § 6º do art. 303 (v. n. 6.3, *supra*). Assim, a petição inicial *deverá* ser emendada quando concedida a tutela (art. 303, § 1º, I) porque o autor não tem como saber, quando a elabora, como o réu se comportará diante da concessão da tutela provisória antecipada requerida antecedentemente (ele sequer tem como saber se aquela tutela será concedida). A estabilização da tutela antecipada depende, portanto, também do comportamento *omissivo* do réu, não, tão somente, do comportamento *comissivo* do autor. Fosse o prazo previsto no § 1º do art. 303 maior ou, o que seria preferível, tivesse ele início somente após a adoção (ou não) de alguma postura do réu, a remissão que o § 5º do art. 303 faz teria algum significado relevante para aquela primeira acepção.

O que pode ocorrer, mas que é bem diverso do que decorre das previsões codificadas, é que o magistrado *amplie* o prazo para que o autor emende a petição inicial a ponto de haver tempo suficiente para verificar o comportamento do réu, o que encontra expresso fundamento na parte final do inciso I do § 1º do art. 303. Havendo tal ampliação – que pode, até mesmo, ser requerida pelo autor em sua petição inicial, lembrando-se, inclusive, do inciso VI do art. 139 –, diante da omissão do réu em assumir alguma postura contrária à tutela antecipada, *somada* à indicação de que o autor "pretende valer-se do benefício previsto no *caput* deste artigo" (art. 303, § 5º), dar-se-á a estabilização da tutela antecipada, independentemente do aditamento da petição inicial.

A interpretação aventada no parágrafo anterior não pode ser descartada, até porque harmônica com o modelo de processo cooperativo ambicionado pelo CPC de 2015, mas que depende, necessariamente, não só do casuísmo forense, como também de um terceiro fator, que é a ampliação do prazo a cargo do juiz. E mais que isso: é ela a única capaz de conciliar os comandos dos arts. 303, § 1º, I, e 304, § 1º, que, em rigor, tornam inviável na prática que o autor aguarde o transcurso do prazo recursal do réu – ou de outra manifestação contrária à tutela antecipada – sem aditar a petição inicial. Sim, porque, se o autor deixar de atender, em quinze dias, a regra do inciso I do § 1º do art. 303, seu processo *será* extinto (art. 303, § 2º) e, com ele, a tutela antecipada, como escrevi no n. 6.4, *supra*.

6.5.1 Dinâmica da estabilização

Superadas as questões derivadas do *caput* e do § 1º, os demais parágrafos do art. 304 pressupõem a tutela antecipada já estabilizada e disciplina o que as partes – qualquer uma delas, a que tenha requerido ou a em face de quem se tenha requerido a tutela provisória, portanto – podem, querendo, fazer.

De acordo com o § 2º do art. 304 qualquer das partes pode demandar a outra "... com o intuito de rever, reformar ou invalidar a tutela antecipada estabilizada nos termos do *caput*".

Para este fim, qualquer das partes poderá "... requerer o desarquivamento dos autos em que foi concedida a medida, para instruir a petição inicial da ação a que se refere o § 2º, prevento o juízo em que a tutela antecipada foi concedida" (art. 304, § 4º).

É certo, outrossim, que o direito de rever, reformar ou invalidar a tutela antecipada estabilizada cessa após dois anos contados da ciência da decisão que extinguiu o processo nos termos do § 1º do art. 304 (art. 304, § 5º).

Enquanto nenhuma das partes tomar a iniciativa, os efeitos da tutela antecipada ficam preservados, e só cederão espaço se ela for "revista, reformada ou invalidada por decisão de mérito proferida na ação de que trata o § 2º" (art. 304, § 3º).

Essa manutenção dos *efeitos* da tutela antecipada, aliás, é o que parece querer significar a *estabilização* prevista pelo *caput* do art. 304. Nada além disso. Tanto que o § 6º do art. 304 afasta, expressamente, a viabilidade de haver formação de coisa julgada daquela decisão, repetindo que seus *efeitos* estabilizam-se até que haja "decisão que a revir, reformar ou invalidar, proferida em ação ajuizada por uma das partes", em alusão à previsão do § 2º do mesmo dispositivo.

O § 6º do art. 304, a propósito, tem o condão de evitar discussões interessantíssimas sobre haver, ou não, a chamada coisa julgada material (no sentido de ela, a coisa julgada, ostentar também eficácia externa ao processo) na decisão que concedeu a tutela antecipada a final estabilizada. Não há e nisto o dispositivo é claríssimo, revelando qual é a opção política que, a este respeito, fez o legislador. O dispositivo ensaia, até mesmo, resposta a pergunta inevitável diante do § 1º do art. 304: trata-se de extinção do processo *com* ou *sem* resolução de mérito? Para quem associa a chamada coisa julgada material a decisão de mérito, a resposta é imediata e é negativa.

A circunstância de, passados os dois anos do § 5º do art. 304, não haver mais meios de rever, reformar ou invalidar os efeitos da tutela antecipada não faz com que a decisão respectiva transite, como se costuma afirmar, materialmente em julgado. Há, aqui, mera coincidência (não identidade) de regimes jurídicos, em prol da própria segurança jurídica. Não há como, por isso mesmo, querer infirmar aquela decisão com fundamento no art. 966, que trata da "ação rescisória", técnica processual codificada para o desfazimento da chamada coisa julgada material em determinadas hipóteses. É certo que o CPC de 2015 ampliou as hipóteses de cabimento da ação rescisória, como exponho no n. 8.1 do Capítulo 16 a propósito do § 2º do art. 966, admitindo-a para contrastar decisões que não sejam de mérito. Não há espaço, contudo, para entender que aquela iniciativa alcance a estabilização da tutela antecipada.

A que demanda se refere o § 2º do art. 304?

Nas duas primeiras edições deste *Manual* respondi a questão de maneira ampla. Após muito estudo e reflexão sobre o tema, passo a entender que a resposta mais adequada é restritiva. O que é alcançado por aqueles dois anos só pode ser o questionamento dos próprios *efeitos* práticos da tutela antecipada, ampliando-os por iniciativa do autor da medida; eliminando-os ou reduzindo-os, a cargo do réu. Pensar diferentemente é compreender que as mais variadas pretensões de direito material que possam confrontar o que restou estabilizado estejam sujeitas ao prazo de dois anos a que se refere § 5º do art. 304. Não consta que o CPC de 2015 tenha querido (ou pudesse) ir tão longe.

Assim, o prazo de dois anos referido no § 5º do art. 304 extingue o direito de os interessados voltarem-se aos *efeitos* da tutela antecipada antecedente, revendo-os, reformando-os ou invalidando-os. Por isso, trata-se de prazo *decadencial*, a fulminar *aquele* (e só aquele) direito. O regime jurídico daquela demanda observará sua especificidade (procedimentos especiais) ou a falta dela (procedimento comum), considerando que não há nenhuma regra específica a seu respeito no art. 304.

O biênio do § 5º do art. 304, contudo, não afeta o direito de os interessados questionarem em juízo as *razões* pelas quais foi concedida a tutela antecipada e/ou consequências derivadas de sua concessão, isto é, o *direito* sobre o qual versou a tutela antecipada estabilizada. É o que se dará, por exemplo, sempre que o autor dessa *nova* postulação (que terá sido réu no processo em que a tutela antecipada se estabilizou) pretender responsabilizar o beneficiário da tutela provisória antecipada antecedente (o autor da medida, no processo em que ela se estabilizou) pelos danos que tenha experimentado. Tais iniciativas ficam na dependência de serem exercidas em consonância com seus respectivos prazos *prescricionais* e variarão consoante a multiplicidade de direitos materiais de que os interessados se afirmem titulares. Também aqui a pretensão assumirá o procedimento comum ou será formulada de acordo com algum procedimento especial conforme as especificidades de direito material, considerando, uma vez mais, que o art. 304 nada diz de diverso a respeito do assunto.

O que pode ocorrer – e provavelmente ocorrerá no mundo forense – é que, no prazo de dois anos do § 5º do art. 304, o interessado demande a parte contrária pelas mais variadas razões de direito material e que pretenda *também*, com tal iniciativa, "rever, reformar ou invalidar a tutela antecipada estabilizada nos termos do *caput*", justamente porque exercida dentro daquele prazo.

É possível, em tais casos, que o autor da nova demanda formule pedido de tutela provisória em face do réu, pretendendo, se for o caso, comprometer os efeitos da tutela antecipada estabilizada? O § 3º do art. 304 insinua resposta negativa, já que parece vincular a cessação dos efeitos da tutela antecipada antecedente ao proferimento de "decisão de mérito proferida na ação de que trata o § 2º". A melhor resposta, contudo, diante do inciso XXXV do art. 5º da CF, só pode ser a *positiva*, cabendo ao autor demonstrar, conforme o caso, o preenchimento dos respectivos pressupostos.

7. TUTELA CAUTELAR REQUERIDA EM CARÁTER ANTECEDENTE

Os arts. 305 a 310 disciplinam o procedimento da tutela provisória de urgência *cautelar* antecedente. A disciplina, reconhecê-la-á o prezado leitor, das segundas ou terceiras linhas de direito processual civil, é quase cópia do processo cautelar antecedente (também chamado de preparatório) do CPC de 1973, com meros aprimoramentos redacionais.

O art. 305 trata da petição inicial em que aquela tutela – provisória de urgência, cautelar e antecedente – é pleiteada. Nela, o autor precisará indicar "a lide, seu fundamento e a exposição sumária do direito que se objetiva assegurar". Também o perigo de dano ou o risco ao resultado útil do processo deve ser demonstrado.

Nada há de errado em entender tais requisitos, que não excluem os outros que, em harmonia com o art. 319, precisam constar de qualquer petição inicial, como correspondentes às consagradas expressões latinas *fumus boni iuris* e *periculum in mora* ou, como quer a regra geral do *caput* do art. 300: "probabilidade do direito" e o já mencionado "perigo de dano" ou "risco ao resultado útil do processo". A palavra "lide", empregada pelo *caput* do art. 305, prezado leitor, merece ser compreendida, aqui também, como *conflito* sobre o qual pretende o autor seja prestada a tutela jurisdicional pedida.

O parágrafo único do art. 305 evidencia a possibilidade de aplicação do art. 303 se o magistrado entender que o pedido tem natureza *antecipada*. Trata-se, não há por que negar, de um resquício de *fungibilidade* que derivava do § 7º do art. 273 do CPC de 1973 e que, tanto quanto naquele Código, merece ser interpretado amplamente para albergar, também, a hipótese inversa, qual seja, a de o magistrado, analisando petição inicial fundamentada no art. 303 ("tutela *antecipada*" requerida antecedentemente), compreender que o caso amolda-se mais adequadamente à "tutela *cautelar*" requerida antecedentemente, determinando, por isso, a observância dos arts. 305 e seguintes.

Para tal finalidade e para bem cumprir as exigências específicas que o CPC de 2015 faz para cada um daqueles *procedimentos*, o magistrado determinará que o autor faça as correções e complementações que considerar devidas, sempre (e invariavelmente) indicando-as (art. 321). O entendimento é tanto mais correto porque, como quero demonstrar no n. 3, *supra*, é difícil encontrar, no CPC de 2015, elementos suficientes para estabelecer segura e objetiva distinção entre os casos de tutela cautelar e de tutela antecipada. É muito provável, aliás, que, se a *dúvida* sobre a hipótese concreta reclamar *proteção* por um *ou* por outro procedimento (arts. 303 e 305 em contraposição aos arts. 303 a 308), acabe por justificar a aplicação ampla do parágrafo único do art. 305 que aqui defendo.

Como a análise da inicial demanda tempo do magistrado, tanto quanto eventual emenda por parte do autor, é irrecusável que, se a urgência assim justificar, seja concedida a tutela provisória requerida mesmo *antes* do cumprimento das diligências determinadas a partir do parágrafo único do art. 305. Se elas não forem feitas, a tutela deverá ser revogada, o que encontra fundamento no inciso III do art. 309.

Há uma outra questão importante em tempos do CPC de 2015. Como somente a tutela *antecipada* tem aptidão de estabilizar-se, importa que o magistrado, ao fazer uso do parágrafo único do art. 305, advirta o autor sobre pretender valer-se, ou não, do "benefício" do § 5º do art. 303 (v. n. 6.1, *supra*).

7.1 Citação do réu e suas atitudes

Recebida a petição inicial na qual o autor pretende a tutela *cautelar* em caráter antecedente, o magistrado determinará a citação do réu para contestar, em cinco dias, o pedido e apresentar as provas que objetiva produzir (art. 306). À falta de regra expressa em sentido diverso, aquele prazo fluirá de acordo com as diversas hipóteses previstas no art. 231.

O art. 306 é claro quanto à finalidade da contestação: trata-se de citar o réu para se defender do pedido de tutela *cautelar* e não para comparecer à audiência de conciliação ou mediação, que só ocorrerá, ao menos como regra, diante da hipótese do § 3º do art. 308, que pressupõe, contudo, que o "pedido principal" já tenha sido formulado pelo autor. O *procedimento* da tutela *cautelar* requerida antecedentemente, destarte, diverge daquele desenhado pelo inciso II do § 1º do art. 303 para a tutela antecipada requerida antecedentemente (v. n. 6.2, *supra*).

O *caput* do art. 307 trata da hipótese de o réu não apresentar contestação. Nesse caso, os fatos alegados pelo autor para justificar a concessão da tutela *cautelar podem* ser presumidos verdadeiros, cabendo ao magistrado decidir nos cinco dias seguintes. Não há como afastar do autor a necessidade de se desincumbir, consoante o caso, do ônus da prova dos fatos que alega, a despeito da revelia, descartando, por isso mesmo, o automatismo sugerido pelo texto legal entre a falta de contestação e a decisão contrária a seus interesses a ser proferida pelo magistrado. Aplica-se, aqui, o mesmo raciocínio do art. 348 (v. n. 2 do Capítulo 9).

Havendo contestação, deverá ser observado, é o que determina o parágrafo único do art. 307, o procedimento comum a partir de então.

7.2 Apresentação do pedido principal

Efetivada a "tutela cautelar", o "pedido principal" deve ser formulado pelo autor no prazo de trinta dias nos mesmos autos, sem adiantamento de novas custas processuais, tudo consoante determina o *caput* do art. 308. Com relação às custas, cabe aqui também a mesma reflexão que fiz a propósito do art. 295 no n. 4.5, *supra*.

O "pedido principal" a que se refere o dispositivo deve ser compreendido no sentido do objeto (o bem da vida) sobre o qual o autor requer recaia a tutela jurisdicional para além da tutela cautelar que já lhe foi concedida e que, na perspectiva do próprio Código, não vai além de criar condições para *assegurar* sua oportuna fruição.

É interessante notar, no particular, que o CPC de 2015 abandonou – e, no particular, fez muito bem – a compreensão de que haveria uma "ação cautelar" em contraposição a uma "ação principal", lição encontradiça e defendida largamente até então. A mim, prezado leitor, sempre me pareceu inexistir uma "ação cautelar" e, tampouco, qualquer "ação principal". O que há, antes e depois do CPC de 2015, é ação no sentido de o autor exercer seu direito subjetivo público, verdadeiro direito fundamental, de romper a inércia jurisdicional e agir ao longo do processo visando à obtenção de tutela jurisdicional; de postular, portanto. Se, para tanto, põe-se a necessidade de *assegurar* o seu direito, basta que formule pedido neste sentido. Este *pedido* é uma dentre várias manifestações possíveis do pleno exercício do direito de ação, e não a própria ação. É ato de postulação, nos precisos termos do art. 17. Mesmo para quem não quisesse concordar com o que, a este respeito, já escrevia nos volumes 1 e 4 do meu *Curso sistematizado de direito processual civil*, nas edições anteriores ao CPC de 2015, identificará a absorção daquela forma de pensar no dispositivo em exame.

Ainda tratando do "pedido principal", permite o § 2º do art. 308 que a causa de pedir seja aditada quando da formulação do "pedido principal". Qualquer semelhança disso com a dualidade existente no CPC de 1973 entre a petição inicial da "ação cautelar" e a da "ação principal" *não é* mera coincidência. O que o dispositivo do CPC de 2015 está a admitir é que o pedido "principal" seja justificado em fundamentos de direito e de fato diversos daqueles que justificam o pedido de "tutela cautelar". Tal aditamento, aliás, muito provavelmente ocorrerá com enorme frequência graças à compreensão que o próprio Código tem do que é e de qual é a finalidade da tutela *cautelar*.

O § 3º do art. 308, por sua vez, dispõe que, apresentado o "pedido principal", as partes serão intimadas para a audiência de conciliação ou de mediação (art. 334). A intimação será feita a seus advogados ou pessoalmente, dispensada nova *citação* do réu, que já integra o processo para todos os fins desde sua citação para os efeitos do art. 306. Afinal, tudo se passa em um só *processo*.

Se não houver autocomposição, terá início o prazo para que o réu conteste o "pedido principal", observando-se o art. 335 (art. 308, § 4º). A mesma diretriz deve ser observada quando a hipótese não comportar a designação daquela audiência ou se autor e/ou réu manifestarem-se contrários à sua realização, pelas razões que apresento no n. 4.1 do Capítulo 8.

O § 1º do art. 308 permite que o pedido principal seja formulado juntamente com o pedido de "tutela cautelar". Neste caso, a melhor interpretação é de que deve ser observado, desde logo, o procedimento comum, citando-se o réu para comparecer à audiência de conciliação ou mediação, independentemente do segmento recursal que, porventura, tenha início contra a decisão concessiva (ou negatória) daquela tutela.

A conclusão parece ser a mais correta porque a *cumulação* do pedido da tutela cautelar e do "pedido final" na petição inicial afasta, inclusive do ponto de vista lógico, que a hipótese possa ser tratada como de tutela *antecedente*. Já que o processo inaugura-se naquele instante porque o autor exerce direito de ação ("um só", embora formulando dois pedidos diversos, um assecuratório e imediato e outro satisfativo e final), a tutela cautelar já terá sido formulada em caráter incidental. As regras gerais, portanto, merecem incidir.

Esta última afirmação pode despertar no prezado leitor a sensação de que o procedimento decorrente dos arts. 305 a 308 contém alguma repetição de atos, ainda que realizados em um só processo ou, quando menos, que o procedimento da tutela cautelar requerida antecedentemente poderia ser mais eficiente. A observação é correta, a meu ver. Para quem vivenciou o processo cautelar do CPC de 1973 no dia a dia forense, não se justificam muitas das opções que o CPC de 2015 acabou por fazer ao longo do processo legislativo (v. n. 2, *supra*). Contudo, o alcance dos dispositivos destacados é claro, tanto quanto a sua inegável diferença com o procedimento da tutela *antecipada* requerida antecedentemente. E há quem diga que tais diferenças são justificáveis porque a tutela antecipada e a tutela cautelar são coisas totalmente diversas. É ver como a prática forense se comporta diante de um e outro desses procedimentos e se ela acabará se dirigindo a uma certa uniformização entre eles.

7.3 Duração

O art. 309 prevê os casos em que cessa a eficácia da "tutela concedida em caráter antecedente": (i) quando o autor não deduzir o "pedido principal" no prazo legal, que são os trinta dias da efetivação da tutela cautelar a que se refere o *caput* do art. 308; (ii) quando a tutela concedida não for efetivada, isto é, concretizada, dentro de trinta dias; ou (iii) quando o magistrado julgar improcedente o "pedido principal" formulado pelo autor ou, ainda, quando extinguir o processo sem resolução de mérito.

O parágrafo único do art. 309 ressalva, na hipótese de cessação dos efeitos da "tutela *cautelar*", a possibilidade de o pedido ser reformulado, *desde que* com novo fundamento, isto é, com diversa causa de pedir. Também deve ser excluída a possibilidade de reformulação de pedido que tenha sido indeferido pelo reconhecimento da decadência ou da prescrição, como dispõe o art. 310 (v. n. 7.4, *infra*).

Questão pertinente é a seguinte: aplica-se o regime jurídico do art. 309 às situações em que a tutela antecedente for *antecipada*? A melhor resposta parece ser a positiva porque, para além das regras do art. 303 e, sobretudo, do art. 304, pode acontecer de as hipóteses previstas por aquele dispositivo ocorrerem também nos casos em que a tutela antecedente for de natureza *antecipada*. É ler, para ilustrar, o que escrevo no n. 6.4, *supra*, a esse respeito.

7.4 Indeferimento da tutela cautelar e pedido principal

De acordo com o art. 310, não obstante o indeferimento da "tutela *cautelar*", a parte poderá formular o "pedido principal" observando o art. 308, cujo julgamento não estará prejudicado pela anterior rejeição e que não necessariamente influenciará na análise daquele pedido.

A única hipótese em que a interferência de um no outro é admitida – e nem poderia ser diverso – reside no reconhecimento da decadência ou da prescrição. Nesses casos, aquele reconhecimento é considerado resolução de mérito (art. 487, II) e, como tal, apto a inviabilizar a apreciação do *mesmo* direito.

O art. 310 convida a uma interessante questão sobre o *caput* do art. 308: este dispositivo pressupõe, na disciplina que traça e que foi objeto de exame pelo n. 7.2, *supra*, que seja "efetivada a tutela cautelar", o que, por sua vez, só faz sentido se o pedido respectivo tiver sido concedido. No entanto, tenho certeza de que o prezado leitor já terá percebido aonde quero chegar: o que acontece se o pedido de tutela cautelar requerido antecedentemente for *indeferido* e, portanto, nada houver para ser efetivado?

A melhor resposta merece ser extraída do próprio art. 310. Assim, independentemente de o autor pretender reverter a decisão que indeferiu o pedido de "tutela cautelar" em grau recursal, caberá a ele, querendo, formular o "pedido principal", valendo-se, para tanto, do mesmo processo e obedecendo o procedimento dos parágrafos do art. 308 (v. n. 7.2, *supra*). O prazo para tanto não fica sujeito aos trinta dias do *caput* do art. 308, prazo *processual* cuja inobservância conduz à cessação da eficácia da tutela cautelar (art. 309, I e II). Para a hipótese aqui aventada, só se pode cogitar da observância dos prazos *prescricionais*, que variarão consoante as múltiplas pretensões de direito material a serem levadas ao Estado-juiz. Nada de substancialmente diverso, portanto, do que é necessário distinguir a partir do prazo referido no § 5º do art. 304 (v. n. 6.5.1, *supra*).

Uma última observação: a despeito da localização do art. 310, é irrecusável o entendimento de que ele, tanto quanto o art. 309, pode ter ampla valia também para as hipóteses em que o pedido de tutela antecedente tiver viés *antecipatório*.

8. TUTELA DA EVIDÊNCIA

O art. 311 do CPC de 2015 ocupa-se com a "tutela da *evidência*", ou, mais precisamente, com a tutela *provisória* fundamentada em *evidência*, distinguindo-a, inclusive no local em que regulamentada, da "tutela de *urgência*", iniciativa plenamente harmônica com a distinção feita desde o *caput* do art. 294 entre uma e outra destas espécies (v. n. 3, *supra*).

A concessão da "tutela da *evidência*" independe da demonstração de perigo de dano ou de risco ao resultado útil do processo, isto é, para empregar a expressão geralmente usada para descrever uma e outra situação, de *periculum in mora*.

A *evidência* que dá nome à técnica aqui examinada não merece ser interpretada literalmente. O correto é entendê-la como aquelas situações em que o requerente da medida tem direito mais *provável* que o do seu adversário, no sentido de que suas afirmações de direito e de fato portam maior juridicidade, a impor proteção jurisdicional imediata – e aqui o traço distintivo para o direito brasileiro, diante do *caput* do art. 311 – *independentemente de urgência*. Em suma, a expressão deve ser compreendida no sentido de que, à luz dos elementos apresentados, tudo indica que o requerente da medida é o merecedor da tutela jurisdicional, ainda que a necessidade da satisfação de seu direito ou de seu asseguramento não precise ser imediata.

Diante do que acabei de escrever é que entendo correto sustentar que outras hipóteses assimiláveis à tutela da evidência podem ser localizadas no próprio Código ou na legislação extravagante. Não que elas mereçam ser interpretadas à luz do art. 311 ou que o rol desse dispositivo deva ser interpretado ampliativamente. O que ocorre é que o art. 311 é regra que veio para generalizar hipóteses que, em rigor, já eram encontradas no direito brasileiro e que continuam a encontrar eco seguro no CPC de 2015, a autorizar o magistrado, mesmo independentemente de urgência, tutelar *imediatamente* determinados direitos. É o que se dá, apenas para fins ilustrativos, com a colheita de provas antecipadamente (art. 381, II e III; v. n. 4 do Capítulo 10); com as ações possessórias (art. 562, *caput*; v. n. 4 do Capítulo 14); com a fruição de bens por herdeiros ao longo do inventário (art. 647, parágrafo único; v. n. 7 do Capítulo 14); com o resguardo de bens para o nascituro em nome do inventariante (art. 650; v. n. 1.2 e 7 do Capítulo 14); e, de forma mais ampla, com a própria pretensão recursal (arts. 1.012, § 4º, e 1.026, § 1º; v. n. 3.2 do Capítulo 17).

Sobre essa afirmação convém destacar que é correto entender irrelevante a distinção que o CPC de 2015 faz, a partir do parágrafo único de seu art. 294, entre tutelas *antecipada* e *cautelar* para a tutela da evidência. A maior ênfase satisfativa ou assecuratória da tutela requerida com fundamento no art. 311 é, destarte, indiferente.

As hipóteses de tutela da evidência estão nos incisos do art. 311: (i) abuso do direito de defesa ou manifesto propósito protelatório da parte; (ii) apresentar alegações de fato passíveis de comprovação apenas documental desde que haja tese firmada em julgamento de casos repetitivos (art. 928) ou em súmula vinculante; (iii) pedido reipersecutório fundado em prova documental adequada do contrato de depósito, caso em que será decretada a ordem de entrega do objeto custodiado, sob cominação de multa; e (iv) petição inicial instruída com prova documental suficiente dos fatos constitutivos do direito do autor, a que o réu não oponha prova capaz de gerar dúvida razoável.

A situação do inciso I do art. 311 merece ser compreendida levando em conta a exigência genérica do *caput* do art. 300 no sentido de haver elementos que evidenciem a probabilidade – sempre entendida no sentido de maior juridicidade – do direito. O que o *caput* do art. 311 dispensa é a "demonstração de perigo de dano ou de risco ao resultado útil do processo" e não a circunstância de o direito do requerente da tutela ser mais "evidente" – ou, como acabei de escrever, mais merecedor de tutela jurisdicional – que o do requerido. Isto porque o mau comportamento do réu (abusando do direito de defesa ou atuando de modo procrastinatório) nada diz sobre a maior ou a menor juridicidade do direito do autor. E a tutela, por ser da *evidência*, pressupõe este elemento (juridicidade do direito), a despeito de dispensar aquele (perigo de dano ou risco ao resultado útil do processo).

Quero frisar o ponto: o réu que litiga de má-fé *deve ser* sancionado como tal, nos moldes do art. 81. Isto, contudo, nada revela sobre o direito do autor ser mais ou menos evidente para quaisquer fins, inclusive para a concessão da tutela em exame. Por isto, é mister conjugar os casos do inciso I do art. 311 com a exigência genérica do *caput* do art. 300.

Quando o abuso do direito de defesa for, ele próprio, conotativo da maior juridicidade do direito do autor, é irrecusável a pertinência da tutela da evidência com fundamento no inciso I do art. 311. Assim, por exemplo, a orientação administrativa em sentido contrário àquele defendido pela administração pública em juízo é *indicativo* da probabilidade do direito do administrado. No entanto, é irrecusável, mesmo nestes casos, que o magistrado examine o caso para constatar suas peculiaridades. E se os fatos questionados em juízo não reclamarem a incidência daquela súmula administrativa? Em casos como estes, não há espaço para incidir o inciso I do art. 311.

As demais hipóteses do art. 311, incisos II a IV, não trazem, na perspectiva que acabei de destacar, maiores dúvidas sobre a configuração da "evidência" do direito. Todas elas exigem do autor a demonstração da maior juridicidade de seu direito, adaptando a exigência genérica do *caput* do art. 300 às situações específicas que, sob as vestes da "tutela da evidência", disciplinam. É o caso, contudo, de estudar cada uma delas mais minudentemente.

Cabe interpretar o inciso II do art. 311 ampla e sistematicamente com o que o próprio CPC de 2015 desenha para o seu "direito jurisprudencial" (v. n. 2.1 do Capítulo 16). A "tese jurídica" aplicável aos fatos comprovados de plano (e não apenas documentalmente) pode derivar não só dos "casos repetitivos" (art. 928) ou de súmula vinculante, mas também de *todos* os referenciais decisórios (os "indexadores jurisprudenciais") dos incisos do art. 927.

De resto, ainda tendo presente o inciso II do art. 311, a exigência de prova *documental* por ele feita merece ser interpretada de maneira ampla para abranger qualquer prova pré-constituída que possa ser apresentada com a petição inicial, ainda que não se trate de documento. É, apenas para ilustrar, o que se dá com relação a provas colhidas antecipadamente com esteio nos arts. 381 a 383, à ata notarial (art. 384) ou, ainda, quando o autor faz uso de trabalho técnico nos moldes do art. 472.

O inciso III do art. 311 remonta à "ação de depósito", que, no CPC de 1973, era disciplinada como um dos procedimentos especiais, em seus arts. 901 a 906. O dispositivo merece ser interpretado no sentido de que a prova "documental" nele referida é também, na verdade, prova *documentada*, o que é suficiente para acolher qualquer prova pré-constituída, a exemplo do que acabei de escrever para o inciso II da mesma norma.

O parágrafo único do art. 311 admite que as hipóteses dos incisos II e III sejam "decididas liminarmente", o que deve ser entendido como a possibilidade de o magistrado, diante de seus respectivos pressupostos, conceder a tutela provisória antes e independentemente da prévia oitiva do réu. A previsão encontra eco no inciso II do parágrafo único do art. 9º.

Nenhuma daquelas duas hipóteses confunde-se, na perspectiva do CPC de 2015, com a possibilidade de o magistrado proferir julgamentos *parciais* de mérito. Esta possibilidade, expressa no CPC de 2015, encontra-se no art. 356, casos em que a decisão respectiva, a que julga antecipada e parcialmente o mérito, tem aptidão de produzir *imediatamente* seus efeitos, porque o recurso dela interponível, o agravo de instrumento (arts. 356, § 5º, e 1.015, II), *não* tem efeito suspensivo *ope legis,* prevalecendo, por isto mesmo, a regra geral do *caput* do art. 995, confirmada, no particular, pela do inciso I do art. 1.019.

De qualquer sorte, a concessão da tutela da evidência será de enorme valia para "tirar" ou evitar o efeito suspensivo do recurso de apelação lamentavelmente preservado como regra pelo CPC de 2015 (art. 1.012, *caput*), tal qual já era possível (e correto) sustentar no CPC de 1973 com fundamento no inciso II (reproduzido no inciso I do art. 311) e, sobretudo, no § 6º do art. 273 daquele mesmo Código.

Assim, concedida a tutela da evidência liminarmente, com base nos incisos II ou III do art. 311, observar-se-á o procedimento comum – não há nenhum outro a ser observado, diferentemente do que se dá para as tutelas de urgência requeridas antecedentemente, consoante sejam antecipadas ou cautelares – até o proferimento da sentença que estará apta a surtir efeitos imediatos desde logo, ainda que haja interposição de apelo pelo sucumbente, aplicando-se, à espécie, o disposto no inciso V do § 1º do art. 1.012, que se refere expressamente à hipótese de a sentença *confirmar* a tutela provisória.

Mesmo quando a hipótese não seja de concessão *liminar* da tutela provisória (e não há, à falta de urgência, nenhuma inconstitucionalidade na opção feita pelo legislador no parágrafo único do art. 311, de restringir sua concessão liminar aos incisos II e III do *caput*), é possível a tutela provisória ser concedida na *própria* sentença, o que significa dizer, em termos bem diretos, que a apelação eventualmente interposta pelo sucumbente não será recebida no efeito suspensivo. É o que merece ser extraído do mesmo inciso V do § 1º do art. 1.012, que também se refere à *concessão* da tutela provisória na sentença, que, no particular, distingue, com nitidez, a "sentença" (como, de resto, qualquer outra decisão jurisdicional) daquilo que ela contém (a concessão da tutela jurisdicional) e de seus efeitos (a viabilidade do cumprimento *imediato* da sentença).

Admitir, como o parágrafo único o faz, a concessão *liminar* nas hipóteses destacadas deve conduzir o magistrado a um redobrado cuidado na análise do pedido respectivo para não arranhar, em nome do princípio da efetividade, o do contraditório. É só imaginar, para mostrar o quanto de polêmica existe atrás da previsão legislativa, que os documentos apresentados pelo autor para dar fundamento ao seu pedido contenham alguma falsidade imperceptível pelo magistrado, mas que poderá ser descortinada pelo réu. Na dúvida quanto à "evidência" do substrato fático dos incisos II e III do art. 311, destarte, o caso é de indeferimento do pedido *liminar*. É interpretação que, além de chamar a atenção do exame casuístico dos pedidos, evita a pecha de inconstitucionalidade genérica da previsão legislativa.

A hipótese do inciso IV do art. 311 é perfeita para ilustrar o que acabei de escrever sobre a "retirada" do efeito suspensivo da apelação pela concessão da tutela provisória fundada na evidência: a ausência de "prova capaz de gerar dúvida razoável" a cargo do réu em contraposição à "prova documental suficiente dos fatos constitutivos do direito do autor" é fator que enseja, a um só tempo, a concessão da tutela da evidência e o julgamento antecipado do mérito, nos precisos termos do inciso I do art. 355. Fosse a prova do réu capaz de comprometer a "suficiência" da prova documental dos fatos constitutivos do direito do autor, e a hipótese não seria nem da tutela da evidência, tampouco do julgamento antecipado do mérito. É que, neste caso, na exata medida em que o magistrado duvida do fato constitutivo do direito do autor diante das provas trazidas pelo réu, há necessidade de identificar o ponto controvertido e determinar a produção da prova que o permita julgar. O caso, destarte, é de saneamento e organização do processo (art. 357) e não de julgamento antecipado do mérito (art. 355, I).

Sobre o dispositivo, destaco, a exemplo do que escrevi sobre o inciso II, que não há sentido em restringir a hipótese à prova "documental", máxime quando parecem ser inconcebíveis ou de remota importância prática a formulação e a concessão *liminar* do pedido. Importa, por isso mesmo, interpretar a referência aos meios de prova empregados pelo autor, quaisquer que sejam eles, desde sua petição inicial até o instante em que formula o pedido de tutela provisória fundamentada na evidência.

Mesmo depois do proferimento da sentença sem que ela tenha *concedido* tutela provisória fundamentada na evidência, não há razão para descartar que a tutela da evidência seja, ainda, passível de concessão. O pedido respectivo será dirigido ao Tribunal ou ao relator, o que encontra amparo no § 3º do art. 1.012, interpretado ampliativamente, como proponho no n. 4.2.1 do Capítulo 17, para nele não só se compreender a *concessão* do efeito *suspensivo* a apelo dele desprovido, mas também *subtrair* o efeito suspensivo da apelação que o ostenta, que é a regra, aliás, preservada pelo *caput* do art. 1.012 do CPC de 2015.

Uma última questão se mostra pertinente: é possível que a tutela da evidência se torne estável, nos moldes do art. 304? A resposta positiva parece pressupor que o pedido do autor se fundamente nos incisos II ou III do art. 311, únicos que, de acordo com o seu parágrafo único, aceitam a ocorrência da hipótese do art. 303 e que podem, por isso mesmo, ser formulados como se fossem "antecedentes" nos moldes do parágrafo único do art. 294.

9. RESTRIÇÕES À TUTELA PROVISÓRIA

O art. 1.059, escondido no Livro Complementar do CPC de 2015, consagra regra restritiva que, lamentavelmente, é típica do direito processual civil brasileiro e, tendo a Fazenda Pública como ré, evolui (ou, no particular, involui) com ele, desde os primórdios das leis que regulamentaram o mandado de segurança. O referido dispositivo, a um só tempo, veda ou impõe restrições à tutela provisória requerida em face da Fazenda Pública em determinadas hipóteses (arts. 1º a 3º da Lei n. 8.437/1992 e § 2º do art. 7º da Lei n. 12.016/2009) e determina a aplicação a ela do que, na prática do foro, é chamado de "suspensão de segurança" ou "suspensão de liminar" (e, para o CPC de 1973, também de "suspensão de tutela antecipada"), consoante seja a decisão cujos efeitos se pretende suspender (art. 4º da Lei n. 8.437/1992).

É o caso de estudar mais detidamente uma e outra determinação, a começar pelas hipóteses em que há restrição ou limitação à tutela provisória requerida contra a Fazenda.

O *caput* do art. 1º da Lei n. 8.437/1992 (diploma legislativo que "dispõe sobre a concessão de medidas cautelares contra atos do Poder Público e dá outras providências") dispõe que "não será cabível medida liminar contra atos do Poder Público, no procedimento cautelar ou em quaisquer outras ações de natureza cautelar ou preventiva, toda vez que providência semelhante não puder ser concedida em ações de mandado de segurança, em virtude de vedação legal". Trata-se de regra que, no contexto do CPC de 2015, conduz às restrições que a própria lei do mandado de segurança, a Lei n. 12.016/2009, estabelece sobre o assunto e, neste sentido, já estão suficientemente albergadas pela remissão àquele outro diploma legislativo pelo mesmo art. 1.059. Idêntica solução deve ser dada ao § 5º do art. 1º da Lei n. 8.437/1992: a vedação de *tutela provisória* que defira compensação de créditos tributários e previdenciários decorre, de forma bastante, do § 2º do 7º da Lei n. 12.016/2009.

O § 1º do art. 1º da Lei n. 8.437/1992 deve ser compreendido como a vedação da tutela provisória em qualquer caso em que, fosse o ato do Poder Público contrastado por intermédio do mandado de segurança, a hipótese reclamaria, por disposição constitucional, competência *originária* de Tribunal. São variados os exemplos, dentre eles, apenas para ilustração, atos do Presidente da República, dos Ministros dos Estados e dos Governadores, em que os mandados de segurança, por força da CF e das Constituições dos Estados, devem ser impetrados originariamente no STF, no STJ e nos Tribunais de Justiça, respectivamente. A exceção trazida pelo § 2º do mesmo dispositivo é indiferente para o tema na perspectiva da tutela provisória do CPC de 2015: a disciplina da "ação popular" e a da "ação civil pública" *não* se encontram nele, mas, sim, em leis extravagantes, a Lei n. 4.717/1965 e a Lei n. 7.347/1985, respectivamente.

O § 3º do art. 1º da Lei n. 8.437/1992 veda a *tutela provisória* que, no todo ou em parte, "esgote o objeto da ação". Trata-se de regra que merece receber a mesma interpretação do § 3º do art. 300. A depender dos valores envolvidos no caso concreto, o direito mais evidente e mais carente de tutela *deve-ser* tutelado ainda que de maneira *satisfativa*, isto é, ainda que "esgotando o objeto da ação". É para esta finalidade, aliás, que a tutela provisória *antecipada* é predisposta. Fosse ela *limitada* a *assegurar* algum direito, bastaria sua feição *cautelar*.

O § 4º do art. 1º da Lei n. 8.437/1992 trata da necessária intimação do dirigente do órgão ou entidade públicos *e* de seu representante judicial da decisão relativa à tutela provisória. A providência quer viabilizar a apresentação do recurso cabível por quem, nos precisos termos dos incisos I a IV art. 75, detém a representação processual do ente público.

O art. 2º da Lei n. 8.437/1992 estabelece necessário contraditório, prévio ao exame do pedido de tutela provisória, a ser estabelecido em setenta e duas horas. A constitucionalidade da regra – inegavelmente harmônica com o contraditório – depende da viabilidade concreta de observância daquele prazo. Caso contrário, a depender da concreta iminência de risco, o princípio do contraditório *cede espaço* ao princípio da efetividade do direito material pelo processo.

Outro dispositivo da Lei n. 8.437/1992 aplicável à tutela provisória de acordo com o art. 1.059, o art. 3º daquela Lei, deve ser entendido no sentido de que não produzirá efeito imediato a sentença "que importe em outorga ou adição de vencimentos ou de reclassificação funcional". Seja porque, como quer aquele dispositivo, a apelação dela interponível terá efeito suspensivo, ou também porque ela está sujeita ao "recurso *ex officio*" que, no âmbito do CPC de 2015, corresponde à "remessa necessária" do art. 496. Assim, ainda que a sentença proferida contra o Poder Público *conceda* ou *confirme* tutela provisória para o fim de outorgar ou adicionar vencimentos ou determinar reclassificação funcional, ela, na perspectiva do referido art. 3º da Lei n. 8.437/1992, não produzirá efeitos imediatamente. Está excepcionada, assim, a regra do inciso V do § 1º do art. 1.012 do CPC de 2015 que, para hipóteses de *concessão* ou de *confirmação* da tutela provisória, *retira* o efeito suspensivo do apelo, o que significa a viabilidade de início dos atos de cumprimento *provisório* da sentença. É certo, contudo, que os casos de *dispensa* da remessa necessária previstos nos §§ 3º e 4º do art. 496 se apliquem à hipótese, a pressupor, quando ocorrentes, a necessidade de interposição de recurso pela pessoa de direito público.

Por sua vez, a aplicação do § 2º do art. 7º da Lei n. 12.016/2009 (que "disciplina o mandado de segurança individual e coletivo e dá outras providências") significa que é vedada a tutela provisória requerida em face da Fazenda Pública quando ela objetivar a compensação de créditos tributários, a entrega de mercadorias e bens provenientes do exterior, a reclassificação ou equiparação de servidores públicos e a concessão de aumento ou a extensão de vantagens ou pagamento de qualquer natureza.

Com relação ao que, com o CPC de 2015, tem tudo para, coerentemente, passar a ser conhecida como "suspensão de *tutela provisória*", cabe esclarecer que se trata de pedido a ser formulado, pelo Ministério Público ou pela "pessoa jurídica de direito público interessada" diretamente ao presidente do Tribunal competente para o julgamento do recurso cabível da decisão para suspender seus efeitos "em caso de manifesto interesse público ou de flagrante ilegitimidade, e para evitar grave lesão à ordem, à saúde, à segurança e à economia públicas" (art. 4º, *caput*, da Lei n. 8.437/1992).

A prática desmente a exigência legal de que haja *prévio* contraditório com a parte contrária (que é a beneficiária da decisão cujos efeitos se pretende suspender), o que se extrai dos §§ 2º e 7º do art. 4º da Lei n. 8.437/1992. Que, no particular, o princípio do contraditório e o modelo de processo cooperativo repetitivamente desenhado pelo CPC de 2015 altere a rotina, ao menos nos casos em que não há urgência, alegada e demonstrada, apta a postergar o contraditório.

Contra o ato presidencial, que concede ou do que nega o pedido, cabe agravo *interno* (art. 4º, § 3º, da Lei n. 8.437/1992), o que, na perspectiva do CPC de 2015, deixa de ter sabor de novidade diante de seu art. 1.021 e da *generalização* daquela espécie recursal. O prazo de interposição daquele recurso – o referido § 3º reserva, para a iniciativa, o prazo de *cinco* dias – passa a ser, contudo, de *quinze dias* diante do art. 1.070, que fluem apenas em dias *úteis* por força do parágrafo único do art. 219. Como é recurso que somente será interposto por pessoas de direito público, dadas as peculiaridades do instituto, não há razão para sua duplicação nos moldes do *caput* do art. 183, aplicável, ao caso, a ressalva constante do § 2º do mesmo dispositivo.

Se o julgamento colegiado for contrário à suspensão, cabe a formulação de *novo* pedido de suspensão ao presidente do STF ou do STJ, consoante o fundamento da decisão cujos efeitos se quer suspender sejam constitucionais ou infraconstitucionais, respectivamente (art. 4º, § 4º, da Lei n. 8.437/1992). Idêntica providência, requerida diretamente ao presidente dos Tribunais Superiores, tem lugar também contra o acórdão que, improvendo o recurso de agravo de instrumento cabível contra a decisão relativa à tutela provisória (art. 1.015, XIII), conservá-la (art. 4º, § 5º, da Lei n. 8.437/1992).

Prevalece o entendimento, largamente difundido na jurisprudência, e não raro, aplaudido pela doutrina, de que o julgamento da suspensão leva em consideração aspectos mais políticos e/ou administrativos do que jurídicos. Nela não se examina se o magistrado, ao conceder a tutela provisória em desfavor da Fazenda Pública, errou ou acertou, se ele avaliou adequada ou inadequadamente os pressupostos autorizadores de sua concessão. Avalia-se, em primeiro plano, de que maneira aquela decisão (mais precisamente, seus efeitos concretos) é inconveniente à ordem administrativa. Em um Estado Constitucional, perdoe-me, prezado leitor, esta distinção não me é muito clara porque não consta haver nada a ser protegido pelo Poder Judiciário à margem do ordenamento jurídico. Se o magistrado errou, é o caso de corrigi-lo e os recursos existem para isto, inclusive com a possibilidade de suspensão imediata da decisão recorrida. Se sua decisão é certa, problemas relativos ao cumprimento de sua determinação, mesmo que sérios do ponto de vista administrativo, reclamam providências de ordem diversa. Não obstante – e para dar supedâneo ao entendimento contrário (e majoritário) –, o § 6º do art. 4º da Lei n. 8.437/1992, justamente por força deste caráter distintivo da medida e para robustecê-la, dispõe que o julgamento do agravo de instrumento não prejudica e nem condiciona o da suspensão.

O § 8º do art. 4º da Lei n. 8.437/1992 aceita que um só pedido de suspensão pode atingir diversas decisões, provenientes de variados processos, aditando o original. É um caso interessante que a lei processual civil extravagante já conhecia de aglutinação de processos que a técnica de recursos repetitivos, levada às últimas consequências pelo CPC de 2015, acaba empregando, ainda que em sentido e para fins um pouco diversos.

O último dispositivo relativo ao "pedido de suspensão de tutela *provisória*" é o § 9º do art. 4º da Lei n. 8.437/1992, pelo qual "A suspensão deferida pelo presidente do Tribunal vigorará até o trânsito em julgado da decisão de mérito na ação principal". É o que a boa doutrina produzida acerca do tema identifica com o nome "ultra-atividade" do pedido de suspensão e que significa, em termos diretos, a predisposição legislativa de a suspensão perdurar até o trânsito em julgado da decisão a ser proferida no fecho da etapa cognitiva do processo, o que é inócuo porque a decisão cujos efeitos são suspensos, justamente por ser provisória, não subsiste como tal com o proferimento da "decisão final", que a absorve. É o que o CPC de 2015, no particular, prevê de forma suficiente no inciso V do § 1º de seu art. 1.012. Se esta *nova* decisão desafia correlato e *novo* pedido de suspensão porque ela, não a anterior, atrita com o que o *caput* do art. 4º da Lei n. 8.437/1992 quer proteger, é o caso de o Ministério Público ou a pessoa de direito público interessada formular *novo* pedido de suspensão ao presidente do Tribunal, que julgará o apelo, interpretação que recebe o beneplácito do § 1º do art. 4º da Lei n. 8.437/1992. Não, contudo, preservar a suspensão originária como se a decisão suspensa subsistisse ao desenvolvimento do processo.

Exposto o alcance, que não é nem um pouco pequeno, da remissão feita pelo art. 1.059, entendo oportuno formular duas questões. A primeira é: as restrições por ele determinadas à tutela provisória são constitucionais? A segunda é: a suspensão "da tutela provisória" é constitucional?

A resposta para ambas é, segundo penso, uma só e é negativa.

Restringir, como faz o art. 1.059, a "tutela provisória" é agredir, frontalmente, o acesso à justiça garantido (expressamente) pelo inciso XXXV do art. 5º da CF. Não há espaço para o legislador desdizer ou limitar o que lá está garantido sem qualquer ressalva. É o próprio § 1º do art. 5º da CF que dá estofo suficiente a esta resposta. Mesmo nos casos em que as regras buscam menos que restringir, apenas limitar sua concessão, há inconstitucionalidade pelo que acabei de expor.

A circunstância de o STF ter chegado à conclusão oposta na ADC 4, quando considerou *constitucional* lei que restringia a tutela antecipada do CPC de 1973 nos mesmos moldes pretendidos pelo art. 1.059, é, na perspectiva que aqui interessa, indiferente. É supor que o STF, passada mais de uma década e meia daquela decisão, verifique que dispositivos como estes efetivamente violam o precitado dispositivo constitucional. Máxime quando – e aí vai elemento suficiente para *distinguir* o que outrora foi julgado por aquela Corte – o instituto do CPC de 2015 quer amalgamar, nessa perspectiva ampla a tutela *antecipada* com a tutela *cautelar*.

A inconstitucionalidade do "pedido de suspensão da tutela provisória", a exemplo de seus antecessores, está não só no seu *desenvolvimento* formalmente inconstitucional (sete dos nove parágrafos são fruto de medida provisória editada sem a necessária urgência e relevância constitucionalmente exigida pelo *caput* do art. 62 da CF), mas também porque não cabe à lei federal estabelecer competência originária para os Tribunais de Justiça, Regionais Federais e nem para o STF ou para o STJ. Só a CF pode fazê-lo nestes três últimos casos e só as Constituições dos Estados podem fazê-lo no primeiro.

Há também outro argumento extremamente relevante para robustecer este entendimento: a medida, por dizer respeito a apenas uma parte do processo viola o princípio da isonomia ao criar um verdadeiro *sucedâneo recursal* destinado à imunização do que é mais caro ao direito processual civil, ao menos na perspectiva *neoconcretista*, os *efeitos* das decisões jurisdicionais. Se, no histórico do direito brasileiro, medida como esta poderia se justificar à míngua de recursos aptos para evitar prejuízos aos interesses públicos, este dado *não* é verdadeiro desde o advento da Lei n. 9.139/1995, que generalizou a possibilidade de efeito suspensivo *ope judicis* nos recursos, a começar pelo agravo de instrumento. O recurso cabível das decisões relativas às tutelas provisórias, o agravo de instrumento, processa-se de imediato perante o Tribunal competente e, consoante seja o caso, tem aptidão de sustar, também de pronto, os efeitos da decisão agravada (art. 1.019, I). Não há, nesta perspectiva, espaço para o pedido de suspensão no CPC de 2015.

Não obstante estes argumentos, a prática do foro demonstra o largo uso da medida sendo raros, raríssimos, esta é a verdade, os casos em que sua constitucionalidade é seriamente colocada em xeque. Que o prezado leitor se sensibilize com o que, embora brevemente, está aqui posto e que, com sua reflexão crítica do tema, convença-se de que basta o bom uso dos recursos para tutelar adequada e suficientemente quaisquer interesses, inclusive os "públicos", que tenham sido indevidamente observados por decisões relativas a tutela provisória no dia a dia do foro.

Ainda há espaço para uma derradeira afirmação relativa ao art. 1.059. Dadas as especificidades das remissões legislativas por ele feitas, não há como querer alcançar as hipóteses em que a tutela provisória é concedida com fundamento na evidência. Os casos vedados ou limitados pela Lei n. 8.437/1992 e pela Lei n. 12.016/2009 – para aqueles que os entendem constitucionais – pressupõem *urgência*.

Resumo do Capítulo 6

CONSIDERAÇÕES INICIAIS

- Os problemas do (in)devido processo legislativo
  - Anteprojeto: Tutela de urgência e tutela da evidência
  - PLS 166/2010: Tutela de urgência e tutela da evidência
  - PL 8.046/2010: Tutela antecipada
  - A volta ao Senado (art. 65 da CF): Tutela provisória
  - Meras alterações redacionais (?)
    - O paradoxo diante do art. 1º do CPC de 2015
- Alocação do tema na Parte Geral do CPC de 2015

DISPOSIÇÕES GERAIS

- Tutela provisória: mais que a soma da "Tutela antecipada" e do "processo cautelar" do CPC de 1973
  - Indo além: abrangência do instituto no CPC de 2015
  - O modelo de "processo sincrético" e suas múltiplas aplicações
- Classificações (art. 294 e par. único)
- Fundamentos
  - Urgência x Evidência
- Satisfatividade
  - Cautelar x antecipada
- Momento
  - Antecedente x incidental
- Art. 297: dever-poder geral de *antecipação*
  - Efetivação = cumprimento provisório
- Art. 301: dever-poder geral de *cautela*
- "Qualquer outra medida idônea para *asseguração* do direito"
- Motivação (art. 298)
- Competência (art. 299)
- Responsabilização (art. 302)
- Cessação de eficácia (art. 309)
- Decadência ou prescrição (art. 310)
- Cabimento do agravo de instrumento (art. 1.015, I): alcance da locução "*versar* sobre tutelas provisórias"
- Vedações contra a Fazenda Pública (art. 1.059)

TUTELA DE URGÊNCIA

- Elementos:
  - Probabilidade do direito *e* o perigo de dano *ou* o risco ao resultado útil do processo (art. 300, *caput*)
- Caução (art. 300, § 1º)
- Liminarmente ou após justificação prévia (art. 300, § 2º)
- "Perigo de irreversibilidade dos efeitos da decisão" se *antecipada* (art. 300, § 3º)
  - A necessária "ponderação" do art. 489, § 2º
- Responsabilização (art. 302)

TUTELA ANTECIPADA ANTECEDENTE

- Urgência contemporânea à propositura da ação (art. 303)
  - Concedida, adita a petição inicial (nos mesmos autos) e cita o réu para ACM
  - Se não aditar, extingue
  - Petição inicial deve indicar o "benefício" do *caput*
- Estabilização (art. 304)
  - Se o réu não recorrer
    - Outros comportamentos (?)
  - Demanda futura para rever, reformar ou invalidar em 2 anos
  - Decisão é estável, mas não transita em julgado

TUTELA CAUTELAR ANTECEDENTE

- Petição inicial com "direito que se pretende assegurar" e o "perigo de dano ou o risco ao resultado útil do processo" (art. 305)
  - Conversão para TA e observância do art. 303 (art. 305, par. único)
  - E se for o contrário(?)
- Cita o réu para contestar em 5 dias (art. 306)
  - Se contestar, procedimento comum (art. 307, par. único)
- Efetivada a cautelar, pedido principal em 30 dias nos mesmos autos (art. 308)
  - Cumulação dos pedidos (§ 1º)
  - Possível alteração da causa de pedir (§ 2º)
  - Partes *intimadas* para ACM (§ 3º)
  - Sem autocomposição, contestação (§ 4º)

TUTELA DA EVIDÊNCIA

- Concessão independe de "perigo de dano ou de risco ao resultado útil do processo" (art. 311)
  - Possibilidade de concessão liminar nos incisos II (ADI 5.492) e III (art. 9º, par. único, II)
- Hipóteses
  - Abuso do direito de defesa ou manifesto propósito protelatório (inciso I)
  - Fatos provados documentalmente **e** tese em casos repetitivos (inciso II)
  - Depósito (inciso III)
  - Prova documental a que o réu "não oponha prova capaz de gerar dúvida razoável" (inciso IV)
    - Retirar efeito suspensivo da apelação (art. 1.012, § 1º, V)

RESTRIÇÕES À TUTELA PROVISÓRIA

- O art. 1.059 do CPC de 2015
- Abrangência e aplicações
- (In)constitucionalidade das restrições e das limitações
  - Em especial o "pedido de suspensão"
- Relações com a tutela da evidência

Leituras Complementares (Capítulo 6)

Monografias e livros

ALI, Anwar Mohammad. *Estabilização da tutela provisória*. Rio de Janeiro: GZ, 2020.

ALVIM, Eduardo Arruda. *Tutela provisória*. 2. ed. São Paulo: Saraiva, 2017.

ALVIM, Teresa Arruda; LAMY, Eduardo de Avelar; RIBEIRO, Leonardo Ferres da Silva (coord.). *Tutela provisória*: direto ao ponto. São Paulo: Revista dos Tribunais, 2021.

ASSIS, Carlos Augusto de; LOPES, João Batista. *Tutela provisória: tutela antecipada; tutela cautelar; tutela da evidência; tutela inibitória antecipada*. Brasília: Gazeta Jurídica, 2018.

BODART, Bruno Vinicius da Rós. *Tutela de evidência*: teoria da cognição, análise econômica do direito processual e comentários sobre o novo CPC. São Paulo: Revista dos Tribunais, 2015.

CARRETEIRO, Mateus Aimoré. *Tutelas de urgência e processo arbitral*. São Paulo: Revista dos Tribunais, 2017.

CASTRO, Daniel Penteado de. *Antecipação de tutela sem o requisito da urgência*: panorama geral e perspectivas no novo Código de Processo Civil. Salvador: JusPodivm, 2017.

CORRÊA, Raphael. *A tutela provisória no novo direito processual civil brasileiro*. Rio de Janeiro: LMJ, 2018.

DIAS, Jean Carlos. *Tutelas provisórias no novo CPC*: tutelas de urgência – tutela de evidência. Salvador: JusPodivm, 2017.

DIDIER JR., Fredie (coord. geral); COSTA, Eduardo José da; PEREIRA, Mateus Costa; GOUVEIA FILHO, Roberto P. Campos (coord.). *Tutela provisória*. Salvador: JusPodivm, 2016.

DOTTI, Rogéria Fagundes. *Tutela da evidência: probabilidade, defesa frágil e o dever de antecipar a tempo*. São Paulo: Revista dos Tribunais, 2020.

LAMY, Eduardo. *Tutela provisória*. São Paulo: GEN/Atlas, 2018.

MARINONI, Luiz Guilherme. *Tutela de urgência e tutela da evidência*. São Paulo: Revista dos Tribunais, 2017.

MARINONI, Luiz Guilherme; ARENHART, Sérgio Cruz. *Comentários ao Código de Processo Civil*, vol. IV: artigos 294 ao 333. São Paulo: Revista dos Tribunais, 2016.

MITIDIERO, Daniel. *Antecipação da tutela: da tutela cautelar à técnica antecipatória*. 3. ed. São Paulo: Revista dos Tribunais, 2017.

PILLAR, Fernanda Machado. *Tutela provisória e Fazenda Pública*: a estabilização no processo tributário. Dissertação de mestrado. São Paulo: PUCSP, 2018.

PIRES, Danilo Barth. *Tutela provisória no direito processual tributário*. Curitiba: Juruá, 2018.

RIBEIRO, Leonardo Ferres da Silva. *Tutela provisória*: tutela de urgência e tutela de evidência do CPC/1973 ao CPC/2015. 3. ed. São Paulo: Revista dos Tribunais, 2018.

SCARPINELLA BUENO, Cassio. *Curso sistematizado de direito processual civil*, vol. 1: teoria geral do direito processual civil e parte geral do Código de Processo Civil. 13. ed. São Paulo: Saraiva, 2023.

SCARPINELLA BUENO, Cassio; MEDEIROS NETO, Elias Marques de; OLIVEIRA NETO, Olavo; OLIVEIRA, Patricia Elias Cozzolino de; LUCON, Paulo Henrique dos Santos (coord.). *Tutela provisória no CPC*. 2. ed. São Paulo: Saraiva, 2018.

TESSER, André Luiz Bäuml. *Tutela cautelar e antecipação de tutela*: perigo de dano e perigo de demora. São Paulo: Revista dos Tribunais, 2014.

VEIGA, Daniel Brajal. *Cumprimento de obrigações de pagar em tutela provisória*. Curitiba: Editora de Direito Contemporâneo, 2022.

Capítulos de livros

BEDAQUE, José Roberto dos Santos. Comentários aos arts. 294 ao 311. In: SCARPINELLA BUENO, Cassio (coord.). *Comentários ao Código de Processo Civil*, vol. 1. São Paulo: Saraiva, 2017.

SCARPINELLA BUENO, Cassio. Tutela provisória contra o Poder Público no CPC de 2015. In: SCARPINELLA BUENO, Cassio; MEDEIROS NETO, Elias Marques de; OLIVEIRA NETO, Olavo; OLIVEIRA, Patricia Elias Cozzolino de; LUCON, Paulo Henrique dos Santos (coord.). *Tutela provisória no novo CPC*. 2. ed. São Paulo: Saraiva, 2018.

Artigos

ALBUQUERQUE E ALBUQUERQUE, Ricardo. Técnica antecipatória e tutela dos direitos. *Revista de Processo*, vol. 330. São Paulo: Revista dos Tribunais, ago. 2022.

ALVES, Aline Jurca Zavaglia Vicente; SANTOS, Ceres Linck dos. Anamnese e o juiz: contribuições à efetividade sistêmica da tutela antecipada antecedente nas ações individuais de saúde. *Revista de Processo*, vol. 266. São Paulo: Revista dos Tribunais, abr. 2017.

ALVIM, J. E. Carreira. Desvendando uma incógnita: a tutela antecipada antecedente e sua estabilização no novo Código de Processo Civil. *Revista de Processo*, vol. 259. São Paulo: Revista dos Tribunais, set. 2016.

ALVIM, Thereza; CARVALHO, Vinícius Bellato Ribeiro. Requisitos para a estabilização da tutela antecipada. *Revista de Processo*, vol. 303. São Paulo: Revista dos Tribunais, maio 2020.

ARSUFFI, Arthur Ferrari. Considerações sobre o inciso II do art. 311 do CPC/2015: perspectivas probatória e o uso dos precedentes. *Revista de Processo*, vol. 282. São Paulo: Revista de Processo, ago. 2018.

AUFIERO, Mario Vitor M. Meios para impedir a estabilização da tutela antecipada. *Revista de Processo*, vol. 331. São Paulo: Revista dos Tribunais, set. 2022.

AURELLI, Arlete Inês. Tutelas de urgência no Código de Processo Civil de 2015. In: Instituto Brasileiro de Direito Processual; SCARPINELLA BUENO, Cassio (org.). PRODIREITO: Direito Processual Civil: Programa de Atualização em Direito: Ciclo 2. Porto Alegre: Artmed Panamericana, 2016 (Sistema de Educação Continuada a Distância, vol. 1).

BALUS, Lívia Cândido. Tutela da evidência, precedentes judiciais e a necessidade de uma interpretação extensiva da norma do art. 311, II, do CPC. *Revista de Processo*, vol. 314. São Paulo: Revista dos Tribunais, abr. 2021.

BARBOSA, Rafael Vinheiro Monteiro; GENTIL NETO, Ayrton de Sena. Arbitragem de emergência: a tutela de urgência na fase pré-arbitral. *Revista de Processo*, vol. 277. São Paulo: Revista dos Tribunais, mar. 2018.

BARCELLOS, Leonardo de Souza Naves; LIMA, Julia Lins das Chagas. As hipóteses de tutela de evidência previstas no novo CPC. *Revista de Processo*, vol. 254. São Paulo: Revista dos Tribunais, abr. 2016.

BELLOCCHI, Márcio. Tutela satisfativa: uma espécie do gênero tutela de urgência. Pontos de convergência com a técnica assecuratória (cautelar): algumas peculiaridades de seu procedimento. Revista de Processo, vol. 269. São Paulo: Revista dos Tribunais, jul. 2017.

BONATO, Giovanni. Os référés. *Revista de Processo*, vol. 250. São Paulo: Revista dos Tribunais, dez. 2015.

BUFULIN, Augusto Passamani; SOUSA, Diego Crevelin de. Tutela dos direitos patrimoniais mediante tutela de evidência. *Revista Brasileira de Direito Processual*, vol. 102. Belo Horizonte: Fórum, abr./jun. 2018.

BUIKA, Heloisa Leonor. A ambiguidade da estabilização dos efeitos da tutela antecipada e a coisa julgada no novo Código de Processo Civil. *Revista de Processo*, vol. 267. São Paulo: Revista dos Tribunais, maio 2017.

CÂMARA, Alexandre Freitas; PEDRON, Flávio Quinaud; TOLENTINO, Fernando Lage. Tutelas provisórias no CPC 1973 e no CPC 2015: o quanto o novo tem de inovador? *Revista de Processo*, vol. 262. São Paulo: Revista dos Tribunais, dez. 2016.

CAMBI, Eduardo; SCHMITZ, Nicole. Tutela de evidência e garantia do contraditório. *Revista de Processo*, vol. 317. São Paulo: Revista dos Tribunais, jul. 2021.

CANCIAN, Vinicius Marin. A fluidez elementar das tutelas provisórias: fundamento à fungibilidade entre a urgência e a evidência. *Revista de Processo*, vol. 298. São Paulo: Revista dos Tribunais, dez.019.

CARDOSO, Oscar Valente. A tutela provisória no Novo Código de Processo Civil. *Revista Dialética de Direito Processual*, vol. 148. São Paulo: Dialética, jul. 2015.

CASTRO, Daniel Penteado de; TAKEISHI, Guilherme Toshihiro; ARENAL, Letícia. Algumas controvérsias em torno da Tutela Provisória regulada no CPC/2015. *Revista de Processo*, vol. 299. São Paulo: Revista dos Tribunais, jan. 2020.

CASTRO, Daniel Penteado. Tutela da evidência no novo Código de Processo Civil. In: Instituto Brasileiro de Direito Processual; SCARPINELLA BUENO, Cassio (org.). PRODIREITO: Direito Processual Civil: Programa de Atualização em Direito: Ciclo 3. Porto Alegre: Artmed Panamericana, 2017 (Sistema de Educação Continuada a Distância, vol. 1).

CASTRO, Roberta Dias Tarpinian de. O sentido de antecedente e a estabilização da tutela provisória antecipada. *Revista de Processo*, vol. 265. São Paulo: Revista dos Tribunais, mar. 2017.

CHAMBERLAIN, Hector Cavalcanti; PEREIRA, Patrícia de Arruda. Estabilização da tutela antecipada concedida no âmbito recursal: uma necessária adaptação procedimental. *Revista de Processo*, vol. 302. São Paulo: Revista dos Tribunais, abr. 2020.

CIANCI, Mirna. A estabilização da tutela antecipada como forma de desaceleração do processo (uma análise crítica). *Revista de Processo*, vol. 264. São Paulo: Revista dos Tribunais, fev. 2017.

CORRÊA, Fábio Peixinho Gomes. Fungibilidade entre tutela de urgência e tutela de evidência: intersecção entre processos sumários com função cautelar e decisória. *Revista de Processo*, vol. 270. São Paulo: Revista dos Tribunais, ago. 2017.

CORRÊA, Leonardo Peres; FERREIRA, William Santos. O conceito de tutela de evidência e as superações para sua efetiva adoção. *Revista Brasileira de Direito Processual*, vol. 115. Belo Horizonte: Fórum, jul./set. 2021.

COSTA, Gilberto Azevedo de Moraes. Estabilização da tutela antecipada. *Revista de Processo*, vol. 332. São Paulo: Revista dos Tribunais, out. 2022.

COSTA, Rosalina Moitta Pinto da. Interpretando o termo "recurso" previsto no *caput* do artigo 304 do CPC: uma análise à luz das influências na formação do instituto da estabilização da tutela. *Revista de Processo*, vol. 333. São Paulo: Revista dos Tribunais, nov. 2022.

CUNHA, Alexandre Luna da; ZAINAGHI, Maria Cristina. Tutela provisória no novo CPC e antecipação de tutela em ação de despejo. *Revista de Processo*, vol. 248. São Paulo: Revista dos Tribunais, out. 2015.

CUNHA, Beatriz Andrade Gontijo da. Estabilização dos efeitos da tutela antecipada: aspectos históricos e principiológicos da medida no direito brasileiro. *Revista de Processo*, vol. 293. São Paulo: Revista dos Tribunais, jul. 2019.

CUNHA, Guilherme Antunes da; SCHIO, Sheila Melina Galski. A estabilização da tutela de urgência no novo CPC: aspectos procedimentais e análise crítica. *Revista de Processo*, vol. 263. São Paulo: Revista dos Tribunais, jan. 2017.

FENOLL, Jordi Nieva. Hacia una nueva configuración de la tutela cautelar. *Revista de Processo*, vol. 277. São Paulo: Revista dos Tribunais, mar. 2018.

FERREIRA, Willian Santos; HOLZMEISTER, Verônica Estrella V. Tempo, ideologia e graus de probabilidade nas tutelas de urgência. Requisitos para concessão e métodos de aplicação da correlação probabilidade, riscos, adequação e utilidade. *Revista de Processo*, vol. 296. São Paulo: Revista dos Tribunais, out. 2019.

GAIO JÚNIOR, Antônio Pereira. Apontamentos para a tutela provisória (urgência e evidência) no novo Código de Processo Civil brasileiro. *Revista de Processo*, vol. 254. São Paulo: Revista dos Tribunais, abr. 2016.

GOMES, Frederico Augusto. A autonomia da lide de urgência no Novo Código de Processo Civil (ou um tributo a Alcides Munhoz da Cunha no CPC/2015). *Revista de Processo*, vol. 255. São Paulo: Revista dos Tribunais, maio 2016.

GOUVEIA, Lúcio Grassi de. A dedução de pedido ou defesa contra texto expresso de lei ou fato incontroverso como hipótese de litigância de má-fé e a concessão da tutela provisória de evidência. *Revista de Processo*, vol. 264. São Paulo: Revista dos Tribunais, fev. 2017.

GOUVEIA, Lúcio Grassi de; PEREIRA, Mateus Costa. Breves considerações acerca da estabilização da tutela antecipada requerida em caráter antecedente. *Revista de Processo*, vol. 280. São Paulo: Revista dos Tribunais, jun. 2018.

JAYME, Fernando Gonzaga; SOUSA, Alexandre Rodrigues de. Tutela sumária no Código de Processo Civil: apontamentos acerca da estabilização da tutela antecipada. *Revista de Processo*, vol. 275. São Paulo: Revista dos Tribunais, jan. 2018.

JOBIM, Marco Félix; MACHADO, Milton Terra. A tutela provisória do art. 311, II, do CPC e a evidência por norma legal não controversa. Revista de Processo, vol. 306. São Paulo: Revista dos Tribunais, ago. 2020.

LAMY, Eduardo de Avelar; LUIZ, Fernando Vieira. Estabilização da tutela antecipada no Novo Código de Processo Civil. *Revista de Processo*, vol. 260. São Paulo: Revista dos Tribunais, out. 2016.

LEMOS, Vinicius Silva. A necessidade de separação da tutela provisória antecipada antecedente em duas espécies diferentes. *Revista de Processo*, vol. 266. São Paulo: Revista dos Tribunais, abr. 2017.

LESSA, Guilherme Thofehrn. Críticas à estabilização da tutela: a cognição exauriente como garantia de um processo justo. *Revista de Processo*, vol. 259. São Paulo: Revista dos Tribunais, set. 2016.

LIMA, Bernardo Silva de; EXPÓSITO, Gabriela. "Porque tudo que é vivo, morre". Comentários sobre o regime da estabilização dos efeitos da tutela provisória de urgência no Novo CPC. *Revista de Processo*, vol. 250. São Paulo: Revista dos Tribunais, dez. 2015.

LOPES, João Batista. Tutela provisória no novo CPC: avanços e recuos. *Revista Brasileira de Direito Processual*, vol. 101. Belo Horizonte: Fórum, jan./mar. 2018.

MACEDO, Elaine Harzheim. Prestação jurisdicional em sede de tutela antecedente: procedimento, estabilização da decisão e decurso do prazo de 2 (dois) anos: um novo caso de perempção? *Revista de Processo*, vol. 250. São Paulo: Revista dos Tribunais, dez. 2015.

MACÊDO, Lucas Buril de. Antecipação da tutela por evidência e os precedentes obrigatórios. Revista de Processo, vol. 242. São Paulo: Revista dos Tribunais, abr. 2015.

MANSANO, Josyane; MEDEIROS NETO, Elias Marques de. Releitura da tutela de evidência baseada em precedentes. *Revista Brasileira de Direito Processual*, vol. 116. Belo Horizonte: Fórum, out./dez. 2021.

MARINONI, Luiz Guilherme. Estabilização de tutela. *Revista de Processo*, vol. 279. São Paulo: Revista dos Tribunais, maio 2018.

MEDEIROS, Bruna Bessa de. A (im)possibilidade de modificação da estabilização dos efeitos da tutela antecipada. *Revista de Processo*, vol. 279. São Paulo: Revista dos Tribunais, maio 2018.

MENDES, Aluisio Gonçalves de Castro; SILVA, Larissa Clare Pochmann da. A tutela provisória no ordenamento jurídico brasileiro: a nova sistemática estabelecida pelo CPC/2015 comparada às previsões do CPC/1973. *Revista de Processo*, vol. 257. São Paulo: Revista dos Tribunais, jul. 2016.

_____. Restrições à tutela de urgência em face da Fazenda Pública em demandas individuais e coletivas. *Revista de Processo*, vol. 242. São Paulo: Revista dos Tribunais, abr. 2015.

ORRAC, Nazareno Díaz. Tutela antecipada y la pretendida reformulación de los pilares del debido processo: Una visión desde la atalaya de las garantias constitucionales. *Revista Brasileira de Direito Processual*, vol. 95. Belo Horizonte: Fórum, jul./set. 2016.

PAIVA, Eduardo Queiroga Estrela Maia; VIEIRA, Patrício Jorge Lobo. (In)constitucionalidade da tutela de evidência liminar diante do processo no Estado Democrático de Direito: uma análise a partir do critério da proporcionalidade. *Revista Brasileira de Direito Processual*, vol. 112. Belo Horizonte: Fórum, out./dez. 2020.

PASTORE, Bruno Carlos; LEMOS, Vinicius Silva. A cumulação de tutelas provisórias de naturezas diversas na mesma demanda: a necessidade de um rito de compatibilidade na cumulação de tutelas provisórias em caráter antecedente. *Revista de Processo*, vol. 311. São Paulo: Revista dos Tribunais, jan. 2021.

PEDRON, Flávio Quinaud; MILAGRES, Allan; ARAÚJO, Jéssica. A estabilização da tutela provisória de urgência antecipada antecedente e a busca para uma compreensão sistêmica: entre a monitorização e a negociação processual. *Revista de Processo*, vol. 268. São Paulo: Revista dos Tribunais, jun. 2017.

PEIXOTO, Ravi. Estabilização da tutela antecipada antecedente de urgência: instrumentos processuais aptos a impedi-la e interpretação da petição inicial – uma análise do Recurso Especial 1.760.966. *Revista de Processo*, vol. 292. São Paulo: Revista dos Tribunais, jun. 2019.

PINHEIRO, Guilherme César. Tutela de urgência cautelar típica no Novo Código de Processo Civil e a "aplicação" do Código de Processo Civil de 1973 como "doutrina". *Revista de Processo*, vol. 252. São Paulo: Revista dos Tribunais, fev. 2016.

PINHO, Humberto Dalla Bernardina de; PORTO, José Roberto Sotero de Mello. Tutela antecipada antecedente e sua estabilização: um panorama das principais questões controvertidas. *Revista de Processo*, vol. 278. São Paulo: Revista dos Tribunais, abr. 2018.

PIZZOL, Patricia Miranda; MIRANDA, Gilson Delgado. A tutela de urgência como instrumento de acesso à justiça. *Revista de Processo*, vol. 302. São Paulo: Revista dos Tribunais, abr. 2020.

PONTES, Daniel de Oliveira. A tutela de evidência no novo Código de Processo Civil: uma gestão mais justa do tempo na relação processual. *Revista de Processo*, vol. 261. São Paulo: Revista dos Tribunais, nov. 2016.

PUGLIESE, Willian Soares; ZARNICINSKI, Igor Maestrelli. Estabilização da tutela provisória e a concepção de estabilidade no Código de Processo Civil de 2015. *Revista de Processo*, vol. 281. São Paulo: Revista dos Tribunais, jul. 2018.

RANGEL, Rafael Calmon. Os arts. 303 e 304 do CPC: da interpretação à aplicação. *Revista de Processo*, vol. 261. São Paulo: Revista dos Tribunais, nov. 2016.

RANÑA, Leonardo Fernandes. O Novo Código de Processo Civil e os meios de obtenção de tutelas provisórias na fase recursal – Breves comentários sobre as inovações trazidas pelo novo ordenamento. *Revista de Processo*, vol. 255. São Paulo: Revista dos Tribunais, maio 2016.

REDONDO, Bruno Garcia. Estabilização, modificação e negociação da tutela de urgência antecipada antecedente: principais controvérsias. *Revista de Processo*, vol. 244. São Paulo: Revista dos Tribunais, jun. 2015.

RODRIGUES, Daniel Colnago. A audiência de justificação prévia no processo civil brasileiro. *Revista de Processo*, vol. 329. São Paulo: Revista dos Tribunais, jul. 2022.

RODRIGUES, Marco Antonio; RANGEL, Rafael Calmon. A tutela da evidência como técnica de atuação judicial. *Revista de Processo*, vol. 271. São Paulo: Revista dos Tribunais, set. 2017.

SANTOS, Rodrigo Bley. Ação de revisão da tutela antecipada estabilizada. Revista de Processo, vol. 306. São Paulo: Revista dos Tribunais, ago. 2020.

SCARPINELLA BUENO, Cassio. A tutela provisória de urgência do CPC de 2015 na perspectiva dos diferentes tipos de *periculum in mora* de Calamandrei. *Revista de Processo*, vol. 269. São Paulo: Revista dos Tribunais, jul. 2017.

_____. ADI 4296 e liminar em mandado de segurança: uma proposta de compreensão de seu alcance. *Suprema: Revista de Estudos Constitucionais*, Brasília, vol. 2, n. 1, p. 157/184, jan./jun. 2022. Disponível em: https://suprema.stf.jus.br/index.php/suprema/article/view/150/57. ISSN: 2763-7867. DOI: 10.53798.

_____. Tutela provisória no novo Código de Processo Civil e sua influência no processo do trabalho. *Revista do Tribunal Regional do Trabalho da 2ª Região*, vol. 18. São Paulo: Tribunal Regional do Trabalho da 2a Região, 2016.

_____. Tutela provvisoria nel CPC brasiliano: note per la comparazione con il diritto processuale civile italiano. *Revista de Processo*, vol. 280. São Paulo: Revista dos Tribunais, jun. 2018.

SHIMURA, Sérgio; GABRIEL JUNIOR, Mauro. A estabilidade da tutela antecipada antecedente. *Revista de Processo*, vol. 297. São Paulo: Revista dos Tribunais, nov. 2019.

SILVA, Barbie Chaves da; SILVA, Sandoval Alves da. A estabilização dos efeitos da tutela antecipada contra a Fazenda Pública como instrumento de efetivação dos direitos sociais. *Revista Brasileira de Direito Processual*, vol. 111. Belo Horizonte: Fórum, jul./set. 2020.

SILVA, Bruno Campos; ABREU, Vinícius Caldas da Gama e. Apontamentos acerca do processo decisório nos pedidos de tutela provisória inibitória: da probabilidade do direito ao perigo qualificado da ocorrência do ilícito. *Revista Brasileira de Direito Processual*, vol. 115. Belo Horizonte: Fórum, jul./set. 2021.

SILVA NETO, Francisco de Barros e. Tutela provisória no novo Código de Processo Civil. *Revista de Processo*, vol. 259. São Paulo: Revista dos Tribunais, set. 2016.

SILVESTRE, Gilberto Fachetti; LIMA, Lucas Magalhães Prates de. Análise dos mecanismos aptos a impedir a estabilização da tutela satisfativa antecedente. *Revista de Processo*, vol. 276. São Paulo: Revista dos Tribunais, fev. 2018.

STRICKLER, Yves. Medidas provisórias justificadas pela urgência e pela evidência. *Revista de Processo*, vol. 300. São Paulo: Revista dos Tribunais, fev. 2020.

TALAMINI, Eduardo. Arbitragem e estabilização da tutela antecipada. *Revista de Processo*, vol. 246. São Paulo: Revista dos Tribunais, ago. 2015.

TEIXEIRA, Sergio Torres; ARAÚJO, Rodrigo Vasconcelos Coelho de. Estabilização da tutela antecipada antecedente em face da Fazenda Pública: a inspiração do référé francês e a (im)possibilidade da adoção de um microssistema de tutela monitória no CPC/2015 como parâmetro interpretativo. *Revista de Processo*, vol. 294. São Paulo: Revista dos Tribunais, ago. 2019.

TESHEINER, José Maria Rosa; THAMAY, Rennan Faria Krüger. Aspectos da tutela provisória: da tutela de urgência e tutela de evidência. *Revista de Processo*, vol. 257. São Paulo: Revista dos Tribunais, jul. 2016.

VASCONCELOS, Ana Paula; VASCONCELOS, Maria Teresa. Reflexões sobre a estabilização da tutela provisória no CPC/2015. *Revista de Processo*, vol. 263. São Paulo: Revista dos Tribunais, jan. 2017.

WEBER, Luiz de Oliveira. Estabilização da tutela antecipada e teoria do fato consumado: estabilização da estabilização? *Revista de Processo*, vol. 242. São Paulo: Revista dos Tribunais, abr. 2015.

ZANETI JR., Hermes; REGGIANI, Gustavo Mattedi. Estabilização da tutela antecipada antecedente e incidental: sugestões pragmáticas para respeitar a ideologia de efetividade do CPC/2015. *Revista de Processo*, vol. 284. São Paulo: Revista dos Tribunais, out. 2018.

Capítulo 7

Formação, Suspensão e Extinção do Processo

1. PARA COMEÇAR

O Livro VI, que conclui a Parte Geral, disciplina a *formação*, a *suspensão* e a *extinção* do processo, cada um destes eventos ocupando seus três Títulos, do art. 312 ao art. 317.

2. FORMAÇÃO DO PROCESSO

O processo, consoante sustento no n. 3.3 do Capítulo 1, deve ser compreendido, na perspectiva do "modelo constitucional do direito processual civil", como o método de exercício da função jurisdicional pelo Estado-juiz.

Como bom puquiano, entendo absolutamente correta e intacta ao CPC de 2015 a doutrina de Arruda Alvim, desenvolvida às últimas consequências por Teresa Arruda Alvim Wambier, quanto à necessidade de a *formação* e o *desenvolvimento* do processo serem compreendidos em contexto mais amplo (muito mais amplo) do que o CPC de 2015 evidencia. O problema não se esgota em saber em que momento a "*ação* considera-se proposta", como se lê do art. 312, e vou deixar de lado, por ora, prezado leitor, a discussão atinente a tentar entender o que a "ação" está fazendo no lugar que o próprio Código anuncia ser dedicado à "formação do *processo*". É assunto que retomarei no final deste número.

A temática relaciona-se, muito diferentemente, com o que aqueles sólidos doutrinadores e com a escola que eles formaram e da qual tenho orgulho de ser discípulo direto, denominam pressupostos processuais, dividindo-os em três classes: pressupostos processuais de existência, pressupostos processuais de validade e pressupostos processuais negativos.

Os "pressupostos processuais de *existência*" são assim identificados porque dizem respeito à *constituição* do próprio processo. São os pressupostos que, uma vez presentes, asseguram existência *jurídica* do processo, não sua mera existência no plano dos fatos. É o que, na letra do inciso IV do art. 485 é referido como "pressupostos de *constituição* do processo". São eles a provocação inicial (a jurisdição é inerte e o Estado-juiz não pode manifestar-se de ofício); a jurisdição (a provocação inicial deve ser formulada a algum órgão jurisdicional) e a citação (por força dos princípios constitucionais do devido processo constitucional, do contraditório e da ampla defesa, é inconcebível a existência jurídica de um processo sem prévia citação. As exceções previstas pelo CPC de 2015 são pertinentes, contudo, porque resultam da adequada ponderação daqueles princípios com outros, em especial o da *efetividade* e o da *eficiência*).

Os "pressupostos processuais de *validade*", por sua vez, relacionam-se ao que deve ocorrer para o desenvolvimento hígido do processo. Validade, neste contexto, relaciona-se com a aptidão de o processo surtir validamente seus efeitos, tanto no plano processual como no plano material. São eles: adequação da provocação inicial (a petição inicial, que rompe a inércia da jurisdição, tem que ser apta de acordo com a lei processual civil); competência absoluta do juízo (o órgão jurisdicional tem que ser competente na perspectiva absoluta, sob pena de produzir decisões que podem vir a ser rescindidas); o magistrado tem que ser imparcial (ou seja, não impedido nem suspeito de atuar no processo); capacidade processual (as partes têm que ter capacidade de exercer seus direitos devidamente, inclusive no âmbito do processo); capacidade postulatória (as partes têm que estar representadas por alguém que possa fazê-lo tecnicamente no processo como advogados, privados ou públicos, defensores públicos ou, sendo o caso, membro do Ministério Público); e citação válida (a forma de trazer o réu ao processo tem que se dar em conformidade com as regras codificadas ou, quando menos, haver seu comparecimento espontâneo).

Os "pressupostos processuais *negativos*" devem ser compreendidos como determinados acontecimentos que *não devem* estar presentes sob pena de comprometimento da *validade* do processo. São eles: litispendência (repetição de duas demandas idênticas ainda em curso); coisa julgada (repetição de duas postulações idênticas em processos diversos sucessivamente); perempção (perda da possibilidade de ingressar em juízo após o abandono do processo por três vezes anteriores); convenção de arbitragem (ajuste entre contratantes que inibe a atuação jurisdicional para solucionar determinado conflito em prol do juízo arbitral); e falta de caução ou outra prestação (hipótese em que o acesso à Justiça depende da prestação de alguma caução ou outra prestação).

Mesmo para o prezado leitor que discorde desta muito sumária exposição, peço que não se deixe levar pela classificação proposta e nem pela sua nomenclatura. No fundo, todos os autores, de uma forma ou de outra, referem-se a estes eventos como pressupostos processuais ou algo similar. Podem até recusar que existam pressupostos negativos, podem discordar que a citação é pressuposto de existência ou de validade, porque há casos de processos sem réu e que permitem o proferimento de decisões aptas a surtirem regulares efeitos (os casos dos arts. 330 e 332 do CPC de 2015 são suficientemente ilustrativos neste sentido e nada do que diz o art. 239 o é por acaso) ou que a perempção e eventuais cauções e prestações são de discutível constitucionalidade porque atritam ao menos com o art. 5º, XXXV, da CF o que, no particular, tem minha total concordância.

A discussão que vale a pena, contudo, não é quanto à *classificação* dos pressupostos processuais ou quanto a oferecer rol mais ou menos extenso. O que realmente importa é entender que determinados acontecimentos, atos ou fatos, interferem, em alguma medida na formação e/ou no desenvolvimento válido do processo. Afetam de tal maneira que pode ocorrer de o magistrado, reconhecendo sua ocorrência, manifestar-se no sentido de que não pode mais atuar e proferir decisão neste sentido, descartando o processo, que não tem condições de desenvolver-se de forma *devida*, como *impõe* o "modelo constitucional do direito processual civil". É o que, no contexto da extinção do processo, trato no n. 4, *infra*, e que os incisos IV, V e VII do art. 485 referem-se de forma clara e inequívoca: "o juiz não resolverá o mérito quando: (...) IV – verificar a ausência de pressupostos de constituição e de desenvolvimento válido e regular do processo; V – reconhecer a existência de perempção, de litispendência ou de coisa julgada; (...) VII – acolher a alegação de existência de convenção de arbitragem ou quando o juízo arbitral reconhecer sua competência".

No que diz respeito à *formação* do processo, cabe evidenciar que tudo começará, tem de começar, sob pena de não haver nada parecido com um processo na perspectiva que estou tratando, com a petição inicial. Seja a do procedimento comum, a de algum procedimento especial (do próprio CPC de 2015 ou da legislação processual civil extravagante) ou, até mesmo, com um pedido de tutela provisória antecedente de natureza cautelar ou antecipada, para ilustrar a afirmação com uma das novidades trazidas pelo CPC de 2015, que deve ser formalizado por uma petição inicial.

Este ato processual, contudo (esta petição inicial), nada diz, necessariamente, sobre ser escorreita a provocação jurisdicional, bem como sobre se o processo se desenvolverá de forma adequada. Faz-se, portanto, irrecusável seu exame escorreito, o que o magistrado fará no que chamo de "juízo de admissibilidade". A depender do caso, desde então, o magistrado determinará ao autor que sane o que for possível para que o processo prossiga, de maneira hígida, inclusive em direção à citação do réu. Pode ocorrer de não haver como o processo desenvolver-se e, desde logo, o magistrado proferirá decisão neste sentido.

É esta a razão pela qual, como já destaquei, mais importante que a classificação e a categorização do tema em si mesmo considerado na perspectiva destes ou daqueles pressupostos processuais, é a sua *dinâmica*, isto é, prezado leitor, à sua *aplicação*, como trato em diversas passagens deste *Manual*.

Feitos estes esclarecimentos – cujo diálogo com o que sugiro seja objeto de reflexão no n. 2.2.4 do Capítulo 11 não é mera coincidência –, importa voltar, como prometi de início, à análise do art. 312. Aquele artigo não diz respeito ao início da "ação". Ele se refere – e é neste sentido que merece ser compreendido – ao *processo*. Ações não são passíveis de ser "propostas". Ela (no singular) só pode ser compreendida como um direito que, como tal, pode ser exercido e o será mediante um primeiro e fundamental ato, o de retirar o Estado-juiz de sua necessária inércia, imposta pelo "modelo constitucional". Este ato é a petição inicial.

Assim, é correto (e importante) entender, a despeito da *letra* do art. 312, que o *processo* se inicia com o *protocolo* da *petição inicial*; porque é nela que o primeiro estágio do direito de ação (o de romper a inércia da jurisdição) é exteriorizado. É o instante em que a vontade do autor de postular em face do réu, pedindo tutela jurisdicional (e agindo para obtê-la), faz-se relevante para o mundo do direito.

O que é novo (e adequado) no art. 312 é que o início do *processo* já não guarda nenhuma relação com a necessária prévia distribuição da petição inicial onde houver mais de um órgão jurisdicional igualmente competente (art. 284, 2ª parte), diferentemente, pois, do que ocorria no CPC de 1973. Basta que a petição inicial seja *protocolada*, isto é, que ela seja entregue ao servidor responsável pelo recebimento de petições do fórum, isto é, do prédio onde funciona o aparato jurisdicional. É o que a primeira parte do art. 284 chama de *registro*.

O início do processo concebido desta forma, contudo, nada diz sobre o réu. Para ele, é o próprio art. 312 que o estabelece, os efeitos do art. 240 (litispendência, tornar litigiosa a coisa e, se for o caso, constituir em mora o devedor) só serão experimentados depois que o réu for *validamente* citado a insinuar, destarte, que a citação é, a um só tempo, pressuposto de existência *e* de validade, exatamente como escrevi anteriormente.

3. SUSPENSÃO DO PROCESSO

Desde que "formado" o processo, isto é, desde o instante em que pode ser concebida a sua existência jurídica, preenchidos, portanto, os pressupostos processuais de *existência*, podem acontecer atos ou fatos que, interferindo no seu desenvolvimento (sendo indiferente, no particular, que ele seja regular ou irregular), impõem a sua suspensão.

Uma vez suspenso o processo, é vedado praticar qualquer ato processual. Atos urgentes, contudo, são passíveis de ser praticados com a finalidade de evitar dano irreparável, salvo se a causa da suspensão for a arguição de impedimento ou de suspeição (art. 314). Para eles, há regra própria, reconhecendo a competência de outros órgãos jurisdicionais para apreciar tais pedidos (art. 146, §§ 2º e 3º). A tutela provisória, por sua vez, conservará a sua eficácia durante a suspensão do processo, salvo se houver decisão em sentido contrário (art. 296, parágrafo único). O art. 221, *caput*, evidencia, outrossim, que, durante o período em que o processo estiver suspenso, serão suspensos, também, os prazos processuais, voltando a fluir, naquilo que lhes faltar, quando cessada a causa da suspensão do processo.

Diversas hipóteses em que pode ocorrer a suspensão do processo estão indicadas no art. 313, cujo inciso VIII, pertinentemente, não exclui outras tantas dispersas no próprio Código e, acrescento, também na legislação processual civil extravagante. É o caso de estudá-las mais de perto:

3.1 Morte ou perda da capacidade processual de qualquer das partes, de seu representante legal ou de seu procurador

A hipótese do inciso I do art. 313 é a suspensão do processo pela morte ou perda da capacidade processual de qualquer das partes, de seu representante legal ou de seu procurador.

Havendo morte de partes, o caso é de suspensão do processo para que os interessados habilitem-se no processo, valendo-se do procedimento especial disciplinado pelos arts. 687 a 692 (art. 313, § 1º). Neste caso, a suspensão do processo durará até o trânsito em julgado da decisão a ser proferida naquele outro processo (art. 692).

Pode acontecer, contudo, de os interessados não tomarem aquela iniciativa. Neste caso, o magistrado, ao tomar conhecimento da morte, determinará a suspensão do processo. Tratando-se de morte do réu, determinará a intimação do autor para que promova a citação do respectivo espólio, de quem for o sucessor ou, se for o caso, dos herdeiros, no prazo que designar, de no mínimo dois e no máximo seis meses (art. 313, § 2º, I). Se a morte for do autor e desde que o direito em conflito seja transmissível, o magistrado determinará a intimação de seu espólio, de quem for o sucessor ou, se for o caso, dos herdeiros, pelos meios de divulgação que reputar mais adequados, para que manifestem interesse na sucessão processual e promovam a respectiva habilitação no prazo designado. Não tomadas as providências, é o caso de proferir decisão sem resolução do mérito (art. 313, § 2º, II). Nas hipóteses em que o direito reclamado pelo autor não for transmissível, a hipótese também é de proferimento de decisão sem resolução de mérito com fundamento no inciso IX do art. 485.

Se o morto for o procurador de qualquer das partes, o magistrado determinará, com fundamento no § 3º do art. 313, que a parte constitua novo mandatário, no prazo de quinze dias, ainda que iniciada a audiência de instrução e julgamento. Se o autor for inerte, o caso é de extinção do processo sem resolução de mérito. Se a omissão for do réu, o processo prosseguirá à sua revelia, o que merece ser entendido no sentido de não haver intimação específica dos atos processuais a ele (art. 346, *caput*).

Cabe esclarecer que a hipótese de morte do procurador disciplinada pelo CPC de 2015 diz respeito ao advogado privado que representa uma das partes com exclusividade. Havendo mais de um advogado privado para a mesma parte ou, ainda, quando se tratar de representação por advocacia pública, por defensoria pública e quando a hipótese for de atuação do Ministério Público, as consequências previstas no § 3º do art. 313 devem ser recebidas com temperamentos porque, no primeiro caso, outro profissional continuará no patrocínio normalmente e, nos demais, caberá à instituição nomear um substituto. Não há, em tais casos – salvo alguma peculiaridade a ser alegada e justificada consoante o caso –, razão para a suspensão do processo e, menos ainda, como querer imputar as graves consequências previstas pelo dispositivo nestes casos ao autor ou ao réu.

3.2 Convenção das partes

Pode ocorrer de o processo vir a ser suspenso por deliberação das próprias partes. É a hipótese prevista no inciso II do art. 313. Trata-se, aliás, de hipótese que tem tudo para ser frequente no CPC de 2015, considerando que, a todo o tempo, as partes serão convidadas a refletir sobre se não é preferível e mais adequado buscar outros meios (que não os jurisdicionais) para solução de conflito. É o que se extrai, apenas para ilustrar a afirmação, do § 3º do art. 3º; do inciso V do art. 139; do art. 359, já em audiência de instrução e julgamento, e do parágrafo único do art. 694, com relação às "ações de família".

Neste caso, de acordo com o § 4º do art. 313, o prazo máximo de suspensão do processo é de seis meses, findos os quais deverá ser retomada a prática dos atos processuais normalmente (art. 313, § 5º).

O prezado leitor perguntará se é possível às partes convencionar a suspensão do processo para além do prazo estabelecido no § 4º do art. 313. A melhor resposta é a positiva em função do *caput* do art. 16 da Lei n. 13.140/2015, a Lei da Mediação, que admite a suspensão do processo "por prazo suficiente para a solução consensual do conflito". A propósito do assunto, devem prevalecer as regras dos parágrafos daquele dispositivo, dada a sua especificidade para a espécie. De acordo com o § 1º do art. 16 da Lei n. 13.140/2015, "é irrecorrível a decisão que suspende o processo nos termos requeridos de comum acordo pelas partes", o que, de resto, harmoniza-se com a falta de previsão de recurso imediato de acordo com o art. 1.015 do CPC de 2015. O § 2º daquele dispositivo, por sua vez, estabelece, pertinentemente, que "a suspensão do processo não obsta a concessão de medidas de urgência pelo juiz ou pelo árbitro", o que encontra eco bastante no art. 314 do CPC de 2015 (v. n. 3, *supra*).

3.3 Arguição de impedimento ou suspeição

O inciso III do art. 313 merece ser interpretado no contexto da diferente dinâmica que o CPC de 2015 deu à forma de arguição de impedimento ou suspeição, abandonando a "exceção" exigida para tanto pelo CPC de 1973.

A suspensão do processo dá-se, justamente, por força do dispositivo em foco, quando a arguição é apresentada, independentemente de a iniciativa ter sido tomada pelo autor ou pelo réu. Pode ocorrer de o magistrado não reconhecer os motivos de seu afastamento e com suas razões determinar o envio do incidente ao Tribunal (art. 146, § 1º). Neste caso, é possível que o relator não conceda efeito suspensivo ao incidente, hipótese em que o processo voltará a fluir com a prática dos atos processuais normalmente (art. 146, § 2º, I). Se atribuir o efeito suspensivo a que se refere o inciso II do § 2º do mesmo art. 146, é correto entender que a suspensão do processo, justificada desde a arguição, nos termos do inciso III do art. 313, é prolongada até ulterior manifestação do Tribunal.

Destarte, a suspensão do processo prevista no inciso III do art. 313 não é necessariamente constante – embora a tão só arguição de imparcialidade imponha a suspensão do processo. Ela fica na dependência do que vier a ser decidido pelo Tribunal quando já instaurado o incidente perante ele. Tanto assim que o § 3º do art. 146 indica a competência do substituto para apreciar eventual tutela provisória enquanto não se sabe se a suspensão prolongar-se-á ou não, isto é, se ao incidente respectivo será agregado, ou não, efeito suspensivo.

Pode ocorrer, outrossim, de o problema relativo à suspensão do processo nem se colocar. É imaginar, façamo-lo em conjunto, prezado leitor, que, alegado o impedimento ou a suspeição, o magistrado reconheça de plano o motivo e passe os autos ao seu substituto legal. Neste caso, a problemática a ser resolvida diz respeito não, em rigor, à suspensão do processo, mas à higidez de eventuais atos praticados pelo magistrado *antes* de seu afastamento mas *posteriores* ao fato que o ensejou a atrair a incidência dos §§ 5º a 7º do art. 146, para regular adequadamente a hipótese.

3.4 Admissão de incidente de resolução de demandas repetitivas

Uma das grandes novidades do CPC de 2015 é o chamado "incidente de resolução de demandas repetitivas". Desde que admitido aquele incidente pelos Tribunais de Justiça ou pelos Tribunais Regionais Federais, os processos em que a mesma "tese jurídica" é discutida devem ser suspensos no aguardo de seu desfecho ou, quando menos, do transcurso do prazo de um ano em que o incidente deve ser julgado, salvo decisão fundamentada em sentido contrário (art. 980 e respectivo parágrafo único).

Neste sentido, o inciso IV do art. 313, harmoniza-se com o disposto no inciso I do art. 982 – e que pode ter eficácia em todo o território nacional (art. 1.029, § 4º) –, sendo bastantes as considerações do n. 9.5.1.1 do Capítulo 16 a seu respeito.

3.5 Relações externas com a decisão de mérito

Pode acontecer de a questão discutida no processo depender da solução de outra que é objeto de processo diverso, de fato ou ato que ainda não se verificou ou, também, de prova a ser produzida em outro juízo.

São para estas situações que o inciso V do art. 313 em suas alíneas *a* e *b* determina a suspensão do processo até que as questões externas ao processo sejam resolvidas ou concluídas. A hipótese da alínea *a*, aliás, é a famosa "questão prejudicial *externa*" que, se fosse decidida no próprio processo, estará sujeita à chamada coisa julgada material (coisa julgada com eficácia *externa*) desde que observadas as exigências dos §§ 1º e 2º do art. 503. É, para ilustrar, a situação de o pedido de alimentos ter que aguardar o desfecho da investigação de paternidade requerida em outro processo.

A suspensão do processo, em todos os casos alcançados pelo inciso V do art. 313, quer evitar o proferimento de decisões conflitantes entre si e, em última análise, tornar mais harmônicas as relações de direito material, ainda que elas ocupem, por qualquer razão (inclusive de competência), processos diversos.

Nestas hipóteses, o prazo máximo de suspensão do processo é de um ano, findo o qual o magistrado deve determinar a retomada dos atos processuais (art. 313, §§ 4º e 5º). E o risco de proferimento de decisões contraditórias ou, até mesmo, no caso alínea *b*, a de interferência no acolhimento ou rejeição do pedido diante da ausência de prova nele referida, perguntará o prezado leitor? É risco que, ultrapassado o prazo ânuo, é assumido pelo legislador. Que sua expressa previsão possa, na medida do possível, sensibilizar o outro juízo, no qual são praticados os atos ou a prova que ensejam a suspensão do processo, para agilizá-lo na medida do possível.

3.5.1 Relação entre processos civil e penal

O art. 315 trata de hipótese que merece ser analisada no mesmo contexto do inciso V do art. 313.

Preceitua o dispositivo que, "se o conhecimento do mérito depender da verificação da existência de fato delituoso, o juiz pode determinar a suspensão do processo até que se pronuncie a justiça criminal". Se, prossegue, o § 1º do art. 315, o processo penal não tiver iniciado em até três meses contados da intimação do ato de suspensão do processo (civil), serão retomados os atos processuais, cabendo ao magistrado oficiante no âmbito civil "examinar incidentemente a questão prévia". É irrecusável que, nesta hipótese, a coisa julgada tende a atingir aquela questão, com observância dos §§ 1º e 2º do art. 503.

Na hipótese de o processo no âmbito penal ter início, é o § 2º do art. 315 quem estabelece, o processo na esfera civil ficará suspenso pelo prazo máximo de um ano, findo o qual a questão será apreciada incidentemente nos moldes e para os fins já destacados pelo § 1º do mesmo art. 315.

3.6 Força maior

A força maior a que se refere o inciso VI do art. 313 e que acarreta a suspensão do processo deve ser entendida como todo aquele evento ou acontecimento não previsível que possa comprometer o desenvolvimento do processo ou a prática de algum ato processual.

É a greve marcada sem prévio aviso, a manifestação que impede a chegada ao fórum porque interditada a região em que ele funciona, o incêndio, a inundação etc. Em todas essas situações, caberá ao magistrado, de ofício ou a requerimento, reconhecer a ocorrência do fato e, consoante o caso, admitir a suspensão do processo, decidindo, inclusive, sobre a necessidade de renovação de prazos ou a tempestividade dos atos processuais que não foram praticados naquele período.

3.7 Tribunal marítimo

O inciso VII do art. 313 prevê a suspensão do processo "quando se discutir em juízo questão decorrente de acidentes e fatos da navegação de competência do Tribunal, Marítimo". Este Tribunal é órgão administrativo vinculado ao Ministério da Marinha, considerado auxiliar do Poder Judiciário, e tem como atribuições julgar os acidentes e fatos da navegação marítima, fluvial e lacustre e as questões relacionadas com aquelas atividades, tal qual regula a Lei n. 2.180/1954 (art. 1º daquela Lei, na redação da Lei n. 5.056/1966).

A hipótese de suspensão aqui examinada não era conhecida pelo CPC de 1973 e queria se harmonizar com outra referência àquele Tribunal, muito mais contundente, que o CPC de 2015 fazia no inciso X de seu art. 515 (e que rotulava de títulos executivos *judiciais* os acórdãos daquele Tribunal acerca de acidentes e fatos da navegação), mas que foi vetada quando de sua promulgação.

Não obstante o veto, a hipótese de suspensão do processo manteve-se intacta.

A literalidade do dispositivo pode ensejar a interpretação de que a suspensão do processo dá-se pelo simples fato de o Tribunal Marítimo ser competente para discutir a questão sobre acidente (art. 14 da Lei n. 2.180/1954) e fatos da navegação (art. 15 da Lei n. 2.180/1954). Isto, contudo, não parece ser suficiente para a suspensão.

Assim, é preferível interpretá-lo no sentido de que a suspensão do processo (civil) pressupõe que haja, naquele Tribunal, processo relativo ao *mesmo* acidente e aos *mesmos* fatos da navegação que animam o processo judicial. Neste caso, de *efetivo exercício da competência do Tribunal Marítimo*, o processo judicial, deve ficar suspenso.

A razão da suspensão é mais que justificável. É que, de acordo com o art. 18 da Lei n. 2.180/1954, as decisões proferidas por aquele Tribunal "quanto à matéria técnica referente aos acidentes e fatos da navegação têm valor probatório e se presumem certas". Embora "suscetíveis de reexame pelo Poder Judiciário" (a ressalva é feita pelo mesmo dispositivo legal, o que se harmoniza, inclusive, com o noticiado veto presidencial ao inciso X do art. 515 do CPC de 2015), a suspensão do processo quer aproveitar aqueles elementos e a *expertise* do Tribunal a respeito da apuração dos fatos e de seu entendimento acerca da responsabilização eventualmente devida (art. 74 da Lei n. 2.180/1954).

A suspensão perdura até que o Tribunal Marítimo decida aquela questão? A pergunta, prezado leitor, é pertinentíssima. À resposta positiva convida a ausência de qualquer regra expressa em sentido contrário. É forçoso emprestar à hipótese, contudo, o *mesmo* regime jurídico dado pelos §§ 4º e 5º a situações similares e externas ao processo judicial. O prazo máximo de suspensão é de um ano, findo o qual o processo civil retomará seu curso.

3.8 Outros casos previstos no CPC

O inciso VIII do art. 313 – que era, até o advento da Lei n. 13.363/2016, a norma de encerramento do dispositivo – evidencia que há outras hipóteses dispersas pelo CPC de 2015 que impõem a suspensão do processo.

Estes casos são os seguintes: art. 76 (regularização de representação processual); art. 221 (obstáculo criado em detrimento da parte); art. 989, II (quando for o caso, reconhecido em reclamação, de evitar dano irreparável); art. 1.035, § 5º (reconhecimento de repercussão geral em recurso extraordinário); e arts. 1.036, § 1º, e 1.037, II (afetação de recurso extraordinário e especial repetitivo).

Quando o processo estiver em sua etapa de cumprimento ou se a hipótese for de execução fundada em título extrajudicial, há também específicas hipóteses de suspensão previstas no art. 921, com as modificações trazidas com a Lei n. 14.195/2021, às quais me volto no n. 5.1 do Capítulo 15.

3.9 Parto ou concessão de adoção

A Lei n. 13.363, de 25 de novembro de 2016, que "altera a Lei n. 8.906, de 4 de julho de 1994, e a Lei n. 13.105, de 16 de março de 2015 (Código de Processo Civil), para estipular direitos e garantias para a advogada gestante, lactante, adotante ou que der à luz e para o advogado que se tornar pai", que entrou em vigor no dia de sua publicação no *Diário Oficial* (28.11.2016), acrescentou dois incisos ao *caput* do art. 313, e dois parágrafos. O inciso IX e o § 6º daquele dispositivo são tratados aqui; o inciso X e o § 7º são objeto de consideração no número seguinte.

De acordo com o novel inciso IX do art. 313, suspende-se o processo "pelo parto ou pela concessão de adoção, quando a advogada responsável pelo processo constituir a única patrona da causa". A previsão é complementada pelo novo § 6º do art. 313, segundo o qual, "No caso do inciso IX, o período de suspensão será de 30 (trinta) dias, contado a partir da data do parto ou da concessão da adoção, mediante apresentação de certidão de nascimento ou documento similar que comprove a realização do parto, ou de termo judicial que tenha concedido a adoção, desde que haja notificação ao cliente".

As novas regras, de inspiração inequivocamente salutar, harmonizam-se com novo direito reconhecido à advogada no Estatuto da Advocacia e da OAB, que, com a mesma Lei n. 13.363/2016, ganhou um novo art. 7º-A. O novo inciso IV daquele dispositivo prescreve ser direito da advogada adotante ou que der à luz a "suspensão de prazos processuais quando for a única patrona da causa, desde que haja notificação por escrito ao cliente". O § 3º daquele art. 7º-A, por sua vez, faz expressa remissão ao prazo do § 6º do art. 313 do CPC de 2015.

Há duas exigências a serem cumpridas pela advogada para usufruir do direito que lhe é, doravante, reconhecido: que ela seja a única advogada constituída nos autos para uma das partes e que haja prévia notificação ao seu constituinte (a *parte* do processo em favor de quem a advogada atua ou o seu "cliente", como se lê do texto legal).

Em relação à primeira, a ressalva feita expressamente pelo inciso IX do art. 313, quanto a dever ser a advogada a única a atuar no processo em favor de uma das partes, traz à tona as mesmas reflexões realizadas a propósito do inciso I do art. 313 no n. 3.1, *supra*.

Quanto à segunda, importa destacar que não se trata de exigir *concordância* da parte com a suspensão do processo pelo prazo estabelecido pelo § 6º do art. 313; basta sua *ciência* para que a advogada exerça plenamente o direito que lhe é previsto e que decorre desde o inciso IV do art. 7º-A da Lei n. 8.906/1994.

O período de suspensão do processo, lê-se do § 6º do art. 313, é de trinta dias contados, conforme o caso, da data do parto (ou, evidentemente, se for o caso, da cesariana), a ser comprovada pela certidão de nascimento da criança ou documento similar que certifique a realização do parto (ou cesariana), ou da data da concessão da adoção, a ser documentada pelo termo judicial respectivo.

Considerando que o motivo que dá fundamento à suspensão do processo tem natureza *material*, é correto entender que o prazo de suspensão deve ser contado em dias corridos, afastada a incidência do parágrafo único do art. 219. O que será computado apenas em dias úteis é, conforme o caso, o prazo de algum ato processual a ser praticado ao longo do período de suspensão, o que pode se justificar diante do art. 314 (v. n. 3, *supra*) ou o restante do prazo que transcorreu até a ocorrência da suspensão do processo. Não o período de suspensão propriamente dito, contudo.

O início do prazo de suspensão do processo dá-se na data do próprio parto (ou da cesariana) ou da concessão da adoção. Nisto é claro o § 6º do art. 313. Mas isso não quer dizer, até em função daqueles eventos, que a advogada (que, para usufruir desse direito, deve ser a única a atuar em prol de uma das partes do processo) tenha condições de comunicar de imediato o ocorrido ao juízo e/ou a seu constituinte. Por isso, cumpre entender que aquele fato (o parto, a cesariana ou a adoção) é invariavelmente o marco temporal que deflagra, independentemente de qualquer comunicação, a suspensão do processo, irradiando seu respectivo regime. O que ocorrerá é que a *posterior* comunicação (e respectiva comprovação) daquele evento quererá justificar que não houve início do prazo (porque o processo estava suspenso desde o parto, cesariana ou concessão da adoção) ou, quando menos, que eventual prazo que estava em curso quando da ocorrência de um daqueles fatos foi *suspenso*, a justificar a *restituição* do tempo igual (em dias úteis) ao que faltava à complementação do período original nos moldes do *caput* do art. 221. Nesse sentido, a lembrança do disposto no art. 223 (v. n. 6 do Capítulo 5) mostra-se pertinente. Idênticas observações merecem ser feitas com relação ao momento em que deve ser dada ciência ao constituinte do evento. Até porque é mister que o juízo perante o qual tramita o processo tenha conhecimento da notificação realizada pela advogada ao seu "cliente", não só em razão da exigência feita pela parte final do inciso IX do art. 313, mas também por força do inciso IV do art. 7º-A da Lei n. 8.906/1994.

3.10 Advogado que se tornar pai

A Lei n. 13.363/2016 acrescentou, outrossim, um novo inciso X ao art. 313, estabelecendo a suspensão do processo "quando o advogado responsável pelo processo constituir o único patrono da causa e tornar-se pai". Complementando a previsão, o § 7º do mesmo art. 313, fruto, da mesma forma, da Lei n. 13.363/2016, dispõe que, "No caso do inciso X, o período de suspensão será de 8 (oito) dias, contado a partir da data do parto ou da concessão da adoção, mediante apresentação de certidão de nascimento ou documento similar que comprove a realização do parto, ou de termo judicial que tenha concedido a adoção, desde que haja notificação ao cliente".

A circunstância de a Lei n. 8.906/1994 não ter incluído no rol de direitos dos advogados em geral o aqui tratado, diferentemente, pois, do que seu art. 7º-A fez com as advogadas, é indiferente. Ele emerge suficientemente da nova previsão codificada.

A similitude dessa hipótese – que traz à mente uma verdadeira "licença paternidade" para o advogado que seja o "único patrono da causa" – com a do inciso IX e respectivo § 6º do mesmo art. 313 autoriza o transporte para cá das mesmas reflexões do número anterior. A única diferença é que o prazo de suspensão para o pai é de oito dias, enquanto para a mãe que dá à luz ou que adota criança é de trinta dias, sempre considerados os dias corridos, dada a natureza *material* de tais prazos (art. 219, parágrafo único).

É desejável, contudo, ir além a partir dos textos legais aqui examinados. A pressuposição para a fruição dos direitos previstos nos novéis incisos IX e X do art. 313 é que haja uma mãe e um pai. No entanto, pode ocorrer – e ocorre – de a adoção ser concedida em favor de um casal do mesmo sexo. Neste caso, qual deverá ser o prazo da suspensão do processo em prol do advogado/advogada que atue sozinho(a) em favor de seu constituinte: trinta ou oito dias?

Com relação à advogada (desde que seja a única a atuar em favor da parte) que deu à luz, parece não haver dúvida de que o prazo de suspensão é invariavelmente de trinta dias, até por força do inciso IV e respectivo § 3º do art. 7º A da Lei n. 8.906/1994. Mas e quando se tratar de adoção concedida, por exemplo, a um casal de duas mulheres, uma delas advogada exclusiva da parte em processo em que atua? A resposta mais adequada, nesse caso, parece residir no plano fático e depender da alegação (e respectiva comprovação) de quem, perante o casal, comprometeu-se a cuidar, em primeiro plano, do(a) adotado(a) nos primeiros dias em seu novo lar. A quem desempenhar essa função é correto o reconhecimento do prazo de *trinta* dias de suspensão do processo. Não há identidade desse prazo para um casal de diferente sexo a autorizar interpretação diversa para a hipótese aqui ventilada.

Outra pergunta não menos pertinente nessa mesma perspectiva textual dos dispositivos pressupõe a adoção concedida a um advogado, representante exclusivo de uma das partes, que não é casado e que não vive em união estável. Nesse caso, a levar em conta a preocupação do legislador no inciso IX do art. 313, parece ser mais correto reconhecer a ele o prazo de suspensão do processo de *trinta* dias.

4. EXTINÇÃO DO PROCESSO

Extinção do processo é expressão que significa que o Estado-juiz reconhece não haver mais razão para sua atuação, mais especificamente, para o desenvolvimento da função jurisdicional. Seja porque o processo exauriu sua função com a prestação da tutela jurisdicional – sempre entendida no sentido de satisfazer o direito material reclamado, seja pelo autor e/ou pelo réu consoante o caso, isto é, prestar tutela jurisdicional a quem a mereça – seja porque o Estado-juiz admite não haver mais como o processo desenvolver-se. Processo e necessidade de atuação do Estado para exercício da função jurisdicional são, nesse contexto, as duas faces de uma mesma moeda.

As situações do primeiro caso, de prestação da tutela jurisdicional, não se confundem, necessariamente, com o proferimento de sentenças de mérito, mesmo daquelas que acolham ou rejeitam o pedido do autor (art. 487, I). É que pode ocorrer que a sentença, nestes casos, limite-se a reconhecer o direito do autor que ainda precisa ser satisfeito. O que a sentença nestes casos extingue não é o processo, é a etapa de conhecimento na primeira instância, bem ao estilo do conceito do § 1º do art. 203. O processo prossegue (porque extinto não está) em nova etapa, a de cumprimento da sentença, com vistas à satisfação (forçada, se for o caso) do direito tal qual reconhecido na sentença. Pode até ser que o processo prossiga em direção à etapa de liquidação para apurar o valor devido e, somente após isto, viabilizar o início da etapa de cumprimento da sentença. O que extingue o processo, nestes casos, não é a sentença prevista no inciso I do art. 487, mas, bem diferentemente, o *reconhecimento judicial* da hipótese do inciso II do art. 924 (quando "a obrigação for satisfeita"), que deverá ser feito por sentença, como determina o art. 925.

Pode até acontecer de a sentença a que se refere o art. 925 reconhecer que o direito está extinto por outra razão na perspectiva do direito material: extinção total da dívida por outra razão (art. 924, III); renúncia ao crédito (art. 924, IV) e, até mesmo, a ocorrência de prescrição intercorrente (art. 924, V). Não se trata, contudo, e em nenhuma das hipóteses de uma sentença que extingue o processo, mas, bem diferentemente, de uma sentença que, ao atestar a ocorrência daquelas circunstâncias no plano material, reconhece a desnecessidade de o Estado-juiz continuar a atuar e, por isto, o processo é extinto.

Em todos estes casos, faço questão de frisar, não é a sentença que extingue o processo. A sentença do art. 925 reconhece que uma das razões dos incisos II a V do art. 924 autorizam, elas próprias, a extinção do processo.

A ressalva que fiz anteriormente, sobre a própria sentença atender ao direito discutido em juízo, é relevantíssima. Seja quando o pedido do autor é julgado improcedente e o réu satisfaz-se com a tutela jurisdicional que recebe neste caso; seja quando o acolhimento do pedido do autor, pela sua própria natureza, dispensa a prática de quaisquer outros atos processuais tendentes à satisfação do direito reconhecido. São os casos que prefiro chamar de "tutela jurisdicional *não executiva*" e que a doutrina, em geral, denomina "sentenças *declaratórias* ou *constitutivas*" (v. n. 3.2 do Capítulo 1). À míngua de qualquer outro ato processual necessário para satisfazer o direito *declarado* ou *constituído*, *modificado* ou *extinto*, não há mais por que o processo desenvolver-se, devendo, por isto mesmo, ser extinto.

Mesmo nestes casos, contudo, é errôneo entender, ao menos de forma generalizada, que o processo será extinto. É que haverá verbas de sucumbência a serem perseguidas, conduzindo o processo à etapa de cumprimento de sentença. Antes disto, pode ser que ocorra recurso daquele que foi prejudicado pela decisão e o processo, por isto, continue desenvolvendo-se em fase recursal. Aqui também, portanto, é errado correlacionar a extinção do processo com o proferimento da sentença, mesmo que de mérito e ainda que ela não dependa de nenhum outro ato para satisfazer o direito que ela reconhece. Isto até *pode* acontecer; mas não é necessário. Assim, é correto evitar a correlação de uma coisa à outra. É bem provável que, também nestas hipóteses, seja mais adequado afirmar que o que conduzirá à extinção do processo é o reconhecimento, por sentença (art. 925), da ocorrência de uma das hipóteses dos incisos II a V do art. 924. E eventual recurso desta sentença também será o bastante para, mesmo nestes casos, evitar que o processo seja extinto.

O segundo caso que referi no início deste número, de não haver mais como o processo desenvolver-se, relaciona-se com as hipóteses em que as mais variadas circunstâncias interferem na formação ou no desenvolvimento do processo. Elas estão, em grande parte, nos incisos do art. 485, que trata das situações em que o magistrado proferirá sentença sem resolução de mérito. Também o inciso I do art. 924, no contexto da execução fundada em título extrajudicial, ocupa-se com uma destas específicas hipóteses, a do indeferimento da petição inicial. Do ponto de vista teórico, nada há que distinga uma hipótese da outra, até porque é irrecusável que as do art. 485 podem, consoante o caso, conduzir à extinção de um "processo de execução" (para empregar a nomenclatura do CPC de 2015) a ser reconhecida por sentença lá proferida, como impõe o art. 925.

O que é relevante destacar em todos estes casos, para os fins aqui relevantes, é que os defeitos ou os outros acontecimentos que ocorrem dentro ou fora do processo inibem o desenvolvimento do atuar do Estado-juiz e, por isto, por força deste reconhecimento, o processo será extinto. A decisão de extinção nestes casos é, também, eminentemente declaratória no sentido de ela não ser, propriamente, a causa da extinção, mas o que reconhece esta causa.

Ainda aqui, contudo, importa ressalvar que pode acontecer de o prejudicado pela decisão recorrer dela. Em tal caso, não há extinção do processo; que prossegue em etapa recursal. Também pode ocorrer – e provavelmente ocorrerá – que a decisão que reconhece a extinção imponha a alguém o pagamento de verbas de sucumbência. Desde que o interessado pretenda cobrá-las, o processo manterá seu curso, em nova etapa, a de cumprimento de sentença, só sendo extinto nos moldes dos incisos II a V do art. 924, por sentença que reconheça sua ocorrência (art. 925), embora ela também seja passível de recurso e, portanto, preservação do processo.

Por tudo isto, é importante ter cuidado ao interpretar o art. 316 em sua literalidade: em rigor, a extinção do processo *não se dá* por sentença. O que ocorre é que uma sentença

– e, se for o caso, um acórdão – tem a aptidão de *reconhecer* algo que justificará a extinção do processo. O ideal, na perspectiva da tutela jurisdicional, é que seja a satisfação da obrigação direta (art. 924, II) ou indiretamente (art. 924, III). As demais hipóteses previstas nos incisos III e IV do art. 924 são, ao menos para o exequente, frustrantes, embora sejam capazes de gerar tutela jurisdicional para o executado.

Mesmo quando não houver condições mínimas de prestação da tutela jurisdicional e, por isto, o processo mereça ser descartado, não é a sentença (e nem mesmo o acórdão) que o extingue. Ainda aqui, a decisão jurisdicional estará a *reconhecer* um ato ou um fato, do próprio processo ou do direito material, que impedem o seu desenvolvimento, e um bom referencial destas hipóteses, não exaustivo, está no art. 485. Ainda nestes casos, contudo, pode ocorrer de o processo prosseguir em etapa recursal ou de cumprimento de sentença.

4.1 Extinção do processo e prévio saneamento

O art. 317, voltando-se às hipóteses em que o processo tende a ser extinto pelo reconhecimento de uma das situações do art. 485 ou, mais amplamente, em qualquer caso *sem* resolução de mérito, estabelece que, antes de proferir decisão naquele sentido, "o juiz deverá conceder à parte oportunidade para, se possível corrigir o vício".

Trata-se de regra salutar que merece ser compreendida na perspectiva de que o processo deve ser pensado em perspectiva cooperativa (art. 6º) apta a viabilizar a que os próprios interessados sanem, na medida de suas possibilidades e interesses, os eventuais vícios ou obstáculos que inviabilizem a atuação do Estado-juiz com vistas à prestação da tutela jurisdicional (julgamento de mérito).

Em rigor, não o nego, o art. 317 não era necessário para quem extrai o que é possível e desejável extrair da sistemática das nulidades processuais. Também se pode pensar ser supérfluo o dispositivo diante do *dever-poder* de saneamento do magistrado contido no inciso IV do art. 139, de "determinar o suprimento de pressupostos processuais e o saneamento de outros vícios processuais".

De qualquer sorte, o CPC de 2015 ao expressar a regra contida no art. 317 – reexpressá-la, a bem da verdade –, acerta porque evidencia o que, por vezes, não é tão claro para muitos: o processo *não é* coisa privada ou particular das partes; é, antes e em primeiro lugar, do próprio Estado que, vocacionado ao atingimento de um *dever* (a prestação da tutela jurisdicional a quem, na perspectiva do direito material, merece recebê-la), tem que criar condições legítimas – *devidas*, como quer o "modelo constitucional" – para tanto.

Dois outros dispositivos merecem lembrança a propósito do art. 317, embora sua discussão ocupe-me nos números 2.1.9 e 2.2.4 do Capítulo 11: a primeira referência é ao § 7º do art. 485, que agrega ao recurso de apelação interposto da sentença terminativa efeito regressivo, permitindo ao magistrado retratar-se dela, isto é, redecidir, alterando seu anterior julgamento. A segunda é ao art. 488, que permite ao magistrado prestar tutela jurisdicional, isto é, julgar o mérito, em favor de quem o proferimento de sentença terminativa aproveitaria.

Resumo do Capítulo 7

CONSIDERAÇÕES INTRODUTÓRIAS

- Livro VI da Parte Geral do CPC
  - Título I – Formação do processo
  - Título II – Suspensão do processo
  - Título III – Extinção do processo

FORMAÇÃO DO PROCESSO

- Compreensão de processo
- A "propositura da ação" (art. 312)
  - Aperfeiçoando a nomenclatura
- Protocolo x distribuição
- Os pressupostos processuais
- Consequências da *ausência* de pressupostos processuais de existência e de validade e da *presença* de pressupostos processuais negativos
- Alcance do art. 312: *protocolo* da petição inicial
  - Em relação ao réu

SUSPENSÃO DO PROCESSO

- Compreensão prévia
- Hipóteses (art. 313)
  - I – Morte ou perda da capacidade processual das partes, de seu representante legal ou procurador (§§ 1º a 3º)
  - II – Convenção das partes (até 6 meses – §§ 4º e 5º)
    - Art. 16, *caput*, da Lei n. 13.140/2015: "por prazo suficiente para a solução consensual do litígio"
    - Prevalecimento sobre o § 4º do art. 313
  - III – Arguição de suspeição ou impedimento
  - IV – Admissão de incidente de resolução de demandas repetitivas
  - V – Relações externas com a decisão de mérito
  - VI – Força maior
  - VIII – Tribunal marítimo
  - Outros casos do CPC

- IX – Parto ou adoção (inclusão da Lei n. 13.363/2016) (§ 6º e art. 7º EAOAB)
- X – Advogado que se tornar pai (inclusão da Lei n. 13.363/2016) (§ 7º)
■ Prática de atos urgentes (art. 314)
■ Dinâmica da suspensão

EXTINÇÃO DO PROCESSO

■ Compreendendo a "extinção do processo"
- O modelo de "processo sincrético"
■ O papel da sentença na "extinção" (art. 316)
■ Significado da expressão
- Sem resolução de mérito
- Com resolução de mérito
■ O "dever-poder geral de saneamento" do art. 317

Leituras Complementares (Capítulo 7)

Monografias e livros

MARINONI, Luiz Guilherme; ARENHART, Sérgio Cruz. *Comentários ao Código de Processo Civil*, vol. IV: artigos 294 ao 333. São Paulo: Revista dos Tribunais, 2016.

SCARPINELLA BUENO, Cassio. *Curso sistematizado de direito processual civil*, vol. 1: teoria geral do direito processual civil e parte geral do Código de Processo Civil. 13. ed. São Paulo: Saraiva, 2023.

Capítulos de livros

CÂMARA, Alexandre Freitas. Comentários aos arts. 312 ao 317. In: SCARPINELLA BUENO, Cassio (coord.). *Comentários ao Código de Processo Civil*, vol. 1. São Paulo: Saraiva, 2017.

Artigos

ÁVILA, Raniel Fernandes; RAIMUNDO, Andreza Lage. A eficácia do fato jurídico "morte" no processo civil: uma análise teórico-dogmática do procedimento de habilitação no CPC/2015. *Revista de Processo*, vol. 304. São Paulo: Revista dos Tribunais, jun. 2020.

TALAMINI, Eduardo. Suspensão do processo judicial para realização de mediação. *Revista de Processo*, vol. 277. São Paulo: Revista dos Tribunais, mar. 2018.

TALAMINI, Eduardo; AMARAL, Paulo Osternack. Suspensão de prazos judiciais por força da pandemia. *Revista de Processo*, vol. 306. São Paulo: Revista dos Tribunais, ago. 2020.

Capítulo 8

Fase Postulatória

1. PARA COMEÇAR

O estudo da etapa de conhecimento do processo pode ser proposto de variadíssimas maneiras. A que me parece a mais didática e que adoto neste *Manual* é a que toma como base a distinção de *quatro fases* naquela etapa, cada qual com uma atividade ou finalidade *preponderante*, que a caracteriza. Assim é que a fase *postulatória* caracteriza-se pela preponderância de autor e réu exporem suas alegações e formularem seus pedidos; a fase *ordinatória* caracteriza-se pelo reconhecimento de que o processo tem plenas condições de começar a fase instrutória, sendo organizado para tanto; a fase *instrutória* é aquela marcada pela produção das provas e, por fim, a fase *decisória* é o momento em que o magistrado proferirá sua decisão, que é a sentença.

O presente e os próximos três Capítulos tomam como base esta distinção para apresentar o que o CPC de 2015 chama de *procedimento comum*, isto é, os atos a serem praticados, desde a apresentação da petição inicial (fase postulatória), até o proferimento da sentença e a descrição de alguns de seus possíveis conteúdos e de sua aptidão de transitar em julgado (fase decisória). Trato da eventual etapa de liquidação eventualmente justificável para apuração do valor devido, logo em seguida, pelas razões que apresento no n. 1 do Capítulo 12.

Embora o CPC de 2015 tenha trazido importantes alterações em cada uma das quatro fases que acabei de nominar e, mais especificamente, nos atos que nelas são praticados, a viabilidade da distinção anunciada não foi modificada e mantém, por isto mesmo, sua valia didática para compreender, de forma satisfatória, o que se dá, no plano do processo, desde a petição inicial, pela qual o autor rompe a inércia da jurisdição, até o proferimento da sentença, descrevendo nas suas minúcias todas as fases já anunciadas.

É certo, todavia, que pode ocorrer de nem todas as fases mostrarem sua plenitude no dia a dia do foro. É o caso, por exemplo, do indeferimento liminar da inicial ou da improcedência liminar do pedido; é o caso de haver julgamento antecipado do mérito. Pode até acontecer de, após a realização das quatro fases, o magistrado entender que o caso concreto reclama reabertura da fase instrutória para realização de nova prova pericial. Estas vicissitudes, contudo, não infirmam o critério eleito para a apresentação da matéria. Até porque cada uma daquelas situações é disciplinada expressamente pelo Código. Por isto, aliás, fiz a ressalva de início: a visão panorâmica destas quatro fases da etapa cognitiva do processo revela o ato ou a finalidade *preponderante* nelas praticado. Não a sua totalidade.

A escolha do procedimento comum como pano de fundo para a exposição que agora tem início é justificável também porque ela é o *padrão* para os mais variados casos. Por ser o mais completo, todos os procedimentos, disciplinados pelo próprio CPC de 2015 – os "procedimentos especiais" com os quais me ocupo no Capítulo 14 – ou pelas leis extravagantes de direito processual civil, utilizam-se dele ou, em algum momento, passam a adotá-lo. É o que se lê do parágrafo único do art. 318, segundo o qual "O procedimento comum aplica-se subsidiariamente aos demais procedimentos especiais e ao processo de execução".

2. PETIÇÃO INICIAL

Petição inicial é o primeiro requerimento formulado pelo autor no qual concretiza, exteriorizando-o, o exercício do seu direito de ação rompendo a inércia da jurisdição e apresentando os contornos, subjetivos e objetivos, da tutela jurisdicional por ele pretendida.

Ela, como qualquer ato processual, deve observar certos requisitos para que, do ponto de vista formal, seja bem praticada e, também, viabilize a devida prática dos atos processuais subsequentes. É o objeto do art. 319, abaixo estudado:

2.1 O juízo a que é dirigida

A exigência do inciso I do art. 319 diz respeito à identificação da competência do órgão jurisdicional. Sua identificação deve levar em conta as considerações que ocupam o n. 6 do Capítulo 3.

2.2 Qualificação das partes

O inciso II do art. 319 exige que a petição inicial decline a qualificação das partes fornecendo seus nomes, prenomes, estado civil (esclarecendo, se for o caso, a existência de união estável), a profissão, o número no cadastro de pessoas físicas ou no cadastro nacional de pessoas jurídicas, o endereço eletrônico, o domicílio e a residência do autor e do réu.

A exigência quer permitir a identificação do réu (ou réus) e sua qualificação, a mais completa possível, que interfere, importa esclarecer, em inúmeras questões. Seu endereço, por exemplo, é indicativo da competência; ser, ou não, casado ou viver em união estável, pode impor a formação de litisconsórcio passivo (necessário) e assim por diante.

Caso o autor desconheça um ou mais dos dados exigidos pelo dispositivo, cabe a ele, também na inicial, requerer ao magistrado a realização de diligências para obtê-los (§ 1º), sendo certo que a petição inicial não será indeferida quando a obtenção daquelas informações "tornar impossível ou excessivamente oneroso o acesso à justiça" (§ 3º). Mesmo não ocorrendo este quadro extremo, contudo, a falta dos elementos não leva ao indeferimento da inicial quando, suficiente a identificação do réu, for possível a citação do réu (§ 2º).

2.3 O fato e os fundamentos jurídicos do pedido

A petição inicial deverá, em consonância com o inciso III do art. 319, indicar "o fato e os fundamentos jurídicos do pedido", isto é, as razões que, do ponto de vista fático e jurídico, dão fundamento ao pedido. É o que o n. 3.2 do Capítulo 1 apresenta como a "causa de pedir *remota*" (fatos) e a "causa de pedir *próxima*" (fundamentos jurídicos).

2.4 O pedido com as suas especificações

O pedido exigido pelo inciso IV do art. 319 é a providência desejada pelo autor que deverá ter fundamento na causa de pedir, objeto do inciso III.

O pedido deve ser certo (art. 322, *caput*), no sentido de o autor indicar com precisão o que pretende em termos de tutela jurisdicional. A regra é que o magistrado não possa conceder nada além e nem diferente do que foi pedido e pelas razões que foi pedido. É o princípio da vinculação do juiz ao pedido (art. 492), que vincula, do ponto de vista objetivo, a qualidade e a quantidade de tutela jurisdicional passível de ser concedida pelo magistrado.

A certeza do pedido não significa, no CPC de 2015, que ele deva ser interpretado necessária e invariavelmente de maneira restritiva, diferentemente do que o art. 293 do CPC de 1973 determinava de maneira expressa. O § 2º do art. 322 dispõe que a sua interpretação considerará o "conjunto da postulação" devendo observar também o "princípio da boa-fé" (art. 5º). Trata-se de viabilizar ao magistrado que leve em conta tudo o que é alegado na petição inicial e, não necessariamente no local por ela indicado como "pedido", evitando, com isto, contudo, introduzir matéria estranha ao que foi pedido pelo autor, máxime quando o réu, também de boa-fé, não tiver detectado a questão e, por isto, não ter exercitado, em plenitude, sua defesa.

Há exceções à exigência codificada de formulação de pedido, o que a doutrina em geral identifica com o nome de "pedidos *implícitos*". Prefiro compreender o fenômeno de perspectiva diversa, de que algumas consequências decorrem diretamente da lei, e, por isto, independem de iniciativa específica da parte. São, assim, verdadeiros *efeitos anexos* das decisões jurisdicionais.

No contexto da petição inicial, importa destacar dois casos:

O primeiro está no § 1º do art. 322, que entende compreendidos no pedido os juros legais, a correção monetária e as verbas de sucumbência, isto é, o pagamento das custas e despesas adiantadas ao longo do processo, desde a petição inicial, pelo autor, e os honorários advocatícios sucumbenciais. A previsão não impede, de qualquer sorte, que o autor postule expressamente sobre específico índice de correção ou de juros, sua forma de fluência e, bem assim, qual é o percentual dos honorários advocatícios que, à guisa de sucumbência, considera devido, observando os limites do § 2º ou, conforme o caso, do § 3º do art. 85.

O segundo diz respeito à existência de obrigação em prestações sucessivas. Neste caso, basta ao autor formular pedido com relação a uma das prestações. A sentença, como permite o art. 323, englobará as demais prestações, independentemente de pedido, enquanto durar a obrigação, desde que elas não sejam pagas ou consignadas durante o processo.

Além de certo, o pedido deve ser *determinado*, isto é, ele deve ser *líquido* no sentido de caber ao autor a *quantificação* do que pretende. Seja quando se tratar de determinada soma em dinheiro ou quando se tratar de coisas individuadas pela quantidade (art. 324, *caput*). As exceções, isto é, os casos em que é viável a formulação de pedido *genérico* (ou *indeterminado* ou *ilíquido*) estão previstas no § 1º do art. 324. São elas: (i) ações universais quando o autor não puder individuar, desde a inicial, os bens a que tem direito (é o caso, por exemplo, de o autor não saber quais os bens da herança lhe serão destinados); (ii) quando não for possível determinar as consequências do ato ilícito (não se sabe, por exemplo, se um determinado acidente deixará sequelas no autor e o que será necessário para repará-las, nem seu custo e nem suas consequências patrimoniais respectivas); e (iii) quando a determinação do objeto (como ocorre, por exemplo, nas obrigações de dar coisa, em que a escolha cabe ao devedor) ou o do valor da obrigação depender de ato a ser praticado pelo réu (que tem a obrigação legal, por exemplo, de guardar extratos e comprovantes de pagamento).

Com os olhos voltados para o direito material, o art. 328 dispõe que, na obrigação indivisível com pluralidade de credores, aquele que não participou do processo receberá sua parte, deduzidas as despesas na proporção de seu crédito. Trata-se, em harmonia com o *caput* do art. 260 e com o art. 261 do CC, de interessante regra de legitimação extraordinária, em que um autor age sozinho (e em nome próprio) em nome dos demais.

É possível ao autor formular um só pedido de tutela jurisdicional ou cumular vários deles, iniciativa que vai ao encontro da eficiência do processo já que permite, muitas vezes, com a mesma atividade jurisdicional (e a partir da mesma petição inicial), solucionar, de uma só vez, diversos conflitos envolvendo as mesmas partes e, até mesmo (como ocorre nos casos em que há litisconsórcio), outras partes.

As regras de cumulação de pedidos estão nos arts. 326 e 327. É lícita a cumulação em ordem *subsidiária* (a doutrina refere-se a esta espécie de cumulação também como *eventual*) no sentido de que o magistrado apreciará um segundo pedido quando não conceder o primeiro (art. 326, *caput*). Também é lícito ao autor cumular pedidos alternativos, sem indicar sua preferência por um deles (e se o fizesse, a hipótese seria de cumulação *subsidiária* ou *eventual*), viabilizando, destarte, que o magistrado conceda um só dos pedidos (art. 326, parágrafo único). Esta hipótese, esclareço, *não se confunde* com outra bem diversa, que se dá quando a obrigação (analisada no plano material) é, ela própria, *alternativa* e, por isto, há, para o réu, mais de uma forma de adimpli-la, cabendo a ele, consoante o caso, a escolha sobre a forma de adimplemento, o que é expressamente previsto pelo art. 325.

Os casos do art. 326 são identificados pela doutrina em geral como de cumulação *imprópria* porque, em rigor, dos dois ou mais pedidos formulados, só um será acolhido, a final, pelo magistrado.

Há também os casos chamados de "cumulação *própria* de pedidos", em que a perspectiva do autor, que os formula em conjunto na petição inicial, é de vê-los acolhidos todos concomitantemente. Será assim quando a cumulação não depender de nenhuma ordem lógica entre os pedidos porque estes, em última análise, independem uns dos outros e também quando o acolhimento de um pedido depender do acolhimento de outro, a ele logicamente anterior. São os casos rotulados pela doutrina de cumulação *simples* e *sucessiva*, respectivamente.

Para os casos de cumulação de pedidos, importa observar as regras do art. 327: (i) a cumulação é possível mesmo que entre os pedidos não haja conexão; (ii) os pedidos devem ser compatíveis entre si, a não ser que se trate de cumulação imprópria, no que é expresso o § 3º do dispositivo; (iii) o juízo deve ser competente para apreciar todos os pedidos; (iv) o procedimento deve ser o adequado para todos os pedidos, sendo que, havendo disparidade, o autor deve optar pelo procedimento comum, sem prejuízo da adoção das técnicas diferenciadas eventualmente existentes para a tutela jurisdicional mais adequada para algum dos pedidos (§ 2º do art. 327).

Ainda sobre o assunto, cabe destacar que o art. 329 admite que o autor complemente ou altere o pedido e/ou a causa de pedir até a citação do réu, hipótese em que é desnecessária a concordância do réu. Desde a citação do réu até o saneamento do processo (art. 357), a complementação ou a alteração do pedido e/ou da causa de pedir depende da concordância do réu *e também* que seja assegurado a ele o direito de se contrapor ao que inovar no prazo mínimo de quinze dias e facultando-lhe, também, requerer a produção de prova complementar.

2.5 O valor da causa

A petição inicial deverá indicar o valor da causa (art. 319, V) que, em geral, corresponde à expressão econômica do direito reclamado pelo autor. A exigência prevalece mesmo quando o direito sobre o qual o autor requer que recaia a tutela jurisdicional não tenha expressão econômica imediata (art. 291). Seja quando se trata de direito que não tem expressão patrimonial ou quando não for possível ao autor, desde logo, precisar as consequências do dano e, consequentemente, sua expressão econômica. Nestes casos, cabe ao autor *estimar* o valor da causa, justificando sua iniciativa, o que viabilizará adequada manifestação do réu (art. 293) e do próprio magistrado a este respeito (art. 292, § 3º).

O art. 292 indica, sem pretensão de exaurir o tema, alguns critérios a serem observados pelo autor para aferição do valor da causa e que devem guiar, no particular, a elaboração da petição inicial. É assunto que trato a propósito dos atos processuais (v. n. 10 do Capítulo 5).

2.6 As provas com que o autor pretende demonstrar a verdade dos fatos alegados

O inciso VI do art. 319 exige do autor a indicação, na petição inicial, dos meios de prova mediante os quais pretende demonstrar a verdade dos fatos alegados.

Embora o CPC de 2015 não tenha trazido nenhuma inovação na exigência, cabe compreendê-la *sistematicamente*, como de resto, sempre o foi mais adequado (e correto), mesmo no âmbito do CPC de 1973.

É que a produção da prova documental *deve ser feita* com a petição inicial. Não só os documentos tidos como "indispensáveis" pelo art. 320 mas todos e quaisquer documentos que o autor conheça sobre fatos por ele alegados. É a interpretação que decorre do *caput* do art. 434. Idêntica análise merece ser reservada para a ata notarial (art. 384) da qual o autor já disponha (ou, quando menos, tenha ciência de existência) no momento de apresentar a petição inicial.

Também pode ser que o autor disponha de trabalho técnico cuja análise seja bastante para dispensar a prova pericial (art. 472). É o caso de fazê-lo a partir da inicial, justificando sua apresentação desde logo.

O inciso VI do art. 319 convida, outrossim, ao entendimento de que, sendo o caso, o autor indicará, já na inicial, a necessidade de *antecipação da prova* para os fins do art. 381.

Importa, portanto, entender a regra aqui examinada não só na perspectiva futura de o magistrado, entendendo que o processo deve ingressar em sua fase instrutória, determinar às partes que especifiquem as provas que nela pretendam produzir, decidindo a seu respeito (art. 357, II) mas também na presente, de *produção imediata* de meios de prova pelo autor ou, se for este o caso, requerer a antecipação de sua produção.

O que é inadmissível em um modelo de processo que quer ser *cooperativo* (art. 6º) é que o dia a dia do foro continue a reproduzir (e a admitir) os "protestos genéricos" de prova que nada significam em termos de *eficiência* processual, como se o instante procedimental adequado para a produção da prova documental não fosse a petição inicial. No que é (e continua a ser) claro o *caput* do art. 434.

2.7 A opção do autor pela realização ou não de audiência de conciliação ou de mediação

A última exigência feita pelo art. 319, e que é novidade trazida pelo CPC de 2015, é que a petição inicial revele a *opção* do autor sobre a realização ou não da audiência de conciliação ou de mediação (inciso VII).

Se o autor manifestar, desde logo, seu desinteresse naquela audiência, o réu será citado para apresentar contestação (art. 335, III). Não há sentido em designar aquela audiência nos casos em que o autor, desde logo, indica seu desinteresse na conciliação ou na mediação. Até porque seu não comparecimento pode ser entendido como ato atentatório à dignidade da justiça nos moldes do § 8º do art. 334. Trata-se de interpretação que se harmoniza e que se *justifica* com o princípio da autonomia da vontade – tão enaltecido pelo CPC de 2015 – e que, mais especificamente, preside a conciliação e a mediação. Expresso, nesse sentido, aliás, o art. 2º, V, da Lei n. 13.140/2015, que disciplina a mediação. Ademais, de acordo com o § 2º daquele mesmo art. 2º, "ninguém será obrigado a permanecer em procedimento de mediação".

De outra parte, ainda que o autor nada diga a respeito da sua *opção* de participar, ou não, da audiência de conciliação ou de mediação (quando se presume sua concordância com a designação da audiência consoante se extrai do § 5º do art. 334), pode ocorrer de o réu manifestar-se, como lhe permite o mesmo dispositivo, contra sua realização, hipótese em que a audiência inicialmente marcada será cancelada, abrindo-se o prazo para o réu apresentar sua contestação, como determina o inciso II do art. 335.

2.8 Outras exigências

Embora o CPC de 2015 nada diga a respeito, incidindo no mesmo equívoco do CPC de 1973, há outras exigências a serem preenchidas pela petição inicial. Ela deverá ser datada e assinada por alguém que detenha capacidade postulatória.

A este respeito, destaco o art. 287, segundo o qual a inicial deverá ser acompanhada, em regra, da procuração outorgada pela parte ao advogado (privado). As exceções são as do parágrafo único daquele dispositivo: quando se tratar de prática de ato urgente, inclusive para evitar decadência ou prescrição, quando se tratar de representação pela Defensoria Pública ou, ainda, quando a representação for institucional, decorrendo diretamente da CF (como se dá com a advocacia-geral da União e com o Ministério Público) ou de outros atos normativos (como se dá com a advocacia pública em geral). O endereço eletrônico e o não eletrônico do procurador devem ser indicados, viabilizando, com isto, a correção na realização das intimações processuais (art. 77, V), providência que vai ao encontro (não obstante a inafastável pecha de *formalmente* inconstitucional que merece a regra) da mais ampla, prevista no inciso VII do mesmo art. 77, introduzida pela Lei n. 14.195/2021.

É pertinente sublinhar também que, não obstante o silêncio do art. 319, quando comparado com o art. 282 do CPC de 1973, o autor poderá indicar, na petição inicial, por qual modalidade pretende a citação do réu, observando o que os arts. 238 a 259 disciplinam a respeito. Se o autor nada requerer a este respeito, a citação será feita com observância da ordem legal, sendo certo que a modalidade preferencial, de acordo com o *caput* do art. 246, na redação que lhe deu a Lei n. 14.195/2021, é por *meio eletrônico*. Não obstante, cabe ao autor, na petição inicial, indicar a modalidade de citação que prefere, justificando-a (art. 247, V).

Também pode ser o caso de a petição inicial veicular pedido de "tutela provisória". Se este for o caso, cabe ao autor indicar a ocorrência de seus respectivos pressupostos (art. 300).

Se for o caso de denunciação da lide pelo autor, a inicial deverá justificar a razão pela qual o autor entende trazer ao processo, desde já, aquele em face de que, na perspectiva do direito material (lei ou contrato), entende possuir direito de regresso, que será citado.

O § 2º do art. 134 permite ao autor que requeira, já com a inicial, a desconsideração da personalidade jurídica. A hipótese é, bem entendida, de apresentação de mais de um pedido em face de um mesmo réu na forma que analiso no n. 4.4 do Capítulo 4, impondo ao autor que formule, desde logo, o pedido e também as razões que lhe dão fundamento.

Por fim, mas não menos importante, cabe ao autor demonstrar o recolhimento das custas e das despesas de plano. A sua falta levará à necessária intimação do procurador para realizá-lo em quinze dias. Na omissão, será cancelada a distribuição (art. 290) o que equivale a dizer que a petição inicial não superará o juízo de admissibilidade *positivo*. Se o caso for de justiça gratuita – cuja concessão dispensará o pagamento noticiado –, o requerimento respectivo deverá ser formulado com a petição inicial (art. 99, *caput*).

3. JUÍZO DE ADMISSIBILIDADE DA PETIÇÃO INICIAL

Registrada e, se for o caso, distribuída consoante haja, ou não, mais de um órgão jurisdicional abstratamente competente para conhecê-la (art. 284) a petição inicial será autuada e numeradas e rubricadas as folhas (arts. 207 e 208). Tratando-se de processo eletrônico, estas tarefas são extremamente simplificadas e agilizadas (art. 193).

Após as providências cartorárias, o magistrado realizará o juízo de admissibilidade da petição inicial. Para fins didáticos, é importante identificar três alternativas que podem ocorrer: a primeira é a de a petição inicial preencher adequadamente seus requisitos. Neste caso, o magistrado determinará a citação do réu. A segunda é a de a petição inicial *não preencher* seus requisitos. A hipótese é de emenda da petição inicial. A terceira, que pode até decorrer, mas não necessariamente, da segunda, é o indeferimento liminar, isto é, desde logo, da petição inicial. Proponho que estas alternativas sejam chamadas, respectivamente, de "juízo de admissibilidade *positivo*", "juízo de admissibilidade *neutro*" e "juízo de admissibilidade *negativo*".

É o caso de analisar mais detidamente cada uma destas situações.

3.1 Juízo de admissibilidade positivo

O "juízo de admissibilidade *positivo*" pressupõe que a petição inicial seja considerada adequada, do ponto de vista formal, pelo magistrado. Não há nisto nenhum prejulgamento, no sentido de indicar que o autor é merecedor da tutela jurisdicional por ele pedida. Trata-se, tão só, do reconhecimento de que, do ponto de vista formal, o autor cumpriu a contento as exigências que lhe são feitas e, tendo o procedimento comum como referência, a observância escorreita do art. 319 na forma do n. 2, *supra*.

O recebimento da petição inicial é significativo também de que a petição inicial é compreensível, verdadeiramente inteligível. Trata-se de exigência que, a par de encontrar eco na boa-fé objetiva do art. 5º, que guiará a compreensão do pedido (art. 322, § 2º), é imposta desde os princípios do contraditório e da ampla defesa. O réu tem o direito de saber, com precisão, o que, em face dele, é pedido e por que é pedido (causa de pedir) para poder exercitar, em plenitude, sua defesa.

Estando em ordem a petição inicial, o réu será citado, como regra, para comparecer à audiência de conciliação e mediação com pelo menos vinte dias de antecedência (art. 334, *caput*), intimando-se o autor, por intermédio de seu procurador, para nela comparecer (art. 334, § 3º).

Se o autor, na inicial (art. 319, VII, e art. 334, § 5º), manifestar sua discordância com a designação daquele ato ou quando o direito reclamado pelo autor não admitir autocomposição, o magistrado determinará a citação do réu para que apresente, desde logo, sua contestação (art. 335, III). Não vejo, repito o que escrevi no n. 2.7, *supra* – o que reitero no n. 4.1, *infra* –, como realizar a audiência de conciliação ou de mediação quando uma das partes manifestar expressamente o seu desinteresse nela.

3.2 Juízo de admissibilidade neutro

Pode ocorrer de a petição inicial não preencher as exigências que lhe são impostas e que seja possível – e mais do que isto, verdadeiramente desejável – que seus vícios sejam supridos, viabilizando, com isto, o desenvolvimento válido e regular do processo, com a citação do réu.

É a hipótese coberta pelo art. 321, segundo o qual "O juiz, ao verificar que a petição inicial não preenche os requisitos dos arts. 319 e 320 ou que apresenta defeitos e irregularidades capazes de dificultar o julgamento de mérito, determinará que o autor, no prazo de 15 (quinze) dias, a emende ou a complete, indicando com precisão o que deve ser corrigido ou completado".

A exigência de que o magistrado *deve* indicar o que, na sua percepção, falta ou merece ser esclarecido na petição inicial atende aos reclamos da doutrina anterior ao CPC de 2015, inclusive do que sustentava no volume 2, tomo I, do meu *Curso sistematizado*, e se relaciona intimamente com o contraditório e, mais especificamente, com o modelo de processo cooperativo do art. 6º.

Nada há que impeça, a despeito da ausência de *texto* expresso, que o autor requeira do juiz esclarecimentos sobre as suas eventuais objeções e que neste *diálogo*, sempre necessário e nunca dispensável, o alcance do que pretende o autor fique suficientemente esclarecido. Esta troca de informações será importante, até mesmo, para interpretar o pedido levando em conta a boa-fé a que faz referência o § 2º do art. 322, e é, também por sua vez, inequívoca manifestação do modelo *cooperativo* de processo.

O descumprimento do prazo de quinze dias para a emenda pelo autor deve aceitar, consoante o caso, dilação. Desde que o autor justifique a razão de seu não cumprimento – e pedido deste jaez deve ser formulado *antes* de o prazo original esgotar (art. 139, VI, e parágrafo único) –, e que o magistrado se convença dela, não há por que negar a dilação. Trata-se, uma vez mais, de natural consequência de um processo cooperativo.

É certo, todavia, que o não cumprimento das determinações do magistrado conduzirá ao indeferimento da petição inicial, no que é suficientemente claro o parágrafo único do art. 321.

3.3 Juízo de admissibilidade negativo

O CPC de 2015 deixa mais claro que o "juízo de admissibilidade *negativo*" pode ser proferido por razões de cunho processual (arts. 330 e 331) e também por razões de mérito (art. 332).

3.3.1 Indeferimento da petição inicial

O CPC de 2015 refere-se à primeira hipótese referida no número anterior quando trata do "indeferimento da petição inicial". De acordo com o art. 330, a petição inicial será indeferida quando ocorrer ao menos uma das quatro hipóteses de seus incisos.

A primeira delas é a *inépcia* da inicial. É o próprio § 1º do art. 330 que descreve a petição inicial inepta como (i) aquela em que faltar pedido ou causa de pedir; (ii) em que o pedido for indeterminado, a não ser que se esteja diante de alguma exceção legal (art. 324, § 1º); (iii) quando a narração dos fatos não conduzir logicamente ao pedido; ou, ainda, (iv) quando contiver pedidos (cumulados) incompatíveis entre si, o que pressupõe, não custa lembrar, que a hipótese não seja de cumulação *imprópria*.

Também cuidam da inépcia da inicial os §§ 2º e 3º do art. 330. De acordo com o primeiro daqueles dispositivos, quando o autor pretender revisar obrigação decorrente de empréstimo, financiamento ou alienação de bens, a petição inicial deverá – sob pena de ser considerada inepta – discriminar sobre qual ou quais obrigações contratuais recai seu pedido de tutela jurisdicional, quantificando o valor incontroverso do débito. O valor incontroverso, prossegue o § 3º, deverá continuar a ser pago no tempo e modo contratados. Nada, o prezado leitor notará, que já não decorresse da adequada compreensão dos incisos II e III do § 1º do mesmo dispositivo.

Os incisos II e III do art. 330, voltando às hipóteses de indeferimento da petição inicial, tratam do que o CPC de 1973 e toda a dogmática do direito processual civil brasileiro conheciam como "condições da ação". Mesmo que o CPC de 2015 tenha abandonado aquela nomenclatura, a dinâmica daquelas outrora *condições* e hoje "requisitos de admissibilidade do julgamento de mérito" ou quejandos é, rigorosamente, idêntica. Tanto assim que a petição inicial será indeferida de plano quando "a parte for manifestamente ilegítima" ou quando "autor carecer de interesse processual" ou, para empregar a nomenclatura proposta por este *Manual*, quando faltar o *mínimo indispensável para o exercício do direito de ação*.

O inciso IV do art. 330, por fim, impõe o indeferimento da petição inicial quando o autor não atender as exigências que o art. 106 estabelece ao advogado ou as do art. 321 (a adequada superação do juízo *neutro* de admissibilidade).

A despeito do *texto* do inciso IV, não há razão para negar para a hipótese nele prevista, e, bem assim, para todas as demais (e principalmente as do inciso I), que o magistrado exorte o autor a explicar, esclarecer, complementar a sua petição inicial para que eventual defeito, obscuridade ou pouca clareza em sua formulação evidencie que *não se trata* de inépcia, nem de flagrante ilegitimidade e nem de falta de interesse processual. O art. 321, assim, deve incidir genericamente, consoante as peculiaridades de cada caso. É consequência inarredável do modelo cooperativo de processo imposto pelo art. 6º e, de resto, é providência que se afina com o "dever-poder geral de saneamento" do inciso IX do art. 139.

É certo, todavia, que, uma vez instigado o autor a se manifestar para os fins de *emenda* da inicial, o descumprimento do prazo ou seu silêncio *devem* conduzir ao indeferimento da inicial (art. 321, parágrafo único).

Quando indeferida a inicial nos moldes do art. 330, poderá o autor, querendo, apresentar recurso contra a sentença. A apelação, que é o recurso cabível de toda e qualquer sentença (art. 1.009, *caput*), apresenta disciplina procedimental diferenciada, objeto do art. 331.

A primeira nota distintiva desta apelação está na viabilidade de o magistrado retratar-se da decisão que proferiu. Terá, para tanto, o prazo de cinco dias que são contados, só pode ser assim, de quando os autos forem a ele apresentados com a apelação neles encartada. Trata-se do que no n. 2.5 do Capítulo 17 chamo de "efeito regressivo" dos recursos, excepcional, para as apelações.

Se o magistrado retratar-se, isto é, se ele voltar atrás e acabar recebendo a petição inicial que indeferira, determinará a citação do réu para os devidos fins. Para tanto, importa entender que o juízo da primeira instância deverá analisar a admissibilidade da apelação, concluindo pela sua afirmativa, o que, no sistema do CPC de 2015, é medida excepcional (art. 1.010, § 3º; v. n. 4.1 do Capítulo 17).

Caso a sentença seja mantida, o juiz determinará a citação do réu. A finalidade desta citação é específica: "responder ao recurso", consoante se lê do § 1º do art. 331. É o que a prática forense conhece como "contrarrazões", que, com a nova ortografia da língua portuguesa, passou a ser uma só palavra, aglutinada.

Alguns autores entendem que as contrarrazões têm de prever o provimento do recurso e a possibilidade de julgamento de mérito em desfavor do réu, razão pela qual elas precisariam *também* desempenhar as vezes da contestação. A melhor interpretação é em sentido contrário: primeiro a inicial tem que ser admitida para depois, somente depois, o réu ter efetiva oportunidade de se defender das alegações do autor. Eficiência do processo não pode ser confundida, como muitas vezes o é, com *pressa* e com atropelo, puro e simples, de garantias e direitos, inclusive de estatura constitucional.

Com as contrarrazões (ou sem elas, mas desde que o réu tenha tido oportunidade para apresentá-las) os autos serão enviados ao Tribunal.

Para o Tribunal há duas alternativas que para cá interessam: preservar a sentença ou reformá-la. Se preservar, caberá ao autor, se quiser, prosseguir na fase recursal que, a partir daquele ponto, não traz nenhuma peculiaridade. Se reformar a sentença, o acórdão fará as vezes do recebimento da petição inicial. Neste caso, o réu, que já está citado, terá prazo para contestar, que fluirá da intimação comunicando o retorno dos autos à primeira instância, "observado o disposto no art. 334" (art. 331, § 2º).

É difícil entender o sentido da remissão feita pelo precitado dispositivo ao art. 334 (que trata da audiência de conciliação ou de mediação) se ele próprio já se refere ao prazo para contestar. Houve erro de remissão, que deveria ser ao art. 335, que trata do início do prazo para contestação? Ou, na verdade, o dispositivo quer que a audiência de conciliação ou de mediação seja realizada, *a não ser que, ao menos uma das partes assim não deseje* (art. 334, § 4º, I)?

A melhor forma de superar esta antonímia, prezado leitor, está na preponderância do incentivo que o CPC de 2015 dá às formas de autocomposição (art. 3º, §§ 2º e 3º). Assim, a despeito do "prazo para a contestação", que se lê no § 2º do art. 331, fico com a interpretação de que, com o retorno dos autos à primeira instância, as partes serão *intimadas* para a audiência de conciliação ou de mediação. Caso se manifestem em sentido contrário, aí sim, inequivocamente, o réu terá aberto o prazo para contestação.

Por fim, se o autor não apelar da sentença que indeferiu liminarmente sua inicial, o réu será intimado "do trânsito em julgado da sentença" (art. 331, § 3º). Em rigor, não há trânsito em julgado porque as hipóteses que conduzem o magistrado ao indeferimento da inicial com fundamento no art. 330 não são de mérito (nem mesmo as dos incisos II e III) e, pois, não são passíveis de transitar em julgado. Tanto assim que o § 1º do art. 486 evidencia que a repropositura da demanda nestes casos é admissível, conquanto corrigido o vício que conduziu ao indeferimento. Contudo, a despeito da terminologia, a intimação de que houve processo em face do réu, que houve sentença de rejeição da inicial e que a sentença não foi objeto de apelo, é essencial e verdadeiramente impositiva diante dos princípios do contraditório e da ampla defesa. Ela faz, por isto mesmo, as vezes de verdadeira *citação*.

3.3.2 Improcedência liminar do pedido

Como escrevi no n. 3, *supra*, pode ocorrer de o juízo de admissibilidade *negativo* conduzir o magistrado a proferir sentença de *mérito* desde logo, antes mesmo da citação do réu.

A hipótese é disciplinada pelo art. 332, que vem para substituir o polêmico art. 285-A do CPC de 1973, nele introduzido pela Lei n. 11.277/2006, e que foi objeto da ADI 3.695/DF que foi descartada pelo STF diante da perda de seu objeto com a entrada em vigor do CPC de 2015.

A improcedência liminar do pedido é possível, de acordo com o art. 332, quando a fase instrutória for dispensável e desde que (i) o pedido contrarie enunciado de súmula do STF ou do STJ; (ii) ou acórdão proferido pelo STF ou pelo STJ em julgamento de recursos repetitivos; (iii) ou entendimento firmado em incidente de resolução de demandas repetitivas ou de assunção de competência; ou, ainda, (iv) enunciado de súmula de tribunal de justiça sobre direito local.

A diretriz da nova regra afeiçoa-se ao que parcela da doutrina, inclusive o volume 2, tomo I, do meu *Curso sistematizado* nas edições anteriores ao CPC de 2015, e a jurisprudência que acabou prevalecendo no âmbito do STJ, já sustentavam: que a rejeição liminar do pedido pressupunha consolidação jurisprudencial acerca do assunto, sendo inviável – e verdadeiramente antiproducente – que a existência de mera sentença em sentido contrário à pretensão autoral pudesse justificar sua rejeição liminar.

É coerente o CPC de 2015 com o que ele próprio propõe quanto à eficácia dos precedentes dos Tribunais ao impor a improcedência liminar quando a petição inicial retratar pretensão colidente nos casos destacados. Importa, por isso mesmo, interpretar as hipóteses dos incisos do art. 332 levando em conta os referenciais (os "indexadores jurisprudenciais") do art. 927.

O que é menos claro no dispositivo e, por isto, merece ser esclarecido, é que os casos devem pressupor uniformidade fática ou, quando menos, inviabilidade de qualquer dúvida, por parte do magistrado, sobre o substrato fático a partir do qual incidirá o comando jurídico *jurisprudencializado*. É esta a interpretação que merece ser dada à expressão que abre o *caput* do art. 332, "nas causas que dispensem a fase instrutória". Havendo dúvida sobre os fatos aplicáveis, sua extensão ou quaisquer outros detalhes, o art. 332 *não pode incidir*. O que pode ocorrer – mas é totalmente diverso – é que, após a contestação, o magistrado profira julgamento antecipado do mérito (art. 355), ao menos de forma *parcial* (art. 356). Aqui também cabe ressalva de que *eficiência* processual não é – e nem pode ser – sinônimo de *pressa*. Não é isto, definitivamente não, o que impõe a CF desde seu art. 5º, LXXVIII, e que está espelhado no art. 4º.

Além destes casos, previstos nos incisos I a IV do *caput*, o § 1º do art. 332 também autoriza a rejeição liminar da inicial com resolução de mérito nos casos em que o magistrado constatar, desde logo, a ocorrência de decadência ou de prescrição. A previsão harmoniza-se com o que consta do inciso do art. 487 sobre serem aquelas matérias tratadas como mérito pelo CPC de 2015, a exemplo, aliás, do que já fazia o CPC de 1973.

É correto entender que o magistrado, antes de proferir sentença de improcedência liminar do pedido, dê ao autor a oportunidade de se manifestar sobre a ocorrência de uma ou mais das hipóteses do art. 332, o que deriva, sem muito esforço, dos arts. 6o e 10. Até para que se oportunize ao autor que realize, a contento, a *distinção* do caso para afastar eventual indexador jurisprudencial que selaria a sorte de sua pretensão nos moldes do art. 927 ou, ainda, que sublinhe algum aspecto fático apto a afastar a consumação de prazo prescricional ou decadencial. Como toda a nulidade processual pressupõe prejuízo (v. n. 8 do Capítulo 5), é correto afastar o contraditório prévio quando o fundamento a ser adotado pela sentença já tiver sido suficientemente enfrentado (embora em sentido oposto) na petição inicial.

A exemplo do que relatado com relação aos arts. 330 e 331, o art. 332 também traz alterações procedimentais na apelação cabível da sentença proferida com fundamento nele. Tais alterações coincidem com aquelas expostas ao ensejo do art. 331, sendo bastante sua mera enunciação. Assim é que o § 3º do art. 332 prevê a possibilidade de juízo de retratação em cinco dias pelo magistrado, o que pressupõe, como já destacado, *juízo positivo* de admissibilidade do apelo a ser efetuado *excepcionalmente* pelo magistrado *a quo*. O § 4º, por seu turno, determina a citação do réu na hipótese de haver retratação (e ele será citado, neste caso, para a audiência de conciliação ou mediação, como regra, à falta de qualquer dispositivo em sentido contrário). Caso não haja retratação, o réu será citado para apresentar contrarrazões no prazo de quinze dias.

Cabe observar, de qualquer sorte, que a intimação do réu nos casos em que não for interposta a apelação dará efetiva notícia do trânsito em julgado daquela decisão (art. 332, § 2º, que faz remissão ao art. 241, regra dirigida ao escrivão ou chefe de secretaria a quem compete o dever de fazer a intimação). Também aqui, por força do modelo constitucional, é correto entender que a intimação faz as vezes de verdadeira *citação*.

4. AUDIÊNCIA DE CONCILIAÇÃO OU DE MEDIAÇÃO

Importantíssima alteração promovida pelo CPC de 2015 está no ato seguinte ao juízo *positivo* de admissibilidade da petição inicial. A citação do réu será, como regra, para comparecer ao que é chamado de "audiência de conciliação ou de mediação" e não, como no CPC de 1973, para apresentar contestação.

É o que se extrai do *caput* do art. 334: "Se a petição inicial preencher os requisitos essenciais e não for o caso de improcedência liminar do pedido, o juiz designará audiência de conciliação ou de mediação com antecedência mínima de 30 (trinta) dias, devendo ser citado o réu com pelo menos 20 (vinte) dias de antecedência".

Se é certo que no CPC de 1973 uma audiência com esta finalidade *podia* ser designada pelo magistrado, não é menos certo que, no CPC de 2015, ela *deve ser designada*. Ao menos é esta a regra que, consoante as peculiaridades do caso concreto, aceitará as exceções do § 4º do art. 334. A iniciativa vai ao encontro do que, desde os §§ 2º e 3º do art. 3º, o CPC de 2015 enaltece em termos de soluções *consensuais* do litígio, preferindo-a ou, quando menos, criando condições concretas de sua realização no lugar da constante e invariável solução *impositiva*, típica da atuação jurisdicional, ao menos na visão tradicional.

Não vejo como entender que a Lei n. 13.140/2015, que trata da mediação, infirme a opção feita pelo CPC de 2015 sobre a *citação* do réu para comparecer à referida audiência. Primeiro, porque o art. 27 daquela Lei limita-se a prever que, "Se a petição inicial preencher os requisitos essenciais e não for o caso de improcedência liminar do pedido, o juiz designará audiência de mediação". A regra, em rigor, compatibiliza-se plenamente com o *caput* do art. 334 do CPC de 2015. Segundo, porque o CPC de 2015, por veicular as regras específicas de processo e mesmo de procedimento, deve prevalecer sobre as soluções que aquele outro diploma legislativo insinua a respeito do assunto. Assim, o art. 29 da Lei n. 13.140/2015, ao dispor que, "solucionado o conflito pela mediação antes da citação do réu, não serão devidas custas judiciais finais", merece ser interpretado no sentido de que as custas não serão devidas na hipótese de haver mediação após o início do processo mas *antes* da citação do réu ou, ainda, no sentido de que o réu (já citado, por força do art. 334, *caput*, do CPC de 2015) não pagará custas finais se o conflito for resolvido na audiência por meio da mediação, tornando desnecessário, por isso mesmo, o prosseguimento do processo com relação à definição do direito aplicável. Trata-se, assim, de mais um estímulo para que as partes alcancem a resolução do conflito por meios autocompositivos, pensamento que se harmoniza com os parágrafos do art. 3º do CPC de 2015. Cabe ressalvar, de qualquer sorte, ser questionável, do ponto de vista constitucional, que a lei federal (o CPC ou a Lei n. 13.140/2015) disponha sobre custas no âmbito da Justiça Estadual.

É correto concluir, destarte – e não obstante a Lei n. 13.140/2015 –, que a precitada audiência passa a ser, como regra, ato do procedimento comum, a intermediar a postulação inicial do autor e a apresentação da contestação pelo réu.

O sucesso do novo padrão procedimental do procedimento comum dependerá, de qualquer sorte, da boa aceitação da regra e das condições físicas e humanas de as audiências de conciliação ou de mediação serem realizadas – nos centros a que se refere o *caput* do art. 165 – e, mais do que isto, gerarem os frutos que, espera-se, podem e devem gerar. É tarefa a ser devidamente aquilatada pelo CNJ, na esteira do que dispõe o art. 1.069.

Na perspectiva do CPC de 2015, cabe destacar, a este respeito, que o conciliador ou o mediador atuará *necessariamente* na audiência, consoante estabelece o § 1º do art. 334. Nem poderia ser diferente, sob pena de colocar por terra tudo o que, desde os §§ 2º e 3º do art. 3º, dispõe o CPC de 2015 a respeito, além da rica disciplina relativa à conciliação e à mediação constante de seus arts. 165 a 175, sem prejuízo do que, sobre a mediação judicial, também trazem os arts. 24 a 29 da Lei n. 13.140/2015.

O § 2º do art. 334, por seu turno, prevê a possibilidade de realização de mais de uma sessão destinada à conciliação e à mediação, não espaçadas em mais de dois meses, desde que necessárias à composição das partes. Trata-se de iniciativa que, com os olhos voltados exclusivamente à solução imposta por sentença, não se justifica. Por que aguardar tanto tempo e viabilizar mais de um encontro entre as partes para que *elas* cheguem a algum consenso sobre o litígio? Por que não prosseguir o processo, proferindo sentença o quanto antes? A razão de ser da conciliação e da mediação afastam interrogações como estas, que formulo retoricamente. Por isso, o dispositivo, pertinentemente introduzido, quer viabilizar que o *tempo* necessário à conciliação e à mediação seja empregado para evitar, é este seu intuito, a solução *imposta*. Resolver processos, ainda que com velocidade, definitivamente não é o mesmo que resolver os problemas a eles subjacentes. Por isto, aqui também, a necessidade de criação de uma nova mentalidade acerca dos meios consensuais de resolução de conflitos é inegável. Tanto assim que o *caput* do art. 28 da Lei n. 13.140/2015 permite às partes requerer, de comum acordo, a prorrogação do prazo para a conclusão do procedimento de mediação judicial.

A realização de várias sessões pode se justificar, ademais, diante do § 12 do art. 334, segundo o qual a pauta das audiências de conciliação ou de mediação será organizada de modo a respeitar o intervalo mínimo de vinte minutos entre o início de uma e o início da seguinte. A advogada gestante, lactante, adotante ou que der à luz tem preferência na ordem das audiências de conciliação ou de mediação, desde que comprove essa condição enquanto perdurar o estado gravídico ou o período de amamentação e, tratando-se das duas últimas hipóteses, pelo mesmo prazo da licença-maternidade do art. 392 da CLT (art. 7º-A, III e §§ 1º e 2º, da Lei n. 8.906/1994, incluídos pela Lei n. 13.363/2016), a ser contado em dias corridos por se tratar de prazo *material* (art. 219, parágrafo único). Aqui, diferentemente do que ocorre na hipótese do inciso IX do art. 313, não importa que a advogada responsável pelo processo *não seja* a "única patrona da causa". A preferência na realização da audiência quer tutelar adequadamente a advogada como participante daquele específico ato processual, ainda que haja outros profissionais que possam desempenhá-lo. Pensar diferentemente é excluir apriorística e generalizadamente ou, quando menos, dificultar o exercício profissional da advogada durante aqueles estados e períodos, o que não faz sentido nenhum. Até porque, a se tratar daquela situação, de ser a "única patrona da causa", o direito da advogada consiste na *suspensão* do processo, com fundamento no inciso IX do art. 313 (v. n. 3.9 do Capítulo 7).

O prezado leitor há de perguntar se o advogado que se tornar pai tem direito similar, de preferência na realização das audiências de conciliação ou de mediação nos processos em que atuar. Ainda que a Lei n. 8.906/1994 não tenha sido alterada para albergar a hipótese, a resposta positiva é irrecusável, diante do princípio da isonomia. O período no qual esse direito pode ser exercido pelo advogado é o de *oito* dias do parto (ou cesariana) ou da concessão da adoção, aplicando-se, por analogia, o disposto no § 7º do art. 313, que, pela especialidade, prevalece sobre o § 2º do art. 7º-A da Lei n. 8.906/1994.

A seriedade por trás das audiências de conciliação ou de mediação está estampada no § 8º do art. 334. De acordo com o dispositivo, o não comparecimento injustificado do autor ou do réu à audiência de conciliação (ou de mediação, a despeito do silêncio do dispositivo) é considerado *ato atentatório à dignidade da justiça* e será sancionado com multa de até dois por cento da vantagem econômica pretendida ou do valor da causa, revertida em favor da União (quando o processo tramitar na Justiça Federal) ou do Estado (quando o processo tramitar na Justiça Estadual). A previsão enfatiza a importância de autor e réu manifestarem-se de forma inequívoca sobre seu eventual desinteresse na realização daquela audiência.

4.1 Não realização

A *regra* é que a audiência de conciliação ou de mediação seja realizada como ato seguinte ao recebimento da inicial e à citação do réu.

O autor poderá, contudo, desde a petição inicial (art. 319, VII) manifestar seu desejo no sentido de ela *não* se realizar (art. 334, § 5º). É o que basta, despicienda a indicação do motivo, para que ela *não* se realize. Nestes casos, como já expus, será o réu citado para contestar, observando, no que diz respeito ao seu prazo, o disposto no inciso III do art. 335.

Mesmo que o autor não se oponha àquela audiência na inicial, poderá o réu, citado, peticionar ao juízo comunicando seu desinteresse na audiência. Deverá atentar ao prazo que lhe concede o mesmo § 5º para tanto, de dez dias (úteis) contados da data da audiência. Quando o réu manifestar seu desinteresse em prazo menor aos dez dias exigidos pelo dispositivo, caberá ao magistrado avaliar seu comportamento e, consoante o caso, aplicar a pena a que se refere o § 8º do art. 334, entendendo injustificado (inclusive por conta da não observância do prazo) o seu não comparecimento à audiência.

Não me impressiona, a este respeito, a referência feita pelo inciso I do § 4º do art. 334 que, na sua literalidade, rende ensejo ao entendimento de que a audiência não se realizará somente se "*ambas* as partes manifestarem, expressamente, desinteresse na composição consensual". Basta que uma não queira para frustrar o ato. Não faz sentido, ao menos quando o objetivo que se persegue é a autocomposição, que a vontade de uma parte obrigue a outra a comparecer à audiência (ainda mais sob pena de multa). O primeiro passo para o atingimento da autocomposição deve ser das próprias partes e que seus procuradores as orientem nesse sentido, inclusive para fins de escorreita elaboração da petição inicial. Não há, contudo, como querer *impor* a realização da audiência de conciliação ou de mediação *contra* a vontade de uma das partes, entendimento que encontra eco seguro nos princípios regentes da mediação e da conciliação (v. n. 5.3.5 do Capítulo 4). A depender do que ocorrer no âmbito do processo, o próprio magistrado poderá convocar as partes para lhes expor acerca dos meios alternativos de solução de conflitos (art. 139, V) podendo incentivá-las a tanto, inclusive no limiar da audiência de instrução e julgamento (art. 359). Não, contudo, *impor* a elas a prática daquele ato.

Se o réu tomar a iniciativa de se manifestar contrariamente à realização da audiência de conciliação ou de mediação, caberá a ele *também* justificar, desde logo, eventual ausência de confirmação do recebimento da citação eletrônica, que acabou impondo outra modalidade para efetivar a sua citação (art. 246, § 1º-B, incluído pela Lei n. 14.195/2021). Sua omissão quanto ao ponto ou a recusa de acolhimento de sua justificativa acarretará sua apenação com a multa prevista no § 1º-C do mesmo dispositivo, também fruto do mesmo diploma legislativo.

Reputo importante, ainda com base no inciso I do § 4º do art. 344, destacar que o desinteresse na audiência por *qualquer uma* das partes deve ser expresso. Destarte, o silêncio do autor (na petição inicial) ou do réu (no decêndio indicado no § 5º do art. 334) deve ser compreendido como *concordância*, ainda que tácita, com a realização do ato. A discussão está longe de ser teórica diante da possibilidade de apenação àquele que não comparecer sem justificativa à audiência como permite o § 8º do art. 334.

Havendo *litisconsórcio*, o § 6º do art. 334 dispõe que o desinteresse na audiência deve ser manifestado por todos. A regra merece ser compreendida no sentido de que, não havendo concordância de *todos* os litisconsortes sobre a sua não realização, a audiência deve ser realizada. Assim entendida, a regra tem em mira os casos de litisconsórcio *simples*. É neles que qualquer um dos litisconsortes pode chegar a consenso com a parte contrária independentemente da concordância ou vontade do outro litisconsorte. Quando a hipótese for de litisconsórcio *unitário*, a audiência e eventual solução consensual até podem ocorrer com apenas parte dos litisconsortes. A diferença é que os efeitos de tal solução no plano do processo podem não ser sentidos, gerando, inclusive, novos litígios entre os próprios litisconsortes. Neste caso, e para obviar o problema, parece preferível ao magistrado, rente à relação jurídica material característica daquela espécie de litisconsórcio, que deixe de designar a audiência, a não ser que todos os litisconsortes estejam concordes com sua realização.

Outra hipótese de não realização da audiência está nos casos em que "não se admitir autocomposição" (art. 334, § 4º, II). Neles, justamente por causa da realidade material subjacente ao processo, não há espaço para que as partes busquem solução consensual ou mediada. É o que ocorre em casos em que houver lei proibindo pessoas de direito público de realizarem acordo como, por exemplo, faz o § 1º do art. 17 da Lei n. 8.429/1992 que sanciona os chamados atos de *improbidade administrativa*.

Não obstante, a nova redação do § 1º do art. 1º da Lei n. 9.307/1996, dada pela Lei n. 13.129/2015, ao autorizar que a administração pública, direta e indireta, utilize a arbitragem para dirimir conflitos relativos a direitos patrimoniais disponíveis, mostra-se como elemento indicativo, ainda que genérico, da necessidade de uma mais cuidadosa reflexão sobre o alcance do inciso II do § 4º do art. 334 em relação às pessoas de direito público em geral. Máxime porque o § 2º do art. 1º da Lei n. 9.307/1996, também modificado pela precitada Lei n. 13.129/2015, prescreve que a autoridade ou o órgão competente da administração pública direta para a celebração da convenção de arbitragem é a mesma para a realização de acordos ou transações. É a diretriz assumida também expressamente pelos arts. 35 a 40 da Lei n. 13.140/2015, a Lei da Mediação. Ao menos no ambiente da União Federal – as leis mencionadas são leis *federais* –, a questão está, inequivocamente, bem encaminhada em prol da viabilidade daquelas audiências, verdadeiro marco normativo para a solução consensual de conflitos. Lembro, ainda, dos arts. 32 a 34 da Lei n. 13.140/2015 e das diretrizes a serem implementadas por leis das demais pessoas políticas, a respeito da mediação, a justificar, consoante o caso concreto, a realização da audiência de conciliação ou de mediação.

4.2 Dinâmica

A audiência de conciliação ou de mediação deverá ser designada com antecedência mínima de trinta dias (contados do despacho que a designa que, em regra, é o mesmo que determina a citação do réu). A citação do réu, por sua vez, deverá ser feita, pelo menos, vinte dias antes da audiência, até para que ele, querendo, disponha dos dez dias a que se refere o § 5º do art. 334 para manifestar seu desinteresse na realização. É o que se extrai do *caput* do art. 334.

O autor será intimado da designação na pessoa de seu procurador (art. 334, § 3º), sendo certo que, na audiência, as partes devem estar acompanhadas de seus procuradores (art. 334, § 9º). As partes, por sua vez, poderão constituir representante, por meio de procuração com poderes específicos, para negociar e transigir (art. 334, § 10), hipótese em que a sua própria presença será dispensada. Não há impedimento legal ou ético para que o próprio advogado receba poderes específicos para tanto, que devem ser outorgados de forma expressa, consoante exige o *caput* do art. 105.

Se o réu não tiver se manifestado contrário à realização da audiência de conciliação ou de mediação, ele deverá, no início daquele ato, apresentar eventual justificativa da ausência de confirmação do recebimento da citação de modo eletrônico, por força do que estabelece o § 1º-B do art. 246, incluído pela Lei n. 14.195/2021. A recusa da justificativa acarretará o apenamento do réu em multa aplicada nos termos do § 1º-C do mesmo dispositivo.

A audiência poderá ser realizada por meios eletrônicos, observando-se eventuais disposições específicas (art. 334, § 7º) o que, em decorrência da pandemia do coronavírus, acabou se tornando predominante, em função de normas editadas pelos diversos Tribunais com apoio em resoluções do CNJ. No âmbito dos Juizados Especiais, regra similar foi introduzida pela Lei n. 13.994, de 24 de abril de 2020, que incluiu novos parágrafos ao art. 22 da Lei n. 9.099/95.

O § 12 do art. 334 exige que as audiências sejam marcadas com intervalo mínimo de vinte minutos entre umas e outras.

Se as partes chegarem à autocomposição, ela será reduzida a termo e homologada por sentença (art. 334, § 11). Trata-se de título executivo judicial e, por ostentar essa qualidade, é passível de viabilizar seu cumprimento no próprio processo em que foi criado. Sobre esta última afirmação, cabe enaltecer que a mediação só será homologada judicialmente – criando título executivo *judicial* (art. 515, II e III) – se as partes assim o requererem. Caso contrário, o termo respectivo remanesce como título executivo *extrajudicial* (art. 784, IV). A distinção tem fundamento nos parágrafos únicos dos arts. 20 e 28 da Lei n. 13.140/2015, lei da mediação, e se harmoniza com a disciplina dada ao tema pelo CPC de 2015, em especial pelo referido § 11 do art. 334.

5. CONTESTAÇÃO, RECONVENÇÃO, REVELIA E OUTROS COMPORTAMENTOS DO RÉU

A defesa, compreendida desde o "modelo constitucional do direito processual civil", é o direito subjetivo público de o réu resistir à pretensão do autor tendente à obtenção, em seu favor, de tutela jurisdicional consistente na rejeição do pedido autoral. Assim compreendida, a ênfase da *defesa* reside na *resistência* do réu ao pedido de tutela jurisdicional formulado pelo autor e, neste sentido, é a contraface do direito de ação.

É possível (e desejável) ao réu exercer sua defesa em diferentes planos. Há exercício de defesa pelo réu quando ele questiona a regularidade da atuação do autor em juízo (falta de legitimidade ou de interesse) ou quando se volta à constituição e ao desenvolvimento do processo (falta de pressupostos processuais de existência ou de validade ou presença de pressupostos processuais negativos). Nestas hipóteses, o réu obterá "sentença *terminativa*" (de caráter processual) com fundamento nos incisos IV a VII do art. 485. Há exercício de defesa também quando o réu pretende a rejeição do pedido do autor e, consequentemente, a prestação da tutela jurisdicional em seu favor, hipótese que comporta o proferimento da sentença de caráter meritório ("sentença *definitiva*") a que se refere o inciso I do art. 487. Neste caso, importa acrescentar, a incidência da chamada "coisa julgada *material*" garante ao réu a imunização do quanto decidido em relação a ulteriores discussões.

O CPC de 2015 disciplina o exercício da (ampla) defesa pelo réu permitindo a ele assumir variados comportamentos. O mais genérico (e mais comum) deles é a *contestação*.

O réu pode, contudo, também apresentar *reconvenção* ou deixar de se manifestar em juízo, o que dá ensejo ao que é chamado de *revelia*. Apesar de não disciplinadas pelo CPC de 2015, ao lado destes três comportamentos há outras atitudes que podem ser assumidas pelo réu e que também merecem ser analisadas ao ensejo de sua citação.

O objeto dos itens seguintes é o de estudar as diversas *formas* de apresentação da defesa no procedimento comum e, mais amplamente, indicar os demais comportamentos que o réu pode assumir com relação ao processo.

5.1 Contestação

A contestação pode e deve ser compreendida como a contraposição formal ao direito de ação tal qual exercido pelo autor e materializado na petição inicial. A contestação, neste sentido, contrapõe-se à petição inicial. A contestação é que veicula o direito de defesa, é ela que exterioriza perante o Estado-juiz o exercício daquele direito, tanto quanto o "direito de ação" do autor é veiculado pela petição inicial. Ela se justifica, portanto, não só em função dos princípios da "ampla defesa" e do "contraditório", mas também pelo próprio princípio da "isonomia" e do "acesso à justiça".

A contestação é a forma mais ampla da defesa do réu; é, por excelência, o instante procedimental em que se espera que ele traga concomitantemente todas as alegações, de ordem processual e de ordem material, que possam ser significativas para convencer o magistrado a não prestar a tutela jurisdicional pretendida pelo autor, seja por reconhecer a presença de algum defeito insanável no processo, que justifica a sua extinção, seja por rejeitar o(s) pedido(s) formulado(s) na inicial.

Ela é regida, por isto mesmo, pelos princípios da "concentração da defesa", da "eventualidade" e da "impugnação especificada", no que são claros os arts. 336, 337 e 341.

O princípio da concentração da defesa significa que o réu deve alegar toda a matéria de defesa, seja ela de cunho processual ou substancial (art. 337), na contestação (art. 336). Trata-se de inequívoca decorrência do princípio constitucional da ampla defesa, que, associado ao princípio constitucional da eficiência processual, otimiza as defesas a serem apresentadas pelo réu.

O art. 342 robustece-o ao vedar alegações novas pelo réu depois da contestação *salvo* quando disserem respeito a direito ou a fato superveniente, quando for cabível a atuação oficiosa do magistrado a seu respeito e quando puderem ser formuladas a qualquer tempo e grau de jurisdição por expressa autorização legal.

O princípio da eventualidade significa a possibilidade (e a recomendação) de o réu arguir toda a defesa possível caso uma ou alguma delas seja rejeitada pelo magistrado. Concentra-se a defesa na *eventualidade* de alguma alegação não vir a ser acolhida pelo Estado-juiz. É esta a razão pela qual o art. 337, buscando ordenar as defesas, impõe ao réu que suscite, antes das defesas de mérito (relativas a saber se o autor é, ou não, merecedor de tutela jurisdicional), as defesas *processuais* que entender cabíveis (relativas à possibilidade de o magistrado analisar, ou não, o mérito).

O princípio da impugnação especificada, que se relaciona às defesas de mérito, exige do réu que se manifeste de maneira precisa sobre cada um dos fatos alegados pelo autor. Fato não controvertido, friso, é fato passível de ser reputado verdadeiro (arts. 341, *caput*, e 374, III) e, como tal, passível de ser acolhido pelo magistrado.

5.1.1 Prazo

O prazo para o réu contestar é de quinze dias. O seu termo inicial depende de variadas hipóteses indicadas no art. 335.

A primeira é a fluência do prazo após a realização da audiência de conciliação ou de mediação à qual as partes ou, pelo menos uma delas, não compareçam ou na qual não houve autocomposição. Neste caso, os quinze dias fluirão da data da audiência (art. 335, I). Havendo mais de uma sessão destinada à conciliação (ou, a despeito do silêncio do inciso, também à *mediação*), o prazo tem início com o encerramento da última.

Quando o réu manifestar seu desinteresse na realização daquela audiência, o prazo para contestação terá início na data do protocolo da petição respectiva (art. 335, II). Se houver mais de um réu (litisconsórcio passivo) e todos eles manifestarem desinteresse na realização da audiência de conciliação ou de mediação (art. 334, § 6º), o termo inicial para a apresentação da contestação fluirá para cada um da data de sua respectiva petição (art. 334, § 1º).

Não tendo sido designada audiência de conciliação ou de mediação ou em outras situações não alcançadas pelas hipóteses anteriores, o prazo começa a correr de acordo com as variantes do art. 231 (art. 335, III), quais sejam: (i) sendo a citação pelo correio, da data da juntada, aos autos, do respectivo aviso de recebimento; (ii) sendo a citação realizada por oficial de justiça (inclusive a por hora certa), da data de juntada, aos autos, do mandado de citação cumprido; (iii) sendo a citação realizada por ato do escrivão ou chefe de secretaria, da data em que o réu compareceu ao cartório ou secretaria viabilizando a efetivação da citação (arts. 152, II, e 246, § 1º-A, III); (iv) sendo a citação por edital, do dia útil seguinte ao fim do prazo de sua duração; (v) sendo a citação realizada por meios eletrônicos, do dia útil seguinte à consulta ao seu teor ou ao término do prazo para que a consulta se dê; (vi) sendo a citação realizada por carta (de ordem, precatória ou rogatória) da data da juntada da comunicação (eletrônica), aos autos do processo em que a carta foi expedida, de seu cumprimento pelo juízo que a cumpriu ou, não havendo, da juntada, aos autos de origem, da carta cumprida; ou, ainda; (vii) sendo a citação realizada por meio eletrônico (que é a modalidade preferencial), o quinto dia útil seguinte à confirmação de seu recebimento. Se houver mais de um réu, acrescento, o prazo para citação corre do último evento citatório de todos os demais, no que é claro o § 1º do art.

231, que deve ser interpretado para abranger também a hipótese de a citação ser realizada por meio eletrônico (inciso IX do *caput* do art. 231, incluído pela Lei n. 14.195/2021).

Por fim, dispõe o § 2º do art. 335 que, não sendo caso de realização de audiência de conciliação ou de mediação pela inadmissibilidade de autocomposição sobre o direito em discussão (art. 334, § 4º, II) e o autor desistir da ação em relação a litisconsorte passivo ainda não citado, o prazo para contestação correrá da data de intimação da decisão que homologar a desistência.

5.1.2 Preliminares

O réu deverá apresentar, na sua contestação, toda a matéria de defesa, expondo as razões de fato e de direito pelas quais impugna o(s) pedido(s) do autor (art. 336). Trata-se dos já apresentados princípios da "concentração da defesa" e da "eventualidade".

Também deverá, ainda de acordo com o mesmo art. 336, especificar as provas que pretende produzir, sendo pertinente, a propósito, lembrar das mesmas considerações que lancei em relação ao inciso VI do art. 319: a prova documental que o réu já possuir *deve* ser apresentada com a contestação (art. 434, *caput*), tanto quanto eventual ata notarial ou documento técnico apto a dispensar a perícia. Também caberá ao réu, na contestação, requerer a antecipação de prova, justificando sua iniciativa.

O CPC de 2015, preservando no particular o CPC de 1973, separa a matéria arguível na contestação pelo réu em dois grupos: as defesas relativas ao plano do processo (e ao exercício da ação) e as defesas relativas ao direito material pleiteado pelo autor.

O primeiro grupo compreende o que a prática do foro conhece como "preliminares" e que devem, pela sua própria razão de ser, já que dizem respeito à higidez do processo e ao escorreito exercício do direito de ação, ser arguidas *antes* das defesas relativas ao mérito. Se acolhidas, elas conduzem, por isto mesmo, o processo à sua extinção *sem* resolução de mérito (art. 485, I, IV a VII e IX).

Novidade do CPC de 2015, quando comparado com o CPC de 1973, está no rol destas "preliminares". O rol do art. 337 é mais extenso que seu similar no CPC de 1973, o art. 300, e isto se deve fundamentalmente porque o novo Código inovou ao desformalizar várias manifestações que, até então, por razões históricas, quiçá consuetudinárias ou, pura e simplesmente, por inércia, exigiam manifestação apartada e/ou diferenciada, inconfundível com a contestação. Eram as "exceções" e outros incidentes de diversa ordem que nada traziam de substancial para o eficiente desenvolvimento do processo. O CPC de 2015 aboliu a *forma*, friso, e manteve o conteúdo, realocando-os como "preliminares" de contestação.

A maior extensão do rol do art. 337, contudo, não significa que se trata de rol *taxativo*. Em rigor, toda a matéria que o réu repute importante de alegar e que seja capaz de comprometer ou inviabilizar, de alguma forma, a higidez do processo e/ou o julgamento do mérito, deve ser alegada como "preliminar" de contestação. Assim, por exemplo, pode ser o caso de o réu, quando não o tiver feito antes em função da dinâmica da audiência de conciliação ou de mediação, ter que apresentar, em preliminar de contestação, a devida justificativa para a não confirmação de recebimento da citação realizada eletronicamente (art. 246, § 1º-B, incluído pela Lei n. 14.195/2021), sob pena de ser multado nos moldes do § 1º-C do mesmo dispositivo.

De acordo com o art. 337, são as seguintes as questões a serem arguidas *preliminarmente* na contestação:

5.1.2.1 Inexistência ou nulidade da citação

A primeira preliminar é a do inciso I do art. 337: inexistência ou a nulidade da citação. A citação é indispensável para a formação e o desenvolvimento válido do processo (os princípios constitucionais do contraditório e da ampla defesa previstos no inciso LV do art. 5º da CF impõem esta forma de pensar) e, ressalvadas hipóteses legais devidamente justificadas e devidamente temperadas à luz de outros princípios, ela não pode ser dispensada ou, o que é o mesmo, ser realizada de maneira irregular.

Quando o réu não é citado (inexistência de citação) ou é citado de forma irregular (nulidade da citação) cabe a ele arguir a questão em preliminar de contestação. E muito provavelmente (embora isto não seja necessário), ele o fará a destempo, justamente pelo defeito que recai sobre a citação e sua razão de ser.

O acolhimento desta defesa, portanto, significará que a contestação do réu, mesmo que apresentada fora do prazo regular, será tida como tempestiva, já que o seu comparecimento *espontâneo* supre a *falta* ou a *nulidade* da citação (art. 239, § 1º). Se não houve citação, sua ausência fica suprida. Se houve, mas foi nula, porque não observou as diretrizes legais, seu vício, com o comparecimento do réu, fica convalidado. Tanto que não há óbice algum para que o réu, a despeito dos princípios reitores da contestação, limite-se a arguir o vício previsto neste inciso I. Se a arguição for rejeitada, o réu será considerado revel (art. 239, § 2º, I).

Acolhida a preliminar, eventuais atos processuais que já tinham sido praticados devem ser declarados nulos e o processo *retroagirá* ao instante procedimental da apresentação da contestação.

5.1.2.2 Incompetência absoluta e relativa

No CPC de 1973, havia uma distinção formal (injustificável, forçoso reconhecer) entre a alegação da incompetência relativa e da incompetência absoluta. Esta era arguível em preliminar de contestação. Aquela, a relativa, devia ser arguida pelo réu pelo que era chamado de "exceção de incompetência", cuja apresentação suspendia o processo – e, em rigor, também o prazo para apresentação da contestação – até ulterior decisão.

O CPC de 2015 aboliu aquela "exceção" (e também as outras duas subsistentes, de impedimento e de suspeição) e passou a permitir, no inciso II do art. 337, que *tanto* a incompetência absoluta *como* a incompetência relativa sejam arguidas pelo réu em preliminar de contestação. Aboliu, portanto, uma especial *forma* de determinadas matérias serem arguidas em juízo. A matéria em si mesma considerada foi preservada.

Benefício que a iniciativa do CPC de 2015 traz a respeito é que nem sempre a distinção entre a incompetência absoluta e a relativa é de fácil solução o que criava, no âmbito do CPC de 1973, dificuldades relativas à *forma* de sua alegação. Isto está superado.

Assim, embora haja diferenças entre a incompetência absoluta e relativa, que exponho no n. 6.3 do Capítulo 3 – o § 5º do art. 337, a propósito, veda a apreciação da incompetência *relativa* de ofício, a enaltecer que o réu a argua em preliminar de contestação –, a *forma* de sua alegação é a mesma.

Sendo acolhida a tese da incompetência, os autos serão enviados ao juízo competente, que decidirá sobre a subsistência dos atos anteriores, em qualquer caso (art. 64, § 4º).

O art. 340 permite que sendo alegada pelo réu a incompetência (absoluta ou relativa) a contestação (como um todo, não só a preliminar) seja protocolada no órgão jurisdicional do foro do domicílio do réu, fato do qual o juízo perante o qual tramita o processo será imediatamente comunicado, de preferência por meio eletrônico. A contestação será distribuída, quando houver mais de uma vara ou, nos casos em que a citação deu-se por carta precatória, juntada aos autos respectivos. Em um e em outro caso, será remetida ao juízo perante o qual tramita o processo (art. 340, § 1º), suspensa a realização da audiência de conciliação ou de mediação se tiver sido designada (art. 340, § 3º). Quando reconhecida a competência indicada pelo réu – e a competência, para tanto, é do juízo que determinou a citação –, o juízo ao qual a contestação foi distribuída ou perante o qual tramitou a carta precatória será considerado prevento, encaminhando-se a ele os autos respectivos (art. 340, § 2º). Perante o juízo competente, será designada nova audiência de conciliação ou de mediação (art. 340, § 4º), da qual as partes podem declinar com base no § 5º do art. 334, aplicável à hipótese por analogia.

O art. 340 traz um problema sério na perspectiva procedimental naqueles casos – e eles são a regra – em que a audiência de conciliação ou de mediação tenha sido designada. É que, no CPC de 2015, a contestação, em tais situações, é apresentada *após* o insucesso das tratativas de autocomposição que justificam aquela audiência (art. 335, I), sendo, pois, tardia (e, nesse sentido, *inócua*) a suspensão prevista no § 3º do art. 340 daquela audiência.

Para superar o impasse, é forçoso entender que, nesses casos, cabe ao réu *antecipar* por mera petição a alegação de incompetência do juízo (absoluta ou relativa), nem que esta sua iniciativa seja utilizada para justificar a sua ausência na audiência previamente designada, evitando, assim, a incidência da multa do § 8º do art. 334. Se o pedido for acolhido, é de se entender que nova audiência deverá ser designada pelo juízo competente (art. 340, § 4º). Se rejeitado, é sistemático entender que está justificada a falta do réu àquela audiência (o que inibe sua apenação), sem prejuízo de reconhecer que a sua manifestação tenha o condão de deflagrar o início do prazo para apresentação da contestação (art. 335, II). Eventuais dificuldades quanto ao cumprimento do prazo podem ser obviadas pelo disposto no inciso VI do art. 139, observando-se a ressalva do parágrafo único daquele mesmo dispositivo.

Tomando o réu a iniciativa aqui proposta, não poderá alegar novamente a incompetência na contestação quando apresentada. Tal comportamento seria agressivo à boa-fé (art. 5º). Caberá a ele (e, se for o caso, ao próprio autor), no momento processual oportuno, contrastar a solução dada à questão perante o Tribunal recursal competente (art. 1.009, §§ 1º e 2º).

Nos casos em que a audiência de conciliação ou de mediação não for, por qualquer motivo, a dificuldade aqui noticiada não se apresenta. Neste caso, cabe ao réu articular a defesa como um todo, observando os princípios aplicáveis à espécie.

5.1.2.3 Incorreção do valor da causa

Cabe ao réu, em preliminar de contestação (art. 337, III), alegar que o valor da causa, tal qual indicado pelo autor em sua petição inicial (art. 319, V), é incorreto. Seja porque ele não representa, a contento, a expressão econômica do(s) pedido(s) formulado(s) pelo autor, seja porque ele se desvia daqueles casos em que o próprio art. 292 impõe a observância de um valor certo (v. n. 10 do Capítulo 5).

O CPC de 2015 também inova com relação ao ponto. O CPC de 1973 disciplinava a iniciativa do réu como um incidente processual, que nada acrescentava à eficiência processual. É, neste sentido, bem-vinda a inovação de *desformalizar* aquela alegação, transformando-a em mais uma preliminar a ser arguida pelo réu.

Acolhida a impugnação ao valor da causa feita pelo réu, será determinada sua correção e o autor será responsável pelo pagamento de eventual diferença relativa às custas processuais. Nada impede, evidentemente, que, com o novo valor, o autor venha a pleitear os benefícios da justiça gratuita, mas isto é questão diversa e que *não* interfere e *não pode* interferir na indicação escorreita do valor da causa.

5.1.2.4 Inépcia da petição inicial

A inépcia da petição inicial, sobre a qual versam os §§ 1º e 2º do art. 330 é razão para conduzir o magistrado ao indeferimento liminar da inicial, desde que, como lá escrevi, não seja possível ou efetivada sua emenda ou sanação.

Pode ocorrer, contudo, o magistrado não ter se atentado a isto quando da realização do juízo de admissibilidade da petição inicial. Pode acontecer também que aos olhos do magistrado, ao menos naquele momento, a petição inicial nada apresentava de inepta e por isto, proferindo juízo de admissibilidade positivo, acabou por determinar a citação do réu.

Em tais casos, justamente por causa da citação do réu, cabe a ele arguir, como preliminar de contestação, a inépcia da inicial, levando em conta o disposto nos precitados §§ 1º e 2º do art. 330.

O acolhimento da tese conduzirá o processo à sua resolução sem mérito (art. 485, I).

5.1.2.5 Perempção

A perempção é pressuposto processual negativo que, se presente, inibe a formação e o desenvolvimento válido do processo.

É a hipótese de o autor ter formulado o mesmo pedido, com base na mesma causa de pedir em face do réu, três vezes anteriores e ter dado ensejo à extinção do processo sem resolução de mérito por abandono de causa em cada uma delas. O § 3º do art. 486 veda que o autor requeira, ao Estado-juiz, pela quarta vez, aquela mesma tutela jurisdicional em face do réu, ainda que resguarde a ele a possibilidade de alegar seu direito em defesa.

A vedação legal é de discutível constitucionalidade, diante do art. 5º, XXXV, da CF. Importa distinguir, com nitidez, litigância de má-fé ou improbidade processual de acesso à Justiça. A escolha feita pelo precitado § 3º do art. 486, não obstante ser reprodução do parágrafo único do art. 268 do CPC de 1973, esbarra na referida norma constitucional.

De qualquer sorte, na perspectiva do réu, cabe a ele arguir a existência da perempção como preliminar de contestação (art. 337, V). Se ela for acolhida, o processo (o quarto) será extinto sem resolução de mérito (art. 485, V) e não seria demasiado sancionar o autor com as devidas penas pela litigância de má-fé.

5.1.2.6 Litispendência e coisa julgada

A litispendência e a coisa julgada, não obstante estarem previstas em dois incisos diferentes do art. 337 (incisos VI e VII, respectivamente), merecem tratamento conjunto. É que, em rigor, ambas representam o mesmo fenômeno e a mesma consequência jurídica só que em momentos diferentes. A litispendência volta-se à identificação de duas demandas idênticas em curso concomitantemente. A coisa julgada também trata da identificação de duas demandas idênticas quando uma já transitou em julgado. Compreenda, prezado leitor, a palavra demanda sempre no sentido da postulação que alguém faz em face de outrem, formulando pedido de tutela jurisdicional (ou mais de um) por determinada razão relevante para o direito (ou mais de uma).

O § 1º do art. 337 trata-as em conjunto, dispondo que há litispendência ou coisa julgada "quando se reproduz ação anteriormente ajuizada", sendo que, isto de acordo com o § 2º do mesmo dispositivo, "uma ação é idêntica a outra quando possui as mesmas partes, a mesma causa de pedir e o mesmo pedido", os mesmos elementos da demanda, na acepção acima.

Os §§ 3º e 4º do art. 337 dão notícia da distinção, já acentuada, entre as duas figuras: a litispendência pressupõe "ação em curso"; na coisa julgada, diferentemente, a "ação" que se repete "já foi decidida por decisão transitada em julgado".

Ambos os institutos, assim como a perempção, são pressupostos *negativos* no sentido de que devem estar ausentes para viabilizar o desenvolvimento válido do processo. Sua presença, por isto mesmo, conduz o magistrado à extinção do processo *sem* resolução de mérito (art. 485, V).

5.1.2.7 Conexão

A conexão é fator que *modifica* a competência de um juízo para o outro, nos casos disciplinados pelos arts. 54 e 55. Trata-se, como se lê do art. 54, da hipótese em que duas demandas, por terem em comum o pedido ou a causa de pedir, devem tramitar perante o mesmo juízo. O objetivo da regra é evitar o proferimento de decisões conflitantes e, até mesmo, incompatíveis entre si o que é possível (mas absolutamente indesejável) dada a identidade dos elementos de ambas as demandas.

Ao acolher a conexão, os autos serão enviados ao juízo competente pela sua ocorrência, o "juízo prevento", para empregar a nomenclatura do art. 58.

O art. 337 nada diz sobre a *continência* (art. 56). É o caso, contudo, de dar a ela o *mesmo regime jurídico*, permitindo que o réu a argua como preliminar de contestação com vistas também à *modificação* da competência e a remessa dos autos ao juízo prevento.

O prezado leitor pode, nesse ponto da exposição, perguntar: a hipótese prevista no § 3º do art. 55, apesar de não guardar harmonia com a conexão, deve ser arguida pelo réu em contestação? A resposta merece ser positiva para que, tendo notícia dos dois processos que, embora não conexos, possam render ensejo a decisões diferentes, seja determinada sua reunião para julgamento conjunto perante o juízo prevento.

5.1.2.8 Incapacidade da parte, defeito de representação ou falta de autorização

O inciso IX do art. 337 trata de pressupostos processuais relativos às partes, ao se referir à incapacidade da parte, ao defeito de representação ou à falta de autorização. É a hipótese de menor não estar devidamente representado ou assistido por quem de direito (em geral a mãe e/ou o pai); não ter sido apresentada pelo cônjuge a autorização exigida pelo art. 73; a falta de apresentação de procuração a advogado (art. 104); a ausência de apresentação dos atos constitutivos de pessoa jurídica ou, ainda, a não comprovação da regularidade daquele que outorgou os poderes, em nome de pessoa jurídica, para o advogado agir.

Em todos estes casos, cabe ao magistrado permitir que o autor sane os vícios indicados para que o processo possa, isento de irregularidades, prosseguir. Se isto não ocorrer, a hipótese é de extinção do processo sem resolução de mérito (arts. 76, § 1º, I, e 485, IV).

5.1.2.9 *Convenção de arbitragem*

Convenção de arbitragem é gênero do qual são espécies a cláusula compromissória (cláusula inserida em contratos que prevê, entre os contratantes, a submissão de qualquer ou de um específico litígio a um "juízo *arbitral*", e não a um "juízo *estatal*") e o compromisso arbitral (convenção firmada entre as partes pela qual submetem um específico litígio concreto a um "juízo *arbitral*" e não ao "juízo *estatal*"). Do ponto de vista do direito processual civil, é mais um pressuposto processual negativo.

O inciso X do art. 337, ao se referir a ela (tanto quanto os seus §§ 4º e 5º) põe fim à questão sofisticada do CPC de 1973 sobre saber se o magistrado poderia se pronunciar de ofício sobre qualquer uma de suas espécies ou, somente, com relação à cláusula compromissória. O § 5º do art. 337 é claro a respeito: o magistrado *não* pode se pronunciar de ofício sobre a *convenção de arbitragem*, independentemente da forma que ela tenha assumido.

Assim, por exemplo, ainda que haja contrato encartado nos autos em que conste cláusula compromissória, o magistrado não poderá pronunciar de ofício a questão. Deverá aguardar a provocação do réu, e o momento e a forma adequada para tanto são a preliminar de contestação aqui evidenciada.

O § 6º do art. 337 reforça o entendimento ao estatuir que "a ausência de alegação da existência de convenção de arbitragem, na forma prevista neste Capítulo, implica aceitação da jurisdição estatal e renúncia ao juízo arbitral".

O Projeto da Câmara chegou a propor a criação de um incidente diferenciado para a alegação da convenção de arbitragem para que o réu se limitasse a questionar, antes do oferecimento da contestação, a incompetência da justiça estatal para o processo diante da convenção de arbitragem. Era uma forma para permitir que a defesa do réu fosse deduzida apenas perante o juízo competente, já que, pelos princípios da concentração da defesa e da eventualidade, aquela preliminar deve ser apresentada no *mesmo* ato em que a defesa substancial. Aquele incidente não prevaleceu na reta final dos trabalhos legislativos.

Sem ele, apresenta-se a mesma dificuldade procedimental apontada no n. 5.1.2.2, *supra*, a propósito da alegação de incompetência feita pelo réu, também em preliminar de contestação (art. 337, II). Aquelas mesmas razões devem ter incidência na hipótese, porque também aqui é completamente inócua a alegação de existência de convenção de arbitragem *após* a realização da audiência de conciliação ou de mediação.

Assim, tanto quanto naquele caso, poderá o réu, querendo, limitar-se a questionar a competência do juízo estatal diante da convenção de arbitragem, valendo-se deste motivo, inclusive, para justificar seu não comparecimento à audiência de conciliação ou de mediação. Se acolhida alegação, sempre após a indispensável oitiva do autor a seu respeito, as partes serão conduzidas ao processo arbitral (art. 485, VII). Se rejeitada a alegação, a manifestação do réu tem o condão de deflagrar o início do prazo para contestação, sendo justificada a incidência do inciso II do art. 335 na espécie. Também aqui, eventuais dificuldades quanto ao cumprimento do prazo para a contestação devem encontrar resposta suficiente na possibilidade de ele ser dilatado nos termos do inciso VI e do parágrafo único do art. 139.

Se, de outra parte, a audiência de conciliação ou de mediação não for designada, não se põe o problema, cabendo ao réu, nesta hipótese, articular a defesa como um todo, com observância ao art. 337 e aos princípios regentes da espécie.

5.1.2.10 *Ausência de legitimidade ou de interesse processual*

No que diz respeito ao escorreito exercício do direito de ação pelo autor, caberá ao réu arguir ausência de legitimidade (ativa ou passiva ou ambas) ou, ainda, falta de interesse processual por parte do autor.

Mesmo sem ter conservado a nomenclatura tradicional "condições da ação" – que, no art. 301, X, do CPC de 1973, ensejava a nomenclatura "carência da ação", proscrita pelo CPC de 2015 –, a legitimidade e o interesse são, como demonstro no n. 3 do Capítulo 3, inerentes ao exercício do direito de ação e compatibilizam-se com o "modelo constitucional do direito processual civil". São, por isso mesmo, mínimos indispensáveis ao exercício do direito de ação.

Sobre a alegação de ilegitimidade *passiva*, o CPC de 2015 inovou substancialmente (e não apenas do ponto de vista formal) ao transformar o que o CPC de 1973 conhecia como uma das modalidades de intervenção de terceiro (a nomeação à autoria) em medida que busca o saneamento do processo e seu prosseguimento, ainda que em face de outrem ou, até mesmo, em litisconsorte passivo com o réu.

De acordo com o art. 338, se o réu alegar – e o fará em preliminar de contestação – que não é parte legítima ou que não é o responsável pelo prejuízo invocado, o magistrado permitirá ao autor que altere a petição inicial para "substituição" do réu no prazo de quinze dias. Se o autor efetivar aquela substituição – na verdade, a *sucessão*, excluindo-se do processo o réu originário e citando para o processo o novo réu –, deverá reembolsar as despesas e pagar honorários de sucumbência do réu originário (excluído), de três a cinco por cento do valor da causa ou, se ele for irrisório, observando o art. 85, § 8º.

O art. 339 complementa a regra anterior – e dá maior efetividade a ela – ao determinar ao réu que, "sempre que tiver conhecimento", indicar o sujeito passivo da relação jurídica discutida (quem tem legitimidade para figurar como réu). Para evidenciar que se trata de *dever* seu, o dispositivo determina que o réu responde pelas despesas processuais, sem prejuízo de indenizar o autor pelos prejuízos que ele sofrer, quando não fizer a indicação.

Caso o autor aceite a indicação, alterará, no prazo de quinze dias, a petição inicial para a "substituição" do réu, reembolsando-o das despesas processuais e pagando os honorários sucumbenciais (art. 339, § 1º). Pode o autor também, no mesmo prazo, limitar-se a alterar a petição inicial para incluir o indicado como litisconsorte passivo, isto é, preservando o réu originário, além de providenciar a citação do, até aquele instante, terceiro ao processo (art. 339, § 2º).

5.1.2.11 Falta de caução ou de outra prestação que a lei exige como preliminar

Por vezes, a lei (processual ou material) exige que seja prestada caução ou outra prestação para viabilizar o exercício do direito de ação. É o caso, por exemplo, do art. 83 (autor que residir ou passar a residir fora do Brasil e que aqui não tiver bens imóveis); do art. 559 (ações possessórias); e do § 2º do art. 641 (nos casos de colação de bens). São hipóteses que merecem ser tratadas como pressupostos processuais negativos.

O réu poderá, em preliminar (art. 337, XII), arguir a ausência que, se acolhida, conduzirá o processo à sua extinção sem resolução de mérito (art. 485, X).

Questão interessante que não posso deixar de formular, mesmo nos limites deste *Manual*, é saber se pode a *lei* exigir caução ou qualquer outro tipo de prestação como condicionante do exercício do direito de ação que, exponho no n. 3.2 do Capítulo 1, tem *status* constitucional (art. 5º, XXXV). A minha resposta é *negativa* e conforta-me saber que há eco desse entendimento na Súmula vinculante 28 do STF, cujo enunciado é o seguinte: "É inconstitucional a exigência de depósito prévio como requisito de admissibilidade de ação judicial na qual se pretenda discutir a exigibilidade de crédito tributário".

5.1.2.12 Indevida concessão do benefício de gratuidade de justiça

A última preliminar prevista no inciso XIII do art. 337 diz respeito ao questionamento lançado pelo réu em relação ao benefício da gratuidade de justiça *concedida* ao autor, que o terá formulado na sua petição inicial ou em algum instante antes da apresentação da contestação (art. 100, *caput*).

Uma vez mais, o CPC de 2015 descarta a *forma* exigida até seu advento, revogando expressamente os dispositivos da defasada Lei n. 1.060/1950 que, até então, disciplinava o assunto (art. 1.072, III). E o faz sem prejuízo, muito pelo contrário, do conteúdo.

Cabe ao réu, a despeito do silêncio do precitado inciso XIII do art. 337, requerer para si a concessão do benefício da gratuidade da justiça e nada há de errado, justamente diante da *desformalização* colocada em prática pelo CPC de 2015 de ele aproveitar-se da contestação para este fim. É o *caput* do art. 99 que o autoriza expressamente.

5.1.3 Defesas de mérito

As "defesas de *mérito*", também chamadas de "defesas *substanciais*", não se voltam a questionar a regularidade do processo em si mesmo considerado ou do exercício do direito de ação que provocou e anima o exercício da atividade jurisdicional. Elas, como seu próprio nome sugere, voltam-se ao "direito material", ao "conflito de interesses" retratado pelo autor em sua petição inicial, do qual ele pretende determinadas consequências em face do réu. Elas se voltam, destarte, ao pedido de tutela jurisdicional formulado pelo autor.

O "mérito" baseia-se necessariamente em pelo menos um fato e nas consequências jurídicas que, na visão do autor, emanam deste fato e que justificam a prestação da tutela jurisdicional por ele pretendida. Estes fatos e estes fundamentos jurídicos correspondem (e têm que corresponder, sob pena de inépcia da inicial) à causa de pedir descrita na petição inicial e conduzem (e têm que conduzir, também sob pena de inépcia da inicial) ao pedido.

A defesa a ser apresentada pelo réu nessa perspectiva merece ser estudada a partir de uma distinção bem aceita pela doutrina. A defesa pode ser *direta* ou *indireta*.

A defesa que negar o fato constitutivo do direito do autor ou que negar as consequências jurídicas pretendidas pelo autor é *direta*. Em tais casos, a defesa dirige-se à própria pretensão do autor visando ao desfazimento dos fundamentos de fato e/ou de direito e, consequentemente, de seu pedido.

A defesa *indireta* caracteriza-se pela aceitação dos fatos e das consequências jurídicas trazidas pelo autor pelo réu. Só que o réu, ao fazê-lo, leva ao processo *novos fatos* que têm o condão de *extinguir*, *impedir* ou *modificar* os fatos e/ou as consequências jurídicas pretendidas pelo autor. São as chamadas "exceções substanciais", que têm o condão de *ampliar* a matéria cognitiva do magistrado, isto é, o objeto sobre o qual recairá o *conhecimento* do magistrado.

Os fatos *impeditivos* são os que querem obstaculizar ou retardar a projeção dos efeitos pretendidos pelo autor em sua inicial. É o que se verifica, por exemplo, com a chamada "exceção do contrato não cumprido"; a transação com fixação de novo prazo para pagamento; e com todas as anulabilidades e nulidades dos atos jurídicos em geral, nos termos das leis de direito material (assim, *v.g.*: arts. 104 a 165 e 166 a 185 do CC, e arts. 2º a 4º da Lei n. 4.717/1965, a "lei da ação popular"). São fatos *modificativos* aqueles que buscam alterar as consequências jurídicas do direito do autor, como se dá, por exemplo, com a compensação; com a redução do valor pedido; com a alegação de culpa concorrente na ocorrência do dano; no parcelamento da dívida; na transação sobre o objeto litigioso a que o autor não fez referência; na novação e na cessão de crédito. Por fim, os fatos *extintivos* são todos aqueles cuja eficácia elimina o direito do autor, como se dá, por exemplo, com a existência de outros consortes no período da concepção; com o pagamento; com a remissão (perdão) da dívida e com a prescrição.

Estes *novos* fatos, que *constituem* o fundamento do direito de defesa, correspondem, em tudo e por tudo, à "causa de pedir". É por esta razão que alguns autores se referem a eles como "causa *excipiendi*" para evidenciar o seu paralelismo com aquele outro instituto e dar ênfase à concepção de que o "direito de defesa" é, por imposição do "modelo constitucional do processo civil", a contraface do "direito de ação". À "causa de *pedir*" da petição inicial (art. 319, III) corresponde a "causa de *resistir*" da contestação (art. 336).

Tanto as defesas *diretas* como as *indiretas*, de qualquer sorte, devem ser articuladas concomitantemente na contestação. Também incide aqui o "princípio da concentração da defesa" ou da "eventualidade", que tem fundamento no art. 336, robustecido, não é demais lembrar, pela regra do art. 342.

Mas não só: incide sobre a defesa de mérito o chamado "princípio da impugnação especificada", que encontra fundamento no art. 341.

A defesa de mérito, seja ela direta ou indireta, busca tornar controvertidos os *fatos* narrados pelo autor. Não basta, contudo, que o réu o faça mediante negativa geral. À luz dos *deveres* que norteiam a atuação dos litigantes e em nome da otimização da prestação jurisdicional, é impositivo que a impugnação dos fatos seja feita de forma ordenada, especificada, para que cada um deles possa ser devidamente examinado pelo magistrado e verificado se ele pode ou não ser considerado para a concessão da tutela jurisdicional ao autor ou ao réu. É disto que trata o *caput* do precitado art. 341, segundo o qual cabe ao réu "manifestar-se *precisamente* sobre as alegações de fato constantes da petição inicial" com a consequência de, não o fazendo, serem presumidas verdadeiras.

As exceções com relação à presunção destacada estão nos incisos do art. 341: (i) quando sobre o fato não impugnado especificadamente não for admissível a confissão; (ii) quando a petição inicial não estiver acompanhada de documento reputado substancial do ato; e (iii) quando as alegações do autor, embora não impugnadas especificadamente, acabarem se mostrando controvertidas com a defesa "considerada em seu conjunto".

O parágrafo único do art. 341 afasta do defensor público, do advogado dativo e do curador especial a aplicação da impugnação especificada. A ressalva é justificada. Em tais casos, o agente detentor da capacidade postulatória, no exercício de seus misteres institucionais, não tem condições de conhecer dos fatos com a mesma profundidade que um advogado contratado pelo réu ou advogado público. Isto, contudo, não significa dizer que, naquelas hipóteses, é aceita, pura e simplesmente, a "negativa geral" dos fatos narrados pelo autor. Se não incide o princípio da impugnação especificada, nem por isso deixam de existir outros princípios regentes do direito processual civil, assim a concentração da defesa e a eventualidade e, de forma ampla, os princípios que norteiam a atuação processual dos procuradores das partes, independentemente do vínculo que têm com os seus constituintes. Pensamento diverso seria reduzir a formalismo inútil a atuação do defensor público, do advogado dativo e do curador especial em casos que atuem como procuradores do réu; seria preferível que, simplesmente, o autor já se desincumbisse do ônus da prova de suas afirmações, evitando com isto a prática de atos processuais desnecessários.

5.2 Reconvenção

O CPC de 2015, depois de muita discussão no âmbito do processo legislativo – e isto desde a elaboração do Anteprojeto a cargo da Comissão de Juristas –, preservou a reconvenção no seu art. 343. Trata-se da possibilidade de o réu, no mesmo processo em que demandado, demandar o autor, pedindo em face dele tutela jurisdicional de *qualidade* diversa daquela que pretende obter com a rejeição do pedido do autor. O réu, ao contestar, quer afastar a pretensão do autor; não quer se sujeitar ao pedido do autor e à tutela jurisdicional pretendida por ele. Quando reconvém, o réu passa a aspirar algo que vai além da tutela jurisdicional que obterá caso a sua defesa seja acolhida com a rejeição do pedido formulado pelo autor.

Trata-se, como é comum referir-se, de verdadeiro contra-ataque do réu em face do autor no mesmo processo; de, ainda é o que, em geral se diz a respeito da reconvenção, de nova *ação* do réu em face do autor, valendo-se do mesmo processo. Considerando, de qualquer sorte, a necessária simetria entre a "ação" e a "defesa", esta específica discussão parece ser menos relevante, máxime diante da proposta que faço no n. 3.4 do Capítulo 1, sendo suficiente destacar a finalidade e o alcance da reconvenção.

O *caput* do art. 343 deixa claro que o réu reconvirá na própria contestação (na mesma peça escrita/impressa ou arquivo digital), e não em petição avulsa. É indiferente, a este respeito, que a reconvenção não pressuponha a apresentação de contestação (art. 343, § 6º): neste caso, a manifestação do réu se limitará a contra-atacar o autor. De resto, caso a reconvenção seja ofertada em peça diferente que a contestação, não haverá, na iniciativa, à falta de qualquer prejuízo, nenhum vício, desde que observado o mesmo prazo da contestação.

Proposta a reconvenção, o autor será *intimado* (não há necessidade de nova *citação*, porque o autor já está vinculado ao processo), por intermédio de seu procurador, para responder em quinze dias (art. 343, § 1º). Cabe excepcionar os casos em que o autor é representado por Defensor Público, quando a intimação deve ser feita pessoalmente à própria parte (art. 186, § 2º). Em um e em outro caso, contudo, é irrecusável emprestar à intimação o mesmo regime jurídico da *citação*. Com ou sem resposta, o magistrado deverá observar, em seguida, o que, diante das peculiaridades do processo, é disciplinado pelas chamadas "providências preliminares".

O CPC de 2015 inova ao admitir a reconvenção em face do autor e de terceiro (art. 343, § 3º) e também que o réu litisconsorcie-se para reconvir (art. 343, § 4º). Se o autor estiver agindo na qualidade de substituto processual (art. 18), a reconvenção deve ter como fundamento direito relacionado ao substituído, ainda que o autor preserve aquele *status* para a reconvenção (art. 343, § 5º). É o próprio § 5º que cria regra de substituição processual, em total sintonia com o precitado art. 18.

A reconvenção não está vinculada à sorte do pedido de tutela jurisdicional originariamente formulado pelo autor em face do réu (art. 334, § 2º). Assim, a desistência externada pelo autor ou a ocorrência de causa extintiva que impeça o exame daquele pedido (ou, mais amplamente, do mérito) não obsta o prosseguimento do processo quanto à reconvenção.

5.3 Revelia

Pode ocorrer de o réu, a despeito de hígida citação, não se manifestar no processo de nenhuma forma ou, quando menos, não contestar.

Neste caso, em que o réu não contesta ou o que, para este fim, deve ser reputado o mesmo, o faz a destempo, ele será considerado *revel* e, diante deste estado processual (de revelia), é possível que os fatos alegados pelo autor sejam presumidos verdadeiros (art. 344).

A presunção deve ser afastada de acordo com a ocorrência das hipóteses previstas no art. 345, que são as seguintes: (i) quando houver litisconsórcio passivo e pelo menos um deles apresentar contestação; (ii) quando o litígio disser respeito a direitos indisponíveis; (iii) quando a petição inicial estiver desacompanhada de instrumento que a lei considere indispensável à prova do ato; ou (iv) quando as alegações de fato formuladas pelo autor forem inverossímeis ou estiverem em contradição com prova constante dos autos.

Sendo o réu revel, os prazos processuais fluirão da publicação das decisões ou despachos no *Diário Oficial*. Não obstante, havendo procurador constituído, as intimações serão dirigidas normalmente a ele (art. 346, *caput*).

A revelia não impede que o réu, querendo, intervenha no processo a qualquer momento, estando sujeito, contudo, a todos os acontecimentos já consumados antes de seu ingresso (art. 346, parágrafo único). Exceção digna de nota a esta regra diz respeito à alegação de que não houve citação ou que ela tenha sido irregular. Em tal caso, importa aplicar à espécie o disposto no § 1o do art. 239 e, invalidando o processo, oportunizar ao réu que apresente contestação.

5.4 Outros comportamentos do réu

Embora sem repetir o art. 297 do CPC de 1973, que dava a falsa impressão de que o réu citado só podia se manifestar de três formas (contestando, reconvindo ou excepcionando), o CPC de 2015 não busca indicar em nenhum dispositivo quais são os comportamentos que o réu pode assumir depois de contestar. E pior: pela sequência dos Capítulos e dos artigos, pode haver a falsa impressão de que do réu só se esperam três comportamentos possíveis: contestar (arts. 335 a 342), reconvir (art. 343) ou ser revel (arts. 344 a 346).

É tarefa da doutrina identificar no CPC de 2015 quais outros comportamentos podem ser adotados pelo réu a partir do instante em que é aberto o seu prazo para contestar, o que pressupõe, não custa lembrar, o malogro da audiência de conciliação ou de mediação ou, ainda, a sua não realização apriorística. A referência a "poder" ser adotado é significativo de *faculdade* do réu. Ele não está obrigado a desenvolver todas estas atividades. Até porque, com exceção daquelas que se relacionam ao litisconsórcio e às intervenções de terceiro, o prazo para sua formulação, quando o há, não se vincula ao prazo da contestação.

Com estas ressalvas e considerações, poderá o réu, no prazo que dispõe para contestar e/ou reconvir: requerer o desmembramento do litisconsórcio (art. 113, § 2º); denunciar a lide (art. 126); chamar ao processo (art. 131); requerer a falsidade de documento apresentado pelo autor (art. 430); requerer a exibição de documento ou coisa em face do autor e/ou de terceiro (arts. 397 e 401) e, por fim, reconhecer a procedência do pedido (art. 487, III, "a"), o que, aliás, é incentivado nos termos do § 4º do art. 90 com a redução pela metade dos honorários advocatícios, desde que o réu, neste caso, cumpra simultânea e integralmente a prestação reconhecida.

O CPC de 2015, ao abolir a chamada "ação declaratória incidental", não inibe – muito pelo contrário do que, do ponto de vista formal, poder-se-ia supor –, que o réu controverta a "questão prejudicial" constante da petição inicial do autor ou traga, ele próprio, em sua contestação, fatos novos para aquele fim. O que ocorrerá em tais casos é que a coisa julgada da decisão de mérito a ser proferida pelo magistrado alcançará aquela questão quando devidamente resolvida independentemente de qualquer pedido expresso a seu respeito (art. 503, §§ 1º e 2º).

Na nova sistemática, o assunto passa a dizer respeito ao que efetivamente será controvertido a partir da resistência do réu e que, após o contraditório e a ampla defesa, será julgado pelo magistrado, dando azo à formação da coisa julgada. É no exame dos limites *objetivos* da coisa julgada, destarte, que o tema merece ser analisado com maior vagar, como, aliás, e de forma escorreita, faz o CPC de 2015, como se pode verificar dos §§ 1º e 2º do art. 503.

Resumo do Capítulo 8

FASES DO PROCEDIMENTO

- Relembrando conceitos da teoria geral do direito processual civil
- Jurisdição, ação, processo e defesa. A tutela jurisdicional.
- Do "processo de conhecimento" ao "procedimento comum"
  - As reformas do CPC de 1973 (1994-2005)
  - O CPC de 2015 e a consolidação do "processo *sincrético*"
  - Etapa de conhecimento/etapa de cumprimento (art. 4º)
  - Procedimento comum do CPC de 2015 (art. 318)
    - Procedimentos especiais
- Etapa de conhecimento
  - Fase postulatória
  - Fase ordinatória
  - Fase instrutória (probatória)
  - Fase decisória

PETIÇÃO INICIAL

- Requisitos
  - Juízo a que é dirigida (art. 319, I)
  - Qualificação das partes (art. 319, II)
    - CPF, CNPJ e outras informações (art. 319, §§ 1º a 3º)
  - Fatos e fundamentos jurídicos do pedido (art. 319, III)
  - Pedido e suas especificações (art. 319, IV + arts. 322 a 329)
  - Valor da causa (art. 319, V + arts. 291 e 292)
  - Provas (art. 319, VI + art. 320 + art. 434)
    - Exibição de documentos
  - Opção quanto à ACM (art. 319, VII e art. 334, § 5º)
    - Lei n. 13.140/2015
  - Outras exigências
    - Modalidades de citação (art. 247, V)
  - Registro e distribuição
- Em especial o pedido
- Pedido certo **e** determinado (arts. 322 e 324)
  - A "liquidação de sentença" (art. 491)
  - Pedido "implícito" (art. 323)

- Cumulação de pedidos (arts. 326 e 327)
  - Própria (simples *ou* sucessiva)
  - Imprópria (alternativa *ou* eventual [subsidiária])
- Pedido e *obrigações* alternativas (art. 325)
- Cumulação *subjetiva* (litisconsórcio)
- Pedido e obrigações indivisíveis (art. 328)
- Modificação do pedido (art. 329)
- Pedido formulado pelo réu (reconvenção)

JUÍZO DE ADMISSIBILIDADE

- Compreendendo o "juízo de admissibilidade"
- Juízo positivo
  - Citação para a audiência de conciliação ou de mediação (art. 334, *caput*)
  - Manifestação de desinteresse pelo réu (art. 334, § 5º): significado
  - A Lei n. 13.140/2015
- Juízo neutro
  - Emenda da petição com indicação dos vícios a serem sanados (art. 321)
- Juízo negativo
  - Indeferimento da petição inicial (art. 330)
    - Segmento recursal (art. 331)
  - Improcedência liminar do pedido (art. 332)
    - Segmento recursal (art. 332, §§ 2º e 3º)

AUDIÊNCIA DE CONCILIAÇÃO OU DE MEDIAÇÃO

- Relembrando o juízo de admissibilidade *positivo* da petição inicial
- Hipóteses de realização
- Hipóteses de não realização
  - Compreendendo o art. 334, § 4º
    - Vontade das partes (inciso I) + § 5º
      - No caso de litisconsórcio (§ 6º)
    - "Autocomposição" (inciso II)
  - Citação do réu para apresentar contestação
- Dinâmica da audiência
- Antecedência (*caput*)
- Participação do conciliador/mediador (arts. 165/175) (§ 1º)
- Possibilidade de sessões múltiplas (§ 2º)
- Intimação ao autor por seu advogado (§ 3º)
- Realização por meio eletrônico (§ 7º)
- Não comparecimento (§ 8º)

- Partes acompanhadas por seus procuradores (§ 9º)
  - Parte representada por procurador específico (§ 10)
- Autocomposição homologada por sentença (§ 11)
- Intervalo entre audiências (§ 12)

CONTESTAÇÃO

- Relação do tema com o princípio da *ampla* defesa
- Prazo (art. 335)
- Princípios
- Concentração da defesa (arts. 336, 337 e 342)
  - Eventualidade (art. 337)
  - Ônus da impugnação especificada (arts. 341 e 374, III)
- Conteúdo da contestação
  - Preliminares *x* mérito
- Preliminares
  - Compreensão prévia
  - Inexistência ou nulidade da citação (art. 337, I)
  - Incompetência absoluta *ou* relativa (art. 337, II, e § 5º + art. 340)
  - Incorreção do valor da causa (art. 337, III)
  - Inépcia da inicial (art. 337, IV)
  - Perempção (art. 337, V)
  - Litispendência (art. 337, VI, e §§ 1º a 3º)
  - Coisa julgada (art. 337, VII, e §§ 1º, 2º e 4º)
  - Conexão (art. 337, VIII)
  - Incapacidade da parte, defeito de representação ou falta de autorização (art. 337, IX)
  - Convenção de arbitragem (art. 337, X, e §§ 5º e 6º)
  - Ilegitimidade de parte (art. 337, XI + arts. 338 e 339) ou ausência de interesse processual
  - Falta de caução ou outra prestação (art. 337, XII)
  - Indevida concessão do benefício de gratuidade da justiça (art. 337, XIII)
  - Justificativa para a não confirmação do recebimento de citação eletrônica (art. 246, § 1º-B, incluído pela Lei n. 14.195/2021)
- As defesas de mérito (substanciais): art. 341
  - Defesas diretas
  - Defesas indiretas
  - Relação com o ônus da prova
- Novas alegações (art. 342)

OUTROS COMPORTAMENTOS DO RÉU

- Reconvenção (art. 343)
- Revelia (arts. 344 a 346)
- Outras posturas possíveis
  - Requerer desmembramento do litisconsórcio (art. 113, § 2º)
  - Denunciar a lide (art. 126)
  - Chamar ao processo (art. 131)
  - Requerer a falsidade de documento apresentado pelo autor (art. 430)
  - Requerer a exibição de documento ou coisa em face do autor e/ou de terceiro (arts. 397 e 401)
  - Reconhecer a procedência do pedido (art. 487, III, *a* + art. 90, § 4º)

Leituras Complementares (Capítulo 8)

Monografias e livros

AUBERT, Eduardo Henrik. *A impugnação especificada dos fatos no processo civil*: retórica, história, dogmática. São Paulo: Revista dos Tribunais, 2020.

DIDIER JR., Fredie (coord. geral); MOUZALAS, Rinaldo; SILVA, Beclaute Oliveira; MARINHO, Rodrigo Saraiva (coord.). *Improcedência*. Salvador: JusPodivm, 2015.

DOMIT, Otávio Augusto dal Molin. *Iura novit curia e causa de pedir*: o juiz e a qualificação jurídica dos fatos no processo civil brasileiro. São Paulo: Revista dos Tribunais, 2016.

LIMA, Lucas Rister de Sousa. *Da improcedência à procedência liminar no novo CPC*: hipóteses de incidência e aplicação da norma do art. 332 do Código de Processo Civil. Curitiba: Juruá, 2017.

MACHADO, Marcelo Pacheco. *A correlação no processo civil*: relações entre demanda e tutela jurisdicional. Salvador: JusPodivm, 2015.

MARINONI, Luiz Guilherme; ARENHART, Sérgio Cruz. *Comentários ao Código de Processo Civil*, vol. IV: artigos 294 ao 333. São Paulo: Revista dos Tribunais, 2016.

REGGIANI, Gustavo Mattedi. *Improcedência liminar no pedido no novo CPC*: causas típicas e atípicas. Curitiba: Juruá, 2018.

SCARPINELLA BUENO, Cassio. *Curso sistematizado de direito processual civil*, vol. 2: procedimento comum, processos nos Tribunais e recursos. 12. ed. São Paulo: Saraiva, 2023.

TUCCI, José Rogério Cruz e. *Comentários ao Código de Processo Civil*, vol. VII: procedimento comum (disposições gerais até da audiência de instrução e julgamento). 2. ed. São Paulo: Saraiva, 2017.

YARSHELL, Flávio Luiz; PEREIRA, Guilherme Setoguti J.; RODRIGUES, Viviane Siqueira. *Comentários ao Código de Processo Civil*, vol. V: artigos 334 ao 368. São Paulo: Revista dos Tribunais, 2016.

Capítulos de livros

BONDIOLI, Luis Guilherme Aidar. Comentários aos arts. 335 ao 343. In: SCARPINELLA BUENO, Cassio (coord.). *Comentários ao Código de Processo Civil*, vol. 2. São Paulo: Saraiva, 2017.

GRINOVER, Ada Pellegrini. Comentários ao art. 334. In: SCARPINELLA BUENO, Cassio (coord.). *Comentários ao Código de Processo Civil*, vol. 2. São Paulo: Saraiva, 2017.

SCARPINELLA BUENO, Cassio. Comentários ao art. 318. In: SCARPINELLA BUENO, Cassio (coord.). *Comentários ao Código de Processo Civil*, vol. 2. São Paulo: Saraiva, 2017.

SICA, Heitor Vitor Mendonça. Comentários aos arts. 344 ao 346. In: SCARPINELLA BUENO, Cassio (coord.). *Comentários ao Código de Processo Civil*, vol. 2. São Paulo: Saraiva, 2017.

VEIGA, Daniel Brajal. Comentários aos arts. 319 a 332. In: SCARPINELLA BUENO, Cassio (coord.). *Comentários ao Código de Processo Civil*, vol. 2. São Paulo: Saraiva, 2017.

Artigos

ARAGÃO, Nilsiton Rodrigues de Andrade. Considerações práticas sobre a atuação dos mediadores e conciliadores na audiência do art. 334 do CPC: uma análise das principais técnicas de gestão consensual de conflitos. *Revista Brasileira de Direito Processual*, vol. 109. Belo Horizonte: Fórum, jan./mar. 2020.

_____. Respeito à autonomia privada na mediação e na conciliação judicial: a necessária facultatividade da audiência do art. 334 do CPC. *Revista Brasileira de Direito Processual*, vol. 112. Belo Horizonte: Fórum, out./dez. 2020.

BASTOS, Antonio Adonias Aguiar. A cumulação imprópria de pedidos no CPC/2015. *Revista de Processo*, vol. 297. São Paulo: Revista dos Tribunais, novembro 2019.

_____. A cumulação própria de pedidos no CPC/2015. *Revista de Processo*, vol. 290. São Paulo: Revista dos Tribunais, abril 2019.

BONDIOLI, Luis Guilherme Aidar. Procedimento comum: fase postulatória. In: Instituto Brasileiro de Direito Processual; SCARPINELLA BUENO, Cassio (org.). PRODIREITO: Direito Processual Civil: Programa de Atualização em Direito: Ciclo 1. Porto Alegre: Artmed Panamericana, 2016 (Sistema de Educação Continuada a Distância, vol. 4).

CABRAL, Trícia Navarro Xavier. A eficiência da audiência do art. 334 do CPC. *Revista de Processo*, vol. 298. São Paulo: Revista dos Tribunais, dezembro 2019.

EL BACHA, Ahmad Jamal Ahmad; ALVAREZ, Anselmo Prieto; MAEKAVA, Georgia Sonoe. Dos limites à ampliação objetiva e subjetiva da lide trazida pela reconvenção. *Revista Brasileira de Direito Processual*, vol. 102. Belo Horizonte: Fórum, abr./jun. 2018.

FUZETTO, Murilo Muniz; MEDEIROS NETO, Elias Marques de. A audiência de conciliação e mediação do Código de Processo Civil à luz do acesso à justiça e do sistema multiportas. *Revista Brasileira de Direito Processual*, vol. 114. Belo Horizonte: Fórum, abr./jun. 2021.

GERVARTOSKY, Hannah. A realização de audiência de mediação/conciliação *initio litis* no Novo Código de Processo Civil. *Revista de Processo*, vol. 260. São Paulo: Revista dos Tribunais, out. 2016.

GOMES, Tadeu Alves Sena. A audiência de conciliação ou mediação do novo Código de Processo Civil – CPC sob a perspectiva da análise econômica do direito. *Revista de Processo*, vol. 321. São Paulo: Revista dos Tribunais, nov. 2021.

HENRIQUES, Felipe Sardenberg Guimarães Três; SILVESTRE, Gilberto Fachetti; FERREIRA, Tiago Loss. O art. 331 do Código de Processo Civil e a imparcialidade objetiva do juiz no processo civil: para além das hipóteses de suspeição e de impedimento. *Revista de Processo*, vol. 308. São Paulo: Revista dos Tribunais, out. 2020.

LESSA NETO, João Luiz. Notas sobre a revelia e a contumácia no Código de Processo civil de 2015. *Revista de Processo*, vol. 261. São Paulo: Revista dos Tribunais, nov. 2016.

MENDES, Aluisio Gonçalves de Castro; HARTMANN, Guilherme Kronemberg. A audiência de conciliação ou de mediação no Novo Código de Processo Civil. *Revista de Processo*, vol. 253. São Paulo: Revista dos Tribunais, mar. 2016.

MENDES, Aluisio Gonçalves de Castro; SILVA, Larissa Clare Pochmann da. O julgamento liminar de improcedência do pedido: a previsão do CPC/2015 comparada à do CPC/1973. *Revista de Processo*, vol. 261. São Paulo: Revista dos Tribunais, nov. 2016.

MONTEIRO NETO, João Pereira. Pedido genérico: reflexões à luz do novo Código de Processo Civil. *Revista de Processo*, vol. 243. São Paulo: Revista dos Tribunais, maio 2015.

OSNA, Gustavo. A "audiência de conciliação ou de mediação" no novo CPC: seis (breves) questões para debate. *Revista de Processo*, vol. 256. São Paulo: Revista dos Tribunais, jun. 2016.

PINHEIRO, Guilherme César. O Novo Código de Processo Civil e as alterações não explícitas sobre a petição inicial. *Revista de Processo*, vol. 258. São Paulo: Revista dos Tribunais, ago. 2016.

PINHO, Américo Andrade. O julgamento liminar de improcedência do pedido. In: Instituto Brasileiro de Direito Processual; SCARPINELLA BUENO, Cassio (org.). PRODIREITO: Direito Processual Civil: Programa de Atualização em Direito: Ciclo 3. Porto Alegre: Artmed Panamericana, 2017 (Sistema de Educação Continuada a Distância, vol. 2).

PINHO, Américo Andrade; CORREA, Rafael Motta e; COLLUCCI, Ricardo. O julgamento liminar de improcedência do pedido no CPC/2015. *Revista de Processo*, vol. 280. São Paulo: Revista dos Tribunais, jun. 2018.

QUEIROZ, Pedro Gomes de. A cumulação de pedidos relativos ao Direito de Família no CPC/2015. *Revista de Processo*, vol. 262. São Paulo: Revista dos Tribunais, dez. 2016.

SANCHEZ, Rodrigo Elian. A audiência de conciliação ou mediação no procedimento comum e o conflito normativo entre o CPC/2015 e a lei da mediação. *Revista de Processo*, vol. 316. São Paulo: Revista dos Tribunais, jun. 2021.

_____. Como aprimorar a eficiência da audiência de conciliação e mediação do art. 334 do CPC? Reflexões à luz da análise econômica do direito. *Revista de Processo*, vol. 324. São Paulo: Revista dos Tribunais, fev. 2022.

SANTOS, João Paulo Marques dos; BRASIL, Júlio César Mendes. Fazenda Pública e a revelia: uma relação de incompatibilidade mitigada. *Revista de Processo*, vol. 276. São Paulo: Revista dos Tribunais, fev. 2018.

SIQUEIRA, Julio Pinheiro Faro Homem de. As normas sobre a realização de audiência de conciliação no Código de Processo Civil e sua aplicação aos Juizados Especiais Cíveis. *Revista de Processo*, vol. 275. São Paulo: Revista dos Tribunais, jan. 2018.

SOARES, Marcos José Porto. A obrigatoriedade da designação da audiência de conciliação ou mediação (comentários ao art. 334 do CPC). *Revista de Processo*, vol. 262. São Paulo: Revista dos Tribunais, dez. 2016.

SOUZA, Victor Roberto Corrêa de. O novo Código de Processo Civil brasileiro e a audiência de conciliação ou mediação como fase inicial do procedimento. *Revista de Processo*, vol. 243. São Paulo: Revista dos Tribunais, maio 2015.

THEODORO JÚNIOR, Humberto. Estabilização da demanda no novo Código de Processo Civil. *Revista de Processo*, vol. 244. São Paulo: Revista dos Tribunais, jun. 2015.

Capítulo 9

Fase Ordinatória

1. PARA COMEÇAR

Os arts. 347 a 353 do CPC de 2015 permitem que o magistrado, consoante as características de cada caso concreto, identifique quais as atividades processuais devem ser praticadas após o decurso do prazo para manifestação do réu. É o que o Capítulo IX do Título I do Livro I da Parte Especial do CPC de 2015 chama de "providências preliminares e saneamento" e que correspondem ao que, no n. 1 do Capítulo 8, chamei de "fase ordinatória" da etapa cognitiva do procedimento comum.

A depender do comportamento assumido pelo réu, da qualidade e da quantidade de suas respostas ao pedido do autor, põe-se ao magistrado o dever de determinar a prática de certos atos processuais ou não, o que acarreta certa adaptação do procedimento às características de cada caso concreto. Embora dentro de alternativas limitadas, é indisputável a compreensão de que o CPC de 2015 e, no particular, sem nada inovar em relação ao CPC de 1973, permite esta acomodação procedimental ao ensejo das providências preliminares. Assim, o procedimento comum aceita variações após a constatação de como o réu reagiu (ou deixou de fazê-lo) a partir do instante em que teve aberto o prazo para apresentação de sua contestação. Estas variações são verdadeiras *consequências* do próprio comportamento concretamente adotado pelo réu.

Não há, contudo, nenhum imediatismo entre, por exemplo, a *revelia* do réu (art. 344) e o "julgamento antecipado do mérito" a que se refere o inciso II do art. 355. Deve haver, na *concreta fixação* dos atos a serem praticados ao longo do processo a partir de esgotado o prazo para o réu contestar, inequívoca participação e consequente *decisão* do juiz que, levando em conta as respostas do réu (ainda na "fase postulatória"), decidirá o "caminho" a ser seguido pelo procedimento: se haverá, ou não, necessidade de complementação da fase postulatória com a nova oitiva do autor para os fins dos arts. 350 ou 351; se é o caso de realizar atividade saneadora porque há nulidade sanável nos termos do art. 352; se é possível passar-se à fase instrutória (art. 357, II) ou, desde logo, à decisória (art. 355). As alternativas possíveis contam, por isso mesmo, com a prévia análise e exame do juiz sobre o comportamento do réu, qualquer que seja ele, comissivo ou omissivo, e sempre, invariavelmente, guiado pela *cooperação* das partes.

O art. 347, que abre o referido Capítulo IX ("Das providências preliminares e do saneamento"), permite entrever esta interpretação. De acordo com o dispositivo, "findo o prazo para a contestação, o juiz tomará, *conforme o caso*, as providências preliminares constantes das seções deste Capítulo". A última expressão é, contudo, mais restrita do que o *sistema* adotado pelo próprio CPC de 2015 permite.

As "providências preliminares" não se limitam, com efeito, ao que está disciplinado nas "seções" do Capítulo IX, isto é, à "não incidência dos efeitos da revelia" (Seção I), ao "fato impeditivo, modificativo ou extintivo do direito do autor" (Seção II) e às "alegações do réu" (Seção III). É que há, como escrevo no n. 5.4 do Capítulo 8, outros comportamentos, variadíssimos, a serem adotados pelo réu e que levam a "providências preliminares" de outra ordem, que vão além daquela disciplina. A observação, contudo, só vem para confirmar o que acabei de sublinhar quanto a precisar o magistrado voltar sua atenção ao caso concreto para extrair dele as informações de que precisa para *traçar* o procedimento adequado para ele, consoante sejam os comportamentos a serem assumidos pelo réu.

2. PROVIDÊNCIAS PRELIMINARES

Como acentuei no número anterior, as providências preliminares que o CPC de 2015 identifica como tais pressupõem que o réu *não tenha* apresentado contestação ou que a tenha apresentado (art. 347). Os demais comportamentos assumidos pelo réu no momento de apresentação da contestação dão ensejo a outras providências dispersas pelo Código e que, por isso, não são tratadas aqui, dadas as finalidades deste *Manual*. Volto-me a elas na exposição de cada um daqueles variados comportamentos, cuja suma, repito, está no n. 5.4 do Capítulo 8.

No caso de o réu ser revel, isto é, não ter apresentado contestação, fica autorizado o magistrado, como regra, a presumir verdadeiros os fatos alegados pelo autor (art. 344). Isto, contudo, como já destaquei no n. 5.3 do Capítulo 8, não é uma constante. Pode ocorrer, e o próprio art. 345 é claro quanto a isto, que o caso imponha a rejeição daquela presunção. Em tais casos – e em quaisquer outros, em que o magistrado não aceita a presunção de veracidade admitida pelo art. 344 –, é mister que o autor especifique as provas que, a despeito da revelia, precisará produzir para convencer o magistrado de que é merecedor de tutela jurisdicional. É o que determina o art. 348.

O art. 349, harmônico à possibilidade aventada pelo parágrafo único do art. 346, permite ao réu participar também da fase instrutória, contrapondo-se às provas a serem produzidas pelo autor desde que exista tempo para tanto.

Se o réu, ao apresentar sua contestação, formular defesa de mérito *indireta*, isto é, alegar fatos novos que têm o condão de *impedir*, *modificar* ou *extinguir* o direito do autor, cabe ao magistrado determinar que o autor se manifeste sobre eles no prazo de quinze dias, podendo produzir a prova cabível (art. 350).

Quando a contestação do réu trouxer preliminares (art. 337), o magistrado também determinará a oitiva do autor no prazo de quinze dias, facultando-lhe a produção da prova relativa às suas alegações (art. 351).

Havendo irregularidades ou vícios sanáveis, cabe ao magistrado determinar a sua correção, reservando, para tanto, o prazo máximo de trinta dias (art. 352). É importante nessa determinação que fique evidenciado qual é o vício a ser sanado, a que parte (ou terceiro) ela se dirige e que fique clara, também, qual é a consequência de seu não atendimento. Trata-se de decorrência do modelo de processo cooperativo imposto pelo art. 6º.

Quando as providências anteriores forem cumpridas ou nos casos em que elas não se fizerem necessárias, o magistrado passará ao que o CPC de 2015, sem inovar na nomenclatura, chama de "julgamento conforme o estado do processo" (art. 353), objeto de disciplina dos arts. 354 a 357, que compõem o Capítulo X do Título I do Livro I da Parte Especial.

3. JULGAMENTO CONFORME O ESTADO DO PROCESSO

O CPC de 2015 preserva, tanto quanto no CPC de 1973, um Capítulo dedicado ao "julgamento conforme o estado do processo" que indica os atos processuais a serem praticados após a tomada das providências preliminares ou, como se lê do art. 353, quando elas forem desnecessárias.

A primeira alternativa que se põe ao magistrado é a de extinção do processo – total ou parcial – quando a hipótese comportar proferimento de sentença terminativa, isto é, *sem* resolução de mérito (art. 485 ou, ainda, quando o caso for de falsa sentença de mérito nos casos dos incisos II e III do art. 487). É assunto ao qual se volta o art. 354.

A segunda alternativa é a do julgamento antecipado do mérito (art. 355), que em nada difere, a não ser na redação, do julgamento antecipado da lide do art. 330 do CPC de 1973.

A terceira alternativa é novidade explicitada pelo CPC de 2015, o julgamento antecipado *parcial* do mérito (art. 356).

A quarta e última alternativa é o proferimento de decisão que, a um só tempo, declara saneado o processo e o prepara (organiza) para o início da fase instrutória. Trata-se da disciplina do art. 357, que traz profundas modificações quando comparada à tímida regra do art. 331 do CPC de 1973.

É o caso de analisar mais detidamente cada um destes institutos.

3.1 Extinção do processo

A extinção do processo da qual se ocupa o art. 354 deve ser entendida de duas formas, consoante a hipótese seja de extinção *sem* resolução de mérito, dando ensejo a "sentenças *terminativas*" ou *com* resolução de mérito, o que gerará o que é chamado de "sentenças *definitivas*".

Antes de analisar estas duas alternativas, cabe lembrar, com a atenção voltada ao que escrevo no n. 4 do Capítulo 7, que a "extinção" do processo mencionada pelo referido art. 354 é mais aparente do que real. Se houver recurso da sentença a ser proferida por força daquele dispositivo, o processo prossegue, não se extingue. Idem na hipótese de, por não haver recurso ou porque todos os possíveis já terem sido interpostos e julgados, ter início a etapa de cumprimento de sentença. Também aqui trata-se do *mesmo* processo (em nova fase) e, justamente por isso, é descabido falar de sua *extinção*.

3.1.1 Extinção sem resolução de mérito

Feita a ressalva com relação à nomenclatura, importa destacar que, na hipótese de extinção do processo *sem* resolução de mérito, o que se deve ter presente é que, apesar da atividade saneadora, estimulada pelo magistrado no âmbito das providências preliminares (art. 352), não houve correção ou emenda do vício que, presente, impede a constituição ou o desenvolvimento válido do processo e, até mesmo, o regular exercício do direito de ação. A extinção, em tais casos, é medida que se impõe até para salvaguardar o Estado-juiz, que *não pode atuar* senão mediante o *devido processo constitucional*. O estímulo à atividade saneadora já referida é, por isto mesmo, importante e ela acompanha a atividade jurisdicional desde o primeiro contato com a petição inicial (juízo *neutro* de admissibilidade) até a prestação da tutela jurisdicional. É bastante lembrar, neste contexto, do "dever-poder geral de saneamento" do inciso IX do art. 139. Quando o processo *não é o devido*, o Estado-juiz descarta-o, porque não pode prestar tutela jurisdicional.

Mas não só, contudo. Há casos previstos no art. 485 que, a par de conduzirem o processo à extinção *sem* resolução de mérito, não guardam nenhuma pertinência com a ocorrência de vícios no plano e no âmbito do processo e/ou com o escorreito desenvolvimento do direito de ação. Para eles, o art. 354 deve ser compreendido no sentido de que, se aquelas hipóteses se apresentarem ao magistrado naquele instante procedimental, a extinção é imperiosa. Nada impede, contudo, que aqueles eventos venham a ocorrer em outros momentos do processo e que, diante deles, o processo venha a ser extinto *sem* resolução de mérito, ainda que ultrapassada a fase a que se refere o art. 354.

3.1.2 Extinção com resolução de mérito

No que tange às hipóteses em que a extinção do processo se dá *com* resolução de mérito, chamará a atenção do prezado leitor a circunstância de o art. 354 referir-se apenas aos incisos II e III do art. 487. Por quê? Porque, na verdade, as hipóteses previstas naqueles dispositivos diferenciam-se – e muito – do que prevê o inciso I do mesmo dispositivo. É a distinção em geral feita pela doutrina entre as "verdadeiras" sentenças de mérito que realmente analisam o pedido do autor e/ou do réu para acolhê-lo ou rejeitá-lo, no todo ou em parte (art. 487, I), de outras hipóteses que só são de mérito por opção política. Na verdade, são sentenças que se limitam a reconhecer a ocorrência de determinadas situações inibidoras do julgamento propriamente dito da questão pelo magistrado por influenciarem, de alguma forma, na sorte do direito material questionado no processo. É o que se dá com o reconhecimento da prescrição e/ou da decadência (art. 487, II) ou nos casos em que a sentença do magistrado limita-se a *homologar* (e não a *julgar*) o reconhecimento da procedência do pedido, a transação ou a renúncia à pretensão (art. 487, III).

Também aqui cabe a ressalva feita acima com relação às decisões *terminativas*: o momento idealizado pelo art. 354 pode não ter ocorrido ainda, o que impede, ao menos até então, o proferimento de sentença nos moldes dos incisos II e III do art. 487. A interpretação mais adequada, por isto mesmo, é que, tendo havido, até aquele instante procedimental, aqueles fatos, deve ser proferida a sentença nos moldes daqueles artigos. A este propósito, cabe evidenciar que a ocorrência da prescrição e/ou decadência neste instante procedimental tem tudo para ser bastante frequente. Nada impede, contudo – máxime porque se trata de matéria passível de apreciação oficiosa pelo magistrado (art. 487, II, e parágrafo único) – que, sendo reconhecida a prescrição ou a decadência em outro momento, seja proferida sentença com fundamento no inciso II do art. 487.

A falta de remissão ao inciso I do art. 487 nesse contexto justifica-se porque, se a hipótese for de *julgamento* do mérito (no sentido adequado da palavra), o magistrado deverá verificar se é viável o julgamento *antecipado* (art. 355), ou, na negativa, ingressar na fase instrutória, quando observará o disposto no art. 357.

3.1.3 Extinção parcial

O parágrafo único do art. 354 acentua que a decisão de extinção do processo nos moldes do *caput* – levando em conta, portanto, as hipóteses do art. 485 ou dos incisos II ou III do art. 487 – "pode dizer respeito a apenas parcela do processo", caso em que a decisão é agravável de instrumento.

A solução dada pelo dispositivo, a despeito de não ser nova, é pertinentemente explicitada pelo CPC de 2015. Assim, pode ser que apenas *parcela* do processo mereça ser extinta desde logo, desde que, enfatizando, suas hipóteses restrinjam-se às do art. 485 ou dos incisos II e III do art. 487, em harmonia com o *caput* do art. 354. O caso do inciso I do art. 487 corresponde ao que o art. 356 chama de "julgamento antecipado *parcial* do *mérito*".

É supor, para ilustrar, a identificação de ilegitimidade do autor para formular um dos pedidos *cumulados*, a ocorrência de litispendência ou coisa julgada com parcela do pedido ou, ainda, a decadência verificada com relação a um dos pedidos.

A nomenclatura empregada pelo dispositivo "*parcela* do processo" merece ser entendida com ressalvas. Na verdade, o processo não aceita o parcelamento referido pelo parágrafo único do art. 354, porque ele é invariavelmente uma unidade, por representar o método de atuação do Estado-juiz no exercício da função jurisdicional. O que é passível de ocorrer e ensejar a incidência do dispositivo aqui examinado é que algum ou alguns dos acontecimentos do art. 485 e dos incisos II e III do art. 487 afetem apenas parte do que está sendo discutido no processo. O magistrado, por exemplo, entende que o autor é parte ilegítima para um dos pedidos e o processo prossegue para o julgamento dos demais; um dos pedidos cumulados é repetição de outro anteriormente julgado e transitado em julgado (coisa julgada) e o processo prossegue para o julgamento dos demais ou, ainda, as partes compõem-se com relação a um dos pedidos formulados e o processo prossegue para o julgamento dos demais. Em todos estes casos, o Estado-juiz deixará de atuar com relação à parte afetada. Nada ocorre, contudo, com o processo, que, como acentuei, prosseguirá em direção à prestação da tutela jurisdicional.

A previsão da recorribilidade *imediata* da decisão de extinção *parcial* do processo nos moldes do parágrafo único do art. 354 por agravo de instrumento é providência inerente ao sistema recursal do CPC de 2015, considerando o disposto no art. 1.015, em especial seu inciso XIII. Trata-se de decisão interlocutória, perguntará o prezado leitor? A resposta é sim. Não pelo que se lê do parágrafo único do art. 354 (que é a *consequência* recursal normal para uma interlocutória), mas pelo que se extrai do *sistema* do CPC de 2015. A decisão de extinção parcial do processo é interlocutória porque ela *não* põe fim à etapa de conhecimento do processo na primeira instância, que prosseguirá, a despeito de ter, como conteúdo, uma das hipóteses do art. 485 ou dos incisos II ou III do art. 487. A incidência do § 2º do art. 203 à espécie, destarte, é irrecusável.

Tratando-se de extinção parcial determinada em julgamento proferido pelo Tribunal, o cabimento dos recursos cabíveis observará as regras genéricas, não havendo nenhuma consideração peculiar a ser feita por ora.

3.2 Julgamento antecipado do mérito

Se o caso não comportar sua extinção nos moldes do art. 354, o magistrado verificará se o caso admite o julgamento antecipado do mérito. Se se tratar de extinção *parcial* (art. 354, parágrafo único), nada há que impeça que, com relação à parte não extinta, o magistrado proceda da mesma forma. É esta, como acentuei anteriormente, a segunda alternativa entre as quatro de "julgamento conforme o estado do processo". Trata-se, nesse sentido, da viabilidade de o magistrado proferir, independentemente da fase instrutória, sentença com fundamento no inciso I do art. 487. Não por acaso a *única* hipótese não referida no precedente art. 354.

O art. 355 prevê as hipóteses em que o magistrado proferirá o "julgamento antecipado do *mérito*", expressão que vem para substituir o que, no CPC de 1973, era chamado de "julgamento antecipado da *lide*". A despeito da nomenclatura, contudo, não há nenhuma alteração substancial, embora a fórmula redacional adotada pelo novo dispositivo e, mais especificamente, em seus dois incisos seja preferível quando comparada com a de seu antecessor, a começar pelo nome do instituto. O prezado leitor, contudo, não deve entender que a palavra "lide" foi eliminada do CPC de 2015. A ideia, com certeza, era essa, como revelam, inclusive, os Pareceres produzidos na última etapa dos trabalhos legislativos. Não obstante, o CPC de 2015 ainda a emprega nove vezes, não tendo sido suficientes, pelo menos para isso, os mais de dois meses em que seu texto permaneceu em revisão antes de ser enviado à sanção presidencial.

O magistrado apreciará diretamente o mérito (isto é, o pedido de prestação de tutela jurisdicional) em dois casos:

Primeiro, quando não houver necessidade de produção de outras provas (art. 355, I). As "outras provas" mencionadas pelo dispositivo são provas *não documentais*, além daquelas que o autor, com sua petição inicial (arts. 320 e 434), e o réu, com sua contestação, (art. 434) já terão apresentado. A não ser que se trate de provas documentais *novas*, hipótese em que cabe ao interessado justificar por que o são e, consequentemente, por que podem ainda ser produzidas, o que deve fazer com fundamento no art. 435.

Também é possível ocorrer o julgamento antecipado do mérito quando, desde a petição inicial ou a contestação, tenham sido produzidas outras provas, que não a documental, mas cuja suficiência sinalize a viabilidade do julgamento antecipado, sem necessidade de o processo ingressar na fase instrutória. Assim, por exemplo, no caso de provas produzidas antecipadamente (arts. 381 a 383), no caso de ser apresentada ata notarial (art. 384) ou apresentação de laudos técnicos com vistas a dispensar a realização da perícia (art. 472).

Reversamente, afasta a viabilidade do julgamento antecipado do mérito com base no inciso I do art. 355, por justificar o início da fase instrutória, a necessidade de apresentação de outras provas, além daquelas já apresentadas pelo autor e pelo réu em consonância com os precitados dispositivos, inclusive as documentais, como acabei de indicar, com base no art. 435.

Este equilíbrio entre desnecessidade de outras provas e realização do julgamento antecipado do mérito e necessidade de outras provas e sua vedação é uma constante a ser observada pelo magistrado em cada caso concreto. É na desnecessidade de uma *fase instrutória*, porque suficientes as provas já produzidas na *fase postulatória*, viabilizando que o processo ingresse, de imediato, na *fase decisória*, que reside a razão de ser do instituto.

O segundo caso previsto para o julgamento antecipado do mérito relaciona-se com a revelia (art. 355, II). Revel o réu, é possível (não necessário) que o magistrado se convença da veracidade dos fatos alegados pelo autor, o que é autorizado pelo art. 344. Caso o réu, a despeito de não ter apresentado contestação (ser revel), compareça ao processo – e sua admissão para atuar no processo em tais casos é, em primeiro lugar, decorrência natural do princípio constitucional do contraditório espelhado no parágrafo único do art. 346 – com o objetivo de produzir prova, o julgamento antecipado do mérito deixará de ter lugar, aplicando-se, à hipótese, o art. 349, cuja remissão expressa é pertinentemente feita pelo próprio inciso II do art. 355.

É correto entender, contudo, que, mesmo neste caso, verificando o magistrado que a prova pretendida pelo réu é impertinente para afastar a presunção em seu desfavor, não há por que negar ser pertinente o julgamento antecipado.

O mérito da redação do inciso II do art. 355 quando comparado com seu equivalente do CPC de 1973 é que ele afasta a equivocada relação entre o julgamento antecipado e a revelia no sentido de, sendo o réu revel, deverem ser presumidos (necessariamente) verdadeiros os fatos alegados pelo autor a autorizar (necessariamente) o julgamento do pedido do autor em seu favor. A vinculação de uma hipótese à outra sempre se mostrou equivocada. Por causa do princípio constitucional do contraditório, sempre há espaço para que o próprio magistrado, de ofício, por intermédio do autor (art. 348) ou a pedido do réu (como evidencia o art. 349), determine ou permita a produção de provas, afastando aquela presunção, o que conduz o processo à sua fase instrutória. Nessa exata medida, assim como se dá para a hipótese do inciso I do art. 355, não há lugar para o julgamento antecipado do mérito.

3.3 Julgamento antecipado parcial do mérito

Não sendo o caso de extinção *total* ou *parcial* do processo (art. 354) nem de julgamento antecipado *total* do mérito (art. 355), cabe ao magistrado verificar se o caso concreto amolda-se no que o CPC de 2015 passou a identificar como "julgamento antecipado *parcial* do mérito" (art. 356). Aqui também o que o magistrado buscará, ainda que em *parte*, é o proferimento de sentença nos moldes do inciso I do art. 487. Fosse a hipótese, ainda que parcialmente, alcançada pelo art. 485 ou pelos incisos II ou III do art. 487, o parágrafo único do art. 354 é que teria incidência.

O "julgamento antecipado *parcial* do mérito" não encontra similar no CPC de 1973. Não que não poderia haver julgamentos parciais naquele Código, mormente depois das reformas pelas quais ele passou. Tais julgamentos poderiam ocorrer – e ocorriam –, mas não existia, e isto é incontestável, nenhum dispositivo que os autorizasse expressamente, explicitando a hipótese, tal qual o art. 356 do CPC de 2015. Era o que já defendia nos volumes 1 e 4 do meu *Curso sistematizado*, nas edições escritas sob a vigência do CPC de 1973, com base no § 6º do art. 273 daquele Código.

A importância do CPC de 2015, no particular, reside em tornar expressa aquela viabilidade, rompendo de vez, *e de lege lata*, com o que alguns chamam de "princípio da unicidade do julgamento" ou "da sentença". É técnica importante para, sempre viabilizando o inafastável diálogo entre os planos material e processual, *otimizar* o procedimento, flexibilizando-o na perspectiva de permitir a efetivação da tutela jurisdicional na medida em que ela *já* possa ser prestada, ainda que em parte. Não deixa de ser, nessa perspectiva, uma inegável *concretização* da eficiência processual.

O julgamento antecipado parcial de mérito dar-se-á quando um ou mais dos pedidos formulados ou parcela deles mostrar-se incontroverso (art. 356, I) ou estiver em condições de imediato julgamento, observando-se, como parâmetro, o disposto no art. 355 (art. 356, II).

As hipóteses dos incisos I e II do art. 356 não são cumulativas, isto é, o julgamento antecipado *parcial* pode ocorrer quando houver a incontrovérsia do inciso I *ou* se estiverem presentes, com relação à *parte* do pedido ou a pelo menos um dos pedidos cumulados, os pressupostos do art. 355 (inciso II). Entender a cumulatividade das exigências é conceber a existência de incontrovérsia que, por si só, não autorize o julgamento antecipado o que, diante do art. 355, não parece ser possível.

Por isso mesmo é correto entender que as duas situações do art. 356 acabam se sobrepondo, em alguma medida, e, nesse sentido, são passíveis de serem compreendidas como aqueles casos em que um ou mais dos pedidos formulados ou parcela deles dispensam a produção de "outras provas", a viabilizar, ao menos com relação a eles, a desnecessidade da fase instrutória e, por isto, o julgamento antecipado. Aqui também, o paralelo que sugeri no n. 3.2, *supra*, faz-se presente: o julgamento antecipado (ainda que parcial) é noção avessa à necessidade de fase instrutória. Ele pressupõe, por isso mesmo, a suficiência das provas já produzidas.

O § 1º do art. 356 autoriza que a decisão relativa ao julgamento antecipado parcial diga respeito à obrigação *líquida* ou *ilíquida*. Neste último caso, é o § 2º do mesmo dispositivo que dispõe que será necessária a *liquidação* respectiva, que observará o disposto nos arts. 509 a 512. É possível, destarte, o proferimento de julgamento antecipado *parcial* de mérito, ainda que não seja possível ao magistrado, desde logo, identificar o *valor* do que é devido. À hipótese, de qualquer sorte, devem incidir as considerações a que faço concernentes ao art. 491, no n. 2.4 do Capítulo 11, sob pena de não ser atingido o grau de otimização e de eficiência do processo desejado pelo sistema.

Além de prever, quando for o caso, a liquidação da decisão que julgar antecipada e parcialmente o mérito, o § 2º do art. 356 refere-se a seu *cumprimento*. Estatui, a respeito, que a parte (aquele que, segundo a decisão, é o credor) poderá "executar, desde logo, a obrigação reconhecida na decisão que julgar parcialmente o mérito, independentemente de caução, ainda que haja recurso contra essa interposto".

A principal preocupação da regra é a de viabilizar o *cumprimento* (e não a *execução*, para ser coerente com a terminologia que o próprio CPC de 2015 quer estabelecer) *imediato* da decisão que julgar antecipada e parcialmente o mérito. Sim, porque sempre haverá espaço para sustentar que à falta do julgamento dos demais pedidos ou da parcela ainda controvertida, não seria possível o início da fase de *cumprimento* daquela decisão. Sem razão, contudo, ainda que não houvesse previsão como a que está no § 2º do art. 356. A questão merece ser tratada em contraponto à inexistência de efeito suspensivo ao recurso interponível da decisão que se pretende cumprir. Como, no caso, a decisão é agravável de instrumento – é o que expressamente estatui o § 5º do art. 356 –, não há *aprioristicamente* nenhum óbice para tanto porque aquele recurso é desprovido de efeito suspensivo (art. 995, *caput*). Coerentemente, se e quando concedido efeito suspensivo ao agravo de instrumento interposto da decisão que julga antecipada e parcialmente o mérito, eventual cumprimento da decisão será sustado (art. 995, parágrafo único, e art. 1.019, I).

Por essas razões, é que se mostra correto entender que a hipótese regulada no § 2º do art. 356 é de "cumprimento *provisório*". A diferença deste cumprimento provisório com a sua disciplina genérica (arts. 520 a 522) está em que, *neste caso*, a *satisfação* do direito *não pressupõe* prestação de caução. A conclusão apropriada a se alcançar, destarte, é a de que, nos casos de julgamento antecipado e parcial do mérito, a regra do inciso IV do art. 520 é excepcionada pela do referido § 2º. Não tem sentido entender que o § 2º do art. 356 se limita a permitir o *início* da fase de cumprimento provisório ou de liquidação, independentemente de caução, porque tal possibilidade é de todo o sistema, não havendo espaço para supor que o CPC de 2015 tenha querido, no particular – e justamente em ponto que pretende inovar substancial e expressamente – regredir na disciplina que vem sendo dada ao tema da execução provisória desde as reformas ocorridas no CPC de 1973 na década de 2000. Suficiente a este respeito, aliás, a lembrança do *caput* do art. 523, que expressamente se refere à aplicação de sua disciplina ao cumprimento de "decisão sobre parcela incontroversa" (v. n. 4 do Capítulo 13).

Se, contudo, houver trânsito em julgado da decisão que julga antecipada *e parcialmente* o mérito – e isso ocorrerá quando não interposto o cabível agravo de instrumento a que se refere o § 5º do art. 356 ou, se interposto, quando julgado e esgotado eventual segmento recursal dele derivado –, a hipótese será de *cumprimento definitivo* daquela decisão.

Trata-se da expressa previsão do § 3º do art. 356, não obstante o dispositivo empregue a palavra "execução", quando o correto seria *cumprimento*.

Não há espaço para questionar a aptidão de a decisão que profere o julgamento antecipado e parcial de mérito fazer o que é usualmente chamado de coisa julgada *material*. Ainda que não houvesse, como há, regra como a do § 3º do art. 356. É que se trata de decisão de *mérito* e que é proferida com base em cognição *exauriente*. A circunstância de ela ser *interlocutória* não interfere nessa conclusão. O CPC de 2015 admite – e o faz expressamente – hipóteses de decisões interlocutórias de mérito. Esta é uma delas.

O § 4º do art. 356 autoriza que a *liquidação* (em verdade, os atos de liquidação) e os atos relativos ao *cumprimento* da decisão sejam "processados em autos suplementares", seja porque a parte assim o requer, seja porque o magistrado assim o determina.

A preocupação da regra é a de separar, com a maior nitidez possível, a fase de liquidação e/ou a fase de cumprimento do processo com base na decisão que julga antecipada e parcialmente o mérito (título executivo) da fase instrutória do processo, que ainda busca a formação de título executivo com relação ao que ainda não foi julgado, a parte controversa do mérito, portanto.

Mesmo no ambiente eletrônico, a diretriz parece ser salutar para que sejam visualizados e distinguidos quais atos processuais dizem respeito a que fase do processo que, embora uno, estará bifurcado. Por essa razão, a regra merece ser aplicada e não compreendida como mero capricho formal.

O § 5º do art. 356 prevê o cabimento do recurso de agravo de instrumento contra a *decisão* "proferida com base neste artigo".

O destaque que dei à palavra em itálico, repetida ao longo do art. 356, não é por acaso. É que o dispositivo, em nenhum momento, diz qual *é* o tipo de decisão que veiculará o "julgamento antecipado e parcial de mérito", isto é, se se trata de decisão interlocutória ou de sentença. O § 5º limita-se a prescrever sua recorribilidade imediata por agravo de instrumento, o que se justifica diante da sistemática do CPC de 2015: só é recorrível imediatamente, isto é, por intermédio do agravo de instrumento a decisão assim identificada em lei. É o que clara e inequivocamente decorre da interpretação do § 1º do art. 1.009 combinado com o *caput* do art. 1.015.

Não obstante o silêncio sobre a natureza jurídica da referida decisão, contudo, trata-se de decisão *interlocutória e de mérito*. Menos pelo que é possível extrair do § 5º do art. 356, que, no particular, limita-se a indicar o recurso cabível, mais por causa do *sistema processual civil*, cujos §§ 1º e 2º do art. 203 conduzem, com segurança, a esta conclusão. De acordo com aqueles dispositivos – e eles merecem ser interpretados em conjunto para o que interessa à presente discussão –, decisão interlocutória é todo pronunciamento judicial que *não* põe fim à fase cognitiva do procedimento comum, precisamente o caso. O inciso II do art. 1.015, coerente e pertinentemente, refere-se à recorribilidade *imediata* de decisões interlocutórias que versarem o *mérito* do processo sem indicar, contudo, expressamente a hipótese do § 5º do art. 356, o que, pelo que se acabou de evidenciar, é de todo indiferente. Se o prezado leitor disser, a propósito, que a previsão genérica do inciso II do art. 1.015 torna desnecessária a do § 5º do art. 356, terá minha concordância.

Se do julgamento do agravo de instrumento resultar a "reforma da decisão que julgar parcialmente o mérito" sem unanimidade de votos, a hipótese é de *prosseguimento* do julgamento nos moldes e para os fins do art. 942, considerando a expressa previsão do inciso II do § 3º daquele dispositivo (v. n. 3.5 do Capítulo 16).

Na hipótese de o julgamento antecipado parcial de mérito ser resultado do próprio julgamento proferido pelo Tribunal, o cabimento dos recursos cabíveis observará as regras genéricas, não havendo nenhuma consideração peculiar a ser feita por ora.

A recorribilidade imediata da decisão que julga antecipada e parcialmente o mérito, contudo, nada diz sobre o início da fluência do prazo para eventual ação rescisória. Trato do assunto ao ensejo do *caput* do art. 975, no n. 8.7 do Capítulo 16.

3.4 Saneamento e organização do processo

Se a hipótese não for de extinção do processo (art. 354), nem de julgamento antecipado do mérito (art. 355), e, ainda que seja de julgamento antecipado *parcial* do mérito (art. 356), com relação ao que ainda não foi julgado, passa-se à última hipótese de "julgamento conforme o estado do processo", que é o que a Seção IV do Capítulo X do Título I do Livro I da Parte Especial chama de "saneamento e organização do processo". Trata-se de o magistrado – em ampla *cooperação* com as partes e com eventuais terceiros – *preparar* o processo para início (ótimo) da fase instrutória, no que é claro o *caput* do art. 357, inclusive quanto à hipótese de incidência do dispositivo de acordo com a não ocorrência dos eventos previstos nos arts. 354 a 356.

O art. 357 vai muito além do tímido art. 331 do CPC de 1973, cuja função precípua, desde que passou a ser chamado, pela Lei n. 10.444/2002, de "audiência preliminar", foi esquecida, máxime nos casos em que a realização daquela audiência era, por ele mesmo, dispensada (art. 331, § 3º, do CPC de 1973). O art. 357 permite, outrossim, que abandonemos de vez a insuficiente nomenclatura empregada na versão original do CPC de 1973 – e subsistente até o advento da referida Lei de 2002 –, qual seja, "despacho saneador". Nunca houve, é esta verdade, um despacho saneador naquele Código. O que havia era o proferimento de uma *decisão*, que nada saneava, mas, bem diferentemente, que reconhecia que o saneamento do processo havia sido realizado a contento ou, quando menos, que determinava a prática de atos em prol do saneamento.

O CPC de 2015 vem para colocar as coisas no seu devido lugar, e o art. 357 permite que a real finalidade deste instante procedimental seja alcançada: saneamento (no sentido amplo que acabei de evidenciar) *e organização* do processo com vistas a prepará-lo adequadamente para a fase instrutória.

O principal objetivo do art. 357, assim, é o de, reconhecendo que o processo está isento de nulidades – porque as eventualmente ocorrentes foram saneadas – ou de criar condições para que eventuais vícios o sejam, prepará-lo para a fase instrutória, após o que será proferida sentença. É como o próprio dispositivo enuncia – e isto merece ser evidenciado – não só de sanear o processo mas também – e principalmente –, de *organizá-lo* para a fase seguinte, a fase instrutória. É neste sentido e para estes fins que o rol de atividades que ocupa os cinco incisos do *caput* merece ser interpretado: (i) resolver, se houver, as questões processuais pendentes; (ii) delimitar as questões de fato sobre as quais recairá a atividade probatória, especificando os meios de prova admitidos; (iii) definir a distribuição do ônus da prova, com observância o art. 373; (iv) delimitar as questões de direito relevantes para a decisão do mérito; e (v) designar, se necessário, audiência de instrução e julgamento.

A hipótese do inciso I do art. 357 merece ser entendida no sentido de que enquanto aquelas "questões processuais pendentes" não forem resolvidas, o caso *não é de reconhecer o processo saneado*, até porque, quiçá, a falta de providências a seu respeito pode ensejar a extinção do processo nos moldes do art. 354. É pertinente, por isso mesmo, conjugar o dispositivo com o art. 352 – e mais amplamente com o inciso IX do art. 139 – para permitir ao magistrado estimular as partes para suprirem quaisquer vícios que possam comprometer (quiçá de maneira intransponível) o julgamento de mérito.

Com relação aos demais incisos do art. 357, II a V, o seu caráter de preparar adequadamente o processo para a fase instrutória é indesmentível. Fosse desnecessária essa fase e a hipótese seria de julgamento antecipado (ainda que parcial) do mérito. A atividade neles prevista, outrossim, evidencia a aplicação, pelo próprio CPC de 2015, do "princípio da *cooperação*" do art. 6º. Com ela, fica explicitada a necessidade de o magistrado especificar sobre quais fatos a atividade instrutória recairá, inclusive por que as questões jurídicas devem ser identificadas e circunscritas, quais os meios de prova serão empregados para os devidos fins (e, se for o caso, audiência de instrução e julgamento será designada para colheita da prova oral), quem deverá produzir qual meio de prova, mesmo (e, sobretudo) quando houver modificação do ônus da prova nos moldes do § 1º do art. 373.

3.4.1 Esclarecimentos e ajustes na decisão de saneamento e organização

Uma vez realizado o saneamento, é o que se lê do § 1º do art. 357, as partes têm o direito de pedir esclarecimentos ou solicitar ajustes, no prazo comum de cinco dias, findo o qual a decisão se torna estável.

Não se trata, a despeito da coincidência do prazo, de embargos de declaração (art. 1.022, *caput*). Trata-se, bem diferentemente, de pedido que as partes – e eventuais terceiros que tenham sido admitidos no processo, não há por que se esquecer deles – formularão ao magistrado para esclarecer ou ajustar a decisão que declara saneado o processo e que, nos termos do *caput* do art. 357, o ordena para ingresso na fase instrutória. Trata-se, pois, de mais uma clara manifestação do modelo de *processo cooperativo* implementado pelo art. 6º.

Assim, mesmo que haja na decisão algum dos pressupostos autorizadores dos embargos de declaração, importa entender o pedido de esclarecimento do § 1º do art. 357 como elemento cooperativo com vistas a uma prestação jurisdicional ótima, inclusive na perspectiva procedimental, e não como recurso. Até porque pode ocorrer, em sentido diametralmente oposto, que não haja, na decisão, nenhum autorizativo para os declaratórios e, mesmo assim, ela precisar ser esclarecida e/ou ajustada para tornar mais eficiente possível a fase instrutória do processo. A ideia do dispositivo, nesse sentido, é de estimular o diálogo entre o magistrado e os procuradores e não a mais tradicional de viabilizar o prevalecimento de um entendimento sobre o outro, o que, em última análise, anima todo e qualquer recurso, inclusive os embargos de declaração.

A *estabilidade* referida no final do dispositivo deve ser compreendida como sinônimo de preclusão. Preclusão no sentido de que aquilo que foi decidido *e esclarecido* não pode mais ser modificado, aplicando-se, à espécie a diretriz do *caput* do art. 278 e do art. 507. Nada de recursos nem de sucedâneos recursais para modificar aquela decisão. Trata-se, para além do modelo de processo cooperativo, de nítida aplicação escorreita da boa-fé objetiva do art. 5º e que, bem compreendida, gerará a indispensável segurança jurídica na condução da fase instrutória e na sua preservação, mesmo em ulteriores fases (inclusive recursais) do processo. A *estabilidade* derivada do § 1o do art. 357, destarte, acarreta *estabilidade* dos próprios atos que, a partir da decisão de saneamento e de organização, serão praticados. Um verdadeiro círculo *virtuoso*.

3.4.2 Delimitação consensual das questões de fato e de direito

O § 2º do art. 357 aceita que as partes (e eventuais terceiros) apresentem ao magistrado "delimitação consensual das questões de fato e de direito a que se referem os incisos II e IV" para homologação. Isto é, as partes podem chegar a um acordo sobre como conduzir a fase instrutória do processo, ajustando, entre si, sobre quais fatos a prova recairá, quais serão os meios de prova empregados para esclarecê-los e também sobre quais questões jurídicas são relevantes ao processo, a merecer decisão. Se homologada a proposta, estarão vinculados àquela delimitação as partes *e também* o juiz.

A regra revela uma das tantas facetas do novel e interessantíssimo *caput* do art. 190 e dos "negócios processuais" nele previsto. Nada há que impeça, até mesmo por força da lembrança do parágrafo único daquele dispositivo, que o magistrado rejeite a homologação. Se a homologar, contudo, resta vinculado a ela tanto quanto às partes. As razões são as mesmas que animam a *estabilidade* da decisão proferida com fundamento no § 1º do art. 357.

Também por força do precitado art. 190, não se pode recusar que as partes, nessa oportunidade, assumam os custos financeiros dos meios de prova e, voluntariamente, distribuam diferentemente o ônus da prova, a despeito da ausência de remissão expressa do § 2º do art. 357, observando-se, nesse caso, a autorização mais específica (e os limites) constantes do § 3º do art. 373.

Igualmente e com fundamento no art. 191, nada há que impeça que as partes e o magistrado estabeleçam calendário a ser observado ao longo de toda a fase instrutória. Não faz sentido restringir a hipótese ao caso de haver prova pericial, nos moldes do § 8º do art. 357.

Sobre a iniciativa das partes para os fins do § 2º do art. 357, entendo oportuna uma última consideração: é certo que o ato das partes sempre pode ser questionado, a despeito da vinculação prevista pelo dispositivo, com fundamento no § 4º do art. 966. Não é menos verdadeiro, contudo, que não é esta a perspectiva adequada para o exame do dispositivo. Não, pelo menos, em um Código que elege a boa-fé objetiva como uma das suas normas fundamentais (art. 5º).

3.4.3 Audiência de saneamento (saneamento cooperativo)

O § 3º do art. 357 *impõe* ao magistrado a designação de audiência para que o saneamento seja feito em cooperação com as partes quando "a causa apresentar complexidade em matéria de fato ou de direito".

A iniciativa é louvável quando analisada, também aqui, na perspectiva da cooperação (art. 6º), o que, em última análise, viabilizará uma mais adequada e mais correta percepção das questões fáticas e jurídicas pelo próprio magistrado. A parte final do § 3º do art. 357 é bem clara a este respeito, ao viabilizar que o magistrado colha das partes os devidos esclarecimentos para compreender o alcance de suas alegações em interessantíssima inversão da previsão constante do § 1º, típica de um modelo cooperativo de processo. Como escrevi no n. 3.4.1, *supra*, a hipótese não é – e não deve ser tratada como se fosse – recurso. O caso é de *diálogo* entre magistrado e os procuradores das partes. Diálogo que crie condições ótimas de conduzir a fase instrutória em direção ao proferimento de decisão de mérito.

É questionável, contudo, que a lei possa impor esse comportamento ao magistrado, como insinua o emprego do verbo *deverá*, empregado pelo dispositivo em comento, sobretudo quando a regra é analisada do ponto de vista do dia a dia do foro e do congestionamento forense. É verificar, com pesar, a pouca ou nenhuma utilidade da "audiência preliminar" do art. 331 do CPC de 1973 e, mais que isso, a sua própria modificação legislativa para evidenciar a *não obrigatoriedade* daquela audiência. De resto, a complexidade fática e/ou jurídica que um caso pode apresentar a um magistrado pode não ser para outro e assim por diante.

O que parece ser de maior relevo é entender que a regra merece ser aplicada em prol do próprio serviço judiciário, viabilizando, é essa a grande verdade, ao próprio magistrado uma mais adequada e concreta perspectiva do problema em suas diversas facetas, fáticas ou jurídicas, coisa que, por vezes, do exame dos autos, pura e simplesmente, sobretudo quando complexas as questões, pode não se mostrar tarefa tão simples. É pensar, destarte, na utilidade que esta "audiência de saneamento" terá para o próprio magistrado na compreensão do problema em litígio.

Tanto assim que o texto do § 3º do art. 357, ao fazer referência expressa sobre a complexidade das questões fáticas ou de direito, não tem o condão de afastar a realização de "audiência de saneamento" para questões menos ou nada complexas. Essa *aproximação* do magistrado à causa e aos demais sujeitos processuais é desejável no modelo de processo cooperativo de que trata o art. 6º. Trata-se de (re)construir um modelo de processo que, inequivocamente, mostrar-se-á mais *eficiente*.

Também não há por que impedir em casos complexos que as partes cheguem a consenso nos moldes do § 2º do art. 357 e apresentem ao magistrado proposta de delimitação da controvérsia. Ou, até mesmo, que elas alcancem o consenso, até com eventual auxílio do juiz, na própria audiência designada para os fins do § 3º do art. 357. Não há como querer reduzir ou limitar o uso de meios alternativos incentivado desde os §§ 2º e 3º do art. 3º sempre e invariavelmente às questões de fundo, de mérito. É desejável pensá-las *também* na perspectiva de buscar o consenso possível na *condução do processo* e nos atos a serem praticados nele, hipertrofiando a previsão do § 2º do art. 357.

O § 5º do art. 357 prevê que, se designada a "audiência de saneamento", cabe às partes levar a ela o "respectivo rol de testemunhas". Essas testemunhas só podem ser as que, eventualmente e se necessárias, serão ouvidas para "esclarecer" ou para "integrar" as complexas questões de causa naquela específica audiência, e não aquelas que, *depois de saneado e organizado o processo*, serão ouvidas em audiência de instrução e julgamento, no prazo a que se refere o § 4º do mesmo art. 357.

Parece desejável espraiar para a audiência do § 3º do art. 357 o intervalo mínimo de uma hora entre as audiências de instrução e julgamento, tal qual impõe o § 9º do mesmo art. 357. É entendimento que cria condições de o juiz e as partes discutirem, com maior tranquilidade, as questões – e o Código as supõe invariavelmente complexas – que justificam a designação daquele ato.

3.4.4 Prova testemunhal

As testemunhas serão ouvidas em audiência de instrução e julgamento a ser designada pela decisão que reconhecer saneado o processo e colocá-lo em ordem para a fase instrutória.

O § 4º do art. 357 ocupa-se com o prazo para apresentação do rol respectivo, qual seja, o prazo máximo de quinze dias, comum às partes, contados daquela decisão. Não subsiste, no CPC de 2015, a regra do CPC de 1973, que trata da apresentação do rol a partir da própria audiência, um caso em que o prazo deve ser contado "de trás para a frente".

Podem ser arroladas até dez testemunhas, sendo ouvidas, no máximo, três para cada fato (art. 357, § 6º).

O § 7º do art. 357 prevê a possibilidade de *limitação* do número de testemunhas levando em consideração a complexidade da causa e os fatos individualmente considerados. É correto entender o dispositivo em seu sentido literal, de *não ouvir* (por isso, *limitar*) mais de uma ou duas testemunhas por fato já provado.

Nada há que impeça, contudo, mesmo quando no caso não houver a delimitação consensual do § 2º do art. 357, que o número de testemunhas seja ampliado ou, conforme o caso, mais de três testemunhas sejam ouvidas sobre o mesmo fato, levando em conta justamente a complexidade da causa.

Eventuais substituições das testemunhas deverão observar o disposto no art. 451.

3.4.5 Prova pericial

Se o caso comportar realização de prova pericial, o magistrado, em sua decisão de saneamento e de ordenação do processo, nomeará o perito (art. 357, § 8º).

Ao fazê-lo, observará, além da regra genérica do art. 156, o disposto no art. 465, nomeando perito com *expertise* relacionada ao objeto da perícia e fixará, desde logo, prazo para entrega do laudo. É desta decisão que as partes terão quinze dias para questionar a parcialidade do perito, indicar assistente técnico e formular quesitos (art. 465, § 1º).

O § 8º do art. 357 também estabelece que, no caso de perícia, cabe ao magistrado estabelecer, preferencialmente, calendário para sua realização, o que vai ao encontro do princípio da razoável duração do processo previsto no art. 5º, LXXVIII, da CF, e que encontra eco seguro no art. 4º e, de forma mais ampla, também no art. 191.

Resumo do Capítulo 9

PROVIDÊNCIAS PRELIMINARES

- Providências preliminares (art. 347)
- Não incidência dos efeitos da revelia (arts. 348 e 349)
- Fato impeditivo, modificativo ou extintivo (art. 350)
- Alegações do réu (arts. 351 a 353)

JULGAMENTO CONFORME O ESTADO DO PROCESSO

- Extinção do processo (art. 354)
  - Extinção sem resolução de mérito
  - Extinção com resolução de mérito
  - Extinção parcial
- Julgamento antecipado do mérito (art. 355)
  - Hipóteses
    - Desnecessidade de produção de outras provas
    - Efeito da revelia e ausência de requerimento de prova do autor
- Julgamento antecipado *parcial* do mérito (art. 356)
  - Hipóteses
    - Incontrovérsia
    - Julgamento imediato nos termos do art. 355
- Dinâmica
  - Reconhecimento de obrigação líquida ou ilíquida (art. 356, § 1º)
  - Cumprimento (ou liquidação) imediato independentemente de caução (art. 356, § 2º)
  - Passagem para o cumprimento definitivo (art. 356, § 3º)
  - Documentação dos autos (art. 356, § 4º)
  - Cabimento do agravo de instrumento (art. 356, § 5º)
  - Incidência do art. 942 "quando houver reforma da decisão que julgar parcialmente o mérito" (art. 942, § 3º)

ESPECIALMENTE O SANEAMENTO E A ORGANIZAÇÃO DO PROCESSO

- Resolve questões processuais pendentes (art. 357, I)
- Delimita questões de fato e de direito (art. 357, II e IV)
- Define distribuição do ônus da prova (art. 357, III)

- Designa audiência de instrução (art. 357, V)
- Esclarecimentos ou ajustes em 5 dias e estabilidade (art. 357, § 1º)
- Delimitação consensual das questões de fato e de direito (art. 357, § 2º)
- Audiência de saneamento (art. 357, § 3º + § 5º)
- Prova testemunhal (art. 357, §§ 4º, 6º e 7º)
- Prova pericial e calendário para sua realização (art. 357, § 8º)
- Intervalo mínimo de 1 hora para audiências (art. 357, § 9º)

Leituras Complementares (Capítulo 9)

Monografias e livros

ABELHA RODRIGUES, Marcelo. *O despacho pós-saneador no Brasil e em Portugal*. Londrina: Thoth, 2021.

DIDIER JR., Fredie (coord. geral); MOUZALAS, Rinaldo; SILVA, Beclaute Oliveira; MARINHO, Rodrigo Saraiva (coord.). *Improcedência*. Salvador: JusPodivm, 2015.

GOMES, Gustavo Gonçalves. *O novo saneamento do processo*. São Paulo: Revista dos Tribunais, 2020.

ONODERA, Marcus Vinicius Kiyoshi. *Gerenciamento do processo e o acesso à Justiça*. Belo Horizonte: Del Rey, 2017.

SCARPINELLA BUENO, Cassio. *Curso sistematizado de direito processual civil*, vol. 2: procedimento comum, processos nos Tribunais e recursos. 12. ed. São Paulo: Saraiva, 2023.

TUCCI, José Rogério Cruz e. *Comentários ao Código de Processo Civil*, vol. VII: procedimento comum (disposições gerais até da audiência de instrução e julgamento). 2. ed. São Paulo: Saraiva, 2017.

YARSHELL, Flávio Luiz; PEREIRA, Guilherme Setoguti J.; RODRIGUES, Viviane Siqueira. *Comentários ao Código de Processo Civil*, vol. V: artigos 334 ao 368. São Paulo: Revista dos Tribunais, 2016.

Capítulos de livros

APRIGLIANO, Ricardo de Carvalho. Comentários aos arts. 347 ao 353. In: SCARPINELLA BUENO, Cassio (coord.). *Comentários ao Código de Processo Civil*, vol. 2. São Paulo: Saraiva, 2017.

SCARPINELLA BUENO, Cassio. Comentários aos arts. 355 ao 357 do Código de Processo Civil. In: CABRAL, Antonio do Passo; CRAMER, Ronaldo (coord.), *Comentários ao novo Código de Processo Civil*. 2. ed. Rio de Janeiro: Forense, 2016.

TALAMINI, Eduardo. Comentários aos arts. 354 ao 357. In: SCARPINELLA BUENO, Cassio (coord.). *Comentários ao Código de Processo Civil*, vol. 2. São Paulo: Saraiva, 2017.

Artigos

ARAÚJO, José Henrique Mouta; LEMOS, Vinicius Silva. A réplica no processo civil: momentos, conteúdos e importância para o contraditório. *Revista de Processo*, vol. 328. São Paulo: Revista dos Tribunais, jun. 2022.

ARAÚJO, Luciano Vianna. O julgamento antecipado parcial sem ou com resolução do mérito no CPC/2015. *Revista de Processo*, vol. 286. São Paulo: Revista dos Tribunais, dez. 2018.

BUFULIN, Augusto Passamani; ARAÚJO, Caio Souto. Julgamento conforme o estado do processo no Código de Processo Civil de 2015 – parte 1: da extinção do processo ao julgamento antecipado parcial do mérito. *Revista de Processo*, vol. 326. São Paulo: Revista dos Tribunais, abr. 2022.

BUFULIN, Augusto Passamani; ARAÚJO, Caio Souto. Julgamento conforme o estado do processo no Código de Processo Civil de 2015 – parte 2: saneamento e organização do processo. *Revista de Processo*, vol. 327. São Paulo: Revista dos Tribunais, maio 2022.

CABRAL, Trícia Navarro Xavier. A improcedência liminar do pedido e o saneamento do processo. *Revista de Processo*, vol. 252. São Paulo: Revista dos Tribunais, fev. 2016.

DELFINO, Lúcio. Reflexões sobre as providências preliminares no Novo CPC. *Revista Brasileira de Direito Processual*, vol. 92. Belo Horizonte: Fórum, out./dez. 2016.

GOUVEIA, Lúcio Grassi. Audiência de saneamento e organização no Código de Processo Civil cooperativo brasileiro de 2015. *Revista Brasileira de Direito Processual*, vol. 91. Belo Horizonte: Fórum, jul./set. 2015.

LEMOS, Vinicius Silva. A decisão parcial como consequência de uma bifurcação cognitiva em processo objetivamente complexo. *Revista de Processo*, vol. 320. São Paulo: Revista dos Tribunais, out. 2021.

LESSA, Guilherme Thofehrn. Julgamento parcial do mérito e a necessidade de aplicação do procedimento recursal adequado. *Revista de Processo*, vol. 281. São Paulo: Revista dos Tribunais, jul. 2018.

LUCCA, Rodrigo Ramina de. Julgamentos antecipados parciais de mérito. *Revista de Processo*, vol. 257. São Paulo: Revista dos Tribunais, jul. 2016.

MEIRELES, Edilton. Julgamento antecipado parcial do mérito. *Revista de Processo*, vol. 252. São Paulo: Revista dos Tribunais, fev. 2016.

MENDES, Anderson Cortez; CAPIOTTO, Gabriele Mutti. Saneamento do processo no novo Código de processo Civil. *Revista de Processo*, vol. 266. São Paulo: Revista dos Tribunais, abr. 2017.

MOUZALAS, Rinaldo; ALBUQUERQUE, João Otávio Terceiro Neto B. de. Decisão parcial de mérito. *Revista de Processo*, vol. 260. São Paulo: Revista dos Tribunais, out. 2016.

OLIVEIRA, Pedro Miranda de; OLIVEIRA, Rosalvo Moreira de. Ainda sobre a decisão parcial (com ou sem resolução de mérito). *Revista de Processo*, vol. 317. São Paulo: Revista dos Tribunais, jul. 2021.

PEDRON, Flávio Quinaud; COSTA, Jéssica Nayara Duarte. O saneamento no processo civil como instrumento de efetividade da atividade jurisdicional. *Revista de Processo*, vol. 274. São Paulo: Revista dos Tribunais, dez. 2017.

PINHEIRO, Guilherme César. Explorando as potencialidades técnicas da réplica no processo civil. *Revista de Processo*, vol. 332. São Paulo: Revista dos Tribunais, out. 2022.

QUEIROZ, Pedro Gomez de. O poder do juiz de produzir prova de ofício: uma análise histórica. *Revista Brasileira de Direito Processual*, vol. 109. Belo Horizonte: Fórum, jan./mar. 2020.

RIGUETTI, Gabriel Felipe Roqueto. Delimitação consensual sobre a matéria de fato e de direito: um aporte crítico epistêmico ao negócio jurídico do art. 357, § 2º, do CPC de 2015. *Revista de Processo*, vol. 323. São Paulo: Revista dos Tribunais, jan. 2022.

ROCHA, Ana Luiza; CAMPOS, Marcos; DOTTI, Rogéria; NASCIMENTO, Sabrina de Paula. O tempo processual e o Direito de Família: tutela da evidência e decisão parcial de mérito no Código de Processo Civil de 2015. *Revista Brasileira de Direito Processual*, vol. 111. Belo Horizonte: Fórum, jul./set. 2020.

ROCHA, Henrique de Moraes Fleury da. A estabilidade da decisão de saneamento e organização do processo: impactos para as partes. *Revista de Processo*, vol. 320. São Paulo: Revista dos Tribunais, out. 2021.

SICA, Heitor Vitor Mendonça. Evolução legislativa da fase de saneamento e organização do processo. *Revista de Processo*, vol. 255. São Paulo: Revista dos Tribunais, maio 2016.

_____. Procedimento comum: fase de saneamento e organização do processo. In: Instituto Brasileiro de Direito Processual; SCARPINELLA BUENO, Cassio (org.). *PRO-DIREITO: Direito Processual Civil*: Programa de Atualização em Direito: Ciclo 1. Porto Alegre: Artmed Panamericana, 2016 (Sistema de Educação Continuada a Distância, vol. 3).

SOUZA, Gelson Amaro de. Saneamento do processo no CPC/2015. *Revista Dialética de Direito Processual*, vol. 151. São Paulo: Dialética, out. 2015.

UZEDA, Carolina. Pedido de ajustes e esclarecimentos: a participação das partes na decisão de saneamento e organização do processo. *Revista de Processo*, vol. 289. São Paulo: Revista dos Tribunais, mar. 2019.

Capítulo 10

Fase Instrutória

1. PARA COMEÇAR

Nos casos em que o processo é declarado saneado, isto é, reconhecido que não há nenhum vício que possa comprometer o seu "ser devido", e que não há nada que impeça o seu desenvolvimento, nem do exercício regular do direito de ação, e, de maneira mais ampla, nem que impossibilite o magistrado de apreciar o direito controvertido pelas partes, reconhecendo quem é merecedor de tutela jurisdicional, tem início a "fase instrutória".

Importa frisar, a este respeito, que a fase instrutória do procedimento comum pressupõe o *saneamento* e a *organização* a que se refere o art. 357 e, antes disto, que o caso não era de extinção do processo, nos moldes do art. 354, nem de julgamento antecipado do mérito, como permite o art. 355. Nos casos em que tiver havido julgamento antecipado *parcial* do mérito (art. 356), a fase instrutória desenvolver-se-á com relação ao que ainda não foi julgado. Neste caso, portanto, a adoção de uma das técnicas do "julgamento conforme o estado do processo" não impede a de outra, justamente pela sua razão de ser.

O art. 357 e as novidades por ele trazidas com relação às atividades não só de *saneamento*, mas, como interessa mais para cá, de *organização* do processo com vistas ao desenvolvimento *ótimo* da fase instrutória, são dignas de destaque. A aplicação escorreita daquele dispositivo viabilizará que, de antemão, no limiar da fase instrutória, autor e réu saibam com precisão o que se espera deles (e reciprocamente) e do próprio magistrado e de eventuais terceiros ao longo da produção da prova e, se for o caso, na audiência de instrução e julgamento. Tudo para, otimizando o processo e seus atos, viabilizar ao juiz condições ótimas de proferir sentença com fundamento no art. 487, I, isto é, acolhendo ou rejeitando, no todo ou em parte, o(s) pedido(s) do autor e/ou do réu, quando este reconvém. Trata-se do CPC de 2015 *aplicando em concreto* o "modelo de processo cooperativo" de seu art. 6º.

2. AUDIÊNCIA DE INSTRUÇÃO E JULGAMENTO

Não deixa de ser curioso que o CPC de 2015 comece o tratamento da fase instrutória versando sobre audiência de instrução e julgamento, reservando para ela Capítulo próprio na disciplina do procedimento comum (arts. 358 a 368), deixando para o Capítulo seguinte tratar da prova em geral e de cada um dos meios de prova em específico, nas suas onze seções. A observação é pertinente porque, ainda que se justifique a fase instrutória, a audiência de instrução e julgamento só será necessária quando houver necessidade de prova oral. Não há, destarte, relação de causa e efeito entre uma coisa e outra. Mas não só: salvo determinação em contrário do magistrado com fundamento no interessantíssimo inciso VI do art. 139, a ordem escolhida pelo CPC de 2015 para a produção das provas reserva-a para *depois* da prova pericial.

De qualquer sorte, como anunciado de início, a apresentação da matéria por este *Manual* guia-se pelas escolhas feitas pelo CPC de 2015, mesmo, como no caso, que elas não pareçam ser as melhores. O prezado leitor é que, devidamente advertido, ficará à vontade para ler sobre as provas em geral e em espécie para, depois, voltar para este número.

É na audiência de instrução e julgamento que, frustrada tentativa de conciliação ou, sem prejuízo de as partes já terem sido instadas anteriormente a alcançarem, por outras técnicas, a autocomposição do litígio (art. 359), realizam-se as provas *orais* (art. 361), tempestivamente requeridas pelas partes ou determinadas pelo juiz, que se permite o debate *oral* da causa (art. 364) e, se for o caso, o magistrado profere sentença (art. 366).

É comum, por isso mesmo, ser evidenciada, a propósito da audiência de instrução e julgamento, a concretização de alguns princípios derivados da *oralidade* (prevalecimento da palavra oral na prática dos atos processuais, o que não significa a impossibilidade ou a desnecessidade de sua documentação dar-se inclusive por escrito). A *concentração dos atos processuais* está inegavelmente preservada pelo CPC de 2015, como a descrição do parágrafo anterior evidencia por si só. A *imediatidade*, pela qual o magistrado colhe diretamente a prova, está mitigada, como exponho no n. 3.2, *infra*. A *identidade física do juiz*, princípio segundo o qual o juiz que conclui a instrução deve julgar a causa, está preservada, a despeito do silêncio do CPC de 2015 a seu respeito. Diferentemente do que se dava no âmbito do CPC de 1973 – cujo art. 132 acolhia-o expressamente –, aquele princípio passa a ser *implícito*, como demonstro no n. 2.3, *infra*.

A audiência de instrução e julgamento é ato processual *complexo* em que diversas atividades são praticadas, ainda que todas elas voltadas a uma só e comum finalidade: a formação da convicção do juiz com vistas ao julgamento da causa, sempre compreendida a expressão no sentido de decidir quem, autor ou réu, faz jus à tutela jurisdicional.

A audiência, como todo ato jurisdicional, é pública. Trata-se de exigência feita desde o modelo constitucional do direito processual civil e expressamente reiterada pelo art. 368, que, afinado àquele modelo, ressalva as "exceções legais", que se encontram no art. 189 e que têm fundamento no inciso IX do art. 93 da CF.

É bastante comum a afirmação, com base no *caput* do art. 365, de que a audiência é *una* e *contínua*, embora ela possa deixar de ser realizada num só dia quando não for possível a oitiva do perito e das testemunhas (o que pressupõe concordância das partes).

A unidade e a continuidade da audiência devem ser entendidas no sentido de que por mais adiamentos ou prorrogações que a audiência possa receber, uma vez iniciada, ela não *recomeça*, pelo que atos processuais que, antes de seu início, poderiam ter sido praticados pelas partes já não poderão mais sê-lo porque atingidos pela preclusão. A audiência de instrução e julgamento é, em si mesma considerada, um só ato processual, embora passível de ser praticado em mais de um dia pelas *necessidades* do caso concreto. Tanto assim que o parágrafo único do art. 365 determina que, "Diante da impossibilidade de realização da instrução, do debate e do julgamento no mesmo dia, o juiz marcará seu prosseguimento para a data mais próxima possível, em pauta preferencial".

É o juiz quem preside a audiência exercendo o que o art. 360, *caput*, chama de "poder de polícia", especificando o que em perspectiva mais genérica prevê o inciso VII do art. 139. No exercício daquele *dever-poder* – a ênfase da atuação jurisdicional, prezado leitor, recai *sempre* no *dever* (finalidade a ser atingida) e não no *poder* (meios adequados e suficientes para seu atingimento) –, compete-lhe: (i) manter a ordem e o decoro na audiência; (ii) ordenar que se retirem da sala da audiência os que se comportarem inconvenientemente; (iii) requisitar, quando necessário, a força policial; (iv) tratar, com urbanidade, as partes, os advogados, os membros do Ministério Público e da Defensoria Pública e qualquer outra pessoa que participe do processo e (v) registrar em ata, com exatidão, todos os requerimentos apresentados em audiência. Estas duas últimas prescrições são decorrência imediata do modelo de processo cooperativo a que se refere o art. 6º.

As audiências de instrução e julgamento devem ser marcadas com intervalo mínimo de uma hora entre uma e outra, diretriz que decorre do § 9º do art. 357. Também para tais audiências a advogada gestante, lactante, adotante ou que der à luz tem preferência na ordem de sua realização, nos termos do art. 7º-A, III e §§ 1º e 2º, da Lei n. 8.906/1994, incluídos pela Lei n. 13.363/2016, observando-se a discussão que apresento no n. 4 do Capítulo 8.

2.1 Abertura e adiamento da audiência

A audiência de instrução e julgamento deve ser aberta *formalmente* com observância do art. 358. Ela, no dia e hora designados, será apregoada, isto é, seu início será comunicado às partes e aos seus respectivos advogados, bem como ao membro do Ministério Público e da Defensoria Pública, na medida em que devam participar do ato, e, bem assim, a todos os demais que nela intervirão, como perito, assistentes técnicos e testemunhas. De acordo com o § 2º do art. 6º da Lei n. 8.906/1994, acrescentado pela Lei n. 14.508/2022, "Durante as audiências de instrução e julgamento realizadas no Poder Judiciário, nos procedimentos de jurisdição contenciosa ou voluntária, os advogados do autor e do requerido devem permanecer no mesmo plano topográfico e em posição equidistante em relação ao magistrado que as presidir". A regra quer ver representada nos espaços das salas de audiência a *isonomia* que deve presidir a atuação das funções essenciais à Administração da Justiça e, nesse sentido, bem representar o modelo constitucional do direito processual civil. Por isso mesmo e a despeito do local em que veiculada (Estatuto da Advocacia e da OAB), ela alcança os membros do Ministério Público e da Defensoria Pública.

Uma vez declarada aberta a audiência, o magistrado, *sendo o caso*, tentará conciliar as partes ou, quando menos, convencê-las a buscar soluções alternativas para o conflito, como, por exemplo, a mediação ou a arbitragem (art. 359). A ressalva é importante porque pode se tratar de direito que não aceita autocomposição. Pode ser também que as partes já tenham se manifestado ao magistrado no sentido de desinteresse por qualquer tentativa de autocomposição, reiterando, até mesmo, posicionamento similar constante da petição inicial e/ou da petição do réu apresentada para os fins do § 5º do art. 334.

A audiência de instrução e julgamento pode ser *adiada* nas hipóteses do art. 362: (i) por convenção das partes; (ii) se qualquer uma das pessoas que dela deva participar não puder justificadamente comparecer; e, ainda – aqui, uma novidade do CPC de 2015 –, (iii) quando o início da audiência atrasar injustificadamente por mais de trinta minutos do horário em que marcada. Com relação ao não comparecimento, cabe destacar que a justificativa deve ser apresentada até a abertura da audiência; se não, a instrução será realizada sem a participação da pessoa faltosa (art. 362, § 1º). As provas requeridas pela parte cujo advogado ou defensor público não tiver comparecido à audiência (injustificadamente) podem ser dispensadas pelo magistrado, tanto quanto aquelas requeridas pelo Ministério Público cujo membro também não compareça (art. 362, § 2º).

Havendo adiamento, independentemente do motivo pelo qual ele se dê, as despesas dele decorrentes serão suportadas por quem lhe deu causa (art. 362, § 3º).

Sempre que houver antecipação ou adiamento da audiência de instrução e julgamento, os procuradores serão intimados da nova designação (art. 363).

2.2 Instrução e debates

Sendo necessária a instrução, o que pressupõe que a tentativa de autocomposição incentivada no art. 359, quando pertinente, tenha malogrado, terá início a instrução, isto é, a produção das provas que justificam a designação da audiência.

Estas provas e, também, sobre o que elas versam é matéria decidida anteriormente, ao ensejo do "saneamento e organização" do processo (art. 357, II a V), quiçá, até mesmo em audiência realizada para aquele fim, uma verdadeira "audiência de saneamento" (art. 357, § 3º). É esta a razão pela qual não subsiste, no CPC de 2015, regra como a do art. 451 do CPC de 1973, pela qual, no início da audiência de instrução e julgamento, o juiz, ouvidas as partes, "fixará os pontos controvertidos sobre os quais incidirá a prova". Não há por que duvidar, e enfatizo o que escrevo no n. 3.4 do Capítulo 9, que a diretriz do CPC de 2015 é preferível porque viabiliza que todos os envolvidos na audiência de instrução e julgamento saibam claramente – *e de antemão* – qual é a função de cada uma das partes (e de eventuais terceiros) na audiência e nas provas a serem nela produzidas. Tudo, importa não perder de vista, para convencer o magistrado de quem, autor ou o réu, é merecedor da tutela jurisdicional. É o modelo de processo cooperativo sendo posto em prática pelo CPC de 2015.

O art. 361 estabelece uma ordem *preferencial* para a produção da prova *oral* na audiência de instrução e julgamento: em primeiro lugar, se não tiverem feito antes e por escrito (o que é, prezado leitor, o mais comum na prática do foro), perito e assistentes técnicos responderão aos quesitos de esclarecimentos requeridos no prazo e na forma do art. 477. Após o autor e o réu, nesta ordem, prestarão seus depoimentos pessoais. Por fim, serão ouvidas as testemunhas. Primeiro as do autor; depois as do réu.

Trata-se de ordem *preferencial* porque, consoante o caso, poderá o magistrado, sempre ouvidas as partes previamente, alterar a ordem a depender das peculiaridades e das circunstâncias do caso concreto. Trata-se de aplicação segura do disposto no inciso VI do art. 139. Assim, por exemplo, quando o depoimento pessoal do autor não tiver em mira a obtenção de confissão, mas meros esclarecimentos sobre os fatos ocorridos, ele pode ser deixado para depois da oitiva das testemunhas. Ou, ainda, quando o depoimento do réu tiver declaradamente o intuito de fazer confessá-lo, é mais adequado que o réu deponha *antes* do autor, porque se trata de prova que, ao menos em tese, pode favorecer ao autor.

O parágrafo único do art. 361 estabelece que, enquanto as partes, o perito, os assistentes técnicos e as testemunhas estiverem se manifestando ou depondo, os advogados, o membro do Ministério Público e também o defensor público, a despeito do silêncio a seu respeito, não poderão manifestar-se sem prévio consentimento do magistrado. Trata-se de regra que reflete o "dever-poder de polícia" listado no inciso I do art. 360 e, mais amplamente, concretiza o princípio da imediatidade.

Colhidas as provas orais, têm início os debates. Primeiro, de acordo com o *caput* do art. 364, falará o procurador do autor, seguido pelo do réu. Nos casos em que o Ministério Público atuar no processo na qualidade de fiscal da ordem jurídica, seu representante falará por último. O prazo é de vinte minutos para cada um, prorrogáveis por mais dez minutos, a depender de decisão do magistrado. Se houver litisconsortes (ativo ou passivo, não faz diferença) ou terceiros intervenientes, o prazo será de trinta minutos, dividindo-o por igual entre todos, salvo se houver acordo em outro sentido (art. 364, § 1º).

Os debates orais podem ser substituídos pela apresentação de memoriais escritos. O *texto* do § 2º do art. 364 condiciona a apresentação do que chama de "razões finais escritas" aos casos que apresentarem complexidade fática e/ou jurídica. A prática do foro demonstra que é comuníssima a apresentação das razões por escrito, mesmo fora das hipóteses mencionadas, iniciativa que não gera prejuízo e nulidade nenhuma. O prazo, para tanto, é o mesmo § 2º quem o prevê, é de quinze dias sucessivos, assegurada, isto é fundamental, a vista dos autos fora do cartório ou secretaria. Sim, prezado leitor, se se tratar de processo (ou autos) eletrônico, não há razão nenhuma para a sucessividade do prazo, pois todos podem ter acesso a ele concomitantemente, e nem para vista dos autos fora do cartório ou secretaria porque o acesso àquele formato de processo (ou autos) pode ser realizado independentemente do local físico.

2.3 Julgamento

Concluídos os debates ou, quando for o caso, apresentadas as "razões finais escritas", o magistrado proferirá sentença. Quando os debates forem travados na própria audiência, o magistrado poderá proferir a sentença desde logo. Se não o fizer, terá os trinta dias seguintes para fazê-lo (art. 366). A despeito da literalidade do art. 366, não há razão para entender que o magistrado deverá designar audiência para proferir sua sentença nos casos em que as partes tenham prazo para apresentar suas razões finais. A oralidade que preside a audiência de instrução e julgamento não chega a tanto, menos ainda porque o entendimento conspiraria contra a eficiência processual.

Questão importante é saber se o juiz que concluiu a audiência de instrução e julgamento *deve* proferir sentença. O princípio da identidade física do juiz, que deriva do princípio da oralidade na sua concepção original, de inspiração Chiovendiana, propõe que a resposta seja positiva. No CPC de 2015 não subsiste, contudo, previsão como a do art. 132 do CPC de 1973, que caminhava naquele sentido, embora criasse uma série de exceções para sua concretização. A pergunta a ser formulada, prezado leitor, é: subsiste aquele princípio no CPC de 2015? A resposta que me parece, ao menos por ora, a mais satisfatória é a positiva; a identidade física do juiz deve ser compreendida, doravante, como princípio *implícito* do direito processual civil brasileiro. Isto porque é irrecusável que o magistrado mais bem preparado para proferir sentença após a produção oral de provas é o que presidiu a audiência de instrução e julgamento. Não há como fugir desta realidade.

Se o magistrado foi "convocado, licenciado, afastado por qualquer motivo, promovido ou aposentado" – as referências são as do *caput* do precitado art. 132 do CPC de 1973 –, o princípio da *eficiência* impõe que outro magistrado, analisando o caso (e tal qual documentado, independentemente da oralidade praticada na audiência de instrução e julgamento), profira a sentença. Não há por que recusar, neste caso, a possibilidade de o novo magistrado determinar a repetição de alguma prova (oral ou não) que, para a formação de sua convicção, entenda necessário. Era o que estava *expresso* no parágrafo único do art. 132 do CPC de 1973 e que merece ser compreendido *implicitamente* no sistema atual.

A audiência será documentada por termo a ser lavrado pelo escrivão sob ditado do magistrado e conterá o resumo do que tiver ocorrido na audiência e, na íntegra, os despachos, as decisões e, se for o caso, a sentença nela proferida (art. 367, *caput*). O termo deve ser subscrito pelo magistrado, pelos advogados e/ou defensores públicos, pelo membro do Ministério Público (se for o caso de sua participação) e pelo escrivão. As partes não precisam assiná-lo, salvo quando praticarem ato de disposição de direito na própria audiência – um acordo, resultante do art. 359, por exemplo – e desde que seu advogado não tenha poderes para tanto (art. 367, § 2º).

Se o registro do termo não for eletrônico, suas folhas respectivas serão rubricadas pelo magistrado e arquivados em livro próprio (art. 367, § 1º), trasladando para os autos cópia autêntica (art. 367, § 3º). Quando se tratar de autos eletrônicos, observar-se-á o que a respeito dispõem o CPC de 2015, a Lei n. 11.419/2006, que disciplina (e continua a disciplinar) o "processo eletrônico" e as eventuais normas dos Tribunais (art. 367, § 4º).

A audiência poderá também ser gravada, no todo ou em parte, em áudio e/ou em vídeo, conquanto seja viável às partes e aos interessados acesso rápido às informações pertinentes, "observada a legislação específica" (art. 367, § 5º). O § 6º do art. 367, pondo fim à interessante questão que vem ocupando os debates forenses, a doutrina e a jurisprudência, estabelece que qualquer das partes pode gravar a audiência nos moldes do § 5º e, para tanto, não há necessidade de prévia autorização do magistrado. Ao registrar o ato, aquele que o fez torna-se pessoalmente responsável pela inteireza e integridade de seu conteúdo e por sua eventual divulgação, ainda mais, mas não só, nos casos em que houver sigilo. A "observância à legislação específica" do § 5º do art. 367, destarte, não tem como obstaculizar a eficácia plena da regra permissiva do § 6º do mesmo dispositivo.

3. DIREITO PROBATÓRIO

O Capítulo XII do Título I do Livro I da Parte Especial é dedicado integralmente às provas ou ao "direito probatório", estendendo-se dos arts. 369 ao 484.

O referido Capítulo vem dividido em onze seções. A primeira delas disciplina as disposições gerais. A segunda trata da "produção antecipada da prova", que vem para substituir, pertinentemente e com inegáveis vantagens, a "cautelar de produção antecipada de provas", e a "justificação", que no CPC de 1973 eram "procedimentos cautelares específicos". A Seção III e as seguintes voltam-se à disciplina de cada um dos *meios* de prova, isto é, das técnicas típicas destinadas à formação do convencimento do magistrado.

A exposição seguinte observa, pelas razões que anunciei desde o Prólogo, a ordem adotada pelo CPC de 2015, com a abertura, por vezes, de subitens que se justificam, a meu ver, por causa de e para fins didáticos.

Uma última palavra introdutória é importante. As modificações trazidas pelo CPC de 2015 a respeito do direito probatório – e o prezado leitor perceberá, ao longo deste Capítulo, que não são poucas – só terão plena aplicação às provas que tenham sido requeridas (pelas partes e por eventuais intervenientes) ou determinadas de ofício (isto é, pelo próprio magistrado) a partir da data de início de sua vigência. Não faz diferença, portanto, que o processo tenha tido início antes da entrada em vigor do CPC de 2015 (art. 1.045), ou até, mesmo, que a fase instrutória já tenha ocorrido e, por exemplo, tenha sido determinada a sua *reabertura* por alguma razão. O que importa para a aplicação das regras de direito probatório do CPC de 2015 é que a atividade probatória tenha início sob sua égide.

3.1 Disposições gerais

Como não poderia deixar de ser, as "disposições gerais" da Seção I do Capítulo XII do Título I do Livro I da Parte Especial tratam de temas diversos que merecem sistematização para sua mais adequada compreensão.

Por esta razão, prezado leitor, entendo necessário abrir subitens específicos para tratar dela, aglutinando em cada um deles os assuntos correlacionados. É o intuito dos próximos números.

3.2 Princípios

O art. 369, o primeiro da Seção dedicada às "disposições gerais" sobre as provas, consagra, no plano infraconstitucional, o princípio da *atipicidade* da prova, de estatura constitucional (art. 5º, LVI, da CF), ao estatuir que "As partes têm o direito de empregar todos os meios legais, bem como os moralmente legítimos, ainda que não especificados neste Código, para provar a verdade dos fatos em que se funda o pedido ou a defesa e influir eficazmente na convicção do juiz". Os meios "moralmente legítimos" referidos também remontam ao precitado dispositivo constitucional, que veda o uso de provas ilícitas ou obtidas de modo ilícito.

A propósito do tema, é correto entender aplicável para o direito processual civil o § 5º do art. 157 do Código de Processo Penal, introduzido pela Lei n. 13.964/2019, que, pressupondo a perda da imparcialidade do magistrado que teve contato com a prova contaminada por aqueles vícios, dispõe: "O juiz que conhecer do conteúdo da prova declarada inadmissível não poderá proferir a sentença ou acórdão".

Outros dois princípios regentes do direito probatório, explícitos no CPC de 2015, são "convencimento motivado do juiz" e "aquisição da prova". É o que se extrai do art. 371, segundo o qual: "O juiz apreciará a prova constante dos autos, independentemente do sujeito que a tiver promovido, e indicará na decisão as razões da formação de seu convencimento".

Em geral, o primeiro dos princípios é enunciado precedido da palavra "livre", o que se justificava inclusive porque o art. 131 do CPC de 1973 a empregava, diferentemente do art. 371, que a suprimiu. A alteração é pertinente, não duvido, mas não altera a compreensão que já se mostrava a mais adequada. É que não há, propriamente, *liberdade* para o magistrado do Estado Constitucional. O exercício de sua função – sua "vontade *funcional*" – é todo regrado a partir dos elementos componentes do "modelo constitucional do direito processual civil" (arts. 8º e 140), entre eles, avulta em importância para cá, o *dever* de fundamentação (art. 93, IX, da CF, e art. 489, §§ 1º e 2º, do CPC de 2015). Não é por outra razão, aliás, que o art. 371 impõe ao magistrado que indique "na decisão as razões da formação de seu convencimento", a exemplo do que já o fazia o referido art. 131.

Na avaliação da prova, ademais, o magistrado aplicará as regras de experiência comum e as regras de experiência técnica, ressalvada, contudo, a necessidade de realização de perícia (art. 375).

O CPC de 2015, seguindo os passos do CPC de 1973, contudo, vai além. Ele prevê caber ao próprio magistrado, sem prejuízo da iniciativa das partes, "determinar as provas necessárias ao julgamento do mérito" (art. 370, *caput*). Para enaltecer a importância deste *dever-poder* do magistrado, o parágrafo único do dispositivo permite que o magistrado indefira as diligências inúteis ou protelatórias, fazendo-o em decisão fundamentada. Trata-se de *função* que merece ocupar detidamente o magistrado e as partes por ocasião do saneamento e organização do processo (art. 357), para viabilizar, como enfatizo no n. 3.4 do Capítulo 9, a necessária otimização da fase instrutória.

Nesse contexto, cabe lembrar e dar o devido destaque ao art. 139, IV, segundo o qual compete ao magistrado "determinar todas as medidas indutivas, coercitivas, mandamentais ou sub-rogatórias necessárias para assegurar o cumprimento de ordem judicial, inclusive nas ações que tenham por objeto prestação pecuniária". No ambiente do direito probatório, aquele *dever-poder*, máxime quando combinado com o precitado art. 370, na segura lição de William Santos Ferreira, merece ser compreendido como verdadeiro princípio, o "da máxima eficiência dos meios probatórios", a autorizar a adoção de técnicas *típicas* e também *atípicas* "na exata medida de sua necessidade para alcance do esclarecimento do fato probando". Esta "adequabilidade" das técnicas predispostas à produção da prova, segundo sustenta o mesmo autor, corresponde à necessidade de adoção de "medidas *atípicas* que permitam adequar as *técnicas instrutórias* às *especificidades do caso*" ("Transições paradigmáticas, máxima eficiência e técnicas executivas típicas e atípicas no direito probatório").

O art. 378, por seu turno, evidencia que ninguém, partes e terceiros, pode se escusar de colaborar com o Judiciário "para o descobrimento da verdade", o que, para os fins deste *Manual*, basta entender como formação da convicção do magistrado que o permita proferir sentença. Para tanto, o art. 379, resguardando o direito da parte de não produzir prova contra si mesma (direito que deriva do art. 5º, X e LXIII, da CF), prescreve incumbir a ela (i) comparecer em juízo e responder ao que lhe for interrogado, previsão que se amolda ao inciso VIII do art. 139; (ii) colaborar com o magistrado nos casos de inspeção judicial; e (iii) praticar ato que lhe seja determinado. Similarmente, o art. 380 dirige-se aos terceiros, que deverão (i) "informar ao juiz os fatos e as circunstâncias de que tenha[m] conhecimento" e (ii) "exibir coisa ou documento que esteja em seu poder". Enfatizando tratar-se de verdadeiro *dever* imposto a eles, o parágrafo único do art. 380 – em estreita harmonia com o precitado inciso IV do art. 139 – prevê a aplicação de multas ou outras medidas indutivas, coercitivas, mandamentais ou sub-rogatórias. Não só para sancionar eventual descumprimento, mas para instar os terceiros a acatar a determinação do magistrado.

O art. 372, inovando em relação ao CPC de 1973, silente a este respeito, refere-se, expressamente, ao uso da prova emprestada. A "importação da prova" produzida em outro processo é admitida desde que seja respeitado o contraditório não só na origem, onde colhida, mas *também* no processo em que ela será utilizada. Também neste caso – e nem poderia ser diferente – incide o princípio do convencimento motivado do juiz (art. 371), cabendo a ele avaliar a prova emprestada independentemente da análise ocorrida no processo em que produzida. Não há, com efeito, nenhuma espécie de *vinculação* no caso.

Quando o tema é prova, é frequentíssimo a doutrina referir-se também a outros princípios, em especial o da mediação ou imediatidade e da identidade física do juiz, ambos decorrentes da formulação original do "princípio da oralidade". O CPC de 2015 mitigou o primeiro e o silêncio quanto ao segundo enseja interessante discussão sobre sua subsistência.

Com relação à mediação ou imediatidade – pelo qual é o juiz que colhe *diretamente* a prova, iniciativa que, presume-se, é a mais adequada para formação de sua convicção –, cabe destacar que, ao mesmo tempo que o CPC de 2015 preserva a posição do magistrado como condutor do processo e, no que interessa para cá, da colheita da prova, inclusive na audiência de instrução e julgamento (art. 361, *caput*), deixa de ser ele que colherá diretamente o depoimento das testemunhas. São os procuradores das partes que as inquirirão diretamente, reservado ao juiz o *dever-poder* de evitar perguntas impertinentes, capciosas ou vexatórias (459, § 2º). O princípio, destarte, é preservado pelo CPC de 2015. Contudo, e como bom princípio, ainda que infraconstitucional, *mitigado* em prol de maior eficiência na colheita da prova testemunhal e, até mesmo, na condução da audiência de instrução e julgamento.

À identidade física do juiz já me dediquei no n. 2.3, *supra*, ao ensejo da audiência de instrução e julgamento. Entendo que ele subsiste como princípio *implícito* a autorizar que compete ao magistrado que concluir a instrução proferir sentença. Sua eventual desvinculação do processo por questões de ordem funcional não deve interferir na compreensão (e na sobrevivência) do princípio como tal.

3.3 Ônus da prova

As disposições gerais tratam também do ônus da prova, que merece ser compreendido de forma dupla: primeiro, como regra dirigida às partes no sentido de estabelecer a elas como devem se comportar no processo acerca da produção da prova a respeito de suas alegações (que, em rigor, é o objeto do art. 373 aqui estudado). Segundo, como regra dirigida ao magistrado, no sentido de permitir a ele, no julgamento a ser proferido, verificar em que medida as partes desincumbiram-se adequadamente de seu ônus quando ainda não tenha se convencido acerca das alegações de fato relevantes para a prática daquele ato, em caráter verdadeiramente subsidiário, portanto, para vedar o *non liquet*.

Nessa segunda acepção, o ônus da prova deve ser tratado como regra de *julgamento*; na primeira, como regra de *procedimento*.

O *caput* do art. 373 assegura a regra clássica de atribuição do ônus da prova: ao autor cabe o ônus da prova do fato constitutivo de seu direito; ao réu, o ônus da prova da existência de fato impeditivo, modificativo ou extintivo do direito do autor. Havendo reconvenção, o réu passa a ser autor e, neste sentido, ele, como reconvinte, terá o ônus da prova do fato constitutivo, e o autor, na qualidade de reconvindo (réu na reconvenção), do fato modificativo, impeditivo e extintivo, naquilo que sejam novos em relação ao pedido do autor e ao seu respectivo fundamento e forneçam substrato ao pedido reconvencional.

Os §§ 1º e 2º do art. 373, por sua vez, inovam ao admitir e disciplinar expressamente os casos em que pode haver *modificação* (legal ou judicial) das regras constantes dos incisos do *caput*. O § 1º deixa claro que deve haver decisão judicial *prévia* que determine a modificação e que crie condições para que a parte efetivamente se desincumba do ônus respectivo, com as condicionantes do § 2º, que veda o que usualmente é conhecido como "prova diabólica", isto é, aquela impossível ou excessivamente difícil para uma das partes (a prova negativa de um fato inespecífico, como, por exemplo, nunca ter estado em um determinado lugar).

De acordo com o § 1º do art. 373, nos casos previstos em lei (como se dá, por exemplo, no inciso VIII do art. 6º do Código do Consumidor, em que o que há é, propriamente, uma *inversão* do ônus da prova) *ou* diante de peculiaridades da causa relacionadas à impossibilidade ou à excessiva dificuldade de produzir prova nos moldes do *caput*, ou, ainda, considerando a maior facilidade de obtenção da prova do fato contrário, poderá o magistrado atribuir o ônus da prova de modo diverso. Para tanto, deverá fazê-lo em decisão fundamentada (que justifique o porquê da incidência do § 1º e a inexistência dos óbices do § 2º), dando à parte a oportunidade de se desincumbir do ônus que lhe foi atribuído. A recorribilidade imediata dessa decisão interlocutória por agravo de instrumento, qualquer que seja seu sentido, é expressamente prevista pelo inciso XI do art. 1.015.

É importante entender que a modificação do ônus da prova referida nos dispositivos aqui analisados interfere no próprio procedimento. Tanto assim que o inciso III do art. 357, que trata do saneamento e da organização do processo, é expresso quanto à alteração ocorrer naquele instante por decisão que *antecede*, portanto, o início da fase instrutória e, mais especificamente, a produção daquela prova. O CPC de 2015 consagra o tema, destarte, como regra de *procedimento*, e não, como pensaram alguns no âmbito do CPC de 1973, como regra de *julgamento*. É mais um caso em que o modelo de processo cooperativo é concretizado por regra do próprio CPC de 2015. A afirmação, evidentemente, não tem o alcance de retirar do magistrado a possibilidade de julgar contra aquele que não se desincumbiu a contento de seu ônus probatório, a despeito da redistribuição anterior.

O § 3º do art. 373 trata da distribuição *convencional* do ônus da prova, admitindo-a, tanto quanto no CPC de 1973, desde que a convenção não recaia sobre direito indisponível da parte ou quando não tornar excessivamente difícil a sua produção. O § 4º esclarece que a convenção das partes sobre o ônus da prova pode se dar antes ou durante o processo, o que se harmoniza com o disposto no art. 190.

3.4 Objeto da prova

Não é qualquer fato que precisa ser provado em juízo. O objeto da prova recai sobre os fatos *relevantes* e os *pertinentes* para a formação da convicção do juiz diante dos limites objetivos e subjetivos da postulação, estabilizada no momento do saneamento (art. 329, II). Estes fatos, não por acaso, são aqueles mesmos que, desde o saneamento e a organização do processo, devem ser explicitados nos termos do inciso II do art. 357.

Além de relevantes e pertinentes, cabe acentuar, ainda, de acordo com o art. 374, que *não* dependem de prova: (i) os fatos notórios, isto é, os fatos que, por sua própria natureza, são de conhecimento geral; (ii) os afirmados por uma parte e confessados por outra; (iii) os que forem incontroversos no processo, o que robustece a importância de o réu desincumbir-se adequadamente da impugnação especificada a que se refere o *caput* do art. 341, e, por fim, (iv) também não dependem de prova os fatos em favor dos quais houver presunção legal de existência ou de veracidade, como, por exemplo, no caso de o réu ser revel (art. 344).

É excepcional a necessidade de produção de provas sobre o *direito* porque a presunção é a de que o magistrado o conhece suficientemente bem.

Quando se tratar de legislação municipal, estadual – o prezado leitor não deve se esquecer que vivemos em uma complexa federação de quatro níveis legislativos – ou estrangeira, e, ainda, quando se cuidar de direito consuetudinário, a prova pode ser necessária, tanto em termos de teor da norma jurídica como de sua vigência (art. 376). Para sua demonstração, e o magistrado determinará a produção da prova cabível, aplicar-se-ão as regras usuais do ônus da prova.

3.5 Dinâmica da prova

Há quatro estágios em relação à prova, em geral aceitos pela doutrina, que merecem ser evidenciados e que têm o condão de evitar confusões desnecessárias.

A prova, em si mesma considerada, não pode ser confundida com o requerimento ou a determinação de sua produção ("proposição"); o deferimento de sua produção ("deferimento"); a sua efetiva produção ("produção"); e a sua análise, isto é, a sua *"valoração"* pelo magistrado.

Cada meio de prova tem suas próprias peculiaridades em relação a cada um destes estágios ou fases lógicas e, por vezes, há sobreposição de dois ou mais deles. A prova documental, por exemplo, é *proposta* e *produzida* ao mesmo tempo, já com a petição inicial. Seu deferimento, no sentido de ela permanecer ou não nos autos, é questão a ser discutida posteriormente, tanto quanto a sua valoração.

A afirmação do parágrafo anterior é tanto mais pertinente quando se constata que nem todo meio de prova será *produzido* (no sentido técnico, acima indicado) na "fase *instrutória*".

Esta fase lógica da etapa de conhecimento do procedimento comum é aquela em que se caracteriza *preponderantemente* pela produção (sempre no sentido técnico) de prova. Ela pode, contudo, ser desnecessária justamente porque já houve produção suficiente de provas. É o que ocorre quando há julgamento antecipado do mérito (art. 355). A própria audiência de instrução e julgamento, como já escrevi no n. 2, *supra*, só se justifica quando houver necessidade de produção de prova *oral*. Pode até acontecer de a fase instrutória justificar-se e desenvolver-se independentemente da realização de audiência de instrução e julgamento. É supor que seja realizada prova pericial, sejam fornecidos por escritos eventuais esclarecimentos e, diante deles, o magistrado sentir-se apto a proferir sentença.

Pode acontecer, também, de a prova precisar ser *antecipada*, tema ao qual me volto no n. 4, *infra*.

A depender do momento em que requerida, a prova tem o condão de suspender o processo. É o que se verifica no caso do art. 377: se a produção de prova imprescindível – e, convenhamos, se não fosse, o caso seria de *indeferimento* da prova –, por meio de carta precatória, carta rogatória ou auxílio direto, for requerida *antes* do saneamento, o processo ficará suspenso, nos termos do art. 313, V, *b*, até a devolução ou efetivação daqueles atos de comunicação. Se não houver suspensão do processo ou quando a devolução se der fora do prazo, a prova será juntada aos autos a qualquer momento (art. 377, parágrafo único), avaliando-a o magistrado consoante o caso, quiçá até mesmo em sede de apelação (art. 1.014).

4. PRODUÇÃO ANTECIPADA DA PROVA

A Seção II do Capítulo XII do Título I do Livro I da Parte Especial disciplina a produção antecipada de provas.

Como escrevi especificamente no n. 3, *supra*, o CPC de 2015 aboliu todos os procedimentos cautelares específicos, dentre eles também os vocacionados à produção (ou, mais corretamente, à *conservação*) de provas. Prefiro, até mesmo, referir-me à iniciativa do CPC de 2015 com o verbo *desformalizar*. O que se deu foi a preservação da *substância* de determinados procedimentos cautelares específicos, sem a sua *forma exterior* que, como a boa doutrina já reconhecia há décadas, nada contribuía para compreensão de determinados institutos, menos ainda sob as pesadas vestes de "cautelares".

Nesse sentido, o art. 381 assegura o direito de a produção da prova ser antecipada nas condições indicadas em seus três incisos, dos quais somente o inciso I traz à mente a tradicional (e insubsistente) "cautelar de produção de provas", isto é, quando houver fundado receio de que venha a tornar-se impossível ou muito difícil a verificação de certos fatos na pendência do processo. É o caso, por exemplo, de serem feitas obras de recuperação da estrutura de um prédio que está para desabar, mas ser imprescindível a realização de perícia técnica para apurar as causas daquela falha estrutural ou da testemunha enferma que precisa ser ouvida o quanto antes porque essencial para esclarecer as circunstâncias de fato em que determinado acidente ocorreu.

Chama a atenção a expressa previsão do inciso II do art. 381, novidade para o direito processual civil brasileiro, que admite a medida com o ânimo de viabilizar a *autocomposição* ou outro meio adequado de solução do conflito, iniciativa que vai ao encontro do art. 3º, § 3º.

Também é digno de destaque o inciso III do mesmo dispositivo, que autoriza a produção da prova antecipada mesmo quando não há perigo na sua colheita e conservação, mas, bem diferentemente, porque o prévio conhecimento dos fatos pode justificar ou evitar o ingresso no Poder Judiciário.

Essas duas hipóteses, as dos incisos II e III do art. 381, não dependem, diferentemente do que exige o inciso I do mesmo dispositivo, de urgência para justificar sua *necessidade*. Nesse sentido, lembro o prezado leitor de sua menção no contexto da tutela da evidência do art. 311 (v. n. 8 do Capítulo 6).

O § 1º do art. 381 reserva a mesma finalidade (e o mesmo *procedimento*) da produção antecipada de provas para o arrolamento de bens quando voltado à sua *documentação*, e não à sua apreensão. Também aqui, a regra do CPC de 2015 é significativa da abolição (*desformalização*) de mais um dos procedimentos cautelares específicos do CPC de 1973.

O § 5º, por seu turno, e a exemplo do *caput* e do § 1º, dá a mesma disciplina *desformalizada* à "justificação", que também (e coerentemente) deixou de ter disciplina própria, entre os "procedimentos cautelares específicos". Destarte, basta a quem pretender justificar a existência de algum fato ou relação jurídica, para simples documentação e sem caráter contencioso, expor sua intenção em petição dirigida ao juízo competente, explicando a razão de seu intuito.

Os §§ 2º e 3º do art. 381 tratam de questões relativas à competência do juízo perante o qual a prova será antecipada, negando prevenção do juízo perante o qual ela foi produzida, ao futuro (embora não necessário) processo em que a prova será efetivamente produzida.

O § 4º reconhece a competência da Justiça Estadual para tal fim mesmo em face da União Federal, autarquia ou empresa pública federal, quando a localidade não for sede de vara federal. Trata-se de regra que implementava a autorização contida na redação original do § 3º do art. 109 da CF e que foi abolida pela redação restritiva dada àquele dispositivo constitucional pela EC n. 103/2019, que limita a possibilidade de lei autorizar a atuação da Justiça Estadual em processos envolvendo pessoas federais e conflitos existentes entre segurado e instituição de previdência social quando a comarca do domicílio do segurado não for sede de vara federal. Ausente aquela exigência, deixou de haver fundamento de validade para o § 4º do art. 381 do CPC.

O art. 382 estabelece o *procedimento* a ser observado para formulação do pedido de antecipação de provas. Na petição respectiva, que romperá a inércia da jurisdição, o requerente indicará com precisão os fatos sobre os quais a atividade probatória recairá (art. 382, *caput*).

O contraditório deve ser observado, a não ser que a medida não ostente caráter contencioso (art. 382, § 1º). A previsão merece ser compreendida com ressalvas mais amplas porque não há como a lei excepcionar o contraditório quando for possível identificar o interessado, a não ser que haja *urgência*, o que até pode ocorrer (art. 381, I), mas não é o que cogita o dispositivo em exame. A existência ou não de litígio ("caráter contencioso") é, ademais, questão relativa, que pode ser alterada a depender do resultado da colheita das provas. Inclusive pela ausência de prévio contraditório na sua realização... Esta orientação, que decorre do "modelo constitucional do direito processual civil", deve ser observada ainda por quem queira ver, no § 1º do art. 382, manifestação de "jurisdição voluntária". Não há como a lei querer se desviar do "modelo constitucional", mesmo nestes casos, já que se regula a atuação do Estado-juiz.

É vedado ao magistrado pronunciar-se sobre o fato cuja antecipação da prova recai (art. 382, § 2º), é dizer, a ele é vedado *avaliar* a prova, limitando-se a *deferir* o pedido relativo à sua *proposição* e a determinar sua respectiva *produção*.

É possível a cumulação de pedidos para que mais de uma prova relativa ao mesmo fato seja antecipada (art. 382, § 3º). Como em qualquer caso de cumulação de pedidos, a eficiência processual é fator determinante, no que é claro o dispositivo ao vedar a iniciativa quando a "produção conjunta acarretar excessiva demora".

O § 4º do art. 382 veda defesa ou recurso, salvo contra o indeferimento total relativo à prova. Longe de atritar com os princípios do contraditório e da ampla defesa, a regra é pertinente porque discussões relativas à *avaliação* da prova serão feitas *a posteriori*. O que basta é que o contraditório seja, como regra, observado nos termos do § 1º (e com a ressalva que fiz acima), o que estará satisfeito se as regras relativas a cada um dos meios de prova forem suficientemente observadas, isto é, o contraditório relativo à *colheita* da prova é irrecusável, sendo desnecessária qualquer antecipação relativa à *valoração* da prova e, consequentemente, ao contraditório dela decorrente.

O art. 383, por fim, estabelece que os autos em que a prova foi antecipada permaneçam em cartório pelo prazo de um mês para extração de cópias e certidões pelos interessados. Com o término daquele período, eles serão entregues a quem formulou o pedido para os devidos fins, observando a própria razão de sua iniciativa à luz dos incisos do art. 381.

5. ATA NOTARIAL

Tecidas as considerações suficientes com relação às disposições gerais das provas e aos casos em que a sua produção pode ser antecipada, chega o momento de estudar cada um dos *meios de prova* disciplinados pelo CPC de 2015, que vêm distribuídos pelas Seções III a XI do Capítulo XII do Título I do Livro I da Parte Especial.

O primeiro meio de prova é a "ata notarial", novidade desconhecida, como prova *típica*, pelo CPC de 1973.

De acordo com o art. 384, "A existência e o modo de existir de algum fato podem ser atestados ou documentados, a requerimento do interessado, mediante ata lavrada por tabelião". O parágrafo único, em complementação, admite que também "Dados representados por imagem ou som gravados em arquivos eletrônicos poderão constar da ata notarial".

A ata notarial merece ser compreendida como o meio de prova em que o tabelião atesta ou documenta a existência e/ou o modo de existir algum fato, mesmo que sejam dados representados por imagem ou som gravados em arquivos eletrônicos. Neste caso, aliás, o que fará o tabelião é ver e/ou ouvir os tais arquivos eletrônicos e descrever, na ata, o que viu e/ou ouviu, vale dizer, descrever o conteúdo dos arquivos eletrônicos, imprimindo em papel, até mesmo, o que é passível de impressão, como, por exemplo, dá-se com páginas da internet, de facebook, de mensagens eletrônicas e assim por diante.

Trata-se de regra importante que o CPC de 2015 evidencia e *tipifica* e que vem sendo usada, com inegável proveito, pela prática do foro. Seja porque o tabelião tem fé pública, e, neste sentido, é correto *presumir* que o conteúdo da ata que lavra é verdadeiro mas também porque as circunstâncias evidenciadas pelo *caput* de "atestar ou documentar" a existência de algum fato ou o modo de existir algum fato clamam, muitas vezes, por urgência que nem mesmo a "produção antecipada de provas" pode dar ao interessado.

É imaginar a situação em que alguém se sente ofendido por perfil em rede social, propaganda que se reputa enganosa publicada em página da internet e coisas do tipo, em que a velocidade e a possibilidade de alteração, bem sabe o prezado leitor, são diretamente proporcionais à velocidade de sua propagação.

A ata notarial também tem sido bastante utilizada em licitações públicas, a permitir que o tabelião coloque em ata tudo o que viu e/ou ouviu a respeito da abertura das propostas e do comportamento de todos os licitantes. Vez ou outra os jornais noticiam que resultados de licitações eram conhecidos previamente e que havia documentação disso em algum cartório. Coincidência? Vidência? É o magistrado que, avaliando a respectiva ata notarial e as demais provas, responderá.

Importa destacar e enaltecer com relação a este meio de prova o reconhecimento da importância deste suporte para levar ao magistrado os acontecimentos para os fins anunciados pelo dispositivo, inclusive quando extraídos do mundo eletrônico e/ou cibernético.

6. DEPOIMENTO PESSOAL

O meio de prova seguinte disciplinado pelo CPC de 2015 é o "depoimento pessoal".

Cabe entender o depoimento pessoal de forma genérica para compreendê-lo como o meio de prova segundo o qual as próprias *partes* são ouvidas pelo magistrado a respeito dos fatos controvertidos. Ela é produzida, como regra, na audiência de instrução e julgamento (art. 361, *caput*). Tal oitiva pode favorecer uma delas na exata medida em que haja, por uma, o reconhecimento de que o fato (ou fatos) sobre o qual (os quais) depõe realmente ocorreu (art. 389).

A formulação tradicional, de prova prestada pela parte a pedido da outra (que, em verdade, busca a *confissão*, como se verifica do § 1º do art. 385 e se confirma com o art. 389), foi preservada pelo CPC de 2015. Em rigor, aliás, é a única com a qual a seção respectiva se ocupa.

O depoimento pessoal pode assumir, contudo, também a feição de *interrogatório*, que decorre não só do inciso VIII do art. 139, mas também do *caput* do art. 385. Neste formato, é vedada a aplicação da pena de confesso, no que é expresso o inciso VIII do referido art. 139.

Há uma terceira maneira de compreender o depoimento pessoal – esta raramente tratada pela doutrina ou pela jurisprudência –, que é a de permitir que a *própria* parte se dirija a juízo para narrar ou esclarecer o que ocorreu ou deixou de ocorrer. A despeito da ausência de sua previsão no CPC de 2015, sua admissão é inegável no *sistema processual civil*, como verdadeira prova *atípica*, devendo a manifestação da parte, que toma iniciativa de ir a juízo, ser avaliada pelo magistrado ao lado das demais provas produzidas. Importa, nestes casos, também vedar a confissão, a exemplo da ressalva feita pelo inciso VIII do art. 139.

6.1 Produção do depoimento

O depoimento pessoal na sua formulação tradicional tem como objetivo precípuo obter da parte contrária a *confissão* dos atos, isto é, a admissão, como verdadeiros, de fatos que lhe são prejudiciais (art. 385, § 1º, e art. 389). A avaliação do depoimento para este fim, contudo, é tarefa que cabe ao magistrado, que deverá, como sói ocorrer por causa do "princípio do convencimento motivado do juiz", analisar eventual recusa em responder ou o emprego de evasivas (art. 386) ou, até mesmo, o não comparecimento, a despeito de regular intimação, ou a recusa em responder às perguntas do magistrado (art. 385, § 1º).

A parte deverá responder às perguntas que lhe forem dirigidas pessoalmente. Não poderá servir-se de escritos preparados anteriormente, ressalvadas notas breves que possam *completar* os esclarecimentos por ela prestados. A regra, que está no art. 387, quer prestigiar a espontaneidade do depoimento pessoal e deve ser prestigiada, inclusive, para viabilizar a escorreita *avaliação* da prova.

O art. 388 lista as hipóteses em que é lícita a recusa da parte de responder: (i) quando se tratar de fatos criminosos ou torpes que lhe sejam imputados; (ii) sobre os quais, em função de estado ou profissão, deva guardar sigilo; (iii) acerca dos quais não possa responder sem desonra própria, de seu cônjuge ou companheiro ou de parente em grau sucessível, ou, por fim, (iv) quando os fatos sobre os quais a parte é questionada coloquem em perigo sua vida ou a de seu cônjuge, companheiro ou parente em grau sucessível. Tratando-se de casos envolvendo estado (separação, divórcio, reconhecimento ou desfazimento de união estável) e família (filiação ou alimentos, por exemplo), tais recusas não são admitidas (art. 388, parágrafo único).

Com relação à produção do depoimento, quero, ainda, destacar duas regras.

A primeira é a do § 2º do art. 385, segundo a qual a parte que não prestou depoimento não pode ouvir o da outra. Trata-se de regra que merece ser interpretada de maneira recíproca: nenhuma parte deve ouvir depoimento da outra, sob pena de romper com a isonomia (art. 7º). Até porque é irrecusável que a presença de uma parte pode, de alguma forma, influir no depoimento da outra – porque causa temor, constrangimento ou outros sentimentos humanos quaisquer –, o que deve ser obstaculizado pelo magistrado.

A segunda regra está no § 3º do art. 385. Trata-se de importante inovação que passa a admitir expressamente a colheita do depoimento pessoal por meio de videoconferência ou recurso tecnológico equivalente, inclusive durante a audiência de instrução e julgamento. A disponibilização de tais meios pelo Poder Judiciário é garantida pelo § 2º do art. 453, que, a despeito de estar localizado na prova testemunhal, não tem o condão de *limitar* o meio de prova a ser produzido pelos avanços tecnológicos. Durante a pandemia do coronavírus, a prática acabou sendo generalizada, inclusive com fundamento em resoluções do CNJ e dos diversos Tribunais.

7. CONFISSÃO

A confissão, tal qual disciplinada pelo CPC de 2015 em seus arts. 386 a 392 – correspondentes à Seção V do Capítulo XII do Título I do Livro I da Parte Especial –, merece ser compreendida como o meio de prova pelo qual uma parte admite a verdade de fato contrário ao seu interesse e favorável ao adversário (art. 389). Apesar de ela decorrer da própria parte, é errado pensar que ela seja mais (ou menos) importante que os demais meios de prova, inclusive os atípicos, porque não há hierarquia entre os meios de prova no direito brasileiro.

Considerando que se trata de ato claro de disposição de direito, não é admitida a confissão de fatos relativos a direitos indisponíveis (art. 392, *caput*), sendo *ineficaz* quando feita por quem não for capaz de dispor do direito a que se refere o fato confessado (art. 392, § 1º). Havendo representante, a confissão só é eficaz nos limites da representação (art. 392, § 2º).

O art. 393 estatui a irrevogabilidade da confissão, resguardada a possibilidade de ela ser anulada quando decorrer de erro de fato ou coação, ajustando a regra com o disposto, a este respeito, no art. 214 do CC, que já não se referia ao *dolo*, como fazia o art. 352 do CPC de 1973. A prestação de tutela jurisdicional respectiva, prossegue o parágrafo único do art. 393, só pode ser requerida pelo confitente (aquele que confessa) e pelos seus herdeiros, se ele falecer após o início do processo em que se pretende a anulação.

Não prevalece no CPC de 2015 a dicotomia estabelecida pelos incisos I e II do art. 352 CPC de 1973, que sugeria a necessidade de discernir os casos da chamada "ação anulatória" da "ação rescisória", a depender da ocorrência de trânsito em julgado no processo em que realizada a confissão reputada viciada. A anulação da confissão, destarte, será perseguida por postulação própria, em atenção ao direito material, que encontra reflexo, não mais que isto, no § 4º do art. 966 (e que nenhuma relação guarda com a rescisória, salvo sua [infeliz] alocação no Código). A depender dos vícios que a decisão transitada em julgado revelar, a rescisória será cabível, quiçá envolvendo a própria confissão. Assim, *v.g.*, quando a decisão resultar de dolo ou coação de uma parte em detrimento da outra ou de simulação ou colusão entre as partes (art. 966, III), ou quando a decisão se baseia nela, provada falsa nos termos do inciso VI do art. 966. Nestes casos, contudo, importa ter presente que o objetivo da tutela jurisdicional é o desfazimento da coisa julgada e não propriamente a invalidação da confissão pelos motivos autorizados pelo art. 393.

A confissão é também *indivisível* (art. 395, primeira parte) no sentido de que ela não pode ser usada somente na parte que beneficia aquele que pretende empregá-la como prova, com o descarte do que não beneficia. A cisão é admitida, contudo, quando na confissão houver fatos *novos*, capazes de constituir fundamento de defesa de direito material ou de reconvenção. A hipótese que vem expressa na segunda parte do art. 395 não é, propriamente, exceção à regra do início do dispositivo, já que se refere apenas aos fatos novos.

7.1 Espécies e regime jurídico

A confissão pode ser *judicial* ou *extrajudicial* (art. 389, *caput*), isto é, praticada em juízo ou fora dele, respectivamente.

A confissão *judicial* pode ser espontânea ou provocada (art. 390, *caput*). Será *espontânea* quando a parte, por ato seu ou por representante com poder especial, pratica-a, reconhecendo como verdadeiro um fato (art. 390, § 1º). Pouco importa como a manifestação da vontade da parte seja exteriorizada e chegue ao conhecimento do magistrado; é suficiente que ela exista e se materialize "dentro do processo", nem que seja lavrado um termo específico para tanto. A confissão judicial será *provocada* quando for o resultado do "depoimento pessoal" (art. 390, § 2º, e art. 385, § 1º), hipótese em que ela constará do termo da audiência de instrução e julgamento, local em que, como regra, o depoimento pessoal é prestado.

A confissão judicial (espontânea ou provocada) faz prova contra o confitente, isto é, contra quem reconhece o fato em seu desfavor e favorável à parte contrária. Ela, contudo, não prejudica eventuais litisconsortes, trate-se de litisconsórcio *simples* ou de *unitário* (art. 391, *caput*). No litisconsórcio unitário, é o caso de lembrar o que escrevo a propósito do art. 117 no n. 3.1 do Capítulo 4, a confissão feita por apenas um dos litisconsortes não surte efeitos *processuais*, a não ser que haja concordância de todos. Quando o litígio disser respeito a bens imóveis ou direitos reais sobre imóveis alheios, a confissão de um cônjuge ou companheiro não valerá sem a do outro (mesma noção indicada acima com relação ao litisconsórcio unitário), salvo se o regime de casamento (no primeiro caso) for de separação absoluta de bens (art. 391, parágrafo único). No caso de haver união estável, a incidência da regra pressupõe existência de eventual pacto de convivência entre os companheiros, o que pode conduzir ao mesmo resultado.

A confissão *extrajudicial realizada oralmente* – é esta a única regra sobre ela no CPC de 2015 – só produzirá efeitos quando a lei não exigir forma específica (o art. 394 refere-se a "prova *literal*") para a sua realização. No mais, aplica-se a ela o regime da confissão *judicial*.

8. EXIBIÇÃO DE DOCUMENTO OU COISA

A exibição de documento ou coisa, tal qual disciplinada pelo CPC de 2015, é, ao mesmo tempo, meio de prova – a exemplo de todas as demais aqui estudadas – e meio de *obtenção* de prova.

Com relação a esta última observação, o CPC de 2015 terá dado ouvido aos reclamos, como, por exemplo, aqueles que lançava nas edições do volume 2, tomo I, do meu *Curso sistematizado* escritas sob a vigência do CPC de 1973, de que era fundamental compreender o instituto neste viés *híbrido*. Sim, porque se mostra inócuo querer presumir, em todo e em qualquer caso, verdadeiro o fato resultante da não exibição do documento ou coisa pela singela razão de que, sem o documento ou coisa, pode ocorrer de não haver condições mínimas para se saber sequer a informação essencial para o exercício de uma pretensão. Tratava-se, outrossim, de forma de dar máximo aproveitamento para o que, para o CPC de 1973, era (mais um) procedimento *cautelar* específico, previsto nos arts. 844 e 845, não por acaso intitulado "exibição".

Não por outra razão é que era (e continua a ser) criticável a Súmula 372 do STJ ("Na ação de exibição de documentos, não cabe a aplicação de multa cominatória"), que já se fazia nos volumes 2, tomo I, e 4 do meu *Curso sistematizado*, escritos sob a vigência do CPC de 1973, que enaltecia o lado "meio de prova" da exibição, sem atentar, todavia, como deveria, ao seu uso também (e previamente) como meio de *obtenção* de prova. Tudo a depender – é este o ponto – das peculiaridades de cada caso concreto.

O parágrafo único do art. 400 do CPC de 2015 é, neste sentido, suficiente para embasar as conclusões que acabei de expor, mesmo por quem não quisesse abraçá-las para o CPC de 1973. É dispositivo, de resto, que concretiza a contento um dos deveres-poderes do magistrado previsto no inciso IV do art. 139.

Sobre a abolição – sempre compreendida no sentido de *desformalização* – da dicotomia constante do CPC de 1973, entre a exibição como meio de prova e a exibição como "cautelar preparatória" (arts. 844 e 845 do CPC de 1973), a que já fiz alusão acima, surge uma questão importante. O que fazer nos casos em que a exibição de documento ou coisa precisar *anteceder* o início do processo?

Há três respostas possíveis. A primeira se inclina à utilização dos procedimentos da tutela provisória antecedente constantes dos arts. 303 e 304 *ou* 305 a 310, cuja escolha deverá levar em conta o maior ou o menor viés satisfativo do pedido a ser apresentado pelo autor, respectivamente. A segunda é no sentido de o interessado lançar mão do *procedimento* relativo à "produção antecipada da prova" (v. n. 4, *supra*), justificando sua *necessidade*, inclusive com base em urgência, nos muito bem desenhados incisos do art. 381. A terceira é entender que a parte deve se valer do *procedimento* reservado pelos arts. 397 a 400 ou 401 e 402 para a exibição pretendida contra a parte e em face do terceiro, respectivamente (v. n. 8.1 e 8.2, *infra*), sendo indiferente que se trate de pedido que anteceda o processo.

O prezado leitor perguntará, a esta altura da exposição: dentre as três, qual é a resposta mais correta? Parece-me que a terceira alternativa é a preferível pela *especificidade* da hipótese. Afinal, são aqueles artigos – e não os relativos à produção antecipada de provas e não os genéricos da tutela provisória – que conseguirão atender ao desiderato do interessado. A única adaptação que se faz necessária reside no *caput* do art. 398. Mais do que a *intimação* lá prevista, a parte contrária deverá ser *citada*, a exemplo, aliás, do que, para o terceiro, exige (e pertinentemente) o art. 401. Para os casos em que ficar demonstrado, concretamente, que o tempo necessário ao prévio contraditório (citação) tem o condão de macular a pretensão relativa à exibição, o arsenal da "tutela provisória" será suficientemente amplo para os devidos fins, inclusive com relação à necessária *postergação* do contraditório.

8.1 Exibição requerida em face da parte contrária

O CPC de 2015, sem inovar em relação ao CPC de 1973 neste ponto, disciplina a exibição requerida em face da parte contrária e apresenta peculiaridades quando ela é requerida em face de terceiro. É o que basta para distinguir em tópicos diferentes seu exame. A viabilidade de exibição determinada de ofício pelo magistrado é objeto que examino no n. 8.3, *infra*.

O art. 397 indica os requisitos a serem observados na formulação do requerimento: (i) a descrição, a mais completa possível, do documento ou da coisa pretendida "ou das categorias de documentos ou de coisas buscados"; (ii) a finalidade da prova, com a indicação dos fatos que se relacionam com o documento ou coisa "ou com suas categorias"; e (iii) as circunstâncias pelas quais o requerente (aquele que formula o pedido) entende que o documento ou a coisa existe "ainda que a referência seja a categoria de documentos ou de coisas" e estão em poder do requerido (aquele em face de quem o pedido é formulado).

Os trechos entre aspas foram acrescentados pela Lei n. 14.195/2021 que, como destacado em diversas outras passagens, devem ser considerados *formalmente* inconstitucionais. Não fosse por isso, a abrangência que a nova redação dá aos três incisos do art. 397 pelo referido diploma legislativo, contentando-se com a "categoria" de documentos ou coisas, é de discutível constitucionalidade na medida em que acaba por permitir verdadeira devassa no patrimônio jurídico do réu (pessoa natural ou jurídica, isso é indiferente), o que não pode ser tolerado na perspectiva do modelo constitucional. Haver necessidade de buscar e apreender *determinado* documento ou coisa que se acredita estar com o réu é algo bem diferente de se querer ter acesso a documentos ou coisas indeterminadas, caracterizadas tão somente pela sua "categoria" correspondente.

É nesse sentido que se mostra pertinente trazer à tona a discussão sobre se as inovações introduzidas no CPC pela Lei n. 14.195/2021 têm como objetivo legitimar, ao menos do ponto de vista legal, o chamado "fishing expedition", nome dado à pretensão de produzir prova quase que de forma especulativa, com amplo espectro sem que se possa saber exatamente por que e para que ela, a prova, será utilizada. Não fosse pela (inafastável) discussão da inconstitucionalidade *formal* das modificações operadas naqueles dispositivos, não há como querer generalizar a prática, querendo usar o próprio Estado-juiz como verdadeiro instrumento inquisitório ao arrepio das garantias constitucionais do processo. Assim, é importante que se dê interpretação restritiva aos três incisos do art. 397, de modo a exigir do requerente que indique, com a maior precisão possível, que o que exatamente pretende buscar seja exibido ou buscado e na exata medida em que não consiga se desincumbir adequadamente desse seu ônus que explique pormenorizadamente tal impossibilidade e a correspondente necessidade da atuação judicial para aquele fim.

O requerido será *intimado* para responder em cinco dias. A previsão, que está no *caput* do art. 398, pressupõe processo em curso. Na eventualidade de a exibição assumir feição preparatória, a *citação* é indispensável, sendo certo que o prazo indicado fluirá apenas em dias úteis, dado o seu inafastável caráter *processual*.

Se o requerido afirmar que não possui o documento ou a coisa, será possível produzir prova a este respeito (art. 398, parágrafo único).

Pode ocorrer, contudo, de o requerido se recusar a exibir o documento ou a coisa. O art. 399, a propósito, lista diversos motivos que tornam *injusta* a recusa, assim, (i) quando o requerido tiver obrigação legal de exibir; (ii) quando o requerido tiver se referido ao documento ou à coisa no processo com o objetivo de constituir prova ou, por fim, (iii) quando se tratar de documento comum às partes. O rol merece ser lido ao lado do art. 404, que indica diversas situações que tornam lícita (*justa*, portanto) a escusa de exibir. Portanto, (i) quando se tratar de documento ou coisa concernente à vida pessoal ou familiar; (ii) quando puder haver violação a dever de honra ou (iii) gerar desonra a determinados sujeitos; (iv) quando for o caso de preservar sigilo profissional ou decorrente de estado da pessoa; (v) quando houver "motivos graves" (razão suficiente) que, de acordo com o magistrado, justificam a não exibição; e (vi) quando houver dispositivo legal que justifique a recusa. Se tais motivos disserem respeito à parte do documento, o restante deverá ser exibido mediante cópias a serem extraídas pelo cartório e/ou secretaria judicial.

Não apresentado o documento, não justificado por que não o fez ou sendo considerada injusta a recusa (levando-se em conta o referencial dos arts. 399 e 404), o magistrado proferirá decisão na qual "admitirá como verdadeiros os fatos que, por meio do documento ou da coisa, a parte pretendia provar" (art. 400, *caput*). A decisão é agravável de instrumento, por expressa autorização do inciso VI do art. 1.015.

A regra, claríssima, merece ser interpretada com os temperamentos destacados de início: pode ser que esta presunção não tenha substrato fático mínimo de ser. Por isto, é que importa reiterar a novidade do parágrafo único do art. 400, que permite ao magistrado "adotar medidas indutivas, coercitivas, mandamentais ou sub-rogatórias para que o documento (e também a coisa, por que não?) seja exibido". A ressalva feita pelo dispositivo, ao empregar a locução "sendo necessário", é tanto mais pertinente pelo que acabei de afirmar. Pode ser que o caso comporte a presunção do *caput*; pode ser que não. É o caso concreto, sempre e invariavelmente o caso concreto, que mostrará a regra pela qual deve ser regido.

8.2 Exibição requerida em face de terceiro

Nos casos em que o documento ou a coisa estiverem em poder de terceiro, ele será *citado* (porque, até então, não participa do processo) para responder ao pedido (formulado nos mesmíssimos moldes do art. 397, com as idênticas considerações críticas acerca da ampliação decorrente da Lei n. 14.195/2021, que já apresentei) no prazo de quinze dias úteis (art. 401). Trata-se, aliás, de interessante hipótese de intervenção de terceiro não "identificada" como tal pelo CPC de 2015.

Se o terceiro negar que possui o documento ou a coisa ou se negar que tem o dever de exibi-lo(a), o magistrado designará audiência (chamada de "especial") para que lhe seja tomado o depoimento das partes e, se for o caso, das testemunhas. O objetivo desta colheita de prova é contrastar ou confirmar as alegações do terceiro, viabilizando que o magistrado, em seguida, desde que sejam despiciendas outras provas, decida (art. 402). A decisão, também aqui, é imediatamente contrastável perante o Tribunal competente (art. 1.015, VI).

O art. 403 trata da hipótese de o terceiro, sem justo motivo – e as razões que o terceiro pode invocar para não exibir o documento ou a coisa são as mesmas do art. 404 –, recusar-se a exibir. Aqui, de maneira enérgica, o desiderato é viabilizar a *obtenção* do documento ou coisa, nada se falando sobre a presunção que a não exibição pode(ria) acarretar. Para tanto, o magistrado determinará o depósito do documento ou coisa no lugar que indicar. Se o terceiro não cumprir a determinação, será expedido mandado de apreensão, a ser cumprido, se necessário, com auxílio policial. Tudo sem prejuízo de o terceiro ser responsabilizado por crime de desobediência, pagamento de multa e de serem adotadas as medidas necessárias para garantir a efetiva exibição do que estabelecido (art. 403, parágrafo único).

8.3 Exibição determinada de ofício

Não há por que recusar que a exibição de documento ou coisa seja também determinada de ofício. Como se trata de medida que busca *também* a instrução do próprio processo, a conclusão é inarredável, sobretudo quando analisada na perspectiva do art. 420 (que permite ao magistrado determinar a exibição de livros empresariais e documentos do arquivo) e do art. 438 (que permite ao magistrado requisitar informações de repartições públicas).

Assim, a circunstância de o CPC de 2015 nada dizer a respeito dela, ao menos de forma expressa, limitando-se, como no CPC de 1973, a tratar de instituto na perspectiva da parte que formula pedido para aquele fim ao Estado-juiz, seja quando dirigido à parte contrária ou a terceiro, é de nenhuma importância. Seja porque é possível e desejável interpretar ampliativamente os dois dispositivos evidenciados e também porque, em última análise, trata-se de entendimento que encontra fundamento bastante no art. 396 e na iniciativa probatória por ele reservada *também* ao magistrado de forma expressa. É lê-lo: "O juiz pode ordenar que a parte exiba documento ou coisa que se encontre em seu poder".

O *procedimento* a ser observado nestes casos será o dos arts. 397 a 401, distinguindo-se, apenas, a necessária *intimação* da parte para que se manifeste em *cinco* dias, da *citação* do terceiro, que disporá de *quinze* dias para, querendo, manifestar-se.

9. PROVA DOCUMENTAL

A longa Seção VII do Capítulo XII do Título I do Livro I da Parte Especial, dedicada à prova documental, é dividida em três subseções distintas. A primeira trata da "força probante dos documentos". A segunda versa sobre a "arguição de falsidade" e a terceira e última volta-se à "produção da prova documental".

9.1 Força probante dos documentos

Toda a subseção dedicada à "força probante dos documentos" é voltada a estabelecer, em todas as diversas hipóteses referidas em seus vinte e cinco dispositivos, diferentes formas de compreender os mais variados documentos para fins probatórios, é dizer, o que cada tipo de documento tem o condão de provar. Os dispositivos querem indicar, outrossim, elementos que devem ser levados em conta pelo magistrado na avaliação da prova documental.

Há três grandes classificações que auxiliam na compreensão dos artigos, levando em conta a distinção, bem aceita pela doutrina, entre as chamadas "autoria *material*" e "autoria *intelectual*" do documento. Aquela, a autoria material, leva em conta quem confecciona o *suporte* do documento. Esta, a autoria intelectual, volta-se ao exame do documento na perspectiva daquele que produziu o seu *conteúdo*, isto é, daquilo que é representado ou que consta do documento.

A primeira delas é a que distingue documentos *públicos* dos documentos *particulares*.

Os documentos são *públicos* quando emanados de quaisquer autoridades públicas, independentemente da função por elas exercidas (administrativas, legislativas ou jurisdicionais). Serão *privados* os documentos cujo suporte tenha origem em pessoas particulares.

Os documentos públicos são albergados pelos arts. 405 e 406. Eles, de acordo com o primeiro daqueles dispositivos, fazem prova não só da sua formação, mas também dos fatos que o agente público, aí compreendido também o tabelião, declara que ocorreram em sua presença. O art. 406 dispõe que, quando a lei exigir o documento público como substância do ato – como se dá, por exemplo, nos casos de direito real ou de prova do casamento –, a sua apresentação é indispensável. Quando o documento público é confeccionado por oficial público incompetente ou sem as exigências legais, ele assume *status* de documento particular (art. 407).

Com relação aos documentos particulares, é correto entender que os diversos dispositivos do CPC de 2015 que a eles dizem respeito querem estabelecer marcos de veracidade da autoria do documento (art. 410), de seu conteúdo (art. 412), de seus respectivos limites (art. 408, parágrafo único), de sua data (art. 409), ou, ainda, para estabelecer alguma presunção, como, por exemplo, a do art. 408, *caput*, no sentido de que as declarações constantes do documento particular escrito e assinado ou só assinado presumem-se verdadeiras em relação ao signatário.

Também são tratados como documentos *particulares* o telegrama, o radiograma ou qualquer outro meio de transmissão (arts. 413 e 414), as cartas e registros domésticos (art. 415), a anotação escrita pelo credor da obrigação mesmo que não assinada (art. 416), os livros empresariais, a escrituração contábil e os documentos de arquivo (arts. 417 a 421), sendo certo que, com relação a estes, o juiz pode determinar, até mesmo de ofício, sua exibição total ou parcial em juízo (arts. 420 e 421).

O documento, público ou particular, pode ser impugnado pela parte contra quem ele foi produzido, no que diz respeito à sua constituição, assinatura ou conteúdo (arts. 427 e 428). A impugnação pode, até mesmo, levar o juiz a *declarar* a falsidade do documento com força de coisa julgada, desde que devidamente provocado pela parte interessada para tanto. O ônus da prova da falsidade ou do preenchimento abusivo é de quem a alega (art. 429, I) e da parte que produziu o documento quando se questionar a sua autenticidade (art. 429, II).

A segunda classificação que anunciei acima conduz à distinção entre documentos *autênticos* e os *não autênticos*.

Autênticos são os documentos que se tem certeza quanto ao seu autor *material*, isto é, aquele que o confeccionou. Documentos não autênticos são aqueles em que não há condições de identificação de seu autor.

De acordo com o art. 411, é *autêntico* o documento quando o tabelião reconhecer a firma do signatário, quando a autoria estiver identificada por qualquer outro meio legal de certificação, inclusive eletrônico (observando-se, no caso, a Lei n. 11.419/2006), e quando não houver impugnação da parte contra quem foi produzido o documento.

Sobre as cópias autenticadas – que devem ser compreendidas como reproduções autênticas do suporte do documento –, cabe destacar o disposto nos arts. 423 e 424: as *cópias* do documento particular têm o mesmo valor probante que o original, cabendo ao escrivão, se o caso exigir, conferi-las com o original, atestando a sua autenticidade.

O art. 425 refere-se a uma série de documentos (mais propriamente *suportes*) que fazem a mesma prova do documento (*suporte*) original. Dentre elas, cabe dar destaque ao inciso IV ("as cópias reprográficas de peças do próprio processo judicial declaradas autênticas pelo advogado, sob sua responsabilidade pessoal, se não lhes for impugnada a autenticidade") e ao inciso VI ("as reproduções digitalizadas de qualquer documento público ou particular, quando juntadas aos autos pelos órgãos da justiça e seus auxiliares, pelo Ministério Público e seus auxiliares, pela Defensoria Pública e seus auxiliares, pelas procuradorias, pelas repartições públicas em geral e por advogados, ressalvada a alegação motivada e fundamentada de adulteração").

O art. 422 estabelece que: "Qualquer reprodução mecânica, como a fotográfica, a cinematográfica, a fonográfica ou de outra espécie, tem aptidão para fazer prova dos fatos ou das coisas representadas, se a sua conformidade com o documento original não for impugnada por aquele contra quem foi produzida". Dois de seus parágrafos, embora tímidos, querem tratar das novidades tecnológicas, ponto em que, compreensivelmente, era silente o CPC de 1973. Assim é que o § 1º do art. 422, tratando da fotografia digital e as extraídas da internet, faz prova das imagens que reproduzem. Se forem impugnadas, deve ser apresentada a respectiva autenticação eletrônica ou, se não for possível, realizada perícia para constatar sua integridade. O § 3º, por sua vez, reserva o mesmo regime para as mensagens eletrônicas quando impressas. O § 2º, por seu turno, ocupa-se com o jornal ou revista impresso. Se a fotografia apresentada em juízo for extraída de um deles, um exemplar deverá ser apresentado se for questionada a sua autenticidade.

A terceira e última classificação relevante que leva em conta a distinção entre a "autoria *material*" e a "autoria *intelectual*" distingue os documentos *autógrafos* dos documentos *heterógrafos*. São *autógrafos* os documentos em que houver coincidência entre aquele que confecciona o *suporte* do documento e o autor de seu *conteúdo*. Os documentos *heterógrafos* são aqueles em que não há essa coincidência: o autor *material* do documento não é o seu autor *intelectual*.

O art. 410 indica algumas situações em que se presume a autoria *material* do documento. Complementando-o, o art. 412 estabelece que o documento particular cuja autenticidade não é questionada prova que o autor fez a declaração contida no documento.

O art. 408 presume verdadeiras as declarações constantes do documento particular em relação ao signatário quando escrito e assinado ou somente assinado pelo seu autor *material*. A declaração da ciência de um fato, contudo, é prova de que a declaração foi feita pelo signatário do documento. Não, contudo, da existência do próprio fato (art. 408, parágrafo único). Quanto a ele, aplicam-se as regras relativas ao ônus da prova, inclusive no que diz respeito à necessidade de *produção* de outras provas.

9.2 Arguição de falsidade

Como já destaquei, o art. 427 dispõe cessar a fé do documento público ou particular quando for declarada judicialmente a sua falsidade. A falsidade assume duas feições: formar documento não verdadeiro *e* alterar documento verdadeiro.

É possível – e desejável, já que o CPC de 2015 nada diz em sentido contrário – que a falsidade não seja restrita à falsidade *material* do documento, isto é, no que diz respeito ao seu suporte, e que ela também alcance a falsidade *ideológica*, isto é, no que contém o documento. Trata-se de iniciativa que parece se afeiçoar melhor com o princípio da eficiência processual.

Os arts. 430 a 433 ocupam-se com o *procedimento* a ser observado para aquela finalidade, sendo relevante destacar que o CPC de 2015, bem na linha do que já propunha no volume 2, tomo I, do meu *Curso sistematizado*, escrito sob a vigência do CPC de 1973, entendeu preferível tratar do assunto como mero *pedido* a ser feito na contestação (com relação aos documentos produzidos com a inicial), na réplica (com relação aos documentos produzidos com contestação), ou, ainda, no prazo de quinze dias da intimação da juntada, aos autos, de *novo* documento (art. 430, *caput*).

A questão será discutida *incidentalmente*, a não ser que a parte requeira que ela seja decidida como questão *principal*, tal qual admite expressamente o inciso II do art. 19. A ressalva, constante do parágrafo único do art. 430, parece, em um primeiro momento, não ter sentido no sistema do CPC de 2015, diante do que estatuem os §§ 1º e 2º do art. 503 a respeito da abrangência da coisa julgada inclusive para as questões *prejudiciais*, desde que devidamente debatidas pelas partes.

No entanto, ao que tudo indica, o CPC de 2015 abriu uma exceção àquela nova sistemática no que diz respeito à arguição de falsidade documental. Assim, cabe entender que o art. 433, ao tratar da coisa julgada, só se refere à hipótese de a questão vir a ser decidida como "questão *principal*" e, ao assim fazer, excepcionou, para esta hipótese, o que decorre dos precitados §§ 1º e 2º do art. 503. A se pensar assim, observará o prezado leitor, a chamada "ação declaratória incidental" foi *preservada* para a falsidade documental, porque, nos termos do parágrafo único do art. 430, *sem pedido expresso* ela não será decidida com ânimo de fazer a chamada coisa julgada material, no sentido de surtir efeitos para fora do processo, orientação que é robustecida pela distinção feita pelo inciso III do art. 436, que, ao se referir à hipótese, indica poder haver *ou não* o "incidente de arguição de falsidade".

De acordo com o art. 431, a parte arguirá a falsidade expondo as razões em que funda sua pretensão e indicando os meios de prova que pretende se valer. A parte contrária será *intimada* para se manifestar em quinze dias (art. 432, *caput*). O mesmo dispositivo impõe a realização de prova pericial, a não ser que, isto está no seu parágrafo único, a parte que produziu o documento concorde em retirá-lo dos autos do processo.

Em rigor, não há por que o magistrado prender-se ao comando da lei, por causa do princípio do convencimento motivado. A uma, porque, ao menos em tese, não há por que deixar de entender aplicável à hipótese outro meio de prova, que não a perícia. A duas, porque, na medida em que o magistrado se incline para a falsidade, ele pode, a despeito da sua "retirada dos autos", determinar as providências cabíveis, inclusive, mas não só, as criminais, para apurar o ocorrido.

9.3 Produção da prova documental

Os documentos são produzidos pelo autor com a petição inicial e pelo réu com sua contestação. É claro, a este respeito, o art. 434, *caput*, o suficiente, aliás, para se contrapor à tão comum quanto equivocada interpretação do art. 320 de que a inicial *só* deve ser acompanhada dos documentos *indispensáveis*.

Outros documentos podem ser apresentados ao longo do processo, mas, para tanto, eles precisam ser *novos* no sentido que lhes dá o *caput* do art. 435: eles devem ser vocacionados a fazer prova de fatos ocorridos depois dos "articulados", isto é, da inicial e da contestação ou, ainda – e isto é imposição do princípio do contraditório –, para contrapô-los aos que foram produzidos nos autos.

A juntada de documentos após a inicial e/ou contestação, é também tema do parágrafo único do art. 435, que se refere a documentos *novos* no sentido de serem aqueles cuja *formação* se deu após a prática daqueles atos postulatórios (inicial e contestação) *ou* os que só se tornaram conhecidos, acessíveis ou disponíveis após a prática daqueles mesmos atos. Em qualquer caso, cabe à parte que requerer a juntada do documento comprovar a ocorrência daqueles permissivos. O magistrado avaliará a questão levando em consideração a boa-fé objetiva a que se refere o art. 5º.

Cabe à parte quando intimada para se manifestar sobre os documentos (art. 436): (i) impugnar sua admissibilidade (hipótese em que os arts. 434 e 435 serão de enorme valia); (ii) impugnar sua autenticidade; (iii) suscitar sua falsidade, com ou sem requerer a instauração do incidente respectivo (o que conduz ao que escrevi no n. 9.2, *supra*, sobre a subsistência, para a hipótese da vetusta "ação declaratória incidental"); ou, ainda, (iv) manifestar-se sobre seu conteúdo. O parágrafo único do art. 436 veda, pertinentemente, que as alegações de autenticidade e/ou de falsidade sejam genéricas. A parte deverá indicar, especificadamente, por que entende o documento não autêntico e/ou falso.

O art. 437 dispõe que o réu deve se manifestar sobre os documentos produzidos com a inicial em contestação e que o autor manifestar-se-á sobre os documentos produzidos com a contestação em réplica, ao ensejo das providências preliminares a que se referem os arts. 347 a 353.

O § 1º do art. 437 determina que, sempre que um documento for juntado aos autos, a parte contrária deve ser intimada para, querendo, manifestar-se nos termos do art. 436 no prazo de quinze dias. O § 2º do art. 437, pertinentemente, admite que o magistrado, levando em conta a complexidade e a quantidade de documentos e mediante pedido do interessado, *amplie* o prazo para manifestação para além dos quinze dias. Trata-se de escorreita aplicação da regra do inciso VI do art. 139, e que pressupõe, como esclarece o parágrafo único daquele dispositivo, que o pedido seja feito antes do esgotamento do prazo legal originalmente aberto.

O art. 438, forte na iniciativa probatória reconhecida pelos arts. 370, *caput*, e 396, permite ao magistrado requisitar às repartições públicas, em qualquer tempo ou grau de jurisdição, certidões necessárias à prova das alegações das partes e autos de *processos* administrativos nas causas em que forem interessadas as pessoas de direito público e os entes da administração indireta. Neste caso, com o recebimento dos autos, serão extraídas as cópias e/ou certidões que indicar ou que forem indicadas pelas partes, devolvendo-os à repartição de origem (art. 438, § 1º). O fornecimento dos documentos por meio eletrônico é expressamente autorizado pelo § 2º do mesmo dispositivo.

10. DOCUMENTOS ELETRÔNICOS

A Seção VIII do Capítulo XII do Título I do Livro I da Parte Especial, que compreende os arts. 439 a 441, não encontra paralelo com o CPC de 1973. Interessante notar que ela, diferentemente do que a nomenclatura empregada pode sugerir, não se predispõe a revogar ou modificar a legislação específica sobre processo e atos processuais eletrônicos (Lei n. 11.419/2006). O intuito daqueles dispositivos codificados é dar resposta a três específicas hipóteses e, neste sentido, suas disposições convivem com o que, a respeito de atos eletrônicos, dispõe o CPC de 2015 e a com a disciplina da precitada Lei extravagante.

O art. 439 impõe a conversão do documento eletrônico à forma impressa para ser apresentado no "processo convencional", isto é, em papel, ressalvada a verificação de sua autenticidade. A exigência pressupõe, evidentemente, que os autos do processo não sejam eles próprios eletrônicos, por isso a referência a "processo *convencional*".

O art. 440 dispõe que o magistrado avaliará a força probante do documento eletrônico não convertido, assegurando às partes o acesso ao seu teor.

Por fim, o art. 441 dispõe que a produção e a conservação dos documentos eletrônicos serão admitidas desde que seja observado o disposto na legislação específica, em especial os arts. 11 e 12 da Lei n. 11.419/2006.

11. PROVA TESTEMUNHAL

Um dos mais comuns meios de prova, se não *o* mais comum, é a prova testemunhal. Trata-se do meio de prova pela qual as testemunhas (que são, perante o processo, *terceiros*) relatam oralmente ao juiz as suas lembranças sobre os fatos ocorridos à medida que sejam questionados a seu respeito. A circunstância de as testemunhas serem *terceiros* em relação ao processo é o bastante para distingui-las com nitidez do depoimento pessoal, exclusivo das *partes*.

O CPC de 2015 disciplina este meio de prova em duas diferentes subseções, iniciativa também seguida por este *Manual* nos números seguintes.

11.1 Admissibilidade e valor da prova testemunhal

A prova testemunhal é admitida, a não ser que haja lei que imponha a *necessidade* de outro meio de prova (art. 442). A prova testemunhal, de outro lado, é desnecessária quando os fatos já estiverem provados por documento ou pela confissão, ou quando sua prova depender da apresentação de documentos ou de prova pericial (art. 443).

O art. 401 do CPC de 1973, no que era acompanhado pelo *caput* do art. 227 do CC, continha vetusta regra pela qual a prova exclusivamente testemunhal *não era aceita* nos contratos cujo valor excedesse dez salários mínimos ao tempo em que celebrados. A limitação não subsistiu ao CPC de 2015 – até porque aquele dispositivo do CC foi expressamente revogado pelo inciso II do art. 1.072 –, que admite, mesmo para os casos em que a lei exija prova escrita da obrigação, a prova testemunhal quando houver começo de prova por escrito, elaborado pela parte contra a qual se pretende produzir a prova (art. 444). Similarmente, o art. 445 também admite a prova exclusivamente testemunhal "quando o credor não pode ou não podia, moral ou materialmente, obter a prova escrita da obrigação, em casos como o de parentesco, de depósito necessário ou de hospedagem em hotel ou em razão das práticas comerciais do local onde contraída a obrigação". Em prosseguimento, o art. 446 admite a prova testemunhal para a prova da divergência entre a vontade real e a declarada nos casos de simulação e, em geral, os vícios de consentimento. As "ressalvas" constantes dos arts. 444 e 446, bem entendidas, não têm razão de ser justamente porque o CPC de 2015 não repetiu a regra que limitava o uso exclusivo da prova testemunhal a determinado valor do contrato. De qualquer sorte, elas confirmam a regra do uso – e, se este for o caso, *exclusivo* – daquele meio de prova.

O art. 447 indica quem pode atuar no processo como testemunha, estabelecendo, em seu *caput*, a regra de que são todas as pessoas, com exceção das *incapazes*, *impedidas* e *suspeitas*, que são enumeradas nos três primeiros parágrafos do dispositivo. É correto entender que as hipóteses previstas nos incisos I, II e IV do § 1º do art. 447, com relação à *incapacidade*, merecem ser interpretadas em conjunto com as regras estabelecidas pela Lei n. 13.146/2015, o Estatuto da Pessoa com Deficiência, no âmbito do art. 228 do CC, para, superando a vedação do CPC de 2015, viabilizar à pessoa com deficiência que testemunhe em igualdade de condições com as demais pessoas, assegurando-lhe todos os recursos de tecnologia assistiva ou ajuda técnica. No que toca aos §§ 2º e 3º do art. 447, a previsão repete, em largas linhas, o CPC de 1973, com necessárias adaptações (referindo-se aos companheiros ao lado dos cônjuges, por exemplo, nos casos de *impedimento*), e excluindo do § 3º (casos de *suspeição* da testemunha) hipóteses polêmicas (e de discutível constitucionalidade), tais como a do condenado por crime de falso testemunho, havendo transitado em julgado a sentença, e aquele que, por seus costumes, não fosse digno de fé.

No § 4º do art. 447 está autorizada, quando necessária, a oitiva de testemunhas menores, impedidas ou suspeitas como *informantes*, isto é, sem que prestem o compromisso de dizer a verdade nos moldes do art. 458, cabendo ao magistrado avaliar a prova, levando esta especial circunstância em consideração (art. 447, § 5º).

O art. 448 indica os fatos sobre os quais as testemunhas não precisam depor e que ecoam, coerentemente, os casos em que a parte e/ou o terceiro escusam-se legitimamente de exibir coisa ou documento. Estes fatos são os que acarretem à testemunha "grave dano, bem como ao seu cônjuge ou companheiro e aos seus parentes consanguíneos ou afins, em linha reta ou na colateral até o terceiro grau" e aqueles "a cujo respeito, por estado ou profissão, deva guardar sigilo".

As testemunhas, como regra, são ouvidas na sede do juízo (art. 449) e na audiência de instrução e julgamento (arts. 361, *caput*, e 453, *caput*). O parágrafo único do art. 449 permite sua oitiva em local diverso, a depender do estado de saúde ou por outro motivo relevante não puder comparecer, *mas* puder depor. Importa acrescentar a esta previsão a viabilidade de a oitiva da testemunha ser *antecipada*, inclusive para os fins e segundo os pressupostos do art. 381 (art. 453, I) e as que são inquiridas por carta precatória, rogatória, de ordem e arbitral (art. 453, II). Nos casos em que a testemunha residir em local diverso da sede do juízo, a oitiva pode se dar por videoconferência ou outro recurso tecnológico similar, cabendo aos órgãos jurisdicionais disponibilizarem os respectivos meios (art. 453, §§ 1º e 2º). Durante a pandemia do coronavírus, a prática acabou sendo generalizada, inclusive com fundamento em resoluções do CNJ e dos diversos Tribunais.

Também cabe ressalvar, a este propósito, e embora o assunto venha tratado como regra de "produção da prova testemunhal", que, a depender do *status* da pessoa indicada como testemunha, ela poderá ser ouvida em sua residência ou onde exerce a sua função. O rol respectivo está no art. 454, que faz menção, entre outras autoridades, aos Chefes dos Executivos e aos membros do Legislativo de todos os níveis federais, aos Ministros dos Tribunais Superiores e aos Desembargadores dos Tribunais de Justiça e dos Regionais Federais.

11.2 Produção da prova testemunhal

O rol de testemunhas será apresentado ao ensejo do "saneamento e organização do processo". O § 6º do art. 357, cabe lembrar, limita seu número a dez, sendo ouvidas, no máximo, três testemunhas para cada fato. No n. 3.4.4 do Capítulo 9 trago reflexão a respeito do tema, propondo que a limitação não seja, no dia a dia do foro, tão rígida quanto o *texto* do dispositivo sugere.

O rol, é o art. 450 que determina, deve conter, sempre que possível, o nome, a profissão, o estado civil, a idade, o número do cadastro de pessoa física e do registro de identidade e o endereço completo da residência e do local de trabalho.

A regra do CPC de 2015 – e aqui reside uma importante novidade em relação ao CPC de 1973 – é a de caber ao advogado da parte que arrolou a testemunha informá-la ou intimá-la do dia e do horário da audiência designada para sua oitiva, dispensando-se intimação do juízo para aquele fim (art. 455, *caput*). Neste caso, a intimação deverá ser realizada por carta com aviso de recebimento, cumprindo ao advogado juntar aos autos, com pelo menos três dias de antecedência da data da audiência, cópia da correspondência de intimação e do comprovante de recebimento (art. 455, § 1º). A falta de intimação é significativa da desistência da oitiva da testemunha (art. 455, § 3º). A intimação pode ser dispensada quando a parte comprometer-se a levar a testemunha à audiência independentemente de sua realização (art. 455, § 2º). Também aqui, contudo, consoante estatui o mesmo § 2º, o não comparecimento da testemunha é entendido como desistência na sua oitiva.

Excepcionalmente, a testemunha será intimada pelo órgão jurisdicional. Os casos são os do § 4º do art. 455: (i) quando frustrada a intimação pelo advogado; (ii) quando sua necessidade for devidamente demonstrada pela parte ao juiz (e, para isto, importa atentar ao prazo a que se refere o próprio § 1º do art. 455); (iii) quando figurar no rol de testemunhas servidor público ou militar, caso em que o magistrado o requisitará ao chefe da repartição ou ao comando do corpo em que servir; (iv) quando se tratar de testemunha arrolada pelo Ministério Público ou pela Defensoria Pública; (v) ou, por fim, quando a testemunha for uma das autoridades previstas no art. 454.

Se a testemunha devidamente intimada por qualquer uma das formas indicadas acima não comparecer sem motivo justificado, será "conduzida", isto é, levada à sede do juízo mesmo contra a sua vontade – "condução sob vara", como se costuma afirmar; iniciativa de discutível constitucionalidade, forçoso reconhecer –, sem prejuízo de responder pelas custas do adiamento (art. 455, § 5º).

O rol só poderá ser alterado se a testemunha arrolada falecer, quando, por doença, não puder depor ou quando ela não for encontrada (art. 451). Sem prejuízo, é possível que *outras* testemunhas sejam ouvidas, por determinação do próprio magistrado ou por requerimento das partes, quando elas forem *referidas* nos depoimentos (art. 461, I) ou quando for o caso de sua acareação, quando houver divergência entre elas sobre fato relevante para o julgamento (art. 461, II).

Se o magistrado for arrolado como testemunha, ele poderá reconhecer seu impedimento, afastando-se do processo ou, se nada souber, determinar a exclusão de seu nome do rol respectivo (art. 452).

A inquirição das testemunhas é feita separada e sucessivamente. Primeiro serão ouvidas as arroladas pelo autor e depois as arroladas pelo réu. Uma não poderá ouvir o testemunho da outra (art. 456, *caput*). Eventual alteração de ordem pode ser posta em prática pelo magistrado, desde que com a concordância das partes (art. 456, parágrafo único). Ressalvo que o *texto* do *caput* do art. 453 faz menção a *juiz* quando, de acordo com o CPC de 2015, é mais correto entender que não só ele mas também os procuradores das partes inquirirão *diretamente* as testemunhas como dispõem o *caput* e o § 1º do art. 459.

A testemunha, antes de ser ouvida, será qualificada, declarando ou confirmando os dados existentes no rol apresentado anteriormente pelas partes. Também deverá informar se tem relações de parentesco com a parte ou algum interesse no processo (art. 457, *caput*). As informações são relevantíssimas para viabilizar, se for o ocaso, que a parte contrária *contradite* a testemunha, isto é, indique que há incapacidade, impedimento ou suspeição nos moldes do art. 447, cabendo, até mesmo, provas a este respeito (art. 457, § 1º). Se a contradita for aceita, a testemunha não será ouvida ou ouvida apenas como *informante*, isto é, ela não prestará o compromisso de dizer a verdade (art. 454, § 2º, parte final).

A própria testemunha, neste primeiro momento, pode também requerer que seja dispensada, alegando as situações do precitado art. 448. As partes serão ouvidas e o magistrado decidirá de plano, acatando as escusas e dispensando-a, ou, não obstante, ouvindo-a como informante ou rejeitando a justificativa, compromissando-a para ouvi-la (art. 457, § 3º).

Qualificada a testemunha e superada eventual contradita, ela prestará o compromisso de dizer a verdade sobre o que sabe e lhe for perguntado (art. 458, *caput*). Cabe ao magistrado advertir a testemunha da possibilidade de ocorrência de falso testemunho tipificado no art. 342 do CP (art. 458, parágrafo único).

O art. 459 também inova em relação ao CPC de 1973 porque permite que os *procuradores* das partes (e não as partes elas próprias, como sugere o *texto* do dispositivo) formulem diretamente as perguntas às testemunhas. A primeira inquirição será feita por quem arrolou a testemunha (em regra, primeiro as do autor; depois, as do réu consoante o art. 456, *caput*), passando-se, em seguida, ao *procurador* da parte contrária. Ao magistrado cabe indeferir as perguntas que possam induzir resposta, que não tiverem relação com as questões de fato sobre a qual recai a prova (art. 459, *caput*) ou que sejam repetição de outra já respondida. Evidentemente que todo cuidado com a letra do dispositivo é pouco: eventuais ênfases, contradições e fatos secundários, dentre outros elementos, são, por vezes, essenciais para a constatação do valor que merece o testemunho e, até mesmo, para fins de *acareação* (art. 461, II). O magistrado poderá também inquirir as testemunhas, antes ou depois da inquirição feita pelos procuradores das partes, no que é expresso não só o *caput* do art. 456, mas também o § 1º do art. 459.

As testemunhas devem ser tratadas com urbanidade, sendo vedadas perguntas ou considerações impertinentes, capciosas ou vexatórias (art. 459, § 2º), sempre a exigir do magistrado conduta firme na audiência de instrução e julgamento (art. 360, I e IV). Eventuais perguntas indeferidas, por estas ou quaisquer outras razões (art. 459, *caput*), serão transcritas no termo da audiência, desde que a parte o requeira (art. 459, § 3º).

Sobre a documentação do testemunho, o *caput* do art. 460 permite a sua gravação e, quando for digitado ou registrado por qualquer outro meio idôneo (o dispositivo refere-se à taquigrafia e à estenotipia), ele será assinado pelo magistrado, pela testemunha e pelos procuradores. No caso de o testemunho ter sido gravado – e a redação do *caput* do dispositivo sugere que seja este o meio de documentação preferido pelo CPC de 2015 – e os autos não forem eletrônicos, sua digitação depende da impossibilidade do envio dos arquivos em forma eletrônica ao Tribunal (art. 460, § 2º). Tratando-se de autos eletrônicos, prevalece o art. 193, sem prejuízo do disposto na Lei n. 11.419/2006.

Além de o depoimento em juízo ser considerado serviço público – pelo qual é vedado descontar o dia ou período de trabalho do empregado celetista (art. 463) –, pode a testemunha requerer ao magistrado que lhe sejam pagas as despesas que efetuar para ir à audiência. A parte que a arrolou pagará os valores desde logo ou fará depósito judicial em três dias (art. 462).

12. PROVA PERICIAL

A perícia é o meio de prova que pressupõe que a matéria sobre a qual recai o objeto de conhecimento do magistrado seja técnica, isto é, que se trate de matéria que, para sua perfeita e adequada compreensão, exige conhecimentos especializados que o magistrado não possui ou que não domina. É até didático, neste sentido, o inciso I do § 1º do art. 464, segundo o qual o magistrado indeferirá o pedido de perícia quando a prova do fato não depender do conhecimento *especial* de *técnico*.

Também não tem pertinência a prova pericial quando ela for desnecessária diante de outras provas já produzidas ou, ainda, quando a verificação for impraticável (art. 464,

§ 1º, I e II, respectivamente). Esta última hipótese traz à evidência a importância de, se for o caso, a prova pericial ser requerida (e deferida e produzida) antecipadamente, na forma disciplinada pelos arts. 381 a 383.

Sobre as outras provas que podem justificar a desnecessidade da prova pericial, cabe destacar novidade trazida pelo CPC de 2015 e consistente na "prova técnica simplificada" quando o ponto controvertido for de menor complexidade (art. 464, § 2º). Esta prova, de acordo com o § 3º do mesmo dispositivo, consiste na inquirição pelo magistrado de especialista sobre ponto controvertido da causa que demanda especial conhecimento científico ou técnico e sua produção observará o disposto no § 4º, também do art. 464. É inovação que vem para substituir o art. 421, § 2º, do CPC de 1973, que se conformava com a oitiva do perito e dos assistentes técnicos na audiência de instrução e julgamento.

Ainda a propósito do assunto, destaco o art. 472, segundo o qual a perícia pode ser dispensada quando as partes, na inicial e na contestação, apresentarem pareceres técnicos ou documentos suficientemente claros e elucidativos sobre as questões de fato que, normalmente, demandariam a realização daquele específico meio de prova. É fundamental o exame de cada caso concreto para verificar em que medida a documentação carreada aos autos pelas partes dispensa *ulterior* exame técnico sob as vestes da "prova pericial". Tudo dependerá da aptidão daqueles documentos de eliminarem quaisquer dúvidas que o magistrado possa ter sobre as questões.

O *caput* do art. 464 refere-se a três *espécies* diversas de perícia: o *exame* (que tem como objeto pessoas ou coisas), a *vistoria* (que tem como objeto a constatação de imóveis) e a *avaliação* (que tem como finalidade a fixação do valor de mercado de determinado bem). A despeito da possibilidade da distinção entre aquelas espécies, ela é de reduzida importância porque a disciplina codificada não traz nenhuma distinção entre uma e outra espécie.

12.1 Perito, assistentes técnicos e atos preparatórios da perícia

O perito é considerado auxiliar do juízo, expressamente referido no rol do art. 149, e, por isto mesmo, as partes podem, nos quinze dias seguintes à intimação de sua nomeação, questionar sua *parcialidade*, arguindo seu impedimento ou suspeição (art. 465, § 1º, I, observando-se também, quando for o caso, o disposto no § 4º do art. 156). Se acolhido o questionamento, será nomeado novo perito (art. 467, parágrafo único).

A atuação do perito no processo independe de qualquer compromisso, devendo, de qualquer sorte, cumprir seu encargo com o zelo de um profissional sério e conhecedor da sua área de especialização (arts. 157 e 466, *caput*) e assegurando que os assistentes técnicos tenham acesso e acompanhem as diligências e os exames que realizar. Para tanto, deverá comunicá-los com antecedência mínima de cinco dias, comprovando que o fez nos autos (art. 466, § 2º), a começar pela necessária comunicação do *início* dos trabalhos, no que é expresso o art. 474.

O perito será nomeado pelo magistrado a partir dos nomes e das instituições constantes do cadastro formado e mantido nos termos dos §§ 1º a 3º do art. 156 (v. n. 5.3.2 do Capítulo 4). Somente nos casos em que não houver nenhum cadastrado junto ao Tribunal é que a nomeação será livre e, ainda assim, com observância das exigências do § 5º do art. 156.

A especialidade no objeto da perícia deve ser levada em conta na nomeação do perito. O *caput* do art. 478, a este propósito, dispõe que, quando o exame tiver por objeto a autenticidade ou a falsidade de documento ou for de natureza médico-legal, o perito será escolhido, de preferência, entre os técnicos dos estabelecimentos oficiais especializados, cabendo ao magistrado autorizar a remessa dos autos, bem como do material sujeito a exame ao diretor do estabelecimento, observando-se, nos casos de gratuidade de justiça, o disposto nos §§ 1º e 2º.

Quando a complexidade do objeto o exigir, mais de um perito poderá ser nomeado, cada qual com sua própria especialidade, reservando-se idêntico direito às partes com relação à nomeação de mais de um assistente técnico (art. 475).

Na nomeação do perito, o magistrado fixará, desde logo, o prazo para entrega do laudo (art. 465, *caput*), que pode ser prorrogado uma vez, mediante pedido justificado, pela metade do prazo originário (art. 476). A viabilidade de ser estabelecido verdadeiro calendário para a realização da perícia – a impactar também o prazo de conclusão dos trabalhos – é expressamente prevista no § 8º do art. 357.

O perito, ciente de sua nomeação, pode, se for o caso, escusar-se de assumir o encargo (art. 157, *caput* e § 1º). Se não for este o caso, terá o perito o prazo de cinco dias para apresentar sua proposta de honorários, seu currículo e comprovação de sua especialização, e declinar seus contatos profissionais para fins de intimação (art. 465, § 2º). Sobre os honorários periciais, inova o CPC de 2015 ao admitir que metade seja paga no início dos trabalhos e a outra metade ao final, já com o laudo entregue e todos os esclarecimentos prestados (art. 465, § 4º). Também quando permite ao magistrado reduzir a proposta inicial quando a perícia for inconclusiva ou falha (art. 465, § 5º).

Para o adequado desempenho de suas funções, o § 3º do art. 473 permite ao perito (e aos assistentes técnicos) valer-se de todos os meios necessários, ouvindo testemunhas, obtendo informações, solicitando documentos que estejam em poder da parte, de terceiros ou em repartições públicas, cabendo a ele (e a eles em seus respectivos pareceres técnicos) instruir o laudo com planilhas, mapas, plantas, desenhos, fotografias ou outros elementos necessários ao esclarecimento do objeto da perícia. Nos casos em que a perícia tiver por objeto a autenticidade da letra e da assinatura, o perito poderá requisitar, para efeito de comparação, documentos existentes em repartições públicas e, na falta destes, poderá requerer, por intermédio do magistrado, que a pessoa a quem se atribuir a autoria do documento forneça material para fins de comparação (art. 478, § 3º).

As partes, intimadas da nomeação do perito, terão quinze dias para, se for o caso, arguir sua suspeição ou impedimento, indicar assistente técnico (que, por serem de confiança de quem os indica, não estão sujeitos a impedimento nem a suspeição, nos termos do § 1º do art. 466) e apresentar quesitos (art. 465, § 1º). Durante a perícia, poderão apresentar quesitos *suplementares* a serem respondidos desde logo pelo perito ou na audiência de instrução e julgamento, devendo a parte contrária deles ter ciência (art. 469). Terão também cinco dias da intimação relativa à proposta de honorários para se manifestarem sobre ela (art. 465, § 3º), observando-se, quanto ao recolhimento do valor respectivo, o disposto no art. 95.

O magistrado, por sua vez, poderá também formular quesitos a serem respondidos pelo perito e pelos assistentes técnicos e indeferirá os quesitos impertinentes (art. 470).

Se a perícia for realizada por carta, a nomeação do perito e dos assistentes técnicos, com todas as considerações acima, poderá ser feita pelo juízo a quem a perícia for requisitada (art. 465, § 6º).

O perito será substituído quando não possuir conhecimento técnico ou científico ou quando, sem justificativa, não cumprir o prazo que lhe foi fixado pelo magistrado, considerando, até mesmo, eventual dilação nos moldes do art. 476 (art. 468). Neste caso, o perito arcará com as consequências profissionais e pessoais decorrentes do ocorrido, inclusive as relativas a seus honorários, consoante a disciplina dos três parágrafos do art. 468.

12.2 Produção da prova pericial

A conclusão do trabalho do perito será documentada em um laudo. Inova o CPC de 2015 ao estabelecer expressamente o seu conteúdo.

De acordo com o art. 473, o laudo pericial conterá: (i) a identificação do objeto da perícia (com a observação do § 2º do art. 473 sobre lhe ser vedado ir além dos limites de sua designação e também emitir opiniões pessoais sobre a questão, que não guardem objeto com o exame técnico ou científico); (ii) a análise realizada pelo perito; (iii) a indicação do método utilizado na análise, com as devidas justificativas sobre sua pertinência e aceitação científica; e (iv) a resposta conclusiva a todos os quesitos apresentados. Também as diligências realizadas e os elementos colhidos com fundamento no § 3º do art. 473 deverão constar do laudo. O § 1º do dispositivo, em complementação, exige do perito linguagem simples na explicação de como alcançou suas conclusões, sendo claro o objetivo da regra de evitar o emprego de termos técnicos de pouca ou nenhuma compreensão por bacharéis de direito.

O laudo será protocolado no prazo fixado pelo magistrado e, se já designado, com antecedência mínima de vinte dias da audiência de instrução e julgamento (art. 477, *caput*).

Em seguida, serão as partes intimadas para, querendo, se manifestar sobre o laudo no prazo comum de quinze dias. O mesmo prazo poderá ser utilizado para que os assistentes técnicos apresentem suas próprias conclusões, chamadas pelo § 1º do art. 477 de "parecer".

Cabe ao perito esclarecer, no prazo de quinze dias, eventual divergência ou dúvida de qualquer das partes, do magistrado ou do Ministério Público ou, ainda, suscitado nos pareceres dos assistentes técnicos (art. 477, § 2º). Para tanto, embora o CPC de 2015 não seja claro, o perito deverá ser intimado das manifestações apresentadas pelos sujeitos processuais referidos e também dos trabalhos apresentados pelos assistentes técnicos.

Se depois da manifestação do perito ainda houver necessidade de esclarecimentos, cabe à parte requerer o seu comparecimento (bem como dos assistentes técnicos) para prestá-los na audiência de instrução e julgamento, formulando as perguntas em forma de quesitos desde logo (art. 477, § 3º). Para tanto, o perito e os assistentes técnicos deverão ser intimados com a antecedência mínima de dez dias da audiência (art. 477, § 4º).

A Resolução n. 317/2020 do CNJ passou a admitir, em função da pandemia do coronavírus, a realização de perícias em meios eletrônicos ou virtuais em processos relativos a benefícios previdenciários por incapacidade ou assistenciais.

12.3 Avaliação da perícia

A avaliação do laudo pericial e dos pareceres apresentados pelos assistentes técnicos é feita pelo magistrado que a eles, a despeito do tecnicismo da questão, que motiva a perícia, não está adstrito. Aplica-se, também aqui, o princípio do convencimento motivado do juiz. Tanto que o art. 479 determina expressamente ao magistrado a observância do art. 371, sem prejuízo de indicar, na sentença, "os motivos que o levaram a considerar ou a deixar de considerar as conclusões do laudo, levando em conta o método utilizado pelo perito".

O que pode ocorrer, até mesmo em função dos elementos técnicos, é que o magistrado, de ofício ou a requerimento, entenda pertinente a realização de uma segunda perícia.

A hipótese, expressamente admitida pelo *caput* do art. 480, terá como objeto os mesmos fatos da primeira perícia e terá como finalidade precípua apontar eventual omissão ou inexatidão dos resultados daquela (art. 480, § 1º). As regras a serem observadas na segunda perícia são as mesmas da primeira (art. 480, § 2º).

Como a segunda perícia não substitui a primeira (art. 480, § 3º), ao magistrado caberá confrontar as conclusões de ambas, indicando, sempre motivadamente, as razões que, a final, levaram-no a formar sua convicção em um sentido ou em outro.

12.4 Perícia consensual

Novidade trazida pelo CPC de 2015 está na possibilidade de as partes, de comum acordo, escolherem o perito quando elas forem plenamente capazes e quando o objeto do litígio admitir autocomposição (art. 471, *caput*). Esta escolha – que o próprio CPC de 2015 chama de "perícia *consensual*" – substitui, para todos os fins, a prova pericial que seria realizada por perito nomeado pelo magistrado na forma "tradicional" (art. 471, § 3o). Também cabe às partes, neste caso, indicar desde logo, concomitantemente à escolha do perito, seus assistentes técnicos, que acompanharão a perícia a ser realizada na data e no local previamente anunciados (art. 471, § 1º). Ao magistrado compete fixar o prazo para que o perito e os assistentes entreguem as conclusões de seus trabalhos (art. 471, § 2º), regra que não inibe que as partes e o magistrado ajustem calendário em conjunto para este fim, o que é admitido pelo art. 191 e de forma mais específica pelo § 8º do art. 357.

Trata-se de mais um caso em que o CPC de 2015 inova ao admitir, na prática dos atos processuais, ampla participação (e mais que isto, inegável protagonismo) das partes como verdadeiros condutores dos rumos do processo, aplicando, assim, a diretriz ampla do art. 190. Este protagonismo não impede, de qualquer sorte, o necessário (irrenunciável e inafastável) controle judicial sobre a regularidade da prática dos atos, a começar pela observância das exigências da hipótese de incidência do dispositivo: capacidade das partes e se tratar de causa que admita a autocomposição (incisos I e II do *caput* do art. 471).

13. INSPEÇÃO JUDICIAL

O último meio de prova regulado pelo CPC de 2015 é a inspeção judicial.

O art. 481, que abre a Seção XI do Capítulo relativo às provas, preserva a finalidade e o objeto da inspeção judicial, tal qual já estabelecia o CPC de 1973. Assim é que o magistrado, de ofício ou a requerimento da parte, pode, em qualquer fase do processo, inspecionar pessoas ou coisas, a fim de se esclarecer sobre fato que interesse à decisão da causa.

Na realização da inspeção judicial, o magistrado pode ser assistido por um ou mais peritos (art. 482). Eles deverão ser escolhidos, à falta de regra diferente, de acordo com suas expertises, e levarão em conta, como não poderia deixar de ser, a coisa ou pessoa a ser inspecionada pelo magistrado.

O art. 483 trata da possibilidade de o magistrado dirigir-se ao local onde se encontra a pessoa ou a coisa a ser inspecionada. Os casos são os seguintes: (i) quando julgar necessário para a mais adequada verificação ou interpretação dos fatos que deva observar; (ii) quando a coisa não puder ser apresentada em juízo, sem consideráveis despesas ou graves dificuldades, ou, ainda, (iii) quando determinar a reconstituição dos fatos.

O parágrafo único do art. 483 é digno de aplausos. Ele deixa claro que as partes têm sempre o direito de assistir à inspeção judicial, prestando esclarecimentos e fazendo as observações que considerarem pertinentes para a causa. Em uma palavra, as partes têm o direito de *participar* ou, como prefere o CPC de 2015, de *cooperar* com a inspeção judicial.

O art. 484, por fim, ocupa-se com a documentação das diligências relativas à inspeção judicial. O magistrado determinará a lavratura de auto circunstanciado, nele mencionando tudo o que entender útil ao julgamento. O auto poderá ser instruído com desenho, gráfico ou fotografia, como esclarece o respectivo parágrafo único.

Não obstante a total falta de novidades do CPC de 2015 acerca do assunto, seu compromisso assumido com o contraditório permite que sofisticada questão já conhecida da doutrina e da jurisprudência seja revisitada. Tem o magistrado o dever de comunicar às partes que realizará a inspeção judicial *previamente* ou pode ele fazê-la independentemente de prévia comunicação?

A resposta que parece ser a mais correta, levando em conta, como não pode deixar de ser, o "modelo constitucional do direito processual civil", é a de que a dispensa de prévia comunicação só é permitida se houver urgência *ínsita* à inspeção judicial ou quando a prévia comunicação puder, de alguma forma, prejudicar o exame a ser feito pelo próprio magistrado. Por isto mesmo – e também pelo *dever* de fundamentação extraído diretamente do art. 93, IX, da CF – cabe ao magistrado, ao dispensar a prévia intimação, justificá-la pormenorizadamente no auto a que se refere o art. 484.

É igualmente correto entender que, nos casos em que a inspeção judicial dispensar a prévia intimação das partes, o magistrado deve dar ciência às partes das suas diligências, documentadas suficientemente no auto do art. 484. O proferimento de sua decisão levando em conta as impressões constantes naquele ato processual (a avaliação da prova, portanto) pressupõe prévia oportunidade de as partes manifestarem-se sobre o auto em si mesmo considerado e *também* sobre ter sido bem justificada ou justificável a dispensa da prévia intimação relativa às diligências da inspeção.

Resumo do Capítulo 10

AUDIÊNCIA DE INSTRUÇÃO E JULGAMENTO

- Abertura da audiência (art. 358)
  - Unidade (art. 365)
  - Publicidade (art. 368)
- Tentativa de conciliação e/ou emprego de meios consensuais de resolução de conflitos (art. 359)
- Dever-poder de polícia do magistrado (art. 360)
- Produção das provas orais (art. 361)
- Adiamento
  - Convenção das partes (art. 362, I)
  - Impossibilidade justificada de comparecimento (art. 362, II)
  - Atraso injustificado em seu início em tempo superior a 30 minutos do horário marcado (art. 362, III)
  - Consequências (art. 362, §§ 1º a 3º)
- Nova intimação em caso de adiamento ou antecipação (art. 363)
- Debate oral/memorial
  - Só para questões complexas? (art. 364, § 2º)
- Proferimento de sentença (art. 366)
- Documentação (art. 367)
  - Em imagem e em áudio (art. 367, § 5º)
  - Por qualquer das partes, independentemente de autorização judicial (art. 367, § 6º)

FASE INSTRUTÓRIA: DISPOSIÇÕES GERAIS

- Atipicidade dos meios de prova (art. 369)
  - Influir eficazmente na convicção judicial
- Atuação das partes e do juiz (art. 370)
  - Art. 139, IV (máxima eficiência)
- Princípio da aquisição das provas (art. 371)
- Prova emprestada (art. 372)
- Ônus da prova (art. 373)
  - Modificação judicial (art. 373, §§ 1º e 2º)
    - Cabimento do agravo de instrumento (art. 1.015, XI)

- Modificação por convenção das partes (art. 373, §§ 3º e 4º)
- Saneamento e *organização* (art. 357, III)
■ Objeto da prova (art. 374)
- Prova de direito local e/ou consuetudinário (art. 376)
■ Dinâmica da prova
■ Regras de experiência (art. 375)
■ Prova e carta precatória (art. 377)
■ Participação/cooperação (arts. 378 a 380)

PRODUÇÃO ANTECIPADA

■ "Descautelarização" (arts. 381 a 383)
- Arrolamento (art. 381, § 1º)
- Justificação (art. 381, § 5º)
■ Hipóteses:
- Fundado receio (art. 381, I)
- Viabilizar autocomposição ou outro meio adequado de resolução de conflitos (art. 381, II)
- Prévio conhecimento justificar ou evitar demanda (art. 381, III)
■ Procedimento (art. 382)
■ Consequências (art. 383)
■ Instrução da ação monitória
- Prova "oral documentada" (art. 700, § 1º)

PROVAS EM ESPÉCIE

■ Ata notarial (art. 384)
■ Depoimento pessoal (arts. 385 a 388)
- Depoimento livre (art. 139, VIII)
- Videoconferência (art. 385, § 3º)
- Depoimento por iniciativa própria (?)
■ Confissão (arts. 389 a 395)
- Judicial *x* extrajudicial
- Espontânea *x* ficta
- Anulação se decorrente de erro de fato ou coação (art. 393)
■ Exibição de documento ou coisa (arts. 396 a 404)
- "Descautelarização"
- Considerações sobre a ampliação do cabimento pela Lei n. 14.195/2021
- Cabimento do agravo de instrumento (art. 1.015, VI)
- Contra a outra parte (*intima*; 5 dias)
  • Técnicas para a exibição (art. 400, par. único *x* Súm. 372 do STJ)

- Contra terceiro (*cita*; 15 dias)
- De ofício
■ Prova documental (arts. 405 a 438)
  - Classificações levando em conta a distinção entre autoria material e intelectual e o suporte do documento e seu conteúdo
    • Documento público *x* documento privado
    • Documento autêntico *x* documento não autêntico
    • Documento autógrafo *x* documento heterógrafo
  - Força probante (arts. 405 a 429)
    • Generalização
  - Arguição de falsidade (arts. 430 a 433)
    • "Incidente de arguição" (art. 430, par. único + art. 433 + art. 436, III)
      • Tanto falsidade material como ideológica
      • Regime da coisa julgada (pedido expresso)
    • Argumentação específica (art. 436, par. único)
  - Produção (arts. 434 a 438)
    • Petição inicial e contestação (art. 434). Reinterpretando o art. 320.
    • Documentos *novos* (art. 435)
    • 15 dias para manifestação da parte contrária, cabível a dilatação (art. 437)
    • Determinação de ofício (arts. 438, 370 e 396)
    • Documentos eletrônicos (arts. 439 a 441)
      • Conversão à forma impressa (art. 439)
      • Lei n. 11.419/2006
■ Prova testemunhal (arts. 442 a 463)
  - Admissibilidade e valor (arts. 442 a 449)
    • Incapacidade (art. 447, § 1º) e Estatuto da Pessoa com Deficiência (Lei n. 13.146/2015 e art. 228 do CC). Tecnologia assistiva. Ajuda técnica.
  - Produção (arts. 450 a 463)
    • Rol no saneador (art. 451 + art. 357, §§ 4º e 5º): 10 no máximo; 3 para cada fato.
    • Oitiva por videoconferência (art. 453, § 1º)
    • Intimação pelo advogado (art. 455, *caput*), excepcionalmente pelo juízo.
    • Inquirição pelo magistrado (art. 456) ou pelas partes (art. 459) **(?)**
    • Dinâmica da oitiva
      • Compromisso
      • Qualificação
      • Contradita

- Acareação
- Perguntas indeferidas no termo se houver pedido (art. 459 § 3º)
- Documentação (art. 460)
- Violação ao contraditório e à isonomia (?)
■ Prova pericial (arts. 464 a 480)
  - Calendário para realização (art. 357, § 8º)
  - Prova técnica simplificada (art. 464, §§ 2º a 4º)
  - Escolha do perito a partir de cadastro (art. 156, §§ 1º a 5º)
  - Escolha do perito pelas partes (art. 471)
    - Valor da "perícia consensual" (art. 471, § 3º) (?)
  - Conteúdo do laudo pericial (art. 473)
■ Inspeção judicial (arts. 481 a 484)
  - Contraditório prévio (?)

Leituras Complementares (Capítulo 10)

Monografias e livros

AMARAL, Paulo Osternack. *Prova por declarações de parte*. Salvador: JusPodivm, 2022.

_____. *Provas*: atipicidade, liberdade e instrumentalidade. 3. ed. São Paulo: Revista dos Tribunais, 2021.

APRIGLIANO, Ricardo de Carvalho. *Comentários ao Código de Processo Civil: das provas: disposições gerais*, vol. VIII, tomo I. São Paulo: Saraiva, 2020.

ARSUFFI, Arthur Ferrari. *A nova produção antecipada de provas*: estratégia, eficiência e organização do processo. Salvador: JusPodivm, 2019.

AUBERT, Eduardo Henrik. *A impugnação especificada dos fatos no processo civil*: retórica, história, dogmática. São Paulo: Revista dos Tribunais, 2020.

BONIZZI, Marcelo José Magalhães. *Fundamentos da prova civil:* teoria geral da prova e provas em espécie segundo o novo CPC. São Paulo: Revista dos Tribunais, 2017.

CARPES, Artur Thompsen. *A prova do nexo de causalidade na responsabilidade civil*. Revista de Processo. São Paulo: Revista dos Tribunais, 2016.

DIDIER JR., Fredie (coord. geral); JOBIM, Marco Félix; FERREIRA, William Santos (coord.). *Direito probatório*. 3. ed. Salvador: JusPodivm, 2018.

FERRARO, Felipe Waquil. *A prova testemunhal:* uma distinção entre os sistemas do Civil Law e do Common Law. Porto Alegre: Livraria do Advogado, 2018.

FERREIRA, William Santos. *Princípios fundamentais da prova cível*. São Paulo; Revista dos Tribunais, 2014.

LEITE, Clarisse Frechiani Lara. *Comentários ao Código de Processo Civil: da prova documental*, vol. VIII, tomo II. São Paulo: Saraiva, 2020.

LESSA NETO, João Luiz. *Produção autônoma de provas e processo comparado*: Brasil, Estados Unidos e Inglaterra. Londrina: Thoth, 2021.

LOPES, João Batista; LOPES, Maria Elizabeth de Castro. *Teoria geral da prova*. São Paulo: Castro Lopes, 2022.

MACÊDO, Lucas Buril de; PEIXOTO, Ravi. Ônus da Prova e sua dinamização. 2. ed. Salvador: JusPodivm, 2016.

MARINONI, Luiz Guilherme; ARENHART, Sérgio Cruz. *Comentários ao Código de Processo Civil*, vol. VI: artigos 369 ao 380. São Paulo: Revista dos Tribunais, 2016.

_____. *Comentários ao Código de Processo Civil*, vol. VII: artigos 381 ao 484. São Paulo: Revista dos Tribunais, 2016.

_____. *Prova e convicção:* de acordo com o CPC de 2015. 6. ed. São Paulo: Revista dos Tribunais, 2022.

PICÓ I JUNOY, Joan. *O juiz e a prova*: estudo da errônea recepção do brocardo *iudex iudicare debet secundum allegata et probata, non secundum conscientiam* e sua repercussão atual. Porto Alegre: Livraria do Advogado Editora, 2015.

RAMOS, Vitor de Paula. *Prova testemunhal*: do subjetivismo ao objetivismo, do isolamento científico ao diálogo com a psicologia e a epistemologia. 3. ed. Salvador: JusPodivm, 2022.

SCARPINELLA BUENO, Cassio. *Curso sistematizado de direito processual civil*, vol. 2: procedimento comum, processos nos Tribunais e recursos. 12. ed. São Paulo: Saraiva, 2023.

SCHMITZ, Leonard. *Presunções judiciais*: raciocínio probatório por inferências. São Paulo: Revista dos Tribunais, 2020.

TUCCI, José Rogério Cruz e. *Comentários ao Código de Processo Civil*, vol. VII: procedimento comum (disposições gerais até da audiência de instrução e julgamento). 2. ed. São Paulo: Saraiva, 2017.

VIEIRA, Gustavo. *A democratização da prova no processo civil*: bases principiológicas e limites à busca da verdade. Londrina: Thoth, 2021.

WILD, Rodolfo. *O princípio do livre convencimento no CPC/2015*. Porto Alegre: Livraria do Advogado, 2018.

YARSHELL, Flávio Luiz; PEREIRA, Guilherme Setoguti J.; RODRIGUES, Viviane Siqueira. *Comentários ao Código de Processo Civil*, vol. V: artigos 334 ao 368. São Paulo: Revista dos Tribunais, 2016.

Capítulos de livros

CASTRO, Daniel Penteado de. Comentários aos arts. 405 ao 441. In: SCARPINELLA BUENO, Cassio (coord.). *Comentários ao Código de Processo Civil*, vol. 2. São Paulo: Saraiva, 2017.

LOPES, João Batista. Comentários aos arts. 369 ao 380. In: SCARPINELLA BUENO, Cassio (coord.). *Comentários ao Código de Processo Civil*, vol. 2. São Paulo: Saraiva, 2017.

LOPES, Maria Elizabeth de Castro. Comentários aos art. 381 a 384. In: SCARPINELLA BUENO, Cassio (coord.). *Comentários ao Código de Processo Civil*, vol. 2. São Paulo: Saraiva, 2017.

MEDEIROS NETO, Elias Marques de. Comentários aos arts. 385 a 404. In: SCARPINELLA BUENO, Cassio (coord.). *Comentários ao Código de Processo Civil*, vol. 2. São Paulo: Saraiva, 2017.

MOLLICA, Rogerio. Comentários aos arts. 442 ao 484. In: SCARPINELLA BUENO, Cassio (coord.). *Comentários ao Código de Processo Civil*, vol. 2. São Paulo: Saraiva, 2017.

OLIVEIRA NETO, Olavo de; SANTOS, Renato dos. Comentários aos arts. 358 a 368. In: SCARPINELLA BUENO, Cassio (coord.). *Comentários ao Código de Processo Civil*, vol. 2. São Paulo: Saraiva, 2017.

SCARPINELLA BUENO, Cassio. Exibição de documento ou coisa, a Súmula 372 do STJ e o novo Código de Processo Civil. In: DIDIER JR., Fredie (coord. geral); JOBIM, Marco Félix; FERREIRA, William Santos (coord.). *Direito probatório*. 2. ed. Salvador: JusPodivm, 2016.

Artigos

ANTUNES, Paulo de Bessa; GONÇALVES, Vilmar Luiz Graça. Inversão do ônus da prova judicial e danos ambientais. *Revista Brasileira de Direito Processual*, vol. 107. Belo Horizonte: Fórum, jul./set. 2019.

AVELINO, Murilo Teixeira. O juiz e a prova pericial no novo Código de Processo Civil – Produção e controle. *Revista de Processo*, vol. 242. São Paulo: Revista dos Tribunais, abr. 2015.

ÁVILA, Humberto. Teoria da prova: *standards* de prova e os critérios de solidez da inferência probatória. *Revista de Processo*, vol. 282. São Paulo: Revista dos Tribunais, 2018.

BAGGIO, Andreza Cristina; BERRI, Carolina Heloisa Guchel. A engenharia processual da dinamização do ônus da prova pelo magistrado como afronta a garantias constitucionais. *Revista Brasileira de Direito Processual*, vol. 106. Belo Horizonte: Fórum, abr./jun. 2019.

BEREZOWSKI, Aluisio. A busca pela verdade real no novo CPC: terá havido uma mudança de paradigma?. *Revista de Processo*, vol. 280. São Paulo: Revista dos Tribunais, jun. 2018.

BODART, Bruno Vinícius da Rós. Ensaio sobre a prova pericial no Código de Processo Civil de 2015. *Revista de Processo*, vol. 244. São Paulo: Revista dos Tribunais, jun. 2015.

BORGES, Ronaldo Souza. O sistema misto de valoração da prova no novo Código de Processo Civil: a relação entre prova livre e prova legal. *Revista de Processo*, vol. 264. São Paulo: Revista dos Tribunais, fev. 2017.

BRAGA, Paulo Sarno. Natureza das normas sobre prova – Suas repercussões na eficácia da lei. *Revista Brasileira de Direito Processual*, vol. 104. Belo Horizonte: Fórum, out./dez. 2018.

BRASIL JR., Samuel Meira; CUNHA, Gabriel Sardenberg. Inversão do ônus da prova e o Código de Processo Civil de 2015: retrato da distribuição dinâmica. *Revista de Processo*, vol. 283. São Paulo: Revista dos Tribunais, set. 2018.

BUCHMANN, Adriana. A inversão do ônus da prova oficiosa no novo CPC e a imposição de limites pela existência de convenção probatória. *Revista de Processo*, vol. 266. São Paulo: Revista dos Tribunais, abr. 2017.

CABRAL FILHO, Alcides Lourenço. Poderes e deveres do juiz no novo CPC: a oitiva pessoal a fim de esclarecer questão relacionada aos fatos da causa. *Revista de Processo*, vol. 317. São Paulo: Revista dos Tribunais, jul. 2021.

CAMBI, Eduardo. Teoria das cargas probatórias dinâmicas (distribuição dinâmica do ônus da prova) – Exegese do art. 373, §§ 1º e 2º do NCPC. *Revista de Processo*, vol. 246. São Paulo: Revista dos Tribunais, ago. 2015.

CASTRO, Cássio Benvenutti de. Testemunho escrito. *Revista de Processo*, vol. 325. São Paulo: Revista dos Tribunais, mar. 2022.

CASTRO, Roberta Dias Tarpinian de. A prova emprestada e o risco de ficar eternamente vinculado a uma inadequada instrução probatória. *Revista de Processo*, vol. 266. São Paulo: Revista dos Tribunais, abr. 2017.

CLEMESHA, Pedro Eduardo. Atualidade do pensamento de Chiovenda quanto ao instituto da confissão. *Revista de Processo*, vol. 321. São Paulo: Revista dos Tribunais, nov. 2021.

CHAVES, Luciano Athayde. A prova oral e o problema da verdade no direito processual: as contribuições do construtivismo lógico-semântico. *Revista de Processo*, vol. 275. São Paulo, jan. 2018.

COLLUCCI, Ricardo. Direito notarial e novo Código de Processo Civil: reflexões sobre instrução probatória e desjudicialização. *Revista de Processo*, vol. 279. São Paulo: Revista dos Tribunais, maio 2018.

CORDEIRO, Carlos José; GOMES, Josiane Araújo. Efeitos do comando judicial para especificação de provas no processo civil brasileiro. *Revista de Processo*, vol. 245. São Paulo: Revista dos Tribunais, jul. 2015.

COSTA, Eduardo José da Fonseca. Algumas considerações sobre as iniciativas judiciais probatórias. *Revista Brasileira de Direito Processual*, vol. 90. Belo Horizonte: Fórum, abr./jun. 2015.

COSTA NETO, José Wellington Bezerra da; COSTA, Leonardo Dantas. A prova emprestada no direito processual brasileiro. *Revista de Processo*, vol. 277. São Paulo: Revista dos Tribunais, mar. 2018.

CURY, Augusto Jorge. Decisão sobre ônus da prova: o momento adequado à sua inversão judicial. *Revista de Processo*, vol. 277. São Paulo: Revista dos Tribunais, mar. 2018.

D'ALESSANDRI, Iorio Siqueira; NARDELLI, Marcella Mascarenhas; RODRIGUES, Baltazar José Vasconcelos; QUIRINO BISNETO, José; ROQUE, Andre Vasconcelos; ARAUJO, José Aurélio de; ALMEIDA, Diogo Assumpção Rezende de; MENEZES, Paula Bezerra de; ROMANO NETO, Odilon; GUEDES, Cintia Regina; FARIA, Marcela Kohlbach de. A reforma do direito probatório no processo civil brasileiro – Terceira parte. Anteprojeto do grupo de Pesquisa "Observatório das Reformas Processuais". Faculdade de Direito da Universidade do Estado do Rio de Janeiro. *Revista de Processo*, vol. 242. São Paulo: Revista dos Tribunais, abr. 2015.

DIDIER JR., Fredie; LIPIANI, Julia. Segunda perícia, perícia complexa e outra perícia. Valoração da prova pericial pelo juiz. Julgamento do mérito na instância recursal. *Revista Brasileira de Direito Processual*, vol. 98. Belo Horizonte: Fórum, abr./jun. 2017.

DUARTE FILHO, Octaviano Bazilio. Medidas eficazes para a produção de provas destinadas a desvendar fraudes complexas, com reflexos em jurisdições estrangeiras. *Revista de Processo*, vol. 277. São Paulo: Revista dos Tribunais, mar. 2018.

FARIA, Márcio Carvalho; GALVÃO FILHO, Mauricio Vasconcelos; HARTMANN, Guilherme Kronenberg; GUEDES, Clarissa Diniz; ARAÚJO, José Aurélio de; SILVA, Franklyn Roger Alves. A reforma do direito probatório no processo civil brasileiro – Segunda parte. Anteprojeto do Grupo de Pesquisa "Observatório das Reformas Processuais" Faculdade de Direito da Universidade do Estado do Rio de Janeiro. *Revista de Processo*, vol. 241. São Paulo: Revista dos Tribunais, mar. 2015.

FENOLL, Jordi Nieva. La inexplicable persistencia de la valoración legal de la prueba. *Revista de Processo*, vol. 281. São Paulo: Revista dos Tribunais, jul. 2018.

FLECK, Augusto Caballero. A análise da prova: o método gráfico de Wigmore. *Revista de Processo*, vol. 322. São Paulo: Revista dos Tribunais, dez. 2021.

GAGNO, Luciano Picoli. O novo Código de Processo Civil e a inversão, ou distribuição dinâmica do ônus da prova. *Revista de Processo*, vol. 249. São Paulo: Revista dos Tribunais, nov. 2015.

_____. O novo CPC e os poderes/deveres instrutórios do Juiz. *Revista Dialética de Direito Processual*, vol. 147. São Paulo: Dialética, jun. 2015.

GIDI, Antonio; CAMBI, Eduardo; YARSHELL, Flávio Luiz; SAMPAIO, Gustavo; GRECO, Leonardo; RODRIGUES, Marco Antônio dos Santos. A reforma do direito probatório no processo civil brasileiro – Quarta parte. Anteprojeto do grupo de pesquisa "Observatório das Reformas Processuais" Faculdade de Direito da Universidade do Estado do Rio de Janeiro. *Revista de Processo*, vol. 243. São Paulo: Revista dos Tribunais, maio 2015.

GRECO, Leonardo. A reforma do direito probatório no processo civil brasileiro – Primeira parte. Anteprojeto do Grupo de Pesquisa "Observatório das Reformas Processuais" Faculdade de Direito da Universidade do Estado do Rio de Janeiro. *Revista de Processo*, vol. 240. São Paulo: Revista dos Tribunais, fev. 2015.

HARTMANN, Stefan Espírito Santo. Entre ciência e processo: o juiz como guardião da prova pericial. *Revista de Processo*, vol. 319. São Paulo: Revista dos Tribunais, set. 2021.

HOFFMANN JÚNIOR, Lírio. Os limites objetivos da coisa julgada nas ações probatórias autônomas. *Revista de Processo*, vol. 326. São Paulo: Revista dos Tribunais, abr. 2022.

LAMY, Eduardo de Avelar; OLIVEIRA, Rafael Niebuhr Maia de. Requisitos para o empréstimo judicial ou arbitral da prova colhida em procedimento interno de *compliance*. *Revista de Processo*, vol. 317. São Paulo: Revista dos Tribunais, jul. 2021.

LAUX, Francisco de Mesquita. Relações entre a antecipação da prova sem o requisito da urgência e a construção de soluções autocompositivas. *Revista de Processo*, vol. 242. São Paulo: Revista dos Tribunais, abr. 2015.

LEAL, Rosemiro Pereira. Fatos incontroversos – entre a validade e eficácia jurídica. *Revista Brasileira de Direito Processual*, vol. 100. Belo Horizonte: Fórum, out./dez. 2017.

LEITE, Clarisse Frechiani Lara. Persuasão racional e prova documental na arbitragem brasileira. *Revista de Processo*, vol. 321. São Paulo: Revista dos Tribunais, nov. 2021.

LEMOS, Vinicius Silva. A exibição de documento como um procedimento especial autônomo: a análise do equívoco do REsp 1774987 e do acerto do REsp 1803251 pelo STJ. *Revista de Processo*, vol. 325. São Paulo: Revista dos Tribunais, mar. 2022.

LOPES, João Batista. Direção material do processo e papel do juiz na prova pericial. *Revista de Processo*, vol. 329. São Paulo: Revista dos Tribunais, jul. 2022.

_____. Direito à prova à luz do modelo constitucional de processo. *Revista de Processo*, vol. 300. São Paulo: Revista dos Tribunais, fev. 2020.

_____. Hierarquia de provas no processo civil. *Revista de Processo*, vol. 333. São Paulo: Revista dos Tribunais, nov. 2022.

_____. Importância da inspeção judicial para a formação do convencimento do juiz. *Revista de Processo*, vol. 318. São Paulo: Revista dos Tribunais, ago. 2021.

_____. Prova científica: conceito e valoração. *Revista de Processo*, vol. 327. São Paulo: Revista dos Tribunais, maio 2022.

_____. Revisitação a alguns aspectos da teoria geral da prova. *Revista de Processo*, vol. 309. São Paulo: Revista dos Tribunais, nov. 2020.

LOPES, Maria Elizabeth de Castro. Discricionariedade judicial em matéria probatória. *Revista Brasileira de Direito Processual*, vol. 90. Belo Horizonte: Fórum, abr./jun. 2015.

LUCON, Paulo Henrique dos Santos. Prova pericial no CPC/2015. *Revista de Processo*, vol. 267. São Paulo: Revista dos Tribunais, maio 2017.

MARINONI, Luiz Guilherme. A convenção processual sobre prova diante os fins do Processo Civil. *Revista de Processo*, vol. 288. São Paulo: Revista dos Tribunais, fev. 2019.

MAZZOLA, Marcelo. Dever de comportamento do juiz e a audiência de mediação do art. 334 do NCPC. Críticas aos dribles hermenêuticos e à sua designação aleatória. *Revista de Processo*, vol. 276. São Paulo: Revista dos Tribunais, fev. 2018.

MENDES, Aluisio Gonçalves de Castro; LOURENÇO, Haroldo. A teoria geral da prova no Código de Processo Civil de 2015. *Revista de Processo*, vol. 263. São Paulo: Revista dos Tribunais, jan. 2017.

MEZZOMO, Marcus Victor; ANDRADE, Tiago Gabriel Waculicz. Pressupostos processuais e a defesa na produção antecipada de provas. *Revista de Processo*, vol. 322. São Paulo: Revista dos Tribunais, dez. 2021.

MITIDIERO, Daniel. O ônus da prova e seus inimigos. Revista de Processo, vol. 306. São Paulo: Revista dos Tribunais, ago. 2020.

NARDELLI, Marcella Alves Mascarenhas. O direito à prova e à não autoincriminação em uma perspectiva comparada entre os processos civil e penal. *Revista de Processo*, vol. 246. São Paulo: Revista dos Tribunais, ago. 2015.

OLIVEIRA, Lucas Soares de. Inspeção Judicial: uma análise propositiva acerca da autorreferência judicial. *Revista de Processo*, vol. 265. São Paulo: Revista dos Tribunais, mar. 2017.

PESSOA, Flávia Moreira Guimarães; CARDOSO, Henrique Ribeiro; SOUSA, Otavio Augusto Reis de. Modernidade reflexiva, ambivalência e as inovadoras funções das máximas de experiência no campo da prova no projeto do Novo Código de Processo Civil. *Revista Brasileira de Direito Processual*, vol. 91. Belo Horizonte: Fórum, jul./set. 2015.

PINHO, Américo Andrade. Ações probatórias autônomas. *Revista de Processo*, vol. 307. São Paulo: Revista dos Tribunais, set. 2020.

PINTO, Nelson Luiz; DELBONI, Beatriz Krebs. A liberdade de disposição das partes e a liberdade investigativa do juiz cível no âmbito probatório. *Revista de Processo*, vol. 318. São Paulo: Revista dos Tribunais, ago. 2021.

REICHELT, Luiz Alberto. A oitiva de testemunhas em audiências telepresenciais sob a ótica do sistema de direitos fundamentais processuais no âmbito da justiça civil. *Revista Brasileira de Direito Processual*, vol. 117. Belo Horizonte: Fórum, jan./mar. 2022.

_____. O direito fundamental à prova e os desafios relativos à sua concretização no novo Código de Processo Civil brasileiro. *Revista de Processo*, vol. 267. São Paulo: Revista dos Tribunais, maio 2017.

_____. O direito fundamental à prova e os poderes instrutórios do juiz. *Revista de Processo*, vol. 281. São Paulo: Revista dos Tribunais, jul. 2018.

RIBEIRO, Ivan Morais; PINTO, Henrique Alves. A confissão no Código de Processo Civil: uma análise crítica à luz do princípio da cooperação no contexto do Estado Democrático de *Direito*. *Revista de Processo*, vol. 326. São Paulo: Revista dos Tribunais, abr. 2022.

ROBLEDO, Miguel. La prueba científica, con particular referencia a la prueba genética en la República Argentina. *Revista Brasileira de Direito Processual*, vol. 99. Belo Horizonte: Fórum, jul./set. 2017.

RODRIGUES, Daniel Colnago. A velha e a nova produção antecipada da prova. *Revista de Processo*, vol. 327. São Paulo: Revista dos Tribunais, maio 2022.

RODRIGUES, Roberto de Aragão Ribeiro. A dinamização do ônus da prova. *Revista de Processo*, vol. 240. São Paulo: Revista dos Tribunais, fev. 2015.

ROSSONI, Igor Bimkowski. Verdade, certeza e processo: apontamentos sobre a verdade dos fatos no processo judicial. *Revista de Processo*, vol. 298. São Paulo: Revista dos Tribunais, dez. 2019.

SAMPAIO, Amanda Nunes. A (as)simetria de informação entre os litigantes e o possível ganho de eficiência na adoção de técnicas liberais de produção de prova (*discovery*). *Revista de Processo*, vol. 328. São Paulo: Revista dos Tribunais, jun. 2022.

SAMPIETRO, Luiz Roberto Hijo. Breve revisita aos pensamentos de Piero Calamandrei e de Michele Taruffo como contributo ao debate sobre a verdade e a verossimilhança no processo civil brasileiro. *Revista de Processo*, vol. 315. São Paulo: Revista dos Tribunais, maio 2021.

SANCHES JUNIOR, Antonio Roberto. A fixação de multa na exibição de documento e a Lei 13.105/2015 (novo Código de Processo Civil). *Revista de Processo*, vol. 243. São Paulo: Revista dos Tribunais, maio 2015.

SANTOS, Lucas Braz Rodrigues dos. ROQUE, Andre Vasconcelos. A exibição de documentos e o cabimento da fixação de astreintes como medida de reforço: análise do julgamento dos recursos especiais 1.763.462 e 1.777.553. *Revista de Processo*, vol. 331. São Paulo: Revista dos Tribunais, set. 2022.

SCHMITZ, Leonardo Ziesemer. Entre produzir provas e confirmar hipóteses: o risco do argumento da "busca da verdade real" na instrução e fundamentação das decisões. *Revista de Processo*, vol. 250. São Paulo: Revista dos Tribunais, dez. 2015.

SHIMURA, Sergio Seiji; LUZ, Tatiana Tiberio. Os limites aos poderes instrutórios do juiz. *Revista de Processo*, vol. 310. São Paulo: Revista dos Tribunais, dez. 2020.

SILVA NETO, Francisco de Barros e. Dinamização do ônus da prova no novo Código de Processo Civil. *Revista de Processo*, vol. 239. São Paulo: Revista dos Tribunais, jan. 2015.

SILVA, Felipe Carvalho Gonçalves da; PINHO, Humberto Dalla Bernardina de. Prova emprestada: pontos de convergência e divergência entre a doutrina e a jurisprudência. *Revista de Processo*, vol. 275. São Paulo: Revista dos Tribunais, jan. 2018.

SILVA, Paula Costa e; REIS, Nuno Trigo dos. Efeitos lícitos da prova ilícita em processo: seja este estadual ou arbitral porque a natureza da jurisdição não muda o ponto de referência do ilícito (Parte I). *Revista de Processo*, vol. 301. São Paulo: Revista dos Tribunais, mar. 2020.

SILVA, Paula Costa e; REIS, Nuno Trigo dos. Efeitos lícitos da prova ilícita em processo: seja este estadual ou arbitral porque a natureza da jurisdição não muda o ponto de referência do ilícito (Parte II). *Revista de Processo*, vol. 302. São Paulo: Revista dos Tribunais, abr. 2020.

SILVA, Paula Costa e; REIS, Nuno Trigo dos. Efeitos lícitos da prova ilícita em processo: Parte III. *Revista de Processo*, vol. 303. São Paulo: Revista dos Tribunais, maio 2020.

SIQUEIRA, Fernando de. Processo civil cooperativo: os deveres atribuídos ao juiz em matéria de prova como meio de viabilizar o efetivo acesso à justiça. *Revista de Processo*, vol. 283. São Paulo: Revista dos Tribunais, set. 2018.

SOARES, Carlos Henrique. Processo jurisdicional democrático – Relação entre verdade e prova. *Revista Brasileira de Direito Processual*, vol. 90. Belo Horizonte: Fórum, abr./jun. 2015.

SOUSA, Diego Crevelin de. Segurando o juiz contraditor pela imparcialidade: de como a ordenação de provas de ofício é incompatível com as funções judicantes. *Revista Brasileira de Direito Processual*, vol. 96. Belo Horizonte: Fórum, out./dez. 2016.

SOUSA, Diego Crevelin de; PEREIRA, Mateus Costa; LUNA, Rafael Alves de. Prova técnica simplificada e exercício do contraditório: inquirição de experto apenas pelo magistrado? *Revista de Processo*, vol. 326. São Paulo: Revista dos Tribunais, abr. 2022.

TALAMINI, Eduardo. Produção antecipada de prova no Código de Processo Civil de 2015. *Revista de Processo*, vol. 260. São Paulo: Revista dos Tribunais, out. 2016.

VIANA, Antônio Aurélio de Souza; SARKIS, Jamilla Monteiro; MACIEL JÚNIOR, Vicente de Paula. Do papel ao uso da inteligência artificial nos meios de provas digitais. *Revista Brasileira de Direito Processual*, vol. 118. Belo Horizonte: Fórum, abr./jun. 2022.

ZANETI JR., Hermes; Gustavo Silva. Breves notas sobre as alterações do Código de Processo Civil pela Lei 14.195/2021: citação eletrônica, exibição de documento ou coisa e prescrição intercorrente. *Revista de Processo*, vol. 330. São Paulo: Revista dos Tribunais, ago. 2022.

Capítulo 11

Fase Decisória

1. PARA COMEÇAR

A fase decisória deve ser compreendida como a fase do processo em que o magistrado proferirá sentença. Em rigor, ela se limita (ou pode se limitar) à análise da sentença, idealmente proferida para colocar fim à etapa de conhecimento do processo na primeira instância. É importante, contudo, ir além.

É certo que a coisa julgada, em si mesma considerada, não guarda relação com a fase decisória e, a depender do que for decidido pela sentença, pode até ser que não se forme. Seu estudo após a sentença, contudo, é medida que se mostra, antes de tudo, didática, pelas razões já apresentadas por este *Manual* desde o Prólogo, máxime porque, no CPC de 2015, sua disciplina está compreendida no mesmo Capítulo XIII do Título I do Livro I da Parte Especial, intitulado, não por acaso, "Da sentença e da coisa julgada".

Com a atenção voltada às escolhas feitas pelo CPC de 2015, outrossim, temas que dizem respeito a alguns de seus possíveis conteúdos, a alguns de seus efeitos e à sua inaptidão, em outras situações, de produzir efeitos imediatamente, são também analisados neste Capítulo. Os efeitos da sentença, na perspectiva de *como* deve ser prestada (concretizada) a tutela jurisdicional executiva, são objeto do Capítulo 13, dedicado ao *cumprimento* da sentença.

Uma última palavra ainda se faz necessária. Embora o termo "sentença" seja empregado ao longo do Capítulo, importa ter presente que o regime que o CPC de 2015 empresta a ele diz respeito, na verdade, a qualquer decisão. Não só sentenças, mas também decisões interlocutórias, acórdãos e as decisões proferidas monocraticamente no âmbito dos Tribunais devem extrair dos dispositivos aqui analisados muito de seu regime jurídico.

É verdade que o CPC de 2015 é tímido a este respeito, limitando a expressar essa ideia no § 1º do art. 489 no tocante à fundamentação de "qualquer decisão judicial, seja ela interlocutória, sentença ou acórdão". A sua *estrutura*, contudo, nada tem de tímida. É o Código que admite e regula explicitamente decisões interlocutórias de mérito (art. 356, por exemplo) e o proferimento das mais variadas decisões, inclusive de mérito, unipessoalmente nos Tribunais (art. 932). Importa, pois, que o regime jurídico a seguir delineado alcance *também* aquelas outras decisões, por verdadeira metonímia. Cuida-se da sentença, mas, a bem da verdade, está a se tratar, junto com o Código, de decisões *tout court*.

2. SENTENÇA

O CPC de 2015 conceitua sentença como "o pronunciamento por meio do qual o juiz, com fundamento nos arts. 485 e 487, põe fim à fase cognitiva do procedimento comum, bem como extingue a execução" (art. 203, § 1º), ressalvando, no mesmo dispositivo legal, "as disposições expressas dos procedimentos especiais".

O conceito, ao empregar concomitantemente critérios de finalidade (colocar fim à fase cognitiva do procedimento *em primeira instância e que extingue a fase de cumprimento de sentença*, ou, ainda, que extingue a execução) e de conteúdo (ter como fundamento uma das hipóteses dos arts. 485 ou 487) para caracterizar a sentença, contrapondo-a às decisões interlocutórias, quer responder às não poucas críticas que a Lei n. 11.232/2005, ao dar nova redação aos §§ 1º e 2º do art. 162 do CPC de 1973, recebeu.

É irrecusável, contudo, caber à doutrina refletir mais detidamente sobre a opção legislativa, analisando a presença (ou a ausência) dos elementos que parecem ser essenciais ao conceito (os colocados em itálico nos primeiros parênteses do parágrafo anterior) em cada caso. Também porque a ressalva feita pelo § 1º do art. 203 nada diz a não ser que, se algum procedimento especial disser que um determinado ato é sentença, sentença é, ainda que, eventualmente, não se amolde ao preceito legal. É o que se verifica, por exemplo, nos casos de divisão (arts. 572 e 597, § 2º) e de demarcação de terras (arts. 581, 582 e 587); no inventário (arts. 654 e 655); na habilitação (art. 692); nos embargos da "ação monitória" (art. 702, § 9º); na homologação de penhor legal (art. 706, § 2º); na regulação de avaria grossa (art. 710, § 1º); e, de forma genérica, nos procedimentos de jurisdição voluntária (art. 724).

De qualquer sorte, para os fins deste *Manual,* a conceituação do CPC de 2015 (com os acréscimos que lancei) é mais que suficiente e parece, na maior parte das vezes, funcionar bem, como, em diversas passagens, tenho a oportunidade de demonstrar. E mais: no contexto da etapa cognitiva do procedimento comum – é nele que está inserida a "fase instrutória" –, o conceito mostra-se exato. Sentença é mesmo o ato que encerra aquela etapa em função de uma das hipóteses dos incisos dos arts. 485 ou 487. Tanto que, apenas para ilustrar a afirmação, não há espaço para duvidar que o julgamento antecipado *parcial* de mérito é feito por decisão interlocutória (art. 356, § 5º), tanto quanto o é a rejeição *liminar* de eventual reconvenção apresentada pelo réu.

De outra parte, a maior dificuldade da distinção entre sentenças e as decisões interlocutórias no CPC de 1973 residia em consequência sua, a do recurso cabível. No CPC de 2015, este problema é minimizado, embora não eliminado, porque, nele, a recorribilidade imediata das interlocutórias por agravo de instrumento depende menos de uma decisão ser identificada pela doutrina ou pela jurisprudência como interlocutória e muito mais de ser sujeita àquele recurso por expressa disposição de lei, a começar pelo rol codificado do art. 1.015. De resto, da sentença cabe (e continua cabendo, mesmo no novo Código) o recurso de apelação (art. 1.009, *caput*).

2.1 Sentenças terminativas

Tendo presente o conteúdo dos arts. 485 e 487, é correto entender persistir, para o CPC de 2015, a distinção bem aceita pela doutrina entre "sentenças *terminativas*" e "sentenças *definitivas*". Estas, às quais diz respeito o art. 487, em que há resolução de mérito; aquelas, as *terminativas*, relacionadas no art. 485, em que não há resolução de mérito. Mérito, lembro-o, prezado leitor, merece ser sempre entendido como sinônimo de conflito de interesses levado ao Judiciário para solução. É aquilo sobre o que o autor e o réu querem que recaia a tutela jurisdicional.

As hipóteses em que há prolação de sentença *sem* resolução de mérito – sentenças terminativas – são as seguintes:

2.1.1 Indeferimento da petição inicial

O primeiro caso a que se refere o art. 485 é o do indeferimento da petição inicial. São os casos indicados no art. 330, sendo suficientes as considerações do n. 3.3.1 do Capítulo 8.

Nos casos do art. 332, embora se possa entender (e corretamente) que também há rejeição da petição inicial, as hipóteses lá previstas envolvem resolução de mérito, amoldando-se, portanto, aos incisos I e II do art. 487.

2.1.2 Paralisação e abandono do processo

Os incisos II e III do art. 485 merecem tratamento conjunto porque ambos dizem respeito ao desinteresse das partes ou do autor no prosseguimento do processo.

O inciso II refere-se à paralisação do processo por mais de um ano por negligência das partes. O inciso III trata da hipótese de o autor abandonar o processo mais de trinta dias, o que é revelado por não promover os atos e as diligências que lhe cabem.

Nestas duas hipóteses, a parte que der causa ao ocorrido deverá ser intimada *pessoalmente* (e, portanto, não por intermédio de seu procurador ou, tratando-se de advogado privado, da sociedade de advogados) para dar andamento regular ao processo no prazo de cinco dias (art. 485, § 1º).

Os prazos de trinta e de cinco dias acima referidos devem ser calculados levando em conta apenas os dias úteis, diante da dicotomia estabelecida pelo parágrafo único do art. 219 do CPC. Isso porque o que se mostra relevante é o significado do transcurso daqueles espaços de tempo para o próprio *processo* (inclusive com relação ao tempestivo cumprimento de outras eventuais determinações *processuais*), critério suficiente para afastar a compreensão de que se trata de prazos de cunho *material*.

Se, não obstante a intimação a que se refere o § 1º, persistir a paralisação e/ou o abandono, o magistrado proferirá sentença. Nela, imporá, nos casos do inciso II, a responsabilização proporcional das partes pelas custas; nos casos do inciso III, é o autor, sozinho, que responderá pelas verbas de sucumbência (art. 485, § 2º).

O § 6º do art. 485 explicita o entendimento, defendido por setores da doutrina (inclusive pelos volumes 1 e 2, tomo I, do meu *Curso sistematizado* ainda antes do CPC de 2015) e da jurisprudência, de que a extinção do processo com fundamento no inciso III (abandono do autor) depende de requerimento do réu, quando ele já tiver ofertado a contestação. A razão é que pode interessar ao réu o proferimento de sentença *de mérito* (sentença *definitiva*), posição processual mais vantajosa a ele do que a obtenível com o proferimento de sentença meramente *terminativa*.

2.1.3 Ausência de pressupostos processuais de existência ou de validade. Presença de pressupostos processuais negativos

Em três incisos diversos, o art. 485 refere-se ao que doutrinariamente é (bem) identificado como pressuposto processual: o inciso IV, ao tratar da "ausência de pressupostos de constituição e de desenvolvimento válido e regular do processo"; o inciso V, ao se referir à perempção, à litispendência e à coisa julgada; e o inciso VII, que traz à tona o acolhimento da alegação de existência de convenção de arbitragem ou, ainda, quando o juízo arbitral reconhecer sua competência.

Nestes casos, ainda que cada um dos institutos, em si mesmos considerados, seja inconfundível, como no n. 3.3 do Capítulo 1 já esclareci, seu efeito processual é idêntico: o processo *não* poderá prosseguir quando *não houver* pressupostos de existência e de validade e também *não* poderá prosseguir quando estiverem presentes pressupostos negativos. Uns e outros inibem a higidez da atuação estatal e, por isto, justificam o proferimento de sentença a obstar o prosseguimento do processo.

2.1.4 Irregularidade no exercício do direito de ação

O inciso VI do art. 485 trata da detecção de irregularidade no exercício do direito de ação. É o que, no CPC de 1973, era chamado de "carência da ação" ou de falta de condições da ação e cujo *nome* o CPC de 2015 resolveu abolir.

A despeito da ressalva e da falta de nomenclatura – com o que já me ocupei suficientemente no n. 3 do Capítulo 3 propondo a nomenclatura "mínimo indispensável para o exercício do direito de ação" para tratar da categoria –, sempre que o magistrado verificar a ausência de legitimidade de qualquer das partes, autor ou réu, ou quando constatar que falta interesse processual ao autor, deve proferir sentença *terminativa*.

É como se, na perspectiva do direito material, antevista pela ausência daquelas informações mínimas (mas essenciais), o magistrado revelasse que não tem condições de prestar tutela jurisdicional a ninguém. Não chegando a examinar o pedido, a sentença é incapaz de resolver o mérito, e a etapa cognitiva do processo, em que o direito de ação se desenvolveu até então, é encerrada. Nada há mais para ser dito no que tange à prestação da tutela jurisdicional.

Nestes casos, prezado leitor, insisto que o problema *não está* no processo; está na falta do mínimo necessário para o desenvolvimento do direito de ação. De qualquer sorte, como a ação *desenvolve-se* ou, mais precisamente, como direito de ação é *exercitado* ao longo do processo, é mister que o magistrado obstaculize o seu desenvolvimento, com o proferimento de sentença que ponha fim à etapa cognitiva do processo.

2.1.5 Desistência

O inciso VIII do art. 485 trata da sentença que "homologar a desistência da ação". Na verdade, o autor não desiste da "ação". O que, para os fins do dispositivo em destaque, ele faz é desistir de continuar a exercer o seu direito de ação, o que, até aquele momento, vem exercendo. Trata-se, portanto, da manifestação de vontade do autor no sentido de deixar de pretender, ao menos momentaneamente, que o Estado-juiz tutele o direito que afirma ter em face do réu. Nenhuma relação, portanto, com o direito material sobre o qual, até então, queria o autor fosse tutelado jurisdicionalmente, pelo que esta hipótese é inconfundível com a da alínea "c" do inciso III do art. 487.

O § 4º do dispositivo veta a homologação sem o prévio consentimento do réu, sempre que ele tiver oferecido contestação. Isto porque, também aqui, o réu pode entender que o caso, na perspectiva do julgamento do pedido, tem tudo para lhe ser favorável e, por isto, tem o direito de se opor à disposição pretendida pelo autor, buscando, com a iniciativa, ver-se protegido pela coisa julgada que, oportunamente, será formada sobre a sentença de eventual *rejeição* do pedido (art. 487, I).

Questão interessante que é trazida pelo CPC de 2015 acerca da interpretação do § 4º do art. 485 é a seguinte: se o réu for revel, eventual oposição sua ao pedido de desistência formulado pelo autor impedirá o magistrado de homologá-lo? A pergunta é tanto mais pertinente porque o CPC de 1973, tratando da mesma hipótese (art. 267, § 4º), contentava-se com o escoamento do prazo para apresentar a contestação, não exigindo que ela tivesse sido *oferecida*.

Para a resposta, importa discernir quatro hipóteses, modificando em parte entendimento que sustentava até a 4ª edição deste *Manual*.

A primeira é a prevista no próprio § 4º do art. 485: tendo o réu contestado, sua oitiva prévia acerca do pedido de desistência formulado pelo autor é indispensável, cabendo a ele se manifestar favorável ou desfavoravelmente.

A segunda é coberta pelo art. 346: pode acontecer de o réu ser revel, mas ter constituído advogado. Neste caso, é mister a sua intimação, por intermédio daquele profissional, para se manifestar sobre a desistência pretendida pelo autor.

A terceira hipótese se verifica quando à revelia se somar a inexistência de advogado constituído. Neste caso, a solução decorrente do modelo constitucional é de intimar *pessoalmente* o réu (já citado) para se manifestar sobre o pedido, permitindo que ele apresente, justificadamente, eventual oposição à desistência pelas razões já apresentadas, fazendo-se representar, evidentemente, por quem detenha capacidade postulatória. Eventual silêncio do réu que se seguir à sua intimação, contudo, não é óbice para o proferimento da sentença com fundamento no inciso VIII do art. 485.

A quarta é a situação em que o réu foi citado por hora certa ou por edital (citação *ficta*, portanto) e que, por ser revel, acabou sendo representado por curador especial (art. 72, II). Nesta hipótese é correto entender que a intimação prévia deve ser dirigida ao próprio curador especial para que se manifeste a respeito do pedido de desistência apresentado pelo autor.

O § 5º do art. 485 também trata do tema e, inovando em relação ao CPC de 1973, limita a formulação do pedido de desistência ao proferimento da sentença. A regra merece ser compreendida no sentido de que, com a sentença prolatada, a desistência não deve ser homologada, ainda que com a concordância do réu. O que pode acontecer é não haver recurso e a sentença prevalecer, quiçá transitando em julgado, ou, havendo recurso, dele o recorrente vir a desistir, o que também significará a preservação da sentença.

2.1.6 Intransmissibilidade do direito

O inciso IX do art. 485 trata da hipótese de haver morte da parte nos casos em que a "ação for considerada intransmissível por disposição legal".

Em verdade, não é a "ação" que é considerada intransmissível, mas o direito sobre o qual aquele *outro* direito, o de ação, refere-se. Como, com a morte da parte, desaparece o direito sobre o qual se pretende tutela jurisdicional, não há por que o processo prosseguir, a justificar a hipótese aqui indicada.

2.1.7 Outros casos

O inciso X do art. 485 indica que há outros casos prescritos no CPC de 2015 que também conduzem ao proferimento de sentenças sem resolução de mérito.

A título ilustrativo, indico as seguintes hipóteses: (i) incapacidade processual ou irregularidade na representação da parte (art. 76, § 1º, I); (ii) revogação da gratuidade da justiça sem que haja recolhimento do numerário devido (art. 102, parágrafo único); (iii) falta de citação do litisconsorte passivo necessário faltante (art. 115, parágrafo único); (iv) ausência de aditamento da inicial nos casos de tutela antecipada requerida antecedentemente (art. 303, §§ 2º e 6º); e (v) falta de depósito ofertado na petição inicial em consignação em pagamento (art. 542, parágrafo único).

2.1.8 Atuação oficiosa do juiz

O § 3º do art. 485 amplia a regra do § 3º do art. 267 do CPC de 1973 ao dispor que cabe ao magistrado conhecer "... de ofício da matéria constante dos incisos IV, V, VI e IX, em qualquer tempo e grau de jurisdição, enquanto não ocorrer o trânsito em julgado".

Os três primeiros incisos mencionados dizem respeito à regularidade do processo e do exercício do direito de ação. O último deles, o inciso IX, novidade expressada pelo CPC de 2015, trata da intransmissibilidade do direito sobre o qual se pleiteia a tutela jurisdicional.

Há acesa polêmica com relação ao primeiro grupo (dos pressupostos e da ilegitimidade ou falta de interesse), sobre ser correta a interpretação ampla da locução "em qualquer tempo *e grau de jurisdição*" para nela estarem compreendidos também o STF e o STJ em sede de recurso extraordinário e especial, respectivamente. A mim sempre me pareceu que a lei *não* pode querer chegar a tanto, porque a matéria cognoscível por aqueles Tribunais, quando exercem sua competência recursal extraordinária e especial, é *limitada* pelos incisos III dos arts. 102 e 105 da Constituição Federal, respectivamente.

O prezado leitor poderá contra-argumentar dizendo que no texto do dispositivo há algo novo, que não estava lá antes, no CPC de 1973. Que agora o dispositivo refere-se a "enquanto não ocorrer o trânsito em julgado", e não mais a "enquanto não proferida a sentença de mérito".

Mesmo assim, prezado leitor, não me convenço. A questão não está ao alcance do legislador, merecendo ser tratada a partir do que os precitados dispositivos constitucionais determinam. Assim, ainda que se queira entender que o novo texto legal (o § 3º do art. 485) quis evidenciar que o comando legal deve atingir os Tribunais Superiores no exercício da competência recursal extraordinária e especial, quiçá querendo passar para a lei o que muitos retiram da Súmula 456 do STF, a solução é inconstitucional. O § 3º e a atuação oficiosa nele prevista com relação aos pressupostos processuais e à ilegitimidade ou à falta de interesse devem ficar restritos aos órgãos jurisdicionais de primeiro e de segundo grau. Sendo certíssimo, ainda, que qualquer pronunciamento de ofício pressupõe o estabelecimento de contraditório prévio a seu respeito (arts. 9º e 10). Não acode ao entendimento contrário, e pelas mesmíssimas razões de índole constitucional, o disposto no *caput* do art. 1.034, ao qual volto no n. 9.7 do Capítulo 17.

A segunda hipótese tratada pelo § 3º do art. 485, a do inciso IX, merece solução diversa. O problema aqui, como destaquei no n. 2.1.6, *supra*, não é de direito processual nem de competência para julgamento de "causas *não* decididas" pelos Tribunais Superiores, mesmo no exercício de sua competência recursal extraordinária e especial. Ele é, por mais paradoxal que possa parecer, de direito *material*. Sendo intransmissível o direito sobre o qual se pretende a tutela jurisdicional, a morte acarreta inexoravelmente a perda do objeto e, por força do art. 485, IX, não há outra coisa a se fazer, mesmo no âmbito de recursos extraordinário e especial, que não *reconhecer* a ocorrência daquele fato (não *decidi-lo*). A questão, eis a diferença, não é de julgar recurso fora dos lindes constitucionais (sempre a *causa decidida* dos incisos III dos arts. 102 e 105 da CF), mas de reconhecer fato superveniente que esvazia, por completo, a razão de ser da prestação da tutela jurisdicional.

2.1.9 Peculiaridade recursal

Novidade interessantíssima que o CPC de 2015 traz para o regime das apelações interpostas das sentenças *terminativas*, isto é, aquelas em que não há resolução de mérito, está no § 7º do art. 485.

De acordo com o dispositivo, "interposta a apelação em qualquer dos casos de que tratam os incisos deste artigo, o juiz terá 5 (cinco) dias para retratar-se".

Trata-se, assim, de mais um caso, em que o CPC de 2015 – e aqui inovando sensivelmente em relação ao CPC de 1973 – reconhece o "efeito *regressivo*" à apelação, permitindo que o magistrado, analisando as razões de apelo, *redecida*.

Não está claro no dispositivo, diferentemente do que se dá nos casos do art. 331 e do § 4º do art. 332, se o juízo de retratação dá-se antes ou depois de oportunizada à parte contrária a oferta de contrarrazões. O melhor entendimento, forte no princípio constitucional do contraditório e na compreensão de processo cooperativo, é de o magistrado permitir a *prévia* apresentação das contrarrazões.

Com as contrarrazões ou, pelo menos, depois de a parte ser intimada para apresentá-las, o magistrado terá cinco dias (úteis, porque se trata de prazo processual) para se retratar, o que pressupõe, excepcionalmente, proferimento de juízo positivo de admissibilidade do apelo (v. n. 4.1 do Capítulo 17). Se voltar atrás, o processo prosseguirá em direção ao proferimento de sentença de mérito, salvo se ocorrer ou surgir algum outro fato que impeça seu exame, justificando o proferimento de outra sentença com fundamento no art. 485. Na hipótese de a sentença ser mantida, os autos serão encaminhados ao Tribunal para julgamento do apelo, levando em conta, inclusive, sua admissibilidade (art. 1.010, § 3º).

Questão interessante é saber se, a propósito deste § 7º, o magistrado pode determinar o saneamento do vício que justificou o proferimento da sentença terminativa. A resposta mais harmônica com o sistema do CPC de 2015 é a positiva. Não só por causa do dever-poder geral de saneamento previsto no inciso IX do art. 139, mas também por causa da possibilidade da postulação ser reproduzida, *ainda que com a devida sanação dos vícios*, nos moldes do § 1º do art. 486. Admitir, destarte, que o processo seja *reaberto* e prossiga de maneira *devida*, doravante, otimiza, em todos os sentidos, a prestação jurisdicional. É entendimento que se afina com a eficiência processual querida desde o "modelo constitucional do direito processual civil" e enfatizada no art. 4º do CPC de 2015.

2.1.10 Repropositura da demanda

A decisão que não apreciar (resolver) o mérito não obsta que a parte demande novamente a outra. É o que preceitua o *caput* do art. 486, referindo-se à possibilidade de a parte propor de novo a "ação", isto é, reapresentar o mesmo pedido com base na mesma causa de pedir em face do mesmo réu.

O § 1º do art. 486 evidencia que a nova demanda – sempre compreendida da forma do parágrafo anterior – pressupõe a "correção do vício que levou à extinção do processo sem resolução de mérito" nos casos em que ocorrer litispendência, rejeição da petição inicial, falta de pressupostos processuais de existência e/ou de validade, ilegitimidade ou falta de interesse processual e existência de convenção de arbitragem ou quando o juízo arbitral reconhecer a sua competência.

É importante ressalvar que a correção do "vício" em relação à ilegitimidade ou à falta de interesse conduzirá, muito provavelmente, à alteração da demanda inicial, o que basta para viabilizar a sua propositura, a despeito da permissão do § 1º do art. 486. Quando isto não ocorrer, como se dará, por exemplo, quando a dívida ainda não vencida vencer-se, a observância do dispositivo aqui estudado parece supor que o novo fato seja alegado e justificado na petição inicial, até como forma de evitar qualquer pecha de litigância de má-fé.

O § 2º do art. 486 estabelece que a petição inicial não será "despachada", isto é, não se proferirá juízo de admissibilidade nela sem a prova do pagamento ou do depósito das custas e dos honorários de advogado devidos pelo processo anterior. É regra que, trazendo à lembrança o art. 92, atrita com o inciso XXXV do art. 5º da CF.

O § 3º do art. 486, por seu turno, ocupa-se com a *perempção*, instituto que também merece ser descartado diante do "modelo constitucional", como já evidenciei no n. 5.1.2.5 do Capítulo 8.

2.2 Sentenças definitivas

O rol das sentenças *definitivas*, isto é, daquelas em que há resolução de mérito ou, o que parece ser mais correto, que são consideradas de mérito pelo CPC de 2015, está no art. 487. Cabe examinar cada um dos seus incisos.

2.2.1 Acolhimento ou rejeição do pedido

Está preservada no CPC de 2015 a célebre distinção entre as "verdadeiras" sentenças de mérito, assim entendidas aquelas em que efetivamente há julgamento, no sentido de apreciação, para acolher ou para rejeitar, no todo ou em parte, o(s) pedido(s) de tutela jurisdicional e as "falsas" sentenças de mérito, em que não há, propriamente, julgamento nenhum, mas, como acentuei acima, mera equiparação de regime jurídico.

A previsão do inciso I do art. 487 representa a clássica – "a", artigo definido, porque é a única – situação em que o magistrado *julga*, para acolher *ou* para rejeitar, no todo ou em parte, o(s) pedido(s) do autor e, se houver, também o(s) pedido(s) feito(s) pelo réu em reconvenção.

A ressalva do dispositivo no sentido de acolher (ou rejeitar) "no todo ou em parte" deve ser entendida fora do contexto dos julgamentos parciais de mérito, autorizados pelo art. 356. Para cá, trata-se de o juiz acolher, no todo ou em parte, o pedido do autor ou a reconvenção do réu como um todo. Se a hipótese for de decomposição ou desacumulação de pedidos, terá incidência o referido art. 356. A hipótese, contudo, não será de sentença, mas de interlocutória de mérito, porque a etapa cognitiva do processo na primeira instância não terá fim.

2.2.2 Decadência ou prescrição

A primeira das "falsas" sentenças de mérito é a prevista no inciso II do art. 487, quando o magistrado "decidir, de ofício ou a requerimento, sobre a ocorrência de decadência ou prescrição".

Aqui há clara equiparação de regime jurídico de decisão de mérito dada pelo CPC de 2015, seguindo, no particular, o regime do CPC de 1973, àquelas sentenças.

Sobre a apreciação de ofício, o parágrafo único do art. 487 dispõe que, com exceção da hipótese do § 1º do art. 332 (de improcedência *liminar* do pedido), é vedada a apreciação da prescrição e/ou da decadência sem que seja dada às partes prévia oportunidade para se manifestar. É o CPC de 2015, como ocorre em diversos artigos, pecando pelo excesso, já que é bastante, para isto, no plano infraconstitucional, o que consta dos seus arts. 9º e 10.

De qualquer sorte, o dispositivo tem o seu caráter didático, ao evidenciar que uma coisa é o magistrado conhecer de ofício de alguma matéria; outra, bem diferente, é decidir sem levar em consideração o que as partes, estimuladas para tanto, têm a dizer sobre a questão, inclusive sobre a base fática sobre a qual a decisão recairá. É supor o exemplo de o autor, intimado para se manifestar sobre eventual prescrição do direito, comprovar que recebeu do réu carta em que reconhecia o débito e, com a iniciativa, sustentar a interrupção do prazo prescricional com base no inciso VI do art. 202 do CC. Mesmo que a matéria jurídica seja cognoscível de ofício, não há como o magistrado saber o que, na perspectiva dos fatos, ocorreu ou deixou de ocorrer com relação àquele específico ponto.

2.2.3 Homologação de atos dispositivos ou autocompositivos

O inciso III do art. 487 trata das hipóteses, todas elas "falsas sentenças de mérito", em que a sentença homologa o reconhecimento da procedência do pedido formulado pelo autor ou pelo réu, a transação, ou, ainda, a renúncia à pretensão formulada na ação ou na reconvenção.

São todas hipóteses significativas de disposição de direito pelo autor, pelo réu ou por ambas as partes (que é o que ocorre na transação), que merecem ser compreendidas mais amplamente como qualquer ato autocompositivo praticado por elas, até porque o magistrado as incentivará a tanto, ao longo de todo o processo (art. 3º, § 3º, e art. 139, V).

2.2.4 Possibilidade de julgamento de mérito

Interessante novidade trazida pelo CPC de 2015, ao menos do ponto de vista textual, e com tudo para gerar bastante polêmica, está no art. 488, segundo o qual "desde que possível, o juiz resolverá o mérito sempre que a decisão for favorável à parte a quem aproveitaria eventual pronunciamento nos termos do art. 485".

Trata-se, não há por que duvidar, de aplicação clara do princípio segundo o qual não há nulidade sem prejuízo e, neste sentido, traz à mente os arts. 277 e 283, parágrafo único.

Contudo, importa interpretar o dispositivo com temperamento para impedir que processos que apresentem problemas em sua regular constituição ou em seu desenvolvimento, até mesmo no escorreito exercício do direito de ação, rendam ensejo a decisões *definitivas* que, em última análise, possam comprometer as garantias inerentes ao devido processo constitucional. Em tais hipóteses, à falta de "prejuízo" do beneficiado pela decisão definitiva corresponde, em idêntica proporção, prejuízo para a outra parte, considerando o descumprimento do "modelo constitucional", colocando em risco a higidez da atuação processual.

Para evitar esta situação, a escorreita aplicação do art. 488 pressupõe a análise das peculiaridades de cada caso concreto para que seja constatado se o vício que conduziria ao proferimento de sentença *sem* resolução de mérito pode ser superado em prol do proferimento de decisão meritória, sem gerar, inclusive do ponto de vista do processo (sempre *devido*, na perspectiva constitucional), prejuízo à parte contrária. Neste sentido, cabe dar a necessária ênfase, como, aliás, faz o próprio texto do dispositivo, que a sua incidência dê-se "desde que possível".

Não pode prevalecer, não em um Estado Constitucional como o que decorre do modelo constitucional brasileiro, o entendimento de que os "fins" (prestar tutela jurisdicional) justificam os "meios", ou, como aqui parece ser mais preciso, a falta deles (a higidez do processo). Até porque, a se pensar assim, enaltecer-se-á o chamado (e corretamente criticado) "processo do autor", em detrimento do réu, que, insista-se, também é merecedor de tutela jurisdicional quando o pedido do autor for rejeitado, mas que é também (e antes disto) titular do direito (fundamental) ao devido processo constitucional. É *direito* seu, portanto, ver o proferimento de decisão nos moldes do art. 485 sempre que a solução de mérito lhe puder causar prejuízo.

A adequada aplicação do art. 488 pressupõe, destarte, a inexistência de prejuízo para a parte contrária, no que é decisiva a observância dos contornos de um processo devido. Por isto mesmo é que, ao lado e independentemente daquele dispositivo, cabe rememorar o art. 317, segundo o qual, o juiz, antes de extinguir o processo *sem* resolução de mérito, deve dar à parte a oportunidade de corrigir o vício que, uma vez sanado, viabiliza o julgamento de mérito. Trata-se de solução – absolutamente harmônica com o dever-poder de saneamento previsto no inciso IX do art. 139 – que mais bem se afeiçoa ao modelo constitucional.

Para além da viabilidade de saneamento – o que, em rigor, afasta a incidência do art. 488 –, a escorreita aplicação daquele dispositivo parece pressupor distinção fundamental sobre se o vício a ser posto de lado compromete, ou não, a higidez do processo. Se sim, ele não pode ser aplicado. Se não, e ressalvada alguma peculiaridade do caso, não há razão para deixar de aplicá-lo.

A análise do dispositivo, portanto, parece reclamar casos concretos, sob pena de comprometer a sua boa aplicação com descabidas generalizações.

Bem ilustra esta preocupação imaginar o caso de, a despeito da inépcia da inicial (que justifica a extinção do processo com base no inciso I do art. 485), o réu defender-se a contento e, por isso – justamente por não haver prejuízo ao réu e ao exercício de sua defesa –, viabilizar o proferimento de sentença de *improcedência* do pedido. Em outro caso, contudo, em que a inépcia da inicial seja de tal monta que comprometa a *ampla defesa* assegurada constitucionalmente, é irrecusável que se impõe o descarte do processo. Neste caso, a inépcia compromete, desde sua origem, a formulação do pedido de tutela jurisdicional a inviabilizar a superação do vício nos moldes do art. 488.

2.3 Elementos da sentença. Dever de fundamentação

O art. 489 trata dos "elementos essenciais" da sentença, isto é, aquilo que a sentença deve conter, do ponto de vista formal, sob pena de invalidade. Invalidade, prezado leitor, que sempre merece ser pensada, em direito processual civil, à luz dos princípios que apresento e discuto no n. 8 do Capítulo 5.

O primeiro elemento exigido pelo inciso I do art. 489 é o *relatório*, que conterá os nomes das partes, a identificação do caso, com a suma do pedido e da contestação (e, se houver, também reconvenção), bem como o registro das principais ocorrências havidas no andamento do processo. O segundo são os *fundamentos*, parte da decisão na qual o magistrado analisará e discutirá as questões de fato e de direito que embasará o terceiro elemento, o *dispositivo*, no qual o magistrado resolverá as questões principais que as partes lhe submeterem, exteriorizando a sua conclusão sobre elas.

Enorme novidade é trazida pelo CPC de 2015 no § 1º do dispositivo, que quer concretizar a exigência do art. 93, IX, da CF, e, no plano codificado, o art. 11. O interessante é que lá não se diz o que uma sentença – e, de resto, *qualquer outra decisão jurisdicional*, como estabelece expressamente o dispositivo – precisa conter para se considerar *fundamentada*. Descreve-se o que se considera uma decisão *não fundamentada*.

Assim é que *não é considerada fundamentada* a decisão que: (i) limitar-se à indicação, à reprodução ou à paráfrase de ato normativo, sem explicar sua relação com a causa ou a questão decidida; (ii) empregar conceitos jurídicos indeterminados, sem explicar o motivo concreto de sua incidência no caso; (iii) invocar motivos que se prestariam a justificar qualquer outra decisão; (iv) não enfrentar todos os argumentos deduzidos no processo capazes de, em tese, infirmar a conclusão adotada pelo julgador; (v) limitar-se a invocar precedente ou enunciado de súmula, sem identificar seus fundamentos determinantes nem demonstrar que o caso sob julgamento se ajusta àqueles fundamentos e (vi) deixar de seguir enunciado de súmula, jurisprudência ou precedente invocado pela parte, sem demonstrar a existência de distinção no caso em julgamento ou a superação do entendimento. Quanto aos referenciais dos incisos V e VI do § 1º do art. 489, cabe destacar a necessidade de eles serem interpretados amplamente como proponho no n. 2 do Capítulo 16 ao ensejo do exame dos arts. 926 a 928 e dos "indexadores jurisprudenciais" neles referidos, não obstante as críticas que lá apresento.

É correto entender, destarte, que cabe ao magistrado peculiarizar o caso e a respectiva fundamentação diante das especificidades que lhe são apresentadas para o proferimento da decisão. Fundamentações padronizadas, sem que sejam enfrentados os argumentos e as teses trazidas pelas partes, não são aceitas, tanto quanto meras reproduções de texto de lei ou de enunciados de súmula da jurisprudência dos Tribunais ou das teses fixadas pelas técnicas idealizadas para tanto pelo CPC de 2015, sem explicar por que se aplicam ou deixam de se aplicar ao caso, sem que se proceda, quando for o caso, portanto, à chamada *distinção*. O que o dispositivo exige do magistrado, em suma, é a escorreita e suficiente – mas sempre completa – *discussão* da tese jurídica a incidir sobre as especificidades do caso em julgamento.

A não observância do § 1º do art. 489 autoriza a apresentação de embargos de declaração com fundamento no inciso II do parágrafo único do art. 1.022, dispositivo que vem para qualificar a *omissão* consistente na não fundamentação ou, quando menos, na fundamentação inadequada à luz das exigências feitas pelo dispositivo aqui examinado (v. n. 7 do Capítulo 17).

O § 2º do art. 489, que também se volta especificamente ao tema, vai além quanto à *qualidade* da fundamentação exigida pelo Código de Processo Civil às decisões em geral, impondo que a decisão indique os critérios de ponderação que foram empregados pelo magistrado para solucionar eventual conflito entre normas jurídicas, o que se harmoniza com o art. 8o e também com o art. 140. Em sendo o caso, os critérios de ponderação impostos pelos arts. 20 a 24 da Lei de Introdução às Normas do Direito Brasileiro, acrescentados pela Lei n. 13.655/2018, devem também ser levados em conta. Na negativa, em qualquer um desses casos, há omissão, justificadora de embargos de declaração.

O § 3º do art. 489, por fim, impõe o dever de a decisão judicial ser interpretada de boa-fé a partir de todos os seus elementos, regra correlata à exigência que o § 2º do art. 322 impõe com relação à interpretação do pedido. A regra também permite a compreensão de que o dispositivo merece ser interpretado à luz do que consta dos demais *elementos* da sentença, o relatório e a fundamentação, e não considerado isoladamente.

2.4 Vinculação da sentença ao(s) pedido(s)

Em diversos dispositivos, o CPC de 2015 preserva princípios basilares do direito processual civil que bem podem ser resumidos no da vinculação da sentença ao pedido e à causa de pedir. A sentença não pode desviar-se do que foi pedido pelo autor e, havendo reconvenção, pelo réu nem na perspectiva objetiva, nem na subjetiva; nem na qualidade, nem na quantidade do que pedido.

O art. 490 é expresso neste sentido: a sentença deve ser congruente ao(s) pedido(s) formulado(s) pelas partes, isto é, levando em conta não só o(s) pedido(s) formulado(s) na inicial, mas também eventual reconvenção.

O art. 492 veda ao magistrado o proferimento de sentença além ou fora do pedido da parte, tanto no que diz respeito aos aspectos qualitativos do que foi pedido quanto nos quantitativos. O parágrafo único, por seu turno, veda o proferimento de sentenças condicionais (não certas) ainda quando a relação de direito material por ela apreciada o seja.

O art. 491 agasalha diretriz que parte da doutrina, inclusive o volume 2, tomo I, do meu *Curso sistematizado*, ainda antes do advento do CPC de 2015, e da jurisprudência do STJ já admitiam, com total segurança e que não atrita com a regra anterior e, menos ainda, com o princípio da vinculação do juiz ao pedido. Trata-se, bem diferentemente, apenas de viabilizar uma maior eficiência da etapa cognitiva do processo para evitar, quando possível, a necessidade de desenvolvimento de outra fase, a de liquidação. Neste sentido, o art. 491 quer *antecipar* a discussão relativa ao *quantum debeatur*, já *embutido* no pedido formulado pelo autor e não desviar-se dele. Por isto, sua total harmonia com o precitado princípio.

Além do proferimento preferencial de julgamento líquido, o *caput* do art. 491 impõe ao magistrado que a decisão defina desde logo a extensão da obrigação, o índice de correção monetária, a taxa de juros, o termo inicial de ambos e, se for o caso, a periodicidade da capitalização dos juros. São elementos que estarão espelhados na memória de cálculo que o exequente, no início da etapa de cumprimento de sentença, fará uso necessariamente (art. 524).

A regra veda o proferimento de sentença ilíquida, ainda quando tenha sido formulado pedido genérico, ressalvadas as hipóteses indicadas em seus incisos – que darão ensejo à fase de liquidação (art. 491, § 1º) –, quais sejam, quando não for possível determinar, de modo definitivo, o montante devido e quando a apuração do valor devido depender da produção de prova de realização demorada ou excessivamente dispendiosa, assim reconhecida na sentença. Em ambas as hipóteses, a opção feita pelo legislador é justificável inclusive em termos de resguardar a *eficiência* processual. A necessidade de o magistrado explicar, na decisão, por que não indica, desde logo, o valor devido é exigência correta e cuja adoção deve ser incentivada.

O § 2º do art. 491 determina que o disposto no *caput* aplique-se também quando o acórdão alterar a sentença. Não deixa de ser mais uma aplicação das hipóteses em que o Tribunal, em sede de recurso, pode ir além da decisão recorrida – sempre com o fito de tornar mais eficiente o processo – e, nesse sentido, harmoniza-se com o disposto no § 3º do art. 1.013. A regra quer evitar que os autos voltem à primeira instância para a indicação dos elementos exigidos no *caput* quando ao Tribunal isto for possível de ser feito de imediato. Pode ocorrer, contudo, que faltem aqueles elementos ou a sua consideração tiver o condão de suprimir a ampla discussão sobre sua incidência em dois graus de jurisdição. Neste caso, a interpretação mais harmônica com o "modelo constitucional do direito processual civil" é a de recusar a aplicação da regra, limitando, o Tribunal, a cassar a sentença mandando a instância inferior proferir outra sem cometer o mesmo *error in procedendo*.

2.5 Fatos novos

O art. 493 admite que fatos novos incidam *sobre* o e interfiram *no* processo em curso. Novidade, expressa ao menos, está no seu parágrafo único, que determina a oitiva das partes sobre o fato novo constatado de ofício antes do proferimento da decisão. Trata-se de mais uma aplicação concreta do contraditório e da vedação das "decisões-surpresa", que, se não decorresse suficientemente do "modelo constitucional", encontra fundamento legal bastante no art. 9º e no art. 10.

Tanto assim que, a despeito do silêncio do dispositivo, não há por que duvidar que fato novo trazido ao processo por uma das partes *deve* ser submetido ao contraditório da outra para que, somente depois, possa ser apreciado pelo magistrado.

2.6 Princípio da invariabilidade da sentença

O art. 494 preserva o "princípio da invariabilidade da sentença". Segundo este princípio, não pode o magistrado modificar a sentença quando ela tiver sido publicada, a não ser para corrigir inexatidões materiais ou erros de cálculo ou, ainda, como consequência do julgamento do recurso de embargos de declaração.

É o caso de agregar ao rol do dispositivo outras hipóteses em que o CPC de 2015 admite que o magistrado modifique sua sentença ao ensejo da interposição do recurso de apelação pela parte sucumbente. É o que ocorre nos casos de indeferimento da petição inicial (art. 331), improcedência liminar do pedido (art. 332, § 3º) e, de forma mais genérica, sempre que se tratar de sentença *terminativa*, isto é, sem mérito (art. 485, § 7º). Em todos estes casos é correto identificar o que merece ser chamado de "efeito *regressivo*" do recurso de apelação (v. n. 2.5 do Capítulo 17) a justificar, nos precisos termos do art. 494, a *modificação* da sentença.

3. HIPOTECA JUDICIÁRIA

A chamada "hipoteca judiciária" é um típico caso do que parcela da doutrina chama de "efeito *anexo*" da sentença, isto é, que decorre automaticamente da lei, ainda que não haja pedido para aquele fim. Trata-se, em substância, do mesmo fenômeno que analisei no n. 2.4 do Capítulo 8 a respeito da viabilidade de a sentença fixar juros e correção monetária e verbas de sucumbência independentemente de pedido do autor (ou, agora acrescento, do réu em reconvenção).

Em consonância com o *caput* do art. 495, é título constitutivo de hipoteca judiciária a decisão que impõe ao réu o pagamento em dinheiro ou que determina a conversão de obrigação de fazer, não fazer ou dar coisa em dinheiro.

De acordo com o § 1º, a decisão produz hipoteca judiciária ainda que a condenação seja genérica, independentemente de o credor poder iniciar o cumprimento provisório da sentença (o que pressupõe recurso sem efeito suspensivo) ou esteja pendente arresto sobre bem do devedor e, ainda, que a sentença seja impugnada por recurso com efeito suspensivo. A menção a "arresto" deve ser interpretada amplamente no sentido de existir, quando do proferimento da sentença, alguma medida de indisponibilidade que recaia sobre o patrimônio do réu, pelas razões que a propósito do art. 301 exponho no n. 5.5 do Capítulo 6.

O registro da hipoteca judiciária no cartório competente independe de mandado judicial, de declaração expressa do juiz ou de demonstração de urgência. Basta, como se lê do § 2º do art. 495, apresentação da cópia da decisão que a justifica.

O § 3º do dispositivo exige que o juízo seja informado da concretização da hipoteca no prazo de até quinze dias de sua realização para dar ciência à parte contrária.

O § 4º garante o direito de preferência em favor daquele que realiza a hipoteca judiciária, observada a prioridade do registro.

O § 5º, por fim, prevê a responsabilidade objetiva (independentemente de culpa) a ser apurada e perseguida nos mesmos autos daquele que efetivou a hipoteca na hipótese de ser modificada a decisão que a justificou.

4. REMESSA NECESSÁRIA

Observando e respeitando, apenas isto, a ordem dos artigos do CPC de 2015, o art. 496 trata do que chamou de "remessa necessária". O instituto não guarda nenhuma relação com a sentença e, bem entendido, deveria estar alocado no Título I do Livro III da Parte Especial, dedicado aos processos nos Tribunais, porque diz respeito ao reexame compulsório que aqueles órgãos jurisdicionais farão das sentenças proferidas em desfavor de pessoas de direito público.

O que ocorre – e se se quiser encontrar uma justificativa para tratar do tema no contexto da sentença, além da reprodução do que ocorreu no CPC de 1973 (e não por obra de seu criador, Alfredo Buzaid) – é que a sentença, quando sujeita à remessa necessária, não surte efeitos. Antes de o prezado leitor dar-se por satisfeito com a justificativa do local em que inserida a regra veiculada no art. 496, tomo a liberdade de evidenciar que a maior parte das apelações também inibe a produção imediata dos efeitos das sentenças por causa do seu efeito suspensivo, lamentavelmente preservado pelo *caput* do art. 1.012. Nem por isto, a apelação é regulada ao lado da sentença...

De qualquer sorte e somente para preservar uma das diretrizes que anima o desenvolvimento deste *Manual*, cabe analisar, aqui e agora, a remessa necessária.

Trata-se de instituto de discutível constitucionalidade – que nem sequer constou do Anteprojeto do CPC de 1973, elaborado por Alfredo Buzaid, que, em obra tão primorosa como corajosa, publicada pela Editora Saraiva em 1951, já criticava (e veementemente) a manutenção daquele instituto no direito processual civil brasileiro – que impede que sentenças proferidas em desfavor das pessoas de direito público surtam seus regulares efeitos antes de serem reanalisadas pelo Tribunal competente. E justamente porque se trata de instituto que trata somente de uma das partes do processo é que, na perspectiva da isonomia constitucional, sua constitucionalidade merece, sempre e ainda mais, detida reflexão.

Não se trata de recurso, isto não pode ser questionado, porque não há *voluntariedade* na submissão da sentença ao Tribunal. É a própria lei, mais especificamente o art. 496, que assim impõe, como evidencia o seu § 1º: "Nos casos previstos neste artigo, não interposta a apelação no prazo legal, o juiz ordenará a remessa dos autos ao tribunal, e, se não o fizer, o presidente do respectivo tribunal avocá-los-á". O § 2º enfatiza o instituto: "Em qualquer dos casos referidos no § 1º, o tribunal julgará a remessa necessária".

Destarte, a sentença proferida contra a União, os Estados, o Distrito Federal, os Municípios e suas respectivas autarquias e fundações de direito público e a que julgar procedentes, no todo ou em parte, os embargos à execução fiscal (art. 496, I e II), só surtirão efeitos depois de reexaminadas pelo Tribunal.

Há exceções àquela submissão compulsória, como se pode constatar dos §§ 3º e 4º do art. 496. O CPC de 2015, no particular, desenvolveu (e bastante) a tendência que, desde a Lei n. 10.352/2001, foi sentida pelo CPC de 1973, de flexibilizar a remessa necessária.

De acordo com o § 3º, a remessa necessária não atinge as sentenças que imponham o pagamento ou, na sua falta, cujo proveito econômico obtido na causa for de valor certo e líquido inferior a mil salários mínimos para a União e respectivas autarquias e fundações de direito público, quinhentos salários mínimos para os Estados, o Distrito Federal, respectivas autarquias e fundações de direito público, e os Municípios que sejam capitais dos Estados, e cem salários mínimos para os demais municípios e respectivas autarquias e fundações de direito público.

É correto entender, a propósito, do dispositivo, que as sentenças *ilíquidas* ou proferidas em processos em que não seja possível de imediato saber qual é o proveito econômico contrário às pessoas de direito público, devem ter seu reexame postergado para após a conclusão da etapa de liquidação. É interpretação que encontra eco suficiente no inciso II do § 4º do art. 85 que trata da hipótese na perspectiva da fixação dos honorários advocatícios (v. n. 2.4 do Capítulo 4). Similarmente, quando não houver imposição de pagamento ou quando for impossível a mensuração do proveito econômico, o valor da causa (devidamente atualizado) deverá ser empregado para definir a submissão da sentença à remessa necessária, ou não.

O § 4º do art. 496, por seu turno, dispensa a remessa necessária da sentença que estiver fundada em: (i) súmula de tribunal superior; (ii) acórdão proferido pelo STF ou pelo STJ em julgamento de recursos repetitivos; (iii) entendimento firmado em incidente de resolução de demandas repetitivas ou de assunção de competência; ou (iv) entendimento coincidente com orientação vinculante firmada no âmbito administrativo do próprio ente público, consolidada em manifestação, parecer ou súmula administrativa.

Os incisos I a III do dispositivo merecem ser interpretados em harmonia com o que é estabelecido pelos arts. 926 a 928, em especial pelos "indexadores jurisprudenciais" do art. 927, incluindo a existência de eventuais súmulas dos Tribunais de Justiça e dos Tribunais Regionais Federais (art. 926, § 1º), colocando em prática a diretriz neles estampada, um dos pontos principais, embora extremamente polêmicos, do CPC de 2015.

A hipótese do inciso IV do § 4º do art. 496, embora estranha ao "direito jurisprudencial" a ser extraído daqueles dispositivos, merece também ser interpretada ampliativamente para albergar a hipótese de a sentença ter como fundamento o mesmo arsenal de atos administrativos que dispense, concreta e objetivamente, o advogado público de apresentar recurso no caso julgado, ainda que não se trate de "orientação vinculante firmada no âmbito administrativo do próprio ente público, consolidada em manifestação, parecer ou súmula administrativa". Não teria sentido pressupor que o magistrado, decidindo no mesmo sentido daqueles atos, submetesse a sua sentença a um reexame compulsório, quando a própria parte interessada, a Administração Pública, entende, de maneira bastante, pela sua correção. A iniciativa atritaria com o inciso LXXVIII do art. 5º da CF e com seu par infraconstitucional, o art. 4º do CPC de 2015.

5. JULGAMENTO DAS AÇÕES RELATIVAS ÀS PRESTAÇÕES DE FAZER, DE NÃO FAZER E DE ENTREGAR COISA

A disciplina dos arts. 497 a 500, pertencente à Seção IV do Capítulo XIII do Título I do Livro I da Parte Especial, intitulada "Do julgamento das ações relativas às prestações de fazer, de não fazer e de entregar coisa", deve ser compreendida genericamente como o *conteúdo* que as sentenças, naqueles casos, podem assumir. A produção concreta dos efeitos daquelas decisões, sua *eficácia*, portanto, é disciplinada no Título II do mesmo Livro I da Parte Especial, dedicado ao *cumprimento* da sentença, tema ao qual me volto no n. 7 do Capítulo 13.

É correto entender, destarte, que o CPC de 2015, tendo presente aquelas modalidades obrigacionais (fazer, não fazer e entregar coisa), distinguiu o possível *conteúdo* da sentença que acolhe o pedido de tutela jurisdicional da forma de produção de seus *efeitos*. O conteúdo, regulou-o, na parte relativa à sentença, sempre entendida como sinônimo de *toda e qualquer decisão* jurisdicional. À eficácia, o CPC de 2015 voltou-se mais adiante, ao ensejo de disciplinar o *cumprimento* da sentença, em especial nos seus arts. 536 a 538.

5.1 Prestações de fazer ou não fazer

O primeiro dos dispositivos a ser evidenciado nesse contexto é o art. 497, que preserva a segura diretriz do *caput* do art. 461 do CPC de 1973 e a preferência pela "tutela específica" ou, quando menos, o "resultado prático equivalente" quando se tratar de *obrigações* – o CPC de 2015 prefere, certamente porque entende a palavra mais genérica, "prestações" – de fazer ou de não fazer.

Por "tutela específica" deve ser compreendida a busca da satisfação do direito desejado pelo autor tal qual se daria na hipótese de adimplemento voluntário da prestação no plano material. O "resultado prático equivalente" é um *minus* em relação àquele desiderato, mas é um estágio anterior à conversão da obrigação em perdas e danos. Trata-se da obtenção da satisfação ainda que de maneira diversa da que decorreria do adimplemento voluntário da prestação.

O consumidor, por exemplo, contratou festa infantil com o tema "princesas". Dias antes da data marcada, recebe ligação do responsável pela festa comunicando a impossibilidade de manter aquela temática. Diante disso, o consumidor postula perante o Estado-juiz a realização da festa, tal qual contratada. É esta a *tutela específica*. Na impossibilidade real de conservar o mesmo tema, a despeito das técnicas judiciais empregadas para tanto, o *resultado prático equivalente* será a realização de festa infantil com outro tema, diverso do contratado, que possa satisfazer o consumidor. Caso contrário, a hipótese será de conversão em perdas e danos (art. 499).

O parágrafo único do art. 497 é novidade na perspectiva *textual*, espelhando a segura e correta orientação doutrinária capitaneada por Luiz Guilherme Marinoni. O dispositivo evidencia a irrelevância da ocorrência de dano ou da existência de culpa ou dolo nos casos em que a tutela específica é dirigida a inibir a prática, a reiteração ou a continuação de ilícito, ou a sua remoção.

As normas relativas ao *cumprimento* da decisão que tenha como *conteúdo* o disposto no art. 497 são as dos arts. 536 a 537.

5.2 Prestações de entrega de coisa

O art. 498, por seu turno, estabelece as regras a serem observadas quando se tratar de decisão que determine a entrega de coisa: "na ação que tenha por objeto a entrega de coisa, o juiz, ao conceder a tutela específica, fixará o prazo para o cumprimento da obrigação".

O parágrafo único ocupa-se com a disciplina de quem tem o direito de individuar a coisa. O autor precisará fazer a escolha na petição inicial. Se couber ao réu – e isto é questão que é resolvida na perspectiva do direito material e, se for o caso, de contrato existente entre as partes –, ele deverá entregá-la já individuada no prazo a ser fixado pelo magistrado para tanto.

As normas relativas ao *cumprimento* da decisão que tenha como *conteúdo* o disposto no art. 498 são as do art. 538.

5.3 Conversão em perdas e danos

O art. 499 relaciona-se aos dois dispositivos anteriores. De acordo com ele, a obrigação de fazer, não fazer ou entregar coisa só se converte em perdas e danos, isto é, seu equivalente monetário, se o autor o requerer ou se for impossível a tutela específica ou a obtenção da tutela pelo resultado prático equivalente.

Questão interessante é saber em que momento o autor pode formular este pedido. Sem dúvida alguma, o pedido pode ser formulado desde logo na petição inicial, nem que seja em cumulação *eventual*, ou seja, o autor pedirá a tutela específica (o fazer, o não fazer ou a entrega de coisa, conforme o caso); se não for possível, pedirá o seu resultado prático equivalente (que, em rigor, depende das peculiaridades materiais de cada uma daquelas modalidades obrigacionais e, até mesmo, do que foi ajustado entre as partes). Por fim, poderá pedir o equivalente monetário daquelas obrigações na hipótese de nem a tutela específica nem o resultado prático equivalente mostrarem-se possíveis. A hipótese, assim examinada, é de mera cumulação de pedidos, a não oferecer maiores dificuldades.

Pode, contudo, o autor formular o pedido de perdas e danos quando da efetivação de tutela provisória concedida em seu favor ou na etapa de cumprimento (provisório ou definitivo) de sentença, justamente quando verifica que o que lhe foi reconhecido pela decisão restou frustrado: que se mostrou impossível a obtenção da tutela específica e/ou o resultado prático equivalente. Dito de outro modo: considerando que o seu direito em forma específica ou pelo resultado prático equivalente não pode ser satisfeito, cabe ao autor *pedir* a sua conversão em perdas e danos. Ouvida a parte contrária, o juiz decidirá. Acolhido o pedido, a efetivação da tutela provisória ou a etapa de cumprimento de sentença será reiniciada após este incidente predominantemente *cognitivo*, em direção à satisfação do direito convertido em dinheiro. Se houver necessidade de apuração daquele valor, as regras relativas à liquidação deverão ser empregadas (arts. 509 a 512). Se o *quantum debeatur* não for além de mero cálculo aritmético, o autor o apresentará ao requerer o início da etapa de cumprimento de sentença com observância do art. 524.

A conversão em perdas e danos disciplinada pelo art. 499 *não se confunde* com a cobrança de eventuais multas impostas ao réu para compeli-lo ao cumprimento da obrigação na forma específica ou, quando menos, para obtenção do resultado prático equivalente.

É esta a razão de ser do art. 500, que permite verdadeira "cumulação" de cobranças: a da indenização (o resultado da conversão da tutela específica ou do resultado prático equivalente pelos motivos apanhados pelo art. 499) *e* da multa fixada para compelir o réu à performance específica e que, justamente por força da conversão operada com fundamento naquele dispositivo, mostrou-se inócua. Sua inocuidade, contudo, não significa que seu valor não seja exigível, no que o art. 500 é claro.

O art. 537 traz disciplina mais bem acabada que a do CPC de 1973 com relação à multa, enaltecendo seu caráter *coercitivo*, evidenciado pelo art. 500.

6. SENTENÇA E EMISSÃO DE DECLARAÇÃO DE VONTADE

O art. 501, embora tenha redação similar ao art. 466-A do CPC de 1973, quer regular, conjuntamente, as regras contidas também nos arts. 466-B e 466-C daquele Código.

Sempre que o pedido de tutela jurisdicional for o de emissão de declaração de vontade, a sentença de procedência transitada em julgado produzirá todos os efeitos da declaração não emitida. Trata-se de hipótese em que o caráter de substitutividade da jurisdição é irrecusável.

7. COISA JULGADA

A Seção V encerra o Capítulo XIII do Título I do Livro Especial disciplinando a coisa julgada.

A coisa julgada é expressamente garantida como direito fundamental no inciso XXXVI do art. 5º da CF. Trata-se, nesta ampla perspectiva do instituto, mais ainda quando o referido dispositivo refere-se concomitantemente ao "direito adquirido" e ao "ato jurídico perfeito", de técnica adotada para garantir a *estabilidade* de determinadas manifestações do Estado-juiz, pondo-as a salvo inclusive dos efeitos de novas leis que queiram eliminar aquelas decisões ou, quando menos, seus efeitos. Neste sentido, a coisa julgada é uma, dentre tantas, forma de garantir maior *segurança jurídica* aos jurisdicionados.

Esta percepção, contudo, é insuficiente. A análise do direito infraconstitucional, da forma como o CPC de 2015 disciplina a coisa julgada em seus arts. 502 a 508, é indispensável, até para colocar em evidência as novidades que, naquele plano, o infraconstitucional, foram trazidas (e em harmonia com o "modelo constitucional") ao tema.

Antes de analisar a temática tal qual codificada, contudo, destaco que a coisa julgada não deve ser confundida com os efeitos ou com o comando das decisões jurisdicionais. Para esta demonstração, ao menos no direito brasileiro, é irrecusável a importância da contribuição de Enrico Tullio Liebman e também de José Carlos Barbosa Moreira, respectivamente.

Para além da importante discussão doutrinária, importa dar destaque à opção feita, a meu ver inequivocamente, pelo CPC de 2015 em seu art. 502. A coisa julgada recai sobre determinadas decisões jurisdicionais. Nem sobre seus efeitos e nem sobre seu comando mas, mais amplamente, sobre aquilo que foi decidido pelo magistrado.

Não que os efeitos (ou, mais amplamente, a aptidão de eles serem experimentados, sua *eficácia*) ou o comando das decisões não sejam temas relevantíssimos para o direito processual civil. É evidente que o são, como anuncio a propósito de outras opções feitas pelo CPC de 2015. O que quero destacar aqui e agora, contudo, é que a coisa julgada tem campo de incidência mais genérico, recaindo sobre o que foi decidido.

Aceita esta premissa, resta saber no que consiste a coisa julgada, esta "qualidade" que recai sobre determinadas decisões jurisdicionais. É o próprio art. 502 quem o responde, ao indicar que a decisão transitada em julgado torna-se "imutável" e "indiscutível".

A *imutabilidade* refere-se à impossibilidade de a coisa julgada ser desfeita ou alterada. Ao menos é esta a regra considerando que a "ação rescisória" dos arts. 966 a 975 é técnica típica conhecida pelo direito processual civil brasileiro para o desfazimento da coisa julgada (v. n. 8 do Capítulo 16). No contexto do art. 502, é o meio pelo qual o próprio ordenamento jurídico admite suplantar aquela *imutabilidade*.

A *indiscutibilidade* relaciona-se com a impossibilidade de questionar o que já foi decidido e transitou, como se costuma afirmar, *materialmente* em julgado. Seja no que diz respeito a proibir que a mesma postulação seja levada mais uma vez ao Estado-juiz na perspectiva de obter resultado diverso, seja, ainda, no sentido de a coisa julgada anterior dever ser observada entre as partes em que proferida a decisão por ela alcançada.

A primeira faceta, de vedar a mesma postulação, é comumente identificada com a chamada "função *negativa*" da coisa julgada. Sem prejuízo da atuação oficiosa do magistrado neste sentido (art. 337, § 5o), cabe ao réu alegar a ocorrência de coisa julgada anterior para obstar o desenvolvimento do novo processo, fazendo-o em preliminar de contestação (art. 337, VII). É neste contexto que merece ser recordada a compreensão da coisa julgada com um dos pressupostos processuais *negativos*.

A segunda acepção, de a decisão revestida de coisa julgada dever ser observada por aqueles entre os quais ela foi proferida, é geralmente associada à sua função *positiva*. Assim, se entre as partes há decisão transitada em julgado, ela deve ser observada em qualquer outra postulação ainda que visando à outra finalidade. Assim, por exemplo, quando o reconhecimento da paternidade já está decidido com trânsito em julgado e, a partir deste reconhecimento, o filho pretender alimentos do pai em processo ulterior ou quando o tributo foi reconhecido indevido em determinado processo e o contribuinte pretender em processo futuro repetir os valores pagos aos cofres públicos indevidamente.

Há outra pertinente questão a ser enfrentada: quais decisões ficam sujeitas à coisa julgada? Parte da resposta está no próprio art. 502: as *decisões* de *mérito*, cujo referencial é, também para cá, o rol do art. 487. Note, prezado leitor, *decisões* e não apenas *sentenças* de mérito. O CPC de 2015 aceita expressamente que decisões interlocutórias sejam de mérito com aptidão para transitar em julgado e não é por razão diversa que o art. 502 refere-se ao *gênero* e a nenhuma decisão em espécie, diferentemente do que fazia o CPC de 1973. É o que ocorre, por exemplo, com as decisões que julgam antecipada e *parcialmente* o mérito (art. 356, § 3º) ou as que rejeitam *liminarmente* a reconvenção nos casos de improcedência liminar do pedido (art. 332) ou com fundamento em algum dos incisos do art. 487.

Mas não é só. Continuo a entender, como já fazia no volume 2, tomo I, do meu *Curso sistematizado*, nas edições anteriores ao CPC de 2015, que somente decisões de mérito com cognição *exauriente* são aptas a transitarem em julgado. Não é, bem sei, prezado leitor, o que se lê no precitado art. 502. Parece ser, contudo, o que *ainda* decorre do sistema processual civil. Não fosse assim e certamente o legislador não teria explicitado a hipótese do § 6º do art. 304 a respeito da estabilização da tutela provisória antecipada requerida em caráter antecedente.

Por fim, resta saber *quando* a decisão transita em julgado. De acordo com o art. 502, está preservada a relação entre a ausência (não interposição) ou o esgotamento dos recursos cabíveis de decisões de mérito fundadas em cognição exauriente.

7.1 Coisa julgada formal e coisa julgada material. Coisa julgada com eficácia interna e com eficácia externa

É bastante comum a distinção entre a "coisa julgada *formal*" e a "coisa julgada *material*". A coisa julgada formal tende a ser entendida como a ocorrência da imutabilidade da sentença "dentro" do processo em que proferida. Neste sentido, não há como recusar se tratar de instituto que se aproxima bastante da *preclusão*, residindo a distinção entre ambos em aspecto exterior a eles, já que a coisa julgada *formal* tende a ser identificada com o encerramento da "etapa *cognitiva*" do processo.

A chamada "coisa julgada *material*", por sua vez, representa a característica de indiscutibilidade e imutabilidade do quanto decidido para "fora" do processo, com vistas a estabilizar as relações de direito material tais quais resolvidas perante o mesmo juízo ou qualquer outro. Trata-se, a bem da verdade, da concepção da coisa julgada a que geralmente se faz referência e que é a albergada pelo próprio art. 502. Tanto assim que o uso da expressão "coisa julgada" sem qualquer qualificativo quer dizer, quanto a isto não há maiores discrepâncias e este *Manual* não pretende criá-las, coisa julgada *material* e não coisa julgada *formal*.

Por assim dizer, denomina-se coisa julgada *formal* a decisão não mais sujeita a qualquer espécie de impugnação quando analisada na perspectiva *endoprocessual*. A coisa julgada *material* é aquela mesma característica de imutabilidade, analisada *extraprocessualmente*, isto é, como característica da imutabilidade da decisão de mérito do ponto de vista exterior.

Dúvida pertinente a cuja reflexão convida o CPC de 2015 é a de saber se o *nome* "coisa julgada formal" pode ser dado para descrever realidades diversas daquela que acabei de acentuar. Assim, por exemplo, para se referir à hipótese da decisão *terminativa* que, não obstante, impede idêntica postulação, o que traz à tona o § 1º do art. 486.

Com base naquele dispositivo, o que ocorre naqueles casos, em que a idêntica postulação é vedada, a despeito de não se tratar de decisão de mérito? Trata-se de coisa julgada, ainda que *formal*? A doutrina em geral entre nós, nega que o seja.

Modificando o entendimento que sustentei até a 4ª edição deste *Manual*, parece ser preferível do ponto de vista científico não alargar o conceito tradicional de coisa julgada *formal*, amplamente aceito pela doutrina brasileira, para emprestar a ela característica (eficácia *extraprocessual*) que, por definição, não lhe pertence.

Doravante, com base em proposta sustentada por Marcos de Araújo Cavalcanti em tese de doutorado que defendeu perante a Faculdade de Direito da PUCSP, se mostra mais correto desdobrar a tradicional compreensão da coisa julgada *formal* para nela passar a ver dois fenômenos diversos, levando em conta não apenas o *conteúdo* da decisão, mas também o seu "grau de indiscutibilidade" para melhor entender o fenômeno: um de natureza *endoprocessual* (eficácia *interna*) e outro de natureza *extraprocessual* (eficácia *externa*).

Assim, no lugar da clássica dicotomia, que distingue a coisa julgada *formal* da *material*, surge a seguinte classificação: coisa julgada com eficácia *interna*, que impede a discussão do quanto decidido no plano do próprio processo (a maior parte dos casos do art. 486, § 1o), e coisa julgada com eficácia *externa*, que impede a discussão do quanto decidido em outros processos (a menor parte dos casos do arts. 486, § 1º; 502 e 503, §§ 1º e 2º).

7.2 Limites objetivos

Por "limites *objetivos* da coisa julgada" deve ser entendido o que fica imunizado de ulteriores discussões, tornando-se imutável e indiscutível.

O *caput* do art. 503 dispõe, a respeito, que a decisão de mérito, total ou parcial, "tem força de lei nos limites da questão *principal* expressamente decidida". "Força de lei" no sentido de transitar em julgado e, por isto, estar imunizada de discussões posteriores, ressalvada, sistematicamente, a técnica típica da "ação rescisória" (arts. 966 a 975). "Força de lei" no sentido de enaltecer a compreensão de que a decisão é a norma jurídica que deve reger o caso concreto.

Embora o referido art. 503 empregue texto similar ao art. 468 do CPC de 1973, quando se refere a "julgar total ou parcialmente o mérito", não posso deixar de evidenciar o (novo) alcance que a expressão entre aspas assume no CPC de 2015.

O julgamento *total* do mérito deve ser compreendido como aquele que enfrenta de uma só vez o(s) pedido(s) do autor e/ou do réu-reconvinte. Ainda que se trate de decisão que acolha em parte o pedido do autor, por exemplo, reconhecendo o dever de o réu pagar danos materiais, mas recusando o pagamento em danos morais, o julgamento é *total* para os fins do dispositivo: a coisa julgada recairá, esgotados ou não interpostos os recursos, no que foi julgado, independentemente de ter sido acolhido ou rejeitado e na exata medida em que se deu o julgamento.

Aceitando esta compreensão, é possível concluir que o julgamento *parcial* referido no dispositivo vai além, relacionando-se também com a expressa previsão do art. 356, que admite o julgamento antecipado *parcial* de mérito no sentido de que o(s) pedido(s) pode(m) ser cindido(s) para julgamento em momentos diversos. É a hipótese de ser viável, desde logo, reconhecer a responsabilidade por danos materiais e ainda ser necessária a dilação probatória relativa à identificação de danos morais. O julgamento ocorrido (no exemplo, com relação aos danos *materiais*) também tende a transitar em julgado se não recorrido ou se esgotados os recursos cabíveis. Não é por outra razão que o § 3º do precitado art. 356 assume – e o faz corretamente – a possibilidade de a decisão (interlocutória) que julga antecipada e *parcialmente* o mérito transitar (materialmente, ou, como passa a preferir este *Manual*, com eficácia *externa*) em julgado. Basta que o recurso dela cabível (o agravo de instrumento a que se refere o § 5º do mesmo dispositivo) não seja interposto ou, se interposto, julgado, rejeitado e não interpostos mais recursos.

O *caput* do art. 503 refere-se, ainda, a "questão *principal* expressamente decidida". A expressão deve ser compreendida em contraposição à "questão *prejudicial*", objeto de disciplina dos dois parágrafos daquele dispositivo. Questão principal corresponde ao(s) pedido(s) formulado(s) pelo autor em sua petição inicial e/ou pelo réu em sua reconvenção. Não à causa de pedir e nem aos fundamentos, embora lógicos e indispensáveis, para concluir pela procedência ou pela improcedência, no todo ou em parte, do(s) pedido(s). O que transita em julgado, pois, é a resposta jurisdicional dada ao(s) pedido(s) formulado(s) pelo autor e/ou pelo réu, seja para acolhê-los ou para rejeitá-los, na íntegra ou não; tenha sido julgado todo o mérito ou apenas parte dele nos moldes do art. 356.

Para compreensão dos limites objetivos da coisa julgada merece ser levado em conta também o disposto no art. 504, que se refere ao que *não fica* sujeito à chamada coisa julgada material: "os motivos, ainda que importantes para determinar o alcance da parte dispositiva da sentença" e "a verdade dos fatos, estabelecida como fundamento da sentença". No CPC de 1973, estava indicado no rol equivalente (art. 469, III) "a apreciação da questão prejudicial, decidida incidentalmente no processo". Como, para o CPC de 2015, aquela questão, a "prejudicial", *faz* coisa julgada material (com eficácia *externa*) *desde que presentes as exigências do § 1º do art. 503*, não havia por que a hipótese ser preservada no dispositivo aqui analisado.

A circunstância de não haver coisa julgada sobre os "motivos" e a "verdade", tal qual se verifica dos incisos I e II do art. 504 – porque, friso, a coisa julgada recai sobre o que foi decidido e não sobre as razões pelas quais se decidiu –, não significa dizer que sua análise e devida compreensão não sejam essenciais para a compreensão do que foi (ou não foi) decidido pelo magistrado e, portanto, sujeito ao trânsito em julgado. Qualquer decisão jurisdicional não pode ser lida com a atenção voltada unicamente a seu dispositivo, merecendo os seus outros elementos (art. 489, *caput*) serem levados em consideração para sua perfeita intelecção. Trata-se, de resto, o que decorre do § 3º do art. 489, que ainda refere-se à boa-fé como vetor hermenêutico indispensável na interpretação da decisão.

Ainda sobre os limites objetivos da coisa julgada, cabe examinar o que a doutrina em geral chama de "princípio do deduzido e do dedutível" ou, mais precisamente a "eficácia preclusiva da coisa julgada".

O art. 508 refere-se a ele nos seguintes termos: "Transitada em julgado a decisão de mérito, considerar-se-ão deduzidas e repelidas todas as alegações e as defesas que a parte poderia opor tanto ao acolhimento quanto à rejeição do pedido".

O que o dispositivo proíbe é que *argumentos* ou *fundamentos* que poderiam ser levantados pelo autor e/ou pelo réu para secundar o acolhimento do(s) pedido(s) diante de dada(s) causa(s) de *pedir* ou sua rejeição diante de dada(s) causa(s) de *resistir* sejam utilizados para dar ares de nova a *postulação* idêntica (mesmas partes, mesmo pedido e mesma causa de pedir).

Tanto que, como sói ocorrer quando o tema é coisa julgada, a vedação imposta pelo art. 508 não alcança a hipótese de ocorrer *nova* postulação, assim entendida, para o que agora interessa, postulação diferente porque fundada em *nova causa de pedir* (art. 337, §§ 2º e 4º).

7.2.1 Coisa julgada e questões prejudiciais. A insubsistência da "ação declaratória incidental"

O § 1º do art. 503 ocupa-se com a tendência de as "questões *prejudiciais*", assim entendidas as afirmações controvertidas cuja solução interfere na resolução de outras afirmações controvertidas dela dependentes, chamadas, pelo *caput* do dispositivo, de "questões *principais*", transitarem materialmente em julgado no sentido de aquela decisão ter eficácia *externa*.

Para o CPC de 1973, a questão prejudicial *não transitava materialmente em julgado*, a não ser que o réu em contestação ou o autor na réplica apresentassem a chamada "ação declaratória incidental". Sem esta iniciativa do réu ou do autor, a questão seria *conhecida e resolvida* pelo magistrado, mas *não seria decidida* e, por isso, era incapaz de transitar materialmente em julgado (sempre no sentido de assumir eficácia externa). Era o que decorria da conjugação dos arts. 5º, 325, 469, III, e 470 daquele Código.

O prezado leitor perceberá que a afirmação do parágrafo anterior parece um jogo de palavras. Mais que isto: ela tem aparência de desperdício de atividade jurisdicional, a conflitar, até mesmo, com o princípio da eficiência já que a falta de coisa julgada não obstaculiza novas postulações *idênticas* e que, pelo menos em tese, poderiam contrastar com a anterior, colocando em risco o próprio princípio da segurança jurídica. Sim, porque a diferença entre *conhecer* e *resolver*, embora justificável do ponto de vista técnico, nunca o foi do ponto de vista da atuação jurisdicional, rigorosamente idêntica em um e em outro caso.

Nesse sentido, o prezado leitor concordará que o CPC de 2015 andou bem ao eliminar a "ação declaratória incidental". Assim, mesmo sem qualquer iniciativa expressa do réu e/ou do autor, a questão *prejudicial*, isto é, a questão de cuja resolução prévia dependa o julgamento do mérito (art. 503, § 1º, I) transitará em julgado *se* "a seu respeito tiver havido contraditório prévio e efetivo" (art. 503, § 1º, II) *e se* "o juízo tiver competência em razão da matéria e da pessoa para resolvê-la como questão principal" (art. 503, § 1º, III).

Eventuais restrições probatórias (como ocorre, por exemplo, em mandados de segurança) ou limitações à cognição que impeçam o aprofundamento da análise da questão prejudicial (é o que dá, por exemplo, na "ação de consignação em pagamento", v. art. 544) são fatores suficientes para afastar a coisa julgada com eficácia externa sobre a questão prejudicial. É o que preceitua o § 2º do art. 503. Coerentemente, a parte final do inciso II do § 1º do art. 503 exclui também a formação da coisa julgada nos casos de revelia e, ao fazê-lo, reforça a necessidade da pressuposição de ter havido contraditório prévio e efetivo para ocorrer o trânsito em julgado, como exige a primeira parte do mesmo dispositivo, afastada, pois, a presunção de veracidade que a revelia autoriza alcançar (art. 344).

Como fazer, nos casos do § 2º do art. 503, para que a questão prejudicial seja alcançada pela coisa julgada material, sempre no sentido de ela ter eficácia externa? Inexistindo, no CPC de 2015, a "ação declaratória incidental", caberá ao interessado tomar a iniciativa de começar um *novo* processo e formular o que seria "questão prejudicial" como *pedido* (como "questão principal", portanto). Havendo enfrentamento de mérito e esgotados ou não interpostos os recursos, forma-se a coisa julgada. A única ressalva que parece correta de ser anunciada acerca desta hipótese é a de o autor ter condições de *ampliar* o pedido, o que, de acordo com o art. 329, I, pressupõe que o réu não tenha sido citado ou, após a citação, mas antes do saneamento do processo, tenha dado a sua concordância (art. 329, II). Idêntica observação merece ser feita com relação aos casos em que o réu puder reconvir, tomando ele a iniciativa de ampliar o objeto de *decisão* do magistrado.

As consequências da extinção da "ação declaratória incidental" e do trânsito em julgado da questão prejudicial, quando observados os pressupostos do § 1º do art. 503, são tão relevantes que o art. 1.054 excepcionou expressamente a nova sistemática dos processos em curso ao tempo da entrada em vigor do CPC de 2015, determinando sua aplicação somente aos processos iniciados após a sua vigência. A providência deve ser prestigiada para evitar inúmeras discussões sobre os processos que se iniciaram sob a égide do CPC de 1973 sobre os limites objetivos da coisa julgada e que em nada, absolutamente nada, contribuiriam à segurança jurídica. O que parece ser possível, para estes casos, a despeito do silêncio do CPC de 2015 é que autor e/ou o réu possam apresentar, nos termos dos arts. 5º e 325 do CPC de 1973 – e observados os prazos em curso, evidentemente –, a "ação declaratória incidental" envolvendo, com sua iniciativa, a questão prejudicial sob o manto da coisa julgada.

7.3 Limites subjetivos

Não só o *objeto* da decisão interessa ao estudo da coisa julgada, isto é, o exame "do que" torna-se indiscutível e imutável, mas também a análise "de quem" fica vinculado ao que foi decidido. É o que a doutrina usualmente identifica como limites *subjetivos* da coisa julgada. Limites subjetivos porque relacionados aos *sujeitos* que não podem pretender tomar a iniciativa de rediscutir o que já foi soberanamente decidido pelo Estado-juiz porque vinculados à decisão anterior.

O CPC de 2015 inova substancialmente na questão. Abandonando a clássica orientação adotada pelo CPC de 1973, de que a coisa julgada limita-se às partes, não prejudicando e nem beneficiando terceiros, o art. 506 dispõe que "a sentença faz coisa julgada às partes entre as quais é dada, não *prejudicando* terceiros".

Trata-se de proposta que consagra, mesmo nos "processos individuais", a possibilidade de transporte *in utilibus* da coisa julgada. Como o terceiro, que o é porque não formulou pedido e nem em face dele foi formulado, *beneficiar-se-á* da decisão (não podendo ser prejudicado), não há razão para questionar a opção feita pelo CPC de 2015 na perspectiva constitucional.

A propósito do assunto, e para ilustrá-lo, cabe dar destaque à nova redação que o art. 1.068 deu ao art. 274 do CC. De acordo com aquele dispositivo, "O julgamento contrário a um dos credores solidários não atinge os demais, mas o julgamento favorável aproveita-lhes, sem prejuízo de exceção pessoal que o devedor tenha direito de invocar em relação a qualquer deles".

Tendo presente aquele dispositivo, cabe perguntar, para o que aqui interessa, o que ocorre se o pedido do credor solidário é julgado *improcedente*. Neste caso, é correto entender que todos os devedores solidários podem se beneficiar do que julgado, por causa do art. 506, conquanto o fundamento da improcedência não seja alguma defesa pessoal, isto por causa do próprio art. 274.

As aplicações da novidade do art. 506, contudo, não se esgotam e não se limitam às hipóteses apanhadas pelo art. 274 do CC. Não deixa de ser interessante sugerir que, nos casos de assistência *simples*, o assistente possa, doravante invocar, para si, a decisão *favorável* ao assistido em processo futuro, promovido pelo adversário do assistido ou por ele próprio.

O casuísmo forense revelará, não há razão para duvidar, outras diversas aplicações desta extensão da coisa julgada para o *benefício* de terceiros.

Enquanto isso, cabe ir além no que o art. 506 *não* inova.

A referência a "partes" deve ser interpretada para compreender também seus sucessores.

Também não há por que deixar de entender, a despeito da novidade trazida pelo dispositivo, que, havendo substituição processual, o *substituído*, isto é, aquele que *não* agiu fica sujeito à coisa julgada, recaia ela sobre decisão a ele *favorável* ou *prejudicial*. É esta, com efeito, uma das consequências da substituição processual. A mesma orientação deve ser reservada para os casos em que há assistência litisconsorcial, mesmo quando o assistente não intervém no processo. Eventuais críticas a esta possibilidade – e, reflexamente, às escolhas feitas pelo ordenamento jurídico sobre quem pode, ou não, ser substituto processual – tendem a ser mitigadas se ao parágrafo único do art. 18 for dado o rendimento que sustento possível no n. 3.1 do Capítulo 3.

Por fim, a circunstância de o art. 506 nada dizer sobre as "ações de estado", tal qual fazia o seu par, o art. 472, no CPC de 1973 é de nenhuma importância. Isto porque aquela regra está suficientemente atendida pela atual: eventuais litisconsortes ficam sujeitos à coisa julgada, porque são *partes*.

7.4 Limites temporais

Os limites *temporais* da coisa julgada, tema nem sempre abordado sob esta nomenclatura pela doutrina em geral, dizem respeito a como a imutabilidade e a indiscutibilidade que caracterizam a coisa julgada comportam-se ao longo do tempo.

O art. 505, a este propósito, veda que o magistrado decida novamente as questões já decididas, com a expressa ressalva das hipóteses que indica em seus dois incisos.

A primeira, prevista no inciso I daquele dispositivo, diz respeito às relações jurídicas de trato continuado, isto é, aquelas que se desenvolvem ao longo do tempo. Sempre que sobrevier modificação no estado de fato ou de direito, a parte poderá pedir a revisão do que foi decidido. Nestes casos, considerando que novos fatos, ainda que relacionados a uma mesma relação jurídica, podem ensejar nova causa de pedir, há espaço suficiente para o novo questionamento da questão, ainda que não fosse expressa a previsão normativa ora evidenciada.

O inciso II do art. 505, ao se referir aos "demais casos prescritos em lei", traz à mente a sistemática da coisa julgada do chamado "processo coletivo". No âmbito da "ação popular" (art. 18 da Lei n. 4.717/1965) e da "ação civil pública" (art. 16 da Lei n. 7.347/85), a identificação de "nova prova" tem o condão de viabilizar demanda idêntica desde que a sentença de improcedência tenha como fundamento a insuficiência de provas.

Outro exemplo que se localiza fora do CPC de 2015 reside na Súmula 239 do STF cuja análise dos respectivos precedentes autoriza concluir que coisa julgada que afasta a cobrança de determinado tributo de trato continuado ou sucessivo deve ser preservada enquanto não forem alteradas as condições fáticas e/ou jurídicas que dão sustento àquela decisão. É indiferente para a desconsideração da coisa julgada a repetição da hipótese de incidência tributária, justamente por força do alcance do art. 505.

7.5 Preclusão

O art. 507 dispõe que a parte não pode discutir no curso do processo as questões já decididas a cujo respeito se operou a preclusão.

A "preclusão" é fenômeno que merece ser compreendido como a perda da possibilidade da prática de algum ato processual pelo transcurso de um prazo (preclusão temporal), pela sua prática incompleta ou equivocada (preclusão consumativa), ou pela prática de algum ato incompatível com o que deveria ter sido praticado (preclusão lógica). As mencionadas classificações de preclusão, a despeito de serem comuníssimas, merecem ser criticadas, na linha do que propõe, pertinentemente, Heitor Vitor Mendonça Sica em seu *Preclusão processual civil*.

Como a perda da possibilidade da prática de algum ato processual referida no parágrafo anterior dá-se, por definição, dentro do *próprio* processo em que a preclusão ocorreu, é irrecusável aproximar este instituto com a coisa julgada *formal*. A aproximação é tanto mais pertinente se aceito o entendimento exposto no n. 7.1, *supra*, de que a distinção entre a chamada coisa julgada *formal* e a chamada coisa julgada *material* reside, justamente, na inviabilidade de aquela, a coisa julgada formal, surtir efeitos *extraprocessuais* (eficácia *externa*), mas, apenas, *endoprocessuais* (eficácia *interna*).

O CPC de 2015 refere-se expressamente a ocorrência de preclusão em diversas situações, sempre pelo não exercício, a tempo, de um determinado direito, vale dizer, na perspectiva *temporal*: falta de alegação de abusividade do foro de eleição pelo réu (art. 63, § 4º), regra também aplicável aos casos de foro exclusivo estrangeiro em contrato internacional (art. 25, § 2º); ausência de questionamento de eventuais contradições na transcrição dos atos para o meio eletrônico (art. 209, § 2º); falta de alegação das chamadas nulidades relativas, não obstante a nota crítica que, a este respeito, lanço no n. 8 do Capítulo 5 (art. 278, *caput*) e falta de impugnação pelo réu, em preliminar de contestação, do valor da causa (art. 293).

No âmbito recursal, é possível descortinar a ocorrência da preclusão no sistema dos §§ 1º e 2º do art. 1.009. Assim é que a preclusão atinge determinada decisão interlocutória quando o cabível agravo de instrumento não for interposto, merecendo lembrança, a este respeito, o rol do art. 1.015. De outra parte, tendo presentes as interlocutórias não agraváveis de instrumento, ou o que parece ser mais preciso para a sistemática do CPC de 2015, não recorríveis imediatamente por aquele recurso, o afastamento da preclusão pressupõe que a questão já decidida seja suscitada em preliminar de apelação "eventualmente interposta contra a decisão final, ou nas contrarrazões".

Ainda no âmbito dos recursos, cabe destacar a hipótese do art. 1.000, típico exemplo da chamada preclusão *lógica*, isto é, a aceitação da decisão compromete o direito de recorrer dela.

De outra parte, são variadas as situações em que o próprio CPC de 2015 *afasta* a ocorrência de eventual preclusão. Assim, por exemplo, quando o § 3º do art. 520 distingue, com nitidez, o *cumprimento* da sentença pelo executado da sua concordância (o que comprometeria o recurso por ele interposto) e quando os §§ 2º e 4º do art. 1.007 permitem a complementação do recolhimento do preparo.

É comum vincular a ocorrência da preclusão às *partes*, entendimento que é inequivocamente encampado pelo art. 507. É possível, contudo, ir além para se referir ao fenômeno em relação ao magistrado, a chamada "preclusão *pro iudicato*"?

A resposta é positiva, ainda que, para tanto, nomenclaturas ou institutos diversos sejam referidos. É o que se dá, por exemplo, com o "princípio da invariabilidade da sentença"; com a própria coisa julgada (ainda que se queira empregar a dicotomia clássica entre a coisa julgada formal e a coisa julgada material), que também se dirige ao magistrado e, mais amplamente, ao Estado-juiz e também naquelas situações, tais como a do art. 296, em que, a despeito do *texto* legal, é mais correto entender que o magistrado não pode *redecidir* sem que haja aprofundamento cognitivo.

Resumo do Capítulo 11

SENTENÇAS/DECISÕES

- Compreensão prévia
  - As "fases" da etapa de conhecimento do processo: fase *decisória*
- Rememorando: "*pronunciamentos* judiciais" (art. 203)
  - Decisões x despachos (art. 203, §§ 3º e 4º; art. 93, XIV, CF)
    - Sentença (art. 203, § 1º)
    - Decisão interlocutória (art. 203, § 2º)
    - Decisões monocráticas (proferidas no âmbito dos Tribunais)
    - Acórdãos (art. 204)
- Necessidade de aplicação da disciplina do CPC para as *decisões em geral*
- Formalização e documentação (art. 205)

SENTENÇAS TERMINATIVAS

- Sentença: compreensão prévia
- Art. 485: sentenças *terminativas* (sem mérito):
  - Indeferimento da inicial (art. 485, I)
  - Paralisação e abandono do processo (art. 485, II e III, e §§ 1º, 2º e 6º)
  - Ausência de pressupostos processuais de existência ou de validade. Presença de pressupostos processuais negativos (art. 485, IV, V e VII)
  - Irregularidade no exercício do direito de ação (art. 485, VI)
  - Desistência (art. 485, VIII, e §§ 4º e 5º)
  - Intransmissibilidade do direito (art. 485, IX)
  - Outros casos
  - Matéria dos incisos IV, V, VI e IX cognoscíveis de ofício "em qualquer tempo ou grau de jurisdição, enquanto não ocorrer o trânsito em julgado" (§ 3º)
  - Juízo regressivo da apelação (§ 7º)
- Art. 486: nova demanda desde que haja "correção do vício" (litispendência + incisos I, IV, VI e VII do art. 485)

SENTENÇAS DEFINITIVAS

- Art. 487: sentenças *definitivas* (com mérito)
  - Acolhimento ou rejeição do pedido (art. 487, I)
  - Decadência ou prescrição (art. 487, II, e par. único)
  - Homologação de atos dispositivos ou autocompositivos (art. 487, III)

- Art. 488: resolução de mérito "sempre que a decisão for favorável à parte a quem aproveitaria eventual pronunciamento nos termos do art. 485"
  - Princípio da "primazia do julgamento de mérito" (?)
  - Risco de *prejulgamento* (?)
  - Risco de julgamento sem o devido processo *constitucional* (?)

ELEMENTOS E EFEITOS DA SENTENÇA

- Art. 489, *caput*:
  - Relatório
  - Fundamentos
  - Dispositivo
  - Especialmente as exigências relativas à fundamentação dos §§ 1º e 2º
    - Arts. 20 a 24 da LINDB (Lei n. 13.655/2018)
    - Consequências. Omissão "qualificada" e ED (art. 1.022, par. único, II)
  - Interpretação a partir de seus elementos e em conformidade com o princípio da boa-fé (§ 3º)
- Arts. 490 a 492: vinculação do juiz ao pedido
  - Decisão *líquida* como regra (art. 491)
- Art. 493: fatos novos. Direito novo.
  - Direitos adquiridos e atos jurídicos perfeitos
  - Contraditório prévio (493 par. único)
- Art. 494: "invariabilidade da sentença"
  - "Término" da atividade judicial (CPC 1973)
- Art. 495: hipoteca judiciária
  - Outros efeitos *anexos*
    - Art. 322, § 1º: juros, correção, verbas de sucumbência e honorários
    - Art. 323: prestações sucessivas
- Efeitos *reflexos*

REMESSA NECESSÁRIA

- Art. 496: compreensão e hipóteses de sujeição obrigatória da sentença ao duplo grau
  - Dinâmica (art. 496, §§ 1º e 2º)
  - Dispensa nos casos do § 3º do art. 496: valor da "condenação ou proveito econômico"
  - Dispensa nos casos do § 4º do art. 496: sentença fundamentada nos "indexadores jurisprudenciais"
    - A hipótese do § 4º do inciso IV e a importância do "processo administrativo"
  - Análise crítica do instituto à luz do "modelo constitucional"

JULGAMENTO DAS AÇÕES RELATIVAS ÀS PRESTAÇÕES DE FAZER, NÃO FAZER E ENTREGAR COISA

- Conteúdo × eficácia (*principal*) das decisões
- Art. 497: tutela específica ou obtenção de tutela pelo resultado prático equivalente relativa às prestações de fazer e de não fazer
- Art. 498: prazo para cumprimento da obrigação em se tratando de entrega de coisa
- Escolha da coisa pelo autor ou pelo réu
- Art. 499: conversão da obrigação em perdas e danos
- Art. 500: indenização por perdas e danos não prejudica multa para compelir o réu ao cumprimento
- Art. 501: quando se tratar de emissão de declaração de vontade

COISA JULGADA

- Coisa julgada e modelo constitucional do direito processual civil
- Coisa julgada x efeitos da decisão
- Art. 502: *imutabilidade e indiscutibilidade* da decisão de mérito
  - O papel da "ação rescisória"
  - Da coisa julgada *formal* e *material* à coisa julgada com eficácia *interna* e com eficácia *externa*
- Art. 503, *caput*, e julgamento *parcial* (art. 356): limites *objetivos*
- Art. 503, § 1º: julgamento da "questão prejudicial"
  - Extinção da "ação declaratória incidental" e direito transitório (art. 1.054)
  - Ressalvas (§ 2º):
    - Restrições probatórias ou limites à cognição (*sumária*)
    - Arguição de falsidade (arts. 430, par. único, 433, e 436, III)
- Art. 504: elementos não alcançados pelos limites *objetivos*
  - Motivos
  - Verdade dos fatos
- Art. 505: limites *temporais* da coisa julgada
  - Relações de trato continuado
  - A cláusula *rebus sic stantibus*
  - Preservação da tríplice identidade
- Art. 506: limites *subjetivos* da coisa julgada
  - Impossibilidade de *prejudicar* terceiros
- Efeitos reflexos das decisões e intervenções de terceiro
- Art. 508: "princípio do deduzido e do dedutível"
  - Identidade de *causa de pedir*
- Preclusão (507)
  - Preclusão *temporal*
  - Preclusão *consumativa*
  - Preclusão *lógica*
  - Preclusão *pro judicato*

Leituras Complementares (Capítulo 11)

Monografias e livros

ARAÚJO, José Aurélio de. *Cognição sumária, cognição exaustiva e coisa julgada*. São Paulo: Revista dos Tribunais, 2017.

AUFIERO, Mario Vitor. *Questões prejudiciais e coisa julgada*. Rio de Janeiro: Lumen Juris, 2019.

CABRAL, Antonio do Passo. *Coisa Julgada e preclusões dinâmicas*: entre continuidade, mudança e transição de posições processuais estáveis. 3. edição. Salvador: JusPodivm, 2019.

CAVALCANTI, Marcos de Araújo. *Coisa julgada e questões prejudiciais*: limites objetivos e subjetivos. São Paulo: Revista dos Tribunais, 2019.

DIDIER JR., Fredie; CABRAL, Antonio do Passo (coord.). *Coisa julgada e outras estabilidades processuais*. Salvador: JusPodivm, 2018.

DIDIER JR., Fredie (coord. geral); MOUZALAS, Rinaldo; SILVA, Beclaute Oliveira; MARINHO, Rodrigo Saraiva (coord.). *Improcedência*. Salvador: JusPodivm, 2015.

FONSÊCA, João Francisco Naves da. *Comentários ao Código de Processo Civil*, vol. IX: da sentença e da coisa julgada. São Paulo: Saraiva, 2017.

LUCCA, Rodrigo Ramina de. *O dever de motivação das decisões judiciais*. Salvador: JusPodivm, 2015.

MARINONI, Luiz Guilherme. *Coisa julgada sobre questão*. São Paulo: Revista dos Tribunais, 2018.

MOTTA, Otávio Verdi. *Justificação da decisão judicial*: a elaboração da motivação e a formação de precedente. São Paulo: Revista dos Tribunais, 2015.

NIEVA-FENOLL, Jordi. *Coisa julgada*. São Paulo: Revista dos Tribunais, 2016. Tradução de Antonio do Passo Cabral.

OLIANI, José Alexandre Manzano. *Sentença no novo CPC*. São Paulo: Revista dos Tribunais, 2015.

OLIVEIRA, Paulo Mendes de. *Coisa julgada e precedente*: limites temporais e as relações jurídicas de trato continuado. São Paulo: Revista dos Tribunais, 2015.

RIZZARDO, Arnaldo. *A sentença, ação anulatória, ação rescisória*. São Paulo: Revista dos Tribunais, 2021.

SCARPINELLA BUENO, Cassio. *Curso sistematizado de direito processual civil*, vol. 2: procedimento comum, processos nos Tribunais e recursos. 12. ed. São Paulo: Saraiva, 2023.

SCHMITZ, Leonard Ziesemer. *Fundamentação das decisões judiciais:* a crise na construção de respostas no processo civil. São Paulo: Revista dos Tribunais, 2015.

SILVA, Beclaute Oliveira. *A garantia fundamental à motivação da decisão judicial.* Salvador: JusPodivm, 2007.

THAMAY, Renan. *Coisa julgada.* São Paulo: Revista dos Tribunais, 2018.

TUCCI, Rogério Cruz e. *Comentários ao Código de Processo Civil,* vol. VIII: artigos 485 ao 538. São Paulo: Revista dos Tribunais, 2016.

Capítulos de livros

ALVIM, Teresa Arruda. Comentários ao art. 489. In: SCARPINELLA BUENO, Cassio (coord.). *Comentários ao Código de Processo Civil,* vol. 2. São Paulo: Saraiva, 2017.

CAMARGO, Luiz Henrique Volpe. Comentários aos arts. 485 ao 488 e 490 ao 495. In: SCARPINELLA BUENO, Cassio (coord.). *Comentários ao Código de Processo Civil,* vol. 2. São Paulo: Saraiva, 2017.

CIANCI, Mirna. Comentários ao art. 496. In: SCARPINELLA BUENO, Cassio (coord.). *Comentários ao Código de Processo Civil,* vol. 2. São Paulo: Saraiva, 2017.

LUCON, Paulo Henrique dos Santos. Comentários aos arts. 497 ao 501. In: SCARPINELLA BUENO, Cassio (coord.). *Comentários ao Código de Processo Civil,* vol. 2. São Paulo: Saraiva, 2017.

TUCCI, Rogério Cruz e. Comentários aos arts. 485 ao 508. In. MARINONI, Luiz Guilherme (diretor). ARENHART, Sérgio Cruz; MITIDIERO, Daniel (coords.). *Comentários ao Código de Processo Civil.* Volume VIII. São Paulo: Revista dos Tribunais, 2016.

TUCCI, José Rogério Cruz e. Comentários aos arts. 502 ao 508. In: SCARPINELLA BUENO, Cassio (coord.). *Comentários ao Código de Processo Civil,* vol. 2. São Paulo: Saraiva, 2017.

Artigos

ABBOUD, Georges; AIRES, Pedro França. Os EDIVARESP 600.811/SP contra o dogma da coisa julgada: crítica e proposta de interpretação conforme à Constituição. *Revista de Processo,* vol. 324. São Paulo: Revista dos Tribunais, fev. 2022.

ABBOUD, Georges; SANTOS, Maira Bianca Scavuzzi de Albuquerque Santos. A relativização da coisa julgada material injusta: um estudo à luz da teoria dos enunciados performativos de John L. Austin. *Revista de Processo,* vol. 284. São Paulo: Revista dos Tribunais, out. 2018.

ALI, Anwar Mohamad. Fundamentação: para quê e para quem? Notas sobre sua relação com os escopos do processo. *Revista de Processo,* vol. 320. São Paulo: Revista dos Tribunais, out. 2021.

ALVAREZ, Anselmo Prieto. Mecanismos atípicos de controle da coisa julgada no novo Código de Processo Civil. In: Instituto Brasileiro de Direito Processual; SCARPINELLA BUENO, Cassio (org.). *PRODIREITO: Direito Processual Civil*: Programa de Atualização em Direito: Ciclo 3. Porto Alegre: Artmed Panamericana, 2017 (Sistema de Educação Continuada a Distância, vol. 1).

ALVES, Francisco Glauber Pessoa. Fundamentação judicial exauriente, argumentação jurídica exauriente e concisão: um diálogo necessário. *Revista de Processo*, vol. 274. São Paulo: Revista dos Tribunais, dez. 2017.

_____. Fundamentação judicial no Novo Código de Processo Civil. *Revista de Processo*, vol. 253. São Paulo: Revista dos Tribunais, mar. 2016.

ALVIM, Eduardo Arruda; GRANADO, Daniel Willian. Coisa julgada e questões prejudiciais. In: Instituto Brasileiro de Direito Processual; SCARPINELLA BUENO, Cassio (org.). *PRODIREITO: Direito Processual Civil*: Programa de Atualização em Direito: Ciclo 1. Porto Alegre: Artmed Panamericana, 2016 (Sistema de Educação Continuada a Distância, vol. 3).

ARAÚJO, José Henrique Mouta. Coisa julgada e as questões prejudiciais: a ampliação da estabilização das decisões judiciais e a diminuição da litigiosidade. *Revista Brasileira de Direito Processual*, vol. 102. Belo Horizonte: Fórum, abr./jun. 2018.

ANDRADE, Érico. A coisa julgada e a extensão de sua eficácia preclusiva no CPC/2015. *Revista de Processo*, vol. 326. São Paulo: Revista dos Tribunais, abr. 2022.

ARAGÃO, Nilsiton Rodrigues de Andrade. Limites cognitivos à homologação judicial de acordos. *Revista Brasileira de Direito Processual*, vol. 116. Belo Horizonte: Fórum, out./dez. 2021.

ATAÍDE JÚNIOR, Jaldemiro Rodrigues de. Legalidade, incidência, motivação e controle racional das decisões judiciais. *Revista Brasileira de Direito Processual*, vol. 93. Belo Horizonte: jan./mar. 2016.

AUFIERO, Mario Vitor M. A extensão da coisa julgada a causas de pedir não propostas. *Revista de Processo*, vol. 257. São Paulo: Revista dos Tribunais, jul. 2016.

BAHIA, Alexandre Melo Franco; PEDRON, Flávio Quinaud. A fundamentação substancial das decisões judiciais no marco do novo Código de Processo Civil. *Revista de Processo*, vol. 256. São Paulo: Revista dos Tribunais, jun. 2016.

BARROS, Marcus Aurélio de Freitas; MADRUGA, Fernanda Pereira; BARROS, Marcus Felipe França. A remessa necessária como objeto de negócio jurídico processual: remessa necessária no CPC/2015 (Parte I). *Revista de Processo*, vol. 322. São Paulo: Revista dos Tribunais, dez. 2021.

_____. A remessa necessária como objeto de negócio jurídico processual: remessa necessária no CPC/2015 (Parte II). *Revista de Processo*, vol. 323. São Paulo: Revista dos Tribunais, jan. 2022.

BELLOCCHI, Márcio. A fundamentação das decisões judiciais e sua natureza (não) discricionária. *Revista de Processo*, vol. 268. São Paulo: Revista dos Tribunais, jun. 2017.

BRAGA, Paula Sarno; LAGO JUNIOR, Antonio. Coisa julgada coletiva. Partes distintas. Coisa julgada parcial e direito distinto. Coisas julgadas diferentes. Terceiro prejudicado. Preclusão e eficácia preclusiva da coisa julgada para terceiro. Limitação temporal da coisa julgada e cláusula *rebus sic stantibus*. *Revista de Processo*, vol. 322. São Paulo: Revista dos Tribunais, dez. 2021.

BRANDÃO, Antonio Augusto Pires. O reforço do dever de fundamentação das decisões como fator de legitimação da atividade judicial. *Revista de Processo*, vol. 258. São Paulo: Revista dos Tribunais, ago. 2016.

CAMARGO, Luiz Henrique Volpe. Da remessa necessária. *Revista de Processo*, vol. 279. São Paulo: Revista dos Tribunais, maio 2018.

CAMBI, Eduardo; BALERA, José Eduardo Ribeiro. Entre Posner, Rawls e Dworkin: o ato de julgar, a motivação e a resposta correta. *Revista de Processo*, vol. 277. São Paulo: Revista dos Tribunais, mar. 2018.

CAMPOS, Amini Haddad; OLIVEIRA NETO, Olavo de. A decisão judicial frente aos precedentes obrigatórios: a busca da tutela de mérito isonômica, efetiva e democrática. *Revista Brasileira de Direito Processual*, vol. 107. Belo Horizonte: Fórum, jul/set. 2019.

CASTELO, Fernando Alcântara. A coisa julgada parcial e o problema do termo inicial para a propositura da ação rescisória no CPC de 2015. *Revista de Processo*, vol. 277. São Paulo: Revista dos Tribunais, mar. 2018.

CASTRO, Victor Lemes. Os efeitos da sentença que acolhe a exceção de contrato não cumprido. *Revista de Processo*, vol. 332. São Paulo: Revista dos Tribunais, out. 2022.

CAVALCANTI, Marcos de Araújo. Existe, no Brasil, o direito fundamental à obtenção de respostas corretas?: critérios para uma teoria da decisão judicial e requisitos mínimos para se alcançar a resposta correta. *Revista de Processo*, vol. 276. São Paulo: Revista dos Tribunais, fev. 2018.

_____. Coisa julgada com eficácia interna e externa: uma proposta de reconstrução da clássica distinção entre a coisa julgada formal e a material. *Revista de Processo*, vol. 310. São Paulo: Revista dos Tribunais, dez. 2020.

CORRÊA, Leonardo Peres; ALVIM, Teresa Arruda. Algumas anotações acerca da coisa julgada sobre questão prejudicial. *Revista de Processo*, vol. 321. São Paulo: Revista dos Tribunais, nov. 2021.

CUNHA, Guilherme Antunes da; SOUZA, Lívia Ferraz de. Critérios para decisões fundamentadas e a possibilidade de o tribunal julgar o mérito da causa madura em caso de sentença não fundamentada: (in)compatibilidade?. *Revista de Processo*, vol. 278. São Paulo: Revista dos Tribunais, abr. 2018.

DORNA, Mário Henrique de. Breves ponderações a respeito da fundamentação das decisões judiciais: o conteúdo normativo do inciso IV do art. 489, § 1º, do Código de Processo civil de 2015. *Revista de Processo*, vol. 301. São Paulo: Revista dos Tribunais, mar. 2020.

FAGUNDES, Cristiane Druve Tavares; ALI, Anwar Mohamad. Fundamentação das decisões judiciais segundo a jurisprudência dos Tribunais Pátrios. *Revista de Processo*, vol. 329. São Paulo: Revista dos Tribunais, jul. 2022.

FARIAS, Rodrigo. A coisa julgada sobre questões prejudiciais enquanto pedido implícito e duas consequências. *Revista de Processo*, vol. 278. São Paulo: Revista dos Tribunais, abr. 2018.

FAVERO, Gustavo Henrichs. Fundamentação decisória: da decisão-surpresa à jurisconstrução de significantes. *Revista de Processo*, vol. 305. São Paulo: Revista dos Tribunais, jul. 2020.

FIGUEIRA JÚNIOR, Joel Dias. Sentença e coisa julgada. In: Instituto Brasileiro de Direito Processual; SCARPINELLA BUENO, Cassio. (Org.). *PRODIREITO: Direito Processual Civil*: Programa de Atualização em Direito: Ciclo 2. Porto Alegre: Artmed Panamericana, 2017 (Sistema de Educação Continuada a Distância, vol. 4).

FRANCO, Marcelo Veiga. Dimensão dinâmica do contraditório, fundamentação decisória e conotação ética do processo justo: breve reflexão sobre o art. 489, § 1º, IV, do novo CPC. *Revista de Processo*, vol. 247. São Paulo: Revista dos Tribunais, set. 2015.

GANACIN, João Cánovas Bottazzo. Capítulos de sentença no Código de Processo Civil de 2015. Revista de Processo, vol. 304. São Paulo: Revista dos Tribunais, jun. 2020.

GARCIA JÚNIOR, Eduardo; MIYAMOTO, Yumi Maria Helena. O novo CPC e a *querela nullitatis*: Respeito aos vícios transrescisórios e "destruição" da imutabilidade das decisões judiciais. *Revista de Processo*, vol. 245. São Paulo: Revista dos Tribunais, jul. 2015.

GRAMSTRUP, Erik Frederico; THAMAY, Rennan Faria Krüger. Motivação das decisões judiciais. *Revista de Processo*, vol. 267. São Paulo: Revista dos Tribunais, maio 2017.

HOFFMAN JÚNIOR, Lírio; JOBIM, Marco Félix. A justificação como elemento de sentença. *Revista de Processo*, vol. 274. São Paulo. Revista dos Tribunais, dez. 2017.

JORGE, Flávio Cheim; SANT'ANNA, Vinícius de Souza. Fundamentação das decisões judiciais: razões, interações com outras garantias, requisitos mínimos e controle. *Revista de Processo*, vol. 302. São Paulo: Revista dos Tribunais, abr. 2020.

KOCHEM, Ronaldo. Racionalidade e decisão – A fundamentação das decisões judiciais e a interpretação jurídica. *Revista de Processo*, vol. 244. São Paulo: Revista dos Tribunais, jun. 2015.

_____. Uma breve interpretação da breve interpretação judicial do artigo 489 do CPC/2015. *Revista de Processo*, vol. 269. São Paulo: Revista dos Tribunais, jul. 2017.

LEMOS, Vinicius Silva. A interpretação adequada da revelia como requisito impeditivo da formação da coisa julgada prejudicial. *Revista de Processo*, vol. 290. São Paulo: Revista dos Tribunais, abr. 2019.

LEMOS, Vinicius Silva; GOUVEIA, Lúcio Grassi de. A coisa julgada prejudicial e a sua delimitação. *Revista Brasileira de Direito Processual*, vol. 104. Belo Horizonte: Fórum, out./dez 2018.

LIBARDONI, Carolina Uzeda. Coisa julgada sob perspectiva comparatística: o que o sistema norte-americano pode nos ensinar sobre a extensão dos limites objetivos e subjetivos da coisa julgada. *Revista de Processo*, vol. 258. São Paulo: Revista dos Tribunais, ago. 2016.

LUCCA, Rodrigo Ramina de. Os limites à renúncia à pretensão e ao reconhecimento da procedência do pedido. *Revista de Processo*, vol. 323. São Paulo: Revista dos Tribunais, jan. 2022.

_____. Os limites objetivos da coisa julgada no Novo Código de Processo Civil. *Revista de Processo*, vol. 252. São Paulo: Revista dos Tribunais, fev. 2016.

LUCON, Paulo Henrique dos Santos; VASCONCELOS, Ronaldo; ORTHMANN, André Gustavo. Eficácia executiva das decisões judiciais e extensão da coisa julgada às questões prejudiciais; ou o predomínio da realidade sobre a teoria em prol da efetividade da jurisdição. *Revista de Processo*, vol. 254. São Paulo: Revista dos Tribunais, abr. 2016.

MARINONI, Luiz Guilherme. Coisa julgada sobre questão em favor de terceiros e precedentes obrigatórios. *Revista de Processo*, vol. 284. São Paulo: Revista dos Tribunais, out. 2018.

_____. Coisa julgada sobre questão, inclusive em benefício de terceiro. *Revista de Processo*, vol. 259. São Paulo: Revista dos Tribunais, set. 2016.

MAZZOLA, Marcelo. Contraditório e dever de fundamentação do CPC/15: avanços, retrocessos e novos filtros interpretativos. A dicotomia entre 'fundamento legal' e 'fundamento jurídico' na visão do STJ. *Revista de Processo*, vol. 303. São Paulo: Revista dos Tribunais, maio 2020.

MEDEIROS, Bruna Bessa de. A ampliação dos limites objetivos da coisa julgada e sua relação com a posição do réu no processo civil brasileiro. *Revista de Processo*, vol. 303. São Paulo: Revista dos Tribunais, maio 2020.

MELO, Gustavo de Medeiros. Condenação para o futuro no contencioso securitário. *Revista de Processo*, vol. 321. São Paulo: Revista dos Tribunais, nov. 2021.

MELO, Wenner. A segurança jurídica e a coisa julgada na obra de J. J. Gomes Canotilho. *Revista de Processo*, vol. 332. São Paulo: Revista dos Tribunais, out. 2022.

MINAMI, M.Y.; PEIXOTO, Ravi. As questões prejudiciais incidentais, o regime especial da coisa julgada e os possíveis problemas recursais. *Revista de Processo*, vol. 277. São Paulo: Revista dos Tribunais, mar. 2018.

_____. Da questão prejudicial incidental constitucional no STF e o novo regime da coisa julgada. *Revista de Processo*, vol. 263. São Paulo: Revista dos Tribunais, jan. 2017.

MINAMI, M. Y.; PEIXOTO, Ravi; TAVARES, João Paulo Lordelo G. Questão prejudicial, coisa julgada e transcendência dos motivos determinantes nas ações de controle concentrado de constitucionalidade. *Revista de Processo*, vol. 295. São Paulo: Revista dos Tribunais, set. 2019.

MOURÃO, Luiz Eduardo Ribeiro. As quatro espécies de coisa julgada no novo CPC. *Revista Brasileira de Direito Processual*, vol. 101. Belo Horizonte: Fórum, jan./mar. 2018.

_____. Coisa julgada, Constituição Federal e o novo Código de Processo Civil. *Revista Brasileira de Direito Processual*, vol. 90. Belo Horizonte: Fórum, abr./jun. 2015.

NERY, Rodrigo. A "coisa julgada" e a sua "eficácia preclusiva": proposta de compreensão unitária desses dois institutos. *Revista de Processo*, vol. 333. São Paulo: Revista dos Tribunais, nov. 2022.

_____. Breves considerações sobre a coisa julgada no direito romano: contornos históricos e a sua relação com a *litis contestatio*. *Revista de Processo*, vol. 331. São Paulo: Revista dos Tribunais, set. 2022.

OLIVEIRA, Bruno Silveira de. Ainda e sempre (e agora mais complexa) coisa julgada: ensaio sobre a extensão da coisa julgada às questões prejudiciais incidentais – Parte I. *Revista de Processo*, vol. 289. São Paulo: Revista dos Tribunais, mar. 2019.

OLIVEIRA, Pedro Miranda de. Aspectos destacados do procedimento da remessa necessária. *Revista de Processo*, vol. 333. São Paulo: Revista dos Tribunais, nov. 2022.

PEIXOTO, Ravi. As regras de experiência, os deveres de justificação e os limites à discricionariedade do convencimento judicial. Revista de Processo, vol. 320. São Paulo: Revista dos Tribunais, out. 2021.

_____. Aspectos relevantes da hipoteca judicial no CPC/2015. *Revista de Processo*, vol. 243. São Paulo: Revista dos Tribunais, maio 2015.

PEREIRA, Carlos Frederico Bastos. Efeitos e estabilidade das decisões terminativas. *Revista de Processo*, vol. 302. São Paulo: Revista dos Tribunais, abr. 2020.

_____. Sobre a eficácia probatória da sentença. *Revista de Processo*, vol. 299. São Paulo: Revista dos Tribunais, jan. 2020.

PEREIRA FILHO, Benedito Cerezzo; NERY, Rodrigo. A fundamentação como um dos pressupostos de existência das decisões judiciais. *Revista de Processo*, vol. 328. São Paulo: Revista dos Tribunais, jun. 2022.

PIMENTEL, Alexandre Freire. Análise histórico-comparativa do instituto da remessa necessária (I): das origens ao CPC de 2015. *Revista Brasileira de Direito Processual*, vol. 93. Belo Horizonte: jan./mar. 2016.

_____. Análise histórico-comparativa do instituto da remessa necessária (II): natureza jurídica e cabimento no CPC de 2015. *Revista Brasileira de Direito Processual*, vol. 94. Belo Horizonte: Fórum, abr./jun. 2016.

PIRES, Michel Hernane Noronha. Os reflexos da modulação dos efeitos do precedente sobre a coisa julgada. *Revista de Processo*, vol. 330. São Paulo: Revista dos Tribunais, ago. 2022.

PUGLIESE, William Soares. Formalismo valorativo e a fundamentação das decisões no Código de Processo Civil de 2015. *Revista de Processo*, vol. 328. São Paulo: Revista dos Tribunais, jun. 2022.

REDONDO, Bruno Garcia. Questões prejudiciais e limites objetivos da coisa julgada no novo CPC. *Revista de Processo*, vol. 248. São Paulo: Revista dos Tribunais, out. 2015.

REDONDO, Bruno Garcia; RODRIGUES, Marco Antonio dos Santos. Apelação voluntária parcial e reexame necessário complementar: o efeito devolutivo integral das questões contrárias à Fazenda Pública. *Revista de Processo*, vol. 328. São Paulo: Revista dos Tribunais, jun. 2022.

REICHELT, Luis Alberto. Decisão sobre questões prejudiciais de mérito e direito fundamental à intangibilidade da coisa julgada material no novo Código de Processo Civil. *Revista de Processo*, vol. 259. São Paulo: Revista dos Tribunais, set. 2016.

_____. Reflexões sobre a relativização da coisa julgada no Novo Código de Processo Civil. *Revista de Processo*, vol. 255. São Paulo: Revista dos Tribunais, maio 2016.

REIS, Guilherme Alberge. Análise crítica da impossibilidade de aplicação da coisa julgada sobre questão prejudicial em caso de revelia. *Revista de Processo*, vol. 324. São Paulo: Revista dos Tribunais, fev. 2022.

SAMPIETRO, Luiz Roberto Hijo. Primeiras reflexões sobre a possibilidade de a coisa julgada atingir as questões prejudiciais no Novo Código de Processo Civil. *Revista de Processo*, vol. 253. São Paulo: Revista dos Tribunais, mar. 2016.

SANTOS, João Paulo Marques dos. A coisa julgada e a problemática dos limites subjetivos. *Revista de Processo*, vol. 264. São Paulo: Revista dos Tribunais, fev. 2017.

SCALABRIN, Felipe; SANTANNA, Gustavo. A Legitimação pela fundamentação: anotação ao art. 489, §1º e §2º, do Novo Código de Processo Civil. *Revista de Processo*, vol. 255. São Paulo: Revista dos Tribunais, maio 2016.

SCARPINELLA BUENO, Cassio. Coisa julgada em matéria tributária e o CPC de 2015: considerações em torno da Súmula 239 do STF. *Revista de Processo*, vol. 276. São Paulo: Revista dos Tribunais, fev. 2018.

SHIMURA, Sergio Seiji; LUZ, Tatiana Tiberio. A extensão da coisa julgada às questões prejudiciais de mérito. Revista de Processo, vol. 306. São Paulo: Revista dos Tribunais, ago. 2020.

SILVA, Beclaute Olivera. Conflito entre coisas julgadas no novo Código de Processo Civil. *Revista Brasileira de Direito Processual*, vol. 99. Belo Horizonte: Fórum, jul./set. 2017.

SILVA, Geocarlos Augusto Cavalcante da. Fundamentação como forma democrática de controle das decisões judiciais. *Revista de Processo*, vol. 276. São Paulo: Revista dos Tribunais, fev. 2018.

SOUZA, Gelson Amaro de. Coisa julgada formal e a impossibilidade de renovação da ação no CPC/2015. *Revista Dialética de Direito Processual*, vol. 153. São Paulo: Dialética, dez. 2015.

STIPSKY, Paulo Ricardo. A dispensa da remessa necessária no CPC/2015 e o controle concentrado de constitucionalidade. *Revista de Processo*, vol. 294. São Paulo: Revista dos Tribunais, ago. 2019.

TIRONI, Rommero Cometti. Prejudicialidade e limites objetivos da coisa julgada. *Revista de Processo*, vol. 281. São Paulo: Revista dos Tribunais, jul. 2018.

THAMAY, Rennan. A coisa julgada no direito processual civil brasileiro. *Revista de Processo*, vol. 269. São Paulo: Revista dos Tribunais, jul. 2017.

WATANABE, Doshin. A extensão de coisa julgada sobre questão a terceiros: uma análise a partir das reflexões de Robert G. Bone. *Revista Brasileira de Direito Processual*, vol. 110. Belo Horizonte: Fórum, abr./jun. 2020.

ZANETI JR., Hermes; PEREIRA, Carlos Frederico Bastos. Teoria da decisão judicial no Código de Processo Civil: uma ponte entre hermenêutica e analítica? *Revista de Processo*, vol. 259. São Paulo: Revista dos Tribunais, set. 2016.

Capítulo 12

Liquidação

1. PARA COMEÇAR

A sentença, como regra, deve ser líquida (art. 491, *caput*), tanto quanto o pedido deve ser certo e determinado (art. 324). Perceba nesta afirmação, prezado leitor, uma (das várias) manifestação do "princípio da vinculação do juiz ao pedido". Mesmo quando é permitida a formulação de pedido genérico, isto é, ilíquido, o referido *caput* do art. 491 impõe ao magistrado o dever de proferir, desde logo, sentença que seja líquida, desenvolvendo-se, ainda na etapa de conhecimento, atividade cognitiva em busca não só do *an debeatur*, isto é, *o que* é devido, mas também do *quantum debeatur*, vale dizer, do *quanto* é devido. O proferimento de sentença ilíquida é medida excepcionalíssima, admitida apenas nas hipóteses dos dois incisos do art. 491.

Pode ocorrer, contudo, que não haja como adiantar para a etapa de conhecimento aquelas atividades – é imaginar que as consequências do ato ilícito que dá fundamento ao pedido indenizatório ainda não são conhecidas (art. 324, § 1º, II) – e, neste sentido, não há como a sentença, desde logo, apontar a expressão econômica do pedido.

Em tais casos, põe-se a necessidade de a sentença ser *liquidada*, no que é expresso o § 1º do art. 491. Não é por outra razão que o CPC de 2015, preservando, no particular, as modificações que já haviam sido incorporadas ao CPC de 1973 pela Lei n. 11.232/2005 disciplina a "liquidação de sentença" como um dos Capítulos (o décimo quarto e último) do "procedimento comum", que corresponde ao Título I do Livro I da Parte Especial.

Não obstante a opção legislativa, contudo, o entendimento que parece ser o mais correto é no sentido de que a liquidação não é propriamente uma fase do procedimento comum. É uma etapa própria – por isto a chamo, ao longo de todo este *Manual* de etapa de liquidação, mormente neste Capítulo, a ela dedicado –, que, quando necessária (ela pode não ser), intermediará, a etapa cognitiva e a de cumprimento de sentença.

O CPC de 2015, aqui também seguindo os passos do CPC de 1973, distingue, com nitidez, duas modalidades de liquidação. A "liquidação por *arbitramento*" e a que foi agora chamada de "liquidação pelo *procedimento comum*" para substituir o *nome*, não a *substância*, da que, no CPC de 1973, era chamada de "liquidação por *artigos*".

Estas duas modalidades correspondem, inequivocamente, a uma etapa do processo porque elas são desenvolvidas de acordo com um procedimento preestabelecido em franco contraditório entre as partes que, ao lado do magistrado, desenvolverão atividades *cognitivas* voltadas à identificação da expressão econômica (*quantum debeatur*) daquilo que a decisão exequenda (seja ela interlocutória, sentença ou acórdão) reconheceu como devido (*an debeatur*). Nestes casos, cabe frisar, o contraditório em busca do valor é *prévio*, seguindo-se, a seu respeito, uma decisão do magistrado que fixa o quanto é devido. Com o valor, o interessado poderá requerer o início da etapa de cumprimento da sentença, que pressupõe obrigação *líquida*.

É possível (e comuníssimo), todavia, que a pesquisa em torno do valor devido limite-se à elaboração de cálculos aritméticos que não oferecem maiores dificuldades mesmo a bacharéis de direito. Eventuais dificuldades estas, aliás, que tem tudo para serem minoradas quando concretizado o disposto no § 3º do art. 509 pelo qual "o Conselho Nacional de Justiça desenvolverá e colocará à disposição dos interessados programa de atualização financeira", artigo que vem para generalizar (e uniformizar) prática louvável disponibilizada (gratuitamente) por diversos Tribunais brasileiros em suas páginas eletrônicas.

Em tais casos, o § 2º do art. 509 autoriza que o *credor* (que é o nome que o CPC de 2015 dá indistintamente ao *autor* e ao *exequente*) promova, desde logo, o cumprimento da sentença. Disto se poderia pensar que não se trata de liquidação porque é o próprio dispositivo quem está a viabilizar que se passe da etapa de conhecimento para a etapa de cumprimento, sem nada a intermediá-las, isto é, independentemente de prévia liquidação.

A afirmação, comuníssima na doutrina brasileira desde o advento da Lei n. 8.898/1994 que trouxe similar regra para o art. 604 do CPC de 1973, posteriormente aperfeiçoada pela já mencionada Lei n. 11.232/2005 e o art. 475-B daquele Código é correta em termos: ela acerta quando afirma a desnecessidade de uma *etapa de liquidação* na qual a pesquisa em torno da expressão econômica do que é devido seja feita em prévio contraditório, conduzindo o magistrado ao proferimento de decisão que o fixe. Ela erra, contudo, quando afirma que, por isto, não há liquidação. Liquidação há. O que não existe é uma etapa para que atividades cognitivas com ela relacionadas, em busca do *quantum debeatur*, desenvolvam-se em prévio contraditório. A *liquidez* de uma sentença que imponha ao réu o pagamento de determinada quantia em dinheiro com correção monetária de acordo com tal índice e com juros de tantos por cento ao ano desde a citação, por exemplo, é relativa. A *atual* expressão monetária daquele valor, precisa ser expressado. Isto é *liquidação*. O que se altera, neste caso, é a *forma de realizá-la*. Porque se trata de mero cálculo aritmético (atualização monetária do valor já fixado e cômputo dos juros moratórios) é suficiente que seja apresentada uma planilha com a indicação das contas respectivas (meros cálculos aritméticos). Algo que, por sua simplicidade, dispensa *prévio* contraditório. O contraditório, nestes casos, será feito a *posteriori* porque, apesar de o cálculo ser de simples elaboração, ele pode estar errado. As ciências exatas por detrás daqueles cálculos, destarte, permitem maior racionalidade ao processo, com a eliminação de uma *etapa* destinada à liquidação. Não eliminam – e nem o poderiam sem atritar com o "modelo constitucional" – o contraditório, que é meramente *postergado* nestes casos.

É esta a razão, prezado leitor, pela qual sempre entendi que mesmo a elaboração de cálculos é – e continua a ser, mesmo no CPC de 2015 – uma forma de liquidação. Uma liquidação que não exige, para seu desenvolvimento uma etapa própria; que dispensa prévio contraditório; mas, assim mesmo, liquidação. É uma "liquidação-*ato*" em contraposição a uma "liquidação-*procedimento*", claramente visualizada, até mesmo no nome a elas dado pelo CPC de 2015: "liquidação por arbitramento" e "liquidação pelo procedimento comum".

A circunstância de o § 2º do art. 509 autorizar o início do cumprimento de sentença desde logo quando a apuração do valor depender de mero cálculo aritmético e a circunstância de o art. 524, que disciplina a escorreita apresentação daquele cálculo, já estar inserido no Título II da Parte Especial, dedicado ao "cumprimento da sentença" é de nenhuma importância em relação a isto. Aquela memória de cálculo *é* a liquidação, que se resume à produção de um *ato* processual (a própria memória, que observará as exigências legais) a ser praticado já com a petição que significará, para todos os fins, o *início* da etapa de cumprimento de sentença. Por isto, insisto: liquidação-*ato*, porque dispensa prévia etapa liquidatória, diferentemente do que ocorre com as precitadas duas modalidades.

O que se verifica da devida análise do art. 524 diante do § 2º do art. 509 é sua coerência e complementação. Este permite, nos casos em que a identificação do valor depender apenas de cálculo aritmético, que o interessado dê início imediato à etapa de cumprimento de sentença. Aquele, o art. 524, trata de exigir no requerimento que inaugura aquela etapa a apresentação do demonstrativo de crédito com as exigências por ele impostas, que viabilizarão o oportuno desenvolvimento do contraditório relativo à identificação daquele valor. Mesmo meros cálculos aritméticos podem conter erros. O que *não há*, nestes casos, é uma *etapa de liquidação* intermediando a etapa de conhecimento e a etapa de cumprimento. Pesquisa e contraditório, ainda que postergado, sobre o valor encontrado há. E mesmo naqueles casos, pode haver incidente cognitivo interferente na identificação do valor, como se verifica das hipóteses regradas nos §§ 1º e 2º (valor excessivo) e nos §§ 3º a 5º (necessidade de elementos em mãos do executado ou de terceiro para identificação do valor) todos do mesmo art. 524. Nestas hipóteses, é irrecusável o estabelecimento de prévio contraditório na prática daqueles atos que, em última análise, querem identificar o correto valor a ser perseguido na etapa de cumprimento pelo exequente.

Também não desautoriza este entendimento o disposto no parágrafo único do art. 786: "a necessidade de simples operações aritméticas para apurar o crédito exequendo não retira a liquidez da obrigação constante do título". Sem dúvida que não retira. Isto não significa, contudo, que sua *atual* expressão monetária não precise ser trazida à tona. A *forma*, para tanto, é a "liquidação-*ato*" que se perfaz na apresentação da memória de cálculo já anunciada.

2. LIQUIDAÇÃO PARCIAL

A sentença pode ser líquida em parte e ilíquida em outra. Neste caso, o § 1º do art. 509 autoriza que tenha início a etapa de cumprimento da sentença em relação à parte líquida concomitantemente ao desenvolvimento da etapa de liquidação para apurar o *quantum debeatur* da parte ilíquida.

A menção a "autos apartados" (um novo caderno processual) não pode ser entendida como exigência formal, nem para os autos físicos nem para os autos eletrônicos. O que o dispositivo quer evitar é que a diferença substancial da prática de atos *satisfativos* (os da etapa de cumprimento) e *cognitivos* (os da etapa de liquidação) crie, por qualquer razão, quaisquer embaraços, nulificando ou relativizando o afã de maior *eficiência* autorizada expressamente pela regra.

3. LIMITES COGNITIVOS DA LIQUIDAÇÃO

A liquidação é voltada a descobrir o *quantum debeatur* da decisão (interlocutória, sentença ou acórdão) que atesta o *an debeatur*. Trata-se de atividade eminentemente *cognitiva*. Não obstante, ela não é predestinada – e nem pode ser – para rediscutir o que já está discutido. Mesmo quando ela é autorizada na pendência do recurso (art. 512), é o recurso interposto e pendente que quererá modificar a decisão liquidanda. A liquidação, neste sentido, é vinculada, necessariamente, ao que foi e ao que está decidido. E se não houver recurso, a hipótese será de preclusão ou de formação da chamada coisa julgada material da decisão liquidanda. Nem esta e nem aquela podem ser removidas pela liquidação.

A liquidação não é – e nem pode ser – pensada como mecanismo de controle ou de contraste da decisão liquidanda. Sua atividade cognitiva é vocacionada, verdadeiramente bitolada, pura e simplesmente, à descoberta do *quantum debeatur*.

É o § 4º do art. 509 que, com absoluta clareza, alberga este entendimento. Segundo o dispositivo, "na liquidação é vedado discutir de novo a lide ou modificar a sentença que a julgou". Entendendo *lide* como o mérito julgado e, portanto, o reconhecimento de quem deve receber o que a título de tutela jurisdicional, e *sentença* como qualquer decisão, inclusive a interlocutória que comporte liquidação (é o caso de lembrar, por exemplo, da hipótese de julgamento antecipado *parcial* do mérito do art. 356), nada há a acrescentar ao dispositivo.

4. LIQUIDAÇÃO POR ARBITRAMENTO

A liquidação por arbitramento justifica-se quando a decisão liquidanda determina sua realização por este método, quando convencionado pelas partes, ou quando o justificar a natureza do objeto (art. 509, I).

Em rigor, o *arbitramento* referido pelo precitado dispositivo é significativo da necessidade de conhecimentos técnicos para a apuração do *quantum debeatur*.

O início da etapa de liquidação por arbitramento será requerido (e devidamente justificado) pelo autor ou pelo réu, no que é claro o *caput* do art. 509, que se refere a eles como *credor* e *devedor*, respectivamente. Ao admitir o requerimento, o magistrado intimará as partes para a apresentação de pareceres ou documentos elucidativos, no prazo que fixar. Se estes pareceres ou documentos não forem suficientes para a formação da convicção do magistrado sobre o *quantum debeatur*, será determinada a realização de prova pericial, nomeando-se, para tanto, perito e observando-se, no mais, o procedimento daquela modalidade de prova (arts. 464 a 480), inclusive no que diz respeito à possibilidade de nomeação de assistentes técnicos e formulação de quesitos. Tudo como se lê do art. 510.

É interessante a hipótese de incidência desta modalidade liquidatória. Em rigor e de forma harmônica com as inovações por ele trazidas para a própria prova pericial, a ideia é que a realização daquele meio de prova seja *dispensada* no sentido de ser desnecessário diante do material de conteúdo técnico (laudos contábeis e de auditoria, por exemplo) trazidos pelas partes ao conhecimento do magistrado. Somente na hipótese de este aporte informativo não for bastante para viabilizar o proferimento da decisão relativa ao *quantum debeatur* pelo magistrado, é que terá início a prova pericial. Nada há que impeça, nesta hipótese, de as próprias partes valerem-se do art. 471 e, de comum acordo, escolher o perito que conduzirá os trabalhos dali em diante. Até porque, é o próprio inciso I do art. 509 a autorizar a observância deste procedimento liquidatório quando "convencionado pelas partes".

A decisão a ser proferida pelo magistrado é *interlocutória*, o que decorre da devida interpretação do § 2º do art. 203: o ato não encerra a etapa de conhecimento e nem a de cumprimento de sentença (ou de execução). Ela conclui etapa diversa, a de liquidação, e, por isto, por não se amoldar à descrição de finalidade do § 1º do art. 203, só pode ser interlocutória. A corroborar este entendimento o parágrafo único do art. 1.015 prevê a recorribilidade imediata (por agravo de instrumento) das interlocutórias proferidas na etapa de liquidação. É certo que outras várias interlocutórias podem ser proferidas naquela etapa, todas elas agraváveis de instrumento. Mas também será agravável imediatamente a que *encerra* a etapa de liquidação. O tema, contudo, tem se mostrado bastante polêmico em sede de doutrina – e anunciava essa circunstância nas edições anteriores do *Manual* –, a justificar a aplicação do princípio da *fungibilidade recursal*, tema que trato no n. 2.3 do Capítulo 17.

A circunstância de se tratar de decisão interlocutória não significa que aquela decisão não é apta a transitar, como se costuma afirmar, materialmente em julgado. Como se trata de decisão de *mérito* e proferida com base em cognição *exauriente*, ela tem aptidão para tanto desde que não interpostos ou esgotados os recursos cabíveis. Trata-se, aliás, de mais uma das diversas decisões interlocutórias de mérito inequivocamente identificadas e disciplinadas pelo CPC de 2015.

5. LIQUIDAÇÃO PELO PROCEDIMENTO COMUM

A liquidação pelo procedimento comum corresponde à chamada liquidação por artigos do CPC de 1973. Ela se justifica quando houver necessidade de alegar e provar fato novo relativo à identificação do *quantum debeatur*. É o que, com clareza, dispõe o inciso II do art. 509.

É o típico caso em que as consequências do ato ilícito cuja responsabilidade já foi imposta ao réu, precisam ser trazidas (e discutidas em amplo e prévio contraditório) ao processo.

Neste caso, autor ou réu (o *caput* do art. 509 chama-os de credor ou devedor, respectivamente) requererá o início da etapa de liquidação declinando, desde logo, no que consiste o fato novo de cujo conhecimento depende a apuração do valor devido. Admitido o requerimento, a parte contrária será intimada para apresentar *contestação* no prazo de quinze dias e não para comparecer a audiência de conciliação ou de mediação. Apresentada ou não a contestação, observar-se-á o procedimento *comum*, que conduzirá o magistrado, após ou independentemente de fase instrutória, a proferir *decisão interlocutória* que revelará o *quantum debeatur* e que é passível de ser recorrida imediatamente, por agravo de instrumento (art. 1.015, parágrafo único) pelas mesmas razões que expus no número anterior.

E como se trata, também aqui, de *decisão interlocutória* de mérito (art. 203, § 2º), têm incidência as considerações sobre sua aptidão de transitar, para empregar novamente o adjetivo tradicional, materialmente em julgado que encerram o número anterior.

6. QUANDO SE TRATAR DE CÁLCULOS ARITMÉTICOS

Como já expliquei de início, o CPC de 2015 quer que acreditemos que não há uma terceira modalidade de liquidação nos casos em que a identificação do *quantum debeatur* depender de meros cálculos aritméticos. É o que o § 2º do art. 509 autoriza concluir, máxime quando lido ao lado do art. 524, que disciplina a memória de cálculo a ser apresentada para dar início à etapa de cumprimento da sentença. O que há, na verdade, e esta afirmação é correta desde a profunda alteração que o tema experimentou no CPC de 1973 com a Lei n. 8.898/1994, é que, nestes casos, há uma "liquidação-ato", em que o contraditório relativo ao valor é realizado *a posteriori*, o que viabiliza, não questiono, maior racionalização nos atos processuais. O que não há, repito, é uma etapa de liquidação ou uma liquidação-procedimento. Ela, a liquidação, em casos que tais, limita-se a prática de um ato só, a apresentação da memória de cálculo.

Como a lógica da prática daquele ato relaciona-se intimamente à etapa de cumprimento de sentença e como ela pode se justificar mesmo nos casos em que o valor tenha sido identificado após a liquidação por arbitramento ou a liquidação pelo procedimento comum, entendo que, para os fins deste *Manual*, é o caso de estudá-la no *contexto* do cumprimento da sentença. Não porque aquele ato, em si mesmo considerado, não seja liquidação. Ele é, pelas razões que acabei de sumariar, sendo repetitivo, até mesmo, com o que já escrevi no início deste Capítulo. No entanto, como seu uso justifica-se naquela sede, precisamente por não se desenvolver em prévio contraditório e em uma etapa própria, lá, no n. 4.2 do Capítulo 13, está o espaço para mais apropriado para seu exame.

7. LIQUIDAÇÃO PROVISÓRIA

O art. 512 do CPC de 2015 preserva inovação trazida ao CPC de 1973 pela Lei n. 11.232/2005 ao admitir o que acabou sendo conhecido com o nome de "liquidação *provisória*", em harmonia ao que, no CPC de 2015, foi chamado de "cumprimento provisório da sentença". Trata-se da possibilidade de a etapa de liquidação desenvolver-se a despeito da existência de recurso interposto e pendente de julgamento contra a decisão que se pretende liquidar.

A admissibilidade deste verdadeiro *adiantamento* da etapa de liquidação, em absoluta harmonia com a eficiência processual, confirma o que já escrevi acima a propósito do § 4º do art. 509: uma coisa é desenvolver atividade de conhecimento voltada à identificação do valor devido; outra, bem diversa, é questionar a decisão liquidanda, objeto do recurso que, por causa da regra ora comentada, não é óbice para o início da etapa de liquidação.

O melhor entendimento, nestes casos – e, quanto a isto, a disciplina do art. 512 afasta-se, por completo, do cumprimento provisório da sentença –, é que, a despeito do efeito suspensivo do recurso de apelação (que continua a ser a regra no CPC de 2015, como se pode verificar do *caput* de seu art. 1.012), a liquidação pode ter início, dando-se início à realização de sua etapa respectiva, seja desenvolvendo-se por arbitramento ou pelo procedimento comum, consoante o caso.

Tratando-se de autos físicos, enquanto estes estarão no Tribunal para julgamento do recurso, haverá "autos apartados" (um novo caderno processual, que bem pode ser chamado de "carta de liquidação") na primeira instância (juízo de origem) para que nela sejam praticados os atos cognitivos relativos à liquidação. Nada há de errado em serem criados dois arquivos diversos em se tratando de autos eletrônicos, caso a prática do foro mostre nessa iniciativa alguma utilidade ou necessidade.

Como a liquidação depende de iniciativa da parte, o requerente instruirá o pedido com as "peças processuais pertinentes", que serão, ao menos, a decisão que se pretende liquidar, a comprovação da pendência do recurso (sendo indiferente que ele tenha sido recebido com efeito suspensivo) e todos os elementos dos autos que sejam significativos para a apuração do *quantum debeatur*. Se novos elementos forem necessários – como, por definição, ocorrerá quando se tratar de liquidação pelo procedimento comum (art. 509, II) –, eles deverão ser trazidos também com este mesmo requerimento.

A falta de qualquer elemento, por mais importante que possa ser, para a pesquisa relativa ao *quantum debeatur* não gera nenhuma nulidade na liquidação provisória. Será bastante que o magistrado de ofício, ou atendendo a requerimento da parte contrária, determine sua apresentação ou complementação.

Resumo do Capítulo 12

LIQUIDAÇÃO DE SENTENÇA

- Compreensão prévia
- Pedido determinado x genérico (arts. 324 e 491)
- Natureza jurídica, abrangência e nomenclatura
- Liquidação e títulos executivos *extrajudiciais*
- Art. 509: espécies
- Liquidação-*procedimento* x liquidação-*ato*
- Liquidação por arbitramento (art. 509, I + art. 510)
- Liquidação pelo procedimento comum (art. 509, II, + art. 511)
- Cálculos? (art. 509, § 2º, + art. 524 + art. 786, par. único)
- CNJ e "programa de atualização financeira" (art. 509, § 3º)
- Art. 509, § 1º: parte líquida e parte ilíquida
- Art. 509, § 4º: vedação da rediscussão da "lide" ou modificar a *sentença* que a julgou
    - Decisões agraváveis por agravo de instrumento (1.015, par. único)
        - Fungibilidade recursal

LIQUIDAÇÃO POR ARBITRAMENTO

- Hipótese de cabimento (art. 509, I): determinado pela sentença, convencionado pelas partes ou exigido pela natureza da obrigação
- Procedimento (art. 510)
    - Intimação das partes para apresentação de pareceres ou documentos
    - Nomeação de perito
    - Disciplina da prova pericial no que couber

LIQUIDAÇÃO PELO PROCEDIMENTO COMUM

- Hipótese de cabimento (art. 509, II): alegar e provar fato novo
- Procedimento (art. 511)
    - Intimação do requerido na pessoa de seu advogado ou da sociedade de advogados para apresentar contestação em 15 dias
    - Segue o procedimento comum

QUANDO SE TRATAR DE CÁLCULOS ARITMÉTICOS

- Hipótese de cabimento: art. 509, § 2º + art. 524
  - Valor depende apenas de cálculo aritmético
- Liquidação-*ato* em contraposição à liquidação-*procedimento*
- Relação com o início da etapa de cumprimento de sentença (art. 523)

LIQUIDAÇÃO PROVISÓRIA

- Liquidação na pendência do recurso (art. 512)
  - Independe do efeito suspensivo da apelação
- Processamento em autos apartados
  - Tratando-se de autos eletrônicos
  - "Carta de liquidação"
- Instrução do pedido com cópias das peças processuais pertinentes
  - Possibilidade de apresentação ou complementação dos elementos faltantes

Leituras Complementares (Capítulo 12)

Monografias e livros

ARAÚJO, Luciano Vianna. *A liquidação do título executivo judicial*. Curitiba: Editora Direito Contemporâneo, 2020.

ASSIS, Araken. *Manual da execução*. 20. ed. São Paulo: Revista dos Tribunais, 2018.

SCARPINELLA BUENO, Cassio. *Comentários ao Código de Processo Civil*, vol. X: liquidação de sentença e cumprimento de sentença (arts. 509 a 538). São Paulo: Saraiva, 2018.

_____. *Curso sistematizado de direito processual civil*, vol. 3: tutela jurisdicional executiva. 12. ed. São Paulo: Saraiva, 2023.

TUCCI, Rogério Cruz e. *Comentários ao Código de Processo Civil*, vol. VIII: artigos 485 ao 538. São Paulo: Revista dos Tribunais, 2016.

WAMBIER, Luiz Rodrigues. *Liquidação da sentença civil*. 6. ed. São Paulo: Revista dos Tribunais, 2022.

Capítulos de livros

MAZZEI, Rodrigo. Liquidação de sentença: Breve ensaio a partir do CPC/15. In: DIDIER JR., Fredie (coord. geral); MACÊDO, Lucas Buril de; PEIXOTO, Ravi; FREIRE, Alexandre (coord.). *Novo CPC doutrina selecionada, volume 5: execução*. Salvador: JusPodivm, 2015.

PAVAN, Dorival Renato. Comentários aos arts. 509 ao 512. In: SCARPINELLA BUENO, Cassio (coord.). *Comentários ao Código de Processo Civil*, vol. 2. São Paulo: Saraiva, 2017.

Artigos

DELLORE, Luiz. Liquidação no novo CPC. In: Instituto Brasileiro de Direito Processual; SCARPINELLA BUENO, Cassio (org.). *PRODIREITO: Direito Processual Civil*: Programa de Atualização em Direito: Ciclo 1. Porto Alegre: Artmed Panamericana, 2016 (Sistema de Educação Continuada a Distância, vol. 4).

MARQUES, Camila Salgueiro da Purificação; WOLSKI, Laís Andressa. A liquidação de sentença pelo procedimento comum no novo Código de Processo Civil. *Revista Brasileira de Direito Processual*, vol. 106. Belo Horizonte: Fórum, abr./jun. 2019.

OLIVEIRA, Pedro Miranda. Recursos no processo de execução e nas fases de liquidação e cumprimento de sentença. *Revista de Processo*, vol. 318. São Paulo: Revista dos Tribunais, ago. 2021.

PORTO, Antonio Augusto Cruz; LIPPMAN, Rafael Knorr. A liquidação da decisão judicial por meros cálculos aritméticos. *Revista de Processo*, vol. 277. São Paulo, mar. 2018.

Capítulo 13

Cumprimento de Sentença

1. PARA COMEÇAR

O Título II do Livro I da Parte Especial do CPC de 2015 é todo dedicado a disciplinar o "cumprimento da sentença" e é dividido em seis capítulos: disposições gerais, cumprimento provisório da sentença que reconheça a exigibilidade de obrigação de pagar quantia certa, cumprimento definitivo da sentença que reconheça a exigibilidade de obrigação de pagar quantia certa, cumprimento da sentença que reconheça a exigibilidade de obrigação de prestar alimentos, cumprimento da sentença que reconheça a exigibilidade de pagar quantia certa pela Fazenda Pública e, por fim, cumprimento da sentença que reconheça a exigibilidade de obrigação de fazer, de não fazer ou de entregar coisa.

A disciplina poderia ter sido reunida pelo CPC de 2015 de forma mais homogênea porque, em rigor, o cumprimento *provisório* é temática genérica (o próprio § 5º do art. 520 quem o reconhece expressamente) e que, por isto, merecia estar alocada entre as disposições gerais. Por sua vez, o cumprimento relativo aos alimentos e em relação à Fazenda Pública, com especificidades mais que justificadas (inclusive, quanto a esta, impostas desde o "modelo constitucional"), não deixa de envolver uma "obrigação de pagar quantia certa". Neste sentido, mereciam ser tratadas como procedimentos diferenciados ao lado da disciplina genérica do cumprimento da sentença que reconheça a exigibilidade daquela modalidade obrigacional. Por fim, as obrigações de fazer e de não fazer poderiam estar alocadas em Capítulo diverso das obrigações de entrega de coisa porque, do ponto de vista do direito material, possuem peculiaridades suficientes a espelhar normas processuais diversas. Suas distinções, desde aquela perspectiva, justificariam, destarte, mais que estarem distinguidas em meras Seções diversas de um mesmo Capítulo.

Não obstante estas considerações, nada há que dificulte, mesmo na leitura do texto legal, maior compreensão relativa ao cumprimento de sentença. Pelo contrário. Comparando as normas do CPC de 2015 com as suas equivalentes no CPC de 1973, sua ordenação formal é imensamente superior. E isto por uma razão que vale a pena destacar: o aparecimento do *cumprimento de sentença* no CPC de 1973 foi feito gradualmente em função das profundas (e estruturais) Reformas às quais aquele Código foi submetido especialmente (mas não exclusivamente) desde o ano de 1994. Assim, a Lei n. 8.952/1994 introduziu o art. 461 no CPC de 1973 (numa época em que artigos novos não vinham, ainda, acrescentados de letra para que, de imediato, pudessem ser reconhecidos como frutos de alteração, exigência que só veio a ser feita pela LC n. 95/1998) e a "tutela específica" das obrigações de fazer e não fazer. Em seguida, com a Lei n. 10.444/2002, veio o art. 461-A (já sob a regência da precitada LC) e a "tutela específica" das obrigações de dar coisa diversa de dinheiro. Em 2005, fechando o ciclo na perspectiva das modalidades obrigacionais, foi editada a Lei n. 11.232/2005 e, somente com ela, surgiu a expressão "cumprimento de sentença" quando introduziu todo um novo Capítulo, o décimo, ao Título VIII do Livro I daquele Código empregando-a para designá-lo.

A doutrina, a partir de então, passou a empregar aquela expressão generalizadamente para descrever o que, em verdade, desde a Lei n. 8.952/1994, desenhava-se: a extinção, no direito brasileiro e por força da evolução de seu direito positivo, do binômio tradicionalíssimo entre o "processo de conhecimento" e o "processo de execução". Primeiro com as obrigações de fazer e não fazer, depois com as de entrega de coisa e, por fim, com as de pagar.

Do ponto de vista estrutural, contudo, a questão sempre foi mais profunda e sofisticada que mera alteração de nomenclatura. Na verdade, com a precitada sequência de leis, ficou evidenciado que o modelo do processo alterou-se profundamente, a ponto de ele passar a ser, de forma genérica, *sincrético*, isto é: o processo voltava-se, a um só tempo, ao reconhecimento do direito aplicável à espécie (isto é, a definir quem é merecedor da tutela jurisdicional), e à prática de atos voltados à satisfação do direito tal qual reconhecido. Sincrético porque o processo passou a admitir a prática de atos que, na visão tradicional, eram incapazes de conviver em um mesmo processo, não por acaso o "processo *de conhecimento*" e o "processo de *execução*". A partir de então, uma verdadeira mistura, inimaginável aos olhos tradicionais, de atos judiciais (cognitivos e executivos), passou a ser generalizadamente admitida. O advérbio "generalizadamente" é pertinentíssimo: antes das precitadas leis, o *sincretismo* era exclusividade de alguns procedimentos especiais e esta característica era justificada por razões muito diversas daquelas que conduziram o legislador a partir de 1994 a espraiar aquela compreensão *unitária* (ou sincrética) do processo.

A compreensão que passou a ser generalizada desde então é a de um processo com diferentes *etapas*: uma de conhecimento em que, preponderantemente, tudo se passa com vistas a convencer o magistrado quem é merecedor da tutela jurisdicional: o autor, que rompe a inércia da jurisdição, ou o réu. A segunda etapa, de *cumprimento*, em que a atividade do magistrado é voltada à satisfação do direito já reconhecido. Engana-se, contudo, quem pensa que esta dualidade de etapas, primeiro a de conhecimento, depois a de cumprimento, é rigorosa. Desde 1994 e a introdução, no CPC de 1973, do instituto da "tutela antecipada", tornou-se comuníssima a hipótese de aquelas duas etapas desenvolverem-se paralelamente, justamente por causa da antecipação da tutela que sempre mereceu ser compreendida como técnica de *antecipar* a etapa de cumprimento da sentença. Cumprimento *provisório*, sem dúvida algum, mas cumprimento e, neste sentido, apta a *satisfazer* o direito, ainda que reconhecido independentemente de cognição exauriente.

Outra consequência importante das precitadas alterações legislativas ocorridas no direito brasileiro, atente, prezado leitor, desde 1994, era a inadequação de referir-se a sentenças *condenatórias* ou, o que é o mesmo na perspectiva que aqui interessa, de "ações condenatórias". Na exata medida em que o art. 461, o art. 461-A e o art. 475-J foram introduzidos no CPC de 1973, no curto espaço de onze anos, passou a ser correto compreender que aquela modalidade de sentença (e sua "respectiva ação") tinha sido revogada junto com o binômio processo de conhecimento/processo de execução.

Sempre me pareceu incongruente sustentar o sincretismo processual e, ao mesmo tempo, defender a subsistência de ações ou sentenças condenatórias. A grande verdade é que elas passaram a ser, em maior ou menor grau, *mandamentais* no sentido de que o comando preponderante atrelado ao reconhecimento do direito passou a ser uma *ordem* dirigida ao réu para fazer, não fazer, entregar coisa ou pagar. É o que, longamente, demonstro no volume 1 do meu *Curso sistematizado de direito processual civil* – e já o fazia nas edições anteriores ao CPC de 2015 – e, antes dele, em extenso artigo científico apresentado nas V Jornadas de Direito Processual, no ano de 2003, e que está veiculado no volume 113 da *Revista de Processo*.

Para este *Manual*, cabe destacar que absolutamente nada das conquistas efetuadas pela doutrina do direito processual civil desde 1994 no que tange a este tema foi modificado pelo CPC de 2015. E nisto não reside, prezado leitor, nenhuma crítica ao novo Código. Trata-se, tão somente, de uma constatação: a de que durante todo o processo legislativo não prevaleceu nenhuma ideologia ou entendimento diverso. Isto significa que para o CPC de 2015 a compreensão de um processo sincrético, no qual são visualizáveis duas etapas distintas (cognitiva e de cumprimento) não necessariamente sucessivas porque também passíveis de serem concomitantes, parece ainda ser bastante para bem concretizar o "modelo constitucional do direito processual civil", em seus três pontos nodais ou, como escrevo no n. 2.1.17 do Capítulo 1, "princípios-síntese": acesso à justiça, devido processo constitucional e efetividade do direito material pelo processo.

O mérito do CPC de 2015 no particular foi tratar da matéria de forma mais coesa, muito mais clara e bem dividida que o CPC de 1973, pese, aqui sim, a crítica que lancei de início. Outro mérito, este que já destaquei no n. 5 do Capítulo 11, foi o de distinguir o *conteúdo* das sentenças que ensejam o cumprimento dos atos relativos a este cumprimento, isto é, de sua *eficácia*. Sim, porque nada impede, muito pelo contrário, este comportamento seria o ideal, que o réu cumpra voluntariamente o que lhe foi determinado pelo magistrado, tornando *desnecessária* a etapa de cumprimento de sentença. Se ele não cumprir a sentença, tem início aquela etapa, cujos atos a serem praticados são os estudados ao longo deste Capítulo.

2. DISPOSIÇÕES GERAIS

O *caput* do art. 513 é extremamente claro ao dispor que "o cumprimento da sentença será feito segundo as regras deste Título, observando-se, no que couber e conforme a natureza da obrigação, o disposto no Livro II da Parte Especial deste Código".

A um só tempo, o dispositivo consegue evidenciar que a modalidade obrigacional (obrigações de fazer ou de não fazer, de dar coisa e de pagar) interfere nas escolhas das técnicas de cumprimento – e isto ficará claro no exame de cada uma das espécies apresentadas nos números seguintes – e que a disciplina do Título II do Livro I da Parte Especial é insuficiente, por isto, a remissão ao Livro II da mesma Parte Especial, intitulada "processo de execução". Na verdade, as normas relativas ao cumprimento de sentença dizem respeito ao início da etapa de cumprimento de sentença do processo. Elas nada dizem sobre a prática de atos forçados se o réu não acatar a determinação (ordem) do magistrado constante da sentença e o que ocorre após os primeiros atos daquela etapa, inclusive após o exercício da *defesa* eventual exercida pelo réu (chamada de "impugnação"). Há, destarte, verdadeira complementação de normas aqui disciplinadas pelas que estão ali.

A exposição que ocupa este Capítulo observa este intervalo decorrente do já referido art. 513. Se o prezado leitor quiser saber, destarte, o que acontece depois de o réu deixar fluir o prazo de quinze dias para pagar, deverá ler o que escrevo no Capítulo 15 a respeito da penhora de bens e depois de sua avaliação e depois de sua alienação para, só então, chegar ao resultado desejado pela prestação (forçada) da tutela jurisdicional: a satisfação do credor. Não obstante, em variadas passagens deste Capítulo, diversos dispositivos relativos à execução fundada em título extrajudicial são referidas para que a exposição seja a mais completa e (assim espero) a mais didática possível.

Uma observação é importante a esta altura da exposição. A despeito da nomenclatura empregada pelo Título II, cumprimento da *sentença*, é correto (e necessário) entender que as técnicas nele disciplinadas (e que aqui são estudadas) referem-se a *quaisquer decisões jurisdicionais* veiculadoras de tutela jurisdicional. É mais um caso, dentre tantos, em que o CPC de 2015 refere-se a *sentença*, uma das *espécies* de decisão jurisdicional, para referir-se ao *gênero* como um todo. Não será por razão diversa, se não para esclarecer que a nomenclatura empregada é, na verdade, uma metonímia, que o art. 519 determina a aplicação das "disposições relativas ao cumprimento da sentença, provisório ou definitivo, e à liquidação, no que couber, às decisões que concederem tutela provisória".

2.1 Iniciativa do exequente. Intimação da parte contrária

O § 1º do art. 513 evidencia que o início da etapa de cumprimento de sentença, provisório ou definitivo, tem início com o requerimento do exequente, isto é, o credor reconhecido como tal no título executivo judicial. Limita-se, contudo, a estabelecer esta regra aos casos de pagamento de quantia, silenciando-se acerca das demais modalidades obrigacionais (fazer, não fazer e entrega de coisa). A despeito disto, não vejo como negar que também naqueles casos, o cumprimento de sentença depende de iniciativa do exequente. Cabe a ele – e não ao magistrado de ofício – manifestar expressamente seu *interesse* em perseguir o que lhe foi reconhecido pela sentença. O impulso oficial do art. 2º, mesmo com a ressalva nele feita, não chega a tanto.

É o caso de não confundir a necessidade de instauração da etapa de cumprimento de sentença com o que, na perspectiva dos arts. 497 a 500, é o ideal que aconteça, isto é, que o réu cumpra *espontaneamente* a obrigação reconhecida na sentença independentemente de qualquer intimação específica para tanto. Se o réu não cumprir, cabe ao autor (o *exequente* a que se refere o § 1º do art. 513) requerer o início do cumprimento de sentença. É esta a razão de ser da etapa de cumprimento de sentença do processo.

A Súmula 410 do STJ que rende(ria) ensejo a orientação diversa não merece subsistir, diante do que acabei de afirmar. De resto, a mim pelo menos, nunca me pareceu a orientação mais adequada. Não se pode confundir eventual tutela provisória que determine que o réu faça ou deixe de fazer algo ou, ainda entregue alguma coisa (situação em que houve inequívoco pedido do autor àquele respeito e em que a etapa de cumprimento já tem imediato início) com a situação em que a sentença o determina. Sem iniciativa, neste caso, não tem início a etapa de cumprimento de sentença, qualquer que seja a modalidade obrigacional.

A observação que faço acima é tanto mais importante por causa da conservação do efeito suspensivo à apelação. Aquela (lamentável) regra, constante do *caput* do art. 1.012, coloca questão que, inclusive do ponto de vista prático é relevante: a sentença determina que o réu faça, não faça ou entregue algo. O réu apela e, com isto, impede o início imediato da produção dos efeitos da sentença, prolongando o seu estado de *ineficácia*. Rejeitado oportunamente o apelo, põe-se o problema de quando estará o réu obrigado a cumprir o que lhe fora determinado por decisão *substituída* pela decisão proferida pelo Tribunal (art. 1.008). É do seu trânsito em julgado? É da inauguração de segmento recursal despido de efeito suspensivo como são os embargos de declaração, recurso extraordinário e/ou o especial? Se, é certo que naqueles casos, estão liberados de imediato os efeitos da decisão, não há como descolá-los do início *formalizado* da etapa de cumprimento. Para tanto, é mister que o autor (exequente) tome a iniciativa e assuma, com ela, as responsabilidades correspondentes, que serão maiores na hipótese de o cumprimento ser *provisório*. Até porque, sem requerimento do exequente, cumprimento provisório da sentença não haverá, no que é muito claro o inciso I do art. 520. O entendimento aqui propugnado decorre do princípio do contraditório, que evita surpresas aos litigantes e, em última análise, afeiçoa-se ao modelo de processo cooperativo desejado pelo CPC de 2015 (arts. 6º e 10).

Assim, para o escorreito início da etapa de cumprimento de sentença, provisório ou definitivo, é mister que a parte contrária (réu, devedor ou executado são todos nomes empregados indistintamente pelo CPC de 2015 para descrevê-la) seja *intimada*, passando a saber, clara e inequivocamente desde então, ser o interesse *atual* do exequente ver seu direito, independentemente de ele tratar de obrigações de pagar quantia, de fazer, de não fazer ou de entregar coisa, já reconhecido, devidamente satisfeito. Trata-se, acho relevante frisar, de mera *intimação* e não de nova *citação* porque não se cogita da instauração de *novo* processo, apenas do início de mais uma etapa do *mesmo* processo.

A *intimação* do devedor, como se lê do § 2º do art. 513, será feita: (i) pelo *Diário da Justiça*, na pessoa do advogado constituído nos autos; (ii) por carta com aviso de recebimento, quando representado pela Defensoria Pública ou não tiver procurador constituído nos autos, salvo se a citação para a etapa de conhecimento tiver sido por edital e o réu tiver sido revel nela, quando a intimação também será feita por novo edital; (iii) por meio eletrônico nos casos do § 1º do art. 246, quando a empresa pública ou privada não tiver procurador constituído nos autos ou, ainda (iv) por novo edital quando o executado, citado por edital na etapa cognitiva, nela tiver sido revel. O § 3º do art. 513 complementa o rol ao dispor que a intimação considera-se feita no endereço constante dos autos quando o réu tiver mudado de endereço sem prévia comunicação ao juízo, previsão que se harmoniza com o disposto no parágrafo único do art. 274.

Com relação à previsão do inciso III do § 1º do art. 513, entendo oportuno evidenciar que, embora o dispositivo não tenha sido alterado pela Lei n. 14.195/2021 e que a alteração que ela promoveu no § 1º do art. 246 tenha alcance diverso, é correto compreender que a viabilidade de intimação eletrônica na hipótese lá descrita alcança também – e é neste específico ponto que operam as modificações da Lei n. 14.195/2021 – as microempresas e pequenas empresas (art. 246, §§ 5º e 6º, incluídos por aquela Lei).

O § 4º do art. 513 excepciona os casos em que a intimação será feita na pessoa do procurador constituído nos autos. Para eles, se o requerimento para início da etapa de cumprimento de sentença ocorrer após um ano do trânsito em julgado da sentença, a intimação deverá ser feita pessoalmente ao próprio executado, por carta com aviso de recebimento. O endereço de postagem é o que consta dos autos, presumindo-se escorreita a intimação se tiver havido alteração sem prévia comunicação ao juízo. Neste caso, é inquestionável que o *início* do prazo para o executado cumprir a determinação judicial corresponde à data do recebimento da referida carta, nos precisos termos do § 3º do art. 231.

A inação do exequente deve ser entendida como apta a deflagrar a chamada "prescrição *intercorrente*", ou seja, aquela que se consuma ao longo do processo, a despeito de o CPC de 2015 não ter repetido o § 5º do art. 475-J do CPC de 1973, segundo o qual, "não sendo requerida a execução no prazo de seis meses, o juiz mandará arquivar os autos, sem prejuízo de seu desarquivamento a pedido da parte".

É certo que o tema não é objeto das modificações trazidas pela Lei n. 14.195/2021 para o tema, embora o novo § 7º por ela introduzido no art. 921 determine expressamente que o regime da prescrição intercorrente, que estudo no n. 5.1 do Capítulo 15, seja aplicado também à etapa de cumprimento de sentença. Contudo, trata-se de imperativo de segurança jurídica que permeia todo o ordenamento jurídico.

Sem prejuízo de tal entendimento e para quem não concordar com ele, importa evidenciar que a omissão do exequente (quiçá motivada por seu desinteresse no perseguimento do crédito) pode acarretar a extinção do processo por outros motivos, como os previstos nos incisos II e III do art. 485, ou, até mesmo (embora, nesse caso, a manifestação do exequente seja indispensável), pela renúncia ao crédito (art. 924, IV).

2.2 Títulos executivos judiciais

O cumprimento de sentença, tanto quanto a execução, pressupõe título executivo. Ele é, de acordo com doutrina amplamente vencedora, pressuposto *necessário* e *suficiente* para autorizar a prática de atos executivos. Necessário porque, sem título executivo, não há execução (o que é comumente identificado como o "princípio da *nulla executio sine titulo*"). Suficiente porque, consoante o entendimento predominante, basta a apresentação do título para o início dos atos de cumprimento (atos executivos) pelo Estado-juiz, independentemente de qualquer juízo de valor expresso acerca do direito nele retratado.

Título executivo deve ser compreendido como *documento* que atesta a existência de obrigação certa, líquida e exigível e que autoriza o início da prática de atos jurisdicionais executivos. Os três atributos, o da certeza, o da exigibilidade e o da liquidez, constam expressamente do art. 783 e merecem alguma reflexão no contexto do cumprimento da sentença.

A *certeza* relaciona-se com a existência da própria obrigação e do título executivo em si mesmo considerado. É neste contexto que o § 5º do art. 513 deve ser lembrado: "o cumprimento da sentença não poderá ser promovido em face do fiador, do coobrigado ou do corresponsável que não tiver participado da fase de conhecimento". E não pode pelo simples fato de que, nestes casos, aqueles sujeitos, por não terem participado da etapa de conhecimento do processo, não viram o título executivo judicial formar-se contra si. Seria uma execução sem título que, em última análise, agrediria o "modelo constitucional do direito processual civil". Não há como autorizar que alguém "seja privado de seus bens sem o devido processo legal [constitucional]" (art. 5º, LIV, da CF).

A *exigibilidade* relaciona-se com a inexistência de qualquer condição ou outro fator que, na perspectiva do direito material, impeça a satisfação do direito retratado no título. Seu reflexo processual consiste no interesse de agir (necessidade de atuação jurisdicional em busca de satisfação de um direito). Tanto assim que, de acordo como art. 514, "quando o juiz decidir relação jurídica sujeita a condição ou termo, o cumprimento da sentença dependerá de demonstração de que se realizou a condição ou de que ocorreu o termo".

A *liquidez*, por fim, é a expressão monetária do valor da obrigação. Se o título expressá-la, o caso se resume, no máximo, à necessidade de sua atualização monetária e ao cômputo dos juros e outras verbas incidentes sobre ele, suficiente, para tanto, a observância do art. 524. Caso contrário, *antes* do início da etapa de cumprimento, põe-se a necessidade de, em prévio contraditório, encontrar aquele valor. É o que o CPC de 2015 chama de "liquidação de sentença", disciplina dos arts. 509 a 512, à qual me volto no Capítulo 12.

O art. 515 indica os títulos executivos judiciais, que fundamentam o início da etapa de cumprimento da sentença. Estudo-os um a um.

2.2.1 Decisão que reconhece exigibilidade obrigacional

O primeiro título executivo judicial são as *decisões* proferidas no âmbito do processo civil – portanto, não penal, nem trabalhista, nem eleitoral, nem militar e nem administrativo – que reconheçam a exigibilidade de obrigação de pagar quantia, de fazer, de não fazer ou de entregar coisa. A previsão deste inciso I do art. 515 é suficientemente clara (e correta) para definir o título executivo "por excelência", isto é, aquele que acolhe o pedido do autor (ou do réu reconvinte) nos moldes do inciso I do art. 487, para, reconhecendo a *exigibilidade* da obrigação de pagar quantia, de fazer, de não fazer ou de entregar coisa, criar condições para seu cumprimento (forçado) caso o réu não satisfaça a obrigação no prazo e nas condições que terá para tanto.

A *exigibilidade* referida no dispositivo vem para substituir a errônea menção a *existência*, constante do seu par no CPC de 1973, introduzido pela Lei n. 11.232/2005, e que permitiu que setores da doutrina construíssem, infelizmente com total desprezo ao grave vício de processo legislativo ocorrente no inciso I do art. 475-N daquele Código, o pensamento de que "sentenças (meramente) *declaratórias*" pudessem constituir título executivo. Isto, contudo, nunca foi correto. Se a sentença limita-se a reconhecer a *existência* do direito, nada falando sobre sua *exigibilidade*, título executivo não é. O CPC de 2015 vem, no particular, para esclarecer e corrigir, em plena harmonia com as exigências, que acerca das obrigações retratadas nos títulos executivos, faz seu art. 783.

2.2.2 Decisão homologatória de autocomposição judicial

A decisão homologatória de autocomposição judicial, prevista no inciso II do art. 515, é aquela lançada pelo magistrado diante da solução que as próprias partes alcançaram por uma das formas de solução de conflitos autocompositivas – e incentivadas desde os §§ 2º e 3º do art. 3º –, desde que ocorridas dentro do próprio processo. Embora não seja o único momento para tanto, a audiência de conciliação ou de mediação, será propícia para chegar àquele consenso e, nela mesma, ser proferida a sentença a que se refere o inciso II do art. 515.

Promovendo a iniciativa, aliás, o § 2º do art. 515, permite que a autocomposição envolva também quem não é parte do processo, isto é, terceiro ("sujeito estranho ao processo", como se lê do dispositivo) e que ela verse sobre relação jurídica que não tenha sido deduzida em juízo, vale dizer: a autocomposição não precisa se limitar ao objeto do litígio entre autor e réu, podendo levar em consideração outros conflitos. Mister observar apenas se o juízo competente para o processo tem competência para a homologação a depender dos novos sujeitos ou do novo direito. Se o caso for de incompetência (absoluta), a melhor orientação parece ser a de direcionar às partes para que formulem o pedido relativo ao que sobejar dos limites subjetivos e/ou objetivos do primeiro processo perante o juízo competente ou que tomem a iniciativa *extrajudicialmente*, observando, para tanto, o disposto no número seguinte.

2.2.3 Decisão homologatória de autocomposição extrajudicial

O inciso III do art. 515 refere-se à decisão homologatória de autocomposição *extrajudicial* de qualquer natureza. A palavra em itálico é mais que suficiente para justificar seu tratamento apartado da hipótese que lhe é imediatamente anterior.

É o caso de as partes, pelos variados meios de autocomposição – inclusive por mediação extrajudicial (arts. 21 a 23 da Lei n. 13.140/2015) –, terem alcançado consenso *fora* (e independentemente) do processo. Podem se limitar ao eventual documento que produzirem a respeito ou levá-lo ao órgão jurisdicional para homologá-lo, como lhes permite expressamente o inciso VIII do art. 725. Com a homologação, constituirão título executivo *judicial*. Claro nesse sentido, aliás, o parágrafo único do art. 20 da Lei n. 13.140/2015.

A diferença é notável. No caso de necessidade de cumprimento forçado, é desnecessária nova citação, sendo suficiente a *intimação* do executado e as matérias passíveis de serem levantadas por ele em sua defesa é mais restrita, como se verifica do rol da "impugnação" (art. 525) quando comparado com o dos "embargos à execução" (art. 917), cada qual o meio de defesa do cumprimento de sentença e da execução fundada em título extrajudicial, respectivamente.

2.2.4 Formal e certidão de partilha

É título executivo judicial, de acordo com o inciso IV do art. 515 "o formal e a certidão de partilha, exclusivamente em relação ao inventariante, aos herdeiros e aos sucessores a título singular ou universal".

O "formal" ou a "certidão" de partilha documentam, para todos os fins, a passagem do patrimônio do *falecido* aos seus herdeiros, permitindo a sua transferência e, se for o caso, seu registro perante os órgãos competentes. As peças que compõem o formal de partilha são previstas nos incisos do *caput* do art. 655.

Não há diferença entre o "formal" e a "certidão" de partilha. A certidão nada mais é do que um documento expedido pelo escrevente perante o qual se processou o inventário ou arrolamento que atesta a existência do formal, expedido a partir da decisão que determina, para cada herdeiro, os bens a que faz jus, isto é, que julga a partilha (art. 654, *caput*) substituindo-o. De acordo com o parágrafo único do art. 655, a certidão será expedida nos casos em que o quinhão hereditário (a quota-parte a ser recebida pelo herdeiro) não for superior a cinco salários mínimos, transcrevendo nela a sentença de partilha transitada em julgado.

Importante destacar que o título executivo a que se refere o dispositivo em exame só existe entre o inventariante, os herdeiros e os sucessores a título universal ou singular. Isto significa dizer que se o bem herdado ou sucedido estiver nas mãos de outras pessoas que não aquelas identificadas pelo inciso IV do art. 515, haverá necessidade de *prévio* reconhecimento do direito em favor do inventariante, do herdeiro ou do sucessor para que, só então, seja autorizada a prática de atos jurisdicionais destinados à sua persecução em face de quem de direito.

2.2.5 Crédito de auxiliar da Justiça

O inciso V do art. 515 corrige erro histórico do CPC de 1973. O crédito de auxiliar da justiça, quando as custas, emolumentos ou honorários tivessem sido aprovados por decisão judicial era considerado título executivo *extrajudicial* pelo art. 585, VI, do CPC de 1973. Não fazia sentido porque aquele crédito, por definição, sempre foi (e continua a ser) previamente homologado, isto é, reconhecido como escorreito por decisão judicial. O CPC de 2015 coloca-o, por isto mesmo, no rol dos títulos executivos judiciais.

Eventuais questionamentos sobre o assunto que tenham ocorrido no âmbito do processo em que homologado o crédito não pode ser reavivado no cumprimento de sentença. A iniciativa atrita com o art. 507.

A viabilidade de cobrança expressamente garantida pelo dispositivo aqui analisado, outrossim, impede que a falta de seu pagamento seja óbice ao prosseguimento do processo ou do ato processual a ele relacionado. O perito, por exemplo, deverá desempenhar a contento a sua função, mesmo sem o pagamento de seus honorários, a despeito dos aprimoramentos que, a este respeito, traz o CPC de 2015. Se for o caso, valer-se-á do inciso V do art. 515 para satisfazer seu direito de crédito.

2.2.6 Sentença penal condenatória transitada em julgado

De acordo com o inciso VI do art. 515, é título executivo *judicial* a "sentença penal condenatória transitada em julgado". A previsão traz, para o CPC, o efeito *civil* da sentença penal condenatória, que, de acordo com o art. 91, I, do CP, é o de "tornar certa a obrigação de indenizar o dano causado pelo crime".

O que acontecerá muito provavelmente em casos como estes é que o *valor* do dano precisará ser *previamente identificado* e, consequentemente, a atividade jurisdicional não terá início com atos propriamente executivos, mas, bem diferentemente, ainda *cognitivos*. A cognição a ser desenvolvida pelo juiz, contudo, limita-se à pesquisa em torno do *quantum debeatur* e não do *an debeatur*, aplicando-se à espécie a vedação do art. 509, § 4º.

Pode ocorrer, contudo, de a própria sentença penal condenatória fixar valor *mínimo* para os danos decorrentes do crime que ela reconhece (art. 63, parágrafo único, e art. 387, IV, do CPP). Nestes casos, pode ser que tenha início a etapa de cumprimento da sentença com base no valor fixado, enquanto desenvolve-se a devida liquidação para descoberta dos danos efetivos a serem reparados, aplicando-se, por analogia, o disposto no § 1º do art. 509.

Importa destacar que a sentença penal condenatória só é título executivo judicial e, consequentemente, só pode desempenhar a sua plena função processual em face daquele que ela reconhece como causador do dano; nunca em relação a outras pessoas. Para eventual responsabilização cível de outrem a partir do fato criminal, põe-se a necessidade de demandar quem de direito para, em amplo contraditório, criar título executivo.

2.2.7 Sentença arbitral

Dialogando com o art. 31 da Lei n. 9.307/1996, a lei da arbitragem, o inciso VII do art. 515 refere-se à sentença arbitral como título executivo judicial.

Ainda que recuse, mesmo ciente de pertencer a corrente minoritária, o caráter jurisdicional da arbitragem – o órgão arbitral não produz nenhum ato revestido de imperatividade –, reconheço a possibilidade de a lei *equiparar* um ato não jurisdicional a um ato jurisdicional. A iniciativa não viola nenhum elemento do "modelo constitucional" e apenas atesta inequívoca política legislativa, agasalhada pelos §§ 1º a 3º do art. 3º, de incentivar meios alternativos de solução de conflitos, inclusive por intermédio da arbitragem.

Sobre o assunto, não é demasiado recordar do art. 1.061, que deu nova redação ao § 3º do art. 33 da referida Lei n. 9.307/1996. Segundo o dispositivo, a decretação da nulidade de sentença arbitral pode ser requerida na impugnação ao cumprimento de sentença, tema que remete ao art. 525 e ao n. 4.3, *infra*. Os fundamentos da nulidade são circunscritos às hipóteses do art. 32 daquele diploma legal.

2.2.8 Sentença e decisão interlocutória estrangeiras

O inciso VIII do art. 515 prevê a sentença estrangeira homologada pelo STJ como título executivo judicial. O inciso IX do mesmo dispositivo complementa a previsão ao prever que também a *decisão interlocutória* estrangeira é título executivo judicial após a concessão do *exequatur* à carta rogatória, pelo Tribunal competente, o STJ.

A competência do STJ para a referida homologação reside na alínea "i" do inciso I do art. 105 da CF. O *procedimento* para tanto deve observar os arts. 960 a 965, aos quais me volto no n. 7 do Capítulo 16. Há verdadeira exceção à regra do inciso VIII do art. 515 no § 5º do art. 961, ao admitir que a sentença estrangeira de divórcio consensual produza efeitos no Brasil, independentemente de homologação pelo STJ. Neste caso, contudo, compete a qualquer órgão jurisdicional brasileiro examinar a validade da decisão, como expressamente prevê o § 6º daquele mesmo dispositivo.

2.2.9 Citação para início da etapa de cumprimento

A regra para o início da etapa de cumprimento da sentença é que o réu seja *intimado* para tanto, observando-se as diversas hipóteses do § 2º do art. 513.

O § 1º do art. 515 excepciona aquela regra, pertinentemente. Nos casos dos incisos VI a IX, lê-se do dispositivo, o devedor será *citado* no juízo cível para cumprimento de sentença ou, se ela for necessária, para dar início à liquidação da sentença, tudo no prazo de quinze dias.

A previsão é plenamente justificável. Nos casos mencionados (sentença penal, sentença arbitral, sentença estrangeira ou decisão interlocutória estrangeira) não há, ainda, na esfera cível, nenhum processo já iniciado que esteja migrando para a etapa de cumprimento. O que houve, nestes casos, é processo "penal", "arbitral" e, até mesmo, um processo perante o STJ para obtenção da autorização de internação da decisão (sentença ou interlocutória) no ordenamento jurídico brasileiro.

Em tais casos, a citação será realizada com observância da disciplina a ela pertinente, observando-se, inclusive, a preferência dada pelo art. 246, na redação que lhe deu a Lei n. 14.195/2021, à sua realização por meio eletrônico.

2.3 Competência

O requerimento a que alude o § 1º do art. 513 deve ser apresentado ao juízo competente, objeto da disciplina do art. 516.

Segundo aquele dispositivo, os Tribunais são competentes para o cumprimento de sentença nas causas de sua competência *originária* (art. 516, I).

A mais comum das hipóteses é a prevista no inciso II do art. 516: o juízo que decidiu a causa no primeiro grau de jurisdição, previsão que evidencia que a competência *recursal* eventualmente exercida pelos Tribunais com relação à decisão que fundamenta a etapa de cumprimento (o título executivo) não interfere no reconhecimento da sua competência *também* para aquela etapa, até porque se trata do mesmo processo.

O inciso III do art. 516, relaciona-se às hipóteses do § 1º do art. 515. Tratando-se de cumprimento de sentença baseado em sentença penal condenatória, sentença arbitral ou decisão estrangeira, competente é o juízo cível respectivo, devendo as regras genéricas que apresento no n. 6 do Capítulo 3 serem observadas para identificá-lo. No caso da decisão estrangeira, há previsão expressa no inciso X do art. 109 da CF, a impor a competência da justiça federal em detrimento da justiça estadual, sendo indiferente a ausência da União Federal ou de qualquer pessoa ou entidade sua em um dos polos do processo.

O parágrafo único do art. 516 permite que o exequente, nos casos dos incisos II e III do mesmo artigo, opte por juízo diverso: o do atual domicílio do executado, pelo juízo do local onde se encontrem os bens sujeitos à execução ou, ainda, pelo juízo onde deva ser satisfeita a obrigação de fazer ou de não fazer. Nestes casos, completa o dispositivo, a remessa dos autos do processo será solicitada ao juízo de origem. Quem o solicitará, pergunta o prezado leitor. E a resposta parece ser: pelo juízo que vier a apreciar o requerimento para início da etapa de cumprimento com base em uma das possibilidades do dispositivo.

Eventual questionamento do executado a esta escolha (art. 525, § 1º, VI) repousa na não ocorrência dos fatos autorizadores da alteração permitida pelo parágrafo único do art. 516.

Uma última palavra: o prezado leitor perceberá que o inciso III do art. 516 faz menção ao Tribunal Marítimo e se perguntará, pertinentemente, a razão disso. A explicação é simples. O rol do art. 515 continha, originalmente, um décimo inciso, que previa os acórdãos proferidos por aquele Tribunal como títulos executivos judiciais. O dispositivo foi objeto de veto presidencial, tornando inócua, por isso, a previsão sobre a competência que o dispositivo aqui analisado a ele fazia.

2.4 Protesto da decisão transitada em julgado. Negativação do executado

O art. 517, novidade trazida pelo CPC de 2015, autoriza o *protesto* da decisão judicial transitada em julgado, após findo o prazo de quinze dias para pagamento voluntário.

Seus §§ 1º e 2º indicam os elementos necessários para a lavratura do protesto: certidão de teor da decisão (que é o título executivo), a ser fornecida pelo órgão jurisdicional em três dias e que deverá indicar o nome e a qualificação das partes (exequente e executado), o número do processo, o valor da dívida e a data de decurso do prazo para pagamento voluntário. Como, de acordo com o *caput* do dispositivo, o protesto pressupõe o transcurso do "prazo para pagamento voluntário previsto no art. 523", é correto entender que o "valor da dívida" deve incluir a multa de 10% e os honorários advocatícios de 10% fixados por força do § 1º daquele dispositivo.

Se houver ação rescisória ajuizada pelo executado contra a decisão que o exequente quer cumprir, é possível, a pedido do executado e às suas expensas e sob sua responsabilidade, a sua anotação "à margem do título protestado" (art. 517, § 3º).

O § 4º do art. 517, por fim, disciplina o cancelamento do protesto quando comprovada a satisfação integral da obrigação, por intermédio de ofício do magistrado.

O legislador certamente se impressionou com os números disponíveis sobre a eficiência do protesto como instrumento de cobrança de dívidas em geral. Há pesquisas a indicar que o índice de recuperação de títulos a protesto supera, ao menos na cidade de São Paulo, os 65%.

Além do protesto, cabe trazer à tona, também nesta sede, o § 5º do art. 782 que permite ao magistrado determinar a negativação do nome do executado, inserindo-o em cadastros de inadimplentes até que ele pague o valor devido, garanta o cumprimento da sentença (isto é, ofereça bens à penhora) ou que o processo (já em etapa de cumprimento *definitivo* de sentença) seja julgado extinto por qualquer outro motivo.

Não parece haver nenhuma contrariedade nas previsões acima destacadas ao "modelo constitucional". Não se trata de usurpação de ato jurisdicional, tampouco, de obstaculizar o acesso à Justiça do executado, o que agrediria o art. 2º e o art. 5º, XXXV, da CF, respectivamente.

É cedo para avaliar se as escolhas do legislador trarão bons resultados. A depender das precitadas pesquisas, é de esperar o crescimento dos índices dos cumprimentos de sentença antes da prática de atos expropriatórios. Nesse sentido, o protesto e/ou a negativação funcionarão como técnicas coercitivas que, bem compreendidas pelo executado, acabarão por convencê-lo de que a melhor escolha é acatar a *ordem* judicial. O que lamento, neste *Manual*, é que, se isso ocorrer, estará confirmada a noção difusa de que ninguém respeita a autoridade judiciária pelo que ela é e decide, mesmo em casos como o aqui analisado, em que sua decisão é verdadeira ordem.

3. CUMPRIMENTO PROVISÓRIO

O CPC de 2015 dá maior destaque, do ponto de vista estrutural, ao que a tradição do direito brasileiro – e também do direito estrangeiro – conhece como "execução provisória". Traz, ainda, interessantes alterações substanciais nos três dispositivos que se ocupam especificamente do assunto, arts. 520 a 522.

Do ponto de vista estrutural, destaco que o instituto, doravante denominado "cumprimento provisório da sentença" – sendo a única menção a "execução provisória" a do § 3º do art. 961 no âmbito da homologação de sentença estrangeira, ao que tudo indica lapso da revisão – ganhou um Capítulo próprio, onde se localizam os precitados dispositivos, o Capítulo II do Título II do Livro I da Parte Especial, intitulado "Do cumprimento provisório da sentença que reconhece a exigibilidade de obrigação de pagar quantia certa".

A nomenclatura empregada pelo CPC de 2015 é coerente com o que, desde o advento da precitada Lei n. 11.232/2005, já havia sido introduzido no cenário do direito processual civil brasileiro, e a dicotomia então criada – em verdade, *consolidada* – entre "cumprimento de sentença" e "processo de execução". Contudo, ao "atualizar" a nomenclatura, substituindo a palavra "execução" pela locução "cumprimento de sentença", o CPC de 2015 cometeu o mesmo equívoco que Federico Carpi na mais importante monografia que existe sobre o tema, escrita em 1979, já advertira com rica pesquisa na doutrina italiana desde o final do século XIX (*La provisória esecutorietá della sentenza*, p. 6/7): o que há na "execução *provisória*" e, para o CPC de 2015, no "cumprimento *provisório* da sentença" é, em verdade, execução (cumprimento) *imediato*. Os atos praticados nada têm de provisórios em si mesmo considerados e, neste sentido, não precisam ser validados ou confirmados *a posteriori*.

O que ocorre, e que é bem diverso, é o prosseguimento dos atos executivos até seus ulteriores termos e trânsito em julgado da decisão que lhes dá fundamento ou a responsabilização daquele que se beneficiou daqueles atos na hipótese oposta, de provimento parcial ou total do recurso pendente de julgamento. O que é provisório, em tais casos, é o título executivo que fundamenta a prática daqueles atos. Destarte, os atos executivos, isto é, os relativos ao cumprimento de sentença, nada têm de provisórios e são, na verdade, em verdadeiro *adiantamento* ou *antecipação* dos atos destinados à satisfação do direito do exequente, ainda que o seu reconhecimento não seja, ainda, definitivo.

3.1 Conceito e espécies

"Cumprimento provisório de sentença" é expressão que deve ser entendida como a possibilidade de os *efeitos* de decisão jurisdicional, qualquer decisão, não necessariamente sentenças, serem sentidos a despeito de haver recurso contra ela pendente. Há, neste sentido, verdadeira *antecipação* da eficácia da decisão que, ao menos em perspectiva de ideal de segurança jurídica, quiçá ultrapassada, só seriam sentidos após o respectivo trânsito em julgado, é dizer, julgamento de todos e quaisquer recursos dela interponíveis ou desde que não interpostos os recursos cabíveis.

A antecipação dos efeitos que destaquei no parágrafo anterior merece ser compreendida no sentido de ser admitida a *satisfação* do direito do exequente, tal qual representado no título executivo. Não se trata, destarte, da prática de atos que assegurem o resultado útil da etapa de cumprimento de sentença. Tanto assim que o inciso II do § 1º do art. 495 autoriza a hipoteca judiciária – que tem aquela função assecuratória – a despeito da possibilidade do cumprimento provisório da sentença.

A opção de permitir o cumprimento provisório deriva da lei, quando ela própria retira o efeito suspensivo de alguns recursos ("cumprimento provisório *ope legis*") ou por decisão do magistrado ("cumprimento provisório *ope judicis*"), para adotar dicotomia proposta por Federico Carpi nas páginas 8 e 9 da obra que já mencionei acima, plenamente adequada para o direito processual civil brasileiro.

Como não prevaleceu, no CPC de 2015, o que o Anteprojeto elaborado pela Comissão de Juristas e o Projeto do Senado propuseram sobre a retirada legal da regra do efeito suspensivo da apelação, há pouca novidade em termos de incidência para o cumprimento provisório *ope legis*. Será possível cumprir provisoriamente decisões sujeitas a apelo desprovido de efeito suspensivo (art. 1.012, § 1º), a recursos ordinários, a recursos especiais e extraordinários, todos estes por força do *caput* do art. 995, e também será possível cumprir decisões interlocutórias sujeitas a agravo de instrumento (art. 995, *caput*, e art. 1.019, I). Nestes casos, importa acentuar, o cumprimento provisório é viável desde que não seja atribuído efeito suspensivo ao recurso ou enquanto o efeito suspensivo não for agregado a ele (art. 995, parágrafo único, como regra e, para os extraordinários e especiais, art. 1.029, § 5º, preservado, no que aqui interessa, pela Lei n. 13.256/2016). Se e quando o for, os efeitos da decisão recorrida ficam suspensos, eliminando o espaço para o cumprimento provisório.

O CPC de 2015, inovando, no particular, em relação ao CPC de 1973 explicita que os embargos de declaração não têm efeito suspensivo (art. 1.026, *caput*), cabendo ao magistrado concedê-lo, consoante as peculiaridades do caso concreto (art. 1.026, § 1º). Por isto, a viabilidade do cumprimento provisório de decisão sujeita a embargos de declaração quando não concedido a eles efeito suspensivo é inquestionável. Também é correta a hipótese oposta: concedido o efeito suspensivo aos declaratórios, inibe-se o cumprimento provisório da decisão embargada ou, quando já iniciada, a prática dos atos executivos deve ser suspensa.

Questão interessante a este respeito surge sobre a pertinência do cumprimento provisório de *sentenças* sujeitas, em regra, a apelação munida de efeito suspensivo mas que desafiam, também, embargos de declaração. A interpretação que parece ser a mais adequada, é a de que, nestes casos, é descabido o cumprimento provisório porque o efeito suspensivo da apelação inibe, desde logo, a eficácia imediata da sentença, abrangendo e neutralizando a ausência de efeito suspensivo dos embargos declaratórios.

No que tange ao cumprimento provisório *ope judicis*, sua incidência depende de o magistrado conceder "tutela provisória" *na sentença*. Nestes casos, a tutela provisória concedida pelo magistrado tem o condão de, *retirando* o efeito suspensivo do apelo – que, de outro modo, incidiria diante da regra do *caput* do art. 1.012 –, viabilizar a eficácia *imediata* daquela decisão. Tanto assim que o inciso V do § 1º do art. 1.012 prescreve que produz efeitos imediatamente após a sua publicação a sentença que "confirma, *concede* ou revoga tutela provisória". Longe de ser novidade, a técnica já estava presente no CPC de 1973 e bastava interpretá-lo adequadamente para aplicá-la. Novidade seria, isso sim, tirar o efeito suspensivo *ope legis* da apelação, coisa que o CPC de 2015, embora tenha esboçado desde seu Anteprojeto, acabou não fazendo, graças ao Projeto da Câmara dos Deputados.

3.2 Regime do cumprimento provisório

Não há diferença ontológica entre o cumprimento provisório e o cumprimento definitivo. Quem o diz é o *caput* do art. 520 e que encontra eco seguro no art. 527, que determina a aplicação, ao cumprimento *provisório* da sentença, das regras relativas ao cumprimento *definitivo*.

As diferenças existentes não estão na qualidade dos atos executivos (que não são provisórios) mas em outros dois fatores: (i) na responsabilidade (objetiva) do exequente pelos danos que sua iniciativa puder causar no caso de provimento do recurso interposto pela parte contrária, na exata proporção em que seja modificado o título que fundamenta a prática dos atos executivos (art. 520, I a III) e (ii) na circunstância de a satisfação do exequente depender, como regra, da prestação de caução (art. 520, IV).

A última peculiaridade, contudo, apresenta variações, tais como as genéricas dos incisos do *caput* do art. 521, a do § 3º do art. 537, com relação à multa imposta com vistas ao cumprimento das obrigações de fazer e de não fazer (dispositivo que ganhou nova redação com a Lei n. 13.256/2016), e a do § 2º do art. 356, com relação ao cumprimento da decisão que julga antecipada e parcialmente o mérito.

O início da fase de cumprimento provisório da sentença dar-se-á por requerimento instruído, se os autos não forem eletrônicos, com as cópias exigidas pelo art. 522, do qual o executado será intimado para pagar em quinze dias sob pena de multa de 10% *e* honorários de advogado no mesmo percentual (arts. 520, § 2º, e 523, § 1º), exigência que merece a consideração crítica que faço no n. 3.2.3, *infra*.

Se o valor for pago, a multa e os honorários não serão devidos, devendo ser aguardado o desfecho do segmento recursal que confirmará ou não, no todo ou em parte, o título executivo, apurando-se a responsabilidade do exequente na medida exata de eventual alteração (art. 520, I a III). Se não houver pagamento, será expedido mandado de penhora e avaliação (se o bem penhorado não for dinheiro), seguindo-se, se for o caso, os cabíveis atos de expropriação para pagamento da dívida total, incluindo as novas verbas mencionadas.

Se o valor já estiver liquidado – inclusive em sede de "liquidação provisória" realizada por força do permissivo do art. 512 – ou depender de meros cálculos aritméticos, o requerimento deverá ser instruído com demonstrativo que cumpra as exigências do art. 524. Se houver necessidade de prévia liquidação do valor a ser perseguido no cumprimento provisório da sentença, o exequente observará o disposto nos arts. 509 a 511, que tratam da liquidação, "por arbitramento" ou "pelo procedimento comum".

O regime das despesas processuais em geral do cumprimento provisório da sentença não traz nenhuma peculiaridade em relação às do cumprimento definitivo, no que é indiferente a falta de repetição, pelo CPC de 2015, da referência a correr aquela etapa "por conta" do exequente, tal qual fazia o inciso I do art. 475-O do CPC de 1973.

3.2.1 Impugnação

O CPC de 2015 prevê, no § 1º do art. 520, a possibilidade de o executado apresentar impugnação ao cumprimento provisório da sentença, previsão que afasta qualquer dúvida que poderia haver diante do silêncio do CPC de 1973 a este respeito.

Questão importante, que deriva da expressão "se quiser", que se lê daquele dispositivo, é saber o que ocorre se o executado não apresentar a impugnação, a despeito do início dos atos executivos ainda que em sede de "cumprimento provisório da sentença". A melhor interpretação parece ser a de que o prazo para aquela iniciativa – cuja contagem deve observar as considerações do n. 4.3, *infra* – terá sido perdido, não podendo ser reavivado ou reaberto por causa do trânsito em julgado da decisão exequenda. Justamente porque os atos executivos praticados em sede de "cumprimento provisório" nada têm de *provisórios*, porque o que eles são é *antecipados*. O executado, nesses casos, poderá voltar-se aos atos executivos com fundamento não só no § 11 do art. 525 mas também – e de forma mais ampla – no art. 518, assunto ao qual volto no n. 4.3.5, *infra*.

3.2.2 Incidência de multa no caso de não pagamento

Questão tormentosa desde as modificações que a Lei n. 11.232/2005 introduziu no CPC de 1973 era a de saber se a multa de 10% para o caso de não pagamento em quinze dias pelo executado (art. 475-J, *caput*, do CPC de 1973) era devida. A doutrina dividiu-se, desde o início, em duas correntes opostas e o tema, no âmbito da jurisprudência do STJ, acabou tendendo ao sentido negativo.

O CPC de 2015 tomou partido expresso na questão e o fez em sentido diametralmente oposto ao da jurisprudência repetitiva do STJ. Assim é que o § 2º do art. 520 é claro quanto à incidência da multa de 10% no caso de o executado, devidamente intimado nos moldes do art. 513, § 2º, não pagar o valor reputado devido pelo exequente no prazo de quinze dias, ainda que em sede de cumprimento provisório da sentença.

O § 3º do art. 520 para afastar qualquer dúvida que, sobre o assunto, poderia ocorrer é claríssimo ao estatuir que "Se o executado comparecer tempestivamente e depositar o valor, com a finalidade de isentar-se da multa, o ato não será havido como incompatível com o recurso por ele interposto".

Diferentemente do que sustentei nas edições anteriores deste *Manual*, deve ser descartada a aplicação do art. 526 para os casos de cumprimento *provisório* da sentença. Isso porque a iniciativa do devedor para os fins do art. 526 é a de *pagar* o valor que pode ser exigido pelo credor independentemente de sua vontade ou colaboração com a prática dos atos executivos e, com isso, comprometer o recurso que ele próprio, o executado, interpôs e que ainda pende de julgamento. A hipótese não se confunde com a do § 3º do art. 520 porque naquele caso o comportamento do executado é expressamente excepcionado e valorado de maneira a não comprometer o segmento recursal diante da iniciativa do exequente.

3.2.3 Honorários de advogado

Como escrevi no n. 3.2, *supra*, o § 2º do art. 520 é expresso quanto à incidência no cumprimento provisório da sentença não só da multa na hipótese de não pagamento, mas *também* de honorários advocatícios. É esse o significado da remissão feita pelo dispositivo ao § 1º do art. 523.

Há, contudo, uma questão que não posso deixar de mencionar em relação ao dispositivo. A sua redação, quanto à incidência dos honorários advocatícios, não encontra fundamento nos Projetos do Senado e o da Câmara. Não se trata, diferentemente do que se lê da justificativa que se colhe, a respeito, no Relatório que acompanha o Parecer n. 956/2014, elaborado pelo Senador Vital do Rêgo, Relator-Geral do Projeto na última etapa dos trabalhos legislativos no Senado Federal, de mero aprimoramento redacional tornando explícito o cabimento dos honorários advocatícios de sucumbência também no cumprimento provisório de sentença.

O que há, bem diferentemente, é uma questão de *interpretação* dos textos que haviam sido aprovados no Projeto do Senado (arts. 87, § 1º, e 506, § 1º) e no Projeto da Câmara (arts. 85, § 1º, e 534, § 2º), que nada diziam *explicitamente* a respeito do assunto, limitando-se a prever os honorários no cumprimento de sentença. Que era possível *interpretar* aqueles dispositivos no sentido de que, também no cumprimento *provisório*, incidiam honorários advocatícios, não coloco em dúvida. A interpretação oposta, todavia, também era totalmente pertinente, justamente pela ausência de texto expresso em um e em outro sentido, entendimento que, de resto, encontrava eco na jurisprudência da Corte Especial do STJ (REsp repetitivo 1.291.736/PR, rel. Min. Luis Felipe Salomão, j. un. 20-11-2013, DJe 19-12-2013).

É o que basta para suscitar a inconstitucionalidade *formal* do § 2º do art. 520, por inequívoco transbordamento dos limites que, naquele instante do processo legislativo, eram impostos pelo art. 65 da Constituição Federal.

A despeito disso, é correto entender que no cumprimento provisório de sentença devem incidir *também* honorários advocatícios. Não por causa do texto maculado, evidentemente, que deve, nesta parte, ser considerado não escrito. Mas, bem diferentemente, por força da *interpretação* que decorre do § 1º do art. 85, e também por força do genérico art. 527. O problema, evidencio, é querer *impor* dada interpretação pela manipulação do *texto* legislativo; não sustentar uma ou outra interpretação a partir do texto legislativo legitimamente aprovado ao longo do processo legislativo.

3.2.4 Retorno ao estado anterior

Uma das consequências do regime do cumprimento provisório da sentença é a responsabilidade do exequente pelos danos causados ao executado quando for dado provimento ao recurso na exata proporção em que o título executivo, que fundamenta a prática dos atos executivos no cumprimento provisório, for alterado. É o que decorre, repito, dos incisos I a III do art. 520. A doutrina e a jurisprudência caminham no sentido de entender que esta responsabilidade é *objetiva*.

O que ocorre, contudo, quando a prática dos atos executivos conduzir à alienação de bem penhorado do executado?

O inciso II do art. 520 dispõe sobre o retorno das *partes* ao estado anterior. A regra merece ser interpretada ao lado do § 4º do art. 520 segundo o qual o retorno ao estado anterior *não* significa desfazimento da transferência de posse ou de alienação da propriedade ou de outro direito real eventualmente já realizada, resguardado, em qualquer caso, o direito de o executado perseguir, em face do exequente, eventuais prejuízos.

É correto concluir, diante daquele dispositivo, que *qualquer* alienação ocorrida no bojo do cumprimento provisório, mesmo quando entre as partes, deverá ser preservada, sem prejuízo da composição das perdas e danos que serão apuradas (liquidadas, diz o inciso II do art. 520) nos mesmos autos.

O CPC de 2015 abandonou – e o fez corretamente – a indevida menção feita pelo inciso II do art. 475-O do CPC de 1973 a que a liquidação far-se-á por *arbitramento*. Sem nenhuma adjetivação, o melhor entendimento (que já o era no CPC de 1973) é o de que as perdas e danos serão liquidadas de acordo com o *procedimento* ou com os *atos* que se justifiquem diante das peculiaridades do caso concreto. Assim, a depender da ocorrência da hipótese respectiva, observar-se-á o disposto nos arts. 509 a 511 e, não há por que descartar aprioristicamente, até mesmo da apresentação de mera memória de cálculo nos moldes do art. 524.

3.2.5 Execução provisória e título executivo extrajudicial

É clássica a lição de que a chamada execução provisória sempre foi algo inerente aos títulos judiciais. Tanto que, no que diz respeito à nomenclatura empregada pelo CPC de 2015, seu nome foi alterado para "cumprimento provisório da sentença".

Se a questão era bem resolvida do ponto de vista doutrinário e jurisprudencial, a Lei n. 11.382/2006, ao modificar substancialmente a alteração do art. 587 do CPC de 1973, passou a convidar à percepção da existência de, ao menos, um caso em sentido contrário, quando fosse interposto apelo (recebido *sem* efeito suspensivo) de sentença de rejeição de embargos à execução fundada em título extrajudicial. Neste caso, e só nele, a execução (originalmente fundada em título extrajudicial), prosseguiria de forma provisória.

A regra do art. 587 do CPC de 1973 na redação que lhe deu a Lei n. 11.382/2006 não encontra correspondência no CPC de 2015. A conclusão a ser alcançada, destarte, é que aquela hipótese *não* subsiste ao novo Código e, com isto, a Súmula 317 do STJ ("É definitiva a execução de título extrajudicial, ainda que pendente apelação contra sentença que julgue improcedentes os embargos") – e, mais amplamente, toda a doutrina que sempre se posicionou naquele mesmo sentido – volta a ter fundamento de validade com a nova codificação. Retomo o assunto, na perspectiva dos embargos à execução, no n. 4.5 do Capítulo 15.

3.3 Dispensa da caução

O art. 521 trata das hipóteses em que a caução que, *como regra*, é exigida daquele que promove o cumprimento provisório da sentença para satisfação de seu direito ou sempre que os atos praticados puderem "resultar grave dano ao executado" (art. 520, IV), pode ser dispensada. Importa frisar desde logo: a caução é exigida para a *satisfação* do direito perseguido pelo exequente e não para o *início* da etapa de cumprimento provisório ou para o começo da prática dos atos executivos a ela inerentes.

O inciso I do art. 521 permite a dispensa da caução quando se tratar de crédito de natureza alimentar. A ressalva nele feita sobre ser indiferente a origem dos alimentos é pertinentíssima. É correto entender, portanto, que em quaisquer casos em que o crédito tenha natureza alimentar (direitos das famílias, responsabilidade civil nos casos de morte ou sequelas e, ainda, valores relativos à subsistência de trabalhadores, servidores públicos, profissionais liberais e de sua família [o prezado leitor lembrará, a propósito, do § 14 do art. 85 com relação aos honorários advocatícios e do inciso IV do art. 833, bem como do § 1º do art. 100 da CF], etc.) a incidência da regra é inquestionável e, com ela, a caução *deve* ser dispensada.

O inciso II do art. 521 dispensa a caução quando aquele que promove o cumprimento provisório demonstrar situação de necessidade. Trata-se da hipótese em que o exequente demonstra a premência do recebimento para evitar dano grave ou irreparável ao seu direito reconhecido no título executivo. O inciso II captura situações que não têm natureza alimentar, suficientemente cobertas pelo precedente inciso I.

A dispensa de caução nos casos de "agravo em recurso especial e em recurso extraordinário" (art. 521, III), que já era conhecida pelo inciso II do § 2º do art. 475-O do CPC de 1973, foi preservada pela redação original do CPC de 2015. Chamava a atenção na versão promulgada do CPC de 2015, contudo, aquele dispositivo restringir a dispensa de caução às então (e insubsistentes) hipóteses dos incisos II e III do art. 1.042, deixando de fora a do inciso I do mesmo dispositivo, isto é, quando aquele agravo fosse dirigido ao ato que indeferisse pedido de inadmissão de recursos extraordinário e especial intempestivos formulado com base nos arts. 1.035, § 6º, e 1.036, § 2º, respectivamente, *antes* das modificações trazidas pela Lei n. 13.256/2016 (doravante, o recurso cabível daquelas decisões é o agravo *interno*, como se lê do § 7º do art. 1.035 e do § 3º do art. 1.036, com a redação que lhes deu a precitada Lei). A restrição, sustentei na 1ª edição deste *Manual*, era formalmente inconstitucional porque ela não guardava relação com o que, a respeito, dispunham o Projeto do Senado e o Projeto da Câmara, tendo aparecido, apenas, na última etapa do processo legislativo. Devia, por isso mesmo, ser considerada como não escrita, violadora que era do art. 65, parágrafo único, da CF.

A Lei n. 13.256/2016 deu nova redação ao precitado inciso, *generalizando* a dispensa de caução a todo agravo em recurso especial e em recurso extraordinário. A iniciativa, a um só tempo, supera o vício de inconstitucionalidade formal existente no dispositivo original, e harmoniza o sistema processual civil à feição que aquele diploma legislativo deu ao referido agravo, que passou a ter como objeto o controle da decisão presidencial que inadmite recurso extraordinário e recurso especial na origem, nos termos e com a ressalva do *caput* do art. 1.042. A incidência do inciso III do art. 521 e da dispensa de caução nele prevista devem ser observadas também na eventualidade de existirem recursos derivados do processamento daquele agravo.

Diante da sistemática do CPC de 2015 e do valor por ele dado aos "precedentes" dos Tribunais Superiores, justifica-se o inciso IV do art. 521. Também é o caso de ser dispensada a caução quando a *decisão* (não apenas sentença, como se lê do dispositivo) provisoriamente cumprida for harmônica com súmula do STF e/ou do STJ ou, ainda, em conformidade com acórdão proferido no julgamento de casos repetitivos, isto é, no incidente de resolução de demandas repetitivas e nos recursos especial e extraordinário repetitivos (art. 928). Não só, contudo. Para além da *textualidade* do dispositivo, é correto entender que a consonância da decisão que dá fundamento ao cumprimento provisório com os indexadores jurisprudenciais do art. 927, incluindo eventuais Súmulas dos Tribunais de Justiça ou dos Tribunais Regionais Federais (art. 926, § 1º), atrai sua incidência (v. n. 2 do Capítulo 16).

Ainda sobre o tema, destaco ser correto compreender que cada uma das hipóteses previstas nos quatro incisos do art. 521 é suficiente, por si só, para dispensar a caução. Não se tratam de exigências cumulativas. Basta, portanto, que o crédito reclamado seja alimentar (independentemente de sua origem) *ou* que o exequente demonstre seu estado de necessidade *ou* que penda o agravo do art. 1.042 *ou*, por fim, que a decisão exequenda esteja em consonância com algum dos "indexadores jurisprudenciais" dos arts. 926 a 928 para justificar a dispensa da caução.

3.3.1 Manutenção da caução

O parágrafo único do art. 521 excepciona a possibilidade de dispensa prevista no *caput*. De acordo com a regra, "a exigência da caução será mantida quando da dispensa possa resultar manifesto risco de grave dano de difícil ou incerta reparação".

A letra do dispositivo não deve autorizar interpretação que se vincule única e exclusivamente à percepção do chamado "*periculum in mora* inverso", isto é, o hipotético dano a ser suportado pelo executado com os atos praticados em prol da satisfação do direito do exequente, ainda que fundados em título provisório. As reais chances de êxito do recurso interposto por aquele em face de quem se desenvolve o cumprimento provisório – e isto é especialmente importante nas hipóteses do incisos III e IV do art. 521 – têm que ser levadas em conta para deixar de dispensar a caução. Isto é da essência do cumprimento provisório e dos riscos processuais que ele envolve, máxime diante da eficácia pretendida pelo CPC de 2015 aos precedentes em um Código que *generaliza* o que ele próprio chama, em seu art. 311, de "tutela da evidência".

Embora não exista, no dispositivo, nenhuma referência a valor, diferentemente do que se colhia, a respeito, no CPC de 1973, não se mostra equivocado entender que o magistrado, consoante as peculiaridades de cada caso concreto, e sempre justificadamente, determine a dispensa da caução levando em conta *parte* do valor executado ou, ainda, de determinadas *prestações*.

3.3.2 Prestação da caução

O inciso IV do art. 520 exige que a caução seja "suficiente e idônea". Também que ela será "arbitrada de plano pelo juiz e prestada nos próprios autos".

O que o CPC de 2015 autoriza é que o próprio magistrado determine a prestação de caução – *suficiente* porque correspondente ao crédito reclamado pelo exequente e/ou aos danos afirmados e comprovados pelo executado, e *idônea* porque comprovadamente existente e representativa de liquidez – nos próprios autos em que os atos executivos são praticados, por mera petição, sempre sujeita (e nem poderia ser diferente) ao prévio contraditório.

O momento da prestação da caução é o da satisfação do direito do exequente ou, como se lê do inciso IV do art. 520, quando houver "o levantamento de depósito em dinheiro e a prática de atos que importem transferência de posse ou alienação de propriedade ou de outro direito real".

Somente na raríssima situação em que o próprio início do cumprimento provisório da sentença ou em que a prática de algum ato *anterior* ao levantamento/transferência/alienação referidos, puder causar algum tipo de "grave dano ao executado", é que o *prévio* caucionamento poderá ser corretamente determinado pelo magistrado. É esta a melhor forma de interpretar a outra alternativa constante do mesmo dispositivo "ou dos quais possa resultar grave dano ao executado". Mesmo nestes casos, contudo, as razões devem ser submetidas ao prévio contraditório.

3.4 Documentação para o cumprimento provisório

O art. 522 trata da documentação necessária para a promoção do cumprimento provisório da sentença perante o juízo competente (que é o mesmo que tem competência para o "cumprimento *definitivo* da sentença", observando-se, para sua identificação, o disposto no art. 516).

Os incisos do parágrafo único do art. 522 indicam as seguintes peças do processo que deverão instruir o requerimento em que exequente tomará a *iniciativa* e, com ela, assumirá a *responsabilidade* (art. 520, I) de promover o cumprimento provisório:

> (i) Decisão exequenda. É a decisão (sentença, acórdão, interlocutória ou monocrática proferida no âmbito dos Tribunais) recorrida, que constitui o título executivo a funda-

mentar e vincular o cumprimento provisório e os atos executivos a serem praticados, objetiva e subjetivamente.

(ii) Certidão de interposição do recurso não dotado de efeito suspensivo. A referência é ao comprovante de que o recurso interposto da decisão que se pretende cumprir desde logo não tem ou a ele não foi dado, quando o caso, efeito suspensivo. Cópias dos autos que demonstrem a interposição do recurso e a decisão proferida acerca de seu recebimento e/ou a não atribuição de efeito suspensivo são suficientes para este fim.

(iii) Procurações outorgadas pelas partes e, complemento, os atos constitutivos de pessoas jurídicas e eventuais substabelecimentos. São documentos aptos a demonstrar a regularidade de representação processual das partes, inclusive no que diz respeito à etapa de cumprimento provisório da sentença. Nos casos em que a procuração é dispensada (Defensoria Pública, Ministério Público e advocacia pública), bastará a juntada da procuração da parte contrária.

(iv) Decisão de habilitação. Trata-se dos casos em que, tendo havido falecimento de alguma parte, houve *sucessão* no plano do processo nos moldes dos arts. 687 a 692. A iniciativa quer viabilizar que a prática dos atos executivos seja dirigida aos legitimados para tanto, com base no art. 779, II.

(v) Outras peças processuais. Caberá ao exequente, se for o caso – *facultativamente*, como se lê do dispositivo – instruir o seu pedido com "outras peças processuais" (...) "consideradas necessárias para demonstrar a existência do crédito". É o caso, por exemplo, de serem apresentados documentos relativos à quantificação do valor da obrigação; do novo endereço do executado; de cópias relativas a eventual transferência do crédito, até para fins de aferição da legitimidade nos moldes dos arts. 778 e 779, ou de decisão proferida em sede de embargos de declaração que tenha alterado em alguma medida o título executivo.

Todas estas peças deverão ser apresentadas em cópia ao juízo competente (os autos do "processo principal" já estarão ou estarão indo ao Tribunal competente para julgar o recurso) cuja autenticidade poderá ser certificada pelo "advogado", sob sua responsabilidade pessoal (art. 522, parágrafo único). Além do advogado, importa interpretar o dispositivo no sentido de compreender em sua dicção todo aquele que detém capacidade postulatória e, nesta condição, pleiteia o início do cumprimento provisório da sentença. Assim, não só os advogados privados instruirão seu requerimento com observância deste dispositivo, mas também os advogados públicos, os membros da Defensoria Pública e os membros do Ministério Público.

Caso o exequente deixe de apresentar, com seu requerimento de cumprimento provisório, alguma peça que, pelo menos ao magistrado, pareça ser indispensável para o início daquela etapa processual, não há por que *indeferir* o pedido. A ausência pode (e deve) ser suprida pelo magistrado. É típico caso que reclama a incidência do inciso IX do art. 139.

O prezado leitor perguntará sobre o processo eletrônico. Nestes casos, posso ouvir, as peças acima indicadas deverão ser apresentadas pelo exequente? O parágrafo único do art. 522 expressamente dispensa sua apresentação.

Em tal caso, como curial, não há necessidade de suporte físico em papel para dar fundamento a quaisquer pedidos das partes no processo e, por isto, não há por que observar aquela exigência. O que ocorrerá é que o exequente peticionará ao juízo competente identificando, com sua iniciativa, os respectivos "autos eletrônicos" que, por o serem, estão à sua disposição para dar o suporte necessário para a prática dos executivos cabíveis. Se houver necessidade de serem apresentados *novos* ou *outros* elementos, o inciso V do parágrafo único do art. 522 pode ser invocado por analogia.

3.4.1 Momento de formulação do requerimento

O § 2º do art. 1.012 dispõe que o requerimento relativo ao cumprimento provisório da sentença pode ser apresentado "depois de publicada a sentença". A prescrição tem fundamento na imorredoura doutrina de Barbosa Moreira (*Comentários ao Código de Processo Civil*, v. V, p. 257/259) que ensina que nos casos em que a decisão sujeita a recurso despido de efeito suspensivo – como é o caso da apelação dirigida às sentenças identificadas pelo § 1º do art. 1.012 – produz efeitos tão logo seja publicada e, neste sentido, não há por que aguardar eventual interposição de recurso. Se o recurso não for interposto, o cumprimento, de provisório passa a ser *definitivo*. Se ele for, mantém-se a eficácia da decisão reconhecida, como no caso, pela própria lei.

O referido dispositivo codificado *não* pode ser interpretado como se houvesse algum prazo para a promoção do cumprimento provisório da sentença. Não há e o pedido respectivo pode, consoante o caso, nem ser formulado. Sem a *iniciativa* do exequente, não há como admitir o início da etapa de cumprimento de sentença (art. 520, I). Nem o definitivo (v. n. 2.1, *supra*) e nem, como interessa aqui mais de perto, o provisório.

3.5 Outras modalidades obrigacionais

Chama a atenção a circunstância de o Capítulo II do Título II da Parte Especial, cuja análise agora concluo, restringir, pelo menos é o que se extrai de seu título, o cumprimento provisório a uma modalidade obrigacional, a de *pagar*. E se se tratar de cumprimento provisório de título executivo que reconhece a exigibilidade de obrigação de entregar coisa diversa de dinheiro ou fazer e não fazer?

A resposta é uma só: o referencial normativo para aqueles casos é – e só pode ser – o mesmo, decorrente dos arts. 520 a 522. É o que está expresso no § 5º do art. 520.

4. CUMPRIMENTO DEFINITIVO DA SENTENÇA QUE RECONHEÇA A EXIGIBILIDADE DE OBRIGAÇÃO DE PAGAR QUANTIA CERTA

Tratando-se de cumprimento de decisão que reconheça a exigibilidade de obrigação de pagar quantia já transitada em julgado (por isto, cumprimento *definitivo*), caberá ao exequente (que é o autor na etapa de conhecimento) requerer a intimação do executado (o réu na etapa de conhecimento) para pagar em quinze dias o valor indicado no requerimento especialmente apresentado para tanto, dando início à etapa de cumprimento, acrescido de eventuais custas processuais, sob pena de multa de 10%.

Este requerimento, referido pelo *caput* do art. 523, é o mesmo a que se refere o § 1º do art. 513. As variantes para a *intimação* do executado para pagamento são, por sua vez, aquelas que constam do § 2º do art. 513. Sendo o caso de prévia *citação* (§ 1º do art. 515), aplicar-se-ão as regras usuais da prática daquele ato processual (arts. 238 a 259), incluindo a viabilidade de ela se realizar *preferencialmente* por modo eletrônico, mercê das novidades introduzidas pela Lei n. 14.195/2021, conforme exponho no Capítulo 5.

Importa destacar, com a atenção voltada ao *caput* do art. 523, que ele pressupõe que o *quantum debeatur* seja de pleno conhecimento do exequente. É o caso de a própria decisão a ser cumprida tê-lo identificado desde logo ou porque o valor foi fixado na etapa de liquidação imediatamente anterior. Na primeira hipótese, como adiantei no n. 6 do Capítulo 12, caberá ao requerente demonstrar o valor em memória de cálculo especialmente preparada para o início da etapa de cumprimento, assunto ao qual, com base no art. 524, volto-me no n. 4.2, *infra*. Se o valor da liquidação precisar ser atualizado monetariamente ou calculados novos juros e/ou despesas processuais, o demonstrativo a que se refere o art. 524 é necessário e suficiente para o início da etapa de cumprimento da sentença.

O *caput* do art. 523 faz menção também aos casos de "decisão sobre parcela incontroversa", que fazem lembrar da possibilidade de julgamento antecipado *parcial* do mérito do art. 356. Também nessas hipóteses, põe-se o problema de saber se a parcela é, ou não, *líquida*. Se sim, basta ao exequente apresentar o demonstrativo de crédito do art. 524. Se não, é necessário que *antes* do início da etapa de cumprimento, o valor seja liquidado, observando-se para tanto, as regras dos arts. 509 a 512. A previsão harmoniza-se com os §§ 1º, 2º e 4º do art. 356, com os quais me ocupo no n. 3.3 do Capítulo 9.

A hipótese não deve ser confundida com a do § 1º do art. 526, que também se refere à possibilidade de levantamento da "parcela incontroversa" pelo autor. Ao assunto, volto-me no n. 4.4, *infra*.

O § 1º do art. 523 quer estimular o executado a pagar *voluntariamente* o valor indicado como devido pelo exequente. Para tanto, dispõe que o não pagamento no prazo de quinze dias acarretará a incidência (automática) de multa de dez por cento sobre aquele valor. O dispositivo também impõe de imediato e automaticamente o acréscimo de honorários advocatícios (verba de sucumbência) de dez por cento, cuja base de cálculo é o valor total do débito tal qual indicado pelo exequente em seu requerimento inicial, mas sem levar em conta o valor da multa. Diferentemente do que se mostrava mais correto sustentar diante do art. 475-J do CPC de 1973, o *caput* e o § 1º do art. 523 sugerem esta interpretação ao se referirem à incidência da multa *e* dos honorários sobre uma *mesma* base de cálculo, identificada, em ambos os dispositivos, como "débito". Tal "débito", por sua vez, deve ser compreendido como o correspondente ao que o exequente, para fins de início da etapa de cumprimento de sentença, indica em seu requerimento inicial, demonstrando-o na forma do art. 524 e que deve guardar sintonia com o que lhe foi reconhecido pelo título executivo.

A incidência dos honorários advocatícios, na espécie, justificam-se porque, sem o pagamento, há necessidade de serem praticados os atos executivos e o advogado precisa ser remunerado para tanto, sendo a *cumulação* dos honorários, pela etapa de conhecimento e, agora, pela etapa de cumprimento expressamente admitida pelo § 1º do art. 85. É orientação que já se mostrava vencedora no CPC de 1973, como faz prova bastante a Súmula 517 do STJ.

Tratando-se de advogado público, o destino dos honorários, também cabíveis, observará o que disseram as leis específicas de regência da sua instituição (art. 85, § 19). E se se tratar de defensor público? Os honorários também são devidos e sua destinação será a própria instituição (art. 4º, XXI, da LC n. 80/1994 na redação da LC n. 132/2009). Prevalece o entendimento de que a atuação do Ministério Público não rende ensejo a condenação de honorários advocatícios o que, na perspectiva das funções essenciais à Administração da Justiça, não tem muito sentido: era suficiente que a verba respectiva fosse para a instituição e não para seu membro individualmente considerado. De qualquer sorte, precisaria norma expressa para aquela finalidade.

Se, intimado (ou, se for o caso, citado) o executado, houver pagamento (voluntário), não há razão para prosseguimento da etapa de cumprimento. Ela, neste caso, encerra-se tão logo o exequente seja ouvido e confirme a suficiência do depósito e, consequentemente, a satisfação de seu direito. Ao magistrado, nesta hipótese, caberá proferir a sentença que se refere o art. 925, reconhecendo a satisfação do direito do exequente com fundamento no inciso II do art. 924.

Na hipótese de o pagamento ser *parcial*, a multa e os honorários advocatícios referidos no *caput* do art. 523, incidirão no restante (art. 523, § 2º).

Se não houver pagamento nenhum, têm início os atos executivos para, independentemente da vontade e até contra ela, serem retirados bens do patrimônio do executado para satisfação do direito do exequente. Com todo o cuidado, friso desde logo, porque, de acordo com o "modelo constitucional", ninguém será privado de seus bens sem o devido processo *constitucional* (art. 5º, LIV, da CF). É o que decorre do § 3º do art. 523, que autoriza, em rigor, no dia útil seguinte ao término do décimo quinto dia da intimação (ou citação), a expedição de "mandado de penhora e avaliação, seguindo-se os atos de expropriação", ou seja: o oficial de justiça, a partir da indicação do exequente ou de ofício localizará bens do executado para penhorá-los. Uma vez avaliados, eles serão alienados para que o dinheiro correspondente a eles satisfaça o crédito do exequente. Também pode ocorrer – e, preferencialmente, é isto que ocorrerá – que a penhora seja feita eletronicamente pelo próprio magistrado (é a chamada penhora *on line*) que, recaindo sobre dinheiro, dispensará quaisquer atos relativos à sua avaliação e à sua transformação. Mera transferência bancária será o suficiente para a satisfação do exequente (art. 906, parágrafo único).

4.1 Fluência do prazo para pagamento

Há duas questões importantes que o CPC de 2015 traz sobre a fluência do prazo para pagamento. Eles devem ser contados em dias úteis? E a partir de quando eles devem ser contados?

A primeira delas justifica-se diante do parágrafo único do art. 219. Os prazos *processuais* são contados em dias úteis. O prazo para *pagamento* é um prazo processual ou um prazo material? A melhor resposta parece ser a de que se trata de prazo *processual*, a fazer incidir, portanto, sua fluência apenas em dias úteis nos termos do *caput* daquele dispositivo. Não se esqueça, prezado leitor, que estamos tratando da etapa de cumprimento da sentença e não de adimplemento espontâneo (ou pagamento, na acepção de direito material) da obrigação pelo devedor. Há uma *ordem* de pagamento dirigida ao *executado* e a multa de 10% estipulada pelo § 1º do art. 523 é técnica executiva *coercitiva*, destinada a estimular o pagamento forçado. O que o dispositivo quer é que o executado obedeça à ordem a ele dirigida e é nesse sentido que prescreve a incidência da multa.

Não que não possa haver, neste instante do processo, acordo de vontades entre exequente e executado para disciplinar o pagamento da dívida de outra forma. Não é disto, contudo, que trata o § 1º do art. 523. Estamos, pois, no campo do *processo*, o prazo é *processual* e reclama a incidência do *caput* do art. 219.

A segunda questão relaciona-se com a previsão do § 3º do art. 231. Segundo aquele dispositivo, quando "o ato tiver de ser praticado diretamente pela parte ou por quem, de qualquer forma, participe do processo, sem a intermediação de representante judicial, o *dia do começo do prazo para cumprimento da determinação judicial corresponderá à data em que se der a comunicação*". É o caso de entender que os quinze dias para cumprimento a que se refere o *caput* do art. 523 têm início da própria intimação, excepcionando, assim, a regra de que o dia de início é excluído (art. 224)? Perceba, prezado leitor, que a diferença, mesmo que de um dia, pode autorizar a incidência da multa e dos honorários advocatícios, cada qual arbitrado em 10% sobre o valor debito.

A questão conduz a diferentes respostas, em harmonia com as hipóteses descritas pelos incisos do § 2º do art. 513.

Quando a intimação for dirigida ao advogado constituído nos autos (art. 513, § 2º, I), deve prevalecer o entendimento de que, na contagem do prazo está excluído o dia de início e incluído o dia do vencimento (art. 224, *caput*).

Nas demais hipóteses do § 2º do art. 513, tanto quanto na do seu § 4º, parece ser mais correto entender que incide o § 3º do art. 231. É que, em todas aquelas situações, o executado é intimado *pessoalmente* para o cumprimento e, em rigor, o comportamento que dele se espera – o atendimento à ordem judicial – independe de qualquer capacidade postulatória. Trata-se, aceita a distinção, de uma "disposição em sentido em contrário", anunciada pelo próprio *caput* do art. 224.

4.2 O requerimento para início da etapa de cumprimento. Demonstrativo discriminado e atualizado do crédito

O § 1º do art. 513 é claríssimo quanto à circunstância de o cumprimento (provisório ou definitivo) da sentença que reconhece o dever de pagar quantia depender de requerimento do exequente. É como se dissesse que, sem requerimento, não tem início a etapa de cumprimento de sentença. É hora de examinar as exigências feitas pelo art. 524 para a elaboração deste requerimento.

A primeira exigência que consta do *caput* do art. 524 é a de que o requerimento seja instruído com "demonstrativo discriminado e atualizado do crédito". A referência é feita à necessidade de apresentação do cálculo justificado do valor perseguido na etapa de cumprimento, em total harmonia, com a previsão do § 2º do art. 509. Mesmo nos casos em que a prévia etapa de liquidação justificar-se, este demonstrativo pode ser apresentado para demonstrar a *atualidade* do valor perseguido pelo exequente.

O demonstrativo deve conter os seguintes elementos:

(i) o nome completo e o número do CPF ou do CNPJ do exequente e do executado, consoante se trate de pessoa natural ou jurídica, respectivamente. Com relação à obtenção destes dados, o inciso I do art. 524 determina a observância dos §§ 1º a 3º do art. 319, que permite ao exequente requerer ao juízo diligências para sua obtenção, sendo certo que a sua falta não é motivo apto a obstacularizar o regular andamento do processo quando o executado puder ser suficientemente identificado (e, no caso, do cumprimento da sentença, etapa de um mesmo processo, esta hipótese não deve ocorrer com pouca frequência) ou quando sua exigência tornar impossível ou excessivamente oneroso o acesso à Justiça.

(ii) índice de correção monetária adotado na elaboração dos cálculos, que deve observar o que a decisão a ser cumprida determina a seu respeito, inclusive quanto ao início de sua incidência.

(iii) os juros aplicados e as respectivas taxas, que também deve observar o que a decisão dispõe a respeito, inclusive com relação a seu termo inicial e ao seu termo final. Se for o caso, a periodicidade da capitalização dos juros deve ser indicada também.

(iv) sendo o caso, deverão ser discriminados eventuais descontos obrigatórios realizados a identificação do valor devido.

Além destas exigências, que dizem respeito ao valor perseguido pelo exequente, ela poderá indicar desde logo, sempre que possível, os bens que pretende ver penhorados caso o executado não realize o pagamento após sua intimação para tanto (art. 524, VII). A medida pretende agilizar a prática dos atos executivos propriamente ditos com a expedição do mandado de penhora e avaliação a que se refere o § 3º do art. 523.

Os §§ 1º e 2º do art. 524 tratam da hipótese de o cálculo constante no demonstrativo parecer exceder os limites da decisão que se pretende ver cumprida. Neste caso, preceitua o § 1º, a etapa de cumprimento tem início pelo valor pretendido, mas a penhora terá por base a importância que o magistrado entender adequado. O § 2º completa a regra, permitindo ao magistrado valer-se do contabilista do juízo, auxiliar da justiça referido pelo art. 149, que terá o prazo de trinta dias, ou outro a ser fixado, para verificação do acerto dos cálculos.

A previsão do § 1º do art. 524 merece ser criticada: o mais correto em termos de *eficiência* da prestação jurisdicional é que eventual discordância do magistrado sobre o valor pretendido pelo exequente já conduzisse à realização de incidente cognitivo, inclusive com a participação do contador nos termos do § 2º. É possível, contudo, que o magistrado, forte nos deveres-poderes do art. 139, inclusive na previsão de seu inciso IX, tome aquela iniciativa para evitar desperdício de atividade jurisdicional.

Os §§ 3º a 5º do art. 524 lidam com a hipótese de elementos indispensáveis para *elaboração* ou *complementação* do demonstrativo estarem em mãos do executado ou de terceiros.

No primeiro caso, em que aqueles elementos sejam indispensáveis para a *elaboração* do demonstrativo, o magistrado pode determinar sua apresentação que, não acatada, pode conduzir a prática do crime de desobediência (§ 3º), a ser apurado e sancionado de acordo com as regras do direito processual penal, inclusive perante o órgão jurisdicional competente.

Se a situação for de *complementação* dos dados necessários para elaboração do demonstrativo e eles estiverem em mãos do executado, o magistrado, a requerimento do exequente, determinará sua entrega em, no máximo, trinta dias (§ 4º). Se não forem apresentados e não houver justificativa, serão considerados corretos os que o exequente, com os dados que possui, conseguir elaborar (§ 5º).

A presunção assumida pelo § 5º do art. 522 é diversa daquela que, no âmbito da exibição de documento ou coisa (art. 400, *caput*), foi alvo da crítica que fiz no n. 8.1 do Capítulo 10. Aqui, o exequente dispõe de elementos aptos para a elaboração dos cálculos e, por isto, a inércia injustificada do executado pode acarretar a presunção de que os cálculos daquele modo elaborados são corretos. Lá, não há em rigor, elemento nenhum e, por isto, a presunção criada pela regra é questionável. De qualquer sorte, tanto lá como cá – e isso vale também para a hipótese do § 3º do art. 522 –, entendo que o magistrado *deve*, se assim entender ser o caso, criar condições efetivas de ter acesso àqueles dados para compor o valor devido em sua inteireza. Para este fim, poderá valer-se das técnicas previstas nos arts. 139, IV, e 370.

4.3 Impugnação

O executado que, insisto, nada mais é do que o *réu* na etapa de cumprimento da sentença, pode questionar a prática dos atos executivos destinados à satisfação do direito do exequente (o *autor* na etapa de cumprimento). O nome pelo qual ele exerce este seu direito, verdadeira e inequívoca *defesa*, é, *impugnação*.

O prazo para apresentação da impugnação, quando se tratar de cumprimento de sentença que reconhece a exigibilidade de obrigação de pagar quantia certa, consoante o *caput* do art. 525, é de quinze dias após os quinze dias que o executado tinha para pagamento voluntário (art. 523, *caput*). O § 3º do art. 525 determina a aplicação do art. 229 na impugnação, o que significa dizer que, havendo mais de um executado representado por advogados de diferentes escritórios de advocacia, o prazo para a impugnação será computado em dobro, a não ser que se trate de autos eletrônicos (art. 229, § 2º).

O início do prazo para que o executado oferte a impugnação independe de qualquer intimação ou de qualquer outro ato ou acontecimento processual. Ele tem início *automaticamente* desde que estejam encerrados os quinze dias que dispunha para pagamento. É correto entender, destarte, que no primeiro dia útil que se seguir ao décimo quinto dia útil para o pagamento, nos moldes do *caput* do art. 523, está deflagrado o prazo da impugnação. Reitero, por oportuno, o entendimento que já externei no n. 4.1, *supra*, de que os dois períodos de quinze dias devem fluir apenas nos dias *úteis*, já que são prazos *processuais*, atraindo a incidência do *caput* do art. 219.

A apresentação da impugnação independe de prévia garantia de juízo, isto é, é desnecessário que sejam ou que tenham sido penhorados bens do executado suficientes para satisfazer o crédito do exequente.

A impugnação, por sua vez, será apresentada nos mesmos autos em que têm lugar os atos da já iniciada etapa de cumprimento.

4.3.1 Matérias arguíveis na impugnação

As matérias passíveis na impugnação, de acordo com o § 1º do art. 525, são as seguintes:

4.3.1.1 Falta ou nulidade da citação

A falta ou nulidade da citação é a primeira matéria a ser arguida pelo réu na impugnação. Trata-se, como destaquei no n. 2 do Capítulo 7, de pressuposto processual cuja ausência ou defeito compromete a *existência* do processo e, por isto mesmo, subsiste mesmo quando ocorre o trânsito em julgado da decisão que se quer cumprir.

O dispositivo faz expressa e pertinentíssima ressalva a este propósito: a etapa de conhecimento do processo deve ter corrido à revelia. É que o comparecimento do réu naquela etapa, ainda que para arguir falta ou nulidade da citação, tem o condão de convalidar o vício e, destarte, afastar a pertinência desta matéria para comprometer a formação do título executivo (art. 239, § 1º).

4.3.1.2 Ilegitimidade de parte

Embora seja comuníssima a correspondência das partes na etapa de conhecimento e na etapa de cumprimento, pode ocorrer por variadíssimas razões, modificações nos polos do processo, como, por exemplo, no caso de falecimento ou de cessão de créditos.

Nestes casos, a conferência das partes na etapa de cumprimento é de rigor e o momento adequado para tanto é a impugnação. Os arts. 778 e 779, embora tratem do assunto na perspectiva da execução fundada em título executivo extrajudicial, merecem ser considerados para este fim (v. n. 4.2 do Capítulo 15).

4.3.1.3 Inexequibilidade do título ou inexigibilidade da obrigação

A inexequibilidade do título relaciona-se a eventuais defeitos do próprio título executivo, considerado em seu aspecto formal.

A inexigibilidade da obrigação nele retratada diz respeito, em harmonia com a previsão do art. 783, à falta de um dos atributos do título executivo e deve ser analisada na perspectiva do direito material.

Os §§ 12 a 15 do art. 525 tratam, mais minudentemente, da inexigibilidade da obrigação referida no inciso III do § 1º do mesmo dispositivo. É o caso de analisar, desde logo, aquelas regras.

O § 12 do art. 525 prevê específica hipótese de inexigibilidade da obrigação. De acordo com o dispositivo, considera-se também inexigível a obrigação reconhecida em título executivo judicial fundado em lei ou ato normativo considerado inconstitucional pelo STF ou fundado em aplicação ou interpretação da lei ou do ato normativo tido pelo STF (e nenhum outro Tribunal) como incompatível com a CF, em controle de constitucionalidade concentrado ou difuso.

A descrição ampla do dispositivo vem para esclarecer diversas dúvidas decorrentes da mais acanhada redação do § 1º do art. 475-L do CPC de 1973. Chama a atenção, no particular, que também as decisões proferidas pelo STF no controle *difuso* da constitucionalidade possam ensejar a inexigibilidade da obrigação, a despeito de *não terem*, de acordo com o "modelo constitucional", efeitos vinculantes. E pior: independentemente de Resolução do Senado Federal que retire a norma jurídica declarada inconstitucional por aquele método do ordenamento jurídico. Esta específica previsão, destarte, é inconstitucional, por atritar com o § 2º do art. 102, da CF e também com o inciso X de seu art. 52, respectivamente.

O § 13 do art. 525 admite que, nos casos do § 12, os efeitos da decisão do STF sobre a inconstitucionalidade sejam "modulados no tempo, em atenção à segurança jurídica". A regra para trazer algo de novo deve ser interpretada no sentido de que é o juízo que conhecerá e julgará a impugnação que deverá fazer a modulação sempre que o STF, a despeito da expressa autorização constante do art. 27 da Lei n. 9.868/1999, não a fizer. Quando menos, que o § 13 está a autorizar, expressamente, que o STF possa também modular os efeitos da inconstitucionalidade no controle *incidental* de inconstitucionalidade, providência não alcançada pelo precitado art. 27 da Lei n. 9.868/1999, restrita ao controle *concentrado*. Pode acontecer de a modulação afastar do caso concreto a incidência da inconstitucionalidade reconhecida pelo STF, justamente para preservar a segurança jurídica.

O § 14 do art. 525, por sua vez, quer resolver questão importante que vinha sendo respondida de variadas formas pela doutrina com base no precitado § 1º do art. 475-L do CPC de 1973. Para que a inexigibilidade da obrigação decorrente da decisão do STF (§ 12) seja veiculada na impugnação é mister que aquele Tribunal a tenha tomado antes do trânsito em julgado da decisão que se quer cumprir.

Se a decisão do STF for posterior ao trânsito em julgado da decisão exequenda, a hipótese deverá ser veiculada pelo executado em "ação rescisória", fundamentando-a no inciso V do art. 966. A novidade, no caso, trazida pelo § 15 do art. 525 está em que o prazo para a rescisória flui do trânsito em julgado da própria decisão tomada pelo STF.

Embora a distinção e a harmonia das regras dos §§ 14 e 15 do art. 525 sejam inequívocas, não posso deixar de indicar, mesmo nos limites deste *Manual*, que a origem do § 15 não está clara no Parecer 956/2014 e nem no Parecer 1.099/2014, que antecederam a conclusão dos trabalhos legislativos relativos ao novo CPC no Senado, em dezembro de 2014. Ao que tudo indica, trata-se de regra acrescentada na revisão a que seu texto foi submetido antes de ser enviado à sanção presidencial e, nesse sentido, violador dos limites impostos pelo art. 65 da CF ao processo legislativo naquela derradeira etapa. Sua inconstitucionalidade *formal*, portanto, pode e deve ser reconhecida, afastando, por essa razão, o diferencial com relação ao prazo da ação rescisória naqueles casos, prevalecendo, também para eles, o art. 975. Não fosse pelo aspecto formal, é questionável, do ponto de vista substancial, a constitucionalidade do § 15 do art. 525, diante da segurança jurídica, derivada inequivocamente do inciso XXXVI do art. 5º da CF.

Sobre aqueles dois parágrafos, destaco, ainda, a regra de direito intertemporal do art. 1.057. Segundo aquele dispositivo, localizado no Livro Complementar do CPC de 2015, o disposto neles (e isso também é válido para os §§ 7º e 8º do art. 535, que trata da impugnação apresentada pela Fazenda Pública) só se aplica às decisões transitadas em julgado *após* a entrada em vigor do CPC de 2015, preservando, para as que transitaram em julgado anteriormente, o regime do § 1º do art. 475-L e do parágrafo único do art. 741, este para as execuções contra a Fazenda Pública, ambos do CPC de 1973. O isolamento dos atos processuais neste caso – medida excepcional no CPC de 2015 – é suficientemente revelador do alcance pretendido pelas novas regras.

4.3.1.4 Penhora incorreta ou avaliação errônea

Sendo o caso, a impugnação deverá questionar também a realização indevida de penhora ou a avaliação errônea do bem penhorado. A ressalva é importante porque, em rigor, a impugnação pode ser apresentada *antes e independentemente* de prévia penhora.

Para a penhora ou para a avaliação posterior, apresso-me a lembrar ao prezado leitor o art. 518, que permite ao executado, independentemente de a impugnação questionar os atos posteriores à sua apresentação. A ele dedico-me no n. 4.3.5, *infra*.

4.3.1.5 Excesso de execução ou cumulação indevida de execuções

O inciso V do § 1º do art. 525 trata de dois fundamentos diversos para a impugnação.

O primeiro é o excesso de execução que reside na circunstância de o exequente pretender valor superior ao que lhe é atribuído pelo título executivo.

Neste caso, a exemplo do que o § 3º do art. 917 exige do executado para os embargos à execução, cabe ao executado declarar, na própria impugnação, o valor que entende correto, apresentando demonstrativo discriminado e atualizado de seu cálculo (art. 525, § 4º). Se não indicar o valor correto e nem fizer a prova escorreita, a impugnação será liminarmente rejeitada, na hipótese de o excesso de execução ser seu único fundamento. Havendo outro fundamento, a impugnação será processada com relação aos demais, não merecendo análise o excesso de execução pelo magistrado (art. 525, § 5º).

A solução dada pelo § 5º pode parecer drástica, mas nada mais é do que a racionalização da ampla defesa a ser devidamente exercida pelo executado na impugnação. É ônus seu alegar o excesso de execução e fazer, desde logo, a prova respectiva.

Naqueles casos em que a indicação do valor exato e a demonstração dependerem de prova que vá além do mero cálculo aritmético ou documental em posse do executado, cabe a ele alegar justificadamente tais peculiaridades para que não incida a consequência prescrita para a sua omissão. É imaginar o exemplo em que a comprovação do excesso de execução depende, tanto quanto a identificação do valor devido exato, da realização de prova pericial. Em casos assim, cabe ao executado fornecer todos os elementos que permitam ao magistrado verificar a seriedade de sua alegação na própria impugnação – quiçá um trabalho técnico com base no art. 472 –, justificando a impossibilidade de produzir prova desde logo a seu respeito. Tudo se passa, portanto, na perspectiva do ônus da prova (art. 373, I) e, por isso, não apresenta nenhuma mácula ao princípio constitucional da ampla defesa.

A cumulação indevida de execuções, também referida no mesmo inciso V do § 1º do art. 525, não tem relação nenhuma com o excesso de execução. Trata-se da hipótese de o exequente pretender satisfazer dois ou mais direitos seus cuja cumulação em um único processo acaba por violar as regras do art. 780 por não ser idêntico o executado ou por não ser competente o mesmo juízo ou diverso o procedimento.

4.3.1.6 Incompetência absoluta ou relativa do juízo da execução

Similarmente às novidades que o CPC de 2015 trouxe à contestação e à viabilidade de, em preliminar, o réu arguir indistintamente a incompetência absoluta ou a relativa, o inciso VI do § 1º do art. 525 permite que o executado, em impugnação, suscite a incompetência *absoluta ou relativa* do juízo perante o qual a etapa de cumprimento teve início.

Nos casos em que o exequente buscar a prática dos atos executivos em juízos diversos, com fundamento no art. 516, a alegação ganha maior importância porque permitirá ao executado demonstrar que não ocorrem aqueles supostos fáticos a permitir o deslocamento da competência.

4.3.1.7 Causas modificativas ou extintivas da obrigação

O inciso VII do § 1º do art. 525 permite ao executado alegar "qualquer causa modificativa ou extintiva da obrigação como pagamento, novação, compensação, transação ou prescrição, desde que supervenientes à sentença".

São hipóteses em que, na perspectiva do direito material, o direito certificado no título executivo judicial está irreversivelmente esvaziado pela ocorrência de causas modificativas ou extintivas da obrigação no rol inequivocamente exemplificativo enunciado pelo precitado dispositivo.

A exigência feita pela parte final, de que os fatos sejam *"supervenientes* à sentença" deve ser compreendida de maneira mais ampla e sistemática. Na verdade, trata-se do último momento em que, na etapa de conhecimento, for possível à parte (no caso, ao réu) introduzir alegação de fato *novo* no processo (art. 493).

Assim, mesmo que já tenha sido proferida a sentença, sendo possível ao réu alegar aqueles fatos em sede de apelo (art. 1.014) para que o Tribunal, apreciando-os, verifique de que maneira sua ocorrência afeta o direito do autor, não poderá o executado lançar mão da iniciativa na impugnação.

Na impossibilidade de fazê-lo, é evidente que o executado poderá valer-se da impugnação para aquele fim. Importa, nestes casos, contudo, justificar porque, a despeito da previsão do art. 1.014, inclusive em grau recursal, deixou de alegar aqueles fatos.

4.3.2 Suspeição e impedimento

O executado também poderá arguir a suspeição ou o impedimento do magistrado que preside a etapa de cumprimento de sentença. Neste caso, de acordo com o § 2º do art. 525, deverá observar o disposto nos arts. 146 e 148, isto é, fazendo-o por mera petição e não por impugnação.

A alegação daquelas matérias em sede de impugnação seria, em rigor, intempestiva porque o prazo de quinze dias do fato que dá ensejo à suspeição e ao impedimento flui de seu conhecimento o que, em rigor, deu-se no início da etapa, já com o prazo que dispõe para o pagamento na forma do *caput* do art. 523.

Ademais, pode acontecer de a alegação de impedimento ou de suspeição justificar-se ao longo da etapa de cumprimento, não guardando, também neste caso, nenhuma relação com o prazo ou com a dinâmica da impugnação. Prevalecem, pois, para estes casos, as regras específicas dos precitados dos arts. 146 e 148.

Feitos estes dois alertas, lamento que a previsão esteja alocada como um parágrafo da própria impugnação o que pode acarretar, se não compreendida devidamente, perda de prazo pelo executado para questionar a imparcialidade do magistrado. Não se trata, friso, de mera questão *formal*.

4.3.3 Efeito suspensivo

A impugnação não inibe a produção dos atos executivos, nem os de penhora e nem mesmo os de expropriação, o que equivale a dizer que ela não tem efeito suspensivo (1ª parte do § 6º do art. 525).

O executado pode, contudo, pleitear a concessão daquele efeito. Para tanto, precisará ocorrer concomitantemente o seguinte, consoante a parte final do § 6º do art. 525: prévia garantia de juízo com penhora (tratando-se de obrigação de pagar quantia), caução (tratando-se de obrigação de fazer ou de não fazer) ou depósito (tratando-se de obrigação de entrega de coisa) suficiente; os fundamentos da impugnação serem relevantes, o que significa dizer que as teses arguidas pelo executado devem ter probabilidade de serem acolhidas pelo magistrado (o que comumente é chamado de *fumus boni iuris*) e, por fim, o prosseguimento dos atos executivos deve ser manifestamente suscetível de causar ao executado grave dano de difícil ou incerta reparação (o que, em geral, é chamado de *periculum in mora*).

Ainda que seja atribuído efeito suspensivo à impugnação, prossegue o § 7º do art. 525, ele não impedirá a realização dos atos de substituição, de reforço ou redução da penhora e, tampouco, a avaliação dos bens penhorados. A regra deve ser compreendida no sentido de que, a despeito do efeito suspensivo, os atos executivos serão praticados até o ponto imediatamente anterior à alienação dos bens ou, tratando-se de penhora de dinheiro, seu levantamento ou transferência bancária para a conta do exequente. Tudo para que a satisfação do direito do exequente seja efetivada no menor tempo possível após a rejeição da impugnação.

O § 10 do art. 525 apresenta uma variante à regra. De acordo com ele, mesmo nos casos em que seja dado efeito suspensivo à impugnação, pode o exequente requerer o prosseguimento dos atos executivos – além dos limites delineados no § 7º do art. 525 – desde que ofereça e preste, nos mesmos autos, caução suficiente e idônea arbitrada pelo juiz. A regra não pode ser interpretada na sua literalidade. A retomada dos atos executivos em busca da satisfação do exequente depende não apenas da prestação da caução a que se refere o dispositivo mas também de inexistência de fundamento relevante conducente ao efeito suspensivo. Entendimento contrário seria prestigiar aquele que tem condições econômicas e/ou financeiras de prestar caução em detrimento daquele que tem direito mais provável de ser tutelado judicialmente.

Se o efeito suspensivo disser respeito apenas a parte da execução (o questionamento de uma parcela do crédito, por exemplo), os atos executivos prosseguirão com relação ao restante (art. 525, § 8º).

Havendo mais de um executado, a concessão de efeito suspensivo à impugnação apresentada por um deles não interfere no prosseguimento dos atos executivos em relação aos que não impugnaram, a não ser que o fundamento da concessão seja comum ao prosseguimento dos atos executivos (art. 525, § 9º). Assim, por exemplo, se um executado consegue sensibilizar o magistrado a ponto de ser concedido efeito suspensivo à sua impugnação quanto ao excesso de execução de determinada parcela reclamada pelo exequente em relação a todos os executados, todos eles se beneficiarão daquele mesmo entendimento.

É correto entender que a decisão relativa ao pedido de concessão do efeito suspensivo do cumprimento de sentença (provisório ou definitivo) é, independentemente de seu conteúdo, imediatamente recorrível por agravo de instrumento. É decorrência da interpretação que, no n. 5 do Capítulo 17, proponho para a palavra "versar" empregada no *caput* do art 1.015, conjugada com o inciso X do mesmo dispositivo: *versar* sobre "concessão, modificação ou revogação do efeito suspensivo" compreende a decisão que *indefere* o pedido. Não haveria, sentido, de resto, entender recorrível a decisão quando o efeito suspensivo é pedido no âmbito dos embargos à execução (art. 919, § 1º; v. n. 4.4 do Capítulo 15) e não no cumprimento de sentença, diante dos *capi* dos arts. 513 e 771. Não fosse suficiente, e é irrecusável que o pedido de efeito suspensivo harmoniza-se por completo com a recorribilidade das decisões que versem sobre "tutelas provisórias" (art. 1.015, I), atraindo para cá as considerações que, a respeito daquele tema, faço no n. 4.6

do Capítulo 6. De resto, a recorribilidade imediata daquela decisão decorre suficientemente da previsão genérica do parágrafo único do art. 1.015.

4.3.4 Procedimento da impugnação

O CPC de 2015 é silente sobre o *procedimento* a ser observado na impugnação. Ele sequer prevê, como fazia o CPC de 1973, qual é o recurso cabível da decisão que a julga.

A melhor forma de preencher a lacuna é aplicar o disposto nos arts. 918 e 920, que tratam dos embargos à execução, o que encontra fundamento no *caput* do art. 513 e no parágrafo único do art. 771. Assim, as mesmas causas de rejeição liminar dos embargos à execução do art. 918 devem ser empregadas para repelir liminarmente a impugnação ao cumprimento de sentença (v. n. 4.3 do Capítulo 15). Superado o juízo positivo de admissibilidade da impugnação, o exequente deverá ser *intimado* para se manifestar em quinze dias, seguindo-se, conforme o caso, produção das provas que se façam necessárias (em audiência de instrução e julgamento ou fora dela) ou julgamento antecipado do mérito (art. 920; v. n. 4.5 do Capítulo 15).

Com relação ao recurso, cabe fazer a seguinte consideração, a despeito do que se lê no inciso III do art. 920, que se refere (invariavelmente) ao proferimento de *sentença*. É que o CPC de 2015 não traz regra como a do § 3º do art. 475-M do CPC de 1973. Segundo aquele dispositivo, a decisão que resolvesse a impugnação era recorrível mediante agravo de instrumento, salvo quando extinguisse a execução, caso em que o recurso cabível seria a apelação. A despeito do silêncio, aquela diretriz parece decorrer do sistema processual civil em vigor, diante da distinção legal (mais clara, embora ainda incompleta) entre decisão interlocutória e sentença feita pelos §§ 1º e 2º do art. 203 e que precede, inclusive na perspectiva lógica, a identificação do recurso cabível. Assim, se a impugnação for acolhida totalmente, motivando a extinção da fase do cumprimento de sentença (e do processo na primeira instância), o magistrado proferirá sentença, da qual o recurso cabível é a apelação (art. 1.009, *caput*). Se a impugnação for rejeitada, no todo ou em parte (e inclusive liminarmente, com base no art. 918), o recurso cabível será o agravo de instrumento (art. 1.015, parágrafo único), porque, em tais casos, o "processo", ainda que parcialmente, prossegue na primeira instância na fase de cumprimento e, consequentemente, a decisão será considerada interlocutória.

A ausência *ope legis* de efeito suspensivo do agravo de instrumento autoriza a incidência, aqui, das mesmas considerações que apresento, no n. 4.5 do Capítulo 15, para a fase recursal dos embargos à execução: ainda que a impugnação tenha sido processada com efeito suspensivo, a retomada dos atos executivos não atrai a incidência do regime dos arts. 520 a 522, isto é, do cumprimento provisório da sentença (v. n. 3, *supra*).

As verbas de sucumbência (art. 85, § 1º), ainda quando o desfecho da impugnação se der por decisão interlocutória, serão acrescidas "no valor do débito principal, para todos os efeitos legais", como se lê do § 13 do mesmo art. 85.

4.3.5 Manifestações do executado após a impugnação. Exceções e objeções de pré-executividade

Questões relativas a fatos supervenientes ao término do prazo para apresentação da impugnação, assim como aquelas relativas à validade e à adequação da penhora, da avaliação e dos atos executivos subsequentes devem ser arguidas pelo executado por "simples petição", observando, para tanto, o prazo de quinze dias da ciência do fato ou da intimação do ato (art. 525, § 11).

Para aplicação da regra parece ser indiferente que o executado tenha, ou não, apresentado a impugnação. O relevante é que a matéria que pretende arguir após a consumação do prazo que dispunha para tanto seja *nova* em relação àquele momento. O rol de questões mencionado no § 11 do art. 525 é, inequivocamente, exemplificativo.

A regra vem para substituir o que, no CPC de 1973, era alcançado pelos chamados "embargos de segunda fase" ou "embargos à arrematação ou adjudicação" que, em rigor, sempre foram solenemente desconsiderados pela prática do foro, justamente em favor de petições avulsas tendentes a criticar os variados atos executivos, inclusive após a apresentação da impugnação. A confirmar esse entendimento, o § 2º do art. 903 admite que a arrematação seja invalidada, considerada ineficaz ou resolvida por mera petição, desde que apresentada em até dez dias do aperfeiçoamento daquele ato. Todas as decisões proferidas nestas petições avulsas são recorríveis imediatamente por agravo de instrumento nos precisos termos do parágrafo único do art. 1.015.

Importa conjugar ainda o § 11 do art. 525 com o art. 518, segundo o qual todas as questões relativas à validade do procedimento de cumprimento da sentença e dos atos executivos subsequentes poderão ser arguidas pelo executado nos próprios autos e nestes serão decididas pelo juiz.

Que aquela regra quis normatizar as chamadas "exceções ou objeções de pré-executividade" (que nada mais são do que petições avulsas amplamente empregadas na prática do foro para permitir ao magistrado apreciar questões passíveis de conhecimento oficioso ou que independem de dilação probatória), não duvido. Ela, contudo, deve ser interpretada e aplicada no contexto do CPC de 2015: o executado deverá se voltar aos atos executivos pela *impugnação* no prazo que lhe é aberto nos moldes do art. 525, *caput*. Depois daquela oportunidade, deverá se valer das petições avulsas do § 11 do art. 525, observando o prazo nele exigido. Em rigor, não há (e não há razão para haver) uma terceira alternativa à disposição do executado, que em nada inibe ou obstaculiza seu exercício de *ampla* defesa também na etapa do cumprimento.

Como a impugnação, no CPC de 2015, independe de prévia garantia do juízo (art. 525, *caput*), não vejo como deixar de entender que as comuníssimas e já referidas "exceções ou objeções de pré-executividade" tenderão cair em desuso. Da mesma forma, o espaço do art. 518 deve ser compreendido dentro das manifestações destacadas e com necessária observância do prazo do § 11 do art. 525. Tudo em prol de maior eficiência processual também na etapa de cumprimento, o que se harmoniza, ademais, com a boa--fé objetiva do art. 5º e com o modelo de processo cooperativo do art. 6º.

4.4 Iniciativa do réu

O CPC de 2015 recupera e desenvolve interessante regra constante da versão original do CPC de 1973 (art. 570) que havia sido revogada pela Lei n. 11.232/2005 ao permitir ao réu dar início à etapa de cumprimento depositando (para fins de *pagamento*) o valor que ele entende devido, justificando-o por memória discriminada de cálculo, antes mesmo de ser intimado para o cumprimento da sentença nos moldes do art. 523, *caput*. É o que está no *caput* do art. 526.

Neste caso, o autor será intimado para, querendo, no prazo de cinco dias, questionar a suficiência do valor depositado. Isto, segundo o § 1º do art. 526, sem prejuízo de levantá-lo, considerando-o parcela incontroversa.

Se o magistrado convencer-se das alegações do autor (e deverá, antes disto, ouvir o réu no prazo de cinco dias a seu respeito, a despeito do silêncio, no particular, das regras aqui comentadas), isto é, quanto à insuficiência do depósito, incidirá sobre a diferença – a ser indicada e comprovada pelo autor em sua manifestação – multa de dez por cento e também incidirão honorários advocatícios de dez por cento, iniciando-se a prática dos atos executivos com a expedição de mandado de penhora e de avaliação nos moldes dos §§ 1º e 3º do art. 523 (art. 526, § 2º). Parece ser correto entender que a prática dos atos executivos dependa de requerimento expresso do autor, oportunidade na qual poderá também indicar os bens a serem penhorados.

O § 3º do art. 526 permite presumir que o silêncio do autor sobre a intimação do § 1º significa concordância com o valor depositado pelo réu. Nesta hipótese, o magistrado reconhecerá satisfeita a obrigação e extinguirá o processo (arts. 924, II, e 925).

Pergunta interessante é saber se o executado pode valer-se do art. 526 não para depositar o valor, e sim para ofertar bens à penhora. A resposta negativa é de rigor. O que o art. 526 quer é estimular o executado a pagar o valor que é devido satisfazendo o crédito e viabilizando a extinção do processo com fundamento no inciso II do art. 924. Não se trata, aqui, de agilizar ou de viabilizar a prática de atos constritivos por iniciativa do executado. A pensar de outro modo, todos os desdobramentos previstos nos parágrafos do dispositivo perderiam a razão de ser.

4.5 Atipicidade dos meios executivos

Sem prejuízo da disciplina que acabei de examinar, não há como perder de vista o alcance que, desde o n. 5.1 do Capítulo 4, sustentei para o inciso IV do art. 139, verdadeiro "dever-poder geral de *concretização*".

Aquele dispositivo, ao se referir expressamente às "ações que tenham por objeto *prestação pecuniária*", deve ser interpretado no sentido de ser correto ao magistrado, consoante se mostrem ineficazes ou inadequadas as soluções codificadas para a prestação da tutela jurisdicional das obrigações de pagar quantia, *variá-las* em prol de uma maior eficiência.

Não se trata de querer enfatizar o *comportamento* do devedor/réu/executado por trás do ato de pagamento em dinheiro, de forma a empregar a atipicidade que caracteriza (e expressamente) o modelo executivo das obrigações de fazer (art. 536, § 1º). Trata-se, de forma direta, de permitir ao magistrado, por exemplo, reduzir o prazo de quinze dias a que se refere o *caput* do art. 523 ou de aumentar a multa coercitiva do § 1º do mesmo dispositivo, para criar condições concretas para a eficiente prestação da tutela jurisdicional, que é a única desejada pelo "modelo constitucional do direito processual civil".

Seria sem sentido, à luz daquele modelo – e a lembrança do art. 1º do próprio CPC de 2015 a seu respeito nunca será demais – que o magistrado nada pudesse fazer, ainda que constate a inaptidão das técnicas típicas idealizadas pelo legislador para a prestação da tutela jurisdicional.

Destarte, sopesando os direitos contrapostos em jogo e fundamentando a *necessidade* da adoção de técnicas executivas *atípicas* – que estão expressamente autorizadas mesmo para as prestações pecuniárias pelo inciso IV do art. 139 –, poderá o magistrado *variar* as escolhas codificadas. A "tutela jurisdicional *executiva*", à cuja compreensão volto-me nos n. 3.2 e 4.1 do Capítulo 1 não pode ficar aquém, verdadeiramente escondida, por trás de escolhas ideológicas e políticas que, é ler o CPC de 2015 à luz da CF, não mais subsistem.

5. CUMPRIMENTO DA SENTENÇA QUE RECONHEÇA A EXIGIBILIDADE DE OBRIGAÇÃO DE PRESTAR ALIMENTOS

O Capítulo IV do Título II do Livro I da Parte Especial ocupa-se, em seus arts. 528 a 533 com o cumprimento da sentença que reconheça a exigibilidade de obrigação de prestar *alimentos*.

Trata-se de novidade quando comparado com o CPC de 1973 que não continha, a despeito das profundas modificações introduzidas pela Lei n. 11.232/2005, normas específicas para o cumprimento da sentença relativa aos alimentos. Justamente diante da ausência de uma regulação própria, a iniciativa do CPC de 2015 é pertinentíssima porque tende a colocar fim a uma série de questões que, no CPC de 1973, resultavam do contraste da precitada lei reformista com as regras genéricas dos alimentos constantes em seus arts. 732 a 735 (que, em rigor, só se referiam a títulos executivos *extrajudiciais*) e ainda com a Lei n. 5.478/1968, modificada para se compatibilizar com o CPC de 1973 pela Lei n. 6.014/1973. Para tornar mais coesa a disciplina do CPC de 2015 a respeito do assunto, o inciso V de seu art. 1.072 revoga expressamente os arts. 16 a 18 da precitada Lei n. 5.478/1968.

O CPC de 2015, no particular, também trata em locais distintos das normas relativas ao cumprimento da sentença envolvendo alimentos (os arts. 528 a 533 ora em análise) e das relacionadas à execução fundada em título executivo *extrajudicial* (arts. 911 a 913, que estudo no n. 3.4.7 do Capítulo 15). Tudo para apresentar soluções compatíveis e uniformes a todos os problemas que a miscelânea de leis (ou a falta delas) gerou no contexto do CPC de 1973.

É neste sentido que o art. 528 vem para uniformizar a (aparente) dualidade de regimes do cumprimento da sentença e da decisão interlocutória que impõem pagamento de verba alimentícia, compatibilizando, ademais, a possibilidade de cominação de prisão civil expressamente autorizada pelo inciso LXVII do art. 5º da CF com a *ordem* de pagamento constante do *caput* e do § 1º do art. 523 e com as demais técnicas disciplinadas pelo CPC de 2015.

De acordo com o *caput* do art. 528, o magistrado, a requerimento do exequente, intimará *pessoalmente* o executado para, em três dias, pagar o débito, provar que o fez ou justificar a impossibilidade de realizar o pagamento. Até a 3ª edição deste *Manual*, sustentei que a exigência feita pelo dispositivo, de intimação *pessoal*, devia ser entendida como exceção à regra genérica do § 2º do art. 513, que se contenta, em larga escala, com a intimação ao advogado do executado. Reflexão mais detida sobre o assunto conduziu-me a entendimento diverso, distinguindo dois dos três comportamentos valorados pelo *caput* do art. 528. Assim, quando a hipótese for de *comprovar o pagamento já feito* ou de *justificar a impossibilidade de fazê-lo*, o início do prazo de três dias deve ser o da juntada, aos autos, do comprovante respectivo. São atos que, para adotar a dicção do § 3º do art. 231, dependem de "intermediação de representante judicial". Se a hipótese for de pagamento, contudo, os três dias correm da própria intimação dirigida à parte, porque, neste caso, o ato de pagar independe daquela mesma intermediação. O que pressupõe a atuação de alguém munido de capacidade postulatória é a comprovação judicial do pagamento com as consequências dela derivadas, mas não a quitação da dívida em si mesma considerada. A distinção aqui proposta em relação ao quanto escrevi a propósito do *caput* do art. 523 (v. n. 4.1, *supra*) justifica-se porque lá a intimação não é, como regra, dirigida à própria parte, diferentemente do que impõe o *caput* do art. 528.

Se, no referido prazo de três dias (contados com as variantes aqui propostas à luz do art. 231, não obstante inequivocamente *úteis*, porque de índole *processual*), o executado não adotar nenhuma das posturas mencionadas – e o § 2º do art. 528 dispõe que somente a comprovação de fato que gere a impossibilidade absoluta de pagar justificará o inadimplemento –, o magistrado determinará o protesto da decisão judicial que legitima o cumprimento, observando, neste caso, o art. 517. Cabe notar que a decisão passível de protesto não é, tal qual a prevista naquele artigo, unicamente, a transitada em julgado. Aqui, a decisão interlocutória que determina o pagamento da pensão alimentícia, ainda que instável, pode ser levada a protesto.

A preferência à prisão civil como mecanismo coercitivo é manifesta. Assim, se não paga a dívida no prazo de três dias ou se não aceita a justificativa da impossibilidade de fazê-lo, sem prejuízo do protesto já mencionado, será decretada a prisão do executado, prisão esta que será cumprida em *regime fechado* pelo prazo de um a três meses, devendo o preso ficar separado dos presos comuns (art. 528, §§ 3º e 4º). Cumpre destacar que o art. 15 da Lei n. 14.010, de 10 de junho de 2020, que "dispõe sobre o Regime Jurídico Emergencial e Transitório das relações jurídicas de Direito Privado (RJET) no período da pandemia do coronavírus (Covid-19)" determinou que, durante o espaço de tempo que indica, o cumprimento da prisão civil se dê exclusivamente sob a modalidade domiciliar, sem prejuízo da exigibilidade das respectivas obrigações.

O § 5º do art. 528 estabelece que o cumprimento da pena não exime o executado do pagamento das prestações vencidas e vincendas, sendo certo, outrossim, que, de acordo com o § 7º do mesmo dispositivo, o débito que autoriza a prisão civil do executado é o relativo a até três parcelas vencidas antes do início da etapa de cumprimento (provisório ou definitivo) e as que se vencerem ao longo dela. É correto entender, com relação a este § 7º, que a orientação da Súmula 309 do STJ acabou sendo expressamente acolhida pelo CPC de 2015 o que é uma pena já que tende a dificultar o magistrado a decidir diferentemente a depender da real urgência ocorrente em cada caso concreto. Preferível, por isso, compreender aquele dispositivo como mera *presunção* (relativa) de insubsistência do caráter premente da dívida alimentar a afastar, como regra, a pertinência da prisão civil. Assim, sempre caberá ao magistrado examinar o caso concreto em busca de uma real e efetiva urgência que possa justificar, se encontrada, a cominação da prisão, a despeito de a dívida dizer respeito a dívida anterior a três meses. De qualquer sorte, paga a dívida, o cumprimento da ordem de prisão será suspensa (art. 525, § 6º).

O § 8º do art. 528 merece ser interpretado no sentido de que cabe ao exequente optar pela adoção das regras relativas ao cumprimento de sentença (arts. 523 a 527). Neste caso, não será admissível a prisão do executado, porque o executado será intimado para pagar em quinze dias sob pena de multa e sem prejuízo da nova fixação dos honorários advocatícios, e quando a penhora recair sobre dinheiro, poderá o exequente levantar mensalmente o valor a que faz jus ainda que à impugnação do executado seja concedido efeito suspensivo.

Por fim, o § 9º do art. 528 permite que o exequente promova o cumprimento relativo à obrigação alimentar no juízo de *seu* domicílio, além das alternativas previstas no parágrafo único do art. 516. Trata-se de projeção da regra genérica do inciso II do art. 53, que trata da petição inicial para a etapa de cumprimento da sentença.

5.1 Outras técnicas executivas

Além da técnica da cominação de prisão civil (art. 528, § 1º) ou, a pedido do exequente (art. 528, § 8º), a adoção do procedimento tradicional de cumprimento, em que o magistrado *ordena* o pagamento sob pena de multa de dez por cento, o art. 529 admite o desconto em folha de pagamento da importância da prestação alimentícia quando o executado for funcionário público, militar, diretor ou gerente de empresa, bem como empregado sujeito à legislação do trabalho.

Nestas hipóteses, o magistrado oficiará à autoridade, à empresa ou ao empregador, determinando, sob pena de crime de desobediência, o desconto a partir da primeira remuneração posterior do executado, a contar do protocolo do ofício (art. 529, § 1º). O ofício, de acordo com o § 2º do dispositivo, conterá os nomes e o número de inscrição no CPF do exequente e do executado, a importância a ser descontada mensalmente, o tempo de sua duração e a conta na qual deva ser feito o depósito.

O § 3º do art. 529 permite que o desconto dos rendimentos ou rendas concretize-se para pagamento das parcelas já vencidas, não apenas, portanto, para as parcelas vincendas. Neste caso, a parcela a ser descontada, somada à parcela vincenda, não pode ultrapassar cinquenta por cento dos ganhos líquidos do executado.

Se as medidas coercitivas ou sub-rogatórias disciplinadas nos arts. 528 e 529, isto é, pagamento sob pena de prisão, sob pena de multa ou, ainda, o desconto em folha, não forem eficazes, terá início a prática dos atos executivos nos moldes tradicionais, com penhora, avaliação e alienação de bens visando à satisfação do crédito. É o significado a ser dado ao art. 530 e à remissão que ele faz ao art. 831.

Sobre outras técnicas voltadas, em última análise à satisfação do crédito alimentar, merece destaque especial o art. 532. Segundo o dispositivo, verificando a conduta procrastinatória do executado, o magistrado deverá, se for o caso, dar ciência ao Ministério Público dos indícios da prática do delito de abandono material. Trata-se de importante novidade trazida pelo CPC de 2015 que dialoga muito bem com as regras materiais incidentes na espécie, tal qual a do art. 244 do CP. No âmbito do direito processual civil, mais do que a punição do executado pela incidência no tipo penal, é a possibilidade de que eventual persecução criminal, com todas as consequências ínsitas a ela, mostre-se como mais um fator que acabe resultando no cumprimento voluntário da obrigação alimentar a que sujeito.

Para além destas regras expressas, as técnicas executivas direcionadas à prestação da obrigação alimentar – máxime quando interpretada de forma ampla, como proponho no número seguinte –, merecem ser *flexibilizadas*, consoante as vicissitudes de cada caso concreto. Trata-se de campo fértil para incidência do inciso IV do art. 139.

5.2 Tipos de alimentos tutelados

O *caput* do art. 531 não corresponde, em rigor, ao art. 517 do Projeto do Senado, nem ao *caput* do art. 545 do Projeto da Câmara e, neste sentido, ao abandonar a expressão "independentemente de sua origem" contida no Projeto do Senado e ao também excluir o adjetivo "legítimos" que o Projeto da Câmara empregava para qualificar o substantivo alimentos, viola o art. 65, parágrafo único, da CF. Não se trata, a olhos vistos, de mero apuro redacional porque enseja no intérprete a dúvida sobre quais alimentos estão sujeitos à sua disciplina: só os *legítimos*, ou seja, decorrentes de relações de família ou, como se vem afirmando, *das famílias*, como queria inequivocamente a Câmara, ou também os *indenizativos*, isto é, os derivados de atos ilícitos que gerem morte ou incapacidade laborativa (arts. 948, II, e 950 do CC), como desejava inquestionavelmente o Senado?

Deixar ao intérprete e ao aplicador do dispositivo a *escolha* entre a corrente mais ou menos ampla é o que os Projetos na sua origem *não autorizavam*. Por isto, a inconstitucionalidade formal do *caput* do dispositivo é clara, lamentavelmente.

A mim, sempre me pareceu – e continua a parecer, porque nada há que autorize entendimento diverso e restritivo – que a interpretação da lei processual, máxime diante da "lacuna" gerada pela inconstitucionalidade noticiada, *deve ser* a *ampliativa* porque é a que mais bem se harmoniza com o "modelo constitucional" e à dignidade da pessoa humana eleita pelo art. 3º da CF como um dos valores fundantes da República Federativa do Brasil.

Assim, o *caput* do art. 531 deve ser entendido no sentido de que as regras relativas ao cumprimento aqui estudadas aplicam-se indistintamente aos alimentos *definitivos* ou *provisórios*, isto é, aqueles cuja responsabilidade é fixada por decisão ainda pendente de reexame recursal ou já transitada em julgado ou estabilizada de alguma outra forma *e* também aos alimentos *legítimos* ou *indenizativos*, sendo indiferente, portanto, qual seja a origem dos alimentos: se das relações do direito das famílias, da prática de atos ilícitos ou, ainda, relativos a verbas de subsistência do credor como ocorre, por exemplo, com ganhos relativos à sua subsistência e de sua família, aí incluídos, até mesmo, os honorários recebidos pelos profissionais liberais, dentre eles, os advogados (art. 85, § 14).

Os dois parágrafos do art. 531 cuidam apenas de aspectos formais relativos ao cumprimento: sendo *provisórios* os alimentos, seu cumprimento deve se dar em autos apartados (em outros cadernos processuais); sendo *definitivos*, "nos mesmos autos em que tenha sido proferida a sentença". As regras, bem entendidas, podem ter seus dias contados na medida em que a realidade do processo eletrônico torne-se realidade em terras brasileiras.

5.3 Constituição de capital

O art. 533 trata da sistemática da "constituição de capital". Trata-se das hipóteses em que a prestação alimentar por ato ilícito acabar por impor (ou, ao menos, recomendar) que o executado forneça provas concretas de solvabilidade enquanto a obrigação durar – e, nestes casos, é comum que a responsabilidade alongue-se no tempo –, sempre a pedido do exequente.

Esta verdadeira *garantia* da execução, não inibe, diante do que acabei de escrever no número anterior, que o credor por alimentos indenizativos valha-se, máxime para as verbas das quais necessita para subsistência *imediata*, dos mecanismos coercitivos disciplinados pelos arts. 528 e 529, inclusive, faço questão de evidenciar este ponto, a prisão civil. Com efeito: mesmo nos casos de alimentos indenizativos, o problema pode não se resumir à *garantia de pagamento futuro* mas sim à *necessidade de pagamento presente*, justificando, sem prejuízo da constituição de capital na forma permitida pelo art. 533, a adoção de outros meios executivos previstos nos demais referidos dispositivos.

O capital a ser constituído para os fins que acabei de evidenciar, a pedido do exequente, será representando por imóveis ou por direitos reais sobre imóveis suscetíveis de alienação, títulos da dívida pública ou aplicações financeiras em banco oficial. Ele será, dada a sua finalidade, inalienável e impenhorável enquanto durar a obrigação do executado, além de constituir-se em patrimônio de afetação (art. 533, § 1º).

A garantia também pode se dar de forma diversa, como preceitua o § 2º do art. 533, que a permite pela inclusão do exequente em folha de pagamento de pessoa jurídica de notória capacidade econômica ou, desde que o executado requeira (e após o devido contraditório com o exequente, o magistrado assim decida), por fiança bancária ou garantia real, em valor a ser arbitrado de imediato pelo magistrado.

O § 3º do art. 533 ao prever que, sempre que houver modificação nas condições econômicas, poderá a parte interessada requerer, conforme as circunstâncias, redução (no caso do executado) ou aumento (no caso do exequente) da prestação, concretiza o disposto no inciso I do art. 505 sobre os limites *temporais* da coisa julgada.

O § 4º do art. 533 autoriza que a prestação alimentícia seja fixada, para os fins aqui analisados, de constituição de capital, em salário mínimo. A regra *não* atrita com a vedação do art. 7º, IV, da CF, porque não se trata de medida que acabe por gerar qualquer indexação macroeconômica. Trata-se de medida que, muito menos que isto, tem como objetivo preservar, ao longo do tempo, o valor aquisitivo da prestação alimentícia. O emprego do salário mínimo para este fim é entendimento assente na jurisprudência do STF, como faz prova o ARE 842.157/DF, rel. Min. Dias Toffoli, j.m.v. 5.6.2015.

Quando a obrigação de prestar alimentos tiver acabado, o magistrado determinará a liberação do capital, a cessação do desconto em folha ou cancelará as garantias prestadas, consoante o caso (art. 533, § 5º). Também proferirá sentença reconhecendo a satisfação do direito do exequente com fundamento no art. 924, II (art. 925).

6. CUMPRIMENTO DA SENTENÇA QUE RECONHEÇA A EXIGIBILIDADE DE OBRIGAÇÃO DE PAGAR QUANTIA CERTA PELA FAZENDA PÚBLICA

Outro ponto que, a despeito das profundas reformas pelas quais o CPC de 1973 atravessou nos anos 2000, acabou sendo deixada de lado, foi a "execução contra a Fazenda Pública" quando relativa a pagamento em dinheiro. Os arts. 730 e 731 do CPC de 1973, com efeito, acabaram por se mostrar, na perspectiva infraconstitucional, absolutamente insatisfatórios e totalmente anacrônicos, com relação às técnicas que, especialmente com a Lei n. 11.232/2005, foram incorporadas a ele.

A doutrina pôs-se, por isto mesmo, a analisar o instituto e a propor *de lege ferenda* interpretação que buscava sistematizar as técnicas executivas (sempre entendidas no sentido de técnicas voltadas ao *cumprimento* dos títulos executivos judiciais e à *satisfação* do direito neles reconhecido) com as peculiaridades da execução contra a Fazenda Pública, procedimento jurisdicional constitucionalmente diferenciado que é (v. n. 2.4 do Capítulo 1). Particularmente, ocupei-me em dezenas de páginas que escrevi com o assunto e, no essencial, aquilo que sustentava no volume 3 do meu *Curso sistematizado de direito processual civil* nas edições anteriores ao atual CPC a respeito está, em grande parte, devidamente "passado a limpo" no CPC de 2015, como nas edições posteriores ao Código daquele volume tenho oportunidade de demonstrar desde a nota introdutória.

A análise dos arts. 534 e 535, correspondentes ao Capítulo V do Título II do Livro I da Parte Especial, é, de qualquer sorte, insuficiente para compreender, na sua totalidade, a dinâmica do cumprimento das sentenças que reconheçam a exigibilidade de obrigação de *pagar* quantia certa pela Fazenda Pública. Por se tratar de procedimento jurisdicional *constitucionalmente* diferenciado, não há como deixar de ter presente, em primeiro lugar, o que o art. 100 da CF e suas sucessivas modificações, sendo as mais recentes as introduzidas pela EC n. 94/2016, sem prejuízo das inúmeras e profundas alterações sobre o tema introduzidas no ADCT, dentre as quais as mais novas são as provenientes das ECs n. 109/2021, 113/2021, 114/2021 e, indiretamente, da EC n. 126/2022, reservam para aquela finalidade. Notadamente no que diz respeito aos casos em que o valor a ser pago pela Fazenda Pública depende de requisição formal por intermédio do presidente do Tribunal competente (o que é chamado de "precatório") ou em que aquele valor pode ser levantado sem maiores formalidades por ordem do próprio juízo do cumprimento (o que é chamado de "requisição de pequeno valor"), distinção que encontra fundamento no caput e no § 3º do art. 100 da CF, e que mostra seu reflexo nos dois incisos do § 3º do art. 535, que merecem – e nem poderia ser diferente – ser interpretados e aplicados com observância das regras constitucionais. O tema, na perspectiva da gestão de precatórios e procedimentos operacionais correlatos, é objeto de minuciosa regulamentação do CNJ, por meio da Resolução n. 303/2019, com as modificações nela incorporadas pela Resolução n. 482/2022.

Coerentemente, tratando-se do cumprimento de sentença que determina à Fazenda Pública um fazer ou um não fazer, ou, ainda, entregar algo que não seja dinheiro, inexistem normas constitucionais a serem observadas quanto ao *procedimento de sua implementação concreta*, prevalecendo, no que diz respeito às técnicas executivas e aos seus correspondentes processo e procedimento, o disposto na legislação infraconstitucional (e o mandado de segurança é o notório exemplo), ou nos arts. 536 a 538 do CPC de 2015. É por esta razão, aliás, que o presente número rente à disciplina codificada, trata apenas do cumprimento de sentença relativo ao pagamento de quantia em face da Fazenda Pública.

Feitas essas considerações introdutórias, ao dar início à etapa de cumprimento de sentença (art. 513, § 1º), cabe ao credor da Fazenda Pública (que o *caput* do art. 534 rotula, corretamente, de exequente) apresentar demonstrativo discriminado e atualizado de seu crédito, observando as exigências dos incisos I a VI do próprio art. 534 que, em rigor, são as mesmas do art. 524, suficientes, por isso mesmo, as considerações que expus no n. 4.2, *supra*. O rol exclui a indicação de bens à penhora (art. 524, VII) porque o cumprimento em face da Fazenda Pública faz-se por precatório ou por levantamento de valores depositados em conta específica à disposição dos órgãos jurisdicionais, sendo a constrição sobre bens titularizados pela Fazenda Pública medida excepcionalíssima autorizada apenas em casos constitucionalmente previstos (assim, *v.g.*: art. 100, § 6º, da CF e arts. 103, *caput*, e 104, I, do ADCT, incluídos pela EC n. 94/2016 e preservados, no particular, pelas sucessivas ECs n. 99/2017, 109/2021, 113/2021 e 114/2021).

Na hipótese de haver litisconsórcio ativo (pluralidade de exequentes), o § 1º do art. 534 determina que cada um deverá apresentar o seu próprio demonstrativo, sem prejuízo de, consoante o caso, o litisconsórcio ser *desmembrado* para a etapa de cumprimento de sentença nos termos e para os fins dos §§ 1º e 2º do art. 113 (v. n. 3 do Capítulo 4).

O § 2º do art. 534 exclui expressamente a multa no cumprimento de sentença contra a Fazenda Pública o que é corretíssimo do ponto de vista sistemático. É que a Fazenda Pública não é intimada para *pagar* mas para, querendo, apresentar *impugnação*, exercendo, desde logo, o contraditório. É da análise do seu comportamento relativo à impugnação, inclusive na perspectiva de ela ser, ou não, recebida no efeito suspensivo que o pagamento mostrar-se-á pertinente, observando-se, para tanto, o disposto na CF (art. 535, § 3º).

6.1 Impugnação

A Fazenda Pública será *intimada* do requerimento apresentado pelo exequente (que dá início à etapa de cumprimento de sentença do processo) na pessoa de seu representante judicial, mediante carga, remessa ou por meio eletrônico. Terá *trinta* dias para, se for o caso, oferecer *impugnação* nos próprios autos.

As matérias arguíveis na impugnação são aquelas dos seis incisos do art. 535, que correspondem, com uma única exceção, a penhora, descabida para cá, às que o § 1º do art. 525 traz para a impugnação quando se tratar de execução que não seja dirigida em face da Fazenda Pública. O que escrevi no n. 4.3.1, *supra*, acerca daquelas hipóteses tem plena aplicação aqui, portanto.

A impugnação da Fazenda Pública poderá versar sobre: (i) a falta ou nulidade da citação se, na etapa de conhecimento, o processo correu à revelia; (ii) a ilegitimidade de parte; (iii) a inexequibilidade do título ou inexigibilidade da obrigação; (iv) o excesso de execução ou cumulação indevida de execuções; (v) a incompetência absoluta ou relativa do juízo da execução e (vi) qualquer causa modificativa ou extintiva da obrigação, como pagamento, novação, compensação, transação ou prescrição, desde que supervenientes ao trânsito em julgado da sentença.

Não posso deixar de notar que a exigência do *trânsito em julgado da sentença* feita pelo inciso VI do art. 535 difere da previsão do inciso VII do § 1º do art. 525, que se refere à circunstância de aqueles fatos serem *supervenientes* à sentença. A regra, contudo, tanto quanto aquela, precisa ser interpretada sistematicamente no sentido de a alegação (e prova) de fatos novos ser possível também em sede de apelo, não, contudo, em eventual fase recursal extraordinária ou especial. Destarte, apesar da diferença *textual* entre as duas hipóteses, parece ser mais apropriada interpretá-las da mesma forma, incentivando que aquelas matérias sejam introduzidas na etapa de conhecimento ainda que posteriormente à prolação da sentença. Até como forma de evitar fator de distinção para a impugnação ofertada pela Fazenda Pública o que colocaria em xeque a isonomia processual (art. 7º).

Também cabe à Fazenda Pública arguir impedimento ou suspeição do magistrado observando, para tanto, as regras específicas dos arts. 146 e 148 (art. 535, § 1º). Aqui, contudo, diferentemente do alerta que faço no n. 4.3.2, *supra*, é correto entender que há coincidência de prazos para a impugnação e para o questionamento da imparcialidade do magistrado, o que afasta a preocupação que lá externei.

O § 2º do art. 535 encontra correspondência no § 4º do art. 525 (v. n. 4.3.1.5, *supra*). Assim, se a Fazenda Pública alegar excesso de execução, precisa declinar, de imediato, o valor que entende devido. A consequência é clara: o não conhecimento daquela alegação. Apesar da regra ora analisada ser mais econômica em seu texto que o seu par, não há porque duvidar de que se o excesso de execução for o *único* fundamento da impugnação, a desobediência da regra deve conduzir à sua rejeição liminar, aplicando-se, à espécie o disposto no § 5º do art. 525, salvo nos casos em que a Fazenda Pública (e isto vale também para o executado particular) justificar a necessidade de prova pericial (ou outra, que não a passível de produção imediata) para aquele fim.

Os §§ 5º a 8º do art. 535, similarmente aos §§ 12 a 15 do art. 525, dispõem sobre a hipótese de a obrigação retratada no título executivo ser (ou tornar-se) inexigível diante de decisão a ser tomada, no controle de constitucionalidade, concentrado ou difuso, pelo STF. As mesmas observações que fiz no n. 4.3.1.3, *supra*, aplicam-se aqui, inclusive quanto aos aspectos de inconstitucionalidade *formal* (pelo descumprimento do processo legislativo) e *substancial* das regras e também quanto aos aspectos de direito intertemporal.

6.1.1 Efeito suspensivo

Pergunta interessante que se apresenta é se a impugnação apresentada pela Fazenda Pública tem ou não efeito suspensivo. O prezado leitor poderá, no particular, ter sentido falta no dispositivo em exame da disciplina que, na impugnação do art. 525, encontra-se em seus §§ 6º a 10.

Que, na perspectiva do CPC de 2015, a ideia a ser passada com a supressão daqueles dispositivos é a de a impugnação ter efeito suspensivo "automático", isto é, *ope legis*, não duvido. Alguém poderá querer extrair essa conclusão de uma leitura menos atenta da segunda parte do § 3º do art. 535.

Ocorre que, na perspectiva constitucional, que é a preponderante para qualquer assunto que diz respeito ao direito processual civil, esta opção do legislador não é válida. Para os §§ 1º, 3º e 5º, do art. 100 da CF, a decisão que deve ter transitado em julgado, na normalidade dos casos, para viabilizar o precatório ou a requisição de pequeno valor é (e só pode ser) a da etapa de conhecimento e não a da etapa de cumprimento, isto é, aquela a ser proferida em eventual impugnação a ser apresentada pela Fazenda Pública. Tanto assim que é o próprio § 3º do art. 535, em sua primeira parte, que reconhece a possibilidade de a impugnação *não ser* apresentada pela Fazenda Pública ou, ainda, o seu § 4º que se refere à hipótese de a impugnação ser *parcial* e "a parte não questionada pela executada" ser, "desde logo, objeto de cumprimento".

Por essas razões, é correto entender que cabe à Fazenda Pública requerer a concessão de efeito suspensivo à sua impugnação, hipótese em que deverá demonstrar ao magistrado a ocorrência dos pressupostos do § 6º do art. 525. A única (e essencial) distinção com relação ao que ocorre no cumprimento de sentença regida por aquele dispositivo, esta, sim, perfeitamente harmônica com o "modelo constitucional", é que a Fazenda não fica sujeita a garantir o juízo. Para ela, a atribuição do efeito suspensivo depende, exclusivamente, da indicação de *fumus boni iuris* ("fundamentos relevantes") e de *periculum in mora* (quando o "prosseguimento da execução for manifestamente suscetível de causar ao executado grave dano de difícil ou incerta reparação"). Se não requerer o efeito suspensivo ou se o magistrado não deferir o pedido, expede-se o precatório ou faz-se a requisição do pequeno valor desde logo, ainda que a impugnação não tenha sido julgada.

O que ocorre é que a expedição do precatório ou a requisição do pequeno valor depende da não concessão do efeito suspensivo à impugnação a ser apresentada pela Fazenda Pública. Os efeitos da decisão a ser cumprida, destarte, não são liberados, ao menos como regra, até aquele instante e o serão ou não a depender do indeferimento ou do deferimento do pedido de efeito suspensivo a ser formulado pela Fazenda Pública. É neste contexto que as duas hipóteses dos incisos I e II do § 3º do art. 535 devem ser compreendidas.

As ressalvas que acabei de fazer ao escrever "ao menos como regra" e anteriormente, quando escrevi "na normalidade dos casos", devem ser compreendidas no sentido de, a depender da *urgência* que o caso concreto envolva, ser plenamente possível e desejável na perspectiva do modelo constitucional, que tenha início o cumprimento *provisório* contra a Fazenda Pública. O trânsito em julgado da sentença a ser cumprida, a que se referem os §§ 1º, 3º e 5º do art. 100 da CF, é a regra. O cumprimento provisório, antes do advento daquele trânsito em julgado, é a exceção. A tutela provisória é o canal correto de condução do credor da Fazenda à satisfação *imediata* de seu direito. A vedação da tutela provisória em alguns casos (art. 1.059) é flagrantemente inconstitucional, pelas razões que exponho no n. 9 do Capítulo 6. E mais: fosse a própria CF a autorizar o cumprimento *provisório* da sentença em face da Fazenda Pública nos casos envolventes de pagamento de dinheiro e não haveria razão para entender cabível, para a espécie, a *necessidade* da tutela provisória, inclusive como condutor da antecipação da etapa de cumprimento.

Nos casos em que a execução contra a Fazenda Pública tiver como fundamento título executivo extrajudicial, a conclusão a se chegar com relação aos seus *embargos à execução* é diversa e isto, por mais paradoxal que possa parecer, a partir do mesmo arcabouço normativo constitucional. É assunto ao qual me volto no n. 3.4.6 do Capítulo 15.

6.2 Pagamento por precatório ou requisição de pequeno valor

O § 3º do art. 535 ocupa-se com os atos a serem praticados se a Fazenda Pública não impugnar o cumprimento da sentença ou quando ela for rejeitada. Importa interpretar o dispositivo, como acabei de evidenciar no número anterior, também no sentido de ele ter aplicação quando à impugnação da Fazenda Pública não for concedido efeito suspensivo.

De acordo com o inciso I do dispositivo, tratando-se de execução de "maior valor", será expedido, por intermédio do presidente do Tribunal recursal competente, o precatório para ser pago no período indicado pelo § 5º do art. 100 da CF, na redação da EC n. 114/2022 – e se, for o caso, com observância do § 20 do mesmo dispositivo, incluído pela EC n. 94/2016, e regulamentado, no plano federal, pela Lei n. 14.057/2020 –, e que deverá observar as ordens preferenciais dos §§ 1º e 2º do art. 100 da CF, este com a redação dada pela EC n. 94/2016, tratando-se de verba alimentar e quando o titular, originário ou por sucessão hereditária, da verba de cunho alimentar tiver pelo menos sessenta anos (independentemente de quando forem completados, consoante entendeu o STF na ADI 4.357/DF) ou for portador de doença grave ou, ainda, se for deficiente, respectivamente. Com relação aos idosos, é correto entender que, por força do art. 4º da Lei n. 13.466/2017, que, dentre outras providências, introduziu um § 5º no art. 71 da Lei n. 10.741/2003, o Estatuto do Idoso, deve se dar prioridade especial aos idosos com mais de oitenta anos com relação aos que tiverem sessenta anos ou mais. Também para esta hipótese, a diretriz do STF merece ser observada: é indiferente o momento em que o idoso passar dos oitenta anos: se antes da expedição do precatório ou enquanto ele ainda estiver pendente de pagamento.

Tratando-se de "execução de menor quantia" – e é a lei de cada ente federado que dirá qual é este valor (art. 100, § 4º, da CF, prevalecendo, no silêncio, os valores indicados no § 12 do art. 97 do ADCT) –, a hipótese é de ordenar à autoridade na pessoa de quem o ente público foi "citado para o processo" (texto a ser interpretado no sentido de ser suficiente a *intimação* na pessoa de quem deter a representação processual fazendária para a etapa do cumprimento de sentença) o pagamento do valor no prazo de (até) dois meses contados da entrega da requisição, mediante depósito na agência de banco oficial mais próxima da residência do exequente. É o que dispõe o inciso II do § 3º do art. 535.

Vale destacar, a propósito do tema, que o art. 107-A do ADCT da CF, introduzido pela EC n. 114/2021 (e cujo *caput* foi alterado pela EC n. 126/2022), traz, em seu § 8º, a ordem de pagamentos devidos pelo Poder Público, ainda que não observe a (necessária) distinção entre os idosos entre oitenta e sessenta anos, na forma acima indicada.

O § 4º do art. 535 permite que a requisição do pagamento, seja ela de maior ou de menor quantia, seja efetivada quando se tratar de impugnação parcial. Trata-se de iniciativa plenamente harmônica com o "modelo constitucional", como acabei de escrever no número anterior.

Uma observação importante: não havendo impugnação pela Fazenda Pública, não incidem honorários advocatícios relativos à etapa de cumprimento quando a hipótese for de expedição de precatório. É o que dispõe o § 7º do art. 85 (v. n. 2.4 do Capítulo 4), que merece ser entendido de forma literal para afastar, da sua incidência, os casos de requisição de pequeno valor, harmonicamente ao que já decidira o STF com relação ao art. 1º-D da Lei n. 9.494/1997. Se a Fazenda Pública impugnar, a fixação da *nova* verba honorária observará o disposto nos §§ 3º a 6º do mesmo art. 85.

7. CUMPRIMENTO DA SENTENÇA QUE RECONHEÇA A EXIGIBILIDADE DE OBRIGAÇÃO DE FAZER, DE NÃO FAZER OU DE ENTREGAR COISA

O último Capítulo do Título II do Livro I da Parte Especial disciplina, em duas Seções diversas, as normas relativas ao cumprimento da sentença que reconhece a exigibilidade de obrigação de fazer ou de não fazer (arts. 536 e 537) e a de entrega de coisa (art. 538). Como acentuei de início, embora, do ponto de vista processual e procedimental, haja inegáveis pontos de contato entre ambas, cabe, para fins didáticos distingui-las com a maior nitidez possível porque, na perspectiva do direito material, aquelas obrigações são inconfundíveis.

Os três dispositivos mencionados, permita-me lembrá-lo, prezado leitor, devem ser compreendidos como a face procedimental do que, na perspectiva da sentença (e sempre, mais ampla e corretamente, de qualquer decisão jurisdicional) é desejado desde sua prolação, como se verifica nos arts. 497 a 500. Lá, como escrevi no n. 5 do Capítulo 11, o CPC de 2015 destaca, no que interessa para cá, o *conteúdo* daquelas decisões ao veicular tutela jurisdicional executiva. Aqui, nos arts. 536 a 538, a disciplina normativa recai sobre sua *eficácia* ou, mais precisamente, de como seus efeitos devem, na perspectiva procedimental, ser sentidos para conduzir o exequente à *satisfação* do direito constante do título executivo.

Feitas estas observações iniciais, começo, no número seguinte, pela análise das hipóteses em que a etapa de cumprimento justifica-se visando ao cumprimento das obrigações de fazer ou de não fazer. No outro, volto-me às obrigações de entrega de coisa.

7.1 Cumprimento da sentença em se tratando de obrigações de fazer ou de não fazer

Nada é dito nos arts. 536 e 537 sobre ser necessária, ou não, a iniciativa do exequente para o início da etapa de cumprimento quando se tratar de obrigações de fazer ou de não fazer (art. 497). Como escrevi no n. 2.1, *supra*, a propósito do § 1º do art. 513, contudo, a *letra* daquele dispositivo somado ao silêncio do CPC de 2015 não pode autorizar a interpretação que a etapa de cumprimento, nesta modalidade obrigacional – e isto é pertinente também para os casos de entrega de coisa (v. n. 7.2, *infra*) – possa se dar de ofício. Tratar-se-ia de entendimento que, em última análise, violaria o princípio da inércia jurisdicional e o próprio princípio dispositivo com os princípios constitucionais a ele relacionados, como se verifica do art. 2º. O "impulso oficial" referido neste dispositivo não chega a tanto, mesmo sem uma *expressa* exceção prevista em lei.

Satisfaço-me, portanto, com os *princípios* aplicáveis à espécie: o exequente deve requerer o início da etapa de cumprimento para buscar a satisfação de seu direito, mesmo que se trate de obrigação de fazer ou de não fazer. Deverá, pois, observar, por analogia, o que dispõe o art. 513, caput, inclusive quanto à necessária intimação do devedor (art. 513, § 2º), endereçando seu requerimento a um dos juízos competentes de acordo com o art. 516. O parágrafo único deste dispositivo, ao se referir a juízo "onde deva ser executada a obrigação de fazer ou de não fazer", está a sugerir o acerto desse entendimento, para quem gosta das coisas bem explicadas (e escritas) no próprio Código.

A admissão, pelo *caput* do art. 536, da atuação oficiosa do magistrado não infirma o que acabei de escrever. O que o dispositivo admite seja praticado *independentemente de pedido* é "determinar as medidas necessárias à satisfação do exequente", e não substituir-se na sua (do exequente) vontade de dar início à etapa de cumprimento. Tanto que, com a atenção voltada ao art. 499, o magistrado não poderá buscar nem a tutela específica e nem o resultado prático equivalente se o autor (exequente) manifestar seu contentamento com as perdas e danos (v. n. 5.3 do Capítulo 11). Não há como, destarte, confundir o *início* da etapa de cumprimento – nem quando ela se dá por força de concessão de tutela provisória, que pressupõe pedido – com as técnicas que, uma vez iniciada aquela etapa, poderão ser adotadas para atender ao *interesse* (devidamente externado) do exequente, *inclusive* de ofício.

Diante do silêncio dos arts. 497, 536 e 537, o *prazo* para que o executado faça ou não faça deve observar o disposto no *caput* do art. 815, aqui aplicável por força dos *capi* dos arts. 513 e 771: será o constante do título (sentença, acórdão ou decisão interlocutória que se quer cumprir) ou, no seu silêncio, fixado casuisticamente pelo magistrado.

7.1.1 Tutela específica e resultado prático equivalente

O *caput* do art. 536 emprega as expressões "tutela específica" e "resultado prático equivalente", tendo presente o universo das obrigações de fazer ou de não fazer.

"Tutela específica", sem prejuízo do que, sobre ela já escrevi no n. 5.1 do Capítulo 11, é expressão a ser compreendida como a máxima coincidência possível entre o que, no plano material, era devido e o que, na etapa de cumprimento será obtido. No contrato ajustado no plano material, o devedor, respeitado chefe de cozinha internacional, conhecido em todo o mundo, assume a obrigação de coordenar os serviços de bufê de uma festa a ser dada pelo credor em homenagem em importante evento. A tutela específica, em tal caso, será convencer o chefe a cumprir a obrigação tal qual assumida por ele mesmo.

"Resultado prático equivalente", por sua vez, é expressão genérica que merece ser entendida no sentido de que cabe ao credor (exequente) sopesar se se satisfaz com algo que, embora não seja a "tutela específica", não é (ainda) a devolução de seu dinheiro com a indenização equivalente às perdas e danos. No exemplo figurado acima, o resultado prático equivalente poderá estar em o credor (exequente) contentar-se com outro chefe, nem que seja seu assistente, bem menos famoso, com outro cardápio, dada a impossibilidade de preservar o combinado na origem e situações similares.

Nenhuma destas alternativas preexclui necessariamente as perdas e danos. É que, em rigor, sendo obtida a tutela específica, eventuais perdas e danos serão de menor monta ou, quiçá, inexistentes. No resultado prático equivalente, elas são bem mais visíveis: certamente aquele que acaba cumprindo a obrigação (o resultado prático equivalente) pode ter padrão remuneratório diverso e, mesmo que assim não seja, a frustração experimentada pelo credor relativa ao inadimplemento da obrigação pelo contratado originalmente tem reflexos importantes, nem que seja para dar fundamento a danos *morais*. Trata-se de interpretação que decorre do art. 499. Eventuais perdas e danos, aliás, serão perseguidas no mesmo processo, liquidando-se o valor respectivo e *intimando-se* o executado para pagamento do valor respectivo sob pena de multa de 10%, nos moldes dos arts. 520 ou 523, tratando-se de cumprimento *provisório* ou *definitivo*, respectivamente.

7.1.2 Técnicas executivas

O § 1º do art. 536 indica, em rol inequivocamente *exemplificativo*, técnicas executivas que o magistrado, aqui sim de ofício ou a requerimento do exequente, poderá adotar para a obtenção da tutela específica ou, quando menos, do resultado prático equivalente. Trata-se de previsão que regula as técnicas de cumprimento, isto é, de efetivação, da decisão que tem como conteúdo o disposto no art. 497.

É dispositivo que permite afirmar, com segurança, máxime quando interpretado na perspectiva do "modelo constitucional do direito processual civil" e do neoconcretismo, a existência de mecanismos *atípicos* de prestação da tutela jurisdicional no direito brasileiro, merecendo ser interpretado ao lado o inciso IV do art. 139 e do "dever-poder geral de *efetivação*" nele previsto (v. n. 5.1 do Capítulo 4).

O rol inclui a imposição de multa, já prevista pelo art. 500 (v. n. 7.1.2.1, *infra*), a busca e apreensão, a remoção de pessoas e coisas, o desfazimento de obras e o impedimento de atividade nociva. Também admite que, se necessário, o magistrado requisite o auxílio de força policial.

O rol exemplificativo do § 1º do art. 536 convida a reflexão sobre seus limites. Resguardado o "modelo constitucional", do ponto de vista infraconstitucional, o magistrado, inclusive e desejavelmente em cooperação com o exequente e com o próprio executado, pode ser criativo. É importante que o seja. Assim, por exemplo, embora não haja previsão expressa sobre a intervenção judicial em atividade empresarial para obtenção da tutela específica ou o resultado prático equivalente – dispositivo neste sentido era proposto pelo Projeto da Câmara e foi rejeitado pelo Senado na última etapa do processo legislativo que resultou no CPC de 2015 – nada há que impeça que aquela medida seja adotada. Para tanto, cabe ao magistrado justificá-la diante das vicissitudes do caso concreto, levando em conta, evidentemente, a gravidade e a excepcionalidade da medida. Os arts. 102 a 111 da Lei n. 12.529/2011 (que estrutura o Sistema Brasileiro de Defesa da Concorrência e dispõe sobre a prevenção e a repressão às infrações contra a ordem econômica), são um bom rol de sugestões a este respeito, que o dispositivo insubsistente já recomendava. Trata-se de uma dentre diversas consequências a que a "efetividade do direito material pelo e no processo" permite ao intérprete alcançar a partir da *atipicidade* dos meios executivos aqui indicada e que, nessa perspectiva, encontra-se inteiramente afinada ao "dever-poder geral de *efetivação*" do inciso IV do art. 139.

O § 2º do art. 536 trata especificamente do cumprimento de mandado de busca e apreensão de pessoas e coisas, tendo como pano de fundo a realização da penhora, o que justifica a remissão que ele faz aos §§ 1º e 4º do art. 846.

Sem prejuízo de o executado incidir nas penas de litigância de má-fé, o descumprimento da ordem judicial é tipificado como "crime de desobediência" (art. 536, § 3º). A ocorrência do crime, sua apuração e consequências criminais devem ser apuradas, faço questão de frisar, de acordo com as normas do direito processual penal, observando-se – e nem poderia ser diferente – as garantias constitucionais do processo. Não pense, por isto mesmo, prezado leitor, que o magistrado cível poderá determinar a prisão de quem quer que ouse não acatar as suas ordens. O comportamento é grave, é inequivocamente tipificado como crime, mas, nem por isto, a efetividade do processo pode se olvidar, do "modelo constitucional do direito processual *penal*". Para o processo *civil*, cabe ao magistrado, fazendo bom uso do art. 6º advertir ao executado as consequências de sua atitude, não só de acordo com o CPC de 2015 mas também em relação a outras áreas do direito. Para quem, como eu, dedica-se ao estudo do Poder Público em Juízo, é sempre bom lembrar que eventual relutância do administrador público de acatar *ordens judiciais* é ato taxado de improbidade administrativa a ser apurado regularmente, justificando, até mesmo, a intervenção do Ministério Público com fundamento no parágrafo único do art. 178.

O § 4º do art. 536 reserva ao executado, pertinentemente, o direito de impugnar o cumprimento de sentença, o que, ao menos do ponto de vista textual, elimina incompreensível lacuna do CPC de 1973. A disciplina para tanto será a do art. 525, inclusive no que diz respeito à possibilidade de a impugnação ser recebida com efeito suspensivo, hipótese em que, a título de garantia do juízo, o executado prestará caução diretamente proporcional à obrigação discutida e a eventuais perdas e danos (art. 525, § 6º). Por força dessa remissão, o *prazo* para a apresentação da *impugnação*, nesses casos, é o de quinze dias seguintes ao término do prazo que o executado terá para fazer ou deixar de fazer, que, por sua vez, é aquele apontado no n. 7.1, *supra*. É solução que se harmoniza também com o prazo reservado pelo *caput* do art. 915 para a apresentação dos *embargos* na execução fundada em título *extrajudicial* e, mais amplamente, com os *capi* dos arts. 513 e 771.

O último dispositivo do rol, o § 5º do art. 536, determina a aplicação das técnicas previstas no artigo ao cumprimento de decisão que diga respeito a *deveres* de fazer ou de não fazer mesmo sem natureza obrigacional. É o que ocorre, por exemplo, em relação à Fazenda Pública, que está sujeita a essas técnicas de cumprimento, sem qualquer diferenciação constitucional, existente apenas para o caso de pagamento de dinheiro.

7.1.2.1 Especialmente a multa

Dentre as diversas medidas executivas sugeridas pelo rol do § 1º do art. 536, o art. 537 trata mais minudentemente da multa, buscando discipliná-la em atenção à construção doutrinária e jurisprudencial que se formou em torno dos §§ 4º a 6º do art. 461 do CPC de 1973, tomando, a propósito, partido em variadas questões que os mais de vinte anos de convivência com aqueles dispositivos ensejaram.

A multa deve ser compreendida como uma das diversas técnicas executivas com viés *coercitivo* que tem como finalidade convencer o executado de que é melhor acatar a decisão do magistrado, *performando* (espero que o prezado leitor aprecie o neologismo) como lhe é determinado, seja para fins (preferencialmente) de obtenção da tutela específica ou, quando menos, para obtenção do resultado prático equivalente. Nesse sentido, é pertinente a lembrança do art. 500 ao estatuir que "a indenização por perdas e danos dar-se-á sem prejuízo da multa fixada periodicamente para compelir o réu ao cumprimento específico da obrigação".

Sua imposição independe de pedido e sua pertinência pode se justificar desde a etapa de conhecimento do processo, em tutela provisória ou na sentença ou, ainda, na etapa de cumprimento. O que importa, sempre de acordo com o *caput* do art. 537, é que ela seja suficiente e compatível – o *equilíbrio* que deve presidir o exercício da *função jurisdicional* – com a obrigação e que o executado tenha prazo razoável para cumprir o que lhe é ordenado.

O magistrado poderá modificar o valor e a periodicidade da multa, para mais ou para menos, para ajustá-lo às necessidades do caso concreto (art. 537, § 1º). Importa frisar, a este respeito, que a multa não é necessariamente fixada em dias. Ela o pode ser também em horas, minutos ou segundos. Ela pode ser fixada levando em conta semanas ou meses, tudo a depender das peculiaridades do caso concreto. Por isso, aliás, ser correto o emprego do advérbio "periodicamente" pelo art. 500. A impossibilidade, a dificuldade ou, até mesmo, o acatamento parcial da determinação deve ser avaliada pelo magistrado para aumentar, reduzir ou sustar a incidência da multa, no que é feliz a parte final do inciso II do § 1º do art. 537.

O CPC de 2015 assume posição expressa em tormentosa questão e prescreve, no § 2º do art. 537, que o valor da multa é *integralmente* devido ao exequente independentemente de seu valor e de sua correlação com a expressão monetária da obrigação principal.

O § 3º do art. 537 admite o cumprimento provisório da decisão que fixa a multa impondo a necessidade de seu depósito em juízo. O levantamento do valor respectivo, contudo, é postergado ao trânsito em julgado da decisão favorável à parte, como se lê do dispositivo após a redação que lhe deu a Lei n. 13.256/2016. A redação anterior, à época da promulgação do CPC de 2015, era mais ampla, autorizando o levantamento do valor relativo à multa *também* na pendência do agravo fundado nos então (e insubsistentes) incisos II e III do art. 1.042, atraindo para cá a mesma crítica relativa ao vício de processo legislativo que fazia, na 1ª edição deste *Manual*, ao inciso III do art. 521, diante da restrição indevida àquelas duas hipóteses de agravo em recurso extraordinário e em recurso especial. O referido vício, tanto quanto o daquele outro dispositivo, está superado com a Lei n. 13.256/2016.

Como escrevi no n. 3.3, *supra*, trata-se de regra que excepciona o regime genérico do cumprimento provisório ao vedar a satisfação do exequente nos casos que indica independentemente da prestação de caução.

A regra, vou além, parece-me questionável também do ponto de vista de sua constitucionalidade substancial. É que ao generalizar a vedação do levantamento do valor da multa, ainda que com caução – que é o regime genérico decorrente do inciso IV do art. 520 e do art. 521 –, atrita com o alcance no inciso XXXV do art. 5º da CF. Seria preferível que o CPC de 2015, a este propósito, tivesse se limitado a reservar, à hipótese, a mesma disciplina de qualquer outra situação de cumprimento *provisório*, como, aliás, a primeira parte § 3º do art. 537 chega a insinuar. Admitir o cumprimento provisório do valor da multa e não admitir o levantamento do valor respectivo, como exige a segunda parte do dispositivo em estudo, é regressão de mais de dez anos na *evolução* do direito processual civil legislado em terras brasileiras. Cabe ao magistrado, destarte, ponderando os interesses em jogo, mormente nos casos em que houver urgência, afastar a rigidez do § 3º do art. 537.

Não obstante, vejo algo de extremamente positivo na regra: ela dá fundamento ao entendimento de que a multa pode (e deve) ser cobrada pelo seu beneficiário, impondo-se, inclusive, o seu depósito respectivo em juízo, independentemente de a decisão exequenda ter transitado em julgado. Acredito que ao assim estabelecer, a regra conduzirá, como mecanismo coercitivo, ao próprio fazer ou não fazer desejado, tornando menos relevante a cobrança da multa em si mesma considerada.

É desejável ir além. É negativa, não duvido, a falta de previsão *expressa* sobre a possibilidade de levantamento do valor depositado a título de multa na pendência do agravo em recurso especial e em recurso extraordinário do art. 1.042, após a redação que ao § 3º do art. 537 deu a Lei n. 13.256/2016. Que o Projeto que deu origem à referida Lei quis enfraquecer a sistemática do cumprimento provisório como um todo e da multa coercitiva em particular, não há por que duvidar. A todo o tempo do processo legislativo do CPC de 2015, e o referido Projeto não está isento desta crítica, iniciativas que tais não faltaram. O que ocorre, contudo, é que o silêncio da regra, somada à observação do penúltimo parágrafo, convida à aplicação, à espécie, do sistema do cumprimento provisório desenhado pelo CPC de 2015. Assim, como qualquer caso de cumprimento provisório, o § 3º do art. 537, lido em conformidade com o modelo constitucional, conduz ao entendimento de que o levantamento *sem caução* do valor depositado a título de multa coercitiva depende do trânsito em julgado. A regra, contudo – e justamente porque nada diz em sentido contrário de forma expressa –, não afasta a atração das hipóteses em que a prestação de caução viabiliza a *satisfação* integral do exequente mesmo antes do trânsito em julgado (art. 520, IV) e, se for o caso, também os casos em que a caução pode ser dispensada para aquela mesma finalidade (art. 521).

A afirmação que acabei de fazer é tão mais correta quando lida em conjunto com o § 4º do art. 537. De acordo com a regra, a multa será devida desde o dia em que o descumprimento da decisão ficar configurado e incidirá enquanto esta não for cumprida. Nada há que impeça que a cobrança, ainda que provisória, englobe a totalidade deste valor, servindo, é este o ponto de toque, ela própria como mais um mecanismo coercitivo para que o fazer ou o não fazer sejam obtidos. É aplicação escorreita das possibilidades decorrentes do inciso IV do art. 139.

A exemplo do § 5º do art. 536, a disciplina da multa é plenamente aplicável ao cumprimento de decisão que diga respeito a deveres de fazer ou de não fazer ainda que não ostentem natureza obrigacional (art. 537, § 5º).

Uma última consideração se faz importante: se é verdade que o exercício do dever-poder geral de *concretização* encontra limites desde o modelo constitucional – porque a ênfase, não custa sublinhar, está invariavelmente no *dever* (a *finalidade* a ser atingida) e não no *poder* (os *meios* suficientes e indispensáveis para atingi-la) – as divergências e os desafios decorrentes do genérico art. 139, IV, e dos mais específicos arts. 536 e 537 afastam, por si só, a criminalização prevista no *caput* do art. 33 da Lei n. 13.869/2019.

Não só porque há fundamentação normativa para tanto, mas também, porque o § 2º do art. 1º daquele diploma legal afasta – e o faz de maneira pertinente – a configuração do abuso de autoridade quando houver "divergência na interpretação de lei ou na avaliação de atos e provas".

7.2 Cumprimento da sentença que reconheça a exigibilidade de obrigação de entregar coisa

A Seção II do Capítulo VI do Título II do Livro I da Parte Especial resume-se a um só dispositivo, o art. 538. Nele reside a disciplina relativa ao "cumprimento da sentença que reconheça a exigibilidade de obrigação de entrega de coisa". É dispositivo que se volta a regular as técnicas de cumprimento, isto é, de *efetivação*, da decisão que tem como conteúdo o disposto no art. 498.

Pelo que escrevi no n. 7.1, *supra* e, antes dele, no n. 2.1, *supra*, é irrecusável o entendimento de que o início da etapa de cumprimento depende da iniciativa do exequente. Não há espaço para atuar de ofício nestes casos, a despeito do que quer sugerir a literalidade do § 1º do art. 513.

Assim, a etapa de cumprimento deve ser iniciada por requerimento do exequente perante um dos juízos indicados no art. 516 (e pode ser que a alteração de competência se justifique porque "os bens sujeitos à execução" se encontrem em foro diverso daquele no qual transcorreu a etapa cognitiva do processo), sendo intimado o executado, em consonância com as hipóteses do § 2º do art. 513, a entregar o que, de acordo com a decisão e no prazo nela fixado, é-lhe devido (art. 498, *caput*). Os quinze dias referidos no *caput* do art. 806 podem ser utilizados como referencial a ser observado pelo magistrado para o estabelecimento do prazo.

A expressa iniciativa do exequente em tais casos é tanto mais importante porque, a depender do caso (quando se tratar de coisa *incerta*), poderá caber a ele, e não ao executado, externar ao magistrado o que lhe deve ser entregue. Trata-se de decorrência necessária do disposto no parágrafo único do art. 498 que encontra eco, também, no âmbito da execução fundada em título extrajudicial (art. 811, parágrafo único). A hipótese pode até mesmo conduzir a incidente cognitivo a ser desenvolvido antes da etapa de cumprimento, destinado à identificação da coisa efetivamente devida (art. 812). Sobre a menção a esses dispositivos, entendo importante esclarecer que a economia do CPC de 2015, ao regrar a hipótese em seu art. 538, impõe as constantes remissões às regras das execuções fundadas em títulos *extrajudiciais* que tenham como objeto, é o que interessa para cá, obrigações de entrega de coisa. É uma das múltiplas aplicações que decorrem dos *capi* dos arts. 513 e 771.

Se o executado acatar a *ordem* de entrega, será ouvido o exequente. Nada mais havendo para reclamar, a hipótese é de extinção do processo com fundamento no inciso II do art. 924, sendo proferida sentença para os fins do art. 925. Se o que restar para ser adimplido pelo executado disser respeito a perdas e danos, o processo prosseguirá para este fim, nos termos do art. 807.

Caso não seja entregue ao exequente o que lhe foi determinado pelo título executivo judicial, será expedido, em favor do exequente, mandado de busca e apreensão (tratando--se de coisa *móvel*) ou de imissão na posse (sendo coisa *imóvel*). É o que determina o *caput* do art. 538.

Se, a despeito da expedição daqueles mandados, o direito do exequente não for satisfeito, é o caso de serem adotadas as técnicas executivas previstas para as obrigações de fazer e de não fazer (§ 3º do art. 538) que, por sua vez, não significam o descarte de eventual (ou necessária, conforme o caso) conversão da obrigação em perdas e danos (arts. 499 e 809). Eventuais perdas e danos, assegurados pelos arts. 499 e 500 de maneira expressa, serão perseguidas no mesmo processo liquidando-se o valor respectivo e *intimando-se* o executado para pagamento sob pena de multa de 10% sobre o total do valor, nos moldes dos arts. 520 ou 523, tratando-se de cumprimento *provisório* ou *definitivo*, respectivamente.

As técnicas previstas pelos arts. 536 e 537 se bem empregadas, contudo, podem conduzir a descoberta de onde está o bem e, com isto, viabilizar sua busca e apreensão, inclusive, se este for o caso, perante terceiros (art. 808).

Os §§ 1º e 2º do art. 538 são fundamentais para o adequado diálogo entre "direito *material*" e "direito *processual*" porque regulamentam a forma de exercício do direito de retenção do executado sobre eventuais benfeitorias que tenham sido acrescentadas à coisa devida. De acordo com o § 1º, a existência de benfeitorias deve ser *alegada* na fase (etapa) de conhecimento, em contestação, discriminando-as e atribuindo a elas, sempre que possível e com as devidas justificativas, o respectivo valor. O § 2º complementa a regra anterior, ao estabelecer que o direito de retenção (das benfeitorias) deve ser *exercido* na contestação a ser ofertada ainda na etapa de conhecimento.

Aqueles dois parágrafos (que, em rigor, até podem ser lidos como um só, dada a proximidade de seus textos) devem ser interpretados no sentido de que é ônus do executado alegar e exercer seu direito de retenção já na etapa de conhecimento para que a questão seja suficientemente resolvida pela sentença. Será tardio deixar para a etapa de cumprimento, não prestando eventual impugnação que venha a apresentar para aquele fim. Não há como entender, de qualquer sorte, que a desobediência aos §§ 1º e 2º do art. 538 acarrete a *perda* de eventual direito do devedor. Ele poderá, respeitados os prazos prescricionais, cobrar do autor a indenização que entender cabível.

O exercício do direito de retenção, assegurado pelo § 2º do art. 538 deve ser compreendido como o direito de o réu nada entregar enquanto o autor não depositar o valor das benfeitorias em juízo (arts. 810 e 917, §§ 5º e 6º).

O que particularmente lamento tendo presente o art. 538 como um todo é que ele não traga nenhuma previsão expressa para a alegação das benfeitorias e para o correlato exercício do direito de retenção nos casos (comuníssimos) em que a determinação de entrega tiver como fundamento decisão concessiva de tutela *provisória* que pode, consoante o caso ser, mesmo quando fundamentada em evidência, *liminar* (art. 311, III).

É importante, por esta razão, suprir a lacuna com interpretação ampla o suficiente do parágrafo único do art. 297, segundo o qual "A efetivação da tutela provisória observará as normas referentes ao cumprimento provisório da sentença, no que couber". Destarte, havendo concessão de tutela provisória com a determinação de entrega de bem, cabe ao réu (executado) indicar, desde logo, as benfeitorias e seu respectivo valor (art. 538, § 1º) e manifestar expressamente seu direito de retenção desde logo (art. 538, § 2º), *antecipando*, no processo, a discussão a seu respeito, independentemente de eventual segmento recursal inaugurado contra a decisão relativa à tutela provisória.

Uma última palavra sobre a impugnação: o *prazo* para que o executado a apresente é de quinze dias após o encerramento do prazo que tiver para a entrega da coisa. Trata-se de interpretação que decorre do § 3º do art. 538, que conduz ao § 4º do art. 536, que, por sua vez, remete ao *caput* do art. 525. É também, tanto quanto já escrevi no n. 7.1.2, *supra*, entendimento que se harmoniza com as técnicas executivas praticadas com fundamento em título executivo *extrajudicial* e com o direito de defesa exercitável em tais casos por intermédio dos embargos à execução.

Resumo do Capítulo 13

CUMPRIMENTO DE SENTENÇA

- Cumprimento de sentença x processo de execução
  - Art. 513, *caput* + art. 771
- Intimação para início (art. 513, § 1º)
  - Somente para o pagamento de quantia (?)
- Modalidades de intimação (art. 513, § 2º)
- Títulos executivos judiciais
  - Decisão que reconhece a *exigibilidade* da obrigação (art. 515, I + art. 514)
  - Decisão homologatória de autocomposição judicial ou extrajudicial (art. 515, II e III + § 2º)
  - Formal e certidão de partilha (art. 515, IV)
  - Crédito de auxiliares da Justiça (art. 515, V)
  - Sentença penal condenatória transitada em julgado (art. 515, VI)
  - Sentença arbitral (art. 515, VII)
  - Sentença e decisão interlocutória estrangeiras (art. 515, VIII e IX)
    - *Citação* para a liquidação ou cumprimento de sentença nos casos dos incisos VI a IX (art. 515, § 1º)
- Competência (art. 516)
- Protesto da decisão judicial (art. 517)
  - Inclusão do nome em cadastro de inadimplentes (art. 782, § 5º)
- Cumprimento *provisório* (arts. 520 a 522)
  - Cumprimento provisório *ope legis* X cumprimento provisório *ope judicis*
  - Iniciativa e responsabilização do exequente (art. 520, I a III, e § 4º)
  - Possibilidade de satisfação mediante a prestação de caução (art. 520, IV)
  - Previsão expressa da incidência da multa e dos honorários (art. 520, §§ 2º e 3º)
  - Possibilidade de impugnação (art. 520, § 1º)
  - Alcance das regras (art. 520, § 5º, e art. 527)
  - Dispensa de caução (art. 521)
    - Hipóteses
  - Documentação do cumprimento provisório e sua dinâmica (art. 522)
  - Cumprimento provisório e "processo de execução" (Súm. 317 STJ)
- Cumprimento *definitivo* para pagar (arts. 523 a 527)

- Pagamento em 15 dias sob pena de multa de 10% e *honorários* de 10% (sobre o débito)
  - Contagem do prazo
- "Demonstrativo discriminado e atualizado do crédito" (art. 524) × liquidação (por arbitramento ou pelo procedimento comum)
- Cumprimento de sentença por iniciativa do executado (art. 526)
- Alimentos (arts. 528 a 533)
  - Classificação
    - Natureza: naturais ou civis
    - Origem: legítimos, voluntários ou indenizativos
    - Momento: futuros ou pretéritos
    - Fixação processual: definitivos ou provisórios (art. 531)
  - Técnicas executivas: consequências, aplicações e abrangência: prisão, protesto, desconto e penhora.
    - Intimação pessoal para pagar, provar ou justificar (art. 528, *caput*)
    - Discussões quanto à fluência e contagem do prazo
  - Protesto (art. 528, § 1º)
  - Impossibilidade absoluta de pagamento (art. 528, § 2º)
    - Meios de prova
    - Prisão
    - Alimentos pretéritos "até as 3 prestações anteriores à execução" (art. 528, § 7º)
      - Súmula 309 STJ
    - 1 a 3 meses (art. 528, § 3º)
    - Regime fechado e separado dos demais presos (art. 528, § 4º)
    - Prisão e prestações vencidas e vincendas (art. 528, § 5º)
    - Pagamento e soltura (art. 528, § 6º)
    - Por desconto. Hipóteses: art. 529
    - Crime de desobediência (art. 529, § 1º)
    - Elementos do ofício (art. 529, § 2º)
    - Alimentos vencidos (art. 529, § 3º)
    - Outros rendimentos (?)
    - Por penhora: art. 530
  - O sentido e o alcance da "escolha" prevista no art. 528, § 8º
  - Competência do foro do juízo de domicílio do exequente (art. 528, § 9º) + art. 516
  - Impugnação e levantamento da prestação mensal (art. 528, § 8º)
  - Recursos da decisão concessiva dos alimentos

- Crime de abandono material (art. 532)
  - Alimentos indenizativos: constituição de capital cuja renda assegure o pagamento do valor mensal da pensão (art. 533)
  - Abrangência
  - Composição do capital (§ 1º)
  - Substituição por inclusão em folha ou fiança bancária ou garantia real (§ 2º)
  - Modificação nas condições econômicas (§ 3º)
  - Prestação alimentícia fixada em salário mínimo (§ 4º)
  - Consequências quando finda a obrigação (§ 5º)
  - Aplicação a outras classes de alimentos (?)
- Fazenda Pública (arts. 534 e 535)
  - Modelo constitucional. Procedimento jurisdicional constitucionalmente diferenciado
  - Lacuna (esquecimento?) do CPC 1973 reformado
  - Capítulo V do Título II do Livro I da Parte Especial (arts. 534 a 535 + art. 100, CF, com as inúmeras modificações por Emendas Constitucionais + ADCT)
  - Demonstrativo discriminado de débito (art. 534) com:
    - Nome completo, CPF ou CNPJ
    - Índice de correção monetária
    - Juros aplicados e respectivas taxas
    - Termos inicial e final da correção e dos juros
    - Periodicidade da capitalização dos juros
    - Especificação de descontos se for o caso
    - Havendo pluralidade de exequentes (§ 1º)
      - Um demonstrativo para cada
      - Possibilidade de desmembramento do litisconsórcio
    - Inaplicabilidade da multa do § 1º do art. 523 (§ 2º)
  - Intimação para *impugnar* em 30 dias (art. 535)
    - Matérias:
      - Falta ou nulidade de citação
      - Ilegitimidade de parte
      - Inexequibilidade do título ou inexigibilidade da obrigação
      - Excesso de execução ou cumulação indevida
        - Ônus específico (art. 535, § 2º)
      - Incompetência absoluta ou relativa
      - Qualquer causa modificativa ou extintiva da obrigação desde que superveniente ao trânsito em julgado

- Impedimento ou suspeição de acordo com arts. 146 e 148 (art. 535, § 1º)
- Art. 535, § 3º: Se não impugnar ou rejeitada a impugnação:
  - Precatório (por intermédio do Presidente do Tribunal)
  - RPV (por ordem do juiz)
- Art. 535, § 4º: impugnação parcial
- Art. 535, § 5º: inexigibilidade do título se fundado em lei declarada inconstitucional em controle concentrado ou difuso
- Art. 535, § 6º: efeitos podem ser modulados no tempo
- Art. 535, § 7º: decisão do STF antes do trânsito em julgado da decisão exequenda
- Art. 535, § 8º: se depois, cabe Ação Rescisória com prazo iniciado a partir do trânsito em julgado da decisão do STF
  - Direito intertemporal do art. 1.057
- Cumprimento de sentença de fazer e de não fazer (arts. 536 e 537)
  - Conjugação com o art. 497 (arts. 499 e 500)
  - Crime de desobediência (art. 536, § 3º)
  - Possibilidade de impugnação (art. 536, § 4º)
  - Regime da multa (art. 537)
    - Valor devido ao exequente (art. 537, § 2º)
- Cumprimento provisório e depósito em juízo, mas levantamento após o trânsito em julgado da decisão favorável à parte (art. 537, § 3º, na redação da Lei n. 13.256/2016)
- Cumprimento de sentença de entrega de coisa (art. 538)
  - Conjugação com o art. 498 (arts. 499 e 500)
  - Direito de retenção em contestação (art. 538, § 2º)
    - E se for tutela provisória (?)
  - No mais: procedimento de fazer/não fazer

IMPUGNAÇÃO

- 15 dias após os 15 dias para pagamento voluntário "independentemente de nova intimação" (art. 525, *caput*)
  - Prazo processual ou material? (art. 219, par. único)
  - Aplicação do art. 229 (art. 525, § 3º)
  - Prazo em se tratando de obrigações de fazer ou de não fazer e entrega de coisa
- Não depende de prévia garantia de juízo (art. 525, *caput*)
- Matérias (art. 525, § 1º)
  - Falta ou nulidade da citação (inciso I)

- Ilegitimidade de parte (inciso II)
- Inexequibilidade do título ou inexigibilidade da obrigação (inciso III)
  - Inexigibilidade e STF em controle concentrado *ou* difuso da constitucionalidade (§§ 12 a 15)
  - Direito intertemporal (art. 1.057)
- Penhora incorreta ou avaliação errônea (inciso IV)
- Excesso de execução ou cumulação indevida de execuções (inciso V e §§ 4º e 5º)
- Incompetência absoluta ou relativa do juízo da execução (inciso VI)
- Causas modificativas ou extintivas da obrigação supervenientes à sentença (inciso VII)
- Suspeição e impedimento (art. 525, § 2º)
■ Efeito suspensivo (art. 525, §§ 6º a 10)
- Recorribilidade diante do art. 1.015, X
■ Procedimento
- Decisões e recursos
■ Manifestações do executado após a impugnação

OUTRAS DEFESAS

■ O art. 518 e a discussão sobre a validade da etapa executiva
■ Fatos supervenientes e o art. 525, § 11
■ Os antigos "embargos de segunda fase" (art. 903)
- Recorribilidade das decisões diante do art. 1.015, parágrafo único
■ Subsistem as exceções/objeções de pré/pós-executividade (?)

Leituras Complementares (Capítulo 13)

Monografias e livros

ABELHA RODRIGUES, Marcelo. *Fundamentos da tutela executiva*. Brasília: Gazeta Jurídica, 2018.

ALMEIDA, Felipe Cunha de. *Poderes do juiz, obrigação alimentar e medidas atípicas à luz da proporcionalidade*: a estrutura normativa do inciso IV, do art. 139, do CPC. Londrina: Thoth, 2021.

ASSIS, Araken. *Manual da execução*. 20. ed. São Paulo: Revista dos Tribunais, 2018.

FERNANDES, Luís Eduardo Simardi. *Poderes do juiz e efetividade da execução civil*. Curitiba: Editora de Direito Contemporâneo, 2022.

GAIO JÚNIOR, Antônio Pereira. *Tutela específica das obrigações de fazer*. 9. ed. Curitiba: Juruá, 2022.

MAZZOLA, Marcelo. *Sanções premiais no processo civil*: previsão legal, estipulação convencional e proposta de sistematização (*standards*) para sua fixação judicial. Salvador: JusPodivm, 2022.

MINAMI, Marcos Youji. *Da vedação ao non factibile*: uma introdução às medidas executivas atípicas. 2. ed. Salvador: JusPodivm, 2022.

OLIVEIRA, Rafael Niebu Maia de. *Mutabilidade das astreintes*: limite aos efeitos retrospectivos das decisões. São Paulo: Tirant lo Blanch, 2022.

MINATTI, Alexandre. *Defesa do executado*. São Paulo: Revista dos Tribunais, 2017.

OLIVEIRA NETO, Olavo de. *O poder geral de coerção*. São Paulo: Revista dos Tribunais, 2019.

PEREIRA, Rafael Caselli. *A multa judicial (astreinte) e o CPC/2015*. 3. ed. Porto Alegre: Livraria do Advogado, 2021.

SCARPINELLA BUENO, Cassio. *Comentários ao Código de Processo Civil*, vol. X: liquidação de sentença e cumprimento de sentença (arts. 509 a 538). São Paulo: Saraiva, 2018.

_____. *Curso sistematizado de direito processual civil*, vol. 3: tutela jurisdicional executiva. 12. ed. São Paulo: Saraiva, 2023.

SICA, Heitor Vitor Mendonça. *Cognição do juiz na execução civil*. São Paulo: Revista dos Tribunais, 2017.

SILVA, Bruno Campos. *Sistematização da tutela inibitória e o Código de Processo Civil de 2015*. Belo Horizonte: Fórum, 2021.

TALAMINI, Eduardo; MINAMI, Marcos Youji (coord.). *Medidas executivas atípicas*. Salvador: JusPodivm, 2018.

TUCCI, Rogério Cruz e. *Comentários ao Código de Processo Civil*, vol. VIII: artigos 485 ao 538. São Paulo: Revista dos Tribunais, 2016.

VEIGA, Daniel Brajal. *Cumprimento de obrigações de pagar em tutela provisória*. Curitiba: Editora de Direito Contemporâneo, 2022.

Capítulos de livros

AURELLI, Arlete Inês. Comentários aos arts. 528 ao 533. In: SCARPINELLA BUENO, Cassio (coord.). *Comentários ao Código de Processo Civil*, vol. 2. São Paulo: Saraiva, 2017.

CIANCI, Mirna; QUARTIERI Rita de Cassia Conte. Comentários aos arts. 534 e 535. In: SCARPINELLA BUENO, Cassio (coord.). *Comentários ao Código de Processo Civil*, vol. 2. São Paulo: Saraiva, 2017.

CUNHA, Leonardo Carneiro da. *Precatórios*: atual regime jurídico. Rio de Janeiro: Forense, 2023.

LUCON, Paulo Henrique dos Santos. Comentários aos arts. 536 ao 538. In: SCARPINELLA BUENO, Cassio (coord.). *Comentários ao Código de Processo Civil*, vol. 2. São Paulo: Saraiva, 2017.

PAVAN, Dorival Renato. Comentários aos arts. 513 ao 527. In: SCARPINELLA BUENO, Cassio (coord.). *Comentários ao Código de Processo Civil*, vol. 2. São Paulo: Saraiva, 2017.

SCARPINELLA BUENO, Cassio. Comentários aos arts. 520 a 522 do Código de Processo Civil. In: WAMBIER, Teresa Arruda Alvim; DIDIER JR., Fredie; TALAMINI, Eduardo; DANTAS, Bruno (coord.). *Breves comentários ao novo Código de Processo Civil*. 3. ed. São Paulo: Revista dos Tribunais, 2016.

_____. Cumprimento de sentença que impõe pagamento de alimentos: um comentário ao art. 528 do CPC de 2015. In: GUERRA, Alexandre Dartanhan de Mello (coord.). *Estudos em homenagem a Clóvis Beviláqua por ocasião do centenário do Direito Civil codificado no Brasil*, vol. 2. São Paulo: Escola Paulista da Magistratura, 2018.

_____. Inexecução das obrigações e suas consequências: diálogo entre o plano processual e o material em homenagem ao Professor Renan Lotufo. In: PIRES, Fernanda Ivo (org.); GUERRA, Alexandre; MORATO, Antonio Carlos; MARTINS, Fernando Rodrigues; ROSENVALD, Nelson (coord.). *Da estrutura à função da responsabilidade civil*: uma homenagem do Instituto Brasileiro de Estudos de Responsabilidade Civil (IBERC) ao Professor Renan Lotufo. Indaiatuba: Foco, 2021.

_____. *Manual do Poder Público em Juízo*. São Paulo: Saraiva, 2022.

_____. O cumprimento das obrigações de fazer e de não fazer, a Súmula 410 do STJ e o CPC de 2015. In: ALVIM, Teresa; KUKINA, Sérgio Luiz; OLIVEIRA, Pedro Miranda de; FREIRE, Alexandre (coord.). *O CPC de 2015 visto pelo STJ*. São Paulo: Revista dos Tribunais, 2021.

SCARPINELLA BUENO, Cassio; DANIEL, Leticia Zuccolo Paschoal da Costa. Sentença arbitral e Poder Judiciário: execução e anulação. In: WALD, Arnoldo; FINKELSTEIN, Claudio (org.); MONTES, Maria Isabel Gori; TORRE, Riccardo Giuliano Figueira (coord.). *20 anos da adesão do Brasil à Convenção de Nova Iorque de 1958*: estudos em fomento à arbitragem internacional no país. Belo Horizonte: D'Plácido, 2022.

Artigos

ALVES, Daniel Scramin; MOLLICA, Rogerio. Considerações acerca das medidas executivas atípicas do CPC/2015 e sua incidência na jurisprudência dos tribunais superiores. *Revista de Processo*, vol. 311. São Paulo: Revista dos Tribunais, jan. 2021.

ALVIM, Eduardo Arruda; CARVALHO, Vinícius Bellato Ribeiro de. Diretrizes para a aplicação do § 12 do art. 525 e do § 5º do art. 535 do CPC/2015. Revista de Processo, vol. 304. São Paulo: Revista dos Tribunais, jun. 2020.

ARENHART, Sérgio Cruz. Tutela atípica de prestações pecuniárias. Por que ainda aceitar o "é ruim, mas eu gosto"?. *Revista de Processo*, vol. 281. São Paulo: Revista dos Tribunais, jul. 2018.

AURELLI, Arlete Inês. Medidas executivas atípicas no Código de Processo Civil brasileiro. *Revista de Processo*, vol. 307. São Paulo: Revista dos Tribunais, set. 2020.

CALDERARI, Rodrigo Buck; GAJARDONI, Fernando da Fonseca. A (in)efetividade das medidas executivas atípicas no âmbito do TJSP. *Revista de Processo*, vol. 299. São Paulo: Revista dos Tribunais, jan. 2020.

CAMARGO, Luiz Henrique Volpe; CAMARGO, Lauane Andrekowisk Volpe. Do cumprimento da sentença. In: Instituto Brasileiro de Direito Processual; SCARPINELLA BUENO, Cassio. (Org.). *PRODIREITO: Direito Processual Civil*: Programa de Atualização em Direito: Ciclo 2. Porto Alegre: Artmed Panamericana, 2017 (Sistema de Educação Continuada a Distância, vol. 3).

CARDONA, Luiz Cláudio. A (ir)retroatividade da decisão que modifica o valor da multa coercitiva no CPC. *Revista Brasileira de Direito Processual*, vol. 109. Belo Horizonte: Fórum, jan./mar. 2020.

CARVALHO FILHO, Antônio; SOUSA, Diego Crevelin de; PEREIRA, Mateus Costa. Medidas executivas atípicas nas obrigações pecuniárias: uma anátema de suas inconstitucionalidades. *Revista Brasileira de Direito Processual*, vol. 109. Belo Horizonte: Fórum, jan./mar. 2020.

CHIARLONI, Sergio. Note comparative sull'esecuzione indiretta in Italia e in Brasile. *Revista de Processo*, vol, 277. São Paulo: Revista dos Tribunais, mar. 2018.

FAGUNDES, Cristiane Druve Tavares; JUDICE, Mônica. Os contornos conferidos pelo CPC/2015 para a multa periódica nas obrigações de fazer, não fazer ou entregar coisa. *Revista de Processo*, vol. 273. São Paulo: Revista dos Tribunais, nov. 2017.

GAIO JÚNIOR, Antônio Pereira. A tutela específica no novo Código de Processo Civil. *Revista de Processo*, vol. 241. São Paulo: Revista dos Tribunais, mar. 2015.

GARCIA, Gustavo Filipe Barbosa. Efeitos da sentença penal na jurisdição civil e trabalhista. *Revista Brasileira de Direito Processual*, vol. 98. Belo Horizonte: Fórum, abr./jun. 2017.

GOMES, Marcos Paulo Pereira. Da inexistência de hierarquia entre medidas típicas e atípicas e a desnecessidade de esgotamento ou ineficácia das medidas típicas para aplicação de medidas atípicas. *Revista de Processo*, vol. 320. São Paulo: Revista dos Tribunais, out. 2021.

LAMÊGO, Guilherme Cavalcanti. Risco da execução e direitos fundamentais do credor: a proteção do exequente na escolha das medidas executivas atípicas. *Revista de Processo*, vol. 298. São Paulo: Revista dos Tribunais, dez. 2019.

MARIANO, Alini Marcela Akinaga Melo. A impugnação ao cumprimento de sentença e o efeito prático das decisões proferidas na fase de conhecimento. *Revista de Processo*, vol. 248. São Paulo: Revista dos Tribunais, out. 2015.

MARINONI, Luiz Guilherme. Tutela contra o ilícito (art. 497, parágrafo único, do CPC/2015). *Revista de Processo*, vol. 245. São Paulo: Revista dos Tribunais, jul. 2015.

MOUZALAS, Rinaldo. Executividade das decisões de improcedência de acordo com o Código de Processo Civil de 2015. *Revista de Processo*, vol. 283. São Paulo: Revista dos Tribunais, set. 2018.

NOTARIANO JR., Antonio; BRUSCHI, Gilberto Gomes. As primeiras impressões sobre o sistema de cumprimento de sentença que prevê obrigação de pagar no Novo CPC. *Revista Dialética de Direito Processual*, vol. 148. São Paulo: Dialética, jul. 2015.

NUNES, Dierle; ALMEIDA, Catharina. Medidas indutivas em sentido amplo do art. 139, IV, do CPC: o potencial do uso de *nudges* nos módulos processuais executivos para satisfação de obrigações por quantia certa – Parte 1. *Revista de Processo*, vol. 323. São Paulo: Revista dos Tribunais, jan. 2022.

OKU, Enio Nakamura. Impugnação ao cumprimento de sentença no Novo Código de Processo Civil: nada de novo? *Revista Brasileira de Direito Processual*, vol. 102. Belo Horizonte: Fórum, abr./jun. 2018.

OLIVEIRA, Pedro Miranda. Recursos no processo de execução e nas fases de liquidação e cumprimento de sentença. *Revista de Processo*, vol. 318. São Paulo: Revista dos Tribunais, ago. 2021.

PEREIRA, Diogo Abineder Ferreira Nolasco; CARMO, César Romero do. Dos meios típicos aos meios atípicos de execução: o giro paradigmático à luz da teoria dos direitos fundamentais. *Revista Brasileira de Direito Processual*, vol. 109. Belo Horizonte: Fórum, jan./mar. 2020.

PEREIRA, Rafael Caselli. A multa judicial (astreinte) consolidada no tempo: reflexões sobre os parâmetros para *fixação* e *modulação do quantum* alcançado. Doutrina e jurisprudência unidas na busca por critérios objetivos para uma fundamentação qualificada. *Revista de Processo*, vol. 274. São Paulo: Revista dos Tribunais, dez. 2017.

_____. Astreintes e perdas e danos – uma análise da autonomia dos procedimentos previstos no art. 461, § 2º do CPC/1973 e do art. 500 – NCPC/2015 como garantia lógica e harmônica do sistema processual. *Revista de Processo*, vol. 251. São Paulo: Revista dos Tribunais, jan. 2016.

PETIZ, Martin Magnus. Análise da inconstitucionalidade do artigo 525, § 15, do CPC/15, diante do princípio constitucional da segurança jurídica. *Revista de Processo*, vol. 325. São Paulo: Revista dos Tribunais, mar. 2022.

PINTO, Edson Antônio Sousa; FARIA, Daniela Lopes de. A tutela inibitória e os seus fundamentos no Novo Código de Processo Civil. *Revista de Processo*, vol. 252. São Paulo: Revista dos Tribunais, fev. 2016.

PUGLIESE, William Soares; OLIVEIRA, Vinicius Souza de. Medidas executivas atípicas: análise dos critérios de aplicação nas obrigações pecuniárias. *Revista de Processo*, vol. 327. São Paulo: Revista dos Tribunais, maio 2022.

SCARPINELLA BUENO, Cassio. Direito jurisprudencial do CPC: um estudo sobre a (des)necessidade de intimação pessoal para pagamento de multa em obrigação de fazer. *Revista Brasileira de Direito Processual*, vol. 115. Belo Horizonte: Fórum, jul./set. 2021.

SCOPEL, Adriano Sayão. Ainda sobre as medidas executivas atípicas: aplicabilidade no cumprimento provisório de sentença para pagamento de quantia certa. *Revista de Processo*, vol. 302. São Paulo: Revista dos Tribunais, abr. 2020.

SERPA, Luciane. A defesa do devedor no cumprimento de sentença fundada na inexigibilidade da obrigação reconhecida por sentença inconstitucional e o julgamento da ADI 2418/DF. *Revista de Processo*, vol. 278. São Paulo: Revista dos Tribunais, abr. 2018.

SILVA, Beclaute Oliveira; ARAÚJO, José Henrique Mouta. A prescrição no cumprimento de sentença no Novo Código de Processo Civil brasileiro. *Revista Brasileira de Direito Processual*, vol. 92. Belo Horizonte: Fórum, out./dez. 2016.

TALAMINI, Eduardo; CUNHA, Leonardo Carneiro da; LUCON, Paulo Henrique dos Santos; DOTTI, Rogéria; SCARPINELLA BUENO, Cassio. Memorial do IBDP (Instituto Brasileiro de Direito Processual) como *amicus curiae* na ADI 5941-DF sobre medidas atípicas na execução. *Revista de Processo*, vol. 314. São Paulo: Revista dos Tribunais, abr. 2021.

THEODORO JÚNIOR, Humberto. Cumprimento da sentença no CPC brasileiro, especialmente em casos de títulos da soma de dinheiro. *Revista de Processo*, vol. 253. São Paulo: Revista dos Tribunais, mar. 2016.

Capítulo 14

Procedimentos Especiais

1. PARA COMEÇAR

O Título III do Livro I da Parte Especial disciplina os procedimentos especiais. Dentre eles estão disciplinados os chamados "procedimentos especiais contenciosos" ao lado dos que o CPC de 2015 chama, preservando a nomenclatura tradicional, "procedimentos especiais de jurisdição voluntária", para designar, respectivamente, os casos em que o Estado-juiz atua para *resolver* um conflito entre as partes e aqueles em que o Estado-juiz atua como mero *chancelador* e/ou *integrador* da vontade das partes, verdadeiro *administrador dos interesses privados*.

Penso que não. Tanto nos procedimentos especiais de jurisdição contenciosa como nos de jurisdição voluntária, a atuação do Estado-juiz é (e deve-ser) moldada desde o "modelo constitucional do direito processual civil", sendo de pouca (ou nenhuma) importância a circunstância de não haver, no âmbito da chamada "jurisdição voluntária", conflito, atual ou potencial, entre as partes ou, se o prezado leitor preferir, entre os *interessados*. Ausência esta que, de resto, nem sempre se confirmará.

Se a lei entende *necessária* a intervenção do Estado-juiz para administrar interesses das partes, por exemplo, para romper o vínculo conjugal ainda que haja acordo entre os cônjuges (divórcio ou separação consensual, como disciplina o art. 731) ou desfazer a união estável mesmo com a vontade recíproca dos companheiros (art. 732), a *atuação* do Estado-juiz será, na perspectiva do *processo* e de sua teoria geral, idêntica à daqueles casos em que sua intervenção dá-se para resolver um *conflito*, assim, por exemplo, quando se tratar de divórcio, separação ou término da união estável sem consenso prévio dos interessados. É falsa, por isto mesmo, a dicotomia em geral aceita, tanto quanto o é negar ao ato a ser praticado nessa sede as características que indico, para caracterizá-lo como jurisdicional, no n. 3.1 do Capítulo 1.

O que deveria ser tema mais bem pensado, inclusive pelo processualista, é a possibilidade de haver iniciativa legislativa de *desjudicializar*, isto é, tirar do Estado-juiz diversas hipóteses do que a tradição do direito brasileiro sempre concebeu com o que é identificado como "jurisdição *voluntária*", sem que isto viole o inciso XXXV do art. 5º da CF, justamente nos casos em que realmente não há *conflito* potencial ou, quando menos, atual entre as partes.

O trespasse a outras entidades estatais ou paraestatais (como os cartórios, por exemplo) de *funções* que o CPC de 2015 insiste em preservar sob o manto do Poder Judiciário seria importante iniciativa em termos de uma maior eficiência na prestação da tutela jurisdicional, já que limitaria a participação do Poder Judiciário quando não houver *alternativa* para atingimento do mesmo fim, robustecendo, até mesmo, a concepção de *interesse de agir*. Quando menos, que cada Estado-membro e o Distrito Federal criassem *procedimentos* diferenciados de acordo com suas próprias peculiaridades locais e regionais, no que me parece claro o inciso XI do art. 24 da CF, levando em conta, inclusive, a *sua* estrutura judiciária, as demais funções estatais e as paraestatais, para cuja reflexão são bastantes as considerações do n. 2.5 do Capítulo 1.

A iniciativa que destaco acima, outrossim, apresentar-se-ia como forma pertinente e bem interessante de pensar (ou de repensar) o tema dos meios alternativos (*adequados*) da solução de conflitos para além dos confins da mediação, da conciliação e da arbitragem, concretizando, destarte, o que o próprio CPC de 2015 estabelece como diretriz nos §§ 2º e 3º de seu art. 3º.

De qualquer sorte, não nego a existência de importantes disposições do CPC de 2015 nessa linha. Não só quando preserva avanços já incorporados ao CPC de 1973 por leis mais recentes que o reformaram – é o caso, por exemplo, do inventário e a partilha de bens quando todos os herdeiros estiverem concordes e não houver incapazes (art. 610, §§ 1º e 2º) –, mas também quando cria novas hipóteses de *desjudicialização*, como a demarcação e a divisão de terras por escritura pública (art. 571) e a homologação do penhor legal (art. 703, §§ 2º a 4º) serem feitos *extrajudicialmente* em determinadas circunstâncias; a extinção consensual da união estável, quando não houver nascituro ou filhos incapazes (art. 733) e, embora fora do Capítulo aqui estudado, do reconhecimento *extrajudicial* de usucapião perante o cartório do registro de imóveis da localização do imóvel (art. 1.071), que introduziu um art. 216-A na Lei n. 6.015/1973, lei dos registros públicos, alterado em parte, mais recentemente, pela Lei n. 13.465/2017).

1.1 Um tema com variações

Os procedimentos especiais, sendo indiferente para essa finalidade a distinção entre os de "jurisdição *contenciosa*" e os de "jurisdição *voluntária*", devem ser compreendidos como variantes do "procedimento *comum*", que é o paradigmático, o padrão, tal qual estabelecido pelo CPC de 2015. A alocação da matéria no CPC de 2015, no mesmo Livro I da Parte Especial, parece evidenciar esta observação, mesmo para os mais céticos.

Estas *variações* a partir do procedimento comum devem-se por diversos fatores. Além de razões históricas, a distinção procedimental justifica-se diante das peculiaridades do próprio direito material envolvido.

Diante do necessário e incessante diálogo entre os planos material e processual, as características daquele acabam influenciando ou sugerindo ao legislador a conveniência (ou, até mesmo, a necessidade) de se alterar o procedimento para viabilizar uma mais adequada e eficiente prestação da tutela jurisdicional sempre preocupada com a maior efetividade do próprio direito material pelo processo.

A consignação em pagamento é bom exemplo do acerto da afirmação que acabei de fazer: consignar em pagamento, de acordo com o art. 334 do CC, é modalidade extintiva da obrigação que pressupõe, dentre outros fatores, a recusa do recebimento do pagamento (no sentido técnico de adimplemento da obrigação) pelo credor. O devedor quer se libertar da obrigação, oferta o pagamento ao credor e ele é recusado. Na perspectiva processual, é fundamental que esta recusa seja, de alguma forma, documentada ou oportunizada. Sem isto, não há, *na perspectiva do direito material*, lugar para a consignação.

É frequente, por isso mesmo, que, nos procedimentos especiais, haja *cortes* de cognição, em geral, no plano horizontal, que acaba por viabilizar uma maior eficiência procedimental diante das peculiaridades do direito material. O procedimento especial relativo à consignação em pagamento, mais uma vez, é excelente exemplo da pertinência da afirmação, já que as defesas arguíveis pelo réu cingem-se às hipóteses do art. 544 (não ter havido recusa ou mora no recebimento; ter sido justa a recusa; o depósito não ter sido efetuado no prazo ou no lugar do pagamento, ou, ainda, não ter sido integral). Típico caso, pois, de cognição judicial *parcial*, que racionaliza a prestação da tutela jurisdicional na perspectiva procedimental e que, enfatizo – e nem poderia ser diferente –, não agride o inciso XXXV do art. 5º da CF, já que quaisquer outras alegações, para além daquelas, podem ser levadas ao Estado-juiz pelo procedimento comum.

É certo que nem todos os procedimentos especiais do CPC de 2015 permitem explicação tão aderente entre os planos material e processual. Para eles, contudo, o fator preponderante de sua disciplina como procedimento especial é, como já adiantei, preso a razões históricas ou escolhidas por razões políticas feitas, em algum momento, pelo legislador. Até mesmo, com os olhos voltados ao CPC de 2015, de algum capricho, como ocorre, por exemplo, no caso da *oposição*, que, no CPC de 1973, apresentava-se como modalidade de intervenção de terceiro e que, no CPC de 2015, está entre os procedimentos especiais que, de especial, têm apenas e tão somente o prazo simples para a contestação dos réus, a despeito de eles estarem representados por advogados diversos e de eles não serem citados para comparecer a audiência de conciliação ou de mediação.

Não obstante, mesmo para casos em que não é perceptível a razão da especialização do procedimento, e a *oposição* é mero exemplo, a opção feita pelo CPC de 2015 de tratá--los como tal será respeitada por este *Manual*, não obstante as reflexões críticas às quais convido o prezado leitor a fazer com base no inciso XI do art. 24 da CF, na linha que escrevo no n. 2.5 do Capítulo 1.

É essa a razão, aliás, pela qual, ao longo deste Capítulo, entendo importante indicar a finalidade de cada um dos procedimentos especiais, dando destaque suficiente de alguma peculiaridade sua ou novidade trazida pelo CPC de 2015. Com isso, o seu confronto com o padrão, o *procedimento comum*, fica ainda mais evidenciado no contexto que me parece o mais adequado, o de um tema e de suas diversas variações.

1.2 Primeira visão dos procedimentos especiais

O CPC de 2015 disciplina como procedimentos especiais de jurisdição *contenciosa*, em quatorze Capítulos do Título III do Livro I da Parte Especial, os seguintes: (i) ação de consignação em pagamento; (ii) ação de exigir contas; (iii) ações possessórias; (iv) ação de divisão e de demarcação de terras particulares; (v) ação de dissolução parcial de sociedade; (vi) inventário e partilha; (vii) embargos de terceiro; (viii) oposição; (ix) habilitação; (x) ações de família; (xi) ação monitória; (xii) homologação do penhor legal; (xiii) regulação de avaria grossa; e (xiv) restauração de autos.

O décimo quinto e último Capítulo do Título III do Livro I da Parte Especial ocupa-se com os procedimentos de jurisdição *voluntária*, distribuindo-os em doze seções, fazendo uma interessante mescla do que, no CPC de 1973, é disciplinado como "procedimentos especiais de jurisdição voluntária" e como "procedimentos *cautelares* específicos".

Ainda mais interessante essa opção do CPC de 2015 porque alguns procedimentos *cautelares específicos* foram verdadeiramente *descautelarizados* – e não sem tempo –, tendo sido preservadas, de qualquer sorte, suas finalidades. Exemplos seguros dessa afirmação estão na produção antecipada de provas (arts. 381 a 383); no arrolamento de bens para fins de documentação (art. 381, § 1º); na justificação (art. 381, § 5º); na caução a ser prestada por quem se ausentar, sem bens imóveis, do Brasil durante o processo (art. 83); no atentado (77, VI, e § 7º) e na posse em nome do nascituro (art. 650). Cautelares como o arresto, o sequestro, os alimentos provisionais, o protesto e apreensão de títulos e as genéricas "outras medidas provisionais" do art. 888 do CPC de 1973 não foram reproduzidas, nem sequer como procedimentos especiais, ainda que de jurisdição voluntária. A menção àquelas duas primeiras figuras pelo art. 301 não tem o condão de infirmar a afirmação, pelas razões que apresento no n. 5.5 do Capítulo 6.

São disciplinados, como de jurisdição voluntária, os seguintes procedimentos: (i) notificação e interpelação; (ii) alienação judicial; (iii) divórcio e separação consensuais, extinção consensual de união estável e alteração do regime de bens do matrimônio; (iv) testamentos e codicilos; (v) herança jacente; (vi) bens dos ausentes; (vii) coisas vagas; (viii) interdição; (ix) disposições comuns à tutela e à curatela; (x) organização e fiscalização das fundações; e, por fim, (xi) ratificação dos protestos marítimos e dos processos testemunháveis formados a bordo.

Há distinções relevantes quando se compara o CPC de 2015 com o CPC de 1973, sem prejuízo do que já quis evidenciar.

O CPC de 2015, com efeito, não reproduz a disciplina procedimental da nunciação de obra nova, da venda a crédito com reserva de domínio e da especialização da hipoteca legal. Além disso, o CPC de 2015, ao impor, em determinadas hipóteses (art. 259), a expedição de editais de citação de possíveis interessados, ainda que incertos, eliminou a "ação de usucapião (imóvel)" e a "ação de recuperação ou substituição de título ao portador". Por fim, mas não menos importante, a "ação de depósito" deixou de ser prevista expressamente como procedimento especial e acabou sendo absorvida por uma das hipóteses do que o CPC de 2015 chama de "tutela da evidência" (art. 311, III).

O rol do CPC de 2015, posto que extenso, não esgota o assunto. Há diversos e variadíssimos procedimentos especiais dispersos na legislação extravagante, isto é, fora do Código de Processo Civil.

Apenas para mencionar alguns, a título ilustrativo, é o caso das "ações de locação de imóveis urbanos", cuja Lei n. 8.245/1991 trata de procedimentos especiais vocacionados ao despejo, à revisão do aluguel e à renovação da locação; do mandado de segurança (Lei n. 12.016/2009); de todas as chamadas "ações coletivas", previstas na Lei n. 7.347/1985 (Lei da Ação Civil Pública), na Lei n. 8.078/1990 (Código do Consumidor) e em diversos outros diplomas; da "ação de improbidade administrativa" (Lei n. 8.429/1992) e da "ação de alimentos" ainda prevista pela Lei n. 5.478/1968, a despeito da revogação de seus arts. 16 a 18 determinada pelo inciso V do art. 1.072, que merece ser *complementada* com a disciplina da tutela jurisdicional executiva por ele disciplinada em seus arts. 528 a 533 (quando se tratar de título executivo *judicial*) e arts. 911 a 913 (quando se tratar de título executivo *extrajudicial*).

1.3 A nomenclatura empregada

Ainda há tempo para uma derradeira consideração a título introdutório.

O rol constante no número anterior acaba por evidenciar que o CPC de 2015, mantendo a tradição, refere-se a diversos procedimentos especiais como "ações". Assim, por exemplo, a "ação de consignação em pagamento", a "ação de exigir contas", as "ações possessórias" e as "ações de família".

A nomenclatura, a despeito de ser consagradíssima (inclusive fora do Brasil), merece a reflexão crítica que indico necessária no n. 3.2 do Capítulo 1: "ações" não variam de acordo com o direito material e/ou com suas peculiaridades. A "ação" é, como lá evidencio, *invariável*. Trata-se de direito de fazer atuar o Estado-juiz para obtenção da tutela jurisdicional. O exercício deste direito, tanto no aspecto de romper a inércia da jurisdição como na perspectiva de atuar ao longo do processo para a atuação concreta da tutela jurisdicional reconhecida, não varia de acordo com o direito material, até porque independe dele e de sua existência.

Não obstante, o CPC de 2015 preservou a nomenclatura. Qual a razão?, perguntará o prezado leitor. Receio de fugir de tradições? Temor reverencial do passado? Elementos de "direito processual *consuetudinário*"? Falta de pensamento crítico da doutrina processual? São respostas possíveis, dentre outras, inclusive aquelas que possam querer negar o acerto do encaminhamento do tema como aqui proponho.

Sem querer convencer o prezado leitor do desacerto da nomenclatura empregada pelo CPC de 2015, satisfaço-me com o alerta que acabei de fazer e com a consideração de que a consagradíssima nomenclatura merece ser compreendida como verdadeiras expressões *idiomáticas*: seu emprego deve-se à opção legislativa, e não à utilização adequada, minimamente que seja, dos elementos nelas veiculados. O uso daquelas expressões é útil, não nego, porque seria muito cansativo escrever e ler, invariavelmente, que mais correto do que "ação de consignação em pagamento" é "procedimento especial de jurisdição contenciosa no qual o autor pretende a prestação de tutela jurisdicional consistente no reconhecimento judicial da extinção da obrigação pelo devedor em face de seu(s) credor(es), mediante o pagamento em consignação ocorrida no plano material". As aspas que acompanham as expressões querem lembrar o prezado leitor do que acabei de assinalar.

E, a essa altura, perguntará o prezado leitor: se as ações não mudam, porque elas são invariáveis, o que se altera para justificar o tratamento diferenciado que o CPC de 2015 dá para estas mais de duas dezenas de hipóteses? A resposta é uma só: o que se altera é o *procedimento*, não a *ação*. A resposta, aliás, só agiganta a importância de o tema dever ser estudado previamente na perspectiva do próprio *procedimento*, o que nos conduz, necessariamente, à tão desprezada previsão constitucional da competência legislativa do inciso XI do art. 24 da CF.

Com essas observações, é hora de estudar, um a um, nos seus elementos mais marcantes, os procedimentos especiais. Primeiro os de jurisdição contenciosa; depois, os de jurisdição voluntária.

2. AÇÃO DE CONSIGNAÇÃO EM PAGAMENTO

A chamada "ação de consignação em pagamento" é o procedimento especial de jurisdição contenciosa que pretende a prestação de tutela jurisdicional consistente no reconhecimento judicial da extinção da obrigação pelo devedor em face de seu(s) credor(es), mediante o pagamento em consignação (art. 334 do CC).

O CPC de 2015 não traz para ela nenhuma alteração substancial quando comparada com a disciplina do CPC de 1973 (inclusive quando, no art. 549, prescreve aplicar-se o mesmo procedimento aos casos de resgate de aforamento), cabendo ao autor que, no plano material, é quem se afirma devedor da obrigação, requerer, ao juízo do local do pagamento (art. 540) o depósito da quantia do valor ou da coisa devida a ser realizado no prazo de cinco dias contados da admissibilidade da petição inicial e a citação do réu para aceitar (e levantar) o depósito ou oferecer contestação (art. 540). Os depósitos de prestações sucessivas podem ser feitos pelo autor no mesmo processo, desde que o faça no prazo de cinco dias de seu vencimento (art. 541).

A matéria arguível pelo réu em contestação é limitada pelo art. 544: não ter recusado o recebimento ou não ter havido mora; ter sido justa a recusa; o depósito não ter sido efetuado no prazo ou no lugar do pagamento, ou, ainda, se não tiver sido integral. Quando o réu alegar que o depósito não foi integral, cabe a ele indicar qual é o montante que entende devido (art. 544, parágrafo único).

Nesta hipótese, de o réu alegar a insuficiência do depósito, pode o autor complementá-lo em dez dias, salvo quando se tratar de prestação cujo inadimplemento acarretar a rescisão do contrato (art. 545, *caput*). Complementado o depósito, o réu pode levantá-lo, com a correspondente quitação parcial, prosseguindo-se o processo para apuração de eventual diferença (art. 545, § 1º). Se constatada diferença, a sentença a reconhecerá e, como título executivo, viabilizará ao réu cobrá-la em face do autor, observadas as regras relativas à liquidação e ao cumprimento de sentença (art. 545, § 2º).

Se o pedido do autor for acolhido (o que pressupõe a integralidade do depósito), a sentença reconhecerá a extinção da obrigação e imporá ao réu o pagamento de custas e honorários advocatícios (art. 546, *caput*), tanto quanto se o credor receber e der quitação (art. 546, parágrafo único).

Havendo dúvidas no plano material sobre quem deve receber o pagamento, o autor requererá a citação dos possíveis credores (réus, no plano do processo) para provarem seu direito (art. 547). Se ninguém comparecer ao processo, o depósito será convertido em arrecadação de coisas vagas, observando-se, a partir daí, a disciplina do art. 746 (art. 548, I). Se aparecer apenas um, o magistrado analisará se se trata, na perspectiva do plano material, do credor (art. 548, II). Se vier ao processo mais de um que se afirme credor, o processo prosseguirá, com observância do procedimento comum, apenas com relação aos réus, que disputarão, entre si, a posição de credor da obrigação, extinta, com o depósito, em relação ao autor (art. 548, III).

O CPC de 2015 também preservou, nos parágrafos do art. 539, a possibilidade de, tratando-se de obrigação em dinheiro, o devedor efetuar depósito extrajudicial do valor que entende devido em banco do local do pagamento. O credor, neste caso, deverá ser cientificado do depósito para, em dez dias, contados do recebimento da carta com aviso de recebimento, manifestar-se a respeito. Se não houver recusa expressa, a obrigação é considerada extinta, ficando o valor depositado à disposição do credor. Havendo-a – e sua manifestação deve ser por escrito ao banco –, cabe ao devedor, querendo, ingressar em juízo, requerendo o reconhecimento *judicial* da extinção da obrigação, hipótese em que deverá instruir a petição inicial com as provas do depósito e da recusa. Terá, para tanto, um mês, sob pena de ser considerado sem efeito o depósito, que poderá ser levantado por ele próprio.

3. AÇÃO DE EXIGIR CONTAS

O CPC de 2015 inovou em relação ao CPC anterior, quando disciplinou, como procedimento especial, a "ação de *exigir* contas", substituindo, com a iniciativa, a antiga "ação de *prestação* de contas".

A diferença substancial entre as duas figuras está no legitimado para agir e na razão de ser da prestação da tutela jurisdicional. Na prestação de contas, tanto aquele que se afirma no direito de exigir contas de outrem como aquele que tem a obrigação de prestá-las têm legitimidade para agir, dando início ao processo. No procedimento criado pelo CPC de 2015, a hipótese restringe-se ao pedido a ser formulado por quem, na perspectiva do plano material, afirma-se titular do direito de exigir as contas de outrem.

Neste sentido, é correto conceituar a "ação de exigir contas" como o procedimento especial de jurisdição contenciosa pelo qual aquele que se afirma titular do direito de exigir contas formula pedido de tutela jurisdicional para aquele fim.

Trata-se de processo bifásico em que, primeiro, discute-se o direito do autor de exigir as contas e depois, desde que o direito seja reconhecido, que se criam condições para que as contas sejam efetivamente prestadas, seguindo-se, conforme o caso, a cobrança de eventuais valores em aberto.

Na petição inicial o autor requererá a citação do réu para que preste as contas, justificando e comprovando o seu direito de exigi-las, ou para que apresente contestação no prazo de quinze dias (art. 550, *caput* e § 1º).

Se o réu prestar as contas, o autor terá o prazo de quinze dias para se manifestar sobre elas – e se for para impugná-las, deverá fazê-lo fundamentada e especificamente com referência expressa ao lançamento questionado (art. 550, § 3º) –, passa-se ao "julgamento conforme o estado do processo" dos arts. 354 e ss. (art. 550, § 2º).

Na hipótese de o réu não contestar, é o caso de observar a mesma diretriz, a despeito da remissão que o § 4º do art. 550 faz ao art. 355, isto é, ao julgamento antecipado do mérito. É que não há como atrelar a revelia do réu ao necessário acolhimento do pedido, desprezando, inclusive, as normas cogentes que, se ocorrentes, deverão conduzir o processo à sua extinção nos moldes do art. 354.

A decisão que acolher o pedido do autor determinará ao réu que preste as contas no prazo de quinze dias, sob pena de não ser lícito a ele impugnar as contas a serem apresentadas pelo autor (art. 550, § 5º). Se o réu apresentar as contas naquele prazo, observar-se-á o disposto nos arts. 354 e seguintes, isto é, as normas relativas ao julgamento conforme o estado do processo. Se não, cabe ao autor apresentá-las, cabendo ao magistrado, se for o caso, determinar a realização de prova pericial (art. 550, § 6º).

A decisão a que se refere o precitado § 5º do art. 550 é recorrível? A melhor resposta é a positiva, entendendo-a como decisão interlocutória *de mérito* e, portanto, agravável de instrumento com fundamento no inciso II do art. 1.015. De qualquer sorte, é forçoso reconhecer que a qualificação jurídica dessa decisão tem despertado divergência doutrinária e jurisprudencial. É o que basta para justificar a aplicação do princípio da *fungibilidade* recursal na espécie (v. n. 2.3 do Capítulo 17).

As contas deverão ser apresentadas pelo réu com a especificação das receitas, aplicação das despesas e dos investimentos, se houver (art. 551). Eventuais críticas específicas e fundamentadas do autor podem conduzir o magistrado a conceder ao réu prazo para que apresente documentos que justifiquem os lançamentos individualmente impugnados. O § 1º do art. 551, no particular, refere-se a "prazo *razoável*", que deve ser entendido no sentido de que se trata de prazo que pode variar, conforme o caso e a acessibilidade das provas respectivas para serem trazidas aos autos.

Cabendo ao autor apresentar contas (art. 550, § 5º), também cabe a ele observar a prescrição do *caput* do art. 551, instruindo-as com os documentos justificativos e indicando, se for o caso, o respectivo saldo (art. 551, § 2º).

A sentença apurará eventual saldo e constituirá título executivo judicial ao seu credor (art. 552). Importa destacar que o *credor* não necessariamente será o autor, já que as contas, uma vez prestadas, podem indicar que é o réu que deve receber alguma quantia dele. Eventual liquidação e cumprimento de sentença observarão as regras genéricas, à falta de especialização.

O art. 553 dispõe que as contas do inventariante, do tutor, do curador, do depositário e de qualquer outro administrador serão prestadas em apenso aos autos do processo em que tiver sido nomeado. Se qualquer uma daquelas pessoas tiver que pagar o saldo e não o fizer no prazo legal, o juiz poderá destituí-lo, sequestrar os bens sob sua guarda e glosar o prêmio ou a gratificação a que teria direito e determinar as medidas executivas que se mostrarem necessárias para recompor o prejuízo.

4. AÇÕES POSSESSÓRIAS

As "ações possessórias" são o procedimento especial de jurisdição contenciosa que tem como finalidade a proteção da posse. Na expressão estão compreendidos não só os pedidos de tutela jurisdicional voltados à *manutenção* (casos em que há turbação da posse, isto é, embaraços no exercício pleno da posse) e à *reintegração* (quando houver esbulho na posse, isto é, perda total ou parcial da posse) de posse, mas também o chamado "interdito proibitório", voltado à proteção *preventiva* da posse, cabendo ao magistrado expedir "mandado proibitório" com multa em detrimento de quem descumpri-lo. As duas primeiras hipóteses estão previstas no art. 560 e a terceira no art. 567, e dialogam suficientemente bem com a previsão do art. 1.210 do CC, segundo o qual: "O possuidor tem direito a ser mantido na posse em caso de turbação, restituído no de esbulho, e segurado de violência iminente, se tiver justo receio de ser molestado".

A distinção, não obstante ter relevo no plano material, é minimizada pelo *caput* do art. 554, que prevê verdadeira *fungibilidade*, no plano processual, entre as técnicas a serem empregadas pelo Estado-juiz para tutelar a posse, tenha ou não sido esbulhada, meramente turbada ou, ainda, de forma preventiva, isto é, ainda quando ameaçada. O que pode ocorrer, destarte, é que a petição inicial descreva, para o Estado-juiz, uma situação de mera *ameaça* a direito e que seja formulado, consequentemente, pedido de expedição do mandado a que se refere o art. 567 e que, pelo passar do tempo, mesmo que breve, entre a apresentação da petição inicial e a análise do pedido a ser feita pelo magistrado, a *ameaça* tenha se transformado, no plano fático, em *lesão*. Nem por isso, contudo, haverá necessidade de emendas ou de qualquer outra formalidade no plano do processo. A *ordem* do magistrado deverá proteger a *posse*, tida como digna de tal proteção, mesmo que a *ameaça* tenha se convertido em *lesão* ou vice-versa. Ademais e em rigor, o *procedimento* do "interdito proibitório" é idêntico aos dos casos de manutenção ou reintegração na posse, tal como revela, expressamente, o art. 568.

As "ações possessórias" disciplinadas pelos arts. 554 a 568 ocupam-se com a tutela jurisdicional da *posse*, e não da *propriedade*. Para a tutela jurisdicional desta não há, no CPC de 2015 – e já não havia no CPC de 1973 –, nenhum procedimento especial. É correto, até mesmo, sustentar, com fundamento no art. 557 do CPC de 2015 e no § 2º do art. 1.210 do CC, que é vedado, durante as "ações possessórias", que as partes demandem uma a outra questionando a propriedade.

Há mais, contudo: mesmo para a tutela jurisdicional da posse, o procedimento especial ora em estudo é reservado para os casos em que o pedido respectivo é formulado até ano e dia da turbação ou do esbulho descrito na petição inicial, a chamada "posse nova". Depois deste prazo, o procedimento a ser observado, mesmo que visando à tutela jurisdicional da posse (a "posse velha"), é o comum (art. 558). Não há nenhum óbice em tais casos, contudo, para que o autor, diante dos respectivos pressupostos, formule (e lhe seja concedido) pedido de tutela provisória, observando-se o disposto nos arts. 294 a 311.

A petição inicial pode trazer, além do pedido de tutela jurisdicional da posse, pedidos de pagamento de perdas e danos e de indenização dos frutos (art. 555, I e II). O autor também poderá requerer a concessão de tutela apta a evitar nova turbação ou esbulho e a imposição de medida necessária e adequada para evitar nova turbação ou esbulho e para cumprir tutela provisória ou final (art. 555, parágrafo único).

O art. 561 complementa a regra ao impor ao autor que prove, com a inicial, a sua posse, a turbação ou o esbulho praticado pelo réu com a respectiva data (para a distinção derivada do art. 558) e, tratando-se de manutenção, o prosseguimento do exercício da posse e, quando se tratar de esbulho, a perda da posse.

Recebida a petição inicial e estando devidamente instruída, o magistrado deferirá, sem a oitiva do réu mandado liminar de manutenção (se a hipótese for de turbação) ou de reintegração (se a hipótese for de esbulho). É típico – e clássico – caso de concessão de tutela antecipada *independentemente* de urgência, nos moldes generalizados pelo art. 311 (v. n. 8 do Capítulo 6) para a tutela *imediata* do melhor direito, *in casu*, da posse nova. Não havendo elementos suficientes para tanto, o autor *e o réu* serão citados para o que é chamado de "audiência de justificação", na qual serão colhidas provas tendentes à expedição do mandado liminar de manutenção ou de reintegração (arts. 562, *caput*, e 563).

O parágrafo único do art. 562 veda a expedição de mandado liminar sem a prévia oitiva das pessoas de direito público, por intermédio de seus respectivos representantes judiciais. A regra é flagrantemente inconstitucional porque viola a isonomia que deve presidir as relações dos particulares e das pessoas de direito público e que é princípio vetor da administração pública (art. 37, *caput*). Nada há que autorize a distinção preservada pelo CPC de 2015 porque inexiste nenhuma presunção de que pessoas de direito público não turbem ou não esbulhem a posse dos particulares. Fosse assim, aliás, e a doutrina e a jurisprudência não teriam desenvolvido o que é chamado de "desapropriação *indireta*".

Concedido ou não o mandado liminar de manutenção ou reintegração, o autor deverá, nos cinco dias seguintes, criar condições para que o réu seja citado para apresentar, em quinze dias, sua contestação (art. 564, *caput*). Quando houver a designação da audiência de justificação, contudo, o prazo para o autor tomar as providências que lhe couber, a citação fluirá da intimação da decisão que deferir ou não o referido mandado (art. 564, parágrafo único).

O réu pode requerer em sua contestação tutela possessória e tutela relativa aos danos que entende ter experimentado em seu favor (art. 556). É o que a doutrina usualmente chama de "pedido contraposto" (a tornar desnecessária a reconvenção) e o que a leva a acentuar o "caráter dúplice" das "ações possessórias", já que é possível ao réu receber tutela jurisdicional equivalente à do autor no mesmo processo, independentemente de qualquer formalismo.

Se o réu provar, a qualquer tempo, que o autor provisoriamente mantido ou reintegrado na posse não tem idoneidade financeira para, sendo rejeitado seu pedido, responder por perdas e danos, o magistrado concederá ao autor o prazo de cinco dias para requerer caução, real ou fidejussória, sob pena de ser depositada a coisa litigiosa. A regra, constante do art. 559, não se aplica às partes que sejam economicamente hipossuficientes.

Preocupado com a realidade social do país, o CPC de 2015 trouxe importantes modificações na disciplina das "ações possessórias".

As primeiras correspondem aos três parágrafos do art. 554, que estabelecem regras a serem observadas na citação "no caso de ação possessória em que figure no polo passivo grande número de pessoas". Neste caso, como se lê do § 1º, será feita a citação pessoal dos ocupantes que forem encontrados no local e a citação por edital dos demais, sem prejuízo da intimação do Ministério Público para intervir e atuar no caso na qualidade de *custos legis*, e, havendo pessoas em situação de hipossuficiência econômica, da Defensoria Pública. É típico caso em que a atuação da Defensoria Pública justifica-se na qualidade de *custos vulnerabilis*, dado o caráter *coletivo* do litígio. O § 2º, complementando a regra, prevê que, "para fim da citação pessoal prevista no § 1º, o oficial de justiça procurará os ocupantes no local por uma vez, citando-os por edital os que não forem encontrados". Sem prejuízo, o § 3º impõe ao magistrado o dever de determinar a ampla publicidade do processo e dos prazos processuais respectivos, valendo-se, conforme o caso, de anúncios em jornal ou rádio locais, da publicação de cartazes na região do conflito, e de outros meios.

A outra novidade trazida pelo CPC de 2015 para as "ações possessórias" está no art. 565, que, pela sua importância e rente à realidade brasileira, abrange, excepcionalmente, também o litígio sobre a *propriedade* do imóvel (§ 5º).

De acordo com o *caput* do dispositivo, no litígio coletivo pela posse de imóvel, quando o esbulho ou a turbação afirmado na petição inicial houver ocorrido há mais de ano e dia, o magistrado, antes de apreciar o pedido de concessão da medida liminar, deverá designar audiência de mediação, a realizar-se em até trinta dias. Desta audiência participarão o Ministério Público, na qualidade de *custos legis*, e a Defensoria Pública sempre que houver parte beneficiária da justiça gratuita (§ 2º), mais um caso inequívoco de atuação daquela instituição na qualidade de *custos vulnerabilis*. Também poderão ser intimados da audiência os órgãos responsáveis pela política agrária e pela política urbana da União, de Estado, do Distrito Federal ou do Município em que esteja situada a área em litígio. Caberá a estas pessoas manifestarem, ou não, seu interesse no processo e a existência de possibilidade de solução para o conflito (§ 4º). A audiência também será designada quando, após a concessão da proteção liminar, ela não for cumprida no prazo de um ano (§ 1º). O § 3º, por fim, autoriza que o magistrado compareça à área objeto do litígio quando sua presença se fizer necessária à efetivação da tutela jurisdicional.

5. AÇÃO DE DIVISÃO E DE DEMARCAÇÃO DE TERRAS PARTICULARES

O Capítulo IV do Título III do Livro I da Parte Especial ocupa-se, em seus arts. 569 a 598, com dois procedimentos especiais diferentes.

O primeiro, disciplinado pela Seção II daquele Capítulo, arts. 574 a 587, é a "ação de demarcação", e tem como finalidade estabelecer os domínios de duas áreas contíguas, estabelecendo novos limites ou recuperando os antigos (art. 569, I). É expresso sobre esse direito (*material*) o art. 1.297, *caput*, do CC: "O proprietário tem direito a cercar, murar, valar ou tapar de qualquer modo o seu prédio, urbano ou rural, e pode constranger o seu confinante a proceder com ele à demarcação entre os dois prédios, a aviventar rumos apagados e a renovar marcos destruídos ou arruinados, repartindo-se proporcionalmente entre os interessados as respectivas despesas".

O segundo procedimento, regulado na Seção III, que compreende os arts. 588 a 598, é a "ação de divisão", procedimento especial pelo qual um condômino deve se valer para obrigar os outros a estremar os quinhões (art. 569, II). É o que prevê o *caput* do art. 1.320 do CC: "A todo tempo será lícito ao condômino exigir a divisão da coisa comum, respondendo o quinhão de cada um pela sua parte nas despesas da divisão".

O art. 570 permite que ambos os *pedidos* (o de demarcação *e* o de divisão) sejam cumulados em um único processo. Nesse caso, "deverá processar-se primeiramente a demarcação total ou parcial da coisa comum, citando-se os confinantes e condôminos". A exigência é mais que justificável: pressupõe-se, para a divisão, que o bem respectivo seja delimitado. A relação de *prejudicialidade* entre ambos os pedidos é inegável.

Importa destacar que o *processo* em que a "ação de demarcação" e a "ação de divisão" desenvolvem-se (sejam ou não cumulados os pedidos) é *bifásico*. Em primeiro lugar, decide-se sobre a existência do direito de demarcar ou de dividir (arts. 581 e 592, §§ 1º e 2º). A segunda fase destina-se à execução material daquele reconhecimento, tendente ao proferimento de uma segunda sentença, cujo conteúdo é a homologação da demarcação ou da divisão, consoante o caso (arts. 587 e 596).

Tanto a "ação de demarcação" como a "ação de divisão" são "ações *dúplices*", isto é, a rejeição do pedido do autor terá o condão de conceder ao réu idêntica tutela jurisdicional que seria dada se ele tivesse formulado o pedido. É essa a razão pela qual descabe reconvenção, por absoluta falta de *interesse processual*.

Feitas estas breves observações preambulares, o procedimento da demarcação é o seguinte:

Qualquer condômino é parte legítima para promover a demarcação do imóvel comum, requerendo a intimação dos demais para, querendo, intervir no processo (art. 575). A petição inicial deve ser instruída com os títulos da propriedade, indicar o imóvel pela situação e pela denominação, descrevendo seus limites por constituir, aviventar ou renovar e nomear todos os confinantes da linha demarcanda (art. 574). Os réus serão citados pelo correio (art. 576, *caput*), sem prejuízo da publicação de editais nos moldes do inciso III do art. 259 (art. 576, parágrafo único) para contestarem no prazo comum de quinze dias (art. 577), após o que será observado o procedimento comum (art. 578).

Antes de proferir a sentença expressamente referida no art. 581 – a afastar, diante da ressalva feita pelo início do § 1º do art. 203 sua eventual compreensão como decisão interlocutória –, o magistrado nomeará um ou mais peritos para levantar o traçado da linha demarcanda, quando deverão observar o disposto no art. 580. Após o trânsito em julgado daquela sentença – que, como tal, é apelável (art. 1.009, *caput*) – têm início os trabalhos de demarcação do imóvel e colocação dos marcos necessários (art. 582, *caput*), que serão realizados com atenção às regras estabelecidas pelo parágrafo único do art. 582 e consoante o disposto nos arts. 583 a 585. As partes terão quinze dias comuns para se manifestarem sobre o relatório dos peritos e, após a realização de eventuais correções e retificações, será lavrado o auto de demarcação (art. 586) a ser homologado pelo magistrado (art. 587).

O procedimento da divisão, cuja petição inicial conterá os elementos exigidos pelo art. 588 – cabendo o destaque da qualificação completa de todos os condôminos –, é o mesmo do procedimento da demarcação até a citação, inclusive com relação à forma, dos réus (arts. 589 e 598). Depois disso, será nomeado um ou mais peritos para realizar a medição do imóvel e as operações de sua divisão, momento em que as regras do art. 590 devem ser observadas. Todos os condôminos, caso já não tenham feito anteriormente, serão intimados para apresentar, em dez dias, seus títulos e para formular os seus pedidos sobre a constituição dos quinhões (art. 591). Ouvidas as partes no prazo comum de quinze dias, o magistrado decidirá: não havendo impugnação, o magistrado determinará a divisão geodésica do imóvel (art. 592, § 1º). Se houver, o magistrado decidirá, em dez dias, sobre os pedidos e os títulos apresentados a serem atendidos na formação dos quinhões (art. 591, § 2º), observando-se, também, o disposto no art. 593 sobre benfeitorias permanentes dos confinantes feitas há mais de um ano. A decisão referida nos parágrafos do art. 592 é interlocutória, diante da falta de sua expressa qualificação como sentença, a exemplo do que se dá com o art. 581, a afastar a incidência do § 1º do art. 203 (art. 203, § 2º). O recurso dela cabível é o agravo de instrumento, já que se trata de decisão que versa sobre o *mérito* do processo (art. 1.015, II).

Em seguida, o perito proporá a forma de divisão em laudo fundamentado, levando em conta as diretrizes do art. 595, sendo as partes ouvidas a seu respeito no prazo comum de quinze dias, após o que seguirá decisão (interlocutória de mérito, nos termos do art. 203, § 2º, e, como tal, agravável de instrumento) sobre a partilha (art. 596, *caput*). Em cumprimento àquela decisão, o perito demarcará os quinhões, devendo observar as regras dos arts. 584, 585 e do parágrafo único do art. 596. Findos os trabalhos, o perito organizará o memorial descritivo (art. 597, *caput*) e, após sua submissão ao contraditório, o escrivão lavrará o auto de divisão a ser entregue a cada um dos condôminos (art. 597, § 1º), com os elementos dos §§ 3º e 4º do art. 597, e proferida sentença homologatória da divisão (art. 597, § 2º). Esta sentença, como tal, é apelável (art. 1.009, *caput*).

O art. 594 resguarda os direitos dos confinantes do imóvel dividindo, que poderão pretender a restituição dos terrenos que reputam usurpados perante a totalidade dos condôminos ou dos quinhoeiros antes ou depois de a sentença de divisão ter transitado em julgado, respectivamente, observando-se, assegurando, aos quinhoeiros o direito de eventual composição pecuniária nos termos do § 2º do dispositivo. O art. 572 completa aquela previsão acentuando que os confinantes são considerados terceiros quanto ao processo divisório desde quando fixados os marcos da linha de demarcação.

Sem prejuízo da descrição procedimental que acabei de fazer, há duas importantes novidades trazidas pelo CPC de 2015 e que merecem ser evidenciadas acerca do procedimento especial aqui comentado.

A primeira está no art. 571. De acordo com o dispositivo, é viável que a demarcação e a divisão sejam feitas extrajudicialmente por escritura pública, desde que maiores, capazes e concordes todos os interessados. Trata-se, como já escrevi no n. 1, *supra*, de importante dispositivo no sentido de *desjudicializar* conflitos, reconhecendo que a função de administrar interesses privados consertados pode muito bem caber a algum órgão paraestatal como, no caso, o tabelião.

A segunda corresponde ao art. 573, segundo o qual a perícia pode ser dispensada quando se tratar de imóvel georreferenciado averbado no registro de imóveis. Trata-se de providência louvável e importantíssima porque a complexidade da perícia a ser realizada nestes casos é suficientemente ilustrada pela minúcia com que ela é descrita nos arts. 572, 580 e 590, principalmente.

6. AÇÃO DE DISSOLUÇÃO PARCIAL DE SOCIEDADE

A "ação de dissolução parcial de sociedade" é novidade trazida pelo CPC de 2015, e que inova substancialmente no direito brasileiro que, até então, desconhecia procedimento específico para aquela finalidade, já que o inciso VII do art. 1.218 do CPC de 1973, ao preservar os arts. 655 a 674 do CPC de 1939, conservou em vigor outra figura, a "dissolução e liquidação das sociedades", que tratava de assunto diverso, já que voltado à extinção (e à liquidação) *total* da sociedade. Para estes casos, aliás, é correto entender que o procedimento a ser observado para obtenção da tutela jurisdicional cabível é o *comum* (art. 1.046, § 3º, do CPC de 2015), aplicando-se as novas regras relativas à dissolução parcial, em especial o disposto nos arts. 604 a 609, com relação à apuração dos haveres, pela especialidade. Trata-se da solução que, no ambiente da dissolução parcial, está expressada no § 2º do art. 603.

A chamada dissolução *parcial*, como bem reconhecem a doutrina e a jurisprudência, ainda que, por vezes com críticas com relação à nomenclatura que acabou sendo consagrada pelo CPC de 2015, tem como finalidade preservar a sociedade para os demais sócios, resolvendo-a em relação ao sócio falecido, excluído ou que exerceu o direito de retirada ou recesso, e quantificar os haveres respectivos. Quer, com isso, ao criar um *novo* procedimento especial, não só apresentar soluções a importantes discussões doutrinárias e jurisprudenciais que existem sobre o tema, mas também viabilizar a escorreita realização de *novos* direitos materiais estabelecidos pelo "direito de empresas" do CC, em especial seus arts. 1.028 a 1.032 e arts. 1.085 e 1.086.

O art. 599 ocupa-se com as possibilidades de tutela jurisdicional a serem pedidas mediante este procedimento especial, sempre a depender das vicissitudes de cada caso concreto. O pedido pode ser: (i) de "resolução da sociedade empresária contratual ou simples em relação ao sócio falecido, excluído ou que exerceu o direito de retirada ou recesso"; ou (ii) de "apuração dos haveres do sócio falecido, excluído ou que exerceu o direito de retirada ou recesso"; ou, ainda, (iii) limitar-se à resolução ou à apuração de haveres. O § 2º do dispositivo espraia as mesmas regras para as sociedades anônimas de capital fechado quando demonstrado, por acionista ou acionistas que representem cinco por cento ou mais do capital social, que ela não tem como atingir sua finalidade.

O § 1º do art. 599, por seu turno, indica que a petição inicial deve ser instruída necessariamente com o contrato social consolidado.

O art. 600 trata de quem tem legitimidade ativa para o pedido de dissolução parcial: (i) o espólio do sócio falecido, quando a totalidade dos sucessores não ingressar na sociedade; (ii) os sucessores, após concluída a partilha do sócio falecido; (iii) a sociedade, se os sócios sobreviventes não admitirem o ingresso do espólio ou dos sucessores do falecido na sociedade, quando esse direito decorrer do contrato social; (iv) o sócio que exerceu o direito de retirada ou recesso, se não tiver sido providenciada, pelos demais sócios, a alteração contratual consensual formalizando o desligamento, depois de transcorridos dez dias do exercício do direito; (v) a sociedade, nos casos em que a lei não autoriza a exclusão extrajudicial; e, ainda, (vi) o sócio excluído. O parágrafo único do dispositivo, em complementação, prevê a iniciativa do cônjuge ou do companheiro do sócio cujo casamento (ou união estável ou convivência) terminou para apuração de seus haveres a serem pagos à conta da quota social que pertence ao sócio.

De acordo com o art. 601, a citação dos sócios e da sociedade (que só não será citada em nome próprio se todos os sócios o forem, não obstante fique sempre sujeita à coisa julgada, como prescreve o parágrafo único) dá-se para que os réus concordem com pedido ou apresentem contestação. O prazo é de quinze dias. A previsão de que a citação da sociedade é dispensada quando todos os seus sócios o forem em nome pessoal merece ser compreendida como interessante (e nova) hipótese de *substituição processual*. O parágrafo único do art. 601 tem o mérito adicional de superar eventuais dúvidas sobre o papel da sociedade no processo, na hipótese de todos os sócios *não serem citados*. Nos casos em que ela não for autora (art. 600, III), ela será ré e atuará em *litisconsórcio passivo necessário* com os demais sócios.

A sociedade pode formular pedido de indenização compensável com o valor dos haveres a apurar ao sócio (art. 602). Trata-se de verdadeiro pedido contraposto a dispensar, por isto mesmo, que a sociedade reconvenha.

O art. 603 regulamenta as duas alternativas desenhadas pelos artigos imediatamente anteriores. Se os réus concordarem unânime e expressamente com a dissolução, o magistrado a decretará passando-se, desde logo, à fase de liquidação. Para incentivar esta postura, o § 1º do dispositivo isenta as *partes* (não apenas os réus) do pagamento dos honorários advocatícios e as custas processuais serão rateadas entre elas de acordo com sua participação acionária. Se a sociedade intervier, em nome próprio no processo (art. 601, parágrafo único), ela deve participar no rateio das custas processuais desde que, em conjunto com os demais sócios, não se oponha à dissolução. Se houver contestação, complementa o § 2º do art. 603, observar-se-á o procedimento comum, prevalecendo, no que diz respeito à liquidação, as regras específicas constantes aqui analisadas.

O art. 603 convida ao entendimento de que, no âmbito do CPC de 2015 – e diferentemente do que boa parte da doutrina e da jurisprudência sustentavam até seu advento –, o procedimento da dissolução parcial *não é bifásico*. Assim, a etapa cognitiva será destinada à verificação das razões que conduzem, ou não, à resolução parcial, sendo encerrada, na primeira instância, com o proferimento de sentença (art. 203, § 1º), que desafia o recurso de apelação (art. 1.009, *caput*). Após – ou quando esta etapa prévia for despicienda, justamente como preveem (e incentivam) o *caput* e o § 1º do art. 603 – o processo prossegue na *fase* de liquidação. O que ocorre é que a disciplina da liquidação deve ser a dos arts. 604 a 609, que prevalecem sobre as genéricas dos arts. 509 a 512. As decisões proferidas nessa fase são, todas elas, contrastáveis por agravo de instrumento (art. 1.015, parágrafo único). Se houver necessidade (art. 609), a fase de cumprimento de sentença, com vistas ao pagamento do valor apurado, observará as normas respectivas.

Também aqui, as decisões desafiam agravo de instrumento por força do mesmo parágrafo único do art. 1.015.

O *caput* do art. 604, como adiantado pelo parágrafo anterior, indica as providências e as diretrizes a serem observadas pelo magistrado para a apuração de haveres: (i) fixará a data da resolução da sociedade (observadas as diversas alternativas estabelecidas pelo art. 605); (ii) definirá o critério de apuração de haveres quando for silente o contrato social (art. 606, *caput*); e (iii) nomeará o perito, de preferência especialista em avaliação de sociedades (art. 606, parágrafo único).

Os §§ 1º e 2º do art. 604 determinam o depósito da parte incontroversa dos haveres incontroversos, a ser levantado, consoante o caso, pelo ex-sócio, espólio ou sucessores. Se o contrato social estabelecer o pagamento dos haveres, a sua regra regerá o depósito judicial da parte incontroversa (art. 604, § 3º).

O art. 607 aceita a revisão, pelo magistrado e a pedido da parte, da data de resolução da sociedade e o critério de apuração de haveres, desde que antes da perícia.

Especificando as variáveis do art. 605 sobre a data da resolução da sociedade, o art. 608 dispõe sobre o que integra e o que não integra o valor devido ao ex-sócio, ao espólio ou aos sucessores.

O art. 609, por fim, dispõe que, após sua apuração, os haveres do sócio retirante serão pagos em conformidade com o que estiver disposto no contrato social. Se nada houver nele a respeito, prevalece o comando do § 2º do art. 1.031 do CC, isto é, o pagamento deverá ser feito em dinheiro e em noventa dias após a liquidação respectiva. É regra que afeta, destarte, o procedimento a ser observado na etapa de cumprimento de sentença.

7. INVENTÁRIO E PARTILHA

O "inventário e partilha" deve ser compreendido como o procedimento especial destinado a identificar os bens deixados pelo falecido, verificar sua exatidão, inclusive na perspectiva de herdeiros preteridos ou de bens que devam ser trazidos à colação, quantificar seu valor, apurar e providenciar o recolhimento do tributo incidente pela transferência de bens em virtude da morte, pagar seus credores e partilhá-los (no sentido de dividi-los) entre os herdeiros e legatários.

É o que, nas diversas Seções do Capítulo VI do Título III do Livro I da Parte Especial, é disciplinado sob as rubricas "disposições gerais", "legitimidade para requerer o inventário", "inventariante e primeiras declarações", "citações e impugnações", "avaliação e cálculo do imposto", "colações", "pagamento das dívidas", "partilha", além das "disposições comuns às seções precedentes" às quais volto-me, com mais vagar, adiante.

É célebre a discussão sobre a natureza contenciosa ou de jurisdição voluntária do inventário e da partilha e, consequentemente, sobre sua alocação entre os procedimentos especiais de jurisdição contenciosa, que foi preservada pelo CPC de 2015. A questão é tanto mais coerente diante do art. 612, do § 3º do art. 627, do § 2º do art. 628, do § 2º do art. 641 e do *caput* do art. 643, segundo o qual as questões de direito que dependam de prova que não a documental não serão resolvidas no âmbito do inventário, mas pelas "vias ordinárias", isto é, de acordo com o procedimento comum ou, se for o caso, por intermédio de algum procedimento especial. Os dispositivos limitam expressamente a cognição judicial passível de ser exercida ao longo do inventário.

O desenvolvimento destas "vias ordinárias" não interfere no andamento do próprio inventário, sendo certo que diversos dispositivos (arts. 627, § 3º; 628, § 2º; 641, § 2º; e 643, parágrafo único) impõem ao magistrado a prática de determinados atos que, em última análise, visam ao asseguramento do resultado útil do que vier a ser decidido naquelas sedes. Estas medidas, rotuladas genericamente, pelo art. 668, de "tutela provisória" perdem sua eficácia quando o interessado não tomar as providências que lhe couber no prazo de trinta dias contados da data em que o impugnante, o herdeiro excluído ou o credor não admitido foi intimado da decisão ou, ainda, quando o magistrado extinguir o processo de inventário com ou sem resolução de mérito.

Há também interessante (e nova) previsão a respeito do assunto no parágrafo único do art. 647. De acordo com o dispositivo, pode o magistrado deferir, fundamentadamente, a qualquer dos herdeiros o exercício antecipado dos direitos de usar e de fruir de determinado bem, com a condição de que, ao término do inventário, esse bem integre a cota desse herdeiro, cabendo a este, desde o deferimento, todos os ônus e bônus decorrentes do exercício daqueles direitos. Trata-se de verdadeira hipótese de tutela *antecipada* em relação à sentença de partilha. Sua concessão pode justificar-se quando houver *urgência* na medida (art. 300). Não há por que deixar de concedê-la, contudo, diante da tão só presença dos específicos elementos valorados pelo legislador na previsão respectiva, aproximando a hipótese de (mais) um caso de tutela provisória da *evidência*, nos moldes que sugiro no n. 8 do Capítulo 6.

O CPC de 2015 preservou a possibilidade de o inventário e a partilha realizarem-se por escritura pública – que constituirá documento hábil para qualquer ato de registro e para levantamento de importância depositada em instituições financeiras – quando todos os interessados forem capazes e estiverem concordes (art. 610, § 1º). Nesse caso, todos devem estar representados por advogados ou, se for esse o caso, por membro da Defensoria Pública (art. 610, § 2º). Também é viável que a partilha seja feita por acordo de vontades, desde que entre partes capazes, no que é expresso o art. 659.

Feitas estas observações introdutórias, é o caso de examinar mais detidamente o procedimento do inventário e da partilha.

O *caput* do art. 610 estabelece a necessidade de o inventário e a partilha realizarem-se judicialmente quando houver testamento ou interessado incapaz. Também que o pedido de processamento do inventário deve ser apresentado até dois meses após a abertura da sucessão, isto é, do falecimento, cabendo ao magistrado, de ofício ou a requerimento, ampliar o prazo de doze meses que o art. 611 concede para conclusão dos trabalhos. O prazo referido pelo art. 611 foi modificado transitoriamente pelo art. 16 da Lei n. 14.010, de 10 de junho de 2020, que "dispõe sobre o Regime Jurídico Emergencial e Transitório das relações jurídicas de Direito Privado (RJET) no período da pandemia do coronavírus (Covid-19)". De acordo com o *caput* daquele dispositivo, "o prazo do art. 611 do Código de Processo Civil para sucessões abertas a partir de 1º de fevereiro de 2020 terá seu termo inicial dilatado para 30 de outubro de 2020". O parágrafo único do dispositivo, por sua vez, dispõe que "o prazo de 12 (doze) meses do art. 611 do Código de Processo Civil, para que seja ultimado o processo de inventário e de partilha, caso iniciado antes de 1º de fevereiro de 2020, ficará suspenso a partir da entrada em vigor desta Lei até 30 de outubro de 2020".

Além daquele que estiver na posse e na administração do espólio, isto é, o conjunto de bens do falecido (art. 615, *caput*), têm também legitimidade para requerer o inventário e, por isso, concorrente, para o pedido: (i) o cônjuge ou companheiro supérstite; (ii) o herdeiro; (iii) o legatário; (iv) o testamenteiro; (v) o cessionário do herdeiro ou do legatário; (vi) o credor do herdeiro, do legatário ou do autor da herança; (vii) o Ministério Público, havendo herdeiros incapazes; (viii) a Fazenda Pública, quando tiver interesse; e (ix) o administrador judicial da falência do herdeiro, do legatário, do autor da herança ou do cônjuge ou companheiro supérstite (art. 616, parágrafo único).

A petição inicial deve ser acompanhada com a certidão de óbito do "autor da herança", isto é, daquele cujos bens, em virtude de sua morte, deverão ser inventariados e partilhados (art. 615, parágrafo único). As regras de competência são as do art. 48, objeto de exame no n. 6 do Capítulo 3.

Recebendo a petição inicial, o magistrado nomeará o inventariante, isto é, quem administrará o espólio, representando-o ativa e passivamente em juízo e fora dele (art. 618, I e II), valendo-se da ordem de pessoas indicadas nos incisos do *caput* do art. 617. Intimado da nomeação, o inventariante prestará compromisso de bem e fielmente desempenhar a função no prazo de cinco dias (art. 617, parágrafo único). Enquanto não for nomeado o inventariante e, mesmo após, enquanto não prestar o compromisso, o espólio continua na posse do administrador provisório (art. 613), observando-se o disposto no art. 614.

Dentre as diversas incumbências do inventariante previstas nos arts. 618 e 619, destaco a apresentação das "primeiras declarações", isto é, todas as informações relevantes ao falecido e dos bens, direitos e dívidas que deixou, observando-se as exigências dos incisos do *caput* do art. 620. Terá o prazo de vinte dias a contar de sua nomeação para tanto. As primeiras declarações darão ensejo a termo circunstanciado, ou – o que é mais comum – serão fornecidas por petição assinada por procurador com poderes específicos (art. 620, § 2º).

Se o inventariante não prestar, no prazo, as primeiras (e as últimas) declarações, não der ao inventário regular andamento, der motivo a perecimento de bens, além das outras hipóteses previstas no art. 622, ele pode ser removido, de ofício ou a requerimento dos interessados. O incidente de remoção correrá em apartado, sendo intimado o inventariante para se manifestar a respeito no prazo de quinze dias (art. 623), seguindo-se a decisão do magistrado. Se a remoção for determinada, outro inventariante será nomeado com observância da ordem do art. 617 (art. 624), cabendo ao antigo entregar imediatamente a seu substituto os bens do espólio, sob pena de busca e apreensão ou imissão na posse, sem prejuízo da multa a ser fixada pelo magistrado em valor não superior a três por cento do valor dos bens inventariados (art. 625). A decisão é agravável de instrumento, o que encontra fundamento no parágrafo único do art. 1.015.

Apresentadas as primeiras declarações, será determinada, pelo magistrado, com fundamento no *caput* do art. 626, a citação do cônjuge (ou companheiro), dos herdeiros e os legatários, além da intimação da Fazenda Pública, do Ministério Público (se houver herdeiro incapaz ou ausente), e do testamenteiro (se houver testamento).

Todos poderão se manifestar sobre as primeiras declarações e sobre a nomeação do inventariante, tendo o prazo de quinze dias para tanto (art. 627, *caput*). Acolhidas eventuais impugnações, as primeiras declarações serão ratificadas (art. 627, § 1º); se acolhida impugnação do inventariante, outro será nomeado, sempre de acordo com a ordem do art. 617 (art. 627, § 2º). Havendo necessidade de produzir provas que não as documentais para comprovar a qualidade de herdeiro, as partes serão remetidas, como já assinalei, para as "vias ordinárias", impedindo, até sua ulterior decisão, a entrega do quinhão que na partilha couber a ele (art. 627, § 3º). Idêntica regra aplica-se ao caso de herdeiro preterido, isto é, não incluído nas primeiras declarações (art. 628).

À Fazenda Pública cabe informar ao magistrado o valor dos bens imóveis constantes das primeiras declarações, de acordo com os dados de seu cadastro imobiliário (art. 629).

Findos e resolvidos eventuais questionamentos sobre as primeiras declarações, serão avaliados os bens do espólio, sendo nomeado perito para tanto (art. 630), que observará o disposto nos arts. 872 e 873 (art. 631). Se a Fazenda Pública concordar com o valor indicado nas primeiras declarações e todos os interessados forem capazes, a avaliação é dispensada (art. 633). Reciprocamente, havendo concordância, pelos herdeiros, dos valores indicados pela Fazenda, a avaliação restringir-se-á aos demais bens. Do laudo de avaliação as partes terão o prazo de quinze dias para se manifestarem (art. 635).

Superados eventuais questionamentos, o magistrado determinará a lavratura do termo das últimas declarações (art. 636), seguindo-se o cálculo do tributo devido, sobre o qual as partes serão previamente ouvidas, decidindo o magistrado (art. 637).

Nas "colações" está disciplinado o dever de o herdeiro informar no inventário bens que eventualmente tenha recebido durante a vida do falecido ou, consoante o caso, seus respectivos valores (art. 639). A iniciativa tem como finalidade igualar as legítimas de cada herdeiro nos termos dos arts. 2.002 a 2.012 do CC. Eventuais questionamentos serão resolvidos no próprio inventário, salvo se exigirem produção de prova que não a documental. Neste caso, caberá aos interessados discutirem por outras vias, sendo vedada a atribuição do quinhão hereditário àquele obrigado à colação, a não ser que apresente caução do valor correspondente à diferença (art. 641, § 2º).

Antes da partilha dos bens inventariados, os credores do espólio poderão pleitear a cobrança de dívidas vencidas e exigíveis, apresentando, para tanto, petições devidamente instruídas a serem distribuídas por dependência ao juízo do inventário (art. 642, *caput* e § 1º).

Havendo concordância de todas as partes com o pedido – inclusive legatários (art. 645) –, serão reservados ou alienados os bens suficientes para pagamento das dívidas (art. 642, §§ 2º a 5º). Caso contrário, a solução do pedido deverá ser processada mediante o procedimento comum, determinando, o magistrado, a reserva de bens bastantes para o pagamento da dívida quando comprovada documentalmente (art. 643). A mesma regra aplica-se aos casos de dívidas ainda não vencidas (art. 644).

Reservados bens suficientes para pagamento das dívidas, a serem alienados consoante as regras da expropriação de bens (arts. 876 a 903), cabe às partes formularem pedido de quinhão dos bens restantes para fins de partilha. O magistrado proferirá decisão (agravável de instrumento) na qual deliberará a respeito daqueles pedidos e designará os bens que devam constituir quinhão de cada herdeiro e legatário (art. 647, *caput*). Nada há que impeça, muito pelo contrário, que as partes, desde que capazes, celebrem, por acordo de vontades, a partilha, hipótese em que deve ser observado o disposto no art. 659.

Não havendo acordo, será organizado o chamado "esboço de partilha" a partir da referida decisão judicial e das regras dos arts. 648 a 651, sobre o qual as partes se manifestarão no prazo comum de quinze dias (art. 652). Entre tais regras está a do art. 650, segundo o qual, "se um dos interessados for nascituro, o quinhão que lhe caberá será reservado em poder do inventariante até o seu nascimento", e que acaba por substituir, na essência e na substância, vetusto procedimento cautelar específico do CPC de 1973, a "posse em nome do nascituro" de seus arts. 877 e 878. É típico caso de tutela da evidência, na forma que proponho no n. 8 do Capítulo 6. Resolvidos eventuais questionamentos, será efetivada a partilha, que, após o recolhimento do tributo e apresentada certidão negativa (ou equivalente) de tributos, será julgada por sentença (art. 654, *caput*). Após o trânsito em julgado, os herdeiros receberão os bens que lhes couberem e um formal de partilha que pode, consoante o caso, ser substituído por certidão de pagamento do quinhão hereditário (art. 655).

Mesmo após o trânsito em julgado da partilha, ela pode ser emendada nos mesmos autos do inventário quando tenha havido erro de fato na descrição dos bens, podendo o juiz, de ofício ou a requerimento da parte, a qualquer tempo, corrigir-lhe as inexatidões materiais. É bastante, para tanto, que todas as partes estejam de acordo (art. 656).

De acordo com o art. 669, também é possível que seja necessária a realização de *sobrepartilha* de bens quando: (i) tiverem sido sonegados; (ii) descobertos após a partilha; (iii) forem litigiosos, assim como os de liquidação difícil ou morosa; e (iv) situados em lugar remoto da sede do juízo onde se processa o inventário. O procedimento a ser observado é o mesmo do inventário e da partilha, tramitando nos autos do primeiro inventário (art. 670).

Eventual partilha amigável, lavrada em instrumento público, reduzida a termo nos autos do inventário ou constante de escrito particular homologado pelo juiz (art. 659), pode ser *anulada*, no prazo de um ano, por dolo, coação, erro essencial ou intervenção de incapaz, nos termos do § 4º do art. 966, artigo ao qual me volto no n. 8.1.1 do Capítulo 16 (art. 657). O art. 1.068, a propósito, dá a seguinte nova redação ao art. 2.027 do CC: "a partilha é anulável pelos vícios e defeitos que invalidam, em geral, os negócios jurídicos", buscando a harmonia com as regras.

A sentença da partilha, após seu trânsito em julgado, fica sujeita à *ação rescisória*, como prescreve expressamente o art. 658, tema ao qual me volto no n. 8.1 do Capítulo 16.

Verdadeira alternativa ao procedimento ao inventário é o arrolamento, adjetivado pelo art. 660, de sumário, no qual, desde a petição inicial, todos os herdeiros manifestar-se-ão de comum acordo sobre a nomeação do inventariante, sobre os títulos de herdeiros e os bens do espólio e sobre seu valor para fins de partilha (art. 660). Eventuais questionamentos pela Fazenda Pública (art. 662) serão apurados em processo administrativo, enquanto eventuais impugnações de credores (art. 663) não impedem a homologação da partilha ou da adjudicação de bens, desde que sejam reservados bens suficientes para o pagamento da dívida.

Quando o valor dos bens deixados for igual ou inferior a 1.000 salários mínimos, o inventário será processado como arrolamento, cujo procedimento, extremamente concentrado, é o do art. 664, que se caracteriza pela viabilidade de todos os questionamentos serem resolvidos em uma audiência especialmente designada para tanto. Este *procedimento* também será observado mesmo quando houver incapaz, mas todas as partes e o Ministério Público estiverem concordes.

8. EMBARGOS DE TERCEIRO

Os embargos de terceiro para os quais o CPC de 2015 dedica os seus arts. 674 a 681 poderiam estar disciplinados ao lado das demais modalidades de "intervenção de terceiro", isto é, no Título III do Livro III da Parte Geral, porque, em última análise, eles nada mais são do que o procedimento especial de jurisdição contenciosa que tem como finalidade a obtenção de tutela jurisdicional por um *terceiro* (embargante) diante da constrição ou ameaça de constrição de bem seu, por determinação judicial, em processo alheio.

De qualquer sorte, o CPC de 2015 preservou, no particular, a tradição do direito codificado brasileiro, diferentemente do que fez com a oposição, que acabou ganhando sua disciplina logo após os embargos de terceiros e que, como exponho no n. 9, *infra*, vinha disciplinada, no CPC de 1973, como uma das intervenções de terceiro.

A finalidade dos embargos de terceiro, tal qual enunciei acima, é suficientemente bem indicada no *caput* do art. 674, evidenciando que terceiro deve ser entendido amplamente como quem não é parte no processo. O § 1º do dispositivo demonstra que o terceiro que tem legitimidade ativa para sua apresentação é não só o proprietário, inclusive o fiduciário, mas também o possuidor.

O § 2º do art. 674, também tratando da legitimidade ativa indica que é considerado terceiro para os fins aqui analisados: (i) o cônjuge ou companheiro, quando defende a posse de bens próprios ou de sua meação, ressalvada a hipótese em que a penhora recai (ou está na iminência de recair) em bem indivisível, quando a quota-parte do cônjuge ou do companheiro alheio à execução recai sobre o produto da alienação do bem; (ii) o adquirente de bens cuja constrição decorreu (ou está na iminência de decorrer) de decisão que declara a ineficácia da alienação realizada em fraude à execução (art. 792); (iii) quem sofre (ou está na iminência de sofrer) constrição judicial de seus bens por força de desconsideração da personalidade jurídica, de cujo incidente (arts. 133 a 137) não fez parte; e (iv) o credor com garantia real para obstar expropriação judicial do objeto de direito real de garantia, caso não tenha sido intimado dos atos expropriatórios respectivos.

O parágrafo único do art. 675 traz importante regra segundo a qual o magistrado determinará a intimação pessoal de terceiro cuja existência identifique e que lhe pareça ter interesse em embargar o ato. Trata-se de típica concretização do modelo cooperativo de processo, bem ao estilo do que trato no n. 2.6 do Capítulo 2.

Os embargos de terceiro podem ser apresentados a qualquer tempo na etapa de conhecimento do processo enquanto não transitada em julgado a sentença. Na etapa de cumprimento de sentença ou no processo de execução fundado em título extrajudicial, os embargos de terceiro podem ser apresentados até cinco dias depois da efetivação de qualquer um dos meios expropriatórios do bem penhorado (adjudicação, alienação por iniciativa particular ou arrematação), sempre antes, contudo, da assinatura da respectiva carta (art. 675, *caput*). No caso de fraude à execução, há a regra do § 4º do art. 792, que dá o prazo de quinze dias para o terceiro adquirente, a partir de sua intimação, querendo, apresentar os embargos de terceiro. Por ser específica, deve prevalecer sobre a regra geral.

Na petição inicial, o embargante fará a prova sumária de sua posse ou de seu domínio e da qualidade de terceiro. Poderá também, tratando-se de possuidor direto, alegar, além da sua posse, o domínio alheio. Oferecerá documentos e, desde logo, o rol de testemunhas (art. 677, *caput* e § 2º). A prova da posse, consoante o caso, pode ser produzida em audiência preliminar a ser designada pelo magistrado (art. 677, § 1º).

A petição inicial será distribuída por dependência ao juízo que ordenou ou que está na iminência de ordenar a constrição e será autuada em apartado dos autos do processo respectivo (art. 676, *caput*). Tratando-se de atos constritivos realizados por carta, os embargos de terceiros serão oferecidos perante o juízo deprecado, salvo quando a ordem da constrição partir do juízo deprecante ou quando a carta já tiver sido devolvida (art. 676, parágrafo único).

É cabível pedido de tutela provisória nos embargos de terceiro, inclusive liminarmente, isto é, na própria petição inicial. Se o magistrado considerar suficientemente provado o domínio ou a posse – e, para tanto, avulta em importância, a audiência preliminar a ser designada nos termos do § 1º do art. 677 –, poderá, a um só tempo, determinar a suspensão das medidas constritivas sobre os bens litigiosos objeto dos embargos e determinar a manutenção ou a reintegração provisória da posse, tudo nos termos do *caput* do art. 678.

Ressalvada a hipótese de a parte ser economicamente hipossuficiente, poderá o magistrado determinar ao embargante prestação de caução para concessão da ordem de manutenção ou de reintegração de posse (art. 678, parágrafo único). O verbo "condicionar" empregado pelo dispositivo merece ser compreendido com temperamentos, tal qual proponho para o § 1º do art. 300, para afastar a interpretação de que o magistrado expedirá a ordem se for ofertada a caução, subvertendo, com isso, a demonstração dos pressupostos de concessão daquela medida.

A legitimidade passiva nos embargos de terceiro é do sujeito a quem o ato de constrição aproveita e também de seu adversário no processo de onde aquele ato origina-se quando for sua a indicação do bem para a constrição judicial (art. 677, § 4º), existindo, neste caso, litisconsórcio passivo necessário. A citação será feita por intermédio do procurador constituído nos autos. Não havendo, será feita pessoalmente (art. 677, § 3º).

O prazo para a defesa dos embargados é de quinze dias, sendo que não há nenhuma regra que impeça que ele seja, consoante o número de procuradores para cada embargado, duplicado nos moldes do art. 229. Após, será observado o procedimento comum (art. 679), o que significa que o magistrado, apresentada ou não a contestação, franqueará a manifestação do embargante a depender do que for alegado pelo(s) embargado(s), observando o disposto nos arts. 351 a 353, encaminhando, em seguida, ao "julgamento conforme o estado do processo" dos arts. 354 e ss.

O art. 680 limita as defesas arguíveis quando os embargos de terceiro forem apresentados por credor com garantia real (art. 674, § 2º, IV) às seguintes: (i) o devedor comum é insolvente; (ii) o título é nulo ou não obriga a terceiro; e (iii) a coisa dada em garantia é diversa daquela sobre a qual recaiu (ou recairá) o ato de constrição.

A despeito do silêncio do CPC de 2015, parece ser correto entender que, nos demais casos, a discussão deve cingir-se à correção ou à incorreção do ato constritivo, pelo que é correto também sustentar, para eles, limitação horizontal da cognição. A discussão, longe de ser meramente teórica, tem o condão de afastar que a discussão sobre o domínio ou a posse do embargante fique sujeita à coisa julgada, incidindo na vedação do § 2º do art. 503.

A decisão judicial que acolher o pedido, inequivocamente uma sentença, a despeito do silêncio do art. 681, determinará o cancelamento do ato de constrição judicial indevida e reconhecerá, embora sem força de coisa julgada, pelo que acabei de escrever, o reconhecimento do domínio, da manutenção da posse ou da reintegração definitiva do bem ou do direito ao embargante.

As verbas de sucumbência observarão as regras gerais, bem como o segmento recursal que possa, eventualmente, ter início a partir de então.

9. OPOSIÇÃO

A "oposição" era uma das modalidades de intervenção de terceiro no CPC de 1973. O CPC de 2015, a partir do Projeto da Câmara, acabou disciplinando-a como procedimento especial, não obstante os dois únicos elementos *especiais* que ele contém sejam o prazo unificado de quinze dias para que os réus contestem, excepcionando, assim, a regra de duplicação deste prazo nos moldes do art. 229, e a circunstância de os réus não serem citados para a audiência de conciliação ou de mediação. O restante de sua escassa disciplina, constante dos arts. 682 a 686, decorre, suficientemente bem, da teoria geral das intervenções de terceiro, das hipóteses de suspensão do processo e da ideia de prevenção. Fosse para deixar tudo isso mais claro, para viabilizar sua escorreita aplicação no dia a dia do foro, seria o caso, penso, de preservar o instituto como uma das intervenções de terceiros. Não foi o que o Projeto da Câmara quis, contudo, e que acabou sendo aceito pelo Senado Federal na última etapa do processo legislativo.

Não obstante estas considerações e tendo presente a ressalva que lanço no n. 1.1, *supra*, cabe entender a oposição como o procedimento especial pelo qual alguém, pretendendo coisa ou direito alheio que está *sub judice*, demanda ambos os litigantes, em litisconsórcio necessário, para exercer sua pretensão (art. 682).

Assim, se FCR entende-se proprietário do bem disputado por UT e PM em dado processo, FCR poderá apresentar, até o proferimento da sentença, "oposição" às partes daquele processo, UT e PM, e perante o mesmo juízo, citando-os para responder (e não para a audiência de conciliação ou de mediação), no prazo comum de quinze dias, ao seu pedido como litisconsortes passivos necessários (art. 683, parágrafo único). A petição inicial respectiva não traz nenhuma peculiaridade, devendo observar as regras gerais do procedimento comum.

Admitida a "oposição", os autos serão apensados aos do processo preexistente (pressupondo, evidentemente, que ambos os autos sejam físicos ou em papel) para decisão conjunta, sendo proferida uma só sentença para ambos os casos (art. 685, *caput*).

A "oposição", contudo, deverá ser julgada em primeiro lugar, considerando a inequívoca relação de *prejudicialidade* que contém em relação ao pedido originário, formulado por um dos réus em face do outro (art. 686).

O parágrafo único do art. 685, querendo viabilizar o julgamento conjunto das duas postulações, dispõe que, mesmo quando a "oposição" for apresentada após o início da audiência de instrução e julgamento do primeiro processo, o juiz suspenderá o seu andamento ao fim da produção das provas. Pode ele, de qualquer sorte, entender que a unidade da instrução justifica a imediata suspensão do primeiro processo, hipótese em que ambos os processos (o original e a "oposição") entrarão (ou prosseguirão), juntos, na fase instrutória.

10. HABILITAÇÃO

A "habilitação" é o procedimento especial que tem como finalidade viabilizar a sucessão no plano do processo, quando houver o falecimento de uma das partes do processo (art. 687).

Ela será requerida pela parte em relação aos sucessores do falecido ou pelos sucessores do falecido em relação à parte (art. 688).

Ela será processada nos mesmos autos do processo e na instância em que ele se encontrar, sendo certo, outrossim, que o falecimento da parte acarreta, por si só, a suspensão do processo (arts. 689 e 313, I e § 1º).

Recebida a petição respectiva, o juiz mandará citar os réus para se manifestarem no prazo de cinco dias (art. 690, *caput*). Não havendo procurador nos autos, a citação será feita pessoalmente (art. 690, parágrafo único).

Se houver necessidade de produção de provas que não as documentais, o magistrado determinará a autuação em apenso do pedido (pressupondo, também aqui, que se trate de autos físicos em papel), que observará a marcha procedimental das provas que se fizerem necessárias. Caso contrário, o magistrado decidirá o pedido de imediato, proferindo verdadeiro "julgamento antecipado" (art. 691).

Não interpostos recursos da decisão que julgar a habilitação ou, o que é o mesmo, julgados os eventualmente interpostos e não interpostos outros – o art. 692 faz menção a "trânsito em julgado" –, o processo retomará seu curso, com o traslado da decisão respectiva aos seus autos.

11. AÇÕES DE FAMÍLIA

As "ações de família" voltam-se à criação de regras diversas para a resolução de determinados conflitos do direito de família, notadamente com relação à citação e à realização da audiência de conciliação ou de mediação, e são novidade interessante trazida pelo CPC de 2015, a partir da iniciativa do Projeto da Câmara dos Deputados.

Deverão observar o *procedimento* disciplinado nos arts. 693 a 699: os pedidos de divórcio, de separação, de reconhecimento e extinção de união estável quando houver conflito, desde que "contenciosos", como se lê do *caput* do art. 693. Se a hipótese for de divórcio, separação ou reconhecimento e extinção de união estável *consensual*, a disciplina respectiva é a dos arts. 731 e 733. O procedimento aqui analisado abrange também os pedidos de guarda, de visitação e de filiação, sempre quando não houver consenso entre as partes.

Estão excluídas da disciplina codificada a "ação de alimentos" e aquelas em que houver criança ou adolescente, que continuam a ser disciplinadas por suas leis próprias (Leis n. 5.478/1968 e 8.069/1990, respectivamente), aplicando-se a novel disciplina codificada apenas subsidiariamente. É o que preceitua o parágrafo único do art. 693.

O art. 694 quer otimizar a possibilidade de soluções consensuais e *adequadas* aos conflitos de família, inclusive com a participação de profissionais que não tenham formação na área jurídica para a mediação e a conciliação. O parágrafo único incentiva a diretriz do *caput* ao autorizar a suspensão do processo enquanto as partes buscam entendimento por outras vias, inclusive mediação extrajudicial e atendimento multidisciplinar.

O art. 695 disciplina o procedimento padrão a ser observado nos casos a que se refere o *caput* do art. 693: recebida a inicial e após a concessão de eventual tutela provisória, determina-se a citação pessoal do réu – e não há por que recusar que ela seja feita também pelo correio, como previa o § 3º do art. 710 do Projeto da Câmara, que não subsistiu, a despeito da ausência de previsão no Projeto do Senado a este respeito, ao texto final – para comparecer à audiência de mediação e conciliação. A citação deverá ocorrer com antecedência mínima de quinze dias da audiência (art. 695, § 2º).

De acordo com o § 1º do art. 695, a citação deve ser desacompanhada de cópia da inicial, iniciativa que deve ser aplaudida porque quer evitar que, de antemão, se tenha ciência do teor da inicial, o que, a prática mostra, poderá, por si só, dificultar a tomada de solução consensual para o caso. Nenhuma violação à ampla defesa há, na regra, na medida em que ela expressamente franqueia o acesso aos autos para os interessados e, preferencialmente, aos seus advogados ou defensores públicos "a qualquer tempo".

O § 4º do art. 695 impõe que as partes estejam representadas por seus advogados ou, se for o caso, pela Defensoria Pública na audiência.

O art. 696, ao admitir que a audiência se realize em diversas sessões sem prejuízo de serem adotadas as providências para evitar perecimento de direito, é afinadíssimo com o art. 694 e relaciona-se, intimamente, com a razão de ser da busca de soluções mediadas de conflito.

Frustradas as tentativas de solução consensual do conflito, observar-se-á, de acordo com o art. 697, o procedimento comum, a partir do art. 335, isto é, abrindo-se para o réu a oportunidade de apresentar sua contestação cujo prazo variará de acordo com as hipóteses reguladas por aquele dispositivo. A regra não deixa claro em que instante do procedimento o réu *deverá* ter acesso à petição inicial (que não acompanhará o mandado de citação) e de que forma isto interfere (ou não) na fluência do prazo para sua contestação. Para superar o impasse, cabe entender que, frustrada a tentativa de autocomposição, o magistrado oficialmente entregará ao réu (e/ou ao seu advogado ou defensor público, evidentemente) a referida cópia, viabilizando, com isto, o exercício do amplo contraditório.

O Ministério Público atuará na qualidade de fiscal da ordem jurídica sempre que houver interesse de incapaz, caso em que deverá ser ouvido antes da realização de eventual acordo (art. 698, *caput*). O parágrafo único do art. 698, incluído pela Lei n. 13.894/2019, complementa a regra ao estabelecer que: "O Ministério Público intervirá, quando não for parte, nas ações de família em que figure como parte vítima de violência doméstica e familiar, nos termos da Lei n. 11.340, de 7 de agosto de 2006 (Lei Maria da Penha)".

A diversificação dos profissionais que atuam nas "ações de família" é fundamental para atingimento dos objetivos desejados desde o direito material. Nesse sentido, a regra do art. 699, ao impor ao magistrado a presença de especialista para tomar o depoimento de incapaz quando o fato relacionar-se a abuso ou a alienação parental, é digna de destaque.

Sobre a competência nos casos de divórcio ou extinção da união estável, cabe destacar a modificação operada pela precitada Lei n. 13.894/2019 na Lei n. 11.340/2006 (Lei Maria da Penha), segundo a qual a mulher tem a opção de pedir o divórcio ou a dissolução de união estável no Juizado de Violência Doméstica e Familiar contra a Mulher (art. 14-A da Lei n. 11.340/2006), ressalvada, apenas, a pretensão relacionada à partilha de bens (art. 14-A, § 1º, da Lei n. 11.340/2006). Se a situação de violência doméstica e familiar tiver início após o início do processo, ele passa a ter preferência no julgamento no juízo onde estiver tramitando (art. 14-A, § 2º, da Lei n. 11.340/2006). Tais Juizados, como se lê do *caput* do art. 14 da Lei n. 11.340/2006, são órgãos da Justiça Comum com competência cível e criminal, que podem ser criados pela União, no Distrito Federal e nos Territórios, e pelos Estados, para o processo, o julgamento e a execução das causas decorrentes da prática de violência doméstica e familiar contra a mulher.

12. AÇÃO MONITÓRIA

O CPC de 2015 acabou preservando a "ação monitória", por influência do Projeto da Câmara dos Deputados – nem o Anteprojeto e nem o Projeto do Senado Federal dela tratavam –, ampliando sensivelmente suas hipóteses de cabimento quando comparado com o CPC de 1973.

Trata-se do procedimento especial que tem como finalidade o pagamento de quantia em dinheiro, a entrega de coisa fungível ou infungível ou de bem móvel ou imóvel ou, ainda, o adimplemento de obrigações de fazer ou de não fazer com base em prova escrita desprovida de eficácia de título executivo desde que o devedor (réu no plano do processo) seja capaz (art. 700, I a III). Para fins da monitória, a prova oral colhida antecipadamente nos moldes do art. 381 é considerada prova escrita (art. 700, § 1º).

É procedimento que fica no meio caminho das hipóteses em que há necessidade de criação de um *título executivo judicial* (conducentes, destarte, ao chamado "processo de conhecimento e cumprimento de sentença") e daquelas situações em que quem se afirma credor dispõe de título executivo *extrajudicial*. A afirmação deve desconsiderar, evidentemente, o disposto no art. 785 pelas razões que exponho no n. 2.3.14 do Capítulo 15, regra que fica ainda mais sem sentido diante da previsão do § 5º do art. 700.

O § 2º do art. 700 estabelece as regras a serem observadas na elaboração da petição inicial da "ação monitória", com a indicação, conforme o caso: (i) do valor devido e apresentação da respectiva memória de cálculos; (ii) do valor atual da coisa devida; ou (iii) do conteúdo patrimonial em discussão ou proveito econômico perseguido pelo autor. Estes referenciais deverão estar espelhados no valor dado à causa (art. 700, § 3º). O descumprimento das exigências do § 2º, bem como o não reconhecimento de idoneidade da prova documental apresentada para os fins do *caput* do dispositivo, rendem ensejo à rejeição da petição inicial, sem prejuízo de as hipóteses do art. 330 também justificarem idêntica sorte (art. 700, § 4º).

Sim, prezado leitor, a despeito do rigor da previsão, é correto que o magistrado crie condições efetivas de saneamento de eventuais irregularidades nos termos do art. 321. Tanto assim que o § 5º do art. 700 admite que, havendo dúvidas quanto à idoneidade da prova que embasa a "ação monitória", a petição inicial seja emendada para que o processo prossiga sob o procedimento comum.

O § 6º do art. 700 expressamente admite a monitória contra a Fazenda Pública, consagrando, com a iniciativa, o entendimento correto constante da Súmula 339 do STJ, plenamente compatível – e nem poderia ser diferente – com o modelo constitucional.

Na "ação monitória", a citação do réu (a ser realizada por quaisquer dos meios previstos para o procedimento comum, como autoriza o § 7º do art. 700) é feita incentivando-o a adimplir a obrigação reclamada pelo autor na inicial nos quinze dias seguintes. Para tanto, o *caput* do art. 701 limita os honorários sucumbenciais a 5% do valor dado à causa e, de acordo com o § 1º do mesmo dispositivo, o cumprimento tempestivo da ordem isenta o réu do pagamento das custas processuais.

Se o réu não acatar a determinação, a despeito do incentivo evidenciado, e se ele não se opuser à inicial (o que fará pelos "embargos à ação monitória" do art. 702), o mandado inicial (chamado de "mandado monitório") será convertido em título executivo *judicial*, observando-se, a partir de então, como se lê do § 2º do art. 701, a disciplina relativa ao cumprimento de sentença, consoante se trate de obrigação de pagar (arts. 523 a 527), de fazer ou não fazer (arts. 536 e 537) ou de entrega de coisa (art. 538). Tratando-se de "ação monitória" contra a Fazenda Pública, sujeitar-se-á o mandado monitório à remessa necessária do art. 496, se não forem apresentados os embargos do art. 702, e, em seguida, observar-se-ão as regras relativas ao cumprimento de sentença, com os diferenciais, quando se tratar de pagamento de quantia, dos arts. 534 e 535 (art. 701, § 4º). Esta específica previsão, ao pretender compatibilizar a comumente identificada indisponibilidade da coisa pública com a inércia da Administração Pública no oferecimento dos embargos, encontra eco no § 3º do art. 701, que submete a "decisão" que constitui o título executivo judicial à "ação rescisória". Ela, contudo, é de discutível constitucionalidade na perspectiva do princípio da isonomia – afinal, só cabe "ação monitória" contra devedor *capaz* (art. 700, *caput*) –, devendo ser interpretada e aplicada com as mesmas ressalvas e exceções dos §§ 3º e 4º do art. 496 (v. n. 4 do Capítulo 11).

Os "embargos à ação monitória", que são a forma diferenciada pela qual o réu poderá resistir ao pedido formulado pelo autor em sua petição inicial, deverão ser apresentados nos quinze dias após a sua citação e independem de prévia garantia do juízo, isto é, independem do depósito ou da prestação de qualquer valor ou garantia pelo réu (art. 702, *caput*). Sua apresentação suspende a eficácia do mandado monitório até o seu julgamento na primeira instância (art. 702, § 4º).

Nos embargos, é admitida a formulação de qualquer defesa que o réu poderia levantar em face do autor se se tratasse de procedimento comum (art. 702, § 1º). Cabe ao réu que alegar excesso de valor na cobrança do autor indicar precisamente o valor que entende correto, sob pena de rejeição dos embargos ou, se houver mais fundamentos, do prosseguimento apenas com relação aos demais (art. 702, §§ 2º e 3º).

O autor será intimado para responder os embargos em quinze dias (art. 702, § 5º).

Em harmonia com o que já admitia a Súmula 292 do STJ, o § 6º do art. 702 admite que, na monitória, seja apresentada reconvenção. O dispositivo, contudo, veda, expressamente, que haja reconvenção da reconvenção.

Se os embargos forem parciais, isto é, questionarem somente parte do pedido do autor, o juiz poderá determinar sua autuação em apartado (como regra, os embargos processam-se nos mesmos autos da "ação monitória"), constituindo-se, de pleno direito, o título executivo (judicial) da parte não embargada (art. 702, § 7º).

Rejeitados os embargos, constitui-se, de pleno direito, título executivo judicial em face do réu, a ser cumprido em fase de cumprimento de sentença, observando-se, como se lê da remissão feita pelo § 8º do art. 702, as regras aplicáveis às respectivas modalidades obrigacionais.

Da decisão respectiva, tanto da que acolhe como da que rejeita os embargos, o recurso cabível é a apelação (art. 702, § 9º). A apelação *não tem* o condão de impedir o início do cumprimento de sentença. Embora o CPC de 2015 nada diga a respeito de ela ter, ou não, efeito suspensivo no § 1º do art. 1.012, o § 4º do art. 702 é suficientemente claro quanto aos embargos suspenderem a eficácia do mandado monitório "até o julgamento em primeiro grau". Assim, caberá ao réu, entendendo que é o caso, requerer a suspensão da prática dos atos executivos, valendo-se do disposto nos §§ 3º e 4º do art. 1.012 (v. n. 4.2.1 do Capítulo 17).

Os §§ 10 e 11 do art. 702 preveem a aplicação de pena pela litigância de má-fé do autor ou do réu, conforme o caso, aplicando-lhe, em favor da parte contrária, multa de até dez por cento do valor atribuído à causa.

O § 5º do art. 701, por fim, prevê que tem incidência na "ação monitória" o parcelamento disciplinado pelo art. 916, direito a ser exercitado pelo réu no prazo que dispõe para apresentar os embargos. A previsão excepciona a regra do § 7º do art. 916 que afasta aquele parcelamento quando se tratar, como aqui, de cumprimento de sentença.

13. HOMOLOGAÇÃO DO PENHOR LEGAL

A homologação da penhora legal era, no CPC de 1973, uma das medidas cautelares nominadas que de cautelar tinha só o lugar em que regulada naquele Código. O CPC de 2015, ao preservá-la, realoca-a, pertinentemente, como um dos procedimentos especiais de jurisdição contenciosa.

Sua finalidade é a de obter o reconhecimento jurisdicional da regularidade do apossamento de bens pelo credor para assegurar o pagamento de determinadas dívidas, com fundamento nos arts. 1.467 a 1.472 do CC.

É por essa razão que a petição inicial precisa ser instruída com o contrato de locação ou a conta pormenorizada das despesas, a tabela dos preços e a relação dos objetos retidos (art. 703, § 1º). O réu será citado para pagar o valor indicado como devido pelo autor ou contestar na audiência preliminar que for designada (art. 703, § 1º).

A defesa a ser apresentada pelo réu é limitada às matérias indicadas no art. 704: (i) nulidade do processo; (ii) extinção da obrigação; (iii) não estar a dívida compreendida entre as previstas em lei ou não estarem os bens sujeitos a penhor legal; e (iv) haver sido ofertada caução idônea, que tenha sido rejeitada pelo credor.

Superada a audiência preliminar, deve ser observado o procedimento comum (art. 705).

Se homologado o penhor legal, isto é, se julgado procedente o pedido, fica consolidada a posse do autor sobre o objeto sobre o qual ele recai (art. 706, *caput*).

Se for indeferido o pedido, é o que se lê do § 1º do art. 706, o objeto deverá ser entregue ao réu, ressalvado ao autor seu direito de cobrar o que entender devido pelo procedimento comum, a não ser que o magistrado acolha a alegação de extinção da obrigação (art. 704, II).

Contra a sentença cabe apelação. Durante sua tramitação, o relator poderá ordenar que a coisa sobre a qual recai o penhor permaneça depositada ou em poder do autor (art. 706, § 2º).

O CPC de 2015 inova ao prever a viabilidade de a homologação realizar-se extrajudicialmente perante o notário que o credor indicar, observando as mesmas exigências feitas para a petição inicial pelo § 1º do art. 703 (art. 703, § 2º).

O notário, recebido o pedido, notificará extrajudicialmente o devedor para, em cinco dias, pagar o débito ou impugnar sua cobrança, fundamentando-se no disposto no art. 704. Neste caso, de resistência ao pedido, o processado será enviado ao juízo competente (art. 703, § 3º).

Se o devedor não se manifestar, o notário formalizará a homologação do penhor legal por escritura pública (art. 703, § 4º).

14. REGULAÇÃO DE AVARIA GROSSA

A "regulação de avaria grossa" é novidade do CPC de 2015 colhida no Projeto da Câmara, sem similar no Anteprojeto nem no Projeto do Senado. Trata-se de disciplina que, até o advento do CPC de 2015, era feita pelos arts. 765 a 768 do CPC de 1939, mantidos, no particular, em vigor pelo inciso XIV do art. 1.218 do CPC de 1973.

As avarias são, de acordo com o art. 763 do CCom, de duas espécies, as grossas (ou comuns) e as simples (ou particulares). A avaria grossa (ou comum) – cujo rol (exemplificativo) está no art. 764 do CCom, com a ressalva do art. 765 –, em consonância com aquele mesmo dispositivo legal, "é repartida proporcionalmente entre o navio, seu frete e a carga". Elas devem necessariamente constar do Diário da Navegação, o mesmo ao qual deve ser dada adequada publicidade por outro procedimento recuperado pelo CPC de 2015, a "ratificação dos protestos marítimos e dos processos testemunháveis formados a bordo", de que tratam os arts. 766 a 770.

A finalidade do procedimento especial é a de nomear regulador (arbitrador) daquelas avarias para que as responsabilidades derivadas pela sua ocorrência sejam repartidas entre quem de direito, o que, embora revogado pelo CPC de 1939, ocupava extensa disciplina prevista nos arts. 772 a 796 do CCom em Capítulo intitulado eloquentemente de "Da liquidação, repartição e contribuição da avaria grossa".

15. RESTAURAÇÃO DE AUTOS

A restauração de autos é procedimento especial de jurisdição contenciosa destinado a refazer os autos do processo, eletrônicos ou não, quando extraviados ou destruídos.

Qualquer das partes, o Ministério Público ou até mesmo o magistrado, de ofício, tem legitimidade para dar início ao procedimento (art. 712, *caput*).

A reconstrução tem que levar em conta o que ocorreu no processo até o momento em que se deu o desaparecimento e, por essa razão, o art. 713 exige que a petição inicial traga essas informações e os documentos porventura existentes a seu respeito, tais como certidões e cópias de petições, além de outros documentos que facilitem ou viabilizem a restauração.

A parte contrária será citada para, em cinco dias, contestar o pedido e exibir as cópias e reproduções dos atos processuais que tiver consigo (art. 714). Pode acontecer de o réu não resistir ao pedido, hipótese em que será lavrado auto que, assinado pelas partes e homologado pelo magistrado, suprirá os autos desaparecidos (art. 714, § 1º). Se o réu não contestar ou for parcial sua concordância com o pedido, deverá ser observado o procedimento comum (art. 714, § 2º).

Se a perda dos autos deu-se após a produção das provas em audiência, elas serão repetidas, de preferência com a oitiva das mesmas testemunhas e, havendo perícia, com a sua realização pelo mesmo perito. Todos os esforços, inclusive dos serventuários da justiça, devem ser empregados para a reconstrução dos atos processuais, sempre na pressuposição de que não haja cópia ou certidão dos atos originais. É o que, a partir de variadas hipóteses, prevê o art. 715, que deve ser observado também quando a perda se der no âmbito dos Tribunais, distribuindo-se entre este e o órgão jurisdicional das demais instâncias a reconstrução dos atos praticados em cada qual (art. 717).

Realizadas as provas que se fizerem necessárias, o magistrado julgará a restauração, seguindo-se o processo em seus ulteriores termos (art. 716, *caput*). Na decisão respectiva, deve ser responsabilizado quem deu causa ao desaparecimento dos autos, pelas custas e pelos honorários advocatícios, sem prejuízo da responsabilidade civil, penal ou profissional que incorrer (art. 718).

O procedimento é desnecessário naqueles casos em que houver autos suplementares. Nesse caso, consoante autoriza o parágrafo único do art. 712, é neles que prosseguirá o processo.

Se os autos originais aparecerem, neles passarão a ser praticados os autos processuais, sendo apensados os da restauração (art. 716, parágrafo único).

16. JURISDIÇÃO VOLUNTÁRIA

No n. 1.2, *supra*, tratei brevemente da clássica dicotomia entre a "jurisdição *contenciosa*" e a "jurisdição *voluntária*"; agora, é o momento de voltar ao assunto, para desenvolvê-lo um pouco mais.

A distinção continua a ter assento expresso no CPC de 2015, no âmbito dos procedimentos especiais, que se dedica à jurisdição voluntária nas doze Seções do Capítulo XV do Título III do Livro I da Parte Especial.

A circunstância de a "jurisdição voluntária" caracterizar-se (supostamente) pela ausência de conflitos entre os envolvidos na situação de direito material não é bastante para que aqueles casos não sejam, dentro dos limites deste *Manual*, devidamente mencionados e contextualizados. Aquela característica é decisiva para que a doutrina em geral não se refira, ao tratar da jurisdição voluntária, a *partes*, mas a *interessados*; que não empregue a palavra *lide* no sentido de *conflito* ou de *mérito*, dando-se preferência a palavra diversa, *controvérsia*; que acentue a atuação mais marcante do princípio *inquisitório*, a legitimar a atuação oficiosa do magistrado, em detrimento do princípio *dispositivo*; que destaque que, na jurisdição voluntária, a *atuação* do direito relaciona-se muito mais à *constituição de situações jurídicas novas*, e não à *solução de conflitos*; que há consonância *de interesses* na consecução do negócio jurídico de uma mesma forma, com a obtenção de um *mesmo resultado*; que não há coisa julgada, isto é, o que vier a ser estabelecido pelo Estado-juiz não assume foros de imutabilidade, e assim por diante.

O CPC de 2015 continua a autorizar, até mesmo, que a decisão do magistrado nos casos de "jurisdição voluntária" não observe "... critério de legalidade estrita, podendo adotar em cada caso a solução que reputar mais conveniente ou oportuna" (art. 723, parágrafo único), o que sempre levou os mais variados autores a ver nesta forma de "tutela jurisdicional" caracteres bem diversos da "tutela jurisdicional *contenciosa*".

O que, segundo a doutrina tradicional, caracterizaria a jurisdição voluntária é a circunstância de ela dar tutela jurisdicional aos sujeitos do processo, sabendo-se desde o início a qual deles ela será entregue. No âmbito da "jurisdição voluntária", o juiz não aplicaria o direito *controvertido* no caso concreto, *substituindo* a vontade das partes; praticaria, diferentemente, atos integrativos da vontade dos interessados, de negócios jurídicos privados, que, nestas condições, passariam a ser administrados (e, neste sentido amplo, *tutelados*) pelo Poder Judiciário. Tratar-se-ia, em suma, de verdadeira administração pública de interesses privados.

Confesso que muitas destas afirmações são mais históricas do que atuais, soando muito mais nominais do que substanciais. O que entendo ser relevante, verdadeiramente fundamental, é não haver como negar a orientação do direito positivo brasileiro que ainda coloca os casos de "jurisdição voluntária" como atividade a ser praticada pelo Estado-juiz e, como tal, merecedora de ser estudada no mesmo contexto *processual* de qualquer outro assunto relativo ao direito processual civil, a começar pela necessária incidência do "modelo constitucional" e também pelo reconhecimento, nestes atos, das características de quaisquer outros atos jurisdicionais. Se o juiz, em alguns casos, vai se limitar a chancelar a vontade das partes que estão em absoluto acordo sobre o que querem, sendo, contudo, a chancela indispensável, sem o que aquela vontade não pode ter validade e/ou eficácia jurídica, é questão que se põe em termos de política legislativa. A percepção não inibe, pois, a reflexão adequada sobre o *processo* e os variados *procedimentos* inerentes àquela atuação jurisdicional.

Assim, em todos os casos rotulados de jurisdição voluntária pelo CPC de 2015, a intervenção do Estado-juiz é indispensável, tanto quanto o caráter cogente de sua atuação. É o que basta para, mesmo naqueles casos, evidenciar o *interesse de agir* daquele que *precisa* buscar perante o Estado-juiz uma determinada situação de vantagem, aquela tutela (jurisdicional) de um direito seu. Nada há, portanto, que legitime a concepção de *voluntária* à jurisdição nestes casos. Não há nenhuma opção e, neste sentido, voluntariedade no pedir, nos casos identificados como tais pelo CPC de 2015, a atuação do Estado-juiz – a tutela jurisdicional, portanto – mesmo à míngua de conflitos potenciais ou atuais entre os envolvidos. Trata-se, portanto, de jurisdição *obrigatória, necessária, inafastável, imprescindível*. Até porque, prezado leitor, nem em todos os casos rotulados de procedimentos de jurisdição voluntária é correto pressupor a inexistência de conflito entre os "interessados" (e a recíproca é verdadeira em alguns casos de jurisdição *contenciosa*, nos quais pode não haver conflito nenhum, a despeito de sua localização no CPC de 2015).

Tecidas estas considerações, dedico-me, nos números seguintes, a dar notícia suficiente de cada um dos procedimentos especiais de jurisdição voluntária disciplinados pelo CPC de 2015, a começar pelo que os arts. 719 a 725 chamam de "disposições gerais". É o que se mostra suficiente para os fins perseguidos por este *Manual*.

16.1 Disposições gerais

O objeto dos arts. 719 a 725 da Seção I do Capítulo XV do Título III do Livro I da Parte Especial é estabelecer um procedimento padrão para os casos em que a atuação jurisdicional justifica-se mesmo quando não há, entre as partes, conflito. Além de subsidiar o procedimento específico (especial) que ocupa cada uma das outras onze Seções do Capítulo, arts. 726 a 770 (arts. 719 e 725, parágrafo único), aquele procedimento padrão deve ser observado quando se tratar de pedido de: (i) emancipação; (ii) sub-rogação; (iii) alienação, arrendamento ou oneração de bens de crianças ou adolescentes, de órfãos e de interditos; (iv) alienação, locação e administração da coisa comum; (v) alienação de quinhão em coisa comum; (vi) extinção de usufruto, quando não decorrer da morte do usufrutuário, do termo da sua duração ou da consolidação, e de fideicomisso, quando decorrer de renúncia ou quando ocorrer antes do evento que caracterizar a condição resolutória; (vii) expedição de alvará judicial; (viii) homologação de autocomposição extrajudicial, de qualquer natureza ou valor, o que, como escrevo a propósito do inciso III do art. 515, enseja a criação de título executivo *judicial* (arts. 719 e 725, *caput*).

Em todos estes casos, o procedimento terá início a pedido do interessado, inclusive, se for o caso, do Ministério Público e da Defensoria Pública, que apresentarão o pedido devidamente instruído com os documentos pertinentes e especificação da providência jurisdicional requerida (art. 720).

Os demais interessados serão *citados* para, querendo, manifestarem-se no prazo de quinze dias. Se não for o requerente, o Ministério Público será intimado para atuar, se o caso reclamar a sua intervenção nos moldes do art. 178 (art. 721). Se o caso o exigir, também a Fazenda Pública será ouvida (art. 722).

Após as manifestações cabíveis e produzidas as provas pertinentes, o magistrado proferirá *sentença*, reservando, o *caput* do art. 723, dez dias para tanto. É nesse contexto que o parágrafo único do dispositivo afasta o magistrado do "critério de legalidade estrita, podendo adotar em cada caso a solução que considerar mais conveniente ou oportuna". A terminologia quer aproximar a manifestação jurisdicional de verdadeiro "ato discricionário", o que, com o devido respeito, não tem razão de ser, em um Estado Constitucional, nem sequer para a função administrativa. O que ocorre é que os padrões da chamada "legalidade estrita" estão inequivocamente superados no atual estágio do constitucionalismo, coisa bem diferente, como exponho a propósito do art. 8º no n. 2.8 do Capítulo 2.

Se for o caso – e para afastar o dogma de que não há (e nem pode haver) conflito só porque de jurisdição voluntária se trata – o art. 724 prevê o cabimento do recurso de apelação da sentença.

16.2 Notificação e interpelação

O primeiro procedimento especial de jurisdição voluntária é a notificação e a interpelação que, no CPC de 1973 eram tratadas como medidas cautelares nominadas, o que só robustece o entendimento, que ventilei acima, no n. 1.2, quanto à relatividade (ou artificialidade) dos critérios distintivos destas medidas em classes que querem ser estanques.

A finalidade da notificação é a de alguém servir-se do aparato jurisdicional para dar ciência (formal) a pessoas participantes da mesma relação jurídica de assunto juridicamente relevante (art. 726, *caput*). Se a ciência for dirigida ao público em geral, a publicação de edital somente será deferida se o magistrado entender que ela seja necessária para resguardo de direito e se a pretensão for fundada (art. 726, § 1º).

Mais específica, a interpelação destina-se a dar ciência ao requerido para que ele faça ou deixe de fazer o que o requerente entenda ser de seu direito (art. 727).

O contraditório é reservado para os casos em que o magistrado suspeitar de que o requerente pretende finalidade ilícita ou quando for requerida a averbação da notificação em registro público (art. 728).

Realizada a notificação ou a interpelação, os autos respectivos, quando não se tratar de autos eletrônicos, serão entregues ao requerente (art. 729).

As mesmas diretrizes devem ser aplicadas ao protesto judicial (art. 726, § 2º).

16.3 Alienação judicial

O segundo dos procedimentos especiais de jurisdição voluntária é a alienação judicial, à qual se volta o art. 730.

Sua finalidade é a de alienar bens com observância do contraditório sempre que não houver concordância entre os interessados sobre como a alienação deve ser feita. Ela pode ser determinada, até mesmo de ofício, em processo pendente.

O procedimento a ser observado é o padrão dos arts. 720 a 724, e a alienação, propriamente dita, seguirá a disciplina dos arts. 879 a 903, que tratam da expropriação dos bens penhorados.

16.4 Divórcio e separação consensuais, a extinção consensual de união estável e a alteração do regime de bens do matrimônio

A quarta Seção do Capítulo XV do Título III do Livro I da Parte Especial disciplina, a um só tempo, o divórcio e a separação consensuais, a extinção consensual de união estável e a alteração do regime de bens do matrimônio. O ideal seria que aqueles institutos estivessem disciplinados separadamente, em dois blocos diversos. No primeiro estariam o divórcio, a separação consensual e a extinção consensual da união estável; no segundo, a alteração de regime de bens durante o casamento. A distinção se justificaria pelas razões de direito material que, desde aquele plano, aproximam aquelas três figuras e que, em rigor, não se relacionam com esta, que nada diz sobre a extinção dos laços que podem existir entre duas pessoas (seja a que título for), mas, apenas, ao remanejamento das relações patrimoniais dos cônjuges entre si e perante terceiros e, consequentemente, espraia, para o plano processual, consequências procedimentais de ordem totalmente diversa. É ler o art. 732 em contraposição ao art. 734 para que o prezado leitor concorde com a afirmação. De qualquer sorte, o trato conjunto não infirma a importância das regras que, em substância, não trazem nada de substancialmente novo, *do ponto de vista procedimental*, quando comparadas com os arts. 1.120 e 1.121 do CPC de 1973.

A este respeito, entendo que mereçam ser feitas duas ressalvas:

A primeira é que acabou prevalecendo, na versão final do CPC de 2015, a previsão do procedimento da separação consensual ao lado do divórcio e também da extinção consensual da união estável. A preservação do reflexo *procedimental* daquela figura é importantíssima: o alcance da EC n. 66/2010, que eliminou o tempo prévio como fator do divórcio e seu impacto sobre a subsistência, ou não, da separação, é questão que deve ser (como está sendo) discutida pelos civilistas, não pelos processualistas. A estes, importa criar a adequada forma de acesso ao Poder Judiciário mesmo nos casos de "jurisdição *voluntária*"; não deixar de criar, ou deixar de reconhecer, direitos *materiais*. A segunda está na expressa disciplina *procedimental* da extinção da união estável ao lado do divórcio e da separação, sendo expresso, a esse respeito, o art. 732. Também aqui andou bem o CPC de 2015 ao recusar discussões importantíssimas na perspectiva material, mas que nada contribuem para um efetivo acesso à justiça, suprindo, com a iniciativa, lacuna do CPC de 1973.

O art. 731 trata dos requisitos da petição inicial em que o divórcio, a separação ou a extinção da união estável são pleiteados consensualmente: disposições relativas à descrição e à partilha dos bens comuns; disposições relativas à pensão alimentícia entre os cônjuges; o acordo relativo à guarda dos filhos incapazes (expressão genérica a ser interpretada em conformidade com os arts. 3º e 4º do CC, na redação que lhes deu a Lei n. 13.146/2015) e ao regime de visitas; e o valor da contribuição para criar e educar os filhos. As duas últimas exigências previstas nos incisos III e IV do art. 731 são fundamentais em tempos de guarda compartilhada.

A petição deve vir assinada por ambos os cônjuges (ou companheiros), o que denota, e nem poderia ser diferente, diante do procedimento aqui anotado, seu caráter *consensual*.

O parágrafo único do art. 731 excepciona o inciso I do *caput*, ao permitir que os cônjuges (ou companheiros) deixem para dispor sobre a partilha de bens em instante futuro, nada dispondo a este respeito, portanto, na petição inicial. Neste caso, o procedimento a ser observado oportunamente é o dos arts. 647 a 658, que cuidam da partilha no âmbito do inventário.

O art. 733 permite que o divórcio ou separação consensuais e o desfazimento consensual da união estável sejam realizados em Cartório quando não houver nascituro ou filhos incapazes, sempre compreendidos nos termos dos arts. 3º e 4º do CC, na redação que lhes deu a Lei n. 13.146/2015. Trata-se de verdadeiro e importante mecanismo alternativo de resolução de conflitos, máxime porque a hipótese dispensa qualquer manifestação judicial para o atingimento dos fins a que se presta (art. 733, § 1º). A obrigatoriedade de as partes estarem representadas por advogados ou, se for o caso, pela Defensoria Pública, feita pelo § 2º do art. 733, só enaltece a função essencial à administração da justiça de tais figuras, mesmo no ambiente extrajudicial.

O que lamento, a propósito da previsão, é que o § 3º do art. 1.124-A do CPC de 1973 não tenha sido reproduzido pelo CPC de 2015. Importa, de qualquer sorte, entender que o inciso IX do § 1º do art. 98 é amplo o suficiente para albergar a gratuidade também de atos notariais como este, mormente diante da disciplina que, para este fim, estabelecem os §§ 7º e 8º daquele mesmo dispositivo.

Em se tratando de divórcio ou extinção de união estável *consensuais*, é correto presumir inaplicável a regra específica do art. 14-A da Lei n. 11.340/2006 (Lei Maria da Penha), incluída pela Lei n. 13.894/2019, descabendo reconhecer competência ao Juizado de Violência Doméstica e Familiar contra a Mulher para apreciar aqueles pedidos, que é constrita, consoante se lê do *caput* do art. 14 da Lei n. 11.340/2006, aos casos que envolvem a prática de violência doméstica e familiar contra a mulher. De qualquer sorte, se não obstante o consenso quanto ao desfazimento do casamento ou da união estável, houver elementos que atestem a violência contra a mulher (atual ou passada), é irrecusável a competência daqueles Juizados, sempre ressalvada a pretensão relativa à partilha de bens (art. 14-A, § 1º, da Lei n. 11.340/2006).

O art. 734 trata do *procedimento* a ser observado quando os cônjuges pretendem alterar o regime de bens de seu matrimônio. Trata-se de novidade sugerida desde o Anteprojeto e relaciona-se com a profunda alteração que, ao assunto (regime de bens dos cônjuges), foi introduzida pelo § 2º do art. 1.639 do CC. O § 1º do art. 734 permite a divulgação ampla e diversificada da alteração pretendida pelo casal (§ 2º). A iniciativa tem como finalidade proteger direitos alheios do que pode ser não uma prova de amor entre o casal ou uma pequena divergência entre um cônjuge empreendedor e um conservador, mas verdadeira fraude a credores, quiçá à execução, observação que vai ao encontro da ressalva que, corretamente, faz o *caput* do dispositivo. O § 3º do art. 734 determina que, acolhido o pedido, sejam expedidos mandados de averbação aos cartórios de registro civil e de imóveis e, se for o caso, ao Registro Público de Empresas Mercantis e Atividades Afins.

16.5 Testamentos e codicilos

O quarto procedimento especial, que se estende dos arts. 735 a 737, disciplina a forma pela qual os testamentos (sucessão definida por alguém em favor de outrem sobre seu próprio patrimônio nos termos dos arts. 1.786, 1.788, 1.789 e 1.857 do CC) e os codicilos (escrito particular, revogável, datado e assinado, feito por pessoa capaz de testar com o objetivo de fazer disposições especiais sobre o seu enterro, sobre esmolas de pouca monta a certas e determinadas pessoas, ou, indeterminadamente, aos pobres de certo lugar, assim como legar móveis, roupas ou joias, de pouco valor, de seu uso pessoal e, ainda, nomear ou substituir testamenteiros, consoante os arts. 1.881 a 1.885 do CC) serão abertos e confirmados perante a autoridade judiciária que também determinará, se for o caso, seu cumprimento.

O procedimento varia de acordo com tipo de testamento. A abertura do testamento cerrado observará o disposto no art. 735; o cumprimento do testamento público, o disposto no art. 736; e a publicação do testamento particular, o disposto no art. 737 – com especial destaque ao § 1º do dispositivo, que oportuniza prévio contraditório entre os herdeiros que não o apresentaram em juízo –, também aplicáveis aos testamentos marítimo, aeronáutico, militar e nuncupativo (art. 737, § 3º). Seu cumprimento, de qualquer sorte, observará as regras do art. 735 (art. 737, § 4º).

16.6 Herança jacente

A herança jacente, quinto procedimento especial de jurisdição voluntária, tem como finalidade a arrecadação dos bens do falecido que não deixa herdeiros e a sua colocação sob a guarda de um curador. Se eventuais herdeiros não atenderem aos editais publicados especificamente para sua convocação, os bens passam ao patrimônio dos Municípios ou do Distrito Federal consoante a sua localização (art. 1.822, *caput*, do CC).

O art. 740 ocupa-se com a *arrecadação* dos bens do falecido, a ser efetivada por oficial de justiça, acompanhado do escrivão ou do chefe de secretaria e do curador, enquanto o art. 741 disciplina a necessidade de dar a mais ampla ciência possível para eventuais herdeiros e credores do falecido de que a sucessão está aberta, cabendo destacar a necessária publicação do edital na plataforma respectiva do CNJ e, se houver, na página da internet do próprio Tribunal. Não havendo, a publicação dar-se-á no órgão oficial e na imprensa da comarca (art. 741, *caput*).

A herança será considerada vacante quando passar um ano da primeira publicação do edital sem que tenha havido nenhuma habilitação de herdeiro (art. 743). Se houver habilitação pendente de solução, a vacância será reconhecida na sentença que a julgar improcedente (art. 743, § 1º). O trânsito em julgado da sentença não inibe que eventuais herdeiros e credores pleiteiem o que entender de direito, ainda que em procedimento diverso (art. 743, § 2º).

Neste ínterim, o juízo competente, que é o da comarca em que o falecido era domiciliado (art. 738, *caput*), nomeará o curador, observando o disposto no art. 739, que, dentre outras incumbências (art. 739, § 1º), poderá diligenciar para a alienação de bens, nos termos do art. 742.

16.7 Bens dos ausentes

Os bens dos ausentes são procedimento especial que tem como finalidade o reconhecimento da ausência de uma dada pessoa (arts. 22 a 25 do CC), a nomeação de curador, a arrecadação e a destinação devida a seu patrimônio.

Dada a finalidade do instituto, a arrecadação observará o mesmo procedimento da herança jacente (art. 744), cabendo aos interessados requererem, de acordo com o § 1º do art. 745, a abertura da sucessão provisória e, oportunamente, sua conversão em sucessão definitiva (art. 745, § 3º).

Se o ausente regressar ou algum de seus descendentes ou ascendentes requerer a entrega de bens, serão citados para contestar o pedido os sucessores provisórios ou definitivos, o Ministério Público e o representante da Fazenda Pública, observando-se o procedimento comum (art. 745, § 4º).

16.8 Coisas vagas

O sétimo procedimento especial de jurisdição voluntária é intitulado coisas vagas. Sua finalidade é a de apurar o dono ou legítimo possuidor de coisas achadas, concretizando, assim, o comando do art. 1.233 do CC.

A coisa deve ser entregue por quem a achou ao juízo competente (o do local), que determinará a lavratura de auto do qual constará a descrição do bem e as declarações de quem o achou (art. 746, *caput*).

Em seguida, será determinada a publicação, na página da internet do próprio Tribunal ao qual estiver vinculado o juízo e na plataforma de editais do CNJ, para que o dono ou o legítimo possuidor reclame a coisa achada. Se o Tribunal não tiver página na internet, a publicação dar-se-á no órgão oficial e na imprensa da comarca. Tratando-se de coisa de pequeno valor e não sendo possível a publicação na página do Tribunal, o edital será apenas afixado no átrio do edifício do fórum.

Em seguida deve ser observado, por força da remissão do § 3º do art. 746, o disposto no art. 1.237 do CC: "Decorridos sessenta dias da divulgação da notícia pela imprensa, ou do edital, não se apresentando quem comprove a propriedade sobre a coisa, será esta vendida em hasta pública e, deduzidas do preço as despesas, mais a recompensa do descobridor, pertencerá o remanescente ao Município em cuja circunscrição se deparou o objeto perdido". Se se tratar de coisa de pequeno valor, o Município poderá abandoná-la em prol de quem a achou (art. 1.237, parágrafo único, do CC).

16.9 Interdição

O CPC de 2015 renomeou para "Da interdição" – o CPC de 1973 o chamava de "curatela dos interditos" – o procedimento especial de jurisdição voluntária que tem como finalidade o reconhecimento de causas que justificam a interdição e a nomeação de curador às pessoas indicadas no art. 1.767 do CC.

A disciplina do CPC de 2015 é bem mais ampla (e completa) que a do CPC de 1973, merecendo ser analisada ao lado das importantes modificações introduzidas pela Lei n. 13.146/2015, inclusive na Seção do CC que trata dos interditos (arts. 1.767 a 1.778), a primeira do Capítulo voltado à disciplina da curatela, buscando harmonizar aquelas regras para evitar antinomias, até porque nem todos os casos de interdição são alcançados pelo referido diploma legislativo, que entrou em vigor antes do CPC de 2015.

O art. 747 é expresso quanto à legitimidade para o requerimento, rol do qual destaco a tão interessante quanto polêmica (e nova) hipótese do inciso III de substituição processual, reconhecendo-a ao representante da entidade em que se encontra abrigado o interditando. A legitimidade do Ministério Público (art. 747, IV) deve observar o disposto no art. 748, plenamente compatível com o modelo constitucional, já que se trata de direito individual *indisponível*. Aquela entidade também tem legitimidade nos casos de deficiência mental ou intelectual (art. 1.769, I, do CC, incluído pelo Estatuto da Pessoa com Deficiência). O mesmo Estatuto introduziu um inciso IV ao art. 1.768 do CC e, com isso, é correto dizer que também a própria pessoa tem legitimidade para formular o pedido de sua interdição.

Em qualquer caso, o parágrafo único do art. 747 exige que a legitimidade seja comprovada com a petição inicial, que também deverá indicar minudentemente as causas que justificam a interdição (art. 749), inclusive, se for o caso, laudo médico (art. 750) e a nomeação de curador provisório (art. 750, parágrafo único), regra esta consonante com o disposto no art. 87 do Estatuto da Pessoa com Deficiência.

A citação do réu (interditando) dá-se para participar de audiência em que será ouvido pelo magistrado (art. 751, *caput*). Os parágrafos do art. 751 prescrevem, pertinentemente, uma série de alternativas para viabilizar a adequada colheita da entrevista a ser realizada, inclusive com a possibilidade de participação de especialista (§ 2º). O caráter de facultatividade deste § 2º deve ceder espaço ao *dever* imposto pelo art. 114 do Estatuto da Pessoa com Deficiência, que modificou, no particular, o art. 1.771 do CC. E não só: o "especialista" referido no dispositivo do CPC de 2015 deve ser interpretado de forma ampla para abranger "equipe multidisciplinar", para atender às exigências do Estatuto, o que não afasta o entendimento de que também a perícia a que se refere o art. 753 seja realizada por equipe constituída nos mesmos moldes. O § 3º do art. 751, por sua vez, assegura o emprego de recursos tecnológicos capazes de permitir ou de auxiliar o interditando a expressar suas vontades e preferências e a responder às perguntas formuladas, o que vai ao encontro das diretrizes daquele Estatuto. Se for o caso, o magistrado poderá determinar também, desde logo, a oitiva de parentes e pessoas próximas, consoante autorização do § 4º do art. 751. Tudo para, consoante se extrai do *caput* do art. 751, permitir ao magistrado convencer-se quanto à capacidade do interditando para praticar atos da vida civil.

Após essa audiência – chamada pelo *caput* do art. 752 de entrevista – o réu terá quinze dias para impugnar o pedido, constituindo, se for o caso, advogado. Se não o fizer, será nomeado curador especial para ele que contratará advogado ou pleiteará a atuação da Defensoria Pública (art. 752, § 2º). O § 3º do art. 752 permite ao cônjuge, companheiro ou qualquer parente sucessível intervir como assistente se o interditando não constituir advogado. O Ministério Público atuará no processo na qualidade de fiscal da ordem jurídica (art. 752, § 1º) se, lembro, não for ele o requerente da medida (art. 748).

O art. 753 regula a prova pericial a ser feita, se for o caso por equipe multidisciplinar (art. 753, § 1º), devendo ser indicados, em suas conclusões, os atos para os quais a curatela será necessária.

Realizado o contraditório sobre o laudo e produzidas eventuais novas provas, o magistrado proferirá sentença (art. 754), devendo, se acolhido o pedido, observar as diretrizes do art. 755 e o disposto no § 2º do art. 85 do Estatuto da Pessoa com Deficiência: "A curatela constitui medida extraordinária, devendo constar da sentença as razões e motivações de sua definição, preservados os interesses do curatelado".

Além de nomear o curador, a sentença deverá fixar os limites da curatela, observando o estado e o desenvolvimento mental do interdito. Também deverão ser levadas em conta as características pessoais do interdito, observando suas potencialidades, habilidades, vontades e preferências. As exigências, para estarem em plena harmonia com as inovações trazidas pelo art. 114 do Estatuto da Pessoa com Deficiência, devem ser interpretadas também no sentido de que os limites da curatela são os do art. 1.782 do CC, quais sejam: emprestar, transigir, dar quitação, alienar, hipotecar, demandar ou ser demandado, e praticar, em geral, os atos que não sejam de mera administração. É providência que se harmoniza com o § 3º do art. 84 e com o *caput* e o § 1º do art. 85 do precitado Estatuto.

A curatela poderá ser atribuída ao requerente da interdição, embora a diretriz do § 1º tenha inegável primazia para este fim. Tanto quanto ela, o magistrado deverá considerar a vontade e as preferências do interditando, a ausência de conflito de interesses e de influência indevida, a proporcionalidade e a adequação às circunstâncias da pessoa. É o que decorre das inovações trazidas pelo art. 114 do Estatuto da Pessoa com Deficiência no CC, e que merece subsistir, dada a especificidade da previsão.

Com relação ao § 2º do art. 755, cabe confrontá-lo com o disposto no inciso VI do art. 6º do Estatuto da Pessoa com Deficiência, que lhe assegura em igualdade de oportunidades com outras pessoas o direito à guarda, à tutela e à curatela, também prevalecendo sobre a regra do CPC de 2015 quando for este o caso da interdição. Não pode haver o "automatismo" pretendido pela norma processual, sob pena de haver preterição do direito do interditando, quando o motivo da interdição for alcançado por aquele Estatuto.

No mesmo sentido, o magistrado deverá observar a nova regra do art. 1.775-A do CC, proveniente do mesmo Estatuto, segundo a qual: "Na nomeação de curador para a pessoa com deficiência, o juiz poderá estabelecer curatela compartilhada a mais de uma pessoa".

O § 3º do art. 755 impõe a inscrição da sentença no registro de pessoas naturais e sua imediata publicação no *site* do tribunal do juízo e na plataforma de editais do CNJ. Sem prejuízo, a sentença deverá também ser publicada na imprensa local e no órgão oficial, com os requisitos lá exigidos: os nomes do interdito e do curador, a causa da interdição, os limites da curatela e, não sendo total a interdição, os atos que o interdito poderá praticar autonomamente.

Embora não haja previsão expressa no CPC de 2015 – o Projeto da Câmara chegou a propô-la, mas não foi aceita –, é correto entender que a sentença, na medida do possível e observados o contraditório sobre a questão e eventual prova técnica produzida a seu respeito, deve decidir, expressamente, sobre o termo inicial da interdição ou indicar a data que possa fazer as suas vezes, quando não for possível sua aferição. É providência que dialoga bem com o próprio objeto da perícia, tal qual prevista pelo § 2º do art. 753.

Também entendo que a sentença da interdição não gera nenhum efeito com relação aos atos praticados pelo interditando, ainda que no período em que, reconhecidamente, já estava presente a causa que justificou a interdição. Eventuais invalidações deverão ser perseguidas alhures, sendo possível – e desejável, até mesmo para os fins do art. 372 (prova emprestada) – que as provas produzidas ao longo do processo de interdição e a sentença nele proferida possam servir como elementos de convencimento para aquele fim.

Destaco, ainda, que a sentença que decreta a interdição é, como toda sentença, apelável (art. 1.009, *caput*). De modo excepcional, contudo, ela surte seus efeitos imediatamente, porque a apelação, nesse caso, não está sujeita ao efeito suspensivo. É o que está previsto no inciso VI do § 1º do art. 1.012.

O art. 756 trata das hipóteses que, ocorrentes e devidamente apuradas em contraditório, por iniciativa das pessoas referidas (não taxativamente) no § 1º do dispositivo, levarão o magistrado a levantar, total ou parcialmente, a interdição, dando a publicidade adequada à sua decisão. O dispositivo é tanto mais pertinente diante de uma importante novidade trazida pelo Estatuto da Pessoa com Deficiência (art. 84, § 4º) no sentido de os curadores serem obrigados a prestar, anualmente, contas de sua administração ao juiz, apresentando o balanço do respectivo ano.

O art. 757 trata da abrangência do múnus a ser desempenhado pelo curador na hipótese de haver incapaz sob a guarda e responsabilidade do curatelado ao tempo da interdição, ressalvada a possibilidade de o magistrado fixar outra solução mais conveniente aos interesses do incapaz. Com o advento do Estatuto da Pessoa com Deficiência e com o direito a ela estabelecido pelo inciso VI de seu art. 6º, de assegurar em igualdade de oportunidades com outras pessoas o direito à guarda, à tutela e à curatela, parece ser correto entender que, para essas situações, o dispositivo do CPC de 2015 está derrogado, embora sua *ratio* possa ser alcançada como *resultado* das considerações a serem levadas em conta pelo magistrado, inclusive diante do novo art. 1.775-A do CC segundo o qual: "Na nomeação de curador para a pessoa com deficiência, o juiz poderá estabelecer curatela compartilhada a mais de uma pessoa".

O art. 758 estabelece outro múnus a cargo do curador: cabe a ele buscar tratamento e apoio apropriados para que o interdito (re)conquiste sua autonomia. O advento do Estatuto da Pessoa com Deficiência traz, a respeito, importante norma no sentido de que "Os curadores são obrigados a prestar, anualmente, contas de sua administração ao juiz, apresentando o balanço do respectivo ano" (art. 84, § 4º). É correto entender, destarte, que aquele prazo ânuo deve ser observado inclusive para os fins do art. 758, valendo-se, do ponto de vista procedimental, dos dispositivos em foco, inclusive o art. 756. Na perspectiva dos direitos assegurados à pessoa com deficiência, deve ser observado o disposto na nova redação do art. 1.777 do CC: "As pessoas referidas no inciso I do art. 1.767 receberão todo o apoio necessário para ter preservado o direito à convivência familiar e comunitária, sendo evitado o seu recolhimento em estabelecimento que os afaste desse convívio", que é tanto mais importante diante da expressa revogação, pelo mesmo Estatuto, do art. 1.776 do CC e a associação que ele fazia entre "recuperação do interdito" e "tratamento em estabelecimento apropriado".

16.10 Disposições comuns à tutela e à curatela

As regras constantes da Seção X do Capítulo XV do Título III do Livro I da Parte Especial correspondem ao procedimento que deve ser empregado com a finalidade de nomeação, remoção ou substituição de tutor ou curador, que completa o regime que, aos assuntos, dá o CC.

Uma vez nomeado, o tutor ou o curador será intimado para prestar compromisso nos termos dos incisos e dos parágrafos do art. 759.

O art. 760 trata das escusas que podem ser alegadas pelo tutor ou pelo curador para não assumir o encargo ou deixar de exercê-lo, observando-se os prazos indicados, sob pena de considerar renunciado o direito de alegá-las (§ 1º). De acordo com o § 2º, cabe ao magistrado decidir de plano o pedido de escusa. Se rejeitá-lo, o nomeado continuará a exercer a tutela ou a curatela até o trânsito em julgado da sentença que o dispense.

O art. 761 indica os legitimados para requerer a remoção do tutor ou do curador, dentre eles o Ministério Público, prevendo também o prévio contraditório antes de o magistrado, observando o procedimento comum, decidir.

O art. 762 admite que em casos de "extrema gravidade" o magistrado suspenda o tutor ou curador, nomeando substituto interino.

O *caput* e o § 1º do art. 763 preveem a possibilidade de o tutor ou o curador pedir a exoneração do encargo pelo decurso do prazo em que era obrigado a servir e, no seu silêncio, a sua recondução, salvo decisão em sentido contrário do juiz. Também é imposto o dever de o curador ou o tutor prestar contas quando findo o encargo (art. 763, § 2º), exigência que traz à lembrança o disposto no art. 553, ao qual me volto no n. 3, *supra*.

Com a Lei n. 13.146/2015, o chamado Estatuto da Pessoa com Deficiência, este procedimento de jurisdição voluntária passa a ter aplicação extraordinária às pessoas com deficiência, considerando, em especial, o disposto nos arts. 6º, 84, §§ 1º e 3º, 85 e 87 daquela Lei e a nova redação por ela dada aos incisos do art. 1.767 do CC. Para as demais situações, foi criada, pertinentemente, a "Tomada de Decisão Apoiada", que ocupa o novel art. 1.783-A do CC (arts. 84, § 2º, 115 e 116 da Lei n. 13.146/2015).

16.11 Organização e fiscalização das fundações

A "organização e fiscalização das fundações" é o procedimento especial cuja finalidade é permitir ao Ministério Público fiscalizar a formação e a atuação das fundações (art. 66 do CC).

A disciplina do CPC de 2015 é muito mais condensada que a do CPC de 1973, embora dialogue de forma suficiente, no que é necessário, com a regulamentação que dão os arts. 62 a 69 do CC à matéria.

O *caput* do art. 764 trata do pedido de aprovação do estatuto das fundações e de suas alterações formulado pelo interessado quando houver prévia negativa do Ministério Público, ou porque discorda das exigências de modificação feitas por aquela instituição ou, ainda, porque o interessado discorda do estatuto elaborado por aquele órgão. O estatuto, que observará as regras pertinentes do CC (art. 764, § 1º), pode ser alterado pelo magistrado antes de sua aprovação (art. 764, § 2º).

Cabe destacar, a propósito, a nova redação dada pela precitada Lei n. 13.151/2015 ao inciso III do art. 67 do CC, segundo o qual a alteração do estatuto da fundação depende de prévia aprovação "... pelo órgão do Ministério Público no prazo máximo de 45 (quarenta e cinco) dias, findo o qual ou no caso de o Ministério Público a denegar, poderá o juiz supri-la, a requerimento do interessado".

O art. 765 autoriza qualquer interessado ou o Ministério Público a pedir a extinção da fundação nos casos indicados: (i) quando o objeto da fundação tornar-se ilícito; (ii) quando for impossível sua manutenção; ou (iii) quando vencer o prazo de sua existência. Além desses casos, o art. 69 do CC prevê a extinção da fundação quando se tornar inútil a sua finalidade.

16.12 Ratificação dos protestos marítimos e dos processos testemunháveis formados a bordo

A ratificação dos protestos marítimos e dos processos testemunháveis formados a bordo é procedimento especial que, a exemplo do que se dá com a "regulação de avaria grossa", ainda era regulado pelo CPC de 1939, cujos arts. 725 a 729 ainda estavam em vigor por força do inciso VIII do art. 1.218 do CPC de 1973.

O objetivo deste procedimento, como se extrai do art. 766, é o de dar publicidade adequada ao Diário da Navegação (arts. 501 e 504 do CCom), dando concretude, desta forma, ao disposto no art. 505 do CCom, que tem a seguinte redação: "Art. 505. Todos os processos testemunháveis e protestos formados a bordo, tendentes a comprovar sinistros, avarias, ou quaisquer perdas, devem ser ratificados com juramento do capitão perante a autoridade competente do primeiro lugar onde chegar; a qual deverá interrogar o mesmo capitão, oficiais, gente da equipagem (artigo n. 545, n. 7) e passageiros sobre a veracidade dos fatos e suas circunstâncias, tendo presente o Diário da Navegação, se houver sido salvo". A "autoridade competente" referida pelo precitado dispositivo do CCom é o "juiz de direito do primeiro porto", como se lê do mesmo art. 766.

De acordo com o art. 767, a petição inicial deverá conter a transcrição dos termos lançados no livro Diário da Navegação e deverá ser instruída com cópias das páginas que contenham os termos que serão ratificados, dos documentos de identificação do comandante e das testemunhas arroladas, do rol de tripulantes, do documento de registro da embarcação e, se for o caso, com cópia do manifesto das cargas que tenham sofrido avarias e a qualificação de seus consignatários. A tradução livre para o português, isto é, sem necessidade de tradutor juramentado, excepcionando a regra do parágrafo único do art. 192, é expressamente admitida pela parte final do dispositivo.

A inicial será distribuída com urgência e ouvido, no mesmo dia, o comandante do navio e as testemunhas arroladas (no mínimo duas e, no máximo, quatro), que deverão comparecer independentemente de intimação (art. 768, *caput*).

A necessidade de intérprete de língua estrangeira para a oitiva das testemunhas pode ser suprida pelo próprio autor. Neste caso, o intérprete prestará compromisso na audiência (art. 768, § 1º). Se o autor não providenciar intérprete, o juiz nomeará um, compromissando-o na própria audiência (art. 768, § 2º).

A colheita das pessoas indicadas na inicial será feita em audiência, cabendo ao juiz nomear, para eventuais ausentes, curador para o ato (art. 769).

Convencido da veracidade das alegações após as oitivas das pessoas arroladas, o magistrado proferirá sentença ratificando as informações constantes no Diário da Navegação, e os autos respectivos, independentemente do trânsito em julgado daquela decisão, serão entregues ao autor ou ao seu advogado, mediante a apresentação de traslado (art. 770).

Resumo do Capítulo 14

CONSIDERAÇÕES INICIAIS

- Competência legislativa
  - Art. 22, I, da CF x art. 24, IX, da CF
- Acientificidade do trato no CPC de 1973
  - Procedimentos especiais de jurisdição *contenciosa*
  - Procedimentos especiais de jurisdição *voluntária*
  - Procedimentos *cautelares* específicos
- A proposta do CPC de 2015
  - Notas do processo legislativo
- A nomenclatura empregada
  - Ação de (tutela pretendida): sincretismo com o direito material?
  - A prática e as "expressões idiomáticas"

PROCEDIMENTOS "CONTENCIOSOS"

- Ação de consignação em pagamento (arts. 539 a 549)
- Ação de exigir contas (arts. 550 a 553)
  - Art. 550, § 5º: interlocutória de mérito e agravável (art. 1.015, II)
- Ações possessórias (arts. 554 a 568)
  - Fungibilidade (art. 554, *caput*)
  - Cumulação de pedidos (art. 555)
  - Pedido do réu (art. 556)
  - Procedimento especial para tutela da "posse nova" (art. 558)
    - No caso de "posse velha" (art. 558, parágrafo único)
  - Petição inicial e tutela liminar (arts. 561 a 563)
  - Citação do réu, prazo e posturas (art. 564)
  - Citação por edital e publicidade nos casos do art. 554, § 1º
    - Intervenção do MP como *custos legis* e da DP como custos *vulnerabilis*
  - Litígio coletivo *após* ano e dia (art. 565)
    - Atuação do MP como custos legis e da DP como *custos vulnerabilis* (§ 2º)
- Ação de divisão e demarcação de terras (arts. 569 a 598)
  - Demarcação e divisão por escritura pública (art. 571)
  - Dispensa de prova pericial se imóvel georreferenciado (art. 573)

- Ação de dissolução parcial de sociedade (arts. 599 a 609)
  - Objeto e legitimidade (arts. 599 e 600)
  - Dispensa de citação se todos os sócios tiverem sido citados (art. 601)
  - Indenização compensável com o valor dos haveres (art. 602)
  - Concordando sobre a dissolução, passe-se à liquidação (art. 603)
    - Sem honorários e custas proporcionais (art. 603, § 1º)
  - Critérios para a liquidação (arts. 604 a 608)
  - Pagamento (art. 609)
- Inventário e partilha (arts. 610 a 673)
  - Extrajudicial (art. 610, §§ 1º e 2º)
  - As "vias ordinárias" (arts. 612; 627, § 3º; 628, § 2º; 641, § 2º; e 643)
  - Declarações mediante petição (art. 620, § 2º)
  - Antecipação de uso e fruição de bens (art. 647, par. único)
  - Regras da partilha (art. 648)
  - Bens insuscetíveis de cômoda divisão (art. 649)
  - Tutela do nascituro (art. 650)
- Embargos de terceiro (arts. 674 a 681)
  - Legitimidade ativa (art. 674, § 2º). Especialmente no Incidente de Desconsideração (inciso III)
  - Prazo (art. 675). Mas: art. 792, § 4º
  - Legitimado passivo (art. 677, § 4º)
  - Suspensão das medidas constritivas + manutenção ou reintegração de posse (art. 678)
  - Julgamento (art. 618)
    - Limites *objetivos* da coisa julgada
- Oposição (arts. 682 a 686)
  - Realocação no CPC de 2015
- Habilitação (arts. 687 a 692)
- Ações de família (arts. 693 a 699)
  - Alcance: processos contenciosos de divórcio, separação, reconhecimento e extinção de união estável, guarda, visitação e filiação (art. 693)
  - Competência jurisdicional em caso de divórcio ou extinção de união estável (art. 14-A da Lei n. 11.340/2006)
  - Ênfase na mediação (arts. 694 e 696)
  - Cita sem entrega de contrafé (art. 695)
- Ação monitória (arts. 700 a 702)
  - Qualquer modalidade obrigacional (art. 700, I a III)

- Prova escrita = oral documentada como 381 (art. 700, § 1º)
- Falta de higidez da prova (art. 700, § 4º)
- Contra a Fazenda (art. 700, § 6º)
  - Reexame necessário (art. 701, § 4º)
- Mandado monitório para cumprir em 15 dias. Honorários de 5% (art. 701)
  - Rescisória da decisão de "conversão" do mandado (art. 701, § 3º)
  - Moratória (art. 701, § 5º)
- Embargos (art. 702)
  - Independem de prévia garantia (art. 702, *caput*)
  - Efeito suspensivo (art. 702, § 4º)
  - Reconvenção (art. 702, § 6º)
  - Apelação (art. 702, § 9º)
- Homologação do penhor legal (arts. 703 a 706)
  - Homologação extrajudicial (art. 703, §§ 2º a 4º)
- Regulação de avaria grossa (arts. 707 a 711)
- Restauração de autos (arts. 712 a 718)

JURISDIÇÃO VOLUNTÁRIA

- Disposições gerais (arts. 719 a 725)
  - Hipóteses de aplicação (art. 725):
    - Emancipação (inciso I)
    - Sub-rogação (inciso II)
    - Alienação, arrendamento ou oneração de bens de crianças ou adolescentes, órfãos ou interditos (inciso III)
    - Alienação, locação e administração da coisa comum (inciso IV)
    - Alienação de quinhão em coisa comum (inciso V)
    - Extinção de usufruto e de fideicomisso (inciso VI)
    - Expedição de alvará judicial (inciso VII)
    - Homologação de autocomposição extrajudicial de qualquer natureza ou valor (inciso VIII)
- Notificação e interpelação (arts. 726 a 729)
- Alienação judicial (art. 730)
- Divórcio, separação, extinção consensual de união estável e alteração do regime de bens do matrimônio (arts. 731 a 734)
- Competência jurisdicional em caso de divórcio ou extinção de união estável (art. 14-A da Lei n. 11.340/2006)
- Testamento e codicilo (arts. 735 a 737)

- Herança jacente (arts. 738 a 743)
- Bens dos ausentes (arts. 744 e 745)
- Editais no site do Tribunal e pelo portal do CNJ (art. 745, *caput*)
- Coisas vagas (art. 746)
- Editais no site do Tribunal e pelo portal do CNJ (art. 745, *caput*)
- Interdição (arts. 747 a 758 e 1.072, II)
  - Legitimidade da entidade que abriga o interditando (art. 747, III)
  - Laudo médico com a inicial (art. 750)
  - Oitiva com especialistas e recursos tecnológicos (art. 751, §§ 2º e 3º)
  - Parentes como assistentes (art. 752, § 3º)
  - Disciplina da sentença levando em consideração as particularidades do interditando (art. 755)
  - Curador e incapaz (art. 757)
  - Curador e desenvolvimento do interdito (art. 758)
  - As modificações do "Estatuto da Pessoa com Deficiência"
- Disposições comuns à tutela e à curatela (arts. 759 a 763)
- Organização e fiscalização das fundações (arts. 764 e 765)
  - Art. 764, § 2º, e a Lei n. 13.151/2015
  - Extinção da fundação quando *inútil* sua finalidade (art. 765 + art. 69 do CC)
- Ratificação dos protestos marítimos e processos testemunháveis formados a bordo (arts. 766 a 770)

PROCEDIMENTO SUMÁRIO DO CPC DE 1973

- Direito transitório: aplicação do CPC de 1973 até sentença (art. 1.046, § 1º)
  - Fase recursal (?)
  - Cumprimento de sentença (?)
  - Tutela provisória e sua efetivação (?)
- Art. 1.049, par. único: "Na hipótese de a lei remeter ao procedimento sumário, será observado o procedimento comum previsto neste Código, com as modificações previstas na própria lei especial, se houver"
- Art. 1.063 e a competência dos Juizados Especiais Cíveis

PROCEDIMENTOS DO CPC DE 1973 NÃO PRESERVADOS PELO CPC DE 2015

- Ação de depósito
  - Art. 311, III
- Anulação e substituição de título ao portador
  - Arts. 908 e 909 do CC

- Prestação de contas por quem tem direito de prestá-las
- Nunciação de obra nova
- Usucapião de terras particulares
  - Arts. 246, § 3º, e 259, § 1º ("processo edital")
  - Usucapião extrajudicial (arts. 1.071 e 216-A da LRP, com as modificações da Lei n. 13.465/2017)
- Vendas a crédito com reserva de domínio
  - Arts. 521 a 528 do CC
- Especialização da hipoteca legal
  - Arts. 1.489 e 1.491 do CC
- Posse em nome do nascituro
  - Art. 650
- Arbitragem
  - Lei n. 9.307/1996 + Lei n. 13.129/2015
  - Art. 1.061 e nulidade em sede de impugnação
    - Art. 33, § 2º, da Lei n. 9.307/1996

Leituras Complementares (Capítulo 14)

Monografias e livros

ARMANI, Wagner José Penereiro (org.). *Os procedimentos especiais no novo Código de Processo Civil:* Lei n. 13.105, de 16 de março de 2015. Florianópolis: Empório do Direito, 2017.

ARMELIN, Donaldo. *Embargos de terceiro.* São Paulo: Saraiva, 2017.

BARIONI, Rodrigo. *Comentários ao Código de Processo Civil*, vol. XI: da ação de consignação em pagamento até da ação de dissolução parcial de sociedade (arts. 539 a 609). São Paulo: Saraiva, 2020.

COLLUCCI, Ricardo. *Dissolução societária total e o Código de Processo Civil de 2015*: a origem de um novo problema. Tese de Doutorado. São Paulo: PUCSP, 2019.

FRANÇA, Erasmo Valladão Azevedo e Novaes; ADAMEK, Marcelo Vieira von. *Da ação de dissolução parcial de sociedade*: comentários breves ao CPC/2015. São Paulo: Malheiros, 2016.

GODINHO, Robson Renault. *Comentários ao Código de Processo Civil*, vol. XIV: dos procedimentos de jurisdição voluntária (arts. 719 a 770). São Paulo: Saraiva, 2018.

GUEDES, Jefferson Carús. *Comentários ao Código de Processo Civil*, vol. XI: artigos 719 ao 770. São Paulo: Revista dos Tribunais, 2016.

MACHADO, Marcelo Pacheco. *Comentários ao Código de Processo Civil*, vol. XIII: dos embargos de terceiro até da restauração de autos. São Paulo: Saraiva, 2017.

MARCATO, Antonio Carlos Marcato. *Procedimentos especiais.* 17. ed. São Paulo: GEN/Atlas, 2017.

MAZZEI, Rodrigo. *Ensaio sobre o inventário sucessório.* Salvador: JusPodivm, 2022.

SCARPINELLA BUENO, Cassio. *Manual do Poder Público em juízo.* São Paulo: Saraiva, 2022.

SICA, Heitor Vitor Mendonça. *Comentários ao Código de Processo Civil*, vol. X: artigos 674 ao 718. São Paulo: Revista dos Tribunais, 2016.

SILVA, Ricardo Alexandre da; LAMY, Eduardo. *Comentários ao Código de Processo Civil*, vol. IX: artigos 539 ao 673. São Paulo: Revista dos Tribunais, 2016.

Capítulos de livros

APRIGLIANO, Ricardo de Carvalho. Comentários ao art. 1.071. In: SCARPINELLA BUENO, Cassio (coord.). *Comentários ao Código de Processo Civil*, vol. 4. São Paulo: Saraiva, 2017.

ARAÚJO, Luciano Vianna. Comentários aos arts. 610 ao 673 e do art. 735 ao 737. In: SCARPINELLA BUENO, Cassio (coord.). *Comentários ao Código de Processo Civil*, vol. 3. São Paulo: Saraiva, 2017.

AURELLI, Arlete Inês. Comentários aos arts. 554 ao 568. In: SCARPINELLA BUENO, Cassio (coord.). *Comentários ao Código de Processo Civil*, vol. 3. São Paulo: Saraiva, 2017.

BRUSCHI, Gilberto Gomes. Comentários aos arts. 674 ao 681. In: SCARPINELLA BUENO, Cassio (coord.). *Comentários ao Código de Processo Civil*, vol. 3. São Paulo: Saraiva, 2017.

COLLUCCI, Ricardo. Comentários aos arts. 599 ao 609. In: SCARPINELLA BUENO, Cassio (coord.). *Comentários ao Código de Processo Civil*, vol. 3. São Paulo: Saraiva, 2017.

DANIEL, Letícia Zuccolo Paschoal da Costa. Comentários aos arts. 712 ao 718 e ao art. 730. In: SCARPINELLA BUENO, Cassio (coord.). *Comentários ao Código de Processo Civil*, vol. 3. São Paulo: Saraiva, 2017.

MARCATO, Antonio Carlos. Ação monitória no novo CPC. In: Instituto Brasileiro de Direito Processual; SCARPINELLA BUENO, Cassio (org.). *PRODIREITO: Direito Processual Civil*: Programa de Atualização em Direito: Ciclo 2. Porto Alegre: Artmed Panamericana, 2016 (Sistema de Educação Continuada a Distância, vol. 2).

MAZZEI, Rodrigo; GONÇALVES, Tiago Figueiredo. Visão geral dos procedimentos especiais no novo CPC. In: Instituto Brasileiro de Direito Processual; SCARPINELLA BUENO, Cassio (org.). *PRODIREITO: Direito Processual Civil*: Programa de Atualização em Direito: Ciclo 1. Porto Alegre: Artmed Panamericana, 2015 (Sistema de Educação Continuada a Distância, vol. 2).

PUOLI, José Carlos Baptista. Comentários aos arts. 539 ao 553, 703 ao art. 706 e do art. 719 ao 729. In: SCARPINELLA BUENO, Cassio (coord.). *Comentários ao Código de Processo Civil*, vol. 3. São Paulo: Saraiva, 2017.

SANTOS, Welder Queiroz dos. Comentários aos arts. 569 ao 598. In: SCARPINELLA BUENO, Cassio (coord.). *Comentários ao Código de Processo Civil*, vol. 3. São Paulo: Saraiva, 2017.

_____. Comentários aos arts. 1.062 a 1.066. In: SCARPINELLA BUENO, Cassio (coord.). *Comentários ao Código de Processo Civil*, vol. 4. São Paulo: Saraiva, 2017.

SCARPINELLA BUENO, Cassio. Ação de dissolução parcial de sociedades. In: COELHO, Fábio Ulhoa (coord.). *Tratado de direito comercial*, vol. 8. São Paulo. Saraiva, 2015.

_____. Comentários aos arts. 682 ao 686. In: SCARPINELLA BUENO, Cassio (coord.). *Comentários ao Código de Processo Civil*, vol. 3. São Paulo: Saraiva, 2017.

SICA, Heitor Vitor Mendonça. Comentários aos arts. 687 ao 692. In: SCARPINELLA BUENO, Cassio (coord.). *Comentários ao Código de Processo Civil*, vol. 3. São Paulo: Saraiva, 2017.

SILVA FILHO, Nelson Cavalcante e. Comentários aos arts. 707 ao 711 e aos arts. 766 ao 770. In: SCARPINELLA BUENO, Cassio (coord.). *Comentários ao Código de Processo Civil*, vol. 3. São Paulo: Saraiva, 2017.

SOUZA, André Pagani de. Comentários aos arts. 700 ao 702 e aos arts. 747 ao 765. In: SCARPINELLA BUENO, Cassio (coord.). *Comentários ao Código de Processo Civil*, vol. 3. São Paulo: Saraiva, 2017.

TARTUCE, Fernanda. Comentários aos arts. 693 ao 699 e aos arts. 731 ao 734. In: SCARPINELLA BUENO, Cassio (coord.). *Comentários ao Código de Processo Civil*, vol. 3. São Paulo: Saraiva, 2017.

VASCONCELOS, Ronaldo. Comentários aos arts. 738 ao 746. In: SCARPINELLA BUENO, Cassio (coord.). *Comentários ao Código de Processo Civil*. vol. 3. São Paulo: Saraiva, 2017.

Artigos

ALBUQUERQUE, Raul Cézar de. Notas para um processo civil familiar. *Revista de Processo*, vol. 325. São Paulo: Revista dos Tribunais, mar. 2022.

ALVAREZ, Anselmo Prieto; MORTATI, Lucas Cavina Mussi. A ação de consignação em pagamento no Código de Processo Civil de 2015. *Revista de Processo*, vol. 311. São Paulo: Revista dos Tribunais, jan. 2021.

ÁVILA, Raniel Fernandes; RAIMUNDO, Andreza Lage. A eficácia do fato jurídico "morte" no processo civil: uma análise teórico-dogmática do procedimento de habilitação no CPC/2015. Revista de Processo, vol. 304. São Paulo: Revista dos Tribunais, jun. 2020.

AZEREDO, Caroline Machado de Oliveira; MOURA, Cíntia da Silva. Ações de família no novo CPC. *Revista Brasileira de Direito Processual*, vol. 98. Belo Horizonte: Fórum, abr./jun. 2017.

BACHA, Ahmad Jamal Ahmad El; MAEKAVA, Georgia Sonoe. O procedimento especial das ações de família de acordo com o CPC/2015. *Revista de Processo*, vol. 280. São Paulo: Revista dos Tribunais, jun. 2018.

BASTOS, Antonio Adonias Aguiar. Cabimento da ação monitória fundada em título executivo extrajudicial no CPC/2015. *Revista de Processo*, vol. 277. São Paulo: Revista dos Tribunais, mar. 2018.

BERTONCINI, Carla; SILVA, Priscila Cristina Miranda da. Sessão de mediação em conflitos familiares: releitura conforme a autonomia da vontade. *Revista Brasileira de Direito Processual*, vol. 118. Belo Horizonte: Fórum, abr./jun. 2022.

BRANDÃO, Débora; TARTUCE, Fernanda. Reflexões sobre a aplicação das previsões consensuais do Novo CPC em demandas familiares. *Revista Brasileira de Direito Processual*, vol. 91. Belo Horizonte: Fórum, jul./set. 2015.

CAMBI, Eduardo; GALDURÓZ, Eduardo de Lima. Função social da posse e ações possessórias (releitura do art. 927, I, do CPC/1973 e perspectiva de interpretação para o art. 561, I, do NCPC). *Revista de Processo*, vol. 247. São Paulo: Revista dos Tribunais, set. 2015.

CIMARDI, Cláudia Aparecida. Ações possessórias no novo Código de Processo Civil. In: Instituto Brasileiro de Direito Processual; SCARPINELLA BUENO, Cassio (org.). *PRODIREITO: Direito Processual Civil*: Programa de Atualização em Direito: Ciclo 3. Porto Alegre: Artmed Panamericana, 2017 (Sistema de Educação Continuada a Distância, vol. 2).

COSTA, Susana Henriques da; FRANCISCO, João Eberhardt. Uma hipótese de *Defendant Class Action* no CPC? O papel do Ministério Público na efetivação do contraditório nas demandas possessórias propostas em face de pessoas desconhecidas. *Revista de Processo*, vol. 250. São Paulo: Revista dos Tribunais, dez. 2015.

CARBONAR, Dante Olavo Frazon. Avaria grossa: teoria e prática. *Revista de Processo*, vol. 269. São Paulo: Revista dos Tribunais, jul. 2017.

CARVALHO, Wesley Correia. A real importância do interrogatório nas ações de interdição e curatela. *Revista Dialética de Direito Processual*, vol. 151. São Paulo: Dialética, out. 2015.

DECOMAIN, Pedro Roberto. Incapacidade civil, interdição e tomada de decisão assistida: estatuto da pessoa com deficiência e novo CPC. *Revista Dialética de Direito Processual*, vol. 151. São Paulo: Dialética, out. 2015.

DI SPIRITO, Marco Paulo Denucci. A calendarização convencional e unilateral na alienação judicial mediante iniciativa particular para extinção de copropriedades. *Revista Brasileira de Direito Processual*, vol. 99. Belo Horizonte: Fórum, jul./set. 2017.

FILPO, Klever Paulo Leal; ALMEIDA, Marcelo Pereira de. Ações contenciosas de família na Lei n. 13.105/2015: lógica do consenso x lógica do contraditório. *Revista Brasileira de Direito Processual*, vol. 98. Belo Horizonte: Fórum, abr./jun. 2017.

GAMA, Guilherme Calmon Nogueira da; CASTRO, Diana Loureiro Paiva de. Proteção possessória no novo Código de Processo Civil: notas à luz da Lei 13.105/2015. *Revista de Processo*, vol. 249. São Paulo: Revista dos Tribunais, nov. 2015.

GAMA, Guilherme Calmon Nogueira da. Reconhecimento extrajudicial da usucapião e o novo Código de Processo Civil. *Revista de Processo*, vol. 259. São Paulo: Revista dos Tribunais, set. 2016.

MACÊDO, Lucas Buril de. Novo CPC e contextualização: revisitando a jurisdição voluntária. *Revista Brasileira de Direito Processual*, vol. 92. Belo Horizonte: Fórum, out./dez. 2016.

MARIOTINI, Fabiana Marcello Gonçalves; PINHO, Humberto Dalla Bernardina de. Ação monitória: o embrião da estabilização das tutelas antecipadas. É justificável a existência autônoma das ações monitórias após o NCPC? *Revista de Processo*, vol. 271. São Paulo: Revista dos Tribunais, set. 2017.

MAZZEI, Rodrigo; MAZZOLA, Marcelo. Medidas indutivas e sua projeção no inventário *causa mortis*: prêmios, incentivos e possibilidades sistêmicas. *Revista de Processo*, vol. 332. São Paulo: Revista dos Tribunais, out. 2022.

MOREIRA, Ana Carolina de Toledo; CARBONAR, Dante Olavo Frazon. Avaria grossa: do Código Comercial ao novo Código de Processo Civil. *Revista de Processo*, vol. 249. São Paulo: Revista dos Tribunais, nov. 2015.

PALHARINI JÚNIOR, Sidney. Ações de família no novo Código de Processo Civil. In: Instituto Brasileiro de Direito Processual; SCARPINELLA BUENO, Cassio. (Org.). PRODIREITO: Direito Processual Civil: Programa de Atualização em Direito: Ciclo 2. Porto Alegre: Artmed Panamericana, 2017 (Sistema de Educação Continuada a Distância, vol. 4).

PEDRON, Flávio Quinaud; CAZASSA, Luiza de Paula Santos. O procedimento especial de dissolução parcial de sociedade no Código de Processo Civil de 2015: primeiras impressões. *Revista Brasileira de Direito Processual*, vol. 98. Belo Horizonte: Fórum, abr./jun. 2017.

PEIXOTO, Ravi. Aspectos controvertidos da ação de exigir contas: uma visão a partir do novo Código de Processo Civil. *Revista Dialética de Direito Processual*, vol. 151. São Paulo: Dialética, out. 2015.

PEIXOTO, Ravi; LUCENA, Tamyres Tavares de. Problemáticas da tempestividade nos embargos de terceiro. Revista de Processo, vol. 306. São Paulo: Revista dos Tribunais, ago. 2020.

PONTES, Pétrick Joseph Janofsky Canonico. Limites à cognição e o reconhecimento do domínio ou posse em embargos de terceiro: uma interpretação do art. 681 do CPC/15. *Revista de Processo*, vol. 309. São Paulo: Revista dos Tribunais, nov. 2020.

REQUIÃO, Maurício. Considerações sobre a interdição no Projeto do novo Código de Processo Civil. *Revista de Processo*, vol. 239. São Paulo: Revista dos Tribunais, jan. 2015.

RODOVALHO, Thiago. A oposição no novo Código de Processo Civil: de modalidade de intervenção de terceiros à condição de ação verdadeiramente autônoma. *Revista de Processo*, vol. 266. São Paulo: Revista dos Tribunais, abr. 2017.

SILVA, Caíque Tomaz Leite da; MUSTAFÁ FILHO, Ricardo Migliorini. Natureza jurídica e recurso da decisão que julga procedente a primeira fase da ação de exigir contas. *Revista de Processo*, vol. 308. São Paulo: Revista dos Tribunais, out. 2020.

SILVA, Thais Maia; CURY, Augusto Jorge. A eficácia objetiva da coisa julgada nos embargos de terceiro. *Revista de Processo*, vol. 312. São Paulo: Revista dos Tribunais, fev. 2021.

SILVEIRA, Marcelo Pichioli da. Aspectos procedimentais da ausência. *Revista Brasileira de Direito Processual*, vol. 116. Belo Horizonte: Fórum, out./dez. 2021.

SOARES, Marcos José Porto. A (im)possibilidade da mediação nos procedimentos especiais. *Revista de Processo*, vol. 264. São Paulo: Revista dos Tribunais, fev. 2017.

STEFFLER, Luan Eduardo. Negócios jurídicos processuais e tutelas provisórias na ação de procedimento especial de inventário. *Revista de Processo*, vol. 327. São Paulo: Revista dos Tribunais, maio 2022.

TALAMINI, Eduardo. Prova escrita e cognição sumária na ação monitória. *Revista de Processo*, vol. 278. São Paulo: Revista dos Tribunais, abr. 2018.

WLADECK, Felipe Scripes. Sobre a oposição no CPC/2015. *Revista de Processo*, vol. 315. São Paulo: Revista dos Tribunais, maio 2021.

Capítulo 15

Processo de Execução

1. PARA COMEÇAR

O Livro II da Parte Especial é chamado "Processo de execução". A expressão, consagradíssima, deve ser compreendida no sentido de processo em que são praticados predominantemente atos de execução, isto é, atos visando à *satisfação* do direito suficientemente reconhecido em título executivo *extrajudicial*. Um processo que tem início para aquele fim a partir da apresentação daquele título ao Estado-juiz, que, bem entendido, marca as atividades executivas a serem desempenhadas no exercício da função jurisdicional. Não é por outra razão, aliás, que sua apresentação é exigência feita desde a petição inicial (art. 798, I, *a*).

Cabe insistir, aqui também, prezado leitor, que não há um "processo de execução", ontologicamente diverso de qualquer outro. O que há é *processo*, sempre compreendido como significativo do exercício da função estatal, aqui jurisdicional, em que são praticados determinados atos pelo magistrado. Esses atos, aqui, são *predominantemente* – o advérbio é indispensável – executivos.

Para se contrapor ao que o Título II do Livro I da Parte Especial chama "Cumprimento de sentença" – e sentença, lá, deve ser compreendida como sinônimo de qualquer título executivo *judicial* –, o Livro II disciplina a execução fundada em título *extrajudicial* e toma-a como parâmetro normativo. Nem por isso, contudo, suas normas não são aplicáveis ao cumprimento de sentença, complementando-as, tanto quanto a quaisquer outros atos (e até a fatos) que possam assumir feição executiva.

Feito esse breve esclarecimento, é irrecusável o apelo didático do art. 771, segundo o qual o Livro II "... regula o procedimento da execução fundada em título extrajudicial, e suas disposições aplicam-se, também, no que couber, aos procedimentos especiais de execução (como a execução fiscal, regida pela Lei n. 6.830/1980, por exemplo), aos atos executivos realizados no procedimento de cumprimento de sentença, bem como aos efeitos de atos ou fatos processuais a que a lei atribuir força executiva", ressalva esta que deve ser compreendida no sentido de ter se preocupado, o CPC de 2015 em ampliar a compreensão de título executivo indo para além de sua necessária (e limitada e insuficiente) coincidência com a "sentença".

Em contrapartida, as disposições relativas ao procedimento comum e ao cumprimento de sentença aplicam-se subsidiariamente ao "processo de execução", como se lê do parágrafo único do mesmo art. 771. É regra que vem para complementar o disposto no *caput* do art. 513.

O Livro II da Parte Especial é dividido em quatro Títulos, "Da execução em geral", "Das diversas espécies de execução", "Dos embargos à execução" e, por fim, "Da suspensão e extinção do processo de execução". O mais complexo deles é o Título II, em que o CPC de 2015 ocupa-se em Capítulos diversos com a disciplina das execuções para entrega de coisa (Capítulo II), das obrigações de fazer ou de não fazer (Capítulo III) e com as chamadas "execuções por quantia certa" (Capítulo IV), que ocupa a maior parte dos dispositivos e aceita, ainda, as variantes do Capítulo V (Execução contra a Fazenda Pública) e do Capítulo VI (Execução de alimentos).

Este Capítulo, a exemplo dos demais, vale-se das escolhas feitas pelo CPC de 2015 como guia, efetuando, aqui e acolá, modificações e inversões que o caráter didático da exposição recomenda.

2. DISPOSIÇÕES GERAIS DA EXECUÇÃO

Além dos arts. 771 (que já abordei no número anterior) a 777 que o próprio CPC de 2015 insere no Capítulo relativo às disposições gerais, há outros dispositivos espalhados nos demais Capítulos que mereciam estar alocados no mesmo local, o que justifica, prezado leitor, seu tratamento nesse número.

O art. 772 permite ao magistrado a prática de determinados atos, querendo, com o exercício dos deveres-poderes assinalados em seus três incisos, criar condições de uma efetiva prestação da tutela jurisdicional executiva. Para tanto, ele pode: (i) ordenar o comparecimento das partes; (ii) advertir o executado de que seu procedimento constitui ato atentatório à dignidade da justiça; e (iii) determinar que sujeitos indicados pelo exequente forneçam informações em geral relacionadas ao objeto da execução, tais como documentos e dados que tenham em seu poder, assinando-lhes prazo razoável. Essa previsão – que, em rigor, poderia ser alcançada pela aplicação subsidiária do genérico inciso IV do art. 139, ou dos arts. 396 a 404 – é complementada pelo art. 773, que trata especificamente das condições que possam se justificar para a efetiva obtenção de documentos e dados relacionados ao objeto da execução. Se for o caso, lê-se, do parágrafo único do art. 773, serão tomadas as providências necessárias para proteção de dados sigilosos.

O art. 774 trata do rol de condutas do executado repudiadas pelo sistema porque atentatórias à dignidade da justiça, regulamentando, pois, a previsão do inciso II do art. 772. O *caput* do art. 774 admite que a prática pode ser comissiva ou omissiva, razão pela qual a palavra "ato", constante do *caput* do art. 600 do CPC de 1973, foi substituída por "conduta". As condutas são as seguintes: (i) fraudar a execução; (ii) opor-se maliciosamente à execução, empregando ardis e meios artificiosos; (iii) dificultar ou embaraçar a realização da penhora; (iv) resistir injustificadamente às ordens judiciais; e (v) não indicar ao magistrado, após ser intimado para tanto, quais são e onde estão os bens sujeitos à penhora e os respectivos valores, nem exibir prova de sua propriedade e, se for o caso, certidão negativa de ônus. O parágrafo único do art. 774 reserva para o executado faltoso a aplicação de multa pecuniária de até 20% do valor do débito em execução atualizado, cujo beneficiário é o exequente, a ser exigida na própria execução (art. 777), sem prejuízo de outras sanções de ordem processual ou material (inclusive, se for o caso, administrativa).

Corolário do "princípio dispositivo", o art. 775 se ocupa com a possibilidade de o exequente desistir total ou parcialmente da execução e as consequências daí derivadas no plano do processo. Se eventuais embargos ou impugnação do executado disserem respeito a apenas questões de ordem processual, a desistência manifestada pelo exequente acarretará a extinção daquelas iniciativas, pagando, o exequente, as custas processuais e os honorários advocatícios. Se a matéria for mais ampla, a extinção depende da concordância do embargante ou do impugnante.

O exequente é responsável pelos danos que os atos executivos acarretarem ao executado quando sentença, transitada em julgado, declarar inexistente, no todo ou em parte, a obrigação que ensejou a execução (art. 776).

A hipótese de cumulação de "execuções", isto é, de diversos pedidos de prestação de tutela jurisdicional executiva em um mesmo processo, é expressamente admitida pelo art. 780. Para tanto, importa que o executado seja o mesmo, que o juízo seja competente para todas elas (para todos os pedidos) e, ainda, que seja idêntico o procedimento.

O art. 782 dispõe caber ao oficial de justiça praticar os atos executivos determinados pelo magistrado (na abrangência territorial mais ampla referida pelo § 1º), sendo possível o emprego de força policial no cumprimento das determinações judiciais (§ 2º). Os seus §§ 3º e 4º permitem que o magistrado determine a inclusão do nome do executado em cadastro de inadimplentes até que a obrigação seja cumprida, ou garantida a execução ou, ainda, se ela for extinta por qualquer outro motivo (iniciativa que também se aplica às execuções de título judicial, isto é, de *cumprimento de sentença*, consoante se lê do § 5º). A previsão traz à lembrança as observações lançadas ao ensejo da anotação dos arts. 517 e 528, § 1º. Há uma diferença importante entre a inscrição nos cadastros de inadimplentes aqui regulados e o protesto da sentença tratada pelos precitados dispositivos. É que o cancelamento da inscrição nos cadastros, como se lê do § 4º do art. 782, dá-se pelo pagamento *ou* se garantida a execução *ou* se a execução for extinta por outro motivo. Lá, no âmbito do cumprimento de sentença, o cancelamento do protesto pressupõe "a satisfação integral da obrigação" (§ 4º do art. 517).

Embora a distinção no regime jurídico seja justificável, não posso deixar, prezado leitor, de indicar que ela se deve ao extravasamento do Senado Federal na última etapa do processo legislativo, indo além do § 5º do art. 798 do Projeto da Câmara, que ao se limitar à remissão ao § 3º do art. 798, equivalente ao § 3º do art. 782 do CPC de 2015, silenciava-se sobre o § 4º. Em rigor, destarte, trata-se de mais uma hipótese de atrito do processo legislativo aos limites impostos ao processo legislativo pelo art. 65, parágrafo único, da CF.

2.1 Partes

Também na execução, a legitimidade ordinária representa a *coincidência* entre aquele que afirma um direito ou em face de quem ele é afirmado no plano do processo e sua titularidade no plano material. A legitimidade extraordinária, por sua vez, representa a hipótese oposta, de *descoincidência* entre a afirmação que se faz no plano processual e a titularidade, ainda que meramente afirmada, no plano material. A distinção entre a "parte processual" e a "parte material", destarte, é a pedra de toque desse tema também no âmbito da execução, em consonância com o que já escrevo a propósito do art. 18 no n. 3.1 do Capítulo 3.

Em termos processuais, o *exequente* é quem, *afirmando-se credor*, pede para si a tutela jurisdicional executiva. O *executado* é aquele em face de quem se pretende a prática dos atos tendentes à prestação da tutela jurisdicional executiva porque o exequente afirma-o *devedor*. A coincidência entre as *afirmações* de ser, nos planos material e processual, concomitantemente, credor e exequente e devedor e executado é que caracteriza a chamada legitimação *ordinária*. A descoincidência das afirmações, por sua vez, conduz à legitimação *extraordinária*.

Para a concretização da tutela jurisdicional executiva, contudo, importa colocar em relevo a fundamental importância desempenhada pelo título executivo. A pesquisa sobre quem pode requerer a execução, e em face de quem ela deve ser requerida, deve tomar como referência o título executivo. É o título executivo, pela sua função na e para a execução, que viabiliza a prática dos atos executivos pelo magistrado e que fornece as condições necessárias para se atestar a "certeza *subjetiva*" da obrigação nele retratada.

É a partir dessa distinção que a boa doutrina ensina que, na execução, põe-se a necessidade, com bastante frequência, de discernir os casos em que a legitimidade (ordinária ou extraordinária) é *primária* ou *superveniente*, consoante a situação legitimante preexista, ou não, à formação do título executivo, isto é, em que fatos novos, posteriores à formação do título, acabam por criar situação legitimante suficiente para fins da execução.

Assim, partes na execução são as pessoas indicadas no título executivo na qualidade de credor e devedor. Quem pede a prestação da tutela jurisdicional executiva é o *exequente*. *Executado* é em face de quem a prestação da tutela jurisdicional é requerida. A *afirmação* de ser credor ou ser devedor a partir do título executivo é suficiente para fins reconhecer o mínimo indispensável para o exercício do direito de ação. Pode acontecer, contudo, que ocorram modificações no plano material e que elas afetem as posições de credor e devedor. Pode acontecer que o credor faleça deixando herdeiros; que o crédito seja negociado a outras pessoas; que alguém seja corresponsável pelo pagamento de uma dívida e assim por diante.

Casos de legitimação *ativa*, *ordinária* e *primária* são os constantes do *caput* do art. 778 ("o credor a quem a lei confere título executivo") e do inciso I do § 1º do art. 778 ("o Ministério Público, nos casos prescritos em lei").

A legitimidade reconhecida pelo Ministério Público para a execução ganha enorme interesse no ambiente do "direito processual coletivo" porque é naquele âmbito que sua legitimidade para agir é largamente aceita pelo sistema processual civil, vedada que é a sua atuação em prol de interesses individuais e *disponíveis* (art. 127 da CF). Para os fins deste *Manual*, cabe reconhecer a legitimidade do Ministério Público na qualidade de fiscal da ordem jurídica para a execução, com base no art. 177.

Caso de legitimação *ativa*, *ordinária* e *superveniente* é o do inciso II do § 1º do art. 778 ("o espólio, os herdeiros ou os sucessores do credor, sempre que, por morte deste, lhes for transmitido o direito resultante do título executivo"). Por se tratar de legitimidade *superveniente*, põe-se a necessidade de os novos credores comprovarem suficientemente a situação legitimante, isto é, a razão pela qual o crédito documentado no título executivo passou a lhes pertencer pelo evento morte. Embora silente a lei processual civil, o dispositivo também deve ser aplicado aos casos de dissolução e liquidação das pessoas jurídicas, passando a exequentes os sucessores, assim identificados de acordo com as leis materiais e os atos negociais eventualmente envolvidos.

Os incisos III ("o cessionário, quando o direito resultante do título executivo lhe foi transferido por ato entre vivos") e IV ("o sub-rogado, nos casos de sub-rogação legal ou convencional") do § 1º do art. 778 são hipóteses de legitimação *ativa*, *extraordinária* e *superveniente*.

A respeito da hipótese do inciso III do § 1º do art. 778, destaco o § 2º do mesmo dispositivo, que dispensa a prévia concordância do executado para que a *sucessão* processual ocorra. O CPC de 2015 adotou, assim, o entendimento que já era o predominante no STJ em sede de Recurso Especial Repetitivo (REsp 1.091.443/SP, rel. Min. Maria Thereza de Assis Moura, j. un. 2-5-2012, *DJe* 29-5-2012), generalizando-o, friso, para qualquer hipótese de sucessão processual ocorrente no âmbito da execução. O § 2º do art. 778, destarte, excepciona, para a execução – e afirmação é correta também para o cumprimento de sentença (art. 771, *caput*) – a regra do § 1º do art. 109.

A sub-rogação *convencional* a que se refere o inciso IV do § 1º do art. 778 deve ser entendida como o adimplemento, por terceiro, da dívida retratada no título executivo. Em tais casos, por força do art. 349 do CC, ficam transferidos para o sub-rogado todos os direitos em relação à dívida paga em face do devedor e de eventuais codevedores. O art. 857 prevê hipótese de sub-rogação *legal* quando o exequente penhora direito do executado.

O art. 779 ocupa-se com os casos de legitimação *passiva* para a execução.

O inciso I do dispositivo refere-se ao "devedor, reconhecido como tal no título executivo". É o típico caso de legitimidade *passiva*, *ordinária* e *primária* em que o *executado* é aquele que é considerado, a partir do título executivo e desde a sua constituição, *devedor* no plano material.

O inciso II do art. 779 identifica como executados "o espólio, os herdeiros ou os sucessores do devedor". É hipótese simétrica à do inciso II do § 1º do art. 778. A regra é complementada pelo art. 796, segundo o qual: "o espólio responde pelas dívidas do falecido, mas, feita a partilha, cada herdeiro responde por elas dentro das forças da herança e na proporção da parte que lhe coube".

De acordo com o inciso III do art. 779, é legitimado *passivo* para a execução "o novo devedor, que assumiu, com o consentimento do credor, a obrigação resultante do título executivo". Trata-se do mesmo fenômeno retratado no inciso III do § 1º do art. 778 no polo passivo da obrigação, de cessão do débito por ato *inter vivos* e não *causa mortis*, como se dá com relação ao inciso anterior. É correto entender aqui também que o "novo devedor" pode ingressar no processo, sucedendo o anterior, *independentemente* da concordância do *exequente*, aplicando-se o disposto no § 2º do art. 778 e excepcionando, por isso mesmo, o § 1º do art. 109. A questão é pertinente, prezado leitor, porque o "consentimento" referido no inciso III do art. 779 relaciona-se com o direito material.

O inciso IV do art. 779 reconhece a legitimidade passiva do "fiador do débito constante em título extrajudicial". O sujeito aí referido parece ser que aquele presta garantia em favor de uma das partes nos autos do processo, predispondo-se ao pagamento do que é devido caso haja inadimplemento pelo devedor principal. É situação prevista, por exemplo, nos arts. 897 e 898, que indica o fiador do arrematante. Pela especificidade da previsão, o prezado leitor perguntar-se-á sobre a legitimidade passiva de outros fiadores (convencionais ou legais) ou, mais amplamente, garantidores do adimplemento da obrigação. A melhor resposta é aquela que a reconhece com base nos incisos I ou III do art. 779, consoante o caso. Até porque o contrato garantido por caução é título executivo extrajudicial nos moldes do inciso V do art. 784.

Também é legitimado passivo para a execução "o responsável titular do bem vinculado por garantia real ao pagamento do débito" (art. 779, V). A regra quer alcançar aquele que, embora não seja devedor no plano material, ofertou bem seu para a garantia do pagamento. Não se trata, importa discernir, do *credor* com direito real de garantia (que ostenta legitimidade *ativa* para a execução), mas daquele que, embora não sendo devedor, assumiu a *responsabilidade* pelo seu pagamento.

O inciso VI do art. 779, por fim, identifica como legitimado *passivo* para a execução "o responsável tributário, assim definido em lei", orientação que é expressa também no inciso V do art. 4º da Lei n. 6.830/1980, a "Lei de Execução Fiscal". É o próprio CTN que, nos incisos I e II do parágrafo único do art. 121, distingue, com nitidez, as figuras do *devedor* (o "contribuinte") e do *responsável* pelo pagamento do tributo, assunto disciplinado pelos arts. 130 a 135 daquele Código. Com relação ao dispositivo, põe-se interessante questão consistente em saber em que medida o "responsável tributário" e outros "responsáveis" passam a ser executados nos casos em que o título executivo (judicial ou extrajudicial) a eles não se refere. Trato do tema ao ensejo da "responsabilidade patrimonial" no n. 2.4, *infra*.

2.2 Competência

O art. 781 trata da identificação do juízo competente para a execução. Ele espelha e desenvolve as regras de competência para o cumprimento de sentença, em especial as do parágrafo único do art. 516, inclusive no que diz respeito à criação de foros concorrentes a serem escolhidos pelo exequente consoante o caso.

Assim é que: (i) a execução poderá ser proposta no foro de domicílio do executado, de eleição constante do título ou, ainda, de situação dos bens a ela sujeitos; (ii) tendo mais de um domicílio, o executado poderá ser demandado no foro de qualquer deles; (iii) sendo incerto ou desconhecido o domicílio do executado, a execução poderá ser proposta no lugar onde for encontrado ou no foro de domicílio do exequente; (iv) havendo mais de um devedor, com diferentes domicílios, a execução será proposta no foro de qualquer deles, à escolha do exequente; e (v) a execução poderá ser proposta no foro do lugar em que se praticou o ato ou em que ocorreu o fato que deu origem ao título, mesmo que nele não mais resida o executado.

2.3 Título executivo

O Capítulo IV do Título I do Livro II, ao tratar dos "requisitos necessários para realizar qualquer execução", é subdividido em duas Seções. A primeira delas é voltada ao título executivo e a segunda versa sobre a exigibilidade da obrigação, um dos atributos do título executivo. É o que basta para seu tratamento em conjunto, destacando, para fins didáticos, a necessária presença do título executivo para fins de execução.

Com efeito, o "processo de execução", tanto quanto o cumprimento de sentença, pressupõe título executivo. O título, como já escrevi no n. 2.2 do Capítulo 13, é pressuposto *necessário* e *suficiente* para autorizar a prática de atos executivos. *Necessário* porque, sem título executivo, não há execução ("princípio da *nulla executio sine titulo*"). *Suficiente* porque, consoante o entendimento predominante, basta a apresentação do título para o início dos atos de cumprimento (atos executivos) pelo Estado-juiz, independentemente de qualquer juízo de valor expresso acerca do direito nele retratado.

Título executivo deve ser compreendido como *documento* que atesta a existência de obrigação certa, líquida e exigível e que autoriza o início da prática de atos jurisdicionais executivos. Os três atributos, o da certeza, o da exigibilidade e o da liquidez, constam expressamente do art. 783.

A *certeza* relaciona-se com a existência da própria obrigação e do título executivo em si mesmo considerado. É, em rigor, o que vincula os limites dos atos executivos que tomam como base (e fundamento) a obrigação retratada no título. É correto falar em "certeza *objetiva*" no sentido de se saber o que é devido. Também é pertinente falar em "certeza *subjetiva*" no sentido de que o título executivo deve permitir apontar quem é o credor da obrigação nele retratada e quem é o réu. O *caput* do art. 778 é bastante claro nesse sentido, máxime quando lido em conjunto com o inciso I do art. 779.

A *exigibilidade* relaciona-se com a inexistência de qualquer condição ou outro fator que, na perspectiva do direito material, impeça a satisfação do direito retratado no título. Seu reflexo processual consiste no interesse de agir (necessidade de atuação jurisdicional em busca de satisfação de um direito). O art. 787, ao exigir a prova da contraprestação para viabilizar a prestação, também trata da *exigibilidade*, tanto quanto o art. 788, que impede a atuação executiva do credor (exequente) quando o magistrado constatar que o devedor (executado) cumpriu a obrigação, salvo se questionar o adequado cumprimento. Ambas as situações correspondem à "exceção do contrato não cumprido" do plano material a ensejar a *exigibilidade* no plano processual. O próprio *caput* do art. 786, ao estabelecer que "a execução pode ser instaurada caso o devedor não satisfaça a obrigação certa, líquida e exigível consubstanciada em título executivo" merece ser lembrado nesse contexto. O que indica o *interesse de agir* nesses casos é justamente a não satisfação espontânea da obrigação, tal qual retratada no título executivo, no plano material.

A *liquidez*, por fim, é a expressão monetária do valor da obrigação. Se o título expressá-la, o caso se resume, no máximo, à necessidade de sua atualização monetária e ao cômputo dos juros e outras verbas incidentes sobre ele. É o que, com clareza suficiente, lê-se do parágrafo único do art. 786: "A necessidade de simples operações aritméticas para apurar o crédito exequendo não retira a liquidez da obrigação constante do título". Não é por outra razão que a petição inicial das execuções por quantia certa deverá ser acompanhada de demonstrativo de cálculo "atualizado", exigência à qual me volto no n. 3.1, *infra*.

É comuníssima a afirmação de que a liquidação disciplinada pelos arts. 509 a 512 é instituto característico dos títulos executivos *judiciais*. Não há como concordar com o entendimento. O art. 809, § 2º (tendo presentes as obrigações de entrega de coisa), e os arts. 816, parágrafo único, e 821, parágrafo único (tendo presentes as obrigações de fazer), são expressos em admitir a liquidação nos casos de conversão de obrigações de fazer, de não fazer ou de entrega de coisa em perdas e danos. É fundamental, destarte, ao menos nesses casos, fazer essa ressalva e evitar quaisquer generalizações aprioristicas.

Os incisos do art. 784 indicam os títulos executivos extrajudiciais, o que nos convida a estudá-los mas detidamente.

2.3.1 Letra de câmbio, nota promissória, duplicata, debênture e cheque

De acordo com o inciso I do art. 784, são títulos executivos *extrajudiciais* a letra de câmbio, a nota promissória, a duplicata, a debênture e o cheque. Essas cinco figuras são títulos de crédito. Isso, contudo, não quer significar que todo e qualquer título de crédito seja título executivo extrajudicial. Tampouco quer significar que qualquer letra de câmbio, qualquer nota promissória, qualquer duplicata, qualquer debênture ou qualquer cheque também o sejam. É fundamental que, em qualquer um desses casos, as exigências de cada lei de regência façam-se presentes, diretriz expressa nos arts. 887, 888 e 903 do CC.

2.3.2 Escritura pública ou outro documento público assinado pelo devedor

A manifestação de vontade do devedor constante de escritura pública ou outro documento público assinado por ele é o suficiente para a existência de título executivo extrajudicial (art. 784, II).

Dada a especificidade do tipo legal, não há espaço para exigir, diferentemente do que ocorre com relação ao documento particular, objeto do número seguinte, assinatura de quaisquer testemunhas.

2.3.3 Documento particular assinado pelo devedor e por duas testemunhas

Tratando-se de documento particular, não será suficiente a assinatura do devedor. Para que sua manifestação de vontade adquira o *status* de título executivo, é mister que ele seja assinado também por duas testemunhas (art. 784, III).

A pressuposição é que as testemunhas que, como tais, também assinam o documento possam atestar, se for o caso, a real intenção do devedor em assumir aquela qualidade ou, mais amplamente, sua capacidade civil para assumir o débito. Por força dessa finalidade, as testemunhas devem ser presenciais ao ato de assinatura do documento pelo devedor e não meramente instrumentais. É por essa razão, prezado leitor, que o nome das testemunhas, bem como algum documento de identificação e endereço merecem constar expressamente do documento, a despeito de não haver nenhuma exigência legal nesse sentido.

2.3.4 Instrumento de transação referendado pelo Ministério Público, pela Defensoria Pública, pela Advocacia Pública, pelos advogados dos transatores ou por conciliador ou mediador credenciado por tribunal

Para além do reconhecimento unilateral da posição de devedor, o inciso IV do art. 784 empresta *status* de título executivo extrajudicial para o instrumento de transação referendado pelo Ministério Público, pela Defensoria Pública, pela advocacia pública, pelos advogados dos transatores ou por conciliador ou mediador credenciado por Tribunal.

Em rigor, são todas hipóteses em que a autocomposição – incentivada pelo CPC de 2015 desde seu art. 3º – é a mola propulsora do título executivo extrajudicial. Para sua configuração como tanto, contudo, é mister a concordância dos indicados, não sendo suficiente, para os fins desse dispositivo, a mera assinatura do devedor.

2.3.5 Contrato garantido por hipoteca, penhor, anticrese ou outro direito real de garantia e aquele garantido por caução

Os contratos previstos no inciso V do art. 784 como títulos executivos extrajudiciais são *acessórios*, assim entendidos os contratos que se destinam a garantir o cumprimento assumido em outro contrato. A redação do dispositivo, derivada da Lei n. 11.382/2006, que alterara o seu equivalente, o inciso III do art. 585 do CPC de 1973, evidencia que a executividade repousa no crédito relativo ao contrato e não no contrato propriamente dito.

A hipoteca é direito real de garantia previsto nos arts. 1.473 a 1.505 do CC, que recai sobre bens *imóveis*, nisso distinguindo-se do penhor, direito real de garantia previsto nos arts. 1.431 a 1.472 do CC, que recai sobre bens móveis. A anticrese, de acordo com o art. 1.506 do CC, caracteriza-se pela cessão de determinado bem imóvel pelo devedor para que os frutos e os rendimentos dele possam ser imputados no pagamento ao credor, vale dizer, possam quitar paulatinamente o valor do débito. Além desses, quaisquer outros direitos reais de garantia podem assumir o *status* de título executivo extrajudicial.

É correto compreender que a *caução* é gênero suficiente para descrever todos os contratos acessórios referidos no inciso V do art. 784, distinguindo-se a "caução *real*", isto é, que vincula um determinado bem como garantia de pagamento, como é o caso da hipoteca, do penhor e da anticrese (art. 1.419 do CC), da "caução *fidejussória*", que é aquela em que não há qualquer bem especificamente destacado do patrimônio do devedor para que os atos executivos recaiam sobre ele. É o que se dá, por exemplo, nos casos de fiança (arts. 818 a 839 do CC).

2.3.6 Contrato de seguro de vida em caso de morte

O inciso VI do art. 784 prevê como título executivo extrajudicial o seguro de vida em caso de morte, deixando de prever como tal, a exemplo do que já o fizera a Lei n. 11.382/2006 com relação ao inciso IV do art. 585 do CPC de 1973 o seguro de acidentes pessoais de que resultasse incapacidade.

Na verdade, desde o advento do CPC de 1973, a previsão relativa a esse título executivo extrajudicial foi *reduzida*. Da previsão ampla do texto original ("seguro em geral"), passou-se, ainda antes da entrada em vigor daquele Código a "seguro de vida e de acidentes pessoais de que resulte morte ou incapacidade" (redação da Lei n. 5.925/1973), passando, com precitada Lei n. 11.328/2006 ao "contrato de seguro de vida".

A redução do tipo é geralmente explicada pela dificuldade da prova relativa a outros eventos cobertos pelo seguro que não a morte o que poderia comprometer a própria função do título executivo na perspectiva da exigibilidade da obrigação.

2.3.7 Crédito decorrente de foro e laudêmio

O inciso VII do art. 784 dispõe ser título executivo extrajudicial o crédito decorrente de foro ou laudêmio, o que só tem sentido para as enfiteuses anteriores ao Código Civil de 2002, dada a proibição de novas enfiteuses imposta por seu art. 2.038.

Enfiteuse é um direito real pelo qual o proprietário faculta o uso do domínio útil de um bem imóvel mediante o pagamento de uma prestação anual. "Foro", no sentido empregado pelo dispositivo, é instituto de direito civil que significa o pagamento anual devido pelo enfiteuta ao proprietário pelo uso do domínio útil do bem imóvel. "Laudêmio" é a quantia a ser paga ao proprietário quando houver transferência do domínio útil por venda ou por dação em pagamento.

2.3.8 Crédito de aluguel de imóvel e encargos acessórios

O inciso VIII do art. 784 prevê como título executivo extrajudicial o "crédito, documentalmente comprovado, decorrente de aluguel de imóvel, bem como de encargos acessórios, tais como taxas e despesas de condomínio".

O que precisa ser documentado para atender à prescrição legislativa é o crédito relativo ao aluguel ou a qualquer encargo da locação e não a locação propriamente dita que, por isso mesmo, pode até ser celebrada verbalmente.

Para atender à exigência legal de prova *documental* para fins de execução, não vejo como afastar a serventia do "boleto bancário" usualmente empregado para cobrança dos mais diversos encargos condominiais. Desde que ele não seja pago na data aprazada, está autorizada a execução independentemente de quaisquer outras formalidades, inclusive a de sua apresentação para protesto.

Ademais, o rol dos encargos não pagos pelo locatário, a admitir a execução fundada no título aqui examinado, é claramente exemplificativo. Assim, quaisquer que sejam eles (e os arts. 23 e 25 da Lei n. 8.245/1991, a "Lei de Locação de Imóveis Urbanos" são fonte bastante para sua identificação), desde que *documentalmente comprovados*, cabe a execução nos moldes do inciso VIII do art. 784.

A hipótese não pode ser confundida com outra, bem diversa, quanto a haver título executivo extrajudicial decorrente da própria relação entre *condomínio* e *condômino*, e não da relação de locação, limitada, apenas, ao *locador* e ao *locatário*. O CPC de 2015 finalmente se posicionou expressamente sobre o tema no inciso X do art. 784, ao qual me volto no n. 2.3.10, *infra*.

2.3.9 Certidão de dívida ativa da Fazenda Pública da União, dos Estados, do Distrito Federal e dos Municípios, correspondente aos créditos inscritos na forma da lei

O inciso IX do art. 784 trata da possibilidade de as pessoas de direito público nominadas cobrarem seus créditos, independentemente de terem, ou não, natureza tributária, pelo *procedimento* da chamada execução fiscal regulada pela Lei n. 6.830/1980 (arts. 1º e 2º, § 2º).

O título executivo para tanto é a *certidão* de dívida ativa, que deve ser expedida em conformidade com o disposto no art. 2º da referida Lei n. 6.830/1980, um *"processo administrativo".*

A certidão de dívida ativa é o documento que comprova suficientemente – e que gera presunção relativa de certeza e liquidez, de acordo com o art. 3º da Lei n. 6.830/1980 –, a *inscrição* da dívida ativa das pessoas de direito público (art. 2º, §§ 3º, 5º e 6º, da Lei n. 6.830/1980).

2.3.10 Crédito referente às contribuições ordinárias ou extraordinárias de condomínio edilício

A previsão do inciso X do art. 784 representa importante novidade do CPC de 2015, colocando fim a interessante discussão existente no âmbito do CPC de 1973 sobre se as contribuições ordinárias ou extraordinárias de condomínio edilício eram, ou não, títulos executivos extrajudiciais e em que condições. Prevalecia o entendimento negativo, máxime diante da previsão da alínea *b* do inciso II do art. 275 daquele Código sobre ser necessário o procedimento *sumário* para a cobrança daqueles débitos.

A opção do CPC de 2015 é inequívoca no sentido contrário, desde que aquele crédito seja previsto na respectiva convenção ou aprovado em assembleia geral e sejam passíveis de comprovação documental. O dispositivo tem o mérito também de evidenciar o campo de incidência do inciso VIII do mesmo art. 784, que pressupõe existência de locação.

A regra excepciona, por isso, o art. 1.063, que centraliza nos Juizados Especiais a competência para julgamento das hipóteses sujeitas ao procedimento sumário pelo inciso II do art. 275 do CPC de 1973 enquanto não publicada lei específica que disponha diferentemente.

2.3.11 Certidão expedida por serventia notarial ou de registro relativa a valores de emolumentos e demais despesas devidas pelos atos por ela praticados, fixados nas tabelas estabelecidas em lei

O CPC de 2015 também inova quando estabelece ser título executivo extrajudicial "a certidão expedida por serventia notarial ou de registro relativa a valores de emolumentos e demais despesas devidas pelos atos por ela praticados, fixados nas tabelas estabelecidas em lei" (inciso XI do art. 784).

Trata-se de título executivo *unilateralmente* criado, a impor muita atenção ao seu exame no dia a dia do foro desde a primeira análise da petição inicial que o apresentar ao Estado-juiz.

2.3.12 Demais títulos aos quais a lei atribuir força executiva

São dezenas as criações de títulos executivos extrajudiciais por leis extravagantes. Por exemplo: as decisões tomadas pelo Conselho Administrativo de Defesa Econômica que cominem multa ou imponham obrigações de fazer e de não fazer (art. 93 da Lei n. 12.529/2011), hipótese em que o processo observará a disciplina dos arts. 94 a 101 do mesmo diploma legislativo; o contrato escrito de honorários advocatícios (art. 24 da Lei n. 8.906/1994); o compromisso arbitral fixando honorários para o(s) árbitro(s) (art. 11, parágrafo único, da Lei n. 9.307/1996); a cédula de crédito bancário (art. 28 da Lei n. 10.931/2004), de questionável constitucionalidade porque originária de Medida Provisória e que se sobrepõe à Súmula 233 do STJ; o chamado Termo de Ajustamento de Conduta previsto no art. 5º, § 6º, da Lei n. 7.347/1985, a "Lei da Ação Civil Pública" e as transações relativas a alimentos realizadas perante o Ministério Público ou a Defensoria Pública e por eles referendadas (art. 13 do "Estatuto do Idoso", na redação que lhe deu a Lei n. 11.737/2008 e não alterado, no particular, pela Lei n. 13.466/2017).

Um dos mais recentes títulos executivos extrajudiciais do direito brasileiro é a "Letra Imobiliária Garantida" (LIG), criada pelo art. 64, § 1º, da Lei n. 13.097/2015, fruto da conversão da Medida Provisória n. 656/2014. A iniciativa é flagrantemente inconstitucional diante da expressa vedação da alínea *b* do § 1º do art. 62 da CF, que proíbe a edição de medidas provisórias sobre temas de direito processual (penal ou civil). Para o direito processual civil, é correto (e necessário) distinguir lei em sentido formal de medida provisória, por imperativo constitucional. A conversão da Medida Provisória em Lei não afasta a sua inconstitucionalidade original. Ainda mais porque, à época de sua edição, tramitava, no Congresso Nacional, os Projetos que acabaram se tornando o CPC de 2015 a proibir – não fosse a expressa vedação constitucional já destacada – o "atalho" legislativo daquele ato normativo.

O mais novo título executivo extrajudicial, a "nota comercial", criada e disciplinada pelos arts. 45 a 51 da Lei n. 14.195/2021, segue o mesmo caminho de inquestionável inconstitucionalidade *formal*. Também ela é fruto de conversão de Medida Provisória (MP 1.040/2021) e, por tratar do tema expressamente na perspectiva de título executivo extrajudicial (art. 48), acaba por agredir, de maneira inequívoca, o precitado dispositivo constitucional.

2.3.13 Títulos executivos extrajudiciais estrangeiros

Os §§ 2º e 3º do art. 784 tratam dos títulos executivos extrajudiciais originários de países estrangeiros.

Eles não dependem de prévia homologação perante o STJ para serem executados. É certo, todavia, que o juízo da execução deverá aferir a presença dos requisitos de sua formação, consoante dispuser a lei do lugar de sua celebração, hipótese que pode exigir prova de direito estrangeiro nos termos do art. 376. Sua executividade também depende da indicação do Brasil como o lugar de cumprimento da obrigação.

2.3.14 Título executivo e "processo de conhecimento"

O § 1º do art. 784 determina que eventual iniciativa relativa à discussão judicial do débito constante de título executivo não inibe o credor de promover-lhe a execução. A regra concretiza, adequadamente, o inciso XXXV do art. 5º da CF. Ela não significa, contudo – e nem o poderia –, que não possa haver alguma interferência entre as duas iniciativas. É o próprio inciso I do § 2º do art. 55, a propósito, que reputa haver conexão entre a "execução de título extrajudicial e [a] ação de conhecimento relativa ao mesmo ato jurídico". Diante da conexão, é correto entender sustentar a necessidade de reunião dos processos perante o juízo prevento (art. 58). A "decisão simultânea" referida naquele dispositivo deve ser interpretada amplamente, não só no sentido de que eventuais embargos à execução devam ser decididos conjuntamente mas também a permitir que o resultado da "ação de conhecimento" interfira na execução fundada em título extrajudicial. Tudo para evitar a existência de manifestações ou atividades incoerentes ou incompatíveis do Estado-juiz.

Ainda que não fosse pela regra relativa à reunião dos processos, outrossim, destaco que não há como descartar a juridicidade de alguma medida tomada no que o § 1º do art. 784 chama de "ação relativa ao débito" interferir no andamento ou na específica prática de algum ato executivo. É supor o exemplo de uma tutela provisória que impede a negativação do nome do executado, inibindo o exequente de exercer, ainda que momentaneamente, o direito dos §§ 3º e 4º do art. 782 de inscrever o nome do executado em cadastros de inadimplentes.

Outra regra a relacionar o "processo de conhecimento" e o "processo de execução" é o art. 785. De acordo com o dispositivo, "a existência de título executivo extrajudicial não impede a parte de optar pelo processo de conhecimento, a fim de obter título executivo judicial".

Penso que a previsão não tem razão de ser. Se há título executivo, não há justificativa para pleitear, do Estado-juiz, tutela jurisdicional outra que não a executiva. Não há por que reconhecer "duas vezes" o direito aplicável ao caso, criando a partir de um título executivo (extrajudicial) um outro título executivo (judicial). Eventual dúvida do credor sobre ter, ou não, título executivo extrajudicial é questão diversa que não poderia ser resolvida da forma como propõe o dispositivo. Menos ainda quando o CPC de 2015 preservou, em seus arts. 700 a 702, a "ação monitória", e o fez sem prejuízo da tutela provisória, que *também* pode ter como fundamento a *evidência* (art. 311, II a IV).

Não vejo razão, contudo, para sustentar que se trata de norma arredia ao "modelo constitucional do direito processual civil", capaz de comprometer a eficiência processual agasalhada no inciso LXXVIII do art. 5º da CF. A prática do foro encontrará algum espaço em que ela possa se mostrar útil, a despeito da ressalva que acabei de fazer. E se não encontrar, estarão confirmadas as impressões que Marcelo Abelha Rodrigues teve oportunidade de fazer com relação ao dispositivo nas páginas 161 a 164 de seu *Manual de execução civil*.

2.4 Responsabilidade patrimonial

É certo que nos casos em que o inadimplemento referir-se a obrigações de fazer ou de não fazer, ou, ainda, de entrega de coisa, o CPC de 2015 enfatiza o emprego de técnicas executivas que buscam, do próprio executado, o cumprimento (embora forçado) da obrigação. Mesmo no âmbito das execuções por quantia certa, não vejo como descartar aprioristicamente o emprego de tais técnicas, até por causa do que exponho no n. 3.4.2, *infra*.

Não obstante, superada eventual *colaboração* do executado, ainda quando instado a tanto por *ordem* judicial, a atividade executiva recairá sobre seu *patrimônio*, nunca sobre sua pessoa.

Para esse fim, o art. 789 estabelece alcance da responsabilidade patrimonial do executado e a sujeição de seus bens, presentes e futuros, à execução, salvo as restrições previstas legalmente, entre as quais evidencio desde logo o disposto no art. 833.

O art. 790, complementando o art. 789, indica os bens que também são sujeitos à execução: (i) do sucessor a título singular, tratando-se de execução fundada em direito real ou obrigação reipersecutória; (ii) do sócio, nos termos da lei; (iii) do devedor, ainda que em poder de terceiros; (iv) do cônjuge ou companheiro, nos casos em que seus bens próprios ou de sua meação respondem pela dívida; (v) alienados ou gravados com ônus real em fraude à execução; (vi) cuja alienação ou gravação com ônus real tenha sido anulada em razão do reconhecimento, em ação autônoma, de fraude contra credores; e (vii) do responsável, nos casos de desconsideração da personalidade jurídica.

Destaco a pertinente diferença feita pelos incisos V e VI do art. 790 entre o patrimônio irritantemente alienado ou gravado com ônus real quando seu reconhecimento se der em fraude à execução ou em fraude contra credores. Nesse caso, o inciso VI sugere que a invalidação do ato tenha que ser perseguida necessariamente em "ação autônoma", enquanto a fraude à execução é reconhecível no âmbito da própria execução (ou, se for o caso, cumprimento de sentença), observando-se, no particular, o que dispõem os parágrafos do art. 792.

A hipótese prevista no inciso VII, outrossim, não se confunde com a do inciso II do mesmo art. 790. Responsabilizar o sócio "nos termos da lei" (e, acrescento, nos termos do contrato ou do estatuto) é bem diferente de querer responsabilizá-lo a partir da apuração do *uso indevido* da personalidade jurídica mediante o "incidente de desconsideração da personalidade jurídica" dos arts. 133 a 137. Aqui, a sua responsabilidade é necessariamente direta justamente por força daquela *desconsideração*. Lá, a responsabilização pode ser direta ou indireta, verdadeiramente subsidiária, se for o caso, sempre a depender do tipo de sociedade e da razão pela qual ela se tornou devedora. É o objeto da disciplina do art. 795.

Especificando outras hipóteses, o art. 791 ocupa-se com as situações em que a execução tiver por objeto obrigação de que seja sujeito passivo o proprietário de terreno submetido ao regime do direito de superfície, ou o superficiário, distinguindo quem (e que bens) responde(m) pela dívida. Assim, o terreno é passível de atos de constrição por dívidas assumidas pelo proprietário do terreno sobre o qual recai o direito de superfície. A construção ou a plantação respondem pelas dívidas do superficiário.

O § 1º do art. 791, coerentemente, determina que a averbação dos atos de constrição, nos casos do *caput*, realize-se separadamente na matrícula do imóvel. A disciplina aplica-se também à enfiteuse (as anteriores ao Código Civil de 2002), concessão de uso especial para fins de moradia e à concessão de direito real de uso, consoante dispõe o § 2º.

O art. 793 trata da hipótese de o exequente estar, por direito de retenção, na posse de coisa de titularidade do devedor. Nesse caso, a execução só pode recair sobre outros bens quando excutido, em primeiro lugar, aquele bem.

O art. 794 ocupa-se com o chamado "benefício de ordem", a ser arguido pelo codevedor, e sua dinâmica. O § 3º do dispositivo evidencia que a arguição só tem sentido para quem, no plano material, não tiver renunciado ao benefício.

2.5 Fraude à execução

A fraude à execução deve ser compreendida como a hipótese em que a alienação ou a oneração de bem que está sujeito à execução nos termos do art. 790 é feita indevidamente e, por isso, é considerada *ineficaz* em relação ao exequente no processo em que é parte também o executado (§ 1º do art. 792). Sua configuração independe de conluio entre os envolvidos e pode ser reconhecida existente até mesmo de ofício pelo magistrado, após o regular contraditório exigido na forma do § 4º do art. 792. Ela não se confunde, portanto, com a fraude contra credores que é uma das hipóteses em que o Código Civil permite ao credor prejudicado requerer ao Estado-juiz a *anulação* de dado negócio jurídico (arts. 158 a 165 do CC).

As hipóteses de fraude à execução são apontadas pelo art. 792 e são as seguintes: (i) quando sobre o bem pender ação fundada em direito real ou com pretensão reipersecutória, desde que a pendência do processo tenha sido averbada no respectivo registro público, se houver; (ii) quando tiver sido averbada, no registro do bem, a pendência do processo de execução, na forma do art. 828; (iii) quando tiver sido averbado, no registro do bem, hipoteca judiciária ou outro ato de constrição judicial originário do processo onde foi arguida a fraude; (iv) quando, ao tempo da alienação ou da oneração, tramitava contra o devedor ação capaz de reduzi-lo à insolvência; e (v) nos demais casos expressos em lei.

O rol do precitado art. 792 autoriza a compreensão de que pode ocorrer de a fraude à execução depender de prévio registro do próprio processo ou da constrição que recai sobre o bem alienado indevidamente, orientação que se harmoniza com a *primeira parte* do enunciado da Súmula 375 do STJ: "O reconhecimento da fraude à execução depende do registro da penhora do bem alienado ou da prova de má-fé do terceiro adquirente".

Mas não necessariamente. Para tanto, o § 2º do art. 792 é digno de nota, já que se ocupa com as situações em que a fraude se relaciona com bem que *independe* de registro. Nessas hipóteses, é ônus do adquirente (terceiro em relação ao processo) demonstrar que agiu com a cautela devida na aquisição do bem, mediante a exibição das certidões pertinentes. Trata-se de dispositivo que acaba por desenvolver a segunda parte do enunciado da precitada Súmula 375 do STJ.

O § 3º do art. 792 fixa a citação da parte cuja personalidade se pretende desconsiderar, isto é, do réu originário do processo, para marcar o instante em que a fraude à execução poderá ser configurada.

De acordo com o § 4º do art. 792, o adquirente deverá ser intimado para, querendo, apresentar embargos de terceiro, viabilizando, com a iniciativa, o devido contraditório, antes do reconhecimento de eventual fraude. Trata-se de regra que especifica, para os casos relativos à fraude à execução, o disposto no parágrafo único do art. 675. O prazo para os embargos de terceiro nesse caso é de quinze dias, que deve prevalecer sobre a regra genérica do art. 675, *caput*.

O advento do CPC de 2015 teve o condão de se sobrepor à previsão do inciso IV do art. 54 da Lei n. 13.097/2015, fruto da conversão da Medida Provisória n. 656/2014, segundo o qual "os negócios jurídicos que tenham por fim constituir, transferir ou modificar direitos reais sobre imóveis são eficazes em relação a atos jurídicos precedentes, nas hipóteses em que não tenham sido registradas ou averbadas na matrícula do imóvel as seguintes informações: (...) IV – averbação, mediante decisão judicial, da existência de outro tipo de ação cujos resultados ou responsabilidade patrimonial possam reduzir seu proprietário à insolvência, nos termos do inciso II do art. 593 da Lei n. 5.869, de 11 de janeiro de 1973 – Código de Processo Civil".

Nas edições anteriores deste *Manual* não tive dúvida em afirmar o prevalecimento da regra codificada sobre a anterior, até porque a precitada Lei era fruto de conversão de medida provisória e, no particular, violadora do art. 62, § 1º, *b*, da CF.

A Lei n. 14.382/2022 volta ao ponto, embora também com relação a ela a crítica acerca de sua inconstitucionalidade *formal*, por violação ao mesmo dispositivo constitucional, seja pertinente. Sem prejuízo, é correto entender, de acordo com a nova redação dada pelo mais recente diploma legislativo ao art. 54 da Lei n. 13.097/2015, que a validade e a eficácia de negócios jurídicos ou a caracterização da boa-fé de terceiro adquirente não depende necessariamente das averbações autorizadas pelos arts. 792, IV, e 828 do CPC.

3. DIVERSAS ESPÉCIES DE EXECUÇÃO

A exemplo da disciplina do cumprimento da sentença, o CPC de 2015 divide com nitidez – e já o fazia também o CPC de 1973 – a disciplina *procedimental* do processo de execução consoante a modalidade obrigacional.

É essa a razão pela qual, no Título II do Livro II da Parte Especial, há um Capítulo voltado exclusivamente ao trato da execução das obrigações de entrega de coisa (obrigação de dar diversa de dinheiro), outro para disciplinar a execução das obrigações de fazer ou de não fazer e, por fim, um terceiro com o objetivo de regrar a execução por quantia certa (obrigação de dar dinheiro). As execuções contra a Fazenda Pública e a execução de alimentos são verdadeiros procedimentos especiais dessa última espécie.

O curioso é que a maior parte das "disposições gerais", que abrem o Título II, é dedicada à *petição inicial*, como o prezado leitor pode verificar da leitura dos arts. 798 a 802. A seu estudo, volto-me no n. 3.1, *infra*.

Os demais dispositivos das mesmas disposições gerais tratam de temas variados e que, bem entendidos, mereciam estar, em sua maioria, alocados no Capítulo relativo à execução por quantia certa.

O art. 797, que abre o Capítulo I do Título II, bem demonstra isso ao acentuar a finalidade da execução por quantia certa, distinguindo os casos em que ela é dirigida a devedor *solvente* dos casos em que seu destinatário é devedor insolvente, ainda disciplinada pelos arts. 748 a 786-A do CPC de 1973, preservados intactos pelo art. 1.052.

O art. 803 ocupa-se com a indicação de casos em que a execução é nula, dispensando, seu parágrafo único, que seu pronunciamento dependa da apresentação de embargos à execução.

Os incisos do *caput* do art. 803 entendem nula a execução quando o título executivo extrajudicial não corresponder a obrigação certa, líquida e exigível (o que remonta ao princípio da *nulla executio sine titulo*). Também quando o executado não tiver sido *regularmente* citado (e não há razão para descartar a hipótese de ele não ter sido citado). Por fim, também é considerada nula a execução quando tiver se iniciado antes de verificar a condição ou ocorrer o termo, circunstâncias que comprometem a própria *exigibilidade* da obrigação retratada no título executivo.

O art. 804 trata da ineficácia da alienação do bem gravado por penhor, hipoteca ou anticrese em relação aos respectivos titulares daqueles direitos reais de garantia, espraiando o mesmo regime aos casos de alienação de bem objeto de promessa de compra e venda ou de cessão registrada; de bem sobre o qual tenha sido instituído direito de superfície; de direito aquisitivo de bem objeto de promessa de venda, de promessa de cessão ou de alienação fiduciária; de imóvel sobre o qual tenha sido instituída enfiteuse, concessão de uso especial para fins de moradia ou concessão de direito real de uso; de direitos do enfiteuta, do concessionário de direito real de uso ou do concessionário de uso especial para fins de moradia e, por fim, de bem sobre o qual tenha sido instituído usufruto, uso ou habitação. Em todos esses casos, a alienação será considerada ineficaz sem a prévia intimação dos respectivos titulares daqueles direitos. É assunto específico das obrigações de pagar quantia, razão pela qual volto-me a ela no n. 3.4.4.2.2, *infra*.

O último dispositivo das "disposições gerais" do Título II do Livro II da Parte Especial, o art. 805, agasalha importante princípio da atividade executiva, o da menor gravosidade da execução.

A roupagem que o dispositivo deu a ele é digna de destaque porque exige do executado – em perfeita harmonia com o modelo de processo cooperativo desejado desde o art. 6º, inclusive na perspectiva da boa-fé do art. 5º – o ônus de demonstrar os outros meios que se mostrem, a um só tempo, menos onerosos para ele, mas também tão eficazes quanto aqueles que, adotados, pretende ver substituídos. Se o executado não se desincumbir adequadamente dessa indicação, deverão ser preservadas as técnicas executivas já determinadas.

3.1 Petição inicial

Ainda no âmbito das disposições gerais do Título II do Livro II da Parte Especial, cabe analisar os arts. 798 a 802, que se ocupam, como anunciei no número anterior, da petição inicial do "processo de execução".

A petição inicial exterioriza a manifestação do exequente de obter tutela jurisdicional do Estado-juiz consistente na satisfação de seu direito retratado no título executivo. É ela, como qualquer outra de sua espécie, que romperá a inércia da jurisdição e dará início ao processo vocacionado àquele fim.

A petição inicial, dirigida ao juízo competente, deverá, como exige o inciso I do art. 798, ser instruída com: (i) o título executivo extrajudicial; (ii) o demonstrativo do débito atualizado até a data de propositura da ação, quando se tratar de execução por quantia certa (o demonstrativo deve observar as exigências do parágrafo único do art. 798, suficientes, a esse respeito, as considerações faço a respeito do art. 524 no n. 4.2 do

Capítulo 13); (iii) a prova de que se verificou a condição ou ocorreu o termo, se for o caso; (iv) a prova, se for o caso, de que adimpliu a contraprestação que lhe corresponde ou que lhe assegura o cumprimento, se o executado não for obrigado a satisfazer a sua prestação senão mediante a contraprestação do exequente. Essas duas exigências são harmônicas com o que, no n. 2.3, *supra*, escrevo acerca da *exigibilidade* da obrigação.

Cabe ao exequente também indicar, em conformidade com o inciso II do art. 798: (i) a espécie de execução de sua preferência, quando por mais de um modo puder ser realizada; (ii) os nomes completos do exequente e do executado e seus números de inscrição no CPF ou no CNPJ, conforme o caso e, tratando-se de execução por quantia certa; e (iii) os bens suscetíveis de penhora, sempre que possível.

Em complementação, o art. 799 impõe ao exequente a *intimação* de determinadas pessoas que mantêm algum vínculo de direito real com os bens sujeitos à execução ou a serem indicados à penhora. É o caso do credor pignoratício, hipotecário, anticrético ou fiduciário (inciso I); do titular de usufruto, uso ou habitação (inciso II); do promitente-comprador (inciso III); do promitente vendedor (inciso IV); do superficiário, enfiteuta ou concessionário (inciso V); do proprietário de terreno com regime de direito de superfície, enfiteuse, concessão de uso especial para fins de moradia ou concessão de direito real de uso (inciso VI); do titular da construção-base, bem como, se for o caso, do titular de lajes anteriores, quando a penhora recair sobre o direito real de laje (inciso X), e do titular das lajes, quando a penhora recair sobre a construção-base (inciso XI). Os incisos X e XI do art. 799 foram introduzidos pela Lei n. 13.465, de 11 de julho de 2017, que dentre outras tantas providências, criou, no Código Civil, um novo direito real, a "laje", como se pode ver do novel inciso XIII de seu art. 1.225, passando a admitir que o proprietário de uma construção-base ceda a superfície superior ou inferior de sua construção para que o titular da laje mantenha unidade distinta daquela originalmente construída sobre o solo (art. 1.510-A do Código Civil, também incluído pela Lei n. 13.465/2017).

Também deverá ser intimada a sociedade no caso em que o exequente pretende penhorar quotas sociais ou ações para que seus sócios possam exercer o direito de preferência com relação à eventual adjudicação (art. 799, VII).

As intimações previstas nos incisos I a VI, X e XI, do art. 799 são necessárias para viabilizar, no plano do processo, a realização de direitos que, desde o plano material, são assegurados às pessoas indicadas naqueles incisos. Sua ausência é causa de *ineficácia* da alienação dos bens em relação a elas (arts. 804 e 903, § 1º). Não há razão para deixar de aplicar à sociedade e aos seus sócios o mesmo regime de ineficácia no descumprimento do disposto no inciso VII do art. 799.

É correto entender que as intimações exigidas pelos incisos I a VII, X e XI, do art. 799 não precisam necessariamente ser requeridas pelo exequente em sua petição inicial, a despeito de sua previsão no CPC de 2015. Pode acontecer de somente ao longo do processo, quiçá somente após a penhora do bem, ele constate a necessidade da intimação, quando as deverá providenciar.

O exequente também poderá pleitear medidas urgentes (art. 799, VIII), hipótese em que o arsenal dos arts. 297 e 301 será bastante útil, mormente com relação às medidas *cautelares*, que visam ao asseguramento do resultado útil do processo e efetivar a averbação em registro público do ato de propositura da execução e dos atos de constrição realizados para conhecimento de terceiros (inciso IX do art. 799). A iniciativa, regulada pelo art. 844, quer impedir ou, quando menos, dificultar a ocorrência da fraude à execução, estabelecendo marco objetivo para fins de ciência de terceiros e distinção entre os de boa ou de má-fé.

Também saliento que as providências previstas nesses dois incisos *não* precisam ser requeridas já com a petição inicial. É direito do exequente, consoante o desenvolvimento do processo e as necessidades que se apresentem, requerê-las (no caso do inciso VIII) ou providenciá-las (no caso do inciso IX).

Na petição inicial, o exequente indicará caber a ele ou ao executado a escolha nos casos das obrigações alternativas, isto é, aquelas obrigações em que há mais de um modo pelo qual o adimplemento pode ser alcançado pelo devedor (art. 800). A inicial, nesses casos, deverá indicar a quem compete a escolha: se ao devedor (executado no plano do processo), se ao credor (exequente no plano do processo) ou, até mesmo, a terceiro, em conformidade com o art. 252 do CC.

A petição inicial do processo de execução é submetida à análise prévia do magistrado. Também aqui é correto identificar um juízo de admissibilidade positivo, um neutro e um negativo.

O art. 801 ocupa-se, expressamente, com o juízo *neutro* de admissibilidade, admitindo a sua emenda no prazo de quinze dias. É irrecusável a aplicação subsidiária do art. 321, no sentido de impor ao magistrado que indique ao exequente o que está incompleto na inicial ou quais documentos indispensáveis estão faltando. Aplicam-se, pois, as considerações que faço no n. 3.2 do Capítulo 8 a esse respeito.

O art. 802 trata do juízo *positivo* de admissibilidade da inicial. O despacho que ordena a citação interrompe a prescrição (que retroagirá à data da propositura, isto é, do protocolo da inicial, consoante o art. 312), ainda que proferido por juízo incompetente (absoluta ou relativamente). Para tanto, é mister que o exequente tome as providências que a ele competir no prazo de dez dias para viabilizar aquele ato de comunicação (art. 240, § 2º).

O prezado leitor perguntará: e o juízo *negativo* da petição inicial? À falta de regras específicas, prevalecem as genéricas do art. 330 (indeferimento da petição inicial), como, embora de forma tímida, refere-se o inciso I do art. 924 e, até mesmo, a do art. 332 sobre a improcedência liminar do pedido, ao menos nos casos em que o magistrado, *após o devido contraditório com o exequente*, entender que há prescrição ou decadência.

3.2 Execução para entrega de coisa

O Capítulo II do Título II do Livro II da Parte Especial trata da execução para a entrega de coisa. Forte no diálogo entre os planos material e processual, ele é dividido em duas Seções: a primeira destinada à execução da entrega de coisa *certa*; a segunda, para a execução da entrega de coisa *incerta*. A diferença entre ambas reside no direito material, e encontrará, já na petição inicial, sua distinção fundamental como a exposição dos números seguintes quer demonstrar.

3.2.1 Coisa certa

A petição inicial observará o disposto no art. 798 e será dirigida ao juízo competente a ser identificado com base no art. 781. Como se trata de coisa certa, a petição inicial a indicará com precisão e em consonância com o estabelecido no título executivo extrajudicial. Não há espaço, aqui, para qualquer *escolha* ou *concentração*, diferentemente do que ocorre nos casos de entrega de coisa *incerta*.

Proferido o juízo positivo de admissibilidade na inicial, o executado será citado, admitida, inclusive, a possibilidade de a citação dar-se pelo correio, para, em quinze dias, satisfazer a obrigação, isto é, entregar a coisa tal qual identificada na petição inicial (art. 806, *caput*). Tem aplicação à espécie o disposto no § 3º do art. 231, que autoriza o entendimento de que o início do prazo *não depende* da juntada do comprovante de citação nos autos, fluindo, diferentemente, da própria comunicação ao executado.

O magistrado poderá, desde logo, fixar multa por dia de atraso no cumprimento da ordem de entrega, que poderá ser alterada, para mais ou para menos, conforme as necessidades que o caso concreto acabe apresentando (art. 806, § 1º). A despeito da previsão textual, é irrecusável o entendimento quanto à viabilidade de o magistrado, justificadamente, variar a também a periodicidade da multa. É diretriz que deriva do inciso IV do art. 139.

O mandado de citação, quando se tratar de citação pelo oficial de justiça, já veiculará ordem para imissão na posse (tratando-se de bem imóvel) ou para busca e apreensão (tratando-se de bem móvel), cujo cumprimento se dará tão logo se verifique que o executado não cumpriu a ordem que lhe foi dirigida de início (art. 806, § 2º), a despeito da multa e, eventualmente, de sua alteração para destacar o seu caráter coercitivo. Se a citação foi efetivada pelo correio, não há óbice para, certificado *in albis* o prazo para entrega, ser expedido o mandado de que trata o dispositivo em questão. Eventual demora na expedição de novo mandado pode levar o exequente a não fazer uso da citação pelo correio, optando pela sua realização, desde logo, pelo oficial de justiça. Idêntica observação é pertinente para as demais modalidades obrigacionais.

Se for constatada que a coisa foi alienada quando já litigiosa, isto é, após a citação do executado, será expedido mandado contra o terceiro adquirente que, para ser ouvido, precisará depositá-la. A previsão, constante do art. 808, não agride o "modelo constitucional" porque inverte legitimamente o contraditório, sem eliminá-lo.

Na hipótese de o executado entregar a coisa – o que pode se dar no prazo de quinze dias ou *a posteriori*, quiçá por causa do agravamento do valor da multa –, será lavrado o termo respectivo e considerada a obrigação satisfeita (art. 807). O mesmo dispositivo ressalva, contudo – e o faz pertinentemente –, que a execução pode ter que prosseguir para o pagamento de frutos (art. 237, parágrafo único, e art. 242, parágrafo único, do CC) ou o ressarcimento de prejuízos, se houver, hipótese em que ela passa a ser verdadeira execução por quantia certa. Os valores respectivos serão apurados em liquidação, observando-se o que, a esse respeito, dispõem os arts. 510 ou 511, consoante o caso. Sendo suficiente a apresentação de meros cálculos aritméticos – é supor, apenas para ilustrar, que as perdas e danos estejam prefixados em cláusula penal do contrato que constitui o título executivo –, a prática dos atos executivos já poderá ter início imediato.

Se a coisa deteriorar, se ela não for entregue, se ela não for encontrada ou quando o exequente não pretender reclamá-la de terceiro, o exequente passa a ter, perante o executado, direito de receber, além do valor da coisa, perdas e danos. A previsão do *caput* do art. 809 transporta para o plano do processo o disposto nos arts. 234, 236 e 239 do CC. Também é pertinente a lembrança do disposto no art. 499 do CPC de 2015 e da noção, derivada do art. 498, de tutela específica. É exatamente o que ocorre, aqui, embora no ambiente da execução fundada em título extrajudicial: inviável a tutela *específica*, a obrigação converte-se em perdas e danos. O diálogo entre os planos material e processual não pode ser olvidado.

Se o valor da coisa não constar do título executivo e se for impossível sua avaliação, cabe ao exequente apresentar a estimativa correspondente, o que conduzirá o processo à liquidação por arbitramento (art. 809, § 1º). As perdas e danos também serão apuradas em liquidação, que poderá ser feita por arbitramento ou, quando necessária a prova de fato novo, pelo procedimento comum (art. 809, § 2º). Tanto quanto escrevi acima a respeito do art. 807, não descarto a possibilidade de a fase de liquidação ser desnecessária na hipótese em que o valor da coisa e as perdas e danos dependerem de meros cálculos aritméticos, o que é insinuado, aliás, pelo próprio § 1º do art. 809.

Pode ocorrer de terem sido incorporadas benfeitorias à coisa. A depender do tipo de benfeitoria e do que foi ajustado entre as partes, pode ser que essas benfeitorias gerem direito de indenização. O art. 1.219 do CC permite que ele retenha a coisa enquanto o valor respectivo às benfeitorias necessárias e úteis não seja pago (art. 242, *caput*, do CC). É esta a razão pela qual o art. 810, pressupondo a existência de benfeitorias indenizáveis feitas na coisa pelo executado ou por terceiros, impõe que a prévia liquidação (do valor das benfeitorias) é obrigatória.

O parágrafo único do art. 810 complementa a regra ao estatuir que havendo saldo e favor do executado ou de terceiros, cabe ao exequente o depósito do valor respectivo ao requerer a entrega da coisa. Se o saldo favorecer o exequente, ele poderá cobrá-lo nos autos do mesmo processo.

A alegação das benfeitorias pelo executado é matéria a ser alegada em embargos à execução, no que é expresso o inciso IV do art. 917, hipótese em que deverão ser observados também os §§ 5º e 6º daquele dispositivo, quanto à possibilidade de compensação do valor das benfeitorias com relação a eventuais frutos ou perdas e danos devidos pelo executado (o que se harmoniza com os arts. 242 e 1.221 do CC) e quanto à possibilidade de o exequente ser imitido na posse da coisa prestando caução ou depositando o valor devido pelas benfeitorias ou o resultante de compensação.

Há espaço para uma última consideração. A cobrança do valor das perdas e danos já liquidadas nesses casos – e a ressalva é pertinente também para o inadimplemento das obrigações de dar coisa incerta, de fazer e de não fazer – deverá observar o modelo do *cumprimento de sentença*. Assim, o executado será *intimado* para o pagamento do valor apurado sob pena de multa de 10% e sem prejuízo dos honorários advocatícios também fixados, de início, em 10%, tudo com observância do disposto nos arts. 513, § 2º, e 523.

Isso porque a prévia *quantificação* das perdas e danos (resultado do inadimplemento da obrigação em sua forma específica) dá-se *jurisdicionalmente* em fase de liquidação, observando-se o *procedimento* dos arts. 510 ou 511, silente que é o Livro II da Parte Especial a seu respeito. Quando menos, como aventei (ainda que excepcionalmente), será bastante a apresentação de memória de cálculo. É essa a melhor interpretação a ser dada às expressões empregadas pelo *caput* do art. 523, "em quantia certa, ou já fixada em liquidação" no contexto aqui debatido.

3.2.2 Coisa incerta

Quando se tratar de coisa incerta – coisa determinada pelo gênero e pela quantidade consoante se lê do *caput* do art. 811, em harmonia com o art. 243 do CC –, é mister verificar, à luz da lei aplicável ou do que foi ajustado pelas partes, a quem compete a escolha.

Se ela couber ao devedor (executado no plano do processo), ele será citado para entregá-la individualizada (art. 811, *caput*). Se a escolha couber ao credor (exequente no plano do processo), a escolha será feita na petição inicial (art. 811, parágrafo único).

Qualquer uma das partes poderá, em quinze dias, impugnar a escolha feita pela outra, seguindo-se decisão, com ou sem dilação probatória (inclusive pericial), se for o caso (art. 812).

Uma vez feita a escolha – ou superado eventual impasse nos moldes do art. 812 – o processo prosseguirá com observância dos arts. 806 a 810 porque, a partir de então, a obrigação passou a ser de entrega de coisa *certa* (art. 245 do CC). Suficientes, por isso mesmo, as considerações que fiz no número anterior.

3.3 Execução das obrigações de fazer ou de não fazer

No Capítulo dedicado às execuções das obrigações de fazer ou de não fazer baseadas em títulos executivos extrajudiciais, o CPC de 2015 divide sua disciplina em três seções. A primeira, que corresponde ao art. 814, traz as "disposições gerais". A segunda, que se estende do art. 815 ao 821, trata das obrigações de fazer e, por fim, a terceira disciplina as obrigações de não fazer nos arts. 822 e 823.

No âmbito das disposições gerais, o art. 814 prevê a possibilidade de cominação de multa (não necessariamente diária) para compelir o executado a fazer ou não fazer, cabendo ao magistrado fixá-la desde o recebimento da petição inicial, estipulando, ademais, a data a partir da qual será ela devida. Com relação à dinâmica da multa, parecem-se bastantes as considerações que fiz no n. 7.1.2.1 do Capítulo 13 a respeito do art. 537, levando em conta, inclusive, as modificações introduzidas, pela Lei n. 13.256/2016, em seu § 3º.

A possibilidade de redução do valor da multa quando constante do título executivo e for excessivo é expressamente assegurada pelo parágrafo único do dispositivo.

É irrecusável o entendimento de que se justifiquem outras medidas de apoio, consoante as vicissitudes do caso concreto, e sejam aplicadas, fundamentalmente, pelo magistrado. A atipicidade dos meios executivos, derivada do inciso IV do art. 139 encontra, também aqui, largo espaço para ser adotada.

3.3.1 Obrigações de fazer

Proferido o juízo de admissibilidade da petição inicial (que observará as regras do art. 798), o executado será citado para satisfazê-la no prazo que o magistrado designar, salvo se outro constar do título executivo (art. 815). A determinação do magistrado poderá ser – e na prática o é – fortalecida pela cominação de multa nos moldes do art. 814 ou de outra medida de cunho coercitivo que se justifique diante do caso concreto.

Não há vedação para que a citação seja efetiva pelo correio, embora, tanto quanto já escrevi no n. 3.2.1, *supra*, pode ser que a dinâmica da obrigação que o exequente quer ver satisfeita não indique aquela modalidade como a mais eficiente.

Se não satisfeita a obrigação, o exequente pode buscar seu cumprimento à custa do executado ou, desde logo, requerer sua conversão em perdas e danos, a serem liquidadas no mesmo processo, que converter-se-á em execução por quantia certa (art. 816).

Tratando-se de obrigação que possa ser cumprida por terceiro, o exequente poderá requerer ao magistrado que ele satisfaça a obrigação à custa do executado (art. 817, *caput*). Nesse caso, o exequente adiantará as quantias previstas na proposta do terceiro que, após a oitiva das partes, o juiz houver aprovado (art. 817, parágrafo único).

Cumprida a prestação, as partes serão intimadas para se manifestarem no prazo de dez dias. Não havendo impugnação, a obrigação será considerada satisfeita (art. 818, *caput*), o que, na perspectiva do direito material, não exclui o perseguimento de eventuais perdas e danos em favor do exequente (art. 249, *caput*, do CC). Se houver qualquer questionamento, o juiz decidirá (art. 818, parágrafo único). Trata-se de decisão interlocutória sujeita a agravo de instrumento (art. 1.015, parágrafo único).

Se o terceiro inadimplir a obrigação ou cumpri-la de modo incompleto ou defeituoso, poderá o exequente requerer, no prazo de quinze dias, ao magistrado que o autorize a concluí-la ou repará-la à custa do próprio terceiro (art. 819, *caput*). Ouvido o contratante no prazo de quinze dias, o magistrado determinará a avaliação do custo das despesas necessárias e imporá a ele o pagamento respectivo (art. 819, parágrafo único).

O exequente tem preferência em igualdade de condições de oferta em relação a terceiro à realização da prestação, caso queira executá-la ou mandá-la executar sob seus cuidados (art. 820, *caput*). Esse direito de preferência deve ser exercido no prazo de cinco dias da aprovação da proposta do terceiro (art. 820, parágrafo único).

Na hipótese de a obrigação ser infungível, isto é, nos casos em que foi convencionado que o executado deve satisfazê-la pessoalmente, o exequente poderá requerer ao magistrado que fixe prazo para cumpri-la (art. 821, *caput*). Na hipótese de haver recusa ou mora do executado, a obrigação converter-se-á em perdas e danos (art. 247 do CC). Após eventual liquidação, o processo prossegue como execução por quantia certa (art. 821, parágrafo único).

O prezado leitor poderá lembrar, diante das alternativas que acabei de expor, da gradação feita pelos arts. 497 e 499 sobre a tutela específica, o resultado prático equivalente e as perdas e danos. É exatamente o que ocorre, ainda que no ambiente de uma execução fundada em título extrajudicial e, por isso, o diálogo entre os planos material e processual mostra-se tão pertinente e tão intenso.

Sobre a cobrança dos valores relativos às perdas e danos, é pertinente trazer para cá a mesma consideração do n. 3.2.1, *supra*: ela deverá ser feita pelo procedimento do art. 523, intimando-se o executado para pagamento com observância do § 2º do art. 513. Embora o título executivo tenha origem extrajudicial, a apuração das perdas e danos foi *jurisdicionalizada*. É o que basta para justificar a incidência daqueles dispositivos.

3.3.2 Obrigações de não fazer

Os arts. 822 e 823 transportam, para o plano do processo, o disposto no *caput* do art. 251 do CC sobre as obrigações de não fazer: "praticado pelo devedor o ato, a cuja abstenção se obrigara, o credor pode exigir dele que o desfaça, sob pena de se desfazer à sua custa, ressarcindo o culpado perdas e danos".

Perceba, prezado leitor, que o "desfazer" imposto desde o plano material não deixa de ser um "fazer", uma ação positiva decorrente do descumprimento da omissão ajustada entre as partes (ou imposta pela lei). Em rigor, destarte, não há espaço, na perspectiva do plano processual, para criar algo para além da disciplina dos arts. 815 e 821.

Tanto assim que o art. 822, pressupondo a descrição do inadimplemento tal qual o do precitado art. 251 do CC na petição inicial, autoriza o magistrado a assinar prazo ao executado para desfazer o que não deveria, por força de lei ou de contrato, ter feito. Também aqui, é plenamente justificável a cominação da multa coercitiva do art. 814, que poderá ser adotada em combinação e sem prejuízo de outras medidas de apoio.

Se houver recusa ou mora do executado, o exequente requererá ao juiz que mande desfazer o ato à custa do próprio executado, que responderá por perdas e danos (art. 823, *caput*). Se o desfazimento não for possível, a obrigação resolve-se em perdas e danos, a serem apurados (liquidados) no mesmo processo, que prosseguirá como execução por quantia certa (art. 823, parágrafo único).

3.4 Execução por quantia certa

Como escrevi no n. 3, *supra*, o art. 797, à guisa de indicar a finalidade de toda e qualquer execução, independentemente de sua modalidade obrigacional, acaba indicando a finalidade da execução por quantia certa, distinguindo os casos em que ela é direcionada a devedor solvente (e é dessa que o CPC de 2015 se ocupa) daquela voltada ao devedor insolvente (cuja disciplina ainda é a do CPC de 1973, como exponho no n. 3.4.5.2, *infra*). Segundo o *caput* do dispositivo, "ressalvado o caso de insolvência do devedor, em que tem lugar o concurso universal, realiza-se a execução no interesse do exequente que adquire, pela penhora, o direito de preferência sobre os bens penhorados".

Em reforço àquela noção, o art. 824 dispõe que "a execução por quantia certa realiza-se pela expropriação de bens do executado, ressalvadas as execuções especiais".

A expropriação, que é a retirada pelo Estado-juiz de bens legitimamente pertencentes ao patrimônio do executado, pode ser feita por adjudicação, alienação por iniciativa particular, alienação em leilão judicial ou, ainda, pela apropriação de frutos e rendimentos de empresa ou de estabelecimentos e de outros bens (art. 825).

Ao executado, desde a citação, é reconhecido o direito de pagar o que é devido. Na citação inicial, aliás, ele é incentivado a tanto, pela redução dos honorários advocatícios que devem ser fixados de início. Depois disso – e enquanto não expropriados os bens penhorados – ele pode *remir* a execução, desde que o faça ofertando a importância atualizada monetariamente da dívida, com os juros cabíveis, além de custas processuais e honorários advocatícios (art. 826). É a chamada *remição* da execução, com cê-cedilha, substantivo que, em termos jurídicos, merece ser compreendido como o direito do executado de liberar-se da dívida. Ela não se confunde, prezado leitor, com a *remissão* da execução, figura totalmente diversa, de iniciativa do exequente, que significa o *perdão* da dívida pelo exequente. Trata-se de hipótese que, se ocorrente, conduzirá à extinção da execução nos moldes dos incisos III ou IV do art. 924.

3.4.1 Citação e arresto

Proferido o juízo de admissibilidade na petição inicial, que envolve a fixação de honorários advocatícios de 10% sobre o valor total devido (art. 827, *caput*), o executado será citado para *pagar* em três dias o valor indicado (e demonstrado) pelo exequente.

O § 1º do art. 827 incentiva o executado a pagar naquele prazo ao prever a redução dos honorários para 5%. Em contrapartida – e para fortalecer a técnica do § 1º –, o § 2º do art. 827 admite a majoração dos honorários, até 20%, se rejeitados os embargos à execução e, mesmo quando não opostos, levando em conta o trabalho realizado pelo exequente até o final do processo.

O prazo de três dias para o pagamento é contado da própria citação do executado, como se verifica do *caput* do art. 829. O dispositivo harmoniza-se, assim, com o disposto no § 3º do art. 231 e a regra nele contida de que, quando o ato tiver de ser praticado diretamente pela parte, sem a intermediação de representante judicial, o dia do começo do prazo para cumprimento da determinação judicial corresponderá à data em que se der a comunicação. Não há razão, destarte, para aguardar a juntada aos autos da carta ou do mandado de citação cumprido, excepcionando a incidência das específicas hipóteses dos incisos I e II do *caput* do art. 231, mostrando-se indiferentes, para esse fim, as situações previstas nos incisos III a VI e IX do mesmo dispositivo. Não obstante – e lembrando do que escrevi a respeito no n. 6.1 do Capítulo 5 –, é importante frisar que os três dias são *úteis*, já que de prazo *processual* se trata (art. 219, parágrafo único).

O prezado leitor poderá estranhar a indistinta menção a *carta* e a *mandado* de citação. Ela se justifica porque o CPC de 2015 não preservou a vedação do CPC de 1973 sobre a citação pelo correio em execução (art. 247). Assim, pode o exequente requerer que a citação seja feita pelo correio *ou* por oficial de justiça nos moldes autorizados pelo inciso V do precitado art. 247. Também pode requerer que a citação seja realizada por meio eletrônico, que é a modalidade preferencial, de acordo com o *caput* do art. 246, na redação que lhe deu a Lei n. 14.195/2021.

O que não nego é que, dada a dinâmica da execução por quantia certa, a citação pelo correio (tradicional ou eletrônico) pode se mostrar menos *eficiente* que aquela feita pelo oficial de justiça. Sim, porque, de acordo com o § 1º do art. 829, caberá ao oficial de justiça, verificando o não pagamento, findos *in albis* os três dias (úteis), penhorar e avaliar bens do executado, quiçá indicados na própria petição inicial pelo exequente (798, II, *c*). Cabe ao executado, nesse caso, indicar bens diversos, desde que o magistrado aceite sua justificativa de que a penhora lhe seja menos gravosa e não prejudique o exequente, que poderá, até mesmo, ter indicado os bens para penhora desde sua petição inicial (art. 829, § 2º), escorreita aplicação do que enuncia o parágrafo único do art. 805 e do princípio da menor gravosidade da execução nele agasalhado.

Não que não possa haver expedição de *mandado* de penhora e avaliação após o transcurso do prazo de três dias da citação pelo correio tradicional ou eletrônica, repito. É que, muito provavelmente, não será a maneira mais eficiente e ágil de praticar os atos executivos sucessivos àquele primeiro evento.

Também justifica a preferência pela citação do executado por oficial de justiça a previsão do art. 830: não encontrado o executado, cabe ao oficial de justiça (e não ao carteiro, nem ao administrador de e-mails do executado) *arrestar* tantos bens seus quantos sejam suficientes para garantir a execução. Esse arresto merece ser compreendido como verdadeira pré-penhora, ato, portanto, de cunho executivo e que não guarda nenhuma relação com o "arresto cautelar" do CPC de 1973 que só subsiste no CPC de 2015 pela infeliz menção que a ele faz o art. 301.

Nos dez dias que se seguirem à realização do arresto, o oficial de justiça procurará o executado duas vezes em dias distintos. Se suspeitar de sua ocultação, citá-lo-á por hora certa (arts. 253 e 254), certificando o ocorrido com o detalhamento que a gravidade da situação requer (art. 830, § 1º).

As considerações que acabei de traçar são, evidentemente, menos relevantes na exata medida em que os bens passíveis de penhora sejam, eles próprios, encontrados eletronicamente (inclusive por força do empregado no "Sistema Integrado de Recuperação de Ativos" – Sira, também criado e disciplinado pelos arts. 13 a 20 da Lei n. 14.195/2021), o que acaba por incentivar, inclusive, a realização da citação *eletrônica* do executado.

Caso a citação pessoal e a com hora certa não forem possíveis, restará ao exequente requerer a citação do executado por edital (art. 830, § 2º).

Feita a citação em uma dessas modalidades e transcorrido o prazo de pagamento, o arresto converter-se-á em penhora, independentemente de termo. Destaco que, nos casos de a citação efetivar-se por hora certa ou por edital, e sem que o executado compareça espontaneamente, será nomeado a ele curador especial que terá legitimidade para apresentar embargos à execução e, mais genericamente, controlar a regularidade dos atos executivos (art. 72, II), orientação harmônica com a Súmula 196 do STJ.

3.4.2 Certidão comprobatória da admissão da execução

O art. 828 admite a expedição de certidão comprobatória do juízo de admissibilidade positivo da petição inicial da execução. Esse juízo de admissibilidade, superada eventual determinação de emenda nos termos do art. 801, corresponde à determinação de citação do executado. Não há razão para entender que a certidão depende de deferimento do magistrado, sendo ato eminentemente cartorário, meramente documental do recebimento da inicial.

O maior objetivo da providência é o de evitar fraudes à execução – a certidão permitirá a averbação da execução no registro de imóveis, de veículos ou de outros bens sujeitos à penhora, arresto ou indisponibilidade –, como evidenciam o *caput* e o § 4º do art. 828. A mais adequada interpretação da regra é no sentido de que podem ocorrer outras hipóteses de fraude à execução, independentemente da averbação da execução com fundamento no art. 828. É o que decorre, aliás, da escorreita interpretação dos diversos incisos do art. 792, cujo inciso II refere-se expressamente à hipótese aqui analisada.

De acordo com o § 1º do art. 828, o exequente terá dez dias para comunicar o órgão jurisdicional da efetivação de eventuais averbações. Depois de penhorados bens do executado suficientes para pagamento da dívida, o exequente terá outro decêndio para providenciar o cancelamento das averbações dos bens não penhorados (art. 828, § 2º). Se não o fizer nesse prazo, cabe ao magistrado determinar o cancelamento, inclusive de ofício (§ 3º), respondendo o exequente, tanto quanto pela realização de averbações manifestamente indevidas, por eventuais prejuízos experimentados pelo executado em incidente a se desenvolver em autos apartados (§ 5º).

O art. 828 deve ser interpretado, como mencionei no n. 2.5, *supra*, ao lado da redação que a Lei n. 14.382/2022 deu ao art. 54 da Lei n. 13.097/2015, não obstante a pertinente crítica à inconstitucionalidade *formal* desse diploma legislativo, por ser fruto de conversão de medida provisória e, pois, violador da vedação constante do art. 62, § 1º, *b*, da CF.

A previsão do art. 828, importa destacar, por fim, não inibe e não se confunde com a autorização contida no inciso IX do art. 799, pela qual o exequente poderá proceder à averbação em registro público do ato de *propositura* da execução e também dos atos de constrição realizados, para conhecimento de terceiros, com os quais se ocupa o art. 844. As iniciativas, de qualquer sorte, tendem à mesma finalidade: a de evitar fraude à execução ou, quando menos, eliminar a presunção de boa-fé de eventuais adquirentes dos bens a ela sujeitos, encontrando eco nos incisos I, III e IV do art. 792.

3.4.3 Penhora, depósito e avaliação

Como escrevi no n. 3.4, *supra*, a propósito do art. 824, o objetivo da execução por quantia certa é o de expropriar bens do executado para satisfazer o crédito do exequente. Coerentemente, o art. 831 estabelece que a penhora recairá sobre os bens suficientes "para o pagamento do principal atualizado, dos juros, das custas e dos honorários advocatícios". Não será efetivada penhora de bens cujo valor não for suficiente para o pagamento das custas da execução (art. 836, *caput*).

Nem todo bem é passível de penhora, contudo. O art. 832 veda a penhora de bens *inalienáveis* (*status* obtido desde o direito material) ou *impenhoráveis*, assim considerados aqueles indicados no art. 833, sem prejuízo de disposições de leis extravagantes, a mais tradicional delas, a do "bem de família" considerado impenhorável por força da Lei n. 8.009/1990, e os bens de hospitais filantrópicos e Santas Casas de Misericórdia nos termos da Lei n. 14.334/2022. Quando não houver outros bens passíveis à penhora, os frutos e os rendimentos dos bens inalienáveis podem ser penhorados, consoante permite o art. 834. O tema ganha bastante interesse no CPC de 2015 considerando a "apropriação de frutos e rendimentos de empresa ou de estabelecimentos e de outros bens" como técnica executiva nos moldes do inciso III do art. 825.

Os bens considerados *impenhoráveis*, de acordo com o art. 833 são os seguintes: (i) os bens inalienáveis e os declarados, por ato voluntário, não sujeitos à execução; (ii) os móveis, os pertences e as utilidades domésticas que guarneçam a residência do executado, salvo os de elevado valor ou os que ultrapassem as necessidades comuns correspondentes a um médio padrão de vida; (iii) os vestuários, bem como os pertences de uso pessoal do executado, salvo se de elevado valor; (iv) os vencimentos, os subsídios, os soldos, os salários, as remunerações, os proventos de aposentadoria, as pensões, os pecúlios e os montepios, bem como as quantias recebidas por liberalidade de terceiro e destinadas ao sustento do devedor e de sua família, os ganhos de trabalhador autônomo e os honorários de profissional liberal até o limite de cinquenta salários mínimos mensais, excetuada a hipótese de crédito de natureza alimentar, independentemente de sua origem, para qual não há limitação de valor (art. 833, § 2º); (v) os livros, as máquinas, as ferramentas, os utensílios, os instrumentos ou outros bens móveis necessários ou úteis ao exercício da profissão do executado, inclusive os equipamentos, os implementos e as máquinas agrícolas pertencentes a pessoa física ou a empresa individual produtora rural, exceto quando tais bens tenham sido objeto de financiamento e estejam vinculados em garantia a negócio jurídico ou quando respondam por dívida de natureza alimentar, trabalhista ou previdenciária (art. 833, § 3º); (vi) o seguro de vida; (vii) os materiais necessários para obras em andamento, salvo se as próprias obras forem objeto de penhora; (viii) a pequena propriedade rural, assim definida em lei, que ainda é o Estatuto da Terra (Lei n. 4.504/1964), sem prejuízo do § 2º do art. 4º da Lei n. 8.009/1990, desde que trabalhada pela família; (ix) os recursos públicos recebidos por instituições privadas para aplicação compulsória em educação, saúde ou assistência social; (x) a quantia depositada em caderneta de poupança, até o limite de quarenta salários mínimos (com a mesma ressalva do § 2º do art. 833); (xi) os recursos públicos do fundo partidário recebidos por partido político, nos termos da lei; e por fim, (xii) os créditos oriundos de alienação de unidades imobiliárias, sob regime de incorporação imobiliária, vinculados à execução da obra.

Quando se tratar de cobrança de dívida relativa ao próprio bem, inclusive aquela contraída para sua aquisição, não tem aplicação o regime de impenhorabilidade (art. 833, § 1º).

A penhora sobre dinheiro (em espécie ou em depósito ou aplicado em instituição financeira) passa a ser, com o CPC de 2015, *prioritária* (art. 835, I, e § 1º). A penhora dos demais bens está sujeita à ordem preferencial dos incisos do art. 835 que, contudo, pode ser alterada consoante as peculiaridades de cada caso concreto por decisão fundamentada do magistrado (art. 835, § 1º). Tratando-se de execução de crédito com garantia real, a penhora recairá sobre a coisa dada em garantia, e, se a coisa pertencer a terceiro garantidor, este também será intimado da penhora (art. 835, § 3º), isso se ele não for citado como executado, o que ganha interesse diante da hipótese do inciso V do art. 779 que o legitima expressamente a tanto.

Quando o oficial de justiça não encontrar bens penhoráveis, cabe a ele descrever os bens que encontrar na residência ou no estabelecimento do executado, tratando-se de pessoa jurídica (art. 836, § 1º), hipótese em que, até ulterior deliberação judicial, o executado ou o seu representante legal serão nomeados depositários provisórios dos bens (art. 836, § 2º).

3.4.3.1 *Documentação da penhora, registro e depósito*

O art. 837 permite que a penhora de dinheiro, tanto quanto as averbações de penhoras de bens imóveis ou móveis sejam realizadas por meio eletrônico, desde que observadas as normas de segurança instituídas de maneira uniforme pelo CNJ. Não há como negar que também imóveis ou móveis, estes quando sujeitos a registro (como ocorre com carros, por exemplo), também sejam penhorados por meio eletrônico. Trata-se de tendência clara que permite ir além da *literalidade* do art. 837, não obstante a previsão do § 1º do art. 845. Importa, isso sim, que os sistemas eletrônicos que permitam essas penhoras observem as necessárias diretrizes de segurança.

Não obstante o silêncio do art. 837, não há razão para excluir que também o arresto (art. 830) ou outros atos constritivos que acabem por se justificar na execução ou, mais amplamente, ao longo do processo, realizem-se eletronicamente, com observância do disposto no mesmo dispositivo.

A permissão da penhora por meio eletrônico, mesmo para quem a entenda restrita a dinheiro, coloca em xeque a regra do *caput* do art. 845, segundo a qual a penhora é realizada no lugar onde os bens se encontram. Também é irrecusável que o emprego de meio eletrônico dispensa a expedição de carta precatória nos termos do § 2º do art. 845.

Sobre o assunto, cabe acentuar que o CNJ desenvolveu importante ferramenta digital com o objetivo de agilizar e centralizar a busca de ativos e patrimônios em variadas bases de dado. Refiro-me ao "Sistema Nacional de Investigação Patrimonial e Recuperação de Ativos" – Sniper.

Considera-se feita a penhora pela apreensão do bem e o depósito do bem (art. 839).

A penhora será documentada por auto ou termo, que conterá: (i) o dia, o mês, o ano e o lugar em que foi feita; (ii) os nomes do exequente e do executado; (iii) a descrição dos bens penhorados, com as suas características; e (iv) a nomeação do depositário dos bens (art. 838). Se várias penhoras forem realizadas em uma só diligência, o termo ou auto será único (art. 839, *caput*); se não, serão lavrados tantos quantos sejam as penhoras efetivadas (art. 839, parágrafo único). Tratando-se de penhora em dinheiro feita por meio eletrônico, é dispensada a lavratura de termo (art. 854, § 5º).

O art. 840 disciplina o depósito dos bens penhorados. As quantias em dinheiro, papéis de crédito, as pedras e os metais preciosos ficarão preferencialmente em entidades financeiras públicas. Somente na ausência de tais estabelecimentos é que o depósito pode ser feito em outra instituição de crédito a ser designada pelo magistrado (art. 840, I). Os móveis, os semoventes, os imóveis urbanos e os direitos aquisitivos sobre imóveis urbanos ficarão depositados em poder do depositário judicial (art. 840, II). Os imóveis rurais, os direitos aquisitivos sobre imóveis rurais, as máquinas, os utensílios e os instrumentos necessários ou úteis à atividade agrícola, mediante caução idônea, serão depositados em poder do executado (art. 840, III).

Nas localidades onde não houver depositário judicial, os bens ficarão em poder do exequente (art. 840, § 1º).

O § 2º do art. 840 autoriza que os bens sejam depositados em poder do executado nos casos de difícil remoção ou quando houver anuência do exequente. A exceção não parece querer infirmar o disposto no inciso III do *caput*, regra específica.

As joias, as pedras e os objetos preciosos deverão ser depositados com registro do valor estimado de resgate (art. 840, § 3º).

O CPC de 2015, diferentemente do inciso III do art. 666 do CPC de 1973, silencia-se sobre a hipótese de os bens ficarem em depósito particular. É irrecusável a possibilidade de as partes disporem a respeito, desde que observados os limites do art. 190.

Uma vez formalizada a penhora (art. 839, *caput*), o executado será dela imediatamente intimado (art. 841, *caput*). A regra é a que a intimação seja feita por intermédio do advogado ou da sociedade de advogados (art. 841, § 1º). O § 3º excepciona-a quando a penhora é realizada na presença do executado, que se reputa intimado no próprio ato. Se não houver advogado, o executado será intimado pessoalmente, de preferência pelo correio (art. 841, § 2º), presumindo-se válida, como se extrai do § 4º do mesmo dispositivo, a intimação dirigida ao endereço constante dos autos. As previsões harmonizam-se com o disposto no art. 274 e respectivo parágrafo único.

Se a penhora recair sobre bem imóvel ou direito real sobre imóvel, também será intimado o cônjuge do executado, salvo se forem casados em regime de separação absoluta de bens (art. 842).

Se o bem penhorado for indivisível, o equivalente à quota-parte do coproprietário ou do cônjuge não executado recairá sobre o produto da alienação do bem (art. 843, *caput*), reservando, o § 1º do dispositivo, preferência na arrematação do bem em igualdade de condições a eles. O § 2º é regra protetiva daqueles terceiros, que impede a consumação da expropriação por preço inferior ao da avaliação na qual o valor auferido não garanta ao coproprietário ou ao cônjuge alheio à execução o correspondente à sua quota-parte calculado sobre o valor da avaliação.

Cabe ao exequente averbar a penhora ou o arresto no registro competente. Se a averbação não for realizada por meio eletrônico, como permite o art. 837, basta, para tanto, que o exequente apresente ao oficial do cartório cópia do auto ou do termo respectivo, independentemente de qualquer ordem ou determinação judicial (art. 844). A finalidade do ato é a de dar publicidade da constrição a terceiros, razão pela qual o dispositivo refere-se à "presunção absoluta de conhecimento por terceiros", a afastar, consequentemente, eventual alegação de boa-fé do adquirente do bem penhorado ou arrestado (art. 792, III). A providência, destarte, não se confunde com a do art. 828, concretizando, de qualquer sorte, o que, desde o inciso IX do art. 799, é tratado como incumbência do exequente.

3.4.3.2 Lugar da realização da penhora

Como escrevi no número anterior, não se tratando de penhora eletrônica, a penhora realiza-se no local onde se encontram os bens, mesmo quando estiverem em posse, detenção ou guarda de terceiro (art. 845, *caput*).

É possível, contudo, mesmo no mundo do papel, que a penhora de bens imóveis independentemente de sua localização seja efetivada por termo nos autos diante da apresentação da certidão da respectiva matrícula, tanto quanto – e aqui reside uma importante novidade do CPC de 2015 – a penhora de veículos automotores, mediante a apresentação de certidão que ateste a sua existência (art. 845, § 1º).

Com essa possibilidade, o § 2º do art. 845, ao disciplinar a viabilidade de penhora de bens por carta precatória – a chamada "execução por carta" –, pressupõe não só a inexistência de bens no foro em que tramita o processo, mas a impossibilidade de realização da penhora em consonância com o § 1º.

Havendo resistência do executado na realização da penhora, o oficial de justiça comunicará o fato ao magistrado que, se for o caso, expedirá mandado de arrombamento a ser cumprido com as cautelas do art. 846, inclusive, se necessária, mediante o emprego de força policial. Trata-se de regra que concretiza o dever-poder de efetivação do inciso IV do art. 139.

3.4.3.3 Modificações da penhora

Tanto o executado como as partes, exequente e executado, podem requerer a substituição do bem penhorado.

O art. 847 disciplina as hipóteses em que o executado pode pleitear a *substituição* do bem penhorado, o que pressupõe, não me parece desnecessário afirmar, que a penhora já tenha sido realizada, devidamente documentada e intimado o executado. Antes disso, não há nada que obste ao executado indicar bens à penhora, justificando a menor onerosidade nos termos genéricos do art. 805 e nos específicos do § 2º do art. 829.

O executado terá dez dias após a intimação da penhora para requerer a substituição do bem, devendo demonstrar, na oportunidade, que a nova penhora lhe será menos onerosa e que a substituição não tratará prejuízo ao exequente (art. 847, *caput*). Trata-se, aqui também, de concretização do princípio agasalhado derivado dos dispositivos que indiquei acima.

Os §§ 1º a 3º do art. 847 tratam do ônus que recaem sobre o executado para que a substituição por ele pretendida, após a oitiva do exequente, seja deferida (art. 847, § 4º). O prazo, para tanto, é de três dias, consoante se lê do *caput* do art. 853.

O art. 848 disciplina a hipótese de o exequente *ou* o executado requererem a substituição do bem penhorado. Já não se trata, aqui, de aplicação do princípio da menor gravosidade da execução mas, bem diferentemente, de ocorrência de uma das diversas hipóteses previstas nos incisos daqueles dispositivos, quais sejam: (i) não obedecer à ordem legal; (ii) não incidir sobre os bens designados em lei, contrato ou ato judicial para o pagamento; (iii) havendo bens no foro da execução, outros tiverem sido penhorados; (iv) havendo bens livres, ela tiver recaído sobre bens já penhorados ou objeto de gravame; (v) quando incidir sobre bens de baixa liquidez; (vi) fracassar a tentativa de alienação judicial do bem; ou, ainda, (vii) quando o executado não indicar o valor dos bens ou omitir qualquer das indicações a ele impostas.

O parágrafo único do art. 848 admite também a substituição do bem penhorado por fiança bancária ou por seguro-garantia judicial. Nesse caso, o valor a ser ofertado não pode ser inferior ao débito constante da inicial acrescido de 30%. O § 2º do art. 835, a esse respeito, determina a equiparação da fiança bancária e o seguro-garantia judicial à penhora em dinheiro.

Requerida a substituição da penhora por uma parte, a outra será ouvida no prazo de três dias (art. 853, *caput*), decidindo o magistrado em seguida (art. 853, parágrafo único). Trata-se de decisão interlocutória sujeita a agravo de instrumento nos termos do parágrafo único do art. 1.015. Aceita a substituição, será lavrado novo termo (art. 849), observando as exigências do art. 838.

Para além das hipóteses de *substituição* da penhora previstas nos arts. 847 e 848, é vedada a realização de segunda penhora salvo, de acordo com o art. 851, quando a primeira for anulada, quando após a alienação dos bens penhorados, o produto respectivo não for suficiente para pagar o exequente ou quando o exequente desistir da primeira penhora ao descobrir que havia alguma discussão judicial sobre eles ou porque sobre eles recai alguma constrição judicial.

A penhora é passível de redução ou de ampliação, bem como sua transferência para outros bens. Para tanto, de acordo com o art. 850, o valor de mercado dos bens penhorados deve sofrer alteração significativa.

Pode ocorrer também de ser justificada a alienação antecipada dos bens penhorados. O art. 852 a admite quando se tratar de veículos automotores, de pedras e metais preciosos e de outros bens móveis sujeitos à depreciação ou à deterioração e quando houver manifesta vantagem na antecipação da alienação.

É irrecusável que os incidentes que têm como fundamento as hipóteses dos arts. 850 a 852 pressupõem contraditório pleno. A eles observar-se-á, também, o disposto no art. 853 e o prazo de três dias para a parte contrária manifestar-se, seguindo-se a decisão do magistrado a respeito, sujeita a agravo de instrumento (art. 1.015, parágrafo único).

3.4.3.4 Modalidades de penhora

As Subseções V a X tratam de diversas modalidades de penhora e, de certa forma, regulamentam, especificando, as técnicas a serem adotadas para a efetivação da penhora de alguns dos bens referidos no rol do art. 835. O exame de cada uma delas ocupa os números seguintes.

3.4.3.4.1 Penhora de dinheiro em depósito ou em aplicação financeira

O art. 854 disciplina a "penhora de dinheiro em depósito ou em aplicação financeira", mais conhecida como "penhora *on-line*", implementando a permissão (expressa) do art. 837.

O dispositivo, aprimorando o sistema do CPC de 1973, distingue com maior nitidez o *bloqueio* dos valores (que se dá na conta do executado) e a sua *transferência* para conta judicial (§ 5º); a *postergação* (nunca eliminação) do contraditório (*caput* e § 2º); o ônus do executado de arguir eventual impenhorabilidade dos valores bloqueados ou a manutenção de indisponibilidade indevida (§ 3º) e a decisão a ser tomada a esse respeito (§ 4º); o momento de transformação da indisponibilidade dos valores bloqueados em penhora, dispensada a lavratura de termo (§ 5º); os prazos para desbloqueio de valores indevidos (§§ 1º e 6º) e a responsabilidade do banco na demora do acatamento das determinações judiciais (§ 8º), todas elas transmitidas por meio de sistema eletrônico gerido pela autoridade supervisora do sistema financeiro nacional (§ 7º). O § 9º do art. 854 trata das normas a serem observadas na realização da penhora quando a execução é dirigida a partido político, impondo a responsabilidade de cada órgão partidário individualmente considerado.

Questão interessante é saber se o magistrado pode fazer a penhora de ofício, isto é, independentemente de pedido do exequente, a despeito do que o texto do § 1º do art. 854 sugere. A melhor resposta é a positiva, máxime porque o CPC de 2015, inovando, ao menos expressamente, em relação ao anterior, dispõe que a penhora em dinheiro é *prioritária* em relação aos demais bens (art. 835, § 1º), ao mesmo tempo em que o inciso IV do art. 139 cria para o magistrado verdadeiro dever-poder *atípico* relativo à prática de atos executivos, "inclusive nas ações que tenham por objeto prestação pecuniária".

Cumpridas as exigências legais, não há espaço para se questionar da ocorrência do crime previsto no art. 36 da Lei n. 13.869/2019, conhecida como "Lei do Abuso de Autoridade", nos seguintes termos: "Decretar, em processo judicial, a indisponibilidade de ativos financeiros em quantia que extrapole exacerbadamente o valor estimado para a satisfação da dívida da parte e, ante a demonstração, pela parte, da excessividade da medida, deixar de corrigi-la".

3.4.3.4.2 *Penhora de créditos*

O art. 855 disciplina a penhora de créditos do executado e as intimações a serem realizadas ao terceiro ou ao próprio executado para evitar que o pagamento respectivo seja considerado como fraude à execução.

O art. 856 trata da penhora de crédito representado por títulos de crédito. A regra é a de que a penhora efetive-se pela apreensão do próprio título. Os parágrafos do art. 856 tratam das consequências que determinados comportamentos a serem adotados pelos terceiros ou pelo executado podem assumir no âmbito da execução, inclusive a ocorrência de fraude à execução (§ 3º).

O art. 857 regula a penhora em direito e ação do executado com a sub-rogação decorrente daquele ato em favor do exequente até a satisfação de seu crédito (*caput*), sem prejuízo, caso necessário, de prosseguir na execução original (§ 2º). Caso o exequente prefira, pode requerer a alienação judicial do direito penhorado desde que o faça no prazo de dez dias após a realização da penhora (§ 1º).

O art. 858 ocupa-se com a hipótese de a penhora recair sobre dívidas de dinheiro a juros, de direito a rendas ou de prestações periódicas. Nesse caso, o exequente poderá levantar os juros, os rendimentos ou as prestações abatendo do crédito o que recebeu, observando as regras da imputação *do* pagamento, disciplinado pelos arts. 352 a 355 do CC.

O art. 859 dispõe sobre a hipótese de a penhora recair sobre direito a prestação ou restituição de coisa determinada. Nesse caso, cabe ao executado, intimado, depositar a coisa no vencimento, correndo a execução sobre ela.

O art. 860 versa sobre a chamada "penhora no rosto dos autos", isto é, a penhora sobre direito que está sendo discutido em juízo pelo executado que "será averbada com destaque, nos autos pertinentes". O objetivo da regra é permitir que a penhora seja efetivada nos bens que forem adjudicados ou vierem a caber ao executado.

3.4.3.4.3 Penhora de quotas ou ações de sociedades personificadas

O art. 861 não encontra similar no CPC de 1973. Ele versa sobre a penhora das quotas ou ações de sociedades personificadas, regulamentando, assim, o disposto no inciso IX do art. 835.

A previsão acaba encerrando de vez a discussão existente sob a égide daquele Código sobre a viabilidade, ou não, de penhora daqueles bens e, principalmente, sobre o procedimento da penhora, observando, como deve ser, as vicissitudes do direito material e de cada tipo de sociedade, inclusive na perspectiva de subsistência da pessoa jurídica.

De acordo com o dispositivo, penhoradas as quotas ou as ações de sócio, a sociedade terá que tomar as seguintes providências, no prazo a ser assinalado pelo magistrado: (i) apresentar balanço especial; (ii) ofertar as quotas ou ações aos demais sócios, observado direito de preferência legal ou contratual; e (iii) se não houver interesse dos sócios na aquisição das ações, proceder à liquidação das quotas ou das ações, depositando em juízo o valor apurado, em dinheiro. O prazo para a tomada dessas providências não será superior a três meses (art. 861, *caput*), ressalvada a ocorrência das hipóteses previstas no § 4º do art. 861, quando o magistrado poderá ampliá-lo.

O § 1º do art. 861 indica à sociedade alternativa para evitar a liquidação das quotas ou das ações (trata-se da aplicação do princípio da preservação da empresa), hipótese que, de acordo com o § 2º, não se aplica à sociedade anônima de capital aberto, cujas ações serão adjudicadas ao exequente ou alienadas em bolsa de valores.

O § 3º do art. 861 permite a nomeação de administrador, a pedido do exequente ou da sociedade, que submeterá a aprovação judicial a forma de liquidação referida no inciso III do *caput*. É correto entender que as regras relativas à apuração de haveres que os arts. 604 a 608 reservam para a dissolução parcial de sociedades (v. n. 6 do Capítulo 14) devem guiar o trabalho do administrador quando houver penhora de quotas sociais ou ações de sociedades personificadas e não houver interesse dos demais sócios (ou da própria sociedade) em sua aquisição.

Se não houver interesse dos demais sócios no exercício de direito de preferência, não ocorra a aquisição das quotas ou das ações pela sociedade e a liquidação do inciso III do *caput* seja excessivamente onerosa para a sociedade, o magistrado poderá determinar o leilão judicial das quotas ou das ações (art. 861, § 5º). Mesmo nessa hipótese, contudo, a apuração do valor das quotas ou ações deve observar o disposto nos referidos arts. 604 a 608.

No âmbito da adjudicação há importante regra sobre o assunto, que merece ser destacada aqui. De acordo com o § 7º do art. 876, havendo penhora de quota social ou de ação de sociedade anônima fechada por exequente que não pertença aos quadros sociais, a sociedade será intimada, cabendo a ela informar aos sócios a ocorrência da penhora. Eles, em igualdade de condições de oferta, terão preferência na *adjudicação* das quotas ou ações, o que, pela sistemática dos mecanismos expropriatórios, pode ocorrer antes (e independentemente) da previsão do § 5º do art. 861.

3.4.3.4.4 Penhora de empresa, de outros estabelecimentos e de semoventes

Se a penhora recair em estabelecimento comercial, industrial ou agrícola, bem como em semoventes (animais), plantações ou edifícios em construção, o magistrado deve nomear administrador-depositário, que terá dez dias para apresentar plano de administração (art. 862, *caput*) sobre o qual as partes serão ouvidas, seguindo-se a respectiva decisão (art. 862, § 1º).

Pode acontecer também às próprias partes ajustarem a forma de administração e escolherem, de comum acordo, o administrador-depositário, seguindo-se homologação judicial (art. 862, § 2º).

O § 3º do art. 862 disciplina a penhora em relação a edifícios em construção sob regime de incorporação imobiliária (ela só pode recair sobre as unidades não comercializadas) e o § 4º do mesmo dispositivo trata da hipótese de ser necessário o afastamento do incorporador da administração da incorporação e a possibilidade de aquele papel ser assumido por comissão de representantes dos adquirentes ou, conforme o caso, por empresa ou profissional indicado pela instituição fornecedora dos recursos para a obra.

Se a empresa penhorada for atuar em regime de concessão ou autorização de serviço público, o depositário-administrador será nomeado pelo magistrado, de preferência entre seus diretores (art. 863, *caput*). Se a penhora recair sobre a renda ou sobre determinados bens, cabe ao depositário-administrador apresentar a forma de administração e o esquema de pagamento, observando a disciplina da penhora de frutos e rendimentos de coisa móvel e imóvel (arts. 867 a 869). Na hipótese de a penhora recair sobre todo o patrimônio, o ente público titular do serviço concedido ou autorizado será ouvido antes da adjudicação ou alienação (art. 863, § 2º).

A penhora sobre navio ou aeronave não impede sua regular operação até a alienação. O art. 864, contudo, enfatiza a necessidade de ser feito o seguro usual contra os riscos, sem o que o magistrado negará autorização.

As penhoras analisadas nesse número, que correspondem à Subseção "Da penhora de empresa, de outros estabelecimentos e de semoventes", só serão efetivadas se não houver outro mecanismo mais eficaz para pagamento do exequente (art. 865). É o exame de cada caso concreto que viabilizará escorreita (e fundamentada) decisão acerca da possibilidade, ou não, da realização de tais penhoras. Nessa análise deve merecer a atenção do magistrado, como alternativa àquelas modalidades de penhora, a do percentual de faturamento de empresa, objeto de disciplina do art. 866, máxime diante do que se lê do *caput* do dispositivo.

3.4.3.4.5 Penhora de percentual de faturamento de empresa

A penhora do faturamento da empresa era expressamente admitida pelo § 3º do art. 655-A do CPC de 1973, dispositivo, contudo, lamentavelmente, mal alocado e, talvez por isso, com pouca observância na prática forense. Tratava-se de regra verdadeiramente esquecida. O CPC de 2015 corrigiu essa situação ao criar uma Subseção própria, intitulada "Da penhora de percentual de faturamento de empresa", cujo art. 866 busca dar disciplina mais pormenorizada àquela hipótese, deixando claro o procedimento a ser tomado para encontrar, caso a caso, o *quantum* de faturamento de penhora que não acarrete danos à continuidade dos negócios da empresa. Acrescento que essa hipótese não se confunde com a de a própria empresa ser penhorada, quando atrairá a incidência do disposto nos arts. 862 e 863, consoante discuti no número anterior, e cuja disciplina merece ser lembrada, caso a caso, em termos de maior eficiência processual, para dar concretude ao disposto no art. 865.

O *caput* do art. 866 dá a entender que a penhora de faturamento é subsidiária e pressupõe que o executado não possua outros bens penhoráveis ou, quando menos, que eles sejam de difícil alienação ou insuficientes para pagamento da dívida. Não é errado sustentar que é ônus do executado demonstrar a existência de outros bens para evitar a incidência da penhora do percentual de faturamento de empresa, o que decorre da interpretação conjunta dos arts. 805, 847, *caput*, e 867, *caput*, sem prejuízo do que já escrevi a respeito do próprio art. 865.

O § 1º do art. 866 estabelece a diretriz, a ser fixada pelo magistrado, do percentual de faturamento a ser penhorado, o prosseguimento da atividade empresarial e o prazo razoável para pagamento da dívida, sempre sem criar embaraço ao exercício da atividade empresarial.

O § 2º do art. 866 trata da nomeação do administrador-depositário, cuja forma de atuação será submetida à aprovação judicial (após o contraditório entre exequente e executado, evidentemente) e prestará contas mensalmente, com a entrega dos valores recebidos que serão imputados no pagamento da dívida.

A dinâmica dessa modalidade de penhora observará, no mais, a disciplina relativa à penhora de frutos e rendimentos de coisa móvel ou imóvel como subsidiária, objeto dos arts. 867 a 869 e do número seguinte.

3.4.3.4.6 Penhora de frutos e rendimentos de coisa móvel ou imóvel

Com as modificações introduzidas pela Lei n. 11.382/2006, a disciplina do usufruto de bens móveis e imóveis ficou pouco evidente no CPC de 1973, embora figurasse ao lado da adjudicação, da alienação por iniciativa particular e da alienação em hasta pública, como um dos métodos expropriatórios (art. 647, IV, do CPC de 1973).

O CPC de 2015, reunindo, realocando e aprimorando aquelas regras em Subseção própria ("Da penhora de frutos e rendimentos de coisa móvel ou imóvel"), e abandonando a descabida nomenclatura "usufruto", instituto de direito privado, avesso à concepção publicística do direito processual e que não guarda nenhuma relação com um método estatal de *expropriação* patrimonial, criou condições de sua utilização mais frequente sem prejuízo de evidenciar o seu *resultado prático*, ao lado da adjudicação e da alienação como um dos métodos expropriatórios do CPC de 2015. É essa a razão pela qual o inciso III do art. 825 refere-se à *apropriação de frutos e rendimentos de empresa ou estabelecimentos e de outros bens*.

O art. 867, primeiro da referida Subseção, autoriza a penhora de frutos e rendimentos de coisa móvel ou imóvel quando o magistrado considerá-la mais eficiente para o recebimento do crédito e menos gravosa ao executado. Também aqui, entendo ser irrecusável o entendimento de que é ônus do executado demonstrar se tratar a medida mais gravosa a ele e ofertar subsídios para que a penhora recaia em outros bens de forma eficiente para a satisfação do crédito do exequente. Mais uma vez, portanto, é de se aplicar, à espécie, o disposto nos arts. 805 e 847.

Determinada a penhora, lê-se do *caput* do art. 868, o magistrado nomeará administrador-depositário a partir de quando o executado perde o direito de gozo do bem até quando a dívida do exequente estiver integralmente satisfeita, assim considerado o valor do principal (com a correção monetária cabível, a despeito do silêncio do dispositivo), dos juros, das custas e dos honorários advocatícios. Esse administrador-depositário é que passa a exercer os poderes relativos à administração do bem e à fruição de seus frutos e utilidades.

Os efeitos da nomeação perante terceiros dependem da publicação da decisão respectiva ou, tratando-se de imóvel, de sua averbação no registro imobiliário (art. 868, § 1º), observada, quanto a ela, o disposto no § 2º do mesmo dispositivo, que dispensa, para aquele fim, mandado judicial.

O *caput* do art. 869 admite a possibilidade de o exequente ou o executado serem nomeados administrador-depositário, sempre a depender da concordância da parte contrária. Sem consenso, será nomeado um profissional qualificado para aquele mister.

A forma de administração será submetida a apreciação judicial devendo haver prestação de contas periodicamente (art. 869, § 1º). Se houver discordância, cabe ao magistrado decidir como o bem será administrado (art. 869, § 2º), observando-se, consoante o caso, a viabilidade de o imóvel ser locado (art. 869, § 4º). Se houver locação anterior, o inquilino pagará o aluguel ao exequente, salvo se houver administrador (art. 869, § 3º).

As quantias recebidas pelo administrador serão entregues ao exequente (art. 869, § 5º), que dará ao executado quitação por termo nos autos (art. 869, § 6º).

O propósito dessa modalidade de penhora é que os valores derivados da administração do penhorado – seus frutos ou rendimentos – sejam suficientes para pagamento da dívida do exequente na periodicidade indicada pelo plano de administração a que se refere o § 1º do art. 869 ou, na falta dele, consoante tenha decidido o magistrado, de acordo com as manifestações do exequente e do executado. O prezado leitor perguntará, diante disso, o que ocorre se, findo o prazo para o pagamento, ele não tiver sido integral. O silêncio do CPC de 2015 a esse respeito convida, em um modelo de processo cooperativo, a colher do exequente e do executado a respeito do assunto. Pode ser que eventual dilação do prazo para que a dívida seja finalmente paga seja suficiente ou que seja mais adequado, diante da *ineficiência* do meio executivo adotado (art. 867), que outras modalidades de penhora sejam adotadas. É o caso concreto que demonstrará qual é o caminho mais *eficiente*, embora menos gravoso ao executado, que deverá ser adotado.

A sistemática dos arts. 867 a 869, de o exequente ir recebendo, ao longo do tempo, os valores a título de imputação ao pagamento (art. 869, § 5º) justifica a razão pela qual o CPC de 2015, no inciso III de seu art. 825, captura a *apropriação* daqueles frutos como técnica expropriatória, ao lado da adjudicação e da alienação, tal como já fiz referência no início desse número.

3.4.3.5 *Avaliação*

Os arts. 870 a 875 disciplinam, em subseção própria, a avaliação do bem penhorado.

O CPC de 2015 manteve a regra do art. 680 do CPC de 1973, nele introduzida pela Lei n. 11.382/2006, de que é o oficial de justiça o avaliador dos bens penhorados (art. 870, *caput*), salvo se, para tanto, houver necessidade de conhecimentos especializados *e se* – isto é novidade – o valor da execução o comportar (art. 870, parágrafo único).

A ressalva deve ser compreendida no sentido de o custo relativo à satisfação do crédito não dever suplantar o valor nela envolvido. Nesse caso, é importante que o juiz estimule as partes a chegarem a algum consenso ao menos sobre o valor do bem – não deixa de ser o que o CPC de 2015 quer desde seu art. 3º –, permitindo a aplicação do inciso I do art. 871.

Sendo nomeado avaliador, ele terá prazo não superior a dez dias para entrega do laudo, como também dispõe o parágrafo único do art. 870.

O art. 871 trata dos casos de dispensa da avaliação, que são os seguintes: (i) quando uma das partes aceitar a estimativa feita pela outra, a não ser que o juiz determine-a alegando haver "fundada dúvida (...) quanto ao real valor do bem" (art. 871, parágrafo único); (ii) quando se tratar de títulos ou de mercadorias que tenham cotação em bolsa, comprovada por certidão ou publicação no órgão oficial; (iii) quando se tratar de títulos da dívida pública, de ações de sociedades e de títulos de crédito negociáveis em bolsa, cujo valor será o da cotação oficial do dia, comprovada por certidão ou publicação no órgão oficial; e (iv) quando se tratar de veículos automotores ou de outros bens cujo preço médio de mercado possa ser conhecido por meio de pesquisas realizadas por órgãos oficiais ou de anúncios de venda divulgados em meios de comunicação. Nesse caso, quem fizer a nomeação tem o encargo de comprovar a cotação de mercado.

O *caput* do art. 872 trata dos requisitos da avaliação realizada pelo oficial de justiça (art. 870, *caput*) ou do laudo elaborado pelo avaliador (art. 870, parágrafo único), assegurando, expressamente, a oitiva das partes em cinco dias a seu respeito (art. 872, § 2º). Em ambos os casos, o bem deverá ser descrito com suas características e seu estado de conservação e indicado o respectivo valor. O § 1º do art. 872 trata da hipótese de o imóvel comportar divisão e da necessidade de a avaliação refletir isso, o que, se for o caso, viabilizará a alienação das partes ideais.

O *caput* e os incisos I a III do art. 873 tratam das hipóteses em que nova avaliação do bem penhorado é admitida: (i) quando houver alegação fundamentada de erro na avaliação ou dolo do avaliador; (ii) quando se verificar que houve, após a avaliação, majoração ou diminuição no valor do bem; e (iii) quando o magistrado tiver fundada dúvida sobre o valor atribuído ao bem na primeira avaliação. O parágrafo único do art. 873 faz remissão expressa às regras relativas à "segunda perícia", o que significa dizer, para cá, que caberá ao magistrado, depois de ambas serem realizadas, optar fundamentadamente pela primeira ou pela segunda avaliação (art. 480, § 3º).

Realizada a avaliação, pode ser necessário que a penhora seja reduzida ou ampliada, sempre com o objetivo de realizar uma execução equilibrada (art. 874). Para tanto, é mister que o valor perseguido pelo exequente seja atualizado monetariamente e indicados todos os acréscimos a que ele faz jus (juros, honorários advocatícios e despesas processuais) para que ele seja contrastado com o valor dos bens penhorados. Se o valor dos bens for inferior, é o caso de ampliar a penhora ou substituí-la para bens mais valiosos. Na hipótese inversa, é o caso de reduzi-la ou transferi-la para bens menos valiosos.

Feitos eventuais ajustes na penhora na forma determinada pelo art. 874, terá início o que pode ser chamado de fase expropriatória, no que é claro o art. 875, o que conduz ao número seguinte.

3.4.4 Expropriação

Após a realização de eventuais ajustes na penhora, na forma estabelecida pelo art. 874, tem início a fase expropriatória da execução, como evidencia o art. 875.

De acordo com o art. 825, a expropriação consiste em adjudicação, alienação e apropriação de frutos e rendimentos de empresa ou de estabelecimentos ou de outros bens.

A terceira modalidade, *apropriação* de frutos e rendimentos de empresa ou de estabelecimentos ou de outros bens, merece ser compreendida como o resultado da penhora de frutos e rendimentos de coisa móvel ou imóvel ou da própria empresa (arts. 867 a 869) ou, quando menos, de seu faturamento (arts. 863, § 1º, e 866, § 3º). Para ela são suficientes as considerações que fiz nos números 3.4.3.4.4, 3.4.3.4.5 e 3.4.3.4.6, *supra*.

A adjudicação e a alienação, em suas duas modalidades, por iniciativa particular e por leilão judicial, merecem reflexão própria e mais detida. É o que justifica a abertura dos números seguintes.

3.4.4.1 *Adjudicação*

O meio expropriatório preferencial do CPC de 2015 – tanto quanto no CPC de 1973 após as modificações a ele trazidas pela Lei n. 11.382/2006 – é a adjudicação (arts. 876, *caput*, e 880). Essa técnica expropriatória deve ser compreendida como a possibilidade de o próprio exequente e de outros legitimados adquirirem o bem penhorado por valor não inferior à avaliação.

Alcançado o instante procedimental a que se refere o art. 875, pode o exequente, oferecendo preço não inferior ao da avaliação, requerer que lhe sejam adjudicados os bens penhorados (art. 876, *caput*).

Idêntico direito pode ser exercido pelas pessoas indicadas no art. 889, incisos II a VIII, pelos credores concorrentes que tenham penhorado o mesmo bem, pelo cônjuge ou companheiro, pelos descendentes ou pelos ascendentes do executado (art. 876, § 5º).

Havendo mais de um pretendente, é desejável que haja concorrência entre eles com oferta de lances superiores ao valor da avaliação. Em igualdade de oferta, tem preferência o cônjuge (ou companheiro), o descendente ou o ascendente, nessa ordem (art. 876, § 6º).

No caso de ter sido penhorada quota social ou ação de sociedade anônima fechada por exequente alheio à sociedade, a preferência pela adjudicação é dos sócios, que serão informados da ocorrência da penhora por intermédio da sociedade, única a ser intimada por determinação judicial (art. 876, § 7º).

Formulado o pedido de adjudicação, será intimado o executado para se manifestar a respeito, observando, quanto à forma de intimação, as variáveis dos incisos do § 1º e, ainda, o disposto nos §§ 2º e 3º do art. 876. Merece destaque, a propósito, a possibilidade de a intimação dar-se por meio eletrônico nos casos do § 1º do art. 246, consoante autoriza o inciso III do § 1º do mesmo art. 876, previsão que não foi alterada, muito pelo contrário, pela nova redação dada àquele dispositivo pela Lei n. 14.195/2021.

Se o valor do crédito for inferior ao do bem, aquele que formulou o pedido de adjudicação depositará a diferença, que ficará à disposição do executado; se o crédito for superior ao valor dos bens, a execução prosseguirá pela diferença (art. 876, § 4º). A regra tem o condão de afastar de vez a vetusta compreensão de que a adjudicação poderia, quando efetivada, levar à extinção da execução independentemente da proximidade dos valores do crédito e dos bens adjudicados.

O art. 877, suprindo notória lacuna do CPC de 1973, identifica o momento em que o pedido de adjudicação será deferido. De acordo com o *caput* do dispositivo, "transcorrido o prazo de cinco dias, contado da última intimação, e decididas eventuais questões, o juiz ordenará a lavratura do auto de adjudicação". A intimação referida pelo dispositivo é não só a do executado para os fins do § 1º do art. 876 mas também do próprio exequente acerca do pedido de adjudicação formulado pelos demais legitimados. As questões a serem decididas podem variar consoante o caso mas, fundamentalmente, elas conduzirão ao próprio deferimento ou ao indeferimento da adjudicação.

A lavratura do auto torna perfeita e acabada a adjudicação, cabendo a expedição de carta de adjudicação e imissão na posse do bem imóvel ou ordem (mandado) de entrega se bem móvel em favor do adjudicatário (art. 877, § 1º), que conterá a descrição do imóvel, com remissão à sua matrícula e aos seus registros, a cópia do auto de adjudicação e a prova de quitação do imposto de transmissão (art. 877, § 2º).

O § 3º do art. 877 trata da hipótese de o bem penhorado estar hipotecado e o executado pretender remi-lo no contexto da adjudicação. Nesse caso, o executado poder remir o bem até a assinatura do auto de adjudicação, desde que oferte preço igual ao da avaliação ou do maior lance oferecido, na hipótese de ter havido concorrentes. Se o devedor hipotecário estiver falido ou for insolvente, o direito de remição será deferido à massa ou aos credores em concurso, não podendo o exequente recusar o preço da avaliação do imóvel (art. 877, § 4º).

O art. 878 evidencia entendimento que já sustentava no volume 3 do meu *Curso sistematizado de direito processual civil* nas edições anteriores ao CPC de 2015. Frustradas as tentativas de expropriação do bem, o exequente e os demais legitimados referidos no art. 876 terão nova oportunidade de adjudicar o bem penhorado, precedida, consoante o caso, de nova avaliação. A evidente dificuldade de alienação do bem penhorado não é razão para entender que, nesse caso, o valor da adjudicação possa ser *inferior* ao da avaliação.

3.4.4.2 Alienação

O art. 879 distingue, com nitidez, duas modalidades de alienação: a alienação por iniciativa particular (inciso I) e a alienação em leilão judicial eletrônico ou presencial (inciso II). Há, inequivocamente, uma ordem de preferência entre elas, como demonstro nos números seguintes, sendo certo que ambas pressupõem que não tenha ocorrido previamente a adjudicação do bem penhorado.

3.4.4.2.1 Alienação por iniciativa particular

O art. 880 ocupa-se com a alienação por iniciativa particular, assim entendida a alienação por iniciativa do próprio exequente ou por intermédio de corretor ou de leiloeiro público credenciado perante o órgão judiciário. Ela tem lugar quando frustrada (ou não requerida) a adjudicação, no que é claro o *caput do dispositivo*.

Deferido o pedido, o magistrado fixará o prazo em que a alienação deve ser efetivada, a forma de publicidade, o preço mínimo (que deverá coincidir com o da avaliação do bem penhorado), as condições de pagamento, as garantias e, sendo o caso, a comissão de corretagem (art. 880, § 1º).

Ocorrendo a alienação, ela será formalizada por termo nos autos, com a assinatura do magistrado, do exequente, do adquirente e, se estiver presente, do executado (art. 880, § 2º). Tratando-se de bem imóvel, será expedida carta de alienação (para fins de registro) e mandado de imissão na posse (art. 880, § 2º, I). Tratando-se de bem móvel, será expedida ordem de entrega ao adquirente (art. 880, § 2º, II).

Compete aos Tribunais, de acordo com o § 3º do art. 880, editar disposições complementares sobre o procedimento da alienação prevista nesse artigo, admitindo, quando for o caso, o emprego de meios eletrônicos, e dispor sobre o credenciamento dos corretores e leiloeiros públicos, os quais deverão estar em exercício profissional por pelo menos três anos.

No caso de não haver, no local, corretor ou leiloeiro público nos termos do § 3º, a indicação será de livre escolha do exequente (art. 880, § 4º).

3.4.4.2.2 *Alienação em leilão judicial*

Se não efetivada a expropriação ou a alienação por iniciativa particular, realizar-se-á a alienação em leilão judicial (art. 881, *caput*) que será conduzido, como regra, por leiloeiro público, salvo nos casos em que se tratar de bens alienáveis em bolsa de valores (art. 881, §§ 1º e 2º).

O prezado leitor que (ainda) conhece o CPC de 1973 perceberá que a alienação em leilão judicial faz as vezes do que, naquele Código, era chamado de alienação em hasta pública – e antes da Lei n. 11.382/2006, de "arrematação" –, tendo o CPC de 2015 abolido a distinção entre *praça* (para bens imóveis) e *leilão* (para os demais), espécies do gênero *hasta*.

A realização de leilão presencial não depende de vontade do exequente. O CPC de 2015, diferentemente do CPC de 1973, é enfático quanto à alienação judicial dos bens penhorados dar-se *preferencialmente* por leilão eletrônico. A modalidade presencial só se justifica na impossibilidade de realização da eletrônica, como se verifica do *caput* do art. 882.

O § 1º do art. 882 dispõe que a alienação judicial por meio eletrônico observará as garantias processuais das partes (e poderia ser diferente, prezado leitor?) e a regulamentação específica do CNJ, que, por sua vez, atenderá aos requisitos de ampla publicidade, autenticidade e segurança, com observância das regras estabelecidas na legislação sobre certificação digital (art. 882, § 2º). O § 3º do art. 882 estabelece que, sendo presencial – o que é, friso, excepcional –, o leilão será realizado no local designado pelo magistrado.

Tais regras constam da Resolução n. 236, de 13 de julho de 2016, que "regulamenta, no âmbito do Poder Judiciário, procedimentos relativos à alienação judicial por meio eletrônico, na forma preconizada pelo art. 882, § 1º, do novo Código de Processo Civil". Para além de questões relativas à realização daquela modalidade de expropriação propriamente dita (arts. 10 a 34), a Resolução trata do credenciamento de leiloeiros junto ao Poder Judiciário (arts. 2º e 4º), das responsabilidades a serem assumidas pelos leiloeiros (arts. 5º e 6º), da remuneração do leiloeiro e do ressarcimento com as despesas de remoção, guarda e conservação dos bens penhorados (arts. 7º e 8º), da nomeação dos leiloeiros (art. 9º), além de admitir, em seu art. 35, que o CNJ celebre convênios com entidades públicas e privadas para viabilizar a efetivação da penhora de dinheiro e as averbações de penhoras nos termos do art. 837, ficando convalidados os convênios já existentes.

A nomeação do leiloeiro público é atribuição do magistrado, podendo o exequente indicá-lo (art. 883). É ele que presidirá o leilão (art. 881, § 1º) cabendo-lhe: (i) publicar o edital, anunciando a alienação; (ii) realizar o leilão onde se encontrem os bens ou no lugar designado pelo juiz; (iii) expor aos pretendentes os bens ou as amostras das mercadorias; (iv) receber e depositar, dentro de um dia, à ordem do juiz, o produto da alienação; e (v) prestar contas nos dois dias subsequentes ao depósito. É direito seu receber do arrematante a comissão estabelecida em lei ou arbitrada pelo magistrado (art. 884). A comissão deve constar expressamente do edital de leilão, como se verifica do inciso II do art. 886.

O art. 885 dispõe que o magistrado fixará o preço mínimo, as condições de pagamento e as garantias a serem prestadas pelo arrematante. A previsão harmoniza-se com o inciso II do art. 886 e as informações que devem constar do edital de leilão. Destaco que a regra é que o pagamento seja feito *imediatamente* por depósito judicial ou por meio eletrônico (art. 892), situação em que, em rigor, eventuais garantias de pagamento são inócuas. Quando não o for – e o próprio *caput* do art. 892 autoriza "pronunciamento judicial em sentido diverso" –, a parte final do art. 885 ganha maior interesse.

O leilão – e reitero que o CPC de 2015 abandonou a dicotomia entre leilão e praça, espécies do gênero hasta pública, típica do CPC de 1973 – será precedido de edital, que deve conter as exigências feitas pelo art. 886, a saber: (i) a descrição do bem penhorado, com suas características, e, tratando-se de imóvel, sua situação e suas divisas, com remissão à matrícula e aos registros, observando-se, também, as exigências feitas pelo § 2º do art. 887; (ii) o valor pelo qual o bem foi avaliado, o preço mínimo pelo qual poderá ser alienado, as condições de pagamento e, se for o caso, a comissão do leiloeiro designado; (iii) o lugar onde estiverem os móveis, os veículos e os semoventes e, tratando-se de créditos ou direitos, a identificação dos autos do processo em que foram penhorados; (iv) o sítio, na rede mundial de computadores, e o período em que se realizará o leilão, salvo se este se der de modo presencial, hipótese em que serão indicados o local, o dia e a hora de sua realização; (v) a indicação de local, dia e hora de segundo leilão presencial, para a hipótese de não haver interessado no primeiro; (vi) a menção à existência de ônus, recurso ou processo pendente sobre os bens a serem leiloados; e (vi) tratando-se de títulos da dívida pública e de títulos negociados em bolsa, o edital deverá indicar o valor da última cotação.

O art. 887 ocupa-se com a necessária ampla divulgação – a cargo do leiloeiro –, a forma e a periodicidade de publicação do edital de leilão. A publicação deve anteceder em cinco dias (úteis porque se trata de prazo processual) a data marcada para o leilão (art. 887, § 1º). A publicação, sempre com a detalhada descrição do bem (art. 886, I), será feita na rede mundial de computadores, mesmo nos casos em que o leilão for presencial (art. 887, § 2º). As vicissitudes do local e dos bens a serem alienados, contudo, devem guiar o magistrado para decidir, em cooperação com o leiloeiro, a forma mais adequada de divulgação do leilão (art. 887, §§ 3º a 5º). O § 6º do art. 887 autoriza a reunião de publicações em listas referentes a mais de uma execução, buscando, com a iniciativa, racionalizar e otimizar a atuação jurisdicional.

Se o leilão não puder se realizar por qualquer motivo, o magistrado determinará a publicação da transferência, observando as exigências do art. 887 (art. 888, *caput*), responsabilizando, se for o caso, quem deu causa ao adiamento em regular processo administrativo (art. 888, parágrafo único).

Sem prejuízo da publicação do edital, diversas pessoas devem ser *intimadas* do leilão pelo menos cinco dias antes de sua realização, de acordo com o art. 889.

A intimação do executado, prevista no inciso I – em regra, por intermédio de seu procurador, ou, se não tiver, por carta registrada, mandado, edital ou outro meio idôneo –, merece ser lida em conjunto com o parágrafo único do mesmo art. 889, que acaba por evidenciar o correto entendimento de que o próprio edital de leilão pode intimá-lo quando for revel e não tiver advogado constituído, não constando dos autos seu endereço atual ou, ainda, não sendo ele encontrado no endereço constante do processo. Embora a regra excepcione o disposto no parágrafo único do art. 274, é importante verificar que a intimação feita pelo edital é suficiente para dar ciência ao executado do leilão.

Os demais incisos, II a VIII do art. 889, tratam da necessária intimação, para o leilão, de todos aqueles que tenham alguma relação jurídica (de direito real ou não) com o bem penhorado.

Os incisos do art. 890 indicam as pessoas que, por variadas razões, não podem participar do leilão oferecendo lances, excepcionando a regra do *caput*, de que "pode oferecer lance quem estiver na livre administração de seus bens". As vedações justificam-se porque dizem respeito a pessoas que, de alguma forma, são vinculadas ou interessadas no processo ou na própria alienação do bem e, com isso, titulares de interesses em conflito com os do exequente e do próprio executado. O rol também revela que a vedação é específica para o caso e/ou para a localidade onde o leilão ocorre, não sendo correto interpretá-lo de maneira ampliativa.

O *caput* do art. 891 veda que sejam aceitos lances que ofereçam preço vil para a aquisição dos bens penhorados. O parágrafo único do dispositivo vai além e pretende precisar o que deve ser compreendido por preço vil. Para tanto, estabelece o piso de 50% da avaliação, salvo quando o magistrado estipular diferentemente, fixando preço mínimo para a aquisição do bem penhorado, o que conduz às previsões do art. 885 e do inciso II do art. 886.

Diferentemente do que ocorria no CPC de 1973, é correto entender que para o CPC de 2015, a vedação de lance que oferte preço vil é constante para os leilões eletrônicos, não havendo espaço, com relação a eles, para distinguir a dualidade de leilões, o primeiro e o segundo, típico dos leilões presenciais e que encontra reflexo no inciso II do art. 895.

A regra é que o pagamento do valor ofertado para aquisição do bem penhorado seja feito de imediato, por depósito judicial ou por meio eletrônico, a não ser que haja pronunciamento judicial em sentido diverso (art. 892, *caput*).

Eventual prestação de garantia do pagamento pressupõe que o magistrado aceite o pagamento diferido, no que o *caput* do art. 892 e o art. 885 são expressos. A possibilidade deve constar do edital de leilão (art. 886, II). A possibilidade de pagamento parcelado da arrematação está no art. 895.

O § 1º do art. 892 trata da hipótese de o exequente ser o arrematante. Nesse caso, quando não houver nenhum interveniente, ele não estará obrigado a fazer nenhum depósito quando seu crédito for igual ou inferior ao valor do lance ofertado. Se, contudo, o valor dos bens exceder ao seu crédito, deverá depositar a diferença em três dias. Se não o fizer, a arrematação será considerada ineficaz e novo leilão deverá ser realizado à sua custa.

Havendo mais de um pretendente, o arrematante será considerado o que apresentar a maior oferta. Sendo iguais, terá preferência o cônjuge (ou companheiro), o descendente e o ascendente do executado, nessa ordem (art. 892, § 2º).

O § 3º do art. 892 regula a preferência na arrematação de bens tombados, dando preferência à União, seguida dos Estados e dos Municípios, justificando a necessária intimação a que se refere o inciso VIII do art. 889.

Se o leilão envolver vários bens e houver mais de um lançador, tem preferência aquele que se dispõe a adquiri-los em conjunto, desde que, para os bens que não tiverem lance, oferte preço igual ao da avaliação e, para os demais, preço igual ao do maior lance a eles ofertado (art. 893).

É possível, a pedido do executado, a alienação de parte do imóvel, quando ele aceitar cômoda divisão, desde que suficiente para pagar o exequente e as despesas da execução (art. 894, *caput*). O pedido deve ser formulado a tempo de haver avaliação das glebas destacadas e sua inclusão no edital (art. 894, § 2º). Não havendo interessados, o imóvel será ofertado integralmente (art. 894, § 1º).

A regra, como já escrevi, é a de que o valor da arrematação seja pago imediatamente (art. 892, *caput*). O próprio dispositivo, contudo, prevê a possibilidade de pronunciamento judicial em sentido contrário. O art. 895 ocupa-se com a hipótese de os interessados pretenderem adquirir o bem penhorado em prestações, de forma mais realista que a dos parágrafos do art. 690 do CPC de 1973, já que não limita essa possibilidade à aquisição de bem *imóvel*. O § 7º do art. 895, de qualquer sorte, evidencia que o pagamento à vista terá sempre preferência sobre as propostas de pagamento parcelado.

Para fins de pagamento parcelado, o § 1º do art. 895 exige que a proposta contenha a oferta de pagamento de pelo menos 25% do valor do lance à vista e o restante parcelado em até 30 meses, garantido por caução idônea, quando se tratar de móveis, e por hipoteca do próprio bem, quando se tratar de imóveis com a indicação do prazo, da modalidade, do indexador monetário e das condições para pagamento do saldo (§ 2º). O § 8º regula os critérios a serem observados quando houver mais de uma proposta de pagamento parcelado: maior valor quando as propostas apresentarem condições diversas e, se iguais, a proposta apresentada em primeiro lugar.

No caso de atraso no pagamento de qualquer das prestações, incidirá multa de dez por cento sobre a soma da parcela inadimplida com as parcelas vincendas (§ 4º), sendo certo que o inadimplemento autoriza o exequente a pedir a resolução da arrematação ou promover, em face do arrematante, a execução do valor devido, hipótese em que os pedidos respectivos devem ser formulados nos autos da execução em que se deu a arrematação (§ 5º).

O § 6º, por sua vez, dispõe que a apresentação da proposta não tem o condão de suspender o leilão.

O § 9º do art. 895 dispõe que os pagamentos parcelados feitos pelo arrematante pertencerão, até o limite do crédito, ao exequente. O que sobejar será destinado ao executado.

O prezado leitor estranhará que os incisos do *caput* do art. 895 distinguem o "primeiro" do "segundo" leilão. A distinção precisa ser compreendida em harmonia com o disposto no art. 886. O segundo leilão a que se refere o inciso II do art. 895 é medida excepcional e pressupõe, necessariamente, tratar-se de leilão *presencial*, que, por sua vez, também é medida excepcional, já que o CPC de 2015 prefere a realização do leilão *eletrônico*.

Assim, para evitar flagrante antinomia entre aqueles dispositivos, a hipótese dos incisos I e II do art. 895 deve ficar restrita àqueles casos em que o leilão for presencial (art. 886, V), não se aplicando, destarte, às hipóteses em que o leilão for eletrônico, que, friso, é a regra do CPC de 2015, e cuja dinâmica é incompatível com a realização de dois leilões (art. 886, IV).

Mesmo superada essa dificuldade, todavia, não faz sentido, no sistema do CPC de 2015, a regra do inciso I do art. 895: somente nos casos em que o interessado quiser arrematar o bem à prestação é que o valor da avaliação será considerado como piso do lance respectivo? E se ele quiser pagar o valor respectivo imediatamente, como permite o *caput* do art. 892?

Aqui também, para evitar antinomia entre os diversos dispositivos que se ocupam com a matéria, deve prevalecer sua interpretação em direção aos avanços do CPC de 2015. Destarte, o requerimento do interessado para pagamento em parcelas do bem penhorado não necessariamente considerará, como lance mínimo, o valor da avaliação. Deve prevalecer o que dispuser o leilão de edital a esse respeito (art. 886, II) sobre a regra do inciso I do art. 895. O magistrado poderá, portanto, fixar preço mínimo pelo qual o bem poderá ser alienado diverso do da avaliação, desde que o faça no edital de leilão, entendimento que se harmoniza com o parágrafo único do art. 891.

E para o segundo leilão? Sendo o caso de um segundo leilão – o que pressupõe, repito, leilão *presencial* –, a proposta do interessado observará o disposto no inciso II do art. 895 (ofertando, pois, preço que não seja vil), o que, no particular, coincide, no essencial, com o que decorre, suficientemente, do precitado art. 886, II, lido em conjunto com o já mencionado parágrafo único do art. 891.

O art. 895 continua um § 3º que foi vetado quando da promulgação do CPC de 2015. Era a seguinte a redação do dispositivo: "As prestações, que poderão ser pagas por meio eletrônico, serão corrigidas mensalmente pelo índice oficial de atualização financeira, a ser informado, se for o caso, para a operadora do cartão de crédito". O veto presidencial baseou-se na percepção de que "O dispositivo institui correção monetária mensal por um índice oficial de preços, o que caracteriza indexação. Sua introdução potencializaria a memória inflacionária, culminando em uma indesejada inflação inercial". A despeito do veto, é possível (e desejável) entender que o pagamento das parcelas para os fins do art. 895 seja feito por meio eletrônico (o que se harmoniza com o *caput* do art. 892). O que está interditado é que haja intermediação de alguma operadora de cartão de crédito para aquele fim. A correção monetária das parcelas, outrossim, está prevista suficientemente pelo § 2º do art. 895, e, evidentemente, não guardam (e não podem guardar, mercê do veto) nenhuma relação com os índices empregados por operadoras de cartão de crédito.

O *caput* do art. 896 prevê o adiamento, por até um ano, do leilão de imóvel de incapaz quando não alcançar pelo menos oitenta por cento da avaliação. Se durante o adiamento houver oferta, garantida por caução idônea, de pagamento do preço da avaliação, o magistrado determinará a alienação em leilão (art. 896, § 1º). Se o pretendente da aquisição arrepender-se, será imposta multa de 20% do valor da avaliação em benefício do incapaz, constituindo a decisão título executivo a ser cobrado nos mesmos autos (art. 896, § 2º c/c art. 777). Durante o prazo de adiamento, e independentemente da ocorrência das hipóteses dos §§ 1º e 2º, o magistrado pode autorizar a locação do imóvel (art. 896, § 3º). Findo o período do adiamento, o imóvel será submetido a novo leilão (art. 896, § 4º).

O art. 897 trata das consequências a serem impostas ao arrematante ou ao fiador *remisso*, isto é, aquele que não paga, nas condições estabelecidas, o lance da arrematação. Nesse caso, os bens serão submetidos a novo leilão, do qual o arrematante e o fiador remissos são proibidos de participar.

O dispositivo deve ficar restrito aos casos em que há pagamento *parcelado* do valor da arrematação (art. 895) ou, excepcionalmente, quando o magistrado dispuser em sentido contrário, já que não há sentido em exigir caução do arrematante que paga *imediatamente* o valor respectivo (art. 892, *caput*, primeira parte).

Nesse sentido – e até para evitar antinomia entre os dispositivos – cumpre entender que a incidência do art. 897 fica restrito ao art. 895, regulamentando, destarte, a caução exigida para o pagamento do saldo a que se refere o § 1º daquele dispositivo e às hipóteses em que o magistrado variar a regra do pagamento imediato, com fundamento na ressalva que abre o *caput* do art. 892.

Na hipótese de não haver *caução* porque o próprio bem imóvel foi dado em hipoteca, a execução será retomada com a excussão do próprio bem para pagamento do valor em aberto, acrescido da multa de 10% imposta pelo § 4º do art. 895, tudo nos autos da própria execução (ou nos do cumprimento de sentença), como expressamente autoriza o § 5º do art. 895.

O art. 898 regula a hipótese de o fiador do arrematante pretender para si a arrematação. Para tanto, ele pagará o valor do lance e da multa (que só pode ser a do § 4º do art. 895).

A exemplo do que acabei de escrever acerca do art. 897, a única forma de interpretar o dispositivo e evitar antinomia com as novidades trazidas pelo CPC de 2015 acerca do assunto é restringir sua hipótese para o art. 895, isto é, quando, tratando-se de aquisição do bem penhorado em prestações, for apresentado, pelo interessado, *fiador* como caução idônea ou a hipoteca lá expressamente referidas. Ou, quando menos, nas hipóteses em que o juiz afastar-se da regra do pagamento imediato, como permite o início do *caput* do art. 892.

Tão logo o produto da alienação dos bens for suficiente para pagamento do exequente e das despesas da execução, o leilão será suspenso (art. 899).

Se o horário do expediente forense for ultrapassado, o leilão será suspenso e retomado no dia útil imediato na mesma hora que teve início independentemente de novo edital (art. 900).

O *caput* do art. 901 disciplina a lavratura (imediata) do auto de arrematação, que pode ser um só para bens arrematados em diversas execuções, sempre mencionando as condições de alienação do bem. De acordo com o § 1º do dispositivo, a ordem de entrega do bem móvel ou a carta de arrematação do imóvel será expedida depois de efetuado o depósito ou prestadas as garantias pelo arrematante, do pagamento da comissão do leiloeiro e de demais despesas processuais. As garantias a que se refere o dispositivo só podem ser as devidas por força do pagamento em prestações do valor da arrematação nos moldes do art. 895 ou quando o juiz tiver decidido diferentemente com fundamento na primeira parte do *caput* do art. 892. Caso contrário, o pagamento respectivo já terá sido feito imediatamente nos moldes da segunda parte do *caput* do art. 892. O § 2º, por seu turno, trata do conteúdo da carta de arrematação. Ela conterá a descrição do imóvel, com remissão à sua matrícula ou individuação e aos seus registros, a cópia do auto de arrematação e a prova de pagamento do imposto de transmissão, além da indicação da existência de eventual ônus real ou gravame. Sua expedição deve observar o disposto no § 3º do art. 903.

O art. 902 defere ao executado o direito de remir o bem arrematado quando estiver hipotecado, desde que ofereça preço igual ao do maior lance oferecido e o faça até a lavratura do auto de arrematação. O parágrafo único do dispositivo regula a hipótese de o devedor hipotecário ser falido ou insolvente. Nesse caso, o direito de remição é da massa ou dos seus credores em concurso, não podendo o exequente recusar o preço da avaliação do imóvel. É dispositivo que repete, no âmbito do leilão, o que o § 4º do art. 877 trata no ambiente da adjudicação.

O art. 903 aprimorou e desenvolveu a disciplina constante do art. 694 do CPC de 1973 sobre os casos em que a arrematação deve ser invalidada, considerada ineficaz ou resolvida. Também acabou por absorver o art. 746 daquele Código, sobre as formas de provocação do Estado-juiz para reconhecer vícios que podem comprometer a higidez da arrematação.

A fórmula adotada pelo CPC de 2015 com relação às diversas hipóteses de desfazimento da arrematação é mais adequada e mais técnica que a do CPC de 1973, distinguindo os casos de *invalidade* da arrematação (quando realizado por preço vil ou outro vício) dos que ela deve ser considerada *ineficaz* (quando não realizadas as intimações determinadas pelo art. 804) e, ainda, das hipóteses em que ela deve ser *resolvida* (quando não for pago o preço ou não prestada eventual caução), como se lê dos incisos I, II e III do § 1º do art. 903, respectivamente. Com relação ao inciso III do § 1º, reitero o entendimento de que a caução nele referida só pode ser a relativa ao pagamento em prestação do valor da arrematação (art. 895, § 1º) e, nesse sentido, harmoniza-se com a previsão do § 5º do art. 895 ou quando o magistrado decidir com base na ressalva que abre o *caput* do art. 892.

Há inovação substancial no dispositivo quando disciplina a forma de arguição dos motivos listados no § 1º do art. 903. Abandonando os pouquíssimos usados "embargos à arrematação" ou "embargos de segunda fase" do art. 746 do CPC de 1973, o CPC de 2015 autoriza que a arguição seja feita no próprio processo em até dez dias do aperfeiçoamento da arrematação (art. 903, § 2º). Após aquele prazo será expedida a respectiva carta (art. 901, § 2º) ou, conforme o caso, a ordem de entrega ou o mandado de imissão na posse (art. 903, § 3º). Expedida a carta de arrematação ou a ordem de entrega do bem, a arguição poderá ser feita por "ação autônoma", em que o arrematante será citado como litisconsorte passivo necessário (art. 903, § 4º) e cujos fundamentos serão ao menos uma das hipóteses do § 1º do art. 903.

Além disso, o CPC de 2015, aprimorando a regra dos parágrafos do art. 746 do CPC de 1973, permite ao arrematante desistir da arrematação nas condições indicadas pelo § 5º do art. 903, hipótese em que o depósito ser-lhe-á imediatamente devolvido: (i) quando provar nos dez dias seguintes a existência de ônus real ou gravame não mencionado no edital (art. 868, VI); (ii) quando o executado alegar, antes da expedição da carta ou da ordem de entrega do bem, alguma das hipóteses do § 1º do art. 903; ou, ainda, (iii) quando for citado para o processo a que se refere o § 4º do art. 903. Nesse caso, sua desistência deve ser formulada no prazo para responder o pedido.

O § 6º do art. 903 expressamente qualifica como ato atentatório à dignidade da justiça a criação de incidente infundado para levar o arrematante a desistir de seu ato, impondo àquele que o criar o pagamento de multa em favor do exequente em montante não superior a 20% do valor do bem, sem prejuízo da sua responsabilidade por perdas e danos.

3.4.5 Satisfação do crédito

Superada a expropriação do bem, a execução ingressa em sua última fase, que merece ser chamada, como quer a Seção V do Capítulo IV do Título II do Livro II, de *satisfação do crédito*. Ela se dará, é o que se lê dos incisos do art. 904, pelo levantamento do dinheiro ou pela adjudicação dos bens penhorados.

O prezado leitor notará que o precitado dispositivo silencia-se a respeito da terceira modalidade expropriatória referida pelo inciso III do art. 825. É que, pelas razões que já apresentei no n. 3.4.3.4.6, *supra*, naqueles casos, a satisfação do exequente dá-se na medida em que forem sendo imputadas ao pagamento as quantias recebidas pelo administrador (art. 869, § 5º). É esta, friso, a lógica inerente à apropriação de frutos e rendimentos de empresa ou de estabelecimentos e de outros bens. E o que significa a imputação ao pagamento prevista naquele dispositivo? Em termos bem diretos, a satisfação do exequente nos casos de "faturamento de empresa ou de frutos ou rendimentos de coisas ou empresas penhoradas" dá-se com o levantamento do dinheiro respectivo, no que é expresso o art. 905. Aquela modalidade expropriatória, destarte, merece ser considerada embutida dentro da previsão do inciso I do próprio art. 904.

Cabe uma ressalva preambular também com relação à letra do inciso II do art. 904. É que a adjudicação só satisfará o exequente quando for ele próprio quem a requereu e, mesmo assim, somente na hipótese em que o valor do seu crédito coincidir com o valor ofertado para aquele fim. Quando se tratar de adjudicação formulada pelos demais legitimados autorizados pelos §§ 5º e 7º do art. 876, a satisfação do exequente dar-se-á com o levantamento do dinheiro depositado para aquele fim. Se o valor da adjudicação for inferior ao crédito, a execução prosseguirá com a penhora de novos bens, sua avaliação e posterior expropriação.

No que tange ao levantamento do dinheiro, há duas situações bem diversas a serem consideradas. A primeira é a de não haver nenhum interveniente no processo de execução suscitando alguma preferência ou direito sobre o bem penhorado ou, ainda, que tenha penhorado o mesmo bem. A segunda é a que contempla essa pluralidade de credores no mesmo processo. Os arts. 905 a 907 ocupam-se da primeira hipótese; os arts. 908 e 909, da segunda.

Satisfeita a obrigação com ou sem o concurso de credores, o magistrado proferirá a sentença extintiva da obrigação a que se refere o art. 925, que terá como fundamento o disposto no inciso I do art. 924.

3.4.5.1 Levantamento pelo exequente

O art. 905 dá conteúdo à hipótese do inciso I do art. 904, esclarecendo o alcance que o "levantamento de dinheiro" assume no CPC de 2015. Trata-se do levantamento do "dinheiro depositado para segurar o juízo ou o produto dos bens alienados, bem como do faturamento de empresa ou de outros frutos e rendimentos de coisas ou empresas penhoradas".

Os dois incisos do art. 905, em perspectivas diversas, ocupam-se com a hipótese de o valor ser levantado por um só exequente, sem que tenha havido outras penhoras sobre o mesmo bem (inciso I) ou sem que tenham havido a intervenção de algum portador de direito privilegiado ou preferencial em relação ao bem penhorado (inciso II), situações que dão colorido à disciplina estabelecida pelos arts. 908 e 909.

O parágrafo único do art. 905 veda o levantamento de dinheiro (e também a liberação de bens apreendidos) durante o plantão judiciário. A proibição, evidentemente, não pode se sobrepor a eventual situação de necessidade e de urgência devidamente alegada e justificada, sob pena de atritar com o inciso XXXV do art. 5º da CF.

Recebido o mandado de levantamento, o exequente dará, nos próprios autos, quitação da quantia paga em favor do executado (art. 906, *caput*). Lembrando que estamos na segunda década do século XXI, o parágrafo único do art. 906 admite que o mandado seja substituído por transferência eletrônica do valor depositado em conta judicial a conta indicada pelo exequente.

A satisfação integral do exequente envolve o pagamento do principal, dos juros, das custas e dos honorários advocatícios. A despeito do silêncio do art. 907, é irrecusável considerar também a correção monetária incidente sobre o principal e eventual(is) multa(s) imposta(s) em detrimento do executado. É a soma dessas parcelas que o art. 906 autoriza ser levantada pelo exequente. O que sobejar daquele valor pertence ao executado.

3.4.5.2 Concurso singular de credores

Como adiantei, pode ocorrer de o exequente ter que concorrer com outros credores que tenham penhorado o mesmo bem ou, ainda, que ostentem situação que, na perspectiva do direito material, justifiquem que o valor do bem lhe pertence ou, quando menos, que tenham direito de acompanhar a excussão do bem. Não é outra, aliás, a razão de ser das *necessárias* intimações exigidas desde os incisos I a VII, X e XI, do 799 e que encontram eco no art. 804.

Instaura-se verdadeiro incidente cognitivo para verificar, após o cabível contraditório, quem tem direito a levantar o dinheiro relativo à alienação do bem. É verdadeiro caso de concurso singular de credores, que encontra ressonância clara no *caput* do art. 908 e no art. 909. Nele, os exequentes formularão as suas pretensões, que somente podem versar sobre o direito de preferência (estabelecido pelo direito material) e a anterioridade da penhora. Cada um deles apresentará e o magistrado decidirá, em decisão sujeita ao agravo de instrumento (art. 1.015, parágrafo único).

Entre credores quirografários, levantará o valor aquele que tiver penhorado o bem em primeiro lugar. É o que estatui o § 2º do art. 908, em harmonia com o inciso I do art. 905 e com o *caput* do art. 797.

Havendo título legal de preferência – e o texto empregado pelo § 2º do art. 908 conduz ao art. 958 do CC –, é preciso verificar quem, dentre os credores com direitos reais de garantia ou outros privilégios (tais como os credores trabalhistas ou tributários), receberá antes. O parágrafo único do art. 797, ao estatuir que "recaindo mais de uma penhora sobre o mesmo bem, cada exequente conservará o seu título de preferência" merece ser lembrado nesse contexto.

Em qualquer das duas hipóteses acima aventadas, o que sobejar da satisfação do credor, poderá ser levantado pelo seguinte e assim sucessivamente, até o esgotamento das forças do depósito.

Créditos eventualmente existentes sobre o bem sub-rogam-se no preço, devendo ser pagos com o produto da própria arrematação (ou, se for o caso, da adjudicação), observada a sua própria ordem de preferência (art. 908, § 1º).

Entendo oportuno fazer uma última observação. O concurso aqui analisado não se confunde com o que pode ser chamado de concurso *universal* de credores e que, no âmbito do CPC de 1973, era disciplinado como execução por quantia certa contra devedor *insolvente* ou, mais sinteticamente, a insolvência civil (arts. 748 a 786-A). Naquele caso, todos e quaisquer credores eram chamados para serem pagos pelo resultado da alienação de todo o patrimônio (disponível) do devedor comum. O curioso é que o CPC de 2015 não só não toca no assunto – limitando-se a ressalvar, no art. 797, a existência da insolvência do devedor – como conserva intacta aquela disciplina até o advento de lei específica que venha a regulamentá-lo diferentemente. É o que se lê, prezado leitor, do art. 1.052.

3.4.6 Execução contra a Fazenda Pública

O CPC de 2015 inova, ao menos do ponto de vista de seu texto em relação ao CPC de 1973, ao disciplinar expressamente a "execução contra a Fazenda Pública" como uma das modalidades de execução por quantia certa contra devedor solvente. Seu art. 910, que corresponde ao Capítulo V do Título II do Livro II da Parte Especial, ocupa-se com ela. Trata-se de verdadeira variante, tendo em vista a pessoa e sua correspondente submissão ao "modelo constitucional", da execução por quantia certa disciplinada pelo Capítulo anterior.

Como se trata de processo que tem fundamento em título executivo *extrajudicial*, a Fazenda Pública deverá ser *citada* para, querendo, apresentar embargos à execução no prazo de *trinta* dias (art. 910, *caput*). Aqui não se trata de *citação* para *pagamento*, excepcionando o que ocorre quando o executado é particular. Como escrevi no n. 6 do Capítulo 13 não é esse o comportamento que, na perspectiva *constitucional*, seria possível ao legislador estabelecer para a Fazenda Pública na modalidade obrigacional de pagar, nem mesmo após as modificações introduzidas no art. 100 da CF e no ADCT pelas ECs n. 109/2021 e 113/2021.

A sistemática estabelecida pelo referido dispositivo do CPC de 2015, de franquear à Fazenda Pública apresentar, querendo, os embargos à execução, tem o condão de viabilizar que o magistrado manifeste-se sobre o título executivo *extrajudicial* ou, mais precisamente, sobre o direito nele documentado, "judicializando-o", providência que, de acordo com o *caput* do art. 100 da CF, mostra-se inevitável. É entendimento que já defendia no volume 3 do meu *Curso sistematizado de direito processual civil* nas edições anteriores ao CPC de 2015 e que encontrava eco seguro na Súmula 279 do STJ, que já admitia (e de maneira correta) a execução fundada em título extrajudicial contra a Fazenda Pública.

Se não apresentados os embargos à execução ou, se apresentados, quando *transitada em julgado* a decisão que os rejeitar, será expedido precatório ou requisição de pequeno valor em favor do exequente, consoante o caso (art. 100, *caput* e § 3º, da CF). A exigência do trânsito em julgado, feita pelo § 1º do art. 910 é constitucional e há importante distinção que destaquei quando tratei do cumprimento de sentença contra a Fazenda Pública (art. 535, § 3º). Aqui, pela origem *extrajudicial* do título, sua *judicialização* precisa estar estabilizada pela chamada coisa julgada material. Sem o cumprimento dessa exigência, estaria o CPC de 2015 esbarrando na exigência feita pelos §§ 1º, 3º e 5º do art. 100 da CF. Eventual situação de urgência, a justificar a concessão de tutela provisória para *adiantar* a satisfação do direito do exequente, retratada no título executivo extrajudicial, deve ser tratada casuisticamente e tem tudo para excepcionar a normalidade dos casos, ainda que previstos constitucionalmente. Não era o caso de esperar que o CPC de 2015, ao estabelecer o procedimento *padrão* daquelas execuções, ocupasse-se com as exceções e, sim, com a normalidade das situações. Das exceções ocupar-se-á o cotidiano forense.

Desse entendimento decorre a compreensão de que os embargos à execução apresentados pela Fazenda Pública possuem efeito suspensivo, não se aplicando a eles o *caput* do art. 919 do CPC de 2015. Aqui, diferentemente do que me parece ser o mais correto para a *impugnação*, na forma como demonstro no n. 6.1.1 do Capítulo 13, não vejo como admitir a expedição do precatório ou a requisição de pequeno valor sem prévio trânsito em julgado da decisão que *judicialize* o título executivo. Evidentemente que, também aqui, situações excepcionais e de urgência merecerão tratamento diferenciado. No entanto, repito, na normalidade dos casos, não há como alcançar conclusão diversa, não merecendo reparo, nessa perspectiva, o comando do § 1º do art. 910.

Por se tratar de execução fundada em título extrajudicial, cabe à Fazenda Pública alegar, em seus embargos, "qualquer matéria que lhe seria lícito deduzir como defesa na *etapa* (e não no *processo*) de conhecimento". É o que prevê o § 2º do art. 910, ao qual merecem ser feitas as mesmas considerações que faço no n. 4.2, *infra*: não poderia o CPC de 2015 restringir a matéria arguível nos casos de execução fundada em título extrajudicial (qualquer uma), sob pena de violar não só o inciso XXXV do art. 5º da CF, mas também os princípios do contraditório e da ampla defesa. Trata-se, é esta a verdade, de verdadeira contrapartida, necessária e harmônica com o "modelo constitucional", da admissão generalizada das execuções fundadas em título executivo extrajudicial, típica do direito brasileiro.

O § 3º do art. 910 determina a aplicação, à execução de título extrajudicial contra a Fazenda Pública, do disposto nos arts. 534 e 535, isto é, as regras relativas ao cumprimento de sentença contra a Fazenda Pública "no que couber".

Assim é que a petição inicial da execução deverá conter, para cada um dos exequentes, o demonstrativo discriminado e atualizado do crédito com os elementos dos incisos I a VI do art. 534. Se for o caso – e não obstante a individualização da situação pessoal de cada exequente nos respectivos demonstrativos –, não há como recusar a viabilidade de as execuções em litisconsórcio serem desmembradas pela aplicação dos §§ 1º e 2º do art. 113 (§ 1º do art. 534).

À hipótese, não tem sentido aplicar a multa para o caso de não pagamento. Não só por força do § 2º do art. 534, mas também porque não é essa a dinâmica das execuções fundadas em título executivo *extrajudicial*. Muito menos, na perspectiva constitucional, quando é a Fazenda Pública a executada.

Tratando-se de execução para pagamento de quantia fundada em título executivo extrajudicial contra a Fazenda Pública, parece ser mais correto o entendimento de que também *não se aplica*, ao caso, a redução dos honorários advocatícios prevista no § 1º do art. 827. Isto porque a Fazenda Pública não é citada para *pagamento* mas, bem diferentemente, para *embargar* a execução. Sobre os honorários, aliás, cabe reiterar o entendimento do n. 2.4 do Capítulo 4 sobre a não aplicabilidade, à hipótese, do disposto no § 7º do art. 85, prevalecendo, integralmente, a regra do § 1º do art. 85, que se refere à "execução, resistida ou não".

A incidência dos diversos incisos do *caput* do art. 535 deriva, em rigor, da amplitude do § 2º do art. 910. Não obstante, entendo correto fazer as ponderações a seguir.

Se for o caso, o impedimento ou a suspeição do magistrado deverá ser arguido em petição avulsa, observando-se os arts. 146 e 148 (§ 1º do art. 535), e não nos próprios embargos. De qualquer modo, eventual erro na forma empregada para a arguição não deve ser obstáculo à apreciação do que é arguido (arts. 277 e 283), porque, no caso, não há risco maior de intempestividade da arguição.

Quando a Fazenda Pública alegar, em seus embargos, excesso de execução deve indicar, desde logo, o valor que entender devido, o que encontra eco seguro não só no § 2º do art. 535 mas também no § 3º do art. 917, que trata da mesmíssima hipótese no contexto dos embargos à execução em geral. Assim – e de forma expressa – fica bem justificada a possibilidade de rejeição desse fundamento (ou dos embargos integrais se esse for o seu único fundamento) caso a alegação escorreita e a prova devida não sejam feitas desde logo (art. 917, § 4º), salvo a excepcional situação que aponto no n. 4.3.1.5 do Capítulo 13.

Se os embargos forem parciais, caberá julgamento antecipado parcial do mérito e, desde que a decisão respectiva transite em julgado, estará autorizada a determinação do pagamento por precatório ou por requisição de pequeno valor. Trata-se de interpretação que decorre do § 4º do art. 535, máxime quando conjugado com o art. 356, que expressamente admite o julgamento antecipado *parcial* de mérito.

A situação de inexigibilidade da obrigação, prevista nos §§ 5º a 8º do art. 535, parece ser mais rara em se tratando de título executivo extrajudicial. No entanto, supondo que ela possa ou venha a ocorrer, não há por que deixar de aplicar aquelas regras aos embargos à execução apresentados pela Fazenda Pública. Nesse caso, todavia, merecem ser lembradas (e devidamente aplicadas) as ressalvas que fiz no n. 6.1 do Capítulo 13 quanto às inconstitucionalidades *formais*, decorrentes do processo legislativo do CPC de 2015, lá constantes acerca daqueles dispositivos.

Para encerrar o rol da remissão decorrente do § 3º do art. 910, destaco que a previsão do § 3º do art. 535, sobre as providências a serem tomadas na não apresentação ou rejeição da impugnação (isto é, dos embargos) estão suficiente e expressamente reguladas pelo § 1º do art. 910, específico para a hipótese.

Uma última pergunta mostra-se importante: se o título executivo extrajudicial referir-se a obrigação de fazer, não fazer ou de entrega de coisa deve ser observada a disciplina do art. 910 do CPC de 2015?

A resposta, prezado leitor, só pode ser a negativa, porque não existe para elas qualquer variante derivada do "modelo constitucional do direito processual civil".

Assim, as obrigações de outras modalidades que não a de *pagamento* representadas em títulos executivos extrajudiciais devem ser perseguidas, mesmo quando a executada for a Fazenda Pública, mediante a disciplina geral trazida pelo CPC de 2015. À hipótese aplica-se o disposto nos arts. 806 a 813 (quando se tratar de entrega de coisa) e nos arts. 814 a 823 (quando se tratar de obrigações de fazer ou de não fazer). Os embargos à execução, nesses casos, por sua vez, devem ser regidos pelos arts. 914 a 920.

3.4.7 Execução de alimentos

Lanço para os arts. 911 a 913, que correspondem ao Capítulo VI do Título II do Livro II da Parte Especial, a mesma observação que fiz com relação à execução (por quantia certa) contra a Fazenda Pública disciplinada pelo art. 910 no número anterior. Trata-se de verdadeira execução por quantia certa diferenciada, levando em conta, aqui, o tipo de crédito envolvido e, inclusive, a autorização constitucional da prisão civil em tais casos (art. 5º, LXVII, da CF).

O CPC de 2015 propõe-se a superar eventuais dúvidas quanto à viabilidade de a execução de verba alimentícia fundar-se em título executivo *extrajudicial*. E é inequivocamente bem-sucedido nesse objetivo, sendo correto entender que há verdadeira ordem de preferência entre as técnicas executivas versadas por cada um dos dispositivos: primeiro a forma coercitiva máxima, de pagar (ou justificar) sob pena de prisão (art. 911), passando pela sub-rogatória consistente no desconto em folha (art. 912) e, por fim, a sub-rogatória tradicional, de penhora de bens do patrimônio do executado (art. 913).

O art. 911, dando início à novel disciplina, determina que o executado será *citado* para, em três dias, pagar as parcelas anteriores ao início da execução e as que se vencerem no seu curso, provar que pagou ou justificar a impossibilidade de efetuar o pagamento.

O parágrafo único do art. 911 faz expressa remissão aos §§ 2º ao 7º do art. 528, que tratam da prisão civil no caso de não pagamento ou de rejeição da justificativa apresentada pelo executado. Suficientes a seu respeito o que escrevi no n. 5 do Capítulo 13, destacando que, nos termos do art. 15 da Lei n. 14.010, de 10 de junho de 2020, que "dispõe sobre o Regime Jurídico Emergencial e Transitório das relações jurídicas de Direito Privado (RJET) no período da pandemia do coronavírus (Covid-19)" durante o espaço de tempo que indica, o cumprimento da prisão civil deve se dar exclusivamente sob a modalidade domiciliar, sem prejuízo da exigibilidade das respectivas obrigações.

Quando ocorrer uma das hipóteses previstas no *caput* do art. 912, isto é, quando o executado for funcionário público, militar, diretor ou gerente de empresa, bem como empregado sujeito à legislação do trabalho, a execução pode desenvolver-se com o desconto em folha da pensão alimentícia. O *caput* autoriza o entendimento de que essa técnica executiva depende de requerimento e, portanto, da exteriorização da vontade do exequente a ser feita em sua petição inicial.

Deferido o pedido, o magistrado oficiará à autoridade, à empresa ou ao empregador, determinando, sob pena de crime de desobediência, o desconto a partir da primeira remuneração posterior do executado, a contar do protocolo do ofício (art. 912, § 1º). O ofício, lê-se do § 2º do art. 912, conterá os nomes e o número de inscrição no CPF do exequente e do executado, a importância a ser descontada mensalmente, a conta na qual deve ser feito o depósito e, se for o caso, o tempo de sua duração.

A terceira forma de executar alimentos corresponde ao pedido de citação do executado para pagamento com a redução da verba honorária inicialmente fixada pelo magistrado, penhora de bens e sua alienação para satisfação do exequente. É o que decorre da primeira parte do art. 913 e da remissão nele feita aos arts. 824 e seguintes.

A segunda parte daquele mesmo dispositivo trata da hipótese de serem apresentados embargos à execução: mesmo que eles sejam recebidos com efeito suspensivo, o exequente poderá levantar mensalmente o valor que lhe é devido quando a penhora recair sobre dinheiro.

O prezado leitor pode propor uma pergunta para fechar esse número: que tipos de alimentos podem ser executados pelas técnicas dos arts. 911 a 913? Penso que quaisquer alimentos. Tanto os decorrentes dos direitos de famílias (art. 1.694 do CC) como também os decorrentes dos atos ilícitos (arts. 948, II, 950 e 951 do CC) e, mais amplamente, qualquer verba inerente a subsistência de alguma pessoa como, por exemplo, salários, subsídios, vencimentos e honorários de quaisquer profissionais liberais. O rol do § 1º do art. 100 da CF e o § 14 do art. 85 são fontes normativas suficientes para justificar a inclusão dessa última classe. No mais, reitero como se aqui estivessem transcritas as considerações que escrevi no n. 5.2 do Capítulo 13.

4. EMBARGOS À EXECUÇÃO

O Título III do Livro II da Parte Especial é inteiramente dedicado à disciplina dos embargos à execução.

Trata-se da forma pela qual o executado argui as matérias, de direito processual e de direito material, com o objetivo de obstacularizar ou de vedar, total ou parcialmente, a satisfação do direito reclamado pelo exequente a partir do título executivo extrajudicial.

A doutrina amplamente majoritária entende que se trata de verdadeira "ação" ajuizada pelo executado em face do exequente. No volume 3 do meu *Curso sistematizado de direito processual civil* ouso divergir – e já o fazia mesmo antes do advento do CPC de 2015 – sustentando tratar-se de *defesa*. Não só porque, na perspectiva do "modelo constitucional" seria inconcebível conceber processo *sem* defesa, máxime diante da amplitude dos incisos LIV e LV do art. 5º da CF, mas também porque a ampla compreensão do exercício do direito de ação ao longo do processo conduz a esse entendimento. Autor e réu, exequente e executado estão, invariavelmente, atuando ao longo do processo, sendo extremamente relativa a distinção que a doutrina tradicional adota para distinguir a ação da defesa. Os limites deste *Manual* não permitem ir além, ficando o convite ao prezado leitor ler o que, a esse respeito, tenho a dizer no precitado volume do meu *Curso*. Não omito, contudo, que a disciplina dada pelo CPC de 2015 aos embargos pressupõe que se trata de uma *nova* ação promovida pelo executado em face do exequente, dando nascimento, inclusive a um *novo* processo.

A apresentação dos embargos à execução, como se extrai do *caput* do art. 914, independe de prévia garantia de juízo (seja ela penhora [tratando-se de execução por quantia certa], depósito [tratando-se de execução para entrega de coisa] ou caução [tratando-se de execução de fazer ou de não fazer]).

O § 1º do art. 914 dispõe que os embargos serão distribuídos por dependência, autuados em apartado e instruídos com cópias das peças processuais relevantes (extraídas dos autos da execução), que poderão ser declaradas autênticas pelo próprio procurador (o detentor da capacidade postulatória), sob sua responsabilidade pessoal.

O § 2º do art. 914 trata da competência para oferecimento e julgamento dos embargos nos casos da "execução por carta", isto é, aquela que pressupõe a expedição de carta precatória para a realização de penhora (art. 845, § 2º): eles podem ser oferecidos perante o juízo deprecante (que expediu a carta precatória) ou perante o juízo deprecado (para o qual a carta precatória foi expedida). A competência para seu julgamento é, contudo, do deprecante, salvo se versarem sobre vícios ou defeitos da penhora, da avaliação ou da alienação de bens efetuados no juízo deprecado.

4.1 Prazo

O art. 915 reserva o prazo de quinze dias (úteis) para apresentação dos embargos à execução, observando-se, quanto ao início do prazo, a disciplina dedicada à citação (art. 231). Quanto a tal remissão, destaco a hipótese do inciso IX do art. 231, incluída pela Lei n. 14.195/2021, segundo a qual, para as citações realizadas por meio eletrônico, a fluência do prazo terá início a partir do quinto dia útil seguinte à confirmação do recebimento da citação, na forma prevista na própria mensagem enviada ao executado. A hipótese, relembro o que escrevi no n. 6.1 do Capítulo 5, não se confunde com a prevista no inciso V do mesmo art. 231, que se refere à citação feita no âmbito do chamado "processo eletrônico", disciplinado pela Lei n. 11.419/2006.

Os parágrafos do art. 915, contudo, estabelecem algumas regras específicas.

Assim é que o prazo corre individualmente para cada um dos executados, salvo quando eles forem casados ou viverem em união estável, hipótese em que o início do prazo se dará com a juntada do último comprovante de citação (§ 1º). O § 3º do art. 915, de sua parte, exclui a contagem em dobro do prazo mesmo quando os embargantes tiverem diferentes advogados.

O § 2º ocupa-se com o prazo para embargar quando se tratar de "execução por carta" (art. 845, § 2º), distinguindo, em seus dois incisos, as hipóteses relativas ao juízo competente para *julgamento* (não para interposição) dos embargos, em consonância com o § 2º do art. 914.

Havendo comunicação por intermédio de cartas (precatória, de ordem ou rogatória), a realização da citação deverá ser informada imediatamente pelo juízo deprecado ao deprecante, de preferência por meio eletrônico (art. 915, § 4º). Quando a competência para julgamento dos embargos for do juízo deprecante, o prazo para sua apresentação flui da juntada, aos autos originais, desse comprovante (art. 915, § 2º, II).

4.2 Fundamentos

O art. 917 indica as matérias (fundamentos) passíveis de alegação nos embargos à execução: (i) a inexequibilidade do título ou a inexigibilidade da obrigação; (ii) penhora incorreta ou avaliação errônea; (iii) excesso de execução ou cumulação indevida de execuções; (iv) retenção por benfeitorias necessárias ou úteis, nos casos de execução para entrega de coisa certa; (v) incompetência absoluta ou relativa do juízo da execução; e (vi) qualquer matéria que lhe seria lícito deduzir como defesa em processo de conhecimento.

A alegação de inexequibilidade do título ou da inexigibilidade da obrigação (art. 917, I), a exemplo do que escrevi a propósito do inciso III do § 1º do art. 525, devem ser compreendidas como a possibilidade de o executado voltar-se, consoante o caso, a questões relativas ao título executivo em si mesmo considerado ou ao direito material nele retratado. Os referenciais da inexigibilidade da obrigação são, dentre outros residentes no direito material, os dos arts. 787 e 788.

A penhora incorreta ou a avaliação errônea (art. 917, II) são aquelas feitas ao arrepio dos arts. 833 e 870 a 872, respectivamente. Cabe acrescentar, a seu propósito, que o § 1º do art. 917 admite que ambas as questões sejam levantadas por simples petição, desde que no prazo de quinze dias contados da ciência do ato. A ressalva justifica-se diante do *caput* do art. 914, que permite a apresentação dos embargos independentemente de penhora prévia. Assim, pode acontecer de a penhora realizar-se apenas quando rejeitados os embargos (na hipótese de a eles ser concedido efeito suspensivo) ou, na hipótese oposta, após eles terem sido apresentados. O dispositivo evidencia que, em ambas as situações, caberá ao executado manifestar-se sobre o que é *novo* no processo, desde que o faça no prazo destacado.

As hipóteses em que ocorre excesso de execução (art. 917, III) estão indicadas no § 2º: (i) quando o exequente pleiteia quantia superior à do título; (ii) quando os atos executivos recaem sobre coisa diversa daquela declarada no título; (iii) quando a execução processa-se de modo diferente do que foi determinado no título; e (iv) quando o exequente, sem cumprir a prestação que lhe corresponde, exigir o adimplemento da prestação do executado; ou, ainda, (v) quando o exequente não provar que a condição se realizou. É irrecusável a compreensão de que essas duas últimas hipóteses merecem ser tratadas como situações de inexigibilidade da obrigação.

O § 3º do art. 917 prescreve caber ao executado que alega o excesso de execução declarar, na petição inicial dos embargos à execução, o valor que entende correto, apresentando demonstrativo discriminado e atualizado de seu cálculo, a exemplo do que o § 4º do art. 525 exige do executado para a impugnação. Se o executado não se desincumbir adequadamente desse ônus, seja porque não indica o valor correto ou porque não apresenta o respectivo demonstrativo, os embargos serão liminarmente rejeitados, sem resolução de mérito, se o excesso de execução for seu único fundamento, ou, havendo outros, prosseguirão para solução deles, vedado ao magistrado apreciar o excesso de execução (art. 917, § 4º). Como escrevi a propósito do inciso V do § 1º do art. 525 no n. 4.3.1.5 do Capítulo 13, a previsão *não* agride o "modelo constitucional", porque deve ser compreendida no sentido de que a exigência de produção da prova correspondente à alegação feita pelo executado harmoniza-se com a dinâmica relativa ao ônus da prova (art. 373). Nos casos em que tal comprovação não for possível de antemão, o executado deve justificá-la, afastando o rigor do precitado dispositivo.

O mesmo inciso III do art. 917 também permite ao embargante alegar a cumulação indevida de execuções, o que remonta à inobservância do disposto no art. 780.

Tratando-se de execução para entrega (restituição de coisa) é direito do executado reter a coisa reclamada pelo exequente enquanto não forem pagas a ele as benfeitorias que entende devidas (art. 917, IV). Nesse caso, de acordo com o § 5º do art. 917, o exequente poderá requerer a compensação de seu valor com o dos frutos ou dos danos considerados devidos pelo executado, cumprindo ao juiz, para a apuração dos respectivos valores, nomear perito. Nesses casos, o exequente poderá a qualquer tempo ser imitido na posse da coisa, prestando caução ou depositando o valor devido pelas benfeitorias ou resultante da compensação (art. 917, § 6º).

Considerando a abolição determinada pelo CPC de 2015 sobre a dicotomia do regime de alegação da incompetência absoluta ou relativa, tanto uma como a outra serão arguidas, se for o caso, nos embargos à execução. É o que prevê o inciso V do art. 917.

O inciso VI do art. 917 admite que o executado/embargante alegue "qualquer matéria que lhe seria lícito deduzir como defesa em processo de conhecimento". Em rigor, é o fundamento bastante para os embargos à execução que se justifica pela origem extrajudicial do título executivo. Sim, porque seria inequivocamente agressivo ao "modelo constitucional" entender que o executado não pudesse se voltar ao título executivo e ao direito nele retratado da forma mais ampla possível. Trata-se, nesse sentido, de hipótese em que a ampla defesa (art. 5º, LV, da CF) é meramente postergada, podendo ser plenamente exercida pelo executado/embargado.

Se o executado pretender arguir o impedimento ou a suspeição, deverá observar o disposto nos arts. 146 e 148 (art. 917, § 7º). No caso dos embargos à execução, diferentemente do que escrevi com relação ao § 2º do art. 525 no n. 4.3.2 do Capítulo 13, pode acontecer de a alegação daquelas matérias nos embargos *não ser* intempestiva, reduzindo o problema a mera inobservância de exigência formal, indiferente, portanto, para o processo.

O art. 803, que já tratei no n. 3, *supra*, comina de nulidade a execução processada sem título executivo denotativo de obrigação certa, líquida e exigível, quando a citação do executado não foi válida e quando ela tiver iniciado antes de verificar a condição ou ocorrer o termo. O parágrafo único do dispositivo, também já escrevi, aceita que aquelas situações sejam apreciadas de ofício pelo magistrado ou a requerimento da parte. Dispensa, contudo – e expressamente – o emprego dos embargos à execução para aquele fim.

A previsão merece interpretação ampla para sustentar que qualquer outro vício que possa comprometer a higidez do processo de execução e do direito de ação nele desenvolvida prescinda dos embargos à execução para ser alegado. É o que a prática forense consagrou com o nome de "exceção" ou "objeção" de pré-executividade, que nada mais é do que a possibilidade de determinadas questões, porque passíveis de apreciação oficiosa ou porque não demandem prova além da documental, serem apreciadas no próprio processo de execução.

O instituto tem mais serventia nos casos em que os embargos pressupõem prévia garantia de juízo. Não é o caso do CPC de 2015 como também já não era, desde a Lei n. 11.382/2006, o do CPC de 1973. Os usos e costumes forenses, contudo, não podem ser desprezados. Tampouco o art. 803. É cedo, destarte, para sustentar que o regime jurídico dos embargos acabará por condenar ao esquecimento o novel dispositivo e, mais amplamente, as tais exceções/objeções.

4.3 Rejeição liminar

Apresentados, os embargos passarão pelo crivo judicial, que poderá rejeitá-los liminarmente: (i) quando forem apresentados a destempo; (ii) nos casos de indeferimento da petição inicial (art. 330) e de improcedência liminar do pedido (art. 332); ou, ainda, (iii) quando manifestamente protelatórios (art. 918). Essa última hipótese – cuja configuração encontra no art. 774 rol exemplificativo de situações – é tipificada, pelo parágrafo único do art. 918, como conduta atentatória à dignidade da justiça, passível, portanto, de apenação nos moldes do parágrafo único do precitado art. 774.

4.4 Efeito suspensivo

Recebidos, os embargos à execução *não suspendem* automaticamente o andamento da execução nem a prática de quaisquer atos executivos. É este o inequívoco comando do *caput* do art. 919.

O executado/embargante deverá demonstrar, caso a caso, a ocorrência dos pressupostos da tutela provisória – e não há razão para distinguir as hipóteses de urgência das de evidência (art. 294, *caput*) –, além de garantir previamente o juízo, para obtenção de efeito suspensivo para aquele fim (art. 919, § 1º).

A decisão relativa ao efeito suspensivo pode ser modificada ou revogada consoante deixem de estar presentes as circunstâncias que justificaram a sua concessão. O § 2º do art. 919 exige, para tanto, requerimento da parte, o que deve ser compreendido no sentido de ser vedada a atuação oficiosa. O "a qualquer tempo" constante do dispositivo merece ser interpretado com temperamentos. É indispensável que haja aprofundamento cognitivo a justificar a *modificação* ou a *revogação* do efeito suspensivo anteriormente concedido. Não há razão nenhuma, a despeito da literalidade do dispositivo, para deixar de empregar esse mesmo raciocínio à hipótese inversa, isto é, naquela em que o magistrado tiver *indeferido* o pedido de efeito suspensivo. Assim, existentes novos elementos, cabe ao magistrado, diante de pedido do embargante devidamente comprovado, conceder o efeito suspensivo aos embargos.

O § 3º do art. 919 cuida da concessão de efeito suspensivo *parcial* e o prosseguimento da execução com relação ao restante, por ele não atingido.

Tratando-se de execução movida em face de mais de um executado, a concessão de efeito suspensivo aos embargos de um dos executados não suspende a execução em relação aos demais quando o fundamento respectivo relacionar-se unicamente ao embargante (art. 919, § 4º).

A despeito da concessão do efeito suspensivo, o § 5º do art. 919 não veda que haja substituição, reforço ou redução da penhora e, tampouco, a avaliação dos bens penhorados. A regra, harmônica com o princípio da eficiência processual, quer permitir que os atos preparatórios de eventual avaliação sejam realizados para a hipótese de os embargos serem rejeitados. É correto entender, portanto, que a atribuição de efeito suspensivo aos embargos só impede a *alienação* do bem, mas não a prática de todos os atos imediatamente anteriores ao início da fase expropriatória (art. 875).

O prezado leitor perguntará acerca da recorribilidade da decisão relativa à concessão ou não do efeito suspensivo dos embargos à execução. Também sobre a decisão que revogar ou modificar efeito anteriormente concedido. O inciso X do art. 1.015 é amplo o suficiente para admitir o agravo de instrumento nos casos de *concessão*, *revogação* ou *modificação*. Quando lido em conjunto com o *caput* daquele dispositivo e o verbo "versar" nele empregado, é correto entender, outrossim, a recorribilidade da decisão que *indefere* o pedido de atribuição de efeito suspensivo aos embargos formulado pelo embargante (v. n. 5 do Capítulo 17), o que, de resto, harmoniza-se plenamente com a compreensão de ser o agravo de instrumento cabível de eventual pedido formulado com base no § 2º do art. 919. A recorribilidade imediata daquela decisão, ademais, decorre da correta compreensão daquele efeito como manifestação da "tutela provisória", a justificar a incidência, na espécie, do inciso I do referido art. 1.015 e, de forma genérica, do próprio parágrafo único do art. 1.015.

4.5 Procedimento e julgamento

Recebidos os embargos, concedido (ou negado) eventual efeito suspensivo, o exequente/embargado será intimado, na pessoa de seu procurador, para se manifestar no prazo de quinze dias (art. 920, I).

Em seguida, julgará antecipadamente o mérito ou, sendo o caso de produzir provas, deferirá o que for necessário, saneando e organizando o processo nos moldes do art. 357. A segunda parte do inciso II do art. 920 dispõe que cabe ao magistrado "designar audiência", se a hipótese não comportar julgamento "imediato" do pedido. Tal audiência – que só pode ser a de *instrução*, porque já estabelecido o contraditório com o exequente/embargado, a afastar a viabilidade de *prévia* designação da audiência de conciliação ou de mediação – só se realizará se a prova a ser produzida for a oral. Esse entendimento não impede, de qualquer sorte, que o magistrado promova audiência para buscar a autocomposição entre as partes (art. 139, V).

Após a instrução, o magistrado proferirá sentença (art. 920, III). Tratando-se de sentença que rejeitar os embargos sem resolução de mérito ou que os julga improcedentes, a apelação dela interposta não tem efeito suspensivo (art. 1.012, § 1º, III). Sendo acolhidos os embargos, prevalece a regra do efeito suspensivo do recurso de apelação (art. 1.012, *caput*). As verbas de sucumbência (art. 85, § 1º) serão acrescidas no valor do débito principal para todos os efeitos legais (art. 85, § 13).

Questão interessante é saber se a rejeição ou a improcedência dos embargos autoriza a retomada dos atos executivos que tenham sido suspensos mercê da concessão de efeito suspensivo aos embargos. A melhor resposta, para o CPC de 2015, é a positiva, não só diante do já mencionado inciso III do § 1º do art. 1.012, mas também – senão principalmente – por força do disposto no inciso V daquele mesmo dispositivo. Graças a ele, é correto entender que anterior concessão de efeito suspensivo, por fazer as vezes de uma "tutela provisória", perde *imediatamente* sua eficácia com o tão só proferimento de sentença contrária ao embargante, seja ela de cunho processual ou meritório (art. 1.012, § 2º; v. n. 4.2 do Capítulo 17). A suspensão de atos executivos a partir daquele instante procedimental deverá ser perseguida pelo embargante perante o Tribunal recursal competente, o que encontra fundamento nos §§ 3º e 4º do mesmo art. 1.012 (v. n. 4.2.1 do Capítulo 17).

Dessa conclusão surge outro questionamento: a ausência do efeito suspensivo do recurso de apelação interposto nos embargos à execução transformaria a execução em "provisória", nos moldes do § 2º do art. 1.012? A retomada dos atos executivos, nesse sentido, atrairia a incidência do regime dos arts. 520 a 522 (v. n. 3 do Capítulo 13)?

A resposta mais adequada, no CPC de 2015, para ambas as perguntas é a negativa. Isso porque, aqui, diferentemente do que se dá com as hipóteses alcançadas pelo "cumprimento *provisório* da sentença", o título executivo é *extrajudicial* e, desde o início, a sua eficácia *independe* de prévia deliberação judicial. Não haveria sentido, por isso, *reduzir* a eficácia do título justamente no instante em que o Estado-juiz reafirma sua higidez, rejeitando a pretensão do embargante. Nesse contexto, a Súmula 317 do STJ merece lembrança, já que o CPC de 2015 não repetiu a regra do art. 587 do CPC de 1973, que, na redação da Lei n. 11.382/2006, convidava à reflexão quanto à perda do fundamento de validade daquela Súmula (v. n. 3.2.5 do Capítulo 13). É o seguinte o enunciado daquela Súmula: "É definitiva a execução de título extrajudicial, ainda que pendente apelação contra sentença que julgue improcedentes os embargos".

4.6 Moratória

O art. 916 cuida da possibilidade de o executado, no prazo dos embargos, reconhecer a dívida reclamada pelo exequente e pretender o seu parcelamento em até seis parcelas mensais, a serem corrigidas monetariamente e acrescidas de juros de mora de 1% ao mês, comprovando o depósito de 30% do valor em execução com a adição das custas e honorários advocatícios. Trata-se de verdadeira moratória concedida em favor do executado, eis que, uma vez preenchidos os requisitos do *caput* daquele dispositivo, não há como o magistrado deixar de concedê-la em seu favor. É o que deve ser extraído do contraditório imposto pelo § 1º do art. 916.

O § 2º do art. 916 determina o pagamento das parcelas vincendas enquanto não houver apreciação do pedido formulado pelo executado, podendo o exequente levantá-las na medida em que elas forem sendo depositadas.

Concedido o pedido, o exequente levantará a quantia até então depositada pelo executado, sendo suspensos os atos executivos (art. 916, § 3º). No caso de indeferimento, os atos executivos continuarão a ser praticados, preservado o depósito ofertado de início, que será convertido em penhora (art. 916, § 4º).

O § 5º do art. 916 trata da hipótese de, deferido o pedido, não haver pagamento de alguma parcela. Nesse caso, considerar-se-ão vencidas as demais parcelas e retomada imediatamente a prática dos atos executivos, sem prejuízo de o executado ser apenado com multa de 10% sobre o valor das prestações ainda não pagas.

O pedido de parcelamento, de acordo com o § 6º do art. 916, deve ser compreendido como renúncia ao direito de o executado embargar à execução. A regra é compatível com o "modelo constitucional" e não atrita com o inciso XXXV do art. 5º da CF porque o pedido do art. 916 é verdadeira *opção* do executado. Se optou pela moratória, não pode, depois, pretender embargar à execução. Não fosse bastante alcançar essa conclusão diante da preclusão consumativa que caracteriza a hipótese, o art. 5º interditaria o comportamento contraditório do executado.

O § 7º do art. 916 faz expressa (e, com o devido respeito, infeliz) opção quanto à inaplicabilidade do instituto ao cumprimento de sentença. Paradoxal é que a moratória é aplicável à ação monitória nas condições enunciadas pelo § 5º do art. 701.

A decisão (interlocutória) que defere ou que indefere o parcelamento nos moldes do art. 916 é inquestionavelmente agravável de instrumento, por força do disposto no parágrafo único do art. 1.015.

5. SUSPENSÃO E EXTINÇÃO DO PROCESSO DE EXECUÇÃO

O prezado leitor poderá indagar-se por que o Título IV, que fecha o Livro II da Parte Especial, silencia-se acerca da "formação" do processo de execução, limitando-se a tratar da suspensão e da extinção, diferentemente do que ocorre com relação ao Livro VI da Parte Geral?

O silêncio deve ser interpretado, prezado leitor, no sentido de que à falta de regras próprias, o momento da formação do processo de execução é aquele do art. 312, isto é, com o tão só protocolo da petição inicial. Os efeitos respectivos só alcançam o réu, contudo, após sua citação *válida*. A confirmar esse entendimento, inclusive quanto à ressalva, basta ler o *caput* e o parágrafo único do art. 802.

5.1 Suspensão

Iniciado (formado) o processo, é possível que determinados atos ou fatos acarretem a sua *suspensão*. No ponto, há disciplina própria, no art. 921, segundo o qual a suspensão dar-se-á nos seguintes casos: (i) pela ocorrência das hipóteses genéricas de suspensão do processo (art. 313, nada havendo de peculiar, no âmbito do cumprimento de sentença ou da execução, que justifique a exclusão das novéis hipóteses de suspensão do processo introduzidas como incisos IX e X daquele dispositivo pela Lei n. 13.363/2016) ou na existência de questão prejudicial a ser apurada na esfera criminal (art. 315); (ii) quando os embargos forem recebidos com efeito suspensivo, total ou parcialmente; (iii) "quando não for localizado o executado ou bens penhoráveis" (o inciso III do art. 921 tem a redação dada pela Lei n. 14.195/2021); (iv) quando a alienação dos bens penhorados não se realizar por falta de licitantes e o exequente não requerer a adjudicação nem indicar outros bens penhoráveis em quinze dias; e, por fim, (v) quando deferido o pedido de parcelamento da dívida a pedido do executado nos moldes do art. 916.

A hipótese de suspensão prevista no inciso III do art. 921 (quando o executado ou bens passíveis de penhora não forem localizados) merece exame mais detido. Seja porque o CPC de 2015, na sua redação original, já inovava ao se voltar expressamente à disciplina da chamada prescrição intercorrente, isto é, aquela que é deflagrada e consumada durante o processo, seja porque ela recebeu importantes modificações por força da Lei n. 14.195/2021. A respeito de tais inovações, reitero, uma vez mais, que as alterações que ela promoveu no CPC são irremediavelmente inconstitucionais do ponto de vista *formal*, já que se trata de conversão de medida provisória em lei que nem sequer tratava daquelas modificações e que, em rigor, nem o poderia sem violar o art. 62, § 1º, I, *b*, da CF. Não obstante, sua análise se faz necessária para que o assunto seja abordado da forma mais ampla possível. É o que passo a fazer:

No caso do inciso III do art. 921, o prazo máximo de suspensão da execução é de um ano, período no qual será também suspensa a prescrição (art. 921, § 1º). O § 2º do mesmo art. 921 complementa a previsão ao estabelecer que, findo o prazo sem localização de bens penhoráveis ou se não localizado o executado, os autos serão remetidos ao arquivo, sendo desarquivados caso sejam encontrados bens (art. 921, § 3º) e acrescento (a despeito do silêncio do dispositivo, não alterado pela Lei n. 14.195/2021) também o executado.

O § 4º do art. 921, que recebeu nova redação pela Lei n. 14.195/2021, estabelece que o termo inicial da prescrição no curso do processo, ou seja, da prescrição intercorrente, será a ciência da primeira tentativa infrutífera de localização do devedor ou de bens penhoráveis. A prévia ciência pressupõe a regular *intimação* dos procuradores constituídos no processo ou, se for o caso, das próprias partes, com observância das regras aplicáveis. O dispositivo também dita que a prescrição será suspensa, por uma única vez, pelo prazo máximo, previsto no § 1º, de um ano, portanto.

O § 4º-A do dispositivo, também fruto da Lei n. 14.195/2021, dispõe que a efetiva citação, intimação do devedor ou constrição de bens penhoráveis interrompem o prazo de prescrição, que não corre pelo tempo necessário à citação e à intimação do devedor, bem como para as formalidades da constrição patrimonial, se necessária, desde que o credor cumpra os prazos previstos na lei processual ou fixados pelo juiz.

A regra deve ser compreendida em sentido harmônico com o art. 240, § 3º, no sentido de que eventuais delongas inerentes à prática dos atos judiciais (como os indicados no dispositivo) ou falhas decorrentes do funcionamento da máquina judiciária não podem acarretar qualquer prejuízo em detrimento do exequente, como, por exemplo, o reconhecimento da prescrição intercorrente.

Ouvidas as partes em quinze dias (úteis), cabe ao magistrado, inclusive de ofício, reconhecer a prescrição intercorrente e extinguir o processo "sem ônus para as partes" (art. 921, § 5º, na redação que lhe deu a Lei n. 14.195/2021). A parte final do dispositivo – que corresponde à inovação introduzida pelo referido diploma legislativo – deve ser entendida de forma ampla no sentido de afastar da responsabilidade do exequente e do executado qualquer responsabilidade financeira decorrente do reconhecimento da prescrição intercorrente.

A Lei n. 14.195/2021 ainda trouxe dois outros novos parágrafos para o art. 921.

De acordo com o § 6º, a nulidade do reconhecimento da prescrição intercorrente somente será declarada se "demonstrada a ocorrência de efeito prejuízo", presumindo-o na hipótese de não ter havido a prévia intimação que gera a ciência prevista no § 4º do art. 921. Trata-se de diretriz que se amolda com perfeição ao regime de nulidades do CPC.

O § 7º do art. 921, por fim, determina, de modo expresso, a aplicação do disposto no art. 921 à etapa de cumprimento de sentença, regra que, em rigor, é despicienda dado o alcance que merece ser dado à interpretação conjunta do *caput* do art. 513 e do parágrafo único do art. 771.

O art. 922 completa o rol do art. 921 ao admitir que a execução seja suspensa pela vontade das partes pelo prazo por elas estipulado para que o executado cumpra a obrigação. Se no prazo não houver o cumprimento da obrigação, cessa a suspensão do processo e retomam-se os atos executivos, como determina o respectivo parágrafo único. É correto entender que não incide nessa hipótese o limite de seis meses para a suspensão do processo, imposto para o inciso II do art. 313 pelo § 4º daquele dispositivo, podendo, pois, exequente e executado ajustar prazo maior que o de seis meses para viabilizar o cumprimento da obrigação. Só então, com eventual comunicação do *cumprimento* da obrigação é que será proferida sentença (arts. 924, I, e 925) com o ânimo de extinguir o processo.

O art. 923 impõe a vedação da prática de atos processuais durante a suspensão da execução, a não ser nos casos de urgência. Se a suspensão for justificada por causa de arguição de impedimento ou suspeição, deve prevalecer o disposto no § 3º do art. 146, que reconhece a competência do substituto legal para a prática de eventuais atos urgentes.

5.2 Extinção

As hipóteses em que a execução será extinta estão previstas no art. 924: (i) nos casos em que a petição inicial for indeferida (o que traz à mente as hipóteses dos arts. 330, 332 e 801); (ii) quando a obrigação for satisfeita (que é a razão última de ser da execução); (iii) quando o executado obtiver, por qualquer outro meio, a extinção total da dívida (a esse propósito, cabe lembrar dos parágrafos do art. 3º e do incentivo do CPC de 2015 à autocomposição); (iv) quando o exequente renunciar ao crédito (é ato dispositivo seu, que reside no plano material e que, por isso, independe da concordância do executado); e (v) quando ocorrer a prescrição intercorrente (que depende, para seu reconhecimento, da observância dos atos dos parágrafos do art. 921, levando em consideração, inclusive, as modificações da Lei n. 14.195/2021).

Sobre essa última hipótese, destaco a regra do art. 1.056, constante de seu Livro Complementar, que estabelece "... como termo inicial do prazo da prescrição prevista no art. 924, inciso V, inclusive para as execuções em curso, a data de vigência deste Código". Trata-se de regra salutar que merece ser prestigiada em nome da segurança jurídica e da pouca clareza de como o tema relativo à prescrição intercorrente foi tratado pelo CPC de 1973. Sobre o *prazo* da prescrição intercorrente, cabe trazer à tona o art. 206-A do Código Civil. O dispositivo, que também havia sido incluído pela Lei n. 14.195/2021, foi modificado pela Lei n. 14.382/2022, estabelecendo que "A prescrição intercorrente observará o mesmo prazo de prescrição da pretensão, observadas as causas de impedimento, de suspensão e de interrupção da prescrição previstas neste Código e observado o disposto no art. 921 da Lei n. 13.105, de 16 de março de 2015 (Código de Processo Civil)".

É necessário o proferimento de *sentença* que reconheça a ocorrência de alguma das hipóteses do art. 924 para extinguir a execução (e o processo respectivo), sempre com as ressalvas que faço no n. 4 do Capítulo 7 sobre eventual prosseguimento do processo ao menos na fase recursal. Sim, porque, como qualquer outra, trata-se de sentença sujeita a recurso de apelação, aplicando a ele integralmente a disciplina constante dos arts. 1.009 a 1.014. É nesse sentido que merece ser interpretado o art. 925 quando dispõe que "a extinção só produz efeito quando declarada por sentença".

Resumo do Capítulo 15

DISPOSIÇÕES GERAIS

- Compreensão prévia (art. 513, *caput* + art. 771)
  - Existência de título *não* inibe o "processo de conhecimento" (art. 785)
- Deveres-poderes de condução (arts. 772 e 773)
  - Atipicidade dos meios executivos (art. 139, IV): "dever-poder geral de *efetivação*"
  - Atos atentatórios (art. 774): multa até 20% da execução
  - Cobrança de multas e indenizações nos mesmos autos (art. 777)
- Disponibilidade (art. 775)
- Responsabilidade do exequente (art. 776)
- Legitimidade ativa (art. 778)
  - Hipóteses do § 1º
  - Sucessão das partes (§ 2º)
- Legitimidade passiva (art. 779)
- Cumulação de execuções (art. 780)
- Competência (art. 781)
  - Domicílio do executado, foro de eleição ou situação dos bens (inciso I)
  - Diversidade de domicílios do executado (inciso II)
  - Domicílio incerto ou desconhecido do executado (inciso III)
  - Diversos executados (inciso IV)
  - Prática do ato ou ocorrência do fato (inciso V)
- Atos executivos (art. 782)
  - Inclusão em cadastro de inadimplentes (§§ 3º e 4º)
- Responsabilidade patrimonial (arts. 789 a 796)
- Fraude à execução (art. 792)
  - Ineficácia do ato (art. 792, § 1º)
  - Bem não sujeito a registro e ônus da prova (art. 792, § 2º, + art. 828, § 4º)
  - Relações com o Incidente de Desconsideração (arts. 133 a 137)
    - Art. 790, VII, + art. 792, § 3º, + art. 795, § 4º
  - Contraditório prévio (art. 792, § 4º)
    - Embargos de terceiro (art. 674, § 2º, III)
- Menor gravidade da execução e ônus argumentativo (art. 805, par. único)
  - Também no caso de *substituição* da penhora (art. 847)

TÍTULOS EXECUTIVOS E PROCEDIMENTOS

- Obrigação certa, líquida e exigível (art. 783)
  - Exigibilidade: arts. 786 a 788
- Títulos executivos *extrajudiciais* (art. 784)
  - Letra de câmbio, nota promissória, duplicata, debênture e cheque (inciso I)
  - Escritura pública ou documento público assinado pelo devedor (inciso II)
  - Documento particular assinado pelo devedor e por 2 testemunhas (inciso III)
  - Instrumento de transação referendado pelo MP, pela DP, advocacia pública, pelos advogados ou por conciliadores e mediadores (inciso IV)
  - Contrato garantido por hipoteca, penhor, anticrese ou outro direito real de garantia e garantido por caução (inciso V)
  - Contrato de seguro de vida em caso de morte (inciso VI)
  - Crédito decorrente de foro e de laudêmio (inciso VII)
  - Crédito documentalmente comprovado decorrente de aluguel e encargos acessórios da locação (inciso VIII)
  - Certidão de dívida ativa (inciso IX)
  - Contribuições ordinárias ou extraordinárias de condomínio edilício (inciso X)
  - Certidão da serventia notarial ou de registro (inciso XI)
  - Outros títulos definidos como executivos por lei (inciso XII)
    - Demandas de conhecimento e execução (§ 1º)
    - Títulos executivos estrangeiros (§§ 2º e 3º)
- Modalidades obrigacionais e procedimentos executivos
  - Petição inicial (arts. 798 e 799 + arts. 801 e 802)
    - Incisos X e XI do art. 799: introduzidos pela Lei n. 13.465/2017 (laje)
  - Obrigação para entrega de coisa certa ou incerta (arts. 806 a 813)
  - Obrigação de fazer ou de não fazer (arts. 814 a 823)
  - Obrigação de pagar (arts. 824 a 909)
    - Quando se tratar de execução de pagar contra a Fazenda Pública (art. 910)
    - Quando se tratar de execução de alimentos (arts. 911 a 913)
    - Execução contra devedor *insolvente* de acordo com o CPC de 1973 (art. 1.052)

EXECUÇÃO PARA ENTREGA DE COISA

- Citação para entrega de coisa *certa* em 15 dias (art. 806)
  - Fixação de multa (§ 1º)
  - Imissão na posse ou busca e apreensão (§ 2º)

- Entrega de coisa e consequências (art. 807)
- Se a coisa for alienada (art. 808)
- Se a coisa deteriorar, não for entregue, não for encontrada nem reclamada perante terceiro (art. 809)
- Benfeitorias indenizáveis (art. 810)
- Citação para que o executado entregue a coisa individuada quando se tratar de coisa *incerta* (art. 811)
  - Cabendo a escolha do exequente, ela é feita na petição inicial (art. 811, par. único)
- Impugnação da escolha feita pela outra parte (art. 812)
- Procedimento da obrigação para entrega de coisa certa (art. 813)

EXECUÇÃO DAS OBRIGAÇÕES DE FAZER OU DE NÃO FAZER

- Fixação de multa quando do recebimento da petição inicial (art. 814)
  - Majoração ou redução da multa (art. 814, par. único)
  - Pessoalidade da obrigação (art. 821)
- Citação do executado para fazer no prazo a ser assinado pelo magistrado ou no constante do título (art. 815)
- Não cumprida a obrigação, satisfação à custa do executado ou perdas e danos (art. 816)
- Satisfação por terceiro (art. 817)
  - Inadimplemento (art. 819)
  - Preferência do exequente (art. 820)
- Satisfação da obrigação (art. 818)
- Citação do executado para desfazimento do ato (art. 822)
- Conversão em perdas e danos (art. 823)

EXECUÇÃO POR QUANTIA CERTA

- Finalidade e objeto: arts. 824 e 825
  - Remição da execução pelo exequente (art. 826)
- Citação do executado para pagar em 3 dias da citação (art. 827 e art. 829)
  - Honorários de 5%, se pagar (art. 827, § 1º)
  - Elevação dos honorários até 20% (art. 827, § 2º)
  - Certidão da admissão da execução (art. 828)
  - Arresto de bens (art. 830)
  - Citação *também* para os embargos (art. 915)

PENHORA, DEPÓSITO E AVALIAÇÃO

- Objeto e alcance da penhora (art. 831)
  - Bens impenhoráveis (arts. 832, 833 e 834)
    - Valor acima de 50 salários mínimos mensais (art. 833, § 2º)
  - Ordem *preferencial* da penhora (art. 835)
    - *Prioridade* da penhora sobre dinheiro (art. 835, § 1º)
- Documentação da penhora, registro e depósito
  - Realização de penhora por meios eletrônicos (art. 837)
  - Auto ou termo de penhora (art. 838)
  - Realização da penhora (art. 839)
  - Depósito (art. 840)
  - Intimação da penhora (arts. 841 e 842)
  - Penhora de bem indivisível (art. 843)
  - Averbação da penhora (art. 844)
- Lugar da realização da penhora (arts. 845 a 846)
- Modificações da penhora
  - Por iniciativa do executado (art. 847)
  - Por iniciativa das partes (art. 848)
    - Documentação (art. 849)
  - Redução ou ampliação da penhora (art. 850)
  - Segunda penhora (art. 851)
  - Alienação antecipada dos bens penhorados (art. 852)
  - Contraditório prévio (art. 853)
- Penhora de dinheiro em depósito ou aplicação financeira (art. 854, *caput* e § 7º)
  - Controle pelo magistrado (§ 1º)
  - Contraditório diferido e impugnação (§§ 2º a 4º)
  - Indisponibilidade × penhora (§ 5º)
  - Hipótese de cancelamento (§ 6º)
  - Responsabilidade da instituição financeira (§ 8º)
  - Execução contra partido político (§ 9º)
- Penhora de créditos (arts. 855 a 860)
- Penhora das quotas ou das ações de sociedades personificadas (art. 861)
- Penhora de empresa, de outros estabelecimentos e semoventes (arts. 862 a 865)
- Penhora de percentual de faturamento de empresa (art. 866)
- Penhora de frutos e rendimentos de coisa móvel ou imóvel (arts. 867 a 869)
- Avaliação (arts. 870 a 874)

EXPROPRIAÇÃO

- Modalidades (art. 825) e momento (art. 875)
  - Adjudicação (arts. 876 a 878)
  - Alienação por iniciativa particular (arts. 879, I, e 880)
  - Alienação por leilão judicial (arts. 879, II, e 881 a 903)
    - Preferência pelo leilão eletrônico (art. 882, *caput*)
  - Frutos e rendimentos de coisa móvel ou imóvel (arts. 867 a 869)
    - Nomeação de "administrador depositário" (art. 868)

SATISFAÇÃO DO CRÉDITO

- Modalidades
  - Entrega do dinheiro (art. 904, I)
    - Pelo exequente (arts. 905 a 907)
    - Havendo concurso de credores (arts. 908 e 909)
    - Distinção com a insolvência civil
  - Adjudicação (art. 904, II)

EXECUÇÃO CONTRA A FAZENDA PÚBLICA

- Citação da Fazenda para embargar em 30 dias (art. 910, *caput*)
  - Compatibilização com o modelo constitucional
- Não opostos embargos ou transitada em julgado decisão de rejeição, precatório ou RPV (art. 910, § 1º)
- Matérias arguíveis nos embargos (art. 910, § 2º)
- Aplicação dos arts. 534 e 535 (art. 910, § 3º)

EXECUÇÃO DE ALIMENTOS

- Citação do executado para pagar, provar o pagamento ou justificar impossibilidade em 3 dias (art. 911, *caput*)
  - Possibilidade de prisão civil (art. 911, par. único)
- Desconto em folha (art. 912)
- Penhora (art. 913)

EMBARGOS À EXECUÇÃO

- Independem de prévia garantia de juízo (art. 914)
- Prazo de 15 dias conforme art. 231 (art. 915, *caput*)
- Moratória (art. 916)

- Não aplicável ao cumprimento de sentença (§ 7º)
  - Mas: aplicável à monitória (art. 701, § 5º)
- Matérias (art. 917)
  - Inexequibilidade do título ou inexigibilidade da obrigação (inciso I)
  - Penhora incorreta ou avaliação errônea (inciso II)
  - Excesso de execução ou cumulação indevida de execuções (inciso III + §§ 2º e 4º)

- Retenção por benfeitorias necessárias ou úteis, nos casos de execução para entrega de coisa certa (inciso IV + §§ 5º e 6º)
- Incompetência absoluta ou relativa do juízo da execução (inciso V)
- Qualquer matéria que seria lícito ao embargante deduzir como defesa em processo de conhecimento (inciso VI)
- Impedimento e suspeição (§ 7º)

- Rejeição liminar (art. 918)
- Efeito suspensivo (art. 919)
  - Recorribilidade por agravo de instrumento (art. 1.015, X)
- Procedimento (art. 920)
- Julgamento dos embargos e fase recursal
  - Apelação *sem* efeito suspensivo (art. 1.012, § 1º, III)
  - Possibilidade de execução provisória (?)
    - Súm. 317 do STJ

OUTRAS MANIFESTAÇÕES DO EXECUTADO

- Nulidade da execução sem embargos (art. 803, par. único)
  - Contraditório prévio
- Penhora ou avaliação: mera petição em 15 dias da ciência do ato (art. 917, § 1º)
  - Necessidade de conciliar com os embargos
- Os "embargos de segunda fase" (art. 903)
  - Mera petição em 10 dias após arrematação (§§ 1º a 3º)
  - Após expedição da carta: "ação autônoma" (§ 4º)
- Subsistem as exceções/objeções de pré/pós-executividade (?)

SUSPENSÃO

- Hipóteses nos incisos do art. 921
  - Suspensão convencional (art. 922)
  - Prática de providências urgentes (art. 923)

- Não localização do executado, ausência de bens e prescrição intercorrente (art. 921, III). As modificações da Lei n. 14.195/2021
  - Não encontrando bens ou executado em 1 ano: arquivamento dos autos (art. 921, §§ 1º e 2º)
  - Desarquivamento a qualquer tempo se bens forem encontrados (art. 921, § 3º)
  - Início da fluência e dinâmica da prescrição *intercorrente* (art. 921, §§ 4º e 4º-A) apreciável de ofício após prévio contraditório com extinção do processo sem ônus para as partes (art. 921, § 5º)
  - Nulidade do reconhecimento da prescrição (art. 921, § 6º)
  - Aplicabilidade das regras à etapa de cumprimento de sentença (art. 921, § 7º)
  - Direito intertemporal: termo inicial da prescrição intercorrente é a vigência do CPC/2015 (art. 1.056)

EXTINÇÃO

- Hipóteses do art. 924
  - Indeferimento da petição inicial (inciso I)
  - Satisfação da obrigação (inciso II)
  - Extinção total da dívida (inciso III)
  - Renúncia do crédito pelo exequente (inciso IV)
  - Ocorrência de prescrição intercorrente (inciso V)
- A sentença do art. 925

Leituras Complementares (Capítulo 15)

Monografias e livros

ABELHA RODRIGUES, Marcelo. *Execução por quantia certa contra devedor solvente*. Indaiatuba: Foco, 2021.

_____. *Fundamentos da tutela executiva*. Brasília: Gazeta Jurídica, 2018.

ASSIS, Araken de. *Comentários ao Código de Processo Civil*, vol. XIII: artigos 797 ao 823. São Paulo: Revista dos Tribunais, 2016.

_____. *Manual da execução*. 20. ed. São Paulo: Revista dos Tribunais, 2018.

DOUTOR, Maurício. *Medidas executivas atípicas na execução por quantia certa*: diretrizes e limites de aplicação. Belo Horizonte: Dialética, 2021.

FERNANDES, Luís Eduardo Simardi. *Poderes do juiz e efetividade da execução civil*. Curitiba: Editora de Direito Contemporâneo, 2022.

FERRIANI, Adriano. *Responsabilidade patrimonial e mínimo existencial*: elementos de ponderação. São Paulo: Instituto dos Advogados de São Paulo, 2017.

GIANNICO, Mauricio. *Comentários ao Código de Processo Civil*, vol. XVIII: da expropriação de bens até da extinção do processo de execução (arts. 876 a 925). São Paulo: Saraiva, 2018.

GRECO, Leonardo. *Comentários ao Código de Processo Civil*, vol. XVI: das diversas espécies de execução (arts. 797 a 823). São Paulo: Saraiva, 2020.

MELLO, Rogerio Licastro Torres de. *Responsabilidade executiva secundária*: a execução em face do sócio, do cônjuge, do fiador e afins. 2. ed. São Paulo: Revista dos Tribunais, 2015.

MINAMI, Marcos Youji. *Da vedação ao non factibile*: uma introdução às medidas executivas atípicas. 2. ed. Salvador: JusPodivm, 2022.

MINATTI, Alexandre. *Defesa do executado*. São Paulo: Revista dos Tribunais, 2017.

NEVES, Daniel Amorim Assumpção. *Comentários ao Código de Processo Civil*, vol. XVII: da execução por quantia certa (arts. 824 a 875). São Paulo: Saraiva, 2018.

PEREIRA, Rafael Caselli. *A multa judicial (astreinte) e o CPC/2015*. 3. ed. Porto Alegre: Livraria do Advogado. 2021.

SANTOS, Silas Silva. *Redirecionamento da execução civil*. São Paulo: Revista dos Tribunais, 2021.

SCARPINELLA BUENO, Cassio. *Curso sistematizado de direito processual civil*, vol. 3: tutela jurisdicional executiva. 12. ed. São Paulo: Saraiva, 2023.

SICA, Heitor Vitor Mendonça. *Cognição do juiz na execução civil*. São Paulo: Revista dos Tribunais, 2017.

SIQUEIRA, Thiago Ferreira. *A responsabilidade patrimonial no novo sistema processual civil*. São Paulo: Revista dos Tribunais, 2016.

TALAMINI, Eduardo; MINAMI, Marcos Youji (coord.). *Medidas executivas atípicas*. Salvador: JusPodivm, 2018.

THEODORO JÚNIOR, Humberto. *Comentários ao Código de Processo Civil*, vol. XV: da execução em geral. São Paulo: Saraiva, 2017.

VASCONCELOS, Rita. *Impenhorabilidade do bem de família*. 2. ed. São Paulo: Revista dos Tribunais, 2015.

VIEIRA, Luciano Henrik Silveira. *O processo de execução no Estado Democrático de Direito*. 2. ed. Rio de Janeiro: Lumen Juris, 2017.

ZANETI JR., Hermes. *Comentários ao Código de Processo Civil*, vol. XIV: artigos 824 ao 925. São Paulo: Revista dos Tribunais, 2016.

ZAVASCKI, Teori. *Comentários ao Código de Processo Civil*, vol. XII: artigos 771 ao 796. São Paulo: Revista dos Tribunais, 2016.

Capítulos de livros

AURELLI, Arlete Inês. Comentários aos arts. 911 ao 913. In: SCARPINELLA BUENO, Cassio (coord.). *Comentários ao Código de Processo Civil*, vol. 3. São Paulo: Saraiva, 2017.

BARIONI, Rodrigo. Comentários aos arts. 876 ao 903. In: SCARPINELLA BUENO, Cassio (coord.). *Comentários ao Código de Processo Civil*, vol. 3. São Paulo: Saraiva, 2017.

CÂMARA, Alexandre Freitas. Comentários aos arts. 921 ao 925. In: SCARPINELLA BUENO, Cassio (coord.). *Comentários ao Código de Processo Civil*, vol. 3. São Paulo: Saraiva, 2017.

CIANCI, Mirna; QUARTIERI, Rita de Cassia Conte. Comentários ao art. 910. In: SCARPINELLA BUENO, Cassio (coord.). *Comentários ao Código de Processo Civil*, vol. 3. São Paulo: Saraiva, 2017.

JORGE, Flávio Cheim; RODRIGUES, Marcelo Abelha. Comentários aos arts. 824 ao 830 e aos arts. 870 ao 875. In: SCARPINELLA BUENO, Cassio (coord.). *Comentários ao Código de Processo Civil*, vol. 3. São Paulo: Saraiva, 2017.

LUCON, Paulo Henrique dos Santos. Comentários aos arts. 806 ao 823. In: SCARPINELLA BUENO, Cassio (coord.). *Comentários ao Código de Processo Civil*, vol. 3. São Paulo: Saraiva, 2017.

MANGONE, Kátia Aparecida. Comentários aos arts. 904 ao 909. In: SCARPINELLA BUENO, Cassio (coord.). *Comentários ao Código de Processo Civil*, vol. 3. São Paulo: Saraiva, 2017.

MIRANDA, Gilson Delgado. Comentários aos arts. 831 ao 869. In: SCARPINELLA BUENO, Cassio (coord.). *Comentários ao Código de Processo Civil*, vol. 3. São Paulo: Saraiva, 2017.

OLIVEIRA NETO, Olavo de. Comentários aos arts. 914 ao 920. In: SCARPINELLA BUENO, Cassio (coord.). *Comentários ao Código de Processo Civil*, vol. 3. São Paulo: Saraiva, 2017.

SCARPINELLA BUENO, Cassio; ARSUFFI, Arthur Ferrari. Desjudicialização da execução civil: uma análise do PL 6.204/2019 à luz do princípio da eficiência. In: BELLIZZE, Marco Aurélio; MENDES, Aluisio Gonçalves de Castro; ALVIM, Teresa Arruda; CABRAL, Trícia Navarro Xavier (coord.). *Execução civil*: novas tendências. Estudos em homenagem ao Professor Arruda Alvim. Belo Horizonte: Foco, 2022

SHIMURA, Sérgio. Comentários aos arts. 771 ao 805. In: SCARPINELLA BUENO, Cassio (coord.). *Comentários ao Código de Processo Civil*, vol. 3. São Paulo: Saraiva, 2017.

Artigos

ABBOUD, Georges. Onde a discricionariedade começa, o direito termina: comentário ao voto proferido por Alexandre Freitas Câmara sobre penhora on-line. *Revista de Processo*, vol. 251. São Paulo: Revista dos Tribunais, jan. 2016.

ALMENDRA, Matheus Leite. A utilização de defesas heterotópicas e a suspensão do processo de execução. *Revista de Processo*, vol. 279. São Paulo: Revista dos Tribunais, maio 2018.

ALVIM, Arruda. Ilegitimidade ativa na ação de execução extrajudicial: necessidade de demonstração de regularidade da transferência do título e impossibilidade do prosseguimento da execução. *Revista de Processo*, vol. 316. São Paulo: Revista dos Tribunais, jun. 2021.

ANDRADE. Juliana Melazzi. A delegação do exercício da competência no processo executivo brasileiro. *Revista de Processo*, vol. 295. São Paulo: Revista dos Tribunais, set. 2019.

ANDREATINI, Lívia Losso. A penhorabilidade das quotas sociais de sociedades limitadas: uma análise do artigo 861 do CPC/2015. *Revista de Processo*, vol. 281. São Paulo: Revista dos Tribunais, jul. 2018.

ARAÚJO, Luciano Vianna. A atipicidade dos meios executivos na obrigação de pagar quantia certa. *Revista de Processo*, vol. 270. São Paulo: Revista dos Tribunais, ago. 2017.

_____. Competência para julgar embargos à execução cujo título executivo extrajudicial consiste num contrato com cláusula compromissória. *Revista de Processo*, vol. 272. São Paulo: Revista dos Tribunais, out. 2017.

AURELLI, Arlete Inês. A manifestação do exequente como causa de interrupção da prescrição intercorrente na execução civil. *Revista Brasileira de Direito Processual*, vol. 109. Belo Horizonte: Fórum, jan./mar. 2020.

_____. Medidas executivas atípicas no Código de Processo Civil brasileiro. *Revista de Processo*, vol. 307. São Paulo: Revista dos Tribunais, set. 2020.

AZEVEDO, Gustavo Henrique Trajano de; MACÊDO, Lucas Buril de. Protesto de decisão judicial. *Revista de Processo*, vol. 244. São Paulo: Revista dos Tribunais, jun. 2015.

BALDISSERA, Leonardo. PEGORARO JUNIOR, Paulo Roberto. Averbação premonitória no novo Código de Processo Civil. *Revista de Processo*, vol. 256. São Paulo: Revista dos Tribunais, jun. 2016.

BALZANO, Guilherme César. A penhora on line e o prazo dos embargos de terceiro. *Revista de Processo*, vol. 252. São Paulo: Revista dos Tribunais, fev. 2016.

BARIONI, Rodrigo. O parcelamento do crédito do exequente no novo CPC. *Revista de Processo*, vol. 244. São Paulo: Revista dos Tribunais, jun. 2015.

BARROS NETO, Geraldo Fonseca de. Meios coercitivos na execução por quantia certa. In: Instituto Brasileiro de Direito Processual; SCARPINELLA BUENO, Cassio (org.). PRODIREITO: Direito Processual Civil: Programa de Atualização em Direito: Ciclo 3. Porto Alegre: Artmed Panamericana, 2017 (Sistema de Educação Continuada a Distância, vol. 2).

BASTOS, Antonio Adonias Aguiar. O art. 784, § 1º, do CPC/2015: limites e influência da ação de conhecimento relativa à inexistência, à invalidação ou à inexigibilidade do título ou da relação obrigacional sobre a execução fundada em título extrajudicial. *Revista Brasileira de Direito Processual*, vol. 110. Belo Horizonte: Fórum, abr./jun. 2020.

BRANCO, André Soares de Azevedo; LIMA NETO, Francisco Vieira; BELIQUI, Mariana Fernandes. Execução civil, responsabilidade patrimonial e impenhorabilidade: da excepcionalidade normativa das regras de impenhorabilidade como condição para um processo executivo de resultados justos. *Revista de Processo*, vol. 329. São Paulo: Revista dos Tribunais, jul. 2022.

BRITO, Cristiano Gomes de. Novas perspectivas da fraude à execução nos processos civil, trabalhista e tributário. *Revista de Processo*, vol. 277. São Paulo: Revista dos Tribunais, mar. 2018.

BRUSCHI, Gilberto Gomes; MAISTRO JUNIOR, Gilberto Carlos. Os embargos à execução no CPC/2015 – Novidades e tendências. *Revista Brasileira de Direito Processual*, vol. 95. Belo Horizonte: Fórum, jul./set. 2016.

CAMBI, Accácio. Algumas considerações sobre inovações introduzidas no processo de execução de título extrajudicial do Código de Processo Civil de 2015. *Revista de Processo*, vol. 266. São Paulo: Revista dos Tribunais, abr. 2017.

CAMPOS, Arthur Sombra Sales. A produção antecipada de provas e a fraude à execução. *Revista de Processo*, vol. 330. São Paulo: Revista dos Tribunais, ago. 2022.

CANTOARIO, Diego Martinez Fervenza. Algumas questões relevantes sobre a tutela jurisdicional executiva das obrigações alimentares. *Revista de Processo*, vol. 322. São Paulo: Revista dos Tribunais, dez. 2021.

COSTA, Rosalina Moitta Pinto da. Inexistência de coisa julgada material na sentença que extingue a execução: incongruência da tese acatada pelo STJ. *Revista de Processo*, vol. 308. São Paulo: Revista dos Tribunais, out. 2020.

COSTA FILHO, Venceslau Tavares; GUIMARÃES, Anne Gabriele Alves; FERREIRA, Juliana de Barros. Impactos do novo Código de Processo Civil sobre o regime jurídico das impenhorabilidades. *Revista Brasileira de Direito Processual*, vol. 98. Belo Horizonte: Fórum, abr./jun. 2017.

CUNHA, Guilherme Antunes da Cunha; SCALABRIN, Felipe. A responsabilidade patrimonial do cônjuge na execução civil. *Revista de Processo*, vol. 322. São Paulo: Revista dos Tribunais, dez. 2021.

DIDIER JR., Fredie; OLIVEIRA, Rafael Alexandria de. Intimação de terceiros na execução judicial: uma análise do bloco normativo formado pelos arts. 799, 804 e 889 do Código de Processo Civil brasileiro. *Revista Brasileira de Direito Processual*, vol. 110. Belo Horizonte: Fórum, abr./jun. 2020.

GAIO JÚNIOR, Antônio Pereira; OLIVEIRA, Thaís Miranda de. Processo Civil e os modelos de investigação patrimonial na atividade executiva. *Revista de Processo*, vol. 259. São Paulo: Revista dos Tribunais, set. 2016.

GOMES, Marcos Paulo Pereira; MORAIS, Yasser Andrei Aires. Da atipicidade dos meios executivos na execução por quantia certa e os *standards* para aplicação. *Revista de Processo*, vol. 319. São Paulo: Revista dos Tribunais, set. 2021.

FAGUNDES, Cristiane Druve Tavares. Inovações e polêmicas no novo Código de Processo Civil sobre a teoria geral da execução. In: Instituto Brasileiro de Direito Processual; SCARPINELLA BUENO, Cassio (org.). PRODIREITO: Direito Processual Civil: Programa de Atualização em Direito: Ciclo 3. Porto Alegre: Artmed Panamericana, 2017 (Sistema de Educação Continuada a Distância, vol. 2).

FARIA, Márcio Carvalho. As zonas (ainda) cinzentas sobre a penhora *on-line* e uma tentativa de se encontrar algumas soluções. *Revista de Processo*, vol. 305. São Paulo: Revista dos Tribunais, jul. 2020.

FLUMIGNAN, Silvano José Gomes. Execução fiscal contra a Fazenda Pública e o Código de Processo Civil. *Revista de Processo*, vol. 300. São Paulo: Revista dos Tribunais, fev. 2020.

JESUS, Pedro Augusto de. Responsáveis patrimoniais e participação na execução. *Revista de Processo*, vol. 329. São Paulo: Revista dos Tribunais, jul. 2022.

LORENZETTO, Bruno Meneses; STOCCHERO, Camila de Brito. Critérios e limites de aplicação das medidas coercitivas atípicas na execução judicial por quantia certa. *Revista de Processo*, vol. 323. São Paulo: Revista dos Tribunais, jan. 2022.

MATTOS, Alexandra; MARTTA, Camila Victorazzi. A incompatibilidade lógica da audiência do artigo 334 do Código de Processo Civil de 2015 com o Processo de Execução. *Revista de Processo*, vol. 302. São Paulo: Revista dos Tribunais, abr. 2020.

MEDEIROS NETO, Elias Marques de. A recente Portaria 33 da Procuradoria-Geral da Fazenda Nacional, a Lei 13.606/18 e o PePex português: movimentos necessários de busca antecipada de bens do devedor. *Revista de Processo*, vol. 281. São Paulo: Revista dos Tribunais, jul. 2018.

_____. Execução e o novo Código de Processo Civil. In: Instituto Brasileiro de Direito Processual; SCARPINELLA BUENO, Cassio (org.). PRODIREITO: Direito Processual Civil: Programa de Atualização em Direito: Ciclo 1. Porto Alegre: Artmed Panamericana, 2016 (Sistema de Educação Continuada a Distância, vol. 3).

MEDEIROS NETO, Elias Marques de; SOUZA, André Pagani. Efetividade de penhora de percentual de faturamento de sociedade empresária e respectiva holding. *Revista de Processo*, vol. 242. São Paulo: Revista dos Tribunais, abr. 2015.

_____. O CPC/2015 e a busca antecipada de bens do devedor. *Revista de Processo*, vol. 271. São Paulo: Revista dos Tribunais, set. 2017.

MEIRELES, Edilton. Medidas sub-rogatórias, coercitivas, mandamentais e indutivas no Código de Processo Civil de 2015. *Revista de Processo*, vol. 264. São Paulo: Revista dos Tribunais, fev. 2017.

NEVES, Daniel Amorim Assumpção. Medidas executivas coercitivas atípicas na execução de obrigação de pagar quantia certa – art. 139, IV do novo CPC. *Revista de Processo*, vol. 265. São Paulo: Revista dos Tribunais, mar. 2017.

NUNES, Amanda Lessa. Astreintes nas execuções contra a Fazenda Pública: Possibilidade de incidência no patrimônio pessoal do agente público. *Revista de Processo*, vol. 245. São Paulo: Revista dos Tribunais, jul. 2015.

NUNES, Dierle; ALMEIDA, Catharina. Medidas indutivas em sentido amplo do art. 139, IV, do CPC: o potencial do uso de *nudges* nos módulos processuais executivos para satisfação de obrigações por quantia certa – Parte 1. *Revista de Processo*, vol. 323. São Paulo: Revista dos Tribunais, jan. 2022.

OLIVEIRA, Lauro Laertes de. Da penhora e alienação judicial de imóvel (in)divisível e em condomínio – exegese dos arts. 872, § 1º, 843 e 894 do CPC. *Revista de Processo*, vol. 325. Sao Paulo: Revista dos Tribunais, mar. 2022.

OLIVEIRA, Pedro Miranda. Recursos no processo de execução e nas fases de liquidação e cumprimento de sentença. *Revista de Processo*, vol. 318. São Paulo: Revista dos Tribunais, ago. 2021.

PACANARO, Armando Wesley. Sucessão empresarial fraudulenta e extensão subjetiva da execução civil. *Revista de Processo*, vol. 262. São Paulo: Revista dos Tribunais, dez. 2016.

PINHEIRO, Guilherme César. Técnicas de elaboração da petição inicial do processo de execução. *Revista de Processo*, vol. 282. São Paulo: Revista dos Tribunais, ago. 2018.

PUGLIESE, William Soares; OLIVEIRA, Vinicius Souza de. Medidas executivas atípicas: análise dos critérios de aplicação nas obrigações pecuniárias. *Revista de Processo*, vol. 327. São Paulo: Revista dos Tribunais, maio 2022.

REDONDO, Bruno Garcia; DELFINO, Lúcio. Impenhorabilidade de bens no CPC/2015 e as hipóteses da remuneração do executado e do imóvel residencial. *Revista Brasileira de Direito Processual*, vol. 91. Belo Horizonte: Fórum, jul./set. 2015.

RODRIGUES, Marcelo Abelha. O novo CPC e a tutela jurisdicional executiva (parte 1). *Revista de Processo*, vol. 244. São Paulo: Revista dos Tribunais, jun. 2015.

_____. O novo CPC e a tutela jurisdicional executiva (parte 2 – continuação). *Revista de Processo*, vol. 245. São Paulo: Revista dos Tribunais, jul. 2015.

ROQUE, Andre Vasconcelos; OLIVA, Milena Donato. Prestação de alimentos por ato ilícito no Novo Código de Processo Civil: regras aplicáveis e o regime do patrimônio de afetação. *Revista de Processo*, vol. 253. São Paulo: Revista dos Tribunais, mar. 2016.

SALDANHA, Alexandre Henrique Tavares; SALDANHA, Paloma Mendes. O alcance da penhora sobre o banco de dados de uma empresa judicialmente executada. *Revista de Processo*, vol. 297. São Paulo: Revista dos Tribunais, nov. 2019.

SALES, Gabriela de Barros. As impenhorabilidades à luz do novo Código de Processo Civil. Uma nova abordagem à execução civil. *Revista Brasileira de Direito Processual*, vol. 114. Belo Horizonte: Fórum, abr./jun. 2021.

SCARPINELLA BUENO, Cassio. Penhora on line no novo Código de Processo Civil brasileiro. Publicações da Escola da AGU: Sistemi processuali a confronto: il nuovo Codice di Procedura Civile del Brasile tra tradizione e rinnovamento. Brasília: Escola da Advocacia-Geral da União Ministro Victor Nunes Leal, vol. 8, n. 1, janeiro/mar. 2016.

_____. Esecuzione e ricerca delle cose da pignorare in Brasile. *Revista de Processo*, vol. 258. São Paulo: Revista dos Tribunais, ago. 2016.

SCHEIBLER, Juliana Luisa; CUNHA, Guilherme Antunes da. A penhora do faturamento da empresa e os critérios adotados por Tribunais na definição do percentual. Revista de Processo, vol. 301. São Paulo: Revista dos Tribunais, março 2020.

SILVA, Paulo Eduardo Alves da; CARVALHO, Natália Batagim de. A construção legislativa de um modelo da execução judicial civil brasileira – Elementos para um novo paradigma. *Revista de Processo*, vol. 308. São Paulo: Revista dos Tribunais, out. 2020.

SILVEIRA, Bruna Braga da; MEGNA, Bruno Lopes. Autocomposição: causas de descumprimento e execução – um panorama sobre meios alternativos de solução de conflitos e o processo de execução no novo CPC. *Revista de Processo*, vol. 264. São Paulo: Revista dos Tribunais, fev. 2017.

SHIMURA, Sérgio Seiji; GARBI JUNIOR, Carlos Alberto. O princípio da atipicidade das medidas executivas no Código de Processo Civil brasileiro. *Revista de Processo*, vol. 320. São Paulo: Revista dos Tribunais, out. 2021.

SHIMURA, Sérgio; GARCIA, Julia Nolasco. A impenhorabilidade na visão do Superior Tribunal de Justiça. Revista de Processo, vol. 305. São Paulo: Revista dos Tribunais, julho 2020.

SOUSA, José Augusto Garcia de. O tempo como fator precioso e fundamental do processo civil brasileiro: aplicação no campo das impenhorabilidades. *Revista de Processo*, vol. 295. São Paulo: Revista dos Tribunais, set. 2019.

SOUZA, Gelson Amaro de. A responsabilidade patrimonial no CPC /2015. *Revista Dialética de Direito Processual*, vol. 148. São Paulo: Dialética, jul. 2015.

SOUZA, Gelson Amaro de. O Código de Processo Civil de 2015 – procedimento na fraude à execução. *Revista de Processo*, vol. 249. São Paulo: Revista dos Tribunais, novembro de 2015.

SOUZA, Henrique Coutinho de. O direito subjetivo do executado à substituição da penhora pelo seguro garantia à luz das alterações promovidas pela lei n. 13.043/2014. *Revista Dialética de Direito Processual*, vol. 149. São Paulo: Dialética, ago. 2015.

TESHEINER, José Maria. Embargos à execução no novo Código de Processo Civil. *Revista de Processo*, vol. 267. São Paulo: Revista dos Tribunais, maio 2017.

VIANNA, Guilherme Borba. Breves notas sobre a exceção de pré-executividade no Código de Processo Civil de 2015. *Revista Brasileira de Direito Processual*, vol. 99. Belo Horizonte: Fórum, jul./set. 2017.

VICELLI, Gustavo de Melo; FÜRST, Henderson. Fraude à execução e a imprecisão normativa do Código de Processo Civil. *Revista de Processo*, vol. 303. São Paulo: Revista dos Tribunais, maio 2020.

WAMBIER, Teresa Arruda Alvim; SCARPINELLA BUENO, Cassio. Techiniques coercitives civiles et mobilite humaines dans le droit processuel bresilien: avis pour une reflexion comparee. *Revista de Processo*, vol. 248. São Paulo: Revista dos Tribunais, out. 2015.

ZANETI JR., Hermes; ALVES, Gustavo Silva. Breves notas sobre as alterações do Código de Processo Civil pela Lei 14.195/2021: citação eletrônica, exibição de documento ou coisa e prescrição intercorrente. *Revista de Processo*, vol. 330. São Paulo: Revista dos Tribunais, ago. 2022.

Capítulo 16

Processos nos Tribunais

1. PARA COMEÇAR

O Livro III da Parte Especial é intitulado "Dos processos nos Tribunais e dos meios de impugnação das decisões judiciais". Ele é dividido em dois Títulos. O primeiro, que ocupa este Capítulo, disciplina a ordem dos processos nos Tribunais e os processos de competência originária dos Tribunais. O segundo, que desenvolvo no Capítulo seguinte, é dedicado aos recursos.

A nomenclatura dada ao Título I do Livro III da Parte Especial, bem como a primeira parte do nome do próprio Livro III, embora consagradíssima, não é indene a críticas. A razão principal é a heterogeneidade dos temas nela tratados.

As "disposições gerais", dos arts. 926 a 928, por exemplo, dizem respeito, em rigor, às decisões jurisdicionais em geral, e não ao modo pelo qual (o processo) elas são produzidas. Tão verdadeira a observação que os arts. 520 a 522 do Projeto da Câmara, mais pertinentemente, trazia-as ao lado da disciplina da sentença. A iniciativa justificava-se porque a matéria refere-se a qualquer *decisão jurisdicional*, não apenas ao que ocorre no âmbito dos tribunais. Mas não só: os arts. 926 a 928 não se ocupam, em si mesmos, com o *processo de produção* das decisões que querem fazer as vezes de "precedentes", mas, apenas, com seus *efeitos*. Por isso, mostrou-se preferível aquela mudança de local para a matéria, empregando a disciplina da sentença e de seus efeitos como paradigma de qualquer decisão jurisdicional, inclusive, nesta perspectiva, daquelas proferidas no âmbito dos Tribunais, similarmente ao que o § 1º do art. 489 faz (e pertinentemente) com o dever de fundamentação.

Os arts. 929 a 946, por sua vez, dizem respeito mais à atividade organizacional e administrativa dos Tribunais do que, propriamente, a qualquer processo em si mesmo considerado. Não tratam, propriamente, de ordem dos processos nos Tribunais, não todos eles, pelo menos.

Mesmo com relação à matéria que poderia se amoldar mais adequadamente à compreensão de "processos" (Capítulos III a IX), importa entendê-la a partir do substrato jurídico imposto desde a Constituição para formar a base de atuação nos Tribunais. Boa parte da disciplina, contudo, nada mais é do que verdadeiro desdobramento do que ocorre – e concomitantemente – na primeira instância. Merecem, por isso, ser tratados muito mais como *incidentes* do que como *processos*.

De qualquer sorte, prezado leitor, ir além dessas considerações preambulares extrapolaria os limites deste *Manual*. Satisfaço-me, por isso, com sua enunciação. E, seguindo a proposta inicial, exponho a disciplina codificada na ordem escolhida pelo legislador.

2. DISPOSIÇÕES GERAIS

As disposições gerais, que correspondem ao Capítulo I do Título I do Livro III da Parte Especial, compreendem três dispositivos. Os dois primeiros (arts. 926 e 927) ocupam-se com o papel esperado, pelo CPC de 2015, da "jurisprudência" e com as diversas formas de sua manifestação e regime jurídico. O terceiro daqueles dispositivos, o art. 928, limita-se a indicar o que, para o CPC de 2015, deve ser compreendido como "julgamento de casos repetitivos", que é uma das técnicas – apenas uma – que ele elege como produtora de decisões judiciais que merecem ser compreendidas no contexto e para os fins dos arts. 926 e 927.

Entendo que os arts. 926 e 927 têm como missão substituir o mal aplicado e desconhecido, verdadeiramente ignorado, "incidente de uniformização de jurisprudência" dos arts. 476 a 479 do CPC de 1973. É o típico caso de norma jurídica que não encontrou, nos quarenta e um anos de vigência daquele Código, seu espaço, caindo em esquecimento completo. É essa a razão pela qual parece-me importante compreender aqueles dois dispositivos (como, de resto, todos os que, ao longo do CPC de 2015, direta ou indiretamente com eles se relacionam, e não são poucos) como normas diretivas de maior otimização de decisões paradigmáticas no âmbito dos Tribunais e dos efeitos que o CPC de 2015 quer que estas decisões, as paradigmáticas, devam surtir nos demais casos em todos os graus de jurisdição, a começar por aquelas produzidas pelo STF.

Saber se o Código de Processo Civil pode estabelecer que os efeitos de determinadas decisões paradigmáticas *devam* ser acatados pelos órgãos jurisdicionais em geral, no sentido de torná-las vinculantes de maneira generalizada aos demais órgãos jurisdicionais é questão que não pode mais ser evitada.

Sim, porque sou daqueles que entendem que decisão jurisdicional com caráter *vinculante* no sistema brasileiro depende de prévia autorização *constitucional* – tal qual a feita pela EC n. 45/2004 – e, portanto, está fora da esfera de disponibilidade do legislador infraconstitucional.

Ademais, não parece haver nenhuma obviedade ou imanência em negar genericamente o caráter vinculante às decisões jurisdicionais, mesmo àquelas emitidas pelos Tribunais Superiores. Isto porque a tradição do direito brasileiro *não é de common law*. É analisar criticamente, dentre tantos outros fatores, o real alcance das mais que cinquentenárias Súmulas (não vinculantes) do STF e sua cotidiana aplicação totalmente alheia a uma ou qualquer teoria sobre precedentes, sejam os do *common law* ou não, para chegar a essa conclusão. Não é diversa a experiência, embora mais recente, das próprias Súmulas vinculantes daquele Tribunal e, desde sua instalação, em 1989, das Súmulas do STJ.

Aliás, o art. 8º da EC n. 45/2004, completamente esquecido, é claro quanto ao ponto: para que as Súmulas do STF editadas antes daquela Emenda alcancem o *status* de "vinculantes", elas precisam passar pelo *procedimento* imposto pelo art. 103-A da CF, com o elevado crivo de dois terços dos membros daquele Tribunal, que, querendo, deverão confrontar cada uma delas – e são 736, as últimas delas editadas em 2003 – com as alterações experimentadas no direito brasileiro desde a sua edição, "confirmando-as", como quer aquele dispositivo normativo, ou não. É o que, no plano infraconstitucional, impõe, pertinentemente, o art. 5º da Lei n. 11.417/2006, que regulamenta o precitado dispositivo constitucional. Diferentemente do que sugerem alguns autores, nada há de imanente nessa opção política de atrelar, ou não, a *determinadas* manifestações do STF efeitos vinculantes mediante um "procedimento jurisdicional constitucionalmente diferenciado".

Previsibilidade, isonomia e segurança jurídica – valores tão caros a quaisquer ordens jurídicas estáveis, como quer ser a brasileira, pouco importando de onde elas nasceram e se desenvolveram – devem ser metas a serem atingidas, inclusive pela atuação jurisdicional. Não há por que duvidar disto. No entanto, faço questão de frisar, há limites para o legislador *infraconstitucional* alcançar aquele desiderato. E, também insisto, fossem suficientes Súmulas dos Tribunais (a começar pelas dos Tribunais Superiores) e, até mesmo, a técnica de julgamento de recursos extraordinários ou especiais repetitivos, e as experiências mais recentes, ainda sob a égide do CPC de 1973, teriam surtido efeitos bem melhores do que estatísticas sobre a redução de casos julgados pelos Tribunais Superiores.

Não consigo ver, portanto, nada no CPC de 2015 que autorize afirmativas genéricas, que vêm se mostrando comuns, no sentido de que o direito brasileiro migra em direção ao *common law* ou algo do gênero. Sinceramente, prezado leitor, não consigo concordar com esse entendimento. O que há, muito menos que isso, é uma aposta que o legislador infraconstitucional vem fazendo desde as primeiras reformas estruturais pelas quais passou o CPC de 1973 (abandonando a já mencionada e sempre esquecida "uniformização de jurisprudência") no sentido de que, se as decisões proferidas pelos Tribunais Superiores e aquelas proferidas pelos Tribunais de Justiça e pelos Regionais Federais forem observadas (acatadas) pelos demais órgãos jurisdicionais, haverá redução sensível do número de litígios e maior previsibilidade, maior segurança e tratamento isonômico a todos. É o que os incisos do art. 927 bem demonstram e o que inquestionavelmente querem. Nada mais do que isso.

Não obstante essas considerações, que, espero, possam sugerir ao prezado leitor uma reflexão mais crítica com relação ao tema – e a lembrança, a esta altura, da epígrafe de Saramago com a qual abro este *Manual* não será inoportuna –, não vejo como deixar de analisar o potencial desses dois dispositivos e dos demais que com eles se relacionam. Até porque, mesmo que descarte, como descarto, o seu efeito *vinculante* fora dos casos previstos na CF, isto é, para além das decisões proferidas pelo STF no controle concentrado de constitucionalidade (art. 102, § 2º, da CF) e de suas súmulas vinculantes (art. 103-A da CF), não vejo razão para desconsiderar a sua força *persuasiva* e a necessidade de ser estabelecida verdadeira política pública para implementar maior racionalização nas decisões e na observância das decisões dos Tribunais brasileiros, viabilizando, com isso, inclusive, mas não só, o estatuído no inciso LXXVIII do art. 5º da CF, o princípio da eficiência processual (v. n. 2.1.15 do Capítulo 1). Não por coincidência, o (também nunca lembrado) art. 7º da EC n. 45/2004 já prescrevia que as alterações legislativas sentidas desde sua promulgação tinham em mira "tornar mais amplo o acesso à Justiça e mais célere a prestação jurisdicional".

Há, para tanto, vasto material no CPC de 2015, mesmo para quem queira interpretá-lo e aplicá-lo nos precisos termos de seu art. 1º, ou seja, dentro dos limites do modelo constitucional. Na medida em que o *processo de produção* destas decisões, que querem ser paradigmáticas, observar aquilo que é *imposto* aos Tribunais para tanto, e o seu emprego, no cotidiano forense, também seguir as prescrições do CPC de 2015 – que em nada se assemelham à experiência mais que cinquentenária das Súmulas do STF, que já quis evidenciar –, nada há de errado em entender que a "jurisprudência" sumulada ou repetitiva dos Tribunais é um norte seguro na interpretação das normas jurídicas em geral. Tudo para dar maior previsibilidade e segurança jurídica aos jurisdicionados, tratando-os de forma isonômica.

O prezado leitor poderá objetar às considerações que acabou de ler porque o CPC de 2015 não emprega a palavra "vinculante" no sentido que acabei de usar, a não ser para indicar as súmulas *vinculantes* do STF – mas, para estas, há expressa previsão constitucional no art. 103-A da CF – e no § 3º do art. 947, a propósito do incidente de assunção de competência, quando se lê que o acórdão proferido *vinculará* todos os juízes e órgãos fracionários, exceto se houver revisão de tese. Fora desses dois casos, a palavra é evitada – ouso afirmar, até mesmo, de forma consciente –, justamente para furtar-se à polêmica com a qual aqui me ocupo.

Não obstante, aquele elemento, de *vinculação*, parece ser *insinuado* com o uso de afirmativos imperativos toda vez que a temática da "jurisprudência" vem à tona. Prevê-se, até mesmo – e de forma contundente –, o uso da reclamação para afirmar e reafirmar a "observância" do que for decidido no incidente de resolução de demandas repetitivas e no incidente de assunção de competência (art. 988, IV, na redação da Lei n. 13.256/2016).

É o que basta para confirmar o acerto do que escrevi até agora. Independentemente da *necessária* discussão sobre haver ou não haver (legítimo) efeito vinculante a todas as decisões referidas nos incisos do art. 927, cabe à doutrina interpretar e sistematizar a disciplina daquelas decisões no próprio CPC de 2015 e, desculpe-me a insistência, prezado leitor, sempre levando em conta o que o modelo constitucional tem a dizer a seu respeito.

Uma última consideração preambular parece-me importante sobre a nomenclatura empregada pelo CPC de 2015 acerca daquilo que interessa para o momento.

O *caput* do art. 926 refere-se a "jurisprudência". No § 1º do mesmo dispositivo, repete a palavra, adjetivando-a de *dominante*, expressão que também aparece no § 3º do art. 927 e no inciso I do § 3º do art. 1.035. O § 4º do art. 927, contudo, emprega o adjetivo *pacificada* para tratar da jurisprudência.

O § 1º do art. 926 ainda faz menção à expressão "enunciado de súmula", que é a mais comum ao longo de todo o CPC de 2015, com onze ocorrências (oito no singular e três no plural). Há casos, contudo, em que a palavra súmula é empregada sem qualquer menção ao enunciado (art. 496, § 4º, I e IV; art. 521, IV; art. 932, IV, *a*; art. 932, V, *a*; art. 955, parágrafo único, I; art. 1.035, § 3º, I; e art. 1.035, § 11).

Em quatro momentos, o CPC de 2015 emprega a palavra precedente (é o caso do art. 489, § 1º, V e VI; art. 926, § 2º e art. 927, § 5º).

Em diversas outras oportunidades a referência é a *acórdão* ou a *entendimento* de determinado Tribunal proferido em recursos repetitivos ou "firmado" em incidente de resolução de demandas repetitivas ou de assunção de competência. É o que se lê nos incisos II e III do art. 332, respectivamente; nos incisos II e III do § 4º do art. 496; nas alíneas *c* dos incisos IV e V do art. 932 e, com a redação que lhe deu a Lei n. 13.256/2016, também no inciso IV do art. 988 e no inciso II do § 5º do mesmo dispositivo. O § 7º do art. 1.035 e o *caput* do art. 1.042, também na redação que lhes deu a Lei n. 13.256/2016, referem-se à aplicação do "entendimento firmado em regime de repercussão geral ou em julgamento de recursos repetitivos".

Mais do que querer teorizar a respeito de cada uma daquelas palavras para tentar justificar que cada uma delas tem um significado próprio, específico e técnico, parece ser suficiente entender que o CPC de 2015, a despeito dos mais de dois meses que seu texto ficou sendo revisado antes do envio à sanção presidencial, não conseguiu encontrar uma fórmula redacional adequada que pudesse albergar de modo minimamente uniforme as situações em que ele próprio quer que determinadas decisões, sumuladas ou não, sejam observadas pelos órgãos do Poder Judiciário para os fins por ele generalizadamente pretendidos.

Não que aquelas palavras possam ser usadas indistintamente ou como sinônimas, evidentemente que não. Entendo importante, de qualquer sorte, resistir à tentação de querer impor ao CPC de 2015, pelo menos aqui, maior rigor de linguagem que não me parece fazer diferença na aplicação das técnicas que querem produzir aquelas decisões, sejam elas sumuladas, sumuláveis, repetitivas ou não. Mais que o *nome* a ser dado ao resultado do emprego daquelas técnicas para os fins do art. 926 e, sobretudo, art. 927, importa estudar, em substância, as próprias técnicas e o seu próprio resultado, sem descurar, evidentemente, do *processo* de criação das teses a serem observadas.

Assim é que afirmar, como na maioria das vezes faz o CPC de 2015, que é mais correto referir-se a *enunciado* de súmula, e não, como há mais de cinquenta anos fazemos, a *súmula*, nada acrescenta ao assunto. Mais importante do que a súmula e seu enunciado é entender o que os casos que lhe dão fundamento (os seus *precedentes*, no preciso sentido que acabei de expor) decidiram concreta e precisamente e de que maneira é correto dizer que aquelas decisões podem querer ser empregadas em casos futuros. Sim, porque súmulas nada mais são do que a consolidação formalizada, em verbetes (ou enunciados), da jurisprudência dos Tribunais em decorrência da reiteração de decisões idênticas proferidas a partir de casos substancialmente iguais. Elas, em si mesmas consideradas, revelam bem menos do que os seus "precedentes" têm capacidade de revelar. Até porque, como formulados invariavelmente em forma de enunciados, põe-se a inafastável necessidade de interpretação de seus respectivos textos o que, em rigor, aproxima-os das mesmas dificuldades hermenêuticas reservadas para a interpretação e aplicação das próprias leis e demais atos normativos que, entre nós, são *escritos*.

Distinguir jurisprudência de jurisprudência dominante (ou pacificada) parece ser tarefa inglória. Não consta que um punhado de julgados aleatoriamente identificados (e em tempos de internet, eles são achados com extrema facilidade) possa querer fazer as vezes do que sempre se disse sobre a jurisprudência e que, por isso, jurisprudência *dominante* ou *pacificada* é a *verdadeira* jurisprudência, representativa de uma inconteste *tendência* de determinado Tribunal sobre como decidir em um e em outro caso. O que parece ser mais correto é identificar (o que vai muito além do que com critérios eletrônicos de pesquisa se consegue) o que os Tribunais vêm decidindo a respeito de determinados temas e constatar a estabilidade (no sentido de duração) dessa tendência. Até porque, para esse fim, eventual existência de súmulas dos Tribunais, tais como a dos Tribunais Superiores e dos TJs e TRFs, é indicativa do caminho assumido *objetivamente* pela jurisprudência (que, porque o é, só pode ser dominante ou pacificada).

Por fim, não vejo como, aplicando o que já escrevi, querer enxergar, no CPC de 2015 e nas quatro vezes em que a palavra "precedente" é empregada, algo próximo ao sistema de precedentes do *common law*. A palavra é empregada, nos dispositivos que indiquei, como sinônimo de decisão proferida (por Tribunal) que o CPC de 2015 quer que seja vinculante (*paradigmática*, afirmo eu). Nada além disso. É o que basta, penso, para evitar a importação de termos e técnicas daqueles sistemas para compreender o que aparece de forma tão clara e evidente no próprio CPC de 2015.

Nada de *distinguishing*, portanto, bastando que o interessado demonstre a *distinção* (diferença, seja do ponto de vista fático, seja do ponto de vista jurídico, seja de ambos) de seu caso com aquele anteriormente julgado (assim, de maneira expressa: art. 489, § 1º, VI, e art. 1.037, §§ 9º e 12). Nada de *overrulling*, para ficar apenas com outro termo sempre lembrado a propósito do assunto, apenas o ônus de verificar de que maneira que anterior decisão paradigmática está ou não *superada* (como ocorre, por exemplo, no art. 489, § 1º, VI; no art. 947, § 3º; no art. 985, II; e no art. 986), inclusive pelo advento de nova legislação, como é o caso do próprio CPC de 2015 que quer se sobrepor a inúmeras e diversas súmulas dos Tribunais Superiores e sua jurisprudência *repetitiva*, notadamente no processamento dos recursos especiais e extraordinários, um dos diversos paradoxos trazidos por ele. Isso é típico de países de *civil law*, em que prepondera a norma jurídica *legislada*, não a *judicada*.

Sim, prezado leitor, o CPC de 2015, este mesmo, que tanto enaltece o sistema de "precedentes", traz incontáveis regras *legisladas* que vão de encontro a dezenas de Súmulas do STF e do STJ e também de recursos repetitivos, que preexistiam à sua entrada em vigor. Trata-se de verdadeiro paradoxo, que *não pode* deixar de ser levado em conta na reflexão sobre o sistema proposto pelo Código para o direito jurisprudencial, tal qual o proposto por este *Manual*. Reforça a importância da necessária reflexão sobre esse ponto a lembrança do art. 5º da Lei n. 11.417/2006 (que disciplina o art. 103-A da CF e a edição, revisão e cancelamento das súmulas vinculantes), que já prescrevia, pertinentemente, que, "revogada ou modificada a lei em que se fundou a edição de enunciado de súmula vinculante, o Supremo Tribunal Federal, de ofício ou por provocação, procederá à sua revisão ou cancelamento, conforme o caso". O necessário prevalecimento das normas *legisladas*, destarte, é inquestionável no direito brasileiro. Ainda quando se trate – e com expressa previsão constitucional – de súmulas vinculantes.

Não me animo a querer legitimar as escolhas feitas pelo CPC de 2015 porque elas teriam vindo de institutos do direito estrangeiro. Não precisamos migrar para o *common law* para termos um direito processual civil mais efetivo ou, menos que isto, maior estabilidade, integridade e coerência na jurisprudência dos nossos Tribunais e na adoção dela nos casos concretos em busca de maior isonomia. Temos, é nisso que acredito, de criar condições legítimas de aplicar adequadamente decisões proferidas em casos bem julgados antecedentemente – por isso, aliás, ser tão importante dar o necessário destaque ao *processo* de criação das decisões a serem "observadas" para os fins do art. 927 – a casos futuros enquanto não há razões objetivas de alteração do que foi julgado, como se justifica, inclusive, com a entrada em vigor do próprio CPC de 2015.

Também não sou daqueles que só veem interesse no que é novo, ou, quando menos, que tem aparência (ainda que superficial) de novo. Por isso, entendo que a *jurisprudência* do CPC de 2015 continua sendo o que sempre foi; sim, prezado leitor, o entendimento *dominante* de determinado Tribunal sobre certos temas em determinado período de tempo. As *súmulas* também continuam a ser o que sempre foram para nós: os enunciados indicativos da jurisprudência indexada sobre variadas questões. E, por sua vez, *precedentes* são e serão as decisões que, originárias dos julgamentos de casos concretos, inclusive pelas técnicas do art. 928, ou do incidente de assunção de competência, querem ser aplicadas também em casos futuros quando seu substrato fático e jurídico autorizar.

São precedentes não porque vieram de países de *common law*, e sim porque foram julgados com antecedência a outros casos – quiçá antes de haver dispersão de entendimento sobre uma dada questão jurídica pelos diversos Tribunais que compõem a organização judiciária brasileira –, e, de acordo com o *caput* do art. 927, é desejável que aquilo que expressam seja observado em casos que serão julgados posteriormente, gerando, em inúmeras situações, inquestionáveis impactos procedimentais. Se o CPC de 2015 os tivesse nominado de *antecedentes*, não haveria mal nenhum, a não ser a maior dificuldade de legitimá-los à luz do que não é (e continua a não ser) nosso. Nada de novidades, portanto, como se elas, por serem (ou parecerem ser) novidades, pudessem legitimar eventuais tomadas de posição para além dos *limites* do nosso "modelo constitucional".

Nenhuma novidade, ademais, porque – insisto no ponto que aventei de início –, bem analisado o regime do CPC de 1973, desde a sua "uniformização da jurisprudência" (arts. 476 a 479), passando pelas múltiplas redações dadas ao então art. 557 (deveres-poderes do relator no âmbito dos Tribunais), e pela EC n. 45/2004, para chegar à disciplina dada à repercussão geral em recursos extraordinários pela Lei n. 11.418/2006 (arts. 543-A e 543-B) e aos recursos especiais repetitivos (art. 543-C, fruto da Lei n. 11.672/2008), importa perceber que o que está no CPC de 2015 merece ser compreendido, antes de tudo, como desenvolvimento de escolhas que vêm sendo feitas pelo direito brasileiro. Nessa perspectiva, aliás, as dificuldades residem mais nas justificativas que alguns entendem que precisam ser dadas para legitimar as escolhas feitas pela nova codificação (como se dá, eloquentemente, com um "efeito vinculante" generalizado) do que, propriamente, nelas próprias ou, ao menos, em muitas delas.

Todas essas considerações precisam ser lembradas e levadas em conta na interpretação e na aplicação não só dos arts. 926 e 927, mas também de tudo aquilo a que eles dizem respeito, inclusive das técnicas que produzem aquelas decisões paradigmáticas, verdadeiros indexadores jurisprudenciais, dentre elas, mas não só, as referidas pelo art. 928.

É certo que a existência dos tais indexadores jurisprudenciais – os "precedentes" – assume no CPC de 2015 notável papel de impactar o procedimento para fins variados e, em última análise, para concretizar a estabilidade, a integridade e a coerência do *caput* do art. 926. É o que se constata para a concessão da tutela provisória da evidência (art. 311, II), com a improcedência liminar do pedido (art. 332), com a dispensa da remessa necessária (art. 496, § 4º), com a dispensa de caução para cumprimento provisório (art. 521, IV), com a atuação monocrática do relator (art. 932), com o julgamento monocrático de conflito de competência (art. 955, parágrafo único) e para fins de cabimento da reclamação (art. 988), sem falar, evidentemente, nos resultados obteníveis com o julgamento do próprio incidente de assunção de competência (art. 947, § 3º), do incidente de resolução de demandas repetitivas (art. 985) e dos recursos extraordinário e especial repetitivos (art. 1.040), inclusive para fins de desistência do processo (art. 1.040, §§ 1º a 3º). Não é o diverso o que se dá com relação ao dever de fundamentação das decisões jurisdicionais no contexto que ora interessa à exposição (art. 489, § 1º, V e VI) e, não por coincidência, com os embargos de declaração para suprir a específica omissão ao aplicar ou deixar de aplicar justificadamente o indexador jurisprudencial no caso concreto (art. 1.022, parágrafo único, I).

Contudo, a falta de critérios uniformes nas designações empregadas ao longo do CPC de 2015 para se referir àquilo que, para os fins dos arts. 926 a 928, deve ser "observado" pelos demais órgãos jurisdicionais merece ser solucionada no sentido de que todas as técnicas derivadas dos incisos do art. 927, eventuais súmulas dos TJs e dos TRFs (art. 926, § 1º) e, superiormente, as decisões proferidas no controle *concentrado de constitucionalidade* perante o STF, e as Súmulas vinculantes do STF – as únicas que, na perspectiva do modelo constitucional ostentam efeitos vinculantes – conduzem àquele regime jurídico.

Assim, apenas para ilustrar a pertinência dessa consideração, é indiferente que o inciso II do art. 311 não faça menção a eventual tese fixada em IAC para autorizar a tutela provisória fundamentada na evidência. Sendo o caso, aquela decisão poderá ser empregada para aquela finalidade.

Destarte, mais que fazer a merecida crítica à redação final do CPC de 2015 e à falta de uniformização das expressões por ele utilizadas para designar identidade de regime jurídico, importa *interpretar* os dispositivos de maneira *sistemática* de forma a alcançar aquela finalidade. O ideal, penso, é que os precitados dispositivos se limitassem a fazer remissão aos arts. 926 a 928 ou que adotassem alguma fórmula redacional homogênea para aquele fim, razão de ser da minha sugestão: "indexador jurisprudencial". A falta de uniformização do texto empregado ao longo do CPC de 2015 não pode ser óbice à escorreita compreensão de *seu* sistema.

Importa ressaltar, de outra parte, que a heterogeneidade no trato da matéria pelo CPC de 2015 *não* autoriza que qualquer "julgado" ou qualquer "jurisprudência", ainda que "dominante" ou "pacificada", seja empregada para aqueles fins. Ainda que esse entendimento pudesse ter algum sentido no âmbito do CPC de 1973, máxime diante das sucessivas redações dadas ao *caput* de seu art. 557, ele não merece guarida no CPC de 2015. Os *indexadores jurisprudenciais* a serem empregados devem ser uma das técnicas dispostas para tanto pelo CPC de 2015, observando-se como referencial as diversas hipóteses do art. 927, além das súmulas dos TJs e dos TRFs. É forma de garantir não só os *resultados* desejados pelo sistema processual, mas também – e com idêntica gravidade e importância – a sua escorreita *produção* dentro de padrões decisórios legítimos.

Insubsistente, diante do que acabei de expor, a Súmula 568 do STJ, cujo enunciado autoriza que "o relator, monocraticamente e no Superior Tribunal de Justiça, poderá dar ou negar provimento ao recurso quando houver entendimento dominante acerca do tema". Não basta: o "entendimento dominante", que coloquei em itálico na transcrição, precisa ser *objetivamente constatado* nos termos e para os fins dos arts. 926 a 928, consoante as técnicas disciplinadas pelo próprio CPC de 2015 para aqueles fins.

2.1 Direito jurisprudencial

Expressão que me parece adequada para descrever o conteúdo, o alcance e os objetivos dos arts. 926 e 927 do CPC de 2015, sem precisar retomar, a toda hora, a discussão, as questões, as distinções, as dúvidas e as críticas que apresentei no número anterior, é "direito jurisprudencial".

A primeira vez que a vi empregada no sentido que aqui quero destacar foi dando nome a um (excelente) livro coordenado pela Professora Teresa Arruda Alvim, devidamente indicado na bibliografia, e ela se mostra ampla o suficiente para albergar as diversas situações previstas naqueles dispositivos e ao longo de todo o CPC de 2015 sobre o "valor" e a "eficácia" que determinadas decisões de determinados Tribunais podem ou querem assumir na perspectiva do Código. À Professora Teresa, que foi relatora do Anteprojeto de novo Código de Processo Civil, querida amiga da Faculdade de Direito da Pontifícia Universidade Católica de São Paulo, minhas homenagens.

O *caput* do art. 926 quer evidenciar qual é o papel que o CPC de 2015 quer emprestar à *jurisprudência* dos Tribunais a título de racionalização e uniformização dos entendimentos obteníveis como resultado da prestação jurisdicional. Jurisprudência parece, aí, ter sido empregada como palavra genérica para albergar as súmulas e também os "precedentes". Os Tribunais *devem* uniformizar sua jurisprudência e mantê-la estável, íntegra e coerente, palavras que merecem ser compreendidas, para os fins a que se predispõe este *Manual*, como técnicas de realização da segurança jurídica, inclusive na perspectiva da previsibilidade e da isonomia. Não é por outra razão, aliás, que a alteração da "jurisprudência" tem que ser fundamentada a partir de elementos concretos e submetida a procedimento próprio nos moldes em que, a propósito do § 2º do art. 927, discuto mais abaixo.

O § 1º do art. 926 dedica-se à edição, na forma estabelecida e segundo os pressupostos fixados no regimento interno, de "enunciados de súmula correspondente a (...) jurisprudência dominante" nos Tribunais. O trecho entre aspas é a expressão correta do que, no dia a dia do foro, da doutrina e da própria jurisprudência, é chamado de "súmula". Na verdade, o que lemos e chamamos de súmulas são os *enunciados* da súmula, isto é, da *suma*, da *síntese*, da jurisprudência dominante dos Tribunais. Tais enunciados (ou as Súmulas, a pressupor que a prática se imponha, aqui também como metonímia, ao texto legal) serão editados de acordo com a disciplina dos regimentos internos dos Tribunais.

A iniciativa é de discutível constitucionalidade. A edição de tais enunciados não guarda simetria com o que a alínea *a* do inciso I do art. 96 da CF autoriza seja regulado pelos regimentos internos. Seria preferível, já que estamos diante de um novo Código, que ele próprio dissesse qual é a "forma" e quais são os "pressupostos" a serem observados para aquele fim. Até para que houvesse uniformidade no trato da matéria por todos os Tribunais brasileiros.

A este propósito – e mesmo para quem, passivamente, entenda que a matéria amolda-se ao precitado dispositivo constitucional –, evidencio que o *procedimento* estabelecido pela Lei n. 11.417/2006 para a *edição* (e também para a *modificação* ou para o *cancelamento*) das súmulas vinculantes do STF representa importante repertório legislativo a ser adotado para tanto, até porque viabiliza o inafastável diálogo entre a sociedade civil, as demais funções estatais e o próprio Judiciário para aquele mister, desde a iniciativa até a produção final do enunciado. Também as diretrizes decorrentes dos §§ 1º a 5º do art. 927 devem ser necessariamente consideradas para aquela finalidade.

O *processo* para formação das Súmulas como, de resto, de toda e qualquer decisão que queira assumir o papel de indexador jurisprudencial para os fins dos arts. 926 a 928, deve ser tão *devido* do ponto de vista do modelo constitucional, quanto qualquer outro. E na medida em que seus efeitos querem atingir quem não participou de sua gênese, o diálogo institucional que acabei de destacar é sempre e invariavelmente indispensável. É essa a razão pela qual a interpretação de artigos como os arts. 982, II e III, e 983 (para o incidente de resolução de demandas repetitivas), e o art. 1.038 (para os recursos extraordinário e especial repetitivos) deve ser necessariamente ampla, tanto quanto a ênfase na participação paritária de *amici curiae* na fixação da tese a ser *observada*. É assunto mais bem desenvolvido no n. 9.5.2, *infra*, e no n. 9.8.5 do Capítulo 17.

Um dos pressupostos (legais) para a edição dos enunciados da súmula é dado pelo § 2º do art. 926: os Tribunais devem se limitar às circunstâncias fáticas dos precedentes, isto é, dos casos concretamente julgados, que sejam considerados como justificadores da edição dos enunciados. A iniciativa quer combater, é esta a grande verdade, a edição das comuníssimas "súmulas" que fazem paráfrase de textos legais ou que, mais amplamente, querem assumir verdadeiro viés normativo genérico e abstrato, dando pouco (ou nenhum) destaque às peculiaridades fáticas que justificam o decidir em um ou em outro sentido. Nesta perspectiva, aliás, a regra apresenta-se absolutamente harmônica com os §§ 1º e 4º do art. 927, que merecem ser bem compreendidos como elementos necessários do direito jurisprudencial desejado pelo CPC de 2015 e, mais genericamente, também se harmonizam plenamente com o dever de fundamentação das decisões jurisdicionais cuja disciplina está no § 1º do art. 489, especialmente em seus incisos V e VI. Aliás, a falta de consideração do adequado padrão decisório derivado de uma das técnicas do art. 927 para a solução do caso concreto é motivo justificador de embargos de declaração, o que encontra fundamento bastante no inciso I do parágrafo único do art. 1.022.

Apresso-me a lembrar que a palavra "precedente" empregada no § 2º do art. 926 deve ser compreendida no sentido que quis evidenciar no n. 2, *supra*. Não se trata dos precedentes típicos (e inerentes) ao *common law*. O que o dispositivo quer, nesse caso, é que os enunciados de Súmula guardem correspondência com o que foi efetivamente julgado nos casos concretos que lhe deram origem. Trata-se, pois, de mera palavra que está sendo empregada como sinônimo de caso(s) julgado(s) para coibir o que acabei de evidenciar. Nada além disso.

O art. 927 quer implementar a política pública judiciária delineada pelo art. 926 no que diz respeito à *observância* das decisões jurisdicionais pelos variados órgãos jurisdicionais, levando em consideração suas respectivas áreas de atuação originária e recursal.

O *caput* do dispositivo, ao se valer do verbo "observar" conjugado no imperativo afirmativo, insinua, não o nego, que não há escolha entre adotar ou deixar de adotar as diferentes manifestações das decisões jurisdicionais estabelecidas em seus cinco incisos quando o caso, na perspectiva fática, o reclamar. Não serão poucos, destarte, que verão nele a imposição de caráter *vinculante* genérico àquelas decisões e, nesta exata proporção, haverá espaço para questionar se este efeito vinculante é, ou não, harmônico ao "modelo constitucional do direito processual civil", fora das hipóteses em que a própria CF o admite, como ocorre, afirmo-o desde já, nos incisos I e II (e só neles) do art. 927. A ressalva é ainda mais evidente ao se analisar o cabimento da reclamação, nos casos do inciso IV do art. 988, na redação da Lei n. 13.256/2016, para "garantir a observância de acórdão proferido em julgamento de incidente de resolução de demandas repetitivas ou de incidente de assunção de competência".

É difícil verificar a existência de verdadeira gradação das hipóteses dos incisos do art. 927 em relação aos juízes (a referência é aos órgãos jurisdicionais da primeira instância) e aos tribunais (STF, STJ, TJs e TRFs) referidos no *caput*. Simplesmente há, nos cinco incisos do *caput* do art. 927, a previsão de que determinadas decisões devam ser observadas pelos órgãos jurisdicionais em geral. São elas: (i) decisões do STF tomadas no controle concentrado de constitucionalidade; (ii) enunciados de súmulas vinculantes, que só podem ser, em consonância com o "modelo constitucional", expedidos pelo STF; (iii) acórdãos em incidente de assunção de competência e em julgamento de casos repetitivos, assim entendidos o incidente de resolução de demandas repetitivas e os recursos extraordinário e especial repetitivos; (iv) enunciados de súmulas do STF em matéria constitucional e do STJ em matéria infraconstitucional; e, por fim, (v) orientação do plenário ou do órgão especial aos quais juízes e Tribunais estiverem vinculados.

Tanto mais correta a observação do parágrafo anterior, sobre inexistir propriamente nenhuma gradação nas hipóteses do dispositivo anotado, porque, nos incisos do art. 927, não há nenhuma referência às Súmulas dos TJs e dos TRFs, prática que já era comum em muitos daqueles Tribunais à época do CPC de 1973 e que continua sendo, até porque *incentivada* pelo § 1º do art. 926. Elas também merecem ser entendidas e empregadas como indexadores jurisprudenciais para os mesmos fins.

De acordo com o § 1º do art. 927, cabe aos juízes e aos tribunais observar o disposto no art. 10 e no § 1º do art. 489 "quando decidirem com fundamento neste artigo".

A previsão deve ser compreendida, em primeiro lugar, no sentido de ser viabilizada oportunidade prévia para manifestação das partes (e de eventuais terceiros) acerca da aplicação (ou não) do julgado anterior (o que o CPC de 2015 quer que chamemos de "precedente") no caso concreto.

É desejável ir além. A aplicação (ou não) do julgado anterior exige do magistrado adequada e completa fundamentação apta a justificar a sua incidência (ou não) ao caso presente. A importância da fundamentação é tanto mais importante na medida em que o ônus argumentativo da pertinência (ou não) do julgado anterior é também do magistrado, máxime porque deve ser oportunizado às partes que se manifestem, previamente, acerca do assunto. E não basta, como sempre foi frequentíssimo, que seja mencionado o "precedente" ou a Súmula, quando muito a parafraseando, ou, mais precisamente, parafraseando o *texto* de seu *enunciado*, sem fazer qualquer alusão ao que, de concreto, está sendo julgado na espécie e as razões pelas quais aquele "precedente" ou súmula aplica-se ou não. É exatamente este tipo de experiência que a remissão feita pelo § 1º do art. 927 ao art. 10 e ao § 1º do art. 489 quer coibir.

Os incisos V e VI do § 1º do art. 489, não por acaso, são expressos ao rotularem de carente de fundamentação a decisão que "se limitar a invocar precedente ou enunciado de súmula, sem identificar seus fundamentos determinantes nem demonstrar que o caso sob julgamento se ajusta àqueles fundamentos" e a que "deixar de seguir enunciado de súmula, jurisprudência ou precedente invocado pela parte, sem demonstrar a existência de distinção no caso em julgamento ou a superação do entendimento".

Destarte, embora não haja, no CPC de 2015, previsão expressa como a que havia no § 5º do art. 521 do Projeto da Câmara, que não foi mantida pelo Senado na última etapa do processo legislativo – ao qual faço menção mais abaixo –, é inegável que a observância dos "precedentes" referidos nos incisos do art. 927 (mesmo por quem queira dar a eles caráter vinculante) pressupõe a similaridade do caso (na perspectiva fática e jurídica) e a correlata demonstração desta similaridade. É este o alcance da fundamentação exigida para a espécie, nos termos dos incisos V e VI do § 1º do art. 489, aplicáveis à espécie por força do § 1º do art. 927. A existência de *distinção* do caso para justificar a não observância do precedente é elemento inerente ao que estou chamando de direito jurisprudencial. Tanto quanto a demonstração fundamentada de que o precedente aplica-se por causa das peculiaridades do caso concreto, exigindo, destarte, resposta isonômica do Estado-juiz. Nunca foi diverso, de resto, o que se dá para aplicação (ou não aplicação) de determinada regra jurídica constante de lei a um dado caso concreto.

O § 2º do art. 927 estabelece que a alteração de tese jurídica adotada em enunciado de súmula ou em julgamento de casos repetitivos poderá ser precedida de audiências públicas e da participação de pessoas, órgãos ou entidades que possam contribuir para a rediscussão da matéria. A previsão evoca a *necessária* participação de *amici curiae* no *processo* de alteração dos precedentes, legitimando-o. A realização de audiências públicas, também mencionada no dispositivo, é palco adequado e pertinentíssimo para a oitiva do *amicus curiae*, não havendo razão para entender que se trate de institutos diversos ou que um exclua o outro. Importa interpretar o dispositivo amplamente: as audiências públicas e os *amici curiae* devem ter participação ampla (e paritária) também na *formação* das "teses jurídicas" a serem corporificadas em "enunciados de súmula" ou como resultado de julgamento de casos repetitivos ou do IAC. É forma inarredável de promover o diálogo institucional que mencionei anteriormente e que, em rigor, já justificava os usos do instituto do *amicus curiae* no direito brasileiro mais de uma década antes do advento do CPC de 2015.

A possibilidade de modulação temporal na hipótese de haver alteração da jurisprudência dominante do STF e dos tribunais superiores ou, ainda, da jurisprudência derivada dos "casos repetitivos", em nome do "interesse social" e da "segurança jurídica", é objeto de regulação pelo § 3º do art. 927.

A modulação, tal qual a prevista pelo art. 27 da Lei n. 9.868/1999, para as "ações diretas de inconstitucionalidade" e "ações declaratórias de constitucionalidade", pressupõe a ocorrência de "interesse social" e a busca da "segurança jurídica", não por acaso mencionados expressamente no referido dispositivo codificado. Tais elementos devem ser suficiente e adequadamente justificados no caso concreto, não fosse pelo art. 93, IX, da CF, por força do § 1º do mesmo art. 927.

A menção a "tribunais superiores" com iniciais minúsculas merece ser interpretada para albergar também os TJs dos Estados, o do Distrito Federal e Territórios e os TRFs. Como anotado acima, o silêncio dos incisos do *caput* do art. 927 sobre a *sua* jurisprudência ou os *seus* enunciados de súmula não é impeditivo de que eles sejam devidamente editados (e modificados ou cancelados) de acordo com a disciplina aqui estudada, máxime diante do que está no § 1º do art. 926.

O § 4º do art. 927, relacionando-se com o disposto no § 2º do mesmo art. 927, condiciona a alteração de modificação de enunciado de súmula, de "jurisprudência *pacificada*" (e o prezado leitor poderá se perguntar, lembrando do que escrevi no n. 2, *supra*, se há jurisprudência que *não* seja pacificada sem perder, por aquilo, seu caráter essencial) ou de tese adotada em julgamento de casos repetitivos (sempre entendidos como tais aqueles previstos no art. 928) à observância da fundamentação "adequada e específica", que leve em conta "os princípios da segurança jurídica, da proteção da confiança e da isonomia". São os princípios que querem, desde a Exposição de Motivos do Anteprojeto, justificar a adoção de um sistema de precedentes, ainda que à brasileira, aquilo que estou chamando de direito jurisprudencial. Nada que não mereça ser extraído dos arts. 5º a 10.

A publicidade dos "precedentes" (sempre entendidos como o resultado daquilo que foi julgado) é determinada pelo § 5º do art. 927, que impõe aos Tribunais que os organize por questão jurídica decidida e divulgue-os, de preferência, na rede mundial de computadores. É o que o STF e o STJ e a maioria dos Tribunais já vinham fazendo e continuam a fazer em seus próprios *sites*, iniciativas que merecem servir de modelo para outros Tribunais que não o façam, sempre com os necessários aperfeiçoamentos de qualquer prática humana e de seus avanços tecnológicos. A determinação é louvável também na perspectiva de a ampla divulgação das decisões dos Tribunais ser passo decisivo não só para o conhecimento, mas também – é isto que quero acentuar aqui – da necessária observância do que vem sendo por eles decidido, *sempre levando* em conta as peculiaridades de cada caso concreto e o conhecimento do que efetivamente e por que foi decidido no julgado anterior para viabilizar sua escorreita aplicação (ou não) aos casos futuros. Tudo, não receio ser repetitivo, por força dos incisos V e VI do § 1º do art. 489 aplicáveis, à espécie, em função do § 1º do art. 927.

A Resolução n. 235/2016 do CNJ, com as alterações introduzidas pela Resolução n. 286/2019 e pela Resolução n. 444/2022, volta-se ao assunto ao determinar que os Tribunais nela mencionados organizem, como unidade permanente, o Núcleo de Gerenciamento de Precedentes – Nugep (arts. 6º e 7º). A Resolução n. 444/2022 do CNJ instituiu o Banco Nacional de Precedentes (BNP) "... em sucessão ao banco que havia sido criado pelo art. 5º da Resolução CNJ n. 235/2016, consistindo em repositório e plataforma tecnológica unificada de pesquisa textual e estatística, conforme padronização de dados definida em ato a ser editado pela Presidência do CNJ". A ENFAM, de sua parte, criou, para fins de coleta, divulgação e atualização dos precedentes, o chamado CORPUS 927.

O Projeto da Câmara ia além das previsões legislativas preservadas pelo Senado no final do processo legislativo a respeito do tema, que são as que acabei de apresentar. Se, em primeira análise, aqueles dispositivos poderiam parecer desnecessários, a prática tem tudo para mostrar que fazem falta no estabelecimento da vivência (e compreensão) do direito jurisprudencial.

Se é certo que o estudioso do tema bem conhece a questão e certamente não terá dificuldade no manuseio dos precedentes do *common law* (ao menos na enunciação de teorias, de preferência com muitas palavras em inglês, como se elas, por si sós, trouxessem sua significação e aplicação para o direito brasileiro), não vejo razão para generalizar a afirmação. No particular, o legislador acabou, nas escolhas que fez, desconsiderando uma das propostas enunciadas no Anteprojeto, de *facilitar* o acesso à Justiça, fazendo o próprio Código o mais compreensível para o seu usuário diuturno.

Por tais razões, prezado leitor, entendo importante destacar o que, a despeito de não estar expresso no CPC de 2015 – porque não foi aprovado pelo Senado Federal na última etapa do processo legislativo –, merece ser considerado implícito, em prol de uma mais adequada compreensão sua e de seus usos e práticas, não só dos arts. 927 e 928, mas, mais amplamente, de tudo aquilo que diga respeito ao que aqui chamo de direito jurisprudencial. Tudo com vistas a evitar os erros e os equívocos tão comuns quando o assunto é "jurisprudência" e o que ela quer ou pode significar, máxime quando a nomenclatura do CPC de 2015 não é tão precisa quanto o tempo de revisão final de seu texto poderia sugerir. A iniciativa quer também evitar, como escrevi no n. 2, *supra*, teorizações que, na minha opinião, nada acrescentam à compreensão das técnicas adotadas pelo CPC de 2015.

O § 3º do art. 521 do Projeto da Câmara (que, em rigor, correspondia ao art. 927 do CPC de 2015) estabelecia que "o efeito previsto nos incisos do *caput* deste artigo decorre dos fundamentos determinantes adotados pela maioria dos membros do colegiado, cujo entendimento tenha ou não sido sumulado". Sobre a qual efeito o dispositivo referia-se, são bastantes as colocações que já lancei de início: efeito vinculante só os autorizados expressamente pelo "modelo constitucional". O que importa – e isto deve ser evidenciado na *compreensão do que estou chamando de direito jurisprudencial* – é que o precedente o é pelo que se decidiu à luz do caso concreto e de suas especificidades, pela *ratio decidendi*, portanto. Por isso, aliás, a importância da *fundamentação* exigida pelo § 1º do art. 927, máxime quando interpretado, como deve ser, em conjunto com os incisos V e VI do § 1º do art. 489. À luz destes dispositivos, aliás, é correto sustentar que aquela diretriz projetada subsiste íntegra, embora implicitamente, no CPC de 2015.

O § 4º do art. 521 do Projeto da Câmara complementava o anterior, deixando mais claro o seu alcance: não possuem o referido "efeito" (a vinculação) os fundamentos não indispensáveis para a conclusão alcançada pelo precedente – o que a doutrina em geral rotula de argumentos *obter dicta* – e aqueles não adotados ou referendados pela maioria dos membros do órgão julgador, ainda que relevantes para a conclusão. A obviedade da regra pressupõe algo que as Súmulas do STF, há mais de cinquenta anos, não nos deixam ver por força da patente *insuficiência* da textualização de "precedentes" em meros enunciados. Era preferível, por isso mesmo, sua manutenção de forma clara e explícita.

O § 5º do art. 521 do Projeto da Câmara admitia a não observância do precedente (a despeito do "efeito previsto nos incisos do *caput*") "quando o órgão jurisdicional distinguir o caso sob julgamento, demonstrando fundamentadamente se tratar de situação particularizada por hipótese fática distinta ou questão jurídica não examinada, a impor solução jurídica diversa". Trata-se, como já destaquei, de regra que merece ser extraída não só do § 2º do art. 926, mas também do § 1º do art. 927, até como forma de evitar a prática dos dias de hoje em que a aplicação do "precedente" ou da "súmula" não guarda nenhuma correspondência (ao menos justificada) com o caso julgado. Aqui também é correto entender implícita a regra por causa da remissão que o § 1º do art. 927 faz ao § 1º do art. 489, em especial a seus incisos V e VI. No âmbito da Lei n. 11.417/2009, que trata da edição, revisão e cancelamento das súmulas vinculantes do STF, essa diretriz – o *distinguishing* ou, em bom português, a *distinção* – é enaltecida pelo *caput* de seu art. 7º e pelas modificações feitas na Lei n. 9.784/1999, que disciplina o *processo* administrativo no âmbito federal (arts. 56, § 3º, e 64-A), ao tratar da aplicabilidade ou da inaplicabilidade da súmula vinculante no caso concreto. O próprio § 3º do art. 103-A da CF, que introduziu no modelo constitucional as tais súmulas, ecoa essa necessária diretriz ao prever o cabimento da reclamação "do ato administrativo ou decisão judicial que contrariar a súmula aplicável ou que indevidamente a aplicar". Nada de novo e nada de lacuna no nosso *sistema processual civil*, portanto.

O § 6º do art. 521 do Projeto da Câmara voltava-se à modificação do entendimento identificado como precedente. Fazia expressa menção ao procedimento previsto na Lei n. 11.417/2006, quando se tratasse de súmula vinculante (dispositivo, este sim, inócuo, porque aquela lei, por ser especial, subsiste incólume ao CPC de 2015), pelo procedimento previsto no regimento interno do tribunal respectivo nos demais casos ou, ainda, incidentalmente, no julgamento de recurso, na remessa necessária ou na causa de competência originária do tribunal, nas demais hipóteses. A tímida previsão subsistente no § 1º do art. 926 merece ser interpretada amplamente, como já escrevi de início, para albergar *também* a hipótese de *modificação* e de *cancelamento*, não só de *edição*, dos precedentes ou enunciados de súmula. De resto, o § 2º do art. 927 merece ser compreendido no sentido de o contraditório legitimamente nele estabelecido ser observado não só nos casos de *alteração* da tese jurídica, mas também nos casos de sua *fixação* ou *revogação*.

O § 7º do art. 521 do Projeto da Câmara era dedicado também à possibilidade da modificação do "entendimento sedimentado". De acordo com ele, a modificação poderia fundar-se, entre outras alegações, na revogação ou modificação de norma em que se fundou a tese ou em alteração econômica, política ou social referente à matéria decidida. O entendimento deve ser considerado implícito, não obstante a obviedade da regra contrastar com o trato usual das Súmulas e dos julgamentos repetitivos.

O § 8º do art. 521 indicava os fundamentos que não ficavam sujeitos ao "efeito previsto nos incisos do *caput* deste artigo".

O § 9º do art. 521 do Projeto da Câmara, por fim, estabelecia que "o órgão jurisdicional que tiver firmado a tese a ser rediscutida será preferencialmente competente para a revisão do precedente formado em incidente de assunção de competência ou de resolução de demandas repetitivas, ou em julgamento de recursos extraordinários e especiais repetitivos". É previsão que merece, ao menos como diretriz, ser considerada nos regimentos internos para a implementação dos fins desejados pelo § 1º do art. 926. De qualquer sorte, são os próprios Tribunais que têm competência *privativa*, derivada da alínea *a* do inciso I do art. 96 da CF, para fixar qual será o órgão jurisdicional competente para aquela finalidade.

O CNJ editou em 9 de setembro de 2022 a Recomendação n. 134/2022, que "dispõe sobre o tratamento dos precedentes no direito brasileiro". A iniciativa tem o mérito de indicar, com função quase que didática, as múltiplas dificuldades inerentes ao trato do direito jurisprudencial a partir dos dispositivos do CPC aqui indicados. Trata-se, contudo, de ato sem nenhuma força normativa, nem mesmo para os magistrados.

2.2 Julgamento de casos repetitivos

O art. 928 indica o que deve ser compreendido, no contexto do CPC de 2015, como "julgamento de casos repetitivos". São as decisões proferidas no âmbito do novel incidente de resolução de demandas repetitivas, o recurso extraordinário repetitivo e o recurso especial repetitivo.

O referido incidente é objeto dos arts. 976 a 987.

Em rigor, também é novidade, ao menos no *texto* do Código, o tratamento do recurso *extraordinário* como repetitivo. O CPC de 1973 limitava-se a disciplinar, em seu art. 543-B, a repercussão geral *repetitiva* ou, como acabou ficando mais conhecida, a identificação da repercussão geral a partir de casos múltiplos ou por amostragem.

Sendo certo que a *prática* do art. 543-B foi além da *identificação* da repercussão geral a partir de casos repetitivos, passando-se, também, ao *julgamento* dos recursos extraordinários repetitivos, é preferível que o CPC de 2015 reconheça expressamente essa disciplina, como acabou fazendo. Tanto assim que os arts. 1.036 a 1.041 disciplinam, ao lado do recurso especial repetitivo (art. 543-C do CPC de 1973), também o recurso extraordinário repetitivo, dando concretude ao dispositivo aqui anotado.

O parágrafo único do art. 928 admite que o julgamento de casos repetitivos (nas três formas indicadas nos incisos do dispositivo) verse sobre questões de ordem material ou de ordem processual. A regra quer eliminar aprioristicamente discussões sobre o alcance de tais julgamentos, iniciativa bem-vinda para evitar situações como a representada pela interpretação dada pelo STJ ao art. 1º da sua (felizmente revogada) Resolução n. 12/2009, que, a propósito de disciplinar as reclamações voltadas a dirimir controvérsia entre acórdão prolatado por turma recursal no âmbito dos Juizados Especiais e a jurisprudência do STJ, acabou vendo restringida a possibilidade de a divergência dizer respeito a questões de ordem processual.

Além de ser discutível, inclusive com base no "modelo constitucional do direito processual civil", a competência do STJ para editar ato como aquele, não há qualquer critério jurídico que justifique aquela distinção de tratamento. Ademais, se o objetivo daquele ato era garantir uniformidade jurisprudencial, seria importante que ela viabilizasse seu combate com relação também ao direito processual.

O prezado leitor poderá estranhar que o art. 928 não trata o incidente de assunção de competência como caso repetitivo. A justificativa está na compreensão dada pelo próprio CPC de 2015 àquele mecanismo, ao qual me volto no n. 4, *infra*. Não obstante – e isso não deixa de ser um (dos vários) paradoxos encontrados ao longo de todo o CPC de 2015 –, são diversas as hipóteses em que o incidente de assunção de competência é tratado ao lado daquele outro, o de resolução de demandas repetitivas, para o atingimento do *mesmo* objetivo, tão querido pelo Código, que é o de *observância* da tese nele fixada. Não será por outra razão, aliás, que a Emenda Regimental n. 24/2016 do STJ refere-se indistintamente aos acórdãos proferidos em incidente de assunção de competência e em recursos especiais repetitivos, além dos enunciados de suas súmulas, como "precedentes qualificados de estrita observância pelos Juízes e Tribunais", fazendo expressa menção ao art. 927 (art. 121-A do RISTJ). Por isso, lembrando do quanto sustentei no n. 2, *supra*, a melhor interpretação para os dispositivos do CPC de 2015 que querem espelhar os efeitos pretendidos pelo art. 927 é, não obstante as críticas feitas, a ampla para albergar, indistintamente, todas as técnicas referidas em seus incisos.

3. ORDEM DOS PROCESSOS NOS TRIBUNAIS

O Capítulo II do Título I do Livro III da Parte Especial ocupa-se com a "ordem dos processos nos Tribunais", estendendo sua disciplina dos arts. 929 a 946. Como escrevi no n. 1, *supra*, a despeito do nome dado ao Capítulo – que repete, no particular, o de seu par no CPC de 1973 –, é preferível compreender a maior parte de seu conteúdo como a disciplina do que ocorre, do ponto de vista organizacional e administrativo, no âmbito dos Tribunais quando exerçam função jurisdicional para julgamento de processos ou incidentes de sua competência originária ou recursos. As subdivisões que faço ao longo da exposição querem, apenas e tão somente, ter apelo didático, buscando agrupar determinados grupos de artigos pelo seu objetivo.

Tão logo os autos (físicos ou eletrônicos) cheguem ao Tribunal, eles devem ser registrados no protocolo no dia de sua entrada, e, após a ordenação cabível, ser realizada sua *imediata* distribuição (art. 929, *caput*), dispositivo que repete o comando do inciso XV do art. 93 da CF.

O protocolo – que permite as mais variadas petições e manifestações para os processos que estão no âmbito dos Tribunais – pode ser descentralizado, com delegação a ofícios de justiça de primeira instância. A iniciativa, que está no parágrafo único do art. 929 – e que já funciona (e muito bem) em diversos Estados e Regiões –, evita o necessário deslocamento para a sede dos tribunais para a prática de atos processuais em papel. No âmbito do processo eletrônico, a previsão não faz sentido nenhum.

A *imediata* distribuição, determinada pelo *caput* do art. 929 (e, superiormente, pelo inciso XV do art. 93 da CF), significa a atribuição do processo ou do recurso a um dos integrantes dos Tribunais, que passa a ser identificado como *relator* do caso. É quem atuará como verdadeiro diretor do processo em nome do colegiado a que pertence.

Além da imediata *distribuição*, o art. 931 impõe a imediata *conclusão* dos autos ao relator, isto é, o envio ou a disponibilização dos autos para o relator, que terá o prazo de trinta dias para estudá-lo e preparar o seu voto, após o que os devolverá à secretaria (ou cartório) com o respectivo relatório. O relatório é o resumo do que trata o caso. O *voto* do relator só será conhecido quando do julgamento, o que se dá em sessão pública (arts. 934 e 941).

De acordo com o *caput* do art. 930, a distribuição será feita de acordo com o regimento interno do Tribunal, levando em conta a alternatividade, o sorteio *eletrônico* e a publicidade. O dispositivo espelha, pertinentemente, a regra geral do art. 285 para o âmbito dos Tribunais.

O parágrafo único do art. 930 determina que o primeiro recurso protocolado no tribunal torna *prevento* o relator para eventual recurso subsequente interposto no mesmo processo ou em processo conexo. Trata-se de regra que já é encontrada em diversos regimentos internos dos Tribunais e que aplica, para o grau recursal, as diretrizes genéricas dos incisos I e II do art. 286.

3.1 Deveres-poderes do relator

O art. 932 disciplina os "deveres-poderes" a serem exercitados pelo relator. São os seguintes, além de outros que lhe podem ser confiados pelo regimento interno do Tribunal (art. 932, VIII): (i) dirigir e ordenar o processo no tribunal, inclusive em relação à produção de prova, e, sendo o caso, homologar autocomposição das partes; (ii) analisar pedido de tutela provisória nos recursos e nos processos de competência originária do tribunal, concedendo-os ou negando-os; (iii) não conhecer de recurso inadmissível, prejudicado ou que não tenha impugnado especificamente os fundamentos da decisão recorrida; (iv) negar provimento a recurso contrário a Súmula do STF, do STJ ou do próprio tribunal, ou a acórdão proferido pelo STF ou pelo STJ em julgamento de recursos repetitivos ou, ainda, a entendimento firmado em incidente de resolução de demandas repetitivas ou de assunção de competência, o que se harmoniza com o § 1º do art. 926 e com o art. 927, devendo os "indexadores jurisprudenciais" aí referidos ser interpretados amplamente, como proponho no n. 2, *supra*; (v) dar provimento a recurso se a decisão recorrida contrariar aquelas mesmas diretrizes, caso em que será necessário, em primeiro lugar, viabilizar a apresentação de contrarrazões ou manifestação da parte contrária, se elas já não tiverem sido apresentadas, para evitar o proferimento de "decisão-surpresa" (art. 10); (vi) decidir o incidente de desconsideração da personalidade jurídica, quando ele for instaurado perante o tribunal; e (vii) determinar a intimação do Ministério Público, quando for o caso de sua intervenção.

Além disso, o parágrafo único do art. 932 generaliza (corretamente) o *dever* de o relator criar oportunidade de o recorrente sanar vício – qualquer vício –, concretizando, com a iniciativa, o comando do inciso IX do art. 139. Entendimentos radicais (e errados, mesmo à luz do CPC de 1973) como os da Súmula 115 do STJ, que não permite a emenda ou a correção de atos processuais no âmbito dos Tribunais, não podem subsistir no CPC de 2015. O dispositivo refere-se ao prazo de cinco dias para que o interessado promova a sanação do ato, para evitar que o relator entenda inadmissível o recurso (art. 932, III).

As decisões proferidas pelo relator com base no art. 932 são, todas elas, sem exceção, recorríveis. É o papel desempenhado pelo agravo interno a que se refere o art. 1.021, ao qual me volto no n. 6 do Capítulo 17. Trata-se, aliás, de decorrência inequívoca do princípio constitucional da *colegialidade* (v. n. 2.1.8 do Capítulo 1).

O art. 933, querendo evitar violação ao art. 10 e à interdição do proferimento das chamadas "decisões-surpresa" no âmbito recursal e nos casos em que o Tribunal atua como primeiro grau de jurisdição, impõe ao relator que constatar a ocorrência de fato superveniente à decisão recorrida ou a existência de questão apreciável de ofício ainda não examinada que devam ser considerados no julgamento do recurso que intime as partes para que se manifestem a respeito no prazo de cinco dias.

Se a constatação daqueles fatos ocorrer durante a sessão de julgamento, este deverá ser suspenso para que as partes se manifestem a seu respeito por escrito (art. 933, § 1º). A despeito do texto legal, nada há que impeça, muito pelo contrário, que, presentes os procuradores, seja, na própria sessão, colhida a manifestação oral para que, se todos estiverem de acordo, o julgamento seja retomado de imediato, prestados os esclarecimentos cabíveis.

Na hipótese de a questão surgir durante o período do que é chamado de pedido de vista formulado por um dos julgadores (art. 940; v. n. 3.4, *infra*), será determinada, por intermédio do relator, a intimação das partes para que se manifestem em cinco dias (art. 933, § 1º). Após, o processo será pautado novamente e, na retomada do julgamento, submetida a questão (com o contraditório sobre ela já exercitado ou, quando menos, devidamente facultado) aos demais julgadores (art. 933, § 2º).

3.2 Preparativos para o julgamento

Após o exame dos autos pelo relator – que devolverá os autos, com relatório à secretaria ou cartório (art. 931) –, o presidente do órgão julgador (câmara ou turma, consoante o Tribunal) designará dia para julgamento, determinando a adoção das providências cartorárias e administrativas para tanto, com especial destaque à publicação da pauta no órgão oficial, tema ao qual se volta o art. 935. É o que determina o art. 934.

O prezado leitor que tem (ou tinha) familiaridade com o CPC de 1973 notará que o precitado art. 934 não faz menção ao *revisor*, que era aquele que seguia o relator no exame dos autos quando se tratasse de recurso de apelação ou de embargos infringentes e também de ação rescisória, elaborando, em gabinete, seu voto (art. 551, *caput*, do CPC de 1973). Era o revisor, nos termos do § 2º do art. 551 do CPC de 1973, quem enviava os autos ao presidente que, só então, designaria data para julgamento (art. 551, *caput*, do CPC de 1973). O CPC de 2015 aboliu aquela figura nos recursos, querendo, com a iniciativa, imprimir maior celeridade na tramitação dos processos e recursos no âmbito dos Tribunais. Há uma ressalva importante a ser feita, contudo: a Corte Especial do STJ teve oportunidade de decidir, por maioria, que a figura do revisor subsistiu no âmbito da ação rescisória ajuizada originariamente perante aquele Tribunal, considerando que o art. 40 da Lei n. 8.038/1990 não foi revogado expressamente pelo CPC de 2015 (v. seu art. 1.072, IV). Trata-se da Questão de Ordem levantada na AR 5.241/DF, rel. Min. Mauro Campbell Marques, j.m.v. 5-4-2017, *DJe* 12-5-2017.

A sessão de julgamento só poderá ser realizada depois de, pelo menos, cinco dias da publicação da pauta no *Diário Oficial*. Não há necessidade de nova pauta para os casos em que o julgamento for expressamente adiado para a sessão seguinte. Os processos que não tiveram adiamento expresso e que não foram julgados dependem, contudo, de nova inclusão em pauta. Tudo em consonância com o *caput* do art. 935.

O § 1º do art. 935 franqueia às partes a vista dos autos em cartório (ou secretaria) após a publicação da pauta de julgamento. O § 2º do mesmo dispositivo determina que a pauta seja afixada na entrada da sala em que se der a sessão de julgamento.

3.3 Sustentação oral

A sustentação oral, que é a possibilidade de o recorrente, o recorrido e eventuais intervenientes, assim entendido, quando for caso de sua intervenção, o Ministério Público, fazerem uso da palavra oral durante o julgamento, por intermédio de seus procuradores, é disciplinada pelo art. 937. A viabilidade dessa importante técnica de convencimento dos julgadores foi bastante ampliada pelo CPC de 2015 quando contrastado com a disciplina equivalente do CPC de 1973. O prazo da sustentação oral é de quinze minutos, e sua realização depende de expresso pedido do procurador, a ser formulado até o início da respectiva sessão de julgamento (art. 937, § 2º). Diante da clareza da hipótese legal, não devem prevalecer quaisquer atos regulamentares dos Tribunais que pretendem disciplinar o pedido diferentemente, exigindo de quem pretende fazer a sustentação oral, por exemplo, que apresente pedido com antecedência maior àquela prevista no precitado dispositivo codificado. A advogada gestante, lactante, adotante ou que der à luz tem preferência na ordem da sustentação oral, desde que comprove essa condição enquanto perdurar o estado gravídico ou o período de amamentação e, tratando-se das duas últimas hipóteses, pelo mesmo prazo da licença-maternidade do art. 392 da CLT (art. 7º-A, III e §§ 1º e 2º, da Lei n. 8.906/1994, incluídos pela Lei n. 13.363/2016). No mais, têm aplicação, aqui, as mesmas considerações que apresento no n. 4 do Capítulo 8 quando tratei do tema na perspectiva da audiência de conciliação ou de mediação.

As hipóteses de cabimento da sustentação oral são as seguintes: (i) no recurso de apelação; (ii) no recurso ordinário; (iii) no recurso especial; (iv) no recurso extraordinário; (v) nos embargos de divergência; (vi) na ação rescisória, no mandado de segurança, na reclamação (inclusive, quanto a estes três casos, no agravo interno interposto contra sua extinção monocrática, como expressamente prevê o § 3º do art. 937); (vii) no agravo de instrumento tirado contra decisões interlocutórias que versem sobre tutelas provisórias, tanto as fundamentadas em urgência como aquelas fundadas em evidência; e, ainda, (viii) em outras hipóteses admitidas por leis esparsas ou pelo regimento interno de cada Tribunal. Também cabe, de acordo com o § 1º do art. 937, sustentação oral no incidente de resolução de demandas repetitivas, observando-se, nesse caso, o disposto no art. 984.

O § 4º do art. 937 permite a sustentação oral por meio de videoconferência ou recurso tecnológico equivalente quando o advogado tiver domicílio profissional diverso daquele onde o Tribunal é sediado. Que prevaleça, a este respeito, o correto entendimento quanto ao *dever* de os Tribunais disponibilizarem o que for necessário para a realização do ato a distância, nos mesmos moldes do que sustento nos ns. 6.1 e 11.1 do Capítulo 10, acerca do § 2º do art. 453. Em razão da pandemia do coronavírus tais sistemas acabaram sendo implementados em todos os Tribunais brasileiros, viabilizando a realização de sustentação oral nas sessões telepresenciais de julgamento. A Resolução n. 314/2020 do CNJ ocupou-se do assunto principalmente em seu art. 5º.

A parte final do *caput* do art. 937 remete à "parte final do *caput* do art. 1.021". O acréscimo, surgido na revisão final do texto do CPC de 2015, sugere que os regimentos internos dos tribunais poderão regrar a sustentação oral. Para evitar a inconstitucionalidade formal do dispositivo, importa entender que o regimento interno não poderá, em nenhuma hipótese, sobrepor-se ao comando legal; não, ao menos para restringi-lo, mas, tão somente, para *ampliá-lo*, nos precisos termos, aliás, do que permite o inciso IX do art. 937. De resto, questões de processamento administrativo, e que são de competência dos regimentos internos, o são diretamente por força da alínea *a* do inciso I do art. 96 da CF, sendo indiferente, a este respeito, as previsões legislativas, como a que foi acrescentada a destempo no *caput* do art. 937.

3.4 Dinâmica e documentação dos julgamentos

Os arts. 936 e 938 a 941 e 943 a 946 cuidam da dinâmica e da documentação dos julgamentos. A técnica de colegiamento do art. 942 merece exame apartado, pelo que a ele dedico o n. 3.5, *infra*.

O art. 936 ocupa-se com a ordem a ser observada no julgamento dos recursos, da remessa necessária e dos processos de competência originária dos tribunais. Após as preferências legais (como, por exemplo, o incidente de resolução de demandas repetitivas, recurso extraordinário com repercussão geral reconhecida, ou os recursos repetitivos, nos termos dos arts. 980, 1.035, § 9º, e 1.037, § 4º, respectivamente) e regimentais, serão julgados os casos em que haverá sustentação oral, observando-se a ordem dos pedidos respectivos, previsão que se harmoniza com o disposto no § 2º do art. 937. Após, consoante sua ordem de apresentação, os casos em que não haverá sustentação oral (o que a prática forense costuma chamar de "preferência simples"). Em seguida, serão apreciados os casos cujos julgamentos já tenham sido iniciados. Por fim, os demais casos.

Apregoado o processo e realizada, se for o caso, a sustentação oral, o relator faz uso da palavra para expor o seu voto.

O *caput* do art. 938 dispõe que a questão preliminar suscitada no julgamento será decidida antes do mérito, deste não se conhecendo caso seja incompatível com a decisão. De acordo com o § 1º do dispositivo, cabe ao relator determinar providências com vistas a sanear eventual ato processual viciado no âmbito do próprio Tribunal para prosseguir no julgamento (§ 2º). Se for o caso, o relator converterá o julgamento em diligência, determinando a produção da prova que entender cabível (art. 370) no próprio Tribunal ou no órgão jurisdicional da primeira instância, retomando-se, após o contraditório pertinente, o julgamento (§ 3º). As providências dos §§ 1º e 3º do art. 938 podem ser adotadas também pelo entendimento do próprio colegiado, como prevê o § 4º do mesmo art. 938.

Superada a preliminar que poderia comprometer o julgamento (ou superado o vício ou a deficiência instrutória nos moldes e pelas formas dos parágrafos do art. 938), todos os integrantes do colegiado discutirão e julgarão o que o art. 939 chama de "matéria principal", que é o mérito do recurso ou do processo de competência originária do Tribunal.

O chamado "pedido de vista" é disciplinado pelo art. 940. Trata-se da possibilidade de um dos membros do órgão colegiado pedir durante o julgamento para examinar, em gabinete, os autos do processo. Terá o prazo máximo de dez dias para tanto, findos os quais o recurso ou processo será reincluído em pauta para julgamento na sessão seguinte à data da devolução. Na hipótese de os autos não serem devolvidos no decêndio ou se o magistrado que formulou o pedido não solicitar sua prorrogação, o presidente do colegiado requisitará os autos para julgamento do recurso na sessão ordinária subsequente, publicando a pauta em que ele for incluído (art. 940, § 1º). Se, a despeito do pedido de prorrogação, o magistrado não se sentir habilitado a julgar, o presidente do colegiado convocará substituto para aquele fim, observando-se o que o regimento do tribunal disser a respeito (art. 940, § 2º).

Uma vez concluído o julgamento, seu resultado deve ser proclamado. É o objeto do art. 941, que indica o relator quando seu voto for o vencedor para redigir o acórdão. Na hipótese de o relator restar vencido, o primeiro que dele dissentir será responsável por aquela tarefa.

Até que o resultado seja proclamado, é possível ao magistrado que já proferiu voto alterar seu entendimento, a não ser que tenha sido substituído ou afastado (art. 941, § 1º).

O quórum do julgamento é de três magistrados em se tratando de recursos de apelação e agravo de instrumento (art. 941, § 2º).

O § 3º do art. 941, por sua vez, contrariando frontalmente a Súmula 320 do STJ, determina que o voto vencido deverá ser declarado, isto é, redigido e considerado parte integrante para todos os fins, inclusive do chamado "prequestionamento", assunto ao qual me volto no n. 9 do Capítulo 17. É indubitável, a despeito da crítica que o dispositivo merece, que a referida Súmula perde, com o CPC de 2015, seu fundamento de validade.

O art. 943 volta-se à documentação (inclusive eletrônica) dos acórdãos e sua publicação, exigindo, no seu § 1º, que todo acórdão contenha ementa, isto é, a indicação, sintética, dos temas nele tratados e da conclusão alcançada. Esta ementa – e não apenas o resultado do julgamento ou sua parte dispositiva – deve ser publicada no órgão oficial no prazo (máximo) de dez dias após o julgamento (art. 943, § 2º).

O art. 944, derivado da Lei n. 12.016/2009, a Lei do Mandado de Segurança, autoriza que, se não publicado o acórdão em trinta dias contados da sessão de julgamento – três vezes mais do que o § 2º do art. 943 prevê –, o presidente do tribunal lavrará, de imediato, as conclusões e a ementa, mandando publicar o acórdão. Faltará para a plena aplicabilidade do dispositivo, evidentemente, que todos os tribunais tenham suas sessões de julgamento registradas por taquígrafos. De qualquer sorte, é irrecusável que *também* as sessões de julgamento possam ser registradas por dispositivos eletrônicos de todas as gerações, como faculta o § 6º do art. 367, iniciativa que *não depende* de prévia autorização judicial. Até porque é o art. 93, IX, da CF que o afirma: todos os julgamentos do Judiciário são públicos. Havendo o registro, ainda que obtido de outra forma – e a lembrança da ata notarial (art. 384) nesse contexto é também pertinentíssima –, viabiliza-se, de forma plena, a lavratura da ementa e do acórdão nos termos determinados pelo parágrafo único do dispositivo.

O art. 945 espelhava-se em iniciativa do Tribunal de Justiça do Estado de São Paulo, aprimorando-a para autorizar a realização eletrônica, isto é, independentemente de sessão *presencial*, de julgamentos dos recursos e dos processos de competência originária que não admitissem sustentação oral. O dispositivo, contudo, foi expressa e totalmente revogado pela Lei n. 13.256/2016. Questão que merece ser posta diante do modelo constitucional do direito processual civil é se, a despeito da revogação daquele artigo, podem os regimentos internos do Tribunal ou, de forma mais ampla, atos normativos seus, autorizar que os julgamentos, respeitados os limites do CPC de 2015, inclusive sobre a sustentação oral (art. 937), sejam realizados *eletronicamente*. A resposta mais correta é a positiva, diante da alínea *a* do inciso I do art. 96 da CF. Máxime porque é irrecusável o entendimento, de as partes, com fundamento no art. 190, abrirem mão consensualmente da sustentação oral mesmo nos casos autorizados por lei. Por força da pandemia do coronavírus, a realização não presencial de sessões de julgamento, inclusive de modo assíncrono, acabou sendo generalizada com apoio nas Resoluções n. 314/2020 e n. 329/2020, com as modificações da Resolução n. 357/2020, do CNJ, assegurada, de qualquer sorte (e nem poderia ser diferente) a viabilidade de sustentação oral nos casos previstos no art. 937.

O art. 946 impõe que o agravo de instrumento seja julgado antes da apelação e, tratando-se da mesma sessão de julgamento, com precedência.

3.5 Prolongamento do julgamento nos casos de julgamento por maioria

Discussão intensa ao longo do processo legislativo – e que durou até os últimos instantes da votação do CPC de 2015 na Sessão Plenária do Senado que se realizou no dia 17 de dezembro de 2014 – foi sobre a manutenção ou não do recurso de embargos infringentes, disciplinado pelos arts. 530 a 534 do CPC de 1973, um recurso voltado à rediscussão de causa ou recurso em que o julgamento se dera por maioria, e não por unanimidade. O Anteprojeto não previu aquele recurso, tampouco o Projeto aprovado no Senado.

O Projeto da Câmara optou por transformar o que, na tradição do direito brasileiro, era *recurso* em *técnica de julgamento*, e foi neste formato que o instituto passou para o CPC de 2015. Foi uma das inúmeras contribuições formuladas pelo chamado Substitutivo dos Diretores do Instituto Brasileiro de Direito Processual, apresentado à Câmara dos Deputados tão logo o Projeto do Senado chegou àquela Casa Legislativa.

De acordo com o art. 942, nas hipóteses especificadas no *caput* e no § 3º, *prolonga-se* o julgamento de apelações, ações rescisórias e agravos de instrumento quando não houver unanimidade na votação.

Na apelação, lê-se do *caput*, basta a não unanimidade para o prolongamento do julgamento, sendo indiferente, portanto, que a divergência se encontre em questões relativas à *admissibilidade* ou ao *mérito* do recurso. Havendo divergência quanto à admissibilidade da apelação, a aplicação do art. 942 deve ser significativa de seu prosseguimento "em número suficiente para garantir a possibilidade de inversão do *resultado inicial*". O "resultado inicial" referido no *caput* do art. 942 só pode ser o relativo à *admissibilidade* recursal, no qual se constatou a divergência. Superada a questão e, desde que a conclusão do colegiado ampliado seja no sentido de o mérito recursal dever ser apreciado, inicia-se nova etapa do julgamento. Se nela houver divergência, o art. 942 deve ser aplicado uma vez mais, com vistas à "inversão do resultado inicial", aqui o relativo ao mérito. Trata-se de interpretação que se harmoniza com o disposto no art. 939 (v. n. 3.4, *supra*), segundo o qual, superadas eventuais questões preliminares, todos os julgadores nela vencidos devem se manifestar sobre o mérito recursal.

Na ação rescisória, diferentemente, a aplicação da técnica aqui examinada pressupõe que a falta de unanimidade signifique a rescisão da sentença (art. 942, § 3º, I), o que pressupõe a superação do juízo de admissibilidade da rescisória. É correto entender, por isso mesmo, que o art. 942 deve ser aplicado *também* aos casos em que o julgamento divergente concluir pela rescisão *parcial* da decisão rescindenda.

A incidência da regra é igualmente mais restrita em se tratando de agravo de instrumento. Neste caso, a técnica será aplicada somente quando houver reforma da decisão que julgar parcialmente o mérito, hipótese cuja recorribilidade está genericamente prevista no inciso II do art. 1.015 e, de maneira mais específica, no § 5º do art. 356 (art. 942, § 3º, II). A divergência neste caso, destarte, pressupõe a superação do juízo *positivo* de admissibilidade do recurso, afastando as considerações que fiz acima sobre a dinâmica da técnica quando se tratar de julgamento de apelação.

Preceitua o § 1º do art. 942 que, sendo possível, o prosseguimento do julgamento dar-se-á na mesma sessão que teve início, com a colheita do voto de outros componentes da Câmara ou Turma, sempre, repito, em "número suficiente para garantir a possibilidade de inversão do resultado inicial" (art. 942, *caput*). No caso da ação rescisória, importa observar a ressalva feita pelo inciso I do § 3º, que determina o prosseguimento do julgamento perante o "órgão de maior composição previsto no regimento interno". É correto entender, destarte, que se trata de verdadeira técnica que pretende a ampliação do julgamento colegiado, buscando o maior amadurecimento e discussão nos casos indicados em que houver julgamento não unânime. Inclusive – cabe acentuar este ponto – na perspectiva do revolvimento do acervo fático do processo, considerando que, em rigor, os recursos extraordinário e especial não têm como objetivo a reanálise dos fatos.

O § 2º do art. 942 permite que aqueles que já tenham votado possam, no prosseguimento do julgamento, rever seu posicionamento anterior. É o bastante para permitir que, mesmo na parte em que não tenha havido, inicialmente, divergência, haja alteração de posicionamento por quem já tenha proferido seu voto. A técnica em exame não tem natureza recursal, motivo pelo qual não faz sentido atrair para cá restrições ínsitas ao "*efeito devolutivo*" (v. n. 2.5 do Capítulo 17). É esta a razão pela qual questões de ordem pública e, mais amplamente, passíveis de cognição de ofício levantadas, inclusive, mas não só, pelos novos julgadores devem ser levadas em consideração pelos julgadores pretéritos, respeitado, sempre, o prévio contraditório com as partes e com eventuais terceiros. Afinal, o julgamento só se considera concluído com a proclamação de seu resultado (art. 941, *caput*), sendo legítima, até então, a alteração dos votos já proferidos (art. 941, § 1º).

A novel técnica de julgamento não se aplica no julgamento do incidente de assunção de competência, nem no de resolução de demandas repetitivas (art. 942, § 4º, I) e nem na remessa necessária (art. 942, § 4º, II). A vedação, contudo, parece não alcançar, ao menos no incidente de resolução de demandas repetitivas, o julgamento concreto da *causa* a partir do qual ele foi instaurado (art. 978, parágrafo único, a despeito das críticas que faço à constitucionalidade daquela regra no n. 9.6.1, *infra*), desde que essa "causa" seja apelação, ação rescisória ou agravo de instrumento e desde que observadas as exigências do *caput* e do § 3º do art. 942.

Preocupações com pedidos de vista, observando-se, invariavelmente, o disposto no art. 940, e sobre qual órgão do tribunal prosseguirá no julgamento ampliado devem ser objeto de regulação expressa pelos regimentos internos, buscando, com a iniciativa, criar condições de plena aplicabilidade da regra aos diversos tribunais. É iniciativa que, harmônica ao papel que a alínea *a* do inciso I do art. 96 da CF reserva para aquelas normas, viabiliza a devida regulamentação do instituto de acordo com as peculiaridades de cada um dos Tribunais brasileiros, inclusive na perspectiva do número de seus integrantes e da composição de cada colegiado.

Tendo a afirmação do parágrafo anterior como pano de fundo, analiso o inciso III do § 4º do art. 942. Segundo o dispositivo, não se aplica a técnica de prolongamento de julgamento quando o órgão proferido do julgamento não unânime for o plenário ou a corte (ou órgão) especial. É compreensível que, no primeiro caso, não se aplique o instituto: não haveria, no Tribunal, *quórum* bastante para a modificação do julgado com o prevalecimento da minoria. Não, contudo, quando a maioria se formar em apelações, rescisórias ou agravos de instrumento porventura julgados pela corte ou órgão especial. É que, nestes casos, na medida das possibilidades numéricas dos integrantes de cada Tribunal, é o seu regimento interno quem disporá sobre sua competência, o que é garantido pelo precitado dispositivo constitucional. Assim, é plena a possibilidade de o regimento interno decidir diferentemente da vedação legal, sempre de acordo com as peculiaridades de cada Tribunal, dispondo, nos precisos ditames constitucionais, "sobre a competência e o funcionamento dos respectivos órgãos jurisdicionais e administrativos".

4. INCIDENTE DE ASSUNÇÃO DE COMPETÊNCIA

O art. 947 disciplina o que passou a ser chamado de "incidente de assunção de competência". O destaque dado à regra pelo CPC de 2015 poderá resultar em maior aplicação do instituto, mais comumente empregado pelos Tribunais Superiores, já que, no CPC de 1973, esta mesma técnica era timidamente prevista no § 1º do art. 555.

4.1 Pressupostos e finalidade

O incidente permite ao colegiado competente para uniformização de jurisprudência avocar, para julgamento, recurso, remessa necessária ou processo de competência originária de outro órgão jurisdicional de menor composição quando, havendo relevante questão de direito com grande repercussão social, sem repetição em múltiplos processos (art. 947, *caput*), reconhecer "interesse público na assunção de competência" (art. 947, § 2º).

O julgamento referido no § 2º deve ser entendido também no sentido de haver julgamento do caso concreto, e não, apenas, de fixação ou enunciação da tese relativa à "relevante questão de direito".

Trata-se, neste sentido, de técnica voltada a evitar dispersão jurisprudencial. É essa a razão pela qual se lê, do § 4º do art. 947, que a aplicação do incidente justifica-se "quando ocorrer relevante questão de direito a respeito da qual seja conveniente a prevenção ou a composição de divergência entre câmaras ou turmas do tribunal". É o que basta para que esse incidente não seja considerado, pelo CPC de 2015, como uma das técnicas de julgamento de "casos repetitivos", nos moldes do art. 928. Para tanto, a exemplo do incidente de resolução de demandas repetitivas e dos recursos extraordinários ou especiais repetitivos, precisaria haver "múltiplos processos" julgados em sentidos diversos, o que o *caput* e o § 4º do art. 947, cada um do seu modo, expressamente dispensam.

De qualquer sorte, é irrecusável que a instauração desse incidente pressupõe a possibilidade de existirem decisões diferentes sobre uma mesma tese jurídica. A sua feição preventiva (para evitar a dispersão jurisdicional), nesse sentido, é inegável. Não obstante esta ressalva, o CPC de 2015 coloca-o, em diversas passagens, ao lado dos casos que ele considera como repetitivos, inclusive a partir da regra genérica do inciso III do art. 927.

Para que a linha divisória entre o incidente de assunção de competência e o incidente de resolução de demandas repetitivas não seja um problema para a sua instauração e para o atingimento de suas finalidades, tão enfatizadas pelo CPC de 2015, importa, que as discussões quanto à presença de seus característicos elementos de deflagração sejam travadas mais em termos funcionais e menos teóricos e abstratos. De resto – e até mesmo pela escassez de regras típicas do incidente de assunção de competência –, é inegável querer emprestar para aquelas duas técnicas traços de *fungibilidade* quanto ao seu cabimento (e à sua disciplina) considerando que ambas conduzem, em última análise, à mesma direção, que é a criação de um indexador jurisprudencial.

4.2 Competência

Dentro da sistemática do CPC de 2015, é correto entender que o órgão colegiado que julgará o incidente de assunção de competência deve ter competência para uniformizar a jurisprudência no âmbito do Tribunal, aplicando-se, por analogia, o que, para o incidente de resolução de demandas repetitivas, prevê expressamente o *caput* do art. 978. Desde que – e isto é imprescindível, sob pena de macular o "modelo constitucional do direito processual civil" – tal competência seja prevista pelos variados regimentos internos de cada Tribunal (art. 96, I, *a*, da CF).

4.3 Legitimidade e instauração

O incidente será instaurado de ofício ou a requerimento da parte, do Ministério Público ou da Defensoria Pública (art. 947, § 1º), quando o julgamento de recurso, de remessa necessária ou de processo de competência originária envolver relevante questão de direito, com grande repercussão social, *mas sem que haja repetição em diversos processos* (art. 947, *caput*).

Sobre a legitimidade do Ministério Público e da Defensoria Pública, entendo que o § 1º do art. 947 merece ser interpretado amplamente para admitir que a legitimidade daqueles órgãos dê-se tanto quando atuam como *parte* (em processos coletivos, portanto) como também quando o Ministério Público atuar na qualidade de fiscal da ordem jurídica e a intervenção da Defensoria justificar-se na qualidade de *custos vulnerabilis*. É interpretação que se harmoniza com a que proponho para o inciso III do art. 977 com relação ao incidente de resolução de demandas repetitivas.

Quando se tratar da atuação da Defensoria Pública como representante de necessitado ou como curador especial é correto extrair sua legitimidade para a instauração do incidente de assunção de competência do inciso II do art. 947.

4.4 Julgamento e suas consequências

O CPC de 2015 não traz nenhuma regra própria para o julgamento do incidente de assunção de competência.

Sem prejuízo da aplicação das regras genéricas que se encontram dispersas nos arts. 929 a 946 e que terão aplicação consoante se trate de recurso, remessa necessária ou processo de competência originária, seu caráter de formação de "indexador jurisprudencial" impõe que sejam observadas as regras dos arts. 979 (ampla divulgação e publicidade prévias ao julgamento, inclusive por intermédio do CNJ); 980 (julgamento no prazo máximo de um ano); 982, II e III, e 983 (oitiva de *amici curiae*, do Ministério Público na qualidade de fiscal da ordem jurídica e realização de audiências públicas); 984, *caput* e § 1º (sustentação oral com prazo ampliado), e 984, § 2º (análise de todos os fundamentos, favoráveis ou contrários, relativos à tese discutida).

A suspensão de processos prevista para o incidente de resolução de demandas repetitivas pelo inciso I do art. 982 não deve ser cogitada na espécie considerando que a instauração do incidente de assunção de competência não pressupõe, diferentemente do que ocorre para aquele, multiplicidade de processos que versem sobre a mesma questão jurídica. Não obstante, na medida em que eventual repetição de processos seja constada, é irrecusável a possibilidade de ser determinada a suspensão dos processos que versam sobre a mesma tese.

O § 3º do art. 947 deixa expresso o efeito *vinculante* que a decisão tomada tem em relação aos demais órgãos *fracionários* do mesmo Tribunal. A *tese* nele fixada, sem prejuízo de sua aplicação ao próprio caso concreto do qual ela foi extraída, desempenha o papel de *indexador jurisprudencial* nos moldes e para os fins dos arts. 926 e 927. O inciso IV do art. 988, na redação que lhe deu a Lei n. 13.256/2016, prevê, a propósito, o cabimento de *reclamação* para "garantir a observância de acórdão proferido em julgamento de incidente de resolução de demandas repetitivas ou", como interessa para cá, "de incidente de assunção de competência". Já escrevi que é este o único caso em que o CPC de 2015 vale-se expressamente da palavra "vinculante" ao não se referir às Súmulas vinculantes. Será que o legislador poderia estabelecer este efeito – e de forma expressa – para além das hipóteses previstas pelo modelo constitucional?

Independentemente da resposta à pergunta – e os elementos que apresento para a resposta estão nos ns. 2 e 2.1, *supra* –, importa, diferentemente do que sugere a literalidade do Capítulo dedicado ao incidente aqui anotado, que todas as técnicas de legitimação dos indexadores jurisprudenciais previstas alhures no CPC de 2015 (oitiva de *amicus curiae*, realização de audiências públicas e fundamentação específica nos moldes do § 1º do art. 927, para destacar as principais) sejam devidamente observadas ao longo de seu processamento.

Até porque, além do disposto no § 3º do art. 947, é inquestionável que, em consonância com a "necessária observância" do inciso III do art. 927, a tese fixada no IAC autoriza a improcedência liminar do pedido (art. 332, III); a dispensa de remessa necessária (art. 496, § 4º, III), além da atuação monocrática do relator para negar ou dar provimento a recursos (art. 932, IV, *c*, e V, *c*) e conflitos de competência (art. 955, parágrafo único, II). Também é causa de omissão qualificada nas decisões jurisdicionais (art. 489, § 1º, V e VI), a justificar os embargos de declaração com fundamento no inciso I do parágrafo único do art. 1.022.

A Resolução n. 444/2022, que instituiu o "Banco Nacional de Precedentes (BNP)", tem como objetivo viabilizar a consulta e a divulgação por órgãos e pelo público em geral de precedentes judiciais, com ênfase nos pronunciamentos judiciais listados no art. 927 do Código de Processo Civil em todas as suas fases processuais.

4.5 Revisão da tese

A parte final do § 3º do art. 947 ressalva expressamente a possibilidade de revisão de tese, tal qual tenha sido fixada no âmbito do incidente de assunção de competência.

À falta de qualquer regra em sentido diverso, a hipótese é alcançada pela disciplina dos §§ 2º a 4º do art. 927, cuja análise ocupa o n. 2.1, *supra*.

4.6 Recursos

Como o julgamento do incidente de assunção de competência envolve não só a fixação da tese jurídica em abstrato, mas também, o caso concreto, não há nenhuma peculiaridade nos recursos cabíveis do acórdão respectivo.

Ademais, à falta de qualquer crítica que possa ser tecida com relação ao processo legislativo envolvendo a redação final do art. 947, não merecem ser transportadas para cá as considerações do n. 9.8, *infra*, sobre a duvidosa constitucionalidade do art. 987 ao tratar do cabimento de recurso extraordinário e/ou especial do "julgamento do mérito" do incidente de resolução de demandas repetitivas.

5. INCIDENTE DE ARGUIÇÃO DE INCONSTITUCIONALIDADE

Os arts. 948 a 950 disciplinam o "incidente de arguição de inconstitucionalidade", isto é, o *procedimento* que, por força do art. 97 da CF, os tribunais devem instaurar para afastar, do caso concreto, a incidência de lei reputada inconstitucional, exercendo o chamado controle *incidental* ou *difuso* da constitucionalidade. É o que no n. 2.1.9 do Capítulo 1 indico como um dos componentes do "modelo constitucional do direito processual civil", e que é bem conhecido pelo nome "reserva do plenário".

Para a efetivação daquele comando constitucional, ocorre um verdadeiro *desmembramento* do processo ou do recurso em que, na visão dos julgadores, há norma que merece ter a sua inconstitucionalidade reconhecida.

Como os órgãos colegiados julgadores não têm competência para a declaração de constitucionalidade, justamente em função do precitado art. 97 da CF, é mister que o julgamento seja suspenso e que o plenário do Tribunal ou, a depender de previsão regimental, seu órgão especial (art. 93, XI, da CF) se manifeste a respeito do tema. Após sua deliberação, seja no sentido do reconhecimento da constitucionalidade ou no sentido oposto, o julgamento é retomado, cabendo ao órgão colegiado, que suscitou o incidente, aplicar a decisão anterior.

É nesse sentido que o art. 948 merece ser interpretado. De ofício ou atendendo a requerimento das partes, o relator (observado o cabível contraditório prévio, inclusive, perante o Ministério Público na qualidade de fiscal da ordem jurídica) submeterá à turma ou à câmara a que pertence a questão de instaurar ou não o incidente tendo em vista a suspeita de inconstitucionalidade de lei ou ato normativo do poder público.

Importa extrair do dispositivo o entendimento de que o relator, nestes casos, *tende* ao reconhecimento da inconstitucionalidade da norma. É nessa perspectiva que submete a seus pares a questão. Se o voto do relator for no sentido de *não* reconhecer a inconstitucionalidade, e o colegiado entender da mesma forma, não há motivo para o incidente ser instaurado.

Tanto assim que o inciso I do art. 949, regulando a hipótese de a arguição ser rejeitada, determina o prosseguimento do processo ou recurso. Se acolhida, contudo, o inciso II do mesmo dispositivo determina sua submissão ao plenário do tribunal ou ao seu órgão especial, onde houver.

5.1 Dispensa

O parágrafo único do art. 949 dispensa a instauração do incidente quando "... já houver pronunciamento destes [do plenário ou do órgão especial do tribunal] ou do plenário do Supremo Tribunal Federal sobre a questão".

Sempre entendi – e nada de novo é trazido pelo CPC de 2015 para convidar a entendimento diverso – que a eficiência processual embutida no dispositivo não pode autorizar o entendimento de que a dispensa é compulsória, quando a decisão do STF não consubstanciar súmula vinculante ou não tiver sido tomada em sede de controle *concentrado* de constitucionalidade. Não há como, sempre pelas razões que já expus nos ns. 2 e 2.1, *supra*, querer emprestar efeitos vinculantes além dos casos permitidos pelo modelo constitucional.

No plano horizontal, do próprio Tribunal, ademais, para além da eficiência, a dispensa só se mostrará lícita quando não houver quaisquer novos elementos que justifiquem uma nova reflexão a respeito da constitucionalidade da norma.

5.2 Instrução

Uma vez que seja instaurado, o art. 950 impõe ampla participação de diversos entes no julgamento do incidente de arguição de inconstitucionalidade, a exemplo do que ocorre, no âmbito do STF, no exercício do controle *concentrado* de constitucionalidade. Trata-se de verdadeira instrução a ser determinada no âmbito do incidente para fomentar o debate acerca da constitucionalidade ou da inconstitucionalidade da regra jurídica questionada.

Não foi por acaso, aliás, que os parágrafos do art. 482 do CPC de 1973, reproduzidos nos três parágrafos do art. 950 do CPC de 2015, foram introduzidos no ordenamento jurídico nacional pela Lei n. 9.868/1999, que é a que disciplina o processo e o procedimento do controle concentrado de constitucionalidade ou, como é mais comum, a "ação direta de inconstitucionalidade" e a "ação declaratória de constitucionalidade".

Em consonância com o § 1º do art. 950, as pessoas jurídicas de direito público responsáveis pela edição do ato questionado poderão manifestar-se no incidente de inconstitucionalidade se assim o requererem, observados os prazos e as condições previstos no regimento interno do tribunal. O § 2º, por sua vez, permite que as partes legitimadas ao controle abstrato (direito) de constitucionalidade, nos termos do art. 103 da CF, manifestem-se, por escrito, sobre a questão constitucional objeto de apreciação, no prazo previsto pelo regimento interno, sendo-lhes assegurado o direito de apresentar memoriais ou de requerer a juntada de documentos. Por fim, o § 3º, considerando a relevância da matéria e a representatividade dos postulantes, autoriza que o relator admita a manifestação de outros órgãos ou entidades.

Se o prezado leitor, tomando contato com esses dispositivos, lembrar-se do *amicus curiae*, saiba que não se trata de mera coincidência. O que o art. 138 faz é generalizar situações específicas, como esta ora em destaque, e que já eram conhecidas do direito brasileiro. O objetivo é pluralizar o debate, levando ao Poder Judiciário contexto democrático de ideias, contrastantes entre si, inerentes ao processo legislativo. É essa a razão pela qual, a despeito dos verbos empregados nos três parágrafos do art. 950, é preferível entender que a oitiva de *amici curiae* é medida verdadeiramente impositiva para *legitimar* a decisão a ser tomada pelo Estado-juiz acerca da constitucionalidade ou – o que é mais grave – da inconstitucionalidade do ato normativo que justifica a instauração do incidente.

5.3 Julgamento e consequências

Instaurado, instruído e julgado o incidente, a tese fixada pelo pleno ou, se for o caso, pelo órgão especial, deverá ser aplicada pelo órgão fracionário que entendeu pela necessidade de sua instauração.

O processo ou a causa concreta, destarte, não são julgados pelo plenário ou pelo órgão especial, que se limita a fixar o entendimento (se o prezado leitor quiser, a *tese*) sobre a constitucionalidade ou a inconstitucionalidade. O efetivo julgamento é tarefa do órgão fracionário.

Tanto assim que sempre prevaleceu na jurisprudência do STF (como faz prova suficiente a Súmula 513) e também do STJ o entendimento de que eventual recurso extraordinário (e recurso especial) não cabe do julgamento do plenário ou do órgão especial, mas do julgamento do caso concreto. Até porque não há *causa* para os fins dos incisos III dos arts. 102 e 105 da CF no julgamento da constitucionalidade ou da inconstitucionalidade. Daquele julgamento, podem até caber embargos de declaração para integrá-lo, para esclarecê-lo, para completá-lo ou, até mesmo, para suprir eventual erro material (art. 1.022). Não, contudo, para alcançar, a partir dele, o STF e o STJ.

É a ausência deste desdobramento de atividades judicantes – e que se justifica única e exclusivamente por força do art. 97 da CF, a afastar qualquer crítica quanto à necessária observância, pelo órgão fracionário, do que o órgão plural disser a respeito do tema –

que traz as suspeitas que entendo pertinentes de serem levantadas sobre o novel incidente de resolução de demandas repetitivas, tendo em vista as prescrições do parágrafo único do art. 978 e do art. 987, tema ao qual volto nos ns. 9.6.1 e 9.8, *infra*.

6. CONFLITO DE COMPETÊNCIA

O CPC de 2015, na trilha do Anteprojeto, optou por distinguir as regras relativas à *fixação* da competência das que dizem respeito ao julgamento dos casos em que há conflito entre os variados órgãos envolvidos sobre quem é e quem não é competente. Aquela matéria está na Parte Geral (arts. 43 a 66); esta, no Capítulo V do Título I do Livro III da Parte Especial, voltado aos "processos" de sua competência originária (arts. 951 a 959).

Conflito de competência deve ser compreendido como a discussão existente entre os próprios órgãos jurisdicionais acerca de qual deles deve ou não deve apreciar e julgar determinada questão. Trata-se de um desdobramento que pode se seguir a partir da identificação do juízo competente e das modificações de competência.

Nesse sentido, é claro o art. 66, segundo o qual: "Há conflito de competência quando: I – 2 (dois) ou mais juízes se declaram competentes; II – 2 (dois) ou mais juízes se consideram incompetentes, atribuindo um ao outro a competência; III – entre 2 (dois) ou mais juízes surge controvérsia acerca da reunião ou separação de processos". Complementa-o o parágrafo único que determina ao juízo que não acolher a competência para ele designada suscitar o conflito (e não devolver o processo), a não ser que entenda que seja outro juízo o competente.

Quando o conflito envolver órgãos fracionários dos tribunais, desembargadores e juízes em exercício no tribunal, deverá ser observado o que dispuser o regimento interno, naquilo que não colidirem com as previsões legais, evidentemente (art. 958).

Pode ocorrer também conflito de atribuição entre autoridade judiciária e autoridade administrativa. Também aqui, de acordo com o art. 959, deve-se observar, sem prejuízo dos dispositivos examinados, o que dispõem os regimentos internos dos Tribunais a seu respeito.

6.1 Instauração e legitimidade

O conflito pode ser suscitado de ofício pelo próprio magistrado, pelas partes e pelo Ministério Público (art. 951). O parágrafo único do mesmo dispositivo distingue, a propósito do Ministério Público, sua participação como parte ou como fiscal da ordem jurídica. É correto entender que aquela instituição tem legitimidade para suscitar o conflito também quando atua, no processo de origem, na qualidade de fiscal da ordem jurídica.

O *caput* do art. 952 interdita a quem tiver arguido a incompetência relativa suscitar o conflito. Contudo, de acordo com o parágrafo único do dispositivo, o conflito não obsta a que o réu argua a incompetência relativa, quando não for ele o suscitante.

O conflito deve ser suscitado perante o tribunal competente, com atenção, inclusive, aos casos de competência *constitucionalmente* fixada, mediante ofício (quando o suscitante for o magistrado) ou petição (quando a parte ou o Ministério Público for o suscitante) devidamente instruída (art. 953).

6.2 Contraditório e instrução

Distribuído ao relator (art. 931), será estabelecido o contraditório necessário à decisão do conflito de competência, com a determinação da oitiva dos órgãos jurisdicionais envolvidos, que prestarão informações no prazo que lhes for dado (art. 954).

É pena que o CPC de 2015 nada diga sobre a possibilidade de as *partes* – e não os magistrados em nome dos respectivos órgãos jurisdicionais – manifestarem-se no conflito. É correto entender, de qualquer sorte, a necessidade de sua prévia oitiva, o que, não fosse o modelo constitucional, encontra fundamento suficiente nos arts. 6º, 9º e 10.

6.3 Atitudes do relator

O *caput* do art. 955 autoriza ao relator do conflito designar um dos juízos para tratar de casos urgentes, independentemente de se tratar de conflito positivo (quando dois órgãos jurisdicionais afirmam concomitantemente sua competência) ou conflito negativo (quando dois órgãos jurisdicionais negam concomitantemente sua competência), na esteira do art. 66.

O parágrafo único do art. 955 autoriza o julgamento *monocrático* do conflito quando a decisão do relator tiver como fundamento súmula do STF, do STJ ou do próprio Tribunal ou, ainda, se fundamentada em julgamento de casos repetitivos ou em incidente de assunção de competência. Trata-se de regra que deve se harmonizar ao disposto no art. 927 (e à interpretação ampla que a ele proponho no n. 2, *supra*) e aos próprios incisos IV e V do art. 932.

6.4 Julgamento colegiado e consequências

Não se tratando de julgamento monocrático, será determinada a oitiva do Ministério Público, aqui na função de fiscal da ordem jurídica (art. 951 e parágrafo único), e o conflito será julgado pelo órgão colegiado competente, mesmo que as informações não tenham sido prestadas (art. 956).

Decidido o conflito, o Tribunal indicará quem é o *juízo* (órgão jurisdicional) competente (art. 957, *caput*). Também, e com base na mesma regra, manifestar-se-á sobre a validade dos atos eventualmente praticados pelo juízo incompetente, observando, para tanto, o disposto no § 4º do art. 64. Mesmo nos casos em que se tratar de incompetência absoluta, a nulidade dos atos decisórios não é impositiva, como, com base naquele dispositivo, escrevi no n. 6.3 do Capítulo 3. O parágrafo único do art. 957 determina, em complementação, a remessa dos autos respectivos ao *juízo* declarado competente (e não ao *juiz*, como nele se lê no dispositivo), o que pressupõe, evidentemente, que se trate de autos em papel, e não eletrônicos.

7. HOMOLOGAÇÃO DE DECISÃO ESTRANGEIRA E *EXEQUATUR*

O art. 40 dispõe que "a cooperação jurídica internacional para execução de decisão estrangeira dar-se-á por meio de carta rogatória ou de ação de homologação de sentença estrangeira, de acordo com o art. 960".

A carta rogatória é forma de comunicação para que órgão jurisdicional estrangeiro pratique ato de cooperação jurídica internacional, relativo a processo em curso perante órgão jurisdicional brasileiro (art. 237, II).

De acordo com o *caput* do art. 36, seu procedimento é de jurisdição contenciosa, devendo assegurar às partes as garantias do devido processo legal. Os parágrafos do dispositivo limitam a defesa à discussão quanto ao atendimento dos requisitos para que o pronunciamento judicial estrangeiro produza efeitos no Brasil (inclusive os de cunho formal, tais como os do art. 260), sendo expressamente vedada a revisão do mérito do pronunciamento judicial estrangeiro pela autoridade judiciária brasileira.

A competência para a homologação da carta rogatória é do STJ, desde a EC n. 45/2004, mercê da alínea *i* do inciso I do art. 105 da CF, e, tratando-se de decisão interlocutória estrangeira, a concessão do *exequatur* constitui título executivo *judicial* nos moldes do inciso IX do art. 515. De outra parte, a sentença estrangeira é título executivo judicial desde que homologada pelo STJ (art. 515, VIII).

7.1 Abrangência

O *procedimento* para a homologação da carta rogatória e da sentença estrangeira – que equivale ao que os precitados artigos chamam de "concessão do *exequatur*" – é o objeto da disciplina dos arts. 960 a 965, que, nesse sentido, complementam e concretizam o comando do precitado art. 40 e, mais especificamente, também do art. 36 para a carta rogatória.

O art. 960, além de estabelecer o *procedimento* da homologação das sentenças estrangeiras perante aquele tribunal – chamando-o de "ação" no *caput* –, quando ela não for dispensada em função de tratado, disciplina também a concessão de *exequatur* a cartas rogatórias e resolve, expressamente, diversas questões que as lacunas do CPC de 1973 e da regulamentação infralegislativa do STF e, mais recentemente, do próprio STJ sugeriam. Trata-se, nesse sentido, de iniciativa importante e que se compatibiliza plenamente com os avanços e as inovações importantes que o CPC de 2015 traz em seus arts. 26 a 41 voltados especificamente – e em capítulo próprio na Parte Geral – à "cooperação internacional".

Assim é que o § 1º do art. 960 dispõe que "a decisão interlocutória estrangeira poderá ser executada no Brasil por meio de carta rogatória". O § 2º do mesmo dispositivo, por sua vez, prescreve que "a homologação obedecerá ao que dispuserem os tratados em vigor no Brasil e o Regimento Interno do Superior Tribunal de Justiça". São os arts. 216-A a 216-X, incluídos pela Emenda Regimental n. 18/2014 no RISTJ (com modificações de texto promovidas pela Emenda Regimental n. 24/2016), em novo Capítulo intitulado "Dos processos oriundos de estados estrangeiros", que tratam especificamente sobre o assunto. Também a homologação de decisão *arbitral* estrangeira fica sujeita ao mesmo regime jurídico, ainda que subsidiariamente (art. 960, § 3º).

Nesse sentido, em caráter verdadeiramente didático, o *caput* do art. 961 acentua que "a decisão estrangeira somente terá eficácia no Brasil após a homologação de sentença estrangeira ou a concessão do *exequatur* às cartas rogatórias, salvo disposição em sentido contrário de lei ou tratado" (art. 216-B do RISTJ). A homologação, de acordo com o § 2º do art. 961, pode ser apenas *parcial* (art. 216-A, § 2º, do RISTJ).

Deve ser homologada para aqueles fins não só a decisão judicial definitiva, mas também a decisão não judicial no exterior, que, para o sistema brasileiro, assume feição jurisdicional (art. 961, § 1º, e art. 216-A, § 1º, do RISTJ).

O § 3º do art. 961, tanto quanto o art. 216-G do RISTJ, permite ao STJ deferir pedidos de urgência e realizar atos de execução (em rigor, *cumprimento*) provisória no "processo de homologação de decisão estrangeira", situação que não se confunde com a disciplinada pelo art. 962, que trata do cumprimento, em território brasileiro, de decisão concessiva de medida de urgência no exterior.

Importante exceção está no § 5º do art. 961, que exclui a necessidade de homologação das sentenças estrangeiras de divórcio consensual. Mesmo em tais casos, contudo, compete a qualquer juiz examinar a validade da decisão, em caráter incidental ou principal, quando a questão surgir em processo de sua competência (art. 961, § 6º).

De acordo com o § 4º do art. 961, quando prevista em tratado ou em promessa de reciprocidade apresentada à autoridade brasileira, haverá homologação de decisão estrangeira para fins de execução fiscal.

7.2 Homologação de medidas de urgência

O art. 962 cuida das hipóteses de homologação de decisão estrangeira concessiva a medidas de urgência, verdadeiros títulos executivos *judiciais* para os fins do inciso IX do art. 515. A hipótese, repito, não se confunde com a do § 3º do art. 961, em que a medida de urgência é adotada pelo STJ no âmbito do processo voltado à homologação da decisão estrangeira.

A execução da decisão estrangeira a que se refere o *caput* do art. 962 pressupõe homologação de carta rogatória (art. 962, § 1º), previsão que se harmoniza com o art. 40. A concessão da medida sem prévio contraditório no país estrangeiro de origem não é óbice para a homologação desde que o contraditório seja garantido em momento posterior (art. 962, § 2º). É legítimo, à luz do modelo constitucional, *postergar* o contraditório, e não eliminá-lo, entendimento que encontra eco no § 1º do art. 216-Q do RISTJ.

Ao dispor que a análise da urgência da medida compete exclusivamente à autoridade estrangeira, o § 3º do art. 962 confirma o sistema do direito brasileiro nesta matéria, de limitar a atuação do STJ ao chamado "juízo de delibação" (arts. 36, § 2º, e 963). A previsão harmoniza-se com o disposto no parágrafo único do art. 216-H e no § 2º do art. 216-Q do RISTJ.

O § 4º do art. 962 trata dos casos em que, por ser dispensada a homologação da sentença estrangeira para que ela surta efeitos no Brasil, não é exigida prévia homologação da medida de urgência pelo STJ. Contudo, é o próprio dispositivo que prescreve que a eficácia daquela decisão depende de expresso reconhecimento de sua validade pelo juízo competente para lhe dar cumprimento.

7.3 Elementos para a homologação

Os elementos que devem ser examinados pelo STJ para a homologação da decisão estrangeira, inclusive para concessão do *exequatur* às cartas rogatórias, são os indicados no art. 963, sem prejuízo, para estas, da observância do já examinado § 2º do art. 962. Trata-se do que é conhecido por "juízo de delibação". Ao mesmo tempo em que não é reconhecida à autoridade brasileira competência para reanalisar o mérito da decisão que quer surtir efeitos em território nacional (art. 36, § 2º), há exigências *extrínsecas* a ela que devem ser aferidas para tanto, no que cabe lembrar, também aqui, do parágrafo único do art. 216-H e do § 2º do art. 216-Q do RISTJ.

A decisão estrangeira só será homologada no Brasil se: (i) for proferida por autoridade competente (o que pressupõe, também, o exame do art. 964); (ii) tiver havido regular citação no processo em que foi proferida mesmo que ocorrente a revelia; (iii) a decisão for eficaz no país em que proferida (o inciso III do art. 216-D do RISTJ refere-se a trânsito em julgado, o que, evidentemente, não pode se sobrepor à regra legal); (iv) não ofender a coisa julgada brasileira; (v) estiver acompanhada de tradução oficial, salvo se houver dispensa por força de tratado; e (vi) não contiver manifesta ofensa à ordem pública.

A hipótese do inciso I do art. 963, como adiantei, conduz ao art. 964. De acordo com ele, não será homologada a decisão estrangeira nem concedido *exequatur* a carta rogatória, na hipótese de competência exclusiva da autoridade judiciária brasileira. Trata-se da consequência do art. 23. Naqueles casos, como escrevi no n. 4 do Capítulo 3, a "autoridade competente", na perspectiva do direito nacional, é a *brasileira*, com exclusão de qualquer outra.

A previsão codificada harmoniza-se com o disposto nos arts. 216-C, 216-D, 216-F, 216-H, parágrafo único, e 216-P, que, em última análise, também impedem, no mesmo sentido, a homologação da sentença estrangeira ou a concessão do *exequatur* à rogatória naqueles casos, dando destaque aos casos de soberania nacional, de dignidade da pessoa humana e de ordem pública.

7.4 Procedimento

O CPC de 2015 nada dispõe sobre o procedimento a ser adotado no STJ, para a homologação da sentença estrangeira ou a concessão de *exequatur* a carta rogatória. A observância do disposto no seu regimento interno, destarte, é de rigor, por força do comando do § 2º do art. 960.

A competência para ambos os casos é do presidente do STJ a não ser que o pedido seja contestado, quando a competência passa a ser da Corte Especial daquele Tribunal (arts. 216-A, *caput*; 216-K, *caput*; 216-O, *caput*; e 216-T do RISTJ).

A petição inicial observará o disposto no art. 216-C do RISTJ, que remete ao art. 963 e ao precitado art. 216-D do RISTJ, e deverá ser instruída com o original ou cópia autenticada da decisão homologanda e de outros documentos indispensáveis, devidamente traduzidos por tradutor oficial ou juramentado no Brasil e chancelados pela autoridade consular brasileira competente, quando for o caso. O art. 216-E do RISTJ admite a emenda da inicial que, se não acolhida, conduz à extinção do processo.

Se positivo o juízo de admissibilidade, no qual pode ser concedida tutela de urgência, a parte interessada será citada para se manifestar no prazo de quinze dias, podendo contestar o pedido (art. 216-H, *caput*, do RISTJ). Na hipótese de revelia, será nomeado curador especial (art. 216-I do RISTJ). Se houver contestação, é possível nova manifestação do requerente (réplica) seguida de ulterior manifestação do requerido (tréplica), ambas em cinco dias (art. 216-J do RISTJ). Após, manifestar-se-á, como fiscal da ordem jurídica, o Ministério Público. Terá dez dias para tanto, sendo reconhecida sua legitimidade para impugnar o pedido (art. 216-L do RISTJ).

Em seguida, o pedido será julgado perante a Corte Especial (art. 216-K, *caput*, do RISTJ), a não ser que haja jurisprudência a respeito do tema, o que autoriza o julgamento monocrático pelo relator (art. 216-K, parágrafo único, do RISTJ). Das decisões monocráticas, inclusive do relator, cabe agravo (art. 216-M do RISTJ, previsão que se amolda ao comando do art. 1.021).

O procedimento para a concessão de *exequatur* à carta rogatória é idêntico, com duas exceções. A primeira é que não há previsão regimental para a réplica nem para a tréplica, o que não significa que elas não possam se justificar por força do princípio do contraditório. A segunda é a expressa previsão quanto à possibilidade de concretização da medida antes da oitiva da parte contrária quando a providência puder comprometer a sua efetividade (art. 216-Q, § 1º, do RISTJ).

7.5 Cumprimento

Uma vez homologada a sentença estrangeira ou concedido *exequatur* à carta rogatória, é competente para o cumprimento da decisão estrangeira, título executivo judicial, de acordo com os incisos VIII e IX do art. 515, a Justiça Federal (art. 109, X, da CF).

O art. 965, além de refletir adequadamente a precitada regra constitucional, impõe, em seu parágrafo único, requisito a ser observado na formulação do pedido respectivo: a apresentação de cópia autenticada da decisão homologatória ou do *exequatur* conforme o caso. É irrecusável que a autenticação pode ser feita pelo próprio advogado ou procurador da parte, nos moldes do inciso IV do art. 425.

Tratando-se de cumprimento de sentença estrangeira (o art. 216-N do RISTJ refere-se a carta de sentença), o executado será *citado* para pagar, fazer, não fazer ou entregar a coisa em quinze dias ou, se for o caso – e previamente –, para a liquidação, consoante a hipótese e não meramente intimado, exigência feita, pertinentemente, pelo § 1º do art. 515, objeto das reflexões que lanço no n. 2.2.9 do Capítulo 13. As normas jurídicas a serem observadas no *cumprimento* da decisão estrangeira são as nacionais, no que também é claro o *caput* do precitado art. 965.

Quando se tratar de efetivação da carta homologatória, além das mesmas prescrições legais, merece consideração o disposto nos arts. 216-V e 216-X do RISTJ.

8. AÇÃO RESCISÓRIA

O Capítulo VII do Título I do Livro III da Parte Especial disciplina a ação rescisória em seus arts. 966 a 975.

Trata-se da viabilidade de os legitimados indicados no art. 967 pleitearem, perante o Tribunal competente, o desfazimento (a rescisão) da chamada coisa julgada material diante da presença de, ao menos, uma das hipóteses dos incisos do art. 966. Inovando, o CPC de 2015 amplia o objeto da ação rescisória, passando a admitir seu cabimento contra decisão transitada em julgado mesmo que não se trate de decisão de mérito, sempre pelos fundamentos dos incisos do *caput* (art. 966, § 2º).

Trata-se de nova "ação", que não se confunde com aquela em que a decisão cuja coisa julgada se pretende rescindir, cujo exercício rende ensejo ao surgimento de um novo processo perante o Tribunal competente para julgá-la. Por isso, tudo o que o CPC de 2015 exige para a regularidade do exercício do direito de ação e para a constituição e o desenvolvimento válido do processo tem incidência sobre ela.

Já escrevi que o CPC de 2015 evidencia que não só sentenças ou acórdãos têm aptidão para o chamado trânsito *material* em julgado. Também decisões interlocutórias de mérito (e que sejam proferidas com base em cognição exauriente) o têm, tanto quanto as decisões monocráticas ou unipessoais proferidas no âmbito dos Tribunais na mesma condição. É essa a razão pela qual o *caput* do art. 966 refere-se, corretamente, a *decisão* de mérito, abandonando a palavra *sentença*, empregada pelo *caput* do art. 485 do CPC de 1973.

8.1 Hipóteses de cabimento

As hipóteses de cabimento da rescisória são indicadas nos oito incisos do art. 966, que, em rigor, correspondem às possíveis "causas de pedir" daquela postulação.

A primeira situação, prevista no inciso I do art. 966, é a da decisão ter sido proferida por força de prevaricação, concussão ou corrupção do juiz, tipos penais dos arts. 319, 316 e 317 do CP, respectivamente, que significam a obtenção de alguma vantagem ilícita pelo magistrado em detrimento do exercício de sua função jurisdicional.

O inciso II do art. 966 refere-se à decisão proferida por magistrado impedido ou por juízo absolutamente incompetente. O impedimento refere-se à ocorrência de alguma das hipóteses do art. 144 que devem conduzir ao afastamento do magistrado, por iniciativa própria ou das partes, do processo (art. 146). Trata-se de violação a norma de ordem pública, que contamina de invalidade o processo.

A decisão proferida por juízo incompetente absolutamente, o que também é significativo de violação a pressuposto processual de validade do processo, enseja a rescisória. Não deixa de ser curioso, como aventei no n. 6.3 do Capítulo 3 a propósito do § 4º do art. 64, que o CPC de 2015, a par de ter abolido a regra relativa à invalidade dos atos decisórios proferidos pelo juízo absolutamente incompetente ao longo do processo, preservou esta hipótese de rescindibilidade.

Também é rescindível a decisão de mérito quando resultar de dolo ou coação da parte vencedora em detrimento da parte vencida ou, ainda, de simulação ou colusão entre as partes, a fim de fraudar a lei (art. 966, III). A hipótese, ampliada quando comparada com a previsão do inciso III do art. 485 do CPC de 1973, descreve situações em que uma das partes em detrimento da outra ou ambas, em atuação consertada, visa à obtenção de objetivo ilegal pelo processo. A situação traz à mente, até mesmo, o disposto no art. 142. Se, a despeito daquela previsão, a decisão acabar transitando em julgado, a rescisória é o caminho para extirpá-la do ordenamento jurídico. Destaco que, nesse caso, têm legitimidade, além do terceiro prejudicado (art. 967, II), o Ministério Público (art. 967, II, *b*). O prazo para a rescisória é também alterado, como demonstro, a propósito do § 3º do art. 975, no n. 8.7, *infra*.

Pode ocorrer de um processo desenvolver-se a despeito da coisa julgada anterior ou, até mesmo, a despeito da litispendência e, com isso, ocorrer conflito de coisas julgadas. É cabível, com fundamento no inciso IV do art. 966, a rescisória para desfazer a coisa julgada que tenha se formado em *segundo* lugar, ainda que proveniente do processo iniciado anteriormente, prestigiando, com isso, a proteção constitucional do inciso XXXVI do art. 5º da CF.

A mais comum das rescisórias é a que está prevista no inciso V do art. 966. Ela é cabível quando a decisão rescindenda "violar manifestamente norma jurídica", fórmula redacional que aperfeiçoa a redação do inciso V do art. 485 do CPC de 1973 que a ela se referia a "violação a *literal dispositivo de lei*", previsão que, em tempos de técnicas hermenêuticas de embasamento constitucional (art. 8º), não tinha mais sentido de ser preservada.

A hipótese merece ser compreendida como aquela decisão que destoa do padrão interpretativo da norma jurídica (de qualquer escalão) em que a decisão baseia-se. Não há por que segregar seu alcance do que, para fins de recursos extraordinário e especial, sustento a respeito dos incisos III dos arts. 102 e 105 da CF, respectivamente, no n. 9 do Capítulo 17.

Eventual divergência jurisprudencial não deve ser compreendida como elemento a descartar a rescisória por esse fundamento. Já entendia, no volume 5 do meu *Curso sistematizado de direito processual civil*, nas edições anteriores o CPC de 2015, que não era esta a melhor interpretação *antes* do atual Código. Doravante, diante da função que ele quer emprestar à jurisprudência dos Tribunais (v., em especial, os arts. 926 e 927), aquele entendimento merece, de vez, ser superado, tanto para as questões de ordem constitucional como para as de ordem infraconstitucional. É correto entender, destarte, que não subsiste, no CPC de 2015, fundamento de validade para a Súmula 343 do STF.

O § 5º do art. 966, introduzido pela Lei n. 13.256/2016, durante a *vacatio legis* do CPC de 2015, admite expressamente a rescisória fundada no inciso V do art. 966 quando a decisão rescindenda basear-se em enunciado de súmula ou acórdão proferido em julgamento de casos repetitivos sem observar a distinção entre as questões envolvidas, isto é, quando a decisão rescindenda aplicar equivocadamente súmula ou "precedente" criado por uma das técnicas referidas no art. 928.

Há uma importante ressalva a ser feita em relação ao § 5º do art. 966, levando em conta o processo legislativo prévio à sua promulgação. O Projeto aprovado na Câmara dos Deputados – Casa iniciadora do processo legislativo – admitia a rescisória "contra decisão baseada em enunciado de súmula, acórdão ou precedente previsto no art. 927". A versão aprovada no Senado Federal, que é a que prevaleceu na Lei n. 13.256/2016, admite-a, como visto, "contra decisão baseada em enunciado de súmula ou acórdão proferido em julgamento de casos repetitivos". A alteração de significado e a restrição do alcance de um texto quando contrastado com o outro é evidente. Os "precedentes" do art. 927 vão muito além dos "casos repetitivos" do art. 928. A despeito da modificação *substancial* do texto, o Senado não devolveu o Projeto à Câmara dos Deputados, o que lhe era imposto pelo parágrafo único do art. 65 da CF, enviando-o diretamente à sanção presidencial. Que há vício no processo legislativo, não há por que duvidar. Uma a mais para o incrivelmente rico rol que povoa o CPC de 2015 de ponta a ponta, como diversas passagens deste *Manual* querem evidenciar. A questão que se põe é se há como superá-lo ou se a inovação deve ser irremediavelmente descartada. A melhor resposta é a de dar ao dispositivo interpretação ampliativa, para aproximá-la à versão textual do Projeto da Câmara, iniciativa que, de resto, parece amoldar-se melhor ao *sistema* de precedentes desejado pelo próprio CPC de 2015, inclusive, mas não só, pelo art. 927.

O § 6º do art. 966, por sua vez, complementa a previsão do § 5º para exigir, sob pena de ser considerada inepta, que a petição inicial da rescisória traga, fundamentalmente, a demonstração da distinção não observada pela decisão rescindenda e que impunha solução jurídica diversa da que foi tomada e transitou em julgado. Embora corretíssima a exigência, o rigor do texto, no particular, merece ceder diante da regra do art. 321 e, superiormente, do modelo cooperativo de processo derivado do art. 6º, a impor a concessão de oportunidade para que o autor adite a petição inicial para o atendimento da prescrição.

É correto entender, de outra parte, que o § 5º do art. 966, menos na sua literalidade e mais na sua razão de ser, convida a uma renovada (e sempre crítica) reflexão sobre a subsistência da já mencionada Súmula 343 do STF, o que se dá sem prejuízo dos argumentos anotados precedentemente. Trata-se de compreensão que deriva não só da *uniformidade* jurisprudencial, mas também pela sua *integridade* e *coerência*, desejadas pelo CPC de 2015 em todos os seus cantos e, de maneira expressa, pelo *caput* do art. 926.

Quando a decisão de mérito for fundada em prova cuja falsidade tenha sido apurada em processo criminal ou venha a ser demonstrada na própria ação rescisória, também é cabível a rescisória, com fundamento no inciso VI do art. 966. É correto entender que, neste caso, a prova falsa tenha sido o fundamento bastante da decisão rescindenda, sendo indiferente que sua falsidade seja apurada em processo criminal ou no próprio processo em que se pretende sua rescisão.

Situação também relacionada à prova que autoriza a rescisória está no inciso VII do art. 966. A referência, aqui, é à prova nova obtida após o trânsito em julgado. Neste caso, o próprio dispositivo exige que a existência da prova seja ignorada pelo autor (e cuja descoberta altera o prazo para a rescisória, como se lê do § 2º do art. 975) ou que ele dela não faça uso no processo originário, em que foi proferida a decisão que pretende ver rescindida. Em qualquer um dos casos, a prova nova tem que ter o condão de, por si só, assegurar pronunciamento favorável ou mais benéfico ao autor do que o concedido pela decisão rescindenda.

A última hipótese que autoriza a rescisória é a da decisão de mérito fundada em erro de fato verificável do exame dos autos (art. 966, VIII). Erro de fato, é o § 1º do art. 966 que esclarece, dá-se quando a decisão rescindenda admitir fato inexistente ou quando considerar inexistente fato efetivamente ocorrido. Em qualquer caso, ainda se lê do mesmo dispositivo, o fato não pode dizer respeito a ponto controvertido sobre o qual o juiz deveria ter se pronunciado. A ressalva merece ser compreendida no sentido de que em ambas as hipóteses não pode ter havido controvérsia nem pronunciamento judicial a respeito do que, para a rescisória, é identificado como erro de fato.

O prezado leitor que conhece o CPC de 1973 notará que o CPC de 2015 suprimiu a rescisória quando houver fundamento para invalidar confissão, desistência ou transação, que dê fundamento à sentença (inciso VIII do art. 485 do CPC de 1973). Em rigor, a hipótese sempre foi de "ação anulatória", doravante referenciada no § 4º do mesmo art. 966.

O § 2º do art. 966, tal qual aprovado no Senado Federal na última etapa do processo legislativo, aceitava a rescisória "da decisão transitada em julgado que, embora não seja de mérito, não permita a repropositura da demanda ou impeça o reexame do mérito". A redação daquele dispositivo, contudo, foi alterada na revisão final a que o texto do CPC de 2015 foi submetido antes de ser enviado à sanção presidencial.

Ocorre que, ao revisar o texto para nele fazer constar que "será rescindível a decisão transitada em julgado que, embora não seja de mérito, impeça nova propositura da demanda; ou admissibilidade do recurso correspondente", acabou por criar regra nova, que não encontra correspondência no Projeto da Câmara (art. 978, § 2º) e, tampouco, no texto aprovado pelo Senado Federal na sessão deliberativa de 17 de dezembro de 2014 (art. 963, § 2º). Sim, porque o texto anterior não fazia nenhuma menção ao que hoje está no inciso II do § 2º do art. 966, apenas ao impedimento da repropositura da demanda. É o caso, portanto, de restringir a hipótese de rescindibilidade ao inciso I do § 2º do art. 966, desconsiderando, por inconstitucionalidade formal (sempre por violação aos limites do art. 65 da CF), a do inciso II.

A submissão daquelas duas hipóteses diversas ao regime da ação rescisória dependia de devido processo legislativo prévio, que não ocorreu. Destarte, a única equiparação legítima é a feita pelo inciso I do § 2º do art. 966, que quer viabilizar o contraste, pela ação rescisória, daquela decisão que, não sendo mais recorrível no *mesmo* processo, impede a repropositura da *mesma* demanda, em função da eficácia *externa* do que foi decidido (e transitou em julgado) no primeiro processo. Trata-se, pois, de regra diversa daquela constante do § 1º do art. 486, que permite a repropositura da demanda após a "correção do vício". O inciso I do § 2º do art. 966 quer, nesse sentido, viabilizar o controle, por ação rescisória, de decisão que extingue o processo sem resolução de mérito por falta de interesse de agir ou por ilegitimidade de uma das partes (art. 485, VI), por exemplo, *sem* que haja qualquer alteração dos elementos da demanda.

É possível, em consonância com o § 3º do art. 966, a rescisória *parcial*, isto é, voltada a apenas um dos capítulos da decisão rescindenda.

8.1.1 A "ação anulatória"

O § 4º do art. 966 desempenha o papel que, no CPC de 1973, ocupa o art. 486: "Os atos de disposição de direitos, praticados pelas partes ou por outros participantes do processo e homologados pelo juízo, bem como os atos homologatórios praticados no curso da execução, estão sujeitos à anulação, nos termos da lei".

Aqui, diferentemente do que se dá na rescisória, o objeto visado pelo autor não é o desfazimento da chamada coisa julgada material. Trata-se, bem diferentemente, de impugnar o próprio ato praticado pelas partes em juízo, ainda que carentes de homologação judicial. Os vícios alegáveis para tanto são os do direito material (público ou privado) e a competência para julgamento não é do Tribunal, mas do juízo de primeira instância. O prazo, outrossim, não é o do art. 975, mas os de prescrição ou de decadência, consoante os específicos vícios que motivam a pretensão invalidatória em juízo.

O prezado leitor se perguntará o que o dispositivo, que não guarda nenhuma relação com a ação rescisória, faz como parágrafo do dispositivo que trata das hipóteses de cabimento daquela técnica processual. A resposta oficial é que sua alocação nessa sede tem o condão de discernir o que é objeto de rescisão do que não é, porque sua extirpação do ordenamento dá-se "nos termos da lei". A oficiosa é que faltou coragem ao Senado Federal de preservar a previsão no local em que o Projeto da Câmara o colocara dentre a disciplina relativa aos atos processuais (art. 284 daquele Projeto), devolvendo-a, a exemplo do CPC de 1973, para o lado da rescisória.

Nisso não há, prezado leitor, ao menos a meu ver, nenhuma mácula ao processo legislativo. Trata-se de escolha feita pelo Senado Federal que, no particular, entendeu que a alocação da regra no local em que a vemos no CPC de 2015 é mais adequada.

Superada a questão, destaco que a previsão tem tudo para ser usada com enorme frequência no CPC de 2015, graças à cláusula geral de negociação processual contida em seu art. 190.

8.2 Legitimidade

O art. 967 indica os legitimados ativos para a rescisória. São eles: (i) quem foi parte no processo ou o seu sucessor a título universal ou singular; (ii) o terceiro juridicamente interessado; (iii) o Ministério Público, se não foi ouvido no processo em que era obrigatória sua intervenção ou quando a decisão rescindenda é o efeito de simulação ou de colusão das partes, a fim de fraudar a lei (art. 966, III), ou, ainda, em outros casos em que se justifique sua atuação; e (iv) aquele que não foi ouvido no processo em que lhe era obrigatória a intervenção, hipótese que evoca aquele que deveria ter sido citado para o processo como litisconsorte necessário, mas não foi (art. 115).

O CPC de 2015 nada diz sobre a legitimidade passiva. Não obstante, é correto entender que o réu da rescisória será, nas hipóteses do inciso I do art. 967, a parte contrária no processo em que proferida a decisão que se pretende rescindir. Nas hipóteses dos incisos II e III do mesmo dispositivo, ambas as partes do processo originário serão rés, na qualidade de litisconsortes passivos necessários.

Sem prejuízo da legitimidade ativa, o Ministério Público atuará na rescisória, se for o caso, na qualidade de fiscal da ordem jurídica, observando-se o disposto no art. 178 (art. 967, parágrafo único).

8.3 Petição inicial

O art. 968 se ocupa com as exigências formais da petição inicial da ação rescisória e dos casos em que ela pode ser indeferida ou emendada.

Com relação à necessária observância das exigências do art. 319, entendo pertinente acentuar que competente para o julgamento da rescisória é o Tribunal que tiver proferido o acórdão rescindendo. Quando ela for dirigida a decisões de primeira instância (sentenças ou interlocutórias, como as do art. 356, por exemplo), será competente o mesmo Tribunal que julgaria o recurso, caso interposto. Havendo recursos, importa discernir, para fins de identificação do juízo competente, aquele que *conheceu* do recurso, viabilizando, assim, a ocorrência do chamado efeito substitutivo do art. 1.008. É indiferente, nesse caso, que o recurso tenha sido provido (acolhido) ou improvido (negado). Como nem sempre é fácil discernir as situações, o § 5º do art. 968 traz importante (e nova) disposição a esse respeito, objeto das minhas considerações ao final desse número.

No que diz respeito ao pedido, o autor poderá cumular ao pedido de rescisão o de novo julgamento da causa. A hipótese, típico exemplo de cumulação *sucessiva* de pedidos, deve ser reservada àqueles casos em que o desfazimento da coisa julgada permitir, sem supressão de instância, que o próprio Tribunal competente para a rescisória rejulgue a causa originária. É o que ocorre, com enorme frequência, nos casos em que a rescisória fundamenta-se no inciso V do art. 966, de violação "manifesta" a norma jurídica. Não é o que poderá ocorrer quando seu fundamento for o da incompetência absoluta (art. 966, II), quando o processo precisará ser enviado ao juízo competente para que nele tenha regular andamento.

O pedido relativo à rescisão da decisão transitada em julgado é invariavelmente indispensável. É ele, aliás, que caracteriza, como tal, a rescisória. É o que geralmente é chamado de *judicium rescindens*, expressão latina a ser compreendida como a deliberação sobre a pertinência ou não da rescisória. O segundo pedido, que pode ou não, consoante o caso, ser formulado, é geralmente chamado de *judicium rescissorium*, expressão que merece ser compreendida como rejulgamento da causa, se superada a questão prejudicial, de cabimento da rescisória (*judicium rescindens*).

Além disso, o autor está sujeito, como regra, a depósito prévio de cinco por cento do valor da causa (que corresponderá à expressão econômica do pedido ou dos pedidos da rescisória, muito frequentemente equivalente ao valor da causa originária monetariamente corrigido). Este valor "se converterá em multa caso a ação seja, por unanimidade de votos, declarada inadmissível ou improcedente".

Este depósito está limitado a mil salários mínimos (art. 968, § 2º), sendo certo que o § 1º do mesmo dispositivo dispensa a União, os Estados, o Distrito Federal, os Municípios, suas respectivas autarquias e fundações de direito público, o Ministério Público, a Defensoria Pública e os que tenham obtido o benefício da gratuidade de justiça, de sua realização.

Chama a atenção a circunstância de o valor não ser mais rotulado, diferentemente do que se lia do inciso II do art. 488 do CPC de 1973, como multa. O que ocorre, como se lê do inciso II do art. 968, é que ele será *convertido* em multa caso a rescisória seja, por unanimidade de votos, declarada inadmissível ou improcedente. A redação do CPC de 2015 quer evitar a fundada pecha de inconstitucionalidade que merece pairar sobre a regra, que contrasta, a olhos vistos, com o inciso XXXV do art. 5º da CF, e também com o princípio da isonomia, ao afastá-la das pessoas de direito público nele mencionadas. Não me convence, prezado leitor, a usual explicação de que o depósito prévio é forma de preservar a coisa julgada, que também é objeto de proteção constitucional, no inciso XXXVI do art. 5º da CF. A se pensar dessa forma, inconstitucional é a própria rescisória que tem como objetivo desfazer o que a Constituição está a tutelar.

Há uma agravante que faço questão de evidenciar na questão. A redação daquele dispositivo só foi alcançada na última etapa do processo legislativo, na votação plenária do Senado de dezembro de 2014. Se o intuito foi, realmente, o de *alterar* a natureza jurídica daquele depósito, há, nisto, flagrante inconstitucionalidade formal, porque o inciso II do art. 921 do Projeto do Senado e o inciso II do art. 980 do Projeto da Câmara preservavam, no particular, a mesma redação do inciso II do art. 488 do CPC de 1973, rotulando, inequivocamente, aquele valor de *multa*, e não, como hoje alguém quererá extrair do *texto* do CPC de 2015, em algo que multa não é, justamente porque nela converte-se a depender do resultado da rescisória.

Os §§ 3º e 4º do art. 968 disciplinam o indeferimento da petição inicial em consonância com os demais casos regulados pelo CPC de 2015 (arts. 330 e 332, respectivamente). O § 3º é expresso quanto a ser caso de indeferimento da inicial a ausência do depósito exigido pelo inciso II do art. 968. A despeito do silêncio dos dispositivos, é irrecusável que, diante de seus pressupostos, o art. 321 seja aplicado viabilizando-se ao autor a possibilidade de emendar a petição inicial, inclusive, se for o caso (e caso não acolhido o meu entendimento quanto à sua inconstitucionalidade), para viabilizar a comprovação do depósito do valor do precitado inciso II do art. 968.

O § 5º do art. 968 regula uma distinta hipótese de emenda da petição inicial da ação rescisória, quando for reconhecida a incompetência do órgão julgador. Neste caso, o autor será intimado para emendar a petição inicial, a fim de adequar o objeto da ação rescisória, quando a decisão apontada como rescindenda não tiver apreciado o mérito e não se enquadrar na situação prevista no § 2º do art. 966 ou, ainda, quando tiver sido substituída por decisão posterior. Em todos esses casos, o defeito na identificação da decisão rescindenda compromete a competência no julgamento da rescisória. A emenda determinada a partir daquela identificação – nítida concretização do modelo de processo cooperativo do art. 6º – viabiliza que o autor reformule o pedido, identificando, corretamente, a decisão rescindenda e o respectivo órgão jurisdicional competente.

A regra é complementada pelo § 6º do art. 968, ao estabelecer que, após a emenda da inicial, o réu será intimado para complementar os fundamentos da defesa seguindo-se a remessa dos autos ao órgão jurisdicional competente. Trata-se de típico caso de escorreita aplicação dos princípios da isonomia e do contraditório.

E se aquele órgão jurisdicional reputar-se incompetente? Ele deverá suscitar conflito *negativo* de competência nos precisos termos do parágrafo único do art. 66, a não ser que entenda como competente um terceiro órgão jurisdicional, hipótese em que, com base naquele mesmo dispositivo, enviará o processo. Em qualquer caso, a identificação do juízo competente deve viabilizar, se for o caso, nova emenda da inicial e, correlatamente, nova complementação na defesa.

8.4 Tutela provisória

De acordo com o art. 969, a propositura da rescisória não impede o cumprimento (definitivo) da decisão rescindenda, salvo quando for concedida tutela provisória.

Os elementos de concessão da tutela provisória e sua disciplina são os dos arts. 294 a 311, não havendo razão nenhuma para negar que ela possa assumir viés cautelar ou antecipado; de urgência ou da evidência; antecedente ou incidente, tudo a depender das peculiaridades do caso concreto.

Sobre a tutela da evidência, cabe lembrar da hipótese em que a rescisória for fundamentada no § 5º do art. 966, a atrair a incidência do disposto no inciso II do art. 311 (v. n. 8 do Capítulo 6).

8.5 Procedimento

Proferido o juízo de admissibilidade positivo na petição inicial, o réu será citado para apresentar resposta no prazo a ser fixado pelo relator. Este prazo, excepcionalmente, não é fixo, podendo variar de quinze a trinta dias consoante o caso. Após a fluência do prazo, mesmo que o réu não se manifeste, observar-se-á o procedimento comum, no que couber (art. 970).

Importa destacar na *interpretação* do texto do art. 970 que os dias nele mencionados só podem ser considerados os *úteis* (art. 219, *caput*). Também, que a citação do réu *não se dá* para comparecimento em audiência de conciliação ou de mediação, mas, bem diferentemente, para, querendo, contestar ao pedido do autor. O procedimento comum será observado a partir da apresentação (ou não) da contestação e, portanto, já quando terá ficado para trás a oportunidade procedimental de realização daquela audiência.

O art. 972 trata da fase instrutória que, se for o caso, será desenvolvida, inclusive com a possibilidade de delegação de competência ao juízo proferidor da decisão rescindenda – e, se for o caso, para outro a ser indicado consoante as necessidades de cada caso concreto – para a colheita de provas. O dispositivo refere-se ao prazo de um a três meses para o cumprimento das diligências probatórias e devolução dos autos ao Tribunal.

Finda a fase instrutória, as partes terão vista dos autos para suas alegações finais no prazo sucessivo de dez dias (art. 973, *caput*), seguindo-se seu envio para o relator elaborar seu voto, submetendo-o (independentemente de revisão, extinta pelo CPC de 2015) ao julgamento pelo colegiado competente (art. 973, parágrafo único).

8.6 Julgamento

Como ato prévio ao julgamento, o art. 971 determina que, com a devolução dos autos pelo relator, a secretaria do tribunal expedirá cópias do relatório e as distribuirá entre os juízes que compuserem o órgão competente para o julgamento, cabendo frisar que não há mais, no CPC de 2015, a figura do *revisor*.

O parágrafo único do art. 971 contém importante regra programática a ser implementada, em concreto, pelos regimentos internos dos Tribunais, de acordo com suas possibilidades de composição: o relator, sempre que possível, será magistrado que *não* participou do julgamento que ensejou a decisão rescindenda.

O art. 974 trata do julgamento da rescisória e do destino do "depósito" ou da "importância" da multa recolhida previamente.

Se julgado procedente, lê-se do *caput* do dispositivo, o tribunal rescindirá a decisão, proferirá, se for o caso, novo julgamento e determinará a restituição do depósito a que se refere o inciso II do art. 968 ao autor.

Se, por unanimidade, é o que está no parágrafo único do art. 974, o pedido for considerado *inadmissível* (não superado o juízo de admissibilidade da própria rescisória, como ocorre, por exemplo, quando não se verificar a presença de nenhuma das hipóteses do art. 966) ou *improcedente* (hipótese de rejeição do pedido de rescisão formulado pelo autor), o Tribunal determinará a reversão do depósito em favor do réu, sem prejuízo de fixar, em detrimento do autor, as verbas de sucumbência (despesas e honorários advocatícios).

8.7 Prazo

O art. 975 disciplina o prazo para ajuizamento da rescisória.

Prevaleceu, no CPC de 2015, a proposta constante do Projeto da Câmara no sentido de conservar o prazo de dois anos do CPC de 1973. O Anteprojeto e o Projeto do Senado o reduziam para um ano.

Embora preservado o prazo bienal, chama a atenção o *texto* empregado pelo CPC de 2015 no *caput* do art. 975. Nele, lê-se que o direito à rescisão se extingue em dois anos contados do trânsito em julgado da *última* decisão proferida no processo. Regula-se, destarte, o prazo *máximo* para a rescisória; nada sendo dito acerca do *início* do prazo. É irrecusável, desse modo, que naqueles casos em que haja julgamento *parcial de mérito* (art. 356), nada há que impeça ao interessado ajuizar a rescisória tão logo a decisão transite em julgado (art. 356, § 3º), não havendo razão para aguardar o encerramento do processo e o trânsito em julgado da sentença. O que não pode ocorrer em tais casos é a superação dos dois anos após o trânsito em julgado desta última decisão.

A previsão do CPC de 2015, destarte, tem tudo para se sobrepor ao entendimento que, com base na Súmula 401 do STJ, é, em geral, aceito, no sentido de não ser admitidos prazos diferenciados, sucessivos, à medida que decisões forem, ao longo do processo, transitando em julgado. Tanto mais interessante o tema porque a 1ª Turma do STF já teve oportunidade de aceitar a tese do trânsito em julgado *parcial* e dos diferentes prazos para rescisória no julgamento do RE 666.589/DF, rel. Min. Marco Aurélio, j. un. 25-3-2014, *DJe* 3-6-2014.

O § 1º do art. 975 admite que o prazo seja prorrogado para o primeiro dia útil imediatamente seguinte quando seu vencimento se der durante férias forenses, recesso, feriados ou em dia em que não houver expediente forense.

No caso de a rescisória fundar-se em prova nova, o prazo de dois anos tem início com a respectiva descoberta (art. 975, § 2º). De qualquer sorte, deve ser observado o prazo máximo de cinco anos "contado do trânsito em julgado da última decisão proferida no processo". A ressalva faz incidir, aqui, a mesma consideração que, a propósito do *caput*, lancei acima.

Pode acontecer, de qualquer sorte, que a descoberta da prova nova pouco antes da consumação do prazo de cinco anos – limite, para esse fim, expressamente previsto no § 2º do art. 975 – signifique, em termos práticos, que a rescisória seja ajuizada até *sete* anos após o trânsito em julgado da última decisão do processo: cinco anos para a descoberta da prova e mais dois anos para o ajuizamento da rescisória.

Outra hipótese de prazo diferenciado está no § 3º do art. 975. De acordo com a regra, o prazo de dois anos, no caso de a rescisória fundamentar-se em simulação ou colusão das partes, conta-se, para o terceiro prejudicado com aquele ato e para o Ministério Público, que não interveio no processo, da ciência da simulação ou da colusão.

Além das hipóteses previstas no art. 975, merecem lembrança, nessa sede, a despeito das críticas que a eles levanto nos ns. 4.3.1.3 e 6.1, respectivamente, do Capítulo 13, o § 15 do art. 525 e o § 8º do art. 535, que determinam a fluência do prazo para a rescisória – que, à falta de qualquer regra em sentido diverso, só pode ser o de dois anos – do trânsito em julgado da decisão do STF que declarar a inconstitucionalidade da norma jurídica que dá fundamento ao título executivo.

Pergunta pertinente a respeito daqueles dispositivos é saber se é correta a aplicação, por analogia, do limite de cinco anos previsto no § 2º do art. 975. A resposta positiva tem em seu favor, não obstante as destacadas críticas, a redução do impacto da insegurança jurídica provocada por aquelas regras.

9. INCIDENTE DE RESOLUÇÃO DE DEMANDAS REPETITIVAS

O incidente de resolução de demandas repetitivas, proposto desde o Anteprojeto elaborado pela Comissão de Juristas, com confessada inspiração no *Musterverfahren* (procedimentos-modelo ou representativos) do direito alemão, é, sem dúvida alguma, uma das mais profundas (e autênticas) modificações sugeridas desde o início dos trabalhos relativos ao novo Código.

O instituto quer viabilizar uma verdadeira concentração de processos que versem sobre uma mesma questão de direito no âmbito dos Tribunais e permitir que a decisão a ser proferida nele *vincule* todos os demais casos que estejam sob a competência territorial do Tribunal competente para julgá-lo. Pode até ocorrer de haver recurso especial e/ou extraordinário para o STJ e/ou para o STF, respectivamente, viabilizando que o "mérito" do incidente alcance todo o território nacional.

O *texto* dos arts. 976 a 987, que correspondem ao Capítulo VIII do Título I do Livro III da Parte Especial, não encontra correspondência exata no Projeto do Senado nem no da Câmara. A redação de cada um daqueles dispositivos, com efeito, foi bastante alterada na derradeira etapa do processo legislativo. Nisto não reside, contudo, automática violação ao art. 65, parágrafo único, da CF, na medida em que seja possível encontrar as regras correspondentes nos trabalhos legislativos. É o que, ao longo da exposição, pretendo demonstrar.

Há exceções, contudo. Uma delas é o parágrafo único do art. 978, que determina ao órgão colegiado competente para julgamento do incidente e também para a fixação da "tese jurídica", que julgue o recurso, a remessa necessária ou a causa de competência originária do qual o incidente teve origem. Outra decorre do desdobramento do inciso II do art. 977 no âmbito da revisão a que o texto do CPC de 2015 passou antes de ser enviado à sanção presidencial. O novo inciso III que acabou surgindo no art. 977 gerou a restrição dos legitimados para a revisão da tese firmada no incidente, como se pode verificar do art. 986.

Não obstante essa ressalva inicial, entendo ser irrecusável, assim como escrevi, no n. 2 do Capítulo 6, a propósito da tutela provisória, a necessidade de exame detalhado do incidente, tal qual disciplinado pelo CPC de 2015. As questões relativas à sua inconstitucionalidade *formal* – como avultam nos dois casos acima indicados –, as referentes à sua inconstitucionalidade *substancial* e outras relativas ao seu complexo procedimento ocupam os números seguintes.

9.1 Feição e pressupostos de admissibilidade

O Projeto do Senado, rente ao Anteprojeto, admitia a instauração do incidente com finalidade claramente *preventiva*, isto é, como forma de evitar a multiplicação de processos que envolvessem questões de direito idênticas e os malefícios desta pulverização. Claro, nesse sentido, era o *caput* do art. 930 do Projeto respectivo, ao admitir a instauração "sempre que identificada controvérsia com *potencial* de gerar relevante multiplicação de processos fundados em idêntica questão de direito e de causar grave insegurança jurídica, decorrente do risco de coexistência de decisões conflitantes".

O Projeto da Câmara alterou a finalidade do instituto, ao menos em parte, porque passou a exigir que a instauração dependesse de pendência de causa no tribunal (art. 988, § 2º, do Projeto da Câmara), o que pressupunha que o tribunal já tivesse recebido algo relativo à questão de direito, em grau recursal, ou que o Tribunal atuasse originariamente.

Feita esta observação inicial, parece-me correto afirmar que o incidente de resolução de demandas repetitivas, com a feição que lhe deu o CPC de 2015, acabou se conformando com o caráter *preventivo* que o Anteprojeto e o Projeto do Senado lhe davam.

Isto por duas razões.

A primeira é que sua instauração depende da *"efetiva repetição de processos* que contenham controvérsia sobre a mesma questão unicamente de direito" (art. 976, I).

No CPC de 2015, contudo – e esta é a segunda razão que acima anunciei –, nada há similar à exigência do Projeto da Câmara (o precitado § 2º do art. 988 daquele Projeto) sobre o incidente somente poder ser suscitado na pendência de qualquer causa de competência do tribunal. Destarte, a conclusão a ser alcançada é a de que o incidente pode ser instaurado no âmbito do Tribunal independentemente de processos de sua competência originária ou recursos terem chegado a ele, sendo bastante, consequentemente, que "a efetiva repetição de processos que contenham controvérsia sobre a mesma questão unicamente de direito" seja constatada na primeira instância.

O prezado leitor poderá afirmar que a nova redação do texto final (art. 976, I) e a supressão do referido § 2º do art. 988 do Projeto da Câmara acabaram criando nova *regra*, que não encontra similar no Projeto do Senado nem no da Câmara. Por isso, é a voz do mesmo prezado leitor que ouço, a hipótese é de violação do art. 65, parágrafo único, da CF e, portanto, de inconstitucionalidade formal.

A conclusão é correta na perspectiva *textual*. Não necessariamente, e esta perspectiva é a que mais importa, naquilo que, fosse convertido em lei o Projeto do Senado ou o da Câmara, poderia ser extraído de cada um deles, isto é, de sua *interpretação*. Por esta razão, parece-me mais apropriado, ao menos por ora, negar a ocorrência de qualquer vício no processo legislativo nesse particular, entendendo que a instauração contenta-se com a efetiva existência de processos "repetitivos" na primeira instância. Algo similar ao que se dá para as "ações declaratórias de constitucionalidade", consoante exigência feita pelo inciso III do art. 14 da Lei n. 9.868/1999, e que, repita-se, já era possível de ser extraído do Projeto do Senado.

Além desta repetição de processos – e o inciso I do art. 976 exige que eles "contenham controvérsia sobre a mesma questão unicamente (isto é, *predominantemente*) de direito" –, a instauração do incidente pressupõe também "risco de ofensa à isonomia e à segurança jurídica" (art. 976, II).

O dispositivo evidencia que o *objetivo* do novel instituto é o de obter *decisões* iguais para *casos* (predominantemente) iguais. Não é por outra razão, aliás, que o incidente é considerado, pelo inciso I do art. 928, como hipótese de "julgamento de casos repetitivos". O incidente, destarte, é vocacionado a desempenhar, na tutela daqueles princípios, da isonomia e da segurança jurídica, papel próximo (e complementar) ao dos recursos extraordinários e especiais *repetitivos* (art. 928, II). Não é por acaso, também, o destaque que a ele dá o inciso III do art. 927, que dispensa a menção aos diversos casos em que, naquele contexto, o incidente é referido ao longo de todo o CPC de 2015.

Mais do que querer levar às últimas consequências as conclusões dos parágrafos anteriores, máxime quando se tem em mira distinguir o campo de incidência do incidente de resolução de demandas repetitivas com o do incidente de assunção de competência, é ser tolerante na construção de uma eventual linha divisória entre os institutos emprestando às iniciativas concretas um certo tempero de fungibilidade, enfatizando o lado *funcional* de cada uma destas duas técnicas, o de serem meios de criação de *indexadores jurisprudenciais*, a partir de um *devido* processo.

9.2 Legitimados

Os legitimados para a instauração do incidente de resolução de demandas repetitivas são os indicados no art. 977.

O pedido será dirigido ao presidente do Tribunal (de Justiça ou Regional Federal) pelo juiz (de primeira instância) ou pelo relator (na hipótese de já haver processos ou recursos no âmbito do Tribunal), que se valerão de *ofícios* para tanto (art. 977, I) – e não há óbice algum para que ajam oficiosamente naquele sentido, isto é, independentemente de provocação –, ou, ainda, pelas partes, pelo Ministério Público ou pela Defensoria Pública, por intermédio de *petições* (art. 977, II e III).

A menção feita pelo inciso III do art. 977 ao Ministério Público e à Defensoria Pública merece ser interpretada amplamente, tanto quanto a do § 1º do art. 947, que trata do incidente de assunção de competência. A legitimidade daqueles órgãos dá-se tanto quando atuam como *parte* (em processos coletivos, inclusive) como, também, quando o Ministério Público atuar na qualidade de fiscal da ordem jurídica e a Defensoria Pública no exercício de sua função como *custos vulnerabilis*.

Se o Ministério Público não for o requerente, é o que dispõe o § 2º do art. 976, atuará necessariamente no incidente – e o fará na qualidade de fiscal da ordem jurídica, como se extrai do inciso III do art. 982, do *caput* do art. 983 e da alínea *a* do inciso II do art. 984 –, *devendo* assumir, inclusive, sua condução em caso de desistência ou de abandono do processo, nos termos do precitado § 1º do art. 976.

Uma última palavra merece ser destinada às previsões dos incisos II e III do *caput* do art. 977. A diferenciação entre a legitimidade das partes (inciso II) e do Ministério Público e da Defensoria Pública (inciso III) para a instauração do incidente é obra da (indevida) revisão a que o texto do CPC de 2015 passou antes de ser enviado à sanção presidencial. Ela até poderia ser compreendida como meramente redacional ou justificada por apuro de técnica legislativa. Contudo, ela acarreta sensível *redução* no rol de legitimados para a *revisão* da tese jurídica a ser fixada no incidente (art. 986) e, por isso, deve ser entendida como formalmente inconstitucional. Volto ao assunto no n. 9.7, *infra*.

9.3 Ofício ou petição de instauração

O parágrafo único do art. 977 exige que o ofício ou a petição contenham prova da ocorrência dos pressupostos exigidos pelo art. 976, o que traz à lembrança, uma vez mais, o disposto no inciso III do art. 14 da Lei n. 9.868/1999 para a "ação declaratória de constitucionalidade".

O *caput* do art. 978 dispõe que é o regimento interno de cada Tribunal que indicará o órgão que tem competência para julgamento do incidente de resolução de demandas repetitivas. É para ele que o ofício ou a petição a que se refere o parágrafo único do art. 977 deverá ser encaminhado(a).

A solução dada pelo CPC de 2015 a este respeito é adequada porque permite que cada tribunal decida, de acordo com suas peculiaridades, a questão, levando em consideração que o órgão jurisdicional tenha competência também para a uniformização de jurisprudência do tribunal. Trata-se de exigência plenamente justificável, dada a razão última de ser do incidente, que é a de formar a jurisprudência do Tribunal sobre as questões que, de acordo com o art. 976, justificam sua instauração. E o mais importante: não há por que duvidar que a regra, programática, não atrita com o papel que o modelo constitucional do direito processual civil dá aos regimentos internos dos Tribunais (art. 96, I, *a*, da CF).

Não subsistiu, no CPC de 2015, a expressa preservação da competência do Plenário ou, se for o caso, do órgão especial, quando a hipótese envolver a declaração incidental da constitucionalidade, que constava do § 3º do art. 991 do Projeto da Câmara. A competência neste caso, todavia, deriva *diretamente* do art. 97 da CF. O que os regimentos internos dos Tribunais poderão dispor, a este respeito, é que a atuação do órgão competente para julgamento do incidente de resolução de demandas repetitivas seja *conjugado* com a do Plenário ou do órgão especial, nos termos do inciso II do art. 949. Nunca, contudo, prever competência que esbarre no precitado dispositivo constitucional ou, o que é o mesmo, negá-la.

O § 5º do art. 976 isenta o incidente do pagamento de custas processuais, o que, por se tratar de norma *federal*, sempre dá ensejo a importante (e absolutamente olvidada) discussão sobre sua constitucionalidade, já que as custas processuais relativas aos processos que tramitam na Justiça dos Estados são fixadas por *leis estaduais*.

De acordo com o § 1º do art. 976, a desistência ou o abandono da causa não impede o exame de mérito do incidente. Trata-se de regra similar à que é dada aos recursos extraordinários ou especiais repetitivos pelo parágrafo único do art. 998, buscando conciliar o interesse privado das partes (que desistem ou abandonam a causa) e o interesse público residente na fixação de determinada tese jurídica. Para a hipótese, contudo, há uma questão peculiar, que reside na inconstitucionalidade formal do parágrafo único do art. 978, demonstrada pelo n. 9.6.1, *infra*, que inviabiliza, *em qualquer caso*, que a causa concreta seja julgada pelo mesmo órgão que fixa a tese ao julgar o incidente de resolução de demandas repetitivas.

9.4 Admissibilidade

O art. 981 estabelece que, distribuído o incidente de resolução de demandas repetitivas, caberá ao órgão colegiado analisar o seu juízo de admissibilidade, considerando a ocorrência dos pressupostos do art. 976, isto é, sobre ocorrer, *simultaneamente*, a "efetiva repetição de processos que contenham controvérsia sobre a mesma questão unicamente de direito" e o "risco de ofensa à isonomia e à segurança jurídica".

A regra convida também ao entendimento de que a admissibilidade do incidente não deve ser aferida *monocraticamente*. Trata-se de ato necessariamente *colegiado*. Ao relator, singularmente considerado, caberá a tomada de outras providências, tais quais as previstas no art. 982. Todas elas, todavia, pressupõem a prévia admissão, necessariamente *colegiada*, do incidente.

Questão interessante é saber se cabe recurso da decisão relativa à admissão (ou inadmissão) do incidente.

Se for proferida decisão monocrática em um ou em outro sentido, a despeito da expressa indicação legal no sentido acima evidenciado, é irrecusável a pertinência do agravo interno para o colegiado competente, sempre de acordo com a indicação do regimento interno de cada Tribunal (art. 1.021). O *error in procedendo*, na hipótese, cabe frisar, será evidente a justificar não só o cabimento (já que se trata de decisão monocrática), mas também o *provimento* do recurso (já que viola, às escâncaras, o art. 981).

Da decisão colegiada, a hipótese poderá, ao menos em tese, ensejar seu desafio por recurso especial (por violação ao art. 976) e, menos provavelmente, recurso extraordinário (por violação a algum princípio constitucional, quiçá o da isonomia, o da eficiência processual ou, ainda, o da razoável duração do processo). A pertinência dos recursos especial e extraordinário, contudo, pressupõe que o incidente (e, no particular, a sua admissibilidade) seja considerado *causa* para os fins dos incisos III dos arts. 105 e 102 da CF, respectivamente.

Entendê-lo como *causa*, contudo, leva o intérprete a outras indagações, inclusive sobre poder lei federal, de iniciativa do Legislativo Federal, fixar *competência originária* para os TRFs e para os TJs, o que remonta ao que anunciei no n. 9, *supra*, com relação ao parágrafo único do art. 978, e que desenvolvo no n. 9.6.1, *infra*, a propósito, inclusive, do art. 985.

Há duas regras importantes relativas à admissibilidade e à sua contraface, a inadmissibilidade, do incidente dispersas.

A primeira está no § 3º do art. 976. O dispositivo prevê que a rejeição da instauração do incidente por ausência de seus pressupostos de admissibilidade não impede que seja ele instaurado quando a ausência daquele pressuposto for sanada. Trata-se de escorreita aplicação, ao incidente de resolução de demandas repetitivas, da sistemática extraída do *caput* e do § 1º do art. 486, a autorizar o entendimento de que, em casos como este, o pedido pode ser reformulado.

A segunda delas é o § 4º do mesmo art. 976, que veda a instauração do incidente quando já houver afetação de recurso extraordinário ou recurso especial *repetitivo* sobre a mesma questão, seja ela de direito material ou de direito processual, perante o STF ou o STJ, respectivamente. O que ocorrerá, nestes casos, é que a decisão a ser proferida por aqueles Tribunais no âmbito daqueles recursos quererá preponderar perante todos os demais Tribunais e magistrados da primeira instância, nos termos da parte final do inciso III do art. 927, tornando *desnecessário* e *ineficiente* outro segmento recursal a ser tirado do próprio incidente (art. 987) para atingir o mesmo objetivo.

9.5 Atitudes do relator

O art. 982 indica os atos a serem praticados pelo relator *após* a admissão *colegiada* do incidente de resolução de demandas repetitivas (art. 981).

De acordo com o inciso I, será determinada a suspensão dos processos pendentes, individuais ou coletivos, que tramitam no Estado ou na região, conforme o caso.

O inciso II autoriza a requisição de informações a órgãos em cujo juízo tramita processo no qual se discute o objeto do incidente, que as prestarão no prazo de quinze dias.

O inciso III, por fim, impõe a intimação do Ministério Público para, querendo, manifestar-se no prazo de quinze dias.

As previsões merecem exame mais aprofundado e ao lado de outros dispositivos que tratam de temas afins, razão de ser dos próximos números.

9.5.1 Suspensão dos processos

De acordo com o inciso I do art. 982, admitido o incidente, o relator suspenderá os processos individuais e coletivos no âmbito da jurisdição do Tribunal (no Estado ou na Região, consoante se trate de TJ ou TRF, respectivamente). O inciso I do art. 985 autoriza o entendimento de que também deverão ser suspensos os processos em trâmite nos respectivos Juizados Especiais, a despeito da nota crítica que lanço a este respeito no n. 9.6.2, *infra*.

Sobre a suspensão dos processos prevista no inciso I do art. 982, cabe acrescentar, com base no que, para o recurso extraordinário ou especial repetitivo, dispõem os §§ 8º a 13 do art. 1.037, que, da intimação respectiva, poderá a parte requerer o reexame da decisão respectiva, apresentando elementos que permitam a *distinção* entre o caso concreto e o que está sujeito ao tratamento no incidente de resolução de demandas repetitivas, requerendo, consequentemente, o prosseguimento do processo. A iniciativa é harmônica com o que o CPC de 2015 trata como "casos repetitivos" (art. 928) e mostra-se indispensável na compreensão do direito jurisprudencial. É indiferente, portanto, que ela não seja expressamente regrada no âmbito do incidente aqui examinado.

Sobre a suspensão, destaco também o disposto no § 1º do art. 982. O dispositivo estabelece que a suspensão dos processos seja comunicada "aos órgãos jurisdicionais competentes". Trata-se de alteração realizada na revisão a que foi submetido o texto do CPC de 2015 antes de ser enviado à sanção presidencial. A redação aprovada no Plenário do Senado em dezembro de 2014 era diversa. Exigia-se a comunicação, por ofício, aos juízes diretores dos fóruns de cada comarca ou seção judiciária, tratando-se de justiça estadual ou federal, respectivamente. A fórmula original era muito mais ampla e deve prevalecer, porque as alterações extrapoladoras dos limites redacionais naquele estágio do processo legislativo são formalmente inconstitucionais.

Não obstante a literalidade da previsão, renovadas reflexões sobre o tema, convenceram-me de não ser correto sustentar que a suspensão dos processos seja automática e decorrente, sempre e inexoravelmente, da própria instauração do incidente de resolução de demandas repetitivas. Pode ocorrer – e a prática do foro vem demonstrando isto – que a suspensão generalizada de todos os processos que discutam a tese jurídica que enseja a instauração do IRDR pode ser mais prejudicial do que seu prosseguimento no todo ou, quando menos, da(s) parte(s) que não guardam necessária relação com o tema a ser definido no âmbito do IRDR.

Assim, cabe ao relator decidir sobre a suspensão ou não dos processos e sua extensão, não havendo nenhuma razão para que, após a devida provocação, reveja seu entendimento anterior a este respeito.

A propósito da suspensão, entendo oportuno noticiar que o Projeto da Câmara trazia um dispositivo (art. 994, § 4º) que impunha a *suspensão* da prescrição das pretensões "nos casos em que se repete a questão de direito", isto é, naqueles casos em que estivesse em discussão o que, na perspectiva do inciso I do art. 976, justifica a instauração do incidente. A suspensão devia perdurar até o "trânsito em julgado do incidente", instante em que os processos suspensos voltariam a tramitar normalmente. A despeito de a regra não ter sido preservada na última etapa do processo legislativo, é possível chegar a ela por construção sistemática, sob pena de tornar o incidente uma forma de eliminar processos, a serem fulminados pela prescrição, sem qualquer comprometimento com sua atuação prática e concreta. Mormente se o prazo a que se refere o art. 980 não for cumprido à risca.

O § 2º do art. 982, pertinentíssimo diante do inciso XXXV do art. 5º da CF, estabelece que eventual pedido de tutela de urgência (arts. 300 e ss.) que se justifique durante a suspensão dos processos seja formulado perante o juízo onde tramita o próprio processo suspenso. Assim, é correto entender que o Tribunal no qual tem trâmite o IRDR é incompetente para apreciação de tais pedidos, a não ser em eventual segmento recursal (art. 1.015, I) que se siga ao pedido apresentado na primeira instância.

A exclusão da tutela provisória fundamentada na evidência pelo § 2º do art. 982 parece pressupor que, com o incidente, não se fariam presentes seus pressupostos, ao menos aqueles que se relacionam a esta técnica de julgamento de casos repetitivos. Não obstante, caso ocorra no foro algum caso de tutela da evidência que infirme essa pressuposição, é irrecusável a aplicação, por extensão, daquela regra.

9.5.1.1 *Especialmente a suspensão requerida ao STJ ou ao STF*

Qualquer dos legitimados mencionados nos incisos II e III do art. 977 (as partes, o Ministério Público e a Defensoria Pública) pode requerer ao STF ou ao STJ, com base no § 3º do art. 982, a suspensão de todos os processos individuais ou coletivos em curso no território nacional que versem sobre a questão objeto do incidente já instaurado. Isto, é o próprio dispositivo que o diz, para garantir a "segurança jurídica". Também, a parte no processo em curso no qual se discuta a mesma questão objeto do incidente (a "tese jurídica") é legitimada, pelo § 4º do art. 982, para requerer a suspensão, e isto "independentemente dos limites da competência territorial". É dizer: o jurisdicionado de Vitória pode requerer, perante o STJ, a suspensão de todos os processos em trâmite em território nacional, mesmo que o incidente tenha sido instaurado pelo TJSP, porque a "tese jurídica" de seu caso particular é coincidente com aquela que justificou a formação do incidente perante o Tribunal paulista. Ambos têm como fundamento a inobservância de determinada lei federal por contrato de consumo celebrado em massa por usuários de determinado serviço.

Ambos os dispositivos, em especial o § 3º do art. 982, não tratam, propriamente, da instauração de um novo incidente no âmbito dos Tribunais Superiores, considerando que a questão objeto do incidente possa ser comum em todo o território nacional (e, sendo de direito federal, muito provavelmente o será, graças às peculiaridades da Federação brasileira). Seu objetivo é, apenas, o de obter a suspensão dos processos individuais ou coletivos.

O § 5º do art. 982 dispõe que "cessa a suspensão a que se refere o inciso I do *caput* deste artigo se não for interposto recurso especial ou recurso extraordinário contra a decisão proferida no incidente". A remissão parece estar equivocada, já que a suspensão de que trata o inciso I do *caput* não tem abrangência nacional, apenas estadual ou regional. Assim, mostra-se correto entender que o § 5º do art. 982 disciplina o período da suspensão derivado do pedido feito com fundamento no § 3º, ainda que pelos legitimados do § 4º, isto é, o pedido de suspensão de todos os processos, individuais e coletivos em todo o território nacional, perante o STF e/ou o STJ. É regra que, nessa perspectiva, harmoniza-se com o que, no âmbito dos recursos extraordinários e especiais repetitivos, está previsto no § 4º do art. 1.029 e que pressupõe a interposição do recurso especial e/ou do recurso extraordinário "do julgamento do mérito do incidente" nos moldes do art. 987.

Não fica claro nos dispositivos mencionados, contudo, qual será o *mérito* do recurso extraordinário e/ou especial que acaba justificando ou condicionando a suspensão dos processos no território nacional: trata-se de recurso contra a não instauração por qualquer razão de ordem formal? Trata-se de recurso a ser interposto do acórdão que "fixar a tese"? Ou, ainda, a referência é a recurso a ser interposto do julgamento que aplicar a tese no caso concreto, observando-se, neste último caso, a criticável regra do parágrafo único do art. 978? A segunda interpretação, com os olhos voltados *exclusivamente* ao CPC de 2015, parece ser a que faz mais sentido, até porque o *caput* do art. 987 refere-se a "mérito do incidente". Ela esbarra, contudo, em questões insuperáveis de inconstitucionalidade que evidencio no n. 9.6.1, *infra*, a sugerir que as duas outras alternativas mereçam ser consideradas para aplicação da regra.

Como aqueles recursos têm efeito suspensivo *ope legis*, por força do § 1º do art. 987, e, ainda de acordo com o § 2º daquele dispositivo, a decisão do STF ou do STJ deverá ser aplicada a todo território nacional, a iniciativa prevista no § 3º do art. 982 é predisposta a atuar como verdadeira antecipação e expansão daquele efeito (para todo território nacional), apto a tutelar a eficácia plena do que vier, finalmente, a ser decidido por aqueles Tribunais.

Por isso que, se aqueles recursos não forem interpostos, não há razão para a suspensão generalizada dos processos admitida pelo § 3º do art. 982, justificando a regra do § 5º do mesmo art. 982. Em última análise, faltaria competência para o STF e para o STJ para apreciação do pedido, inclusive na perspectiva do CPC de 2015, como se pode constatar do § 5º de seu art. 1.029, mesmo com as modificações promovidas pela Lei n. 13.256/2016. O próprio § 4º do art. 1.029, no particular, é extremamente claro ao referir que a extensão da suspensão perdurará "até ulterior decisão do recurso extraordinário ou do recurso especial *a ser interposto*", embora, lá, a suspensão dos processos possa se fundamentar também (o dispositivo emprega a conjunção "ou") em "excepcional interesse social".

O que chama a atenção na previsão legislativa, contudo, é a circunstância de ser concedido efeito suspensivo a recurso ainda não interposto. Quais os benefícios concretos de medida como esta? O que ela traz de positivo para a *eficiência* processual, inclusive na perspectiva de evitar novos processos e novos recursos?

Com sinceridade, prezado leitor, tenho dificuldade para fornecer respostas a essas questões. O que sei é que é recomendável parcimônia na suspensão dos processos prevista no § 3º do art. 982 para não transformar o julgamento do incidente de resolução de demandas repetitivas perante os TJs e perante os TRFs em mero rito de passagem até que o STF ou o STJ julguem o recurso extraordinário ou o recurso especial interponível de seu "mérito" com base no art. 987. Também para não transformá-lo (se é que já não é) em verdadeira avocação de processos, com inegável supressão (dupla) de instância.

9.5.2 Instrução

O relator poderá, com base no inciso II do art. 982, requisitar informações aos órgãos jurisdicionais em que tramitam os processos que se relacionam com o incidente, a serem prestadas em quinze dias. Também é sua incumbência intimar o Ministério Público para, na qualidade de fiscal da ordem jurídica, pronunciar-se no prazo de quinze dias (art. 982, III). A circunstância de o Ministério Público ter requerido a instauração do incidente (art. 977, III) não deve inibir sua atuação na qualidade de fiscal da ordem jurídica, o que viabilizará debate mais amplo da questão inclusive no âmbito daquela Instituição.

Além dessas atividades que assumem caráter de instrução (de preparação) do incidente, o *caput* do art. 983 permite a oitiva das partes e de outros interessados – inclusive a OAB e a Defensoria Pública – para se manifestarem acerca da questão (predominantemente) de direito controvertida que justificou a instauração do incidente.

A menção a "partes" deve ser entendida amplamente para aceitar também que qualquer parte *individualmente* considerada que tenha processo seu suspenso, mercê da instauração do incidente (art. 982, I) possa se manifestar diretamente no Tribunal para expor suas razões sobre a resolução da questão de direito.

O dispositivo menciona que os "outros interessados" podem ser "pessoas, órgãos e entidades com interesse na controvérsia", o que traz à tona a figura do *amicus curiae* generalizada pelo art. 138. O *interesse* na manifestação em tais casos, importa destacar, é necessariamente o *institucional* e, portanto, inconfundível com o usual "interesse jurídico", que caracteriza as demais modalidades de intervenção de terceiro, tradicionais e novas, disciplinadas pelo CPC de 2015 e, no que interessa para cá, também a manifestação das próprias partes como acima aventado.

Também a oitiva do Ministério Público, na qualidade de fiscal da ordem jurídica, é assegurada pelo mesmo dispositivo, reforçando o que consta do inciso III do art. 982.

As manifestações admitidas pelo *caput* do art. 983 devem ser efetuadas no prazo comum de quinze dias e não se confundem com outras informações que, a propósito do inciso II do art. 982, tenham sido requeridas pelo relator. É correto entender que esse prazo pode ser dilargado com base no inciso VI do art. 139.

O § 1º do art. 983 permite a realização de audiências públicas para "ouvir depoimentos de pessoas com experiência e conhecimento na matéria", com a finalidade de "instruir o incidente". A regra traz para o incidente de resolução de demandas repetitivas a mesma prática que se consolidou no âmbito do exercício do controle concentrado de constitucionalidade no STF e, mais recentemente, também no STJ, ao ensejo do julgamento de recursos especiais repetitivos.

Entendo que essas audiências públicas e a oitiva do *amicus curiae* merecem ser tratadas como as duas faces de uma mesma moeda, isto é, como técnicas que permitem a democratização (e, consequentemente, a legitimação) das decisões jurisdicionais tomadas em casos que, por definição, tendem a atingir uma infinidade de pessoas que não necessariamente far-se-ão representar pessoal e diretamente no processo em que será fixada a interpretação da "questão jurídica". A audiência pública, esta é a verdade, é um local apropriado para que a participação do *amicus curiae* seja efetivada. Os *amici curiae*, por sua vez, fazem o papel de verdadeiros *representantes* ou *substitutos* das próprias teses que serão discutidas, na perspectiva da apresentação e na defesa de seus argumentos, favoráveis e contrários, e de seus impactos nos mais variados campos. A *paridade* na sua oitiva, destarte, é irrecusável para preservar o equilíbrio do contraditório no âmbito do processo de índole cooperativa decorrente do modelo constitucional e do art. 6º do CPC de 2015.

Pela indispensabilidade de sua oitiva nesse contexto decisório e considerando a gravidade das consequências derivadas da *tese* a ser fixada – com destaque aos diversos impactos procedimentais dispersos por todo o CPC de 2015 (v. n. 2, *supra*) –, não é exagerado interpretar que a oitiva de *amici curiae*, dentro ou fora de audiências públicas, é medida *impositiva* para o hígido desenvolvimento do incidente de resolução de demandas repetitivas e cuja inobservância tem tudo para insinuar a existência de *nulidade* na decisão respectiva, ao menos no que tange à sua aptidão de servir de indexador jurisprudencial nos moldes do art. 985 (v. n. 9.6.2, *infra*), a afastar, consequentemente, a sua necessária "observância" nos moldes do art. 927.

9.6 Julgamento

Findas as diligências dos incisos II e III do art. 982 e do *caput* e do § 1º do art. 983, as quais acabei de analisar, o § 2º do art. 983 estabelece competir ao relator solicitar dia para julgamento.

É no art. 984 que estão as regras a serem observadas na sessão de julgamento do incidente de resolução de demandas repetitivas.

Nela, o relator exporá o objeto do incidente (o que, provavelmente, coincidirá com a leitura do relatório de seu voto), após o que terão lugar, se assim os interessados quiserem, as sustentações orais do autor e do réu do processo originário e do Ministério Público (na qualidade de fiscal da ordem jurídica), pelo prazo de trinta minutos. À falta de restrição, diferentemente do que se dá na alínea *b* do inciso II do art. 984, aquele prazo deve ser entendido para cada um dos indicados, isto é, uma hora e meia de sustentação oral ao todo, trinta minutos para cada um. Havendo mais de um autor e/ou réu no processo originário, aí sim o prazo será dividido entre os integrantes de cada grupo.

Também os demais interessados (art. 983, *caput*) poderão sustentar oralmente suas razões – desde que tenham se inscrito dois dias antes do julgamento –, dispondo de trinta minutos, divididos entre todos, para tanto. O prazo para a sustentação oral pode ser *ampliado* a depender do número de inscritos, em conformidade com o § 1º do art. 984.

O § 2º do art. 984 é nevrálgico para o adequado funcionamento do incidente e para o papel que o CPC de 2015 quer (e espera) dele. De acordo com o dispositivo, o "conteúdo do acórdão abrangerá a análise de todos os fundamentos suscitados concernentes à tese jurídica discutida, sejam favoráveis ou contrários".

O acórdão do incidente deve analisar – sempre fundamentadamente – todas as teses que foram apresentadas para dar solução à questão de direito que enseja a sua instauração, independentemente de elas serem favoráveis ou desfavoráveis a um ou a outro ponto de vista. Trata-se, neste sentido, de ênfase do que consta do § 1º do art. 489, em especial de seu inciso IV, e que deve presidir concretamente a construção e a vivência do direito jurisprudencial.

Não se pode tolerar – e o CPC de 2015 é bastante enfático quanto a isto – a experiência cotidiana de os órgãos jurisdicionais não se sentirem obrigados a responder, uma a uma, as teses aptas a sustentar o entendimento a favor e o entendimento contra. Se estas teses não são convincentes, se elas merecem ser repelidas, quiçá até por serem impertinentes, é importante que tudo isto seja expressamente enfrentado e escrito como justificativa apta à sua rejeição. Tanto quanto as razões, todas elas, que dão sustento ao entendimento que acabou por prevalecer no julgamento do incidente.

9.6.1 Abrangência

O parágrafo único do art. 978 dispõe que o órgão colegiado competente, além de julgar o incidente e "fixar" a tese jurídica, "julgará igualmente o recurso, a remessa necessária ou o processo de competência originária" de onde ele se originou. Trata-se de regra que veio eliminar fundada dúvida que, desde o início, o novel instituto vinha suscitando, sobre qual o papel a ser desempenhado pelo órgão do Tribunal competente para fixar a tese jurídica justificadora do incidente: apenas fixá-la ou, indo além, julgar, desde logo, o processo no qual ela, a tese, teve nascimento, aplicando-a in concreto.

Ambas as alternativas eram inequivocamente sustentáveis e ambas tinham, nas suas respectivas defesas, prós e contras de variadas ordens.

O que ocorre, no entanto, é que o parágrafo único do art. 978, ao fazer escolha *expressa* sobre a controvérsia, violou o devido processo legislativo. Trata-se de regra que, por não ter correspondência com o Projeto aprovado pelo Senado Federal nem com o Projeto aprovado pela Câmara dos Deputados, contraria o parágrafo único do art. 65 da CF. Deve, consequentemente, ser considerado *inconstitucional* formalmente.

Mesmo para o prezado leitor que discordar da última afirmação, há outra, de diversa ordem, mas que conduz ao mesmo resultado de inconstitucionalidade, agora na perspectiva *substancial*. Não cabe à *lei federal* definir a competência dos órgãos dos TRFs nem dos TJs. A iniciativa viola, a um só tempo, os arts. 108 e 125, § 1º, da CF. Aquilo que o *caput* do art. 978 tem de virtuoso, como quis demonstrar no n. 9.3, *supra*, o seu parágrafo único tem de vicioso. Trata-se, aliás, de entendimento que, na dúvida noticiada, levava diversos estudiosos do tema – e incluo-me, entre eles – a criticar a compreensão de que o incidente pudesse levar o Tribunal a julgar, desde logo, a *causa* de onde originada a tese jurídica. No máximo, caberia a ele fixar a tese, deixando-a para ser aplicada pelo órgão de primeira instância, a exemplo, aliás, do que, no âmbito dos recursos extraordinário ou especial repetitivos, acabou prevalecendo (não sem críticas) no inciso III do art. 1.040 e de forma similar ao que, no contexto do incidente de arguição de inconstitucionalidade, verifica-se, de forma justificada desde o art. 97 da CF, que reparte a competência dos órgãos dos Tribunais para o reconhecimento da inconstitucionalidade.

Por esta razão, a inconstitucionalidade formal e substancial do parágrafo único do art. 978 acaba conduzindo o intérprete à compreensão de que a aplicação da tese jurídica deve ser feita pelos juízos de origem, perante os quais tramitam os "casos repetitivos" que ensejaram a instauração do incidente. Somente quando os pressupostos do art. 976 surgirem no âmbito do próprio Tribunal ao julgar um recurso, um processo de competência originária ou, até mesmo, a remessa necessária, é que ele terá competência para, desde logo, aplicá-la ao caso concreto. É que, nesses casos, sua competência deriva não do parágrafo único do art. 978 (*lei federal*), mas, bem diferentemente, do arcabouço constitucional (federal, estadual e regimental) prévio, que outorga a competência para julgamento do recurso, do processo ou da remessa necessária.

Se a CF e cada uma das Constituições dos Estados forem modificadas para albergar, dentre as competências dos TRFs e de seus respectivos TJs, o julgamento *originário* do incidente de resolução de demandas repetitivas, darão fundamento normativo genérico para o parágrafo único do art. 978, tornando, até mesmo, menos decisiva a crítica que faço à inconstitucionalidade formal do dispositivo. É saber se haverá vontade política para essa alteração. Só espero que se a resposta for positiva, elas sejam feitas em consonância com o devido processo legislativo relativo a propostas de emenda à Constituição.

9.6.2 Consequências

O art. 985 prescreve que, julgado o incidente de resolução de demandas repetitivas, a tese jurídica "será aplicada" em todos os casos *presentes* (inciso I) e *futuros* (inciso II) que tratem da mesma questão em todo o território em que o Tribunal que o julgou exerce sua competência, inclusive no âmbito dos Juizados Especiais, independentemente de serem os processos individuais ou coletivos. A ressalva com relação aos casos futuros reside, única e exclusivamente, na hipótese de haver revisão do entendimento, objeto do art. 986.

Antes do advento do (inconstitucional) parágrafo único do art. 978, era pouco claro como devia ser compreendido o *caput* do art. 985, quando se refere a "julgado o incidente". Como escrevi no n. 9.6.1, *supra*, nunca ficou claro no Anteprojeto, no Projeto do Senado nem no da Câmara o alcance que aquele julgamento teria: tratava-se apenas da fixação da "tese" sobre a questão de direito decidida ou o Tribunal, além disto, julgaria também o caso concreto a partir do qual o incidente foi instaurado?

Como o prezado leitor já sabe a essa altura, o CPC de 2015 acabou tomando partido sobre a questão, adotando a segunda orientação, a despeito de a novidade violar o art. 65, parágrafo único, da CF. Assim, no que diz respeito à tese jurídica alcançada no âmbito do incidente – descolada, portanto, do caso concreto de onde ela surgiu e que, como quer o parágrafo único do art. 978, será julgado, desde logo, pelo Tribunal –, ela será aplicada "a todos os processos individuais ou coletivos que versem sobre idêntica questão de direito e que tramitem na área de jurisdição do tribunal, inclusive àqueles que tramitem nos juizados especiais do respectivo Estado ou região" (art. 985, I) e também "aos casos futuros que versem idêntica questão de direito e que venham a tramitar no território de competência do tribunal, salvo revisão na forma do art. 986" (art. 985, II).

É certo que o *caput* do art. 985 não emprega – como, tampouco, o CPC de 2015 considerado em seu todo, com a única exceção do § 3º do art. 947, quando trata do incidente de assunção de competência – a palavra *vinculante*, preferindo o imperativo "será aplicada". A eficácia vinculante do "julgamento dos casos repetitivos" (art. 928), contudo, é uma constante no *sistema* do CPC de 2015, como escrevi, no n. 2, *supra*, a propósito dos arts. 926 e 927 –, e ela fica ainda mais evidenciada por causa do § 1º do art. 985, ao prever o cabimento da reclamação quando "não observada a tese adotada no incidente", regra reiterada pelo inciso IV do art. 988, mesmo na redação que lhe deu a Lei n. 13.256/2016.

Destaco que o inciso I do art. 985 estabelece que a aplicação da tese alcançada no incidente se dará também no âmbito dos Juizados Especiais. A questão merece reflexão mais demorada porque, em rigor, o órgão de segundo grau de jurisdição dos Juizados Especiais *não são* os TJs, tampouco os TRFs, mas as Turmas ou Colégios Recursais. A solução dada pelo CPC de 2015 harmonizava-se com a Resolução n. 12/2009 do STJ em vigor à época de sua promulgação e que foi substituída pela Resolução n. 3/2016 do STJ, que delega para os TJs a competência para processar e julgar as Reclamações destinadas a dirimir divergência entre acórdão prolatado por Turma Recursal Estadual e do Distrito Federal e a jurisprudência do STJ.

Todavia, não há como deixar de lado a configuração dada aos Juizados Especiais pelo inciso I do art. 98 da CF, a impor, destarte, necessária (e prévia) revisão daquele modelo constitucional e do sistema de competência dele extraível para, depois, viabilizar que a lei (e isso é pertinente também para ato administrativo de Tribunal, ainda que do STJ) estabeleça técnicas de uniformização de jurisprudência aplicáveis também aos Juizados Especiais. Por isso, prezado leitor, sou obrigado a sustentar a inconstitucionalidade do alcance pretendido pelo inciso I do art. 985 aos Juizados Especiais.

O § 2º do art. 985, harmônico com o inciso IV do art. 1.040, que trata do julgamento de recursos extraordinário e especial *repetitivos*, prevê que, se "o incidente tiver por objeto questão relativa a prestação de serviço concedido, permitido ou autorizado, o resultado do julgamento será comunicado ao órgão, ao ente ou à agência reguladora competente para fiscalização da efetiva aplicação, por parte dos entes sujeitos a regulação, da tese adotada".

Trata-se de iniciativa importante que, ao estabelecer indispensável *cooperação* entre o órgão jurisdicional e as pessoas, os entes e/ou órgãos administrativos, cria condições de *efetividade* do quanto decidido no âmbito jurisdicional e, nesse sentido, traz à mente o disposto no art. 4º que, pertinentemente, não se contenta tão só com a *declaração* do direito, mas também com sua *concretização*. Ademais, se essa fiscalização for *efetiva*, como se espera, reduzem-se os riscos de nova judicialização do conflito, o que viabiliza passo importante em direção a um mecanismo mais racional de distribuição de justiça, inclusive na perspectiva dos meios alternativos/adequados difundidos desde o art. 3º. A observação é tanto mais pertinente diante do *caput* do art. 30 que a Lei n. 13.655/2018 introduziu na LINDB pelo qual: "As autoridades públicas devem atuar para aumentar a segurança jurídica na aplicação das normas, inclusive por meio de regulamentos, súmulas administrativas e respostas a consultas". Que os entes administrativos façam, como *devem fazer*, a *sua* parte e que o CPC de 2015, com o reforço do art. 30 da LINDB, sirva de mola propulsora para tanto.

9.6.3 Divulgação

O *caput* e o § 1º do art. 979 impõem ampla e específica divulgação não só da *instauração*, mas também do *julgamento* do incidente de resolução de demandas repetitivas. Além disso, os mesmos dispositivos impõem a criação e manutenção de bancos de dados a seu respeito, inclusive, mas não só, perante o CNJ.

A providência é louvável até porque viabiliza o maior número possível de intervenções para os fins do art. 983 e, consequentemente, a discussão mais aprofundada possível da *tese* a ser fixada, levando em conta todos os seus argumentos, em favor ou contra, seu acolhimento, bem assim as consequências de seu acolhimento ou de sua rejeição.

O § 2º do art. 979 é fundamental para que o objetivo desses bancos de dados e da divulgação imposta pelo *caput* e pelo § 1º seja alcançado, porque determina que o cadastro contenha, no mínimo, os fundamentos determinantes da decisão e os dispositivos normativos a ela relacionados. Assim, não é suficiente que haja menção à "tese" que justifica a instauração do incidente. O que a regra quer – e a exigência é absolutamente pertinente com o direito jurisprudencial que abordei no n. 2.1, *supra* – é a *contextualização jurídica e fática* daquela tese, ao estilo que, pertinentemente, determina o § 1º do art. 927 e sua expressa remissão ao § 1º do art. 489. É esta discussão, não apenas a menção a uma tese jurídica descontextualizada de seus fundamentos e de seus fatos determinantes, que será capaz de formar *precedente*, inclusive para os fins desejados pelo novel Incidente.

Tão mais correta é a observação anterior diante do § 3º do art. 979. O dispositivo determina que a exigência aplique-se também ao julgamento dos recursos extraordinário e especial repetitivos. Sobre o dispositivo, pertinentíssimo, contudo, fica a curiosidade de saber por que a regra nele contida não está, como deveria estar, na disciplina reservada à identificação da repercussão geral e aos recursos extraordinário e especial repetitivos.

Para dar cumprimento ao disposto no art. 979, o CNJ editou a Resolução n. 235/2016, com as modificações incorporadas pela Resolução n. 286/2019, e que acabaram sendo substituídas, no ponto que aqui importa destacar, pela Resolução n. 444/2022, que "institui o Banco Nacional de Precedentes (BNP)".

9.6.4 Prazo

O art. 980 estabelece o prazo de um ano para julgamento do incidente de resolução de demandas repetitivas. O artigo não esclarece, mas é correto entender que o prazo deve ser contado desde a decisão que admite sua instauração.

O mesmo dispositivo estabelece também que o incidente seja julgado com preferência aos demais "feitos" (palavra que merece ser interpretada como outras causas de competência originária dos Tribunais, recursos e incidentes de sua competência, ou, como quis a revisão a que o texto do CPC de 2015 antes de seu envio à sanção presidencial, *processos*), ressalvados os pedidos de *habeas corpus* e aqueles que envolvam réu preso. Dadas a natureza e a importância do mandado de segurança como um dos "procedimentos jurisdicionais constitucionalmente diferenciados" do modelo constitucional do direito processual civil, seu julgamento, máxime quando impetrado *coletivamente*, deve *também* ter preferência sobre o dos incidentes de resolução de demandas repetitivas, a despeito do silêncio do CPC de 2015.

Caso seja ultrapassado o prazo de um ano estabelecido pelo *caput* do art. 980, cessa, de acordo com o seu parágrafo único, a eventual suspensão dos processos estabelecida pelo inciso I do art. 982, a não ser que haja decisão fundamentada em sentido contrário do relator.

A despeito da ressalva (e da "contrarressalva") constante do parágrafo único do art. 980, é importante que a regra nele veiculada seja interpretada no sentido de serem criadas condições concretas e objetivas para o julgamento do incidente de resolução de demandas repetitivas no prazo de um ano para que, nele, sejam efetivamente resolvidos os processos que têm, como fundamento, a discussão jurídica que justifica sua instauração.

De nada adiantará ser determinada a suspensão de centenas ou milhares de processos para que "um seja julgado por todos" se o julgamento do incidente não se realizar. Até porque o § 2º do art. 982 – e nem poderia ser diferente diante do inciso XXXV do art. 5º da CF – admite que, durante a suspensão, sejam concedidas tutelas de urgência pelo juízo onde tramita o processo suspenso. Em termos práticos, o prezado leitor concordará comigo, tais decisões podem colidir com o que vai ser decidido no âmbito do incidente e, antes disso, dar origem a diversos (quiçá às centenas ou aos milhares) desdobramentos dos processos de origem, inclusive em grau recursal (porque cabe agravo de instrumento da decisão que verse sobre tutela provisória nos termos do inciso I do art. 1.015), ensejando o que o incidente quer evitar.

Que o CPC de 2015 traga à luz a lição de Calmon de Passos lançada desde a década de 1960 e tão esquecida de que não há espaço para se entender *impróprios* os prazos judiciais. Se a lição já era correta à época em que elaborada, o que dizer diante do inciso LXXVIII do art. 5º da CF?

Todos estes elementos devem ser pesados e sopesados na decisão a que se refere o parágrafo único do art. 980. Sua justificação, destarte, deve evidenciar não só a razão do não julgamento do incidente no prazo dado pelo Código, mas, também, a *necessidade* de manutenção da suspensão dos processos. Será necessário confrontar os (eventuais) benefícios que decorrerão (e quando) do julgamento incidente com os (eventuais) prejuízos que decorrem da suspensão do processo, levando em conta, mas não só, o número de tutelas de urgência requeridas com fundamento no precitado § 2º do art. 982. Tais observações são tanto mais importantes em função do que destaquei no n. 9.5.1, *supra*, quanto à necessidade de um renovado repensar sobre a suspensão automática dos processos quando da instauração do IRDR (art. 982, I), descartando que ela seja, em todo e qualquer caso, obrigatória.

9.7 Revisão da tese

O art. 986 prevê a possibilidade de o Tribunal, de ofício, ou a pedido dos legitimados referidos pelo inciso III do art. 977 (Ministério Público e Defensoria Pública), revisar "a tese jurídica firmada no incidente" que julgou.

O dispositivo é pertinentíssimo para a construção e para a vivência do direito jurisprudencial, o que nos conduz, prezado leitor, ao que já escrevi a este respeito no n. 2.1, *supra*, em especial sobre os §§ 2º a 4º do art. 927. Para tanto, é absolutamente fundamental que as questões jurídicas, ainda que fixadas para aplicação presente e futura (art. 985,

I e II), possam ser revistas consoante se alterem as circunstâncias fáticas e/ou jurídicas subjacentes à decisão proferida. É assim com a edição de novas leis e não haveria razão para ser diverso com os "precedentes judiciais", mesmo com os brasileiros.

Peca o artigo, contudo, ao não esclarecer nada sobre *como* a revisão será efetivada. Destarte, tanto quanto sustentei a propósito do § 2º do art. 927, no mesmo n. 2.1, *supra*, importa entender aplicável, ao menos por analogia, o disposto na Lei n. 11.417/2006, que deve guiar, embora não exclusivamente, a disciplina regimental que venha a ser dada a esta iniciativa, sempre franqueada a ampla participação de *amici curiae* nesta empreitada, ainda que no ambiente das audiências públicas (art. 3º, § 2º, da Lei n. 11.417/2006).

A regra, contudo, padece de inconstitucionalidade formal, decorrente da revisão a que o texto do CPC de 2015 foi submetido antes de ser enviado à sanção presidencial. A remissão por ele feita ao inciso III do art. 977 só surgiu naquela etapa do processo legislativo e se justifica por força do desdobramento que, na mesma oportunidade, foi efetuado no art. 977, até então – e em consonância com o § 1º do art. 930 do Projeto do Senado e com o § 3º do art. 988 do Projeto da Câmara – com apenas *dois* incisos. O resultado da distinção entre a legitimidade das *partes* (inciso II do art. 977) e do *Ministério Público e da Defensoria Pública* (o novo e só então criado inciso III do art. 977) é o de que somente essas entidades passaram a ter legitimidade para o pedido de revisão do art. 986, não as partes. Ocorre que – é isto que quero evidenciar – as partes ostentavam, até então, legitimidade para aquele mesmo fim.

O exemplo é mais que suficiente para demonstrar que mero desdobramento de artigo, de inciso, de alínea ou de parágrafo tem o condão, por si só, de *alterar* a norma jurídica – e, no ponto, para reduzir enormemente sua abrangência – votada e aprovada pelo Congresso Nacional. Não há como, com o devido respeito, tolerar esta prática, que representa verdadeira subversão do processo legislativo.

Por essa razão, prezado leitor, entendo que, para contornar aquele vício, é imperioso sustentar que as partes *também* ostentam legitimidade para o pedido de revisão, nos termos do texto aprovado pelo Senado Federal na sessão de 17 de dezembro de 2014, considerando-se não escrita, porque formalmente inconstitucional, a restrição contida no art. 986.

9.8 Recurso extraordinário e recurso especial

O art. 987 trata dos recursos extraordinário e/ou especial a serem interpostos contra o acórdão que julga o "mérito" do incidente de resolução de demandas repetitivas, consoante se mostrem presentes os pressupostos constitucionais dos incisos III dos arts. 102 e 105 da CF, respectivamente.

A primeira questão a ser enfrentada, e que já aventei no n. 9.5.1.1, *supra*, diz respeito à constitucionalidade da previsão: pode a lei federal admitir o cabimento de recursos extraordinário e especial como o faz o *caput* do art. 987? A resposta depende de a previsão legislativa amoldar-se às exigências constitucionais. Recursos extraordinários e especiais, é o que demonstro no n. 9 do Capítulo 17, dependem de *causa decidida em única ou última instância*.

A admissão de tais recursos pressupõe, portanto, a compreensão do incidente de resolução de demandas repetitivas como *causa* decidida pelos TJs ou pelos TRFs.

Para aqueles que entenderem que o incidente é *causa*, surge problema de ordem diversa que, se não compromete o cabimento dos recursos extraordinário e especial, coloca em xeque a constitucionalidade de lei federal que *cria* competência para TRFs e TJs julgarem *causa* não prevista na CF (art. 108) nem nas Constituições dos Estados (art. 125, § 1º, da CF). É o que, no n. 9.6.1, *supra*, já evidenciei.

A eliminação destes entraves, também já escrevi, pressupõe necessárias alterações na Constituição Federal e nas dos Estados, não havendo elementos, no plano infraconstitucional nem no CPC de 2015, para afastar as críticas que anunciei.

Há mais: ainda que quiséssemos desconsiderar escrita a regra introduzida, no último instante do processo legislativo, como parágrafo único do art. 978 – o que, por si só, já a macula de inarredável inconstitucionalidade formal –, seria difícil entender cabível o recurso extraordinário e/ou especial do acórdão do Tribunal que fixasse a tese jurídica a propósito do julgamento do incidente, ainda que não julgasse, como quer aquele dispositivo, o caso concreto.

É que, naquela perspectiva, a admissão do incidente faz com que ele se descole de qualquer caso concreto – o que não significa dizer que informações dos casos concretos não sejam essenciais para a solução ser tomada, no que são expressos e oportuníssimos os arts. 982, II, e 983 –, cabendo ao Tribunal limitar-se a definir a tese aplicável à hipótese. Tese esta que são os próprios incisos I e II do art. 985 que determinam, serão aplicados a *todos* os casos presentes e futuros.

A hipótese, nesta perspectiva, assemelha-se ao que o CPC de 1973 conhecia como *incidente* de uniformização de jurisprudência (arts. 476 a 479 do CPC de 1973), que não foi reproduzido no CPC de 2015 de forma proposital, justamente porque foi substituído por outros mecanismos, que querem se mostrar mais eficientes para a formação (e uniformização) de jurisprudência, dentre eles o incidente de resolução de demandas repetitivas.

A concordância com esta exposição gera, é isto que quero relevar nesse momento da exposição, um efeito colateral colidente com a previsão de cabimento dos recursos extraordinário e especial do art. 987. Se inexiste caso concreto a ser julgado, apenas um *incidente* formado a partir de um (em rigor, de vários) processo concreto destinado à fixação de uma tese jurídica, não há *causa* a legitimar, na perspectiva constitucional (arts. 102, III, e 105, III, da CF), o *cabimento* daqueles recursos.

Trata-se, e nisso não há novidade nenhuma, como já escrevi no n. 5.3, *supra*, de escorreita aplicação de jurisprudência sumulada no STF, (e aplicada pelo STJ) a propósito do incidente de inconstitucionalidade dos arts. 480 a 482 do CPC de 1973, que correspondem aos arts. 948 a 950, como se constata da Súmula 513 do STF, cujo enunciado é o seguinte: "A decisão que enseja a interposição de recurso ordinário ou extraordinário não é a do plenário, que resolve o incidente de inconstitucionalidade, mas a do órgão (Câmaras, Grupos ou Turmas) que completa o julgamento do feito".

Assim, mesmo que se entenda que o "mérito" do incidente é a "tese jurídica" (e não, como quer o parágrafo único do art. 978, sua aplicação ao caso concreto), há *também dessa perspectiva*, irremediável inconstitucionalidade, a justificar que, diferentemente do que prescreve o art. 987, o acesso ao STF e ao STJ dependa, sempre, de recursos extraordinários e especiais a serem interpostos em cada caso concreto.

Não é necessário ir além nesta discussão e em tantas outras que dela decorrem, sendo bastante sua indicação para os fins deste *Manual*. O que entendo importante evidenciar é não ser possível desconhecer estes problemas, até porque eles permitem buscar soluções compatíveis ao modelo constitucional do direito processual civil que se mostrem aptas a revelar a real face e o objetivo do incidente de resolução de demandas repetitivas. O que é intolerável, e paradoxalmente é o próprio art. 1º que reconhece, é entender que o tratamento conjunto de processos individuais possa desconhecer os parâmetros daquele modelo.

Feitas essas considerações que, espero, despertem a curiosidade do prezado leitor, vou além para examinar as distinções que o art. 987 traz aos recursos extraordinário e especial interpostos do acórdão que julga o "mérito" do incidente em exame, já que a disciplina daqueles recursos é objeto do n. 9 do Capítulo 17.

Tais recursos, de acordo com o § 1º daquele dispositivo, têm, excepcionalmente (art. 995, *caput*), efeito suspensivo e, no que toca ao extraordinário, a repercussão geral da questão constitucional é presumida, tornando inócua, dada a especialidade da previsão, a revogação do inciso II do § 3º do art. 1.035 pela Lei n. 13.256/2016. Cabe lembrar, a propósito, até por causa da interpretação que entendo merecer ser dada ao § 5º do art. 982, que a suspensão dos processos "que versem sobre a questão objeto do incidente já instaurado" pode ter sido concedida com fundamento no § 3º do art. 982, o que se compatibiliza também com o § 4º do art. 1.029.

Sobre a legitimidade recursal, cabe destacar que o § 3º do art. 138 reconhece-a, expressamente, ao *amicus curiae* para recorrer daquele acórdão – no que diz respeito à fixação da tese, não ao julgamento do caso concreto –, excepcionando, no particular, a regra do § 1º daquele mesmo dispositivo, que quer restringir a legitimidade recursal daquele interveniente aos embargos de declaração, a merecer a crítica que elaboro no n. 4.5 do Capítulo 4.

O § 2º do art. 987 preceitua que, julgado o mérito do recurso, a tese jurídica adotada pelo STF ou pelo STJ "será aplicada no território nacional a todos os processos individuais ou coletivos que versem sobre idêntica questão de direito".

A previsão guarda relação íntima com a do inciso I do art. 985 e merece ser harmonizada com ela, alcançando, para quem não concordar com a ressalva que fiz no n. 9.6.2, *supra*, a respeito, inclusive os Juizados Especiais.

Questão interessante sobre o § 2º do art. 987 e que já evidenciei em diversas oportunidades é a seguinte: pode a lei querer impor efeitos *vinculantes* às decisões do STF e do STJ, ainda que não o diga expressamente, preferindo, como também o faz o § 2º do art. 987, o redacional imperativo "*será* aplicada"? A resposta que me parece ser a mais correta, o prezado leitor já a sabe, é a negativa, à exceção dos casos em que a própria CF os prevê e, dentre os quais, *não* está o incidente de resolução de demandas repetitivas. Para tanto, e tendo presente o recurso extraordinário, caberia ao STF, se quiser implementar aqueles efeitos, editar súmula vinculante a partir do recurso julgado. Nessa hipótese, a súmula, não o recurso extraordinário que apreciou o incidente, é que ostentará o efeito vinculante.

10. RECLAMAÇÃO

O CPC de 2015 entendeu oportuno regulamentar expressamente a reclamação, indo além da disciplina que, para os Tribunais Superiores, era-lhe dada pela Lei n. 8.038/1990. A ela dedicou todo um Capítulo, o último do Título I do Livro III da Parte Especial, encarregando-se, ainda, no inciso IV de seu art. 1.072, de revogar expressamente os arts. 13 a 18 do referido diploma legal, que disciplinavam a reclamação perante o STF e o STJ exclusivamente.

10.1 Natureza jurídica

É majoritário o entendimento de que a reclamação é verdadeira "ação" voltada a preservar a competência e/ou a autoridade das decisões dos Tribunais. Verdadeira "ação" cujo exercício rende ensejo ao surgimento de um novo processo perante o Tribunal competente para julgá-la. É o que basta para atrair para ela tudo a respeito das exigências que o CPC de 2015 ainda faz com relação à regularidade do exercício do direito da ação e à constituição e ao desenvolvimento válido do processo.

Essa compreensão é suficiente também para afastar da reclamação a censura que, a propósito do incidente de resolução de demandas repetitivas, fiz no n. 9.6.1, *supra*, quanto a lei federal criar competência originária no âmbito dos TJs e dos TRFs. No caso da reclamação, sempre me pareceu mais correto entender, rente ao entendimento do STF e do STJ, que essa técnica de salvaguarda da competência da atuação e das decisões dos Tribunais decorre, antes de tudo, da chamada "teoria dos poderes implícitos", em plena consonância, pois, com o modelo constitucional do direito processual civil. Nesse sentido, é correto (e desejável) entender que o CPC de 2015 limita-se a *explicitar* o que, implicitamente, já está contido no sistema processual civil e, mais amplamente, no próprio modelo constitucional.

Ademais, nos Estados em que a reclamação é prevista por suas respectivas Constituições como uma das competências dos seus respectivos Tribunais de Justiça, inexiste espaço para o questionamento que acabei de lançar. É o caso, por exemplo, do inciso X do art. 74 da Constituição do Estado de São Paulo. O problema também não se põe para o STF e para o STJ, considerando as expressas previsões constantes das alíneas *l* e *f* do inciso I dos arts. 102 e 105 da CF, respectivamente.

Não terá sido por outra razão, aliás, que a EC n. 92/2016 acabou por acrescentar um § 3º ao art. 111-A da CF, que trata da competência do Tribunal Superior do Trabalho, para evidenciar competir àquele Tribunal "... processar e julgar, originariamente, a reclamação para a preservação de sua competência e garantia da autoridade de suas decisões". Tanto mais interessante a lembrança acerca daquele novo dispositivo diante do § 1º do mesmo art. 111-A, segundo o qual "A lei disporá sobre a competência do Tribunal Superior do Trabalho".

10.2 Hipóteses de cabimento

As hipóteses de cabimento da reclamação estão previstas no art. 988. O prezado leitor perceberá que todas elas giram em torno do que acabei de escrever no número anterior e, em rigor, apresentam-se quase como um mesmo tema com variações, ou seja, formas diversas de chegar ao mesmo resultado evidenciado acima: tutelar a competência e as decisões dos Tribunais. Se o dispositivo fosse além, ele violaria o modelo constitucional.

A reclamação tem como finalidade: (i) preservar a competência do tribunal; (ii) garantir a autoridade das decisões do tribunal; (iii) garantir a observância de enunciado de súmula vinculante e de decisão do Supremo Tribunal Federal em controle concentrado de constitucionalidade; e (iv) garantir a observância de acórdão proferido em julgamento de incidente de resolução de demandas repetitivas ou de incidente de assunção de competência.

Os incisos III e IV receberam nova redação dada pela Lei n. 13.256/2016, ainda durante a *vacatio legis* do CPC de 2015. Comparando-os com os que haviam sido originalmente promulgados, ressai evidente *restrição*, na hipótese do inciso IV, consistente no não cabimento da reclamação para contrastar a aplicação da tese alcançada em sede de recurso extraordinário e recurso especial repetitivo que, tanto quanto o incidente de resolução de demandas repetitivas, é tratado, pelo CPC de 2015, como hipótese de "julgamento de casos repetitivos" (art. 928, II).

Trata-se da característica mais sensível daquela lei modificadora: de evitar, ao máximo, o acesso ao STF e ao STJ, bem ao estilo da jurisprudência (defensiva) daqueles Tribunais. Como tal vedação, contudo, é inviável por normas infraconstitucionais – a competência daqueles Tribunais é imposta exaustivamente pela CF –, a restrição merece ser considerada não escrita, máxime porque a hipótese do inciso IV está prevista de maneira suficiente no inciso II do mesmo art. 988 e decorre, superiormente, do próprio modelo constitucional.

Ainda que se queira discordar do argumento – e não será surpresa o prevalecimento da posição contrária a ele, tal qual a alcançada por maioria pela Corte Especial do STJ no julgamento da Rcl 36.476/SP, rel. Min. Nancy Andrighi –, importa destacar que o inciso II do § 5º do art. 988 autoriza o entendimento de que a reclamação para aquela finalidade (e também para garantir a observância de acórdão de recurso extraordinário com repercussão geral reconhecida) é plenamente cabível após "esgotadas as instâncias ordinárias". É entendimento que se mostra harmônico com outras modificações trazidas pela Lei n. 13.256/2016, que reserva o agravo *interno* (art. 1.021) para controle das decisões proferidas pelos presidentes ou vice-presidentes, no âmbito dos Tribunais de Justiça e Regionais Federais, relativas à admissibilidade de recursos extraordinários e especiais quando já houver sua afetação como repetitivos. É o que se extrai das duas alíneas do inciso I, da alínea *a* do inciso V e do § 2º, todos do art. 1.030, e também do *caput* do art. 1.042. Assim, do acórdão do agravo interno, é irrecusável o cabimento de *novo* recurso extraordinário ou especial e, se for o caso, o emprego da própria reclamação, o que encontra eco seguro, insisto, no inciso II do § 5º do art. 988.

Feita essa observação sobre o *texto* do inciso IV do art. 988, o prezado leitor observará, pertinentemente, que todas as hipóteses de cabimento da reclamação, harmonizam-se com o que o CPC pretende desde o seu art. 927: que determinadas decisões dos Tribunais, dentre elas as tomadas nos julgamentos dos chamados casos repetitivos (art. 928) e no incidente de assunção de competência, *sejam observadas* pelos demais órgãos jurisdicionais. É o que basta para trazer à tona as reflexões críticas e as possibilidades interpretativas do n. 2, *supra*, a propósito do precitado art. 927. A primeira parte da hipótese do inciso III do art. 988, na redação que lhe deu a Lei n. 13.256/2016, de qualquer sorte, é supérflua. Sim porque, mesmo sem ela, a reclamação para garantia da observância das chamadas súmulas vinculantes é expressamente prevista pelo § 3º do art. 103-A da CF e, como se a previsão constitucional não fosse suficiente, também pelo *caput* do art. 7º da Lei n. 11.417/2006.

Tanto mais verdadeira a consideração que acabei de fazer porque o § 4º do art. 988 indica que, nas hipóteses dos incisos III e IV, está compreendida não só a aplicação indevida da tese jurídica como também a sua não aplicação aos casos que a ela correspondam. O necessário diálogo destas duas situações com as dos incisos V e VI do § 1º do art. 489 é também indesmentível e devem ser levadas em conta na compreensão do direito jurisprudencial a que fiz menção no n. 2.1, *supra*.

O § 5º, também alterado pela Lei n. 13.256/2016, prescreve, em seu inciso I, a inadmissibilidade da propositura da reclamação após o trânsito em julgado da decisão reclamada, texto que corresponde ao que constava originalmente do dispositivo. A regra quer vedar o emprego da reclamação como se fosse mera ação rescisória. A novidade expressa trazida pela precitada lei está no novel inciso II do dispositivo, que prescreve a inadmissibilidade da reclamação quando proposta para garantir a observância de acórdão de recurso extraordinário com repercussão geral reconhecida ou de acórdão proferido em julgamento de recursos extraordinário ou especial repetitivos, *quando não esgotadas as instâncias ordinárias*. A ressalva em itálico quer se harmonizar com a *restrição* decorrente do inciso IV do *caput* e, nesse sentido, atrai para si a mesma crítica já sublinhada. A regra autoriza, de qualquer sorte, a interpretação aventada acima que, em última análise, conduz à menor importância daquela restrição, decorrente da Lei n. 13.256/2016, quanto ao uso da reclamação para garantir a observância do que for julgado em sede de recursos extraordinário e especial repetitivos.

O § 6º, complementando as duas previsões do parágrafo anterior, estatui que a inadmissibilidade ou o julgamento do recurso interposto contra a decisão proferida pelo órgão reclamado não prejudica a reclamação. A autonomia entre aquelas duas técnicas de controle das decisões jurisdicionais é inconteste, porque seus fundamentos são diversos, e, no particular, a regra está em consonância com o que, para as súmulas vinculantes, está prescrito no *caput* do art. 7º da Lei n. 11.417/2006. Importa frisar, portanto, que a reclamação não pode ser empregada para contrastar decisão já transitada em julgado quando de sua apresentação, no que é claro o inciso I do § 5º do mesmo art. 966. Se o recurso apto a evitar aquela situação acabar sendo julgado *antes* da reclamação, essa circunstância não afastará a pertinência dessa medida, razão de ser do § 6º aqui analisado.

Uma última palavra justifica-se acerca das novidades trazidas pela Lei n. 13.256/2016 para o assunto aqui examinado. Similarmente ao que escrevi a propósito do § 5º do art. 966 no n. 8.1, *supra*, o inciso II do § 5º do art. 988 porta uma importante questão relativa a eventual vício de processo legislativo, tão mais importante porque se repete, ainda que com variações redacionais, nos arts. 1.030, 1.035 e 1.042, como demonstro ao longo do n. 9 do Capítulo 17.

No texto aprovado pela Câmara dos Deputados, no qual teve início o Projeto que se converteu na Lei n. 13.256/2016, o dispositivo inadmitia a reclamação "proposta perante o Supremo Tribunal Federal ou o Superior Tribunal de Justiça para garantir a observância de precedente de repercussão geral *ou de recurso especial em questão repetitiva*, quando não esgotadas as instâncias ordinárias" (itálicos da transcrição). O texto que se lê no CPC de 2015, introduzido pelo referido diploma legislativo, decorre do Projeto aprovado no Senado Federal, *verbis*: "proposta para garantir a observância de acórdão de recurso extraordinário com repercussão geral reconhecida *ou de acórdão proferido em julgamento de recursos extraordinário ou especial repetitivos*, quando não esgotadas as instâncias ordinárias" (itálicos da transcrição).

A questão que não pode deixar de ser posta é se existe diferença *substancial* – porque redacional há, basta lê-las – entre as previsões. A resposta afirmativa conduz à inconstitucionalidade *formal* do dispositivo, por afronta ao parágrafo único do art. 65 da CF, considerando que, a despeito da alteração (substancial), o Senado não devolveu o Projeto à Câmara dos Deputados, enviando-o diretamente à sanção presidencial.

Entendo que há fundamento sistemático para a opção do Projeto do Senado de generalizar a expressão "recurso especial em questão repetitiva", substituindo-a por "recursos extraordinário ou especial repetitivos". É o que decorre do inciso II do art. 928 do CPC de 2015. Neste sentido, entendo que não há, neste caso, qualquer mácula no processo legislativo.

O entendimento contrário de que o Projeto da Câmara tenha realizado opção consciente ao discernir o regime jurídico aplicável aos recursos *extraordinários* repetitivos do dos recursos *especiais* repetitivos, para além da repercussão geral, característica constitucional daqueles, mas não destes, contudo, não merece ser descartado, aprioristicamente.

Justamente por isso – e a despeito da conclusão que aqui externo e que também prevalece para os já referidos arts. 1.030, 1.035 e 1.042 –, importa, prezado leitor, não fechar os olhos ao ocorrido e, em idêntica medida, fomentar o debate acerca da questão sobre a inconstitucionalidade formal das expressões prevalecentes, por violação ao parágrafo único do art. 65 da CF.

10.3 Competência, legitimidade e petição inicial

O § 1º do art. 988 evidencia que a reclamação pode ser proposta perante qualquer Tribunal, não apenas perante o STF ou o STJ, sendo a competência para tanto a do órgão cuja decisão justifica a medida.

Têm legitimidade para tanto "a parte interessada" e o Ministério Público, consoante se lê do *caput* do art. 988.

Não há espaço para duvidar que parte interessada é a que, em dado processo concreto, vê o proferimento de decisão em colidência às hipóteses que justificam a reclamação. É possível, contudo, ir além, sustentando que também ostenta legitimidade para a reclamação aquele que porta interesse jurídico para além do interesse do caso concreto? A minha resposta é positiva, em plena harmonia com a previsão do art. 990.

A legitimidade do Ministério Público deve ser reconhecida tanto nos casos em que ele atua como parte (e nisso, bastaria a previsão genérica do *caput* do art. 988) como também quando ele atuar como fiscal da ordem jurídica.

A petição inicial será dirigida ao presidente do tribunal competente nos moldes do § 1º do art. 988 e deverá ser instruída com prova documental da presença da ocorrência de uma das hipóteses do *caput* do mesmo art. 988 (art. 988, § 2º). Autuada, a inicial será distribuída, sempre que possível, ao relator do processo originário (art. 988, § 3º).

10.4 Atitudes do relator e procedimento

O art. 989 prevê as providências a cargo do relator (art. 988, § 3º) ao admitir o processamento da reclamação: (i) requisitar à autoridade judiciária que praticou o ato nela questionado que preste informações no prazo de dez dias; (ii) suspender o processo ou a eficácia do ato impugnado para evitar dano irreparável; e (iii) determinar a *citação* do beneficiário da decisão questionada para, querendo, contestar o pedido no prazo de quinze dias.

Aprimorando o contraditório, o art. 990 garante que qualquer interessado tem legitimidade para impugnar o pedido do reclamante. A previsão merece interpretação ampla porque, em rigor, as hipóteses de cabimento da reclamação, em especial a dos incisos III e IV do art. 988, mesmo com a *textual restrição* decorrente da redação que a este último dispositivo deu a Lei n. 13.256/2016 (v. n. 10.2, *supra*), dizem respeito a um sem-número de pessoas que, em muito, extrapolam as partes do processo em que praticado o ato concreto que ensejou o questionamento.

A demonstração do interesse que justifica a intervenção é de rigor, não sendo despropositado lembrar, a propósito, do que, para o recurso de terceiro prejudicado, exige o parágrafo único do art. 996, mas com uma importante diferença: aqui, o interesse a ser demonstrado deve ser pautado em diretrizes mais amplas do que as clássicas intervenções de terceiro tomam como base, já que pressupõem, em geral, relações envolvendo duas pessoas ou pouco mais. É irrecusável, assim, a compreensão de que alguém que poderia até ostentar legitimidade a atuar como *amicus curiae* possa manifestar-se na reclamação pugnando pela preservação da decisão questionada.

O Ministério Público atuará nas reclamações na qualidade de fiscal da ordem jurídica, quando não for ele próprio o reclamante. Naquele caso, terá vista dos autos por cinco dias após o estabelecimento do contraditório com a autoridade reclamada e com a parte beneficiária da decisão questionada (art. 991).

10.5 Julgamento e suas consequências

Se julgada procedente a reclamação, o tribunal cassará a decisão exorbitante de seu julgado, reduzindo-a ou adequando-a aos limites de sua competência – o que ocorrerá mais frequentemente nas hipóteses do inciso I do art. 988 – ou determinará medida adequada à solução da controvérsia.

A perspectiva desta última previsão é a de que o Tribunal determine ao órgão jurisdicional que proferiu a decisão que ensejou a reclamação que profira outra levando em consideração o padrão jurisdicional cabível, conforme o caso. É o que, no âmbito da súmula vinculante, encontra previsão expressa no § 3º do art. 103-A da CF e também no § 2º do art. 7º da Lei n. 11.417/2006, que o regulamenta.

A efetivação do que decidido na reclamação é imediata. Tanto que o art. 993 permite que o acórdão seja lavrado posteriormente. O dispositivo merece, contudo, atenção à luz do modelo constitucional, não merecendo interpretação literal, máxime para quem tem dúvidas sobre a eficácia vinculante generalizada a partir do art. 927. Eventual celeridade ou agilidade na implementação do julgado na reclamação não pode ser confundida com atropelo às garantias do processo.

Resumo do Capítulo 16

DISPOSIÇÕES GERAIS

- O "direito jurisprudencial" do CPC de 2015 e seu contraste com o modelo constitucional
- Efeitos "vinculantes" e os "precedentes" dos Tribunais: o papel dos *indexadores jurisprudenciais* no CPC de 2015
  - Jurisprudência *estável*, *íntegra* e *coerente* (art. 926, *caput*)
  - Enunciados de súmulas (art. 926, §§ 1º e 2º)
- Os juízes e os Tribunais "*observarão*" (art. 927)
  - I e II: Controle *concentrado* de constitucionalidade e súmulas vinculantes
  - Repetição do "modelo constitucional"
  - III: IAC, IRDR e recursos repetitivos
  - IV: STF e STJ e suas súmulas
  - V: orientação do plenário ou OE a que estão *vinculados*
  - § 1º: Incidência dos arts. 10 e 489, § 1º
  - § 2º: Alteração precedida de audiências públicas
  - § 3º: Possibilidade de modulação
  - § 4º: Alteração e fundamentação adequada e específica
  - § 5º: Publicidade e organização dos precedentes
- Falta de uniformidade no emprego dos "indexadores": proposta
  - E os Embargos de Divergência (?)
- Necessidade de um "processo de formação de indexadores" (?)
  - Referenciais a serem empregados para tanto
- Art. 928: Casos repetitivos
  - IRDR
  - RE e REsp repetitivos
    - E o Incidente de Assunção de Competência (?)
    - Objeto: questão de direito material e processual
- Interpretação sistemática das técnicas do art. 927 para fins de indexação jurisprudencial
  - Tutela providência da evidência (art. 311, II)
  - Improcedência liminar do pedido (art. 332)
  - Dispensa de remessa necessária (art. 496, § 4º)

- Dispensa de caução para cumprimento provisório (art. 521, IV)
- Atuação monocrática do relator (art. 932)
- Julgamento monocrático de conflito de competência (art. 955, parágrafo único)
- Cabimento da reclamação (art. 988)
  - Os especiais casos do IAC (art. 947, § 3º), do IRDR (art. 985) e do RE e REsp repetitivos (art. 1.040)
    - Correlação com a motivação (art. 489, § 1º, V e VI)
    - Omissão justificadora de ED (art. 1.022, parágrafo único, I)
- Insubsistência da Súmula 568 do STJ

ORDEM DOS PROCESSOS NOS TRIBUNAIS

- Art. 929: Distribuição imediata
  - Protocolo descentralizado (art. 929, par. único)
  - Normas da distribuição (art. 930, *caput*)
  - Primeiro recurso e prevenção (art. 930, par. único)
  - Conclusão imediata ao relator (art. 931)
- Deveres-poderes do relator (art. 932)
  - I – direção e ordenação do processo
  - II – tutela provisória nos recursos e nos casos de competência originária
  - III – hipóteses em que não conhece de recursos
  - IV – hipóteses em que nega provimento a recursos
  - V – hipóteses em que dá provimento (após contrarrazões) a recursos
  - VI – decidir incidente de desconsideração da personalidade jurídica instaurado perante o Tribunal
  - VII – determinar oitiva do Ministério Público na qualidade de fiscal da ordem jurídica
  - VIII – outras atribuições estabelecidas pelo RI
  - Par. único: 5 dias para sanar vício ou complementar a documentação
- Art. 933: Fato superveniente
- Extinção do revisor e providências para julgamento (art. 931 + art. 934)
  - Art. 40, I, Lei n. 8.038/1990: AR no STJ (art. 1.072, IV)
- Art. 935: Intimação para julgamento (5 dias antes)
- Arts. 936 e 946: Ordem de julgamentos
- Art. 937: Sustentação oral. Ampliação das hipóteses.
  - I – apelação
  - II – recurso ordinário

- III – recurso especial
- IV – recurso extraordinário
- V – embargos de divergência
- VI – ação rescisória, mandado de segurança e reclamação
  - § 3º: agravo interno nos casos de AR, MS e Rcl
- VIII – agravo de instrumento relativo à tutela provisória
- IX – outras hipóteses previstas em lei ou em RI
■ AI contra decisão *parcial* de mérito (**356**) (**?**)
  - § 1º: sustentação oral no IRDR
  - § 2º: requerimento
  - § 3º: agravo interno nos casos de ação rescisória, mandado de segurança e reclamação
  - § 4º: videoconferência
■ Arts. 938 e 939: Questões prévias e diligências de saneamento
  - Julgamento de agravo de instrumento e apelação (art. 946)
■ Art. 940: Pedido de vista
■ Art. 941: Proferimento do resultado e lavratura do acórdão
■ Art. 942: Técnica de colegiamento de acórdãos não unânimes
  - Insubsistência dos Embargos Infringentes
  - Natureza jurídica
  - Cabimento
    - Apelação não unânime (*caput*)
      - Distinção entre juízo de admissibilidade e juízo de mérito recursal
    - AR quando rescindir a sentença (§ 3º, I)
    - AI quando reformar interlocutória de mérito (§ 3º, II)
    - Não aplica em IAC, IRDR, remessa necessária, decisão de plenário ou de OE (§ 4º)
  - Prosseguimento e nova sustentação oral. Dinâmica (§§ 1º e 2º)
    - Não aplica em (§ 4º): IAC e IRDR Remessa necessária
    - Decisão de plenário ou OE
■ Extensão da ampliação:
■ Objeto da divergência ou reexame amplo do que está em julgamento (**?**)
■ Art. 943: Registro de votos e acórdãos em meio eletrônico
  - Obrigatoriedade da ementa (§ 1º)
  - Publicação do acórdão (§ 2º)
  - Consequências da não publicação (art. 944)
■ Julgamento por meio eletrônico: possibilidade a despeito da revogação do art. 945

INCIDENTE DE ASSUNÇÃO DE COMPETÊNCIA

- Admissível "quando o julgamento de recurso, de remessa necessária ou de processo de competência originária envolver relevante questão de direito, com grande repercussão social, sem repetição em múltiplos processos" (art. 947, *caput*)
  - § 4º: Aplicação "quando ocorrer relevante questão de direito a respeito da qual seja conveniente a prevenção ou a composição de divergência entre câmaras ou turmas do tribunal"
  - Fungibilidade com o IRDR (?)
- § 1º: Julgamento pelo "órgão colegiado que o órgão indicar"
- § 2º: Órgão julgará se "reconhecer interesse público na assunção de competência"
- § 3º: Efeito *vinculante* a todos os juízes e órgãos fracionários, "exceto se houver revisão de tese"
- Oitiva de *amici curiae* e/ou realização de audiências públicas (?)
  - Aplicação do art. 983, *caput* e § 1º, + art. 1.038, I a III
- Preparação do julgamento
- Consequências do julgamento
- Revisão da tese
- Recursos
- Não é "julgamento de caso repetitivo" (art. 928). **Mas:**
  - Improcedência liminar do pedido (art. 332, III)
  - Dispensa de remessa necessária (art. 496, § 4º, III)
  - Necessária "observância" (art. 927, III)
    - Omissão justificadora de ED (art. 489, § 1º, V e VI, e art. 1.022, par. único, I)
  - Atuação monocrática do relator para:
    - Negar provimento (art. 932, IV, *c*)
    - Dar provimento (art. 932, V, *c*)
  - Julgamento monocrático de conflito de competência (art. 955, par. único, II)
  - Cabimento da reclamação (art. 988, IV)

INCIDENTE DE ARGUIÇÃO DE INCONSTITUCIONALIDADE

- Exercício da competência do art. 97 da CF (art. 948)
- Hipótese de *cisão* de competência
  - *Procedimento* para exercício do controle *difuso* de constitucionalidade no âmbito dos Tribunais
  - O art. 927, V

- Art. 948: Iniciativa do relator
  - Observância do prévio contraditório
- Art. 949, *caput*: instauração
  - Art. 949, par. único: Dispensa se houver pronunciamento prévio
- Art. 949, I: Arguição rejeitada
- Art. 949, II: Arguição acolhida
- Art. 950, *caput*: Julgamento do incidente. Providências para julgamento
- Art. 950, § 1º: Manifestação dos editores do ato
- Art. 950, § 2º: Atuação dos legitimados para ADI/ADC
- Art. 950, § 3º: Manifestação de "outros órgãos ou entidades"
  - *Amicus curiae* e audiências públicas (art. 950, §§ 1º a 3º)
    - Recursos cabíveis do incidente

CONFLITO DE COMPETÊNCIA

- Em especial a "incompetência" e o art. 66. Realocação.
- Conflito positivo
- Conflito negativo
- A partir de reunião ou separação de processos
- Iniciativas (arts. 950 a 953)
- Legitimidade para arguição (art. 951)
- Se a parte arguiu incompetência relativa (art. 952)
- Modos de suscitar o conflito (art. 953)
- Oitiva dos envolvidos (art. 954). Contraditório.
- Sobrestamento do processo + indicação de órgão para decidir "medidas urgentes" (art. 955, *caput*)
- Julgamento monocrático (art. 955, par. único)
- Oitiva do MP (art. 956)
- Julgamento e pronunciamento sobre validade dos atos (art. 957). Conteúdo do julgamento e remessa dos autos.
  - Em especial a "validade" das decisões proferidas
  - Mas: art. 64, § 4º
- Papel do RI
- Art. 959: Regimentos internos e conflito de *atribuições* entre autoridade judiciária e administrativa

HOMOLOGAÇÃO DE DECISÃO ESTRANGEIRA E CONCESSÃO DO *EXEQUATUR* À CARTA ROGATÓRIA

- Relação do tema com a "cooperação internacional" (arts. 26 a 41)
- Ação de homologação e carta rogatória (arts. 960 e 961)
- Art. 960: A "ação de homologação de sentença estrangeira"
- § 1º: interlocutória e carta rogatória
- § 2º: Tratados e RISTJ
- § 3º: decisão arbitral estrangeira
- Art. 961: Homologação ou *exequatur* como condição de eficácia
- § 1º: alcance
- § 2º: homologação parcial
- § 3º: pedidos de urgência e ato de execução provisória
- § 4º: execução fiscal
- § 5º: divórcio consensual independe de homologação
- Art. 962: Execução de decisão estrangeira concessiva de medida de urgência
- § 1º: carta rogatória
- § 2º: postergação do contraditório
- § 3º: limites à cognição da autoridade brasileira
- § 4º: hipóteses de dispensa de prévia homologação
- Requisitos para a homologação (arts. 963 e 964)
  - Art. 963: Requisitos para a homologação
- Art. 964: Não homologa/*exequatur* se a hipótese for de competência exclusiva da autoridade brasileira (art. 23)
- Competência da Justiça Federal (art. 109, X, da CF + art. 965)
- Art. 965: Cumprimento da sentença estrangeira e competência da JF (art. 109, X, CF)
- Instrução do pedido (art. 515, VIII e IX, + § 1º, CPC)
- O tema no RISTJ: arts. 216-A a 216-X na redação das Emendas Regimentais n. 18/2014 e 24/2016

AÇÃO RESCISÓRIA

- Técnicas de controle da coisa julgada
  - Especialmente a "ação rescisória"
    - Explicando uma "expressão idiomática"
- Art. 966: Decisão de mérito rescindível quando:
  - I: prevaricação, concussão ou corrupção

- II: juiz impedido ou juízo absolutamente incompetente
  - Contextualizar com o art. 64, § 4º
- III: dolo ou coação; simulação ou colusão
- IV: ofender coisa julgada
- V: "violar manifestamente norma jurídica" (+ §§ 5º e 6º)
- VI: prova falsa apurada no penal ou na AR
- VII: prova nova
- VIII: erro de fato (+ § 1º)
  - § 1º: "Há erro de fato quando a decisão rescindenda admitir fato inexistente ou quando considerar inexistente fato efetivamente ocorrido, sendo indispensável, em ambos os casos, que o fato não represente ponto controvertido sobre o qual o juiz deveria ter se pronunciado"
- § 2º: Também é rescindível "embora não seja de mérito" a decisão transitada em julgado que impedir:
  - I: nova propositura da demanda
  - II: admissibilidade do recurso correspondente
- Arts. 525, § 15 e 536, § 8º: obrigação reconhecida em título executivo fundado em lei ou ato normativo inconstitucionais
- Art. 658 e rescisão da partilha
- Art. 701, § 3º: conversão do mandado inicial em mandado de pagamento (ação monitória)
- § 3º: AR de capítulos da decisão
- § 4º: "ação anulatória"
- § 5º (acréscimo da Lei n. 13.256/2016): AR com fundamento no inciso V e decisão baseada em súmula ou acórdão proferido em sede de repetitivos aplicados indevidamente
- § 6º (acréscimo da Lei n. 13.256/2016): Ônus da distinção do autor da AR com fundamento no § 5º

■ Art. 967: Legitimidade *ativa*
■ I – Parte ou sucessor
■ II – Terceiro juridicamente interessado
■ III – MP
  - Intervenção como fiscal da ordem jurídica (par. único)
■ IV – Aquele que não foi ouvido no processo em que era obrigatória sua intervenção
■ Art. 968: Petição inicial
  - I: Cumulação de pedidos

- II: 5% do valor da causa "que se converterá em multa" caso a AR seja declarada inadmissível ou improcedente por unanimidade
- § 1º: Não se aplica inciso II às pessoas de direito público, ao MP, à DP e ao beneficiário da justiça gratuita
- § 2º: Depósito prévio não pode ser superior a 1.000 salários mínimos
- § 3º: Indeferimento nos casos do art. 330 + ausência de depósito
- § 4º: Possibilidade de emenda da inicial (art. 332)
- § 5º: Hipótese de incompetência do Tribunal: emenda da inicial se não incidir art. 966, § 2º ou tiver sido substituída por decisão posterior
- § 6º: Complementação da defesa e envio ao juízo competente
■ Art. 969: AR e cumprimento da decisão
- Tutela provisória
- Art. 517, § 3º: anotação da AR à margem do título protestado
■ Art. 970: Legitimidade *passiva*, citação e procedimento comum após resposta
■ Art. 971, *caput*: Relatório e distribuição aos demais
- Não há mais revisor
  - Entendimento da CE do STJ diante da subsistência do art. 40 da Lei n. 8.038/1990 para as rescisórias de sua competência originária
- Art. 971, par. único: escolha do relator e envio do relatório para os demais julgadores
■ Art. 972: Fase instrutória
- Delegação para o juízo que proferiu a decisão. 1 a 3 meses para devolução
■ Art. 973: Após instrução, razões finais em 10 dias sucessivos
■ Art. 937, VI: sustentação oral (inclusive em agravo interno [§ 3º])
■ Art. 974: Rescisão (*judicium rescindens*) + novo julgamento (*judicium rescisorium*) (se o caso) + restituição do depósito
- Se inadmissível ou improcedente por unanimidade, restituição do depósito *ou* "conversão" do depósito em multa se a inadmissibilidade ou a improcedência for unânime em favor do réu
■ Art. 975: Prazo de 2 anos "contados do trânsito em julgado da *última* decisão proferida no processo"
- Subsistência da Súm. 401 STJ: início × término (?)
- § 1º: Prorrogação até o primeiro dia útil seguinte
- § 2º: Descoberta da prova nova desde que até 5 anos do trânsito em julgado da última decisão proferida no processo
- § 3º: Se simulação ou colusão, prazo conta da ciência
- Fluência do prazo nos casos do art. 525, § 15, e do art. 535, § 8º

- Recursos do acórdão da AR
  - Aplicação da "técnica de colegiamento" do art. 942 quando "o resultado for a rescisão da sentença" (§ 3º, I)
    - Prosseguimento perante "órgão de maior composição previsto no regimento interno"
  - ED, REsp e RE (conforme o caso)

INCIDENTE DE RESOLUÇÃO DE DEMANDAS REPETITIVAS

- Origens e visão do Anteprojeto (Comissão de juristas)
  - Um "substitutivo" à "uniformização de jurisprudência" do CPC de 1973 (?)
- Admissível quando houver simultaneamente:
  - Efetiva repetição de processos sobre a mesma questão "unicamente de direito" (art. 976, I)
  - Risco de ofensa à isonomia e à segurança jurídica (art. 976, II)
    - Sem pressupostos, pode repetir (art. 976, § 3º)
    - Não cabe se há RE ou REsp repetitivo (art. 976, § 4º)
  - Fungibilidade com o IAC (?)
- Desistência ou abandono do processo *não* interfere (art. 976, § 1º)
- MP como fiscal da ordem jurídica e assumindo no caso do § 1º (art. 976, § 2º)
- Não há custas (art. 976, § 5º)
- Art. 977: Pedido ao presidente do Tribunal
  - I: pelo juiz ou relator por ofício
  - II: pelas partes, por petição
  - III: pelo MP ou DP, por petição
  - Demonstração dos pressupostos do art. 976 (par. único)
- Art. 978: Julgamento pelo órgão indicado no RI
  - Fixa a tese E julga o caso concreto que deu origem (par. único)
- Art. 979: Instauração depende de ampla e específica divulgação e publicidade por meio de registro eletrônico no CNJ
  - § 1º: banco eletrônico
  - § 2º: elementos para o cadastro: fundamentos determinantes da decisão e dispositivos normativos relacionados
  - § 3º: aplicação aos recursos *repetitivos*
    - Resolução n. 235/2016 do CNJ (modificada pela Resolução n. 286/2019)
    - Resolução n. 444/2022 do CNJ e o "Banco Nacional de Precedentes" (BNP)
- Art. 980: Prazo de 1 ano para julgamento e preferência
  - Par. único: Após 1 ano, cessa o sobrestamento salvo decisão fundamentada em sentido contrário

- Art. 981: Após a distribuição, faz-se o juízo de admissibilidade levando em conta o art. 976
- Art. 982: Se admitido:
  - I: Suspende processos individuais ou coletivos do Estado ou Região (+ § 1º)
  - Suspensão automática (?)
  - II: Poderá requisitar informações aos órgãos jurisdicionais
  - III: Intima MP
  - § 2º: Tutela *de urgência* durante a suspensão
  - §§ 3º a 5º: suspensão em todo o território nacional na dependência de interposição de RE ou REsp
  - E se houver sobrestamento indevido (?)
    - Aplicação do art. 1.037, §§ 8º a 13
- Art. 983: Oitiva das partes e interessados, "inclusive pessoas, órgãos e entidades com interesse na controvérsia"
  - § 1º: poderá designar audiência pública
  - § 2º: após, dia para julgamento
  - A importância do *processo* para a fixação da tese do IRDR
- Art. 984: Exposição do objeto do incidente e sustentação oral (ampliação dos 30 minutos – § 1º)
  - Acórdão "abrangerá a análise de todos os fundamentos suscitados concernentes à tese jurídica discutida, sejam favoráveis ou contrários" (§ 2º)
- Art. 985: Julgado, a "tese jurídica será aplicada"
  - I: a todos os processos individuais ou coletivos, inclusive Juizados
    - Suspensão dos processos perante os Juizados (?)
  - II: aos casos futuros admissibilidade
  - § 1º: se não observada a tese, cabe reclamação
  - § 2º: comunicação ao ente ou agência reguladora para fiscalização da efetiva aplicação da tese adotada
  - O art. 30 da LINDB (Lei n. 13.655/2018)
- Art. 986: Revisão da tese pelo tribunal de ofício ou pelos legitimados do **art. 977, III**
  - Também as partes (art. 977, II) têm legitimidade para a revisão
- Art. 987: Do julgamento do mérito, cabe RE ou REsp
  - § 1º: Efeito suspensivo e RG presumida
  - § 2º: Aplicação em todo o território nacional, se apreciado o mérito do recurso
  - A regra do § 4º do art. 1.029

RECLAMAÇÃO

- Natureza jurídica
- Art. 988: Hipóteses de cabimento
  - I: preservar competência do Tribunal
  - II: garantir autoridade das decisões do Tribunal
  - III: garantir observância de SV e decisão do STF em controle concentrado (redação da Lei n. 13.256/2016)
  - IV: garantir observância de acórdão proferido em IRDR e IAC (redação da Lei n. 13.256/2016)
    - Em III e IV: cabe para contrastar aplicação indevida ou não aplicação (§ 4º)
  - § 1º: perante qualquer Tribunal e competência interna
  - § 2º: prova documental
  - § 3º: quando possível, distribuição ao relator do processo principal
  - § 5º: inadmissível após o trânsito em julgado e para garantir observância de acórdão de RE com RG ou de acórdão proferido em sede de repetitivos, *quando não esgotadas as instâncias ordinárias* (redação da Lei n. 13.256/2016)
  - § 6º: inadmissibilidade ou julgamento do recurso não prejudica a reclamação
- Legitimidade ativa (988, *caput*): Parte interessada e MP
- Art. 989: Despacho inicial
  - I: informações em 10 dias
  - II: suspensão do processo ou do ato se for o caso para evitar dano irreparável
  - III: citação do beneficiário da decisão impugnada para contestar em 15 dias
- Art. 990: Qualquer interessado pode impugnar o pedido
- Art. 991: MP como fiscal da ordem jurídica
- Art. 992: Se julgada procedente, cassa a decisão ou determina medida adequada à solução
- Art. 993: Imediato cumprimento e lavratura posterior do acórdão

Leituras Complementares (Capítulo 16)

Monografias e livros

ALMEIDA, Luciana Robles de. *O que significa violar uma norma jurídica?* Uma perspectiva processual. São Paulo: Revista dos Tribunais, 2021.

ALVIM, Teresa. *Modulação na alteração da jurisprudência firme ou de precedentes vinculantes*. 2. ed. São Paulo: Revista dos Tribunais, 2021.

ANDREASSA JUNIOR, Gilberto. *Precedentes judiciais e colegialidade*. Londrina: Thoth, 2021.

ASSIS, Araken de. *Ação rescisória*. São Paulo: Revista dos Tribunais, 2021.

BIZARRIA, Juliana Carolina. *Ação rescisória e precedentes*. São Paulo: Revista dos Tribunais, 2021.

BORGES, Sabrina Nunes. *Incidente de resolução de demandas repetitivas*. Indaiatuba: Foco, 2018.

CÂMARA, Alexandre Freitas. *Levando os padrões decisórios a sério*: formação e aplicação de precedentes e enunciados de súmula. São Paulo: GEN/Atlas, 2018.

CAMARGO, Luiz Henrique Volpe. *A centralização de processos como etapa necessária do Incidente de Resolução de Demandas Repetitivas*. Tese de doutorado. São Paulo: Pontifícia Universidade Católica de São Paulo, 2017.

CARVALHO, Gustavo Marinho de. *Precedentes administrativos no direito brasileiro*. São Paulo: Contracorrente, 2015.

CAVALCANTI, Marcos de Araújo. *Incidente de Resolução de demandas repetitivas (IRDR)*. São Paulo: Revista dos Tribunais, 2016.

CIMARDI, Cláudia Aparecida. *A jurisprudência uniforme e os precedentes no novo Código de Processo Civil brasileiro*. São Paulo: Revista dos Tribunais, 2015.

CÔRTES, Osmar Mendes Paixão. *Recursos repetitivos, súmula vinculante e coisa julgada*. Brasília: Gazeta Jurídica, 2018.

CRAMER, Ronaldo. *Precedentes Judiciais*: teoria e dinâmica. Rio de Janeiro: Forense, 2016.

DANTAS, Bruno; SCARPINELLA BUENO, Cassio; CAHALI, Cláudia Elisabete Schwerz; NOLASCO, Rita Dias (coords.). *Questões relevantes sobre recursos, ações de impugnação e mecanismos de uniformização da jurisprudência*: após o primeiro ano de vigência do novo CPC. São Paulo: Revista dos Tribunais, 2017.

DIDIER JR., Fredie. (coord. geral); DIDIER JR., Fredie; CUNHA, Leonardo Carneiro da (coords.). *Julgamento de casos repetitivos*. Salvador: JusPodivm, 2017.

DIDIER JR., Fredie. (coord. geral); DIDIER JR., Fredie; CUNHA, Leonardo Carneiro da; ATAÍDE JR., Jaldemiro Rodrigues de; MACÊDO, Lucas Buril de (coords.). *Precedentes*. 2. ed. Salvador: JusPodivm, 2016.

DUTRA, Victor Barbosa. *Precedentes vinculantes*: contraditório efetivo e técnicas repetitivas. Belo Horizonte: D'Plácido, 2018.

EID, Elie Pierre. *Impugnação das decisões judiciais*: reconstrução da relação entre recursos e ações autônomas de impugnação. Salvador: JusPodivm, 2022.

FAGUNDES, Cristiane Druve Tavares. *Modelo brasileiro de precedentes*: a importância da fundamentação no contexto precedentalista. Londrina: Thoth, 2021.

FILARDI, Hugo. *Precedentes obrigatórios inconstitucionais*. Rio de Janeiro: Lumen Juris, 2018.

FUGA, Bruno Augusto Sampaio. *Superação de precedentes: da necessária via processual e o uso da reclamação para superar e interpretar precedentes*. Londrina: Thoth, 2020.

JOBIM, Marco Félix; OLIVEIRA JUNIOR, Zulmar Duarte de. *Súmula, jurisprudência e precedente*: da distinção à superação. 2. ed. Porto Alegre: Livraria do Advogado, 2021.

KREBS, Hélio Ricardo Diniz. *Sistemas de precedentes e direitos fundamentais*. São Paulo: Revista dos Tribunais, 2015.

LEMOS, Vinicius Silva. *Incidente de resolução de demandas repetitivas*. Londrina: Thoth, 2019.

LESSA, Guilherme Thofehrn. *Precedentes judiciais e raciocínio jurídico*: aplicação, analogia e distinção. São Paulo: Revista dos Tribunais, 2022.

LÍSIAS, Andressa Senna. *A formação dos precedentes no sistema de recursos repetitivos*. Rio de Janeiro: Lumen Juris, 2022.

MACÊDO, Lucas Buril de. *Precedentes judiciais e o direito processual civil*. 4. ed. Salvador: JusPodivm, 2022.

MANCUSO, Rodolfo de Camargo. *Incidente de resolução de demandas repetitivas*: a luta contra a dispersão jurisprudencial excessiva. São Paulo: Revista dos Tribunais, 2016.

_____. *Sistema brasileiro de precedentes*: natureza, eficácia, operacionalidade. 3ª edição. Salvador: JusPodivm, 2019.

MARINONI, Luiz Guilherme. *A ética dos precedentes*: justificativa do novo CPC. São Paulo: Revista dos Tribunais, 2014.

_____. *Incidente de resolução de demandas repetitivas*: decisão de questão idêntica × precedente. São Paulo: Revista dos Tribunais, 2016.

MARINONI, Luiz Guilherme; MITIDIERO, Daniel. *Ação rescisória*: do juízo rescindente ao juízo rescisório. São Paulo: Revista dos Tribunais, 2017.

_____. *Comentários ao Código de Processo Civil*, vol. XV: artigos 926 ao 975. São Paulo: Revista dos Tribunais, 2016.

_____. *Comentários ao Código de Processo Civil*, vol. XVI: artigos 976 ao 1.044. São Paulo: Revista dos Tribunais, 2016.

MENDES, Aluisio Gonçalves de Castro. *Incidente de resolução de demandas repetitivas*: sistematização, análise e interpretação do novo instituto processual. Rio de Janeiro: GEN/Forense, 2017.

MENDES, Aluisio Gonçalves de Castro; PORTO, José Roberto de Mello. *Incidente de assunção de competência*. Rio de Janeiro: GZ, 2020.

MENDES, Aluísio Gonçalves de Castro; PORTO, José Roberto Mello (coord.). *Incidente de resolução de demandas repetitivas*: panorama e perspectivas. Salvador: JusPodivm, 2020.

MIRANDA, Victor Vasconcelos. *Precedentes judiciais*: construção e aplicação da *ratio decidendi*. São Paulo: Revista dos Tribunais, 2022.

MITIDIERO, Daniel. *Precedentes*: da persuasão à vinculação. 2. ed. São Paulo: Revista dos Tribunais, 2017.

_____. *Superação para frente e modulação de efeitos*: precedente e controle de constitucionalidade no direito brasileiro. São Paulo: Revista dos Tribunais, 2021.

MONNERAT, Fábio Victor da Fonte. *Súmulas e precedentes qualificados*: técnicas de formação e aplicação. São Paulo: Saraiva, 2019.

NASCHENWENG, Marcelo Elias. *Hermenêutica do precedente*: o cuidado da coerência e da integridade. Belo Horizonte: Dialética, 2020.

NERY JUNIOR, Nelson; ALVIM, Teresa Arruda (coord.). *Aspectos polêmicos dos recursos cíveis e assuntos afins*, vol. 13. São Paulo: Revista dos Tribunais, 2017.

NERY JUNIOR, Nelson; ALVIM, Teresa Arruda; OLIVEIRA, Pedro Miranda de (coord.). *Aspectos polêmicos dos recursos cíveis e assuntos afins*, vol. 14. São Paulo: Revista dos Tribunais, 2018.

NICOLI, Ricardo Luiz. *Padrões decisórios*: a função de juízes e cortes de justiça no julgamento do caso concreto e na evolução do direito. Londrina: Thoth, 2022.

NUNES, Dierle; MENDES, Aluísio; JAYME, Fernando Gonzaga. *A nova aplicação da jurisprudência e precedentes no CPC/2015*: estudos em homenagem à Professora Teresa Arruda Alvim. São Paulo: Revista dos Tribunais, 2017.

PANUTTO, Peter. *Precedentes judiciais vinculantes*: o sistema jurídico-processual brasileiro antes e depois do código de processo civil de 2015 (Lei n. 13.105, de 16 de março de 2015). Florianópolis: Empório do Direito, 2017.

PEIXOTO, Ravi. *Superação do precedente e segurança jurídica*. 2. ed. Salvador: JusPodivm, 2016.

PEREIRA, Paula Pessoa. *Legitimidade dos precedentes*: universalidade das decisões do STJ. São Paulo: Revista dos Tribunais, 2014.

PEREIRA, Rafael Caselli. *A influência dos fatos na formação do precedente*: a incontrovérsia e os fatos que independem de prova como hipótese de superação da Súmula 07-STJ. Londrina: Thoth, 2022.

PUGLIESE, William. *Precedentes e a civil law brasileira*. São Paulo: Revista dos Tribunais, 2016.

RIZZARDO, Arnaldo. *A sentença, ação anulatória, ação rescisória*. São Paulo: Revista dos Tribunais, 2021.

SANTOS, Welder Queiroz dos. *Ação rescisória por violação a precedente*. São Paulo: Revista dos Tribunais, 2021.

SCARPINELLA BUENO, Cassio. *Curso sistematizado de direito processual civil*, vol. 2: procedimento comum, processos nos Tribunais e recursos. 12. ed. São Paulo: Saraiva, 2023.

SCHAITZA, Letticia de Pauli. *Julgamento ampliado*. São Paulo: Revista dos Tribunais, 2022.

SILVEIRA, Marcelo Augusto da. *Recursos, sucedâneos recursais e ações autônomas de impugnação no Código de Processo Civil*. Salvador: JusPodivm, 2020.

SKORKOWSKI, Denis. *Segurança jurídica e modelo de precedentes*: motivação judicial para uso do "distinguishing" e do "overruling". São Paulo: LiberArs, 2020.

STRECK, Lenio Luiz; ABBOUD, Georges. *O que é isto – o precedente judicial e as súmulas vinculantes?* 3. ed. Porto Alegre: Livraria do Advogado Editora, 2015.

STRECK, Lenio Luiz; ALVIM, Eduardo Arruda; LEITE, George Salomão. *Hermenêutica e jurisprudência no novo Código de Processo Civil*: coerência e integridade. São Paulo: Saraiva, 2016.

TEMER, Sofia. *Incidente de resolução de demandas repetitivas*. Salvador: JusPodivm, 2016.

TESSARI, Cláudio. *Modulação dos efeitos no STF*. Salvador: JusPodivm, 2022.

WELSCH, Gisele Mazzoni. *Precedentes judiciais e unidade do direito*: análise comparada Brasil-Alemanha. Londrina: Thoth, 2021.

XAVIER, Carlos Eduardo Rangel. *Reclamação constitucional e precedentes judiciais*: contributo a um olhar crítico sobre o Novo Código de Processo Civil (de acordo com a lei 13.256/2016). São Paulo: Revista dos Tribunais, 2016.

ZANETI JR., Hermes. *O valor vinculante dos precedentes*: teoria dos precedentes normativos formalmente vinculantes. 2. ed. Salvador: JusPodivm, 2016.

Capítulos de livros

DANTAS, Bruno. Comentários aos arts. 929 ao 946. In: SCARPINELLA BUENO, Cassio (coord.). *Comentários ao Código de Processo Civil*, vol. 4. São Paulo: Saraiva, 2017.

FINKELSTEIN, Claudio. Comentários aos arts. 960 ao 965. In: SCARPINELLA BUENO, Cassio (coord.). *Comentários ao Código de Processo Civil*, vol. 4. São Paulo: Saraiva, 2017.

FREIRE, Alexandre. Comentários aos arts. 948 ao 950. In: SCARPINELLA BUENO, Cassio (coord.). *Comentários ao Código de Processo Civil*, vol. 4. São Paulo: Saraiva, 2017.

LEONEL, Ricardo de Barros. Comentários aos arts. 988 ao 993. In: SCARPINELLA BUENO, Cassio (coord.). *Comentários ao Código de Processo Civil*, vol. 4. São Paulo: Saraiva, 2017.

MENDES, Aluisio Gonçalves de Castro; TEMER, Sofia. Comentários aos arts. 976 ao 987. In: SCARPINELLA BUENO, Cassio (coord.). *Comentários ao Código de Processo Civil*, vol. 4. São Paulo: Saraiva, 2017.

SCARPINELLA BUENO, Cassio. *Amicus curiae* no IRDR, no RE e REsp repetitivos: suíte em homenagem à Professora Teresa Arruda Alvim. In: DANTAS, Bruno; SCARPINELLA BUENO, Cassio; CAHALI, Cláudia Elisabete Schwerz; NOLASCO, Rita Dias (coords.). *Questões relevantes sobre recursos, ações de impugnação e mecanismos de uniformização da jurisprudência*: após o primeiro ano de vigência do novo CPC. São Paulo: Revista dos Tribunais, 2017.

TUCCI, Rogério Cruz e. Comentários aos arts. 926 ao 928. In: SCARPINELLA BUENO, Cassio (coord.). *Comentários ao Código de Processo Civil*, vol. 4. São Paulo: Saraiva, 2017.

YARSHELL, Flávio Luiz. Comentários aos arts. 966 ao 975. In: SCARPINELLA BUENO, Cassio (coord.). *Comentários ao Código de Processo Civil*, vol. 4. São Paulo: Saraiva, 2017.

ZUFELATO, Camilo. Comentários ao art. 947 e aos arts. 951 ao 959. In: SCARPINELLA BUENO, Cassio (coord.). *Comentários ao Código de Processo Civil*, vol. 4. São Paulo: Saraiva, 2017.

Artigos

ABBOUD, Georges. As técnicas de padronização das decisões judiciais e a vinculação de juízes e tribunais. A (in)constitucionalidade da vinculação prevista no CPC. *Revista de Processo*, vol. 314. São Paulo: Revista dos Tribunais, abr. 2021.

ABBOUD, Georges; CAVALCANTI, Marcos de Araújo. Inconstitucionalidade do Incidente de Resolução de Demandas Repetitivas (IRDR) e os riscos do sistema decisório. *Revista de Processo*, vol. 240. São Paulo: Revista dos Tribunais, fev. 2015.

_____. Interpretação e aplicação dos provimentos vinculantes do Novo Código de Processo Civil a partir do paradigma do pós-positivismo. *Revista de Processo*, vol. 245. São Paulo: Revista dos Tribunais, jul. 2015.

ABBOUD, Georges; FERNANDES, Ricardo Yamin. Requisitos legais para instauração do Incidente de Assunção de Competência. *Revista de Processo*, vol. 279. São Paulo: Revista dos Tribunais, maio 2018.

ABBOUD, Georges; SANTOS, Maira Bianca Scavuzzi de Albuquerque; FERNANDES, Ricardo Yamin. Como "escolher" o que vincula? *Revista de Processo*, vol. 318. São Paulo: Revista dos Tribunais, ago. 2021.

ABBOUD, Georges; VAUGHN, Gustavo Favero. Notas críticas sobre a reclamação e os provimentos judiciais vinculantes do CPC. *Revista de Processo*, vol. 287. São Paulo: Revista dos Tribunais, jan. 2019.

ALI, Anwar Mohamad. Reclamação e transcendência dos motivos determinantes no controle concentrado de constitucionalidade. *Revista Brasileira de Direito Processual*, vol. 106. Belo Horizonte: Fórum, abr./jun. 2019.

ALMEIDA, Luciana Robles. Coisa julgada inconstitucional? A relação entre a coisa julgada, o precedente e a ação rescisória. *Revista de Processo*, vol. 297. São Paulo: Revista dos Tribunais, nov. 2019.

_____. Modulação de efeitos de precedentes? Conceitos e distinções. *Revista de Processo*, vol. 322. São Paulo: Revista dos Tribunais, dez. 2021.

ALMENDRA, Matheus Leite. Incidente de Resolução de Demandas Repetitivas: desmistificando a sua influência e o tema da suspensão de processos em razão da sua admissibilidade. *Revista de Processo*, vol. 281. São Paulo: Revista dos Tribunais, jul. 2018.

ALVAREZ, Anselmo Prieto. Mecanismos atípicos de controle da coisa julgada no novo Código de Processo Civil. In: Instituto Brasileiro de Direito Processual; SCARPINELLA BUENO, Cassio (org.). PRODIREITO: Direito Processual Civil: Programa de Atualização em Direito: Ciclo 3. Porto Alegre: Artmed Panamericana, 2017 (Sistema de Educação Continuada a Distância, vol. 1).

ALVAREZ, Anselmo Prieto; PIERONI, Fabrízio de Lima; SERPA, Luciane. Estratégias do CPC/2015 para conter a litigiosidade repetitiva: expectativas e limites. *Revista de Processo*, vol. 276. São Paulo: Revista dos Tribunais, fev. 2018.

ALVES, Gustavo Silva. Precedentes como fonte do direito no novo CPC: por uma visão argumentativa do discurso jurídico. *Revista de Processo*, vol. 267. São Paulo: Revista dos Tribunais, maio 2017.

ALVIM, Eduardo Arruda; CARVALHO, Vinícius Bellato Ribeiro de. Precedentes formados no julgamento de recursos repetitivos como instrumento de mitigação da crise do judiciário e da dispersão jurisprudencial. *Revista de Processo*, vol. 295. São Paulo: Revista dos Tribunais, set. 2019.

ALVIM, Teresa Arruda. Uma novidade perturbadora no CPC brasileiro de 2015: a modulação. *Revista de Processo*, vol. 312. São Paulo: Revista dos Tribunais, fev. 2021.

_____. Papel criativo da jurisprudência, precedentes e formas de vinculação. *Revista de Processo*, vol. 333. São Paulo: Revista dos Tribunais, nov. 2022.

ANDRADE, Juliana Melazzi. A competência dos tribunais para julgamento de IRDRs: possível incompatibilidade decisória e a remessa (obrigatória) aos tribunais superiores. *Revista de Processo*, vol. 277. São Paulo: Revista dos Tribunais, mar. 2018.

ANDREATINI, Lívia Losso. Princípio da oralidade no novo Código de Processo Civil: a possibilidade de sustentação oral em agravo de instrumento que verse sobre a decisão interlocutória de mérito. *Revista de Processo*, vol. 282. São Paulo: Revista dos Tribunais, ago. 2018.

ARAGÃO, Nilsiton Rodrigues de Andrade; RODRIGUES, Francisco Luciano Lima. A efetiva aplicação do *distinguishing* na fundamentação das decisões pautadas em precedentes judiciais como garantia da prestação jurisdicional específica e individualizada. *Revista de Processo*, vol. 303. São Paulo: Revista dos Tribunais, maio 2020.

ARAÚJO, José Henrique Mouta. A reclamação constitucional e os precedentes vinculantes: o controle da hierarquização interpretativa no âmbito local. *Revista de Processo*, vol. 252. São Paulo: Revista dos Tribunais, fev. 2016.

_____. Decisão rescindível e o novo CPC: aspectos polêmicos e atuais. *Revista Brasileira de Direito Processual*, vol. 91. Belo Horizonte: Fórum, jul./set. 2015.

_____. Rescisória e impugnação nos casos de títulos executivos inconstitucionais: a modulação no controle difuso de constitucionalidade. *Revista de Processo*, vol. 288. São Paulo: Revista dos Tribunais, fev. 2019.

ARSUFFI, Arthur Ferrari; TAKEISHI, Guilherme Toshihiro. A ação rescisória fundada em prova nova: o conceito de novidade no CPC/2015 e o termo inicial do prazo decadencial do § 2º do art. 975. *Revista de Processo*, vol. 328. São Paulo: Revista dos Tribunais, junho de 2022.

ASPERTI, Maria Cecília de Araujo. Litigiosidade repetitiva e a padronização decisória: entre o acesso à justiça e a eficiência do Judiciário. *Revista de Processo*, vol. 263. São Paulo: Revista dos Tribunais, jan. 2017.

AUFIERO, Mario Vitor M. Técnicas para julgamento de casos repetitivos no novo Código de processo Civil. *Revista de Processo*, vol. 265. São Paulo: Revista dos Tribunais, mar. 2017.

AZEVEDO, Adolpho Augusto Lima. A ação rescisória e a legitimidade passiva do advogado. *Revista de Processo*, vol. 274. São Paulo: Revista dos Tribunais, dez. 2017.

AZEVEDO, Marcelo Tadeu Freitas de. A natureza jurídica do incidente de resolução de demandas repetitivas. *Revista de Processo*, vol. 278. São Paulo: Revista dos Tribunais, abr. 2018.

BAMMANN, Fernando. O direito fundamental à motivação das decisões judiciais na área da Justiça Civil e a superação de jurisprudência, súmula ou precedente no âmbito dos Tribunais de Justiça do Rio Grande do Sul. *Revista de Processo*, vol. 324. São Paulo: Revista dos Tribunais, fev. 2022.

BARBOZA, Bernardo. Ação rescisória e núcleos inequívocos de significado: quando uma norma é "manifestamente" violada?. *Revista de Processo*, vol. 279. São Paulo: Revista dos Tribunais, maio 2018.

BARIONI, Rodrigo. O que podemos aprender sobre precedentes em um recente julgamento da Suprema Corte dos EUA? *Revista de Processo*, vol. 312. São Paulo: Revista dos Tribunais, fev. 2021.

_____. Precedentes no direito brasileiro: desafios e perspectivas. *Revista de Processo*, vol. 310. São Paulo: Revista dos Tribunais, dez. 2020.

BASTOS, Antonio Adonias Aguiar. Dever de enfrentamento do precedente editado num Incidente de Resolução de Demandas Repetitivas (IRDR) para o julgamento de outro IRDR. *Revista Brasileira de Direito Processual*, vol. 103. Belo Horizonte: Fórum, jul./set. 2018.

BECKER, Rodrigo Frantz. A sustentação oral como garantia de influência na decisão judicial. *Revista Brasileira de Direito Processual*, vol. 111. Belo Horizonte: Fórum, jul./set. 2020.

BELLOCCHI, Márcio. A coisa julgada parcial e o prazo para a ação rescisória. *Revista de Processo*, vol. 279. São Paulo: Revista dos Tribunais, maio 2018.

BERTÃO, Rafael Calheiros. Os precedentes no novo Código de Processo Civil: a valorização da stare decisis e o modelo de Corte Suprema brasileiro. *Revista de Processo*, vol. 253. São Paulo: Revista dos Tribunais, mar. 2016.

BIZARRIA, Juliana Carolina Frutuoso. Identificação do elemento vinculante do precedente: *ratio decidendi* x tese jurídica. *Revista de Processo*, vol. 333. São Paulo: Revista dos Tribunais, nov. 2022.

BORGES, Fernanda Gomes e Souza. Os novos contornos da reclamação constitucional no Código de Processo Civil de 2015. *Revista Brasileira de Direito Processual*, vol. 102. Belo Horizonte: Fórum, abr./jun. 2018.

BORTOLUCI, Lygia Helena Fonseca. Os precedentes judiciais no Código de Processo Civil de 2015: a operacionalização do *distinguishing* a partir da identificação dos conceitos de *ratio decidendi* e tese jurídica. *Revista de Processo*, vol. 322. São Paulo: Revista dos Tribunais, dez. 2021.

CABRAL, Antonio do Passo. Autocomposição e litigância de massa: negócios jurídicos processuais nos incidentes de resolução de casos repetitivos. *Revista de Processo*, vol. 325. São Paulo: Revista dos Tribunais, mar. 2022.

CÂMARA, Alexandre Freitas. A ampliação do colegiado em julgamentos não unânimes. *Revista de Processo*, vol. 282. São Paulo: Revista dos Tribunais, ago. 2018.

CÂMARA, Alexandre Freitas; SCARPINELLA BUENO, Cassio. Pedido de destaque e remessa do processo do plenário virtual para o presencial no STF: prevalecimento do art. 941, § 1º, do CPC. *Revista Eletrônica de Direito Processual*: coluna REDP Expresso. Rio de Janeiro: Universidade Estadual do Rio de Janeiro, 2022. Disponível em: https://www.e-publicacoes.uerj.br/index.php/redp/article/view/70076/43380.

CÂMARA JÚNIOR, José Maria. Técnica de colegiamento do artigo 942 do Código de Processo Civil. In: Instituto Brasileiro de Direito Processual; SCARPINELLA BUENO, Cassio (org.). PRODIREITO: Direito Processual Civil: Programa de Atualização em Direito: Ciclo 3. Porto Alegre: Artmed Panamericana, 2017 (Sistema de Educação Continuada a Distância, vol. 1).

CAMARGO, Daniel Marques de; SANTOS, Hugo Rafael Pires dos; WAISS, Mikael de Oliveira. O modelo teórico das cortes supremas: fragilidades e adaptações necessárias à construção de uma teoria precedentalista nacional. *Revista de Processo*, vol. 325. São Paulo: Revista dos Tribunais, mar. 2022.

CAMBI, Eduardo; ALMEIDA, Vinícius Gonçalves. Segurança jurídica e isonomia como vetores argumentativos para a aplicação dos precedentes judiciais. *Revista de Processo*, vol. 260. São Paulo: Revista dos Tribunais, out. 2016.

CAMBI, Eduardo; FOGAÇA, Mateus Vargas. Incidente de resolução de demandas repetitivas no novo Código de Processo Civil. *Revista de Processo*, vol. 243. São Paulo: Revista dos Tribunais, maio 2015.

CAMBI, Eduardo; MARGRAF, Alencar Frederico. Casuísmos judiciários e precedentes judiciais. *Revista de Processo*, vol. 248. São Paulo: Revista dos Tribunais, out. 2015.

CAMPOS, Amini Haddad; OLIVEIRA NETO, Olavo de. A decisão judicial frente aos precedentes obrigatórios: a busca da tutela de mérito isonômica, efetiva e democrática. Revista Brasileira de Direito Processual, vol. 107. Belo Horizonte: Fórum, jul./set. 2019.

_____. Ação rescisória no CPC: a incongruência interna do novo Código e a coerência externa constitucionalmente exigida. *Revista de Processo*, vol. 297. São Paulo: Revista dos Tribunais, nov. 2019.

CARDOSO, Natasha Reis de Carvalho. Tutela coletiva e julgamentos em repetitivos: a constante busca ideal pela eficaz participação e suas controvérsias. *Revista de Processo*, vol. 332. São Paulo: Revista dos Tribunais, out. 2022.

CARR, Livia Vilas Bôas. Breves apontamentos sobre o procedimento de homologação de sentenças estrangeiras no Brasil. *Revista Brasileira de Direito Processual*, vol. 111. Belo Horizonte: Fórum, jul./set. 2020.

CARREIRA, Guilherme Sarri. O precedente judicial: técnicas de superação, modulação dos efeitos e o quórum necessário para atribuição dos efeitos prospectivos. *Revista Brasileira de Direito Processual*, vol. 101. Belo Horizonte: Fórum, jan./mar. 2018.

_____. Por que tenho medo do STJ: uma análise de decisões proferidas pela referida corte que demonstram o exercício de uma função legislativa. *Revista Brasileira de Direito Processual*, vol. 108. Belo Horizonte: Fórum, out/dez. 2019.

CARVALHO, Raphaelle Costa. O incidente de resolução de demandas repetitivas: breve análise de sua estrutura e de seu papel na realidade processual brasileira. *Revista de Processo*, vol. 250. São Paulo: Revista dos Tribunais, dez. 2015.

CARVALHO, Sabrina Nasser de. Decisões paradigmáticas e dever de fundamentação: técnica para a formação e aplicação dos precedentes judiciais. *Revista de Processo*, vol. 249. São Paulo: Revista dos Tribunais, novembro de 2015.

CHAVES, Guilherme Veiga; TESOLIN, Fabiano da Rosa. A necessidade de controle judicial da representação adequada no IRDR. *Revista de Processo*, vol. 325. São Paulo: Revista dos Tribunais, mar. 2022.

CORREA, Rafael Motta e. O sistema de provimentos vinculantes do CPC/15 e o dever de manutenção da jurisprudência uniforme, estável, íntegra e coerente. *Revista de Processo*, vol. 281. São Paulo: Revista dos Tribunais, jul. 2018.

CÔRTES, Osmar Mendes Paixão. A reclamação para os Tribunais Superiores no novo CPC, com as alterações da Lei 13.256/2016. *Revista de Processo*, vol. 257. São Paulo: Revista dos Tribunais, jul. 2016.

_____. A superação de um entendimento anterior pode dar ensejo à ação rescisória? Considerações à luz da jurisprudência e da Súmula 343/STF. *Revista de Processo*, vol. 310. São Paulo: Revista dos Tribunais, dez. 2020.

_____. O artigo 1.034 do atual Código de Processo Civil e a "causa de pedir aberta" no recurso extraordinário. *Revista de Processo*, vol. 282. São Paulo: Revista dos Tribunais, ago. 2018.

_____. O cabimento da ação rescisória para fazer cumprir decisão em recurso repetitivo: observância ao padrão decisório. *Revista de Processo*, vol. 284. São Paulo: Revista dos Tribunais, out. 2018.

_____. O futuro da reclamação – cabimento contra o descumprimento de decisão em recurso especial repetitivo à luz da decisão da corte especial do Superior Tribunal de Justiça nos autos da RCLC 3.476/SP. *Revista de Processo*, vol. 316. São Paulo: Revista dos Tribunais, jun. 2021.

CORTÊS, Osmar Mendes Paixão; MARQUES, Paula Menna Barreto. A aplicabilidade dos precedentes judiciais no processo arbitral. *Revista de Processo*, vol. 323. São Paulo: Revista dos Tribunais, jan. 2022.

COSTA NETO, José Wellington Bezerra da. Precedentes no Código de Processo Civil de 2015: somos ainda civil law? *Revista de Processo*, vol. 258. São Paulo: Revista dos Tribunais, ago. 2016.

CUEVA, Ricardo Villas Bôas. Técnica de julgamento dos recursos repetitivos e a constitucionalidade das decisões vinculativas e outras novidades do NCPC. *Revista de Processo*, vol. 257. São Paulo: Revista dos Tribunais, jul. 2016.

DANTAS, Bruno. (In)Consistência Jurisprudencial e Segurança Jurídica: o "novo" dever dos tribunais no Código de Processo Civil brasileiro. *Revista de Processo*, vol. 262. São Paulo: Revista dos Tribunais, dez. 2016.

DANTAS, Bruno; SANTOS, Caio Victor Ribeiro dos. One size doesn't fit all: a preservação da autonomia individual como fundamento implícito do IRDR. *Revista de Processo*, vol. 329. São Paulo: Revista dos Tribunais, jul. 2022.

DELLORE, Luiz; RODRIGUES, Walter Piva. Pela manutenção do "julgamento estendido" no CPC/2015 (art. 942). *Revista de Processo*, vol. 320. São Paulo: Revista dos Tribunais, out. 2021.

DIDIER JR., Fredie; CUNHA, Leonardo Carneiro da Cunha. Ação rescisória e a ação de invalidação de atos processuais prevista no art. 966, § 4º, do CPC/2015. *Revista de Processo*, vol. 252. São Paulo: Revista dos Tribunais, fev. 2016.

DIDIER JR., Fredie; LIPIANI, Julia. Incidente de Resolução de Demandas Repetitivas. Eficácia interpretativa do princípio federativo sobre o Direito Processual. Federalismo processual. Contraditório no processamento do Incidente de Resolução de Demandas Repetitivas. *Revista de Processo*, vol. 300. São Paulo: Revista dos Tribunais, fev. 2020.

DIDIER JR., Fredie; OLIVEIRA, Rafael Alexandria de. O depósito obrigatório da ação rescisória e a superveniência do novo CPC. *Revista de Processo*, vol. 266. São Paulo: Revista dos Tribunais, abr. 2017.

DIDIER JR., Fredie; TEMER, Sofia. A decisão de organização do incidente de resolução de demandas repetitivas: importância, conteúdo e o papel do regimento interno do tribunal. *Revista de Processo*, vol. 258. São Paulo: Revista dos Tribunais, ago. 2016.

DIDIER JR., Fredie; ZANETI JR., Hermes; PEIXOTO, Ravi. Precedentes em tempos de crise: uma análise a partir da situação brasileira de enfrentamento da Covid-19: *Revista Brasileira de Direito Processual*, vol. 118. Belo Horizonte: Fórum, abr./jun. 2022.

DURO, Cristiano. Entre autoridade, método e argumento: uma proposta para superação dos precedentes. *Revista de Processo*, vol. 299. São Paulo: Revista dos Tribunais, jan. 2020.

FABRÍCIO, Adroaldo Furtado. Rescindibilidade das sentenças e mérito da causa. *Revista de Processo*, vol. 280. São Paulo: Revista dos Tribunais, jun. 2018.

FACHINI, Laura Stefenon. Cabimento da ação rescisória face à violação de precedente obrigatório. *Revista de Processo*, vol. 307. São Paulo: Revista dos Tribunais, set. 2020.

FERNANDES, José Marcelo Leal de Oliveira. O colegiado ampliado do art. 942 do CPC/2015 e o mandado de segurança: dos acórdãos que ensejaram a vedação dos embargos infringentes em mandado de segurança às recentes decisões do STJ. *Revista de Processo*, vol. 329. São Paulo: Revista dos Tribunais, jul. 2022.

FERRAZ, Álvaro. Microssistema de precedentes judiciais vinculantes no CPC/15 e a gestão de processos. *Revista Brasileira de Direito Processual*, vol. 110. Belo Horizonte: Fórum, abr./jun. 2020.

FERRAZ, Taís Schilling. *Ratio decidendi* × tese jurídica. A busca pelo elemento vinculante do precedente brasileiro. *Revista de Processo*, vol. 265. São Paulo: Revista dos Tribunais, mar. 2017.

FILIPPO, Thiago Baldani Gomes de. Precedentes judiciais e separação de poderes. *Revista de Processo*, vol. 247. São Paulo: Revista dos Tribunais, set. 2015.

FRANCO, Marcelo Veiga; LEROY, Guilherme Costa. O efeito desjudicializante dos precedentes judiciais no Código de Processo Civil de 2015. *Revista de Processo*, vol. 267. São Paulo: Revista dos Tribunais, maio 2017.

FREIRE, Rodrigo Cunha Lima; LEMOS, Vinicius Silva. Os embargos de divergência como meio de formação de precedente vinculante. *Revista de Processo*, vol. 299. São Paulo: Revista dos Tribunais, jan. 2020.

FREITAS, Pedro Augusto Silveira. A formação do objeto litigioso no julgamento de casos repetitivos: a simbiose entre o modelo cooperativo de processo e a garantia constitucional do contraditório. *Revista de Processo*, vol. 302. São Paulo: Revista dos Tribunais, abr. 2020.

FUGA, Bruno Augusto Sampaio. A teoria da transcendência dos motivos determinantes e o sistema de precedentes: a necessária compreensão da *ratio decidendi*, da tese e do dispositivo do precedente. *Revista de Processo*, vol. 325. São Paulo: Revista dos Tribunais, mar. 2022.

FUX, Luiz; BODART, Bruno. Notas sobre o princípio da motivação e a uniformização da jurisprudência no Código de Processo Civil à luz da análise econômica do Direito. *Revista de Processo*, vol. 269. São Paulo: Revista dos Tribunais, jul. 2017.

FUX, Luiz; MENDES, Aluisio Gonçalves de Castro; FUX, Rodrigo. Sistema brasileiro de precedentes: principais características e desafios. *Revista de Processo*, vol. 332. São Paulo: Revista dos Tribunais, out. 2022.

GAIO JÚNIOR, Antônio Pereira. Considerações acerca da compreensão do modelo de vinculação às decisões judiciais: os precedentes no novo Código de Processo Civil Brasileiro. *Revista de Processo*, vol. 257. São Paulo: Revista dos Tribunais, jul. 2016.

_____. Os perfis do incidente de assunção de competência no CPC/2015. *Revista de Processo*, vol. 297. São Paulo: Revista dos Tribunais, nov. 2019.

GAJARDONI, Fernando da Fonseca; LEITE, Sofia Ribas Ortigosa. Os precedentes no CPC/2015 e a tendência de uniformização da jurisprudência: estudo de caso, análise de julgados e perspectivas positivas. *Revista de Processo*, vol. 298. São Paulo: Revista dos Tribunais, dez. 2019.

GALVÃO, Jorge Octávio Lavocat; GUIMARÃES, Sophia. Coisa julgada inconstitucional. Ação rescisória e inexigibilidade do título judicial: análise comparativa entre meios de impugnação do CPC/2015 e do CPC/73. *Revista de Processo*, vol. 300. São Paulo: Revista dos Tribunais, fev. 2020.

GOMES, Frederico Augusto; MARANHÃO, Clayton. A revogação tácita do art. 1.037, § 10, III, do CPC. *Revista de Processo*, vol. 282. São Paulo: Revista dos Tribunais, ago. 2018.

GOMES, Tadeu Alves Sena. O incidente da assunção de competência do CPC/2015 à luz da análise econômica do direito. *Revista de Processo*, vol. 309. São Paulo: Revista dos Tribunais, nov. 2020.

GONÇALVES, Gláucio Maciel; ASSIS, Guilherme Bacelar Patrício de. O prospective overruling nas Supremas Cortes brasileiras: a possibilidade de modulação temporal dos efeitos das decisões revogadoras de precedentes consolidados à luz da dogmática jurídica moderna e do novo Código de Processo Civil – CPC/2015. *Revista de Processo*, vol. 258. São Paulo: Revista dos Tribunais, ago. 2016.

GONTIJO, Lettícia Fabel; ALBERGARIA NETO, Jason Soares de. A técnica de julgamento do art. 942 do CPC/15 e sua repercussão: pesquisa descritiva e quantitativa no âmbito do TJMG. *Revista de Processo*, vol. 277. São Paulo: Revista dos Tribunais, mar. 2018.

GOUVÊA, Luís Felipe Espindola. A inconstitucionalidade nas novas hipóteses de reclamação previstas no novo Código de Processo Civil. *Revista de Processo*, vol. 253. São Paulo: Revista dos Tribunais, mar. 2016.

GRANADO, Daniel Willian; BRAZIL, Renato Caldeira Grava. O julgamento colegiado nos tribunais à luz da técnica de ampliação trazida pelo art. 942 do Código de Processo Civil de 2015: aplicação e abrangência. *Revista de Processo*, vol. 328. São Paulo: Revista dos Tribunais, junho de 2022.

JOBIM, Marco Félix; DUARTE, Zulmar. Ultrapassando o precedente: *anticipatory overruling*. *Revista de Processo*, vol. 285. São Paulo: Revista dos Tribunais, nov. 2018.

KOEHLER, Frederico Augusto Leopoldino. O sistema de precedentes vinculantes e o incremento da eficiência na prestação jurisdicional: aplicar a ratio decidendi sem rediscuti-la. *Revista de Processo*, vol. 258. São Paulo: Revista dos Tribunais, ago. 2016.

KOZIKOSKI, Sandro Marcelo; PUGLIESE, Willian Soares. Considerações sobre a ampliação do quórum no julgamento da apelação. *Revista de Processo*, vol. 276. São Paulo: Revista dos Tribunais, fev. 2018.

LAMY, Eduardo de Avelar. CHAVES, Guilherme Veiga. O "Caso Planaltina": IRDR transformado em recurso especial repetitivo sem contraditório nem representação de ausentes. *Revista de Processo*, vol. 324. São Paulo: Revista dos Tribunais, fev. 2022.

LAMY, Eduardo de Avelar; LUIZ, Fernando Vieira. Contra o aspecto prospectivo do precedente: uma crítica hermenêutica a Frederick Schauer. *Revista de Processo*, vol. 250. São Paulo: Revista dos Tribunais, dez. 2015.

LAMY, Eduardo de Avelar; SALOMON, Nadine Pires. Os desafios do incidente de resolução de demandas repetitivas em face do federalismo brasileiro. *Revista de Processo*, vol. 277. São Paulo: Revista dos Tribunais, mar. 2018.

LEAL, Rosemiro Pereira. A questão dos precedentes e o devido processo. *Revista Brasileira de Direito Processual*, vol. 98. Belo Horizonte: Fórum, abr./jun. 2017.

LEMOS, Vinícius Silva. A possibilidade de fungibilidade entre o IRDR e o IAC: viabilidade e necessidade de sistematização. *Revista de Processo*, vol. 274. São Paulo: Revista dos Tribunais, dez. 2017.

_____. A técnica de julgamento não unânime e as suas implicações procedimentais. *Revista Brasileira de Direito Processual*, vol. 101. Belo Horizonte: Fórum, jan./mar. 2018.

_____. O incidente de assunção de competência, a falta de procedimento definido e a proposta de sistematização – Parte I: a suscitação e a admissibilidade. *Revista Brasileira de Direito Processual*, vol. 103. Belo Horizonte: Fórum, jul./set. 2018.

_____. O incidente de assunção de competência, a falta de procedimento definido e a proposta de sistematização – Parte II: da afetação até o julgamento. *Revista Brasileira de Direito Processual*, vol. 106. Belo Horizonte: Fórum, abr./jun. 2019.

LESSA, Guilherme Thofehrn. Incidente de resolução de demandas repetitivas (IRDR): entre coisa julgada, precedente e tese. *Revista de Processo*, vol. 321. São Paulo: Revista dos Tribunais, nov. 2021.

LESSA NETO, João Luiz. Impugnação da decisão judicial transitada em julgado fundamentada em comando normativo inconstitucional: impactos do Código de Processo Civil de 2015. *Revista de Processo*, vol. 294. São Paulo: Revista dos Tribunais, ago. 2019.

LÍSIAS, Andressa Paula Senna. Quais os elementos vinculantes do precedente produzido pelos recursos repetitivos?. *Revista de Processo*, vol. 323. São Paulo: Revista dos Tribunais, jan. 2022.

LOBO, Arthur Mendes. A instauração de incidente de resolução de demandas repetitivas (IRDR) ou de incidente de assunção de competência (IAC) com pedido de declaração de inconstitucionalidade de lei federal usurparia a competência do Supremo Tribunal Federal? *Revista Brasileira de Direito Processual*, vol. 108. Belo Horizonte: Fórum, out/dez. 2019.

LOPES, Carlos Alberto. Sustentação oral no Tribunal. *Revista de Processo*, vol. 256. São Paulo: Revista dos Tribunais, jun. 2016.

LUCON, Paulo Henrique dos Santos; CUNHA, Leonardo Carneiro da. Manifestação do IBDP quanto ao cabimento de reclamação por desrespeito a decisão em recurso repetitivo. *Revista de Processo*, vol. 300. São Paulo: Revista dos Tribunais, fev. 2020.

LUZ, Tatiana Tiberio; FRANÇOLIN, Wanessa de Cássia. Impacto da pandemia na tramitação dos processos e na jurisprudência civil brasileira. *Revista de Processo*, vol. 331. São Paulo: Revista dos Tribunais, set. 2022.

MACEDO, Elaine Harzheim; GILLET, Sérgio Augusto da Costa. O acesso à informação do direito jurisprudencial e o art. 3º da LINDB: um desafio a ser superado. *Revista Brasileira de Direito Processual*, vol. 106. Belo Horizonte: Fórum, abr./jun. 2019.

MACÊDO, Lucas Buril; PEIXOTO, Ravi. A "tese jurídica" nos precedentes obrigatórios: um jogo de espelhos com a *ratio decidendi* e com a coisa julgada?. *Revista de Processo*, vol. 332. São Paulo: Revista dos Tribunais, out. 2022.

MACÊDO, Lucas Buril; ALMEIDA, Maria Eduarda. Os precedentes obrigatórios vinculam o tribunal arbitral? *Revista de Processo*, vol. 305. São Paulo: Revista dos Tribunais, jul. 2020.

MACIEL, Stela Economides. Incidente de resolução de demandas repetitivas: reflexões em torno da aplicação das regras de procedimento para a sua eficiência. *Revista de Processo*, vol. 312. São Paulo: Revista dos Tribunais, fev. 2021.

MARCONDES, Gustavo Viegas. Limites de cognição no julgamento do incidente de resolução de demandas repetitivas. *Revista de Processo*, vol. 277. São Paulo: Revista dos Tribunais, mar. 2018.

MARCONDES, Gustavo Viegas; PIZZOL, Patricia Miranda. A utopia da uniformidade, estabilidade, integridade e coerência: análise da eficácia vinculante das decisões, a partir do EREsp 1.360.577/MG. *Revista de Processo*, vol. 317. São Paulo: Revista dos Tribunais, jul. 2021.

MARINONI, Luiz Guilherme. Abstrativização do controle concreto ou concretização do controle abstrato?. *Revista de Processo*, vol. 329. São Paulo: Revista dos Tribunais, jul. 2022.

_____. A intangibilidade da coisa julgada diante da decisão de inconstitucionalidade: impugnação, rescisória e modulação de efeitos. *Revista de Processo*, vol. 251. São Paulo: Revista dos Tribunais, jan. 2016.

_____. A não decisão enquanto opção democrática. *Revista de Processo*, vol. 324. São Paulo: Revista dos Tribunais, fev. 2022.

_____. Ação rescisória baseada em violação de norma jurídica. *Revista de Processo*, vol. 267. São Paulo: Revista dos Tribunais, maio 2017.

_____. Julgamento colegiado e precedente. *Revista de Processo*, vol. 264. São Paulo: Revista dos Tribunais, fev. 2017.

MARQUES, Elmer da Silva. O poder de influenciar a formação da decisão judicial como requisito legitimador do precedente judicial obrigatório. *Revista de Processo*, vol. 275. São Paulo: Revista dos Tribunais, jan. 2018.

MAROCCO, Jair. Sentenças aditivas e formação de precedentes. *Revista de Processo*, vol. 268. São Paulo: Revista dos Tribunais, jun. 2017.

MARTINS, Renata Cristina Lopes Pinto; MADEIRA, Bruno da Silva. Ação anulatória de ato judicial no novo Código de Processo Civil. In: Instituto Brasileiro de Direito Processual; SCARPINELLA BUENO, Cassio (org.). PRODIREITO: Direito Processual Civil: Programa de Atualização em Direito: Ciclo 3. Porto Alegre: Artmed Panamericana, 2017 (Sistema de Educação Continuada a Distância, vol. 1).

MAZZOLA, Marcelo. Formalismo-valorativo e primazia do mérito: combate à jurisprudência defensiva dos tribunais. *Revista de Processo*, vol. 281. São Paulo: Revista dos Tribunais, jul. 2018.

MAZZOLA, Marcelo; VALE, Luís Manoel Borges do. Contagem de votos: divergências quantitativa/qualitativa e a esquizofrenia no âmbito dos tribunais. *Revista de Processo*, vol. 317. São Paulo: Revista dos Tribunais, jul. 2021.

MEDEIROS NETO, Elias Marques. A jurisprudência do Supremo Tribunal Federal e do Superior Tribunal de Justiça sobre a relação existente entre a recusa de submissão à jurisdição estrangeira e o cumprimento da carta rogatória. *Revista Dialética de Direito Processual*, vol. 147. São Paulo: Dialética, jun. 2015.

MELLO, Felipe Varela. O art. 927 do Código de Processo Civil e o seu rol de precedentes vinculantes. *Revista de Processo*, vol. 330. São Paulo: Revista dos Tribunais, ago. 2022.

MENDES, Aluisio Gonçalves de Castro; TEMER, Sofia. O incidente de resolução de demandas repetitivas do novo Código de Processo Civil. In: Instituto Brasileiro de Direito Processual; SCARPINELLA BUENO, Cassio (org.). PRODIREITO: Direito Processual Civil: Programa de Atualização em Direito: Ciclo 1. Porto Alegre: Artmed Panamericana, 2015 (Sistema de Educação Continuada a Distância, vol. 1).

MENDONÇA, Jorge André de Carvalho; GOUVEIA, Lúcio Grassi de. A forma de julgamento dos tribunais superiores brasileiros e a doutrina dos precedentes obrigatórios: um estudo de idênticos casos concretos. *Revista de Processo*, vol. 260. São Paulo: Revista dos Tribunais, out. 2016.

MICHEL, Voltaire de Freitas; DEITOS, Marc Antoni. Perspectivas para a modulação de efeitos da decisão nos recursos especiais. Revista de Processo, vol. 306. São Paulo: Revista dos Tribunais, ago. 2020.

MITIDIERO, Daniel. Precedentes, jurisprudência e súmulas no novo Código de Processo Civil Brasileiro. *Revista de Processo*, vol. 245. São Paulo: Revista dos Tribunais, jul. 2015.

MOHAMAD ALI, Anwar. Teoria da causa madura nos Tribunais Superiores. *Revista de Processo*, vol. 278. São Paulo: Revista dos Tribunais, abr. 2018.

MOHRER, Michelle Ris. A modulação puramente prospectiva na alteração do precedente vinculante e da jurisprudência dominante como forma autêntica de preservar os princípios da isonomia e da proteção à confiança. *Revista de Processo*, vol. 323. São Paulo: Revista dos Tribunais, jan. 2022.

MOLLICA, Rogerio; MEDEIROS NETO, Elias Marques de. O § 15 do art. 525 e o § 8º do art. 535 do novo CPC: considerações sobre a reabertura do prazo para o ajuizamento de ação rescisória e a segurança jurídica. *Revista de Processo*, vol. 262. São Paulo: Revista dos Tribunais, dez. 2016.

MOTTA, Eduarda Victoria Limani Boisson. Uma análise das ferramentas processuais para superação de precedentes firmadas em recursos repetitivos. *Revista de Processo*, vol. 321. São Paulo: Revista dos Tribunais, nov. 2021.

NADAL, João Eduardo de; OLIVEIRA JÚNIOR, Zulmar Duarte de. A reclamação como instrumento para a superação dos precedentes qualificados. *Revista de Processo*, vol. 318. São Paulo: Revista dos Tribunais, ago. 2021.

NERY JUNIOR, Nelson; ABBOUD, Georges. O CPC/2015 e o risco de uma juristocracia: a correta compreensão da função dos tribunais superiores entre o ativismo abstrato das teses e o julgamento do caso concreto. *Revista Brasileira de Direito Processual*, vol. 93. Belo Horizonte: Fórum, janeiro/mar. 2016.

NOGUEIRA, Gustavo. A recepção dos precedentes pelo novo Código de Processo Civil: uma utopia? *Revista de Processo*, vol. 249. São Paulo: Revista dos Tribunais, novembro de 2015.

NUNES, Dierle. Colegialidade corretiva, precedentes e vieses cognitivos: algumas questões do CPC-2015. *Revista Brasileira de Direito Processual*, vol. 92. Belo Horizonte: Fórum, outubro/dez. 2016.

NUNES, Dierle; FREITAS, Marina Carvalho. A necessidade de meios para superação dos precedentes. *Revista de Processo*, vol. 281. São Paulo: Revista dos Tribunais, jul. 2018.

NUNES, Dierle; HORTA, André Frederico. A doutrina do precedente judicial: fatos operativos, argumentos de princípio e o novo Código de Processo Civil. In: Instituto Brasileiro de Direito Processual; SCARPINELLA BUENO, Cassio (org.). PRODIREITO: Direito Processual Civil: Programa de Atualização em Direito: Ciclo 1. Porto Alegre: Artmed Panamericana, 2015 (Sistema de Educação Continuada a Distância, vol. 2).

OLANI, José Alexandre Manzano. Poderes do relator no Código de Processo Civil de 2015. In: Instituto Brasileiro de Direito Processual; SCARPINELLA BUENO, Cassio. (Org.). PRODIREITO: Direito Processual Civil: Programa de Atualização em Direito: Ciclo 2. Porto Alegre: Artmed Panamericana, 2017 (Sistema de Educação Continuada a Distância, vol. 4).

OLIVEIRA, Alexandre Varela de; MUNDIM, Luís Gustavo Reis. A impossibilidade de padronização decisória preventiva no incidente de resolução de demandas repetitivas. *Revista Brasileira de Direito Processual*, vol. 106. Belo Horizonte: Fórum, abr./jun. 2019.

OLIVEIRA, Bruno Silveira de. O sistema de pretensões repetitivas: entre a justiça formal e a razoável duração dos feitos (uma análise do prazo de suspensão de demandas e de recursos repetitivos no Código de Processo Civil). *Revista de Processo*, vol. 284. São Paulo: Revista dos Tribunais, out. 2018.

OLIVEIRA, Eduarda Azevedo de; CÔRTES, Osmar Mendes Paixão. O controle de convencionalidade na Corte Interamericana de Direitos Humanos e no Supremo Tribunal Federal. *Revista de Processo*, vol. 328. São Paulo: Revista dos Tribunais, jun. 2022.

OLIVEIRA, Pedro Miranda de. Aspectos destacados da reclamação no novo Código de Processo Civil. *Revista de Processo*, vol. 247. São Paulo: Revista dos Tribunais, set. 2015.

OLIVEIRA, Pedro Miranda de; CARBONI, Fernando Machado. A delimitação da questão comum na admissão do Incidente de Resolução de Demandas Repetitivas. *Revista de Processo*, vol. 312. São Paulo: Revista dos Tribunais, fev. 2021.

OLIVEIRA, Pedro Miranda de; POSSARI, Lívia Ferruzzi. Aspectos destacados sobre a homologação de decisão estrangeira. *Revista de Processo*, vol. 327. São Paulo: Revista dos Tribunais, maio 2022.

OLIVEIRA, Weber Luiz de. Precedentes judiciais na administração pública. *Revista de Processo*, vol. 251. São Paulo: Revista dos Tribunais, jan. 2016.

OLIVEIRA JÚNIOR, Délio Mota de. Teoria brasileira dos precedentes judiciais e o argumento novo, não considerado na formação da tese jurídica. *Revista de Processo*, vol. 280. São Paulo: Revista dos Tribunais, jun. 2018.

PAFIADACHE, Renata de Almeida; TRIGUEIRO, Victor Guedes. A indevida utilização de reclamação para revisão de tese de repercussão geral: crítica e solução. *Revista de Processo*, vol. 325. São Paulo: Revista dos Tribunais, mar. 2022.

PANUTTO, Peter. A preferência constitucional pelo controle concentrado de constitucionalidade e os precedentes judiciais vinculantes no Novo CPC. *Revista de Processo*, vol. 242. São Paulo: Revista dos Tribunais, abr. 2015.

PANUTTO, Peter; GONÇALVES, Kennedy Anderson Pereira. Uma análise crítica das Súmulas à luz do CPC/15. *Revista de Processo*, vol. 327. São Paulo: Revista dos Tribunais, maio 2022.

PASQUALOTTO, Victória Franco. Um retrato em 3x4: o início da história da reclamação no Brasil. *Revista de Processo*, vol. 322. São Paulo: Revista dos Tribunais, dez. 2021.

PAULA FILHO, Alexandre Moura de; GOUVEIA, Lúcio Grassi de. Diálogo processual intersubjetivo pós-Código de Processo Civil de 2015: a jurisprudência do Superior Tribunal de Justiça caminha no sentido de garanti-lo ou limitá-lo? *Revista Brasileira de Direito Processual*, vol. 117. Belo Horizonte: Fórum, jan./mar. 2022.

PEIXOTO, Ravi. A modulação de efeitos em favor dos entes públicos na superação de precedentes: uma análise de sua (im)possibilidade. *Revista de Processo*, vol. 246. São Paulo: Revista dos Tribunais, ago. 2015.

_____. A superação prospectiva de precedentes: da origem norte-americana ao novo CPC. *Revista Brasileira de Direito Processual*, vol. 105. Belo Horizonte: Fórum, jan./mar 2019.

_____. O incidente de arguição de inconstitucionalidade e o CPC/2015. *Revista de Processo*, vol. 287. São Paulo: Revista dos Tribunais, jan. 2019.

_____. O sistema de precedentes desenvolvido pelo CPC/2015 – Uma análise sobre a adaptabilidade da distinção (*distinguishing*) e da distinção inconsistente (*inconsistent distinguishing*). *Revista de Processo*, vol. 248. São Paulo: Revista dos Tribunais, out. 2015.

PEIXOTO, Ravi; SILVEIRA, Marcelo Pichioli da. Ação rescisória e competência: novos e velhos problemas. *Revista Brasileira de Direito Processual*, vol. 96. Belo Horizonte: Fórum, out./dez. 2016.

PEREIRA, João Sergio dos Santos Soares; VALE, Luís Manoel Borges do. A formação concentrada de precedentes no STF e o julgamento no plenário virtual: dilemas e perspectivas. *Revista de Processo*, vol. 329. São Paulo: Revista dos Tribunais, jul. 2022.

PEREIRA, Rafael Caselli; TESSARI, Cláudio; O direito ao fornecimento dos votos parciais no julgamento não unânime sob a perspectiva do devido processo legal. *Revista de Processo*, vol. 306. São Paulo: Revista dos Tribunais, ago. 2020.

PIGNANELI, Guilherme da Costa Ferreira; VASCONCELOS, Rita de Cássia Corrêa de. Análise econômica dos precedentes. *Revista Brasileira de Direito Processual*, vol. 107. Belo Horizonte: Fórum, jul./set. 2019.

PINHO, Humberto Dalla Bernardina de; RODRIGUES, Roberto de Aragão Ribeiro. O microssistema de formação de precedentes judiciais vinculantes previstos no novo CPC. *Revista de Processo*, vol. 259. São Paulo: Revista dos Tribunais, set. 2016.

PIRES, Michel Hernane Noronha. Os reflexos da modulação dos efeitos do precedente sobre a coisa julgada. *Revista de Processo*, vol. 330. São Paulo: Revista dos Tribunais, ago. 2022.

POMJÉ, Caroline; SCARPARO, Eduardo. Modulação para proteger direitos subjetivos. *Revista Brasileira de Direito Processual*, vol. 112. Belo Horizonte: Fórum, out./dez. 2020.

PONTES, Daniel de Oliveira. A função criadora da jurisdição e a ação rescisória por violação de norma jurídica: a regulação do CPC e a rescisão pela contrariedade a precedente. *Revista de Processo*, vol. 325. São Paulo: Revista dos Tribunais, mar. 2022.

PRITSCH, Cesar Zucatti; JUNQUEIRA, Fernanda Antunes Marques; MARANHÃO, Ney. O sistema de precedentes no Código de Processo Civil de 2015: a superação do positivismo jurídico para a garantia de estabilidade e isonomia nas decisões judiciais. *Revista de Processo*, vol. 303. São Paulo: Revista dos Tribunais, maio 2020.

RAMOS, Dignidade humana como obstáculo à homologação de sentença estrangeira. *Revista de Processo*, vol. 249. São Paulo: Revista dos Tribunais, novembro de 2015.

REICHELT, Luis Alberto. Direito fundamental à publicidade dos atos processuais e forma eletrônica dos atos processuais no âmbito cível: autos eletrônicos, sessões de julgamento virtual e por videoconferência. *Revista Brasileira de Direito Processual*, vol. 114. Belo Horizonte: Fórum, abr./jun. 2021.

_____. O incidente de resolução de demandas repetitivas no novo Código de Processo Civil brasileiro e o redimensionamento do papel constitucionalmente associado aos tribunais de justiça e aos tribunais regionais federais. *Revista de Processo*, vol. 248. São Paulo: Revista dos Tribunais, out. 2015.

REZENDE, Lucas Teixeira de; RICCETTO, Pedro Henrique Arcain. Crise do Estado Moderno, separação de Poderes e stare decisis. Os precedentes judiciais no novo Código de Processo Civil. *Revista de Processo*, vol. 245. São Paulo: Revista dos Tribunais, jul. 2015.

RIBEIRO II, Ricardo Chamon. A identificação da(s) *ratio(nes) decidendi* e o *distinguishing* no modelo de precedentes do CPC/2015. *Revista de Processo*, vol. 326. São Paulo: Revista dos Tribunais, abr. 2022.

RICHTER, Bianca Mendes Pereira. O incidente de assunção de competência como precedente no novo Código de Processo Civil. *Revista de Processo*, vol. 280. São Paulo: Revista dos Tribunais, jun. 2018.

_____. Repercussões da litigância contra precedente no atual ordenamento jurídico brasileiro e a litigância de má-fé. *Revista de Processo*, vol. 277. São Paulo: Revista dos Tribunais, mar. 2018.

_____. Dos incidentes de resolução de demandas repetitivas no caso do Rio Doce: uma análise a partir da atuação do litigante habitual nesta forma de resolução de questões repetitivas. *Revista de Processo*, vol. 301. São Paulo: Revista dos Tribunais, mar. 2020.

ROCHA, André Luiz Nelson dos Santos Cavalcanti da; CLEMENTINO, Marco Bruno Miranda. Cumprimento de decisão estrangeira de julgamento parcial do mérito. *Revista de Processo*, vol. 324. São Paulo: Revista dos Tribunais, fev. 2022.

ROCHA, Antonio Carlos Sirqueira. Para o "bem" ou para o "mal", uma (re)leitura kelseniana dos arts. 926 e 976 do CPC. *Revista Brasileira de Direito Processual*, vol. 117. Belo Horizonte: Fórum, jan./mar. 2022.

RODRIGUES, Daniel Colnago; MELLO, Felipe Augusto Rodrigues de. A suspensão nacional dos processos determinada no incidente de resolução de demandas repetitivas: comentários ao tema/SIRDR n. 4 do Superior Tribunal de Justiça. *Revista Brasileira de Direito Processual*, vol. 115. Belo Horizonte: Fórum, jul./set. 2021.

RODRIGUES, Marcelo Abelha. Sistema de precedentes ou meros filtros redutores de demandas repetitivas? Angústias e desconfianças. *Revista de Processo*, vol. 259. São Paulo: Revista dos Tribunais, set. 2016.

RODRIGUES, Marco Antonio; MELLO, Felipe Varela. A reclamação constitucional como mecanismo de controle de precedentes vinculantes: uma abordagem do instituto à luz do sistema de precedentes brasileiro. *Revista de Processo*, vol. 327. São Paulo: Revista dos Tribunais, maio 2022.

ROSSI, Júlio César; MUNDIM, Luís Gustavo Reis. Reclamação e cortes supremas: contrapontos às teses do professor Daniel Mitidiero. *Revista Brasileira de Direito Processual*, vol. 113. Belo Horizonte: Fórum, jan./mar. 2021.

SANT'ANNA, Vinicius de Souza. Precedentes judiciais vinculantes no direito processual civil brasileiro: interlocução com a tradição *common law*, premissas e ferramentas essenciais, benefícios e malefícios. *Revista de Processo*, vol. 326. São Paulo: Revista dos Tribunais, abr. 2022.

SANTOS, Welder Queiroz dos. A função das súmulas no direito brasileiro: de método de trabalho a observância obrigatória. *Revista de Processo*, vol. 318. São Paulo: Revista dos Tribunais, ago. 2021.

_____. Ação rescisória contra decisão interlocutória de mérito e contra capítulo não recorrido. *Revista de Processo*, vol. 272. São Paulo: Revista dos Tribunais, out. 2017.

_____. Ação rescisória por violação à norma jurídica constitucional: o § 15 do art. 525 e o § 8º do art. 535 do CPC. *Revista de Processo*, vol. 320. São Paulo: Revista dos Tribunais, out. 2021.

SCARPARO, Eduardo. Nulidades e vícios de consentimento em atos processuais volitivos. *Revista de Processo*, vol. 325. São Paulo: Revista dos Tribunais, mar. 2022.

_____. Precedentes são aplicados por analogia apenas quando não são precedentes. *Revista Brasileira de Direito Processual*, vol. 108. Belo Horizonte: Fórum, out/dez. 2019.

SCARPINELLA BUENO, Cassio. Dinâmica do direito jurisprudencial no âmbito do CARF (Conselho Administrativo de Recursos Fiscais): interpretação e distinção a partir de sua Súmula 11. *Revista de Processo*, vol. 323. São Paulo: Revista dos Tribunais, jan. 2022.

_____. Incidente de Assunção de Competência: reflexões sobre seu cabimento, suspensão de processos e fungibilidade. Revista de Processo, vol. 309. São Paulo: Revista dos Tribunais, nov. 2020.

SCARPINELLA BUENO, Cassio; TONELLI, Luciano; ARAÚJO, Taís Santos de. Aplicabilidade da técnica de ampliação do colegiado ao mandado de segurança: comentários ao acórdão do REsp 1.868.072/RS. *Revista de Processo*, vol. 324. São Paulo: Revista dos Tribunais, fev. 2022.

SCHENK, Leonardo Faria. Superação da tese firmada em recursos repetitivos no CPC/2015: propostas para assegurar o acesso dos interessados aos tribunais superiores. *Revista de Processo*, vol. 311. São Paulo: Revista dos Tribunais, jan. 2021.

STRAPASSON, Kamila Maria. Precedentes judiciais e decisões vinculantes: a necessidade da adoção de uma visão interpretativa dos precedentes pelo Supremo Tribunal Federal. *Revista Brasileira de Direito Processual*, vol. 117. Belo Horizonte: Fórum, jan./mar. 2022.

SEPÚLVEDA, Antonio Guimarães; DE LAZARI, Igor; KAYAT, Roberto Carlos Rocha. A dinâmica das decisões jurisdicionais colegiadas. *Revista Brasileira de Direito Processual*, vol. 114. Belo Horizonte: Fórum, abr./jun. 2021.

SHIMURA, Sergio; FRANÇOLIN, Wanessa de Cássia. Colegiado do colegiado: discussão sobre o julgamento estendido previsto no art. 942 do CPC. *Revista de Processo*, vol. 318. São Paulo: Revista dos Tribunais, ago. 2021.

SHIMURA, Sérgio; PONTES, Pétrick Joseph Janofsky Canonico. Ponderações sobre o cabimento da reclamação perante quaisquer tribunais para preservar a autoridade de suas decisões. *Revista de Processo*, vol. 298. São Paulo: Revista dos Tribunais, dez. 2019.

SICA, Heitor Vitor Mendonça. Brevíssimas reflexões sobre a evolução do tratamento da litigiosidade repetitiva no ordenamento brasileiro, do CPC/1973 ao CPC/2015. *Revista de Processo*, vol. 257. São Paulo: Revista dos Tribunais, jul. 2016.

SILVA, Beclaute Oliveira; LIMA, Bruna Medeiros Valente. Vinculação do precedente no Brasil: análise normativa. *Revista Brasileira de Direito Processual*, vol. 103. Belo Horizonte: Fórum, jul./set. 2018.

SILVA, Michel Ferro e. O novo Código de Processo Civil e o termo inicial para contagem de prazo de ajuizamento de ação rescisória fundamentada em prova nova. *Revista Dialética de Direito Processual*, vol. 150. São Paulo: Dialética, set. 2015.

SOARES, Carlos Henrique. Paradoxos dos precedentes judiciais. *Revista Brasileira de Direito Processual*, vol. 100. Belo Horizonte: Fórum, out./dez. 2017.

SOUSA, Diego Crevelin de; ROSSI, Júlio César. O incidente de quórum qualificado em julgamentos não unânimes no CPC: mais uma jaboticaba! *Revista Brasileira de Direito Processual*, vol. 99. Belo Horizonte: Fórum, jul./set. 2017.

STRÄTZ, Murilo. Aportes à desmistificação do art. 927 do novo Código de Processo Civil. *Revista de Processo*, vol. 269. São Paulo: Revista dos Tribunais, jul. 2017.

STRECK, Lenio Luiz. A (nova) reclamação no CPC/2015. *Revista Brasileira de Direito Processual*, vol. 93. Belo Horizonte: jan./mar. 2016.

TAVARES, André Ramos. A importância do *distinguishing*. *Revista de Processo*, vol. 324. São Paulo: Revista dos Tribunais, fev. 2022.

TARTUCE, Fernanda; ASPERTI, Maria Cecília de Araujo. As técnicas de julgamento de casos repetitivos e a triagem de processos e recursos sob a perspectiva do acesso à justiça individual. *Revista de Processo*, vol. 288. São Paulo: Revista dos Tribunais, fev. 2019.

TEIXEIRA, Guilherme Puchalski. Incidente de resolução de demandas repetitivas: projeções em torno de sua eficiência. *Revista de Processo*, vol. 251. São Paulo: Revista dos Tribunais, jan. 2016.

TEMER, Sofia. Precedentes judiciais e arbitragem: reflexões sobre a vinculação do árbitro e o cabimento de ação anulatória. *Revista de Processo*, vol. 278. São Paulo: Revista dos Tribunais, abr. 2018.

TESHEINER, José Maria. Ação rescisória no novo Código de Processo Civil. *Revista de Processo*, vol. 244. São Paulo: Revista dos Tribunais, jun. 2015.

TESHEINER, José Maria; JOBIM, Marco Félix. Tribunais superiores e juízes inferiores: reflexões sobre o Judiciário, precedentes vinculantes e fundamentação das decisões judiciais. *Revista Brasileira de Direito Processual*, vol. 98. Belo Horizonte: Fórum, abril/jun. 2017.

TESHEINER, José Maria; VIAFORE, Daniele. O incidente de resolução de demandas repetitivas no novo Código de Processo Civil. *Revista Brasileira de Direito Processual*, vol. 91. Belo Horizonte: Fórum, jul./set. 2015.

THAMAY, Rennan Faria Krüger; ANDRADE, Vinícius Ferreira de. Reclamação no novo Código de Processo Civil. *Revista Brasileira de Direito Processual*, vol. 96. Belo Horizonte: Fórum, out./dez. 2016.

THEODORO JÚNIOR, Humberto. Ação rescisória no novo Código de Processo Civil. *Revista Brasileira de Direito Processual*, vol. 90. Belo Horizonte: Fórum, abr./jun. 2015.

_____. Ação rescisória no NCPC: decisão homologatória de autocomposição. Procedimentos contencioso e de jurisdição voluntária. *Revista Brasileira de Direito Processual*, vol. 96. Belo Horizonte: Fórum, out./dez. 2016.

_____. Jurisprudência e precedentes vinculantes no Novo Código de Processo Civil – Demandas repetitivas. *Revista de Processo*, vol. 255. São Paulo: Revista dos Tribunais, maio 2016.

_____. O direito jurisprudencial e o Código de Processo Civil de 2015: modulação temporal dos efeitos de mudança na orientação da jurisprudência vinculativa. *Revista de Processo*, vol. 320. São Paulo: Revista dos Tribunais, out. 2021.

_____. O sistema de precedentes implantado pelo CPC/2015. *Revista de Processo*, vol. 331. São Paulo: Revista dos Tribunais, set. 2022.

VIEIRA, Gustavo. Reclamação e provimentos vinculantes: a coerência e a integridade como pressupostos institucionais da atividade jurisdicional. *Revista de Processo*, vol. 332. São Paulo: Revista dos Tribunais, out. 2022.

VIOLIN, Jordão. Dupla conformidade e julgamento monocrático de mérito: os poderes do relator no Código de Processo Civil. *Revista de Processo*, vol. 267. São Paulo: Revista dos Tribunais, maio 2017.

_____. Onde está a segurança jurídica? Colegialidade, polarização de grupo e integridade dos tribunais. *Revista de Processo*, vol. 268. São Paulo: Revista dos Tribunais, jun. 2017.

VITORELLI, Edilson. Decisão judicial por métodos estatísticos: novos horizontes para as causas repetitivas? *Revista de Processo*, vol. 298. São Paulo: Revista dos Tribunais, dez. 2019.

WAMBIER, Luiz Rodrigues. Pressupostos normativos e aspectos práticos do incidente de assunção de competência. *Revista Brasileira de Direito Processual*, vol. 104. Belo Horizonte: Fórum, out./dez 2018.

YOSHIKAWA, Eduardo Henrique de Oliveira. Sustentação oral no processo civil brasileiro. *Revista de Processo*, vol. 280. São Paulo: Revista dos Tribunais, jun. 2018.

XAVIER, Felipe Rodrigues. A estranha coexistência entre protagonismo judicial e integridade e coerência do direito no Código de Processo Civil brasileiro. *Revista de Processo*, vol. 268. São Paulo: Revista dos Tribunais, jun. 2017.

ZANETI JR., Hermes; PEREIRA, Carlos Frederico Bastos. Por que o Poder Judiciário não legisla no modelo de precedentes do Código de Processo Civil de 2015? *Revista de Processo*, vol. 257. São Paulo: Revista dos Tribunais, jul. 2016.

Capítulo 17

Recursos

1. PARA COMEÇAR

O Título II do Livro III da Parte Especial é dedicado integralmente aos recursos. Após as disposições gerais, que ocupam seu Capítulo I, cada um dos recursos, de acordo com e na ordem do rol do art. 994, encontra sua disciplina em capítulo próprio.

É essa mesma proposta de apresentação da matéria que entendo suficientemente clara para adotar neste Capítulo do *Manual*. Antes de tratar das disposições gerais dos arts. 994 a 1.008, que formam o Capítulo I do precitado Título, contudo, entendo ser necessário expor, com os limites inerentes a este trabalho, alguns elementos de (uma) teoria geral dos recursos, razão de ser do nome do número seguinte. Após, cada um dos números é dedicado aos recursos, na ordem do próprio art. 994, com os desdobramentos e as inversões que a exposição e a didática acabam por exigir, até porque, faço o alerta desde logo, há diversos dispositivos que, não obstante presentes na disciplina de um específico recurso, merecem ser interpretados e aplicados mais amplamente, para alcançar outras espécies recursais.

2. ELEMENTOS DE UMA TEORIA GERAL DOS RECURSOS

Antes de analisar os dispositivos que compõem o Capítulo I do Título II do Livro III da Parte Especial, os arts. 994 a 1.008, reputo importante, como acabei de escrever, trazer alguns elementos da teoria geral dos recursos ou, mais precisamente, de *uma* teoria geral, aquela que exponho, com o vagar necessário, na Parte III do volume 2 do meu *Curso sistematizado de direito processual civil*.

A iniciativa é a de viabilizar ao prezado leitor algumas informações apriorísticas que permitam uma mais adequada compreensão das normas que ocupam todo o Título. O aprofundamento dos temas aqui indicados é tarefa da qual me desincumbo ao longo da exposição.

2.1 Definição

É plenamente válida para o CPC de 2015 a lição de José Carlos Barbosa Moreira, nos seus imorredouros *Comentários ao Código de Processo Civil*, vol. V, sobre recurso definindo-o como "o remédio voluntário idôneo a ensejar, dentro do mesmo processo, a reforma, a invalidação, o esclarecimento ou a integração de decisão judicial que se impugna".

A definição reúne os elementos importantes para a caracterização dos recursos como tais. A sua voluntariedade (é preciso que haja manifestação de vontade para recorrer), a circunstância de o recurso desenvolver-se no *mesmo* processo e suas finalidades: reformar, invalidar, esclarecer ou integrar decisões jurisdicionais.

Ainda que no CPC de 2015, seguindo tendência das mudanças iniciadas com o advento da Lei n. 11.418/2006 e seguida pela Lei n. 11.672/2008 (responsáveis pelos arts. 543-A, 543-B e 543-C do CPC de 1973), os recursos extraordinários e especiais possam assumir feição *repetitiva* e, nesse sentido, quererem desempenhar a função de decisões paradigmáticas ou de verdadeiros "indexadores jurisprudenciais", tal como, com base no inciso III do art. 927, escrevo no n. 2.2 do Capítulo 16, aquela função não afeta a caracterização dos recursos como tais no nosso direito. É correto entender que os recursos repetitivos são mera técnica de julgamento (no que é claro, aliás, o art. 928), inaptos, destarte, a interferir na visão consagrada de recursos, mesmo os extraordinários e os especiais, entre nós.

2.2 Classificação

É usual a doutrina apresentar classificações para os recursos considerando alguns critérios.

O primeiro critério classificatório leva em conta a extensão do inconformismo do recorrente quando comparado com a decisão que lhe é desfavorável. Para este fim, os recursos podem ser totais ou parciais, consoante o recorrente impugne toda a decisão ou apenas parte dela. É o que expressamente prevê o art. 1.002.

O segundo critério considera os tipos de vícios que uma decisão possui e que desafiam seu contraste por recursos. Por esse critério, os recursos podem ser de "fundamentação *livre*" ou de "fundamentação *vinculada*". Para os de fundamentação livre, basta o inconformismo do recorrente. Naqueles, os de fundamentação vinculada, o recorrente deve demonstrar além do (genérico) interesse recursal, um prejuízo específico, previamente valorado pela ordem jurídica, sem o que não se abre a via recursal. É o que se dá com os embargos de declaração, com os recursos especial e extraordinário.

O terceiro critério distingue os recursos *ordinários* dos recursos *extraordinários*, levando em conta os recursos que viabilizam o total e amplo reexame da causa em todos os seus aspectos, inclusive com o reexame de provas e exame de questões novas e os que não o admitem porque voltados, em última análise, a outra finalidade, qual seja, a uniformização da interpretação do direito constitucional federal e do direito infraconstitucional federal em todo o território brasileiro. Os recursos especial e extraordinário e os embargos de divergência são, nessa perspectiva, recursos extraordinários. Todos os demais são recursos ordinários.

A última classificação distingue o recurso principal do adesivo, o que pressupõe a manifestação recursal imediata do recorrente (recurso principal) ou diferida no tempo, a depender do comportamento da outra parte ou de um terceiro (recurso adesivo). A classificação, bem entendida, relaciona-se mais com a forma de interposição do recurso, de imediato ou *a posteriori,* do que, propriamente, com o próprio recurso em si mesmo considerado. A disciplina do recurso adesivo está nos §§ 1º e 2º do art. 997.

2.3 Princípios

Há uma série de princípios que animam o tema dos recursos que podem ser retirados diretamente do "modelo constitucional do direito processual civil". Outros, usualmente referidos pela doutrina, merecem dialogar com o sistema do próprio CPC de 2015.

No âmbito do modelo constitucional, o principal princípio a ser lembrado é o *duplo grau de jurisdição.* Princípio *implícito* – embora o inciso II do art. 102 e o inciso II do art. 105 da CF prevejam *um* duplo grau quando tratam do recurso ordinário para o STF e para o STJ, respectivamente –, ele decorre da constatação da existência e da competência dos Tribunais, em especial dos TJs e dos TRFs.

O princípio do *duplo grau de jurisdição,* para além de sua expressa previsão constitucional, merece ser compreendido no sentido de a sentença ser passível de reexame amplo por outro órgão jurisdicional. É o que, no CPC de 2015, é desempenhado suficientemente pelo recurso de apelação. Contrabalanceando este princípio com outros, também de índole constitucional, em especial o da efetividade do direito material pelo processo, é possível criar regras como a dos §§ 3º e 4º do art. 1.013, que permitem o julgamento direto pelo Tribunal após a superação da sentença, sem necessidade de ser determinado o proferimento de outra e a renovação do segmento recursal desde a primeira instância.

Também com fundamento constitucional implícito, o princípio da *colegialidade* significa que o "juiz natural" das decisões proferidas no âmbito dos Tribunais componentes da organização judiciária brasileira é órgão colegiado. Da mesma maneira é possível, graças ao jogo dos princípios, que outros, de porte constitucional, justifiquem regras como a do art. 932, que permitem que o relator, aquele que tem contato em primeiro lugar com o recurso, manifeste-se isoladamente (monocraticamente) em nome do colegiado. Como há expressa previsão de recurso para o colegiado competente, que poderá revisar o acerto ou o desacerto daquela decisão (art. 1.021), está atendido o núcleo essencial do princípio que aqui destaco.

Igualmente a *reserva de plenário* merece ser lembrada nessa sede, forte no que estabelece o art. 97 da CF. De acordo com aquele dispositivo, só o Tribunal Pleno ou, onde existir – e desde que haja delegação regimental neste sentido (art. 93, XI, da CF) –, o órgão especial é que tem competência para declarar a *inconstitucionalidade* de lei ou ato normativo. Em tais hipóteses, a *colegialidade* é exigida expressamente pela CF. O incidente de arguição de inconstitucionalidade dos arts. 948 a 950 do CPC de 2015 procedimentaliza aquela exigência constitucional (v. n. 5 do Capítulo 16).

No plano infraconstitucional, é comum a doutrina fazer menção a diversos princípios relativos aos recursos. Entendo pertinentes, para os fins deste *Manual*, indicar os seguintes:

O primeiro é o princípio da *taxatividade*, que deve ser entendido no sentido de que somente a Lei pode criar recursos no sistema processual civil brasileiro. E mais: não se trata de qualquer lei, mas de lei *federal*, por força do que dispõe o inciso I do art. 22 da CF. Mesmo o inciso XI do art. 24 da CF, que reconhece aos Estados-membros e ao Distrito Federal competência para criarem regras de *procedimento,* não pode inovar o sistema no que diz respeito à existência, criação ou revogação de recursos. Há unanimidade na doutrina de que os recursos e suas hipóteses de cabimento são matéria de direito *processual*, a afastar, consequentemente, a competência estadual e distrital da disciplina do tema. Matéria procedimental, apta, portanto, a ser *criada* por lei estadual, em tema de recursos diz respeito, por exemplo, à *forma* do exercício do direito de recorrer, o que convida os tímidos legisladores estaduais e o distrital a irem muito além da previsão do § 3º do art. 1.003, que se limita a permitir que normas de organização judiciária disciplinem formas diferenciadas de *interposição* dos recursos. O rol dos recursos está no art. 994.

O segundo princípio infraconstitucional que destaco é o da *unirrecorribilidade*, por vezes também chamado de *singularidade* ou de *unicidade*. Seu significado é o de que cada decisão jurisdicional desafia o seu contraste por um e só por um recurso. Cada recurso, por assim dizer, tem aptidão de viabilizar o controle de determinadas decisões jurisdicionais com exclusão dos demais, sendo vedada – é este o ponto nodal do princípio – a interposição *concomitante* de mais de um recurso para o atingimento de uma mesma finalidade.

Até porque cada recurso, bem compreendido, tem finalidade, por mais estreita que seja, própria, que o justifica (e o tipifica) como tal, o que dá ensejo à apresentação de um terceiro princípio infraconstitucional dos recursos, o da *correlação*, a relacionar cada recurso a uma específica finalidade, independentemente de sua maior ou menor abrangência. É insuficiente, contudo, prezado leitor, limitar-se a afirmar que das sentenças cabe apelação (art. 1.009, *caput*) e que de decisões interlocutórias cabe o agravo de instrumento, observando, no particular, o rol do art. 1.015. O princípio vai além, estabelecendo a razão de ser de cada um dos recursos indicados no art. 994, para além daquela dicotomia, levando em conta também, mas não só, as decisões proferidas pelo juízo da primeira instância, como se pode extrair da leitura dos seguintes dispositivos: arts. 1.009, 1.015, 1.021, 1.022, 1.027, 1.029, 1.042 e 1.043.

O quarto princípio infraconstitucional dos recursos é o da *fungibilidade*, que deriva diretamente de outro, o princípio da *instrumentalidade das formas*. Trata-se de princípio *implícito*, diferentemente do que se dava ao tempo do CPC de 1939, cujo art. 810 o agasalhava expressamente da seguinte maneira: "Salvo a hipótese de má-fé ou erro grosseiro, a parte não será prejudicada pela interposição de um recurso por outro, devendo os autos ser enviados à Câmara ou turma, a que competir o julgamento".

O princípio justifica-se no sistema processual civil sempre que a *correlação* entre as decisões jurisdicionais e o recurso cabível, prescrita pelo legislador gerar algum tipo de dúvida no caso concreto. Os usos e as aplicações do CPC de 2015 já fizeram aparecer fundadas dúvidas quanto à natureza jurídica de certas decisões e, consequentemente, quanto ao recurso delas cabível. É o que basta para justificar a incidência do princípio da fungibilidade para franquear a admissão de um recurso no lugar do outro, como indico nas devidas passagens do *Manual*.

O princípio da *voluntariedade*, quinto princípio infraconstitucional dos recursos, é significativo da necessidade de o recorrente, isto é, aquele que detém legitimidade *e* interesse em recorrer (porque a decisão, tal qual proferida, trouxe-lhe algum gravame), exteriorizar o seu inconformismo com vistas a afastar o prejuízo que a decisão lhe acarreta. Para que o recurso seja compreendido como tal, é inarredável que o recorrente manifeste o desejo de recorrer e, além disso, que ele exponha a extensão de seu inconformismo. Por isso, prezado leitor, é que a remessa necessária (art. 496), que estudo no n. 4 do Capítulo 11, não pode ser entendida como recurso. A ela falta o elemento que aqui e agora destaco, inerente à caracterização de um recurso como tal, ao menos para o sistema brasileiro. Idêntica observação merece ser dita com relação à técnica de colegiamento do art. 942.

O princípio em análise vincula-se, a olhos vistos, ao chamado efeito *devolutivo* e, mais amplamente, encontra eco seguro em um princípio geral do direito processual civil, o princípio *dispositivo*. É manifestação clara desse princípio a classificação que exponho no n. 2.2, *supra*, distinguindo os recursos *totais* dos *parciais*.

Sexto princípio infraconstitucional dos recursos, o da *dialeticidade*, relaciona-se, em alguma medida, com o princípio da voluntariedade. Se este princípio relaciona-se com a necessária exteriorização do inconformismo do recorrente diante de uma dada decisão, aquele, o princípio da *dialeticidade*, atrela-se à necessidade de o recorrente demonstrar fundamentadamente as *razões* de seu inconformismo, relevando por que a decisão lhe traz algum gravame e por que a decisão deve ser anulada ou reformada. Há várias Súmulas dos Tribunais Superiores que fazem, ainda que implicitamente, menção a esse princípio, como cabe constatar, *v.g.*, da Súmula 182 do STJ e das Súmulas 287 e 284 do STF. O CPC de 2015 o acolheu pertinentemente e de maneira expressa em diversas ocasiões, como demonstro ao longo deste Capítulo, ao ensejo dos arts. 1.010, II; 1.016 II; 1.021, § 1º; 1.023, *caput*; e 1.029, I a III.

Faço questão de frisar, a respeito deste princípio, que o recurso deve evidenciar as razões pelas quais a decisão precisa ser anulada, reformada, integrada ou completada, e não que o recorrente tem razão. O recurso tem de combater a decisão jurisdicional naquilo que ela o prejudica, naquilo que ela lhe nega pedido ou posição de vantagem processual, demonstrando o seu desacerto, do ponto de vista *procedimental* (*error in procedendo*) ou do ponto de vista do próprio julgamento (*error in judicando*). Não atende ao princípio aqui examinado o recurso que se limita a afirmar (ou reafirmar) a sua posição jurídica como a mais correta. É inepto o recurso que se limita a reiterar as razões anteriormente expostas e que, com o proferimento da decisão, ainda que erradamente e sem fundamentação suficiente, foram rejeitadas. A tônica do recurso é remover o obstáculo criado pela decisão e não reavivar razões já repelidas, devendo o recorrente desincumbir-se a contento do respectivo ônus argumentativo.

Princípio usualmente lembrado acerca do sistema processual civil brasileiro, e este é o sétimo da lista, é o da *irrecorribilidade em separado das interlocutórias*, que guarda relação, em suas raízes, com os princípios da *oralidade*, da *concentração dos atos processuais* e da *imediatidade*, na busca de um processo mais célere, vedando, para o atingimento daquela finalidade, a interposição imediata e "em separado" de recursos das decisões interlocutórias (no que é pertinente lembrar dos §§ 1º e 2º do art. 1.009) e, muito menos, que esses recursos possam comprometer o andamento dos processos.

O CPC de 2015, contudo, não acolhe o princípio com tal magnitude. Embora de forma muito menos ampla que o CPC de 1973, diversas decisões interlocutórias são *imediatamente* recorríveis, pelo recurso de agravo de instrumento (art. 1.015). E se é certo que aquele recurso não tem efeito suspensivo por força de lei, pode o relator, caso a caso, concedê-lo (art. 1.019, I). Por isso parece ser mais apropriado sustentar, prezado leitor, que o sistema processual civil hoje consagra um princípio diverso daquele clássico, de inspiração chiovendiana, que merece ser enunciado como *recorribilidade temperada das interlocutórias*, no sentido de sua recorribilidade imediata depender de prévia previsão legislativa e a concessão de efeito suspensivo depender da avaliação concreta do magistrado. Volto ao tema, e nem poderia ser diverso, ao tratar das hipóteses de cabimento do agravo de instrumento, no n. 5, *infra*.

Como oitavo princípio infraconstitucional dos recursos, trago o da *consumação*. Sua compreensão nada mais é do que a aplicação, ao segmento recursal, da noção de "preclusão *consumativa*" à qual exponho no n. 7.5 do Capítulo 11, sendo pertinente a lembrança do *caput* do art. 200. O legitimado recursal deve, no prazo do respectivo recurso, manifestar o seu inconformismo e apresentar, desde logo, as respectivas razões. Se, por qualquer motivo, deixar de apresentar suas razões recursais, não poderá fazê-lo depois, porque a interposição do recurso, isto é, a mera manifestação de inconformismo com a decisão, tal qual proferida, é suficiente para *consumar* o prazo recursal. É indiferente, por isso mesmo, que o legitimado tenha se valido, para manifestar o seu inconformismo, de um prazo *menor* que aquele reservado pela lei.

O princípio da *complementaridade*, o nono princípio infraconstitucional dos recursos, explica-se quase como uma consequência do princípio da consumação exposto no parágrafo anterior. Ele permite que, naqueles casos em que, a despeito da apresentação do recurso, isto é, em que se tenha *consumado* o prazo recursal, tenha havido alteração da decisão recorrida, que as razões já apresentadas sejam *complementadas*, verdadeiramente aditadas, para adequá-las à nova decisão. O CPC de 2015 prevê expressamente esta hipótese, ainda que de maneira específica, para os embargos de declaração (1.024, § 4º). É correto entender também que o CPC de 2015 aceita a complementação do recurso para ajustar, do ponto de vista formal, o inconformismo anteriormente manifestado ao entendimento do julgador sobre o recurso cabível. É o que se colhe do § 3º do art. 1.024 para o conhecimento dos embargos de declaração como agravo interno, do art. 1.032, para o recurso especial enviado ao STF na expectativa de que seja julgado como recurso extraordinário e, embora sem clareza, do art. 1.033 para a hipótese inversa, de envio do recurso extraordinário para que o STJ o julgue como recurso especial.

Por fim, para concluir a exposição com o décimo princípio infraconstitucional relativo aos recursos, refiro-me ao chamado princípio da *proibição da "reformatio in pejus"*. A noção de *reformatio in pejus* ou, no vernáculo, "reforma para pior", reside na descrição da situação jurídica de uma das partes ser piorada pelo julgamento de um recurso mesmo sem pedido da parte contrária ou independentemente de recurso seu. O agravamento da situação, destarte, deriva da atuação oficiosa do órgão *ad quem*, e não na resposta dada ao pedido respectivo formulado pelo recorrente. A reforma para pior, consequentemente, vincula-se intimamente ao efeito *devolutivo* dos recursos e, consequentemente, de forma mais ampla, ao princípio *dispositivo* (art. 2º).

O sistema processual civil brasileiro, por isso mesmo, nega a possibilidade da *reformatio in pejus*. Sem pedido do recorrente (parte ou terceiro, consoante o caso), o julgamento do recurso não pode ser modificado para prejudicar o recorrido. Se não há pedido para o agravamento de sua situação, é necessário entender que houve, em idêntica medida, *aquiescência* com a decisão e, por isso, fica afastada a possibilidade de atuação oficiosa do órgão *ad quem*.

O que pode ocorrer sem violação ao princípio aqui discutido e com observância ao sistema processual civil é que, nos casos em que incide o efeito *translativo* do recurso, manifestação do mais amplo princípio *inquisitório*, o órgão *ad quem* profira decisão mais gravosa ao recorrente, a despeito da ausência de recurso do recorrido, quando a hipótese admitir a sua atuação oficiosa. Para tanto, contudo – e para interditar proferimento de verdadeira "decisão-surpresa" –, é inafastável o estabelecimento de contraditório prévio, observando-se o art. 10 e, menos genericamente, o parágrafo único do art. 932.

2.4 Juízo de admissibilidade e juízo de mérito

Recursos devem ser entendidos como inegáveis desdobramentos do exercício do direito de ação ao longo do processo. Direito de ação que pode ser exercitado não só pelo autor mas também pelo réu e por terceiros intervenientes. Por isso, aliás, o verbo "postular" empregado pelo art. 17 é mais adequado e vem bem a calhar aqui.

É por essa razão que o direito ao recurso depende da análise de diversos pressupostos que querem verificar não só a sua *existência* mas também a *regularidade* de seu exercício. As coincidências com a regularidade do exercício da ação e do próprio processo devem ser sublinhadas. E tanto quanto na teoria geral do direito processual civil é correto assinalar que a regularidade do exercício do direito de ação e a constituição e desenvolvimento válido do processo nada dizem sobre o autor ser merecedor da tutela jurisdicional, no plano dos recursos a observação é igualmente verdadeira. Não é porque o recorrente vê reconhecido o seu direito de recorrer e o seu escorreito exercício que, por isso, só por isso, seu pedido será acolhido. O seu direito ao recurso e a regularidade do exercício desse direito nada dizem sobre seu direito à reforma, à invalidação ou à complementação da decisão.

Por isso, a doutrina sempre ensinou – e nada no CPC de 2015 infirma a necessidade de continuar ensinando – a necessária distinção entre o juízo de *admissibilidade* dos recursos, que se ocupa com aquelas questões que levará, de acordo com o jargão forense, ao *conhecimento* ou ao *não conhecimento* do recurso, e o juízo de *mérito* que, somente quando ultrapassado aquele outro juízo, a ele prévio, analisará se o pedido do recorrente deve, ou não, ser acolhido ou, no jargão forense, se ao recurso deve ser *dado* ou *negado provimento*.

O juízo de admissibilidade dos recursos compreende o exame acerca dos seguintes elementos: (i) cabimento (constatação de qual é o recurso cabível para a decisão considerada concretamente); (ii) legitimidade (quem tem legitimidade para apresentar o recurso); (iii) interesse (demonstração da necessidade de interpor um recurso para a invalidação, reforma, esclarecimento ou integração da decisão, sem o que estas *utilidades* não podem ser alcançadas); (iv) tempestividade (o recurso precisa ser interposto no prazo a ele reservado); (v) regularidade formal (há regras formais mínimas – nunca formalismos –, a serem observadas para garantir, inclusive, a compreensão da postulação recursal); (vi) preparo (recolhimento de valores que, como regra, são exigíveis para a interposição do recurso), e (vii) inexistência de fato impeditivo ou extintivo (o exercício do direito de recorrer não pode colidir com fato futuro que o esvazie ou que o comprometa).

É declaratório o juízo de admissibilidade recursal. Por imperativo de segurança jurídica, contudo, o reconhecimento de que o recurso é incabível não pode retroagir.

2.5 Efeitos

Não só a *interposição* mas também o *julgamento* dos recursos gera uma série de efeitos que merecem ser bem compreendidos e que são aqui indicados para desenvolvimento ao longo de todo o Capítulo, levando em consideração a disciplina de cada um dos recursos previstos no art. 994.

Com relação à *interposição* dos recursos, é correto entender a ocorrência dos seguintes efeitos: (i) *obstativo* (impedir a formação da coisa julgada, formal ou material, o que se pode extrair do art. 502); (ii) *suspensivo* (impedir, por disposição legal ou por decisão judicial, o início da eficácia da decisão recorrida, prolongando seu estado de ineficácia, ou sustar, também por disposição legal ou por decisão judicial, a eficácia da decisão recorrida até então experimentada, cuja disciplina central está no art. 995); (iii) *regressivo* (mais comumente chamado de efeito *modificativo*, é a possibilidade de o próprio prolator da decisão julgar o recurso, retratando-se, no todo ou em parte, alterando a decisão recorrida, que encontra expressa previsão nos arts. 331, *caput*; 332, § 3º; 485, § 7º; 1.021, § 2º; 1.023, § 2º; 1.018, § 1º, e, com ressalvas, no inciso II do art. 1.040); e (iv) *diferido* (hipótese em que a admissibilidade do recurso depende do julgamento de outro recurso, tal o que ocorre com o recurso adesivo nos moldes do art. 997 e com os recursos extraordinário e especial diante do art. 1.031).

No que diz respeito ao *julgamento* dos recursos, os efeitos são os seguintes: (i) *devolutivo* (que corresponde à matéria que poderá ser examinada pelo órgão julgador do recurso na exata medida da impugnação do recorrente, que a transfere para rejulgamento, extraível do *caput* do art. 1.013); (ii) *translativo* (que corresponde à matéria que poderá ser examinada pelo órgão julgador do recurso independentemente da impugnação do recorrente, que é, nesse sentido, transferida para rejulgamento por força do ordenamento jurídico, tal como se vê do § 3º do art. 485, dos §§ 1º e 2º do art. 1.013 e, embora com ressalvas, do art. 1.034); (iii) *expansivo* (que corresponde às consequências do julgamento do recurso com relação à decisão, a outros atos do processo e/ou a outros sujeitos processuais – aspectos *objetivo* e *subjetivo*, portanto –, tal como se verifica dos §§ 3º e 4º do art. 1.013 e do art. 1.005, respectivamente); e (iv) *substitutivo* (a decisão do órgão julgador do recurso prevalece sobre a decisão recorrida *se* conhecido o recurso, albergado pelo art. 1.008).

3. DISPOSIÇÕES GERAIS

Expostos os poucos, mas suficientes, elementos que ocupam os números anteriores, cabe estudar, até para aplicá-los, as disposições gerais, o Capítulo I, que inaugura o Título II do Livro III da Parte Especial, que compreende os arts. 994 a 1.008.

3.1 Cabimento

O art. 994 indica quais são os recursos cabíveis: (i) apelação; (ii) agravo de instrumento; (iii) agravo interno; (iv) embargos de declaração; (v) recurso ordinário; (vi) recurso especial; (vii) recurso extraordinário; (viii) agravo em recurso especial ou extraordinário; e (ix) embargos de divergência.

A apelação é o recurso cabível da sentença. Os arts. 1.009 a 1.014 ocupam-se com ela. Também as decisões interlocutórias não imediatamente recorríveis por agravo de instrumento são impugnáveis por apelação ou por suas contrarrazões, consoante preveem os §§ 1º e 2º do art. 1.009.

O agravo de instrumento é o recurso cabível das decisões interlocutórias indicadas pelo art. 1.015. Sua disciplina está nos arts. 1.015 a 1.020.

O agravo interno é o recurso voltado ao *colegiamento* de decisões monocráticas proferidas no âmbito dos tribunais. É o que dispõe o art. 1.021.

Os embargos de declaração são o recurso voltado para esclarecer e integrar decisões, quaisquer que sejam elas. Seu tratamento é dado pelos arts. 1.022 a 1.026.

O recurso ordinário, cabível nas hipóteses constitucionalmente previstas – a mais comum delas é a de acórdão denegatório de mandado de segurança impetrado originariamente em algum Tribunal –, encontra seu regramento nos arts. 1.027 e 1.028.

O recurso extraordinário e o recurso especial também encontram suas hipóteses de cabimento na CF. Seu objetivo é viabilizar a interpretação e a aplicação uniforme do direito constitucional federal e do direito infraconstitucional federal, respectivamente, em todo o território nacional a partir de decisões que, ao menos alegadamente, violam a CF ou a lei federal. Seu procedimento está nos arts. 1.029 a 1.041.

O agravo em recurso especial e em recurso extraordinário é o nome dado ao recurso que quer viabilizar o trânsito do recurso extraordinário ou especial inadmitido perante os Tribunais em que aqueles recursos são interpostos, com a ressalva constante do *caput* do art. 1.042 quanto à repercussão geral e aos recursos extraordinários e especiais submetidos ao regime de repetitivos.

Por fim, os embargos de divergência querem viabilizar a uniformização da jurisprudência entre os órgãos fracionários que compõem o STF e o STJ. A eles se dedicam os arts. 1.043 e 1.044.

Entendo importante sublinhar que no rol do CPC de 2015 não constam dois recursos, quando comparado com o do art. 496 do CPC de 1973: o "agravo retido" e os "embargos infringentes".

O agravo retido era o recurso destinado às decisões interlocutórias proferidas na primeira instância que não comportavam agravo de instrumento. Era um recurso que, apesar de poder viabilizar a retratação do prolator da decisão (efeito regressivo), era muito mais empregado para evitar a preclusão daquelas decisões, viabilizando, por isso mesmo, seu reexame quando do julgamento de eventual apelação. O CPC de 2015, ao eliminar o agravo retido, permitiu que, independentemente de qualquer manifestação de vontade do prejudicado, a apelação ou sua resposta (contrarrazões) possam voltar à discussão das decisões interlocutórias que não comportam o agravo de instrumento. É o que autorizam os §§ 1º e 2º do art. 1.009 aos quais me volto no n. 4.3, *infra*. Os embargos infringentes, por sua vez, foram eliminados. O que sobrou deles, de forma residual, a técnica de colegiamento do art. 942, não pode ser considerado recurso porque não depende de manifestação de vontade dos interessados. Seu exame está no n. 3.5 do Capítulo 16.

A circunstância de o recurso ser *total* ou *parcial*, observando-se a aplicação que proponho no n. 2.2, *supra*, e que é expressamente acolhida pelo art. 1.002, não afeta o cabimento dos recursos.

O rol acerca do *cabimento* dos recursos não estaria completo sem menção ao art. 1.001. De acordo com aquele dispositivo não cabe recurso dos *despachos*. Despachos, escrevo no n. 3.3 do Capítulo 5, são os pronunciamentos judiciais que não têm conteúdo decisório. Por isso, a pressuposição é que eles não têm o condão de causar prejuízo a qualquer das partes dos terceiros intervenientes. Se, no dia a dia do foro, o prezado leitor vir-se diante de um "despacho" apto a causar prejuízo é mais correto entender que de mero despacho já não se trata, e sim de verdadeira *decisão* cuja recorribilidade repousará em um dos tipos do art. 994.

A circunstância de os despachos serem praticados pelo escrivão ou chefe de secretaria por delegação judicial, o que é expressamente admitido pelo § 1º do art. 152, que disciplina a autorização do inciso XIV do art. 93 da CF, não infirma as considerações que acabei de expor.

3.2 Eficácia imediata e efeito suspensivo

O *caput* do art. 995 estabelece que a interposição do recurso não impede, como regra, a eficácia imediata da decisão recorrida, "salvo disposição legal ou decisão judicial em contrário".

Diante daquela previsão, é correto afirmar que, no CPC de 2015, a regra é de que os recursos não têm efeito suspensivo *ope legis*, isto é, por força de lei, e, por isso, pode-se afirmar que as decisões recorridas, em geral, surtem seus efeitos de imediato, tão logo publicadas, isto é, tornadas públicas.

A principal exceção do CPC de 2015 acerca da imediata eficácia da decisão recorrida é a do recurso de apelação, como se verifica do *caput* do art. 1.012, que acabou por preservar, na linha do que sustentou o Projeto da Câmara, a regra prevista no *caput* do art. 520 do CPC de 1973. É um caso que excepciona a regra do *caput* do art. 995, em que a própria lei impede a eficácia imediata da decisão recorrida. A apelação tem efeito suspensivo *ope legis*.

O parágrafo único do art. 995 generaliza a hipótese sobre a possibilidade de concessão *ope judicis*, isto é, pelo próprio magistrado, do efeito suspensivo. Trata-se da segunda exceção referida no *caput* do dispositivo, em que "decisão *judicial* em sentido diverso" tem como finalidade impedir a eficácia imediata da decisão recorrida. A concessão caso a caso do efeito suspensivo encontra, em diversos recursos, regras próprias que buscam precisar o órgão jurisdicional ao qual o pedido deve ser dirigido, que não é necessária e invariavelmente o relator, como insinua o dispositivo.

Os elementos para a concessão *ope judicis* do efeito suspensivo são, de acordo com o parágrafo único do art. 995: (i) o risco de dano grave, de difícil ou impossível reparação (o que, na prática do foro, é usualmente identificado pela expressão latina *periculum in mora*), e (ii) a probabilidade de provimento do recurso (o que deve ser compreendido como o ônus de o recorrente demonstrar as reais e objetivas chances de acolhimento de seu recurso). Nada de diverso, portanto, do que, para a concessão da tutela provisória fundamentada em urgência, faz-se necessário diante do *caput* do art. 300, tal qual o examino no n. 5.1 do Capítulo 6.

É desejável ir além, contudo, ampliando os horizontes do parágrafo único do art. 995.

A uma, porque o § 4º, do art. 1.012, e o § 1º, do art. 1.026, permitem interpretação no sentido de que a concessão *ope judicis* de efeito suspensivo aos recursos de apelação e de embargos de declaração, respectivamente, pode se dar *independentemente* da ocorrência de *urgência* que justifique sua concessão. Algo muito próximo, destarte, à tutela da *evidência* nos moldes do art. 311, tal qual proponho seja compreendido no n. 8 do Capítulo 6.

É correto, prezado leitor, interpretar amplamente aqueles dispositivos. Não só para reconhecer que, quanto maior sejam as reais e objetivas chances de êxito da pretensão recursal menor pode ser o risco de dano grave, de difícil ou impossível reparação a ser demonstrado, admitindo, até, que não haja risco nenhum, mas também para espraiar a possibilidade de concessão da tutela da *evidência* no plano recursal para todo o sistema, isto é, para todos os recursos, diferentemente da textualidade do parágrafo único do art. 995 que parece exigir, indistintamente, a probabilidade de êxito *e* o risco de dano grave, ainda que não seja irreparável, mas, apenas, de difícil reparação para aquele fim.

A duas, porque é importante interpretar o parágrafo único do art. 995 – e isso também é pertinente para o efeito suspensivo referido nos outros precitados dispositivos – no sentido de que ele, o efeito suspensivo, tem não só o condão de *suspender* os efeitos da decisão recorrida, efeitos estes que, na falta dele, vinham sendo experimentados no plano dos fatos, inclusive (ou, tratando-se de apelo, prolongar o estado de ineficácia da sentença), mas também como técnica apta a conceder, de imediato, a providência negada pela decisão recorrida.

É supor o exemplo, comuníssimo, do indeferimento da tutela provisória requerida ao juízo da primeira instância. O agravante poderá requerer que o relator, ao apreciar o agravo de instrumento, conceda efeito suspensivo consistente não propriamente na suspensão dos efeitos da decisão agravada (já que não há o que suspender por se tratar de decisão negativa), mas na concessão, no âmbito do Tribunal, da providência indeferida na primeira instância, isto é, da própria tutela provisória. É o chamado "efeito suspensivo dos efeitos negativos do desprovimento", apelidado de "efeito suspensivo ativo" e, mais frequentemente, chamado, simplesmente, de "efeito *ativo*".

O inciso I do art. 1.019, a respeito do agravo de instrumento, acabou por manter textualmente a previsão do inciso III do art. 527 do CPC de 1973, estatuindo caber ao relator "deferir, em antecipação de tutela, total ou parcialmente, a pretensão recursal", o que, para o CPC de 2015, não deixa de ser uma das variadíssimas formas de expressão e de concretização da tutela provisória antecipada, bem ao estilo do *caput* do art. 297 e do "dever-geral de antecipação" nele agasalhado.

Esta dupla concepção do efeito suspensivo, aplicável a todos os recursos, harmoniza-se, faço questão de frisar, com a dicotomia que o CPC de 2015 preservou ao disciplinar a tutela provisória. O efeito suspensivo, no sentido de suspender os efeitos da decisão recorrida, traz à lembrança a função da tutela *cautelar*, de evitar riscos, assegurando a fruição futura da pretensão, ainda que recursal, nos moldes do art. 301. O efeito suspensivo *ativo*, por seu turno, é inequívoca manifestação de tutela *antecipada*, no sentido de viabilizar, de imediato, a fruição da pretensão recursal, nos termos, friso, do art. 297.

3.3 Legitimidade

O art. 996 trata dos legitimados para recorrer.

São eles: (i) a parte vencida, (ii) o terceiro prejudicado e (iii) o Ministério Público.

A legitimidade da parte depende, como o próprio dispositivo destaca, de seu interesse. Não basta ser parte para recorrer, ela tem que ser *prejudicada* em alguma medida para tanto. Sem o interesse recursal – a *necessidade* de recorrer para remover o prejuízo causado por decisão judicial –, é insuficiente que a parte ostente legitimidade.

Com relação ao terceiro prejudicado, o parágrafo único do art. 996 impõe a ele que demonstre a possibilidade de a decisão sobre a relação jurídica submetida à apreciação judicial atingir direito de que se afirme titular ou que possa discutir em juízo como substituto processual. É ônus do recorrente, portanto, indicar a situação legitimante que autoriza o seu recurso. É típico caso de intervenção de terceiro, ainda que limitada ao âmbito recursal, a pressupor, por isso mesmo, o proferimento de decisão contrária aos interesses daquele que, até então, não havia, nem mesmo como terceiro, intervindo no processo.

Com relação ao Ministério Público, é o próprio *caput* do art. 996 a evidenciar que sua legitimidade dá-se indistintamente, isto é, seja quando ele atuar como parte *ou* como fiscal da ordem jurídica.

3.4 Recurso adesivo

A distinção entre recurso independente e recurso adesivo que avento no n. 2.2, *supra*, encontra, no art. 997, sua disciplina.

De acordo com o *caput* do dispositivo, cada parte interporá o recurso independentemente, no prazo e com observância das exigências legais.

O § 1º do art. 997, contudo, admite, quando vencidos autor e réu – hipótese usualmente descrita como "sucumbência recíproca" –, que um só recorra se o outro recorrer, observando-se, nesse caso, a disciplina do § 2º. É o chamado recurso adesivo ou, mais precisamente, interposição *adesiva* do recurso.

O recurso adesivo, de acordo com o § 2º, deve observar, para todos os fins, as mesmas regras do recurso independente. As duas diferenças residem no momento de sua interposição, que corresponde ao prazo de resposta (contrarrazões) ao recurso independente, e à sua subordinação ao recurso independente. Assim, se aquele recurso não for conhecido, ou se o recorrente dele desistir ou se ele for considerado, por qualquer razão, inadmissível, também o recurso adesivo não superará o juízo de admissibilidade, ficando prejudicado.

Essa diferente forma de interposição recursal restringe-se à apelação, ao recurso extraordinário e ao recurso especial.

3.5 Atos dispositivos relativos ao recurso

Os arts. 998 a 1.000 merecem exame conjunto porque se referem a hipóteses em que há manifestação de vontade do recorrente (ou daquele que poderia recorrer) em sentido contrário ao recurso. São típicas situações em que a manifestação de vontade exteriorizada é relevante para o processo e, como tal, merece ser examinada para constatar seus efeitos no plano do processo.

O art. 998 admite que o recorrente *desista* do recurso, típica manifestação do princípio dispositivo e da autonomia de vontades no plano do processo.

A desistência independe da concordância do recorrido (da parte contrária) e/ou de eventuais litisconsortes. Ela também não depende de homologação judicial, sendo correto o entendimento de que seus efeitos merecem ser experimentados desde quando exteriorizada. É fato processual que, por afetar a vontade de recorrer, acarretará a inviabilidade de superação do juízo de admissibilidade. Trata-se, pois, de uma das variadas manifestações da inexistência de fato *extintivo* do direito de recorrer.

O "a qualquer tempo" a que faz menção o *caput* do dispositivo merece ser interpretado no sentido de que a desistência pode ser manifestada até o início do julgamento do recurso, que corresponde ao instante regrado pelo *caput* do art. 937.

O parágrafo único do art. 998 busca compatibilizar o interesse público subjacente ao julgamento de recurso extraordinário com repercussão geral reconhecida e os recursos extraordinários e/ou especiais repetitivos já afetados como tais com o interesse das partes. A melhor interpretação para a nova regra é a de que a *questão jurídica* derivada do recurso poderá ser julgada, a despeito da desistência; não o *recurso* do qual se desistiu, cujo processo terá sorte apartada daquele outro julgamento, ocasionando que a decisão recorrida, eventualmente – se for este o caso –, transite em julgado.

O art. 999 trata da renúncia ao direito de recorrer. Nesse caso, a manifestação de vontade é no sentido de não interpor o recurso cujo direito respectivo nasce com o proferimento da decisão. Também aqui, de acordo com o dispositivo, o exercício do direito não depende da concordância da parte contrária e da homologação judicial.

No CPC de 1973, predominou o entendimento de que a renúncia pressupunha o proferimento da decisão, sendo vedada a renúncia anterior àquele momento. O assunto ganha novos foros com o art. 190, sendo típico caso em que a possibilidade de disposição (material) das partes convida para reflexão em sentido contrário. Eventual descompasso entre os quadros fático e jurídico assumidos pela parte (ou, no caso do art. 190, pelas partes) que tenham justificado a renúncia não é capaz de inibir a viabilidade do recurso sobre a parte não concordante.

Outro fator a inibir o direito de recorrer (e inviabilizar que seu juízo de admissibilidade seja superado) está no art. 1.000. Se o recorrente aceitar expressa ou tacitamente a decisão, não pode exercer o seu direito ao recurso. O parágrafo único, em complemento, esclarece que a aceitação tácita é a prática, sem reservas, de ato incompatível com a vontade de recorrer.

A doutrina em geral sempre se referiu à hipótese como típico exemplo de preclusão *lógica* que, pela especificidade, sobrepõe-se a quaisquer construções sobre as legítimas expectativas de direito geradas a partir da boa-fé objetiva do art. 5º.

3.6 Tempestividade

O art. 1.003 cuida das regras relativas à tempestividade dos recursos e à forma de sua interposição.

O prazo para interposição dos recursos e para sua resposta é de quinze dias, que, nos termos do art. 219, são contados apenas nos dias úteis (art. 1.003, § 5º). A única exceção é a do recurso de embargos de declaração, em que o prazo de interposição e de resposta é de cinco dias (também úteis), como se verifica do § 2º do art. 1.023. Tratando-se do Ministério Público, de advogados públicos ou da Defensoria Pública, os prazos são de trinta e de dez dias, respectivamente, sempre contados apenas os dias úteis (arts. 180, *caput*, 183, *caput*, e 186, *caput*, respectivamente).

O prazo tem início na data em que os detentores de capacidade postulatória, ou, se for o caso, a sociedade de advogados (art. 272, § 1º) são intimados da decisão (art. 1.003, *caput*). Se a decisão for proferida em audiência, é nela que se reputa realizada a intimação e deflagrado o prazo recursal (art. 1.003, § 1º).

Tratando-se de recurso a ser interposto antes da citação do réu, a fluência do prazo para o réu observará o disposto nos incisos I a VI e IX (acrescentado pela Lei n. 14.195/2021) do art. 231, que é objeto de considerações no n. 6.1 do Capítulo 5. Com relação àquela disciplina, parece-me importante destacar que os prazos para eventuais litisconsortes fluirão independentemente uns dos outros (art. 231, § 2º), não se aplicando, de qualquer sorte, o disposto no § 3º do mesmo art. 231, dada a obrigatoriedade de o recurso ser firmado por detentor de capacidade postulatória.

A petição de recurso será protocolada em cartório ou conforme as normas de organização judiciária – como, por exemplo, nos locais onde há o chamado protocolo descentralizado ou integrado –, ressalvado o disposto em regra especial (art. 1.003, § 3º, dispositivo harmônico com a regra geral do § 3º do art. 212).

Sendo a interposição do recurso efetivada pelo correio, a data a ser considerada, para fins de tempestividade, é a data da postagem (art. 1.003, § 4º) e não do recebimento, pelo ofício ou secretaria judicial, do recurso.

O dispositivo, em seu § 6º, ainda impõe ao recorrente o ônus de comprovar, na petição do recurso, a ocorrência de feriado local, isto é, municipal e, tratando-se de recurso para os Tribunais Superiores, também estadual, no ato de interposição do recurso. A exigência deve ser compreendida de forma ampla para compreender não só o feriado que, ocorrendo no que seria o último dia do prazo, desloca-o para o primeiro dia seguinte, mas também da ocorrência de qualquer feriado ao longo de todo o prazo recursal, já que somente nos dias úteis é que ele fluirá (art. 219). A falta de comprovação do feriado local, sua insuficiência ou quaisquer dúvidas que possam ocorrer acerca da tempestividade recursal são vícios sanáveis, atraindo a aplicação do parágrafo único do art. 932.

Entendo importante destacar que não há razão nenhuma para deixar de aplicar, para os recursos, o disposto no § 4º do art. 218 sobre a tempestividade do ato (inclusive a interposição de recurso) mesmo *antes* do termo inicial do prazo respectivo.

Se, durante o prazo recursal, falecer a parte ou o seu advogado ou ocorrer motivo de força maior que suspenda a tramitação do processo, deve haver restituição de prazo em proveito do interessado, que começará a correr (desde o início) após a respectiva intimação (art. 1.004).

3.7 Recurso de litisconsorte

O art. 1.005 estabelece importante regra acerca do efeito *expansivo* subjetivo no caso de *provimento* de recurso interposto por litisconsorte. Nesse caso, o resultado favorável a todos aproveita, salvo se distintos ou opostos os interesses dos litisconsortes.

O parágrafo único do art. 1005, por seu turno, trata da hipótese de haver solidariedade passiva. Nesse caso, o recurso interposto por um devedor aproveitará aos outros, quando as defesas apresentadas pelo credor lhes forem comuns.

Merece lembrança a respeito dessa regra o art. 1.068, que dá nova redação ao art. 274 do CC. Isso porque, de acordo com a nova redação da regra civil, "O julgamento contrário a um dos credores solidários não atinge os demais, mas o julgamento favorável aproveita-lhes, sem prejuízo de exceção pessoal que o devedor tenha direito de invocar em relação a qualquer deles", o que, embora em perspectiva diversa, harmoniza-se com as previsões constantes do art. 1.005 e, mais amplamente, com a nova regra sobre os limites subjetivos da coisa julgada do art. 506, tal qual discuto no n. 7.3 do Capítulo 11.

3.8 Preparo

O art. 1.007 cuida do *preparo* recursal, a ser compreendido como a necessidade de o recorrente recolher aos cofres públicos eventuais custas *e* o valor correspondente ao porte de remessa e retorno dos autos que, a depender do caso, o exercício do direito de recorrer enseja.

As custas processuais são as taxas tributárias estabelecidas pela lei federal para os processos que tramitam perante a Justiça Federal e pelas leis estaduais para os processos que tramitam nas Justiças dos Estados. Não me parece, sem agressão ao modelo constitucional tributário, que o CPC de 2015, lei ordinária federal que é, tenha o condão de isentar quaisquer custas estabelecidas por leis estaduais, a despeito do que disponham diversos de seus dispositivos.

O porte de remessa e retorno dos autos é o custo do envio e da devolução dos autos (físicos) do órgão jurisdicional em que o processo tramita e em que, eventualmente, o recurso é interposto, para o órgão jurisdicional que o julgará e vice-versa. Em geral, essa atividade é feita pelo correio e é por isso que o valor daquelas despesas varia consoante o peso ou, por estimativa, a quantidade de páginas e/ou de volume dos autos. É essa a razão pela qual o § 3º do art. 1.007 afasta esta cobrança em se tratando de "processo em autos eletrônicos".

A regra do *caput* do art. 1.007 é idêntica à do CPC de 1973: o recorrente deve comprovar, no ato de interposição do recurso, o preparo, inclusive o porte de remessa e retorno dos autos, sempre que exigido pela legislação pertinente. A pena de *deserção*, isto é, o não conhecimento do recurso pelo não recolhimento do preparo, é expressamente prevista pelo dispositivo.

Sobre a "legislação pertinente", referida pelo *caput* do art. 1.007, reitero que são as normas federais e as de cada um dos Estados que disciplinarão quais recursos dão ensejo a que custas e qual é o seu respectivo valor.

O § 1º do art. 1.007 dispensa de preparo, inclusive do porte de remessa e retorno dos autos, os recursos interpostos pelo Ministério Público, pela União, pelo Distrito Federal, pelos Estados, pelos Municípios, e respectivas autarquias, e pelos que gozam de isenção legal. A lei processual, na espécie, quer capturar regime jurídico de direito tributário que deriva da CF (de imunidade, portanto) e de leis esparsas. Não pode lei ordinária federal, reitero, querer isentar pessoas de direito público do recolhimento de custas que não são estabelecidas por ela.

Os §§ 2º a 6º do art. 1.007, com exceção do § 3º, que trata de assunto totalmente diverso, buscam regular a ocorrência de duas hipóteses diversas: a de recolhimento *insuficiente* do preparo (§ 2º) e do não recolhimento do preparo (§ 4º).

De acordo com o § 2º, a insuficiência do valor recolhido a título de preparo (incluído o porte de retorno e remessa dos autos, quando for o caso) pode ser completada no prazo de cinco dias que se seguir à intimação para tanto. Se não houver a complementação, o caso é de deserção.

O não recolhimento do preparo no ato de interposição do recurso deve ser suprido com o recolhimento dos valores em dobro sob pena de deserção (art. 1.007, § 4º), sendo vedada, em tal hipótese, complementação, caso o recolhimento não for total (art. 1.007, § 5º). A hipótese difere da prevista pelo § 2º, que pressupõe preparo *insuficiente*; aqui, o recurso foi interposto *sem nenhum* preparo e, à falta de qualquer justificativa (que faria incidir o § 6º), acarreta o recolhimento em dobro do valor originariamente devido, a afastar a deserção.

O § 6º do art. 1.007, por sua vez, permite a relevação da pena de deserção quando o recorrente provar a ocorrência de "justo impedimento" (o fechamento repentino das agências bancárias no último dia de prazo, por exemplo). Nesse caso, o relator do recurso fixará prazo de cinco dias para que o preparo seja recolhido, independentemente da dobra do § 4º, que rege situação diversa.

O pagamento do preparo e do porte de remessa e retorno é feito por guias de arrecadação tributária, típicas da burocracia brasileira. Há diversos espaços para serem preenchidos, muitos números, muitos campos e códigos. Não é difícil que o menos experiente cometa algum equívoco no seu preenchimento. O § 7º do art. 1.007, em socorro, afasta peremptoriamente a aplicação da pena de deserção nesses casos. Aplicando escorreitamente o modelo de processo cooperativo do art. 6º, suficientemente especificado no parágrafo único do art. 932, a regra prevê que o relator, tendo dúvidas sobre o recolhimento, intime o recorrente para sanar o vício no prazo de cinco dias.

Trata-se de um dos vários dispositivos do CPC de 2015 que quer combater o que acabou sendo conhecido na prática forense como "jurisprudência defensiva" dos Tribunais, assim compreendido o conjunto de decisões que criavam os mais variados óbices, mormente de cunho formal, para inviabilizar a superação do juízo de admissibilidade recursal.

3.9 Efeito substitutivo

O art. 1.008 agasalha o "efeito *substitutivo*" dos recursos.

Uma vez superado o juízo de admissibilidade recursal, a decisão proferida pelo Tribunal *substituirá*, para todos os fins, a decisão impugnada no que tiver sido objeto do recurso.

As consequências do efeito substitutivo são as mais variadas, ganhando maior interesse não só para a identificação do órgão jurisdicional competente para julgamento da ação rescisória, mas também para a pesquisa em torno da decisão a ser rescindida.

3.10 Baixa de autos

O art. 1.006 traz a determinação administrativa para baixa dos autos para o juízo de origem do processo pelo escrivão ou chefe de secretaria diante do trânsito em julgado do acórdão. É regra que, na sua literalidade, pressupõe autos em papel, mas que também merece ser aplicada em se tratando de autos eletrônicos, eis que documenta, para os devidos fins, o instante em que a decisão passou em julgado.

Por isso, importa certificar a data do trânsito em julgado, que não necessariamente confunde-se com a data em que sua certificação é feita e nem com a data em que a baixa é determinada.

4. APELAÇÃO

A apelação é o recurso cabível da sentença. É o que prescreve expressamente o *caput* do art. 1.009. É o próprio CPC de 2015, no § 1º do art. 203, quem define sentença na expectativa de diferenciá-la suficientemente das decisões interlocutórias. A se confirmar este estado, escrevi até a 3ª edição do *Manual* que não haveria maiores dificuldades sobre o alcance do *caput* do art. 1.009, máxime porque os casos de decisões interlocutórias sujeitas a agravo de instrumento, ao menos na fase de conhecimento, são aqueles que decorrem dos incisos do *caput* do art. 1.015.

Por isso, escrevia, diante da distinção legal entre aquelas duas espécies de pronunciamentos jurisdicionais, não via espaço para aplicação da *fungibilidade* entre os recursos de apelação e de agravo de instrumento, a exemplo do que se verificara no início da vigência do CPC de 1973. Acentuava, em continuação, que eventuais questionamentos sobre a natureza jurídica desta ou daquela decisão e, consequentemente, sobre o recurso dela cabível pressuporia a aplicação prática do CPC de 2015 e, à medida que eles surgissem, seria inquestionável a aplicação daquele princípio, *implícito* no sistema (v. n. 2.3, *supra*) porque, em última análise, a *forma* pela qual se manifesta determinado inconformismo (aqui, recursal) não pode se sobrepor ao *conteúdo*, a própria manifestação de inconformismo.

Dúvida que já apareceu bem documentada na doutrina acerca da questão diz respeito ao recurso cabível da decisão que julga a liquidação. Embora já estivesse e ainda esteja convencido de que a hipótese é suficientemente albergada pelo disposto no parágrafo único do art. 1.015 (v. ns. 4 e 5 do Capítulo 12) há quem identifique na hipótese, ao menos nos casos de liquidação pelo procedimento comum, *sentença* e, diante do *caput* do art. 1.009, *apelável* (assim, v.g.: Araken de Assis, *Manual da execução*, p. 465; Fredie Didier Jr., Leonardo Carneiro da Cunha, Paula Sarno Braga e Rafael Alexandria de Oliveira, *Curso de direito processual civil*, vol. 5, p. 251-252, e Daniel Assumpção Neves, *Manual de direito processual civil*, p. 863). É o que basta para aplicar a fungibilidade recursal para não prejudicar o recorrente diante de sofisticada discussão teórica e acadêmica.

Seria negar, em última análise, o atual estágio de evolução do pensamento do direito processual civil, o neoconcretismo (v. n. 4 do Capítulo 1). No âmbito dos procedimentos especiais, há farto material para discussões similares, mormente quando se leva em consideração, como deve ser feito, a ressalva do § 1º do art. 203 quanto à conceituação da sentença naquele contexto. É tema que trago à tona ao ensejo da "ação de exigir contas" (v. n. 3 do Capítulo 14) e da "ação de divisão e demarcação de terras" (v. n. 5 do Capítulo 14).

O § 3º do art. 1.009 merece ser lembrado nesse momento. A regra reafirma o cabimento da apelação das decisões que, embora mencionadas no art. 1.015 (que prevê o rol das interlocutórias sujeitas ao agravo de instrumento), "integrarem capítulo da sentença". A questão, quando analisada na perspectiva da doutrina dos capítulos da sentença, isto é, das partes estruturantes e/ou lógicas daquela decisão, tão bem difundida entre nós por Cândido Rangel Dinamarco em preciosa monografia, não oferta maiores dificuldades, tendo valor didático aquela previsão, nada mais do que isso.

Por essa razão – e somente por essa – é que se mostra inócua a discussão sobre a irrecusável inconstitucionalidade *formal* do § 3º do art. 1.009 por não guardar relação com nenhuma regra projetada pelo Senado nem pela Câmara e, neste sentido, violar os limites da atuação do Senado na derradeira etapa do processo legislativo. Sequer a lembrança do § 5º do art. 1.013, que reserva o cabimento da apelação contra "o capítulo da sentença que confirma, concede ou revoga a tutela provisória" – e nem poderia ser diferente diante do que vim a escrever –, sana o vício apontado relativo ao processo legislativo, porque trata-se de indevida *generalização* de *particularíssima* hipótese e, assim, criação de *nova* regra interditada naquele instante da atuação do Senado.

O CPC de 2015 foi além quanto ao cabimento da apelação, diferenciando-se muito do regime dado àquele recurso pelo CPC de 1973. Isso porque também são recorríveis em apelação ou nas contrarrazões de apelo, as decisões interlocutórias não sujeitas ao recurso e agravo de instrumento. É o que está estatuído pelos §§ 1º e 2º do art. 1.009, analisado mais aprofundadamente no n. 4.3, *infra*.

4.1 Petição de interposição

O *caput* do art. 1.010 ocupa-se com o conteúdo das razões de apelo, que deverão ser apresentadas em quinze dias (úteis) perante o juízo que proferiu a sentença, observando-se o que as normas locais dispõem acerca do local do protocolo (art. 1.003, § 3º). Se for o caso, o apelante deverá comprovar de imediato a ocorrência de eventuais feriados que podem interferir na fluência do prazo (art. 1.003, § 6º). Também cabe a ele, desde logo, demonstrar o recolhimento de eventuais custas e do porte de remessa e retorno dos autos (art. 1.007).

Além dessas exigências, dispersas nas "disposições gerais" dos recursos, a petição deverá conter: (i) o nome e a qualificação das partes (que a prática forense consagrada, com o nome de apelante, quem apela, e apelado, em face de quem o apelo é interposto); (ii) a exposição do fato e do direito; (iii) as razões do pedido de reforma (*error in judicando*) ou de decretação de nulidade (*error in procedendo*); e (iv) o pedido de nova decisão.

Chama a atenção que o texto evidencia, pertinentemente, a necessidade de o pedido de reforma ou invalidação do julgado estar fundamentado em razões aptas a dar-lhe embasamento (princípio da dialeticidade recursal). Considerando que alguma interlocutória não recorrível previamente pode ser decisiva quanto à necessidade de invalidação do processo (a negativa de oitiva de testemunha pretendida pelo autor em processo que acabou sendo julgado em desfavor a ele), a distinção entre aquelas duas hipóteses é de rigor e sua inobservância autoriza o relator a não conhecer o recurso com fundamento no inciso III do art. 932.

Os § 1º a 3º do art. 1.010 desenvolvem o *procedimento* da apelação perante o juízo de interposição, que é, repito, o mesmo juízo que proferiu a sentença: (i) o apelado será intimado para ofertar, querendo, contrarrazões em quinze dias (úteis); (ii) se o apelado, no prazo que dispõe para responder, interpuser apelação adesiva, o apelante será intimado para apresentar suas contrarrazões a esse novo recurso, tendo quinze dias para tanto; e (iii) envio dos autos ao Tribunal competente para julgamento da apelação independentemente do juízo de admissibilidade.

A última previsão, constante do § 3º do art. 1.010, merece ser destacada porque nela reside importante modificação do CPC de 2015: o juízo de admissibilidade da apelação será realizado uma única vez perante o Tribunal competente para julgá-la, não estando mais submetido ao duplo exame do CPC de 1973, primeiro, perante o juízo de primeira instância, órgão de interposição do recurso, e depois, perante o Tribunal, órgão de julgamento do recurso.

A iniciativa quis imprimir maior celeridade ao processo, eliminando etapa que, em rigor, nenhuma eficiência processual trazia, já que eventual óbice à admissibilidade do apelo na primeira instância era passível de questionamento por recurso de agravo de instrumento.

Se, não obstante a clareza do § 3º do art. 1.010, houver algum óbice ao envio dos autos ao Tribunal competente tão logo superados os atos previstos nos seus §§ 1º e 2º, cabe *reclamação* pelo interessado com fundamento no inciso I do art. 988. A hipótese é de *usurpação* de competência daquele órgão jurisdicional pelo juízo da primeira instância.

Importa ressalvar, contudo, as hipóteses em que o próprio CPC de 2015 agregou à apelação o efeito *regressivo* (art. 331, *caput*; art. 332, § 3º, e art. 485, § 7º). Naqueles casos, por imperativo sistemático, não há como recusar que o juízo de admissibilidade do apelo seja efetuado de imediato, sem o que não faz sentido a viabilidade expressa de o magistrado modificar o entendimento alcançado na sua sentença que estaria alcançada por preclusão ou à chamada coisa julgada formal ou material. Se, contudo, a despeito da possibilidade de retratação, a conclusão do juízo de primeira instância for no sentido de que o apelo não deve superar o juízo de admissibilidade, não lhe resta outra solução que não a de enviar (disponibilizar) os autos para o Tribunal para exame do recurso, inclusive na perspectiva de sua admissibilidade, observando o disposto no § 3º do art. 1.010.

4.1.1 Questões novas

De acordo com o art. 1.014, novas questões de fato podem ser suscitadas no apelo pela primeira vez. Para tanto, o apelante ou, se for o caso, o apelado precisará alegar e provar que a alegação anterior não se deu por motivo de força maior.

A vedação de inovação no apelo não atinge a viabilidade de ser alegado direito superveniente (o advento de uma nova lei, por exemplo, que merece ser considerada para o deslinde do caso concreto), fatos supervenientes ocorridos após a prolação da sentença, e, tampouco, as questões de ordem pública que, até por força do efeito translativo do apelo, *devem* ser apreciadas pelo Tribunal.

4.2 Efeito suspensivo

O *caput* do art. 1.012 preserva a regra do CPC de 1973 de que o recurso de apelação tem efeito suspensivo, o que merece ser compreendido no sentido de que a sentença é ineficaz desde seu proferimento, não surtindo efeitos senão depois de transcorrido *in albis* o prazo de apelo ou depois que ele for julgado. Os únicos efeitos que podem ser sentidos, neste ínterim, são os expressamente previstos em lei, tais como, os do art. 495 e a hipoteca judiciária lá disciplinada.

A preservação dessa regra representa, na minha opinião – e com o devido respeito do entendimento contrário –, um dos grandes retrocessos do CPC de 2015, máxime porque conflita frontalmente com o que, a este respeito, propuseram o Anteprojeto e o Projeto do Senado. Infelizmente, o Senado, na derradeira fase do processo legislativo, não recuperou a sua própria proposta (art. 968 do Projeto do Senado), mantendo, em última análise, a regra de que a apelação, no direito processual civil brasileiro, tem (e continua a ter) efeito suspensivo.

O § 1º do art. 1.012 prevê as hipóteses em que a apelação não tem efeito suspensivo e, consequentemente, em que a sentença produz efeitos "imediatamente após a sua publicação", o que permite ao apelado requerer seu cumprimento provisório (art. 1.012, § 2º).

Os casos em que a apelação *não* tem efeito suspensivo no sistema codificado – e que na sua perspectiva são excepcionais – dizem respeito a sentença que: (i) homologar divisão ou demarcação de terras; (ii) determinar o pagamento de alimentos; (iii) extinguir sem resolução do mérito ou julgar improcedentes os embargos do executado; (iv) julgar procedente o pedido de instituição de arbitragem; (v) confirmar, conceder ou revogar tutela provisória; e (vi) decretar a interdição.

A hipótese do inciso V do § 1º do art. 1.012 merece exame apartado. É que a concessão da tutela provisória *na* sentença significa, em termos bem diretos, impor a ela a possibilidade de sua eficácia imediata e, portanto, retirá-la do manto do efeito suspensivo do *caput* do art. 1.012. É possível, ao menos caso a caso, que o magistrado conceda cláusula de cumprimento provisório às sentenças, sempre quando estiver diante dos pressupostos respectivos da tutela provisória, seja de urgência, seja de evidência. Anoto, a propósito, que as hipóteses do art. 311, em especial a de seu inciso IV, assumem, para este fim, fértil campo de aplicação. É um caso em que a *retirada* do efeito suspensivo dá-se *ope judicis*, tema muito caro para mim, prezado leitor, permita-me a confissão, porque foi afirmando a sua possibilidade, em 1998, no CPC de 1973, que defendi (e obtive, felizmente) meu Título de Doutor perante a PUCSP.

A *revogação* da tutela provisória e sua imediata execução, de outra parte, só podem ser compreendidas como a pronta cessação dos efeitos da tutela anteriormente antecipada com o proferimento de sentença desfavorável ao seu benefício. Algo que, na clássica jurisprudência do STF, ocupa a sua Súmula 405 e que, em tempos mais recentes, motivou a edição do § 3º do art. 7º da Lei n. 12.016/2009, Lei do Mandado de Segurança. Nesse caso, caberá ao interessado, carente dos efeitos da tutela que, até então, vinha se beneficiando, buscar perante o relator a concessão de medida que faça as vezes da anterior tutela provisória. O fundamento para tanto está no inciso II do art. 932.

Destaco, a respeito desta última afirmação, que o § 5º do art. 1.013, embora esteja fora do lugar, é expresso ao estabelecer que o capítulo da sentença que confirma, concede ou revoga a tutela provisória é impugnável na apelação.

4.2.1 Atribuição *ope judicis* do efeito suspensivo

O § 3º do art. 1.012 prevê a possibilidade de ser atribuído efeito suspensivo à apelação que não o tem, inclusive àquelas previstas pela legislação processual extravagante, observando-se os referenciais contidos no § 4º do art. 1.012. O precitado § 3º tem o mérito de solucionar importante discussão sobre o órgão jurisdicional competente para apreciar o pedido de atribuição *ope judicis* do efeito suspensivo. Desde a interposição do apelo (o que se dá na primeira instância) e sua distribuição (o que pressupõe seu recebimento, física ou eletronicamente, pelo Tribunal), o requerimento será dirigido ao Tribunal que, de acordo com o seu regimento interno, indicará o órgão competente para sua apreciação. A partir do instante em que a apelação tiver sido distribuída, o relator passa a ser o competente, o que se harmoniza com o disposto no inciso II do art. 932. A *prevenção* do relator, na primeira hipótese, depende de previsão regimental específica, não cabendo ao CPC de 2015 imiscuir-se nessa disciplina, iniciativa que afrontaria a alínea *a* do inciso I art. 96 da CF.

Sobre os referenciais a serem observados para a atribuição *ope judicis* do efeito suspensivo do apelo, o § 4º do art. 1.012 refere-se à "probabilidade de provimento do recurso ou se, sendo relevante a fundamentação, houver risco de dano grave ou de difícil reparação". É previsão que autoriza, como escrevo no n. 3.2, *supra*, interpretação ampla para discernir os casos em que prepondera a probabilidade de êxito do apelo como fundamento suficiente para a concessão *ope judicis* do efeito suspensivo dos casos em que este efeito depende também "de dano grave ou de difícil reparação", os quais não dispensam, todavia, a análise da relevância da fundamentação recursal.

Também com base no que apresento no mesmo n. 3.2, *supra*, é irrecusável o entendimento de que pode o apelante buscar a concessão do chamado "efeito ativo" a seu recurso, significando, em termos bem diretos, o proferimento da decisão não concedida na primeira instância *e* a viabilidade de sua fruição imediatamente.

4.3 Efeito devolutivo e translativo

De acordo com o *caput* do art. 1.013 a apelação devolverá, isto é, *transferirá*, ao tribunal o conhecimento da matéria impugnada. Trata-se de expressão adequada do chamado efeito devolutivo, que merece ser entendido no sentido de haver necessária vinculação da atuação do órgão julgador ao que foi objeto do recurso, limitação que é admitida inclusive pelo art. 1.002, ao tratar do recurso parcial. É o que está consagrada na máxima latina *tantum devolutum quantum appellatum*.

Aspecto diferente é a possibilidade de atuação oficiosa do órgão julgador recursal, isto é, independentemente de manifestação do recorrente. É o que a doutrina de Nelson Nery Jr. chama de efeito *translativo*, distinguindo-o com nitidez do efeito *devolutivo*. Este é manifestação do princípio *dispositivo*; aquele, o efeito *translativo* do princípio *inquisitório*.

Os §§ 1º e 2º do art. 1.013 ocupam-se com o efeito translativo do apelo.

De acordo com o primeiro deles, cabe ao Tribunal apreciar as questões suscitadas e discutidas no processo ainda que não tenham sido solucionadas. No CPC de 2015, inovando em relação à previsão equivalente do CPC de 1973, o § 1º de seu art. 515 faz uma ressalva no sentido de que essas questões precisam ser "relativas ao capítulo impugnado", o que faz crescer em importância a distinção entre recursos *parciais* e *totais*, que apresento no n. 2.2, *supra*.

O § 2º do art. 1.013, por sua vez, refere-se à transferência dos fundamentos não analisados na sentença ao Tribunal, que se contentou com apenas um deles. Também aqui, independentemente de expressa manifestação do apelo, o Tribunal poderá, entendendo ser o caso, analisar o outro fundamento.

A atuação oficiosa nesses casos não inibe, muito pelo contrário, que *antes* de a decisão do órgão julgador basear-se na questão ou no fundamento não ventilado expressamente no apelo mas constantes dos autos, o apelante e o apelado sejam previamente ouvidos a seu respeito. Trata-se de inquestionável imposição dos arts. 6º, 9º e 10.

Para além desses casos, o efeito translativo da apelação também viabiliza que o Tribunal, de ofício (e sempre respeitado o contraditório), aprecie quaisquer questões relativas à regularidade do exercício do direito de ação e do processo. Tem plena aplicação ao recurso de apelação o disposto no § 3º do art. 485.

O § 3º art. 1.013 cuida da viabilidade de julgamento de mérito pelo tribunal, independentemente de reenvio dos autos à primeira instância. A previsão, que é expressão do efeito expansivo, quer viabilizar maior eficiência do processo em grau recursal e não parece, pela clareza de suas hipóteses, embora heterogêneas, comprometer nenhum elemento do modelo constitucional.

Chama a atenção, a propósito, o emprego do verbo "deve" empregado pelo dispositivo, a sugerir que o Tribunal, diante de uma daquelas situações, não tem outra alternativa que não a de, desde logo, apreciar o mérito. É interpretação que se afina à busca pelo CPC de 2015 do julgamento de mérito e que encontra eco em diversos outros dispositivos, embora tratem do ponto na perspectiva formal, tais como o inciso IX do art. 139, o art. 317 e o próprio parágrafo único do art. 932.

Para tanto, o processo precisa estar em condições de imediato julgamento, isto é, quando o acervo probatório for suficiente para embasar a decisão de mérito (o referencial é o do art. 355) e o Tribunal: (i) reformar sentença que tiver como base o art. 485 (típico caso de aplicação, diante de uma sentença terminativa, das regras que acabei de colacionar); (ii) decretar a nulidade da sentença por não ser ela congruente com os limites do pedido ou da causa de pedir (quando *reduzirá* a sentença para confirmá-la aos limites do pedido ou da causa de pedir); (iii) constatar omissão no exame de um dos pedidos, julgando-o desde logo (o que pressupõe que o acervo probatório relativo a esse pedido viabilize o julgamento imediato); e (iv) decretar a nulidade de sentença por falta de fundamentação (o que pode fazer ruir as exigências feitas pelos §§ 1º e 2º do art. 489, já que a celeridade pretendida pode, consoante o caso, comprometer a garantia constitucional da fundamentação).

O § 4º do art. 1.013 trata especificamente das situações em que a reforma for de sentença que tiver reconhecido, em primeira instância, a decadência ou a prescrição. Nestes casos, o Tribunal julgará o mérito, examinando as demais questões obstadas pelo anterior reconhecimento da decadência ou da prescrição, sem determinar o retorno do processo ao juízo de primeiro grau, desde que, a remissão ao § 3º é necessária, o processo esteja em condições de julgamento imediato.

A escorreita aplicação dos §§ 3º e 4º do art. 1.013 depende de prévio contraditório acerca das condições de sua aplicação. Se houver pedido da parte sobre a viabilidade de sua incidência em apelo, as contrarrazões já terão se ocupado suficientemente do assunto ou, quando menos, tido oportunidade para tanto. Caso contrário, o magistrado que, de ofício, entender ser o caso do julgamento imediato de mérito – o que só enaltece o *dever* do § 3º do dispositivo – intimará as partes previamente para que se manifestem sobre a questão, quer do ponto de vista de o caso comportar, ou não, a incidência do dispositivo, quer do ponto de vista do que deve prevalecer no julgamento a ser proferido.

Além do art. 1.013 e de seus parágrafos, não há como esquecer, no contexto do CPC de 2015, que as decisões interlocutórias não recorríveis por agravo de instrumento passam a ser objeto de discussão em apelação ou nas suas contrarrazões. É o objeto dos §§ 1º e 2º do art. 1.009. A previsão tem inegável impacto no efeito *devolutivo* daquele recurso.

O § 1º do art. 1.009 só faz sentido pela supressão do agravo retido. Inexistente aquele recurso, as decisões interlocutórias não passíveis de agravo de instrumento não ficam sujeitas à preclusão até o proferimento da sentença, cabendo à parte, se assim entender necessário, suscitá-las em preliminar de apelação ou em contrarrazões. Entendo que, para o apelante (aquele que interpõe o recurso de apelação), o silêncio acerca daquelas decisões interlocutórias em seu apelo significa preclusão.

Sendo o apelado o suscitante dessas questões, é o caso de viabilizar ao apelante vista dos autos, no que é expresso o § 2º do art. 1.009, exigência que decorre suficientemente dos arts. 9º e 10. Se o apelado (aquele em face de quem a apelação é interposta) nada disser acerca dessas questões, haverá, sobre elas, preclusão.

Acerca da suscitação dessas decisões em razões ou em contrarrazões de apelo, entendo importante destacar que não há necessidade de a parte (ou terceiro) que se prejudique com elas tomar qualquer providência de imediato. Não prevaleceu, na versão final do CPC de 2015, exigência que chegou a ser aprovada no Projeto da Câmara, que estabelecia figura desconhecida no direito processual civil brasileiro, um "protesto", apenas para evitar que a questão precluísse, permitindo que ela fosse reavivada em apelo ou em contrarrazões.

Felizmente, o Senado, na última etapa do processo legislativo, recusou a proposta que, bem entendida, tornava a extinção do agravo retido mais nominal do que substancial, formalizando, desnecessariamente, o processo e comprometendo, até mesmo, um dos pontos altos anunciados desde a Exposição de Motivos do Anteprojeto. No sistema que prevaleceu, insisto, basta que o interessado, na apelação ou nas contrarrazões, suscite a decisão não agravável de instrumento – que não estará, até então, atingida pela preclusão – para permitir sua revisão pelo Tribunal competente.

Contra esse entendimento, há quem traga à tona o *caput* do art. 278, segundo o qual "a nulidade dos atos deve ser alegada na primeira oportunidade em que couber à parte falar nos autos, sob pena de preclusão", a exigir do prejudicado pela decisão que se manifeste em juízo de imediato, sob pena de ser tardia a manifestação do inconformismo nos moldes dos §§ 1º e 2º do art. 1.009. Não entendo que aquele dispositivo possa ser interpretado fora do novel sistema recursal das interlocutórias aqui exposto. Basta, para tanto, entender que, tratando-se de decisão não sujeita ao agravo de instrumento, a "primeira oportunidade" para a parte manifestar seu inconformismo é, justamente, o apelo ou as contrarrazões.

Considerando o novo papel a ser desempenhado pela apelação ou pelas contrarrazões de apelo, é irrecusável reconhecer interesse recursal a quem, embora integralmente vencedor na sentença, ostente algum prejuízo derivado de decisão interlocutória não agravável de instrumento a ela anterior. É lembrar da eloquente hipótese de aplicação da multa pelo não comparecimento injustificado à audiência de conciliação ou de mediação nos moldes do § 8º do art. 334.

4.4 No Tribunal

Chegando o recurso de apelação ao Tribunal, os autos respectivos serão imediatamente registrados (art. 930) e também distribuídos (art. 1.011, *caput*), o que, no particular, só repete o comando do inciso XV do art. 93 da CF.

Sendo caso de decisão monocrática, o relator a proferirá (art. 1.011, I).

A restrição estabelecida pelo inciso I do art. 1.011 às hipóteses dos incisos III a V do art. 932 precisa ser compreendida no sentido de evidenciar as hipóteses em que o relator, monocraticamente, pode proferir decisão sobre o recurso de apelação, seja ela relativa a seu juízo de admissibilidade, até então não efetuado (inciso III), seja com relação ao seu juízo de mérito (incisos IV e V). Ela não infirma, portanto, que o relator, consoante o caso, tome monocraticamente outras providências estabelecidas naquele dispositivo, como, por exemplo, apreciar pedido de tutela provisória (art. 932, II), determinar, quando for o caso, a oitiva do Ministério Público (art. 932, VII) ou, ainda, determine às partes que saneiem eventual vício que, na sua visão, compromete a higidez do processo (art. 932, parágrafo único).

Se a hipótese não comportar o julgamento monocrático ou o relator não o realizar, cabe a ele elaborar o seu voto e tomar as providências administrativas que exponho no n. 3.2 do Capítulo 16 para o julgamento colegiado (art. 1.011, II), cabendo lembrar que o quórum de julgamento da apelação é de três Desembargadores (art. 941, § 2º) e que é possível a realização de sustentação oral (art. 937, I).

5. AGRAVO DE INSTRUMENTO

Importante e substancial alteração proposta desde o Anteprojeto elaborado pela Comissão de Juristas é a indicação dos casos em que é cabível o recurso de agravo de instrumento, assim entendido o recurso que submete a contraste *imediato* pelo Tribunal decisão interlocutória proferida na primeira instância ao longo do processo. O objetivo expresso, desde a Exposição de Motivos do Anteprojeto, é o de reduzir os casos em que aquele recurso pode ser interposto, quando comparado com o CPC de 1973.

Coerentemente – e a exemplo do que disciplinava o art. 842 do CPC de 1939 –, o art. 1.015 indica os casos em que o agravo de instrumento é cabível sem prejuízo de outras hipóteses dispersas existentes no próprio CPC de 2015 (previstas nos seguintes artigos: 101, *caput*; 354, parágrafo único; 356, § 5º, e 1.037, § 13, I) e nas leis extravagantes (art. 1.015, XIII).

Assim é que cabe agravo de instrumento de decisões interlocutórias que versarem sobre: (i) tutelas provisórias; (ii) mérito do processo; (iii) rejeição da alegação de convenção de arbitragem; (iv) incidente de desconsideração da personalidade jurídica; (v) rejeição do pedido de gratuidade da justiça ou acolhimento do pedido de sua revogação; (vi) exibição ou posse de documento ou coisa; (vii) exclusão de litisconsorte; (viii) rejeição do pedido de limitação do litisconsórcio; (ix) admissão ou inadmissão de intervenção de terceiros; (x) concessão, modificação ou revogação do efeito suspensivo aos embargos à execução; e (xi) redistribuição do ônus da prova nos termos do § 1º do art. 373.

O parágrafo único do art. 1.015 complementa o rol com a indicação de que também cabe agravo de instrumento contra decisões interlocutórias proferidas na fase de liquidação, na fase de cumprimento de sentença, no processo de execução e no processo de inventário. Nesses casos, aliás, é bastante que a interlocutória seja proferida naquelas etapas ou naqueles processos, independentemente de seu conteúdo ou de sua compreensão à luz das hipóteses dos incisos do *caput*, para que sua recorribilidade imediata seja reconhecida.

A doutrina e a jurisprudência vêm se perguntando se o rol do art. 1.015 é taxativo ou não e se é possível – e de que maneira – interpretá-lo de forma a prever outras hipóteses não previstas expressamente ou, quando menos, com pouca clareza, pelo CPC de 2015.

Desenvolvendo o que escrevi a respeito até a 3ª edição do *Manual*, entendo que o rol – longe dos rótulos a ele atribuíveis e em geral atribuídos –, não é impeditivo para que se dê máximo rendimento às hipóteses nele previstas, como forma adequada de atingir o duplo objetivo que já anunciava: verificar de que maneira as escolhas feitas atendem, ou não, as necessidades do dia a dia do foro e evitar a generalização do mandado de segurança contra ato judicial, medida que, na década de 1980 até meados da década de 1990, consagrou-se como *sucedâneo recursal* para fazer as vezes do que, naquela época, o regime do agravo de instrumento não permitia. Sempre como forma de constatar, adequadamente, se as escolhas feitas pelo CPC de 2015 são, ou não, harmônicas com o modelo constitucional e de que maneira é (e foi) legítimo descartar a compreensão, decorrente e tolerada à época do CPC de 1973, de que toda a decisão interlocutória proferida na etapa de conhecimento do processo era imediatamente recorrível pelo recurso de agravo de instrumento.

Para esse fim, entendo fundamental dar máximo rendimento ao verbo "versar" constante do *caput* do art. 1.015, o que permite dar sentido mais amplo à grande maioria das hipóteses previstas nos incisos daquele dispositivo.

Assim, por exemplo, é correto entender que cabe agravo de instrumento sobre *qualquer* decisão que *verse* sobre *tutela provisória*, seja ela de urgência ou de evidência (art. 937, VIII), assim compreendida a hipótese de deferimento, de indeferimento, de postergação da análise do pedido (que, em rigor, deve ser compreendido ao indeferimento, ao menos quando a hipótese for de urgência) ou de condicionamento da concessão a algum comportamento de seu beneficiário (um depósito judicial do valor controvertido, por exemplo).

Na hipótese do inciso II do art. 1.015 está compreendida a hipótese de o magistrado indeferir a homologação de um acordo que lhe é apresentado pelas partes, determinando o prosseguimento do processo. Trata-se de decisão que *versa* o mérito do processo, em função de seu conteúdo (art. 487, III, *b*), mas como não põe fim à etapa de conhecimento, deve ser compreendida como interlocutória (art. 203, § 2º).

Apenas para fins de ilustração, também é o que se dá com relação ao inciso X do art. 1.015: a decisão que *versa* sobre *concessão, modificação* ou *revogação* do efeito suspensivo aos embargos à execução é, diante de sua própria *textualidade*, tanto a positiva como a negativa, a neutra ou a condicionante. *Indeferir* o efeito suspensivo aos embargos à execução é, sem dúvida, hipótese que está compreendida entre as alternativas possíveis de uma decisão que *versa* sobre a sua concessão, tal qual requerido pelo embargante. Até porque, nessa específica situação, é irrecusável que a hipótese também se amolda com perfeição à hipótese do inciso I do art. 1.015: o pedido de efeito suspensivo nos embargos à execução é manifestação inequívoca de "tutela provisória". Para a hipótese há, até, um fundamento adicional para basear a conclusão diante da largueza do disposto no parágrafo único do art. 1.015. E mais: não há razão para restringir o cabimento do agravo àqueles acontecimentos nos *embargos* à *execução*. A pertinência daquele recurso, por identidade de razões, faz-se também quando se tratar de pedido de efeito suspensivo a *impugnação* ao cumprimento de sentença (art. 525, § 6º), o que se justifica diante da sistemática decorrente dos *capi* dos arts. 513 e 771.

Por tais razões, reformulo entendimento que apresentei até a 3ª edição do *Manual* para concluir pelo cabimento do agravo de instrumento da decisão que *versar* sobre a *exclusão de litisconsorte* (art. 1.015, VII) e da que *versar* sobre a *rejeição* do pedido de limitação do litisconsórcio (art. 1.015, VIII). Nestes dois casos, a compreensão dos incisos conjugados com o verbo *versar* do *caput* do art. 1.015 autoriza a compreensão de que é *indiferente* o deferimento ou o indeferimento do pedido de exclusão de litisconsorte, tanto quanto o é o deferimento ou o indeferimento do pedido de limitação do litisconsórcio. O ângulo de análise da hipótese feita por aqueles incisos (haver pedido de exclusão de litisconsorte ou pedido de desmembramento de litisconsórcio) parece pressupor atividade do réu. Nada mais do que isso. O magistrado, estabelecido o contraditório, decidirá, *versando* sobre o pedido e, nos termos do *caput* do art. 1.015, é inquestionável a admissão do agravo de instrumento. E se a *inclusão* do litisconsorte for determinada oficiosamente pelo magistrado com fundamento no parágrafo único do art. 115? "Mesmo assim, cabe o agravo de instrumento?", perguntará o prezado leitor. Entendo que sim. Basta que haja, como deve haver, contraditório sobre o assunto para que a hipótese de incidência legal se concretize: ao fim e ao cabo tudo se passa em termos de *versar* a exclusão. Ademais, não há como recusar o cabimento do agravo de instrumento na hipótese de se *acolher* o pedido de limitação do litisconsórcio, ao contrário do que a interpretação isolada do inciso VIII do art. 1.015 poderia sugerir. Como, nesse caso, haverá consequente *exclusão* de litisconsorte, a incidência do inciso VII do mesmo artigo é inquestionável.

Na mesma toada, é admissível o agravo de instrumento da decisão que, *versando* sobre a *rejeição* do pedido de gratuidade da justiça, indefere-o para conceder os benefícios, total ou parcialmente (art. 98, §§ 5º e 6º), ou o defere para negá-los. Também da interlocutória que, *versando* sobre o *acolhimento* do pedido de sua *revogação*, defere-o para *retirar*, total ou parcialmente, os benefícios anteriormente concedidos ou o indefere para *preservá-los*. É o que se extrai do inciso V do art. 1.015, levando em conta, como deve ser, os elementos textuais do *caput* do dispositivo e a necessária dinâmica do pedido de concessão e de revogação dos benefícios da justiça gratuita, nos termos do art. 100. É diretriz que se repete, embora desnecessariamente, no *caput* do art. 101 (v. n. 2.5 do Capítulo 4).

Todavia, continuo não entendendo possível interpretar o inciso III do art. 1.015 para admitir o agravo de instrumento contra *outras* hipóteses que versem sobre *competência jurisdicional*. A hipótese do inciso é restrita aos casos em que a incompetência do juízo estatal é desafiada em função de convenção de arbitragem. E aqui há uma outra peculiaridade: sendo *acolhida* a preliminar levantada pelo réu em contestação (art. 337, X), a hipótese é de apelação, considerando o término da etapa de conhecimento do processo perante o Estado-juiz a atrair a incidência do § 1º do art. 203, do inciso VII do art. 485, e do *caput* do art. 1.009.

Tampouco posso concordar com o entendimento de que seja viável extrapolar a limitação textual do inciso XI do art. 1.015 para alcançar qualquer outra situação relativa ao direito probatório, que não seja o *versar* sobre a redistribuição do ônus da prova, seja deferindo-a, indeferindo-a ou determinando-a oficiosamente sem observar, por exemplo, os condicionantes previstos no § 1º do art. 373 ou acarretar o quadro desautorizado pelo § 2º do mesmo dispositivo.

Para estes casos (o de incompetência, relativa ou absoluta, do órgão jurisdicional e o de indeferimento de prova), o descabimento do agravo de instrumento é significativo da aplicação do sistema do CPC de 2015: o prejudicado com a decisão deve aguardar o proferimento da sentença e, consoante o caso, submeter a questão à segunda instância em sede de recurso de apelação ou de contrarrazões de apelação (art. 1.009, §§ 1º e 2º). Se o inconformismo for aceito, põe-se a questão de se saber até que ponto o processo ou alguns de seus atos podem ser aproveitados (inclusive com fundamento no § 4º do art. 64; v. n. 6.1 do Capítulo 3) ou têm que ser praticados novamente. É o risco que, ao descartar o contraste imediato de um sem fim de interlocutórias, foi assumido pelo CPC de 2015. Para o indeferimento de provas, de qualquer sorte, o interessado poderá colhê-las de imediato, valendo-se do disposto nos arts. 381 a 383 (v. n. 4 do Capítulo 10).

Não obstante tais considerações, importa destacar que a Corte Especial do Superior Tribunal de Justiça acabou entendendo que o rol do *caput* do art. 1.015 do CPC, embora taxativo, aceita ser interpretado de maneira ampliativa quando a revisão imediata da decisão interlocutória perante o Tribunal recursal por agravo de instrumento mostrar-se necessária diante da inocuidade, porque tardia, de seu reexame apenas em sede de apelo nos moldes dos §§ 1º e 2º do art. 1.009. Trata-se do Tema 988 dos recursos especiais repetitivos, que resultou na fixação da seguinte tese: "O rol do art. 1.015 do CPC é de taxatividade mitigada, por isso admite a interposição de agravo de instrumento quando verificada a urgência decorrente da inutilidade do julgamento da questão no recurso de apelação".

Embora ostentando fundamento *infraconstitucional* – o que evita qualquer questionamento relativo ao acerto da escolha do legislador do CPC de 2015 à luz do modelo constitucional do direito processual civil, em específico à compreensão e ao alcance do "princípio do duplo grau de jurisdição" –, o entendimento que acabou por prevalecer em sede de recurso especial repetitivo é suficientemente *pragmático* para evitar que o *tempo* de revisão de determinada interlocutória proferida na etapa de conhecimento do processo possa resultar em prejuízo para um dos litigantes. Sua observância também acarreta o descarte do uso do mandado de segurança contra ato judicial como sucedâneo recursal para viabilizar o contraste da decisão perante o Tribunal competente, dando preferência ao próprio agravo de instrumento.

5.1 Petição de interposição

O art. 1.016 trata dos requisitos formais das razões de agravo de instrumento.

A petição será dirigida ao Tribunal competente no prazo de quinze dias (úteis), cabendo ao agravante demonstrar a ocorrência de eventuais feriados que possam ter influenciado a fluência (e não só o vencimento) do prazo. Também cabe ao agravante (aquele que interpõe o recurso) demonstrar o recolhimento das custas e do porte de remessa e retorno dos autos, consoante o caso (art. 1.017, § 1º).

A entrega da petição observará o disposto no § 2º do art. 1.017: (i) será realizada, mediante protocolo, diretamente no tribunal competente para julgá-la; ou (ii) será realizada, mediante protocolo, na própria comarca, seção ou subseção judiciárias; ou (iii) será enviada pelo correio em carta registrada com aviso de recebimento; ou (iv) será transmitida por fac-símile (fax), observando-se, nesse caso, o disposto na Lei n. 9.800/1999, específica para o tema, sendo certo que as peças de formação do instrumento só devem ser apresentadas quando do protocolo da via original, despicienda, portanto, que elas também sejam enviadas por fax (art. 1.017, § 4º); ou (v) observará outras soluções das leis locais, previsão que se harmoniza com o § 3º do art. 1.003.

As razões devem indicar: (i) os nomes das partes (agravante a agravado); (ii) a exposição do fato e do direito; (iii) as razões do pedido de reforma ou de invalidação da decisão e o próprio pedido; e (iv) o nome e o endereço completo dos procuradores constantes do processo.

A exigência do inciso IV do art. 1.016 justifica-se pela necessidade de as intimações do Tribunal serem feitas a quem representa as partes. Isso porque os autos do processo estão na primeira instância. O que está no Tribunal e viabiliza o julgamento da decisão interlocutória questionada é o "instrumento" (art. 1.017), daí o ônus da alegação do agravante. Tratando-se de autos eletrônicos, em que o instrumento é pertinentemente dispensado (art. 1.017, § 5º), essa exigência, correlatamente, tende a ser meramente formal.

O art. 1.016 é silente a respeito, mas o agravante pode, consoante o caso, requerer a atribuição de efeito suspensivo ao recurso, valendo-se do disposto dos referenciais do parágrafo único do art. 995. Também poderá requerer o que a prática forense consagrou com o nome de efeito *ativo*, no sentido de pedir, de imediato, a concessão da medida negada na primeira instância e que motivou o agravo de instrumento, adotando-se a interpretação ampla que, no n. 3.2, *supra*, proponho àquele dispositivo. O fundamento do pedido, ainda que no âmbito recursal, é o mesmo da providência negada e decorre do genérico art. 297. A hipótese, ademais, ainda que com a nomenclatura do CPC de 1973, é prevista expressamente no inciso I do art. 1.019.

5.1.1 Formação do instrumento

Como acabei de escrever, o agravo de instrumento tem esse nome porque ele desenvolve-se em autos próprios, formados a partir dos elementos dos autos da primeira instância em que proferida a decisão interlocutória recorrida. Os autos do processo continuam na primeira instância. O Tribunal conhecerá deles por intermédio do instrumento que será formado pelo agravante e que deverá ser apresentado com as razões do recurso.

O instrumento deverá documentar suficientemente o que gosto de chamar de contexto decisório.

O inciso I do art. 1.017 impõe que o instrumento seja formado por cópia das seguintes peças: (i) petição inicial; (ii) contestação; (iii) petição que ensejou a decisão agravada; (iv) decisão agravada; (v) certidão da respectiva intimação ou outro documento oficial que comprove a tempestividade do recurso; e (vi) procurações outorgadas aos advogados do agravante e do agravado, que devem ser dispensadas em se tratando de advogados públicos, membros do Ministério Público e da Defensoria Pública, sendo suficiente, nesses casos, declinar tal condição.

Se não houver possibilidade de apresentação de alguma dessas peças, cabe ao agravante, por intermédio de seu procurador, declarar a circunstância, "sob pena de sua responsabilidade pessoal" (art. 1.017, II).

O inciso III do art. 1.017 admite que o agravante apresente, para formação do instrumento, outras peças que entenda úteis.

O § 3º do art. 1.017 cuida da possibilidade de eventuais vícios na formação do instrumento serem sanados por determinação do relator. É previsão que decorreria, de forma suficiente do parágrafo único do art. 932, mas cuja especificidade é bem-vinda para eliminar qualquer dúvida acerca de sua ocorrência. Com isso, aliás, a doutrina e a jurisprudência que entendiam diferentemente, sob a égide do CPC de 1973, precisam ser revistas.

Tratando-se de autos eletrônicos, a formação do instrumento é expressamente dispensada pelo § 5º do art. 1.017. O que o dispositivo permite ao agravante, em harmonia com a previsão do inciso III do art. 1.017, é a juntada de outros documentos que entenda úteis para a compreensão da controvérsia.

5.2 Apresentação na primeira instância

Considerando que o agravo de instrumento é interposto diretamente no Tribunal competente para julgá-lo, põe-se o problema de como o agravado terá acesso a ele.

Para obviar a necessidade de o agravado deslocar-se até a sede do Tribunal, o *caput* e os §§ 2º e 3º do art. 1.018 impõem que o agravante junte cópia do agravo, da comprovação de sua interposição, e a relação de documentos segundo instrução na primeira instância, em três dias contados da interposição do agravo de instrumento. A despeito do silêncio da regra, parece-me importante entender que eventual documento *novo* apresentado pelo agravante como lhe permite o inciso III do art. 1.017, deva ser apresentado também, exigência necessária para viabilizar o exercício de pleno contraditório pelo agravado.

Não se impressione, prezado leitor, com o verbo "poderá", empregado no *caput* do art. 1.018, sugerindo que a juntada na primeira instância é mera faculdade do agravante, porque a não juntada é expressamente sancionada pelo § 3º do dispositivo. A diferença é que a inadmissibilidade do agravo de instrumento por esse fundamento precisa ser arguido e provado pelo próprio agravado nos termos do próprio § 3º.

O § 2º do art. 1.018 contém também regra mais do que justificável, que dispensa a juntada do agravo de instrumento na primeira instância quando se tratar de autos eletrônicos. Nesse caso, diante da própria sistemática do processo eletrônico, a providência é dispensável, tanto quanto o próprio instrumento (art. 1.017, § 5º). Caso, contudo, a despeito do sistema eletrônico, não for viável ao agravado ter acesso *imediato* ao agravo de instrumento *e* a eventuais documentos novos com ele juntados, o agravante deve apresentá-los na primeira instância (ainda que eletronicamente) sob a pena de inadmissibilidade do § 3º do art. 1.018. Importa entender o dispositivo, por isso mesmo, no sentido de que a dispensa da apresentação em primeira instância pressupõe mais que a existência de autos eletrônicos em primeira e em segunda instâncias. É mister que os sistemas apresentem indispensável *interoperabilidade*, isto é, que a diversidade de sistemas existentes no país não obste, por razões tecnológicas, a consulta eletrônica dos autos com plena integração de informações.

A comunicação ou, consoante o caso, a juntada do agravo de instrumento perante o juízo prolator da decisão agravada quer também viabilizar que ela seja revista. Trata-se de manifestação clara do efeito *regressivo* do recurso de agravo de instrumento. É essa a razão pela qual o § 1º do art. 1.018 estabelece que, se houver reforma integral da decisão, o relator considerará prejudicado o agravo de instrumento (art. 932, III). "E se o efeito regressivo operou apenas em parte, com a reforma parcial da decisão agravada?", é o prezado leitor quem pergunta. Nesse caso, o agravo de instrumento será julgado quanto ao capítulo subsistente da decisão.

5.3 No Tribunal

O art. 1.019 trata das providências a serem tomadas pelo relator quando do recebimento do agravo de instrumento.

Se o caso não comportar rejeição monocrática pela não superação do juízo de admissibilidade recursal (art. 932, III) ou porque a hipótese é de improvimento liminar (art. 932, IV), o relator tomará as seguintes providências no prazo de cinco dias: (i) poderá atribuir efeito suspensivo ao recurso ou deferir o que a prática do foro conhece como efeito *ativo*, comunicando sua decisão ao juízo da primeira instância; (ii) determinará a intimação do agravado pessoalmente, por carta com aviso de recebimento, quando não tiver procurador constituído, pelo *Diário da Justiça,* ou por carta com aviso de recebimento dirigida ao seu advogado, para que apresente contrarrazões no prazo de quinze dias, facultando-lhe juntar a documentação que entender necessária ao julgamento do recurso; (iii) determinará a intimação do Ministério Público, preferencialmente por meio eletrônico para que se manifeste no prazo de quinze dias, quando for o caso de sua intervenção.

Para além das hipóteses previstas no *caput* e nos incisos do art. 1.019, caberá ao relator também, se for o caso, determinar ao agravante que *complemente* o instrumento (arts. 1.017, § 3º, e 932, parágrafo único).

O CPC de 2015 suprimiu a irrecorribilidade da decisão relativa ao efeito suspensivo, inclusive o *ativo*, pleiteado pelo agravante na petição de interposição do agravo de instrumento (art. 1.019, I), o que decorria do (inconstitucional) parágrafo único do art. 527 do CPC de 1973. A decisão está sujeita ao controle do colegiado competente nos termos do art. 1.021.

Também não há – nem teria sentido que houvesse – possibilidade de o relator converter o agravo de instrumento em agravo retido, tal qual previa o inciso II do art. 527 do CPC de 1973. Aquela modalidade recursal, como escrevi no n. 3.1, *supra*, não foi preservada pelo CPC de 2015.

Uma terceira diferença perceptível na comparação do regime do agravo de instrumento entre o CPC de 2015 e o CPC de 1973 está na ausência de previsão para que o relator colha informações do juízo prolator da decisão agravada (art. 527, IV, do CPC de

1973). A medida quer impor maior agilidade ao processamento do agravo de instrumento sendo certo, outrossim, que a prática demonstrava que aquelas informações nada ou pouco acrescentavam às razões já expostas na própria decisão agravada. Sendo o modelo de processo desejado pelo CPC de 2015 *cooperativo*, contudo, nada há que impeça que, consoante as peculiaridades do caso, o relator determine a prévia oitiva do prolator da decisão agravada para mais bem decidir.

O quórum do julgamento colegiado é de três Desembargadores (art. 941, § 2º), sendo certo que o julgamento do agravo de instrumento deve sempre preferir o da apelação interposta no mesmo processo (art. 946).

É cabível sustentação oral nos casos em que o agravo de instrumento for dirigido a decisões interlocutórias relativas à tutela provisória de urgência ou da evidência (art. 937, VIII), sem prejuízo de cada Tribunal, por intermédio de seu regimento interno, admitir outras hipóteses de sustentação naquele recurso (art. 937, IX). "E no agravo de instrumento tirado contra a decisão que julga antecipadamente o mérito (art. 356, § 5º)?", perguntará o prezado leitor. Tirante expressa previsão regimental que a preveja, sua admissibilidade pressupõe interpretação ampla e *substancial* da hipótese do inciso I do art. 937, ao se referir à apelação. É que, não fosse por aquela técnica de julgamento, a matéria seria reexaminada pelo Tribunal em sede de apelação.

O agravo de instrumento deverá ser julgado em, no máximo, um mês, contado da intimação do agravado. Tratando-se de prazo em mês e não em dias, ele não se beneficia da contagem somente em dias úteis do *caput* do art. 219. É verificar as condições estruturais e organizacionais dos nossos Tribunais para conseguirem cumprir esse prazo.

6. AGRAVO INTERNO

O art. 1.021 prevê o cabimento do agravo interno contra todas as decisões monocráticas proferidas no âmbito dos tribunais, sendo competente para julgá-lo o órgão colegiado respectivo. Não me parece errado, por isso mesmo, rotular este recurso – a despeito da nomenclatura dada a ele pelo CPC de 2015 – de "agravo de *colegiamento*".

6.1 Petição de interposição

O agravante, no prazo de quinze dias, deverá apresentar a petição de agravo na qual deverá impugnar os fundamentos da decisão recorrida especificadamente. A exigência, feita pelo § 1º do art. 1.021, é manifestação pertinente do princípio da dialeticidade recursal, que deve presidir, inclusive na perspectiva dos arts. 5º e 6º, as petições recursais e as respostas respectivas. Suficientemente claro a respeito do tema, de qualquer sorte, o inciso III do art. 932.

O agravo interno será dirigido ao relator da decisão agravada, que intimará o agravado para manifestar-se sobre o recurso no prazo de quinze dias (art. 1.021, § 2º).

Findo o prazo reservado para o contraditório e se não houver retratação (efeito regressivo), o relator apresentará o recurso para julgamento pelo órgão colegiado. A inclusão em pauta é expressamente prevista pela parte final do § 2º do art. 1.021.

Sobre a possibilidade de retratação, entendo relevante destacar que o § 2º do art. 1.021, ao impor a prévia oitiva do agravado, deve ser observado por força do contraditório que, no plano codificado, encontra-se nos arts. 9º e 10. É que o acatamento das razões do agravante tem o condão de prejudicar o agravado, razão bastante para impor o contraditório prévio. Não é por outra razão, aliás, que o inciso V do art. 932 *não permite* a atuação monocrática do relator em geral sem a prévia colheita das contrarrazões recursais, caso elas não tenham sido, ainda, apresentadas.

6.2 Julgamento

O § 3º do art. 1.021 veda ao relator negar provimento pelas mesmas razões da decisão que proferiu (prática infelizmente comuníssima), o que é exigência decorrente não só da mesma dialeticidade recursal que destaco no n. 2.3, *supra*, mas também – e superiormente, porque imposição constitucional – das motivações de todas as decisões jurisdicionais (art. 93, IX, da CF, e art. 489, § 1º, IV, do CPC de 2015).

Nas hipóteses em que o agravo interno for declarado manifestamente inadmissível (juízo de admissibilidade) ou quando sua improcedência for manifesta (juízo de mérito), em ambas as hipóteses por votação unânime, o órgão colegiado, fundamentadamente, imporá ao agravante o pagamento de multa em favor do agravado a ser fixada entre um e cinco por cento do valor atualizado da causa (art. 1.021, § 4º).

O § 5º do art. 1.021 complementa a previsão prescrevendo que a interposição de qualquer outro recurso fica condicionada ao depósito prévio do valor daquela multa, excepcionando, de sua incidência, a Fazenda Pública e o beneficiário de gratuidade da justiça, que farão o pagamento ao final.

Não critico a possibilidade de apenar o litigante de má-fé pelo abusivo exercício do direito de recorrer, muito pelo contrário. O que é intolerável é condicionar a interposição de qualquer outro recurso ao recolhimento prévio da multa, nos termos do § 5º do art. 1.021.

Ainda mais intolerável, a censura diante da exceção feita por aquele dispositivo ao permitir à Fazenda Pública e ao beneficiário da justiça gratuita o pagamento da multa a final. Considerando o motivo que autoriza a multa (em última análise, litigância de má-fé), nada há que permita justificar o tratamento diferenciado.

Seria melhor, em nome do princípio *constitucional* da isonomia, que todos estivessem sujeitos ao pagamento a final da multa, sem prejuízo de, independentemente dela, recorrer, até para viabilizar a revisão das razões que justificam a sua incidência. É supor, sem nenhum esforço, a circunstância de o acórdão que julga o agravo interno não ser fundamentado quanto às hipóteses que justificam a incidência da multa, ao arrepio, portanto, da expressa exigência do § 4º do art. 1.021.

Pior: mesmo para quem queira justificar o tratamento diferenciado com relação ao beneficiário da justiça gratuita – até por causa da genérica previsão do § 4º do art. 98 –, não há nada que explique o tratamento diferenciado dado às pessoas de direito público.

Até a 8ª edição deste *Manual*, lamentei o veto presidencial lançado ao inciso VII do art. 937, que impedia a sustentação oral em agravo interno, salvo nas hipóteses previstas no § 3º do mesmo dispositivo. Sustentava que era possível (e desejável) que houvesse autorização regimental em sentido contrário, por força não só do inciso IX do mesmo art. 937, mas também do *caput* do art. 1.021, que permite que os regimentos internos dos Tribunais complementem, quanto ao processamento, a disciplina relativa ao recurso aqui examinado.

Com o advento da Lei n. 14.365/2022, a questão ficou superada por força do § 2º-B incluído por aquele diploma legal no art. 7º da Lei n. 8.906/1994, o Estatuto da Advocacia. De acordo com o dispositivo, "Poderá o advogado realizar a sustentação oral no recurso interposto contra a decisão monocrática de relator que julgar o mérito ou não conhecer dos seguintes recursos ou ações: I – recurso de apelação; II – recurso ordinário; III – recurso especial; IV – recurso extraordinário; V – embargos de divergência; VI – ação rescisória, mandado de segurança, reclamação, *habeas corpus* e outras ações de competência originária". O interessante da disposição é que ele permite a interpretação de que a sustentação oral é cabível não apenas do agravo interno, cuja pertinência para contrastar "decisão monocrática de relator" é inquestionável, mas também de eventuais embargos de declaração opostos contra aquela mesma decisão.

Embora a regra tenha sido veiculada no Estatuto da Advocacia e se refira textualmente a "advogado", não há como negar o direito de sustentação oral nas mesmíssimas condições aos membros do Ministério Público e aos da Defensoria Pública.

7. EMBARGOS DE DECLARAÇÃO

Os embargos de declaração são o recurso que têm como objetivo o esclarecimento ou a integração da decisão recorrida, tornando-a mais clara, mais coesa e mais completa. Também se prestam, de acordo com o inciso III do art. 1.022, a corrigir erros materiais.

A doutrina sempre foi convicta no sentido de que qualquer decisão era passível de embargos de declaração, o que foi superado, ao menos para os mais céticos, com o CPC de 2015, já que o *caput* de seu art. 1.022 é expresso quanto ao cabimento desse recurso "contra qualquer decisão judicial".

Recurso de fundamentação vinculada, seu cabimento fica atrelado à alegação de ao menos uma das hipóteses indicadas nos incisos do art. 1.022: (i) esclarecimento de obscuridade ou eliminação de contradição; (ii) supressão de omissão de ponto ou questão sobre o qual o magistrado deveria ter se pronunciado, de ofício ou a requerimento; e (iii) correção de erro material.

A primeira hipótese relaciona-se à intelecção da decisão, aquilo que ela quis dizer, mas que não ficou suficiente claro, devido até mesmo a afirmações inconciliáveis entre si. A obscuridade e a contradição são vícios que devem ser encontrados na própria decisão, sendo descabido pretender confrontar a decisão com elementos a ela externos.

A omissão que justifica a apresentação dos embargos declaratórios, como se verifica do inciso II do art. 1.022, é não só aquela que deriva da falta de manifestação do magistrado de requerimento das partes e de eventuais intervenientes mas também a ausência de decisão acerca da matéria que, até mesmo de ofício, caberia ao magistrado pronunciar-se. A previsão relaciona-se com o efeito *translativo* do recurso, a permitir que, mesmo em sede de embargos declaratórios, questões até então não enfrentadas sejam arguidas e decididas. O prévio contraditório, em tais situações, é de rigor.

O parágrafo único do art. 1.022 vai além e estatui que é omissa a decisão que deixar de se manifestar sobre tese firmada em julgamento de casos repetitivos ou em incidente de assunção de competência, que se afirma aplicável ao caso sob julgamento (inciso I) e quando ela deixar de observar as demais exigências feitas pelo § 1º do art. 489, com relação ao dever de fundamentação das decisões jurisdicionais. Importa acentuar a respeito do inciso I do parágrafo único do art. 1.022 que ele merece ser interpretado ampliativamente nos moldes que proponho no n. 2.1 do Capítulo 16 para albergar todos os "indexadores jurisprudenciais" dos arts. 926 a 928, indo além, destarte, das técnicas nele referidas expressamente. De resto, para quem discordar desse entendimento, a amplitude do inciso II do mesmo parágrafo único mostra-se suficiente para chegar à mesma conclusão, considerando que os incisos V e VI do § 1º do art. 489 referem-se, genericamente, a "precedente", "enunciado de súmula" e "jurisprudência".

O inciso III do art. 1.022 evidencia que também o erro material pode ensejar a apresentação dos embargos de declaração. Erro material deve ser compreendido como aquelas situações em que a decisão não se harmoniza, objetivamente, com o entendimento de que se pretendia exprimir ou que não condiz, também objetivamente, com os elementos constantes dos autos. Justamente pela natureza desse vício, a melhor interpretação mostra-se a de admitir os embargos de declaração para aquele fim, no que o CPC de 2015, diferentemente do de 1973, é expresso, mas de sua apresentação não impedir, a qualquer tempo, sua alegação e, se for o caso, seu reconhecimento judicial. Não há como, sem deixar de conceber como *material* o erro, entender que a falta de sua alegação em embargos declaratórios daria ensejo à preclusão de qualquer espécie.

7.1 Prazo

O único recurso que, no CPC de 2015, não é interposto nem respondido no prazo de quinze dias (art. 1.003, § 5º) é o de embargos de declaração. Para ele, o prazo, estabelecido pelo *caput* e pelo § 2º do art. 1.023, para ambas as atividades, é de cinco dias, ainda que contados somente os úteis.

O § 1º do art. 1.023 é expresso sobre a duplicação do prazo quando houver procuradores diversos de diferentes escritórios de advocacia para os litisconsortes. A expressa remissão ao art. 229 deve ser compreendida também no sentido de que, tratando-se de autos eletrônicos, a dobra de prazo não tem incidência nos exatos termos do § 2º daquele dispositivo.

Sobre a apresentação dos declaratórios, entendo importante tratar também do que a sua apresentação acarreta com relação à interposição de outros recursos.

O *caput* do art. 1.026, ao cuidar da ausência de efeito suspensivo dos embargos de declaração, ponto ao qual me volto no n. 7.3, *infra*, acaba por distinguir aquele efeito de outro fenômeno, totalmente diverso, que é a *interrupção* do prazo, acarretado pela interposição dos declaratórios para a apresentação de outros recursos.

Nesse sentido, a redação do dispositivo é clara o suficiente para evitar qualquer dúvida ou sobreposição entre a ausência de efeito suspensivo dos embargos de declaração e a *interrupção* do prazo para interposição de outros recursos. A circunstância de os embargos não terem efeito suspensivo *ope legis* não guarda nenhuma relação com a circunstância de sua apresentação *interromper* o prazo para a interposição de outros recursos. Até porque, mesmo que concedido aquele efeito nos termos do § 1º do art. 1.026, a interrupção do prazo para a apresentação de outros recursos não se relaciona com ele, e, sim, com o que a apresentação dos declaratórios acarreta para aquele fim.

Essa *interrupção*, prezado leitor, deve ser compreendida como a circunstância de o prazo para apresentação de outros recursos dever ser *integralmente aberto* para os interessados após o julgamento *e* a intimação do julgamento dos embargos de declaração para o próprio embargante e para as demais partes e/ou intervenientes do processo.

7.2 Processamento

O § 2º do art. 1.023 consagra, com exatidão, o melhor entendimento sobre a necessidade de, também nos embargos de declaração, ser observado o prévio contraditório. O embargado terá cinco dias para manifestar-se a respeito do recurso.

A redação do dispositivo, de qualquer sorte, convida ao entendimento de que o contraditório só se justifica naqueles casos em que o magistrado, analisando o recurso, considere acolhê-lo com efeitos modificativos. É iniciativa, não questiono, que se afina com os arts. 9º e 10, e com o próprio inciso V do art. 932, querendo, à falta de prejuízo do embargado, imprimir maior celeridade ao processo.

A despeito do texto legal, contudo, entendo preferível que o prévio contraditório seja observado também naqueles casos em que, a despeito de não haver efeitos modificativos nos declaratórios, eles forem acolhidos.

7.3 Efeito suspensivo

Os embargos de declaração não possuem efeito suspensivo. O *caput* do art. 1.026 é claro quanto ao ponto, colocando ponto final em dúvida que gerava interessantes discussões sob a égide do CPC de 1973.

De qualquer sorte – e justamente por isso –, o § 1º do art. 1.026 permite a atribuição *ope judicis* do efeito suspensivo aos declaratórios. Para tanto, o juiz (tratando-se de embargos de declaração na primeira instância) ou o relator (tratando-se de embargos de declaração no âmbito dos Tribunais) precisa se convencer da demonstração a ser feita pelo embargante quanto à probabilidade de provimento (acolhimento) dos declaratórios ou que, sendo relevante a fundamentação, há risco de dano grave ou de difícil reparação. A interpretação ampla do dispositivo deve observar o que escrevo a propósito do parágrafo único do art. 995 no n. 3.2, *supra*.

Da opção tomada pelo CPC de 2015 sobre a questão, surge um desdobramento importante em se tratando de embargos de declaração a serem apresentados de sentença.

A ausência legal de efeito suspensivo significa, em termos bem diretos, que a decisão embargada surte seus efeitos desde quando publicada, em plena harmonia com a regra geral do *caput* do art. 995.

Contudo, como a apelação ainda tem (infelizmente), como regra, efeito suspensivo (art. 1.009, *caput*), não há como admitir eficácia da sentença embargada por causa de sua sujeição, ao menos em tese, ao apelo munido daquele efeito. Nesse sentido, é correto entender que o efeito suspensivo da apelação sobrepõe-se, prevalecendo, à ausência de efeito suspensivo dos embargos de declaração. Eventual dúvida no acerto desse entendimento, de qualquer sorte, será mais que suficiente para justificar o pedido de atribuição expresso do efeito suspensivo aos declaratórios, fazendo uso do § 1º do art. 1.026.

7.4 Julgamento

O *caput* do art. 1.024 estabelece o prazo de cinco dias para que os embargos de declaração apresentados contra decisões proferidas pelos órgãos jurisdicionais de primeira instância sejam julgados. A referência a *juiz* na regra deve conduzir a essa interpretação, máxime diante da disciplina dos parágrafos que, claramente, reservam prazos diversos para os embargos apresentados no âmbito dos Tribunais.

Com efeito, tratando-se de declaratórios apresentados de decisões proferidas no âmbito dos Tribunais, cabe ao relator, como determina o § 1º do art. 1.024, apresentá-los para julgamento na sessão subsequente, proferindo voto. Nada há que garanta que a "sessão subsequente" realize-se em cinco dias. Pode até ser que o prazo seja inferior a isso.

O dispositivo emprega a expressão "em mesa". "O que significa isso"?, perguntará o prezado leitor. Significa que os embargos, quando julgados na sessão subsequente, não precisam entrar em pauta de julgamento, viabilizando, assim, seu julgamento mais célere. Se, contudo, o recurso não for julgado na sessão subsequente, ele deverá ser incluído em pauta automaticamente, tudo como se lê do mesmo § 1º do art. 1.024.

Entendo importante destacar que o prazo de cinco dias, referido no *caput* do art. 1.024, e a sessão subsequente a que se refere o § 1º do dispositivo devem ser contados com a conclusão dos autos com os embargos ao magistrado, isto é, da entrega do recurso, encartado aos autos, para apreciação do magistrado. Antes disso, não há como entender deflagrado o prazo.

Tratando-se de embargos de declaração apresentados de decisões monocráticas no âmbito dos tribunais, de relator ou não (aqui chamadas de unipessoais), seu julgamento dar-se-á também monocraticamente (art. 1.024, § 2º).

Complementando a previsão anterior, o § 3º do art. 1.024 prevê o recebimento dos embargos como agravo interno (o que não é prática incomum nos Tribunais Superiores), permitindo, isto é o mais importante, ao recorrente a adaptação do recurso para os fins do § 1º do art. 1.021, sendo intimado, para tanto, em cinco dias. A despeito do silêncio da regra, o recorrido também precisará ser intimado para, querendo, completar ou adaptar suas contrarrazões. Terá o prazo de cinco dias para esse fim, por força da isonomia processual (art. 7º).

O prezado leitor poderá perguntar se a previsão do § 3º do art. 1.024 trata de um caso de *fungibilidade* recursal, nos moldes que a apresento no n. 2.3, *supra*. A resposta que me parece ser a mais adequada é a positiva, na medida em que os vícios que podem ensejar o questionamento da decisão monocrática podem, ao mesmo tempo, viabilizar, desde logo, a necessidade de seu colegiamento, surgindo, disso, dúvida suficiente, porque objetivamente constatável. Mais do que discutir se se trata de mera fungibilidade ou de verdadeira conversão de um recurso em outro para imprimir maior velocidade no seu julgamento, uma faceta nova do princípio da *complementaridade*, ao qual também me volto no mesmo n. 2.3, *supra*, contudo, entendo importante observar a necessária e prévia emenda a ser feita na petição recursal e o prévio contraditório com a parte contrária.

Os §§ 4º e 5º do art. 1.024 regem duas hipóteses específicas tendo presente a possibilidade dos efeitos modificativos dos embargos de declaração.

A primeira é a de ser possível a complementação ou alteração do recurso já interposto pelo embargado se os embargos da outra parte forem acolhidos com efeitos modificativos. É o que a boa doutrina já sustentava, com base no chamado princípio da *complementaridade recursal*, ao qual me volto no n. 2.3, *supra*. O prazo para tanto será de quinze dias, que fluirão da intimação da decisão dos embargos declaratórios, devendo ser observada a ressalva do dispositivo quando a complementação ou a alteração verificarem-se "nos exatos limites da modificação".

A segunda, veiculada no § 5º do art. 1.024, é a da desnecessidade de ratificação do recurso já interposto se os embargos da parte contrária forem rejeitados ou não alterarem a conclusão da decisão embargada. A regra, contrária à (criticável) Súmula 418 do STJ, como escrevi nas duas primeiras edições deste *Manual*, acabou por justificar o cancelamento daquela súmula pela Corte Especial do STJ, que editou, em seu lugar, a Súmula 579, com o seguinte enunciado: "Não é necessário ratificar o recurso especial interposto na pendência do julgamento dos embargos de declaração, quando inalterado o resultado anterior", plenamente harmônica com o CPC de 2015.

7.5 Efeito modificativo

O § 2º do art. 1.023 evidencia que os embargos de declaração podem ter efeito regressivo, mais conhecido como *modificativo* no sentido de viabilizar o pronunciamento de uma nova decisão.

Importa sublinhar que os embargos não são apresentados com o objetivo de reformar a decisão embargada. O que pode acontecer – e é isso que o precitado dispositivo captura – é que o acolhimento dos declaratórios e o afastamento do vício que justificou a sua apresentação acarretem inexoravelmente a modificação do julgado. Nesse sentido, a modificação é *efeito* do acolhimento dos declaratórios e não a sua *causa*, que deve limitar-se a um (ou mais de um) dos fundamentos dos incisos do art. 1.022.

É, para dar um exemplo, a situação de a decisão ter acolhido integralmente o pedido de tutela jurisdicional formulado pelo autor, mas não ter se pronunciado sobre a prescrição alegada pelo réu em sua contestação. O réu embarga de declaração alegando a omissão (art. 1.022, II) e, superado o necessário contraditório do § 2º do art. 1.023, profere nova decisão, desta vez reconhecendo a prescrição, o que o impede de apreciar se o autor tinha ou não o direito que afirmava ter.

A previsão do § 2º do art. 1.023 afina-se, destarte, com o inciso II do art. 494, que, com redação diversa, também permite ao magistrado alterar a decisão por intermédio dos embargos de declaração nas condições e nos limites aqui destacados. Também os §§ 4º e 5º do art. 1.024 referem-se, expressamente, à hipótese de os embargos de declaração terem efeito modificativo no contexto de seu julgamento, com o qual me ocupo no n. 7.4, *supra*.

7.6 Multa

A previsão de multa nos §§ 2º e 3º do art. 1.026 (de até dois por cento do valor atualizado da causa, com majoração para até dez por cento no caso de reiteração) para a litigância de má-fé que se exteriorize sob forma recursal é louvável.

O que me parece intolerável, tanto quanto o que escrevo a propósito do § 5º do art. 1.021, no n. 6.2, *supra*, é a exigência do recolhimento prévio da multa como condicionante à interposição de outros recursos (art. 1.026, § 3º).

A crítica, bem sei, prezado leitor, não é nova, porque o art. 538 do CPC de 1973 já veiculava a mesma regra, embora não seja de se lamentar que o art. 1º e seu convite a um pensar constitucional do processo tenham sido esquecidos quando da sua preservação. A novidade que é permitir, pela Fazenda Pública e pelo beneficiário da gratuidade da justiça, o recolhimento da multa a final conduz, contudo, à observação que já fiz a propósito do § 5º do art. 1.021: como não há correlação lógica entre a razão de ser do seu recolhimento a final levando em conta a situação daquelas pessoas, seria preferível adotar aquele modelo de recolhimento da pena generalizadamente, sem o comprometimento do recurso e sua sempre fundada suspeita de inconstitucionalidade.

De outra parte, exagera o § 4º do art. 1.026 ao "limitar" o número de embargos declaratórios quando protelatórios, dando a entender que o terceiro recurso depois de dois outros considerados protelatórios será indeferido de plano. As sanções aplicáveis em casos como esses devem ser pensadas severamente, em perspectiva diversa, e disciplinar até mesmo, observando, nesse caso, também a parte final do disposto no § 6º do art. 77; nunca, contudo, criando obstáculos processuais.

7.7 Embargos de declaração e prequestionamento

O art. 1.025 quer consagrar o que parcela da doutrina e da jurisprudência chama de "prequestionamento ficto", com base na costumeira interpretação do enunciado da Súmula 356 do STF. É ler o dispositivo codificado: "Consideram-se incluídos no acórdão os elementos que o embargante suscitou, para fins de prequestionamento, ainda que os embargos de declaração sejam inadmitidos ou rejeitados, caso o tribunal superior considere existentes erro, omissão, contradição ou obscuridade".

A regra, bem entendida a razão de ser do recurso extraordinário e do recurso especial a partir do "modelo constitucional do direito processual civil", nos termos que exponho no n. 9, *infra*, não faz nenhum sentido e apenas cria formalidade totalmente estéril, que nada acrescenta ao *conhecimento* daqueles recursos pelos Tribunais Superiores a não ser a repetição de um verdadeiro ritual de passagem, que é cultuado pela má compreensão e pelo mau uso do enunciado da Súmula 356 do STF e pela colocação em segundo plano da Súmula 282 do STF e do esquecimento da Súmula 211 do STJ. Mas, sobretudo, pela ausência de uma discussão séria e centrada sobre o que *pode* e o que *não pode* ser compreendido como prequestionamento, tendo presente a sua inescondível fonte normativa, qual seja o modelo que a CF dá aos recursos extraordinário e especial, e, para ir direto ao ponto, à interpretação da expressão "causa decidida" empregada pelos incisos III dos arts. 102 e 105 da CF.

O prezado leitor poderá objetar que o art. 1.025 só terá aplicação quando o STF ou o STJ considerarem existentes os vícios que motivaram a apresentação dos declaratórios e, nesse sentido, que os embargos de declaração foram indevidamente inadmitidos ou rejeitados. De fato, prezado leitor, é o que está escrito, com todas as letras no dispositivo ora examinado. Contudo, em tais casos, o mais adequado é que o recurso especial (ou, até mesmo, o recurso extraordinário) fosse acolhido por violação a algum inciso do art. 1.022, por haver nele *error in procedendo* e que houvesse determinação para que outra decisão fosse proferida com a superação ou a correção daqueles vícios.

É que a *causa* tem que ser efetivamente *decidida* para o cabimento dos recursos especial e extraordinário (sempre os incisos III do art. 102 e 105 da CF), não bastando que seja suposto, no acórdão recorrido, o que deveria ter sido decidido, mas não o foi. Tanto o acórdão não decidiu, como deveria ter decidido, que a aplicação do art. 1.025 supõe que o STF ou o STJ "considere existentes erro, omissão, contradição ou obscuridade", isto é, ao menos um dos vícios que motivaram a apresentação dos declaratórios.

Importa, pois, que pensemos no recurso especial e no recurso extraordinário no seu ambiente adequado, para afastar a concepção, errada, de que os Tribunais Superiores, quando o julgam, agem (ou podem agir) como se fossem uma mera nova instância recursal. Eles não são – e não podem ser tratados como se fossem – uma terceira ou quarta instância.

É por isso, para dar cumprimento à estrita regra de competência constante dos incisos III dos arts. 102 e 105 da CF, que não faz sentido o disposto no art. 1.025 e que, por identidade de motivos, é mais adequada a compreensão constante da Súmula 211 do STJ. O acolhimento do recurso extraordinário ou especial voltado à mera cassação do acórdão que incida em um dos erros reputados existentes nos termos do art. 1.025 não pode ser compreendido como medida que atrita com a eficiência processual. O que há é aplicação de regra de competência restrita que quer preservar o papel institucional do STF e do STJ no exercício de sua competência recursal extraordinária ou especial.

Sobre o ponto, aliás, evidencio que, na revisão final a que o texto do CPC de 2015 foi submetido antes de seu envio à sanção presidencial, a palavra "pleiteou", constante do art. 1.022 do Parecer n. 956/2014, texto final submetido à aprovação do Senado em dezembro de 2014, foi substituída por "suscitou". A diferença, em termos de prequestionamento, já que é disso que o art. 1.025 quer tratar, é patente. Pleitear parece ser algo mais incisivo, no sentido de ter de haver, nos embargos de declaração, pedido claro "para fins de prequestionamento", o que é, aliás, o que a prática forense consagra. Suscitar, por sua vez, que é o verbo afinal empregado, dá margem a entendimento mais brando no sentido de ser suficiente que o tema tenha sido tratado *en passant*, ventilado, como se costuma dizer, nos embargos de declaração.

A redação final do art. 1.025, mesmo para quem não queira ver nela alteração que justifique sua inconstitucionalidade *formal*, destarte, só acaba por aprimorar o ritual de passagem a que fiz referência de início, transportando indevidamente para os Tribunais Superiores o ônus de definir o que foi e o que não foi *suscitado* para, verificando o que *não foi* decidido, embora indevidamente, entender cabíveis recursos que, de acordo com a CF, pressupõem "causa *decidida*".

Longe de querer impor ao prezado leitor qualquer jogo de palavras, não tenho a menor dúvida de que a prática forense aplaudirá a iniciativa na expectativa (ingênua), somada à previsão do § 3º do art. 941, à qual me volto, para criticá-la, no n. 3.4 do Capítulo 16, de que boa parte dos problemas relativos ao prequestionamento – a começar pela demonstração de sua ocorrência –, senão todos eles, estará superada pela apresentação dos tais "embargos de declaração prequestionadores", doravante "legitimados" pelo art. 1.025. E ainda ouço uma voz, doce, confesso, que me diz: "é só embargar de declaração sempre, que a matéria estará prequestionada". Para um Código que queria reduzir o número de recursos inúteis, é (mais) um verdadeiro paradoxo.

Para quem realmente acreditar que o tema esta à mercê do legislador infraconstitucional, a lembrança do § 3º do art. 941 traz outro alento: como o voto vencido terá que ser necessariamente declarado "e considerado parte integrante do acórdão para todos os fins legais, *inclusive de prequestionamento*", resta torcer para que seu conteúdo auxilie a identificar o que foi e o que não foi objeto de *decisão* ou, como a prática forense consagra, o que foi, ou não, *prequestionado*.

8. RECURSO ORDINÁRIO

O CPC de 2015, similarmente ao CPC de 1973, reserva um capítulo próprio para tratar dos "recursos para o Supremo Tribunal Federal e para o Superior Tribunal de Justiça" dividindo-o em quatro seções, uma para cada recurso dirigido àqueles Tribunais, sendo o primeiro a ser disciplinado, o recurso ordinário.

O art. 1.027 regulamenta a competência recursal *ordinária* do STF e do STJ prevista no art. 102, II, e 105, II, da CF. São aqueles dispositivos constitucionais que dizem em que hipóteses o recurso ordinário é cabível e que são reproduzidos quase literalmente, no que diz respeito ao direito processual civil, pelos dois incisos do precitado art. 1.027.

Destaco que no exercício de sua competência recursal *ordinária*, o STF e o STJ atuam como Tribunais de segundo grau de jurisdição, não sendo aplicáveis, nesses casos, as restrições imanentes ao exercício de sua competência recursal *extraordinária*. Sendo, ademais, o recurso ordinário um recurso de fundamentação livre, é possível que aqueles Tribunais precisem reexaminar provas e apreciar, pela primeira vez, normas de ordem pública.

O STF julgará em recurso ordinário os mandados de segurança, os *habeas data* e os mandados de injunção decididos em única instância pelos Tribunais Superiores, quando denegatória a decisão.

A palavra "denegatória", prezado leitor, merece ser compreendida de forma ampla. Trata-se da decisão desfavorável ao autor (usualmente chamado, nesses casos, de "impetrante") de um dos procedimentos jurisdicionais constitucionalmente diferenciados referidos. É indiferente que a decisão tenha conteúdo processual ou de mérito, sendo suficiente que ela seja contrária a seus interesses. Se a decisão for *concessiva*, isto é, favorável ao impetrante, a parte contrária, sucumbente, poderá lançar mão do recurso especial e/ou do extraordinário, consoante estejam presentes seus pressupostos constitucionais de admissibilidade. Nesse preciso sentido é o (didático) art. 18 da Lei n. 12.016/2009, que disciplina o mandado de segurança.

Por sua vez, o STJ julgará em recurso ordinário: os mandados de segurança (e apenas eles) decididos em única instância pelos TRFs ou pelos TJs, quando denegatória a decisão – e a compreensão dessa palavra deve também ser ampla, como acabei de propor – e os *processos* em que forem partes, de um lado, Estado estrangeiro ou organismo internacional e, de outro, Município ou pessoa residente ou domiciliada no País. Nesses casos – cuja competência para processamento, na primeira instância, é da Justiça Federal, por força do inciso II do art. 109 –, é indiferente, para o cabimento do recurso ordinário, se a decisão é favorável ou prejudicial ao autor.

A harmonia com as já mencionadas previsões constitucionais só não é irretorquível porque a revisão final a que o texto do CPC de 2015 foi submetido antes do envio à sanção presidencial trocou a palavra "causa" na alínea *b* do inciso II do art. 1.027 pela palavra "processo". Sem prejuízo do reconhecimento de sua inconstitucionalidade formal, porque não se trata de mero apuro redacional, importa, aqui, destacar que, como o *texto* constitucional refere-se – e continua a se referir – à *causa*, a modificação deve ser considerada não escrita.

O § 1º do art. 1.027, também substituindo, indevidamente, a palavra "causa" por "processo", prevê o cabimento de agravo de instrumento contra as decisões interlocutórias nos processos em que forem partes, de um lado, Estado estrangeiro ou organismo internacional e, de outro, Município ou pessoa residente ou domiciliada no País (art. 1.027, II, *b*). Destaco que há expressa menção à circunstância de que o agravo de instrumento está limitado às hipóteses do art. 1.015, o que é coerente e adequado para a nova sistemática recursal da recorribilidade das interlocutórias, inaugurada pelo CPC de 2015.

8.1 Aplicação da disciplina da apelação e do agravo de instrumento

O art. 1.028 trata do procedimento a ser observado pelo recurso ordinário, distinguindo as hipóteses em que ele é interposto, bem assim em se tratando de agravo de instrumento.

Em consonância com o *caput* do art. 1.028, quando forem partes, de um lado, Estado estrangeiro ou organismo internacional e, de outro, Município ou pessoa residente ou domiciliada no País, os requisitos de admissibilidade e o procedimento do recurso ordinário são os mesmos da apelação, subsidiados pelo regimento interno do STJ. Similarmente, as regras codificadas do agravo de instrumento, também subsidiadas por aquele regimento interno, disciplinam aquele recurso naquelas mesmas situações (art. 1.028, § 1º). São regras que se sobrepõem ao disposto, a este respeito, no art. 37 da Lei n. 8.038/1990, que fica, com o CPC de 2015, implicitamente revogado.

O § 2º do art. 1.028 trata das demais hipóteses de recurso ordinário, isto é, os dirigidos ao STF e ao STJ, tendo presente a impetração originária, nos Tribunais, dos procedimentos jurisdicionais constitucionalmente diferenciados, mencionados no inciso I e na alínea *a* do inciso II do art. 1.027. Nesse caso, o recurso ordinário deve ser interposto perante o Tribunal de origem, cabendo ao seu presidente ou ao seu vice-presidente determinar a intimação do recorrido para, em quinze dias, apresentar as contrarrazões. Após aquele prazo, complementa o § 3º do art. 1.028, os autos serão remetidos ao Tribunal Superior competente – e aqui reside importante novidade trazida pelo CPC de 2015, não alterada pela Lei n. 13.256/2016 –, independentemente de juízo de admissibilidade, a exemplo do que se dá para a apelação (art. 1.010, § 3º), que será feito, em grau único, pelo próprio STF ou STJ, consoante o caso.

O CPC de 2015 não reproduz regra genérica, como a do art. 540 do CPC de 1973, sobre a aplicabilidade, ao recurso ordinário, dos requisitos de admissibilidade e ao procedimento no juízo de origem relativos à apelação, limitando-se a afastar a duplicidade do juízo de admissibilidade. É correto entender, por isso, que subsiste, no ordenamento jurídico nacional, o disposto no art. 34 da Lei n. 8.038/1990, que, no particular, não foi revogado pelo inciso IV do art. 1.072, o qual se limita a revogar outros dispositivos daquele mesmo diploma legislativo.

"E o recurso ordinário tem efeito suspensivo?", perguntará o leitor. A resposta merece ser bifurcada. O recurso ordinário interposto das decisões *denegatórias* proferidas nos procedimentos jurisdicionais constitucionalmente diferenciados ostenta aquele efeito por força da aplicação subsidiária do CPC e, consequentemente, do *caput* do art. 1.012. As leis de regência do mandado de segurança (art. 14, §§ 1º e 3º, da Lei n. 12.016/2009), que atende também o mandado de injunção (art. 14 da Lei n. 13.300/2016), e do *habeas data* (art. 15, parágrafo único, da Lei n. 9.507/1997) *retiram* o efeito suspensivo quando se tratar de decisão *concessiva*. Já no caso de o recurso ordinário ser interposto nas causas em que contendem, de um lado, Estado estrangeiro ou organismo internacional, e, do outro, Município ou pessoa residente ou domiciliada no País, o recurso ordinário tem, em qualquer hipótese, efeito suspensivo, à falta de qualquer previsão a excepcionar a regra do *caput* do art. 1.012.

Também prevalece, pelas mesmas razões (falta de regra nova com ele incompatível e ausência de revogação expressa), o disposto no art. 35 da Lei n. 8.038/1990, segundo o qual, distribuído o recurso ordinário, a Secretaria dará vista ao Ministério Público pelo prazo de cinco dias. Conclusos os autos ao relator, caberá a ele pedir dia para julgamento.

O § 2º do art. 1.027, por sua vez, determina a aplicação do § 3º do art. 1.013 (imediato julgamento do mérito em sede recursal) e do § 5º do art. 1.029 (competência para atribuição de efeito suspensivo) ao recurso ordinário, com a indicação do órgão jurisdicional competente para tanto, a depender do estágio do recurso.

Com relação à primeira daquelas regras, destaco que o STF, no que é seguido pelo STJ, entende que a sua similar no CPC de 1973, o § 3º do art. 515, *não se aplica* ao recurso ordinário interposto nos procedimentos jurisdicionais constitucionalmente diferenciados por violar a competência constitucionalmente prevista para aqueles Tribunais pelos incisos II dos arts. 102 e 105 da CF.

Embora o tema seja interessantíssimo, entendo, sempre com o devido respeito, que a previsão legislativa *não* atrita com aquelas previsões constitucionais. É que o efeito expansivo autorizado pelos §§ 3º e 4º do art. 1.013 não impõe que o STF ou que o STJ vá além dos limites de sua competência constitucional: eles continuarão a julgar o recurso ordinário, cujo pressuposto é acórdão *denegatório*. Diferentemente do que se dá para o recurso extraordinário e para o recurso especial, não há nada na CF que queira limitar ou preestabelecer o conteúdo desse acórdão, apenas que ele seja contrário ao impetrante.

Ademais, quando a hipótese for de recurso ordinário para o STJ tirado de causas em que, de um lado, forem partes Estado estrangeiro ou organismo internacional e, do outro, Município ou pessoa residente ou domiciliada no País, a inexistência daquela possível restrição é ainda mais clara.

Quanto à remissão do § 2º do art. 1.027 ao § 5º do art. 1.029, já evidenciava desde a 1ª edição deste *Manual*, que a hipótese prevista no seu inciso III não tinha aplicação ao recurso ordinário, já que ela pressupunha sobrestamento de recurso especial porque repetitivo. Já que o recurso ordinário deve observar o procedimento do apelo – porque resta incólume o art. 34 da Lei n. 8.038/1990 – seria preferível que a remissão fosse feita ao § 3º do art. 1.012, entendendo-se a referência a Tribunal nele feita como sendo ao STF ou ao STJ, consoante o caso. Mas o CPC de 2015, na sua versão original, não quis assim, preferindo evidenciar, na remissão feita, que o pedido de efeito suspensivo devia ser apresentado ao Tribunal competente para julgar o recurso ordinário, mesmo que já não fizesse nenhum sentido a menção ao inciso III do § 5º do art. 1.029. O problema fica agravado com o advento da Lei n. 13.256/2016, que preservou, para o recurso ordinário, a supressão do duplo juízo de admissibilidade recursal, a exemplo do que se dá para a apelação (art. 1.010, § 3º, e 1.028, § 3º). Nesse sentido, fica ainda mais evidente que não há razão para sustentar que seja competente para apreciar eventual pedido de efeito suspensivo órgão que sequer tem competência para admitir ou deixar de admitir o recurso ordinário, previsão do inciso III do § 5º do art. 1.029, na sua atual redação. Até porque, a robustecer essa conclusão, o recurso ordinário não está sujeito ao regime de seleção e sobrestamento do art. 1.037, dirigido exclusivamente aos recursos extraordinários e especiais repetitivos. Destarte – e decisivamente –, a despeito da remissão feita pelo § 2º do art. 1.027, é mais correto entender que, para a hipótese, deve prevalecer o disposto no § 3º do art. 1.012, que rege idêntica hipótese para a *apelação*. Assim, a competência para apreciação do pedido de efeito suspensivo será do STF ou do STJ no período compreendido entre a interposição do recurso ordinário e sua distribuição, cabendo ao Regimento Interno daqueles Tribunais disciplinar o órgão competente para tanto, e, quando já distribuído o recurso ordinário perante um daqueles Tribunais, a competência será do relator sorteado.

9. RECURSO EXTRAORDINÁRIO E RECURSO ESPECIAL

A Seção II do Capítulo VI do Título II do Livro III da Parte Especial trata concomitantemente do recurso extraordinário e do recurso especial. Há duas subseções pelas quais a disciplina é dividida: disposições gerais (arts. 1.029 a 1.035) e julgamento daqueles recursos quando *repetitivos* (arts. 1.036 a 1.041).

Nesse número, ocupo-me com as disposições gerais; no próximo, enfrento a sistemática daqueles recursos quando repetitivos.

O prezado leitor perceberá que não há, no CPC de 2015, nada sobre o *cabimento* do recurso extraordinário e do recurso especial, apenas com relação ao seu *processamento*. O legislador sequer quis repetir a CF, diferentemente do que fez para o recurso ordinário, talvez para resistir à tentação de alterar nem que fosse uma pequena palavra, como acabou ocorrendo no art. 1.027.

O que há, de muito melhor técnica legislativa, é a previsão do art. 1.029 que, sutil e suficientemente, faz referência às hipóteses *constitucionais* de cabimento daqueles recursos.

Assim, antes do estudo do *processamento* daqueles recursos, cabe extrair da CF o que ela reserva para o cabimento daqueles recursos.

A previsão do recurso extraordinário está no inciso III do art. 102 da CF, assim redigido: "Art. 102. Compete ao Supremo Tribunal Federal, precipuamente, a guarda da Constituição, cabendo-lhe: (...) III – julgar, mediante recurso extraordinário, as causas decididas em única ou última instância, quando a decisão recorrida: a) contrariar dispositivo desta Constituição; b) declarar a inconstitucionalidade de tratado ou lei federal; c) julgar válida lei ou ato de governo local contestado em face desta Constituição; d) julgar válida lei local contestada em face de lei federal".

Todas as hipóteses de cabimento do recurso extraordinário dizem respeito, em última análise, a questões de direito constitucional federal, o que não poderia ser diferente diante do *caput* do art. 102 e da missão precípua do STF, de modo a viabilizar que aquele Tribunal, no exercício de sua competência recursal extraordinária, estabeleça os parâmetros interpretativos sobre a CF a serem observados em todo o território nacional. Isso mesmo nos casos das alíneas *c* e *d*, quando há referência a confronto entre leis. É que naqueles casos, prezado leitor, o que está em discussão é, antes de tudo, a repartição constitucional das competências (os arts. 22, 24 e 30 da CF, principalmente) e, portanto, o que se quer definir é qual ente federado tem, por causa da CF, competência para legislar sobre o quê.

É necessário extrair do inciso III do art. 102 da CF, outrossim, o entendimento de que o recurso extraordinário pressupõe decisão proferida em única ou última instância. Não há, aqui, necessidade de ela ter sido proferida por nenhum Tribunal, sendo bastante que da decisão não caiba mais nenhum outro recurso ordinário, nos termos da classificação que proponho no n. 2.2, *supra*. A exigência, além de confirmar a necessidade e a importância da *causa decidida*, marca a função, a ser exercida pelo STF no exercício de sua competência recursal extraordinária, de estabelecer parâmetros interpretativos objetivos das questões constitucionais. Não se trata de uma nova, terceira ou quarta instâncias. Como aquele dispositivo não faz nenhuma menção a Tribunal, é correto entender que é possível recurso extraordinário de decisões dos Juizados Especiais, desde que se tratem das decisões sobre as quais não caiba nenhum outro recurso.

Além da demonstração da questão constitucional e de que se trata de decisão proferida em única ou última instância, o recurso extraordinário deverá também ostentar repercussão geral. É o que exige o § 3º do art. 102 da CF nos seguintes termos: "No recurso extraordinário o recorrente deverá demonstrar a repercussão geral das questões constitucionais discutidas no caso, nos termos da lei, a fim de que o Tribunal examine a admissão do recurso, somente podendo recusá-lo pela manifestação de dois terços de seus membros". É como se a alegação de contrariedade à CF não fosse ela própria suficiente para demonstrar a gravidade da situação, impondo ao recorrente que demonstre um *plus*, objeto de regulação infraconstitucional no art. 1.035, o que me ocupa no n. 9.3, *infra*. A repercussão geral acaba fazendo as vezes de um verdadeiro filtro que permite ao STF deixar de julgar casos que, no seu entender, não apresentam as referidas exigências constitucionais.

As hipóteses de cabimento do recurso especial estão no inciso III do art. 105 da CF, assim redigido: "Art. 105. Compete ao Superior Tribunal de Justiça: (...) III – julgar, em recurso especial, as causas decididas, em única ou última instância, pelos Tribunais Regionais Federais ou pelos Tribunais dos Estados, do Distrito Federal e Territórios, quando a decisão recorrida: a) contrariar tratado ou lei federal, ou negar-lhes vigência; b) julgar válido ato de governo local contestado em face de lei federal; c) der a lei federal interpretação divergente da que lhe haja atribuído outro tribunal".

A EC n. 125/2022, alterando o art. 105 da CF, passou a exigir que a questão de direito federal infraconstitucional que anima o recurso especial deva ser "relevante", criando, com isso, verdadeiro filtro de admissibilidade recursal muito similar ao que, desde a EC n. 45/2004, foi criado para o recurso extraordinário por intermédio da repercussão geral.

De acordo com novo o § 2º do referido dispositivo constitucional, "No recurso especial, o recorrente deve demonstrar a relevância das questões de direito federal infraconstitucional discutidas no caso, nos termos da lei, a fim de que a admissão do recurso seja examinada pelo Tribunal, o qual somente pode dele não conhecer com base nesse motivo pela manifestação de 2/3 (dois terços) dos membros do órgão competente para o julgamento".

Em continuação, a relevância é considerada *presumida*, de acordo com o novo 3º do art. 105 da CF, nos seguintes casos: "I – ações penais; II – ações de improbidade administrativa; III – ações cujo valor da causa ultrapasse 500 (quinhentos) salários mínimos; IV – ações que possam gerar inelegibilidade; V – hipóteses em que o acórdão recorrido contrariar jurisprudência dominante do Superior Tribunal de Justiça; VI – outras hipóteses previstas em lei". O art. 2º da EC n. 125/2022 permite que o valor da causa seja atualizado por ocasião da interposição do recurso especial para alcançar o piso previsto no inciso III do § 3º do art. 105 da CF.

A despeito da entrada em vigor da própria Emenda Constitucional na data de sua publicação (art. 2º da EC n. 125/2022), a implementação da regra depende de regulamentação infraconstitucional, no que é claro o novo § 2º do art. 105 da CF. Assim, não há como exigir do recorrente que demonstre a relevância antes da lei que venha a regulamentar a novel sistemática do recurso especial. A orientação foi confirmada pela Corte Especial do STJ em 19 de outubro de 2022, quando editou o Enunciado Administrativo n. 8/2022, assim redigido: "A indicação, no recurso especial, dos fundamentos de relevância da questão de direito federal infraconstitucional somente será exigida em recursos interpostos contra acórdãos publicados após a data de entrada em vigor da lei regulamentadora prevista no artigo 105, parágrafo 2º, da Constituição Federal". Diante disso, entendo que tais informações são suficientes para o atual estágio da questão.

Similarmente ao que acabei de acentuar com relação ao recurso extraordinário, o recurso especial volta-se a questões de direito infraconstitucional federal. O que se quer com ele, em última análise, é viabilizar que o STJ, no exercício de sua competência recursal especial, dê a última palavra sobre a interpretação da lei federal em todo o território nacional. Mesmo nos casos da alínea *b* do inciso III do art. 105, o confronto lá retratado diz respeito ao prevalecimento de *lei federal* sobre *ato infralegal estadual*.

As mesmas considerações que fiz com relação ao recurso extraordinário e à necessidade de exaurimento de instância são imprescindíveis para o recurso especial, que também pressupõe a *causa decidida*. Única diferença, contudo, é que para o especial, importa que a decisão recorrida para o STJ tenha sido proferida por TRF ou por TJ. É o que basta para descartar, sob pena de violar o modelo constitucional, o recurso especial de decisões proferidas no âmbito dos Juizados Especiais, mesmo quando exauridos todos os recursos nele cabíveis. É o entendimento consagrado (corretamente) pela Súmula 203 do STJ.

Como esclareço no n. 2.2, *supra*, é comum agrupar os recursos extraordinário e especial (e isso vale também para os embargos de divergência) em contraposição aos demais recursos para, classificando-os de *extraordinários*, enfatizar a sua função primária de definição da interpretação e da uniformização do direito constitucional e infraconstitucional brasileiro e somente em segundo plano satisfazer o interesse das partes. Tanto assim – e de forma absolutamente coerente com o seu modelo constitucional – que estes recursos não se prestam a reexame de prova (por isso as Súmulas 279 do STF e 7 do STJ) ou a reexaminar cláusulas contratuais (por isso as Súmulas 454 do STF e 5 do STJ). São recursos, é certo afirmar, de direito estrito. A partir de um dado quadro fático estabelecido soberanamente pelas instâncias anteriores, cabe ao STF ou ao STJ aplicar a CF ou a lei federal, respectivamente.

Também, e sem prejuízo do que já escrevi, é fundamental compreender que os recursos pressupõem, por isso e por nenhuma outra razão, o que os incisos III dos arts. 102 e 105 da CF chamam de "causa decidida". As funções de revisão e de controle da constitucionalidade e da legislação federal pressupõem prévia decisão anterior. Se nada decidiram, não há padrão de confronto com a CF ou com a legislação federal. A afirmação merece ser entendida amplamente porque pode acontecer que aquilo que foi decidido o tenha sido de maneira errada, não levando em conta o arcabouço constitucional e/ou legal federal aplicável à espécie. Se assim ocorreu, contudo, é irrecusável que o que foi decidido, no lugar do que deveria ter sido, tem aptidão de contrariar a CF ou a lei federal. É o que basta, no ponto, para o cabimento do recurso extraordinário ou do especial.

É comuníssimo tratar de prequestionamento quando o assunto é recurso extraordinário e recurso especial. O próprio CPC de 2015 o faz em duas oportunidades, no § 3º do art. 941 e no art. 1.025. Para cá, basta frisar o que escrevo no n. 3.4 do Capítulo 16 e no n. 7.7, *supra*, quando trato daqueles dispositivos, respectivamente: trata-se de uma falsa exigência, não obstante ser consagradíssima pela prática, pela doutrina e, há cinquenta anos, pela própria jurisprudência do STF assim como, mais recentemente, também pela do STJ. O que é *constitucionalmente* exigido para o cabimento do recurso extraordinário e para o recurso especial é o que acabei de evidenciar, nos precisos termos dos incisos III dos arts. 102 e 105 da CF. Nada além daquilo, nada, pois, de prequestionamento.

O que é necessário para o cabimento do recurso extraordinário é haver a alegação de que houve violação à CF a partir de causa decidida por única ou última instância; para o cabimento do especial, a alegação de violação à lei federal pressupõe causa decidida por única ou última instância pelo TRF ou pelo TJ. Para além da *alegação* da violação – os recursos são de fundamentação *vinculada* –, saber se ela existe, ou não, já é *mérito*. Repito: nada de prequestionamento. Por isso, deixo o seguinte convite ao prezado leitor:

toda vez que a palavra prequestionamento aparecer, leia-a e entenda-a como sinônimo de *causa decidida*.

9.1 Petição de interposição

Bem entendidas as hipóteses de *cabimento* do recurso extraordinário e do recurso especial, dou início à análise dos dispositivos codificados que tratam de seu processamento.

O art. 1.029 trata da petição de interposição daqueles recursos. Eles serão apresentados, de acordo com o *caput* daquele dispositivo, perante o presidente ou o vice-presidente dos TJs ou TRFs – competência definida pelos respectivos regimentos internos – em petições distintas, isto é, uma para cada recurso, que conterão, além das exigências de todos os demais recursos, o seguinte: (i) a exposição do fato e do direito; (ii) a demonstração do cabimento do recurso interposto; e (iii) as razões do pedido de reforma ou de invalidação da decisão recorrida.

Tratando-se de recurso especial fundamentado na letra *c* do inciso III do art. 105 da CF – o chamado recurso especial pela divergência –, é ônus do recorrente demonstrar a divergência jurisprudencial, observando o disposto no § 1º do art. 1.029, que se refere a duas ordens de demonstração.

A primeira é a *formal*, consistente na prova de que há acórdão divergente daquele que foi proferido no caso concreto a justificar a atuação do STJ com a finalidade de compor a divergência entre tribunais diferentes, estabelecendo qual é a interpretação a ser observada. A prova deste acórdão divergente (o paradigma) deve ser feita com certidão, cópia ou citação do repositório de jurisprudência, oficial ou credenciado, inclusive em mídia eletrônica, em que ele tiver sido publicado, ou, ainda, com a reprodução de julgado disponível na rede mundial de computadores, sempre com a indicação da respectiva fonte.

A segunda demonstração é de ordem *substancial*, conhecida pela prática de demonstração *analítica* da divergência, isto é, a necessidade de o caso concreto julgado e o indicado como paradigma serem comparados para comprovar que situações fáticas essencialmente iguais receberam tratamento jurídico diferente. É o que a parte final do § 1º do art. 1.029 quer dizer quando exige que sejam mencionadas "as circunstâncias que identifiquem ou assemelhem os casos confrontados".

Nenhuma das exigências é vazia de significado e não podem ser concebidas como exigências puramente formais. Sua razão de ser é a de viabilizar ao STJ o exercício de sua competência recursal especial a partir de algo que, para um Estado federado, é gravíssimo: situações fáticas essencialmente iguais sendo tratadas diferentemente a partir de um mesmo contexto normativo.

A exigência feita originalmente pelo § 2º do art. 1.029, que vedava o indeferimento do recurso fundamentado na divergência "com base em fundamento genérico de que as circunstâncias fáticas são diferentes, sem demonstrar a existência da distinção", era pertinente e decorria naturalmente do direito jurisprudencial a ser construído a partir dos arts. 926 e 927. A despeito de sua expressa revogação pela Lei n. 13.256/2016, é correto entender, justamente diante daqueles dispositivos, do próprio sistema de "precedentes" desejado pelo CPC de 2015 e, mais amplamente, pelo modelo constitucional (bastante, a propósito dele, a lembrança do art. 93, IX, da CF), que aquela diretriz permanece hígida e, como tal, deve ser aplicada. Assim, da mesma forma que o recorrente tem, justificadamente, o ônus argumentativo de demonstrar a disparidade de soluções jurídicas para casos essencialmente iguais, o indeferimento de sua pretensão recursal deve se basear também no ônus argumentativo oposto, de que não há aquela disparidade, levando em conta o caso concreto, o julgado concreto, o paradigma concretamente eleito para dar fundamento ao recurso – e não o que o inciso III do § 1º do art. 489 encarrega-se de repelir –, "invocar motivos que se prestariam a justificar qualquer outra decisão", sem prejuízo, evidentemente, do que deve ser extraído dos incisos V e VI daquele mesmo dispositivo.

Ainda com relação à interposição do recurso, cabe destacar o § 3º do art. 1.029. De acordo com o dispositivo, o STF ou o STJ podem desconsiderar vício formal de recurso tempestivo ou determinar sua sanação, desde que não o repute "grave". Trata-se da aplicação, com infeliz e restritiva ressalva (afinal, o que é erro "grave"?), da regra contida no parágrafo único do art. 932 para os recursos em geral.

Não há razão nenhuma, a não ser o *texto* do dispositivo, que justifique o tratamento diferente. É o caso de considerar como não escrita a referida ressalva, porque restritiva e arredia ao sistema processual relativo à nulidade dos atos processuais.

9.2 Efeito suspensivo

O § 5º do art. 1.029 trata da competência para concessão de efeito suspensivo ao recurso extraordinário e/ou recurso especial, consoante o estágio em que o recurso se encontre. Após a redação que lhe deu a Lei n. 13.256/2016 – e com o fito de harmonizar a previsão aqui anotada com o duplo juízo de admissibilidade dos recursos extraordinários e especiais reintroduzido por aquele diploma legislativo –, a competência para o efeito suspensivo será do (i) tribunal superior respectivo, no período compreendido entre a publicação da decisão de admissão do recurso e sua distribuição, ficando o relator designado para seu exame prevento para julgá-lo; (ii) do relator, se já distribuído o recurso ou (iii) do presidente ou do vice-presidente do tribunal recorrido, no período compreendido entre a interposição do recurso e a publicação da decisão de admissão do recurso, assim como no caso de o recurso ter sido sobrestado, nos termos do art. 1.037.

A regra, e já era assim mesmo na sua redação primitiva, é pertinente para colocar fim a problemas práticos que chegaram perto de se mostrarem insolúveis durante a vigência do CPC de 1973. A previsão que entra em vigor com o CPC de 2015, mercê da precitada Lei n. 13.256/2016, contudo – e aqui ela se distancia do texto original do CPC de 2015 –, inclina-se para a mesma direção das Súmulas 634 e 635 do STF, que ficam robustecidas.

À falta de previsão em sentido diverso, os referenciais para a atribuição do efeito suspensivo só podem ser os do parágrafo único do art. 995, sendo suficientes as considerações que exponho no n. 3.2, *supra*, a propósito, destacando a necessidade de interpretação ampliativa daquele dispositivo.

9.3 Demonstração da repercussão geral

O art. 1.035 disciplina como deve ser feita a demonstração da repercussão geral do recurso extraordinário, verdadeiro requisito de admissibilidade específico daquela espécie recursal. Requisito este que só pode ser examinado privativamente pelo STF, o qual só poderá negar seguimento ao recurso, por esse fundamento, por decisão de dois terços de seus membros, isto é, pelo entendimento de oito Ministros (art. 102, § 3º, da CF).

A repercussão geral, escrevo no n. 9, *supra*, deve ser compreendida como um *plus* a atestar, concretamente, a potencialidade de as alegações de violação à CF ultrapassarem os limites subjetivos do processo, passando a interessar, por isso mesmo, a um número indeterminado de pessoas e recomendar (na verdade, a exigir) a manifestação do STF, tomando partido sobre a questão constitucional.

Para o § 1º do art. 1.035, a repercussão geral consiste na existência de questões relevantes do ponto de vista econômico, político, social ou jurídico que ultrapassem os interesses subjetivos do processo.

Complementando-o, o § 3º do art. 1.035 presume a existência da repercussão geral quando o recurso voltar-se a acórdão que: (i) contrariar súmula ou jurisprudência dominante do STF (sendo certo que, antes da revisão do texto do CPC de 2015, o dispositivo referia-se a "precedente"); e (ii) tenha reconhecido a inconstitucionalidade de tratado ou de lei federal, nos termos do art. 97 da CF, o que deve ser entendido de maneira ampla, inclusive quando o incidente de arguição de inconstitucionalidade é dispensado (art. 949, parágrafo único). A previsão afina-se aos indexadores jurisprudenciais propostos pelo próprio CPC de 2015, em especial por seu art. 927. A Lei n. 13.256/2016 revogou a hipótese do inciso II ("tenha sido proferido em julgamento de casos repetitivos"), o que parece ter impacto mais teórico do que prático, porque qualquer recurso extraordinário, para ser julgado, pressupõe, nos termos do § 3º do art. 102 da CF, que a questão nele discutida apresente repercussão geral. Como um dos fatores para a demonstração da repercussão geral é a presença de questões relevantes "que ultrapassem os interesses subjetivos do processo" (art. 1.035, § 1º), é correto entender que o recurso extraordinário que tenha repercussão geral reconhecida será *também* afetado como repetitivo. É o que o STF, aliás, fez largamente com base no art. 543-B do CPC de 1973 que, em rigor, não tratava de recursos *repetitivos* mas, apenas e tão somente, de repercussão geral decorrente de casos repetitivos. Ademais, o § 1º do art. 987, preservado pela Lei n. 13.256/2016, presume, expressamente, a repercussão geral do recurso extraordinário interposto do "mérito" do incidente de resolução de demandas repetitivas (art. 987, *caput*), a esvaziar, em boa medida, e também por esse fundamento, a revogação daquele dispositivo.

A demonstração de que o recurso extraordinário ostenta repercussão geral é ônus argumentativo do recorrente que dele deve se desincumbir em sua petição recursal, no que é claro o § 2º do art. 1.035, que reitera o comando proveniente do § 3º do art. 102 da CF sobre ser sua apreciação *exclusiva* (privativa) do STF.

Para a pesquisa sobre determinada questão constitucional ostentar, ou não, repercussão geral, pode o relator, com fundamento no § 4º do art. 1.035, admitir manifestação de terceiros, subscrita por procurador habilitado, observando o que dispõe o RISTF.

Se o relator do recurso extraordinário reconhecer a repercussão geral, determinará a suspensão dos processos, individuais e coletivos que versem sobre aquela mesma questão em todo o território nacional (art. 1.035, § 5º).

O § 6º do art. 1.035 admite que o interessado requeira, ao presidente ou ao vice-presidente do Tribunal de origem, que exclua da decisão de sobrestamento recurso extraordinário interposto intempestivamente para inadmiti-lo desde logo. A razão de ser da regra é a de fazer prevalecer, nesses casos, a decisão já transitada em julgado (ao menos formalmente, para empregar a dicotomia clássica) já que o recurso é intempestivo. O interessado referido pelo dispositivo só pode ser aquele a quem o reconhecimento da intempestividade favorece. Nesse sentido, coincide com o recorrido. O recorrente deverá ser intimado para se manifestar sobre o requerimento no prazo de cinco dias, de acordo com o mesmo dispositivo.

Sendo *indeferido* o requerimento de exclusão a que se refere o § 6º, o interessado poderá interpor agravo interno. Também é previsto o mesmo recurso contra a decisão que aplicar entendimento firmado em regime de repercussão geral ou em julgamento de recursos repetitivos (art. 1.035, § 7º, na redação que lhe deu a Lei n. 13.256/2016). A segunda parte da regra harmoniza-se com o disposto no inciso I do art. 1.030, embora, em rigor, seja, no particular, inócua não só diante do próprio art. 1.021, mas também por causa do § 2º do art. 1.030. A respeito do § 7º do art. 1.035, cabe lembrar das considerações críticas que apresentei a propósito do art. 988 (v. n. 10.2 do Capítulo 16) sobre a (in)devida generalização da expressão "recursos repetitivos" que acabou prevalecendo na etapa final do processo legislativo e, consequentemente, a fundada dúvida sobre sua inconstitucionalidade formal diante do parágrafo único do art. 65 da CF.

Não há prazo expresso para que o interessado formule o pedido de exclusão do recurso por força de sua intempestividade. O melhor entendimento parece ser o de que o prazo para tanto é de cinco dias. Não só por força da incidência do § 3º do art. 218 diante da lacuna legislativa, mas também por causa da isonomia processual, já que o § 6º do art. 1.035 reserva aquele prazo para o recorrente exercitar o contraditório.

O prezado leitor perguntará, pertinentemente, o que fazer se houver sobrestamento indevido. Nada é dito com relação ao assunto. A melhor resposta, penso, é a de adotar aqui a sistemática dos §§ 8º a 13 do art. 1.037, tal qual a exponho no n. 9.8.4, *infra*. É certo que nem toda a repercussão geral pressupõe, para que seja atestada a sua existência, "multiplicidade de recursos com fundamento em idêntica questão de direito" (eis o referencial dos recursos repetitivos empregado pelo *caput* do art. 1.036). Também é correto entender que o sobrestamento regrado pelos §§ 5º a 8º do art. 1.035 só se justifica pela ocorrência de casos múltiplos. Fosse um único caso – mesmo que bastante para o reconhecimento da repercussão geral da questão constitucional nele decidida – e o problema de que tratam aqueles dispositivos simplesmente não existiria. Por isso, a incidência do regime de distinção dos §§ 8º a 13 do art. 1.037, inclusive na perspectiva recursal, para cá é imperiosa, até como necessária decorrência do bom funcionamento do direito jurisprudencial querido pelo CPC de 2015.

Pela necessária incidência da sistemática do "julgamento de casos repetitivos" do art. 928, entendo aplicável, à hipótese ora examinada, o § 2º do art. 982, segundo o qual "durante a suspensão, o pedido de tutela de urgência deverá ser dirigido ao juízo onde tramita o processo suspenso". Trata-se, como escrevo no n. 9.6.4 do Capítulo 16, de regra que deriva diretamente do inciso XXXV do art. 5º da CF, sendo suficientes para cá as considerações que lá faço a respeito da regra.

Se a existência da repercussão geral for negada pelo STF, os recursos sobrestados nos termos do § 6º do art. 1.035, que só podem ser os que versem sobre matéria idêntica, terão seu seguimento negado pelo presidente ou pelo vice-presidente do Tribunal de origem (art. 1.035, § 8º).

Na hipótese oposta, quando a repercussão geral for reconhecida, cabe ao STF julgar o recurso extraordinário no prazo máximo de um ano, tendo preferência sobre os demais processos, com exceção do *habeas corpus* e dos em que há réu preso (art. 1.035, § 9º). Também mandados de segurança, individuais ou coletivos, deverão ter preferência por força do disposto no art. 20 da Lei n. 12.016/2009 e, superiormente, dada a sua magnitude constitucional.

O § 10 do dispositivo, que previa a cessação da suspensão dos processos em geral, caso o prazo do § 9º fosse ultrapassado, foi revogado pela Lei n. 13.256/2016. A ausência de consequência expressa para o desrespeito ao prazo imposto pelo § 9º atrai a incidência da proposta que faço no n. 9.8.3, *infra*, com relação ao também revogado § 5º do art. 1.037.

O § 11 do art. 1.035, por fim, impõe a divulgação da ata em que constar a súmula da decisão sobre a repercussão geral pelo *Diário Oficial* com sua equiparação a acórdão. A divulgação é medida que se afina com o ideal de publicidade do § 5º do art. 927 e deve ser prestigiada, no que é pertinente a lembrança da Resolução n. 444/2022 do CNJ e das modificações por ela introduzidas na Resolução n. 235/2016 do CNJ, com as modificações nela incluídas pela Resolução n. 286/2019 do CNJ, e da padronização de procedimentos administrativos decorrentes, no que aqui interessa, de julgamentos de repercussão geral (v. n. 2.1 do Capítulo 16). A permissão para que a súmula da repercussão geral corresponda ao acórdão, contudo, parece atritar com as condições exigidas para viabilizar o real conhecimento do que foi efetivamente decidido, por quais fundamentos. Não só na perspectiva de viabilizar um debate adequado sobre as decisões do STF sobre repercussão geral, sobre sua jurisprudência acerca do tema, portanto – o que é bem diferente da cláusula de irrecorribilidade inscrita no *caput* do art. 1.035 –, mas também para tornar factível a sua aplicação aos casos dispersos em todo o território nacional que se relacionam àquela questão constitucional, levando em conta, como não pode deixar de ser, as especificidades do que foi efetivamente decidido.

9.4 Contrarrazões

Interposto o recurso extraordinário ou o recurso especial, o recorrido será intimado para apresentar suas contrarrazões. Terá o prazo de quinze dias para tanto (art. 1.030, *caput*), findos os quais os autos serão conclusos ao presidente ou ao vice-presidente do TJ ou do TRF (é o regimento interno de cada Tribunal, prezado leitor, que revelará quem exerce tal competência) para as providências indicadas nos incisos do art. 1.030.

A propósito delas, cabe evidenciar que o art. 1.030 passou por total transformação durante a *vacatio legis*, graças à Lei n. 13.256/2016. Na sua redação original, promulgada com o CPC de 2015, ele determinava que, após o prazo para apresentação das contrarrazões, o recurso extraordinário e/ou o recurso especial fosse enviado ao STF e/ou ao STJ, *independentemente do juízo de admissibilidade* perante o órgão de interposição, a exemplo do que continua a se dar com a apelação (art. 1.010, § 3º) e com o recurso ordinário (art. 1.028, § 3º). A referida Lei, como já sublinhado, reintroduziu, no CPC de 2015, o duplo juízo de admissibilidade dos recursos extraordinários e especiais. Para adequar o dispositivo àquela nova realidade normativa – reaproximando-a, no particular, da disciplina do art. 542, *caput* e § 1º, do CPC de 1973 –, o art. 1.030 foi totalmente reescrito, ganhando destaque as posturas anunciadas acima, que são as seguintes.

De acordo com a alínea *a* do inciso I do art. 1.030, será negado seguimento ao recurso extraordinário que discuta questão constitucional à qual o STF não tenha reconhecido o *status* de repercussão geral ou a recurso extraordinário interposto contra acórdão que esteja em conformidade com o entendimento do STF exarado no regime de repercussão geral. É previsão que se harmoniza com o § 8º do art. 1.035.

A alínea *b* do mesmo inciso I determina que seja negado seguimento a recurso extraordinário ou a recurso especial interposto contra acórdão que esteja em conformidade com o entendimento do STF ou do STJ, respectivamente, exarado no regime de julgamento de recursos repetitivos, disposição que está em consonância com o inciso I do art. 1.040.

Sendo o caso, caberá ao presidente ou ao vice-presidente encaminhar o processo ao órgão julgador para realização do juízo de retratação, quando o acórdão recorrido divergir do entendimento do STF ou do STJ exarado, conforme o caso, nos regimes de repercussão geral ou de recursos repetitivos. O inciso II do art. 1.030 harmoniza-se, no particular, com o disposto no inciso II do art. 1.040.

Também compete ao presidente ou ao vice-presidente sobrestar o recurso que versar sobre controvérsia de caráter repetitivo ainda não decidida pelo STF ou pelo STJ, conforme o caso. A previsão do inciso III do art. 1.030 relaciona-se com a do inciso II do art. 1.037, que trata da "decisão de afetação".

Ainda em busca de uma maior sistematização da dinâmica dos recursos repetitivos, o inciso IV do art. 1.030 (fazendo eco ao § 1º do art. 1.036) determina ao presidente ou ao vice-presidente que selecione recurso representativo de controvérsia constitucional ou infraconstitucional, observando, no particular, as exigências do § 6º do art. 1.036.

Por fim, o inciso V do art. 1.030 reserva, ao presidente ou ao vice-presidente a competência para realizar o juízo de admissibilidade do recurso extraordinário e/ou do recurso especial interposto e, quando positivo, enviar o processo ao STF ou ao STJ, conforme o caso. O juízo de admissibilidade perante o Tribunal *a quo* só ocorrerá, contudo, se (i) o recurso (na verdade, a questão jurídica nele debatida) ainda não tiver sido submetido ao regime de repercussão geral ou de julgamento de recursos repetitivos; (ii) o recurso tiver sido selecionado como representativo da controvérsia; ou (iii) quando o tribunal recorrido tiver refutado o juízo de retratação.

A ressalva feita expressamente pela alínea *a* do inciso V do art. 1.030 justifica-se porque, se já houver repercussão geral ou afetação como repetitivo, a disciplina a ser aplicada é a do *sobrestamento* do recurso interposto (art. 1.036, § 1º). Por isso mesmo, a alínea *b* do mesmo dispositivo determina o juízo de admissibilidade *se* se tratar de recurso que tiver sido selecionado como representativo da controvérsia e, nessa qualidade, apto a ser enviado ao STF ou ao STJ para os fins do mesmo § 1º do art. 1.036. Por fim, a alínea *c* do inciso V do art. 1.030 justifica-se porque a hipótese nela prevista pressupõe a passagem pela sistemática dos repetitivos, ainda que para preservar a orientação recorrida (arts. 1.040, II, e 1.041).

O cabimento do agravo do art. 1.042 é reservado para as decisões de *inadmissibilidade* proferidas com fundamento no inciso V do art. 1.030 (art. 1.030, § 1º). A decisão que *admitir* o recurso extraordinário e/ou especial é *irrecorrível* na origem, estando preservada a mesma sistemática do CPC de 1973. Não há interesse recursal no agravo porque, independentemente de qualquer iniciativa da parte, o recurso, consoante o caso, não superará o *novo* juízo de admissibilidade a ser feito perante o STF ou o STJ.

Das decisões proferidas com base nos incisos I e III do art. 1.030, o recurso cabível é o agravo interno (art. 1.021), previsão expressa do § 2º do art. 1.030 e que se harmoniza com a ressalva feita pelo *caput* do art. 1.042. É pertinente sublinhar que a interposição e julgamento do agravo interno, na hipótese do inciso I do art. 1.030, é *conditio sine qua non* para viabilizar eventual acesso ao STF ou ao STJ, mediante novo recurso extraordinário ou especial ou, até mesmo, por reclamação, na forma como propus ao ensejo do exame do inciso II do § 5º do art. 988 (v. n. 10.2 do Capítulo 16). Por fim, é pertinente lembrar o que já escrevi ao ensejo do art. 988, em especial do novel inciso II de seu § 5º, levando em consideração o processo legislativo que culminou na Lei n. 13.256/2016, a respeito da alínea *b* do inciso I, do inciso II e da alínea *a* do inciso V do art. 1.030. O Projeto do Senado equiparou invariavelmente as expressões "recurso *especial* repetitivo" (ainda que com variações redacionais) empregadas pelo Projeto da Câmara a "recursos *repetitivos*". Reitero o entendimento de que há fundamento sistemático para legitimar a opção do Projeto do Senado no inciso II do art. 928 do CPC de 2015, para, neste caso, superar a pecha de inconstitucionalidade formal dos referidos dispositivos diante do parágrafo único do art. 65 da CF. A lembrança da questão, todavia, é necessária diante da ressalva feita ao ensejo da análise do art. 988 e, superiormente, diante do próprio art. 1º do CPC de 2015. É advertência, de resto, que se harmoniza com diversas outras passagens deste trabalho em que idêntica discussão aparece e reaparece.

9.5 Interposição simultânea

Pode acontecer de o acórdão ter fundamentos tanto de ordem constitucional como de ordem legal federal. O art. 1.031 regula expressamente essa hipótese, de necessária interposição *simultânea* de dois recursos, um extraordinário e um especial, cada um formulado em sua própria petição (art. 1.029, *caput*).

Nesse caso, os autos físicos serão enviados, em primeiro lugar, ao STJ para julgamento do recurso especial (art. 1.031, *caput*); tratando-se de autos eletrônicos, a sua disponibilização em primeiro lugar ao STJ atende suficientemente a previsão legislativa. Julgado o recurso especial, os autos serão enviados (disponibilizados) ao STF para apreciação e julgamento do recurso extraordinário, salvo se aquele recurso for considerado prejudicado (art. 1.031, § 1º), o que acontecerá, por exemplo, quando, a despeito da duplicidade de fundamentos, um legal federal e outro constitucional, o objetivo do recorrente for único e for alcançado com o julgamento do recurso especial.

Pode ocorrer, contudo, de o relator sorteado no STJ entender que o recurso extraordinário deve ser julgado em primeiro lugar porque, por exemplo, há alegação de inconstitucionalidade da lei federal que embasa o recurso especial, verdadeira questão prejudicial. Nesse caso, ele determinará a remessa (disponibilização) dos autos ao STF (art. 1.031, § 2º). Se o relator do STF rejeitar aquele entendimento, devolverá (disponibilizará) os autos para o STJ, que julgará o recurso especial (art. 1.031, § 3º). Caso contrário, o recurso extraordinário será julgado pelo STF e, consoante seu resultado, prejudicando o julgamento do recurso especial.

A hipótese prevista pelo art. 1.031 merece ser analisada como manifestação do efeito *diferido* (v. n. 2.5, *supra*) em sede de recurso extraordinário e de recurso especial.

9.6 Reenvio

Os arts. 1.032 e 1.033 são novidades trazidas pelo CPC de 2015. Diferentemente do que ocorre na hipótese do art. 1.031, eles não tratam de (dois) recursos, extraordinário e especial, interpostos concomitantemente, a impor o seu *diferimento* consoante o julgamento do outro. Há, nas situações albergadas por aqueles dispositivos, apenas, um recurso, especial ou extraordinário e a discussão sobre quem é competente para julgá-lo consoante o enfoque que seja dado à matéria nele versada, se infraconstitucional ou se constitucional.

O art. 1.032 cuida da hipótese de o relator, no STJ, entender que o recurso especial versa sobre questão constitucional. Neste caso, deverá conceder prazo de quinze dias para que o recorrente demonstre a existência de repercussão geral – exigência específica do recurso extraordinário, por força do § 3º do art. 102 da CF – e se manifeste sobre a questão constitucional. É correto entender que o recorrido deverá ter prazo para se manifestar sobre estas complementações nas razões recursais.

Após, o relator enviará (disponibilizará) o recurso ao STF, que poderá devolvê-lo ao STJ caso entenda o contrário, isto é, que, em verdade a questão *não é* constitucional (art. 1.032, parágrafo único). Neste caso, é importante notar, a despeito do silêncio do dispositivo, que aquele óbice deve ser superado pelo STJ e, nesse sentido, o recurso deve ser conhecido e julgado.

A hipótese oposta é regulada pelo art. 1.033: se o relator do recurso extraordinário entender que a "causa decidida" versa, em verdade, questão infraconstitucional "por pressupor a revisão da interpretação de lei federal ou de tratado", deve enviar o recurso para julgamento ao STJ como recurso especial. Embora silente o dispositivo, é correto entender que, antes do envio do recurso para o STJ, recorrente e recorrido sejam intimados para a *complementação* de suas razões e contrarrazões recursais sob as vestes de um recurso especial, similarmente, portanto, ao que se dá para os fins do art. 1.032.

Aqui, diferentemente do que se dá no art. 1.032, não há previsão para o STJ recusar sua competência que, em última análise, deriva da própria CF (art. 105, III) e que encontra no STF seu guardião-mor. Tanto quanto na hipótese anterior, portanto, é irrecusável que o STJ deve julgar o recurso. Diferença sensível, contudo, é que, aqui, o STJ ainda não proferiu o juízo de admissibilidade recursal e, em rigor, pode fazê-lo a ponto de não conhecer do recurso, conquanto não infirme a decisão já proferida pelo STF.

Ambas as regras representam importante novidade trazida pelo CPC de 2015 para combater as dificuldades decorrentes da "inconstitucionalidade reflexa", que, em termos práticos, sempre gerou verdadeiro vácuo de competência. Ademais, cabe acentuar que ambos os dispositivos, os arts. 1.032 e 1.033, são reflexo inquestionável do modelo de "processo cooperativo" desejado pelo CPC de 2015 desde seu art. 6º.

9.7 Julgamento

A única regra própria codificada sobre o julgamento do recurso extraordinário ou especial é a do art. 1.034.

O *caput* do dispositivo, ao tratar da abrangência do efeito devolutivo daqueles recursos, traz à lembrança a Súmula 456 do STF, que tem o seguinte enunciado: "O Supremo Tribunal Federal, conhecendo do recurso extraordinário, julgará a causa, aplicando o direito à espécie".

Sempre entendi, a despeito da literalidade do enunciado e, mais do que ele, da própria textualidade do novel art. 1.034, que a questão só pode ser analisada na perspectiva constitucional. Os incisos III dos arts. 102 e 105 da CF são limites intransponíveis para o legislador infraconstitucional: o recurso extraordinário e o recurso especial pressupõem *causa decidida*, razão pela qual entendo que questões *não decididas*, ainda que de ordem pública, não podem ser julgadas *ex novo* pelo STF e pelo STJ naquelas sedes recursais.

Não se trata de sustentar a aplicação do princípio da eficiência processual expressamente agasalhado no inciso LXXVIII do art. 5º da CF. Trata-se, bem diferentemente, de invocar *regra* de competência estrita, que preserva, como escrevo no n. 9, *supra*, a *competência recursal extraordinária e especial* do STF e do STJ e, em última análise, o papel que se espera daqueles Tribunais no modelo constitucional que, nesses casos, não são e não podem se comportar como órgãos de revisão ampla.

Nem mesmo a lembrança do § 3º do art. 485 que, também na sua literalidade, insinua que questões de ordem pública são cognoscíveis "em qualquer tempo e grau de jurisdição *enquanto não ocorrer o trânsito em julgado*". Evidentemente, não nego que o *texto* da regra permite infirmar o que acabei de criticar. Nego, contudo, que ela possa querer significar o que, na perspectiva do que aqui defendo, é inviável sem agredir o modelo constitucional.

O *caput* do art. 1.034 e, muito antes dele, a Súmula 456 do STF devem ser compreendidos no sentido de que, conhecido o recurso extraordinário ou especial, o STF ou o STJ julgarão a *causa*, aplicando a ela o direito constitucional ou legal federal adequado a partir do arcabouço fático definido pelas manifestações jurisdicionais anteriores. Aqueles Tribunais, diferentemente de tribunais de cassação europeus, desempenham não só a função *rescisória*, mas também *rescindente*, isto é, não se limitam a *cassar* ou *invalidar* o julgado contrário à CF ou à lei federal porque estão habilitados, pelo modelo constitucional, a *rejulgar* a causa *nos limites em que decidida*, aplicando, desde logo, ao caso concreto, a solução que entendem ser adequada para a questão constitucional ou para a questão legal federal. Não, prezado leitor, o recurso extraordinário e o recurso especial *não têm* efeito translativo, sob pena de esbarrar em seu condicionante constitucional, sempre e invariavelmente, a *causa decidida*.

Tanto mais interessantes esses questionamentos quando vem à lembrança que o texto final do CPC de 2015 – fruto da revisão pela qual passou antes de seu envio à sanção presidencial – acabou substituindo a palavra "causa", que constava do Projeto da Câmara e no texto aprovado pelo Senado em dezembro de 2014, pela palavra "processo".

Haverá quem, ao ler o dispositivo, tal qual redigido a final, ficará ainda mais confortável para sustentar a incidência do que em geral se extrai da precitada Súmula 456 (julga-se o *processo*, não apenas a *causa decidida*) com total desprezo aos limites *constitucionais* impostos ao STF e ao STJ no exercício de sua competência recursal extraordinária e especial, respectivamente. Se a palavra "processo" for decisiva para albergar tal interpretação é irrecusável a inconstitucionalidade formal de sua substituição naquele instante do processo legislativo.

De sua parte, o parágrafo único do art. 1.034 remonta, para generalizá-las, às Súmulas 292 ("Interposto o recurso extraordinário, por mais de um dos fundamentos indicados no art. 101, n. III, da Constituição, a admissão apenas por um deles não prejudica o seu conhecimento por qualquer dos outros") e 528 do STF ("Se a decisão contiver partes autônomas, a admissão parcial, pelo presidente do Tribunal *a quo*, de recurso extraordinário, que, sobre qualquer delas se manifestar, não limitará a apreciação de todas pelo Supremo Tribunal Federal, independentemente de interposição de agravo de instrumento"). Assim, conhecido o recurso extraordinário ou especial por um fundamento, devolvem-se os demais para o julgamento do capítulo impugnado.

Também aqui a interpretação da regra precisa ser cuidadosa para não transbordar dos limites constitucionais da "causa decidida", expressa nos incisos III dos arts. 102 e 105 da CF. Parece ser esta a explicação que justificou a redução de texto na última etapa do processo legislativo, antes, portanto, da revisão final que antecedeu seu envio à sanção presidencial, retirando do dispositivo a menção à devolução "de todas as questões relevantes para a solução do capítulo impugnado", preservando, como se lê, apenas os "demais *fundamentos*" para aquele mesmo fim. Se, até mesmo, no recurso de apelação, em que opera o efeito translativo, o § 1º do art. 1.013 houve por bem restringir a transferência da matéria para a parte (o capítulo) da decisão efetivamente impugnada, o que dizer do recurso especial ou extraordinário, no qual não há – nem pode haver, por causa do modelo constitucional – aquele efeito?

9.8 Recursos extraordinário e especial repetitivos

Como anunciei no início do número anterior, a Subseção II da Seção II do Capítulo VI do Título II do Livro III da Parte Especial disciplina o julgamento dos recursos extraordinários e dos recursos especiais *repetitivos*, estendendo-se do art. 1.036 ao art. 1.041.

Destaco de plano que, no CPC de 2015, não só o recurso especial, mas também o recurso extraordinário passa a receber disciplina de recurso repetitivo. É inegável, assim, o avanço do CPC de 2015 em relação à disciplina do art. 543-B do CPC de 1973, que, em rigor, não admitia o processamento e o julgamento de recursos extraordinários repetitivos, mas, menos que isso, apenas a discussão sobre recursos extraordinários múltiplos apresentarem, ou não, repercussão geral. É, nesse sentido, da mesma disciplina que ocupa o art. 1.035, como os seus §§ 5º a 9º e 11 deixam entrever. Ademais, é inegável que o art. 543-C do CPC de 1973 limitava-se à disciplina dos recursos *especiais* repetitivos, não obstante a prática do STF ter consagrado também o processamento dos extraordinários como repetitivos.

De qualquer sorte, o CPC de 2015 coloca fim a quaisquer discussões que, no âmbito do CPC de 1973, poderiam ser desenvolvidas a partir da constatação que acabei de fazer, como a leitura do *caput* do art. 1.036 evidencia, ao se referir à existência de "multiplicidade de recursos extraordinários ou especiais com fundamento em idêntica questão de direito". O mesmo dispositivo, outrossim, autoriza que os regimentos internos dos Tribunais Superiores disciplinem o instituto, respeitados (sempre) os ditames constitucionais e legais. No âmbito do STJ, importa destacar a Emenda Regimental n. 24/2016, que, ao adequar seu regimento interno ao CPC de 2015, acrescentou o Capítulo II-A ("Do recurso especial repetitivo"), com seis novas Seções, e o Capítulo II-B ("Da afetação de processos à sistemática dos recursos repetitivos e da admissão de incidente de assunção de competência em meio eletrônico") ao Título IX ("Dos recursos") de sua Parte II ("Do processo") para tratar especificamente do tema, correspondentes a seus arts. 256 a 256-X e 257 a 257-E, respectivamente.

Assim, havendo a referida multiplicidade de recursos extraordinários ou especiais com fundamento em idêntica questão de direito – a mesma tese de direito constitucional ou de direito legal federal a incidir sobre casos concretos iguais na essência –, é cabível que alguns recursos sejam selecionados e decididos pelo STF ou pelo STJ, com o sobrestamento de todos os demais, na expectativa de que a solução dada nos casos julgados por aqueles Tribunais seja aplicada e observada por todos os demais órgãos jurisdicionais. É esse, em suma, o objetivo da disciplina que ocupa, com detalhes, os arts. 1.036 a 1.041, que, nessa perspectiva, quer concretizar a diretriz do inciso III do art. 927.

9.8.1 Identificação da ocorrência de recursos múltiplos e sua seleção

Para tanto, põe-se, em primeiro lugar, a tarefa de verificar se há a multiplicidade de recursos extraordinários ou especiais sobre a mesma questão de direito e, em seguida, os critérios de seleção dos casos a serem enviados para o processo conjunto.

O § 1º do art. 1.036 regula a hipótese de a multiplicidade de recursos ser verificada no âmbito dos TJs ou dos TRFs. Nesse caso, o presidente ou o vice-presidente daqueles Tribunais – é o regimento interno quem define a competência – selecionará, ao menos, dois recursos extraordinários ou especiais "representativos da controvérsia" para envio aos Tribunais Superiores.

A iniciativa quer viabilizar, perante o STF ou o STJ, o proferimento de decisão que reconhece o *status* de recursos repetitivos a partir dos selecionados, afetando-os, segundo decisão cuja disciplina está no art. 1.037.

A escolha feita pelos presidentes dos TJs ou dos TRFs, contudo, não vincula o relator do STF ou do STJ, que poderá escolher outros, desde que também sejam representativos da controvérsia (art. 1.036, § 4º). Tanto assim que também cabe aos Ministros do STF e do STJ, com fundamento no § 5º do art. 1.036, tomarem a iniciativa de selecionar dois ou mais recursos representativos da controvérsia para submissão de seu julgamento à disciplina dos repetitivos.

O § 6º do art. 1.036 esclarece o que deve ser compreendido como "recurso representativo da controvérsia". Trata-se de recurso que, versando sobre a idêntica questão jurídica que se repete, contenha "abrangente argumentação e discussão a respeito da questão a ser decidida". Essa exigência é fundamental para a boa aplicação da disciplina dos representativos, porque é a partir da diversidade e profundidade da sustentação da questão jurídica e, correlatamente, das teses jurídicas por ela representadas, a favor e contra, que os julgamentos do STF e do STJ assumirão verdadeiro padrão paradigmático. Só assim é que eles terão aptidão para produzir o que, para o CPC de 2015, pode ser chamado de "precedente". O dispositivo impõe, outrossim, que somente o recurso *admissível* possa ser selecionado. Não há razão nenhuma para limitar o juízo *positivo* de admissibilidade ao aspecto temporal (tempestividade), diferentemente, destarte, do que se dá para os fins do § 6º do art. 1.035 e do § 2º do próprio art. 1.036.

9.8.2 Suspensão dos processos determinada pelo TJ ou TRF

O presidente ou vice-presidente dos TJs ou TRFs determinará a suspensão de todos os processos pendentes, individuais ou coletivos, em trâmite no Estado ou na Região, respectivamente, quando tomar a iniciativa de identificar e selecionar recursos múltiplos para julgamento como repetitivos perante o STF ou STJ, como lhe determina o mesmo § 1º do art. 1.036. Tal suspensão, de acordo com o § 1º do art. 1.037, fica na dependência de o STF ou de o STJ proferir decisão de afetação, nos termos do *caput* do art. 1.037, isto é, reconhecer que há multiplicidade de recursos extraordinários ou especiais que devem ser submetidos ao regime de julgamento repetitivo.

O § 2º do art. 1.036, referindo-se à suspensão determinada no âmbito dos TJs ou dos TRFs, e similarmente ao disposto no § 6º do art. 1.035, autoriza o interessado (o recorrido) a requerer, perante aqueles magistrados, a exclusão de recurso extraordinário ou especial *intempestivo* da decisão de sobrestamento.

Aqui também o mesmo dispositivo estabelece o prazo de cinco dias para que o recorrente manifeste-se sobre o requerimento. A decisão que *indeferir* o pedido de exclusão, sujeita-se ao agravo interno em consonância com o § 3º do art. 1.036, na redação que lhe deu a Lei n. 13.256/2016. Por força do mesmo raciocínio que exponho no n. 9.3, *supra*, a propósito do § 6º do art. 1.035, o interessado deve formular seu pedido de exclusão pela intempestividade no prazo de cinco dias, contado da decisão que determina o sobrestamento dos processos.

9.8.3 Decisão de afetação

O art. 1.037 trata das providências a serem tomadas pelo relator no STF ou no STJ quando reconhecer estarem presentes os pressupostos no *caput* do art. 1.036, isto é, quando constatar a existência de "multiplicidade de recursos extraordinários ou especiais com fundamento em idêntica questão de direito".

Selecionados os recursos que serão concretamente julgados, o relator proferirá o que o art. 1.037 chama de "decisão de afetação", na qual: (i) identificará com precisão a questão a ser submetida a julgamento (art. 1.037, I), sendo viável a identificação de outras questões para julgamentos futuros a partir dos processos enviados aos Tribunais Superiores (art. 1.037, § 7º). O § 2º do art. 1.037, que vedava expressamente ao colegiado decidir questão fora dos limites da decisão de afetação, foi revogado pela Lei n. 13.256/2016. São suficientes para lidar com a hipótese, contudo, a previsão do subsistente § 7º, e, mais especificamente, o próprio inciso I do *caput* do dispositivo, já destacado, além da genérica previsão do § 2º do art. 926. Além disso, o relator (ii) determinará a suspensão dos processos pendentes, individuais e coletivos, que versem sobre aquela mesma questão em todo o território nacional (art. 1.037, II) – que, pelas mesmas razões que expus no n. 9.5.1 do Capítulo 16, quando tratei do art. 982, I, relativo ao IRDR, não é obrigatória, a despeito da literalidade da previsão –; e, por fim, (iii) *poderá* requisitar aos presidentes ou aos vice-presidentes dos TJs ou TRFs a remessa de um recurso representativo da controvérsia (art. 1.037, III).

A *possibilidade* dessa requisição, tal qual prevista no inciso III do art. 1.037, é fruto da revisão a que foi submetido o texto do CPC de 2015 antes do envio à sanção presidencial. O texto aprovado no Senado Federal, na sessão deliberativa de 17 de dezembro de 2014, era diverso, *impondo* aquela requisição (v. art. 1.034, III, do Anexo ao Parecer n. 956/2014 do Senado, idêntico ao art. 1.050, III, do Projeto da Câmara), empregando o verbo *requisitar* no imperativo afirmativo (*requisitará*). Não há como deixar de interpretar a regra desta forma, a única capaz para transpor sua inconstitucionalidade formal no sentido de ser *obrigatório* ao relator do Tribunal Superior, em sua decisão de afetação, determinar a remessa de ao menos um recurso representativo da controvérsia a todo TJ e a todo TRF, que o enviará a não ser que, por qualquer razão, *aquela* questão não tenha, no Estado ou na Região respectiva, nenhum processo. A iniciativa, tal qual votada, quer *pluralizar* o debate jurídico que antecede a fixação da tese nos casos dos recursos repetitivos, indo ao encontro, ademais, com a iniciativa reconhecida àqueles Tribunais pelo

§ 1º do art. 1.036. A redação final, ao sugerir que se trata de mera faculdade do relator do Tribunal Superior vai em direção oposta e, por isso, atrita com os limites existentes naquele instante do processo legislativo (art. 65 da CF).

Caso não haja afetação, como escrevo no n. 9.8.2, *supra*, com base no § 1º do art. 1.037, o relator do recurso repetitivo no âmbito do STF ou do STJ comunicará o fato aos presidentes ou aos vice-presidentes dos Tribunais de segunda instância para revogação da decisão de suspensão prevista no § 1º do art. 1.036.

Se houver mais de uma afetação, isto é, mais de uma decisão proferida para os fins do art. 1.037, estará prevento o relator que, em primeiro lugar, proferiu a decisão respectiva (art. 1.037, § 3º).

Uma vez afetado, o recurso deverá ser julgado no prazo de um ano, consoante estabelece o § 4º do art. 1.037, excepcionados os *habeas corpus* e casos em que há réu preso, rol ao qual insisto no acréscimo do mandado de segurança, individual ou coletivo, pela sua magnitude constitucional.

O § 5º do art. 1.037 determinava a cessação da afetação e a da suspensão na hipótese de o recurso não ser julgado no prazo de um ano, contado da publicação da decisão de afetação respectiva. A regra, contudo, foi revogada pela Lei n. 13.256/2016, a exemplo do que se deu com o § 10 do art. 1.035. O subsistente § 6º do art. 1.037, contudo, permite "a outro relator do respectivo tribunal superior afetar 2 (dois) ou mais recursos representativos da controvérsia na forma do art. 1.036" quando ocorrer a hipótese do § 5º. A regra merece ser interpretada no sentido de que, na ausência de julgamento no prazo ânuo, a afetação do recurso como repetitivo deve ser *renovada* por *outro* relator do mesmo Tribunal Superior, levando em conta, ao menos, dois novos casos. Se isso não ocorrer – e a despeito da revogação do § 5º do art. 1.037 –, é mais correto entender que a afetação (e seu consequente regime jurídico para os demais recursos) perde seu efeito. O que não pode ser tolerado – e é o que ocorreu em inúmeras situações sob a vigência do CPC de 1973 – é que à afetação do recurso siga-se o sobrestamento de dezenas ou centenas de milhares de processos sem nenhuma previsão concreta de julgamento. Trata-se de solução que também merece ser dada para os casos relativos à repercussão geral (art. 1.035, § 9º), até como forma de superar a preservação da remissão, feita pelo § 6º do art. 1.037, a um dispositivo revogado.

9.8.4 Suspensão dos processos determinada pelos Tribunais Superiores

Os §§ 8º a 13 do art. 1.037 disciplinam as consequências do sobrestamento dos processos a partir da suspensão (não obrigatória) prevista no inciso II do art. 1.037.

As partes, de acordo com o § 8º do art. 1.037, devem ser intimadas do sobrestamento determinado pela decisão de afetação, a ser proferida no seu próprio processo, pelo juiz ou pelo relator, consoante o seu atual estágio.

Intimada, a parte poderá requerer o prosseguimento do processo arguindo que a questão nele decidida não está abrangida pela decisão de afetação, isto é, que não trata da mesma questão que será julgada pelo STF ou pelo STJ (art. 1.037, § 9º). Pelas mesmas razões que exponho a propósito do § 6º do art. 1.035 e do § 2º do art. 1.036 nos ns. 9.3 e 9.8.2, *supra*, é correto entender que a parte dispõe do prazo de cinco dias para tanto.

O requerimento será dirigido à autoridade judicial consoante o processo esteja na primeira instância, no TJ ou no TRF, antes ou depois da interposição do recurso especial ou extraordinário ou, ainda, se o processo já estiver no Tribunal Superior (art. 1.037, § 10), estabelecendo-se contraditório com a parte contrária em cinco dias (art. 1.037, § 11).

Acolhido o pedido, isto é, reconhecida a distinção, o processo voltará a tramitar com observância das variáveis do § 12 do art. 1.037. A subsistente remissão feita pelo inciso II do § 12 do art. 1.037 ao parágrafo único do art. 1.030 exige um esclarecimento diante da nova redação que àquele dispositivo deu a Lei n. 13.256/2016. Nos casos em que o pedido de distinção for dirigido ao relator do acórdão recorrido, o que ocorrerá quando o recurso especial ou o recurso extraordinário tiverem sido sobrestados no Tribunal de Justiça ou no Tribunal Regional Federal (art. 1.037, § 10, III), caberá ao relator enviar os autos ao presidente ou ao vice-presidente para que proceda de acordo com o art. 1.030. Muito provavelmente, o que ocorrerá nestes casos é que incidirá o disposto na alínea *a* (porque se trata de recurso *não submetido* à sistemática dos repetitivos, tanto que reconhecida a distinção) do inciso V daquele dispositivo a impor que seja realizado o juízo de admissibilidade do recurso, após o qual – e desde que positivo – os autos do processo serão enviados ao STF ou ao STJ, consoante se trate de recurso extraordinário ou de recurso especial, respectivamente.

A decisão que resolve o requerimento formulado com base no § 9º do art. 1.037, seja acolhendo-o ou rejeitando-o, é recorrível. Se se tratar de decisão proferida pelo juízo de primeira instância, dela caberá agravo de instrumento (art. 1.037, § 13, I); se a decisão for proferida no âmbito dos Tribunais, o recurso será o de agravo interno (art. 1.037, § 13, II). O advento da Lei n. 13.256/2016 convida ao entendimento de que, na específica hipótese prevista no inciso II do § 12 do art. 1.037, cabe o agravo do art. 1.042 quando o juízo de admissibilidade proferido pelo presidente ou pelo vice-presidente do Tribunal *a quo* for *negativo* (art. 1.030, § 1º).

Entendo irrecusável a aplicação do § 2º do art. 982 durante a suspensão dos processos, ainda que textualmente a previsão nele contida, de ser competente o órgão jurisdicional no qual tramita o processo sobrestado para apreciação de eventual pedido de tutela de urgência, limite-se ao incidente de resolução de demandas repetitivas. Trata-se de decorrência da sistemática criada pelo art. 928 (afinal, tanto aquele incidente como os recursos repetitivos são e devem ser tratados como "julgamento de casos repetitivos") e, superiormente, do próprio inciso XXXV do art. 5º da CF.

Uma derradeira observação merece ser feita: deve ser dada ampla publicidade à decisão de afetação disciplinada pelo art. 1.037, observando-se as diretrizes que o art. 979 e seus

§§ 1º e 2º estabelecem para o incidente de resolução de demandas repetitivas. Trata-se de determinação expressa, embora fora de lugar, do § 3º daquele mesmo dispositivo e que está em plena harmonia com o que o dispõe, mais genericamente, o § 5º do art. 927. Tanto assim – e pertinentemente – que a já mencionada Resolução n. 444/2022 do CNJ e a que lhe antecedeu, a Resolução n. 235/2016, modificada pela Resolução n. 286/2019, voltam-se especificamente ao tema, não só ao criar o Banco Nacional de Precedentes (BNP) mas também por determinar que os Tribunais nela mencionados organizem, como unidade permanente, o Núcleo de Gerenciamento de Precedentes – Nugep (arts. 6º e 7º da Resolução n. 235/2016).

9.8.4.1 Suspensão no caso do incidente de resolução de demanda repetitiva

O § 4º do art. 1.029 ocupa-se com a hipótese de o presidente do STF ou do STJ receber requerimento de suspensão dos processos em todo o território nacional durante a tramitação do incidente de resolução de demandas repetitivas. Neste caso, diante de razões de segurança jurídica ou de excepcional interesse social, a suspensão pode ser estendida a todo o território nacional, até ulterior decisão do recurso extraordinário ou do recurso especial a ser interposto.

Trata-se de regra que merece ser lida ao lado do § 3º do art. 982 para evidenciar que a suspensão eventualmente concedida atrela-se, necessariamente, ao recurso extraordinário ou especial a ser interposto com fundamento no art. 987, como dispõe, aliás, o § 5º do próprio art. 982. De qualquer sorte, como escrevo no n. 9.8 do Capítulo 16 acerca do art. 982, a regra merece ser interpretada com temperamentos, embora localizada fora de lugar.

Outro ponto que merece destaque sobre o § 4º do art. 1.029 é o de que a suspensão dos processos pode dar-se não só em função de "razões de segurança jurídica" (como exige o § 3º do art. 982), mas também e *alternativamente* por causa de "excepcional interesse social". A vagueza de ambas as expressões, máxime a segunda só aqui referida, recomenda redobrada cautela na análise do pedido. O requerimento não pode ser tratado como mais um caso do esdrúxulo (inconstitucional e desnecessário, ao menos do ponto de vista jurídico) "pedido de suspensão" e da não menos esdrúxula (e inconstitucional) tese de sua "ultra-atividade".

9.8.5 Preparação para julgamento

O *caput* e os §§ 1º a 2º do art. 1.038 têm como objetivo fomentar o prévio debate sobre a tese a ser julgada no recurso afetado como repetitivo.

O inciso I do art. 1.038 permite ampla participação de terceiros intervenientes na qualidade de *amici curiae*. São aqueles intervenientes que farão as vezes das "pessoas, órgãos ou entidades com interesse na controvérsia, considerando a relevância da matéria", observando, desde que não haja restrição à sua ampla participação, fundamentada genericamente no art. 138, o que dispuser o RISTF e do RISTJ.

O inciso II do art. 1.038 prevê a possibilidade de oitiva de depoimentos de pessoas com experiência e conhecimento na matéria em audiências públicas. A iniciativa não se sobrepõe à oitiva do *amicus curiae*, porque ela cria espaço adequado e racional para que sejam travadas as discussões sobre a tese que, a partir da questão de direito repetitiva, se pretende fixar. A prática já é comum nos Tribunais Superiores, com enorme frequência no STF.

Os próprios tribunais de segunda instância poderão ser instados a prestar informações e o Ministério Público será ouvido como fiscal da ordem jurídica (art. 1.038, III). Os prazos, para tanto, são de quinze dias e, de preferência, as manifestações serão eletrônicas (art. 1.038, § 1º).

Nada há que impeça, não obstante o silêncio das regras que acabei de destacar, que os próprios recorrentes, individualmente considerados, queiram se manifestar para os fins do art. 1.038. Sua intervenção, contudo, não os torna *amicus curiae*. Serão, sempre e invariavelmente, partes, interessadíssimas no desfecho da questão, e é nessa qualidade, e nenhuma outra, que poderão pretender ser manifestar.

Colhidas as informações, o processo será incluído em pauta, devendo ser julgado com preferência, com as ressalvas do § 2º do art. 1.038, às quais merece ser incluído também o mandado de segurança, não só por causa da previsão do art. 20 da sua lei de regência, Lei n. 12.016/2009, mas também pela sua magnitude constitucional.

O § 3º do art. 1.038, na redação promulgada do CPC de 2015, previa que conteúdo do acórdão abrangeria "a análise de todos os fundamentos da tese jurídica discutida, favoráveis ou contrários", harmonizando-se integral e textualmente com o § 2º do art. 984, a ponto de merecer, na 1ª edição deste *Manual*, a nota de que se tratava de "exigência essencial para a construção de um verdadeiro direito jurisprudencial brasileiro, coerente, por isso mesmo, ao que dispõe o § 1º do art. 927, que, por sua vez, conduz ao inciso IV do § 1º do art. 489".

A Lei n. 13.256/2016 deu nova redação àquele dispositivo, restringindo seu campo de abrangência para, na sua atual redação, contentar-se com a análise dos "fundamentos *relevantes* da tese jurídica discutida". Como aqueles três dispositivos, contudo, não foram alterados pela Lei n. 13.256/2016, é correto entender que a mesma diretriz, inerente à construção do "direito jurisprudencial" desenhado pelo CPC de 2015, subsiste, máxime porque a fundamentação das decisões judiciais é traço imposto desde o modelo constitucional (art. 93, IX, da CF). Contentar-se com a apreciação de fundamentos "relevantes", sem que a *irrelevância* de outros seja demonstrada e justificada pelo julgador, é incidir na vedação que o inciso IV do § 1º do art. 489 repudia suficientemente, sem prejuízo de recordar também o § 1º do art. 927 e o § 2º do art. 984, que convergem à idêntica solução.

9.8.6 Julgamento e consequências

O art. 1.039 inicia a regulamentação das consequências do julgamento do recurso representativo da controvérsia, isto é, do recurso repetitivo ou afetado, que é completada pelos arts. 1.040 e 1.041.

9.8.6.1 No STF e no STJ

O art. 1.039 ocupa-se com os recursos que foram sobrestados e que estão no âmbito dos próprios Tribunais Superiores. Para eles, decidido o repetitivo, os recursos que estavam sobrestados por tratarem da mesma controvérsia serão considerados prejudicados ou decididos com aplicação da tese fixada.

O prezado leitor perceberá que o *caput* do art. 1.039 faz expressa referência a "órgãos colegiados". São eles, portanto, que julgarão aqueles recursos de acordo com a diretriz imposta pelo dispositivo, excepcionando, destarte, para estes casos, a atuação monocrática com fundamento nas alíneas *b* dos incisos IV e V do art. 932. Chegando novos recursos ao STF ou ao STJ – o que, com base no *caput* do art. 1.041, tem tudo para ocorrer –, o proferimento de decisões monocráticas com base naquelas regras estará autorizada, com base naqueles precitados dispositivos.

O parágrafo único do art. 1.039 dispõe que os recursos extraordinários sobrestados serão considerados automaticamente inadmitidos quando não for reconhecida a repercussão geral no recurso extraordinário afetado. Também aqui, é correto entender que a regra dirige-se exclusivamente ao STF.

9.8.6.2 Nos TJs, nos TRFs e na primeira instância

O art. 1.040 é vocacionado para regrar os efeitos que o CPC de 2015 quer que o julgamento do repetitivo pelo STF ou pelo STJ surta sobre os processos até então suspensos nos TJs, TRFs e também na primeira instância. Após as diversas reformas empreendidas pela Lei n. 13.256/2016 no CPC de 2015, este desiderato fica ainda mais evidente.

Não tenho a menor dúvida de que, na perspectiva do CPC de 2015, o que se espera é que a decisão do recurso afetado seja *necessariamente* observada pelos demais órgãos jurisdicionais, no que é claro, aliás, o inciso III do art. 927.

É ler os incisos do art. 1.040, segundo os quais, após a publicação do acórdão paradigma, isto é, do acórdão do recurso afetado: (i) o presidente ou o vice-presidente do TJ ou do TRF *negará* seguimento aos recursos especiais ou extraordinários sobrestados na origem, se o acórdão recorrido coincidir com a orientação do Tribunal Superior (dispositivo que se harmoniza com o inciso I do art. 1.030); (ii) o órgão que proferiu o acórdão recorrido, na origem, *reexaminará* o processo de competência originária, a remessa necessária ou o recurso anteriormente julgado, se o acórdão recorrido contrariar a orientação do Tribunal Superior (previsão consonante com o inciso II do art. 1.030); e, por fim, (iii) os processos suspensos em primeiro e segundo graus de jurisdição, antes da interposição do recurso extraordinário e/ou do especial, *retomarão o curso para julgamento e aplicação da tese firmada pelo Tribunal Superior*.

Os verbos e a oração que fiz questão de colocar em itálico não foram conjugados no imperativo pelos próprios incisos, apresso-me a esclarecer, por razão outra que não para *impor* o resultado alcançado pelos Tribunais Superiores a partir do caso julgado como paradigmático, a partir da decisão de afetação a todos os demais Tribunais, inclusive aos juízos de primeira instância. Nesse sentido e para esse fim, a tentação de tratar do tema na perspectiva do efeito *expansivo* dos recursos, tanto em seu aspecto *objetivo* como no *subjetivo*, é grande.

Sobre o caráter *vinculante*, embora não expresso nem escrito, mas inequivocamente pretendido pelo CPC de 2015 em dispositivos como o art. 1.040, são bastantes as considerações que faço a propósito dos arts. 926 e 927 no n. 2 do Capítulo 16.

Para cá, prezado leitor, quero acentuar que a redação dada aos incisos I e II do art. 1.040 busca contornar crítica que, para a sistemática do CPC de 1973, fazia com veemência no volume 5 do meu *Curso sistematizado de direito processual civil*, antes do advento do CPC de 2015, quanto a haver, naquele sistema, verdadeira hipótese de *delegação legal* de competência para que os Tribunais de Justiça e os Tribunais Regionais Federais julgassem os recursos extraordinários e os recursos especiais sobrestados em consonância com a decisão proferida no âmbito do STF ou do STJ. A previsão, feita por *lei* (art. 543-C, § 7º, II, do CPC de 1973), atritava a olhos vistos com a competência *constitucional* reconhecida (e taxativamente) ao STF e ao STJ de eles, não outros Tribunais ou órgãos jurisdicionais, julgarem recursos extraordinários e especiais (arts. 102, III, e 105, III, da CF, respectivamente).

O que fizeram os incisos I e II do art. 1.040 para contornar o problema? Evitaram estabelecer o julgamento dos próprios recursos especial e extraordinário pelo TJ ou pelo TRF. Em vez disso, o inciso I limitou-se a prever que o presidente ou o vice-presidente do tribunal de origem *negará seguimento* aos recursos especiais ou extraordinários sobrestados quando o acórdão recorrido *coincidir* com a orientação do Tribunal Superior. No inciso II está previsto que o órgão prolator do acórdão recorrido *reexaminará*, não o próprio recurso especial ou o extraordinário, mas "o processo de competência originária, a remessa necessária ou o recurso anteriormente julgado", se o acórdão recorrido *contrariar* a orientação do Tribunal Superior.

Ocorre que a hipótese do inciso I do art. 1.040 é julgamento de mérito, no sentido de *improver* o recurso extraordinário ou especial sobrestado, isto é, negar provimento àquele recurso. O "negar seguimento" autorizado pelo dispositivo, portanto, continua a ser caso de delegação *legal* de competência constitucionalmente fixada. Apesar da redação diferente, dada pelo CPC de 2015 à hipótese, a crítica que acima destaquei permanece hígida. Para *negar seguimento* no sentido correto da expressão, querendo com ela descrever que o recurso está "prejudicado" porque o acórdão recorrido já coincide com a decisão paradigmática proferida pelo STF ou pelo STJ, precisaria haver o que *não há* no modelo constitucional do direito processual civil, a saber, "súmulas" ou "precedentes" ou "jurisprudência" *impeditivos de recurso*. Uma tal figura, contudo, não existe no plano constitucional, sendo descabido que a lei a crie ou algo que lhe faça as vezes. Máxime porque, da decisão respectiva, não há acesso *imediato* aos Tribunais Superiores diante da previsão do agravo *interno* feito pelo § 2º do art. 1.030 e da revogação do cabimento da reclamação para tanto, embora seja possível valer-se dela quando "esgotadas as instâncias ordinárias" (art. 988, § 5º, II), ambas iniciativas da Lei n. 13.256/2016.

No caso do inciso II do art. 1.040, o que ocorre é de ordem diversa. O dispositivo, para fugir à indevida delegação de competência, acabou por criar uma nova situação que causa verdadeiro *retrocesso* processual no sentido de permitir que o processo volte um ou dois estágios. É que, a depender do julgamento do STF e do STJ, o órgão julgador precisará julgar novamente "o processo de competência originária, a remessa necessária ou o recurso anteriormente julgado", acarretando, em termos bem diretos, um *novo* julgamento do que *já foi julgado* por aqueles Tribunais.

O julgamento dos processos de competência originária dos TJs e dos TRFs, da remessa necessária e dos recursos em geral, passa a ser realizado com condição: a depender de posterior afetação e julgamento de recurso repetitivo, o julgamento, já encerrado, pode ser retomado "se o acórdão recorrido contrariar a orientação do tribunal superior".

Friso o ponto: o julgamento, já encerrado (tanto que objeto de recurso extraordinário ou especial), será retomado "se o acórdão recorrido contrariar a orientação do tribunal superior". Trata-se de hipótese que merece reflexão mais detida, inclusive na perspectiva da (in)*eficiência* processual (art. 5º, LXXVIII, da CF), e que devia estar prevista ao lado das demais hipóteses do art. 494, como um novo e até então inédito caso não alcançado pelo princípio da invariabilidade das decisões jurisdicionais.

Para ambas as previsões (art. 1.040, I e II), entendo que o mais adequado seria refletir sobre se não seria mais adequado do ponto de vista normativo, sempre pensado desde o "modelo constitucional" – e há como pensar o direito processual civil fora dele? –, alterar os incisos III dos arts. 102 e 105 da CF e permitir, com isso, que os TJs e os TRFs *cooperem* assumida e legitimamente com o trato dos recursos repetitivos, compartilhando, com o STF e com o STJ, de competência (expressa e constitucionalmente fixada) para seu julgamento. Sem prévia alteração constitucional, contudo – e sempre com o devido respeito do entendimento contrário –, não consigo reconhecer juridicidade a essas verdadeiras manobras legislativas.

De acordo com o inciso III do art. 1.040, os processos suspensos em primeiro e segundo graus de jurisdição – e, neste caso, antes do julgamento pelo Tribunal, portanto, porque, caso contrário, estariam sujeitos às hipóteses dos incisos I ou II – retomarão o curso para julgamento e aplicação da tese firmada pelo Tribunal Superior. A minha crítica com relação ao dispositivo coincide com as observações sobre o caráter vinculante pretendido pelo CPC de 2015 aos julgamentos dos "casos repetitivos". Por isso, também aqui, entendo suficiente o que escrevo a propósito dos arts. 926 e 927 no n. 2 do Capítulo 16.

Na revisão a que o texto do CPC de 2015 foi submetido antes de ser enviado à sanção presidencial, a regra que se encontrava como um dos parágrafos do que fazia as vezes de seu art. 1.038 (art. 1.051, § 6º, do Projeto da Câmara e art. 1.035, § 6º, do Anexo ao Parecer n. 956/2014, que foi o texto submetido à aprovação do Senado Federal em dezembro de 2014) acabou sendo realocada como inciso IV do art. 1.040. Trata-se de importante dispositivo que encontra seu par no § 2º do art. 985, a propósito do incidente de resolução de demandas repetitivas, e que *impõe* a comunicação do resultado do julgamento do repetitivo ao órgão, ao ente ou à agência reguladora competente para fiscalização da efetiva aplicação da tese adotada quando o recurso envolver questão relativa à prestação de serviço concedido, permitido ou autorizado.

Bem entendida, é possível extrair da regra condições ótimas de fortalecer, devidamente, o papel do Estado regulador e de suas agências reguladoras no controle de condutas no âmbito administrativo, minimizando, com isso, a necessidade de ingresso no Judiciário, o que é reforçado pelo art. 30 da LINDB, introduzido pela Lei n. 13.655/2018. É algo que, na perspectiva dos §§ 2º e 3º do art. 3º, é amplamente desejável e absolutamente harmônico com o modelo constitucional.

O art. 1.040 traz, ainda, três parágrafos, que foram acoplados a ele apenas na redação final a que o texto do CPC de 2015 foi submetido antes de ser enviado à sanção presidencial. Eles indicam consequências a partir do julgamento do recurso afetado pelo STF ou pelo STJ, pressupondo que as partes não tenham se voltado à suspensão do processo nos moldes dos §§ 8º a 13 do art. 1.037 ou, ao menos, após o indeferimento do pedido, inclusive no âmbito recursal. Nesse sentido, parece-me correto afirmar que acabam disciplinando uma das variadas hipóteses do que pode ocorrer a partir do que prevê o inciso III do art. 1.040.

O § 1º do art. 1.040 assegura expressamente a possibilidade de o autor desistir da ação, isto é, manifestar sua vontade no sentido de deixar de pretender que o Estado-juiz tutele o direito que afirma ter em face do réu, antes do proferimento da sentença, se a questão que dá fundamento ao seu pedido de tutela jurisdicional for idêntica à resolvida pelo recurso representativo da controvérsia.

Se a desistência ocorrer antes de ofertada a contestação – o que, em regra, pressupõe audiência de conciliação ou de mediação frustrada, inclusive pela ausência de autocomposição –, o autor ficará isento do pagamento de custas e sucumbência (art. 1.040, § 2º). Trata-se de verdadeiro *incentivo* para não litigar, *aceitando* a decisão paradigmática (o "precedente") emanada do STF ou STJ, o que é bem diverso de pretender que ela tenha caráter vinculante, *impondo-a*.

O § 3º do art. 1.040, em nítida sintonia com esse mesmo objetivo, excepciona a regra do § 4º do art. 485 e exclui a necessidade de prévia concordância do réu com a desistência, mesmo quando a contestação já tiver sido ofertada. É regra também que quer incentivar a observância do julgamento do recurso afetado, respeitando-o como verdadeiro precedente. Não à força e, por isso, legítima e digna de elogios, até porque harmônica ao que estatuem os §§ 2º e 3º do art. 3º.

9.8.7 Manutenção do acórdão recorrido

O *caput* do art. 1.041 ocupa-se com a hipótese oposta das previstas pelos incisos I e II do art. 1.040, qual seja a de *manutenção* do acórdão divergente pelo tribunal de origem, isto é, quando não ocorrer o que aquelas regras querem que aconteça. Nesse caso, o recurso extraordinário ou o especial será enviado ao STF ou ao STJ, consoante o caso, "na forma do art. 1.036, § 1º".

Na 1ª edição deste *Manual*, sustentei que a remissão feita pelo *caput* do art. 1.041 ao § 1º do art. 1.036 parecia-me estar equivocada porque aquele dispositivo cuida (e continua a cuidar, mesmo depois da Lei n. 13.256/2016) de hipótese totalmente diversa, ainda preparatória do proferimento da "decisão de afetação" do *caput* do art. 1.037, enquanto o art. 1.041 pressupõe (tanto quanto os arts. 1.039 e 1.040) que o acórdão do repetitivo (o "acórdão paradigma") já tenha sido proferido. Por isso, sustentei, fazia-se necessário pensar que a hipótese fosse regrada pelo § 1º do art. 1.038 no sentido de os recursos serem enviados, preferencialmente, por meio eletrônico, aos Tribunais Superiores.

Com o advento da Lei n. 13.256/2016, surge um novo problema com relação ao assunto, porque o envio do recurso extraordinário ou do recurso especial ao STF ou ao STJ pressupõe juízo *positivo* de admissibilidade perante o órgão de interposição. Assim, é correto entender que a remessa dos recursos aos Tribunais Superiores dê-se somente após a análise do juízo de admissibilidade pela presidência ou vice-presidência do Tribunal *a quo*, o que encontra fundamento na alínea *c* do inciso V do art. 1.030. Da decisão de inadmissibilidade, caberá o agravo do art. 1.042 (art. 1.030, § 1º).

9.8.8 Julgamento de outras questões perante o tribunal de origem

Os dois parágrafos do art. 1.041, diferentemente do *caput*, regulam variantes à hipótese de ter havido "juízo de retratação", isto é, de o tribunal de origem, sempre entendido como tal os TJs ou os TRFs, ter alinhado seu acórdão ao que decidido pelo STF ou pelo STJ.

De acordo com o § 1º, realizado o juízo de retratação, compete ao tribunal de origem decidir as demais questões ainda não decididas, cujo enfrentamento se tornou necessário em decorrência da alteração de entendimento. É dispositivo que só robustece a crítica que lanço no n. 9.8.6.2, *supra*, porque permite que o TJ ou o TRF reabra o julgamento já encerrado a partir do que o STF ou o STJ decidir. Trata-se, tanto quanto o que já escrevi, de verdadeiro *retrocesso*. E mais: não há como impedir que desse novo julgamento, que não infirma nem quer infirmar o que STF ou STJ já decidiu, caibam novos recursos, extraordinário ou especial, consoante o caso, para contrastar aquilo que traz de novidade. Trata-se, pois, de consequência natural do julgamento a ser efetuado pelo órgão competente.

O § 2º do art. 1.041 foi alterado pela Lei n. 13.256/2016 para passar a exigir prévio juízo de admissibilidade do recurso extraordinário e do recurso especial na origem. A sua razão de ser, contudo, continua sendo a mesma no sentido de que, corrente a situação do inciso II do art. 1.040, havendo "outras questões" a serem decididas, o recurso respectivo *independentemente de ratificação* – e desde que positivo seu juízo de admissibilidade (art. 1.030, V, *c*) – seja enviado ao STF ou ao STJ para julgamento. Da inadmissão do recurso, cabe o agravo do art. 1.042 (art. 1.030, § 1º).

10. AGRAVO EM RECURSO ESPECIAL E EM RECURSO EXTRAORDINÁRIO

A terceira Seção do Capítulo dedicado aos recursos para o STF e para o STJ disciplina o que o CPC de 2015 acabou chamando de "agravo em recurso especial e em recurso extraordinário".

O agravo, tal qual disciplinado pelo art. 1.042 do CPC de 2015 na sua versão original, tinha pouca similaridade com o agravo que, no CPC de 1973, voltava-se genericamente ao *destrancamento* do recurso extraordinário e do recurso especial que não superassem o juízo de admissibilidade perante os órgãos de interposição (art. 544 do CPC de 1973). Até porque, cabe frisar, o CPC de 2015, tal qual promulgado, havia abolido o exame de admissibilidade daqueles recursos perante os TJs e os TRFs, cabendo ao STF e ao STJ, nos termos do então (e insubsistente) parágrafo único do art. 1.030. Essa é a razão pela qual, até o advento da Lei n. 13.256/2016, avolumaram-se (corretas) manifestações no sentido de que toda a jurisprudência preexistente ao CPC de 2015 sobre o agravo do art. 544 do CPC de 1973, inclusive a sumulada, perderia, com sua entrada em vigor, seu fundamento de validade.

Com a Lei n. 13.256/2016, o prévio juízo de admissibilidade do recurso extraordinário e do recurso especial, perante os Tribunais de Justiça e os Regionais Federais, foi reintroduzido no CPC de 2015, razão bastante para devolver ao recurso do art. 1.042 feição mais próxima – embora não integralmente coincidente em virtude da ressalva feita abaixo – com a do recurso previsto no art. 544 do CPC de 1973, com o objetivo precípuo de viabilizar o processamento de recurso extraordinário e/ou de recurso especial não admitido na origem. Aquele diploma legislativo deu, por isso mesmo, nova redação ao *caput*, revogou inteiramente o § 1º, deu nova redação ao § 2º, mantendo incólumes os demais parágrafos do dispositivo. Assim, é correto sustentar que "cabe agravo contra decisão do presidente ou do vice-presidente do tribunal recorrido que inadmitir recurso extraordinário ou recurso especial" (art. 1.042, *caput*), previsão que se encontra em plena harmonia com a do § 1º do art. 1.030 também introduzida pela Lei n. 13.256/2016.

Ressalva importante na nova sistemática, estampada no *caput* do art. 1.042, está nas hipóteses em que a decisão de inadmissão do recurso extraordinário ou do recurso especial fundar-se em "aplicação de entendimento firmado em regime de repercussão geral ou em julgamento de recursos repetitivos". Neste caso, o recurso cabível *não é* o agravo em recurso especial e em recurso extraordinário do art. 1.042 mas, bem diferentemente, o agravo interno, no que é suficientemente claro o § 2º do art. 1.030, com a remissão por ele feita ao inciso I do *caput* daquele mesmo artigo. O que pode ocorrer, em tais situações – e isso é irrecusável diante do modelo constitucional –, é que do acórdão proferido no agravo interno seja interposto outro recurso extraordinário e/ou recurso especial com o objetivo de alçar o STF e/ou o STJ, respectivamente. Isto sem prejuízo de se aventar a possibilidade de contrastar a decisão local ou regional perante o STF ou o STJ mediante o emprego da reclamação, o que, a despeito da nova redação do inciso IV do art. 988, encontra fundamento no inciso II do § 5º do mesmo dispositivo, ambos na redação que lhes deu a mesma Lei n. 13.256/2016, como proponho no n. 10.2 do Capítulo 16. Para tanto – e justamente em função do disposto no inciso II do § 5º do art. 988 –, o "esgotamento da instância ordinária" é indispensável, sendo certo que o recurso extraordinário e/ou o recurso especial, após o agravo interno, serão elementos importantes para aquele fim.

De acordo com o § 2º do art. 1.042, também na redação que lhe deu a Lei n. 13.256/2016, a petição de agravo será dirigida ao presidente ou ao vice-presidente do TJ ou do TRF e independe do pagamento de custas e despesas postais, aplicando-se a ela o regime de repercussão geral e de recursos repetitivos, inclusive quanto à possibilidade de sobrestamento e do juízo de retratação. Por se tratar de recurso dirigido a órgãos jurisdicionais federais, não há crítica a ser feita na isenção de custas criada pelo dispositivo. Ademais, o anterior recurso extraordinário ou especial foi (pelo menos é correto pressupor) devidamente preparado e recolhido o devido porte de remessa e retorno dos autos, sem que tivesse o processamento esperado. A sujeição do agravo do art. 1.042 à disciplina da repercussão geral e dos recursos repetitivos, novidade trazida pela Lei n. 13.256/2016, é inexorável consequência decorrente do sistema processual civil.

Com relação à expressão "recursos repetitivos" empregada pelo *caput* e pelo § 2º do art. 1.042, importa trazer à tona, uma vez mais, a dúvida sobre sua inconstitucionalidade formal (por violação ao parágrafo único do art. 65 da CF) aventada ao ensejo do exame dos arts. 988, 1.030 e 1.035. Pelas razões que já expus, sobretudo no n. 10.2 do Capítulo 16, é correto entender legítima, porque sistemática, a *generalização* que resultou na referida expressão adotada, ao fim, pelo Projeto do Senado Federal, convertido na Lei n. 13.256/2016.

O prazo para interposição do agravo em recurso especial ou extraordinário é de quinze dias (úteis), aplicando-se, à falta de outra, a regra genérica do § 5º do art. 1.003. Com a interposição, o agravado, incontinenti, será intimado para apresentar contrarrazões, também no prazo de quinze dias úteis (art. 1.042, § 3º).

Após, o agravo (na verdade, os autos em que eles estão) será enviado ao Tribunal Superior competente (art. 1.042, §§ 4º e 7º, Primeira Parte). Há uma ressalva no § 4º, que foi introduzida na revisão a que o texto do CPC de 2015 foi submetido antes do envio à sanção presidencial, segundo a qual os autos não serão enviados ao STF ou ao STJ se não houver "retratação". A doutrina que se formou sob a vigência do CPC de 1973 (e mesmo sob a égide do CPC de 1939) é firme no sentido de que todo e qualquer agravo admite juízo de retratação pelo prolator da decisão recorrida (efeito regressivo). É o que basta para deixar de reconhecer a inconstitucionalidade formal do indevido acréscimo naquele estágio do processo legislativo.

O § 5º do art. 1.042 permite que o agravo seja julgado, conforme o caso, em conjunto com o recurso extraordinário ou especial, situação em que fica assegurado o direito de realização de sustentação oral, observando-se, a esse respeito, o que dispõe o RISTF ou o RISTJ, em consonância com o que dispõe o *caput* do art. 937.

Se houver concomitância de agravos diante da dualidade de recursos extraordinário e especial – e, neste caso, cabe ao recorrente interpor um agravo para cada recurso não admitido (art. 1.042, § 6º) –, os autos serão enviados primeiro ao STJ (art. 1.042, § 7º, Segunda Parte). Quando concluído o julgamento do agravo e, se for o caso, também do recurso especial, os autos serão enviados, independentemente de pedido, para o STF para apreciação do agravo a ele dirigido, salvo se estiver prejudicado (art. 1.042, § 8º). É correto entender que a alteração dessa rota, tal qual disciplinada pelos §§ 2º e 3º do art. 1.031, aplica-se também aqui, consoante a prejudicialidade da questão constitucional se apresente em cada caso concreto. Também não vejo razão para descartar aprioristicamente as regras dos arts. 1.032 e 1.033, na medida em que suas respectivas hipóteses de incidência façam-se presentes, providência que, em última análise, quer dar preferência ao *conteúdo* em detrimento da *forma*.

11. EMBARGOS DE DIVERGÊNCIA

A quarta e última Seção do Capítulo VI do Título II do Livro III da Parte Especial, sobre os "recursos para o Supremo Tribunal Federal e para o Superior Tribunal de Justiça", dedica-se à disciplina os "embargos de divergência" (arts. 1.043 e 1.044).

O recurso de embargos de divergência tem como objetivo *uniformizar* a jurisprudência com a nota distintiva de que ele se restringe ao STF e ao STJ, não havendo previsão legislativa para o seu uso perante os outros Tribunais.

É correto entender que para bem desempenharem o seu papel institucional, a eles reservado pelo modelo constitucional do direito processual civil, é fundamental que o STF o STJ tenham, eles próprios, sua jurisprudência uniformizada em seus diferentes órgãos judicantes. Nada de diferente, portanto, do que pretende o *caput* do art. 926, quando impõe o dever de os Tribunais manterem sua jurisprudência *íntegra* e *coerente*. A pressuposição de que ela também seja *estável* não se confirma, dada a razão de ser dos embargos de divergência.

As hipóteses de cabimento dos embargos de divergência estão indicadas nos incisos I e III do art. 1.043, que ampliaram sensivelmente a previsão feita pelo art. 546 do CPC de 1973, não obstante os sensíveis cortes que acabaram sendo promovidos, ainda durante a *vacatio legis*, pela Lei n. 13.256/2016.

De acordo com o dispositivo: "É embargável o acórdão de órgão fracionário que: I – em recurso extraordinário ou em recurso especial, divergir do julgamento de qualquer outro órgão do mesmo tribunal, sendo os acórdãos, embargado e paradigma, de mérito;" e "III – em recurso extraordinário ou em recurso especial, divergir do julgamento de qualquer outro órgão do mesmo tribunal, sendo um acórdão de mérito e outro que não tenha conhecido do recurso, embora tenha apreciado a controvérsia;". Não subsistiram à referida lei as hipóteses do inciso II ("em recurso extraordinário ou em recurso especial, divergir do julgamento de qualquer outro órgão do mesmo tribunal, sendo os acórdãos, embargado e paradigma, relativos ao juízo de admissibilidade") e do inciso IV ("nos processos de competência originária, divergir do julgamento de qualquer outro órgão do mesmo tribunal").

As duas hipóteses que resistiram à Lei n. 13.256/2016 dizem respeito à divergência ocorrida ao ensejo de recursos extraordinários ou recursos especiais, independentemente de a divergência ocorrer no âmbito do juízo de mérito recursal (inciso I) ou quando, a despeito da não superação do juízo de admissibilidade, a controvérsia (o mérito) ter sido apreciada (inciso III), situação que é mais frequente do que, à primeira vista pode parecer, porque a admissibilidade e o mérito de recursos de fundamentação vinculada, como o são o extraordinário e o especial, nem sempre são separados com o rigor que boa técnica recomenda.

O § 1º do art. 1.043 permite o confronto de teses jurídicas extraídas de recursos ou de processos de competência originária dos Tribunais Superiores. É correto entender, por isso, que sua previsão ameniza a expressa revogação do inciso IV do art. 1.043 pela Lei n. 13.256/2016.

O § 2º do art. 1.043, ao expressamente admitir que os embargos de divergência versem sobre questões de ordem material e de ordem processual atrai, para cá, as mesmas considerações que faço a propósito do parágrafo único do art. 928 no n. 2.2 do Capítulo 16.

O § 3º do art. 1.043 admite os embargos de divergência indicando como paradigma acórdão da mesma Turma (o *caput* do art. 1.043 faz referência a órgão fracionário) que proferiu a decisão embargada desde que sua composição tenha sido alterada em mais da metade de seus membros. O dispositivo, não nego, pode ser alvo de críticas dos defensores do "*common law* brasileiro", já que ele, expressamente, admite a ocorrência de divergência, levando em conta a alteração dos *membros* dos Tribunais enquanto naquele sistema, o que interessa é a jurisprudência, digo, os *precedentes*, dos próprios Tribunais, isto é, das próprias *Cortes*. Particularmente, diante do que escrevo no n. 2.1 do Capítulo 16 acerca do *nosso* direito jurisprudencial, a previsão é digna de destaque porque tem o condão de viabilizar a *atualização* da jurisprudência dos órgãos fracionários diante de seus *atuais* membros e das constantes. A *integridade* e a *coerência* da jurisprudência devem levar em conta essa nossa particularidade.

11.1 Demonstração da divergência

O que a petição de interposição dos embargos de divergência traz de próprio em relação aos demais recursos é a escorreita demonstração da divergência, similarmente ao que ocorre com o recurso especial fundamentado na letra *c* do inciso III do art. 105 da CF.

É essa a razão pela qual o § 4º do art. 1.043 prescreve caber ao recorrente provar a divergência com certidão, cópia ou citação de repositório oficial ou credenciado de jurisprudência, inclusive em mídia eletrônica, em que foi publicado o acórdão divergente, ou com a reprodução de julgado disponível na rede mundial de computadores, indicando a respectiva fonte.

Além dessa exigência que, reitero, diz respeito à existência *formal* da divergência (o acórdão paradigma), é ônus do embargante comprovar a existência *substancial* da divergência, pelo que o mesmo § 4º do art. 1.043 impõe a ele que mencione as circunstâncias que identifiquem ou assemelhem os casos confrontados. Aqui também, portanto, a chamada demonstração *analítica* da jurisprudência é de rigor.

Não, prezado leitor, não se trata de formalismo nenhum, mas de algo que se relaciona à razão de ser do recurso. É preciso confrontar o caso concretamente julgado com o indicado como paradigma para verificar por que situações iguais de fato em sua essência justificaram decisões jurídicas diferentes em sua essência. Formalismo é ir além disso, exigindo, por exemplo, identidade absoluta dos fatos e dos acontecimentos; menção a números de dispositivos legais e coisas do tipo. O confronto de teses, entre o julgado em concreto e o paradigma, tanto na sua perspectiva fática como na sua perspectiva jurídica insisto, é inerente a este recurso, tanto quanto o é para o recurso especial fundado na divergência jurisprudencial. Tudo para justificar a incidência da tese do paradigma no caso julgado.

É de se lamentar, por isso mesmo, tanto quanto se dá com relação ao § 2º do art. 1.029, a expressa revogação promovida pela Lei n. 13.256/2016 do § 5º do art. 1.043. Definitivamente, não se trata de mero formalismo. Tratava-se de dispositivo importante, que criava, correlatamente ao § 4º, ônus argumentativo ao Tribunal de demonstrar a distinção entre os casos, para justificar a inadmissão do recurso, vedando a rejeição por fundamentação genérica, tão ao gosto da prática forense dos Tribunais Superiores e de sua jurisprudência defensiva. Não obstante, tem aplicação, aqui, a mesma reflexão anotada ao ensejo do revogado § 2º do art. 1.029 (v. n. 9.1, *supra*): cabe entender, diante do inciso V do § 1º do art. 489, do próprio sistema de "precedentes" desejado pelo CPC de 2015 e, mais amplamente, como decorrência do modelo constitucional (por todos, o art. 93, IX, da CF), que o *dever* imposto por aquela regra permanece hígida merecendo ser aplicada.

Sim, prezado leitor, o adequado exercício da *distinção* – e do ônus argumentativo correlato – é, mesmo no direito jurisprudencial brasileiro, indispensável. Se os casos não são, em essência, equiparáveis, não há razão para os embargos de divergência. No entanto, isso precisa ser especificamente demonstrado à luz do próprio caso concreto. Nada, portanto, que não mereça ser escrito a propósito dos arts. 926 e 927, inclusive por força da expressa remissão que o § 1º deste último faz ao § 1º do art. 489 e, para tanto, são suficientes as reflexões que trago no n. 2.3 do Capítulo 11, com destaque aos incisos V e VI daquele dispositivo, sendo indiferente, insisto, a expressa revogação do § 5º do art. 1.043.

11.2 Processamento

O *caput* do art. 1.044 reserva aos regimentos internos do STF e do STJ competência para disciplinar o *procedimento* dos embargos de divergência.

O § 1º do art. 1.044 trata da *interrupção* do prazo para recurso extraordinário por qualquer das partes quando houver interposição de embargos de divergência de acórdão proferido pelo STJ.

Se os embargos de divergência forem desprovidos ou não alterarem a conclusão do julgamento anterior, isto é, do acórdão embargado, eventual recurso extraordinário interposto pela outra parte antes da publicação do julgamento dos embargos de divergência – a despeito da regra do § 1º do art. 1.044 – será processado e julgado independentemente de ratificação. É o que estatui o § 2º do art. 1.044 em harmonia com o que, para os embargos de declaração, reside no § 5º do art. 1.024.

Sim, prezado leitor, na hipótese oposta é correto entender que o recorrente terá prazo de quinze dias para adequar o seu recurso ao que foi alterado ou modificado – e nos exatos limites em que isso se verificou –, mercê do acolhimento dos embargos de divergência. Não há espaço para duvidar da incidência do disposto no § 4º do art. 1.024 e do princípio da *complementaridade* nele agasalhado à hipótese.

Resumo do Capítulo 17

TEORIA GERAL DOS RECURSOS

- Recursos: *uma* teoria geral
- Definição
  - Inconformismo manifestado "no mesmo processo"
  - Reforma, invalidação, complementação, esclarecimento, integração e correção
  - *Errores in procedendo e errores in judicando*
  - O trânsito em julgado (art. 1.006)
- Classificação
  - Parcial × Total (art. 1.002)
  - Fundamentação *livre* × fundamentação *vinculada*
  - Ordinários × Extraordinários
  - Principal × Adesivo (art. 997, §§ 1º e 2º)
- Princípios
  - No âmbito do *modelo constitucional do direito processual civil*
    - Duplo grau de jurisdição
    - Colegialidade (arts. 932 + 1.021)
    - Reserva de plenário (CF 97 + arts. 948 a 950)
  - No âmbito do *Código de Processo Civil*
    - Taxatividade (art. 994)
    - Unirrecorribilidade (arts. 1.009, 1.015, 1.021, 1.022, 1.027, 1.029, 1.042 e 1.043)
    - Fungibilidade
    - Voluntariedade (arts. 496 e 942)
    - Dialeticidade (arts. 1.010, II; 1.016, II; 1.021, § 1º; 1.023, *caput*, e 1.029, I a III)
    - "Irrecorribilidade em separado das interlocutórias" (arts. 1.009, §§ 1º e 2º, + 1015) (?)
    - Consumação (art. 200, *caput*)
    - Complementariedade (art. 1.024, § 4º. Reflexões sobre os arts. 1.024, § 3º; 1.032 e 1.033)
    - Vedação da *reformatio in pejus* (art. 2º)

- Juízo de admissibilidade × juízo de mérito
  - Conhecer *x* não conhecer
  - Dar provimento *x* negar provimento
  - Cabimento (arts. 994 e 1.001)
  - Legitimidade (art. 996)
    - Partes
    - Terceiros
    - MP
  - Interesse (art. 996)
  - Tempestividade (arts. 1.003 e 1.004)
  - Regularidade formal (art. 997, *caput*)
  - Preparo (art. 1.007)
    - Dispensa de preparo
    - Insuficiência de preparo
  - Inexistência de fato impeditivo ou extintivo do direito de recorrer (arts. 998 a 1.000)
- Efeitos
  - Interposição
    - Obstativo (art. 502)
    - Suspensivo (art. 995)
    - Regressivo (arts. 331 *caput*; 332, § 3º; 485, § 7º; 1.018, § 1º; 1.021, § 2º; 1.023, § 2º; e, com ressalvas, art. 1.040, II)
    - Diferido (arts. 997 e 1.031)
  - Julgamento
    - Devolutivo (art. 1.013, *caput*)
    - Translativo (arts. 485, § 3º; 1.013, §§ 1º e 2º, e, com ressalvas, 1.034)
    - Expansivo (arts. 1.005 e 1.013, § 3º). Honorários recursais (art. 85, § 11)
    - Substitutivo (art. 1.008)

DISPOSIÇÕES GERAIS

- O rol recursal do art. 994
  - Real redução do rol quando com o do art. 496 do CPC/1973 **(?)**
- Efeito não suspensivo como regra (art. 995, *caput*)
  - Significado e relação com o cumprimento provisório da sentença (arts. 520 a 522)
  - Concessão de efeito suspensivo (art. 995, par. único, + art. 1.012, § 4º + art. 1.026, § 1º)
  - Pressupostos: "risco de dano grave, de difícil ou impossível reparação" **e** "ficar demonstrada a probabilidade de provimento do recurso"

- Mas: arts. 1.012, § 4º, e 1.026, § 1º (*probabilidade* de provimento **ou**, sendo relevante a fundamentação, haver risco de dano grave ou de difícil reparação)
  - <u>Retirada</u> de efeito suspensivo = cumprimento *provisório* (art. 1.012, § 1º, V)
  - Efeito "ativo" (art. 1.019, I)
- Legitimidade (art. 996)
  - Especialmente o interesse recursal no caso de terceiro (art. 996, par. único)
- Recurso adesivo (art. 997)
- Desistência do recurso (art. 998, *caput*)
  - Tratando-se de recursos repetitivos (art. 998, par. único)
- Renúncia (art. 999)
- Aquiescência (art. 1.000)
- Irrecorribilidade dos despachos (art. 1.001)
- Recurso total ou parcial (art. 1.002)
- Prazo de 15 dias úteis (art. 1.003, *caput*), salvo ED (art. 1.003, § 5º)
  - Ministério Público, Advocacia Pública e Defensoria Pública (arts. 180, *caput*, 183, *caput*, e 186, *caput*)
  - Intimação na audiência (§ 1º)
  - Recurso antes da citação do réu (§ 2º)
  - Protocolo em cartório ou de acordo com organização judiciária (§ 3º)
  - Tempestividade pelo correio = postagem (§ 4º)
  - Necessidade de comprovação de feriado local (§ 6º)
  - Tempestividade mesmo quando o recurso é interposto *antes* do termo inicial (art. 218, § 4º)
- Força maior e devolução de prazo (art. 1.004)
- Recurso de litisconsorte (art. 1.005)
  - No caso de solidariedade passiva (art. 1.005, par. único)
- Trânsito em julgado: data e remessa dos autos (art. 1.006)
- Preparo + porte de remessa e retorno sob pena de deserção (art. 1.007, *caput*)
  - Dispensados de preparo (§ 1º)
  - Porte de retorno e remessa somente para autos físicos (§ 3º)
  - Deserção *se não* completar insuficiência (§ 2º)
  - Recolhimento em dobro se não pagar (§ 4º)
  - Sem direito à complementação (§ 5º)
  - Relevação da deserção (§ 6º)
  - Equívoco no preenchimento da guia (§ 7º)
- Efeito substitutivo (art. 1.008)
- Extinção do juízo de admissibilidade da apelação e do RO na origem
  - A Lei n. 13.256/2016 e o retorno da admissibilidade do RE e do REsp na origem

APELAÇÃO

- Hipóteses de cabimento (art. 1.009, *caput*)
  - Efeito devolutivo e decisões interlocutórias não agraváveis de instrumento (§ 1º)
  - A nova "função" das contrarrazões (§ 2º)
    - Desnecessidade de "protesto"
  - Abrangência e capítulos da sentença (§ 3º)
- Conteúdo da petição e processamento (art. 1.010)
  - Intimação do apelado para contrarrazões (§ 1º)
  - Se houver interposição, pelo apelado, de recurso adesivo (§ 2º)
  - Extinção da admissibilidade no juízo de interposição (§ 3º)
- Atuação do relator (art. 1.011 + art. 932)
- Efeito suspensivo como regra (art. 1.012, *caput*)
  - Hipóteses sem efeito suspensivo e cumprimento provisório (§§ 1º e 2º):
    - Homologação de divisão ou demarcação de terras (§ 1º, I)
    - Condenação em alimentos (§ 1º, II)
    - Extinção sem resolução de mérito ou improcedência dos embargos do executado (§ 1º, III)
    - Procedência do pedido de instauração de arbitragem (§ 1º, IV)
    - Confirmação, concessão ou revogação da tutela provisória (§ 1º, V)
    - Decretação da interdição (§ 1º, VI)
  - Pedido de efeito suspensivo (§ 3º)
  - Requisitos (§ 4º)
    - Probabilidade de provimento **ou** relevante fundamentação + risco de dano grave ou de difícil reparação
- Efeito devolutivo (art. 1.013, *caput* e §§ 1º e 2º)
  - Questões devolvidas "desde que relativas ao capítulo impugnado" (§ 1º)
  - Julgamento imediato de mérito (§§ 3º e 4º)
    - Nas hipóteses do art. 485
    - Falta de congruência
    - Omissão de um dos pedidos
    - Nulidade por falta de fundamentação
    - Prescrição ou decadência
  - Capítulo relativo à TP é apelável (§ 5º)
- Questões novas de fato devidamente justificadas (art. 1.014)

AGRAVO DE INSTRUMENTO

- Hipóteses de cabimento (art. 1.015):
  - Rol taxativo (?)
    - Tema 988 STJ: "O rol do art. 1.015 do CPC é de <u>taxatividade mitigada</u>, por isso admite a interposição de AI quando verificada a <u>urgência</u> decorrente da <u>inutilidade</u> do julgamento no recurso de apelação"
  - Discussão e consequências
  - O alcance do verbo *versar* constante no *caput* sobre as hipóteses dos incisos
- As especificidades das hipóteses dos incisos III (convenção de arbitragem) e XI (redistribuição do ônus da prova)Requisitos da petição de interposição (art. 1.016)
- Instrução da petição de interposição (art. 1.017)
  - Peças obrigatórias e facultativas (incisos I e III)
  - Declaração de inexistência de peças feita pelo advogado (inciso II)
  - Dispensa de peças obrigatórias SE autos eletrônicos (§ 5º)
  - Ausência de cópias e possibilidade de saneamento (§ 3º)
- Custas e porte de retorno (art. 1.017, § 1º)
- Formas de interposição (art. 1.017, § 2º)
  - Se via fax, cópias com o original (art. 1.017, § 4º)
- Juntada em primeira instância no art. 1.018
  - AI prejudicado na retratação (§ 1º)
  - Prazo para juntada (§ 2º)
    - Hipótese de autos eletrônicos
  - Não juntada e ônus do agravado (§ 3º)
- Atuação do relator (art. 1.019)
  - Julgamento monocrático (*caput*)
  - Efeito suspensivo ou "deferir, em antecipação de tutela, total ou parcialmente, a pretensão recursal (inciso I)
  - Intimação do agravado (inciso II)
  - Intimação do MP (inciso III)
- Data para julgamento (art. 1.020)
- Sustentação oral **(937 VIII)**
  - E nos casos de julgamento *parcial* de mérito (356, § 5º) (?)
  - A ampliação dos casos de sustentação oral pelo § 2º-B do art. 7º da Lei n. 8.906/1994 (Lei n. 14.365/2022).
    - Aplicabilidade da regra a membros do Ministério Público e da Defensoria Pública

AGRAVO INTERNO

- Colegiamento de TODA decisão monocrática (art. 1.021)
  - Impugnação especificada (§ 1º)
  - Contrarrazões em 15 dias. Sem retratação, julgamento com inclusão em pauta (§ 2º)
  - Fundamentação especificada "para julgar improcedente" (§ 3º)
  - Se manifestamente inadmissível ou manifestamente improcedente por v.u., condenação de multa de 1% a 5% do valor da causa (§ 4º)
  - Interposição de qualquer recurso condicionada ao pagamento (§ 5º)
    - Exceção da Fazenda Pública e do beneficiário da justiça gratuita, que pagam a final

EMBARGOS DE DECLARAÇÃO

- Hipóteses (art. 1.022)
  - Obscuridade ou contradição (inciso I)
  - Omissão (inciso II)
    - Qualificação da omissão (par. único)
  - Erro material (inciso III)
- Prazo de 5 dias e aplicação do art. 229 (art. 1.023, *caput*, e § 1º)
- Contrarrazões em 5 dias (art. 1.023, § 2º)
- Julgamento em 5 dias (art. 1.024)
  - Em mesa na sessão subsequente ou inclusão em pauta (§ 1º)
  - Possibilidade de interposição de decisão monocrática e julgamento monocrático (§ 2º)
  - Conhecimento como agravo interno desde que haja complementação (§ 3º)
  - Efeito modificativo e complemento de recurso já interposto (§ 4º)
  - Sem efeito modificativo e recurso já interposto (§ 5º)
    - Súmula 579 do STJ e cancelamento da Súmula 418 do STJ
- Embargos de declaração e prequestionamento (art. 1.025)
  - "Prequestionamento *ficto*"
- Ausência de efeito suspensivo e interrupção de prazo (art. 1.026, *caput*)
  - Pedido de efeito suspensivo (§ 1º)
  - ED protelatórios, multa de até 2% do valor da causa (§ 2º)
  - Reiteração de ED protelatórios, multa elevada até 10% e condicionamento de interposição de recursos, excepcionada a Fazenda e o beneficiário da justiça gratuita, que pagam a final (§ 3º)
  - Novos embargos e 2 anteriores considerados protelatórios (§ 4º)

RECURSO ORDINÁRIO

- Hipóteses de cabimento (art. 1.027)
  - STF (inciso I)
  - STJ (inciso II)

- Agravo de instrumento para o STJ nas hipóteses da alínea b do inciso II (§ 1º e art. 1.028, § 1º)
- Aplicação dos arts. 1.013, § 3º, e 1.029, § 5º (§ 2º)
- Processamento (art. 1.028)
  - Interposição e intimação para contrarrazões (§ 2º)
  - Juízo de admissibilidade único perante o STF ou STJ (§ 3º)

RE E RESP

- RE e REsp na CF
  - A razão de ser do RE e do REsp
  - As competências do STF e do STJ
  - O "modelo constitucional" do RE e do REsp
    - 3ª e 4ª instâncias (?)
    - A EC n. 125/2022 e a "relevância das questões de direito federal infraconstitucional discutidas no caso"
- Disposições gerais (arts. 1.029 a 1.035)
  - Conteúdo da petição (art. 1.029, *caput*)
    - Pela letra "c" (art. 1.029, § 1º)
    - Inadmissão no caso de REsp fundamentado em divergência e sua necessária fundamentação (a Lei n. 13.256/2016 e a revogação do § 2º do art. 1.029). Exigência que subsiste sistematicamente.
    - Atividade saneadora se o vício não for "grave" (art. 1.029, § 3º)
    - Efeito suspensivo (art. 1.029, § 5º)
  - Contrarrazões e atuação do presidente ou vice-presidente do tribunal recorrido (art. 1.030):
    - Negar seguimento a RE se STF negou RG ou em conformidade com entendimento do STF em RG *e* a RE e a REsp em conformidade com entendimento do STF e do STJ em sede de repetitivos (inciso I)
    - Encaminhar para juízo de retratação se acórdão recorrido divergir do STF ou do STJ em sede de RG ou repetitivos (inciso II)
    - Sobrestar recursos repetitivos ainda não decididos pelo STF ou STJ (inciso III) Selecionar recurso representativo de controvérsia constitucional ou infraconstitucional (inciso IV)

- Realizar juízo de admissibilidade desde que: recurso não tenha sido submetido a regime de RG ou repetitivo; recurso tenha sido selecionado como representativo da controvérsia; tribunal *a quo* tenha refutado juízo de retratação (inciso V)
  - Na hipótese do inciso V, cabe agravo do art. 1.042 (§ 1º)
  - Nas hipóteses dos incisos I e III, cabe agravo interno do art. 1.021 (§ 2º)
- Interposição conjunta de RE e de REsp (art. 1.031)
- STJ entende que é constitucional (art. 1.032): oportunidade para complementação das razões e das contrarrazões
- STF entende que é infraconstitucional (art. 1.033): oportunidade para complementação das razões e das contrarrazões
- Admitido, julga o "processo" (art. 1.034)
- Crítica e limites na perspectiva do modelo constitucional
- Demonstração da RG (art. 1.035)
  - § 1º: "questões relevantes do ponto de vista econômico, político, social ou jurídico que ultrapassem os interesses subjetivos do processo"
  - § 2º: competência *exclusiva* do STF
  - § 3º: presunção de RG
    - Contrariar súmula ou jurisprudência dominante do STF
    - Acórdão tiver sido proferido em casos repetitivos (revogado pela Lei n. 13.256/2016). Mas: art. 987, § 1º
    - Inconstitucionalidade de tratado ou lei federal nos termos do art. 97 da CF
  - § 4º: oitiva de terceiros (*amicus curiae*)
  - § 5º: reconhecida a RG, suspensão dos processos individuais e coletivos em todo o território nacional
  - § 6º: pedido de *exclusão* da decisão de sobrestamento de RE intempestivo. Recorrido tem 5 dias para se manifestar
  - § 7º: cabimento do AGRAVO INTERNO (art. 1.021) quando *indeferir* requerimento do § 6º ou quando aplicar entendimento firmado em RG ou julgamento de recursos repetitivos (redação da Lei n. 13.256/2016)
  - § 8º: negada RG, negativa de seguimento aos RE sobrestados
  - § 9º: prazo de 1 ano para julgar e preferência
  - § 10: revogação pela Lei n. 13.256/2016 da cessação de suspensão dos processos se não julgado em 1 ano a contar do reconhecimento da RG
  - Consequências (?): art. 1.037, § 6º (novo reconhecimento de RG)
  - § 11: súmula da RG será publicada no Diário Oficial e valerá como acórdão

- RE e REsp repetitivos (arts. 1.036 a 1.041)
  - Afetação do recurso como repetitivo (art. 1.036)
    - § 1º: seleção de 2 recursos por TJs e TRFs e suspensão dos demais
      - § 4º: seleção não vincula Tribunal Superior
      - § 5º: seleção pelo Tribunal Superior
      - § 6º: seleção de recursos "admissíveis que contenham abrangente argumentação e discussão a respeito da questão a ser decidida"
    - § 2º: possibilidade de exclusão do sobrestamento quando intempestivo + prazo de 5 dias para recorrido manifestar-se
    - § 3º: do indeferimento, cabe agravo interno (redação da Lei n. 13.256/2016)
  - Decisão de afetação (art. 1.037)
    - Inciso I: identificará com precisão a questão a ser julgada
    - Inciso II: suspenderá processos e requisitará recursos representativos
    - Suspensão obrigatória (?)
    - Inciso III: requisição de recurso representativo aos Tribunais
    - § 1º: se não houver afetação, revoga a suspensão dos processos
    - § 2º: vedação de decisão, para os fins do art. 1.040, fora dos limites da afetação (revogado pela Lei n. 13.256/2016). Subsistência sistemática da regra
    - § 3º: prevenção do primeiro relator se houver mais de uma afetação
    - § 4º: prazo de julgamento em 1 ano
    - § 5º: cessação da suspensão (revogado pela Lei n. 13.256/2016)
    - § 6º: ocorrendo hipótese do § 5º (?), nova afetação
    - § 7º: questões além da afetação e respectivas decisões
    - §§ 8º a 13: discussão sobre o sobrestamento e consequências, inclusive recursais
  - Atuação do relator (art. 1.038)
    - I a III e § 1º: audiência pública + *amicus curiae* + tribunais + MP
    - § 2º: inclusão em pauta com preferência
    - § 3º: conteúdo do acórdão e análise "dos fundamentos relevantes da tese jurídica discutida" (redação da Lei n. 13.256/2016)
  - Decisão do afetado no STF ou STJ (art. 1.039)
    - Órgãos colegiados consideram prejudicados os demais recursos versando idêntica controvérsia ou os decidirão aplicando tese firmada
    - Negada RG, RE serão automaticamente inadmitidos

- Decisão do afetado e os demais (art. 1.040)
  - I: Presidente nega seguimento se acórdão COINCIDIR com tribunal superior
  - II: Órgão que proferiu acórdão recorrido REEXAMINARÁ o processo, remessa ou recurso anteriormente julgado, se o acórdão recorrido CONTRARIAR a orientação do tribunal superior
  - III: Processos suspensos em 1º e 2º graus retomam curso "para julgamento e aplicação da tese firmada pelo Tribunal Superior".
  - Desistência em primeiro grau (§§ 1º a 3º)
- Fiscalização por agência reguladora (art. 1.040, IV + art. 30 da LINDB)
- Mantida a divergência, envia ao Tribunal Superior (art. 1.041)
  - Se houver juízo de retratação, julga o restante, se houver (§ 1º)
  - Havendo outras questões, remessa ao tribunal superior após o juízo de admissibilidade (§ 2º, na redação da Lei n. 13.256/2016)

AGRAVO EM RE E RESP

- Art. 1.042, *caput*: cabe agravo contra decisão do presidente ou do vice-presidente do tribunal recorrido que inadmitir RE ou REsp, salvo quando fundada na aplicação de entendimento firmado em regime de repercussão geral ou em julgamento de recursos repetitivos.
- § 1º: revogação, pela Lei n. 13.256/2016, das exigências de demonstração das específicas hipóteses de cabimento da previsão original.
- § 2º: direcionamento da petição do agravo, independentemente de custas e despesas postais, "aplicando-se a ela o regime da RG e dos recursos repetitivos, inclusive quanto à possibilidade de sobrestamento e juízo de retratação"
- § 3º: Contrarrazões em 15 dias
- § 4º: Sem retratação, remessa ao Tribunal Superior
- § 5º: Julgamento conjunto com RE ou REsp *com sustentação oral*
- §§ 6º a 8º: Dualidade de recursos
  - Aplicação dos arts. 1.032 e 1.033

EMBARGOS DE DIVERGÊNCIA

- Hipóteses de cabimento (art. 1.043)
  - Acórdão fracionário que, em RE ou REsp, divergir do julgamento de qualquer outro órgão do mesmo tribunal, sendo os acórdãos, embargado e paradigma, de mérito (inciso I)
  - Acórdão fracionário que, em RE ou REsp, divergir do julgamento de qualquer outro órgão do mesmo tribunal, sendo um acórdão de mérito e outro que não tenha conhecido do recurso, embora tenha apreciado a controvérsia (inciso III)

- As revogações dos incisos II e IV pela Lei n. 13.256/2016
- Confronto com teses contidas em recursos e competência originária (§ 1º)
- Questões materiais e processuais (§ 2º)
- Alteração de composição do órgão (§ 3º)
- Demonstração analítica da divergência (§ 4º)
- Indeferimento genérico? (§ 5º, revogado pela Lei n. 13.256/2016)
■ Procedimento (art. 1.044)
  - Interrupção do prazo para RE para qualquer das partes (§ 1º)
  - RE interposto pela outra parte independe de ratificação se os embargos de divergência forem desprovidos ou não houver alteração (§ 2º)

Leituras Complementares (Capítulo 17)

Monografias e livros

ALVIM, Teresa Arruda. *Embargos de declaração*. 3. ed. São Paulo: Revista dos Tribunais, 2017.

_____. *Os agravos no CPC de 2015*. 5. ed. Curitiba: Editora Direito Contemporâneo, 2021.

ALVIM, Teresa Arruda; DANTAS, Bruno. *Recurso especial, recurso extraordinário e a nova função dos Tribunais Superiores no direito brasileiro*. 4. ed. São Paulo: Revista dos Tribunais, 2017.

ASSIS, Araken. *Manual dos recursos*. 9. ed. São Paulo: Revista dos Tribunais, 2017.

BARBOSA, Rafael Vinheiro Monteiro. *Sistematização das decisões interlocutórias e os regimes de recorribilidade*. Tese de doutorado. São Paulo: Pontifícia Universidade Católica de São Paulo, 2017.

BARBUGIANI, Luiz Henrique Sormani. *Recurso ordinário constitucional*. São Paulo: Tirant lo Blanch, 2022.

BONDIOLI, Luis Guilherme Aidar. *Comentários ao Código de Processo Civil*, vol. XX: dos recursos. 2. ed. São Paulo: Saraiva, 2017.

CARRARO, Fabiano L. *Juízo de admissibilidade e juízo de adstrição nos recursos especial e extraordinário*. Rio de Janeiro: Lumen Juris, 2022.

CÔRTES, Osmar Mendes Paixão. *Recursos para os Tribunais Superiores*: recurso extraordinário, recurso especial, embargos de divergência e agravos. 5. ed. Brasília: Gazeta Jurídica, 2021.

_____. *Recursos repetitivos, súmula vinculante e coisa julgada*. Brasília: Gazeta Jurídica, 2018.

DANTAS, Bruno; SCARPINELLA BUENO, Cassio; CAHALI, Cláudia Elisabete Schwerz; NOLASCO, Rita Dias (coords.). *Questões relevantes sobre recursos, ações de impugnação e mecanismos de uniformização da jurisprudência*: após o primeiro ano de vigência do novo CPC. São Paulo: Revista dos Tribunais, 2017.

DOMINGUES, Emmanuel. *O agravo interno no Código de Processo Civil de 2015*: juízo e admissibilidade e questões correlatas. Londrina: Thoth, 2021.

EID, Elie Pierre. *Impugnação das decisões judiciais*: reconstrução da relação entre recursos e ações autônomas de impugnação. Salvador: JusPodivm, 2022.

FERNANDES, Luís Eduardo Simardi. *Embargos de declaração*: efeitos infringentes, prequestionamento e outros aspectos polêmicos. 4. ed. São Paulo: Revista dos Tribunais, 2015.

FERREIRA, Izabel Cristina Pinheiro Cardoso Pantaleão. *Prequestionamento e matérias de ordem pública*. Curitiba, Juruá, 2019.

GONZALEZ, Gabriel Araújo. *A recorribilidade das decisões interlocutórias no Código de Processo Civil de 2015*. Salvador: JusPodivm, 2016.

MARINONI, Luiz Guilherme; MITIDIERO, Daniel. *Comentários ao Código de Processo Civil*, vol. XVI: artigos 976 ao 1.044. São Paulo: Revista dos Tribunais, 2016.

MARQUES, Mauro Campbell; ALVIM, Eduardo Arruda; NEVES, Guilherme Pimenta da Veiga; TESOLIN, Fabiano. *Recurso Especial*. Curitiba: Editora Direito Contemporâneo, 2022.

MARQUES, Mauro Campbell; FUGA, Bruno; TESOLIN, Fabiano da Rosa; LEMOS, Vinicius Silva (coord.). *Relevância da questão federal no recurso especial*. Londrina: Thoth, 2022.

MARTINELLI, André Silva. *A função recursal das contrarrazões à apelação e ao recurso ordinário*. Londrina: Thoth, 2021.

MAZZEI, Rodrigo. *Embargos de declaração*: recurso de saneamento com função constitucional. Londrina: Thoth, 2021.

MITIDIERO, Daniel. *Relevância no recurso especial*. 2ª tiragem. São Paulo: Revista dos Tribunais, 2022.

NERY JUNIOR, Nelson; ALVIM, Teresa Arruda (coord.). *Aspectos polêmicos dos recursos cíveis e assuntos afins*, vol. 13. São Paulo: Revista dos Tribunais, 2017.

NERY JUNIOR, Nelson; ALVIM, Teresa Arruda; OLIVEIRA, Pedro Miranda de (coord.). *Aspectos polêmicos dos recursos cíveis e assuntos afins*, vol. 14. São Paulo: Revista dos Tribunais, 2018.

OLIVEIRA, Pedro Miranda de. *Agravo interno: do julgamento singular ao julgamento colegiado*. São Paulo: Tirant Lo Blanch, 2022.

RANÑA, Leonardo Fernandes. *Ordem pública nos recursos extraordinário e especial*: observância do devido processo legal. Brasília: Gazeta Jurídica, 2018.

RODRIGUES, Luiza Silva. *Embargos de divergência no CPC/2015*. Salvador: JusPodivm, 2018.

SALOMÃO, Rodrigo Cunha Mello. *A relevância da questão de direito no recurso especial*. Curitiba: Juruá, 2020.

SCARPINELLA BUENO, Cassio. *Curso sistematizado de direito processual civil*, vol. 2: procedimento comum, processos nos Tribunais e recursos. 12. ed. São Paulo: Saraiva, 2023.

SILVEIRA, Marcelo Augusto da. *Recursos, sucedâneos recursais e ações autônomas de impugnação no Código de Processo Civil*. Salvador: JusPodivm, 2020.

SOUZA, Artur César de. *Recursos no novo CPC*: teoria geral de acordo com a Lei 13.256/2016. São Paulo: Almedina, 2017.

TRENTO, Simone. *As cortes supremas diante da prova*. São Paulo: Revista dos Tribunais, 2018.

Capítulos de livros

AURELLI, Arlete Inês. Comentários aos arts. 1.022 ao 1.026. In: SCARPINELLA BUENO, Cassio (coord.). *Comentários ao Código de Processo Civil*, vol. 4. São Paulo: Saraiva, 2017.

ALVIM, Eduardo Arruda. Comentários ao art. 1.021, 1.027 e 1.028. In: SCARPINELLA BUENO, Cassio (coord.). *Comentários ao Código de Processo Civil*, vol. 4. São Paulo: Saraiva, 2017.

FERREIRA, William Santos. Comentários aos arts. 1.009 ao 1.020. In: SCARPINELLA BUENO, Cassio (coord.). *Comentários ao Código de Processo Civil*, vol. 4. São Paulo: Saraiva, 2017.

MANCUSO, Rodolfo de Camargo. Comentários aos arts. 1.029 ao 1.041. In: SCARPINELLA BUENO, Cassio (coord.). *Comentários ao Código de Processo Civil*, vol. 4. São Paulo: Saraiva, 2017.

PINTO, Nelson Luiz. Comentários aos arts. 1.043 e 1.044. In: SCARPINELLA BUENO, Cassio (coord.). *Comentários ao Código de Processo Civil*, vol. 4. São Paulo: Saraiva, 2017.

SCARPINELLA BUENO, Cassio. A interposição de recursos extraordinário e especial: notas para reflexão no âmbito do processo tributário. In: OLIVEIRA, Ricardo Mariz de; SILVEIRA, Rodrigo Maito da; ANDRADE, José Maria Arruda de; LEÃO, Martha (coord.) *Anais do VII Congresso Brasileiro de Direito Tributário Atual – IBDT/AJUFE/AJUFESP/DEF-FD-USP*: Consistência decisória em matéria tributária nos Tribunais Superiores: aspectos materiais e processuais. São Paulo: Instituto Brasileiro de Direito Tributário, 2021.

_____. Algumas considerações sobre o instituto da repercussão geral. In: FUX, Luiz; FREIRE, Alexandre; DANTAS, Bruno (coord.). *Repercussão geral da questão constitucional*. Rio de Janeiro: GEN/Forense, 2014.

_____. *Amicus curiae* no IRDR, no RE e REsp repetitivos: suíte em homenagem à Professora Teresa Arruda Alvim. In: DANTAS, Bruno; SCARPINELLA BUENO, Cassio; CAHALI, Cláudia Elisabete Schwerz; NOLASCO, Rita Dias (coords.). *Questões relevantes sobre recursos, ações de impugnação e mecanismos de uniformização da jurisprudência*: após o primeiro ano de vigência do novo CPC. São Paulo: Revista dos Tribunais, 2017.

_____. Mandado de segurança e compensação tributária: reflexões sobre a prova pré-constituída do indébito à luz da sistemática dos recursos especiais repetitivos. In: CARVALHO, Paulo de Barros; SOUZA, Priscila (coord.). *XV Congresso Nacional de Estudos Tributários*: 30 anos da Constituição Federal e o Sistema Tributário Brasileiro. São Paulo: Noeses, 2018.

_____. Prequestionamento e o art. 1.025 do CPC: uma homenagem ao Professor Eduardo Arruda Alvim. In: DANTAS, Marcelo Navarro Ribeiro; RIBEIRO, Paulo Dias de Moura; DIP, Ricardo Henry Marques; ALVIM, Arruda; ALVIM, Thereza Arruda; ALVIM, Teresa Arruda; FERREIRA, Eduardo Aranha Alves; CUNHA, Ígor Martins da; CARVALHO, Vinícius Bellato Ribeiro de (coord.). *Temas atuais de direito processual*: estudos em homenagem ao Professor Eduardo Arruda Alvim. São Paulo: Revista dos Tribunais, 2021.

_____. Recurso extraordinário e recurso especial no novo Código de Processo Civil: efeitos e aplicações. In: BARROS, Paulo de Barros; SOUZA, Priscila (coord.). *XIII Congresso Nacional de Estudos Tributários*: 50 anos do Código Tributário Nacional. São Paulo: Noeses, 2016.

_____. Recurso extraordinário e recurso especial no novo Código de Processo Civil: uma homenagem ao Ministro Luiz Fux. In: MENDES, Aluísio Gonçalves de Castro; BEDAQUE, José Roberto dos Santos; CARNEIRO, Paulo Cezar Pinheiro; ALVIM, Teresa Arruda (coord.). *O novo processo civil brasileiro: temas relevantes*: estudo em homenagem ao Professor, Jurista e Ministro Luiz Fux, vol. 1. Rio de Janeiro: GZ, 2018.

_____. Uma análise crítica do prequestionamento ficto diante do art. 1.025 do CPC a propósito dos 30 anos de instalação do STJ. In: LUCON, Paulo Henrique dos Santos; OLIVERA, Pedro Miranda de (coord.). *Panorama atual do novo CPC*, vol. 3. São Paulo: Empório do direito; Tirant lo Blanch, 2019.

TALAMINI, Eduardo; WLADECK, Felipe Scripes. Comentários aos arts. 994 ao 1.008. In: SCARPINELLA BUENO, Cassio (coord.). *Comentários ao Código de Processo Civil*, vol. 4. São Paulo: Saraiva, 2017.

ZUFELATO, Camilo. Comentários ao art. 1.042. In: SCARPINELLA BUENO, Cassio (coord.). *Comentários ao Código de Processo Civil*, vol. 4. São Paulo: Saraiva, 2017.

Artigos

ABBOUD, Georges. Recursos extraordinário e especial contra decisões que versam sobre tutela provisória: por uma atualização hermenêutica da Súmula 735 do STF. *Revista de Processo*, vol. 301. São Paulo: Revista dos Tribunais, mar. 2020.

ALVAREZ, Anselmo Prieto; PINHO, Américo Andrade. O julgamento interlocutório de mérito e seu regime jurídico. *Revista de Processo*, vol. 302. São Paulo: Revista dos Tribunais, abr. 2020.

ALVIM, Eduardo Arruda; CARVALHO, Vinícius Bellato Ribeiro de. Recurso especial, prequestionamento e a aplicação do art. 1.025 do CPC/2015. *Revista de Processo*, vol. 324. São Paulo: Revista dos Tribunais, fev. 2022.

ALVIM, Teresa Arruda. Questão de fato, questão de direito nos recursos para Tribunais Superiores. *Revista de Processo*, vol. 332. São Paulo: Revista dos Tribunais, out. 2022.

ALVIM, Teresa Arruda; UZEDA, Carolina; MEYER, Ernani. Mais um filtro, agora para o STJ: uma análise da EC 125/2022. *Revista de Processo*, vol. 330. São Paulo: Revista dos Tribunais, ago. 2022.

ANTUNES, Thiago Caversan; MOLLICA, Rogério. Fatos impeditivos e extintivos da admissibilidade recursal no Código de Processo Civil de 2015. *Revista Brasileira de Direito Processual*, vol. 102. Belo Horizonte: Fórum, abr./jun. 2018.

APRIGLIANO, Ricardo de Carvalho. Agravo de instrumento e agravo interno. In: Instituto Brasileiro de Direito Processual; SCARPINELLA BUENO, Cassio (org.). PRODIREITO: Direito Processual Civil: Programa de Atualização em Direito: Ciclo 2. Porto Alegre: Artmed Panamericana, 2016 (Sistema de Educação Continuada a Distância, vol. 1).

ARAÚJO, José Henrique Mouta. A recorribilidade das interlocutórias no novo CPC: variações sobre o tema. *Revista de Processo*, vol. 251. São Paulo: Revista dos Tribunais, jan. 2016.

_____. A recorribilidade das interlocutórias no sistema processual civil: do tema n. 988/STJ às múltiplas situações concretas. *Revista Brasileira de Direito Processual*, vol. 117. Belo Horizonte: Fórum, jan./mar. 2022.

_____. O efeito suspensivo dos recursos no novo CPC: do pedido incidental ao requerimento autônomo. *Revista de Processo*, vol. 267. São Paulo: Revista dos Tribunais, maio 2017.

_____. Tutela provisória nos recursos e a interpretação jurisprudencial. *Revista Brasileira de Direito Processual*, vol. 107. Belo Horizonte: Fórum, jul./set. 2019.

ARAÚJO, Luciano Vianna. A aplicação do direito à espécie pelas Cortes Superiores: desde os precedentes do Enunciado 456 do STF até o art. 1.034 do CPC/2015. *Revista de Processo*, vol. 250. São Paulo: Revista dos Tribunais, dez. 2015.

_____. Provimento do recurso parcial e os efeitos sobre a parte da decisão não recorrida. *Revista de Processo*, vol. 309. São Paulo: Revista dos Tribunais, nov. 2020.

_____. Recurso de apelação cível. In: Instituto Brasileiro de Direito Processual; SCARPINELLA BUENO, Cassio (Org.). PRODIREITO: Direito Processual Civil: Programa de Atualização em Direito: Ciclo 2. Porto Alegre: Artmed Panamericana, 2017 (Sistema de Educação Continuada a Distância, vol. 3).

ASSIS, Carlos Augusto de. Agravo de instrumento: um olhar para o passado, uma reflexão sobre o nosso futuro. *Revista Brasileira de Direito Processual*, vol. 106. Belo Horizonte: Fórum, abr./jun. 2019.

AVEZUM, Luís Renato P. A. F. Honorários advocatícios no novo CPC: as polêmicas quanto sua majoração em grau recursal. *Revista de Processo*, vol. 259. São Paulo: Revista dos Tribunais, set. 2016.

BAHIA, Alexandre Melo Franco de Moraes; Henriques, Paula Valério. Recursos extraordinário e especial repetitivos no CPC/2015: uso e interpretação de acordo com o modelo constitucional de processo. *Revista de Processo*, vol. 258. São Paulo: Revista dos Tribunais, ago. 2016.

BARBOSA, Rafael Vinheiro Monteiro. Uma contribuição direta aos embargos de divergência e indireta aos Tribunais Superiores: homenagem a Marcus Vinícius de Abreu Sampaio. *Revista de Processo*, vol. 333. São Paulo: Revista dos Tribunais, nov. 2022.

BARBOSA, Rafael Vinheiro Monteiro; PORDEUS, Marcela Domingues. A possibilidade de interpor apelação para corrigir vícios típicos dos embargos de declaração. *Revista de Processo*, vol. 272. São Paulo: Revista dos Tribunais, out. 2017.

BARIONI, Rodrigo. Preclusão diferida, o fim do agravo retido e a ampliação do objeto da apelação no novo Código de Processo Civil. *Revista de Processo*, vol. 243. São Paulo: Revista dos Tribunais, maio 2015.

BONDIOLI. Luis Guilherme Aidar. Recorribilidade das decisões em matéria de intervenção de terceiros. *Revista de Processo*, vol. 283. São Paulo: Revista dos Tribunais, set. 2018.

BRIDA, Nério Andrade de; MEDEIROS NETO, Elias Marques de. A (im)possibilidade da atuação obstativa do juiz de primeiro grau em juízo de admissibilidade do recurso de apelação no processo civil. *Revista de Processo*, vol. 331. São Paulo: Revista dos Tribunais, set. 2022.

CARBONAR, Dante Olavo Frazon. Embargos de Declaração no STJ: estatísticas pré-vigência do CPC/2015. *Revista de Processo*, vol. 263. São Paulo: Revista dos Tribunais, jan. 2017.

CARPES, Artur Thompsen. A "taxatividade mitigada" do art. 1.015, CPC: notas sobre a ratio decidendi fixada no Superior Tribunal de Justiça na perspectiva da teoria das normas. *Revista de Processo*, vol. 294. São Paulo: Revista dos Tribunais, ago. 2019.

CEZARE, Luiz Henrique. Ofensa reflexa à Constituição e o redirecionamento dos recursos especial e extraordinário previsto nos arts. 1.032 e 1.033 do NCPC. *Revista de Processo*, vol. 255. São Paulo: Revista dos Tribunais, maio 2016.

CHEIM JORGE, Flávio; SIQUEIRA, Thiago Ferreira. Função e técnica de julgamento dos recursos extraordinário e especial. *Revista de Processo*, vol. 295. São Paulo: Revista dos Tribunais, set. 2019.

CÔRTES, Osmar Mendes Paixão. A consolidação da "objetivação" no novo Código de Processo Civil. *Revista de Processo*, vol. 265. São Paulo: Revista dos Tribunais, março de 2017.

_____. A evolução do agravo de instrumento: justificativa e consequências da atual sistemática. *Revista de Processo*, vol. 288. São Paulo: Revista dos Tribunais, fev. 2019.

_____. A reclamação no novo CPC – Fim das limitações impostas pelos Tribunais Superiores ao cabimento? *Revista de Processo*, vol. 244. São Paulo: Revista dos Tribunais, jun. 2015.

_____. Recurso Extraordinário: da Constituição Federal de 1988 ao atual CPC. *Revista de Processo*, vol. 289. São Paulo: Revista dos Tribunais, mar. 2019.

_____. Recurso extraordinário e recurso especial no novo Código de Processo Civil. In: Instituto Brasileiro de Direito Processual; SCARPINELLA BUENO, Cassio (org.). PRODIREITO: Direito Processual Civil: Programa de Atualização em Direito: Ciclo 3. Porto Alegre: Artmed Panamericana, 2017 (Sistema de Educação Continuada a Distância, vol. 1).

COSTA, Thiago Luiz da. O efeito translativo nos recursos excepcionais à luz do Código de Processo Civil. *Revista Brasileira de Direito Processual*, vol. 117. Belo Horizonte: Fórum, jan./mar. 2022.

CUNHA, Leonardo Carneiro. A cassação e o Superior Tribunal de Justiça brasileiro. *Revista de Processo*, vol. 299. São Paulo: Revista dos Tribunais, jan. 2020.

CUNHA, Leonardo Carneiro da; DIDIER JR., Fredie. Agravo de instrumento contra decisão que versa sobre competência e a decisão que nega eficácia a negócio jurídico processual na fase de conhecimento: uma interpretação sobre o agravo de instrumento previsto no CPC/2015. *Revista de Processo*, vol. 242. São Paulo: Revista dos Tribunais, abr. 2015.

CUNHA, Leonardo Carneiro da; TERCEIRO NETO, João Otávio. Recurso especial e interpretação do contrato. *Revista de Processo*, vol. 275. São Paulo: Revista dos Tribunais, jan. 2018.

CURY, Augusto Jorge. Limites do Supremo Tribunal Federal e do Superior Tribunal de Justiça quanto ao juízo de revisão dos recursos extraordinários lato sensu – Breve análise. *Revista de Processo*, vol. 266. São Paulo: Revista dos Tribunais, abr. 2017.

DEVIDES, José Eduardo Costa; MOLICA, Rogério; SOUZA, Artur César de. A obrigatoriedade do esgotamento dos recursos no processo civil e os prejuízos causados à administração pública e ao Poder Judiciário. *Revista de Processo*, vol. 321. São Paulo: Revista dos Tribunais, nov. 2021.

DIAS, Handel Martins. Cabimento dos embargos de declaração para a correção de erro material do juiz: oportunidade para se rediscutir a natureza jurídica do pedido aclaratório. *Revista de Processo*, vol. 306. São Paulo: Revista dos Tribunais, ago. 2020.

DIAS, Ricardo Gueiros Bernardes; DELLAQUA, Leonardo Goldner. Repercussão geral: superação de filtros ocultos e vinculação das teses em abstrato. *Revista Brasileira de Direito Processual*, vol. 106. Belo Horizonte: Fórum, abr./jun. 2019.

DOUTOR, Maurício Pereira. A inadmissibilidade flagrante do recurso de apelação e a atuação obstativa do juiz de primeiro grau. *Revista de Processo*, vol. 305. São Paulo: Revista dos Tribunais, jul. 2020.

FAGUNDES, Cristiane Druve Tavares. Preparo recurso em valor irrisório. *Revista de Processo*, vol. 321. São Paulo: Revista dos Tribunais, nov. 2021.

FARIA, Márcio Carvalho. As funções das Cortes Superiores, os recursos excepcionais e a necessária revisão dos parâmetros interpretativos em relação à lealdade processual (parte um). *Revista de Processo*, vol. 247. São Paulo: Revista dos Tribunais, set. 2015.

_____. As funções das Cortes Superiores, os recursos excepcionais e a necessária revisão dos parâmetros interpretativos em relação à lealdade processual (parte dois). *Revista de Processo*, vol. 248. São Paulo: Revista dos Tribunais, out. 2015.

FERNANDES, Luis Eduardo Simardi. Embargos de declaração no novo CPC. In: Instituto Brasileiro de Direito Processual; SCARPINELLA BUENO, Cassio (org.). PRODIREITO: Direito Processual Civil: Programa de Atualização em Direito: Ciclo 2. Porto Alegre: Artmed Panamericana, 2016 (Sistema de Educação Continuada a Distância, vol. 2).

FERRARI NETO, Luiz Antonio. As Súmulas do Supremo Tribunal Federal e do Superior Tribunal de Justiça sobre embargos de divergência e o Novo Código de Processo Civil. *Revista de Processo*, vol. 252. São Paulo: Revista dos Tribunais, fev. 2016.

FERREIRA, William Santos. Cabimento do agravo de instrumento e a ótica prospectiva da utilidade – O direito ao interesse na recorribilidade de decisões interlocutórias. *Revista de Processo*, vol. 263. São Paulo: Revista dos Tribunais, jan. 2017.

FREIRE, Rodrigo Cunha Lima; LEMOS, Vinicius Silva. Os embargos de divergência como meio de formação de precedente vinculante. *Revista de Processo*, vol. 299. São Paulo: Revista dos Tribunais, jan. 2020.

GARCIA, Gustavo Filipe Barbosa. Lei 13.256/2016 e a reforma do Código de Processo Civil de 2015: juízo de admissibilidade dos recursos. *Revista de Processo*, vol. 258. São Paulo: Revista dos Tribunais, ago. 2016.

GUIMARÃES, Rafael de Oliveira. A Súmula n. 456 do STF e o CPC/2015: uma interpretação sistemática sob a ótica constitucional e o efeito translativo nos recursos excepcionais. *Revista Brasileira de Direito Processual*, vol. 97. Belo Horizonte: Fórum, janeiro/março de 2017.

GUIMARÃES, Rafael de Oliveira; IOCOHAMA, Celso Hiroshi. O agravo interno no CPC de 2015. *Revista Brasileira de Direito Processual*, vol. 108. Belo Horizonte: Fórum, out/dez. 2019.

HORVATH JÚNIOR, Miguel; CAMACHO, Luciana da Silva Paggiatto. O princípio da taxatividade e o artigo 1.015 do Código de Processo Civil. *Revista Brasileira de Direito Processual*, vol. 113. Belo Horizonte: Fórum, jan./mar. 2021.

KOEHLER, Frederico Augusto Leopoldino; BONIZZI, Marcelo José Magalhães. A relevância da questão de direito federal infraconstitucional no recurso especial. *Revista de Processo*, vol. 333. São Paulo: Revista dos Tribunais, nov. 2022.

KOZIKOSKI, Sandro Marcelo; PUGLIESE, William Soares. Sobre o cabimento de agravo interno em face das decisões monocráticas não terminativas. *Revista de Processo*, vol. 313. São Paulo: Revista dos Tribunais, mar. 2021.

LEAL, Rosemiro Pereira. Embargos de declaração em juízo monocrático no CPC/2015. *Revista Brasileira de Direito Processual*, vol. 111. Belo Horizonte: Fórum, jul./set. 2020.

LEITÃO, Cristina Bichels. Repercussão geral e autocontenção na Suprema Corte brasileira. *Revista de Processo*, vol. 323. São Paulo: Revista dos Tribunais, jan. 2022.

LEMOS, Vinicius Silva. A fungibilidade recursal excepcional: o problema da cumulação dos pedidos recursais. *Revista de Processo*, vol. 258. São Paulo: Revista dos Tribunais, ago. 2016.

_____. A remodelação do alcance material da apelação diante do CPC/2015. *Revista de Processo*, vol. 324. São Paulo: Revista dos Tribunais, fev. 2022.

_____. Agravo de instrumento em autos eletrônicos: a possibilidade de interposição sem a intimação da decisão. *Revista de Processo*, vol. 265. São Paulo: Revista dos Tribunais, março de 2017.

_____. A não preclusão das decisões interlocutórias e a liberdade decisória do juízo de primeiro grau. *Revista de Processo*, vol. 257. São Paulo: Revista dos Tribunais, jul. 2016.

_____. O agravo de instrumento contra decisão parcial de mérito. *Revista de Processo*, vol. 259. São Paulo: Revista dos Tribunais, set. 2016.

_____. O juízo de admissibilidade dos recursos excepcionais, a Lei 13.256/2016 e implicações recursais: o agravo em REsp e RE e o agravo interno. *Revista de Processo*, vol. 307. São Paulo: Revista dos Tribunais, set. 2020.

_____. O recurso excepcional com fundamento de superação de precedente repetitivo ou repercussão geral e a necessidade do juízo de admissibilidade positivo. *Revista de Processo*, vol. 286. São Paulo: Revista dos Tribunais, dez. 2018.

LIBARDONI, Carolina Uzeda. Interesse recursal complexo e condicionado quanto às decisões interlocutórias não agraváveis no novo Código de Processo Civil: segundas impressões sobre a apelação autônoma do vencedor. *Revista de Processo*, vol. 249. São Paulo: Revista dos Tribunais, novembro de 2015.

LUCON, Paulo Henrique dos Santos; VARGAS, Nathália. O cabimento do agravo de instrumento contra decisões interlocutórias proferidas em recuperações judiciais e falências em hipóteses não previstas na Lei 11.101/2005. *Revista de Processo*, vol. 301. São Paulo: Revista dos Tribunais, mar. 2020.

MACEDO, Elaine Harzheim; SCALZILLI, Roberta. Prequestionamento no recurso especial sob a ótica da função do STJ no sistema processual civil: uma análise perante o novo Código de Processo Civil. *Revista de Processo*, vol. 246. São Paulo: Revista dos Tribunais, ago. 2015.

MACÊDO, Lucas Buril de. A análise dos Recursos Excepcionais pelos Tribunais Intermediários – O pernicioso art. 1.030 do CPC e sua inadequação técnica como fruto de uma compreensão equivocada do sistema de precedentes vinculantes. *Revista de Processo*, vol. 262. São Paulo: Revista dos Tribunais, dez. 2016.

_____. Agravo interno. Análise das modificações legais e de sua recepção no Superior Tribunal de Justiça. *Revista de Processo*, vol. 269. São Paulo: Revista dos Tribunais, jul. 2017.

MACHADO, Marcelo Pacheco. Reformas no recurso de apelação: como a Itália escolheu enfrentar seus problemas e como o Brasil não. *Revista de Processo*, vol. 243. São Paulo: Revista dos Tribunais, maio 2015.

MARANHÃO, Clayton. Agravo de instrumento no Código de Processo Civil de 2015: entre a taxatividade do rol e um indesejado retorno do mandado de segurança contra ato judicial. *Revista de Processo*, vol. 256. São Paulo: Revista dos Tribunais, jun. 2016.

MARINONI, Luiz Guilherme. A não decisão enquanto opção democrática. *Revista de Processo*, vol. 324. São Paulo: Revista dos Tribunais, fev. 2022.

MARTINS, Renata Cristina Lopes Pinto. Pré-questionamento: breve análise dos precedentes das Súmulas 282 e 356 do STF. *Revista de Processo*, vol. 254. São Paulo: Revista dos Tribunais, abr. 2016.

MENDES, Gilmar Ferreira; FUCK, Luciano Felício. Novo CPC e o recurso extraordinário. *Revista de Processo*, vol. 261. São Paulo: Revista dos Tribunais, novembro de 2016.

MICHILES, Ludmila da Cunha Luiz. Recursos especiais repetitivos à luz do stare decisis e da segurança jurídica: a política de precedentes no Superior Tribunal de Justiça e na Suprema Corte dos Estados Unidos. *Revista de Processo*, vol. 276. São Paulo: Revista dos Tribunais, fev. 2018.

MIRANDA, Victor Vasconcelos. A parametrização do sistema de precedentes obrigatórios no CPC e a alteração legislativa promovida pela Lei 13.256/2016: uma análise do art. 1.030, I "a". *Revista de Processo*, vol. 258. São Paulo: Revista dos Tribunais, ago. 2016.

MONTEIRO NETO, Nelson. Embargos de declaração e apelação condicional. *Revista de Processo*, vol. 245. São Paulo: Revista dos Tribunais, jul. 2015.

_____. Embargos de declaração. Problema da fixação dos honorários advocatícios. Existência de erro de fato. Importância da jurisprudência no Código de Processo Civil de 2015. *Revista de Processo*, vol. 252. São Paulo: Revista dos Tribunais, fev. 2016.

_____. Segundos embargos de declaração em virtude da mudança de orientação do STF. Padrão de cabimento do recurso. *Revista de Processo*, vol. 251. São Paulo: Revista dos Tribunais, jan. 2016.

MORAES, Arthur Bobsin de. OLIVEIRA, Rafael Niebuhr Maia de. Admissibilidade do agravo de instrumento adesivo em face de recurso interposto contra decisão parcial de mérito. *Revista Brasileira de Direito Processual*, vol. 118. Belo Horizonte: Fórum, abr./jun. 2022.

MOREIRA, Carlos Roberto Barbosa. Os novos embargos de declaração. *Revista de Processo*, vol. 287. São Paulo: Revista dos Tribunais, jan. 2019.

_____. Recurso especial: litisconsórcio facultativo e honorários recursais. *Revista de Processo*, vol. 323. São Paulo: Revista dos Tribunais, jan. 2022.

MUNHOZ, Manoela Virmond. Reflexões sobre a (in)sanabilidade de vícios relacionados à tempestividade recursal. *Revista de Processo*, vol. 332. São Paulo: Revista dos Tribunais, out. 2022.

NERY, Rodrigo. Aspectos polêmicos dos embargos de declaração na visão do STJ: reflexões críticas sobre posicionamentos jurisprudenciais resumidos na "jurisprudência em teses" n. 190. *Revista de Processo*, vol. 330. São Paulo: Revista dos Tribunais, ago. 2022.

NERY JUNIOR, Nelson; ABBOUD, Georges. Recursos para os Tribunais Superiores e a Lei 13.256/2016. *Revista de Processo*, vol. 257. São Paulo: Revista dos Tribunais, jul. 2016.

OLIVEIRA, Eduardo Ribeiro de. O prequestionamento e o novo CPC. *Revista de Processo*, vol. 256. São Paulo: Revista dos Tribunais, jun. 2016.

OLIVEIRA, Pedro Miranda de. Apontamentos sobre o novíssimo sistema recursal. *Revista de Processo*, vol. 250. São Paulo: Revista dos Tribunais, dez. 2015.

_____. O novo CPC e o princípio da primazia do julgamento do mérito recursal. *Revista Dialética de Direito Processual*, vol. 147. São Paulo: Dialética, jun. 2015.

_____. O regime especial do agravo de instrumento contra decisão parcial (com ou sem resolução de mérito). *Revista de Processo*, vol. 264. São Paulo: Revista dos Tribunais, fev. 2017.

OLIVEIRA, Pedro Miranda de; RODRIGUES, Luiz Silva. As duas fases da análise dos recursos excepcionais pelo presidente ou vice-presidente no tribunal local: juízo de seguimento e juízo de admissibilidade. *Revista de Processo*, vol. 319. São Paulo: Revista dos Tribunais, set. 2021.

OLIVEIRA, Pedro Miranda de; SACHET, Márcio. Fungibilidade recursal e suas espécies: por admissão e conversão. *Revista de Processo*, vol. 310. São Paulo: Revista dos Tribunais, dez. 2020.

OLIVEIRA, Pedro Miranda de; SCHILICKMANN, Luciany Alves. A aplicação do princípio da primazia do julgamento do mérito nos recursos excepcionais. *Revista de Processo*, vol. 320. São Paulo: Revista dos Tribunais, out. 2021.

OLIVEIRA, Pedro Miranda de; WITTE, Gisele. As 15 hipóteses de cabimento de agravo de instrumento previstas no novíssimo sistema recursal do CPC/2015 (Art. 1.015 + Tema 988 do STJ). *Revista de Processo*, vol. 311. São Paulo: Revista dos Tribunais, jan. 2021.

PACANARO, Armando Wesley. Concessão de efeito suspensivo ope iudicis a recurso: possibilidades e perspectivas diante do novo Código de Processo Civil. *Revista de Processo*, vol. 246. São Paulo: Revista dos Tribunais, ago. 2015.

PANTOJA, Fernanda Medina. Cabimento do agravo de instrumento: alguns mitos. *Revista de Processo*, vol. 322. São Paulo: Revista dos Tribunais, dez. 2021.

PEREIRA, Adelmo José. Decisões interlocutórias de recorribilidade diferida: preclusão lógica e juízo de admissibilidade recursal. *Revista de Processo*, vol. 318. São Paulo: Revista dos Tribunais, ago. 2021.

PEREIRA, Carlos Frederico Bastos. Interpretação extensiva, analogia e o rol do artigo 1.015 do Código de Processo Civil. *Revista de Processo*, vol. 282. São Paulo: Revista dos Tribunais, ago. 2018.

PINHO, Marina Cieri. Litigiosidade repetitiva e recurso especial repetitivo: um estudo de caso – REsp. 1.354.536/SE. *Revista de Processo*, vol. 330. São Paulo: Revista dos Tribunais, ago. 2022.

PINTO, Nelson Luiz; MUSZKAT, André; AMORIM, Maria Letícia Bugano; MADEIRA, Bruno da Silva. Disposições gerais sobre os recursos no novo Código de Processo Civil. In: Instituto Brasileiro de Direito Processual; SCARPINELLA BUENO, Cassio (org.). PRODIREITO: Direito Processual Civil: Programa de Atualização em Direito: Ciclo 2. Porto Alegre: Artmed Panamericana, 2016 (Sistema de Educação Continuada a Distância, vol. 1).

PIZZOL, Patricia Miranda; MIRANDA, Gilson Delgado. Os embargos de declaração e o aprimoramento da atividade jurisdicional. *Revista de Processo*, vol. 326. São Paulo: Revista dos Tribunais, abril de 2022.

QUEIROZ, Pedro Gomes de. A apelação no CPC/2015. *Revista de Processo*, vol. 260. São Paulo: Revista dos Tribunais, out. 2016.

RAATZ, Igor; ANCHIETA, Natascha. Diga-me o que pensas a respeito dos recursos que te direi o que pensas a respeito do processo: o direito ao recurso entre o instrumentalismo e o garantismo processual. *Revista Brasileira de Direito Processual*, vol. 107. Belo Horizonte: Fórum, jul./set. 2019.

RAMOS NETO, Said. O princípio da primazia da decisão de mérito e o interesse recursal do réu. *Revista de Processo*, vol. 260. São Paulo: Revista dos Tribunais, out. 2016.

RANÑA, Leonardo Fernandes. O prequestionamento no STJ. Uma breve abordagem da visão atual da Corte e das mudanças trazidas pelo novo CPC. *Revista de Processo*, vol. 253. São Paulo: Revista dos Tribunais, março de 2016.

REDONDO, Bruno Garcia; RODRIGUES, Marco Antonio dos Santos. Apelação voluntária parcial e reexame necessário complementar: o efeito devolutivo integral das questões contrárias à Fazenda Pública. *Revista de Processo*, vol. 328. São Paulo: Revista dos Tribunais, junho de 2022.

REICHELT, Luis Alberto. Sistemática recursal, direito ao processo justo e o novo Código de Processo Civil: os desafios deixados pelo legislador ao intérprete. *Revista de Processo*, vol. 244. São Paulo: Revista dos Tribunais, jun. 2015.

ROCHA, Felippe Borring; NETTO, Fernando Gama Miranda. A recorribilidade das decisões interlocutórias sobre direito probatório. *Revista Brasileira de Direito Processual*, vol. 101. Belo Horizonte: Fórum, jan./mar. 2018.

ROCHA, Henrique de Moraes Fleury da. Cabimento do agravo de instrumento segundo o Código de Processo Civil brasileiro de 2015: aspectos polêmicos. *Revista de Processo*, vol. 282. São Paulo: Revista dos Tribunais, ago. 2018.

RODRIGUES, Marco Antonio; LEMOS, Vinicius Silva. A Emenda Regimental 54/2020 ao Regimento Interno do STF, a repercussão geral e a busca pela evolução sistêmica. Revista de Processo, vol. 326. São Paulo: Revista dos Tribunais, abr. 2022.

RODRIGUES, Marco Antonio; PEPE, Rafael Gaia Edais. Writ of certiorari e recurso extraordinário: encontros e desencontros. *Revista de Processo*, vol. 280. São Paulo: Revista dos Tribunais, jun. 2018.

ROMÃO, Pablo Freire. Taxatividade do rol do art. 1.015, do NCPC: mandado de segurança como sucedâneo do agravo de instrumento? *Revista de Processo*, vol. 259. São Paulo: Revista dos Tribunais, setembro de 2016.

ROSA, Michelli; VITORINO, William Rosa Miranda. A crise jurídico-autopoiética do rol de decisões agraváveis no decurso do tempo. *Revista Brasileira de Direito Processual*, vol. 106. Belo Horizonte: Fórum, abr./jun. 2019.

RUBIN, Fernando. A preclusão consumativa para as partes no âmbito recursal, de acordo com o novo CPC (Lei n. 13.105/2015. *Revista Dialética de Direito Processual*, vol. 149. São Paulo: Dialética, ago. 2015.

_____. As decisões interlocutórias e a aplicação da técnica preclusiva no novo CPC (Lei n. 13.105/2015). *Revista Dialética de Direito Processual*, vol. 150. São Paulo: Dialética, set. 2015.

SCALABRIN, Felipe. Os reflexos da pandemia do novo coronavírus (covid-19) na admissibilidade dos recursos cíveis. *Revista de Processo*, vol. 327. São Paulo: Revista dos Tribunais, maio 2022.

SCARPINELLA BUENO, Cassio. 30 anos do STJ e prequestionamento: uma análise crítica do prequestionamento ficto diante do art. 1.025 do CPC. Revista do Advogado. São Paulo: Associação dos Advogados, 2019.

_____. Mandado de segurança, compensação tributária e prova pré-constituída do indébito: discussões a partir da sistemática dos recursos especiais repetitivos. *Revista de Processo*, vol. 296. São Paulo: Revista dos Tribunais, out. 2019.

SCARPINELLA BUENO, Cassio; SANTOS, Welder Queiroz dos. Agravo de instrumento contra decisão que indefere pedido de homologação de acordo entre as partes. Revista Jurídica da Presidência, vol. 20, n. 122. Brasília: Centro de Estudos Jurídicos da Presidência, Subchefia para Assuntos Jurídicos da Casa Civil, Presidência da República, outubro de 2018 a janeiro de 2019.

SCOPEL, Adriano Sayão. Oralidade recursal no processo civil brasileiro. *Revista de Processo*, vol. 321. São Paulo: Revista dos Tribunais, nov. 2021.

SHIMURA, Sérgio Seiji; GARBI JÚNIOR, Carlos Alberto. Os efeitos infringentes dos embargos de declaração. *Revista de Processo*, vol. 319. São Paulo: Revista dos Tribunais, set. 2021.

SILVA, Diogo Bacha e. Agravo interno como momento processual adequado para a distinção ou superação do precedente. *Revista de Processo*, vol. 250. São Paulo: Revista dos Tribunais, dez. 2015.

SILVA, João Paulo Hecker da. Lei 13.256/2016 e suas implicações para o processo civil. In: Instituto Brasileiro de Direito Processual; SCARPINELLA BUENO, Cassio (Org.). PRODIREITO: Direito Processual Civil: Programa de Atualização em Direito: Ciclo 2. Porto Alegre: Artmed Panamericana, 2017 (Sistema de Educação Continuada a Distância, vol. 3).

SOKAL, Guilherme Jales. A sucumbência recursal no novo CPC: razão, limites e algumas perplexidades. *Revista de Processo*, vol. 256. São Paulo: Revista dos Tribunais, jun. 2016.

THAMAY, Rennan Faria Krüger; ANDRADE, Vinícius Ferreira de. Comentários sobre a fungibilidade recursal: do Código de 1939 ao novo Código de Processo Civil. *Revista de Processo*, vol. 248. São Paulo: Revista dos Tribunais, out. 2015.

THAMAY, Rennan Faria Krüger; SOUSA, Rosalina Freitas Martins de. Decisão interlocutória que declina da competência e não conserva os efeitos dos atos processuais praticados: a agravabilidade do capítulo que revoga a tutela provisória anteriormente concedida. *Revista de Processo*, vol. 278. São Paulo: Revista dos Tribunais, abr. 2018.

TONIOLO, Ernesto José. A evolução do conceito de *reformatio in peius* e a sua proibição no sistema recursal do processo civil. *Revista de Processo*, vol. 254. São Paulo: Revista dos Tribunais, abr. 2016.

ZAMPAR JÚNIOR, José Américo. Interposição de agravo de instrumento por terceiro prejudicado. *Revista de Processo*, vol. 326. São Paulo: Revista dos Tribunais, abr. 2022.

Epílogo

No n. 5 do Capítulo 1, ao ensejo de fechar as considerações propedêuticas que então apresentei, formulei um convite ao prezado leitor. Um convite para que ele entrasse no CPC de 2015 guiado por este *Manual* para *apreendê-lo* levando em conta os elementos lá apresentados.

Se essas linhas estão sendo lidas, é porque o prezado leitor aceitou aquele convite e cruzou a ponte.

Aqui chegado, após a travessia, o prezado leitor terá percebido que, diferentemente do que pode parecer, o CPC de 2015, e, como ele, todo o direito processual civil, não veio e não está "pronto", "acabado", para ser aplicado. Que não basta ler, um a um, seus artigos, seus incisos, seus parágrafos e suas alíneas em busca de respostas. Que a técnica legislativa que acabou preponderando no CPC de 2015, a de regrar casuisticamente os mais variados acontecimentos, pressupondo que eles aconteçam de uma e não de outra forma, enseja – e não há como deixar de ensejar – ricas e importantes discussões, verdadeiramente infindáveis, tão variadas como a realidade, inclusive a do foro. Os *textos* jurídicos que formam o CPC de 2015 não são as *normas* jurídicas passíveis de serem construídas a partir deles. "As palavras são assim, disfarçam muito, vão-se juntando umas com as outras, parece que não sabem aonde querem ir", na feliz construção de Saramago. Os *textos* jurídicos precisam ser *interpretados* para dar lugar às *normas* jurídicas.

Não fosse suficiente e os fatos, porque o são, teimam em não observar as pressuposições e as prescrições normativas. Eles simplesmente acontecem e desafiam o estudante e o estudioso do direito, o prático e o teórico, inclusive os que se dedicam ao direito processual civil, sobre seu significado (aí incluída sua indiferença) para o ordenamento jurídico.

Como o CPC de 2015 não veio pronto para ser aplicado, a despeito da nova roupagem, é importante, como escrevi quando da formulação do convite, que o prezado leitor saiba *pensar* por si próprio o direito processual civil, mais do que repetir ideias alheias. Pensar é mais que ler *textos* jurídicos; é saber *interpretá-los* criando as consequentes *normas* jurídicas. Sim, porque o acesso à justiça, o devido processo constitucional e a efetividade do direito pelo e no processo precisam ser *pensados* para serem *construídos* constantemente a partir de cada caso concreto. Não há fórmulas mágicas ou preconcebidas que garantam a aplicação escorreita do direito, mesmo pelo exercício da função jurisdicional, ainda para quem realmente acredite que sejam *vinculantes* as decisões emanadas pelos Tribunais, nos termos e para os fins dos arts. 926 a 928. Até porque, para chegar àquelas decisões, há, necessariamente, um *processo*, também ele devido na perspectiva constitucional, que precisa ser suficientemente bem compreendido para ser bem aplicado.

Há muito a ser pensado e muito a ser refletido acerca do direito processual civil. Não só no contexto de seu modelo constitucional e da necessária *reconstrução* de seus institutos fundamentais – e o neoconcretismo de que trato no n. 4 do Capítulo 1 quer ser apenas uma contribuição para este debate –, mas também na perspectiva do CPC de 2015. O principal inimigo, agora, é a preconcepção de ideias. Há muito para construir e muito para concretizar acerca do direito processual civil... Por isso, e para frisar, a proposta deste *Manual* ser a de *formar*, e não, apenas, a de *informar*.

Tão e mais importante que saber direito processual civil, prezado leitor, é saber pensá-lo e repensá-lo, constantemente. Ele é tão vivo e tão variável quanto os desafios que lhe são apresentados para solução. É preciso saber aplicá-lo para *concretizar* o direito material.

Que este *Manual*, fiel à sua epígrafe, tenha conseguido alcançar seu objetivo: que o prezado leitor, doravante, pense o direito processual civil por si próprio, indo além do que ele (e aqui me ponho, escondido, atrás deste *Manual*) pôde ter querido ensinar-lhe.

Afinal, ouçamos mais uma vez, a última, a voz de Saramago, no seu *Ensaio sobre a lucidez*: "Sempre chega a hora em que descobrimos que sabíamos muito mais do que antes julgávamos".

Vocabulário de Direito Processual Civil

O objetivo deste vocabulário é o de ofertar ao prezado leitor, mais ainda ao estudante que inicia seus estudos de direito processual civil, um repertório mínimo, não exaustivo, de palavras e expressões frequentemente empregadas quando se trata do direito processual civil para auxiliar na sua compreensão e no seu estudo.

Os significados que aqui proponho, por isso mesmo, não devem substituir as discussões que, sobre cada uma das palavras e das expressões aqui indicadas, existem e que ocupam, cada uma a seu tempo, a exposição ao longo deste *Manual*.

A

A quo – início da fluência de um prazo (termo *a quo*). Órgão jurisdicional inferior a outro, o "juízo *ad quem*".

Ação – direito fundamental (ou subjetivo público) de romper a inércia da jurisdição e atuar em prol da obtenção da tutela jurisdicional.

Ação anulatória – demanda em que se pretende a declaração de nulidade ou a invalidação de atos praticados pelas partes meramente homologados em juízo.

Ação civil pública – procedimento jurisdicional em que se pretende a prestação de tutela jurisdicional a direitos coletivos, assim entendidos os não ou metaindividuais.

Ação de conhecimento – expressão idiomática, largamente utilizada pela doutrina, pela jurisprudência e pela prática forense, que significa a demanda em que se busca preponderantemente o desenvolvimento da atividade intelectual (cognitiva) do magistrado com vistas ao reconhecimento do direito aplicável ao caso concreto.

Ação de consignação em pagamento – procedimento especial de jurisdição contenciosa que pretende a prestação de tutela jurisdicional consistente no reconhecimento judicial da extinção da obrigação pelo devedor em face de seu(s) credor(es), mediante o pagamento em consignação.

Ação de dissolução parcial de sociedade – procedimento especial de jurisdição contenciosa cuja finalidade é a resolução da sociedade empresária contratual ou simples em relação ao sócio falecido, excluído ou que exerceu o direito de retirada ou recesso e/ou a apuração dos haveres do sócio falecido, excluído ou que exerceu o direito de retirada ou recesso.

Ação de divisão e da demarcação de terras particulares – procedimento especial de jurisdição contenciosa que tem como finalidade estabelecer os limites entre áreas contíguas e permitir a divisão de coisa comum.

Ação de exigir contas – procedimento especial de jurisdição contenciosa pelo qual quem se afirma titular do direito de exigir contas vale-se para aquela finalidade.

Ação de improbidade administrativa – procedimento jurisdicional em que se pretende a prestação de tutela jurisdicional consistente na aplicação de sanções a quem pratica atos rotulados como de improbidade administrativa.

Ação declaratória de constitucionalidade – procedimento jurisdicional constitucionalmente diferenciado que permite, ao STF, declarar a constitucionalidade de leis ou atos normativos federais.

Ação declaratória incidental – no CPC de 1973, tratava-se do pedido formulado pelo autor ou pelo réu no mesmo processo para que uma "questão prejudicial" fosse decidida pelo juiz com força de "coisa julgada material", ampliando os limites objetivos da coisa julgada. Foi extinta pelo CPC de 2015, que a conservou nos casos de arguição incidental de falsidade documental (art. 430, parágrafo único).

Ação direta de inconstitucionalidade – procedimento jurisdicional constitucionalmente diferenciado que permite, ao STF, declarar a inconstitucionalidade de leis ou atos normativos federais.

Ação dúplice – aquela em que o acolhimento ou a rejeição do pedido do autor tem o condão, por si só, de dar, na perspectiva do direito material, a mesma tutela jurisdicional para o réu como se ele próprio tivesse provocado o exercício da função jurisdicional.

Ação monitória – procedimento especial de jurisdição contenciosa que tem como finalidade o pagamento de quantia em dinheiro ou entrega de coisa fungível ou infungível ou de bem móvel ou imóvel ou, ainda, o adimplemento de obrigação de fazer ou de não fazer com base em prova escrita sem eficácia de título executivo.

Ação popular – procedimento jurisdicional constitucionalmente diferenciado no qual o cidadão pretende a prestação de tutela jurisdicional consistente na invalidação de atos lesivos ao patrimônio público ou de entidade de que o Estado participe, à moralidade administrativa, ao meio ambiente e ao patrimônio histórico e cultural.

Ação rescisória – demanda em que se pretende a desconstituição de coisa julgada pela ocorrência de uma das hipóteses do art. 966.

Ações de família – procedimento especial de jurisdição contenciosa que quer imprimir regras diferenciadas para a citação e para a audiência de conciliação ou de mediação em processos contenciosos de divórcio, separação, reconhecimento e extinção de união estável, guarda, visitação e filiação.

Ações possessórias – procedimento especial de jurisdição contenciosa que tem como finalidade a proteção da posse. Na expressão estão compreendidas a manutenção e reintegração de posse e interdito proibitório.

Acórdão – decisão colegiada proferida no âmbito dos Tribunais.

Ad quem – fim de um prazo (termo *ad quem*). Órgão superior a outro, o "juízo *a quo*".

Adjudicação – mecanismo expropriatório preferencial pelo qual o exequente ou outros legitimados adquirem os bens penhorados.

Advocacia – função essencial à Justiça destinada à orientação e atuação jurídicas em juízo ou fora dele.

Advogado – aquele que exerce a advocacia.

Advogado-Geral da União – Chefe da Advocacia da União Federal.

Advogados da União – advogados integrantes da carreira pública de advogados da União Federal.

Agravo de instrumento – recurso que permite o contraste imediato de determinadas decisões interlocutórias proferidas pelos juízos da primeira instância ao longo do processo. No CPC de 2015, o rol de decisões interlocutórias agraváveis de instrumento está no art. 1.015.

Agravo em recurso especial e em recurso extraordinário – agravo dirigido ao STJ ou STF para contrastar a decisão que inadmitir recurso extraordinário ou especial, salvo quando a decisão fundar-se na aplicação de entendimento firmado em regime de repercussão geral ou em julgamento de recursos repetitivos.

Agravo interno – recurso que viabiliza o controle colegiado das decisões monocráticas proferidas no âmbito dos Tribunais.

Alienação judicial – procedimento especial de jurisdição voluntária que tem como finalidade alienar bens com observância do contraditório.

Alienação por iniciativa particular – mecanismo expropriatório pelo qual o exequente, por ato seu ou mediante o auxílio de um corretor, aliena os bens penhorados.

Alteração do regime de bens do matrimônio – procedimento especial de jurisdição voluntária que permite a alteração do regime de bens do casamento.

Amicus curiae – modalidade de intervenção de terceiros pela qual um terceiro atua no processo fornecendo informações e alegações destinadas a viabilizar o proferimento de uma decisão que leve em consideração interesses dispersos na sociedade civil e no próprio Estado (interesses *institucionais*) que, de alguma forma, serão afetados pelo que for decidido no processo em que se dá a intervenção.

Apelação – recurso cabível das sentenças. As decisões interlocutórias não recorríveis por agravo de instrumento o são em sede de apelação ou de suas contrarrazões (art. 1.009, §§ 1o e 2o).

Arbitragem – meio alternativo de resolução de conflitos em que a decisão de um ou mais árbitros escolhidos pelas partes fazem as vezes de uma decisão judicial.

Arguição de descumprimento de preceito fundamental – procedimento jurisdicional constitucionalmente diferenciado que permite, ao STF, reconhecer o descumprimento de preceito fundamental decorrente da CF.

Arrematação – ato pelo qual, em leilão judicial, adquire-se o bem penhorado.

Arrematante – aquele que arremata.

Arrolamento – concentração procedimental do inventário para bens de menor valor.

Arrolamento sumário – otimização procedimental do inventário quando todos os herdeiros estiverem de acordo e requererem seu processamento em conjunto.

Assistência – modalidade de intervenção de terceiros na qual um terceiro (assistente) atua em prol de uma das partes (assistido) para se beneficiar direta ou indiretamente da decisão a ser proferida no processo.

Assistência litisconsorcial – modalidade de assistência em que o assistente está na mesma relação jurídica material em que contendem o assistido e seu adversário.

Assistência simples – modalidade de assistência em que o assistente não está na mesma relação jurídica material em que contendem o assistido e seu adversário.

Ata notarial – meio de prova lavrado por tabelião sobre a existência e o modo de existir de algum fato, inclusive imagem ou som gravados em arquivos eletrônicos.

Audiência de conciliação ou de mediação – audiência a ser realizada, como regra, no início do procedimento comum para viabilizar que as partes alcancem solução autocompositiva para seu conflito.

Audiência de instrução e julgamento – audiência realizada para a colheita da prova oral durante a fase instrutória.

Audiência de justificação – audiência realizada para a colheita de prova oral pelo magistrado com vistas ao convencimento quanto ao deferimento de "medida liminar".

Autor – aquele que, rompendo a inércia da jurisdição, pede a prestação da tutela jurisdicional em face de outrem.

Autos – documentação dos atos do processo e do próprio processo.

Autos eletrônicos – documentação em arquivos eletrônicos dos atos do processo e do próprio processo.

Autos físicos – documentação em papel dos atos do processo e do próprio processo.

B

Bens dos ausentes – procedimento especial de jurisdição voluntária que tem como finalidade o reconhecimento da ausência de uma dada pessoa, a arrecadação e a destinação devida a seu patrimônio.

C

Câmara – órgão interno de tribunal que tem competência para julgar determinadas questões de acordo com o respectivo regimento interno.

Carta arbitral – pedido de cooperação formulado por juízo arbitral ao juízo estatal.

Carta de ordem – determinação feita pelo Tribunal a juízo a ele vinculado para prática de atos.

Carta precatória – pedido de cooperação formulado entre órgãos jurisdicionais brasileiros de diferentes competências territoriais.

Carta rogatória – pedido para que órgão jurisdicional estrangeiro pratique ato de cooperação jurídica internacional relativo a processo em trâmite perante órgão jurisdicional brasileiro.

Chamamento ao processo – modalidade de intervenção de terceiros pela qual o réu (chamante) forma litisconsórcio passivo para a responsabilização conjunta e imediata de todos os corréus (chamados) em face do autor.

Citação – ato pelo qual são convocados o réu, o executado ou o interessado para integrar o processo.

Cognição exauriente – cognição jurisdicional não limitada no plano vertical, apta a transitar em julgado.

Cognição jurisdicional – intensidade ou profundidade (plano vertical) e quantidade ou extensão (plano horizontal) das matérias e das questões a serem consideradas pelo magistrado para formação de sua convicção.

Cognição sumária – cognição jurisdicional limitada quanto à intensidade ou profundidade das matérias e questões a serem consideradas pelo magistrado. O magistrado decide com base em juízos que não são de certeza.

Cognição parcial – cognição jurisdicional limitada no plano da quantidade ou extensão das matérias a serem consideradas pelo magistrado para formação de sua convicção.

Cognição plena – cognição jurisdicional não limitada no plano horizontal.

Coisa julgada – imutabilidade que certas decisões jurisdicionais assumem em nome da segurança jurídica.

Coisa julgada formal – diz-se da imutabilidade endoprocessual que resulta da não interposição ou do julgamento de todos os recursos cabíveis das decisões jurisdicionais.

Coisa julgada material – imutabilidade que certas decisões jurisdicionais, as que apreciam o "mérito" e que são proferidas com base em cognição exauriente, assumem em nome da segurança jurídica. A coisa julgada material tem consequências para fora do processo, são extraprocessuais.

Coisas vagas – procedimento especial de jurisdição voluntária que tem como finalidade apurar o dono ou legítimo possuidor de coisas achadas.

Comarca – divisão territorial relativa à organização da justiça estadual (e distrital) de primeira instância. Equivale à subseção judiciária no âmbito da justiça federal de primeira instância.

Competência – especificação da jurisdição reconhecida a um órgão jurisdicional.

Conciliador – auxiliar da justiça cujo múnus é o de oferecer soluções para o litígio.

Condições da ação – expressão empregada pelo CPC de 1973 que significava os requisitos mínimos aptos a verificar a seriedade da provocação do Estado-juiz no exercício do direito de ação. O CPC de 2015 aboliu a expressão e uma das condições (a possibilidade jurídica do pedido), preservando, contudo, o interesse de agir e a legitimidade para agir.

Conexão – fenômeno de *modificação* da competência que se verifica quando há, entre duas demandas, identidade de objeto (mediato) ou de causa de pedir (remota ou próxima).

Confissão – meio de prova pelo qual se pretende que uma parte reconheça fatos desfavoráveis a si e favoráveis à parte contrária.

Conflito de competência – procedimento desenvolvido no âmbito dos Tribunais para definição do órgão jurisdicional competente quando mais de um afirma ou nega sua competência concomitantemente.

Conhecer do recurso – expressão significativa de que o recorrente preencheu adequadamente as exigências relativas ao juízo de admissibilidade recursal.

Contestação – resposta do réu em que se concentram todas as suas defesas, de cunho processual ou meritório.

Continência – fenômeno de *modificação* da competência que se verifica quando, entre duas demandas, houver identidade de partes e de causa de pedir, mas o pedido de uma é mais amplo que o da outra.

Contrarrazões – resposta a recurso pugnando pela inadmissibilidade do recurso e/ou pela sua rejeição e manutenção da decisão recorrida.

Cumprimento de sentença – etapa do processo em que se desenvolve atividade jurisdicional visando à satisfação do direito reconhecido no título executivo.

Cumprimento provisório – possibilidade de dar início à fase de cumprimento de sentença antes do trânsito em julgado da decisão que fundamenta a prática dos atos executivos.

Curador – aquele que exerce a curatela do incapaz, isto é, sua representação ou assistência na vida civil e também no plano processual, em hipótese diversa da menoridade.

Curador especial – curador que, nomeado pelo magistrado, tem a função de atuar em juízo (no plano processual) em prol de determinadas pessoas.

Curatela – encargo público imposto pela lei a alguém para representar ou assistir maiores capazes que não têm condições de fazê-lo e administrar seu patrimônio.

Custas – valores devidos pela prestação dos serviços jurisdicionais, inclusive no âmbito recursal.

Custos legis – expressão latina que significa "fiscal da lei" ou, como prefere, pertinentemente o CPC, fiscal da *ordem jurídica*. É indicativa da atuação do Ministério Público como interveniente em processos alheios em prol da tutela jurisdicional de seus interesses institucionais.

Custos vulnerabilis – expressão latina significativa de "fiscal dos vulneráveis". É indicativa da atuação da Defensoria Pública como interveniente em processos alheios em prol da tutela jurisdicional de seus interesses institucionais.

D

Dar provimento ao recurso – expressão significativa de que o recurso deve ser acolhido para anular, reformar, esclarecer ou integrar a decisão recorrida.

Decisão – ato judicial que resolve questão, isto é, controvérsia acerca de afirmação sobre fato ou direito feita por uma das partes ou eventuais intervenientes.

Decisão interlocutória – todas as decisões proferidas pelo órgão jurisdicional de primeira instância que não sejam sentença.

Defensor Público – integrante da Defensoria Pública.

Defensor Público Geral – chefe da Defensoria Pública da União, do Distrito Federal ou dos Estados, consoante o caso.

Defensoria Pública – função essencial à Justiça que atua primordialmente em prol dos hipossuficientes, individual ou coletivamente, em juízo ou fora dele.

Defesa – qualquer manifestação do réu que signifique sua contraposição ao direito de ação exercitado pelo autor.

Demandar – o ato de o autor provocar concretamente o Estado-juiz para prestar a tutela jurisdicional pedida em uma petição inicial.

Denunciação da lide – modalidade de intervenção de terceiros pela qual o autor e/ou o réu (denunciantes) formulam, no mesmo processo, pedido de tutela jurisdicional em face de um terceiro (denunciado), viabilizando o exercício de eventual direito de regresso contra ele.

Depoimento pessoal – meio de prova consistente na oitiva das próprias partes (autor ou réu) em juízo.

Desconsideração da personalidade jurídica (incidente de) – modalidade de intervenção de terceiro que permite a apuração em contraditório e incidentalmente ao processo das razões de direito material que permitem a responsabilização direta do sócio ao lado da sociedade e também da própria sociedade em relação ao sócio (desconsideração inversa).

Desembargador – o magistrado dos Tribunais Regionais Federais e dos Tribunais de Justiça.

Deserção – pena aplicada aos recursos não preparados a tempo e modo oportunos. V. "preparo".

Despacho – pronunciamento judicial sem conteúdo decisório.

Dever-poder geral de antecipação – significativo da possibilidade de o magistrado autorizar a prática de atos com vistas a satisfazer o direito de uma das partes.

Dever-poder geral de cautela – significativo da possibilidade de o magistrado adotar medidas idôneas à asseguração do direito de uma das partes.

Disposições comuns à tutela e à curatela – procedimento especial de jurisdição voluntária que tem como finalidade a nomeação, a remoção e a substituição de tutor ou curador.

Divórcio consensual – procedimento especial de jurisdição voluntária que tem como finalidade a extinção do casamento por mútuo consenso dos cônjuges.

Documento – meio de prova consistente na apresentação de qualquer representação material ou eletrônica, qualquer que seja ela, de um fato ou de um ato.

E

Efeito devolutivo – efeito recursal que transfere para reexame perante o órgão *ad quem* a matéria impugnada pelo recorrente.

Efeito substitutivo – efeito recursal pelo qual a decisão proferida pelo órgão *ad quem* prevalece, quando conhecido o recurso, sobre a proferida pelo órgão *a quo*.

Efeito suspensivo – efeito recursal que impede o início da produção dos efeitos da decisão sujeita a recurso ou, se eles já estavam sendo sentidos, que os susta.

Efeito translativo – efeito recursal que autoriza a possibilidade de atuação oficiosa no âmbito dos Tribunais.

Embargos à execução – meio de defesa do executado nas execuções fundadas em títulos executivos *extrajudiciais*.

Embargos de declaração – recurso voltado ao esclarecimento de obscuridade, à eliminação de contradições, à supressão de omissões ou à correção de erros materiais alegadamente ocorrentes em qualquer decisão jurisdicional.

Embargos de divergência – recurso que busca uniformizar a jurisprudência dos órgãos fracionários do STF e do STJ.

Embargos de terceiro – procedimento especial de jurisdição contenciosa que tem como finalidade a tutela jurisdicional de um terceiro (embargante) diante da constrição ou ameaça de constrição de bem seu em processo em que contendem outras partes por determinação judicial.

Ementa – resumo das decisões jurisdicionais, obrigatória em se tratando de acórdãos.

Entrância – divisão administrativa adotada pelos Estados na organização judiciária para fins de hierarquização da carreira da Magistratura e do Ministério Público e alocação de recursos em geral.

Estado-juiz – Poder Judiciário. A expressão deve ser entendida como contraposta às demais funções exercidas pelo Estado, a legislativa (Estado-legislador) e a executiva (Estado-administração).

Estagiário – estudante de direito que atua como auxiliar de uma das funções essenciais à justiça.

Exceção de pré-executividade – meio de defesa do executado que viabiliza ao magistrado, independentemente da "impugnação" ou dos "embargos à execução", a apreciação de questões de ordem pública e/ou que não dependam de dilação probatória.

Exceções – no CPC de 1973, as "exceções" eram específicas defesas formais (processuais) apresentadas para arguir a incompetência relativa (exceção de incompetência) ou a suspeição ou o impedimento do magistrado (exceções de suspeição ou impedimento). Não foram preservadas pelo CPC de 2015.

Execução provisória – V. "Cumprimento provisório".

Executado – aquele em face de quem se pede a prestação da tutela jurisdicional executiva.

Exequente – aquele que pede a prestação da tutela jurisdicional executiva em face de outrem.

Exibição de documento ou coisa – meio de prova destinado a obrigar a parte contrária ou terceiro a mostrar documento ou coisa que detém.

Extinção consensual da união estável – procedimento especial de jurisdição voluntária que tem como finalidade a extinção da união estável por mútuo consenso dos companheiros.

F

Foro – território onde os magistrados exercem sua competência.

Foro regional – divisão territorial de uma mesma comarca estabelecida por razões de interesse público para melhor distribuição do serviço judiciário.

Fórum – instalação física (prédio) onde funcionam os órgãos jurisdicionais de primeira instância.

H

Habeas corpus – procedimento jurisdicional constitucionalmente diferenciado em que se pretende a prestação de tutela jurisdicional consistente na proteção do direito de locomoção.

Habeas data – procedimento jurisdicional constitucionalmente diferenciado em que o autor pretende a prestação de tutela jurisdicional consistente na obtenção, retificação ou esclarecimento de informações relativas à sua pessoa.

Habilitação – procedimento especial de jurisdição contenciosa que tem como finalidade viabilizar a sucessão no plano do processo.

Herança jacente – procedimento especial de jurisdição voluntária que tem como finalidade a arrecadação dos bens do falecido que não deixa herdeiros e colocá-los sob a guarda de um curador.

Homologação de sentença estrangeira e concessão do *exequatur* à carta rogatória – processo que se desenvolve perante o STJ para o reconhecimento de que decisões proferidas por órgãos jurisdicionais estrangeiros reúnem as condições necessárias para surtir seus efeitos no Brasil e para autorizar o cumprimento de cartas rogatórias no território nacional.

Homologação do penhor legal – procedimento especial de jurisdição contenciosa destinado a obter o reconhecimento jurisdicional da regularidade do apossamento de bens pelo credor para assegurar o pagamento de determinadas dívidas.

I

Impugnação – meio de defesa do executado nas execuções fundadas em títulos executivos judiciais.

Incidente de arguição de inconstitucionalidade – procedimento que se impõe, como regra, para a declaração de inconstitucionalidade de norma jurídica no âmbito dos Tribunais por causa do art. 97 da CF.

Incidente de assunção de competência – técnica para que órgão colegiado de Tribunal profira julgamento com caráter vinculante aos demais órgãos e juízes quando se tratar de relevante questão de direito com grande repercussão social sem repetição em múltiplos processos.

Incidente de resolução de demandas repetitivas – técnica para que os TRFs e os TJs em casos de repetição de processos a respeito de controvérsia sobre a mesma questão e quando houver risco de ofensa à isonomia e à segurança jurídica fixe tese jurídica a ser observada pelos demais órgãos jurisdicionais a ele sujeitos.

Indexador jurisprudencial – expressão que abrange as diversas decisões e teses que devem ser observadas pelos variados órgãos jurisdicionais tendo presente o disposto no art. 927 do CPC de 2015. V. "precedente".

Inspeção judicial – meio de prova pelo qual o magistrado analisa diretamente pessoas ou coisas para fins de esclarecimento.

Instância – grau da jurisdição classificada para fins de atividades jurisdicionais.

Interdição – procedimento especial de jurisdição voluntária que tem como finalidade o reconhecimento de causas que justificam a interdição e a nomeação do curador ao interditado.

Interesse – necessidade de pedir tutela jurisdicional para obtenção de determinada situação de vantagem atual ou potencial. Também chamado interesse de agir ou interesse processual.

Interpelação – procedimento especial de jurisdição voluntária destinado a dar ciência ao requerido para que ele faça ou deixe de fazer o que o requerente entenda ser de seu direito.

Interveniente – qualquer um que não seja autor ou réu e que requeira o ingresso no processo.

Intimação – ato pelo qual se dá ciência a alguém dos atos e dos termos do processo.

Inventariante – representante do espólio em juízo e fora dele.

Inventário e partilha – procedimento especial de jurisdição contenciosa destinado a identificar os bens deixados pelo falecido, quantificar seu valor, pagar seus credores e partilhá-los entre os herdeiros.

J

Juiz – agente da magistratura; sinônimo de "magistrado".

Juiz estadual – o magistrado de primeira instância que compõe a magistratura dos Estados.

Juiz federal – o magistrado de primeira instância que compõe a magistratura federal.

Juízo – célula mínima dos órgãos jurisdicionais de primeira instância; sinônimo de "vara".

Juízo de admissibilidade recursal – requisitos exigidos pelo sistema processual civil para exercício do direito de recorrer.

Juízo de mérito dos recursos – reconhecimento de que o recorrente tem ou não razão no seu pedido de reexame da decisão recorrida.

Julgamento antecipado do mérito – técnica de julgamento que permite ao magistrado proferir sentença de mérito independentemente da fase instrutória.

Julgamento antecipado parcial do mérito – técnica de julgamento que permite ao magistrado proferir decisão interlocutória de mérito independentemente de fase instrutória.

Julgamento conforme o estado do processo – técnica que permite ao magistrado proferir sentença independentemente da realização da fase instrutória.

Jurisdição – atividade típica e finalística desenvolvida pelo Poder Judiciário.

Jurisprudência – tendência do entendimento dos Tribunais em dado sentido.

Justiça Federal – órgão jurisdicional de primeira instância cuja competência é a do art. 109 da CF.

L

Legitimidade ativa – aquele que pode assumir o polo ativo do processo, isto é, ser autor.

Legitimidade para agir – requisito mínimo para alguém atuar ao longo do processo como autor ou como réu.

Legitimidade passiva – aquele que pode assumir o polo passivo do processo, isto é, ser réu.

Leilão – mecanismo judicial de expropriação de bens penhorados.

Liminar – V. "medida liminar".

Liquidação – ato ou fase processual destinado à quantificação da obrigação retratada no título executivo, isto é, a sua expressão monetária.

Liquidação pelo procedimento comum – técnica de liquidação com contraditório prévio (fase processual) em que a quantificação depende da alegação e da prova de fatos novos.

Liquidação por arbitramento – técnica de liquidação com contraditório prévio (fase processual) em que a quantificação depende de prova pericial.

Liquidação por cálculo – técnica de liquidação sem contraditório prévio (ato processual) em que a quantificação depende da apresentação de cálculos aritméticos.

Liquidação provisória – possibilidade de dar início aos atos de liquidação independentemente do trânsito em julgado do título executivo.

Litisconsórcio – pluralidade de partes no polo ativo e/ou passivo do processo.

M

Magistrado – agente da magistratura; sinônimo de "juiz".

Mandado de injunção – procedimento jurisdicional constitucionalmente diferenciado em que se pretende a prestação de tutela jurisdicional consistente em tornar viável o exercício dos direitos e liberdades constitucionais e das prerrogativas inerentes à nacionalidade, à soberania e à cidadania.

Mandado de segurança – procedimento jurisdicional constitucionalmente diferenciado em que se pretende a prestação de tutela jurisdicional consistente na proteção de direito líquido e certo, não amparado por *habeas corpus* ou *habeas data*, quando o responsável pela ilegalidade ou abuso de poder for autoridade pública ou quem desempenhe função pública.

Mandado de segurança coletivo – manifestação coletiva do mandado de segurança.

Mandado de segurança contra ato judicial – medida jurisdicional excepcional voltada ao contraste de decisões jurisdicionais que não admitem recursos capazes de evitar a consumação imediata de lesões ou ameaças a direito do jurisdicionado.

Mediador – auxiliar da justiça cujo múnus é o de viabilizar que as próprias partes compreendam as questões conflituosas e busquem a partir do restabelecimento da comunicação soluções consensuais.

Medida cautelar – V. "Dever-poder geral de cautela".

Medida liminar – decisão interlocutória proferida no início do processo antes da citação do réu ou após a realização da audiência de justificação veiculadora de tutela jurisdicional, em geral provisória.

Mérito – relativo ao enfrentamento, pelo magistrado, da lesão ou da ameaça a direito que justifica o exercício da função jurisdicional; sinônimo de "conflito de interesses"; "lide"; "objeto litigioso".

Ministério Público – função essencial à Justiça que tem como missão institucional a realização dos valores constantes dos arts. 127 e 129 da CF em juízo e fora dele.

Ministro – o magistrado dos Tribunais Superiores.

N

Não conhecer do recurso – expressão significativa de que o recorrente não preencheu adequadamente as exigências relativas ao juízo de admissibilidade recursal.

Negar provimento ao recurso – expressão significativa de que o recurso não deve ser acolhido, mantendo-se a decisão recorrida.

Notificação – procedimento especial de jurisdição voluntária destinado a dar ciência (formal) a pessoas participantes da mesma relação jurídica de assunto juridicamente relevante.

O

Oposição – procedimento especial de jurisdição contenciosa que permite que alguém (opoente) exclua o interesse do autor e do réu de outro processo (opostos) de um determinado direito ou bem que alega seu.

Ordem dos Advogados do Brasil – entidade que tem como missão institucional a realização das finalidades constantes do art. 44 da Lei n. 8.906/1994 em juízo e fora dele.

Organização e fiscalização das fundações – procedimento especial de jurisdição voluntária cuja finalidade é permitir ao Ministério Público fiscalizar a formação e a atuação das fundações.

P

Parte(s) – aquele(s) que pede(m) e em face de quem se pede a tutela jurisdicional.

Partilha – divisão dos bens do espólio entre os herdeiros e legatários.

Pedido contraposto – pedido de prestação de tutela jurisdicional formulado pelo réu em face do autor no mesmo processo em que demandado. Tradicionalmente, entende-se que, nesses casos, o réu não exerce uma *nova ação* em face do autor. V. "Reconvenção".

Perícia – meio de prova consistente na realização de exames e análises técnicas e especializadas por um profissional habilitado (perito).

Perito – auxiliar da justiça que realiza a perícia.

Petição – qualquer manifestação dirigida ao Poder Judiciário.

Petição inicial – formalização do pedido de prestação de tutela jurisdicional formulado pelo autor quando rompe a inércia da jurisdição.

Ponto – qualquer alegação feita em juízo antes de ela ser controvertida.

Porte de remessa e retorno dos autos – valores recolhidos aos cofres públicos para viabilizar o envio dos autos ao órgão *ad quem* e, posteriormente ao julgamento do recurso, sua devolução ao órgão *a quo*.

Precatório – solicitação dos presidentes dos Tribunais para a Administração Pública para que ela pague os débitos da Fazenda Pública reconhecidos pelo Poder Judiciário que não se amoldem ao conceito de "menor quantia".

Precedente – decisão proferida por Tribunais que se pretende vinculante (paradigmática). V. "indexador jurisprudencial".

Preclusão – perda da possibilidade da prática de algum ato processual pelo transcurso de um prazo (preclusão temporal); pela sua prática incompleta ou equivocada (preclusão consumativa); ou pela prática de algum ato incompatível com o que deveria ter sido praticado (preclusão lógica).

Prejudicial – diz-se de ponto e/ou questão quando a sua resolução tende a vincular o entendimento de outro ponto e/ou questão.

Preliminar – diz-se de ponto e/ou questão que deve ser resolvido antes de outro, mas sem vincular o seu entendimento.

Preparo – valor que deve ser recolhido aos cofres públicos pelo recorrente com a interposição do recurso. Compreende as custas e o porte de remessa e de retorno dos autos.

Pressupostos processuais – exigências do sistema processual civil que devem se fazer presentes ou ausentes para permitir que a atuação do Estado-juiz tenha início e desenvolvimento válidos.

Prevenção – fixação concreta de um entre vários juízos igualmente competentes.

Primeira instância – posição ocupada pelos juízes de direito e pelos juízes federais na organização judiciária.

Primeiro grau de jurisdição – órgão jurisdicional que exercerá, antes de qualquer outro, a função jurisdicional.

Procedimento – organização e sequenciamento dos atos processuais.

Procedimento comum – procedimento padrão estabelecido pelo CPC de 2015 para o desenvolvimento de atividade cognitiva para o reconhecimento do direito aplicável ao caso. Coincide, como regra, com a etapa de conhecimento (ou cognitiva) do processo.

Procedimento especial – procedimento que refoge às regras do procedimento comum.

Processo – método de atuação do Estado com vistas à exteriorização de sua vontade funcional.

Processo de conhecimento – expressão idiomática, largamente utilizada pela doutrina, pela jurisprudência e pela prática forense, que significa o processo em que prepondera a atividade intelectual do magistrado, isto é, a prática de atividade judicial voltada ao reconhecimento do direito aplicável ao caso concreto.

Procurador da República – membro do Ministério Público Federal que atua na primeira instância.

Procurador de Justiça – membro do Ministério Público ou do Distrito Federal que atua na segunda instância.

Procurador do Estado – advogado pertencente à carreira da advocacia pública de um dado Estado.

Procurador do Município – advogado pertencente à carreira da advocacia pública de um dado Município.

Procurador Regional da República – membro do Ministério Público Federal que atua na segunda instância.

Produção antecipada de provas – colheita antecipada da prova para fins de preservação da informação, fomentar a autocomposição, viabilizar ou evitar demanda futura.

Promotor de Justiça – membro do Ministério Público dos Estados ou do Distrito Federal que atua na primeira instância.

Prova testemunhal – meio de prova consistente na oitiva de terceiros em juízo sobre questões não técnicas.

Providências preliminares – atividades que o juiz pode ou deve praticar após a apresentação das respostas do réu visando ao "julgamento conforme o estado do processo".

Q

Questão – são os pontos controvertidos, isto é, as alegações feitas em juízo depois de serem negadas ou tornadas controversas.

R

Ratificação dos protestos marítimos e dos processos testemunháveis formados a bordo – procedimento especial de jurisdição voluntária que tem como finalidade dar publicidade adequada ao Diário da Navegação.

Razões recursais – razões pelas quais o recorrente pugna pela invalidação, reforma, esclarecimento ou integração da decisão recorrida.

Reclamação – medida que visa garantir a autoridade das decisões proferidas pelos Tribunais e a observância de determinadas decisões judiciais.

Reconvenção – pedido de prestação de tutela jurisdicional formulado pelo réu em face do autor no mesmo processo em que demandado. Tradicionalmente, entende-se que o réu exerce uma *nova* ação em face do autor. V. "Pedido contraposto".

Recorrente – aquele que exerce o direito de recorrer.

Recorrido – aquele em face de quem se exerce o direito de recorrer.

Recurso – técnica de revisão das decisões jurisdicionais dentro de um mesmo processo com o objetivo de reformá-la, invalidá-la, completá-la ou integrá-la.

Recurso adesivo – técnica de interposição de alguns recursos quando há "sucumbência recíproca".

Recurso especial – recurso cabível para o STJ nos casos do inciso III do art. 105 da CF.

Recurso extraordinário – recurso cabível para o STF nos casos do inciso III do art. 102 da CF.

Recurso especial ou extraordinário repetitivo – técnica de julgamento que permite o julgamento de idêntica questão de direito decorrente de múltiplos recursos especiais ou extraordinários pelo STJ ou pelo STF com vistas à sua aplicação pelos demais órgãos jurisdicionais.

Recurso ordinário – recurso cabível para o STF nos casos do art. 102, II, *a*, e para o STJ nos casos do art. 105, II, *b* e *c*, ambos da CF.

Região – divisão de competência que caracteriza a Justiça Federal.

Regulação de avaria grossa – procedimento especial de jurisdição contenciosa cuja finalidade é a de nomear regulador (arbitrador) das avarias grossas (comuns) para que as responsabilidades derivadas pela sua ocorrência sejam repartidas entre quem de direito de acordo com as regras do CCom.

Relator – magistrado que, no âmbito dos Tribunais, é o escolhido (por distribuição) para desempenhar a função jurisdicional cabível antes do colegiado.

Relevância das questões de direito federal infraconstitucional – exigência feita pelos §§ 2º e 3º do art. 105 da CF (incluídos pela EC n. 125/2022) para o cabimento dos recursos especiais.

Remessa necessária – estado de sujeição de algumas sentenças proferidas contra pessoas de direito público à reapreciação compulsória perante os TRFs ou os TJs.

Repercussão geral – exigência feita pelo § 3º do art. 102 da CF para o cabimento dos recursos extraordinários.

Requisição de pequeno valor – solicitação dos juízos da execução para a Administração Pública para que ela pague os débitos da Fazenda Pública de "menor quantia" reconhecidos pelo Poder Judiciário.

Representação processual – hipótese de alguém atuar no processo em nome alheio para buscar tutela jurisdicional em prol de direito alheio.

Restauração de autos – procedimento especial de jurisdição contenciosa destinado a refazer os autos do processo, eletrônicos ou não, quando extraviados ou destruídos.

Réu – aquele em face de quem a tutela jurisdicional é pedida.

Revelia – ausência de qualquer resposta do réu.

S

Saneamento e organização do processo – diz-se da atividade desempenhada pelo magistrado na fase ordinatória com vistas a eliminar quaisquer vícios ou irregularidades do processo que podem comprometer a prestação da tutela jurisdicional e preparar o processo para a fase instrutória.

Seção judiciária – cada um dos Estados e do Distrito Federal para fins de organização da Justiça Federal de primeira instância.

Segunda instância – a expressão deve ser entendida como correspondente aos TRFs e aos TJs no julgamento de apelações e agravos de instrumento e ao STF e ao STJ no julgamento de recursos ordinários.

Segundo grau de jurisdição – órgão jurisdicional que poderá revisar, em grau de recurso, alguma decisão do órgão de primeiro grau de jurisdição.

Sentença – decisão proferida pelo juiz de primeira instância que põe fim à fase cognitiva do processo com fundamento nos arts. 485 ou 487 ou que extingue a execução.

Separação consensual – procedimento especial de jurisdição voluntária que tem como finalidade a suspensão da vida em conjunto do casal por mútuo consenso dos cônjuges.

Subprocurador Regional da República – membro do Ministério Público Federal que atua no âmbito dos Tribunais Superiores.

Subseção judiciária – território onde o juiz federal de primeira instância desempenha sua competência. O equivalente à comarca no âmbito da justiça estadual de primeira instância.

Substituição processual – hipótese de alguém atuar no processo em nome próprio para buscar tutela jurisdicional em prol de direito alheio.

Sucedâneo recursal – técnica de revisão de decisões jurisdicionais que não são recursos.

Sucumbência recíproca – situação em que uma mesma decisão causa prejuízo para ambas as partes, ensejando a cada uma delas possibilidade de apresentarem recurso.

Sujeito(s) do processo – todos aqueles que participam do processo. É o conjunto formado por juiz, seus auxiliares, autor, réu, intervenientes e aqueles que exercem capacidade postulatória.

Súmula – consolidação formalizada em enunciado da jurisprudência dos Tribunais a partir da reiteração de decisões idênticas proferidas a partir de casos substancialmente iguais.

Súmula vinculante – consolidação formalizada em enunciado da jurisprudência do STF que se impõe aos demais órgãos jurisdicionais e aos órgãos da Administração Pública.

Superior Tribunal de Justiça – órgão jurisdicional superior da estrutura judiciária brasileira com a competência do art. 105 da CF.

Supremo Tribunal Federal – órgão jurisdicional máximo da estrutura judiciária brasileira, nos termos do art. 102 da CF.

T

Terceiro – aquele que não é autor nem réu.

Testamenteiro – responsável pelo cumprimento (execução) do testamento.

Testamentos e codicilos – procedimento especial de jurisdição voluntária destinado à abertura e/ou confirmação e cumprimento de testamentos e codicilos.

Título executivo – documento que atesta a existência de obrigação certa, exigível e líquida e que autoriza o início da prática de atos jurisdicionais executivos.

Título executivo extrajudicial – título executivo em que se dispensa a prévia intervenção do juiz para reconhecimento da obrigação inadimplida.

Título executivo judicial – toda decisão jurisdicional ou equivalente a ela que autoriza o exercício da função jurisdicional com vistas à prestação da tutela jurisdicional executiva.

Transitar em julgado – característica de decisões que, apreciando o mérito e ostentando cognição exauriente, não podem ser mais impugnadas por quaisquer recursos.

Tribunais Regionais Federais – cada um dos órgãos de segunda instância da justiça federal que atuam nas suas respectivas regiões.

Tribunal – órgãos jurisdicionais que se localizam acima dos juízes de primeira instância. Em contraposição a "fórum", significa a instalação física em que funcionam aqueles próprios órgãos jurisdicionais.

Tribunal de Alçada – órgão de segunda instância da justiça de alguns Estados, extintos com o advento da Emenda Constitucional n. 45/2004.

Tribunal de Justiça – órgão de segunda instância da justiça dos Estados ou do Distrito Federal.

Tribunal Federal de Recursos – órgão de segunda instância da justiça federal, extinto com o advento da CF de 1988.

Turma – órgão interno de tribunal que tem competência para julgar determinadas questões de acordo com o respectivo regimento interno.

Tutela antecipada – V. "Dever-poder geral de antecipação".

Tutela cautelar – V. "Dever-poder geral de cautela".

Tutela jurisdicional – proteção outorgada pelo juiz quando reconhece o direito cuja afirmação de lesão ou ameaça impulsiona e justifica a atuação do Poder Judiciário.

Tutela provisória – técnica processual que permite ao magistrado satisfazer ou assegurar o direito com fundamento na urgência ou em evidência.

V

Vara – célula mínima dos órgãos jurisdicionais de primeira instância; sinônimo de "juízo".

Bibliografia*

ABELHA RODRIGUES, Marcelo. *Manual de execução civil*. 5. ed. Rio de Janeiro: Forense, 2015.

_____. *O que fazer quando o executado é um cafajeste? Apreensão de passaporte? Da carteira de motorista?* Texto cedido pelo autor.

ABBOUD, Georges. *Discricionariedade administrativa e judicial*. São Paulo: Revista dos Tribunais, 2014.

_____. *Jurisdição constitucional e direitos fundamentais*. São Paulo: Revista dos Tribunais, 2011.

ALVIM, Angélica Arruda; ASSIS, Araken de; ALVIM, Eduardo Arruda; LEITE, George Salomão (coord.). *Comentários ao Código de Processo Civil*. São Paulo: Saraiva, 2016.

ALVIM, Eduardo Arruda. *Direito processual civil*. 5. ed. São Paulo: Revista dos Tribunais, 2014.

ALVIM, Teresa Arruda. *Nulidades do processo e da sentença*. 8. ed. São Paulo: Revista dos Tribunais, 2017.

AMARAL, Guilherme Rizzo. *Comentários às alterações do novo CPC*. São Paulo: Revista dos Tribunais, 2015.

ANDOLINA, Italo; VIGNERA, Giuseppe. *Il modello costituzionale del processo civile italiano*. Torino: Giappichelli, 1990.

ANDREWS, Neil. *O moderno processo civil*. 2. ed. Tradução de Teresa Arruda Alvim Wambier. São Paulo: Revista dos Tribunais, 2012.

APRIGLIANO, Ricardo de Carvalho. *Ordem pública e processo*: o tratamento das questões de ordem pública no direito processual civil. São Paulo: Atlas, 2011.

ARAÚJO, Luciano Vianna. *Sentenças parciais?* São Paulo: Saraiva, 2011.

ARAÚJO, Nadia de (coord.). *Cooperação jurídica internacional no Superior Tribunal de Justiça*: comentários à Resolução n. 9/2005. Rio de Janeiro: Renovar, 2010.

ARENHART, Sérgio Cruz; MARINONI, Luiz Guilherme. *Prova e convicção*. São Paulo: Revista dos Tribunais, 2015.

---

* A bibliografia aqui indicada limita-se aos livros e artigos que, para além dos de que me vali para a elaboração do meu *Curso sistematizado de direito processual civil* (e de suas constantes atualizações), despertaram meu interesse a propósito de novos temas, novas reflexões e em função do CPC de 2015. Ela permitirá ao prezado leitor, sem prejuízo das indicações feitas ao fim de cada Capítulo, desenvolver e aprimorar seus estudos, realizando novas jornadas e traçando novos rumos, quiçá totalmente diversos dos que proponho neste *Manual*, com relação ao direito processual civil.

ARRUDA ALVIM. *Manual de direito processual civil*. 17. ed. São Paulo: Revista dos Tribunais, 2017.

ASSIS, Araken de. *Manual da execução*. 19. ed. São Paulo: Revista dos Tribunais, 2017.

_____. *Manual dos recursos*. 8. ed. São Paulo: Revista dos Tribunais, 2016.

_____. *Processo civil brasileiro*, vol. I. 2. ed. São Paulo: Revista dos Tribunais, 2016.

_____. *Processo civil brasileiro*, vol. II, tomo I. 2. ed. São Paulo: Revista dos Tribunais, 2016.

_____. *Processo civil brasileiro*, vol. II, tomo II. 2. ed. São Paulo: Revista dos Tribunais, 2016.

_____. *Processo civil brasileiro*, vol. III. 2. ed. São Paulo: Revista dos Tribunais, 2016.

ATAÍDE JÚNIOR, Jaldemiro Rodrigues de. *Precedentes vinculantes e irretroatividade do direito no sistema processual brasileiro*: os precedentes dos Tribunais Superiores e sua eficácia temporal. Curitiba: Juruá, 2012.

BARBOSA MOREIRA, José Carlos. *Comentários ao Código de Processo Civil*, 15. ed. Rio de Janeiro: Forense, 2009.vol. V.

BEDAQUE, José Roberto dos Santos. *Direito e processo*. 6. ed. São Paulo: Malheiros, 2011.

_____. *Efetividade do processo e técnica processual*. 3. ed. São Paulo: Malheiros, 2010.

BELTRAME, Adriana. *Reconhecimento de sentenças estrangeiras*. Rio de Janeiro: GZ, 2010.

BENEDUZI, Renato Resende. *Introdução ao processo civil alemão*. Salvador: JusPodivm, 2015.

_____. Sentenças terminativas e coisa julgada material no processo alemão. *Revista de Processo*, vol. 229. São Paulo: Revista dos Tribunais, 2014.

BERALDO, Leonardo de Faria. *Comentários às inovações do Código de Processo Civil*. Belo Horizonte: Del Rey, 2015.

BERALDO, Maria Carolina Silveira. *O comportamento dos sujeitos processuais como obstáculo à razoável duração do processo*. São Paulo: Saraiva, 2013.

_____. *Processo e procedimento à luz da Constituição Federal de 1988*: normas processuais e procedimentais civis. Tese de Doutorado. São Paulo: USP, 2015.

BOECKEL, Fabrício Dani de; ROSA, Karin Regine Rick; SCARPARO, Eduardo (org.). *Estudos sobre o novo Código de Processo Civil*. Porto Alegre: Livraria do Advogado, 2015.

BRAGA, Paula Sarno. *Norma de processo e norma de procedimento*. Salvador: JusPodivm, 2015.

BUZAID, Alfredo. *Da apelação* ex officio *no sistema do Código de Processo Civil*. São Paulo: Saraiva, 1951.

CABRAL, Antonio do Passo. *Coisa julgada e preclusões dinâmicas*: entre continuidade, mudança e transição de posições processuais estáveis. 2. ed. Salvador: JusPodivm, 2014.

CABRAL, Antonio do Passo; CRAMER, Ronaldo (coord.). *Comentários ao novo Código de Processo Civil*. 2. ed. Rio de Janeiro: GEN/Forense, 2016.

CABRAL, Trícia Navarro Xavier. *Poderes instrutórios do juiz no processo de conhecimento*. Brasília: Gazeta Jurídica, 2012.

CAHALI, Cláudia Elisabete Schwerz. *O gerenciamento de processos judiciais*: em busca da efetividade da prestação jurisdicional. Brasília: Gazeta Jurídica, 2013.

CAHALI, Francisco José. *Curso de arbitragem*. 3. ed. São Paulo: Revista dos Tribunais, 2013.

CALMON FILHO, Petrônio. *Fundamentos da mediação e da conciliação*. 2. ed. Brasília: Gazeta Jurídica, 2013.

CÂMARA, Alexandre Freitas. *Ação rescisória*. 3. ed. São Paulo: Atlas, 2014.

CAMARGO, Luiz Henrique Volpe. O incidente de resolução de demandas repetitivas no projeto de novo CPC: a comparação entre a versão do Senado Federal e a da Câmara dos Deputados. In: FREIRE, Alexandre e outros (coords.). *Novas tendências do processo civil*: estudos sobre o projeto do novo Código de Processo Civil. Salvador: JusPodivm, 2014. vol. 3.

CAMBI, Eduardo. *Neoconstitucionalismo e neoprocessualismo*: direitos fundamentais, políticas públicas e protagonismo judiciário. São Paulo: Almedina, 2016.

CAPPELLETTI, Mauro. *Processo, ideologias e sociedade*, Tradução e notas de Elício de Cresci Sobrinho. Porto Alegre: Fabris, 2008. vol. 1.

CARNEIRO, Paulo Cezar Pinheiro; PINHO, Humberto Dalla Bernardina de (coords.). *Novo Código de Processo Civil*: anotado e comparado. Rio de Janeiro: Forense, 2015.

CARNEIRO JÚNIOR, Amilcar Araújo. *A contribuição dos precedentes judiciais para a efetividade dos direitos fundamentais*. Brasília: Gazeta Jurídica, 2012.

CARPI, Federico. *La provisória esecutorietá della sentenza*. Milão: Giuffrè, 1979.

CARVALHO, Fabiano. *Ação rescisória*: decisões rescindíveis. São Paulo: Saraiva, 2010.

CASTRO, Daniel Penteado de. *Poderes instrutórios do juiz no processo civil*. São Paulo: Saraiva, 2013.

CAVALCANTI, Marcos de Araújo. *Questões prejudiciais e coisa julgada material*: proposições conceituais, interpretativas e normativas para o enfrentamento da litigiosidade. Tese de Doutorado. São Paulo: PUCSP, 2018.

CIANCI, Mirna. *O acesso à justiça e as reformas do CPC*. São Paulo: Saraiva, 2009.

CRAMER, Ronaldo. *Ação rescisória por violação da norma jurídica*. 2. ed. Salvador: JusPodivm, 2012.

CUNHA, Leonardo José Carneiro da. A *translatio iudicii* no projeto do novo Código de Processo Civil brasileiro. *Revista de Processo*, vol. 208. São Paulo: Revista dos Tribunais, 2012.

_____. *Jurisdição e competência*. 2. ed. São Paulo: Revista dos Tribunais, 2013.

CURY, Augusto Jorge. *Ônus da prova e sua inversão no novo direito processual civil*. Curitiba: Juruá, 2015.

DALL'OLIO, Gustavo. *Competência legislativa em matéria de processo e procedimento*. Dissertação de Mestrado. São Paulo: PUCSP, 2010.

DAMASKA, Mirjan R. *Las caras de la justicia y el poder del estado*. Tradução de Andrea Morales Vidal. Santiago de Chile: Editorial Jurídica de Chile, 2000.

DELLORE, Luiz. *Estudos sobre coisa julgada e controle de constitucionalidade*. Rio de Janeiro: Forense, 2013.

DIDIER JR., Fredie. *Curso de direito processual civil*. 18. ed. Salvador: JusPodivm, 2016. vol. 1

_____. *Fundamentos do princípio da cooperação no direito processual civil português*. Coimbra: Wolters Kluwer Portugal/Coimbra Editora, 2010.

_____. *Pressupostos processuais e condições da ação*: o juízo de admissibilidade do processo. São Paulo: Saraiva, 2005.

_____. *Sobre a teoria geral do processo, essa desconhecida*. Salvador: JusPodivm, 2012.

_____. (org.). *Reconstruindo a teoria geral do processo*. Salvador: JusPodivm, 2012.

DIDIER JR., Fredie; BASTOS, Antonio Adonias Aguiar. *O projeto de novo Código de Processo Civil*: estudos em homenagem ao Professor José Joaquim Calmon de Passos. 2ª série. Salvador: JusPodivm, 2012.

DIDIER JR., Fredie; BRAGA, Paula Sarno; OLIVEIRA, Rafael Alexandria de. *Curso de direito processual civil*. 11. ed. Salvador: JusPodivm, 2016. vol. 2.

DIDIER JR., Fredie; CUNHA, Leonardo Carneiro da. *Curso de direito processual civil*. 13. ed. Salvador: JusPodivm, 2016. vol. 3.

DIDIER JR., Fredie; CUNHA, Leonardo Carneiro da; BRAGA, Paula Sarno; OLIVEIRA, Rafael Alexandria de. *Curso de direito processual civil*. 7. ed. Salvador: JusPodivm, 2017. vol. 5.

DIDIER JR., Fredie; NOGUEIRA, Pedro Henrique Pedrosa. *Teoria dos fatos jurídicos processuais*. 2. ed. Salvador: JusPodivm, 2013.

DIDIER JR., Fredie; PEIXOTO, Ravi. *Novo Código de Processo Civil comparativo com o Código de 1973*. Salvador: JusPodivm, 2015.

DINAMARCO, Cândido Rangel. *Capítulos da sentença*. 6. ed. São Paulo: Malheiros, 2014.

_____. *Instrumentalidade do processo*. 15. ed. São Paulo: Malheiros, 2013.

DONOSO, Denis. *Julgamento prévio de mérito. O art. 285-A do CPC*. São Paulo: Saraiva, 2011.

FACCIN, Miriam Costa. *Estudo sobre as astreintes*: do direito francês ao direito brasileiro. Dissertação de Mestrado. São Paulo: PUCSP, 2014.

FARIA, Paulo Ramos de; LOUREIRO, Ana Luísa. *Primeiras notas ao novo Código de Processo Civil*. Coimbra: Almedina, 2013. vol. 1.

FARINA, Fernanda Mercier Querido. *Técnicas de agregação de demandas repetitivas*: uma análise comparativa com a experiência norte-americana em busca da eficiência processual. Dissertação de Mestrado. São Paulo: USP, 2014.

FERREIRA, Paulo Roberto Gaiger; RODRIGUES, Felipe Leonardo. *Ata notarial*: doutrina, prática e meio de prova. São Paulo: Quartier Latin, 2010.

FERREIRA, William Santos. *Princípios fundamentais da prova cível*. São Paulo: Revista dos Tribunais, 2014.

_____. Transições paradigmáticas, máxima eficiência e técnicas executivas típicas e atípicas no direito probatório. In: JOBIM, Marco Félix; FERREIRA, William Santos (coord.). *Direito probatório*. 2. ed. Salvador: JusPodivm, 2016.

FIGUEIREDO, Marcelo. *O controle de constitucionalidade e de convencionalidade no Brasil*. São Paulo: Malheiros, 2016.

FREIRE, Alexandre e outros (orgs.). *Novas tendências do processo civil*: estudos sobre o Projeto do novo Código de Processo Civil. Salvador: JusPodivm, 2014. vol. 2 e 3.

FREITAS, José Lebre de; SANTOS, Cristina Máximo dos. *O processo civil na Constituição*. Coimbra: Coimbra Editora, 2008.

FUX, Luiz (coord.). *O novo processo civil brasileiro*: direito em expectativa. Rio de Janeiro: Forense, 2011.

GABBAY, Daniela Monteiro. *Mediação & judiciário no Brasil e nos EUA*: condições, desafios e limites para a institucionalização da mediação no Judiciário. Brasília: Gazeta Jurídica, 2013.

GAGNO, Luciano Picoli. *Ensaio sobre a coletivização de demandas individuais*. Tese de Doutorado. São Paulo: USP, 2014.

GAJARDONI, Fernando da Fonseca. *A competência constitucional dos Estados em matéria de procedimento (art. 24, XI, da CF)*: pontos de partida para a releitura de alguns problemas do processo civil brasileiro. Texto cedido pelo autor.

_____. *Flexibilidade procedimental (um novo enfoque para o estudo do procedimento em matéria processual)*. São Paulo: Atlas, 2008.

GAJARDONI, Fernando da Fonseca; DELLORE, Luiz; ROQUE, André Vasconcellos; OLIVEIRA JR., Zulmar Duarte de. *Teoria geral do processo*: comentários ao CPC de 2015. Parte geral. São Paulo: Método, 2015.

_____. *Processo de conhecimento e cumprimento de sentença*: comentários ao CPC de 2015. São Paulo: Método, 2016.

_____. *Execução e recursos*: comentários ao CPC de 2015. São Paulo: Método, 2017.

GARCIA, Gustavo Filipe Barbosa. *Novo Código de Processo Civil*: principais modificações. Rio de Janeiro: Forense, 2015.

GASPARETTI, Marco Vanin. *Competência internacional no direito processual civil brasileiro*. São Paulo: Saraiva, 2011.

GOMES, Gustavo Gonçalves. *Juiz participativo*: meio democrático de condução do processo. São Paulo: Saraiva, 2014.

GRECO, Leonardo. A reforma do direito probatório no processo civil brasileiro. *Revista de Processo*, vol. 240. São Paulo: Revista dos Tribunais, 2015.

_____. Breves comentários aos primeiros 51 artigos do projeto de novo Código de Processo Civil (projeto de lei do Senado 166/2010). *Revista Eletrônica de Direito Processual*, vol. VI. Disponível em: <www.arcos.org.br>. Acesso em: 30 mar. 2015.

_____. *Instituições de direito processual civil*. 5. ed. Rio de Janeiro: Forense, 2015. vol. I

_____. *Instituições de direito processual civil*. 3. ed. Rio de Janeiro: Forense, 2015. vol. II.

_____. *Translatio iudicii* e reassunção do processo. *Revista de Processo*, vol. 166. São Paulo: Revista dos Tribunais, 2008.

GRINOVER, Ada Pellegrini; CARMONA, Carlos Alberto; LUCON, Paulo Henrique dos Santos; SCARPINELLA BUENO, Cassio. Exposição de motivos de "Projeto Substitutivo". In: SILVA, José Anchieta da (coord.). *O novo processo civil*. São Paulo: Lex, 2012.

GUIMARÃES, Rafael de Oliveira. *Os agravos interno e regimental*. Brasília: Gazeta Jurídica, 2013.

HENNING, Fernando Alberto Corrêa. *Ação concreta*: relendo Wach e Chiovenda. Porto Alegre: Sergio Antonio Fabris Editor, 2000.

HESSE, Konrad. *A força normativa da Constituição*. Tradução de Gilmar Ferreira Mendes. Porto Alegre: Fabris, 1991.

HILL, Flávia Pereira. *O direito processual transnacional como forma de acesso à Justiça no século XXI*: os reflexos e desafios da sociedade contemporânea para o direito processual civil e a concepção de um título executivo transnacional. Rio de Janeiro: GZ, 2013.

HOFFMAN, Paulo. *Saneamento compartilhado*. São Paulo: Quartier Latin, 2011.

JACOB, Cesar Augusto Alckmin. *A reclamação como instrumento de controle da aplicação de precedentes do STF e do STJ*: análise funcional, estrutural e crítica. Dissertação de Mestrado. São Paulo: USP, 2015.

KERN, Christoph. *Justice between simplification and formalism*. Tübingen: Mohr Siebeck, 2007.

LEITE, Clarisse Frechiani Lara. *Evicção e processo*. São Paulo: Saraiva, 2013.

LEONEL, Ricardo de Barros. *Tutela jurisdicional diferenciada*. São Paulo: Revista dos Tribunais, 2010.

LIMA, Alcides de Mendonça. *Introdução aos recursos cíveis*. São Paulo: Revista dos Tribunais, 1976.

LIMA, Tiago Asfor Rocha. *Precedentes judiciais no Brasil*. São Paulo: Saraiva, 2013.

LUCON, Paulo Henrique dos Santos. *Relação entre demandas*. 2. ed. Brasília: Gazeta Jurídica, 2018.

LUCON, Paulo Henrique dos Santos; APRIGLIANO, Ricardo de Carvalho; SILVA, João Paulo Hecker da; VASCONCELOS, Ronaldo; ORTHMANN, André (coord.). *Processo em jornadas*. Salvador: JusPodivm, 2016.

MANCUSO, Rodolfo de Camargo. *A resolução dos conflitos e a função judicial no contemporâneo Estado de Direito*. 2. ed. São Paulo: Revista dos Tribunais, 2014.

_____. *Acesso à justiça*: condicionantes legítimas e ilegítimas. São Paulo: Revista dos Tribunais, 2011.

MANGONE, Katia Aparecida. *Modulação temporal dos efeitos de julgamento de recursos extraordinários e de recursos especiais*. Tese de Doutorado. São Paulo: PUCSP, 2014.

_____. *Prequestionamento e questões de ordem pública no Recurso Extraordinário e no Recurso Especial*. São Paulo: Saraiva, 2013.

MARINONI, Luiz Guilherme. *A ética dos precedentes*. São Paulo: Revista dos Tribunais, 2013.

_____. *O STJ enquanto corte de precedentes*. 2. ed. São Paulo: Revista dos Tribunais, 2014.

_____. *Precedentes obrigatórios*. 3. ed. São Paulo: Revista dos Tribunais, 2013.

MARINONI, Luiz Guilherme; ARENHART, Sérgio Cruz; MITIDIERO, Daniel. *Novo Código de Processo Civil comentado*. São Paulo: Revista dos Tribunais, 2015.

MARQUES, José Frederico. *Ensaio sobre a jurisdição voluntária*. Campinas: Millennium, 2000.

MEDEIROS NETO, Elias Marques de. *Penhora de percentual do faturamento de empresa devedora na execução por quantia certa contra devedor solvente*: uma leitura com base no princípio da efetividade do processo. Tese de Doutorado. São Paulo: PUCSP, 2014.

MEDINA, José Miguel Garcia. *Novo Código de Processo Civil comentado*. 3. ed. São Paulo: Revista dos Tribunais, 2015.

MENDES, Aluisio Gonçalves de Castro. *Ações coletivas e meios de resolução coletiva de conflitos no direito comparado e nacional*. 4. ed. São Paulo: Revista dos Tribunais, 2014.

MENDES, Aluisio Gonçalves de Castro; MARINONI, Luiz Guilherme; WAMBIER, Teresa Arruda Alvim (coords.). *Direito jurisprudencial*. São Paulo: Revista dos Tribunais, 2014. vol. 2.

MIESSA, Elisson (org.). *O novo Código de Processo Civil e seus reflexos no processo do trabalho*. Salvador: JusPodivm, 2015.

MILLER, Cristiano Simão. *Recurso ordinário e apelação em mandado de segurança*: cognição, efeito suspensivo e suspensão de segurança. Brasília: Gazeta Jurídica, 2013.

MITIDIERO, Daniel. *Antecipação da tutela*. 2. ed. São Paulo: Revista dos Tribunais, 2014.

_____. *Cortes superiores e cortes supremas*: do controle à interpretação, da jurisprudência ao precedente. São Paulo: Revista dos Tribunais, 2013.

MONTENEGRO FILHO, Misael. *Novo Código de Processo Civil*: modificações substanciais. Com a revisão e a colaboração de José Herval Sampaio Junior. São Paulo: Atlas, 2015.

MOURÃO, Luis Eduardo Ribeiro. *Coisa julgada*. Belo Horizonte: Fórum, 2008.

NEGRÃO, Theotonio; GOUVÊA, José Roberto Ferreira; BONDIOLI, Luis Guilherme A.; FONSECA, João Francisco N. da. *Código de Processo Civil e legislação processual em vigor*. 48. ed. São Paulo: Saraiva, 2017.

NERY JUNIOR, Nelson. *Princípios do processo na Constituição Federal*. 12. ed. São Paulo: Revista dos Tribunais, 2016.

NERY JUNIOR, Nelson; NERY, Rosa Maria de Andrade. *Comentários ao Código de Processo Civil*. São Paulo: Revista dos Tribunais, 2015.

NEVES, Daniel Amorim Assumpção. *Manual de direito processual civil*. 9. ed. Salvador: JusPodivm, 2017.

_____. *Novo Código de Processo Civil comentado*. 2. ed. Salvador: JusPodivm, 2017.

NEVES, Castanheira A. *O instituto dos 'assentos' e a função jurídica dos Supremos Tribunais*. Reimpressão. Coimbra: Coimbra editora, 2014.

NETO, Abilio. *Novo Código de Processo Civil anotado*. 2. ed. Lisboa: Ediforum, 2014.

NOGUEIRA, Antonio de Pádua Soubhie. *Modulação dos efeitos das decisões no processo civil*. São Paulo: Faculdade de Direito da Universidade de São Paulo, 2013.

NOGUEIRA, Gustavo Santana. *Precedentes vinculantes no direito comparado e brasileiro*. 2. ed. Salvador: JusPodivm, 2012.

_____. *Stare decidis et non quieta movere*: a vinculação aos precedentes no direito comparado e brasileiro. Rio de Janeiro: Lumen Juris, 2011.

OLIVEIRA, Bruno Silveira de; JORGE, Flávio Cheim; ABELHA RODRIGUES, Marcelo; NOLASCO, Rita Dias; MAZZEI, Rodrigo (coords.). *Recursos e a duração razoável do processo*. Brasília: Gazeta Jurídica, 2013.

OLIVEIRA, Evandro Carlos de. *A multa no Código de Processo Civil*. São Paulo: Saraiva, 2011.

OLIVEIRA, Guilherme Peres de. *Adaptabilidade judicial*: modificação do procedimento pelo juiz no processo civil. São Paulo: Saraiva, 2013.

OLIVEIRA NETO, Olavo de; MEDEIROS NETO, Elias Marques de; OLIVEIRA, Patrícia Elias Cozzolino de. *Curso de direito processual civil*. São Paulo: Verbatim, 2015. vol. 1.

PEÑA, Eduardo Chemale Selistre. *Poderes e atribuições do juiz*. São Paulo: Saraiva, 2014.

PEREIRA, Marcela Harumi Takanashi. *Sentença estrangeira*: efeitos independentes da homologação. Belo Horizonte: Del Rey, 2010.

PICÓ I JUNOY, Joan. *Las garantías constitucionales del proceso*. Barcelona: Bosch, 1997.

PIMENTA, Matusalém Gonçalves. *Processo marítimo*: formalidades e tramitação. 2. ed. São Paulo: Manole, 2013.

PINHEIRO, Paulo Eduardo D'Arce. *Poderes executórios do juiz*. São Paulo: Saraiva, 2011.

PINTO, Júnior Alexandre Moreira. *Conteúdo e efeitos das decisões judiciais*. São Paulo: Atlas, 2008.

PUOLI, José Carlos Baptista; BONÍCIO, Marcelo José Magalhães; LEONEL, Ricardo de Barros (coord.). *Direito processual constitucional*. Brasília: Gazeta Jurídica, 2016.

QUARTIERI, Rita. *Tutelas de urgência na execução civil*. São Paulo: Saraiva, 2009.

RAGONE, Álvaro J. D. Pérez. Retrato del revisionismo garantista en el proceso civil a través de Klein y Wach: algunas precisiones sobre eficiencia y derechos procesales. *Revista de Processo*, vol. 233. São Paulo: Revista dos Tribunais, 2014.

REIMUNDIN, Ricardo. *Los conceptos de pretensión y acción en la doctrina actual*. Buenos Aires: Victor P. de Zavalia, 1966.

RIBEIRO, Darci Guimarães. *Da tutela jurisdicional às formas de tutela*. Porto Alegre: Livraria do Advogado, 2010.

RODRIGUES, Fernando Pereira. *O novo processo civil*: os princípios estruturantes. Coimbra: Almedina, 2013.

SANTOS, Welder Queiroz dos. A vedação à prolação de "decisão-surpresa" na Alemanha. *Revista de Processo*, vol. 240. São Paulo: Revista dos Tribunais, 2015.

_____. *Vedação à decisão surpresa no processo civil*. Dissertação de Mestrado. São Paulo: PUCSP, 2012.

SCARPARO, Eduardo. *As invalidades processuais civis na perspectiva do formalismo-valorativo*. Porto Alegre: Livraria do Advogado, 2013.

SCARPINELLA BUENO, Cassio. *A nova Lei do Mandado de Segurança*: comentários sistemáticos à Lei n. 12.016, de 7 de agosto de 2009. 2. ed. São Paulo: Saraiva, 2010.

_____. A "revisão" do texto do novo CPC. Disponível em: <http://portalprocessual.com/a-revisao-do-texto-do-novo-cpc-2/>. Acesso em: 19 fev. 2015.

_____. Ainda a "revisão" do texto do novo CPC. Disponível em: <http://jota.info/ainda-sobre-a-revisao-do-novo-cpc>. Acesso em: 14 mar. 2015.

_____. *Amicus curiae* e a evolução do direito processual civil brasileiro. In: MENDES, Aluisio Gonçalves de Castro; WAMBIER, Teresa Arruda Alvim (coords.). *O processo em perspectiva*: Jornadas Brasileiras de Direito Processual. São Paulo: Revista dos Tribunais, 2013.

_____. *Amicus curiae* no IRDR, no RE e REsp repetitivos: suíte em homenagem à Professora Teresa Arruda Alvim. In: DANTAS, Bruno; SCARPINELLA BUENO, Cassio; CAHALI, Cláudia Elisabete Schwerz; NOLASCO, Rita Dias (coord.). *Estudos em homenagem à Professora Teresa Arruda Alvim*. São Paulo: Revista dos Tribunais, 2017.

_____. *Amicus curiae*: uma homenagem a Athos Gusmão Carneiro. In: DIDIER JR., Fredie; CERQUEIRA, Luís Otávio Sequeira de; CALMON FILHO, Petrônio; TEIXEIRA, Sálvio de Figueiredo; WAMBIER, Teresa Arruda Alvim (coords.). *O terceiro no processo civil brasileiro e assuntos correlatos*: estudos em homenagem ao Professor Athos Gusmão Carneiro. São Paulo: Revista dos Tribunais, 2010.

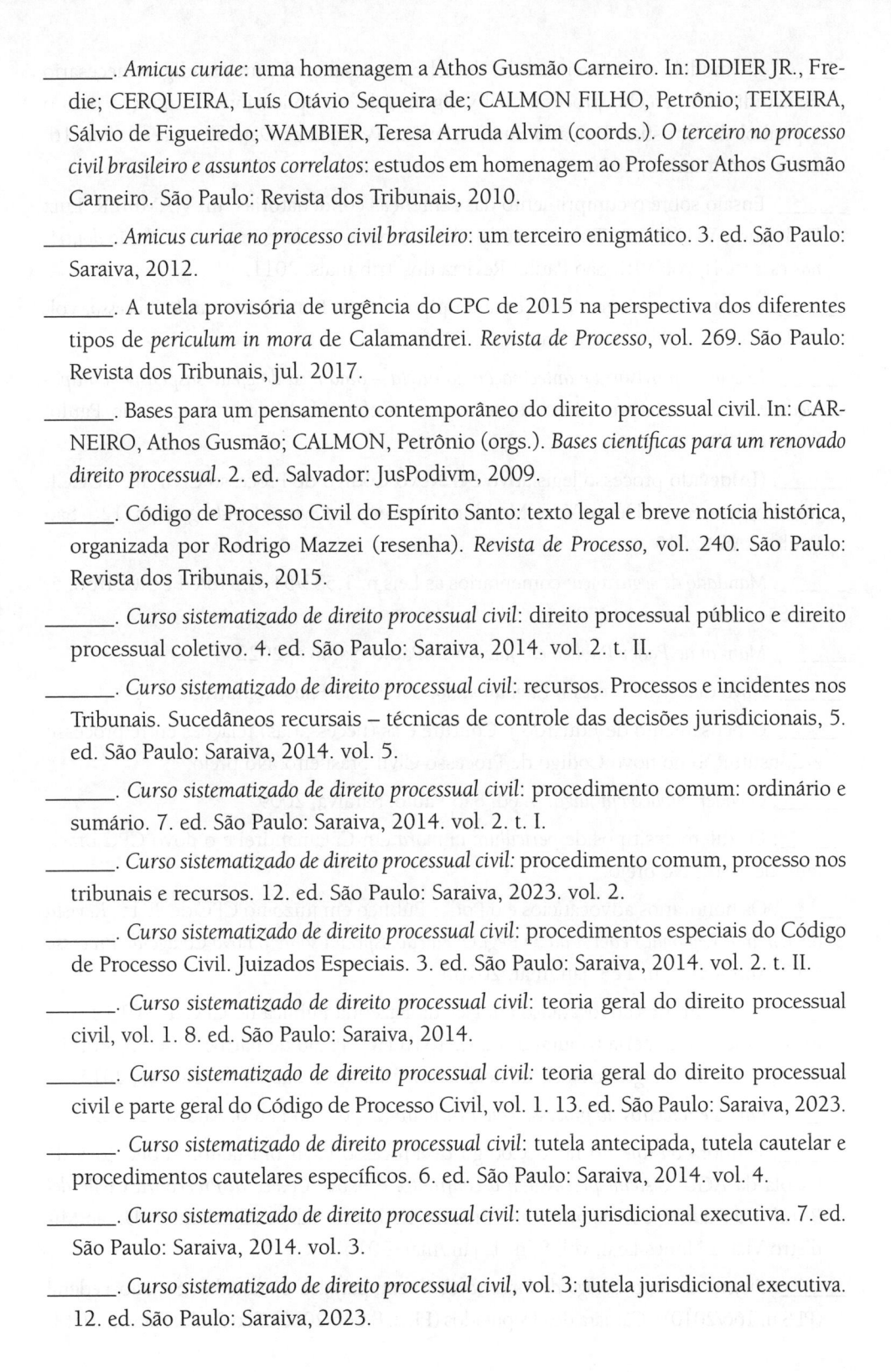

_____. *Amicus curiae no processo civil brasileiro*: um terceiro enigmático. 3. ed. São Paulo: Saraiva, 2012.

_____. A tutela provisória de urgência do CPC de 2015 na perspectiva dos diferentes tipos de *periculum in mora* de Calamandrei. *Revista de Processo*, vol. 269. São Paulo: Revista dos Tribunais, jul. 2017.

_____. Bases para um pensamento contemporâneo do direito processual civil. In: CARNEIRO, Athos Gusmão; CALMON, Petrônio (orgs.). *Bases científicas para um renovado direito processual*. 2. ed. Salvador: JusPodivm, 2009.

_____. Código de Processo Civil do Espírito Santo: texto legal e breve notícia histórica, organizada por Rodrigo Mazzei (resenha). *Revista de Processo,* vol. 240. São Paulo: Revista dos Tribunais, 2015.

_____. *Curso sistematizado de direito processual civil*: direito processual público e direito processual coletivo. 4. ed. São Paulo: Saraiva, 2014. vol. 2. t. II.

_____. *Curso sistematizado de direito processual civil*: recursos. Processos e incidentes nos Tribunais. Sucedâneos recursais – técnicas de controle das decisões jurisdicionais, 5. ed. São Paulo: Saraiva, 2014. vol. 5.

_____. *Curso sistematizado de direito processual civil*: procedimento comum: ordinário e sumário. 7. ed. São Paulo: Saraiva, 2014. vol. 2. t. I.

_____. *Curso sistematizado de direito processual civil*: procedimento comum, processo nos tribunais e recursos. 12. ed. São Paulo: Saraiva, 2023. vol. 2.

_____. *Curso sistematizado de direito processual civil*: procedimentos especiais do Código de Processo Civil. Juizados Especiais. 3. ed. São Paulo: Saraiva, 2014. vol. 2. t. II.

_____. *Curso sistematizado de direito processual civil*: teoria geral do direito processual civil, vol. 1. 8. ed. São Paulo: Saraiva, 2014.

_____. *Curso sistematizado de direito processual civil*: teoria geral do direito processual civil e parte geral do Código de Processo Civil, vol. 1. 13. ed. São Paulo: Saraiva, 2023.

_____. *Curso sistematizado de direito processual civil*: tutela antecipada, tutela cautelar e procedimentos cautelares específicos. 6. ed. São Paulo: Saraiva, 2014. vol. 4.

_____. *Curso sistematizado de direito processual civil*: tutela jurisdicional executiva. 7. ed. São Paulo: Saraiva, 2014. vol. 3.

_____. *Curso sistematizado de direito processual civil*, vol. 3: tutela jurisdicional executiva. 12. ed. São Paulo: Saraiva, 2023.

_____. El "modelo constitucional del derecho procesal civil": un paradigma necesario de estudio del derecho procesal civil y algunas de sus aplicaciones. Tradução para o espanhol de Christian Delgado Suárez. *Revista Peruana de Derecho Procesal,* vol. 16. Lima: Communitas, 2010.

_____. Ensaio sobre o cumprimento das sentenças condenatórias. In: WAMBIER, Luiz Rodrigues; WAMBIER, Teresa Arruda Alvim (orgs.). *Tutela executiva – Coleção doutrinas essenciais,* vol. VIII. São Paulo: Revista dos Tribunais, 2011.

_____. Esecuzione e ricerca delle cose da pignorare in Brasile. *Revista de Processo,* vol. 258. São Paulo: Revista dos Tribunais, 2016.

_____. *Execução provisória e antecipação da tutela – dinâmica do efeito suspensivo da apelação e da execução provisória*: conserto para a efetividade do processo. São Paulo: Saraiva, 1999.

_____. (In)devido processo legislativo e o Novo Código de Processo Civil. In: TUCCI, José Rogério; SICA, Heitor Vitor Mendonça (coords.). *Revista do Advogado,* n. 126. São Paulo: AASP, 2015.

_____. *Mandado de segurança*: comentários às Leis n. 1.533/51, 4.348/64 e 5.021/66. 5. ed. São Paulo: Saraiva, 2009.

_____. *Manual do Poder Público em juízo.* São Paulo: Saraiva, 2022.

_____. *Novo Código de Processo Civil anotado.* 3. ed. São Paulo: Saraiva, 2017.

_____. O pensamento de Eduardo J. Couture e as (necessárias) relações entre processo e Constituição no novo Código de Processo Civil Brasileiro. No prelo.

_____. *O poder público em juízo.* 5. ed. São Paulo: Saraiva, 2009.

_____. Os diferentes tipos de *periculum in mora* em Calamandrei e o novo CPC brasileiro de 2015. No prelo.

_____. Os honorários advocatícios e o Poder Público em juízo no CPC de 2015. *Revista do Tribunal Regional Federal da 3ª Região: edição especial sobre o novo Código de Processo Civil.* Ano XXVII, n. 128. jan./mar. 2016.

_____. Os honorários advocatícios em face da Fazenda Pública no CPC de 2015 e suas implicações em matéria tributária. In: CARVALHO, Paulo de Barros; SOUZA, Priscila de (coord.). *XII Congresso Nacional de Estudos Tributários.* São Paulo: Noeses, 2015.

_____. *Partes e terceiros no processo civil brasileiro.* 2. ed. São Paulo: Saraiva, 2006.

_____. Penhora *on line* no novo Código de Processo Civil brasileiro. Publicações da Escola da AGU: *Sistemi processuali a confronto: il nuovo Codice di Procedura Civile del Brasile tra tradizione e rinnovamento.* Brasília: Escola da Advocacia-Geral da União Ministro Victor Nunes Leal, vol. 8, n. 1, jan./mar. 2016.

_____. *Projetos de novo Código de Processo Civil*: comparados e anotados: Senado Federal (PLS n. 166/2010) e Câmara dos Deputados (PL n. 8.046/2010). São Paulo: Saraiva, 2014.

_____. Reflexões sobre o processo coletivo do consumidor a partir do CPC de 2015. *Revista do Advogado: 25 anos do Código de Defesa do Consumidor: atualidades e desafios*. vol. 139, ano XXXVI. São Paulo: Associação dos Advogados, ago. 2016.

_____. Tutela provisória contra o Poder Público no CPC de 2015. In: SCARPINELLA BUENO, Cassio; MEDEIROS NETO, Elias Marques de; OLIVEIRA NETO, Olavo; OLIVEIRA, Patricia Elias Cozzolino de; LUCON, Paulo Henrique dos Santos (coord.). *Tutela provisória no novo CPC*. São Paulo: Saraiva, 2016.

_____. Tutela provisória no novo Código de Processo Civil e sua influência no processo do trabalho. *Revista do Tribunal Regional do Trabalho da 2ª Região*, vol. 18. São Paulo: Tribunal Regional do Trabalho da 2ª Região, 2016.

_____. Tutelas urgentes y cautela judicial en la legislación brasileña. In: TAVOLARI OLIVEROS, Raúl (coord.). *Derecho procesal contemporáneo*: ponencias de las XXII Jornadas Iberoamericanas de Derecho Procesal. Santiago: Editorial Jurídica de Chile/Puntolex, 2010. t. I.

_____. Visão geral do(s) Projeto(s) de novo Código de Processo Civil. *Revista de Processo*, vol. 235. São Paulo: Revista dos Tribunais, 2014.

SCARPINELLA BUENO, Cassio; MEDEIROS NETO, Elias Marques de; OLIVEIRA NETO, Olavo de; OLIVEIRA, Patricia Cozzolino de; LUCON, Paulo Henrique dos Santos (coord.). *Tutela provisória no novo CPC*: dos 20 anos de vigência do art. 273 do CPC/1973 ao CPC/2015. São Paulo: Saraiva, 2016.

SÁ, Renato Montans de. *Eficácia preclusiva da coisa julgada*. São Paulo: Saraiva, 2011.

SICA, Heitor Vitor Mendonça. *Cognição do juiz na execução civil*. São Paulo: Revista dos Tribunais, 2017.

_____. *Cognição e execução no sistema de tutela jurisdicional civil brasileiro*. São Paulo, 2016.

_____. *O direito de defesa no processo civil brasileiro*: um estudo sobre a posição do réu. São Paulo: Atlas, 2011.

_____. *Preclusão processual civil*. 2. ed. São Paulo: Atlas, 2008.

SILVA, Érica Barbosa e. *Conciliação judicial*. Brasília: Gazeta Jurídica, 2013.

SILVA, José Afonso da. *Processo constitucional de formação das leis*. 2. ed. São Paulo: Malheiros, 2006.

SILVA, Paula Costa e. *A litigância de má-fé*. Coimbra: Coimbra Editora, 2008.

_____. *A nova fase da Justiça*. Coimbra: Coimbra Editora, 2009.

_____. *Acto e processo*. Coimbra: Coimbra Editora, 2003.

SILVA, Paulo Eduardo Alves da. *Gerenciamento de processos judiciais*. São Paulo: Saraiva, 2010.

SILVEIRA, João José Custódio da. *O juiz e a condução equilibrada do processo*. São Paulo: Saraiva, 2012.

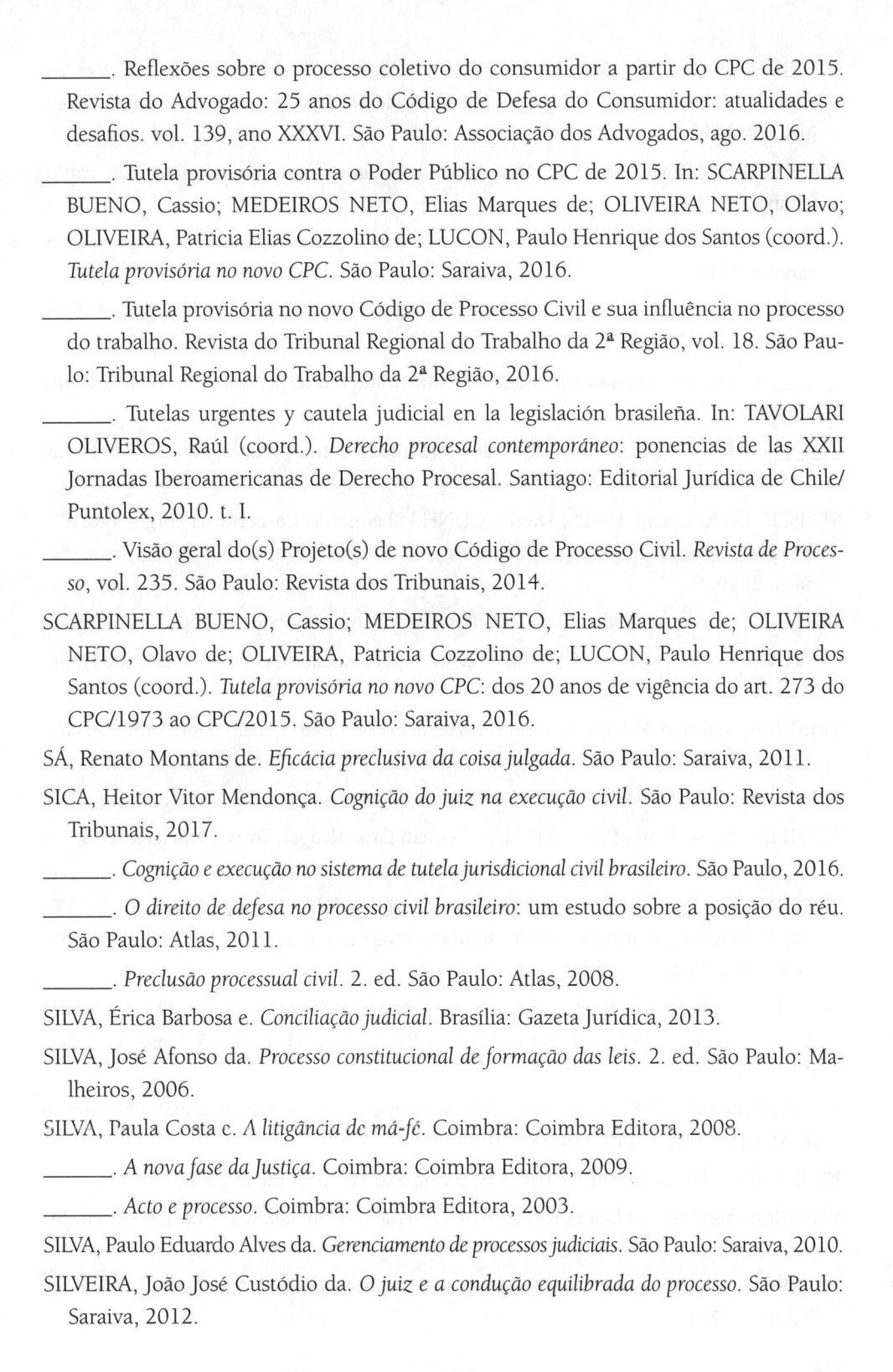

SILVEIRA, João José Custódio da; AMORIM, José Roberto Neves (coords.). *A nova ordem das soluções alternativas de conflitos e o Conselho Nacional de Justiça*. Brasília: Gazeta Jurídica, 2013.

SOUZA, André Pagani de. *A vedação das decisões-surpresa no processo civil*. São Paulo: Saraiva, 2014.

_____. *Desconsideração da personalidade jurídica*: aspectos processuais. 2. ed. São Paulo: Saraiva, 2011.

SOUZA, Artur César de. *Código de Processo Civil*: anotado, comentado e interpretado, vol. I. São Paulo: Almedina, 2015.

_____. *Código de Processo Civil*: anotado, comentado e interpretado, vol. II. São Paulo: Almedina, 2015.

_____. *Código de Processo Civil*: anotado, comentado e interpretado, vol. III. São Paulo: Almedina, 2015.

STRECK, Lenio Luiz; NUNES, Dierle; CUNHA, Leonardo Carneiro da (org.); FREIRE, Alexandre (coord. executivo). *Comentários ao Código de Processo Civil*. São Paulo: Saraiva, 2016.

TARTUCE, Fernanda. *Mediação nos conflitos cíveis*. 3. ed. São Paulo: GEN/Método, 2016.

TARTUCE, Flávio. *O novo CPC e o direito civil*: impactos, diálogos e interações. São Paulo: Método, 2015.

TEIXEIRA, Rodrigo Valente Giublin. *Recurso extraordinário*. Belo Horizonte: Arraes, 2015.

TEIXEIRA DE SOUSA, Miguel. *Estudos sobre o novo processo civil*. 2. ed. Lisboa: Lex, 1997.

TESHEINER, José Maria Rosa; THAMAY, Rennan Faria Krüger. *Teoria geral do processo em conformidade com o novo CPC*. Rio de Janeiro: Forense, 2015.

THEODORO JUNIOR, Humberto; NUNES, Dierle; BAHIA, Alexandre Melo Fraco; PEDRAN, Flávio Quinaud. *Novo CPC*: fundamentos e sistematização. 2. ed. Rio de Janeiro: Forense, 2015.

TUCCI, José Rogério Cruz e; SICA, Heitor Vitor Mendonca (coords.). *O novo Código de Processo Civil – Revista do Advogado*. São Paulo: Associação dos Advogados de São Paulo, 2015.

VEIGA, Daniel Brajal. *Dever-poder geral de cautela*: uma visão constitucional. Dissertação de Mestrado. São Paulo: PUCSP, 2014.

VIEIRA, Christian Garcia. *Asseguração de prova*. São Paulo: Saraiva, 2011.

VIVEIROS, Stefânia. *Os limites do juiz para correção do erro material*. Brasília: Gazeta Jurídica, 2013.

WAMBIER, Teresa Arruda Alvim (coord.). *Direito jurisprudencial*. São Paulo: Revista dos Tribunais, 2012.

WAMBIER, Teresa Arruda Alvim; CONCEIÇÃO, Maria Lucia Lins; RIBEIRO, Leonardo Ferres da Silva; MELLO, Rogério Licastro Torres. *Primeiros comentários ao novo Código de Processo Civil*: artigo por artigo. São Paulo: Revista dos Tribunais, 2015.

WAMBIER, Teresa Arruda Alvim; DIDIER JR., Fredie; TALAMINI, Eduardo; DANTAS, Bruno (coords.). *Breves comentários ao novo Código de Processo Civil*. 3. ed. São Paulo: Revista dos Tribunais, 2016.

WAMBIER, Teresa Arruda Alvim; SCARPINELLA BUENO, Cassio. Techiniques coercitives civiles et mobilite humaines dans le droit processuel bresilien: avis pour une reflexion comparee. *Revista de Processo*, vol. 248. São Paulo: Revista dos Tribunais, 2015.

WELSCH, Gisele Mazzoni. *O reexame necessário e a efetividade da tutela jurisdicional*. Porto Alegre: Livraria do Advogado, 2010.

ZUFELATO, Camilo; YARSHELL, Flávio Luiz (orgs.). *40 anos da teoria geral do processo no Brasil*: passado, presente e futuro. São Paulo: Malheiros, 2013.

Sites**

Advocacia-Geral da União (www.agu.gov.br)
Associação dos Advogados de São Paulo (www.aasp.org.br)
Associação dos Juízes do Rio Grande do Sul (www.ajuris.org.br)
Associação dos Magistrados Brasileiros (www.amb.org.br)
Associação dos Procuradores do Estado de São Paulo (www.apesp.org.br)
Associação Nacional dos Procuradores da República (www.anpr.org.br)
Associação Paulista do Ministério Público (www.apmp.com.br)

Câmara dos Deputados (www2.camara.leg.br)
Comissão de Valores Mobiliários (www.cvm.gov.br)
Conselho Administrativo de Defesa Econômica (www.cade.gov.br)
Conselho da Justiça Federal (www.jf.jus.br)
Conselho Federal da Ordem dos Advogados do Brasil (www.oab.org.br)
Conselho Nacional de Justiça (www.cnj.jus.br)
Conselho Nacional do Ministério Público (www.cnmp.mp.br)
Consultor Jurídico (portal jurídico) (www.conjur.com.br)
Corpus 927 (http://corpus927.enfam.jus.br/)

Defensoria Pública da União (www.dpu.gov.br)
Defensoria Pública do Estado de São Paulo (www.defensoria.sp.gov.br)
Defensoria Pública do Estado do Rio de Janeiro (www.dpge.rj.gov.br)

Escola Nacional de Formação e Aperfeiçoamento de Magistrados (www.enfam.jus.br)

Instituto Brasileiro de Advocacia Pública (www.ibap.org)
Instituto Brasileiro de Direito Processual (www.direitoprocessual.org.br)
Instituto dos Advogados de São Paulo (www.iasp.org.br)
Instituto Nacional da Propriedade Industrial (www.inpi.gov.br)

** A indicação dos sites quer permitir ao prezado leitor que conheça, mais de perto, alguns dos Tribunais e algumas das instituições jurídicas brasileiras e que tenha acesso a informações jurídicas atualizadíssimas e de qualidade em alguns portais jurídicos que indico. Trata-se de rol meramente exemplificativo e que pretende fomentar, primordialmente, o interesse no prosseguimento e no aprofundamento dos estudos iniciados com este *Manual*.

Jota (portal jurídico) (jota.info)
Justiça Federal (www.jf.jus.br)

Migalhas (portal jurídico) (www.migalhas.com.br)
Ministério da Justiça (www.mj.gov.br)
Ministério Público do Estado de São Paulo (www.mp.sp.gov.br)
Ministério Público Federal no Estado de São Paulo (www.prsp.mpf.gov.br)

Ordem dos Advogados do Brasil – Conselho Federal (www.oab.org.br)
Ordem dos Advogados do Brasil – Secção de São Paulo (www.oabsp.org.br)

Portal processual (portal jurídico) (www.portalprocessual.com)
Presidência da República (www2.planalto.gov.br)
Procuradoria-Geral da República (www2.pgr.mpf.gov.br)
Procuradoria-Geral do Estado de São Paulo (www.pge.sp.gov.br)
Procuradoria Regional da República da 1ª Região (www.prr1.mpf.gov.br)
Procuradoria Regional da República da 2ª Região (www.prr2.mpf.gov.br)
Procuradoria Regional da República da 3ª Região (www.prr3.mpf.gov.br)
Procuradoria Regional da República da 4ª Região (www.prr4.mpf.gov.br)
Procuradoria Regional da República da 5ª Região (www.prr5.mpf.gov.br)

Senado Federal (www.senado.leg.br)
Superior Tribunal de Justiça (www.stj.jus.br)
Supremo Tribunal Federal (www.stf.jus.br)

Tribunal de Justiça do Distrito Federal e dos Territórios (www.tjdft.jus.br)
Tribunal de Justiça do Estado de São Paulo (www.tjsp.jus.br)
Tribunal de Justiça do Estado do Rio de Janeiro (www.tjrj.jus.br)
Tribunal de Justiça do Estado do Rio Grande do Sul (www.tjrs.jus.br)
Tribunal Regional do Trabalho da 2ª Região (www.trt2.jus.br)
Tribunal Regional do Trabalho da 15ª Região (www.trt15.jus.br)
Tribunal Regional Federal da 1ª Região (www.trf1.jus.br)
Tribunal Regional Federal da 2ª Região (www.trf2.jus.br)
Tribunal Regional Federal da 3ª Região (www.trf3.jus.br)
Tribunal Regional Federal da 4ª Região (www.trf4.jus.br)
Tribunal Regional Federal da 5ª Região (www.trf5.jus.br)
Tribunal Superior do Trabalho (www.tst.jus.br)